हिन्दी साहित्य का इतिहास

आचार्य रामचन्द्र शुक्ल

कान्ती पब्लिकेशन्स
ए-507/12,साउथ गांवड़ी एक्सटेंशन, दिल्ली-110053

संस्करण : 2023

ISBN : 978-81-7312-084-8

मूल्य : 895.00 रुपये

प्रकाशक

कान्ती पब्लिकेशन्स, दिल्ली-110053

वितरक

श्री नटराज प्रकाशन

ए-507/12, करतार नगर, बाबा श्यामगिरी मार्ग,

साउथ गांवड़ी एक्सटेंशन, दिल्ली--110053

मो. : 9312754789, 9313776860

दीपक राघव द्वारा कान्ती पब्लिकेशन्स के लिए प्रकाशित, ओम् कम्प्यूटर्स द्वारा शब्द संयोजन, डीपव्यू डिजाईन एजेन्सी द्वारा आवरण सज्जा तथा सलमान ऑफसेट द्वारा मुर्दित।

HINDI SAHITYA KA ITIHAS

by Acharya Ram Chandra Shukl

प्रथम संस्करण का वक्तव्य

हिंदी के कवियों का एक वृत्त-संग्रह शिवसिंह सेंगर ने सन् 1833 ई. में प्रस्तुत किया था। उसके पीछे सन् 1889 में डाक्टर (अब सर) ग्रियर्सन ने 'मॉडर्न वर्नाक्यूलर लिटरेचर ऑव नार्दर्न हिंदुस्तान' के नाम से एक वैसा ही बड़ा कवि-वृत्त-संग्रह निकाला। काशी की नागरी प्रचारिणी सभा का ध्यान आरंभ ही में इस बात की ओर गया कि सहस्रों हस्तलिखित हिंदी पुस्तकें देश के अनेक भागों में, राज पुस्तकालयों तथा लोगों के घरों में अज्ञात पड़ी हैं। अत: सरकार की आर्थिक सहायता से उसने सन् 1900 से पुस्तकों की खोज का काम हाथ में लिया और सन् 1911 तक की खोज की अपनी आठ रिपोर्टों में सैकड़ों अज्ञात कवियों तथा ज्ञात कवियों के अज्ञात ग्रंथों का पता लगाया। सन् 1913 में इस सारी सामग्री का उपयोग करके मिश्र बंधुओं (श्रीयुत् पं. श्यामबिहारी मिश्र आदि) ने अपना बड़ा भारी कवि-वृत्त-संग्रह 'मिश्रबंधु विनोद', जिसमें वर्तमान काल के कवियों और लेखकों का भी समावेश किया गया है, तीन भागों में प्रकाशित किया।

इधर जब से विश्वविद्यालयों में हिंदी की उच्च शिक्षा का विधान हुआ, तब से उसके साहित्य के विचार-शृंखलाबद्ध इतिहास की आवश्यकता का अनुभव छात्र और अध्यापक दोनों कर रहे थे। शिक्षित जनता की जिन-जिन प्रवृत्तियों के अनुसार हमारे साहित्य स्वरूप में जो-जो परिवर्तन होते आए हैं, जिन-जिन प्रभावों की प्रेरणा से काव्य-धारा की भिन्न-भिन्न शाखाएँ फूटती रही हैं, उन सबके सम्यक् निरूपण तथा उनकी दृष्टि से किए हुए सुसंगत कालविभाग के बिना साहित्य के इतिहास का सच्चा अध्ययन कठिन दिखाई पड़ता था।। सात-आठ सौ वर्षों की संचित ग्रंथराशि सामने लगी हुई थी; पर ऐसी निर्दिष्ट सरणियों की उद्भावना नहीं हुई थी, जिसके अनुसार सुगमता से इस प्रभूत सामग्री का वर्गीकरण होता। भिन्न-भिन्न शाखाओं के हजारों कवियो की केवल कालक्रम से गुँथी उपर्युक्त वृत्तमालाएँ साहित्य के इतिहास के अध्याय में कहाँ तक सहायता पहुँचा सकती थीं? सारे रचनाकाल को केवल आदि, मध्य, पूर्व, उत्तर इत्यादि खंडों में आँख मूँद कर बाँट देना-यह भी न देखना कि खंड के भीतर क्या आता है, क्या नहीं, किसी वृत्तसंग्रह को इतिहास नहीं बना सकता।

पाँच या छह वर्ष हुए छात्रों के उपयोग के लिए मैंने कुछ संक्षिप्त नोट तैयार किए थे, जिनमें परिस्थिति के अनुसार शिक्षित जनसमूह की बदलती हुई प्रवृत्तियों को लक्ष्य करके हिंदी साहित्य के इतिहास के कालविभाग और रचना की भिन्न-भिन्न शाखाओं के निरूपण का एक कच्चा ढाँचा खड़ा किया गया था। हिंदी शब्दसागर समाप्त हो जाने पर उसकी भूमिका के रूप में भाषा और साहित्य का विकास देना भी स्थिर गया; अत: एक नियत समय के भीतर ही यह इतिहास लिखकर पूरा करना पड़ा। साहित्य का इतिहास लिखने के लिए जितनी अधिक सामग्री मैं जरूरी समझता था, उतनी तो उस अवधि के भीतर इकट्ठी न हो सकी, पर जहाँ तक हो सका आवश्यक उपादान रखकर कार्य पूरा किया गया।

इस पुस्तक में जिस पद्धति का अनुसरण किया गया है, उसका थोड़े में उल्लेख कर देना आवश्यक जान पड़ता है।

पहले कालविभाग को लीजिए। जिस कालविभाग के भीतर किसी विशेष ढंग की रचनाओं की प्रचुरता दिखाई पड़ी है, वह एक अलग काल माना गया है और उसका नामकरण उन्हीं रचनाओं के स्वरूप के अनुसार किया गया है। इसी प्रकार काल का एक निर्दिष्ट सामान्य लक्षण बनाया जा सकता है। किसी एक ढंग की रचना की प्रचुरता से अभिप्राय यह है कि दूसरे ढंग की रचनाओं में से चाहे किसी (एक) ढंग की रचना को लें वह परिमाणों में प्रथम के बराबर न होगी; यह नहीं कि और सब ढंगों की रचनाएँ मिलकर भी उसके बराबर न होंगी। जैसे, यदि किसी काल में पाँच ढंग की रचनाएँ 10, 5, 6, 7 और 2 के क्रम में मिलती हैं, तो जिस ढंग की रचना की 10 पुस्तकें हैं, उसकी प्रचुरता कही जायेगी, यद्यपि शेष और ढंग की सब पुस्तकें मिलकर 20 हैं। यह तो हुई पहली बात। दूसरी बात है, ग्रंथों की प्रसिद्धि। किसी काल के भीतर जिस एक ही ढंग के बहुत अधिक ग्रंथ प्रसिद्ध चले आते हैं, उस ढंग की रचना उस काल के लक्षण के अंतर्गत मानी जाएगी, चाहे और दूसरे ढंग की अप्रसिद्ध और साधारण कोटि की बहुत-सी पुस्तकें भी इधर-उधर कोनों में पड़ी मिल जाया करें। प्रसिद्धि भी किसी काल की लोकप्रवृत्ति की प्रतिध्वनि है। सारांश यह कि इन दोनों बातो की ओर ध्यान रखकर कालविभागों का नामकरण किया गया है।

आदिकाल का नाम मैंने 'वीरगाथाकाल' रखा है। उक्त काल के भीतर दो प्रकार की रचनाएँ मिलती हैं–अपभ्रंश की और देशभाषा (बोलचाल) की। अपभ्रंश की पुस्तकों में कई तो जैनों के धर्म-तत्त्व-निरूपण संबंधी जो साहित्य की कोटि में नहीं आती और जिनका उल्लेख केवल यह दिखाने के लिए ही किया गया है कि अपभ्रंश भाषा का व्यवहार कब से हो रहा था। साहित्य की कोटि में आने वाली रचनाओं में कुछ तो भिन्न-भिन्न विषयों पर फुटकल दोहे हैं, जिनके अनुसार उस काल की कोई विशेष प्रवृत्ति निर्धारित नहीं की जा सकती। साहित्यिक पुस्तकें केवल चार हैं–

1. विजयपाल रासो — 2. हम्मीर रासो

3. कीर्तिलता — 4. कीर्तिपताका

देशभाषा काव्य की आठ पुस्तकें प्रसिद्ध हैं–

5. खुमान रासो — 6. बीसलदेव रासो

7. पृथ्वीराज रासो — 8. जयचंदप्रकाश

9. जयमयंक जस चंद्रिका — 10. परमाल रासो (आल्हा का मूल रूप)

11. खुसरो की पहेलियाँ आदि — 12. विद्यापति पदावली।

इन्हीं बारह पुस्तकों की दृष्टि से 'आदिकाल' का लक्षण निरूपण और नामकरण हो सकता है। इनमें से अंतिम दो तथा बीसलदेव रासो को छोड़कर शेष सब ग्रंथ वीरगाथात्मक ही हैं। अत: आदिकाल का नाम 'वीरगाथा काल' ही रखा जा सकता है। जिस सामाजिक या राजनीतिक परिस्थिति की प्रेरणा से वीरगाथाओं की प्रवृत्ति रही है, उसका सम्यक् निरूपण पुस्तक में कर दिया गया है।

मिश्रबंधुओं ने इस 'आदिकाल' के भीतर इतनी पुस्तकों की और नामवली दी है–

1. भगवत्गीता — 2. वृद्ध नवकार

3. वर्तमाल | 4. सम्मतसार
5. पत्तलि | 6. अनन्य योग
7. जंबूस्वामी रामा | 8. रैवतगिरि रासा
9. नेमिनाथ चउपयी | 10. उवएस माला (उपदेशमाला)।

इनमें से नं. 1 तो पीछे की रचना है, जैसा कि उसकी इस भाषा से स्पष्ट है-

तेहि दिन कथा कीन मन लायी। हरि के नाम गीत चित आयी॥
सुमिरौं गुरु गोविंद के पाऊँ। अगम अपार है जाकर नाऊँ॥

जो वीररस की पुरानी परिपाटी के अनुसार कहीं वर्णों का द्वित्व देखकर ही प्राकृत भाषा और कहीं चौपाई देखकर ही अवधी या बैसवाड़ी समझते हैं, जो भाव को 'थाट' और विचार को 'फीलिंग' कहते हैं, वे यदि उद्धृत पद्यों को संवत् 1000 के क्या संवत् 500 के भी बताएँ तो कोई आश्चर्य की बात नहीं। पुस्तक की संवत् सूचक पंक्ति का यह गड़बड़ पाठ ही सावधान करने के लिए काफी है–'सहस्र सो संपूरन जाना।'

अब रहीं शेष नौ पुस्तकें। उनमें नं. 2, 7, 9 और 10 जैनधर्म के तत्त्वनिरूपण पर हैं और साहित्य कोटि में नहीं आ सकतीं। नं. 6 योग की पुस्तक है। नं. 3 और नं. 4 केवल नोटिस मात्र हैं, विषयों का कुछ भी विवरण नहीं हैं। इस प्रकार केवल दो साहित्यिक पुस्तकें बचीं जो वर्णनात्मक (डेस्क्रिप्टिव) हैं- एक में नंद के ज्योनार का वर्णन है, दूसरे में गुजरात के रैवत पर्वत का। अतः इन पुस्तकों की नामावली से मेरे निश्चय में किसी प्रकार का अंतर नहीं पड़ सकता। यदि ये भिन्न-भिन्न प्रकार की नौ पुस्तकें साहित्यिक भी होतीं तो भी मेरे नामकरण में कोई बाधा नहीं डाल सकती थीं, क्योंकि मैंने नौ प्रसिद्ध वीरगाथात्मक पुस्तकों का उल्लेख किया है।

एक ही काल और एक ही कोटि की रचना के भीतर जहाँ भिन्न-भिन्न प्रकार की परपराएँ चली हुई पायी गयी हैं, वहाँ अलग-अलग शाखाएं करके सामग्री का विभाग किया गया है। जैसे भक्तिकाल के भीतर पहले तो दो काव्यधाराएँ निर्गुण धारा और सगुण धारा- निर्दिष्ट की गयी हैं। फिर प्रत्येक धारा की दो-दो शाखाएँ स्पष्ट रूप से लक्षित हुई हैं–निर्गुण धारा की ज्ञानाश्रयी शाखा और प्रेममार्गी (सूफी) शाखा तथा सगुण धारा की रामभक्ति शाखा और कृष्णभक्ति शाखा। इन धाराओं और शाखाओं की प्रतिष्ठा यों ही मनमाने ढंग पर नहीं की गयी है। उनकी एक-दूसरे से अलग करने वाली विशेषताएँ अच्छी तरह दिखायी भी गयी हैं और देखते ही ध्यान में आ भी जायेंगी।

रीतिकाल के भीतर रीतिबद्ध की जो परंपरा चली है उसका उपविभाग करने का कोई संगत आधार मुझे नहीं मिला। रचना के स्वरूप आदि में कोई स्पष्ट भेद निरूपित किये बिना विभाग कैसे किया जा सकता है? किसी कालविस्तार को लेकर यों ही पूर्व और उत्तर नाम देकर दो हिस्से कर डालना ऐतिहासिक विभाग नहीं कहला सकता। जब तक पूर्व और उत्तर के अलग-अलग लक्षण न बताये जाएँगे तब तक इस प्रकार के विभाग का कोई अर्थ नहीं। इसी प्रकार थोड़े-थोड़े अंतर पर होने वाले कुछ प्रसिद्ध कवियों के नाम पर अनेक काल बाँध चलने के पहले यह दिखाना आवश्यक है कि प्रत्येक कालप्रवर्तक कवि का यह प्रभाव उसके काल में होने वाले सब कवियों में सामान्य रूप से पाया जाता है। विभाग का कोई पुष्ट आधार होना चाहिए। रीतिबद्ध ग्रंथों की बहुत गहरी छानबीन और सूक्ष्म पर्यालोचना करने

पर आगे चलकर शायद विभाग का कोई आधार मिल जाय, पर अभी तक मुझे नहीं मिला है।

रीतिकाल के संबंध में दो बातें और कहनी हैं। इस काल के कवियों के परिचयात्मक वृत्तों की छानबीन में मैं अधिक नहीं प्रवृत्त हुआ हूँ, क्योंकि मेरा उद्देश्य अपने साहित्य के इतिहास का एक पक्का और व्यवस्थित ढाँचा खड़ा करना था, न कि कवि कीर्तन करना। अत: कवियों के परिचयात्मक विवरण मैंने प्राय: 'मिश्रबंधु विनोद' से ही लिये हैं। कहीं कुछ कवियों के विवरणों में परिवर्तन और परिष्कार भी किया है, जैसे—ठाकुर, दीनदयाल गिरि, रामसहाय और रसिक गोविंद के विवरणों में। यदि कुछ कवियों के नाम छूट गये या किसी कवि की किसी मिली हुई पुस्तक का उल्लेख नहीं हुआ, तो इससे मेरी कोई बड़ी उद्देश्यहानि नहीं हुई। इस काल के भीतर मैंने जितने कवि लिये हैं, या जितने ग्रंथों के नाम दिए हैं, उतने ही जरूरी से ज्यादा मालूम हो रहे हैं।

रीतिकाल या और किसी काल के कवियों की साहित्यिक विशेषताओं के संबंध में मैंने जो संक्षिप्त विचार प्रकट किये हैं, वे दिग्दर्शन मात्र के लिए। इतिहास की पुस्तक में किसी कवि की पूरी क्या अधूरी आलोचना भी नहीं आ सकती। किसी कवि की आलोचना लिखनी होगी तो स्वतंत्र प्रबंध या पुस्तक के रूप में लिखूँगा। बहुत प्रसिद्ध कवियों के संबंध में थोड़ा विस्तार से लिखना पड़ा है। पर वह भी विशेष प्रवृत्तियों का ही निर्धारण किया गया है। यह अवश्य है कि उनमें से कुछ प्रवृत्तियों को मैंने रसोपयोगी और कुछ को बाधक कहा है।

आधुनिककाल में गद्य का आविर्भाव सबसे प्रधान साहित्यिक घटना है। इसलिए उसके प्रसार का वर्णन विशेष विस्तार के साथ करना पड़ा है। मेरा विचार इस थोड़े-से काल के बीच हमारे साहित्य के भीतर जितनी अनेकरूपता का विकास हुआ है, उनको आरंभ तक लाकर उसमें आगे की प्रवृत्तियों का सामान्य और संक्षिप्त उल्लेख करके ही छोड़ देने का था क्योंकि वर्तमान लेखकों और कवियों के संबंध में कुछ लिखना अपने सिर एक बला मोल लेना ही समझ पड़ता था। पर जी न माना। वर्तमान सहयोगियों तथा उनकी अमूल्य कृतियों का उल्लेख भी थोड़े-बहुत विवेचन के साथ डरते-डरते किया गया।

वर्तमान काल के अनेक प्रतिभासंपन्न और प्रभावशाली लेखकों और कवियों के नाम जल्दी से या भूल से छूट गए होंगे। इसके लिए तथा उससे भी अधिक उनकी कृतियों से विशेष रूप से परिचित महानुभावों से क्षमा की प्रार्थना है। जैसा पहले कहा जा चुका है, यह पुस्तक जल्दी में तैयार करनी पड़ी है। इससे इसका रूप जो मैं रखना चाहता था वह भी इसे पूरा नहीं प्राप्त हो सका है। कवियों और लेखकों के नामोल्लेख के अंतर्गत सामान्य लक्षणों और प्रवृत्तियों के वर्णन की ओर ही अधिक ध्यान दिया गया है। अगले संस्करण में इस काल का प्रसार कुछ और अधिक हो सकता है।

कहने की आवश्यकता नहीं कि हिंदी साहित्य का यह इतिहास 'हिंदी शब्दसागर' की भूमिका के रूप में 'हिंदी साहित्य का विकास' के नाम से सन् 1929 के जनवरी महीने में निकल चुका है। इस अलग पुस्तकाकार संस्करण में बहुत-सी बातें बढ़ाई गयी हैं—विशेषत: आदि और अंत में। 'आदिकाल' के भीतर अपभ्रंश की रचनाएँ भी ले ली गई हैं क्योंकि वे सदा से 'भाषाकाव्य' के अंतर्गत ही मानी जाती रही हैं। कविपरंपरा के बीच प्रचलित जनश्रुति कई ऐसे भाषा काव्यों के नाम गिनाती चली आयी है जो अपभ्रंश में हैं—जैसे, कुमारपालचरित और शाङ्गधरकृत हम्मीररासो। 'हम्मीररासो' का पता नहीं है। पर 'प्राकृत पिंगल सूत्र' उलटते-पलटते मुझे हम्मीर के युद्ध के वर्णनवाले कई बहुत ही ओजस्वी पद्य, छंदों के उदाहरण में मिले। मुझे

पूर्णनिश्चय हो गया है कि ये पद्य शार्ङ्गधर के प्रसिद्ध हम्मीररासो के ही हैं।

आधुनिक काल के अंत में वर्तमानकाल की कुछ विशेष प्रवृत्तियों के वर्णन को पल्लवित इसलिए करना पड़ा, जिसमें उन प्रवृत्तियों के मूल का ठीक-ठीक पता केवल हिंदी पढ़ने वालों का भी हो जाय और वे धोखे में न रहकर स्वतंत्र विचार में समर्थ हों।

मिश्रबंधुओं के प्रकांड कवि-वृत्त 'मिश्रबंधु विनोद' का उल्लेख हो चुका है। 'रीतिकाल' के कवियों का परिचय लिखने में मैंने प्राय: उक्त ग्रंथ से ही विवरण लिये हैं, अत: आधुनिक शिष्टता के अनुसार उसके उत्साही और परिश्रमी संकलनकर्ताओं को धन्यवाद देना मैं बहुत जरूरी समझता हूँ। हिंदी पुस्तकों की खोज की रिपोर्टें भी मुझे समय-समय पर-विशेषत: संदेह के स्थल आने पर-उलटनी पड़ी हैं। रायसाहब बाबू श्यामसुंदर दास बी.ए. की 'हिंदी कोविद रत्नमाला', श्रीयुत् पं. रामनरेश त्रिपाठी की 'कविता कौमुदी' तथा श्री वियोगी हरिजी के 'ब्रजमाधुरी सार' से भी बहुत कुछ सामग्री मिली है, अत: उक्त तीनों महानुभावों के प्रति मैं अपनी कृतज्ञता प्रकट करता हूँ। 'आधुनिक काल' के प्रारंभिक प्रकरण लिखते समय जिस कठिनता का सामना करना पड़ा, उसमें मेरे बड़े पुराने मित्र पं. केदारनाथ पाठक ही काम आए। पर न आज तक मैंने उन्हें किसी बात के लिए धन्यवाद दिया है, न अब देने की हिम्मत कर सकता हूँ। 'धन्यवाद' को आजकल वे एक बदमाशी समझते हैं।

इस कार्य में मुझसे जो भूलें हुई हैं उनके सुधार की, जो त्रुटियाँ रह गई हैं उनकी पूर्ति की और जो अपराध बन पड़े उनकी क्षमा की पूरी आशा करके ही मैं अपने श्रम से कुछ संतोष लाभ कर सकता हूँ।

रामचंद्र शुक्ल

काशी
आषाढ़ शुक्ल 5,1986

संशोधित और प्रवर्धित संस्करण के संबंध में दो बातें

कई संस्करणों के उपरांत इस पुस्तक के परिमार्जन का पहला अवसर मिला, इसमें कुछ आवश्यक संशोधन के अतिरिक्त बहुत-सी बातें बढ़ानी पड़ी।

'आदिकाल' के भीतर वज्रयानी सिद्धों और नाथपंथी योगियों की परंपराओं का कुछ विस्तार के साथ वर्णन यह दिखाने के लिए करना पड़ा कि कबीर द्वारा प्रवर्तित निर्गुण संतमत के प्रचार के लिए किस प्रकार उन्होंने पहले से रास्ता तैयार कर दिया था। दूसरा उद्देश्य यह स्पष्ट करने का भी था कि सिद्धों और योगियों की रचनाएँ साहित्य कोटि में नहीं आतीं और योगधारा काव्य या साहित्य की कोई नयी धारा नहीं मानी जा सकती।

'भक्तिकाल' के अंतर्गत स्वामी रामानंद और नामदेव पर विशेष रूप से विचार किया गया है; क्योंकि उनके संबंध में अनेक प्रकार की बातें प्रचलित हैं। 'रीतिकाल' के 'सामान्य परिचय' में हिंदी के अलंकार ग्रंथों की परंपरा के उद्‌गम और विकास को कुछ अधिक विस्तार के साथ दिखाया गया है। घनानंद आदि कुछ मुख्य-मुख्य कवियों का आलोचनात्मक परिचय भी विशेष रूप से मिलेगा।

'आधुनिक काल' के भीतर खड़ी बोली के गद्य का इतिहास, इधर जो कुछ साम्रगी मिली है उसकी दृष्टि से, एक नये रूप में सामने लाया गया है। हिंदी के मार्ग में जो-जो विलक्षण बाधाएँ पड़ी हैं, उनका भी सविस्तार उल्लेख है। पिछले संस्करणों में वर्तमान अर्थात् आजकल चलते हुए साहित्य की मुख्य प्रवृतियों का संकेत मात्र करके छोड़ दिया गया था। इस संस्करण में समसामयिक साहित्य का अब तक का आलोचनात्मक विवरण दे दिया गया है जिससे आज तक के साहित्य की गतिविधि का पूरा परिचय प्राप्त होगा।

आशा है कि इस संशोधित और प्रवर्धित रूप में यह इतिहास विशेष उपयोगी सिद्ध होगा।

रामचंद्र शुक्ल

अक्षय तृतीया
संवत् 1997

विषय-सूची

कालविभाग

उत्तर मध्यकाल

रीतिकाल (संवत् 1700-1900)

आधुनिक काल (संवत् 1900-1980)

गद्य खंड

आधुनिक काल के पूर्व गद्य की अवस्था
(ब्रजभाषा गद्य)

(खड़ी बोली गद्य)

काल विभाग

जब कि प्रत्येक देश का साहित्य वहाँ की जनता की चित्तवृत्ति का संचित प्रतिबिंब होता है, तब यह निश्चित है कि जनता की चित्तवृत्ति के परिवर्तन के साथ-साथ साहित्य के स्वरूप में भी परिवर्तन होता चला जाता है। आदि से अंत तक इन्हीं चित्तवृत्तियों की परंपरा को परखते हुए साहित्य परंपरा के साथ उनका सामंजस्य दिखना ही 'साहित्य का इतिहास' कहलाता है। जनता की चित्तवृत्ति बहुत कुछ राजनीतिक, सामाजिक, सांप्रदायिक तथा धार्मिक परिस्थिति के अनुसार होती है। अतः कारण स्वरूप इन परिस्थितियों का किंचित् दिग्दर्शन भी साथ ही साथ आवश्यक होता है। इस दृष्टि से हिंदी साहित्य का विवेचन करने में यह बात ध्यान में रखनी होगी कि किसी विशेष समय में लोगों में रुचिविशेष का संचार और पोषण किधर से और किस प्रकार हुआ। उपर्युक्त व्यवस्था के अनुसार हम हिंदी साहित्य के 900 वर्षों के इतिहास को चार कालों में विभक्त कर सकते हैं-

आदिकाल	(वीरगाथाकाल,	संवत्	1050-1375)
पूर्व मध्यकाल	(भक्तिकाल,	संवत्	1375-1700)
उत्तर मध्यकाल	(रीतिकाल,	संवत्	1700-1900)
आधुनिककाल	(गद्यकाल,	संवत्	1900-1984)

यद्यपि इन कालों की रचनाओं की विशेष प्रवृत्ति के अनुसार ही उनका नामकरण किया गया है, पर यह न समझना चाहिए कि किसी विशेष काल में और प्रकार की रचनाएँ होती ही नहीं थीं। जैसे, भक्तिकाल या रीतिकाल को लें तो उसमें वीररस के अनेक काव्य मिलेंगे जिनमें वीर राजाओं की प्रशंसा उसी ढंग की होगी जिस ढंग की वीरगाथाकाल में हुआ करती थी। अतः प्रत्येक काल का वर्णन इस प्रणाली पर किया जायेगा कि पहले तो उक्त काल की विशेष प्रवृत्तिसूचक उन रचनाओं का वर्णन होगा जो उस काल के लक्षण के अंतर्गत होंगी, पीछे संक्षेप में उनके अतिरिक्त और प्रकार की ध्यान देने योग्य रचनाओं का उल्लेख होगा।

आचार्य रामचन्द्र शुक्ल

जन्म : 11 अक्टूबर 1884

निधन : 2 फरवरी 1941

आदिकाल

प्रकरण-1 : सामान्य परिचय

प्राकृत की अंतिम अपभ्रंश अवस्था से ही हिंदी साहित्य का आविर्भाव माना जा सकता है। उस समय जैसे 'गाथा' कहने से प्राकृत का बोध होता था वैसे ही 'दोहा' या 'दूहा' कहने से अपभ्रंश या प्रचलित काव्यभाषा का पद्य समझा जाता था। अपभ्रंश या प्राकृताभास हिंदी के पद्यों का सबसे पुराना पता तांत्रिक और योगमार्गी बौद्धों की सांप्रदायिक रचनाओं के भीतर विक्रम की सातवीं शताब्दी के अंतिम चरण में लगता है। मुंज और भोज के समय (संवत् 1050) के लगभग तो ऐसी अपभ्रंश या पुरानी हिंदी का पूरा प्रचार शुद्ध साहित्य या काव्य रचनाओं में भी पाया जाता है। अत: हिंदी साहित्य का आदिकाल संवत् 1050 से लेकर संवत् 1375 तक अर्थात् महाराज भोज के समय से लेकर हम्मीरदेव के समय के कुछ पीछे तक माना जा सकता है। यद्यपि जनश्रुति इस काल का आरंभ और पीछे ले जाती है और संवत् 770 में भोज के पूर्वपुरूष राजा मान के सभासद पुष्य नामक किसी बंदीजन का दोहों में एक अलंकार ग्रंथ लिखना बताती है (दे. शिवसिंह सरोज), पर इसका कहीं कोई प्रणाम उपलब्ध नहीं है।

आदिकाल की इस दीर्घ परंपरा के बीच डेढ़ सौ वर्ष के भीतर तो रचना की किसी निशेष प्रवृत्ति का निश्चय नहीं होता है—धर्म, नीति, शृंगार, वीर सब प्रकार की रचनाएँ दोहों में मिलती हैं। इस अनिर्दिष्ट लोकप्रवृत्ति के उपरांत जब मुसलमानों की चढ़ाइयों का प्रारंभ होता है तब से हम हिंदी साहित्य की प्रवृत्ति एक विशेष रूप में बँधती हुई पाते हैं। राजाश्रित कवि और चारण जिस प्रकार नीति, शृंगार आदि के फुटकल दोहे राजसभाओं में सुनाया करते थे, उसी प्रकार अपने आश्रयदाता राजाओं पराक्रमपूर्ण चरितों या गाथाओं का वर्णन भी किया करते थे। यही प्रबंध परंपरा 'रासो' के नाम से पाई जाती है, जिसे लक्ष्य करके इस काल को हमने, 'वीरगाथाकाल' कहा है।

दूसरी बात इस आदिकाल के संबंध में ध्यान देने की यह है कि इस काल की जो साहित्यिक सामग्री प्राप्त है, उसमें कुछ तो असंदिग्ध है और कुछ संदिग्ध है। असंदिग्ध सामग्री जो कुछ प्राप्त है, उसकी भाषा अपभ्रंश अर्थात् प्राकृताभास (प्राकृत की रूढ़ियों में बहुत कुछ बद्ध) हिंदी है। इस अपभ्रंश या प्राकृताभास हिन्दी का अभिप्राय यह है कि यह उस समय की ठीक बोलचाल की भाषा नहीं है जिस समय की इसकी रचनाएँ मिलती हैं। यह उस समय के कवियों की भाषा है। कवियों ने काव्य परंपरा के अनुसार साहित्यिक प्राकृत के पुराने शब्द तो लिये ही हैं (जैसे पीछे की हिंदी में तत्सम संस्कृत शब्द लिये जाने लगे), विभक्तियाँ, कारकचिह्न और क्रियाओं के रूप आदि भी बहुत कुछ अपने समय से कई सौ वर्ष पुराने रखे हैं। बोलचाल की भाषा घिस-घिसाकर बिल्कुल जिस रूप में आ गयी थी सारा वही रूप न लेकर कवि और चारण आदि भाषा का बहुत कुछ वह रूप व्यवहार में लाते थे जो उनसे सौ

वर्ष पहले से कवि परंपरा रखती चली आती थी।

अपभ्रंश के जो नमूने हमें पद्यों में मिलते हैं वे उस काव्य भाषा के हैं जो अपने पुरानेपन के कारण बोलने की भाषा से कुछ अलग बहुत दिनों तक-आदिकाल के अंत क्या उसके कुछ पीछे तक-पोथियों में चलती रही। विक्रम की चौदहवीं शताब्दी के मध्य में एक ओर तो पुरानी परंपरा के कोई कवि-संभवत: शङ्र्गधर–हम्मीर की वीरता का वर्णन ऐसी भाषा में कर रहे थे–

चलिअ वीर हम्मीर पाअभर मेइणि कंपइ।
दिगमग णह अंधार धूलि सुररह आच्छाइहि॥

दूसरी ओर खुसरो मियाँ दिल्ली में बैठे ऐसी बोलचाल की भाषा में पहेलियाँ और मुकरियाँ कह रहे थे–

एक नार ने अचरज किया। साँप मार पिंजरे में दिया।

इसी प्रकार पंद्रहवीं शताब्दी में एक ओर तो विद्यापति बोलचाल की मैथिली के अतिरिक्त इस प्रकार की प्राकृति पुरानी काव्यभाषा भी भनते रहे थे–

बालचंद बिज्जावइ भाषा। दुहु नहिं लग्गइ दुज्जन आसा।

और दूसरी ओर कबीरदास अपनी अटपटी बानी इस बोली में सुना रहे थे–

अगिन जो लागी नीर में कंदो जलिया झारि।
उतर दषिण के पंडिता रहे बिचारि-बिचारि॥

सारांश यह है कि अपभ्रंश की यह परंपरा विक्रम की पंद्रहवीं शताब्दी के मध्य तक चलती रही। एक ही कवि विद्यापति ने दो प्रकार की भाषा का व्यवहार किया है–पुरानी अपभ्रंश भाषा का और बोलचाल की देशी भाषा का। इन दोनों भाषाओं का भेद विद्यापति ने स्पष्ट रूप से सुचित किया है–

देसिल बअना सब जन मिट्ठा। तें तैंसन जंपओं अवहट्ठा॥

अर्थात् देशी भाषा (बोलचाल की भाषा) सबको मीठी लगती है, इससे वैसा ही अपभ्रंश (देशी भाषा का मिला हुआ) मैं कहता हूँ। विद्यापति ने अपभ्रंश से भिन्न, प्रचलित बोलचाल की भाषा को 'देशी भाषा' कहा है। अत: हम भी इसी अर्थ में इस शब्द का प्रयोग कहीं-कहीं आवश्यकतानुसार करेंगे। इस आदिकाल के प्रकरण में पहले हम अपभ्रंश की रचनाओं का संक्षिप्त उल्लेख करके तब देशी भाषा की रचनाओं का वर्णन करेंगे।

प्रकरण-2 : अपभ्रंश काव्य

जब से प्राकृत बोलचाल की भाषा न रह गयी तभी से अपभ्रंश साहित्य का आविर्भाव समझना चाहिए। पहले जैसे 'गाथा' या 'गाहा' कहने से प्राकृत का बोध होता था वैसे ही पीछे 'दोहा' या 'दूहा' कहने से अपभ्रंश या लोकप्रचलित काव्यभाषा का बोध होने लगा। इस पुरानी प्रचलित काव्यभाषा में नीति, शृंगार वीर आदि की कविताएँ तो चली ही आती थीं, जैन और बौद्ध धर्माचार्य अपने मतों की रक्षा और प्रचार के लिए भी इसमें उपदेश आदि की रचना करते थे। प्राकृत से बिगड़कर जो रूप बोलचाल की भाषा ने ग्रहण किया वह भी आगे चलकर कुछ पुराना पड़ गया और काव्य रचना के लिए रूढ़ हो गया। अपभ्रंश नाम उसी समय से चला। जब तक भाषा बोलचाल में थी तब तक वह भाषा या देशभाषा ही कहलाती रही, जब वह भी साहित्य की भाषा हो गयी तब उसके लिए अपभ्रंश शब्द का व्यवहार होने लगा।

भरत मुनि (विक्रम तीसरी शताब्दी) ने 'अपभ्रंश' नाम न देकर लोकभाषा को 'देशभाषा' ही कहा है। वररुचि के 'प्राकृतप्रकाश' में भी अपभ्रंश का उल्लेख नहीं है। अपभ्रंश नाम पहले पहल बलभी के राजा धारसेन द्वितीय के शिलालेख में मिलता है, जिसमें उसने अपने पिता गुहसेन (वि.सं. 650 के पहले) को संस्कृत; प्राकृत और अपभ्रंश तीनों का कवि कहा है। भामह (विक्रम सातवीं शताब्दी) ने भी तीनों भाषाओं का उल्लेख किया है। बाण ने 'हर्षचरित' में संस्कृत कवियों के साथ भाषाकवियों का भी उल्लेख किया है। इस प्रकार अपभ्रंश या प्राकृताभास हिंदी में रचना होने का पता हमें विक्रम की सातवीं शताब्दी में मिलता है। उस काल की रचना के नमूने बौद्धों की वज्रयान शाखा के सिद्धों की कृतियों के बीच मिलते हैं।

संवत् 990 में देवसेन नामक एक जैन ग्रंथकार हुए हैं। उन्होंने भी श्रावकाचार, नाम की एक पुस्तक दोहों में बनायी थी, जिसकी भाषा अपभ्रंश का अधिक प्रचलित रूप लिये हुए है, जैसे–

जो जिण सासण भाषियउ सो मइ कहियउ सारु।
जो पालइ सइ भाउ करि सो सरि पावइ पारु।

इन्हीं देवसेन ने 'दब्ब-सहाव-पयास' (द्रव्य-स्वभाव प्रकाश) नामक एक और ग्रंथ दोहों में बनाया था, जिसका पीछे से माइल्ल धवल ने 'गाथा' या साहित्य की प्राकृत में रूपांतर किया। इसके पीछे तो जैन कवियों की बहुत-सी रचनाएँ मिलती हैं, जैसे श्रुतिपंचमी कथा, योगसार, जसहरचरिउ, णयकुमारचरिउ इत्यादि। ध्यान देने की बात यह है कि चरित्रकाव्य या आख्यान काव्य के लिए अधिकतर चौपाई, दोहे का पद्धति ग्रहण की गयी है। पुष्पदंत (संवत्1029) के 'आदिपुराण' और 'उत्तरपुराण' चौपाइयों में हैं। उसी काल के आसपास का 'जसहरचरिउ' (यशधर चरित्र) भी चौपाइयों में रचा गया है, जैसे–

बिणु धवलेण सयडु किं हल्लइ। बिणु जीवेण देहु किं चल्लइ।
बिणु जीवेण मोक्ख को पावइ। तुम्हारिसु किं अप्पइ आवइ।।

चौपाई-दोहे की यह परंपरा हम आगे चलकर सूफियों की प्रेम कहानियों में, तुलसी के रामचरितमानस में तथा छत्रप्रकाश, ब्रजविलास, सबलसिंह चौहान के महाभारत इत्यादि अनेक आख्यान काव्यों में पाते हैं।

बौद्ध धर्म विकृत होकर वज्रयान संप्रदाय के रूप में देश के पूरबी भागों में बहुत दिनों से चला आ रहा था। इन बौद्ध तांत्रिकों के बीच वामाचार अपनी चरम सीमा को पहुँचा। ये बिहार से लेकर आसाम तक फैले थे और सिद्ध कहलाते थे। 'चौरासी सिद्ध' इन्हीं में हुए हैं, जिनका परंपरागत स्मरण जनता को अब तक है। इन तांत्रिक योगियों को लोग अलौकिक शक्ति संपन्न समझते थे। ये अपनी सिद्धियों और विभूतियों के लिए प्रसिद्ध थे। राजशेखर ने 'कर्पूरमंजरी' में भैरवनंद के नाम से एक ऐसे ही सिद्ध योगी का समावेश किया है। इस प्रकार जनता पर इन सिद्ध योगियों का प्रभाव विक्रम की दसवीं शताब्दी से ही पाया जाता है, जो मुसलमानों के आने पर पठानों के समय तक कुछ-न कुछ बना रहा। बिहार के नालंदा और विक्रमशिला नामक प्रसिद्ध विद्यापीठ इनके अड्डे थे। बख्तियार खिलजी ने इन दोनों स्थानों को जब उजाड़ा तब से ये तितर-बितर हो गये। बहुत-से भोट आदि अन्य देशों को चले गये।

चौरासी सिद्धों के नाम ये हैं- लूहिपा, लीलापा, विरूपा, डोंभिपा, शबरीपा, सरहपा, कंकालीपा, मीनपा, गोरक्षपा, चौरंगीपा, वीणापा, शांतिपा, तंतिपा, चमरिपा, खड्गपा, नागार्जुन, कण्हपा, कर्णरिपा, थगनपा, नारोपा, शीलपा, तिलोपा, छत्रपा, भद्रपा, दोखंधिपा, अजागिपा, कालपा, धोंभीपा, कंकणपा, कमरिपा, डेंगिपा, भदेपा, तंधेपा, कुक्कुरिपा, कुचपा, धर्मपा, महीपा, अचिंतिपा, भल्लहपा, नलिनपा, भूसुकुपा, इंद्रभुति, मेकोपा, कुठालिपा, कमरिपा, जालंधरपा, राहुलपा, घर्वरिपा, धोकरिपा, मेदिनीपा, पंकजपा, घंटापा, जोगीपा, चेलुकपा, गुंडरिपा, निर्गुणपा, जयानंत, चर्पटीपा, चपंकपा, भिखनपा, भलिपा, कुमरिपा, चँवरिपा, मणिभद्रपा (योगिनी), कनखलापा(योगिनी), कलकलपा, कतालीपा, धहुरिपा, उधरिपा, कपालपा, किलपा, सागरमपा, सर्वभक्षपा, नागबोधिपा, दारिकपा, पुतलिपा, पनहपा, कोकालिपा, अनंगपा, लक्ष्मीकरा (योगिनी), समुदपा, भलिपा।

('पा' आदरार्थक 'पाद' शब्द है। इस सूची के नाम पूर्वापर कालानुक्रम से नही हैं। इनमें से कई एक समसामयिक थे।)

वज्रयानशाखा में जो योगी 'सिद्ध' के नाम से प्रसिद्ध हुए वे अपने मत का संस्कार जनता पर भी डालना चाहते थे। इससे वे संस्कृत रचनाओं के अतिरिक्त अपनी बानी अपभ्रंशमिश्रित देशभाषा या काव्यभाषा में भी बराबर सुनाते रहे। उनकी रचनाओं का एक संग्रह पहले म.म. हरप्रसाद शास्त्री ने बँगला अक्षरों में 'बौद्धगान ओ दोहा' के नाम से निकाला था। पीछे त्रिपिटकाचार्य राहुल सांकृत्यायनजी भोट देश में जाकर सिद्धों की और बहुत-सी रचनाएँ लाये। सिद्धों में सबसे पुराने 'सरह'(सरोजवज्र भी नाम है) हैं जिनका काल डॉ. विनयतोष भट्टाचार्य[1] ने विक्रम संवत् 690 निश्चित किया है। उनकी रचना के कुछ नमूने नीचे दिये जाते हैं–

अंतस्साधना पर जोर और पंडितों को फटकार–

पंडिअ सअल सत्त बक्खाणइ। देहहि रुद्ध बसंत न जाणइ।
अमणागमण ण तेन विखंडिअ। तोवि णिलज्जइ भणइ हउँ पंडिअ।।

× × × × ×

जहि मन पवन न संचरइ, रवि ससि नांहि पवेश।
तहि बट चित्त बिसाम करु। सरेहे कहिअ उवेस॥
घोर अधारे चंदमणि जिमि उज्जोअ करेइ।
परम महासुह एखु कणे दुरिअ अशेष हरेइ॥
जीवंतह जो नउ जरइ सो अजरामर होइ।
गुरु उपएसें बिमलमइ सो पर धण्णा कोइ॥

दक्षिण मार्ग छोड़कर वाममार्ग ग्रहण का उपदेश–

नाद न बिंदु न रवि न शशि मंडल। चिअराअ सहाबे मूकल।
उजु रे उजु छाँड़ि मा लेहु रे बंक। निअहि बोहि मा जाहु रे रंक॥

लूहिपा या लूइपा (संवत् 830 के आसपास) के गीतों से कुछ उद्धरण–

काआ तरुवर पंच बिड़ाल। चंचल चीए पइठो काल।
दिट करिअ महासुह परिमाण। लूइ भणइ गुरु पुच्छिअ जाण॥
× × × × ×
भाव न होइ, अभाव ण जाइ। अइस संगोहे को पतिआइ?
लूइ भणइ बट दुलक्ख बिणाण। तिअ धाए बिलसइ, अह लागे णा।

विरूपा (संवत् 900 के लगभग) की वारुणीप्रेरित अंतर्मुख साधना की पद्धति देखिए–

सहजे थिर करि वारुणी साध। अजरामर होइ दिट काँध।
दशमि दुआरत चिह्न देखइआ। आइल गराहक अपणे बहिआ।
चउशठि घड़िए देट पसारा। पइठल गराहक नाहि निसारा।

कण्हपा (संवत् 900 के उपरांत) की बानी के कुछ खंड नीचे उद्धृत किये जाते है।–

एक्क ण किज्जइ मंत्र ण तंत। णिअ धरणी लइ केलि करंत।
णिअ घर घरणी जाब ण मज्जइ। ताव की पंचवर्ण बिहरिज्जइ॥
जिमि लोण बिलज्जई पाणिएहि, तिमि धरिणी लइ चित्त।
समरस जइ तक्खणे जइ पुणु ते सम नित्त।

वज्रयानियों की योगतंत्र साधनाओं में मद्य तथा स्त्रियों का–विशेषतः डोमिनी, रजकी आदि का–अबाध सेवन एक आवश्यक अंग था। सिद्ध कण्हपा डोमिनी का आह्वान गीत इस प्रकार गाते हैं–

नगर बाहिरे डोंबी तोहरि कुड़िया छड़।
छोइ जाइ सो बाह्य नाड़िया।
आलो डोंबि! तोए सम करिब म साँग। निधिण कण्ह कपाली जोइ लाग॥
एक्क सो पदमा चौषट्टि पाखुड़ी। तढ़ि चढ़ि नाचअ डोंबी बापुड़ी॥
हालो डोंबी! तो पुछमि सदभावे। अइससि जासि डोंबी काहरि नावें।
× × × × ×
गंगा जउँना माझे रे बहइ नाई।
ताहि बुड़िलि मातंगि पोइआ लीले पार करेइ।
बाहतु डोंबी, बाहलो डोंबी बाट त भइल उछारा।
सद्गुरु पाअ पए जाइब पुणु जिणउरा॥

× × × × ×

काआ नावड़ि खँटि मन करिआल। सद्‌गुरु बअणे घर पतवाल।
चीअ थिर करि गहु रे नाई। अन्न उपाये पार ण जाई॥

कापालिक जोगियों से बचे रहने का उपदेश घर में सास-नन्द आदि देती ही रहती थीं, पर वे आकर्षित होती थीं-जैसे कृष्ण की ओर गोपियाँ होती थीं-

राग देस मोह लाइअ छार। परम भीख लवए मुक्तिहार।
मारिअ सासु नणंद घरे शाली। माअ मारिया, कण्ह भइल कबाली॥

थोड़ा घट के भीतर का विहार देखिये-

नाड़ि शक्ति दिअ धरिअ खदे। अनह डमरू बाजइ बीर नादे।
काण्ह कपाली जोगी पइठ अचारे। देह नअरी बिहरइ एकारे॥

इसी ढंग का कुककुरिपा (संवत् 900 के उपरांत) का एक गीत लीजिए-

ससुरी निंद गेल, बहुड़ी जागअ। कानेट चोर निलका गइ मागअ।
दिवसइ बहुणी काढ़इ डरे भाअ। रति भइले कामरू जाअ।

रहस्यमार्गियों की सामान्य प्रवृत्ति के अनुसार सिद्ध लोग अपनी बानी को ऐसी पहेली के रूप में भी रखते थे जिसे कोई बिरला ही बूझ सकता है। सिद्ध तंतिपा की अटपटी बानी सुनिए-

बेंग संसार बाड़हिल जाअ। दुलि दूध के बेटे समाअ।
बलद बिआएल गविआ बाँझे। पिटा दुहिए एतिना साँझे।
जो सो बुज्झी सो धनि बुधी। जो सो चोर सोई साधी।
निते निते पिआला षिहे जूझअ। ढेढपाएर गीत बिरले बूझअ।

बौद्ध धर्म ने जब तांत्रिक रूप धारण किया, तब उसमें से पाँच ध्यानी बुद्धा और उनकी शक्तियों के अतिरिक्त अनेक बोधिसत्वों की भावना की गयी जो सृष्टि का परिचालन करते हैं। वज्रयान में आकर 'महासुखवाद' का प्रवर्तन हुआ। प्रज्ञा और उपाय के योग से इस महासुख दशा की प्राप्ति मानी गयी। इसे आनंदस्वरूप ईश्वरत्व ही समझिए। निर्वाण के तीन अवयव ठहराये गये-शून्य, विज्ञान और महासुख। उपनिषद् में तो ब्रह्मानंद के सुख के परिणाम का अंदाजा करने के लिए उसे सहवाससुख से सौ गुना कहा था, पर वज्रयान में निर्वाण के सुख का स्वरूप ही सहवाससुख के समान बताया गया। शक्तियों सहित देवताओं के 'युगनद्ध' स्वरूप की भावना चली और उनकी नग्न मूर्तियाँ सहवास की अनेक अश्लील मुद्राओं में बनने लगीं, जो कहीं-कहीं अब भी मिलती हैं। रहस्य या गुह्य की प्रवृत्ति बढ़ती गयी और 'गुह्यसमाज' या 'श्रीसमाज' स्थान-स्थान पर होने लगे। ऊँच-नीच कई वर्ण की स्त्रियों को लेकर मद्यपान के साथ अनेक वीभत्स विधान वज्रयानियों की साधना के प्रधान अंग थे। सिद्धि प्राप्त करने के लिए किसी स्त्री का (जिसे शक्ति योगिनी या महामुद्रा कहते थे) योग या सेवन आवश्यक था। इसमें कोई संदेह नहीं कि जिस समय मुसलमान भारत आये उस समय देश के पूरबी भागों में (बिहार, बंगाल और उड़ीसा में) धर्म के नाम पर दुराचार फैला था।

रहस्यवादियों की सार्वभौम प्रवृत्ति के अनुसार ये सिद्ध लोग अपनी बानियों के सांकेतिक दूसरे अर्थ भी बताया करते थे, जैसे-

काटा तरुवर पंच बिड़ाल

(पंच बिड़ाल-बौद्धशास्त्र में निरूपित पंच प्रतिबंध-आलस्य, हिंसा, काम, चिकित्सा और

मोह। ध्यान देने की बात यह है कि विकारों की यही पाँच संख्या निर्गुण धारा के संतों और हिंदी के सूफी कवियों ने ली। हिंदू शास्त्रों में विकारों की बँधी संख्या 6 हैं।)

गंगा जउँना माझे बहइ रे नाई।

(–इला-पिंगला के बीच सुषुम्ना नाड़ी के मार्ग से शून्य देश की ओर यात्रा) इसी से वे अपनी बानियों की भाषा को 'संध्याभाषा' कहते थे।[2]

ऊपर उद्धृत थोड़े-से वचनों से ही इसका पता लग सकता है कि इन सिद्धों द्वारा किस प्रकार के संस्कार जनता में इधर-उधर बिखेरे गये थे। जनता की श्रद्धा शास्त्रज्ञ विद्वानों पर से हटा कर अंतर्मुख साधना वाले योगियों पर जमाने का प्रयत्न 'सरह' के इस वचन 'घट में ही बुद्ध है' यह नहीं जानता, आवागमन को भी खंडित नहीं किया, तो भी निर्लज्ज कहता है कि 'मैं पंडित हूँ' में स्पष्ट झलकता हैं। यहाँ पर यह समझ रखना चाहिए कि योगमार्गी बौद्धों ने ईश्वरत्व की भावना कर ली थी–

प्रत्यात्मवेद्यो भगवान् उपमावर्जितः प्रभुः।
सर्वगः सर्वव्यापी च कर्त्ता हर्त्ता जगत्पत्तिः।
श्रीमान् वर्जसत्वोऽसौ व्यक्त भाव प्रकाशकः।

–व्यक्त भावानुगत तत्त्वसिद्धि
(दारिकपा की शिष्या सहजयोगिनी चिंता कृत)

इसी प्रकार जहाँ रवि, शशि, पवन आदि की गति नहीं वहाँ चित्त को विश्राम कराने का दावा 'ऋजु' (सीधे, दक्षिण) मार्ग को छोड़ कर 'बंक' (टेढ़ा, वाम) मार्ग ग्रहण करने का उपदेश भी है। सिद्ध कण्हपा कहते हैं कि 'जब तक अपनी गृहिणी का उपभोग न करेगा तब तक पंचवर्ण की स्त्रियों के साथ विहार क्या करेगा?' वर्जयान में 'महासुह' (महासुख) वह दशा बतलायी गयी है जिसमें साधक शून्य में इस प्रकार विलीन हो जाता है जिस प्रकार नमक पानी में। इस दशा का प्रतीक खड़ा करने के लिए 'युगनद्ध' (स्त्री-पुरुष का आलिंगनबद्ध जोड़ा) की भावना की गयी। कण्हपा का यह वचन कि 'जिमि लोण बिलिज्जई पाणि एहि तिमि धरणी लइ चित्त' इसी सिद्धांत का द्योतक है। कहने की आवश्यकता नहीं कि कौल कापालिक आदि इन्हीं वज्रयानियों से निकले। कैसा ही शुद्ध और सात्विक धर्म हो, 'गुह्य' और 'रहस्य' के प्रवेश से वह किस प्रकार विकृत और पाखंडपूर्ण हो जाता है, वज्रयान इसका प्रमाण है।

गोरखनाथ के नाथपंथ का मूल भी बौद्धों की यही वज्रयान शाखा है। चौरासी सिद्धों में गोरखनाथ (गोरक्षपा) भी गिन लिये गये हैं। पर यह स्पष्ट है कि उन्होंने अपना मार्ग अलग कर लिया। योगियों की इस हिंदू शाखा ने वज्रयानियों के अश्लील और वीभत्स विधानों से अपने को अलग रखा, यद्यपि शिव शक्ति की भावना के कारण कुछ शृंगारमयी वाणी भी नाथपंथ के किसी-किसी ग्रंथ (जैसे, शक्ति संगम के तंत्र) में मिलती है। गोरख ने पतंजलि के उच्च लक्ष्य, ईश्वर प्राप्ति को लेकर हठयोग का प्रवर्तन किया। वज्रयानी सिद्धों का लीला क्षेत्र भारत का पूरबी भाग था। गोरख ने अपने ग्रंथ का प्रचार देश के पश्चिमी भागों में राजपूताने और पंजाब में किया। पंजाब में नमक के पहाड़ों के बीच बालनाथ योगी का स्थान बहुत दिनों तक प्रसिद्ध रहा। जायसी की पद्मावत में 'बालनाथ का टीला' आया है।

गोरखनाथ के समय का ठीक पता नहीं। राहुल सांकृत्यायनजी ने वज्रयानी सिद्धों की परंपरा के बीच उनका जो स्थान रखा है, उसके अनुसार उनका समय विक्रम की दसवीं शताब्दी

आता है। उनका आधार वज्रयानी सिद्धों की एक पुस्तक 'रत्नाकर जोपम कथा' है, जिसके अनुसार मीननाथ के पुत्र मत्स्येंद्रनाथ कामरूप के मछवाहे थे और चर्पटीपा के शिष्य होकर सिद्ध हुए थे। पर सिद्धों की अपनी सूची में सांकृत्यायनजी ने ही मत्स्येंद्र को जलंधर का शिष्य लिखा है, जो परंपरा से प्रसिद्ध चला आता है। गोरखनाथ के गुरु मत्स्येंद्रनाथ (मछंदरनाथ) थे, यह तो प्रसिद्ध ही है। सांकृत्यायनजी ने मीननाथ या मीनपा को पालवंशी राजा देवपाल के समय मे अर्थात् संवत 900 के आसपास माना है। यह समय उन्होंने किस आधार पर स्थिर किया, पता नहीं। यदि सिद्धों की उक्त पुस्तक में मीनपा के राजा देवपाल के समय में होने का उल्लेख होता तो वे उसकी ओर विशेष रूप से आकर्षित करते। चौरासी सिद्धों के नामों में हेरफेर होना बहुत संभव है। हो सकता है कि गोरक्षपा और चौरंगीपा के नाम पीछे से जुड़ गये हों और मीनपा से मत्स्येंद्र का नामसाम्य के अतिरिक्त कोई संबंध न हो। ब्रह्मनंद ने दोनों को बिलकूल अलग माना भी हैं (सरस्वती भवन स्टडीज)। संदेह यह देखकर और भी होता है कि सिद्धों की नामावली में और सब सिद्धों की जाति और देश का उल्लेख है, पर गोरक्ष और चौरंगी का कोई विवरण नहीं। अतः गोरखनाथ का समय निश्चित रूप से विक्रम की दसवीं शताब्दी मानते नहीं बनता।

महाराष्ट्र के संत ज्ञानदेव ने, जो अलाउद्दीन के समय (संवत् 1358) में थे, अपने को गोरखनाथ की शिष्य परंपरा में कहा है। उन्होंने यह परंपरा इस क्रम से बतायी है–

आदिनाथ, मत्स्येंद्रनाथ, गोरखनाथ, गैनीनाथ, निवृत्तिनाथ और ज्ञानेश्वर।

इस महाराष्ट्र परंपरा के अनुसार गोरखनाथ का समय महाराज पृथ्वीराज के पीछे आता है। नाथ परंपरा में मत्स्येंद्रनाथ के गुरु जलंधरनाथ माने जाते हैं। भोट के ग्रंथों में भी सिद्ध जलंधर आदिनाथ कहे गये हैं। सब बातों का विचार करने से हमें ऐसा प्रतीत होता है कि जलंधर ने ही सिद्धों से अपनी परंपरा अलग की ओर पंजाब की ओर से चले गये। वहाँ काँगड़े की पहाड़ियों तथा और स्थानों में रमते रहे। पंजाब का जलंधर शहर उन्हीं का स्मारक जान पड़ता है। नाथ संप्रदाय के किसी ग्रंथ में जलंधर को बालनाथ भी कहा है। नमक के पहाड़ों के बीच 'बालनाथ का टीला' बहुत दिनों तक प्रसिद्ध रहा। मत्स्येंद्र जलंधर के शिष्य थे, नाथपंथियों की यह धारणा ठीक जान पड़ती हैं। मीनपा के गुरु चर्पटीनाथ हो सकते हैं, पर मत्स्येंद्र के गुरु जलंधर ही थे। सांकृत्यायनजी ने गोरख का जो समय स्थिर किया है वह मीनपा का राजा देवपाल का समसामयिक और मत्स्येंद्र का पिता मानकर। मत्स्येंद्र का मीनपा से कोई संबंध न रहने पर उक्त समय मानने का कोई आधार नहीं रह जाता और पृथ्वीराज के समय के आसपास ही–विशेषतः कुछ पीछे–गोरखनाथ के होने का अनुमान दृढ़ होता है।

जिस प्रकार सिद्धों की संख्या चौरासी प्रसिद्ध है, उसी प्रकार नाथों की संख्या नौ। अब भी लोग 'नवनाथ' और 'चौरासी सिद्ध' कहते सुने जाते हैं। 'गोरक्षसिद्धांतसंग्रह' में मार्ग प्रवर्तकों के नाम गिनाये गये हैं–

नागार्जुन, जड़भरत, हरिश्चंद्र, सत्यनाथ, भीमनाथ, गोरक्षनाथ, चर्पट, जलंधर और मलयार्जुन।

इन नामों में नागार्जुन, चर्पट और जलंधर सिद्धों की परंपरा में भी हैं। नागार्जुन (सं. 702) प्रसिद्ध रसायनी भी थे। नाथपंथ में रसायन की सिद्धि है। नाथपंथ सिद्धों की परंपरा से ही छंटकर निकला है, इसमें कोई संदेह नहीं।

इतिहास से इस बात का पता लगता है कि महमूद गजनवी के भी कुछ पहले सिंध

और मुलतान में भी कुछ मुसलमान बस गये थे जिनमें कुछ सूफी भी थे। बहुत-से सूफियों ने भारतीय योगियों से प्राणायाम आदि की क्रियाएँ भी सीखीं, इसका उल्लेख मिलता है। अतः गोरखनाथ चाहे विक्रम की दसवीं शताब्दी में हुए हों, चाहे तेरहवीं में उनका मुसलमानों से परिचित होना अच्छी तरह माना जा सकता है, क्योंकि जैसा कहा जा चुका है, उन्होंने अपने पंथ का प्रचार पंजाब और राजपूताने की ओर किया।

इतिहास और जनश्रुति से इस बात का पता लगता है कि सूफी फकीरों और पीरों के द्वारा इस्लाम को जनप्रिय बनाने का उद्योग भारत में बहुत दिनों तक चलता रहा। पृथ्वीराज के पिता के समय में ख्वाजा मुईनुद्दीन के अजमेर आने और अपनी सिद्धि का प्रभाव दिखाने के गीत मुसलमानों में अब तक गाये जाते हैं। चमत्कारों पर विश्वास करनेवाली भोली-भाली जनता के बीच अपना प्रभाव फैलाने में इन पीरों और फकीरों को सिद्धों और योगियों से मुकाबला करना पड़ा, जिन का प्रभाव पहले से जमा चला आ रहा था। भारतीय मुसलमानों के बीच, विशेषतः सूफियों की परंपरा में, ऐसी अनेक कहानियाँ चलीं जिनमें किसी पीर ने किसी सिद्ध या योगी को करामात में पछाड़ दिया। कई योगियों के साथ ख्वाजा मुईनुद्दीन का भी ऐसा ही करामाती दंगल कहा जाता है।

ऊपर कहा जा चुका है कि गोरखनाथ की हठयोग साधना ईश्वरवाद को लेकर चली थी अतः उसमें मुसलमानों के लिए भी आकर्षण था। ईश्वर से मिलाने वाले योग हिंदुओं और मुसलमानों दोनों के लिए एक सामान्य साधना के रूप में आगे रखा जा सकता है, यह बात गोरखनाथ को दिखाई पड़ी थी। उसमें मुसलमानों को अप्रिय मूर्तिपूजा और बहुदेवोपासना की आवश्यकता न थी। अतः उन्होंने दोनों के विद्वेषभाव को दूर करके साधना का एक सामान्य मार्ग निकालने की संभावना समझी थी और वे उसका संस्कार अपनी शिष्य परंपरा में छोड़ गये थे। नाथ संप्रदाय के सिद्धांतों, ग्रंथों में ईश्वरोपासना के बाह्यविधानों के प्रति उपेक्षा प्रकट की गयी है, घट के भीतर ही ईश्वर को प्राप्त करने का जोर दिया गया है, वेदशास्त्र का अध्ययन व्यर्थ ठहराकर विद्वानों के प्रति अश्रद्धा प्रकट की गयी है, तीर्थाटन आदि निष्फल कहे गये हैं।

1. योगशास्त्रं पठेन्नित्यं किमन्यैः शास्त्रविस्तरैः।

2. न वेदो वेद इत्याहुर्वेदा वेदो निगद्यते।
परमात्मा विद्यते येन स वेदो वेद उच्यते।
न संध्या संधिरित्याहुः संध्या संविधर्निगद्यते।।
सुषुम्णा संधिगः प्राणः सा संध्या संधिरुच्यते।।

अंतस्साधना के वर्णन में हृदय दर्पण कहा गया है जिसमें आत्मा के स्वरूप का प्रतिबिंब पड़ता है–

3. हृदयं दर्पणं यस्य मनस्तत्र विलोकयेत्।
दृश्यते प्रतिबिम्बेन आत्मरूपं सुनिश्चितम्।।

परमात्मा की अनिर्वचनीयता इस ढंग से बतायी गयी है–

शिवं न जानामि कथं वदामि। शिवं च जानामि कथं वदामि।

इसके संबंध में सिद्ध लूहिपा भी कह गये हैं–

भाव न होइ, अभाव न होई। अइस संबोहे को पतिआइ?

'नाद' और बिंदु' संज्ञाएँ वज्रयान सिद्धों में बराबर चलती रहीं। गोरखसिद्धांत में उनकी

व्याख्या इस प्रकार की गयी है–

नाथांशो नादो, नादांशः प्राणः, शक्त्यंशो बिन्दुः बिन्दोरांशः शरीरम्।

–गोरक्षसिद्धांतसंग्रह (गोपीनाथ कविराज संपादित)

'नाद' और 'बिंदु' के योग से जगत् की उत्पत्ति सिद्ध और हठयोगी दोनों मानते थे। तीर्थाटन के संबंध में जो भाव सिद्धों का था, वही हठयोगियों का भी रहा। 'चित्त शोधन प्रकरण' में वज्रयानी सिद्ध आर्यदेव (कर्णरीपा) का वचन है–

प्रतरन्नपि गंगायां नैव श्वा सुद्धमर्हति।
तस्माद्धर्मधियां पुंसां तीर्थस्नानं तु निष्फलम्॥
धर्मो यदि भवेत् स्नानात् कैवर्त्तानां कृतार्थता।
नक्तं दिवं प्रविष्टानां मत्स्यादीनां तु का कथा।

जनता के बीच इस प्रकार के प्रभाव क्रमशः ऐसे गीतों के रूप में निर्गुणपंथी संतों द्वारा आगे भी बराबर फैल रहे, जैसे–

गंगा के नहाये कहो को नर तरिगे, मछरी न तरी जाको पानी में घर है।

यहाँ पर यह बात ध्यान में रखना आवश्यक है कि ८4 सिद्धों में बहुत-से मछुए, चमार, धोबी, डोम, कहार, लकड़हारे, दरजी तथा बहुत-से शुद्र कहे जाने वाले लोग थे। अतः जाति-पाँति के खंडन तो वे आप ही थे। नाथ संप्रदाय भी जब फैला, तब उसमें भी जनता की नीची और अशिक्षित श्रेणियों के बहुत-से लोग आये जो शास्त्रज्ञान संपन्न न थे, जिनकी बुद्धि का विकास बहुत सामान्य कोटि का था।[3] पर अपने को रहस्यदर्शी प्रदर्शित करने के लिए शास्त्रज्ञ पंडितों और विद्वानों को फटकारना भी वे जरूरी समझते थे। सद्गुरु का माहात्म्य सिद्धों में भी और उनमें भी बहुत अधिक था।

नाथपंथ के जोगी कान की लौ में बड़े-बड़े छेद करके स्फटिक के भारी-भारी कुंडल पहनते हैं, इससे कनफटे कहलाते हैं। जैसा पहले कहा जा चुका है, इस पंथ का प्रचार राजपूताने तथा पंजाब की ओर ही अधिक रहा। अतः जब मत के प्रचार के लिए इस पंथ में भाषा के भी ग्रंथ लिखे गये तब उधर की ही प्रचलित भाषा का व्यवहार किया गया। उन्हें मुसलमानों को भी अपनी बानी सुनानी रहती थी जिनकी बोली अधिकतर दिल्ली के आस पास की खड़ी बोली थी। इससे उसका मेल भी उनकी बानियों में अधिकतर रहता था। इस प्रकार नाथपंथ के इन जोगियों ने परंपरा साहित्य की भाषा या काव्य भाषा से, जिसका ढाँचा खड़ी बोली लिये राजस्थानी था। देश भाषा की इन पुस्तकों में पूजा, तीर्थाटन आदि के साथ हज, नमाज आदि का भी उल्लेख पाया जाता हैं। इस प्रकार की एक पुस्तक का नाम है, 'काफिरबोध'[4]।

नाथपंथ के उपदेशों का प्रभाव हिंदुओं के अतिरिक्त मुसलमानों पर भी प्रारंभ काल में ही पड़ा। बहुत-से मुसलमान, निम्न श्रेणी के ही सही, नाथपंथ में आये। अब भी इस प्रदेश में बहुत-से मुसलमान जोगी गेरुआ वस्त्र पहने, गुदड़ी की लंबी झोली लटकाये, सारंगी बजा बजाकर 'कलि में अमर राजा भरथरी' के गीत गाते फिरते हैं और पूछने पर गोरखनाथ को अपना आदिगुरु बताते हैं। ये राजा गोपीचंद के भी गीत गाते हैं जो बंगाल में चटगाँव के राजा थे और जिनकी माता मैनावती कहीं गोरख की शिष्या और कहीं जलधंर की शिष्या कही गयी है।

देशभाषा में लिखे गोरख पंथ की पुस्तकें गद्य और पद्य दोनों में हैं और विक्रम संवत् 1400 के आस पास की रचनाएँ हैं। इनमें सांप्रदायिक शिक्षा है। जो पुस्तकें पायी गयी हैं उनके

नाम ये हैं–गोरख-गणेश गोष्ठी, महादेव-गोरख-संवाद, गोरखनाथजी की सत्रह कला, गोरख बोध, दत्त-गोरख-संवाद, योगेश्वरी साखी, नरवइ बोध, विराट पुराण, गोरखसार, गोरखनाथ की बानी। ये सब ग्रंथ गोरख के नहीं, उनके अनुयायी शिष्यों के रचे हैं। गोरख के समय जो भाषा लिखने-पढ़ने में व्यवहृत होती थी उसमें प्राकृत या अपभ्रंश शब्दों का थोड़ा या बहुत मेल अवश्य रहता था।

उपर्युक्त पुस्तकों में 'नरवइ बोध' के नाम (नरवई=नरपति) में ही अपभ्रंश का आभास है। इन पुस्तकों में अधिकतर संस्कृत ग्रंथों के अनुवाद हैं। यह बात उनकी भाषा के ढंग से ही प्रकट होती हैं। 'विराट पुराण' संस्कृत के 'वैराट पुराण' का अनुवाद है। गोरखपंथ के ये संस्कृत ग्रंथ पाये जाते हैं–

सिद्ध-सिद्धांत-पद्धति, विवेक मार्तंड, शक्ति-संगम-तंत्र, निरंजन पुराण, वैराट पुराण।

हिंदी भाषा में लिखी पुस्तकें अधिकतर इन्हीं के अनुवाद या सार हैं। हाँ, 'साखी' और 'बानी' में शायद कुछ रचना गोरख की हों। पद का एक नमूना देखिए–

स्वामी तुम्हई गुर गोसाई। अम्हे जो सिव सबद एक बूझिबा।।
निरारंबे चेला कूण बिधि रहै। सतगुरु होइ स पुछ्या कहै।।
अबधू रहिया हाटे बाटे रूष विरष की छाया।
तजिबा काम क्रोध लोभ मोह संसार की माया।।

सिद्धों और योगियों का इतना वर्णन करके इस बात की ओर ध्यान दिलाना हम आवश्यक समझते हैं कि उनकी रचनाएँ तांत्रिक विधान, योगसाधना, आत्मनिग्रह, श्वास-निरोध, भीतरी चक्रों और नाड़ियों की स्थिति, अंतर्मुख साधना के महत्त्व इत्यादि की सांप्रदायिक शिक्षा मात्र हैं, जीवन की स्वाभाविक अनुभूतियों और दशाओं से उनका काई संबंध नहीं। अतः वे शुद्ध साहित्य के अंतर्गत नहीं आतीं। उनको उसी रूप में ग्रहण करना चाहिए जिस रूप में ज्योतिष, आयुर्वेद आदि के ग्रंथ। उनका वर्णन यहाँ केवल दो बातों के विचार से किया गया है–

पहली बात है– भाषा। सिद्धों की उद्धृत रचनाओं की भाषा देशभाषा मिश्रित अपभ्रंश या पुरानी हिंदी की काव्य भाषा है, यह तो स्पष्ट है। उन्होंने भरसक उसी सर्वमान्य व्यापक काव्य भाषा में लिखा है जो उस समय गुजरात, राजपूताने और ब्रजमंडल से लेकर बिहार तक लिखने-पढ़ने की शिष्ट भाषा थी। पर मगध में रहने के कारण सिद्धों की भाषा में कुछ पूरबी प्रयोग भी (जैसे, भइले, बूडिलि,) मिले हुए हैं। पुरानी हिंदी की व्यापक काव्यभाषा का ढाँचा शौरसेनीप्रसूत अपभ्रंश अर्थात् ब्रज और खड़ी बोली (पश्चिमी हिंदी) का था। वही ढाँचा हम उद्धृत रचनाओं के- **जो, सो मारिआ, पइठो, जाअ, किज्जइ, करंत जावे (जब तब) ताब (तब तक) मइअ, कोइ,** इत्यादि प्रयोगों में पाते हैं। ये प्रयोग मागधी प्रसूत पुरानी बँगला के नहीं, शौरसेनीप्रसूत पुरानी पश्चिमी हिंदी के हैं। सिद्ध कण्हपा की रचनाओं को यदि हम ध्यानपूर्वक देखें तो एक बात साफ झलकती है। वह यह कि उनके उपदेश की भाषा तो पुरानी टकसाली हिंदी (काव्यभाषा)है, पर गीत की भाषा पुरानी बिहारी या पूरबी बोली मिली है। यही भेद हम आगे चलकर कबीर की ' साखी', 'रमैनी' (गीत) की भाषा में पाते हैं। साखी की भाषा तो खड़ी बोली राजस्थानी मिश्रित सामान्य भाषा 'सधुक्कड़ी' है पर रमैनी के पदों की भाषा में काव्य की ब्रजभाषा और कहीं-कहीं पूरबी बोली भी है।

सिद्धों में 'सरह' सबसे पुराने अर्थात्, वि. सं. 690 के हैं। अतः हिंदी काव्यभाषा के

पुराने रूप का पता हमें विक्रम की सातवीं शताब्दी के अंतिम चरण में लगता है।

दूसरी बात है सांप्रदायिक प्रवृति और उसके संस्कार की परंपरा। वज्रयानी सिद्धों ने निम्न श्रेणी की प्रायः शिक्षित जनता के बीच किस प्रकार के भावों के लिए जगह निकाली, यह दिखाया जा चुका है। उन्होंने बाह्य पूजा, जाति-पाँति, तीर्थाटन इत्यादि के प्रति उपेक्षाबुद्धि का प्रचार किया, रहस्यदर्शी बनकर शास्त्रज्ञ विद्वानों का तिरस्कार करने और मनमाने रूपकों के द्वारा अटपटी बानी में पहेलियाँ बुझाने का रास्ता दिखाया, घट के भीतर चक्र नाड़ियाँ, शून्य देश आदि मानकर साधना करने की बात फैलायी और 'नाद, बिंदु सुरति, निरति, ऐसे शब्दों की उद्धरणी करना सिखाया। यही परंपरा अपने ढंग पर नाथपंथियों ने भी जारी रखी। आगे चलकर भक्तिकाल में निर्गुण संत संप्रदाय किस प्रकार के ज्ञानवाद, सूफियों के प्रेमवाद तथा वैष्णवों के अहिंसावाद और प्रगतिवाद को मिलाकर सिद्धों और योगियों द्वारा बनाये हुए इस रास्ते पर चल पड़ा, यह आगे दिखाया जायेगा। कबीर आदि संतों को नाथपंथियों से जिस प्रकार 'साखी' और 'बानी' शब्द मिले, उसी प्रकार 'साखी' और 'बानी' के लिए बहुत कुछ सामग्री और 'सधुक्कड़ी' भाषा भी।

ये ही दो बातें दिखाने के लिए इस इतिहास में सिद्धों और योगियों का विवरण दिया गया है। उनकी रचनाओं का जीवन की स्वाभाविक सरणियों, अनुभूतियों और दशाओं से कोई संबंध नहीं। वे सांप्रदायिक शिक्षा मात्र हैं, अतः शुद्ध साहित्य की कोटि में नहीं आ सकतीं। उन रचनाओं की परंपरा को हम काव्य या साहित्य की कोई धारा नहीं कह सकते। अतः धर्म संबंधी रचनाओं की चर्चा छोड़ अब हम सामान्य साहित्य की जो कुछ सामग्री मिलती है, उसका उल्लेख उनके संग्रहकर्ताओं और रचयिताओं के क्रम से करते हैं।

हेमचंद्र- गुजरात के सोलंकी राजा सिद्धराज जयसिंह (संवत् 1150-1199) और उनके भतीजे कुमारपाल (संवत् 1199-1230) के यहाँ इनका बड़ा भारी व्याकरण ग्रंथ 'सिद्ध हेमचंद्र शब्दानुशासन' सिद्धराज के समय में बनाया, जिसमें संस्कृत, प्राकृत और अपभ्रंश तीनों का समावेश किया। अपभ्रंश के उदाहरणों में इन्होंने पूरे दोहे या पद्य उद्धृत किये हैं, जिनमें से अधिकांश इनके समय से पहले के हैं। कुछ दोहे देखिए-

भल्ला हुआ जु मारिया बहिणि महारा कंतु।
लज्जेजं तु वयंसिअहु जइ भग्गा घरु एंतु।

(भला हुआ जो मारा गया, हे बहिन! हमारा कांत। यदि वह भागा हुआ घर आता तो मैं अपनी समवयस्काओं से लज्जित होती।)

जइ सो न आवइ, दुइ! घरु काँइ अहोमुहु तुज्झु।
वयणु ज खंढइ तउ, सहि ए! सो पिउ होइ न मुज्झु॥

(हे दूती? यदि वह घर नहीं आता, तो मेरा क्यों अधोमुख है? हे सखी! जो तेरा वचन खंडित करता है-श्लेष से दूसरा अर्थ; जो तेरे मुख पर चुंबन द्वारा क्षत करता है-वह मेरा प्रिय नहीं।)

जे महु दिण्णा दिअहड़ा दइएँ पवसंतेण।
ताण गणंतिए अंगुलिउँ जज्जरियाउ नहेण॥

जो दिन या अवधि दयित अर्थात् प्रिय ने प्रवास जाते हुए मुझे दिये थे उन्हें नख से गिनते-गिनते मेरी उँगलियाँ जर्जरित हो गयीं।

पिय संगमि कउ निद्दड़ी? पियहो परक्खहो केंव।
मई बिन्निवि विन्नासिया, निंद्दन एँव न तेंव॥

(प्रिय के संगम में नींद कहाँ और प्रिय के परोक्ष में भी क्यों कर आवे? मैं दोनों प्रकार से विनाशिता हुई-न यों नींद, न त्यों।)

अपने व्याकरण के उदाहरणों के लिए हेमचंद्र भट्टी के समान एक 'द्वयाश्रय काव्य' की भी रचना की है जिसके अंतर्गत 'कुमारपालचरित' नामक एक प्राकृत काव्य भी है। इस काव्य में भी अपभ्रंश के पद्य रखे गये हैं।

सोमप्रभ सूरि–ये भी एक जैन पंडित थे। इन्होंने संवत् 1241 में 'कुमारपालप्रतिबोध' नामक एक गद्य पद्यमय संस्कृत-प्राकृत काव्य लिखा जिसमें समय-समय पर हेमचंद्र द्वारा कुमारपाल को अनेक प्रकार के उपदेश दिये जाने की कथाएँ लिखी हैं। यह ग्रंथ अधिकांश प्राकृत में ही है-बीच-बीच में संस्कृत श्लोक और अपभ्रंश के दोहे आये हैं। अपभ्रंश के पद्यों में कुछ तो प्राचीन हैं और कुछ सोमप्रभ और सिद्धिपाल कवि के बनाये हैं। प्राचीन में से कुछ दोहे दिये जाते हैं–

रावण जायउ जहि दिअहि दह मुह एक सरीरु।
चिंताविय तइयहि जणणि कवणु पियावउँ खीरु॥

(जिस दिन दस मुँह एक शरीर वाला रावण उत्पन्न हुआ तभी माता चिंतित हुई कि दूध किसमें पिलाऊँ।)

बेस बिसिट्ठइ बारियइ जइवि मणोहर गत्त।
गंगाजल पक्खालियवि सुणिहि कि होइ पवित्त?

(वेश विशिष्टों को वारिए अर्थात्, बचाइए, यदि मनोहर गात्र हो तो भी। गंगाजल से धोई कुतिया क्या पवित्र हो सकती है?)

पिय हउँ थक्किय सयलु दिणु तुह विरहग्गि किलंत।
थोड़इ जल जिमि मच्छलिय तल्लोबिल्लि करंत॥

(हे प्रिय! मैं सारे दिन तेरी विरहाग्नि में वैसी ही कड़कड़ाती रही जैसे थोड़े जल में मछली तलबेली करती है।)

जैनाचार्य मेरुतुंग–इन्होंने संवत् 1361 में 'प्रबंधचिंतामणि' नामक एक संस्कृत ग्रंथ 'भोजप्रबंध' के ढंग का बनाया जिसमें बहुत-से पुराने राजाओं के आख्यान संगृहीत किये। इन्हीं आख्यानों के अंतर्गत बीच-बीच में अपभ्रंश के पद्य भी उद्धृत हैं, जो बहुत पहले से चले आते थे। कुछ दोहे तो राजा भोज के चाचा मुंज के कहे हुए हैं। मुंज के दोहे अपभ्रंश या पुरानी हिंदी के बहुत ही पुराने नमूने कहे जा सकते हैं। मुंज ने जब तैलंग देश पर चढ़ाई की थी तब वहाँ के राजा तैलप ने उसे बंदी कर लिया था और रस्सियों से बांधकर अपने यहाँ ले गया था। वहां उसके साथ तैलप की बहन मृणालवती से प्रेम हो गया। इस प्रसंग के दोहे देखिए–

झाली तुट्टी किं न मुउ, किं न हुएउ छरपुंज।
हिंदइ दोरी बँधीयउ जिम मंकड़ तिम मुंज॥

(टूट पड़ी हुई आग से क्यों न मरा? क्षारपुंज क्यों न हो गया? जैसे डोरी में बँधा बंदर वैसे घूमता है मुंज।)

मुंज भाण्इ, मुणालवइ! जुब्बण गयुं न झूरि।
जइ सक्कर सय खंड थिय तो इस मीठी चूरी॥

(मुंज कहता है, हे मृणालवती! गये हुए यौवन को न पछता। यदि शर्करा के सौ खंड हो जायें तो भी यह चूरी हुई ऐसी ही मीठी रहेगी।)

जा मति पच्छइ संपजइ सा मति पहिली होइ।
मुंज भणइ, मुणालवइ! विघन न बढ़इ कोइ॥

(जो मति या बुद्धि पीछे प्राप्त होती है यदि पहले हो तो मुंज कहता है, हे मृणालवती! विघ्न किसी को न घेरे।)

बाह बिछोड़बि जिह तुहँ हउँ तेवइँ का दोसु।
हिअयट्ठिय जइ नीसरहि, जाणउँ मुंज सरोसु॥

(बाँह छुड़ाकर तू जाता है, वैसे ही मैं भी जाती हूँ-क्या हर्ज है? हृदय स्थित अर्थात् हृदय से यदि निकले तो मैं जानूँ कि मुंज रूठा है।)

एउ जम्मु नग्गुहं गिउ, भड़सिरि खग्गु न भग्गु।
तिक्खाँ तुरियँ न माणियाँ,गोरी गली न लग्गु॥

(यह जन्म व्यर्थ गया। न सुभटों के सिर पर खड्ग टूटा, न तेज घोड़े सजाये, न गौरी या सुंदरी के गले लगा।)

फुटकल रचनाओं के अतिरिक्त वीरगाथाओं की परंपरा के प्रमाण भी अपभ्रंश मिली भाषा में मिलते हैं।

विद्याधर– इस नाम के एक कवि ने कन्नौज के किसी राठौर सम्राट (शायद जयचंद) के प्रताप और पराक्रम का वर्णन किसी ग्रंथ में किया था। ग्रंथ का पता नहीं पर कुछ पद्य 'प्राकृत पिंगल सूत्र' में मिले हैं, जैसे–

भअ भज्जिअ बंगा भंगु कलिंगा तेलंगा रण मुत्ति चले।
मरहट्ठा धिट्ठा लग्गिअ कट्ठा सोरट्ठा भअ पाअ पले॥
चंपारण कंपा पब्बअ झंपा उत्थी उत्थी जीव हरे।
कासीसर राणा किअउ पआणा, बिज्जाहर भण मंतिवरे॥

यदि विद्याधर को समसामयिक कवि माना जाय तो उसका समय विक्रम की तेरहवीं शताब्दी में समझा जा सकता है।

शार्ङ्गधर : इनका आयुर्वेद का ग्रंथ तो प्रसिद्ध ही है। ये अच्छे कवि और सूत्रकार भी थे। इन्होंने 'शार्ङ्गधर पद्धति' के नाम से एक सुभाषित संग्रह भी बनाया है और अपना परिचय भी दिया है। रणथंभौर के सुप्रसिद्ध वीर महाराज हम्मीरदेव के प्रधान सभासदों में राघवदेव थे। उनके भोपाल, दामोदर और देवदास ये तीन पुत्र हुए। दामोदर के तीन पुत्र हुए-शार्ङ्गधर, लक्ष्मीधर और कृष्ण। हम्मीरदेव संवत् 1357 में अलाउद्दीन की चढ़ाई में मारे गये थे। अत: शार्ङ्गधर के ग्रंथों का समय उक्त संवत् के कुछ पीछे अर्थात् विक्रम की चौदहवीं शताब्दी के अंतिम चरण में मानना चाहिए।

'शार्ङ्गधर पद्धति' में बहुत-से शाबर मंत्र और भाषा-चित्र-काव्य दिये हैं जिनमें बीच-बीच में देशभाषा के वाक्य आये हैं उदाहरण के लिए श्रीमल्लदेव राजा की प्रशंसा में कहा हुआ यह श्लोक देखिए–

नूनं बादंल छाइ खेह पासरी निःश्राण शब्दः खरः।
शत्रुं पाड़ि लुटालि तोड़ हिनसौं एवं भणन्त्युद्भटाः॥
झूठे गर्वभरा मघालि सहसों रे कंत मेरे कहे।
कंठै पाग निवेश जाह शरणं श्रीमल्लदेवं विभुम्॥

परंपरा से प्रसिद्ध है कि शार्ङ्गधर ने हम्मीर रासो नामक एक वीरगाथा काव्य की भी भाषा में रचना की थी। यह काव्य आजकल नहीं मिलता-उसके अनुकरण पर बहुत पीछे का लिखा हुआ एक ग्रंथ 'हम्मीररासो' नाम का मिलता हैं 'प्राकृत-पिंगलसूत्र' उलटते-पलटते मुझे हम्मीर की चढ़ाई, वीरता आदि के कई पद्य छंदों के उदाहरणों में मिले। मुझे पूरा निश्चय है कि ये पद्य असली 'हम्मीररासो' के ही हैं। अतः पद्य नीचे दिये जाते हैं-

ढोला मारिय ढिल्लि महँ मुच्छिउ मेच्छ सरीर।
षुर जज्जल्ला मंतिवर चलिअ बीर हम्मीर॥
चलिअ बीर हम्मीर पाअभर मेइणि कंपइ।
दिगमग णह अंधार धूलि सुररह आच्छाइहि॥
दिगमग णह अंधार आण खुरसाणुक उल्ला।
दरमरि दमसि विपक्ख मारु ढिल्ली मह ढोल्ला॥

(दिल्ली में ढोल बजाया गया, म्लेच्छों के शरीर मूर्च्छित हुए। आगे मंत्रिवर जज्जल को करके वीर हम्मीर चले। चरणों के भार से पृथ्वी काँपती है। दिशाओं के मार्गों और आकाश में अँधेरा हो गया है, धूल के रथ को आच्छादित करती है। ओल में खुरासानी ले आये। विपक्षियों को दलमल कर दबाया, दिल्ली में ढोल बजाया।)

पिंधउ दिढ़ सन्नाह, बाह उप्परि पक्खर दइ।
बंधु समदि रण धँसेउ साहि हम्मीर बअण लइ॥
अड्डुउ णहपह भमउँ, खग्ग रिपु सीरहि झल्लउँ।
पक्खर पक्खर ठेल्लि पेल्लि पब्बअ अप्फालउँ॥
हम्मीर कज्ज जज्जल भणइ कोहाणल मह मइ जलउँ।
सुलितान सीस करवाल दइ तज्जि कलेवर दिअ चलउँ॥

(दृढ़ सन्नाह पहले, वाहनों के ऊपर पक्खरें डालीं। बंधुवांधवों से विदा लेकर रण में धँसा हम्मीर साहि का वचन लेकर। तारों को नभपथ में फिराऊँ, तलवार शत्रु के सिर पर जड़ूँ, पाखर से पाखर ठेल-पेल कर पर्वतों को हिला डालूँ। जज्जल कहता है कि हम्मीर के कार्य के लिए मैं क्रोध से जल रहा हूँ। सुलतान के सिर पर खडग देकर शरीर छोड़कर मैं स्वर्ग को जाऊँ।)

पअभर दरमरु धरणि तरणि रह धुल्लिअ झंपिअ।
कमठ पिट्ठ टरपरिअ, मेरु मंदर सिर कंपिअ॥
कोहे चलिअ हम्मीर बीर गअजुह संजुत्तें।
किअउ कट्ठ, हा कंद! मुच्छि मेच्छिअ के पुत्ते॥

(चरणों के भार से पृथ्वी दलमल उठी। सूर्य का रथ धूल से ढँक गया। कमठ की पीठ तड़फड़ा उठी; मेरुमंदर की चोटियाँ कंपित हुई। गजयूथ के साथ वीर हम्मीर क्रुद्ध होकर चले। म्लेच्छों के पुत्र का कष्ट! करके रो उठे और मूर्च्छित हो गये।)

अपभ्रंश की रचनाओं की परंपरा यहीं समाप्त होती है। यद्यपि पचास-साठ वर्ष पीछे विद्यापति (संवत् 1460 में वर्तमान) ने बीच-बीच में देशभाषा के भी कुछ पद्य रखकर अपभ्रंश में दो छोटी-छोटी पुस्तकें लिखीं, पर उस समय तक अपभ्रंश का स्थान देशभाषा ले चुकी थी। प्रसिद्ध भाषा तत्त्वविद्, सर जार्ज ग्रियर्सन जब विद्यापति के पदों का संग्रह कर रहे थे, उस समय उन्हें पता लगा था कि 'कीर्तिलता' और 'कीर्तिपताका' का प्रशस्ति संबंधी दो पुस्तकें भी उनकी लिखी हैं। पर उस समय इनमें से किसी का पता न चला। थोड़े दिन हुए, महामहोपाध्याय पं. हरप्रसाद शास्त्री नेपाल गये थे। वहाँ राजकीय पुस्तकालय में 'कीर्तिलता' की एक प्रति मिली जिसकी नकल उन्होंने ली।

इस पुस्तक में तिरहुत के राजा कीर्तिसिंह की वीरता, उदारता, गुणग्राहकता आदि का वर्णन, बीच में कुछ देशभाषा के पद्य रखते हुए, अपभ्रंश भाषा के दोहा, चौपाई, छप्पय, छंद गाथा आदि छंदों में किया गया है। इस अपभ्रंश की विशेषता यह है कि यह पूरबी अपभ्रंश है। इसमें क्रियाओं आदि के बहुत-से रूप पूरबी हैं। नमूने के लिए एक उदाहरण लीजिए–

रज्ज लुद्ध असलान बुद्धि बिक्कम बले हारल।
पास बइसि बिसवासि राय गयनेसर मारल।।
मांरत राय रणरोल पड्डु, मेइनि हा हा सद्द हुअ।
सुरराय नयर नरअर-रमणि बाम नयन पणफुरिअ धुअ।।

दूसरी विशेषता विद्यापति के अपभ्रंश की यह है कि प्राय: देशभाषा कुछ अधिक लिये हुए हैं और उसमें तत्सम, संस्कृत शब्दों का वैसा बहिष्कार नहीं है। तात्पर्य यह है कि वह प्राकृत की रूढ़ियों से उतनी अधिक बँधी नहीं हैं उसमें जैसे इस प्रकार का टकसाली अपभ्रंश है–

पुरिसत्तेण पुरिसउ, नहिं पुरसिउ जन्म मत्तेन।
जलदानेन हु जलओ, न हु जलओ पुंजिओ धूमो।।

वैसे ही इस प्रकार की देशभाषा या बोली भी है–

कतहुँ तुरुक बरकर। बार जाए तो बेगार धर।।
धरि आनय बाभन बरुआ। मथा चढ़ावइ गाय का चुरुआ।।
हिंदू बोले दूरहि निकार। छोटउ तुरुका भभकी मार।।

अपभ्रंश की कविताओं के जो नये-पुराने नमूने अब तक दिये जा चुके हैं, उनसे इस बात का ठीक अनुमान हो सकता है कि काव्य भाषा प्राकृत की रूढ़ियों से कितनी बँधी हुई चलती रही। बोलचाल तक के तत्सम संस्कृत शब्दों का पूरा बहिष्कार उसमें पाया जाता है। 'उपकार', 'विद्या', 'वचन', ऐसे प्रचलित शब्द भी 'उपकार' 'नगर', 'बिज्जा', 'बअण', बनाकर ही रखे जाते थे। 'जासु, 'तासु', ऐसे रूप बोलचाल से उठ जाने पर भी पोथियों में बराबर चलते रहे। विशेषण विशेष्य के बीच विभक्तियों का समानाधिकरण अपभ्रंश काल में कृदंत विशेषणों में मिलता है-जैसे 'जुब्बण गयुं न झूरि'-गये को यौवन को न झूर-गये यौवन को न पछता। जब ऐसे उदाहरणों के साथ हम ऐसे उदाहरण भी पाते हैं जिनमें विभक्तियों का ऐसा समानाधिकरण नहीं है तब यह निश्चय हो जाता है कि उसका सन्निवेश पुरानी परंपरा का पालन मात्र है। इस परंपरा पालन का निश्चय शब्दों की परीक्षा से अच्छी तरह हो जाता है। जब हम अपभ्रंश के शब्दों में 'मिट्ठ' और 'मीठी' दोनों रूपों का प्रयोग पाते हैं तब उस काल में 'मीठी शब्द के प्रचलित होने में क्यों संदेह हो सकता है?

ध्यान देने पर यह बात भी लक्षित होगी कि ज्यों-ज्यों काव्यभाषा देशभाषा की ओर अधिक प्रवृत्त होती गयी त्यों-त्यों तत्सम संस्कृत रखने में संकोच भी घटता गया। शार्ङ्गधर के पद्यों और कीर्तिलता में इसका प्रमाण मिलता है।

◉◉

सन्दर्भ

1. बुद्धिस्ट एसोटेरियम
2. डॉ. विनयतोष भट्टाचार्य बुद्धिस्ट एसोटेरियम।
3. दि सिस्टम ऑव मिस्टिक कल्चर इंट्रोड्यूस्ड बाई गोरखनाथ डज नाट सीम टु हैव बाइड्ली थ्रू दि एजुकेटेड क्लासेज।
   –गोपीनाथ कविराज ऐंड झा (सरस्वती भवन स्टडीज)।
4. यह तथा इसी प्रकार की कुछ और पुस्तकें मेरे प्रिय शिष्य डॉ. पीतांबर दत्त बड़थ्वाल के पास हैं।

वीरगाथा काल (संवत् 1050-1375)

प्रकरण-3 : देशभाषा काव्य

पहले कहा जा चुका है कि प्राकृत की रूढ़ियों से बहुत कुछ मुक्त भाषा के जो पुराने काव्य-जैसे, बीसलदेवरासो, पृथ्वीराजरासो-आजकल मिलते हैं वे संदिग्ध हैं। इसी संदिग्ध सामग्री को लेकर थोड़ा-बहुत विचार हो सकता है, उसी पर हमें संतोष करना पड़ता है।

इतना अनुमान तो किया ही जा सकता है कि प्राकृत पढ़े पंडित ही उस समय कविता नहीं करते थे। जनसाधारण की बोली में गीत, दोहे आदि प्रचलित चले आते रहे होंगे जिन्हें पंडित लोग गँवारू समझते रहे होंगे। ऐसी कविताएँ राजसभाओं तक भी पहुँच जाती रही होंगी। 'राजा भोज जस मूसरचंद' कहने वालों के सिवा देशभाषा में सुंदर भावभरी कविता करने वाले भी अवश्य ही रहे होंगे। राजसभाओं में सुनाये जाने वाले नीति, श्रृंगार आदि विषय प्राय: दोहों में कहे जाते थे और वीररस के पद्य छप्पय में। राजाश्रित कवि अपने राजाओं के शौर्य, पराक्रम और प्रताप का वर्णन अनूठी उक्तियों के साथ किया करते थे और अपनी वीरोल्लासभरी कविताओं से वीरों को उत्साहित किया करते थे। ऐसे राजाश्रित कवियों की रचनाओं के रक्षित रहने का अधिक सुबीता था। वे राजकीय पुस्तकालयों में भी रक्षित रहती थीं और भट्ट, चारण जीविका के विचार से उन्हें अपने उत्तराधिकारियों के पास भी छोड़ जाते थे। उत्तरोत्तर भट्ट, चारणों की परंपरा में चलते रहने से उनमें फेरफार भी बहुत कुछ होता रहा। इसी रक्षित परंपरा की सामग्री हमारे हिंदी साहित्य के प्रारंभिक काल में मिलती हैं। इसी से यह काल 'वीरगाथाकाल' कहा गया।

भारत के इतिहास में यह वह समय था कि मुसलमानों के हमले उत्तर-पश्चिम की ओर से लगातार होते रहते थे। इनके धक्के अधिकतर भारत के पश्चिमी प्रांत के निवासियों को सहने पड़ते थे जहाँ हिंदुओं के बड़े-बड़े राज्य प्रतिष्ठित थे। गुप्त साम्राज्य के ध्वस्त होने पर हर्षवर्धन (मृत्यु संवत् 704) के उपरांत भारत का पश्चिमी भाग ही भारतीय सभ्यता और बल वैभव का केंद्र हो रहा था। कन्नौज, अजमेर, अहिलवाड़ा आदि बड़ी-बड़ी राजधानियाँ उधर ही प्रतिष्ठित थीं। उधर की भाषा ही शिष्ट भाषा मानी जाती थी और कवि-चारण आदि उसी भाषा में रचना करते थे। प्रारंभिक काल का जो साहित्य हमें उपलब्ध है उसका आविर्भाव उसी भू-भाग में हुआ। अत: यह स्वाभाविक है कि उसी भू-भाग की जनता की चित्तवृत्ति की छाप उस साहित्य पर हो। हर्षवर्धन के उपरांत ही साम्राज्यभावना देश से अंतर्हित हो गयी थी और खंड-खंड होकर जो गहरवार, चौहान, चंदेल और परिहार आदि राजपूत राज्य पश्चिम की ओर प्रतिष्ठित थे, वे अपने प्रभाव की वृद्धि के लिए परस्पर लड़ा करते थे। लड़ाई किसी आवश्यकता वश नहीं होती थी, कभी-कभी तो शौर्य प्रदर्शन मात्र के लिए यों ही मोल ली

जाती थी। बीच-बीच में मुसलमानों के भी हमले होते रहते थे। सारांश यह कि जिस समय से हमारे हिंदी साहित्य का अभ्युदय होता है, वह लड़ाई-भिड़ाई का समय था, वीरता के गौरव का समय था। और सब बातें पीछे पड़ गयी थीं।

महमूद गजनवी (मृत्यु संवत् 1087) के लौटने के पीछे गजनवी सुलतानों का एक हाकिम लाहौर में रहा करता था और वहाँ से लूटमार के लिए देश के भिन्न-भिन्न भागों पर, विशेषतः राजपूताने पर चढ़ाइयाँ हुआ करती थीं। इन चढ़ाइयों का वर्णन फारसी तवारीखों में नहीं मिलता, पर कहीं-कहीं संस्कृत ऐतिहासिक काव्यों में मिलता है। साँभर (अजमेर) का चौहान राजा दुर्लभराज द्वितीय मुसलमानों के साथ युद्ध करने में मारा गया था। अजमेर बसाने वाले अजयदेव ने मुसलमानों को परास्त किया था। अजयदेव के पुत्र अर्णोराज (आना) के समय में मुसलमानों की सेना फिर पुष्कर की घाटी लाँघकर उस स्थान पर जा पहुँची जहाँ अब आना सागर है। अर्णोराज ने उस सेना का संहार कर बड़ी भारी विजय प्राप्त की। वहाँ म्लेच्छ मुसलमानों का रक्त गिरा था, इससे उस स्थान को अपवित्र मानकर वहाँ अर्णोराज ने एक बड़ा तालाब बनवा दिया जो 'आनासागर' कहलाया।

आना के पुत्र बीसलदेव (विग्रहराज चतुर्थ) के समय में वर्तमान किशनगढ़ राज्य तक मुसलमानों की सेना चढ़ आयी जिसे परास्त कर बीसलदेव आर्यावर्त से मुसलमानों को निकालने के लिए उत्तर की ओर बढ़ा। उसने दिल्ली और झाँसी के प्रदेश अपने राज्य में मिलाये और आर्यावर्त के एक बड़े भू-भाग से मुसलमानों को निकाल दिया। इस बात का उल्लेख दिल्ली में अशोक लेख वाले शिवालिक स्तंभ पर खुदे हुए बीसलदेव के वि.सं. 1220 के लेख से पाया जाता है। शहाबुद्दीन गौरी की पृथ्वीराज पर पहली चढ़ाई (संवत् 1247) के पहले भी गोरियों की सेना ने नाड़ौल पर धावा किया था, पर उसे हारकर लौटना पड़ा था। इस प्रकार महाराज पृथ्वीराज के मारे जाने और दिल्ली तथा अजमेर पर मुसलमानों का अधिकार हो जाने के पीछे भी बहुत दिनों तक राजपूताने आदि में कई स्वतंत्र हिंदू राजा थे जो बराबर मुसलमानों से लड़ते रहे। इसमें सबसे प्रसिद्ध रणथंभौर के महाराज हम्मीरदेव हुए हैं। जो महाराज पृथ्वीराज चौहान की वंशपरंपरा में थे। वे मुसलमानों से निरंतर लड़ते रहे और उन्होंने उन्हें कई बार हराया था। सारांश यह कि पठानों के शासनकाल तक हिंदू बराबर स्वतंत्रता के लिए लड़ते रहे।

राजा भोज की सभा में खड़े होकर राजा की दानशीलता का लंबा-चौड़ा वर्णन करके लाखों रुपये पाने वाले कवियों का समय बीत चुका था। राजदरबारों में शास्त्रार्थों की वह धूम नहीं रह गयी थी। पांडित्य के चमत्कार पर पुरस्कार का विधान भी ढीला पड़ गया था। उस समय तो जो भाट या चारण किसी राजा के पराक्रम, विजय शत्रुकन्या-हरण आदिका अत्युक्तिपूर्ण आलाप करता या रणक्षेत्रों में जाकर वीरों के हृदय में उत्साह की उमंगें भरा करता था, वही सम्मान पाता था।

इस दशा में काव्य या साहित्य के और भिन्न-भिन्न अंगों की पूर्ति और समृद्धि का सामुदायिक प्रयत्न कठिन था। उस समय तो केवल वीरगाथाओं की उन्नति संभव थी। इस वीरगाथा को हम दोनों रूपों में पाते हैं-मुक्तक के रूप में भी और प्रबंध के रूप में भी। फुटकल रचनाओं का विचार छोड़कर यहाँ वीरगाथात्मक प्रबंधकाव्यों का ही उल्लेख किया जाता है। जैसे, यूरोप में वीरगाथाओं का प्रसंग 'युद्ध ओर प्रेम' रहा, वैसे ही यहाँ भी था। किसी राजा की कन्या के रूप का संवाद पाकर दलबल के साथ चढ़ाई करना और प्रतिपक्षियों

को पराजित कर उस कन्या को हरकर लाना वीरों के गौरव और अभिमान का काम माना जाता था। इस प्रकार इन काव्यों में श्रृंगार का भी थोड़ा मिश्रण रहता था, पर गौण रूप में, प्रधान रस वीर ही रहता था। श्रृंगार केवल सहायक के रूप में रहता था। जहाँ राजनीतिक कारणों से भी युद्ध होता था, वहाँ भी उन कारणों का उल्लेख न कर कोई रूपवती स्त्री ही कारण कल्पित करके रचना की जाती थी। जैसे शहाबुद्दीन के यहाँ से एक रूपवती स्त्री का पृथ्वीराज के यहाँ आना ही लड़ाई की जड़ लिखी गयी है। हम्मीर पर अलाउद्दीन की चढ़ाई का भी ऐसा ही कारण कल्पित किया गया है। इस प्रकार इन काव्यों में प्रथानुकूल कल्पित घटनाओं की बहुत अधिक योजना रहती थी।

ये वीरगाथाएँ दो रूपों में मिलती हैं–प्रबंधकाव्य के साहित्यिक रूप में और वीरगीतों (बैलाड्स)के रूप में। साहित्यिक प्रबंध के रूप में जो प्राचीन ग्रंथ उपलब्ध है, वह है 'पृथ्वीराजरासो'। वीरगीत के रूप में हमें सबसे पुरानी पुस्तक 'बीसलदेवरासो' मिलती है, यद्यपि उसमें समयानुसार भाषा के परिवर्तन का आभास मिलता हैं जो रचना कई सौ वर्षों से लोगों में बराबर गायी जाती रही हो, उसकी भाषा अपने मूल रूप में नहीं रह सकती। इसका प्रत्यक्ष उदाहरण 'आल्हा' है जिसके गाने वाले प्राय: समस्त उत्तरी भारत में पाये जाते हैं।

यहाँ पर वीरकाल के उन ग्रंथों का उल्लेख किया जाता है, जिसकी या तो प्रतियाँ मिलती हैं या कहीं उल्लेख मात्र पाया जाता है। ये ग्रंथ 'रासो' कहलाते हैं। कुछ लोग इस शब्द का संबंध 'रहस्य' से बतलाते है। पर 'बीसलदेव रासो' में काव्य के अर्थ में 'रसायण' शब्द बार-बार आया है। अत: हमारी समझ में इसी 'रसायण' शब्द से होते-होते 'रासो' हो गया है।

1. खुमानरासो- संवत् 810-1000 के बीच में चित्तौड़ के रावल खुमान नाम के तीन राजा हुआ करते हैं। कर्नल टाड ने इनको एक मानकर इनके युद्धों का विस्तार से वर्णन किया है। उनके वर्णन का सारांश यह है कि कालभोज (बाप्पा) के पीछे खुम्माण गद्दी पर बैठा, जिसका नाम मेवाड़ के इतिहास में प्रसिद्ध है और जिसके समय में बगदाद के खलीफा अलमामूँ ने चित्तौड़ पर चढ़ाई की। खुम्माण की सहायता के लिए बहुत-से राजा आये और चित्तौड़ की रक्षा हो गयी। खुम्माण ने 24 युद्ध किये और वि. सं. 869 से 893 तक राज्य किया। यह समस्त वर्णन 'दलपतविजय' नामक किसी कवि के रचित खुमानरासो के आधार पर लिखा गया जान पड़ता है। पर इस समय खुमानरासो की जो प्रति प्राप्त है, वह अपूर्ण है और उसमें महाराणा प्रतापसिंह तक का वर्णन है। कालभोज (बाप्पा) से लेकर तीसरे खुमान तक की वंश परंपरा इस प्रकार है- कालभोज (बाप्पा), खुम्माण, मत्तट, भर्तृपट्ट, सिंह, खुम्माण (दूसरा), महायक, खुम्माण (तीसरा) कालभोज का समय वि. सं. 791 से 810 तक है और तीसरे खुम्माण के उत्तराधिकारी भर्तृपट्ट (दूसरे) के समय के दो शिलालेख वि.सं. 999 और 1000 के मिले हैं। अतएव 190 वर्षों का औसत लगाने पर तीनों खुम्माणों का समय अनुमानत: इस प्रकार ठहराया जा सकता है–

खुम्माण (पहला)- वि. सं. 810-865
खुम्माण (दूसरा)- वि. सं. 870-900
खुम्माण (तीसरा)- वि. सं. 965-9910

अब्बासिया वंश का अलमामूँ वि. सं. 870 से 890 तक खलीफा रहा। इस समय के

पूर्व खलीफों के सेनापतियों ने सिंध देश की विजय कर ली थी और उधर से राजपूताने पर मुसलमानों की चढ़ाइयाँ होने लगी थीं। अतएव यदि किसी खुम्माण से अलमामूँ की सेना से लड़ाई हुई होगी तो उसी के नाम पर 'खुमानरासो' की रचना हुई होगी। यह नहीं कहा जा सकता है कि इस समय जो खुमानरासो मिलता है, उसमें कितना अंश पुराना है। उसमें महाराणा प्रताप सिंह तक का वर्णन मिलने से यह निश्चित रूप से कहा जा सकता है कि जिस रूप में यह ग्रंथ अब मिलता है वह उसे वि. संवत् की सत्रहवीं शताब्दी में प्राप्त हुआ होगा। शिवसिंह सरोज के कथनानुसार एक अज्ञात नामाभाट ने खुमानरासो नामक काव्य ग्रंथ लिखा था जिसमें श्रीरामचंद्र से लेकर खुमान तक के युद्धों का वर्णन था। यह नहीं कहा जा सकता कि दलपतविजय असली खुमानरासो का रचयिता था अथवा उसके पिछले परिशिष्ट का।

2-3. बीसलदेवरासो–नरपति नाल्ह कवि विग्रहराज चतुर्थ उपनाम बीसलदेव का समकालीन था। कदाचित् यह राजकवि था। इसने 'बीसलदेवरासो' नामक एक छोटा-सा (100 पृष्ठों का) ग्रंथ लिखा है जो वीरगीत के रूप में है। ग्रंथ में निर्माणकाल यों दिया है–

बारह सै बहोत्तरा मझारि। जैठबदी नवमी बुधवारि।
नाल्ह रसायण आरंभइ। शारदा तूठी ब्रह्मकुमारि।

'बारह सै बहोत्तरा' का स्पष्ट अर्थ 1212 है। 'बहोत्तर शब्द, 'बरहोंत्तर', 'द्वादशोत्तर' का रूपांतर हैं। अत: 'बारह सै बहोत्तरा' का अर्थ 'द्वादशोत्तर' बारह से अर्थात् 1212 होगा। गणना करने पर विक्रम संवत् 1212 में ज्येष्ठ बदी नवमी को बुधवार ही पड़ता है। कवि ने अपने रासो में सर्वत्र वर्तमान काल का ही प्रयोग किया है जिससे वह बीसलदेव का समकालीन जान पड़ता है। विग्रहराज चतुर्थ (बीसलदेव) का समय भी 1220 के आसपास है। उसके शिलालेख भी संवत् 1210 में और 1220 के प्राप्त हैं। बीसलदेव रासो में चार खंड हैं। यह काव्य लगभग 2000 चरणों में समाप्त हुआ है। इसकी कथा का सार यों है–

खंड 1–मालवा के भोज परमार की पुत्री राजमती से साँभर के बीसलदेव का विवाह होना।

खंड 2–बीसलदेव का राजमती से रूठकर उड़ीसा की ओर प्रस्थान करना तथा वहाँ एक वर्ष रहना।

खंड 3–राजमती का विरह वर्णन तथा बीसलदेव का उड़ीसा से लौटना।

खंड 4–भोज का अपनी पुत्री को अपने घर लिवा ले जाना तथा बीसलदेव का वहाँ जाकर राजमती को फिर चित्तौड़ लाना।

दिये हुए संवत् के विचार से कवि अपने नायक का समसामयिक जान पड़ता है। पर वर्णित घटनाएँ, विचार करने पर, बीसलदेव के बहुत पीछे की लिखी जान पड़ती हैं, जब कि उनके संबंध में कल्पना की गुंजाइश हुई होगी। यह घटनात्मक काव्य नहीं है, वर्णनात्मक है। इसमें दो ही घटनाएँ हैं–बीसलदेव का विवाह और उनका उड़ीसा जाना। इनमें से पहली बात तो कल्पनाप्रसूत प्रतीत होती है। बीसलदेव से एक सौ वर्ष पहले ही धार के प्रसिद्ध परमार राजा भोज का देहांत हो चुका था। अत: उनकी कन्या के साथ बीसलदेव का विवाह किसी पीछे के कवि की कल्पना ही प्रतीत होती हैं। उस समय मालवा में भोज नाम का कोई राजा नहीं था। बीसलदेव की एक परमारी वंश की रानी थी, यह बात परंपरा से अवश्य प्रसिद्ध चली आती थी, क्योंकि इसका उल्लेख पृथ्वीराज रासो में भी हैं इसी बात को लेकर पुस्तक में भोज का नाम रखा हुआ जान पड़ता है। अथवा यह हो सकता है कि धार के परमारों

की उपाधि ही भोज रही हो और उस आधार पर इन्हीं में से किसी की कन्या के साथ बीसलदेव का विवाह हुआ हो। परमार कन्या के संबंध में कई स्थानों पर जो वाक्य आये हैं, उन पर ध्यान देने से यह सिद्धांत पुष्ट होता है कि राजा भोज का नाम कहीं पीछे से न मिलाया गया हो; जैसे–'जननी गोरी तू जेसलमेर', 'गोरड़ी जेसलमेर की'। आबू के परमार भी राजपूताने में फैले हुए थे। अतः राजमती का उनमें से किसी सरदार की कन्या होना भी संभव है। पर भोज के अतिरिक्त और भी नाम इसी प्रकार जोड़े हुए मिलते हैं; जैसे–'माघ अचारज, कवि कालीदास'।

जैसा पहले कह आये हैं, अजमेर के चौहान राजा बीसलदेव (विग्रहराज चतुर्थ) बड़े वीर और प्रतापी थे और उन्होंने मुसलमानों के विरुद्ध कई चढ़ाइयाँ की थीं और कई प्रदेशों को मुसलमानों से खाली कराया था। दिल्ली और हाँसी के प्रदेश इन्हीं ने अपने राज्य में मिलाये थे। इनके वीर चरित्र का बहुत कुछ वर्णन इनके राजकवि सोमदेव रचित 'ललित विग्रहराज नाटक' (संस्कृत) में है जिसका कुछ अंश बड़ी-बड़ी शिलाओं पर खुदा हुआ मिला है और राजपूताना म्यूजियम में सुरक्षित है। पर 'नाल्ह' के इस बीसलदेव में, जैसा कि होना चाहिए था, न तो उक्त वीर राजा की ऐतिहासिक चढ़ाइयों का वर्णन है, न उसके शौर्य-पराक्रम का। शृंगार रस की दृष्टि से विवाह और रूठकर विदेश जाने का (पोषित पतिका के वर्णन के लिए) मनमाना वर्णन है। अतः इस छोटी-सी पुस्तक को बीसलदेव ऐसे वीर का 'रासो' कहना खटकता है। पर जब हम देखते हैं कि यह कोई काव्य ग्रंथ नहीं है, केवल गाने के लिए इसे रचा गया था, तो बहुत कुछ समाधान हो जाता है।

भाषा की परीक्षा करके देखते हैं तो वह साहित्यिक नहीं है, राजस्थानी हैं। जैसे–सूकइ छै (=सूखता है), पाटण थीं (=पाटन से), भोज तणा (=भोज का), खंड-खंडरा (=खंड-खंड का) इस ग्रंथ से एक बात का आभास अवश्य मिलता है। वह यह कि शिष्ट काव्य भाषा में ब्रज और खड़ी बोली के प्राचीन रूप का ही राजस्थान में भी व्यवहार होता था। साहित्य की सामान्य भाषा 'हिंदी' ही थी जो पिंगल भाषा कहलाती थी। बीसलदेव रासो में भी बीच-बीच में बराबर इस साहित्यिक भाषा (हिंदी) को मिलाने का प्रयत्न दिखाई पड़ता है। भाषा की प्राचीनता पर विचार करने के पहले यह बात ध्यान में रखनी चाहिए कि गाने की चीज होने के कारण इसकी भाषा में समयानुसार बहुत कुछ फेरफार होता आया है। पर लिखित रूप में रक्षित होने के कारण इसका पुराना ढाँचा बहुत कुछ बचा हुआ है। उदाहरण के लिए –मेलवि=मिलाकर, जोड़कर, चितह=चित्त में; रणि =रण में; प्रापिजइ=प्राप्त हो या किया जाय; ईणी विधि =इस विधि; इसउ =ऐसा; बाल हो = बाला का, इसी प्रकार 'नयर' (नगर) 'पसाउ' (प्रसाद); 'पयोधर' आदि प्राकृत शब्द भी हैं जिनका प्रयोग कविता में अपभ्रंशकाल से लेकर पीछे तक होता रहा।

इसमें आये हुए कुछ फारसी, अरबी, तुरकी शब्दों की ओर भी ध्यान जाता है। जैसे महल, इनाम, नेजाताजनों (ताजियाना) आदि। जैसा कहा जा चुका है, पुस्तक की भाषा में फेरफार अवश्य हुआ है; अतः यह शब्द पीछे से मिले हुए भर हो सकते हैं और कवि द्वारा व्यवहृत भी। कवि के समय से पहले ही पंजाब में मुसलमानों का प्रवेश हो गया था और वे इधर-उधर जीविका के लिए फैलने लगे थे। अतः ऐसे साधारण शब्दों का प्रचार कोई आश्चर्य की बात नहीं। बीसलदेव के सरदारों में ताजुद्दीन मियाँ भी मौजूद हैं–

मंहल पलाण्यो ताँजदीन। खुरसाणा चढ़ि चाल्यो गोंड॥

उपर्युक्त विवेचनों के अनुसार यह पुस्तक न तो वस्तु के विचार से और न भाषा के विचार से अपने असली और मूलरूप में कही जा सकती है। राय बहादुर पंडित गौरीशंकर हीराचंद ओझा ने इसे हम्मीर के समय की रचना कहा हैं (राजपूताने का इतिहास, भूमिका, पृष्ठ 19)। यह नरपति नाल्ह की पोथी का विकृत रूप अवश्य है जिसके आधार पर हम भाषा और साहित्य संबंधी कई तथ्यों पर पहुँचते हैं। ध्यान देने की पहली बात है, राजपूताने के एक भाट का अपनी राजस्थानी में हिंदी का मेल करना जैसे, 'माती का आखा किया', 'चंदन काठ का माँडवों', 'सोना की चोरी', 'मोती की माल' इत्यादि। इससे यह सिद्ध हो जाता है कि प्रादेशिक बोलियों के साथ-साथ ब्रज या मध्य देश की भाषा का आश्रय लेकर एक सामान्य साहित्यिक भाषा भी स्वीकृत हो चुकी थी, जो चारणों में पिंगल भाषा के नाम से पुकारी जाती थी। अपभ्रंश के योग से शुद्ध राजस्थानी भाषा का जो साहित्यिक रूप था वह 'डिंगल' कहलाता था। हिंदी साहित्य के इतिहास में केवल पिंगल भाषा में लिखे हुए ग्रंथों का ही विचार कर सकते हैं। दूसरी बात, जो कि साहित्य से संबंध रखती है, वीर और श्रृंगार का मेल है। इस ग्रंथ में श्रृंगार की ही प्रधानता है, वीररस किंचित् आभास मात्र हैं। संयोग ओर वियोग के गीत ही कवि ने गाये हैं।

बीसलदेव रासो के कुछ पद्य देखिये-

परणब[1] चाल्यो बीसलराय। चउरास्या[2] सहु[3] लिया बोलाइ।
जान तणी[4] साजति करउ। जीरह रँगावली पहरज्यो टोप॥
हुअउ पइसारउ बीसलराव। आवी सयल[5] अँतेवरी[6] राय॥
रूप अपूरब पेषियई। इसी अस्त्री नहिं सयल संसार॥
अति रंग स्वामी सूँ मिली राति। बेटी राजा भोज की॥
गरब करि ऊभों[7] छइ साँभत्यो राव। मो सरीखा नहिं ऊर भूवाल॥
म्हाँ धरि[0] साँभर उग्गहइ। चिहुँ दिप्रि थाण जैसलमेर॥
"गरबि न बोलो हो साँभर्‌यो राव[9]। तो सरीखा घणा ओर भुवाल॥
एक उड़ीसा को धणी। बचन हमारइ तू मानि जु मानि॥
ज्यूँ थारइ[10] साँभर उग्गहई। राजा उणि घरि उग्गहइ हीराखान।
कुँवरि कहई "मुणि, साँभर्‌या राव। काई[11] स्वामी तू उल्लगई[12] जाइ?
कहेउ हमारउ जइ सुणउ। थारइ छइ[13] साठि अँतेवरि नारि"॥
"कड़वा बोल न बोलिस नारि। तूमो मेल्हसी[14] चित्त बिसारि॥
जीभ न जीभ विगोयनो[15]। दब का दाधा कुपली मेल्हइ"[16]॥
जीभ का दाधा नु पाँगुरइ[17]। नालह कहइ सुणीजइ सब कोइ॥
आव्यो राजा मास बसंत। गढ़ माहीं गूड़ी उछली[18]॥
जइ धन मिलती अंग सँभार। मान भंग हो तो बाल हो[19]॥
ईणी परिरहता राज दुवारि[20]।

चंदबरदाई (संवत् 1225-1249) : ये हिंदी के प्रथम महाकवि माने जाते हैं और इनका पृथ्वीराज रासो हिंदी का प्रथम महाकाव्य है। चंद दिल्ली अंतिम हिंदू सम्राट, महाराजा पृथ्वीराज के सामंत और राजकवि प्रसिद्ध हैं। इससे इनके नाम में भावुक हिंदुओं के लिए एक

विशेष प्रकार का आकर्षण हैं। रासो के अनुसार भट्ट जाति के जगात नामक गोत्र के थे। इनके पूर्वजों की भूमि पंजाब थी, जहाँ लाहौर में इनका जन्म हुआ था। इनका और महाराज पृथ्वीराज का जनम एक ही दिन हुआ था और दोनों ने एक ही दिन यह संसार भी छोड़ा था। ये महाराज पृथ्वीराज के राजकवि ही नहीं, उनके सखा और सामंत भी थे तथा शड्भाषा, व्याकरण, काव्य, साहित्य, छंद शास्त्र, ज्योतिष, पुराण, नाटक आदि अनेक विद्याओं में पारंगत थे। इन्हें जालंधरी देवी का इष्ट था जिसकी कृपा से ये अदृष्ट काव्य भी कर सकते थे। इनका जीवन पृथ्वीराज के जीवन के साथ ऐसा मिला-जुला था कि अलग नहीं किया जा सकता। युद्ध में, आखेट में, सभा में, यात्रा में सदा महाराज के साथ रहते थे और जहाँ जो बातें होती थीं, सब में सम्मिलित रहते थे।

पृथ्वीराज रासो ढाई हजार पृष्ठों का बहुत बड़ा ग्रंथ है जिसमें 69 समय (सर्ग या अध्याय) हैं। प्राचीन समय में प्रचलित प्रायः सभी छंदों का व्यवहार हुआ हैं। मुख्य छंद हैं-कवित्त (छप्पय), दूहा, तोमर, त्रोटक, गाहा और आर्या। जैसे कादंबरी के संबंध में प्रसिद्ध है कि उसका पिछला भाग बाण के पुत्र ने पूरा किया है वैसे ही रासो के पिछले भाग का भी चंद के पुत्र जल्हण द्वारा पूर्ण किया जाना कहा जाता है। रासो के अनुसार जब शहाबुद्दीन गौरी पृथ्वीराज को कैद करके गजनी ले गया तब कुछ दिनों पीछे चंद भी वहीं गये। जाते समय कवि ने अपने पुत्र जल्हण के हाथ में रासो की पुस्तक देकर उसे पूर्ण करने का संकेत किया। जल्हण के हाथ में रासो को सौंपे जाने और उसके पूरे किये जाने का उल्लेख रासो में है-

पुस्तक जल्हन हत्थ दै चलि गज्जन नृपकाज।
रघुनाथचरित हनुमंतकृत भूप भोज उद्धरिय जिमि।
पृथिराजसुजस कवि चंद कृत चंदनंद उद्धरिय तिमि।

पृथ्वीराज रासो में आबू के यज्ञकुंड से चार क्षत्रिय कुलों की उत्पत्ति तथा चौहानों के अजमेर में राजस्थान से लेकर पृथ्वीराज के पकड़े जाने तक का सविस्तार वर्णन है। इस ग्रंथ के अनुसार पृथ्वीराज अजमेर के चौहान राजा सोमेश्वर के पुत्र और अर्णोराज के पौत्र थे। सोमेश्वर का विवाह दिल्ली के तुंबर (तोमर) राजा अनंगपाल की कन्या से हुआ। अनंगपाल की दो कन्याएँ थीं-सुंदरी और कमला। सुंदरी का विवाह कन्नौज के राजा विजयपाल के साथ हुआ और इस संयोग से जयचंद राठौर की उत्पत्ति हुई। दूसरी कन्या कमला का विवाह अजमेर के चौहान सोमेश्वर के साथ हुआ जिनके पुत्र पृथ्वीराज हुए। अनंगपाल ने अपने नाती पृथ्वीराज को गोद लिया जिससे अजमेर और दिल्ली का राज एक हो गया। जयचंद को यह बात अच्छी न लगी। उसने एक दिन राजसूय यज्ञ करके सब राजाओं को यज्ञ के भिन्न-भिन्न कार्य करने के लिए निमंत्रित किया और इस यज्ञ के साथ ही अपनी कन्या संयोगिता का स्वयंवर रचा। राजसूय यज्ञ में सब राजा आये पर पृथ्वीराज नहीं आये। इस पर जयचंद ने चिढ़कर पृथ्वीराज की एक स्वर्णमूर्ति द्वारपाल के रूप में द्वार पर रखवा दी।

संयोगिता का अनुराग पहले से ही पृथ्वीराज पर था अतः जब वह जयमाल लेकर रंगभूमि में आयी तब उसने पृथ्वीराज की मूर्ति को ही माला पहना दी। इस पर जयचंद ने उसे घर से निकालकर गंगा किनारे के महल में भेज दिया। इधर पृथ्वीराज के सामंतों ने आकर यज्ञ विध्वंस किया। फिर पृथ्वीराज ने चुपचाप आकर संयोगिता से गांधर्व विवाह किया और अंत

में वे उसे हर ले गये। रास्ते में जयचंद की सेना से बहुत युद्ध हुआ, पर संयोगिता को लेकर पृथ्वीराज कुशलतापूर्वक दिल्ली पहुँच गये। वहाँ भोगविलास में ही उनका समय बीतने लगा, राज्य की रक्षा का ध्यान रह गया।

बल का बहुत कुछ ह्रास तो जयचंद तथा और राजाओं के साथ लड़ते-लड़ते हो चुका था और बड़े-बड़े सामंत मारे जा चुके थे। अच्छा अवसर देख शहाबुद्दीन चढ़ आया, पर हार गया और पकड़ा गया। पृथ्वीराज ने उसे छोड़ दिया। वह बार-बार चढ़ाई करता रहा और अंत में पृथ्वीराज पकड़कर गजनी भेज दिये गये। कुछ काल के पीछे कवि चंद भी गजनी पहुँचे। एक दिन चंद के इशारे पर पृथ्वीराज ने शब्दबेधी बाण द्वारा शहाबुद्दीन को मारा और फिर दोनों एक-दूसरे को मारकर मर गये। शहाबुद्दीन पृथ्वीराज के वैर का कारण यह लिखा गया है कि शहाबुद्दीन अपने यहाँ की एक सुंदरी पर आसक्त था जो एक-दूसरे पठान सरदार हुसैनशाह को चाहती थी। जब ये दोनों शहाबुद्दीन से तंग हुए तब हारकर पृथ्वीराज के पास भाग आये। शहाबुद्दीन ने पृथ्वीराज के यहाँ कहला भेजा कि उन दोनों को अपने यहाँ से निकाल दो। पृथ्वीराज ने उत्तर दिया कि शरणागत की रक्षा करना क्षत्रियों का धर्म है, अतः इन दोनों की हम बराबर रक्षा करेंगे। इसी वैर से शहाबुद्दीन ने दिल्ली पर चढ़ाइयाँ कीं। यह तो पृथ्वीराज का मुख्य चरित्र हुआ। इसके अतिरिक्त बीच-बीच में बहुत-से राजाओं के साथ पृथ्वीराज के युद्ध और अनेक राजकन्याओं के साथ विवाह की कथाएँ रासो में भरी पड़ी हैं।

ऊपर लिखे वृत्तांत और रासो में दिए हुए संवतों का ऐतिहासिक तथ्यों के साथ बिलकुल मेल न खाने के कारण अनेक विद्वानों ने पृथ्वीराज रासो के पृथ्वीराज समसामयिक किसी कवि की रचना होने में पूरा संदेह किया है और उसे सोलहवीं शताब्दी में लिखा हुआ एक जाली ग्रंथ ठहराया है। रासो में चंगेज, तैमूर आदि कुछ पीछे के नाम आने से यह संदेह और पुष्ट होता है। प्रसिद्ध इतिहासज्ञ रायबहादुर पंडित गौरीशंकर हीराचंद ओझा रासो में वर्णित घटनाओं तथा संवतों को बिलकुल भाटों की कल्पना मानते हैं। पृथ्वीराज की राजसभा के काश्मीरी कवि जयानक ने संस्कृत में 'पृथ्वीराज विजय' नामक एक काव्य लिखा है जो पूरा नहीं मिलता है। उसमें दिये संवत् तथा घटनाएँ ऐतिहासिक खोज के अनुसार ठीक ठहरती है। उसमें पृथ्वीराज की माता का नाम कर्पूरदेवी लिखा है जिसका समर्थन हाँसी के शिलालेख से भी होता हैं उक्त ग्रंथ अत्यंत प्रामाणिक और समसामयिक रचना है। उसके तथा 'हम्मीर महाकाव्य' आदि कई प्रामाणिक ग्रंथों के अनुसार सोमेश्वर का दिल्ली के तोमर राजा अनंगपाल की पुत्री से विवाह होना और पृथ्वीराज का अपने नाना की गोद जाना, राणा समरसिंह का पृथ्वीराज का समकालीन होना और उनके पक्ष में लड़ना, संयोगिताहरण इत्यादि बातें असंगत सिद्ध होती हैं। इस प्रकार आबू के यज्ञ से चौहान आदि चार अग्निकुलों की उत्पत्ति की कथा भी शिलालेखों की जाँच करने पर कल्पित ठहरती हैं; क्योंकि इनमें से सोलंकी, चौहान आदि कई कुलों के प्राचीन राजाओं के शिलालेख मिले हैं, जिनमें वे सूर्यवंशी, चंद्रवंशी आदि कहे गये हैं, अग्निकुल का कहीं कोई उल्लेख नहीं है।

चंद ने पृथ्वीराज का जन्मकाल संवत् 1115 में, दिल्ली गोद जाना 1122 में, कन्नौज जाना 1151 में और शहाबुद्दीन के साथ युद्ध 1158 में लिखा है। पर शिलालेखों और दानपत्रों में जो संवत् मिलते हैं, उनके अनुसार रासो में दिये हुए संवत् ठीक नहीं हैं। अब दानपत्र या

शिलालेख जिनमें पृथ्वीराज, जयचंद और परमर्दिदेव (महोबे के राजा परमाल) के नाम आये हैं, इस प्रकार मिले हैं–

पृथ्वीराज के 4, जिनके संवत् 1224 और 1244 के बीच में हैं। जयचंद के 12, जिन के संवत् 1224 और 1243 के बीच में हैं। परमर्दिदेव के 6, जिनके संवत् 1223 और 1258 के बीच में हैं। इनमें से एक संवत् 1239 का है जिसमें पृथ्वीराज ओर परमर्दिदेव (राजा परमाल) के युद्ध का वर्णन है।

इन संवतों से पृथ्वीराज का जो समय निश्चित होता है उसकी सम्यक् पुष्टि फारसी तवारीखों से भी हो जाती है। फारसी इतिहासों के अनुसार शहाबुद्दीन के साथ पृथ्वीराज का प्रथम युद्ध 587 हिजरी (वि.सं. 1248 ई. सन् 1191) में हुआ। अत: इन संवतों के ठीक होने में किसी प्रकार का संदेह नहीं।

पं. मोहन लाल विष्णु लाल पंड्या ने रासो के पक्ष समर्थन में इस बात की ओर ध्यान दिलाया कि रासो के सब संवतों में यथार्थ, संवतों 90-91 वर्ष का अंतर एक नियम से पड़ता हैं। उन्होंने यह विचार उपस्थित किया कि अंतर भूल नहीं है, बल्कि किसी कारण से रखा गया है। इसी धारणा को लिये हुए उन्होंने रासो के इस दोहे को पकड़ा–

एकादस सै पंचदह विक्रम साक अनंद।
तिहि रिपुजय पुरहरन को भए पृथिराज नरिंद॥

और 'विक्रम साक अनंद' का अर्थ किया अ=शून्य और नंद=9 अर्थात् 90 रहित विक्रम संवत्। अब क्यों ये 90 वर्ष घटाये गये, इसका वे कोई उपयुक्त कारण नहीं बता सके। नंदवंशी शूद्र थे, इसलिए उनका राजत्वकाल राजपूत भाटों ने निकाल दिया, इस प्रकार की विलक्षण कल्पना करके वे रह गये। पर इन कल्पनाओं से किसी प्रकार समाधान नहीं होता। आज तक और कहीं प्रचलित संवत् में से कुछ काल निकालकर संवत् लिखने की प्रथा नहीं पायी गयी। फिर यह भी विचारणीय है कि जिस किसी प्रचलित विक्रम संवत् में से 90-91 वर्ष निकालकर पृथ्वीराज रासो में संवत् दिये हैं, उसने क्या ऐसा जानबूझकर किया है अथवा धोखे से या भ्रम में पड़कर। ऊपर जो दोहा उद्धृत किया गया है, उसमें 'अनंद' के स्थान पर कुछ लोग 'अनिंद' पाठ का होना अधिक उपयुक्त मानते हैं। इसी रासो में एक दोहा यह भी मिलता है–

एकादस सै पंचदह विक्रम जिस ध्रमसुत्त।
प्रतिय साक प्रथिराज कौ लष्यौ विप्र गुन गुत्त।

इसमें भी नौ के गुप्त करने का अर्थ निकाला गया है, पर कितने में से नौ कम करने से यह तीसरा शक बनता है, यह नहीं कहा है। दूसरी बात यह कि 'गुनगुत्त' ब्राह्मण का नाम (गुणगुप्त) प्रतीत होता है।

बात संवत् की ही नहीं है। इतिहास विरुद्ध कल्पित घटनाएं जो भरी पड़ी हैं उनके लिए क्या कहा जा सकता है? माना कि रासो इतिहास नहीं है, काव्यग्रंथ है। पर काव्यग्रंथों में सत्य घटनाओं में बिना किसी प्रयोजन कोई उलट-फेर नहीं किया जाता। जयानक का पृथ्वीराज विजय भी तो काव्यग्रंथ ही है, फिर उसमें क्यों घटनाएँ और नाम ठीक-ठीक हैं? इस संबंध में इसके अतिरिक्त और कुछ कहने की जगह नहीं कि यह पूरा ग्रंथ वास्तव में जाली है। यह हो सकता है कि इसमें इधर-उधर कुछ पद्य चंद के भी बिखरे हो पर उनका पता लगाना

असंभव है। यदि यह ग्रंथ किसी समसामयिक कवि का रचा होता और इसमें कुछ थोड़े-से अंश ही पीछे से मिले होते तो कुछ घटनाएँ और कुछ संवत् तो ठीक होते।

रहा यह प्रश्न कि पृथ्वीराज की सभा में चंद नाम का कोई कवि था या नहीं। पृथ्वीराज विजय के कर्ता जयानक ने पृथ्वीराज के मुख्य भाट या बंदिराज का नाम 'पृथ्वीभट्ट' लिखा है, चंद का नाम उसमें कहीं नहीं लिया है। पृथ्वीराज विजय के पाँचवें सर्ग में यह श्लोक आया है–

तनयश्चंद्रराजस्य चंद्रराज इवाभवत्।
संग्रहं यस्सुवृत्तानां सुबृत्तानामिव व्यधात्॥

इसमें यमक के द्वारा जिस चंद्रराज कवि का संकेत है, यह राजबहादुर श्रीयुत् पं. गौरीशंकर हीराचंद ओझा के अनुसार 'चंद्रक' कवि हैं। जिसका उल्लेख काश्मीरी कवि क्षेमेंद्र ने भी किया है। इस अवस्था में यही कहा जा सकता है कि 'चंदबरदाई' नाम का कोई कवि था तो वह या तो पृथ्वीराज की सभा में न रहा होगा या जयानक के कांश्मीर लौट जाने पर आया होगा। अधिक संभव यह जान पड़ता है कि पृथ्वीराज के पुत्र गोविंदराज या उनके भाई हरिराज या इन दोनों में से किसी के वंशज के यहाँ चंद नाम का कोई भट्ट कवि रहा हो जिसने उनके पूर्वज पृथ्वीराज की वीरता आदि के वर्णन में कुछ रचना की हो। पीछे जो बहुत-सा कल्पित 'भट्टभणंत' तैयार होता गया उन सबको लेकर और चंद को पृथ्वी का समसामयिक मान, उसी के नाम पर 'रासो' नाम की वह बड़ी इमारत खड़ी की गयी हो।

भाषा की कसौटी पर यदि ग्रंथ को कसते हैं, तो और भी निराश होना पड़ता है क्योंकि वह बिलकुल बेठिकाने है-उसमें व्याकरण आदि की कोई व्यवस्था नहीं है। दोहों की और कुछ-कुछ कवित्तों (छप्पयों) की भाषा तो ठिकाने की है, पर त्रोटक आदि छोटे छंदों में तो कहीं-कहीं अनुस्वारांत शब्दों की ऐसी मनमानी भरमार है जैसे कि संस्कृत प्राकृत की नकल की हो। कहीं-कहीं तो भाषा आधुनिक साँचे में ढली-सी दिखाई पड़ती है, क्रियाएँ नये रूपों में मिलती हैं। पर साथ ही कहीं-कहीं भाषा अपने असली प्राचीन साहित्यिक रूप में भी पायी जाती है जिसमें प्राकृत और अपभ्रंश शब्दों के साथ-साथ शब्दों के रूपों और विभक्तियों के चिह्न पुराने ढंग के हैं। इस दशा में भाटों के इस वाग्जाल के बीच कहाँ पर कितना अंश असली है, इसका निर्णय असंभव होने के कारण यह ग्रंथ न तो भाषा के इतिहास के और न साहित्य के इतिहास के जिज्ञासुओं के काम का है।

महामहोपाध्याय पं. हरप्रसाद शास्त्री ने 1909 से 1913 तक राजपूताने में प्राचीन ऐतिहासिक काव्यों की खोज में तीन यात्राएँ की थीं। उनका विवरण बंगाल की एशियाटिक सोसायटी ने छापा है। उस विवरण में 'पृथ्वीराज रासो' के विषय में बहुत कुछ लिखा है और कहा गया है कि कोई-कोई तो चंद के पूर्वपुरुषों को मगध से आया हुआ बताते हैं, पर पृथ्वीराज रासो में लिखा है कि चंद का जन्म लाहौर में हुआ था। कहते हैं कि चंद पृथ्वीराज के पिता सोमेश्वर के समय में राजपूताने में आया और पहले सोमेश्वर का दरबारी और पीछे से पृथ्वीराज का मंत्री, सखा और राजकवि हुआ। पृथ्वीराज ने नागौर बसाया था और वहीं बहुत-सी भूमि चंद को दी थी। शास्त्रीजी का कहना है कि नागौर में अब तक चंद के वंशज रहते है।। इसी वंश के वर्तमान प्रतिनिधि नानूराम भाट से शास्त्रीजी की भेंट हुई। उसमें उन्हें चंद का वंशवृक्ष प्राप्त हुआ जो इस प्रकार है–

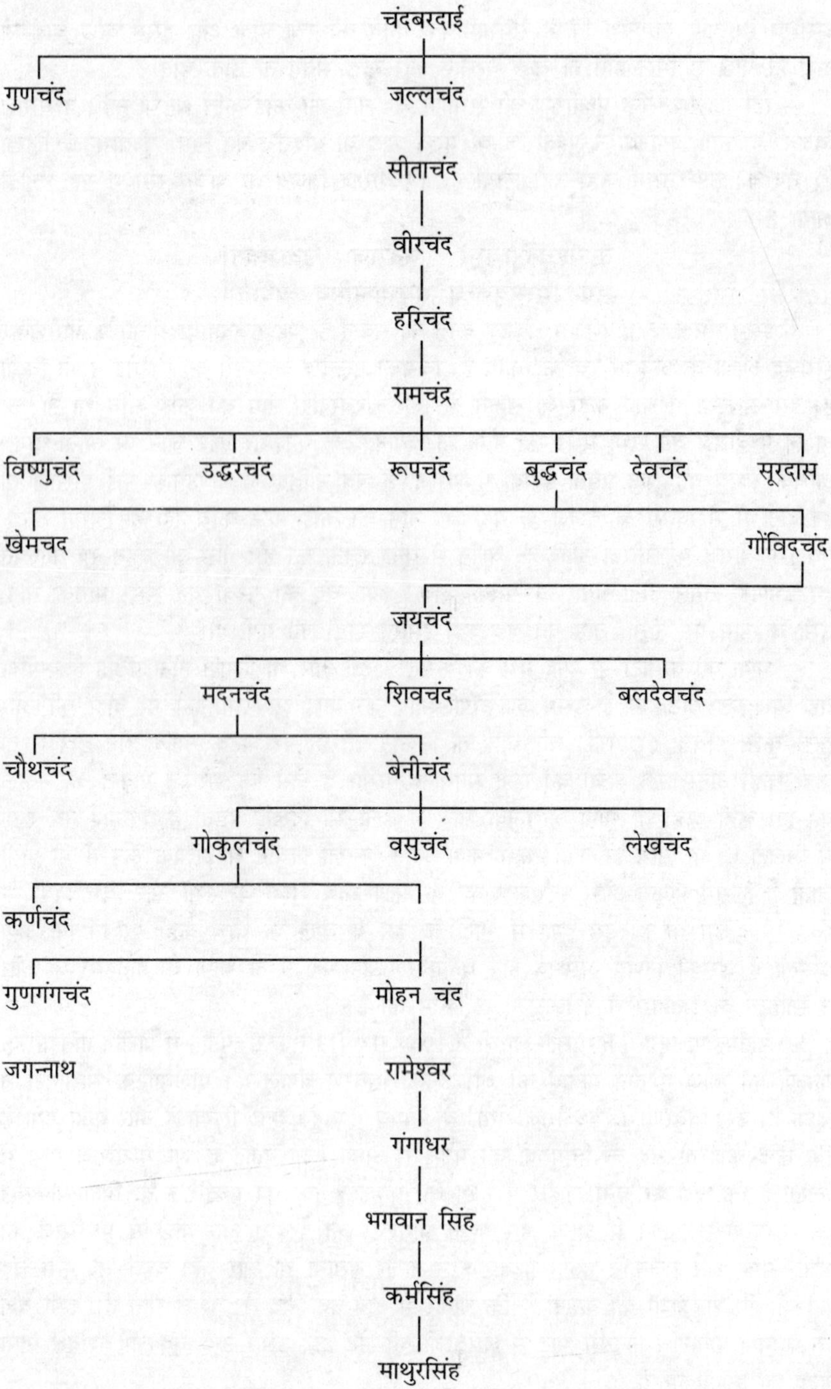
चंदबरदाई
गुणचंद
जल्लचंद
सीताचंद
वीरचंद
हरिचंद
रामचंद्र
विष्णुचंद
उद्धरचंद
रूपचंद
बुद्धचंद
देवचंद
सूरदास
खेमचद
गोंविदचंद
जयचंद
मदनचंद
शिवचंद
बलदेवचंद
चौथचंद
बेनीचंद
गोकुलचंद
वसुचंद
लेखचंद
कर्णचंद
गुणगंगचंद
मोहन चंद
जगन्नाथ
रामेश्वर
गंगाधर
भगवान सिंह
कर्मसिंह
माथुरसिंह

वाग्गोविंदसिंह

मानसिंह

विजयसिंह

आनंदरायजी

आसोजी　　गुमानजी　　कर्णीदान　　जैथमलजी　　बीरचंदजी

घमंडीरामजी　　बुधजी

वृद्धिचंदजी

नानूरामजी

नानूरामजी का कहना है कि चंद के चार लड़के थे जिन में से एक मुसलमान हो गया। दूसरे का कुछ पता नहीं, तीसरे के वंशज अंभोर में जा बसे और चौथे का वंश नागौर में चला। पृथ्वीराज रासो में चंद के लड़कों का उल्लेख इस प्रकार है–

दहति पुत्र कविचंद के सुंदर रूप सुजान।
इक जल्ह गुन बावरो गुन समुंद ससभान।।

पृथ्वीराज रासो में कवि चंद के दसों पुत्रों के नाम दिये है; 'सूरदास' की साहित्य लहरी की टीका में एक पद ऐसा आया है जिसमें सूर की वंशावली दी है। वह पद यह है–

प्रथम ही प्रभु यज्ञ तें भे प्रगट अद्भुत रूप।
ब्रह्मराव विचारि ब्रह्मा राखु नाम अनूप।।
पान पय देवी दियो सिव आदि सुर सुख पाय।
कह्यो दुर्गा पुत्र तेरो भयो अति अधिकाय।।
पारि पाँयन सुर न केसुर सहित अस्तुति कीन।
तासु वंस प्रसंस में भौ चंद चारु नवीन।।
भूप पृथ्वीराज दीन्हों तिन्हें ज्वाला देस।
तनय ताके चार कीनो प्रथम आप नरेस।।
दूसरे गुनचंद ता सुत सीलचंद सरूप।
वीरचंद प्रनाप पूरन भयो अद्भुत रूप।।
रणथंभौर हमीर भूपति संगत खेलत जाय।
तासु बंस अनूप भो हरिचंद अति विख्याय।।
आगरे रहि गोपचल में रह्यो ता सुत वीर।
पुत्र जनमे सात ताके महा भट गंभीर।।

कृष्णचंद उदारचंद जु रूपचंद सुभाइ।
बुद्धिचंद प्रकास चौथे चंद भे सुखदाइ॥
देवचंद प्रबोध संसृतचंद ताको नाम।
भयो सप्तो नाम सूरजचंद मंद निकाम॥

इन दोनों वंशावलियों के मिलाने पर मुख्य भेद यह प्रकट होता है कि नानूराम ने जिनको जल्लचंद की वंश परंपरा में बताया है, उक्त पद में उन्हें गुणचंद की परंपरा में कहा है। बाकी नाम प्रायः मिलते हैं।

नानूराम का कहना है कि चंद ने तीन या चार हजार श्लोक संख्या में अपना काव्य लिखा था। उसके पीछे उनके लड़के ने अंतिम दस समयों को लिख कर उस ग्रंथ को पूरा किया। पीछे से और लोग उसमें अपनी रुचि अथवा आवश्यकता के अनुसार जोड़-तोड़ करते रहे। अंत में अकबर के समय में इसने एक प्रकार से परिवर्तित रूप धारण किया। अकबर ने इस प्रसिद्ध ग्रंथ को सुना था। उसके इस प्रकार उत्साह-प्रदर्शन पर कहते हैं कि उस समय 'रासो' नामक अनेक ग्रंथों की रचना की गयी। नानू राम का कहना है कि असली पृथ्वीराज रासो की प्रति मेरे पास है। पर उन्होंने महोबा समय की जो नकल महा महोपाध्याय पं. हरप्रसाद शास्त्री को दी थी वह और भी ऊटपटाँग और रद्दी है।

'पृथ्वीराजरासो' के 'पद्मावती समय' के कुछ पद्य नमूने के लिये दिये जाते हैं-

हिंदुवान थान उत्तम सुदेश। तहँ उदति द्रुग्ग सुदेस।
संभरिनरेस चहुआन थान। प्रथिराज तहाँ राजंत भान॥
संभरिनरेस सोमेस पूत। देवत्त रूप अवतार धत[21]।
जिहि पकरि साह साहाब लीन। तिहुँ बेर करिय पानीपहीन॥
सिंगिनिसुसद्द गुनि चढ़ि जँजीर। चुक्कड़ न सबद बेधंत तीर[22]॥

× × × × ×

मनहु कला ससभान[23]। कला सोलह सो बन्निय।
बाल बैस, ससि ता समीप अम्रित रस पिन्निय॥
विगसि कमलस्रिग, भमर, बेनु, खंजन मृग लुट्टिय[24]।
हीर, कीर, अरु बिंब मोति नखिसिख अहिघुट्टिय[25]॥

× × × × ×

कुट्टिल केस सुदेस पोह परिचियत पिक्क सद[26]।
कमलगंध वयसंध, हंसगति चलित मंद मद॥
सेत वस्त्र सोहै, शरीर नष स्वाति बूँद जस।
भमर भवहि भुल्लहिं सुभाव मकरंद बास रस॥

× × × × ×

प्रिय प्रिथिराज नरेस जोग लिखि कग्गर[27] दिन्नौ।
लगन बरब रचि सरव दिन्न द्वादस ससि लिन्नौ॥
सै ग्यारह अरु तीस साष संवत परमान है।
जो पित्रीकुल सुद्ध बरन, बरि रक्खहु प्रानह॥

× × × × ×

दिक्खंत, दिट्ठि उच्चरिय[28] वर इक षलक्क बिलँब न करिय।
अलगार[29] रयनि दिन पंच महि, ज्यों रुकमिनि कन्हर बरिय॥
संगह[30] सषिय लिय सहस बाल। रुकमिनिय जेम[31] लज्जत मराल॥
पूजियइ गउरि शंकर मनाय। दच्छिनइ अंग करि लगिय पारय॥
फिरि[32] देषि देषिद्ध प्रिथिराज राज। हँसि मुद्ध-मुद्ध चर पट्ट लाज[33]॥

× × × × ×

बज्जिय घोर निशान रासम चौहान चहौं दिस।
सकल सूर सामंत समरि बल जंत्र मंत्र तिस॥
उट्टि राज प्रिथिराज बाग मनो लग्ग वीर नट।
कढत तेग मनबेग लगत मनो बीजु झट्ट घट॥
थकि रहे सूर कौतिक गगन, रँगन मगन भइ शोन धर।
हृदि[34] हरषि वीर जग्गे हुलसि हु रेउ[35] रंग नव रत्त[36] वर॥
षुरासान मुलतान खंधार मीरं। बलष स्यों[37] बलं तेग अच्चूक तीरं॥
रुहंगी फिरंगी हलब्बी सुमानी। टटी ठट्ट भल्लोच्च ढालं नि सानी॥
मंजारी चषी[38] मुक्ख जंबुक्क लारी[39] हजारी-हजारी हुँके[40] जोध भारी।

4-5 भट्ट केदार, मधुकर कवि (संवत् 1224-1243) : जिस प्रकार चंदबरदाई ने महाराज पृथ्वीराज को कीर्तिमान किया है उसी प्रकार भट्टकेदार ने कन्नौज के सम्राट जयचंद का गुण गाया हैं। रासो में चंद और भट्ट केदार के संवाद का एक स्थान पर उल्लेख भी हैं। भट्ट केदार ने 'जयचंदप्रकाश' नाम का एक महाकाव्य लिखा था जिसमें महाराज जयचंद के प्रताप और पराक्रम का विस्तृत वर्णन था।[41] इसी प्रकार का 'जयमयंकजसचंद्रिका' नामक एक बड़ा ग्रंथ मधुकर कवि ने भी लिखा था। पर दुर्भाग्य से दोनों ग्रंथ आज उपलब्ध नहीं है। केवल इनका उल्लेख सिंघायच दयालदास कृत 'राठौड़ारी ख्यात' में मिलता है जो बीकानेर के राज-पुस्तक-भंडार में सुरक्षित हैं। इस ख्यात में लिखा है कि दयालदास ने आदि से लेकर कन्नौज तक का वृनांत इन्हीं दोनों ग्रंथों के आधार पर लिखा है।

इतिहासज्ञ इस बात को अच्छी तरह जानते है कि विक्रम की तेरहवीं शताब्दी के आरंभ में उत्तर भारत के दो प्रधान साम्राज्य थे। एक तो था गहरवारों (राठौरों) का विशाल साम्राज्य, जिसकी राजधानी दिल्ली थी और जिसके अंतर्गत दिल्ली से अजमेर तक का पश्चिमी प्रांत था। कहने की आवश्यकता नहीं कि इन दोनों में गहरवारों का साम्राज्य अधिक विस्तृत, धन-धान्य-संपन्न और देश के प्रधान भाग पर था। गहरवारों की दो राजधानियाँ थीं- कन्नौज और काशी। इसी से कन्नौज के गहरवार राज्य काशिराज कहलाते थे। जिस प्रकार पृथ्वीराज का प्रभाव राजपूताने के राजाओं पर था उसी प्रकार जयचंद का प्रभाव बुंदेलखंड के राजाओं पर था। कालिंजर या महोबे के चंदेल राजा परमर्दिदेव (परमाल) जयचंद के मित्र या सामंत थे जिसके कारण पृथ्वीराज ने उन पर चढ़ाई की थी। चंदेल कन्नौज के पक्ष में दिल्ली के चौहान पृथ्वीराज से बराबर लड़ते रहे।

6. जगनिक (संवत् 1230)- ऐसा प्रसिद्ध है कि कालिंजर के राजा परमार के यहाँ जगनिक नाम के एक भाट थे, जिन्होंने महोबे के दो प्रसिद्ध वीरों–आल्हा और ऊदल (उदयसिंह)- के वीरचरित का विस्तृत वर्णन एक वीरगीतात्मक काव्य के रूप में लिखा था

जो इतना सर्वप्रिय हुआ कि उसके वीरगीतों का प्रचार क्रमशः सारे उत्तरी भारत में विशेषतः उन सब प्रदेशों में जो कन्नौज साम्राज्य के अंतर्गत थे- हो गया। जगनिक के काव्य का आज कहीं पता नहीं है पर उसके आधार पर प्रचलित गीत हिंदी भाषाभाषी प्रांतों के गाँव-गाँव में सुनाई पड़ते हैं। ये गीत 'आल्हा' के नाम से प्रसिद्ध हैं और बरसात में गाये जाते हैं। गाँवों में जाकर देखिए तो मेघगर्जन के बीच में किसी अलहैत के ढोल के गंभीर घोष के साथ यह वीर हुंकार सुनाई देगी-

बारह बरिस लै कूकर जीऐं, औ तेरह लै जिऐं सियार।
बरिस अठारह छत्री जिऐं, आगे जीवन को धिक्कार।

इस प्रकार साहित्यिक रूप में न रहने पर भी जनता के कंठ में जगनिक के संगीत की वीरदर्पपूर्ण प्रतिध्वनि अनेक बल खाती हुई अब तक चली आ रही है। इस दीर्घ कालयात्रा में उसका बहुत कुछ कलेवर बदल गया है। देश और काल के अनुसार भाषा में ही परिवर्तन नहीं हुआ है, वस्तु में भी बहुत अधिक परिवर्तन होता आया है। बहुत-से नये अस्त्रों, (जैसे, बंदूक, किरिच), देशों और जातियों (जैसे, फिरंगी) के नाम सम्मिलित हो गये हैं और बराबर हो जाते हैं। यदि यह ग्रंथ साहित्यिक प्रबंध पद्धति पर लिखा गया होता तो कहीं न कहीं राजकीय पुस्तकालयों में इसकी कोई प्रति रक्षित मिलती। पर यह गाने के लिए ही रचा गया था। इसमें पंडितों और विद्वानों के हाथ इसकी रक्षा की ओर नहीं बढ़े, जनता ही के बीच इसकी गूँज बनी रही-पर यह गूँज मात्र है, मूल शब्द नहीं। आल्हा का प्रचार यों तो सारे उत्तर भारत में है, पर बैसवाड़ा इसका केंद्र माना जाता है, वहाँ इसे गानेवाले बहुत अधिक मिलते हैं। बुंदेलखंड में-विशेषतः महोबा के आसपास भी इसका चलन बहुत है।

इन गीतों के समुच्चय को सर्वसाधारण 'आल्हाखंड' कहते हैं जिससे अनुमान होता है कि आल्हा संबंधी ये वीरगीत जगनिक के रचे उस बड़े काव्य के एक खंड के अंतर्गत थे जो चंदेलों की वीरता के वर्णन में लिखा गया होगा। आल्हा और ऊदल परमाल के सामंत थे और बनाफर शाखा के क्षत्रिय थे। इन गीतों का एक संग्रह 'आल्हाखंड' के नाम से छपा है। फर्रुखाबाद के तत्कालीन कलेक्टर मि. चार्ल्स इलियट ने पहले इन गीतो का संग्रह करके छपवाया था।

7. श्रीधर : इन्होंने संवत् 1454 में 'रणमल्ल छंद' नामक एक काव्य रचा जिसमें ईडर के राठौर राजा रणमल्ल की उस विजय का वर्णन है जो उसने पाटन के सूबेदार जफर खाँ पर प्राप्त की थी। एक पद्य नीचे दिया जाता है-

ढइढमइ ढमढमकार ढंकर ढोल ढोली जंगिया।
सुर करहि रण सहणाइ समुहिर सरस रसि समरंगिया॥
कलकलहिं काहल कोडि कल रवि कुमल कायर थरहरइ।
संचरइ शक सुरताण साहबण साहसी सवि संगरइ॥

◉◉

सन्दर्भ

1. ब्याहने, 2. सामंतों को, 3. सब, 4. यान की बारात की, 5. सब, 6. अंतःपुर, 7. खड़ा है, 8. घर में, 9. स्वामी-राजा, 10. तुम्हारे (यहाँ), 11. क्यों, 12. परदेश में, 13. तेरे हैं, 14. भुला डाला,

15. बात से बात नहीं छिपाई जा सकती, 16. आग का जला कोपल छोड़ दे तो छोड़ दे, 17. जीभ का जला नहीं पनपता 18. आकाशदीप जलाए गए, 19. यदि वह धन्या या स्त्री अंग सँभाल कर (तुरंत) मिलती तो उस बाला का मान भंग होता, 20. (और) इसे परिरंभता (आलिंगनकरता) राजा द्वार पर ही। 21. धृत-धारण किया, 22. (शब्दवेधी बाण चलाने का उल्लेख) सिंगी बाजे का शब्द सुनकर या अंदाज कर डोरी पर चढ़ उसका तीर उस शब्द को बेधते हुए (बेधने में) नहीं चूकता था, 23. चंद्रमा, 24. उसी के पास से मानों अमृतरस पिया, 25. अभिघटित किया-बनाया, 26. पोहे हुए अच्छे मोती दिखाई पड़ते हैं, 27. कागज, 28. चल दीजिए, 29. अलग ही अलग-दूसरी ओर से 30. मध्ये-मधि-में, 31. जिमि-ज्यों, 32. प्रदक्षिणा, 33. हँसकर उस मोहित मुग्धा ने लज्जा से (मुँह पर का) पट चला दिया अर्थात् सरका लिया, 34. हृदय में, 35. फुर्‌यो, स्फुरित हुआ, 36. रक्त, 37. साथ, 38. बिल्ली की सी आँखवाले, 39. मुँह गीदड़ और लोमड़ी के से, 40. हुंकार करते, 41. भट्ट भणंत पर यदि विश्वास किया जाय तो केदार महाराज-जयचंद के कवि नहीं-सुलतान शहाबुद्दीन गोरी के कविराज थे। 'शिवसिंहसरोज' में भाटों की उत्पत्ति के संबंध में यह विलक्षण कवित्त उद्धृत है-

प्रथम विधाता ते प्रगट भए बंदीजन, पुनि पृथुयज्ञ तें प्रकास सरसात है।
माने सूत सौनक न, बाँचत पुरान रहे, जस को बखाने महासुख सरसात है।
चंद चौहान के, केदार गोरी साह जू के, गंग अकबर के बखाने गुन गात है।
काव्य कैसे माँस अजनास धन भाँटन को, लूटि धरै ताको खुरा खोज मिटि जात है।

प्रकरण-4 : फुटकल रचनाएँ

वीरगाथाकाल के समाप्त होते-होते हमें जनता की बहुत कुछ असली बोलचाल और उसके बीच कहे-सुने जाने वाले पद्यों की भाषा के बहुत कुछ असली रूप का पता चलता है। पता देने वाले हैं, दिल्ली के खुसरो मियाँ और तिरहुत के विद्यापति। इनके पहले की जो कुछ संदिग्ध सामग्री मिलती है, उस पर प्राकृत की रूढ़ियों का थोड़ा या बहुत प्रभाव अवश्य पाया जाता हैं। लिखित साहित्य के रूप में ठीक बोलचाल की भाषा या जनसाधारण के बीच कहे-सुने जानेवाले गीत, पद्य आदि रक्षित रखने की ओर मानो किसी का ध्यान ही नहीं था। जैसे पुराना चावल ही बड़े आदमियों के खाने योग्य समझा जाता है वैसे ही अपने समय से कुछ पुरानी पड़ी हुई परंपरा के गौरव से युक्त भाषा ही पुस्तक रचने वालों के व्यवहार योग्य समझी जाती थी। पश्चिम की बोलचाल, गीत, मुख प्रचलित पद्य आदि का नमूना जिस प्रकार हम खुसरो की कृति में पाते हैं, उसी प्रकार बहुत पूरब का नमूना विद्यापति की पदावली में। उसके पीछे फिर भक्तिकाल के कवियों ने प्रचलित देश भाषा और साहित्य के बीच पूरा-पूरा सामांजस्य घटित कर दिया।

8. खुसरो : पृथ्वीराज की मृत्यु (संवत् 1249) के 90 वर्ष पीछे खुसरो ने संवत् 1340 के आसपास रचना आरंभ की। इन्होंने गयासुद्दीन बलबन से लेकर अलाउद्दीन और कुतुबुद्दीन मुबारक शाह तक कई पठान बादशाहों का जमाना देखा था। ये फारसी के बहुत अच्छे ग्रंथकार और अपने समय के नामी कवि थे। इनकी मृत्यु संवत् 1389 में हुई। ये बड़े ही विनोदी, मिलनसार और सहृदय थे, इसी से जनता की सब बातों में पूरा योग देना चाहते थे। जिस ढंग के दोहे, तुकबंदियाँ और पहेलियाँ आदि साधारण जनता की बोलचाल में इन्हें प्रचलित मिलीं उसी ढंग के पद्य, पहेलियाँ आदि कहने की उत्कंठा इन्हें भी हुई। इनकी पहेलियाँ और मुकरियाँ प्रसिद्ध हैं। इनमें उक्तिवैचित्र्य की प्रधानता थी, यद्यपि कुछ रसीले गीत और दोहे भी इन्होंने कहे हैं।

यहाँ इस बात की ओर ध्यान दिला देना आवश्यक प्रतीत होता है कि 'काव्यभाषा' का ढाँचा अधिकतर शौरसेनी या पुरानी ब्रजभाषा का ही बहुत काल से चला आता था। अत: जिन पश्चिमी प्रदेशों की बोलचाल खड़ी होती थी, उनमें भी जनता के बीच प्रचलित पद्यों, तुकबंदियों आदि की भाषा ब्रजभाषा की ओर झुकी हुई रहती थी। अब भी यह बात पायी जाती है। इसी से खुसरो की हिंदी रचनाओं में भी दो प्रकार की भाषा पायी जाती हैं। ठेठ खड़ी बोलचाल, पहेलियों, मुकरियों और दो सखुनों में ही मिलती है—यद्यपि उनमें भी कहीं-कहीं ब्रजभाषा की झलक हैं। पर गीतों और दोहों की भाषा ब्रज या मुख-प्रचलित काव्यभाषा ही है। यही ब्रजभाषा देख उर्दू साहित्य के इतिहास लेखक प्रो. आजाद को यह भ्रम हुआ कि ब्रजभाषा से

खड़ी बोली (अर्थात् उसका अरबी-फारसी ग्रस्त रूप उर्दू) निकल पड़ी।[1]

खुसरो के नाम पर संगृहीत पहेलियों में कुछ प्रक्षिप्त और पीछे की जोड़ी पहेलियाँ भी मिल गयी हैं, इसमें संदेह नहीं। उदाहरण के लिए हुक्केवाली पहेली लीजिए। इतिहास प्रसिद्ध बात है कि तंबाकू का प्रचार हिंदुस्तान में जहाँगीर के समय से हुआ। उसकी पहली गोदाम अँगरेजों की सूरतवली कोठी थी जिससे तंबाकू का एक नाम ही 'सूरती' या 'सुरती' पड़ गया। इसी प्रकार भाषा के संबंध में भी संदेह किया जा सकता है कि वह दीर्घ मुख परंपरा के बीच कुछ बदल गयी होगी, उसका पुरानापन कुछ निकल गया होगा। किसी अंश तक यह बात हो सकती है, पर साथ ही यह भी निश्चित है कि उसका ढाँचा कवियों और चारणों द्वारा व्यवहृत प्राकृत की रूढ़ियों से जकड़ी काव्यभाषा से भिन्न था। प्रश्न यह उठता है कि क्या उस समय तक भाषा घिसकर इतनी चिकनी हो गयी थी जितनी पहेलियों में मिलती है।

खुसरो के प्राय: दो सौ वर्ष पीछे की लिखी जो कबीर की बानी की हस्तलिखित प्रति मिली है उसकी भाषा कुछ पंजाबी लिये राजस्थानी है, पर इसमें पुराने नमूने अधिक हैं जैसे, सप्तमी विभक्ति के रूप में इ (घरि=घर में)। 'चला', 'समाया' के स्थान पर 'चलिया', 'चल्या', 'समाइया'। 'उनई आई' के स्थान पर 'उनमिवि आई' (झुक आई) इत्यादि। यह बात कुछ उलझन की अवश्य है पर विचार करने पर यह अनुमान दृढ़ हो जाता है कि खुसरो के समय में 'इट्ठ', 'बसिट्ठ' आदि रूप 'ईठ' (इष्ट, इट्ठ, ईठ), बसीठ (विसृष्ट, बसिट्ठ, बिसिट्ट, बसीठ) हो गये थे। अत: पुराने प्रत्यय आदि भी बोलचाल से बहुत कुछ उठ गये थे। यदि 'चलिया', 'मारिया' आदि पुराने रूप रखें तो पहेलियों के छंद टूट जायेंगे, अत: यह धारणा होती है कि खुसरो के समय बोलचाल की स्वाभाविक भाषा घिसकर बहुत कुछ उसी रूप में आ गयी थी जिस रूप में खुसरो में मिलती है। कबीर की अपेक्षा खुसरो का ध्यान बोलचाल की भाषा की ओर अधिक था; उसी प्रकार जैसे अँगरेजों का ध्यान बोलचाल की भाषा की ओर अधिक रहता है। खुसरो का लक्ष्य जनता का मनोरंजन था। पर कबीर धर्मोपदेशक थे, अत: उनकी बानी पोथियों की भाषा का सहारा कुछ-न कुछ खुसरो की अपेक्षा अधिक लिये हुए है।

नीचे खुसरो की कुछ पहेलियाँ, दोहे और गीत दिये जाते हैं–

एक थाल मोती से भरा। सबके सिर पर औंधा धरा।।
चारों ओर वह थाली फिरे। मोती उससे एक न गिरे।।

(आकाश)

एक नार ने अचरज किया। साँप मारि पिंजड़े में दिया।।
जों-जों साँप ताल को खाए। सूखे ताल साँप मर जाए।।

(दिया-बत्ती)

एक नार दो को ले बैठी। टेढ़ी होके बिल में पैठी।।
जिसके बैठे उसे सुहाय। खुसरो उसके बल-बल जाय।।

(पायजामा)

अरथ तो इसका बूझेगा। मुँह देखो तो सूझेगा।।

(दर्पण)

ऊपर के शब्दों में खड़ी बोली का कितना निखरा हुआ रूप हैं। अब इनके स्थान पर ब्रजभाषा के रूप देखिए–

चूक भई कुछ बासों ऐसी। देस छोड़ भयो परदेसी॥

× × × × ×

एक नार पिया को भानी। तन वाको सगरा ज्यों पानी।

× × × × ×

चाम मास वाके नहिं नेक। हाड़-हाड़ में वाके छेद॥
मोहिं अचंभो आवत ऐसे। वामें जीव बसत है कैसे॥

अब नीचे के दोहे और गीत बिलकुल ब्रजभाषा अर्थात् मुख प्रचलित काव्यभाषा में देखिये–

उज्जल बरन, अधीन तन, एक चित्त दो ध्यान।
देखत में तो साधु है, निपट पाप की खान।
खुसरो रैन सुहाग की, जागी पी के संग।
तन मेरो मन पीउ को, दोउ भए एक रंग।
गोरी सावै रोज पर, मुख पर डारै केस।
चल खुसरो घर आपने, रैन भाई चहुँ देस।

× × × × ×

मोरा जोबना नवेलरा भयो है गुलाल। कैसे गर दीनी कस मोरी माल॥
सूनी सेज डरावन लागै, बिरहा अगिन मोहि डस-डस जाय।

× × × × ×

हजरत निजामुदीन चिश्ती जरजीं बख्श पीर।
जोइ-जोइ ध्यावैं तेइ-तेइ फल पावैं,
मेरे मन की मुराद भर दीजै अमीर॥

× × × × ×

जे हाल मिसकी मकुन तगाफुल दुराय नैना, बनाय बतियाँ।
कि ताबे हिज्राँ न दारम, ऐ जाँ! न लेहु काहें लगाय छतियाँ।
शबाने हिज्राँ दराज यूँ जुल्फ व रोजे वसलत चूँ उम्र कोतह।
सखी! पिया को जो मैं न देखूँ तो कैसे काटूँ अँधेरी रतियाँ!॥

9. विद्यापति : अपभ्रंश के अंतर्गत इनका उल्लेख हो चुका है।[2] पर जिसकी रचना के कारण ये 'मैथिलकोकिल' कहलाये वह इनकी पदावली हैं। इन्होंने अपने समय की प्रचलित मैथिली भाषा का व्यवहार किया है। विद्यापति को बंगभाषावाले अपनी ओर खींचते हैं। सर जार्ज ग्रियर्सन ने भी बिहारी और मैथिली को 'मागधी' से निकली होने के कारण हिंदी से अलग माना है। पर केवल भाषाशास्त्र की दृष्टि से कुछ प्रत्ययों के आधार पर ही साहित्य का विभाजन नहीं किया जा सकता। कोई भाषा कितनी दूर तक समझी जाती है, इसका विचार भी तो आवश्यक होता है। किसी भाषा का समझा जाना अधिकतर उसकी शब्दावली (वीकेब्युलरी) पर अवलंबित होता है। यदि ऐसा न होता तो उर्दू और हिंदी का एक ही साहित्य माना जाता।

खड़ी बोली, बांगड़ू, ब्रज, राजस्थानी, कन्नौजी, बैसवारी, अवधी इत्यादि में रूपों और प्रत्ययों का इतना भेद होते हुए भी सब हिंदी के अंतर्गत मानी जाती हैं। इनके बोलने वाले एक-दूसरे की बोली समझते हैं। बनारस, गाजीपुर, गोरखपुर, बलिया आदि जिलों में 'आयल आइल', 'गायल-गइल', 'हमरा-तोहरा' आदि बोले जाने पर भी वहाँ की भाषा हिंदी के

सिवाय दूसरी नहीं कही जाती। कारण है शब्दावली की एकता। अत: जिस प्रकार हिंदी साहित्य 'बीसलदेवरासो' पर अपना अधिकार रखता है उसी प्रकार विद्यापति की पदावली पर भी।

विद्यापति के पद अधिकतर शृंगार के ही हैं, जिनमें नायिका और नायक राधा-कृष्ण हैं। इन पदों की रचना जयदेव के गीतकाव्य के अनुकरण पर ही शायद की गयी हो। इनका माधुर्य अद्‌भुत हैं। विद्यापति शैव थे। उन्होंने इन पदों की रचना शृंगार काव्य की दृष्टि से की है, भक्त के रूप में नहीं। विद्यापति को कृष्णभक्तों की परंपरा में न समझना चाहिए।

आध्यात्मिक रंग के चश्मे आजकल बहुत सस्ते हो गये है। उन्हें चढ़ाकर जैसे कुछ लोगों ने 'गीतगोविंद' के पदों को आध्यात्मिक संकेत बताया है, वैसे ही विद्यापति के इन पदों को भी। सूर आदि कृष्णभक्तों के शृंगारी पदों की भी ऐसे लोग आध्यात्मिक व्याख्या चाहते है। पता नहीं बाललीला के पदों का वे क्या करेंगे। इस संबंध में यह अच्छी तरह समझ रखना चाहिए कि लीलाओं का कीर्तन कृष्णभक्ति का एक प्रधान अंग है। जिस रूप में लीलाएँ वर्णित हैं। उसी रूप में उनका ग्रहण हुआ है और उसी रूप में वे गोलोक में नित्य मानी गयी हैं, जहाँ वृन्दावन, यमुना, निकुंज, सखा, गोपिकाएँ इत्यादि सब नित्य रूप में हैं। इन लीलाओं का दूसरा अर्थ निकालने की आवश्यकता नहीं।

विद्यापति संवत् 1460 में तिरहुत के राजा शिवसिंह के यहाँ वर्तमान थे। उनके दो पद नीचे दिये जाते हैं–

सरस बसंत समय भल पाविलि, दछिन पवन बह धीरे।
सपनहु रूप वचन इक भाषिय, मुख से दूरि करु चीरे॥
तोहर बदन सम चाँद होअथि नाहिं, कैयो जतन बिह केला।
कै बेरि काटि बनावल नव कै, तैयो तुलित नहिं भेला॥
लोचन तूअ कमल नहिं भै सक, से जग के नहिं जाने।
से फिरि जाय लुकैलन्ह जल महँ, पंकज निज अपमाने॥
भन विद्यापति सुनु बर जोवति, ई सम लछमि समाने।
राजा 'सिवसिंह' रूप नरायन, 'लखिमा देइ' प्रति माने॥

× × × × ×

कालि कहल पिय साँझहि रे, जाइबि मइ मारू देस।
मोए अभागिलि नहिं जानल रे, सँग जइतवँ जोगिनी बेस॥
हिरदय बड़ दारुन रे, पिया बिनु बिहरि न जाइ।
एक सयन सखि सूतल रे, अछल बलभ निसि भोर॥
न जानल कत खन तजि गेल रे, बिदुरल चकवा जोर।
सूनि सेज पिय सालइ रे, पिय बिनु घर मोए आजि॥
बिनति करहु सुसहेल्नि रे, मोहि देहि अगिहर साजि।
विद्यापति कवि गावल रे, आवि मिलत पिय तोर
'लखिमा देइ' बर नागर रे, राय सिवसिंह नहिं भोर॥

मोटे हिसाब से वीरगाथा काल महाराज हम्मीर के समय तक ही समझना चाहिए। उसके उपरांत मुसलमानों का साम्राज्य भारत में स्थिर हो गया और हिंदू राजाओं को न तो आपस में लड़ने का उतना उत्साह रहा, न मुसलमानों से। जनता की चित्तवृत्ति बदलने लगी

और विचारधारा दूसरी ओर चली। मुसलमानों के न जमने तक तो उन्हें हराकर अपने धर्म की रक्षा का वीर प्रयत्न होता रहा, पर मुसलमानों के जम जाने पर अपने धर्म के उस व्यापक और हृदयग्राह्य रूप के प्रचार की ओर ध्यान हुआ, जो सारी जनता को आकर्षित रखे और धर्म से विचलित न होने दे।

इस प्रकार स्थिति के साथ-ही-साथ भावों तथा विचारों में भी परिवर्तन हो गया। पर इससे यह न समझना चाहिए कि हम्मीर के पीछे किसी वीरकाव्य की रचना ही नहीं हुई। समय-समय पर इस प्रकार के अनेक काव्य लिखे गये। हिंदी साहित्य के इतिहास की एक विशेषता यह भी रही कि एक विशिष्ट काल में किसी रूप की जो काव्यसरिता वेग से प्रवाहित हुई, वह यद्यपि आगे चलकर मंद गति से बहने लगी, पर 900 वर्षों के हिंदी साहित्य के इतिहास में हम उसे कभी सर्वथा सूखी हुई नहीं पाते।

◉◉

सन्दर्भ

1. देखिए, मेरे, 'बुद्धिचरित' काव्य की भूमिका में 'काव्यभाषा' पर मेरा प्रबंध, जिसमें उसके स्वरूप का निर्णय किया गया है तथा ब्रज, अवधी और खड़ी बोली के भेद और प्रवृत्तियाँ निरूपति की गयी हैं।
2. देखिए, पृ. 30-3।

पूर्व मध्यकाल

भक्तिकाल (संवत् 1375-1700)

प्रकरण -1 : सामान्य परिचय

देश में मुसलमानों का राज्य प्रतिष्ठित हो जाने पर हिंदू जनता के हृदय में गौरव, गर्व और उत्साह के लिए वह अवकाश न रह गया। उसके सामने ही उसके देवमंदिर गिराये जाते थे, देवमूर्तियाँ तोड़ी जाती थीं और पूज्य पुरुषों का अपमान होता था और वे कुछ भी नहीं कर सकते थे। ऐसी दशा में अपनी वीरता के गीत न तो वे गा ही सकते थे और न बिना लज्जित हुए सुन ही सकते थे। आगे चलकर जब मुस्लिम साम्राज्य दूर तक स्थापित हो गया तब परस्पर लड़ने वाले स्वतंत्र राज्य भी नहीं रह गये। इतने भारी राजनीतिक उलटफेर के पीछे हिंदू जनसमुदाय पर बहुत दिनों तक उदासी-सी छायी रही। अपने पौरुष से हताश जाति के लिए भगवान् की शक्ति और करुणा की ओर ध्यान ले जाने के अतिरिक्त दूसरा मार्ग ही क्या था?

यह तो हुई राजनीतिक परिस्थिति। अब धार्मिक स्थिति देखिए। आदिकाल के अंतर्गत यह दिखाया जा चुका है कि किस प्रकार वज्रयानी सिद्ध, कापालिक आदि देश के पूरबी भागों में और नाथपंथी जोगी पश्चिमी भागों में रमते चले आ रहे थे।[1] इसी बात से इसका अनुमान हो सकता है कि सामान्य जनता की धर्मभावना कितनी दबती जा रही थी, उसका हृदय धर्म से कितनी दूर हटता चला जा रहा था।

धर्म का प्रवाह कर्म, ज्ञान और भक्ति, इन तीन धाराओं में चलता है। इन तीनों के सामंजस्य से धर्म अपनी पूर्ण सजीव दशा में रहता है। किसी एक के भी अभाव से वह विकलांग रहता है। कर्म के बिना वह लूला-लँगड़ा, ज्ञान के बिना अंधा और भक्ति के बिना हृदयविहीन क्या, निष्प्राण रहता है? ज्ञान के अधिकारी तो सामान्य से बहुत अधिक समुन्नत और विकसित बुद्धि के कुछ थोड़े-से विशिष्ट व्यक्ति ही होते हैं। कर्म और भक्ति ही सारे जनसमुदाय की संपत्ति होती है। हिंदी साहित्य के आदिकाल में कर्म तो अर्थशून्य विधिविधान, तीर्थाटन और पर्वस्नान इत्यादि के संकुचित घेरे में पहले से बहुत कुछ बद्ध चला आता था। धर्म की भावात्मक अनुभूति या भक्ति, जिसका सूत्रपात महाभारतकाल में और विस्तृत प्रवर्तन पुराणकाल में हुआ था, कभी कहीं दबती, कभी कहीं अभरती किसी प्रकार चलर भर आ रही थी।

अर्थशून्य बाहरी विधिविधान, तीर्थाटन, पर्वस्नान आदि की निस्सारता का संस्कार फैलाने का जो कार्य वज्रयानी सिद्धों और नाथपंथी जोगियों के द्वारा हुआ, उसका उल्लेख हो चुका है।[2] पर उनका उद्देश्य 'कर्म' को उस तंग गड्ढे से निकालकर प्रकृत धर्म के खुले क्षेत्र में लाना न था बल्कि एकबारगी किनारे ढकेल देना था। जनता की दृष्टि को आत्मकल्याण और लोककल्याण विधायक सच्चे कर्मों की ओर ले जाने के बदले उसे वे कर्मक्षेत्र से ही हटाने

में लग गये थे। उसकी बानी तो 'गुह्य, रहस्य और सिद्धि' लेकर उठी थी। अपनी रहस्यदर्शिता की धाक जमाने के लिए बाह्य जगत् की बातें छोड़, घट के भीतर के कोठों की बातें बताया करते थे। भक्ति, प्रेम आदि हृदय के प्रकृत भावों का अंतस्साधना में कोई स्थान न था, क्योंकि इनके द्वारा ईश्वर को प्राप्त करना तो सबके लिए सुलभ कहा जा सकता है। सामान्य अशिक्षित या अर्धशिक्षित जनता पर इनकी बानियों का प्रभाव इसके अतिरिक्त और क्या हो सकता था कि वह सच्चे शुभकर्मों के मार्ग से तथा भगवद्भक्ति की स्वाभाविक हृदय-पद्धति से हटकर अनेक प्रकार के मंत्र, तंत्र और उपचारों में उलझे और सका विश्वास अलौकिक सिद्धियों पर जा जमें? इसी दशा की ओर लक्ष्य करके गोस्वामी तुलसीदास ने कहा था–

गोरख जगायो जोग, भगति भगायो लोग।

सारांश यह कि जिस समय मुसलमान भारत में आये उस समय सच्चे धर्मभाव का बहुत कुछ ह्रास हो गया था। प्रतिवर्तन के लिए बहुत बड़े धक्कों की आवश्यकता थी।

ऊपर जिस अवस्था का दिग्दर्शन हुआ है, वह सामान्य जनसमुदाय की थी। शास्त्रज्ञ विद्वानों पर सिद्धों और जोगियों की बानियों का कोई असर न था। वे इधर-उधर पड़े अपना कार्य करते जा रहे थे। पंडितों के शास्त्रार्थ भी होते थे, दार्शनिक खंडन-मंडन के ग्रंथ भी लिखे जाते थे। विशेष चर्चा वेदांत की थी। ब्रह्मसूत्रों पर, उपनिषदों पर, गीता पर, भाष्यों की परंपरा विद्वन्मंडली के भीतर चली चल रही थी जिससे परंपरागत भक्तिमार्ग के सिद्धांत पक्ष की कई रूपों में नूतन विकास हुआ।

कालदर्शी भक्त कवि जनता के हृदय को सँभालने और लीन रखने के लिए दबी हुई भक्ति को जगाने लगे। क्रमशः भक्ति का प्रवाह ऐसा विकसित और प्रबल होता गया कि उसकी लपेट में केवल हिंदू जनता ही नहीं, देश में बसने वाले सहृदय मुसलमानों में से भी न जाने कितने आ गये। प्रेमस्वरूप ईश्वर को सामने लाकर भक्त कवियों ने हिंदुओं और मुसलमानों दोनों को मनुष्य के सामान्य रूप में दिखाया और भेदभाव के दृश्यों को हटाकर पीछे कर दिया।

भक्ति का जो सोता दक्षिण की ओर से धीरे-धीरे उत्तर भारत की ओर पहले से ही आ रहा था उसे राजनीतिक परिवर्तन के कारण शून्य पड़ते हुए जनता के हृदय क्षेत्र में फैलने के लिए पूरा स्थान मिला। रामानुजाचार्य (संवत् 1073) ने शास्त्रीय पद्धति से जिस सगुण भक्ति का निरूपण किया था उसकी ओर जनता आकर्षित होती चली आ रही थी।

गुजरात में स्वामी मध्वाचार्य जी (संवत् 1254-1333) ने अपना द्वैतवादी वैष्णव संप्रदाय चलाया जिसकी ओर बहुत से लोग झुके देश के पूर्वी भाग में जयदेव जी के कृष्ण-प्रेम-संगीत की गूँज चली आ रही थी जिसके सुर में मिथिला के कोकिल (विद्यापति) ने अपना सुर मिलाया। उत्तर या मध्य भारत में एक ओर तो ईसा की पंद्रहवीं शताब्दी में राभानुजाचार्य की शिष्य परंपरा में रामानंद जी हुए जिन्होंने विष्णु के अवतार राम की उपासना पर जोर दिया और एक बड़ा भारी संप्रदाय खड़ा किया, दूसरी ओर बल्लभाचार्य जी ने प्रेममूर्ति कृष्ण को लेकर-जनता को रसमग्न किया। इस प्रकार रामोपासक और कृष्णोपासक भक्तों की परंपराएँ चलीं जिनमें आगे चलकर हिंदी काव्य को प्रौढ़ता पर पहुँचाने वाले जगमगाते रत्नों का विकास हुआ। इन भक्तों ने ब्रह्म के 'सत्' और 'आनंद' स्वरूप का साक्षात्कार राम और कृष्ण के रूप में इस बाह्य जगत् के व्यक्त क्षेत्र में किया।

एक ओर तो प्राचीन सगुणोपासना का यह काव्यक्षेत्र तैयार हुआ, दूसरी ओर मुसलमानों

के बस जाने से देश में जो नयी परिस्थिति उत्पन्न हुई उसकी दृष्टि से हिंदू-मुसलमान दोनों के अलग एक 'सामान्य भक्तिमार्ग' का विकास भी होने लगा। उसके विकास के लिए किस प्रकार वीरगाथाकाल में ही सिद्धों और नाथपंथी योगियों के द्वारा मार्ग निकाला जा चुका था, यह दिखाया जा चुका हैं।[3] वज्रयान के अनुयायी अधिकतर नीची जाति के थे अतः जाति-पाँति की व्यवस्था से उनका असंतोष स्वाभाविक था। नाथ संप्रदाय में भी शास्त्रज्ञ विद्वान् नहीं आते थे। इस संप्रदाय के कनफट रमते योगी घर के भीतर के चक्रों, सहस्रदल, कमल, इला, पिंगला, नाड़ियों की ओर संकेत करने वाली रहस्यमयी बानियाँ सुनाकर और करामात दिखाकर अपनी सिद्धायी की धाक सामान्य जनता पर जमाये हुए थे। वे लोगों को ऐसी बातें सुनाते आ रहे थे कि वेदशास्त्र पढ़ने से क्या होता है, बाहरी पूजा-अर्चना की विधियाँ व्यर्थ हैं, ईश्वर तो प्रत्येक के घट के भीतर है, अंतमुख साधनाओं से ही वह प्राप्त हो सकता है, हिंदू-मुसलमान दोनों एक हैं, दोनों के लिए शुद्ध साधना का मार्ग भी एक है, जाति-पाँति के भेद व्यर्थ खड़े किये गये हैं, इत्यादि। इन जोगियों के पंथ में कुछ मुसलमान भी आये। उसका उल्लेख पहले हो चुका है।[4]

भक्ति के आंदोलन की जो लहर दक्षिण से आयी उसी ने उत्तर भारत की परिस्थिति के अनुरूप हिंदू-मुसलमान दोनों के लिए एक सामान्य भक्तिमार्ग की भी भावना कुछ लोगों में जगायी। हृदय पक्ष शून्य सामान्य अंतस्साधना का मार्ग निकालने का प्रयत्न नाथपंथी कर चुके थे, यह हम कह चुके हैं।[5] पर रागात्मक तत्त्व से रहित साधना से ही मनुष्य की आत्मा तृप्त नहीं हो सकती। महाराष्ट्र देश के प्रसिद्ध भक्त नामदेव (सं. 1328-1408) ने हिंदू-मुसलमान दोनों के लिए एक सामान्य भक्तिमार्ग का भी आभास दिया। उसके पीछे कबीरदास ने विशेष तत्परता के साथ एक व्यवस्थित रूप में यह मार्ग 'निर्गुणपंथ' के नाम से चलाया। जैसा कि पहले कहा जा चुका है, कबीर के लिए नाथपंथी जोगी बहुत कुछ रास्ता निकाल चुके थे। भेदभाव को निर्दिष्ट करने वाले उपासना के बाहरी विधानों को अलग रखकर उन्होंने अंतस्साधना पर जोर दिया था। पर नाथपंथियों की अंतस्साधना हृदयपक्ष शून्य थी उसमें प्रेमतत्त्व का अभाव था। कबीर ने यद्यपि नाथपंथ की बहुत-सी बातों को अपनी बानी में जगह दी, पर यह बात उन्हें खटकी। इसका संकेत उनके ये वचन देते हैं-

झिलमिल झगरा झूलते बाकी रही न काहु।
गोरख अटके कालपुर कौन कहावै साहु?
बहुत दिवस ते हिंडिया सुन्नि समाधि लगाइ।
करहा पड़िया गाड़ में दूरि परा पछिताइ।

(करहा = (1) करभ; हाथी का बच्चा; (2) हठयोग की क्रिया करने वाला)

अतः कबीर ने जिस प्रकार एक निराकार ईश्वर के लिए भारतीय वेदांत का पल्ला पकड़ा उसी प्रकार उस निराकार ईश्वर की भक्ति के लिए सूफियों का प्रेमतत्त्व लिया और अपना 'निर्गुण' धूमधाम से निकला। बात यह थी कि भारतीय भक्तिमार्ग साकार और सगुण रूप को लेकर चला था, निर्गुण और निराकार ब्रह्म भक्ति या प्रेम का विषय नहीं माना जाता। इसमें कोई संदेह नहीं कि कबीर ने ठीक मौके पर जनता के उस बड़े भाग को सँभाला जो नाथपंथियों के प्रभाव से प्रेमभाव और भक्तिरस से शून्य और शुष्क पड़ता जा रहा था। उनके द्वारा यह बहुत ही आवश्यक कार्य हुआ। इसके साथ ही मनुष्यत्व की सामान्य भावना को आगे

करके निम्न श्रेणी की जनता में उन्होंने आत्मगौरव का भाव जगाया और भक्ति के ऊँचे-से ऊँचे सोपान की ओर बढ़ने के लिए बढ़ावा दिया। उनका 'निर्गुणपंथ' चल निकला जिसमें नानक, दादू, मलूकदास आदि अनेक संत हुए।

कबीर तथा अन्य निर्गुणपंथी संतों के द्वारा अंतस्साधना में रागात्मिका 'भक्ति' और 'ज्ञान' का योग तो हुआ, पर 'कर्म' की दशा वही रही जो नाथपंथियों के यहाँ थी। इन संतों के ईश्वर ज्ञानस्वरूप और प्रेमस्वरूप ही रहे, धर्मस्वरूप न हो पाये। ईश्वर के धर्मस्वरूप को लेकर, उस स्वरूप को लेकर, जिसकी रमणीय अभिव्यक्ति लोक की रक्षा और रंजन में होती है, प्राचीन वैष्णव भक्तिमार्ग की रामभक्ति शाखा उठी। कृष्णभक्ति शाखा केवल प्रेमस्वरूप ही लेकर नयी उमंग से फैली।

यहाँ पर एक बात की ओर ध्यान दिला देना आवश्यक प्रतीत होता है। साधना के जो तीन अवयव-कर्म, ज्ञान और भक्ति-कहे गये हैं, वे सब काल पाकर दोषग्रस्त हो सकते है। 'कर्म' अर्थशून्य विधि-विधानों से निकम्मा हो सकता है, 'ज्ञान' रहस्य और गुह्य की भावना से पाखंडपूर्ण हो सकता है और 'भक्ति' इंद्रियोपभोग की वासना से कलुषित हो सकती है। भक्ति की निष्पत्ति श्रद्धा और प्रेम के योग से होती है। जहाँ श्रद्धा या पूज्यबुद्धि का अवयव-जिसका लगाव धर्म से होता है-छोड़कर केवल प्रेम-लक्षणा भक्ति ली जाएगी वहाँ वह अवश्य विलासिता से ग्रस्त हो जाएगी।

इस दृष्टि से यदि हम देखें तो कबीर का 'ज्ञानपक्ष' तो रहस्य और गुह्य की भावना से विकृत मिलेगा, पर सूफियों से जो प्रेमतत्त्व उन्होंने लिया वह सूफियों के यहाँ चाहे कामवासनाग्रस्त हुआ हो, पर 'निर्गुणपंथ' में अविकृत रहा। यह निस्संदेह प्रशंसा की बात है। वैष्णवों की कृष्णभक्ति शाखा ने केवल प्रेमलक्षणा भक्ति ली; फल यह हुआ कि उसने अश्लील विलासिता की प्रवृत्ति जगायी। रामभक्ति शाखा में भक्ति सर्वांगपूर्ण रही; इससे वह विकृत न होने पायी। तुलसी की भक्तिपद्धति में कर्म (धर्म) और ज्ञान का पूरा सामंजस्य और समन्वय रहा। इधर आजकल अलबत्ता कुछ लोगों ने कृष्णभक्ति शाखा के अनुकरण पर उसमें भी 'माधुर्य भाव' का गुह्य रहस्य घुसाने का उद्योग किया है जिससे 'सखी संप्रदाय' निकल पड़े हैं और राम की भी 'तिरछी चितवन' और 'बाँकी अदा' के गीत गाये जाने लगे हैं।

यह सामान्य भक्तिमार्ग एकेश्वरवाद का एक निश्चित स्वरूप लेकर खड़ा हुआ, जो कभी ब्रह्मवाद की ओर ढलता था और कभी पैगंबरी खुदावाद की ओर। यह 'निर्गुणपंथ' के नाम से प्रसिद्ध हुआ। इसकी ओर ले जाने वाली सबसे पहली प्रवृत्ति जो लक्षित हुई वह ऊँच-नीच और जाति-पाँति के भाव का त्याग और ईश्वर की भक्ति के लिए मनुष्य मात्र के समान अधिकार का स्वीकार था। इस भाव का सूत्रपात भक्तिमार्ग के भीतर महाराष्ट्र और मध्य देश में नामदेव और रामानंद जी द्वारा हुआ। महाराष्ट्र देश में नामदेव का जन्मकाल शक संवत् 1192 और मृत्युकाल शक संवत् 1272 प्रसिद्ध है। ये दक्षिण के नरुसीबमनी (सतारा जिला) के दरजी थे। पीछे पंढरपुर के विठोबा (विष्णु भगवान्) के मंदिर में भगवद्भजन करते हुए अपना दिन बिताते थे।

महाराष्ट्र के भक्तों में नामदेव का नाम सबसे पहले आता है। मराठी भाषा के अभंगों के अतिरिक्त इनकी हिंदी रचनाएँ भी प्रचुर परिमाण में मिलती हैं। इन हिंदी रचनाओं में एक विशेष बात यह पायी जाती है कि कुछ तो सगुणोपासना से संबंध रखती है और कुछ निर्गुणोपासना से। इसके समाधान के लिए इनके समय की परिस्थिति की ओर ध्यान देना

आवश्यक हैं। आदिकाल के अंतर्गत यह कहा जा चुका है कि मुसलमानों के आने पर पठानों के समय में गोरखपंथी योगियों का देश में बहुत प्रभाव था। नामदेव के ही समय में प्रसिद्ध ज्ञानदेव हुए हैं। जिन्होंने अपने को गोरख की शिष्य-परंपरा में बताया है। ज्ञानदेव का परलोकवास बहुत थोड़ी अवस्था में ही हुआ, पर नामदेव उन के उपरांत बहुत दिनों तक जीवित रहे। नामदेव सीधे-सीदे सगुण भक्ति मार्ग पर चले जा रहे थे, पर पीछे उस नाथपंथ के प्रभाव के भीतर भी ये लाये गये, जो अंतर्मुख साधना द्वारा सर्वव्यापक निर्गुणब्रह्म के साक्षात्कार को ही मोक्ष का मार्ग मानता था। लाने वाले थे ज्ञानदेव।

एक बार ज्ञानदेव इन्हें साथ लेकर तीर्थयात्रा को निकले। मार्ग में ये अपने प्रिय विग्रह विठोबा (भगवान्) के वियोग में व्याकुल रहा करते थे। ज्ञान देव इन्हें बराबर समझाते जाते थे कि भगवान् क्या एक ही जगह हैं; वे तो सर्वत्र है, सर्वव्यापक हैं। यह मोह छोड़ो। तुम्हारी भक्ति अभी एकांगी है, जब तक निर्गुण पक्ष की भी अनुभूति तुम्हें न होगी, तब तक तुम पक्के न होगे। ज्ञानदेव की बहन मुक्ताबाई के कहने पर एक दिन 'संतपरीक्षा' हुई। जिस गाँव में यह संत मंडली उतरी थी, उसमें एक कुम्हार रहता था। मंडली के सब संत चुपचाप बैठ गये। कुम्हार घड़ा पीटने का पिटना लेकर सबके सिर पर जमाने लगा। चोट पर चोट खाकर भी कोई विचलित न हुआ। पर जब नामदेव की ओर बढ़ा तब वे बिगड़ खड़े हुए। इस पर वह कुम्हार बोला, 'नामदेव को छोड़ और सब घड़े पक्के हैं'। बेचारे नामदेव कच्चे घड़े ठहराये गये। इस कथा से यह स्पष्ट लक्षित हो जाता है कि नामदेव को नाथपंथ के योगमार्ग की ओर प्रवृत्त करने के लिए ज्ञानदेव की ओर से तरह-तरह के प्रयत्न होते रहे।

सिद्ध ओर योगी निरंतर अभ्यास द्वारा अपने शरीर को विलक्षण बना लेते थे। खोपड़ी पर चोटें खा-खाकर उसे पक्की करना उनके लिए कोई कठिन बात न थी। अब भी एक प्रकार के मुसलमान फकीर अपने शरीर पर जोर-जोर से डंडे जमाकर भिक्षा माँगते हैं।

नामदेव किसी गुरु से दीक्षा लेकर अपनी सगुण भक्ति में प्रवृत्त नहीं हुए थे, अपने ही हृदय की स्वाभाविक प्रेरणा से हुए थे। ज्ञानदेव बराबर उन्हें 'बिनु गुरु होइ न ज्ञान' समझाते आते थे। संतों के बीच निर्गुण ब्रह्म के संबंध में जो कुछ कहा-सुना जाता है और ईश्वर प्राप्ति की जो साधना बतायी जाती है, वह किसी गुरु की सिखाई हुई होती है। परमात्मा के शुद्ध निर्गुणस्वरूप के ज्ञान के लिए ज्ञानदेव का आग्रह बराबर बढ़ता गया। गुरु के अभाव के कारण किस प्रकार नामदेव में परमात्मा की सर्वव्यापकता का उदार भाव नहीं जम पाया था और भेदभाव बना था, इस पर भी एक कथा चली आती है। कहते हैं कि एक दिन स्वयं विठोबा (भगवान्) एक मुसलमान फकीर का रूप धरकर नामदेव के सामने आये। नामदेव ने उन्हें नहीं पहचाना। तब उनसे कहा गया कि वे तो परब्रह्म भगवान् ही थे। अंत में बेचारे नामदेव ने नागनाथ नामक शिव के स्थान पर जाकर बिसोबा खेवर या खेचरनाथ नामक एक नाथपंथी कनपटे से दीक्षा ली। इसके संबंध में उनके ये वचन हैं-

मन मेरी सुई, तन मेरा धागा। खेचरजी के चरण पर नामा सिंपी लागा।

× × × × ×

सुफल जन्म मोको गुरु कलीना। दुख बिसार सुख अंतर दीना।।
ज्ञान दान मोको गुरु दीना। राम नाम बिन जीवन हीना।।

× × × × ×

किसू हूँ पूजूँ दूजा नजर न आई।
एके पाथर किज्जे भाव। दूजे पाथर धरिए पाव।।
जो वो देव तो हम बी देव। कहै नामदेव हम हरि की सेव।।

यह बात समझ रखनी चाहिए कि नामदेव के समय में ही देवगिरि पर पठानों की चढ़ाइयाँ हो चुकी थीं और मुसलमान महाराष्ट्र में भी फैल गये थे। इसके पहले से ही गोरखनाथ के अनुयायी हिंदुओं और मुसलमानों दोनों के लिए अंतस्साधना के एक सामान्य मार्ग का उपदेश देते आ रहे थे।

इनकी भक्ति के अनेक चमत्कार भक्तमाल में लिखे हैं, जैसे-विठोबा (ठाकुर जी) की मूर्ति का इनके हाथ से दूध पीना, अरविंद नागनाथ के शिवमंदिर के द्वार पर इनकी ओर घूम जाना इत्यादि। इनके माहातम्य ने यह सिद्ध कर दिखाया कि 'जाति-पाँति पूछै नहिं कोई। हरि को भजै सो हरि का होई।'

इनकी इष्ट सगुणोपासना के कुछ पद नीचे दिये जाते हैं। जिन में शबरी, केवट आदि की सुगति तथा भगवान् की अवतार लीला का कीर्तन बड़े प्रेमभाव से किया गया है—

अंबरीष को दियो अभय पद, राज विभीषण अधिक कर्‌यो।
नव निधि ठाकुर दई सुदामहिं, ध्रुव जो अटल अजहूँ न टर्‌यो।
भगत हेत मार्‌यो हरिनाकुस, नृसिंह रूप है देह धर्‌यो।
नामा कहे भगति बस केसब, अजहूँ बलि के द्वार खरो।।

× × × × ×

दसरथरायनंद राजा मेरा रामचंद। प्रणवै नामा तत्त्व रस अमृत पीजै।।

× × × × ×

धनि-धनि मेघा रोमावली, धनि-धनि कृष्ण ओढ़े काँवली।
धनि-धनि तू माता देवकी, जिह गृह रमैया कँवलापती।
धनि-धनि बनखंड वृंदावन, जहँ खेलै श्रीनारायना।
बेनु बजावै, गोधन चारै, नामे का स्वामि आनंद करै।।

यह तो हुई नामदेव की व्यक्तोपासना संबंधी हृदयप्रेरित रचना। आगे गुरु से सीखे हुए ज्ञान की उद्धरणी अर्थात् 'निर्गुन बानी' भी कुछ देखिए—

माइ न होती, बाप न होते, कर्मा न होता काया।
हम नहिं होते, तुम नहिं होते, कौन कहाँ ते आया।
चंद न होता, सूर न होता, पानी पवन मिलाया।
शास्त्र न होता, वेद न होता, करम कहाँ ते आया।।

× × × × ×

पांडे तुम्हरी गायत्री लोधे का खेत खाती थी।
लैकरि ठेंगा टँगरी तारे लंगत लंगत आती थी।।
पांडे तुम्हारा महादेव धौल बलद चढ़ा आवत देखा था।
पांडे तुम्हारा रामचन्द सो भी आवत देखा था।
रावन संती सरबर होई, घर की जोय गँवाई थी।
हिंदू अंधा तुरुकौ काना, दुवौ ते ज्ञानी सयाना।।

× × × × ×

हिंदू पूजै देहरा, मुसलमान मसीद।
नामा सोई सेविया जहँ देहरा न मसीद॥

सगुणोपासक भक्त भगवान् के सगुण और निर्गुण दोनों रूप मानता है, पर भक्ति के लिए सगुण रूप ही स्वीकार करता है, निर्गुण रूप ज्ञानमार्गियों के लिए छोड़ देता है। सब सगुणमार्गी भक्त भगवान् के व्यक्त रूप के साथ-साथ उनके अव्यक्त और निर्विशेष रूप का भी निर्देश करते आये हैं, जो बोधगम्य नहीं। वे अव्यक्त की ओर संकेत भर करते हैं, उसके विवरण में प्रवृत्त नहीं होते। नामदेव क्यों प्रवृत्त हुए, यह ऊपर दिखाया जा चुका है। जबकि उन्होंने एक गुरु से ज्ञानोपदेश लिया तब शिष्यधर्मानुसार उसकी उद्धरणी आवश्यक हुई।

नामदेव की रचनाओं में यह बात साफ दिखाई पड़ती है कि सगुण भक्ति पदों की भाषा तो ब्रज या परंपरागत काव्य भाषा है, पर 'निर्गुण बानी' की भाषा नाथपंथियों द्वारा गृहीत खड़ी बोली या सधुक्कड़ी भाषा।

नामदेव की रचना के आधार पर यह कहा जा सकता है कि 'निर्गुणपंथ' के लिए मार्ग निकालने वाले नाथपंथ के योगी और भक्त नामदेव थे। जहाँ तक पता चलता है, 'निर्गुण मार्ग' के निर्दिष्टप्रवर्तक कबीरदास ही थे जिन्होंने एक ओर तो स्वामी रामानंद जी के शिष्य होकर भारतीय अद्वैतवाद की कुछ स्थूल बातें ग्रहण कीं और दूसरी ओर योगियों और सूफी फकीरों के संस्कार प्राप्त किये। वैष्णवों से उन्होंने अहिंसावाद और प्रपत्तिवाद लिये। इसी से उनके तथा 'निर्गुणवाद' वाले दूसरे संतों के वचनों में कहीं भारतीय अद्वैतवाद की झलक मिलती है तो कहीं योगियों के नाड़ीचक्र की, कहीं सूफियों के प्रेमतत्त्व की, कहीं पैगंबरी कट्टर खुदावाद की और कहीं अहिंसावाद की। अतः तात्त्विकता से न तो हम इन्हें पूरे अद्वैतवादी कह सकते हैं और न एकेश्वरवादी। दोनों का मिलाजुला भाव इनकी बानी में मिलता हैं। इनका लक्ष्य एक ऐसी सामान्य भक्ति पद्धति का प्रचार था जिसमें हिंदू और मुसलमान दोनों योग दे सकें और भेदभाव का कुछ परिहार हो। बहु देवोपासना, अवतार और मूर्तिपूजा का खंडन ये मुसलमानी जोश के साथ करते थे और मुसलमानों की कुरबानी (हिंसा), नमाज, रोजा आदि की असारता दिखाते हुए ब्रह्म, माया, जीव, अनहदनाद, सृष्टि, प्रलय आदि की चर्चा पूरे हिंदू ब्रह्म-ज्ञानी बनकर करते थे। सारांश यह कि ईश्वरपूजा की उन भिन्न-भिन्न बाह्य विधियों पर से ध्यान हटाकर, जिनके कारण धर्म में भेदभाव फैला हुआ था, ये शुद्ध ईश्वर और प्रेम और सात्त्विक जीवन का प्रचार करना चाहते थे।

इस प्रकार देश में सगुण और निर्गुण के नाम से भक्तिकाव्य की दो धाराएँ विकास की पंद्रहवीं शताब्दी के अंतिम भाग से लेकर सत्रहवीं शताब्दी के अंत तक समानांतर चलती रहीं। भक्ति के उत्थान-काल के भीतर हिंदी भाषा की कुछ विस्तृत रचना पहले पहल कबीर ही की मिलती है अतः पहले निर्गुण मत के संतों का उल्लेख उचित ठहरता हैं। यह निर्गुण धारा दो शाखाओं में विभक्त हुई-एक तो ज्ञानाश्रयी शाखा और दूसरी शुद्ध प्रेममार्गी शाखा (सूफियों की)।

पहली शाखा भारतीय ब्रह्मज्ञान और योग साधना को लेकर तथा उसमें सूफियों के प्रेमतत्त्व को मिलाकर उपासना के क्षेत्र में अग्रसर हुई और सगुण के खंडन में उसी जोश के साथ तत्पर रही। जिस जोश के साथ पैगंबरी मत बहुदेवोपासना और मूर्तिपूजा आदि के

खंडन में रहते हैं। इस शाखा की रचनाएँ साहित्यिक नहीं हैं–फुटकल दोहों या पदों के रूप में हैं जिनकी भाषा और शैली अधिकतर अव्यवस्थित और ऊटपटाँग हैं। कबीर आदि दो-एक प्रतिभासंपन्न संतों को छोड़कर औरों में ज्ञानमार्ग की सुनी-सुनाई बातों का पिष्टपेषण तथा हठयोग की बातों के कुछ रूपक भद्दी तुकबंदियों में हैं। भक्तिरस में मग्न करने वाली सरसता भी बहुत कम पाई जाती है। बात यह है कि इस पंथ का प्रभाव शिष्ट और शिक्षित जनता पर नहीं पड़ा, क्योंकि उसके लिए न तो इस पंथ में काई नयी बात थी, न नया आकर्षण। संस्कृत बुद्धि, संस्कृत हृदय संस्कृत वाणी का वह विकास इस शाखा में नहीं पाया जाता जो शिक्षित समाज को अपनी ओर आकर्षित करता पर अशिक्षित और निम्न श्रेणी की जनता पर इन संत-महात्माओं का बड़ा भारी उपकार है। उच्च विषयों का कुछ आभास देकर, आचरण की शुद्धता पर जोर देकर, आडंबरों का तिरस्कार करके, आत्मगौरव का भाव उत्पन्न करके, इन्होंने इसे ऊपर उठाने का स्तुत्य प्रयत्न किया। पाश्चात्यों ने इन्हें जो 'धर्मसुधारक' की उपाधि दी है, वह इसी बात को ध्यान में रखकर।

दूसरी शाखा शुद्ध प्रेममार्गी सूफी कवियों की है जिनकी प्रेमगाथाएँ वास्तव में साहित्य कोटि के भीतर आती हैं। इस शाखा के सब कवियों ने कल्पित कहानियों के द्वारा प्रेममार्ग का महत्त्व दिखाया हैं। इन साधक कवियों ने लौकिक प्रेम के बहाने उस 'प्रेमतत्त्व' का आभास दिया है जो प्रियतम ईश्वर से मिलने वाला है। इन प्रेम कहानियों का विषय तो वही साधारण होता है अर्थात् किसी राजकुमार का किसी राजकुमारी के अलौकिक सौंदर्य की बात सुनकर उसके प्रेम में पागल होना और घर-बार छोड़कर निकल पड़ना तथा अनेक कष्ट और आपत्तियाँ झेलकर अन्त में उस राजकुमारी को प्राप्त करना। पर 'प्रेम की पीर' की जो व्यंजना होती है, वह ऐसे विश्वव्यापक रूप में होती है कि वह प्रेम इस लोक से परे दिखाई पड़ता है।

हमारा अनुमान है कि सूफी कवियों ने जो कहानियाँ ली हैं वे सब हिंदुओं के घर में बहुत दिनों से चली आती कहानियाँ हैं जिनमें आवश्यकतानुसार उन्होंने हेरफेर किया हैं। कहानियों का मार्मिक आधार हिंदू हैं। मनुष्य के साथ पशु-पक्षी और पेड़-पौधों को भी सहानुभूति सूत्र में बद्ध दिखाकर एक अखंड जीवन समष्टि का आभास देना हिंदू प्रेम कहानियों की विशेषता है। मनुष्य के घोर दुख पर वन के वृक्ष भी रोते हैं, पक्षी भी संदेशे पहुँचाते हैं। यह बात इन कहानियों में मिलती है।

शिक्षितों और विद्वानों की काव्यपरंपरा में यद्यपि अधिकतर आश्रयदाता राजाओं के चरितों और पौराणिक या ऐतिहासिक आख्यानों की ही प्रवृत्ति थी, पर साथ ही कल्पित कहानियों का भी चलन था, इसका पता लगता है। दिल्ली के बादशाह सिकन्दरशाह (संवत् 1546-1574) के समय में कवि ईश्वरदास ने 'सत्यवती कथा' नाम की एक कहानी दोहे, चौपाइयों में लिखी थी जिसका आरंभ तो व्यास-जनमेजय के संवाद से पौराणिक ढंग पर होता है, पर जो अधिकतर कल्पित, स्वच्छंद और मार्मिक मार्ग पर चलने वाली हैं। वनवास के समय पांडवों को मार्कडेय ऋषि मिले जिन्होंने यह कथा सुनायी–

मथुरा के राजा चंद्रउदय को कोई संतति न थी। शिव की तपस्या करने पर उनके वर से राजा को सत्यवती नाम की एक कन्या हुई। वह जब कुमारी हुई तब नित्य एक सुंदर सरोवर में स्नान करके शिव का पूजन किया करती। इंद्रपति नामक एक राजा के चार पुत्र थे। एक दिन ऋतुवर्ण शिकार खेलते-खेलते घोर जंगल में भटक गया। एक स्थान पर उसे एक

कल्पवृक्ष दिखाई पड़ा जिसकी शाखाएँ तीस कोस तक फैली थीं। उस पर चढ़ कर चारों ओर दृष्टि दौड़ाने पर उसे एक सुंदर सरोवर दिखाई पड़ा जिसमें कई कुमारियाँ स्नान कर रही थीं। यह जब उतर कर वहाँ गया तो उसकी ओर एकटक ताकता रह गया तब सत्यवती को क्रोध आ गया और उसने यह कह कर कि–

एक चित्त हमैं चितवै जस जोगी चित जोग।
धरम न जानसि पापी कहसि कौन तैं लोग॥

शाप दिया कि 'तू कोढ़ी और व्याधिग्रस्त हो जा।'

ऋतुवर्ण वैसा ही हो गया और फूट-फूट कर रोने लगा–

रौवे व्याधी बहुत पुकारी। छोहन ब्रिछ रोवैं सब झारी॥
बाघ सिंह रोवत बन माहीं। रोवत पंछी बहुत ओनाहीं॥

यह व्यापक विलाप सुनकर सत्यवती उस कोढ़ी के पास जाती है; पर वह उसे यह कहकर हटा देता है कि 'तुम जाओ, अपना हँसो खेलो'। सत्यवती का पिता राजा एक दिन जब उधर से निकला तब कोढ़ी के शरीर से उठी दुर्गंध से व्याकुल हो गया। घर आकर उस दुर्गंध की शांति के लिए राजा ने बहुत दान-पुण्य किया। जब राजा भोजन करने बैठा तब उसकी कन्या वहाँ न थी। राजा कन्या के बिना भोजन ही न करता था। कन्या को बुलाने जब राजा के दूत गये तब वह शिव की पूजा छोड़कर न आयी। इस पर राजा ने क्रुद्ध होकर दूतों से कहा कि सत्यवती को जाकर उसी कोढ़ी को सौंप दो। दूतों का वचन सुनकर कन्या नीम की टहनी लेकर उस कोढ़ी की सेवा के लिए चल पड़ी और उससे कहा–

तोहि छाँड़ि अब मैं कित जाऊँ। माइ-बाप सौंपा तुव ठाँऊ॥

कन्या प्रेम से उसकी सेवा करने लगी और एक दिन उसे कंधे पर बिठाकर सत्यवती तीर्थस्थान कराने ले गयी, जहाँ बहुत-से देवता, मुनि, किन्नर आदि निवास करते थे। वहाँ जाकर सत्यवती ने कहा, 'यदि मैं सच्ची सती हूँ तो रात हो जाय।' इस पर चारों ओर घोर अंधकार छा गया। सब देवता तुरंत सत्यवती के पास दौड़े आये। सत्यवती ने उनसे ऋतुवर्ण को सुंदर शरीर प्राप्त करने का वर माँगा। व्याधिग्रस्थ ऋतुवर्ण ने तीर्थ में स्नान किया और उसका शरीर निर्मल हो गया। देवताओं ने दोनों का विवाह करा दिया।

ईश्वरदास ने ग्रंथ के रचनाकाल का उल्लेख इस प्रकार किया है–

भादौं मास पाष उजियारा। तिथि नौमी और मंगलवारा॥
नषत अस्विनी, मेघ क चंदा। पंच जना सो सदा अनंदा॥
जोगिनीपुर दिल्ली बड़ थाना। साह सिकंदर बड़ सुल्ताना॥
कंठे बैठ सरसुती विद्या गन पति दीन्ह।
ता दिन कथा आरंभ यह इसरदास कवि कीन्ह॥

पुस्तक में पाँच-पाँच चौपाइयों (अर्द्धालियों) पर एक दोहा है। इस प्रकार 58 दोहे पर यह समाप्त हो गयी है। भाषा अयोध्या के आस-पास की ठीक ठेठ अवधी है। 'बाटै' (= है) का प्रयोग जगह-जगह है। यही अवधी भाषा, चौपाई, दोहे का क्रम और कहानी का रूप-रंग सूफी कवियों ने ग्रहण किया। आख्यान काव्यों के लिए चौपाई, दोहे की परंपरा बहुत पुराने (विक्रम की ग्यारहवीं शती के) जैन चरित काव्यों में मिलती है, इसका उल्लेख पहले हो चुका है।[6]

सूफियों के प्रेमप्रबंधों में खंडन-मंडन की बुद्धि को किनारे रखकर, मनुष्य के हृदय को

स्पर्श करने का ही प्रयत्न किया गया है जिससे इनका प्रभाव हिंदुओं और मुसलमानों पर समान रूप से पड़ता है। बीच-बीच में रहस्यमय परोक्ष की ओर जो मधुर संकेत मिलते हैं, वे बड़े हृदयग्राही होते हैं। कबीर में जो रहस्यवाद मिलता है वह बहुत कुछ उन पारिभाषिक संज्ञाओं के आधार पर है जो वेदांत और हठयोग में निर्दिष्ट हैं। पर इन प्रेम प्रबंधकारों ने जिस रहस्यवाद का आभास बीच-बीच में दिया है, उसके संकेत स्वाभाविक और मर्मस्पर्शी हैं। शुद्ध प्रेममार्गी सूफी कवियों की शाखा में सबसे प्रसिद्ध जायसी हुए, जिनकी 'पद्मावत' हिंदी काव्यक्षेत्र में एक अद्भुत रत्न है। इस संप्रदाय के सब कवियों ने पूरबी हिंदी अर्थात् अवधी का व्यवहार किया है जिसमें गोस्वामी तुलसीदास जी ने अपना रामचरितमानस लिखा है।

अपना भावात्मक रहस्यवाद लेकर सूफी जब भारत आये तब यहाँ उन्हें केवल साधनात्मक रहस्यवाद योगियों, रसायनियों और तांत्रिकों में मिला। रसेश्वरदर्शन का उल्लेख 'सर्वदर्शनसंग्रह' में है। जायसी आदि सूफी कवियों ने हठयोग और रसायन की कुछ बातों को भी कही-कहीं अपनी कहानियों में स्थान दिया है।

जैसा ऊपर कहा जा चुका है, भक्ति के उत्थानकाल के भीतर हिंदी भाषा में कुछ विस्तृत रचना पहले कबीर की ही मिलती है, अतः पहले निर्गुण संप्रदाय की 'ज्ञानाश्रयी शाखा' का संक्षिप्त विवरण आगे दिया जाता है जिसमें सर्वप्रथम कबीरदास जी सामने आते हैं।

◉◉

सन्दर्भ

1. देखिए, पृ. 21-25।
2. वही।
3. देखिए, पृ. 25।
4. वही।
5. वही।
6. देखिए, पृ. 18।

प्रकरण-2 : निर्गुण धारा

ज्ञानाश्रयी शाखा

कबीर : इनकी उत्पत्ति के संबंध में अनेक प्रकार के प्रवाद प्रचलित हैं। कहते हैं, काशी में स्वामी रामानंद का एक भक्त ब्राह्मण था जिसकी किसी विधवा कन्या को स्वामी जी ने पुत्रवती होने का आशीर्वाद भूल से दे दिया। फल यह हुआ कि उसे एक बालक उत्पन्न हुआ जिसे वह लहरतारा के ताल के पास फेंक आयी। अली या नीरू नाम का जुलाहा उस बालक को अपने घर उठा लाया और पालने लगा। यही बालक आगे चलकर कबीरदास हुआ। कबीर का जन्मकाल जेठ सुदी पूर्णिमा, सोमवार विक्रम संवत् 1456 माना जाता हैं। कहते हैं कि आरंभ से ही कबीर में हिंदू भाव से भक्ति करने की प्रवृत्ति लक्षित होती थी जिसे उसे पालने वाले माता-पिता न दबा सके। वे 'राम-राम' जपा करते थे और कभी-कभी माथे पर तिलक भी लगा लेते थे। इससे सिद्ध होता है कि उस समय स्वामी रामानंद का प्रभाव खूब बढ़ रहा था और छोटे-बड़े, ऊँच-नीच, सब तृप्त हो रहे थे। अत: कबीर पर भी भक्ति का यह संस्कार बाल्यावस्था से ही यदि पड़ने लगा हो तो कोई आश्चर्य नहीं। रामानंद जी के माहात्म्य को सुनकर कबीर के हृदय में शिष्य होने की लालसा जगी होगी। ऐसा प्रसिद्ध है कि एक दिन वे एक पहर रात रहते ही उस (पंचगंगा) घाट की सीढ़ियों गर जा पड़े जहाँ से रामानंद जी स्नान करने के लिए उतरा करते थे। स्नान को जाते समय अँधेरे में रामानंद जी का पैर कबीर के ऊपर पड़ गया। रामानंद जी बोल उठे, 'राम-राम कह'। कबीर ने इसी को गुरुमंत्र मान लिया और वे अपने को गुरु रामानंद जी का शिष्य कहने लगे। वे साधुओं का सत्संग भी रखते थे और जुलाहे का काम भी करते थे।

कबीरपंथी में मुसलमान भी हैं। उन का कहना है कि कबीर ने प्रसिद्ध सूफी मुसलमान फकीर शेख तकी से दीक्षा ली थी। वे उस सूफी फकीर को ही कबीर का गुरु मानते हैं।[1] आरंभ से ही कबीर हिंदू भाव की उपासना की ओर आकर्षित हो रहे थे। अत : उन दिनों जब कि रामानंद जी की बडी धूम थी, अवश्य वे उनके सत्संग में भी सम्मिलित होते रहे होंगे। जैसा आगे कहा जायेगा, रामानुज की शिष्य परंपरा में होते हुए भी रामानंद जी भक्ति का एक अलग उदार मार्ग निकाल रहे थे जिसमें जाति-पाँति का भेद और खानपान का आचार दूर कर दिया गया था। अत: इसमें कोई संदेह नही कि कबीर को 'राम-नाम' रामानंद जी से ही प्राप्त हुआ। पर आगे चलकर कबीर के 'राम' रामानंद के 'राम' रो भिन्न हो गये। अत: कबीर को वैष्णव संप्रदाय के अंतर्गत नहीं ले सकते। कबीर ने दूर-दूर तक देशाटन किया, हठयोगियों तथा सूफी मुसलमान फकीरों का भी सत्संग किया। अत: उनकी प्रवृत्ति निर्गुण उपासना की ओर दृढ़

हुई अद्वैतवाद के स्थूल रूप का कुछ परिज्ञान उन्हें रामानंद जी के सत्संग से पहले ही था। फल यह हुआ कि कबीर के राम धनुर्धर साकार राम नहीं रह गये; वे ब्रह्म के पर्याय हुए–

दसरथ सुत तिहुँ लोक बखाना।
राम नाम का मरम है आना॥

सारांश यह कि जो ब्रह्म हिंदुओं की विचारपद्धति में ज्ञानमार्ग का एक निरूपण था उसी को कबीर ने सूफियों के ढर्रे पर उपासना का ही विषय नहीं, प्रेम का भी विषय बनाया और उसकी प्राप्ति के लिए हठयोगियों की साधना का समर्थन किया। इस प्रकार उन्होंने भारतीय ब्रह्मवाद के साथ सूफियों के भावात्मक रहस्यवाद, हठयोगियों के साधनात्मक रहस्यवाद और वैष्णवों के अहिंसावाद तथा प्रपत्तिवाद का मेल करके अपना पंथ खड़ा किया। उनकी बानी में ये सब अवयव स्पष्ट लक्षित होते हैं।

यद्यपि कबीर की बानी 'निर्गुण बानी' कहलाती है, पर उपासना क्षेत्र में ब्रह्म निर्गुण नहीं बना रह सकता। सेव्य-सेवक भाव में स्वामी में कृपा, क्षमा, औदार्य आदि गुणों का आरोप हो ही जाता है इसीलिए कबीर के वचनों में कहीं तो निरुपाधि निर्गुण ब्रह्म सत्ता का संकेत मिलता है, जैसे–

पंडित मिथ्या करहु बिचारा। ना वह सृष्टि, न सिरजनहारा॥
जोति सरूप काल नहिं उहँवाँ, बचन न आहि सरीरा॥
थूल अथूल पवन नहिं पावक, रवि ससि धरनि न नीरा॥

और कहीं सर्ववाद की झलक मिलती है, जैसे–

आपुहि देवा आपुहि पाती। आपुहि कुल आपुहि है जाती॥

और कहीं सोपाधि ईश्वर की, जैसे–

साईं के सब जीव हैं कीरी कुंजर दोय।

सारांश यह कि कबीर में ज्ञानमार्गी की जहाँ तक बातें हैं वे सब हिंदू शास्त्रों की हैं जिनका संचय उन्होंने रामानंद जी के उपदेशों से किया। माया, जीव, ब्रह्म, तत्त्वमसि, आठ मैथुन (अष्टमैथुन), त्रिकुटी, छह रिपु इत्यादि शब्दों का परिचय अन्हें अध्ययन द्वारा नहीं, सत्संग द्वारा ही हुआ, क्योंकि वे, जैसा कि प्रसिद्ध है, कुछ पढ़े-लिखे न थे। उपनिषद् की ब्रह्मविद्या के संबंध में वे कहते हैं–

तत्त्वमसी इनके उपदेसा। ई उपनीसद कहैं संदेसा।
जागबलिक और जनक संवादा। दत्तात्रेय वहै रस स्वादा॥

यहीं तक नहीं, वेदांतियों के कनक-कुंडल-न्याय आदि का व्यवहार भी इनके वचनों में मिलता है–

गहना एक कनक तें गहना, इन महँ भाव न दूजा।
कहन-सुनन को दुई करि थापिन, इक निमाज, इक पूजा॥

इसी प्रकार उन्होंने हठयोगियों के साधनात्मक रहस्यवाद के कुछ सांकेतिक शब्दों (जैसे, चंद, सूर, नाद, बिंदु, अमृत औंधा कुआँ) को लेकर अद्भुत रूपक बाँधे हैं जो सामान्य जनता की बुद्धि पर पूरा आतंक जमाते हैं; जैसे–

सूर समाना चंद में दहूँ किया घर एक।
मन का चिंता तब भया कदू पुरबिला लेख॥

आकासे मुखि औंधा कुआँ पाताले पनिहारि।
ताका पाणी को हंसा पीवै बिरला आदि बिचारि॥

वैष्णव संप्रदाय से उन्होंने अहिंसा का तत्त्व ग्रहण किया जो कि पीछे होने वाले सूफी फकीरों को भी मान्य हुआ। हिंसा के लिए वे मुसलमानों को बराबर फटकारते रहे–

दिन भर रोजा रहत हैं राति हनत हैं गाय।
यह तो खूब वह बंदगी, कैसे खुसी खुदाय॥
अपनी देखि करत नहिं अहमक, कहत हमारे बड़न किया।
उसका खून तुम्हारी गरदन, जिन तुमको उपदेश दिया॥
बकरी पाती खाति है ताको काढ़ी खाल।
जो नर बकरी खात हैं तिन का कौन हवाल॥

उपर्युक्त विवेचन से स्पष्ट है कि ज्ञानमार्ग की बातें कबीर ने हिंदू साधु-संन्यासियों से ग्रहण की जिन में सूफियों के सत्संग से उन्होंने 'प्रेमतत्त्व' का मिश्रण किया और अपना एक अलग पंथ चलाया। उपासना के बाह्य स्वरूप पर आग्रह करने वाले और कर्मकांड को प्रधानता देने वाले पंडितों और मुल्लों दोनों को उन्होंने खरी-खरी सुनायी और राम-रहीम की एकता समझ कर हृदय को शुद्ध और प्रेममय करने का उपदेश दिया। देशाचार और उपासनाविधि के कारण मनुष्य-मनुष्य में जो भेदभाव उत्पन्न हो जाता है उसे दूर करने का प्रयास उनकी वाणी बराबर करती रही। यद्यपि वे पढ़े-लिखे न थे पर उनकी प्रतिभा बड़ी प्रखर थी जिससे उनके मुँह से बड़ी चुटीली और व्यंग्य-चमत्कारपूर्ण बातें निकलती थीं। इनकी उक्तियों में विरोध और असंभव का चमत्कार लोगों को बहुत आकर्षित करता था, जैसे–

है कोई गुरुज्ञानी जगत महँ उलटि बेद बूझै।
पानी महँ पावक बरै, अंधहि आँखिन्ह सूझै॥
गाय तो नाहर को धरि खायो, हरिना खायो चीता।

अथवा

नैया बिच न दिया डूबति जाय।

अनेक प्रकार के रूपकों और अन्योक्तियों द्वारा ही इन्होंने ज्ञान की बातें कही हैं। जो नयी न होने पर भी वाग्वैचित्र्य के कारण अनपढ़ लोगों को चकित किया करती थीं। अनूठी अन्योक्तियों द्वारा ईश्वर प्रेम की व्यंजना सूफियों में बहुत प्रचलित थी। जिस प्रकार कुछ वैष्णवों में 'माधुर्य' भाव से उपासना प्रचलित हुई थी उसी प्रकार सूफियों में भी ब्रह्म को सर्वव्यापी प्रियतम या माशूक मानकर हृदय से उद्‌गार प्रदर्शित करने की प्रथा थी। इसको कबीरदास ने ग्रहण किया। कबीर की बानी में स्थान-स्थान पर भावात्मक रहस्यवाद की जो झलक मिलती है, वह सूफियों के सत्संग का प्रसाद है। कहीं इन्होंने ब्रह्म को खसम या पति मानकर अन्योक्ति बाँधी है और कहीं स्वामी या मालिक, जैसे–

मुझको तूँ क्या ढूँढै बंदे मै तो तेरे पास में।

अथवा

साईं के संग सासुर आई।
संग न सूती, स्वाद न जाना, गा जीवन सपने की नाइ॥
जना चारि मिलि लगन सुधायो, जना पाँच मिलि माड़ो छायो।

भयो विवाह चली बिनु दूलह, बाट जात समधी समझाई॥

कबीर अपने श्रोताओं पर यह अच्छी तरह भासित करना चाहते थे कि हमने ब्रह्म का साक्षात्कार कर लिया है, इसी से प्रभाव डालने के लिए बड़ी लंबी-चौड़ी गर्वोक्तियाँ भी कभी-कभी कहते थे। कबीर ने मगहर में जाकर शरीर त्याग किया जहाँ इनकी समाधि अब तक बनी है। इनका मृत्युकाल संवत् 1575 में माना जाता है, जिसके अनुसार इनकी आयु 120 वर्ष की ठहरती है। कहते हैं कि कबीर की वाणी का संग्रह उनके शिष्य धर्मदास ने संवत् 1521 में किया था जब कि उनके गुरु की अवस्था 64 वर्ष की थी। कबीर की वचनावली की सबसे प्राचीन प्रति, जिसका अब पता लगा है, संवत् 1561 में लिखी है।

कबीर की वाणी का संग्रह 'बीजक' के नाम से प्रसिद्ध है, जिसके तीन भाग किये गये हैं-रमैनी, सबद और साखी। इसमें वेदांततत्त्व, हिंदू-मुसलमानों को फटकार, संसार की अनित्यता, हृदय की शुद्धि, प्रेमसाधना की कठिनता, माया की प्रबलता, मूर्तिपूजा, तीर्थाटन आदि की असारता, हज, नमाज, व्रत, आराधना की गौणता इत्यादि अनेक प्रसंग हैं। सांप्रदायिक शिक्षा और सिद्धांत के उपदेश मुख्यत: 'साखी' के भीतर हैं। जो दोहों में हैं। इसकी भाषा सधुक्कड़ी अर्थात् राजस्थानी, पंजाबी मिली खड़ी बोली है, पर 'रमैनी' और 'सबद' में गाने के पद हैं। जिनमें काव्य की ब्रजभाषा और कहीं-कहीं पूरबी बोली का भी व्यवहार है। खुसरो के गीतों की भाषा भी हम ब्रज दिखा आये हैं। इससे यह स्पष्ट हो जाता है कि गीतों के लिए काव्य की ब्रजभाषा भी स्वीकृत थी। कबीर का यह पद देखिए-

हौं बलि कब देखौंगी तोहि।
अहनिस आतुर दरसन कारनि ऐसी व्यापी मोहि।
नैन हमारे तुम्हको चाहैं, रती न मानै हारि॥
विरह अगिनि तन अधिक जरावै, ऐसी लेहु बिचारि।
सुनहु हमारी दादि, गोसाईं, अब जनि काहु अधीर।
तुम धीरज, मैं आतुर, स्वामी, काँचे भाँडे नीर।
बहुत दिनन के बिछुरे माधौ, मन नहिं बाँधैं धीर॥
देह छता तुम मिलहु कृपा करि आरतिवंत कबीर।

सूर के पदों की भी यही भाषा है।

भाषा बहुत परिष्कृत और परिमार्जित न होने पर भी कबीर की उक्तियों में कहीं-कहीं विलक्षण प्रभाव और चमत्कार है। प्रतिभा उनमें बड़ी प्रखर थी इसमें संदेह नहीं।

रैदास या रविदास : रामानंद जी के बारह शिष्यों में रैदास भी माने जाते हैं जो जाति के चमार थे। इन्होंने कई पदों में अपने को चमार कहा भी है, जैसे-

1. **कह रैदास खलास चमारा।**
2. **ऐसी मेरी जाति विख्यात चमार।**

ऐसा जान पड़ता है कि ये कबीर के बहुत पीछे स्वामी रामानंद के शिष्य हुए क्योंकि अपने एक पद में इन्होंने कबीर और सेन नाई दोनों के तरने का उल्लेख किया है-

नामदेव कबीर तिलोचन साधना सेन तरै।
कह रविदास, सुनहु रे संतहु! हरि जिउ तें सबहि सरै।

कबीरदास के समान रैदास भी काशी के रहने वाले कहे जाते हैं। इनके एक पद से

भी यही पाया जाता है-

जाके कुटुंब सब ढोर ढोवंत
फिरहिं अजहुँ बानारसी आसपास।
आचार सहित बिप्र करहिं डंडउति
तिन तनै रविदास दासानुदासा।।

रैदास का नाम धन्ना और मीराबाई ने आदर के साथ लिया है।

रैदास की भक्ति भी निर्गुण ढाँचे की जान पड़ती है। कहीं तो वे अपने भगवान् को सब में व्यापक देखते हैं-

थावर जंगम कीट पतंगा पूरि रह्यो हरिराई।

और कहीं कबीर की तरह परात्पर की ओर संकेत करके कहते हैं-

गुन निर्गुन कहियत नहिं जाके।

रैदास का अपना अलग प्रभाव पछाँह की ओर जान पड़ता है। 'साधो' का एक संप्रदाय, जो फर्रुखाबाद और थोड़ा-बहुत मिर्जापुर में भी पाया जाता है, रैदास की ही परंपरा में कहा जा सकता है, क्योंकि उसकी स्थापना (संवत् 1600) करने वाले बीरभान उदयदास के शिष्य थे ओर उदयदास रैदास के शिष्यों में माने जाते हैं।

रैदास का कोई ग्रंथ नहीं मिलता, फुटकल पद ही 'बानी' के नाम से, 'संतबानी सीरीज' में संगृहीत हैं। चालीस पद तो 'आदि गुरुग्रंथ साहब' में दिये गये हैं। कुछ पद नीचे उद्धृत किये जाते हैं-

दूध त बछरै थनह बिडारेउ। फुलु भँवर मीन बिगारेउ।।
माई, गोविंद पूजा कहा लै चढ़ावउँ। अवरु त फूल अनूपु न पावउँ।।
मलयागिरिवै रहे हैं भुअंगा। विषु अमृत बसहीं इक संगा।।
तन-मन अरपउँ पूज चढ़ावउँ। गुरु परसादि निरंजन पावउँ।।
पूजा अरचा आहि न तोरी। कह रविदास कवनि गति मोरी।।
अखिल खिलै नहिं, का कह पंडित, कोई न कहै समुझाई।
अबरन बरन रूप नहिं जाके, कहँ लौ लाइ समाई।
चंद सूर नहिं, राति दिवस नहिं, धरनि अकास न भाई।।
करम अकरम नहिं, शुभ अशुभ नहिं, का कहि देहूँ बड़ाई।।

× × × × ×

जब हम होते तब तू नाहीं, अब तू ही, मैं नाहीं।
अतल अगम जैसे लहरि मइ उदधि, जल केवल जलमाहीं।।

× × × × ×

माधव क्या कहिए प्रभु ऐसा, जैसा मानिए होइ न तैसा।
नरपति एक सिंहासन सोइया, सपने भया भिखारी।।
अछत राज बिछुरत दुखु पाइया, सो गति भई हमारी।

धर्मदास : ये बांधवगढ़ के रहने वाले और जाति के बनिये थे। बाल्यावस्था में ही इन के हृदय में भक्ति का अंकुर था और ये साधुओं का सत्संग, दर्शन, पूजा, तीर्थाटन आदि किया करते थे। मथुरा से लौटते समय कबीरदास के साथ इनका साक्षात्कार हुआ। उन दिनों संत

समाज में कबीर की पूरी प्रसिद्धि हो चुकी थी। कबीर के मुख से मूर्तिपूजा, तीर्थाटन, देवार्चन आदि का खंडन सुनकर इनका झुकाव 'निर्गुण' संतमत की ओर हुआ। अंत में ये कबीर से सत्य नाम की दीक्षा लेकर उनके प्रधान शिष्यों में हो गये और संवत् 1575 में कबीरदास के परलोकवास पर उनकी गद्दी इन्हीं को मिली। कबीरदास के शिष्य होने पर इन्होंने अपनी सारी संपत्ति, जो बहुत अधिक थी, लुटा दी। ये कबीरदास की गद्दी पर 20 वर्ष के लगभग रहे ओर अत्यंत वृद्ध होकर इन्होंने शरीर छोड़ा। इनकी शब्दावली का भी संतों में बड़ा आदर हैं इनकी रचना थोड़ी होने पर भी कबीर की अपेक्षा अधिक सरल भाव लिये हुए हैं, उसमें कठोरता और कर्कशता नहीं है। इन्होंने पूरबी भाषा का ही व्यवहार किया है। इनकी अन्योक्तियों के व्यंजक चित्र अधिक मार्मिक हैं क्योंकि इन्होंने खंडन-मंडन से विशेष प्रयोजन न रख प्रेमतत्त्व को लेकर अपनी वाणी का प्रसार किया है। उदाहरण के लिए कुछ पद नीचे दिये जाते हैं–

झरि लागै मलिया गगन घहराय।
खन गरजै, खन बिजुली चमकै, लहरि उठै शोभा बरनि न जाय।
सुन्न महल से अमृत बरसै, प्रेम अनंद ह्वै साधु नहाय।।
खुली केवरिया, मिटी अँधियरिया, धनि सतगुरु जिन दिया लखाय।
धरमदास बिनवै कर जोरी, सतगुरु रचन में रहत समाय।।

× × × × ×

मितऊ मड़ैया सूनी करि गैलो।।
अपना बलम परदेस निकरि गैलो, हमरा के किछुवौ न गुन दै गैलो।
जोगिन होइके मैं वन ढूँढ़ो, हमरा के बिरह बैराग दै गैलो।।
सँग की सखी सब पार उतरि गइलो, हम धनि ठाढ़ि अकेली रहि गैलो।
धरमदास यह अरजु करतु है, सार सबद सुमिरन दै गैलो।।

गुरुनानक–गुरुनानक का जन्म सं. 1526 कार्तिकी पूर्णिमा के दिन तिलवंडी ग्राम-जिला लाहौर में हुआ। इनके पिता कालूचंद खत्री जिला लाहौर, तहसील शरकपुर के तिलवंडी नगर के सूबा बुलार पठान के कारिंदा थे। इनकी माता का नाम तृप्ता था। नानक जी बाल्यावस्था से ही अत्यंत साधु स्वभाव के थे। संवत् 1545 में इनका विवाह गुरुदासपुर के मूलचंद खत्री की कन्या सुलक्षणी से हुआ। सुलक्षणी से इनके दो पुत्र श्रीचंद और लक्ष्मीचंद हुए। श्रीचंद आगे चलकर उदासी संप्रदाय के प्रवर्तक हुए।

पिता ने इन्हें व्यवसाय में लगाने का बहुत उद्योग किया, पर ये सांसारिक व्यवहारों में दतचित्त न हुए। एक बार इनके पिता ने इन्हें व्यवसाय के लिए कुछ धन दिया जिसको इन्होंने साधुओं और गरीबों में बाँट दिया। पंजाब में मुसलमान बहुत दिनों से बसे थे जिससे वहाँ उनके कट्टर एकेश्वरवाद का संस्कार धीरे-धीरे प्रबल हो रहा था। लोग बहुत-से देवी-देवताओं की उपासना की अपेक्षा एक ईश्वर की उपासना को महत्त्व और सभ्यता का चिह्न समझने लगे थे। शास्त्रों के पठन-पाठन का क्रम मुसलमानों के प्रभाव से प्राय: उठ गया था जिससे धर्म और उपासना के गूढ़ तत्त्व को समझने की शक्ति नहीं रह गयी थी। अत: जहाँ बहुत-से लोग जबर्दस्ती मुसलमान बनाये जाते थे वहाँ कुछ लोग शौक से भी मुसलमान बनते थे। ऐसी दशा में कबीर द्वारा प्रवर्तित 'निर्गुण संतमत' एक बड़ा भारी सहारा समझ पड़ा।

गुरुनानक आरंभ से ही भक्त थे अत: उनका ऐसे मत की ओर आकर्षित होना स्वाभाविक

था, जिसकी उपासना का स्वरूप हिंदुओं और मुसलमानों दोनों को समान रूप से ग्राह्य हो। उन्होंने घर-बार छोड़ बहुत दूर-दूर के देशों में भ्रमण किया जिससे उपासना का सामान्य स्वरूप स्थिर करने में उन्हें बड़ी सहायता मिली। अंत में कबीरदास की निर्गुण उपासना का प्रचार उन्होंने पंजाब से आरंभ किया और वे सिख संप्रदाय के आदिगुरु हुए। कबीरदास के समान वे भी कुछ विशेष पढ़े-लिखे न थे। भक्तिभाव से पूर्ण होकर वे जो भजन गाया करते थे उनका संग्रह (संवत् 1661) ग्रंथ साहब में किया गया है। ये भजन कुछ तो पंजाबी भाषा में हैं और कुछ देश की सामान्य काव्यभाषा हिंदी में हैं। यह हिंदी कहीं तो देश की काव्यभाषा या ब्रजभाषा हैं कहीं खड़ी बोली, जिसमें इधर-उधर पंजाबी के कुछ रूप भी आ गये हैं, जैसे-चल्या, रह्या। भक्त या विनय के सीधे-सादे भाव सीधी-सादी भाषा में कहे गये हैं, कबीर के समान अशिक्षितों पर प्रभाव डालने के लिए टेढ़े-मेढ़े रूपकों में नहीं। इससे इनकी प्रकृति की सरलता और अहंभावशून्यता का परिचय मिलता है। इन का देहांत संवत् 1596 में में हुआ। संसार की अनित्यता भगवद् भक्ति और संत स्वभाव के संबंध में उदाहरणस्वरूप दो पद दिये जाते हैं-

इस दम दा मैनूँ कीबे भरोसा, आया आया न आया न आया।
यह संसार रैन दा सुपना, कहीं देखा, कहीं नाहि दिखाया॥
सोच-विचार करे मत मन मैं जिसने ढूँढ़ा उसने पाया।
नानक भक्तन दे पद परसे निसदिन राम चरन चित लाया॥

× × × × ×

जो नर दुख में दुख नहिं मानै।
सुख सनेह अरु भय नहिं जाके, कंचन माटी जानै॥
नहिं निंदा नहिं अस्तुति जाके, लोभ मोह-अभिमाना॥
हरष सोक तें रहै नियारो, नाहि मान-अपमाना।
आसा मनसा सकल त्यागि कै जग तें रहै निरासा।
काम, क्रोध जेहि परसे नाहि न, तेहिं घट ब्रह्म निवासा॥
गुरु किरपा जेहि नर पै कीन्हीं, तिन्ह यह जुगुति पिछानी।
नानक लीन भयो गोबिंद सो, ज्यों पानी सँग पानी॥

दादूदयाल-यद्यपि सिद्धान्त की दृष्टि से दादू कबीर के मार्ग के ही अनुयायी हैं, पर उन्होंने अपना एक अलग पंथ चलाया, जो 'दादूपंथ' के नाम से प्रसिद्ध हुआ। दादूपंथी लोग इनका जन्म संवत् 1601 में गुजरात के अहमदाबाद नामक स्थान में मानते हैं। इनकी जाति के संबंध में भी मतभेद है।। कुछ लोग गुजराती ब्राह्मण मानते हैं और कुछ लोग इन्हें मोची या धुनिया मानते है। कबीर साहब की उत्पत्ति कथा से मिलती-जुलती दादूदयाल की उत्पत्ति कथा भी दादूपंथी लोग कहते है। उनके अनुसार दादू बच्चे के रूप में साबरमती नदी में बहते हुए लादीराम नामक एक नागर ब्राह्मण को मिले थे। चाहे जो हो, अधिकतर ये नीची जाति के ही माने जाते है। दादूदयाल का गुरु कौन था, यह ज्ञात नहीं। पर कबीर का इनकी बानी में बहुत जगह नाम आया है और इसमें कोई संदेह नहीं कि ये उन्हीं के मतानुयायी थे।

दादूदयाल 14 वर्ष तक आमेर में रहे। वहाँ मारवाड़, बीकानेर आदि स्थानों में घूमते हुए संवत् 1659 में नराना में (जयपुर से 20 कोस दूर) आकर रह गये। वहाँ से 3-4 कोस पर भराने की पहाड़ी हैं। वहाँ भी ये अन्तिम समय में कुछ दिनों तक रहे और वहीं संवत् 1660

में शरीर छोड़ा। वह स्थान दादूपंथियों का प्रधान अड्डा है और दादू जी के कपड़े और पोथियाँ अब तक रखी हैं और निर्गुणपंथियों के समान दादूपंथी लोग भी अपने को निरंजन निराकार का उपासक बताते हैं। ये लोग न तिलक लगाते हैं, न कंठी पहनते हैं, साथ में एक सुमिरनी रखते हैं और 'सत्तराम' कहकर अभिवादन करते हैं।

दादू की बानी अधिकतर कबीर की साखी से मिलते-जुलते दोहों में है, कहीं-कहीं गाने के पद भी हैं। भाषा मिली-जुली पश्चिमी हिंदी है जिसमें राजस्थानी का मेल भी है। इन्होंने कुछ पद गुजराती, राजस्थानी और पंजाबी में भी कहे हैं। कबीर के समान पूरबी हिंदी का व्यवहार इन्होंने नहीं किया है। इनकी रचना में अरबी-फारसी के शब्द अधिक आए हैं और प्रेमतत्त्व की व्यंजना अधिक है। घर के भीतर के रहस्यप्रदर्शन की प्रवृत्ति इनमें बहुत कम है। दादू की बानी में यद्यपि उक्तियों का वह चमत्कार नहीं है जो कबीर की बानी में मिलता है, पर प्रेमभाव का निरूपण अधिक सरस और गम्भीर है। कबीर के समान खंडन और वाद-विवाद में इन्हें रुचि नहीं थी। इनकी बानी में भी वे ही प्रसंग हैं, जो निर्गुणमार्गियों की बानियों में साधारणतया आया करते हैं; जैसे- ईश्वर की व्यापकता, सतगुरु की महिमा, जाति-पाँति का निराकरण, हिंदू-मुसलमानों का अभेद, संसार की अनित्यता, आत्मबोध इत्यादि। इनकी रचना का कुछ अनुमान नीचे उद्धृत पद्यों से हो सकता है-

घीव दूध में रमि रह्या व्यापक सब ही ठौर।
दादू बकता बहुत है मथि काढ़ै ते और।।
यह मसीत यह देहरा सतगुरु दिया दिखाइ।
भीतर सेवा बंदगी बाहिर काहे जाइ।।
दादू देख दयाल को सकल रहा भरपूर।
रोम-रोम में रमि रह्या तू जनि जानै दूर।।
केते पारखि पचि मुए कीमति कही न जाइ।
दादू सब हैरान हैं गूँगे का गुड़ खाइ।।
जब मन लागे राम सों तब अनत काहे को जाइ।
दादू पाणी लूण ज्यों ऐसे रहै समाइ।।

× × × × ×

भाई रे! ऐसा पंथ हमारा।
द्वै पख रहित पंथ गह पूरा अबरन एक अधारा।
बाद-बिबाद काहु सौं नाहीं मैं हूँ जग थें न्यारा।
समदृष्टि सूँ भाई सहज में आनहिं आन बिचारा।
मैं, तैं, मेरी यह मति नाहीं निरबैरी निरबिकारा।।
काम कल्पना कदे न कीजै पूरन ब्रह्म नियारा।
एहि पथि पहुँचि पार गहि दादू सो तब सहज संभारा।।

सुंदरदास- ये खंडेलवाल बनिए थे और चैत्र शुक्ल 9, संवत् 1653 में द्यौसा नामक स्थान (जयपुर राज्य) में उत्पन्न हुए थे। इनके पिता का नाम परमानन्द और माता का नाम सती था। जब ये 6 वर्ष के थे तब दादूदयाल द्यौसा में गये थे। तभी से यह दादूदयाल के शिष्य हो गये और उनके साथ रहने लगे। संवत् 1660 में दादूदयाल का देहांत हुआ। तब तक

ये नराना में रहे। फिर जगजीवन साधु के साथ अपने जन्मस्थान द्यौसा में आ गये। वहाँ संवत् 1663 तक रहकर फिर जगजीवन के साथ काशी चले आये। वहाँ 30 वर्ष की अवस्था तक ये संस्कृत व्याकरण, वेदान्त और पुराण आदि पढ़ते रहे। संस्कृत के अतिरिक्त ये फारसी भी जानते थे। काशी से लौटने पर ये राजपूताने के फतहपुर (शेखावाटी) नामक स्थान पर आ रहे। वहाँ के नवाब अलिफ खाँ इन्हें बहुत मानते थे। इनका देहांत कार्तिक शुक्ल 8, संवत् 1746 को साँगानेर में हुआ।

इनका डीलडौल बहुत अच्छा, रंग गोरा और रूप बहुत सुंदर था। स्वभाव अत्यंत कोमल और मृदुल था। ये बालब्रह्मचारी थे और स्त्री की चर्चा से सदा दूर रहते थे। निर्गुणपंथियों में यही एक ऐसे व्यक्ति हुए हैं, जिन्हें समुचित शिक्षा मिली थी और जो काव्यकला की रीति आदि से अच्छी तरह परिचित थे। अतः इनकी रचना साहित्यिक और सरस है। भाषा भी काव्य की मँजी हुई ब्रजभाषा है। भक्ति और ज्ञान चर्चा के अतिरिक्त नीति और देशाचार आदि पर भी इन्होंने बड़े सुंदर पद कहे हैं और संतों ने केवल गाने के पद और दोहे कहे हैं, पर इन्होंने सिद्धहस्त कवियों के समान बहुत-से कवित्त, सवैये रचे हैं। यों तो छोटे-मोटे इनके अनेक ग्रंथ हैं पर सुन्दरविलाप ही सबसे अधिक प्रसिद्ध है, जिसमें कवित्त, सवैये ही अधिक हैं। इन कवित्त सवैयों में–यमक, अनुप्रास और अर्थालंकार आदि की योजना बराबर मिलती है। इन की रचना काव्यपद्धति के अनुसार होने वे कारण ओर संतों की रचना से भिन्न दिखाई पड़ती है। संत तो ये थे ही पर कवि भी थे। इससे समाज की रीति-नीति पर इनकी बड़ी विनोदपूर्ण उक्तियाँ हैं, जैसे गुजरात पर–आमड़छीत अतीत सों होत बिलार और कूकर चाटत हाँडी', मारवाड पर–'वृच्छ न नीरन उत्तम चीर सुदेसन में गत देस है 'मारू', दक्षिण पर–'राँधत प्याज, विगारत नाज, न आवत लाज, करे सब भच्छन', पूरब देश पर–'ब्राह्मन, क्षत्रिय, वैसरु सूदर चारोइ बर्न के मच्छ बधारत'।

इनकी रचना के कुछ नमूने नीचे दिये जाते हैं–

गेह तज्यो अरु नेह तज्ज्यो पुनि खेह लगाइ कै देह सँवारी।
मेह सहे सिर, सीत सहे तन, धूप समै जो पंचागिनि बारी।
भूख सही रहि रूख तरे, पर सुन्दरदास सबै दुख भारी।
डासन छाँड़िकै कासन ऊपर आसन मार्यों, तै आस न मारी।।

व्यर्थ की तुकबंदी और ऊटपटाँग बानी इनकी रुचिकर न थी। इसका पता इनके इस कवित्त से लगता है–

बोलिए तौ तब जब बोलिवे की बुद्धि होय,
ना तौ मुख मौन गहि चुप होय रहिए।
जोरिए तो तब जब जोरिवै को रीति जानै,
तुक दंद अरध अनूप जामे लहिए।
गाइए तौ तब जब गाइवे को कंठ होय,
श्रवन के सुन तहीं मनै जाय गहिए।
तुकभंग, छंदमंग, अरथ मिलै न कदु,
सुंदर कहत ऐसी बाणी नहिं कहिए।।

सुशिक्षा द्वारा विस्तृत दृष्टि प्राप्त होने से इन्होंने और निर्गुणवादियों के समान लोकधर्म की उपेक्षा नहीं की हैं। पतिव्रत का पालन करने वाली स्त्रियों, रणक्षेत्र से कठिन कर्त्तव्य का

पालन करने वाले शूरवीरों आदि के प्रति इनके विशाल हृदय में सम्मान के लिए पूरी जगह थी। दो उदाहरण अलम् है–

पति ही सूँ प्रेम होय, पति ही सूँ नेम होय,
पति ही सूँ छेम होय, पति ही सूँ रत है।
पति ही जय जोग, पति ही है रस भोग,
पति ही सूँ मिटै सोग, पति ही को जत है॥
पति ही है ज्ञान ध्यान, पति ही है पुन्य दान,
पति ही है तीर्थ, न्हान, पति ही को मत है।
पति बिनु पति नाहिं, पति बिनु गति नाहिं,
सुंदर सकल बिधि एक पतिब्रत है॥
सुनत नगारे चोट बिगसै कमलमुख,
अधिक उछाह फूल्यो मात है न तन तमें।
फैरै जब साँग तब कोउ नहीं धीर धरै,
कायर कँपायमान होत देखि मन में॥
कूदि के पतंग जैसे परत पावक माहिं,
ऐसे टूटि परै बहु साँवत के गन में।
मारि घमसान करि सुंदर जुहारै श्याम,
सोई सूर बीर रुपि रहै जाय रन में॥

इसी प्रकार इन्होंने जो सृष्टि तत्त्व आदि कहे हैं वे भी औरों के समान मनमाने और ऊटपटाँग नहीं हैं, शास्त्र के अनुकूल हैं। उदाहरण के लिए नीचे का पद लीजिए जिसमें ब्रह्म के आगे और सब क्रम सांख्य के अनुकूल है–

ब्रह्म तें पुरुष अरु प्रकृति प्रगट भई,
प्रकृति तें महत्तत्त्व, पुनि अहंकार है।
अहंकार हू तें तीन गुण सत, रज, तम,
तमहू तें महाभूत विषय पसार है॥
रजहू तें इंद्री दस पृथक् भई,
सत्तहू तें मन, आदि देवता विचार है।
ऐसे अनुक्रम करि शिष्य सूँ कहत गुरु,
सुंदर सकल यह मिथ्या भ्रमजार है॥

मलूकदास–मलूकदास का जन्म लाला सुंदरदास खत्री के घर में वैशाख कृष्ण 5, संवत् 1631 में कड़ा, जिला–इलाहाबाद में हुआ। इनकी मृत्यु 108 वर्ष की अवस्था में संवत् 1739 में हुई। ये औरंगजेब के समय में दिल के अंदर खोजने वाले निर्गुण मत के नामी संतों में हुए हैं और इनकी गद्दियाँ कड़ा, जयपुर, गुजरात, मुलतान, पटना, नेपाल और काबुल तक में कायम हुईं। इन के संबंध में बहुत-से चमत्कार या करामातें प्रसिद्ध हैं। कहते हैं कि एक बार इन्होंने एक डूबते हुए शाही जहाज को पानी के ऊपर उठाकर बचा लिया था और रुपयों का तोड़ा गंगाजी में तैराकर कड़ा से इलाहाबाद भेजा था। आलसियों का यह मूल मंत्र–

अजगर करे न चाकरी, पंछी करे न काम।
दास मलूका कहि गए, सबको दाता राम॥

इन्हीं का है। इनकी दो पुस्तकें प्रसिद्ध हैं– रत्नखान और ज्ञानबोध। हिंदुओं और मुसलमानों दोनों के उपदेश देने में प्रवृत्त होने के कारण दूसरे निर्गुणमार्गी संतों के समान इनकी भाषा में भी फारसी और अरबी शब्दों का प्रयोग है। इसी दृष्टि से बोलचाल की खड़ी बोली का पुट इन सब संतों की बानी में एक-सा पाया जाता है। इन सब लक्षणों के होते हुए भी इनकी भाषा सुव्यवस्थित और सुंदर है। कहीं-कहीं अच्छे कवियों का-सा पदविन्यास और कवित्त आदि छंद भी पाये जाते हैं। कुछ पद बिलकुल खड़ी बोली में हैं। आत्मबोध, वैराग्य, प्रेम आदि पर इनकी बानी बड़ी मनोहर है। दिग्दर्शन मात्र के लिए कुछ पद्य नीचे दिये जाते हैं–

अब तो अजपा जपु मन मेरे।
सुन नर असुर टहलुआ जाके मुनि गंधर्व हैं जाके चेरे।
दस औतारि देखि मत भूलौ ऐसे रूप घनेरे॥
अलख पुरुष के हाथ बिकाने जब तैं नैननि हेरे।
कह मलूक तू चेत अचेता काल न आवै नेरे॥

नाम हमारा खाक हे, हम खाकी बंदे।
खाकहि से पैदा किए अति गाफिल गंदे॥
कबहूँ न करते बंदगी, दुनिया में भूले।
आसमान को ताकते, घोड़े चढ़ फूले॥

सबहिन के हम सबै हमारे। जीव-जंतु मोहि लगैं पियारे॥
तीनों लोक हमारी माया। अंत कतहुँ से कोइ नहिं पाया॥
छत्तिस पवन हमारी जाति। हमहीं दिन और हमहीं राति॥
हमहीं तरवर कीट-पतंगा। हमहीं दुर्गा हमहीं गंगा॥
हमहीं मुल्ला हमहीं काजी। तीरब, बरत हमारी बाजी॥
हमहीं दसरथ हमहीं राम। हमरै क्रोध औ हमरै काम॥
हमहीं रावन हमहीं कंस। हमहीं मारा अपना बंस॥

अक्षर अनन्य– संवत् 1710 में इनके वर्तमान रहने का पता लगता है। ये दतिया रियासत के अंतर्गत सेनुहरा के कायस्थ थे और कुछ दिनों तक दतिया के राजा पृथ्वीचंद के दीवान थे। पीछे वे विरक्त होकर पन्ना में रहने लगे। प्रसिद्ध छत्रसाल इनके शिष्य हुए। एक बार ये छत्रसाल से किसी बात पर अप्रसन्न होकर जंगल में चले गये। पता लगने पर जब महाराज छत्रसाल क्षमाप्रार्थना के लिए इनके पास गये तब इन्हें एक झाड़ी के पास खूब पैर फैलाकर लेटे हुए पाया। महाराज ने पूछा, 'पाँव पसारा कब से?' चट से उत्तर मिला–'हाथ समेटा जब से'। ये विद्वान् थे और वेदांत के अच्छे ज्ञाता थे। इन्होंने योग और वेदांत पर कई ग्रंथ-राजयोग, विज्ञानयोग, ध्यानयोग, सिद्धांतबोध, विवेकदीपिका, ब्रह्मज्ञान, अनन्य प्रकाश आदि लिखे और दुर्गा सप्तशती का भी हिंदी पद्यों में अनुवाद किया। राजयोग के कुछ पद्य नीचे दिये जाते हैं–

यह भेद सुनौ पृथिचंदराय। फल चारहु को साधन उपाय॥
यह लोक सचै सुख पुत्र बाम। परलोक नसै बस नरक धाम॥
परलोक लोक दोउ सधै जाय। सोइ राजजोग सिद्धांत आय॥
निज राजजोग ज्ञानी करंत। हठि मूढ़ धर्म साधत अनंत॥

जैसा कि ऊपर कहा जा चुका है निर्गुणमार्गी संत कवियों की परंपरा में थोड़े ही ऐसे हुए

हैं, जिनकी रचना साहित्य के अंतर्गत आ सकती है। शिक्षितों का समावेश कम होने से इनकी बानी अधिकतर सांप्रदायिकों के ही काम की है, उसमें मानव जीवन की भावनाओं की वह विस्तृत व्यंजना नहीं है जो साधारण जन समाज को आकर्षित कर सके। इस प्रकार के संतों की परंपरा यद्यपि बराबर चलती रही थी और एक नये पंथ निकलते रहे, पर देश के सामान्य साहित्य पर उनका कोई प्रभाव न रहा। दादूदयाल की शिष्य परंपरा में जगजीवनदास या जगजीवन साहब हुए जो संवत् 1818 के लगभग वर्तमान थे। ये चंदेल ठाकुर थे और कोटवा (बाराबंकी) के निवासी थे। इन्होंने अपना एक अलग 'सत्यनामी' संप्रदाय चलाया। इनकी बानी में साधारण ज्ञान चर्चा है। इनके शिष्य दूलमदास हुए जिन्होंने एक शब्दावली लिखी। उनके शिष्य तोंवरदास और पहलवानदास हुए। तुलसी साहब, गोविंद साहब, भीखा साहब, पलटू साहब आदि अनेक संत हुए हैं। प्रयाग के वेलवेडियर प्रेस ने इस प्रकार के बहुत-से संतों की बानियाँ प्रकाशित की हैं।

निर्गुणपंथ के संतों के संबंध में यह अच्छी तरह समझ रखना चाहिए कि उनमें कोई दार्शनिक व्यवस्था दिखाने का प्रयत्न व्यर्थ है। उन पर द्वैत, अद्वैत, विशिष्टाद्वैत आदि का आरोप करके वर्गीकरण करना दार्शनिक पद्धति की अनभिज्ञता प्रकट करेगा। उनमें जो थोड़ा-बहुत भेद दिखाई पड़ेगा वह उन अवयवों की न्यूनता या अधिकता के कारण जिनका मेल करके निर्गुण पंथ चला है। जैसे, किसी में वेदांत के ज्ञान तत्त्व की और किसी में व्यावहारिक ईश्वरभक्ति (कर्ता, पिता, प्रभु की भावना से युक्त) का।[2] यह दिखाया जा चुका है कि निर्गुणपंथ में जो थोड़ा-बहुत ज्ञानपक्ष है वह वेदांत से लिया हुआ है; जो प्रेमतत्त्व है, वह सूफियों का है, न कि वैष्णवों का।[2] 'अहिंसा' और 'प्रपत्ति' के अतिरिक्त वैष्णवत्व का और कोई अंश उसमें नहीं है। उसके 'सूरति' और 'निरति' शब्द बौद्ध सिद्धों के हैं। बौद्धधर्म के अष्टांग मार्ग हैं–सम्यक् स्मृति और सम्यक् समाधि। 'सम्यक् स्मृति' वह दशा है जिसमें क्षण-क्षण पर मिटने वाला ज्ञान स्थिर हो जाता है ओर उसी शृंखला बँध जाती है। 'समाधि' में सा धक सब संवेदनों से परे हो जाता हैं अतः 'सुरति', 'निरति' शब्द योगियों की बानियों से आये हैं। वैष्णवों से उनका कोई संबंध नहीं।

⊙⊙

सन्दर्भ

1. ऊर्जा के पीर और शेखतकी चाहे कबीर के गुरु न रहे हों पर उन्होंने उनके सत्संग से बहुत-सी बातें सीखीं इसमें कोई संदेह नहीं। कबीर ने शेखतकी का नाम लिया पर उस आदर के साथ नहीं जिस आदर के साथ गुरु का नाम लिया जाता है; जैसे 'घट-घट है अविनासी सुनहु तकी तुम शेख' इस वचन में कबीर ही शेख तकी को उपदेश देते जान पड़ते हैं। कबीर ने मुसलमान फकीरों का सत्संग किया था, इसका उल्लेख उन्होंने किया है। वे झूँसी, जौनपुर, मानिकपुर आदि गये थे जो मुसलमान फकीरों के प्रसिद्ध स्थान थे।

   मानिकपुर हि कबीर बसेरी। मदहति सुनी शेख तकि केरी॥
   ऊजी सुनी जौनपुर थाना। झूँसी सुनि पीरन के नामा॥

   पर सब की बातों का संचय करके भी अपने स्वभावानुसार वे किसी को ज्ञानी या बड़ा मानने को तैयार नही थे, सबको अपना ही वचन मानने को कहते थे–

   शेख अकरदीं सकरदीं तुम मानहु वचन हमारि।
   आदि अंत औ जुग देखहु दीठि पसारि॥

2. देखिए, पृ. 58-59

प्रकरण-3 : निर्गुणधारा

प्रेममार्गी (सूफी) शाखा

जैसा कि पहले कहा जा चुका है, इस काल के निर्गुणोपासक भक्तों की दूसरी शाखा उन सूफी कवियों की हैं जिन्होंने प्रेमगाथाओं के रूप में उस प्रेमतत्त्व का वर्णन किया है जो ईश्वर को मिलने वाला है तथा जिसका आभास लौकिक प्रेम के रूप में मिलता हैं। इस संप्रदाय के साधु कवियों का अब वर्णन किया जाता है–

कुतबन–ये चिश्ती वंश के शेख बुरहान के शिष्य थे और जौनपुर के बादशाह हुसैन शाह के आश्रित थे। अत: इनका समय विक्रम की सोलहवीं शताब्दी का मध्यभाग (संवत् 1550) था। इन्होंने 'मृगावती' नाम की एक कहानी चौपाई-दोहे के क्रम से सन् 909 हिजरी (संवत् 1558) में लिखी जिसमें चंद्रनगर के राजा गणपतिदेव के राजकुमार और कंचनपुर के राजा रूपमुरारि की कन्या मृगावती की प्रेमकथा का वर्णन है। इस कहानी के द्वारा कवि ने प्रेममार्ग के त्याग और कष्ट का निरूपण करके साधक के भगवत्प्रेम का स्वरूप दिखाया है। बीच-बीच में सूफियों की शैली पर बड़े सुंदर रहस्यमय आध्यात्मिक आभास हैं।

कहानी का सारांश यह है–चंद्रगिरि के राजा गणपतिदेव का पुत्र कंचनपुर के राजा रूपमुरारि की मृगावती नाम की राजकुमारी पर मोहित हुआ। यह राजकुमारी उड़ने की विद्या जानती थी। अनेक कष्ट झेलने के उपरांत राजकुमार उसके पास तक पहुँचा। पर एक दिन मृगावती राजकुमार को धोखा देकर कहीं उड़ गई। राजकुमार उसकी खोज में योगी होकर निकल पड़ा। समुद्र से घिरी एक पहाड़ी पर पहुँचकर उसने रुक्मिनी नाम की एक सुंदरी को एक राक्षण से बचाया। उस सुंदरी के पिता ने राजकुमार के साथ उसका विवाह कर दिया। अंत में राजकुमार उस नगर में पहुँचा जहाँ अपने पिता की मृत्यु पर राजसिंहासन पर बैठकर मृगावती राज्य कर रही थी। वहाँ वह 12 वर्ष रहा। पता लगाने पर राजकुमार के पिता ने घर बुलाने के लिए दूत भेजा। राजकुमार पिता का संदेशा पाकर मृगावती के साथ चल पड़ा और उसने मार्ग में रुक्मिनी को भी ले लिया। राजकुमार बहुत दिनों तक आनंदपूर्वक रहा, पर अंत में आखेट के समय हाथी से गिरकर मर गया। उसकी दोनों रानियाँ प्रिय के मिलने की उत्कंठा में बड़े आनंद के साथ सती हो गयीं–

रुकमिनी पुनि वैसहि मरि गई। कुलवंती सत सों सति भई।।
बाहर वह भीतर वह होई। पर बाहर को रहै न जोई।।
विधि कर चरित न जानै आनू। जो सिरजा सो जाहि निआनू।।

मंझन : इनके संबंध में कुछ भी ज्ञात नहीं है। केवल इनकी रची हुई मधुमालती की एक खंडित प्रति मिली है जिसमें इनकी कोमल कल्पना और स्निग्धसहृदयता का पता लगता

है। मृगावती के समान मधुमालती में भी पाँच चौपाइयों (अर्द्धालियों) के उपरांत एक दोहे का क्रम रखा गया। पर मृगावती की अपेक्षा इसकी कल्पना भी विशद है और वर्णन भी अधिक विस्तृत और हृदयग्राही है। आध्यात्मिक प्रेमभाव की व्यंजना के लिए प्रकृति के भी अधिक दृश्यों का समावेश मंझन ने किया है। कहानी भी कुछ अधिक जटिल और लंबी है जो अत्यंत संक्षेप में नीचे दी जाती है–

कनेसर नगर के राजा सूरजभान के पुत्र मनोहर नामक एक सोये हुए राजकुमार को अप्सराएँ रातों-रात महारस नगर की राजकुमारी मधुमालती की चित्रसारी में रख आयीं। वहाँ जागने पर दोनों का साक्षात्कार हुआ और दोनों एक-दूसरे पर मोहित हो गये। पूछने पर मनोहर ने अपना परिचय दिया और कहा–'मेरा अनुराग तुम्हारे ऊपर कई जन्मों का है इससे जिस दिन मैं इस संसार में आया उसी दिन से तुम्हारा प्रेम मेरे हृदय में उत्पन्न हुआ।' बातचीत करते-करते दोनों एक साथ सो गये और अप्सराएँ राजकुमार को उठाकर फिर उसके घर पर रख आयीं। दोनों जब अपने-अपने स्थान पर जगे तब प्रेम में बहुत व्याकुल हुए। राजकुमार वियोग से विकल होकर घर से निकल पड़ा और उसने समुद्र मार्ग से यात्रा की। मार्ग में तूफान आया जिसमें इष्ट-मित्र इधर उधर बह गये। राजकुमार एक पटरे पर बहता हुआ एक जंगल में जा लगा, जहाँ एक स्थान पर एक सुंदर स्त्री पलँग पर लेटी दिखाई पड़ी। पूछने पर जान पड़ा कि वह चितबिसरामपुर के राजा चित्रसेन की कुमारी प्रेमा थी जिसे एक राक्षस उठा लाया था। मनोहर कुमार ने उस राक्षस को मारकर प्रेमा का उद्धार किया। प्रेमा ने मधुमालती का पता बता कर कहा कि वह मेरी सखी है। मैं उसे तुझसे मिला दूँगी। मनोहर को लिये हुए प्रेमा अपने पिता के नगर में आयी। मनोहर के उपकार को सुनकर प्रेमा का पिता उसका विवाह मनोहर के साथ करना चाहता है। पर प्रेमा यह कहकर अस्वीकार करती है कि मनोहर मेरा भाई है और मैंने उसे उसकी प्रेमपात्री मधुमालती से मिलाने का वचन दिया है।

दूसरे दिन मधुमालती अपनी माता रूपमंजरी के साथ प्रेमा के घर आयी और प्रेमा ने उसके साथ मनोहर कुमार का मिलाप करा दिया। सवेरे रूपमंजरी ने चित्रसारी में जाकर मधुमालती को मनोहर के साथ पाया। जगने पर मनोहर ने तो अपने को दूसरे स्थान में पाया और रूपमंजरी अपनी कन्या को भला-बुरा कहकर मनोहर का प्रेम छोड़ने को कहने लगी। जब उसने न माना तब माता ने शाप दिया कि तू पक्षी हो जा। जब वह पक्षी होकर उड़ गयी तब माता बहुत पछताने और विलाप करने लगी, पर मधुमालती का कहीं पता न लगा। मधुमालती उड़ती-उड़ती बहुत दूर निकल गयी। कुँवर ताराचंद नाम के एक राजकुमार ने उस पक्षी की सुंदरता देख उसे पकड़ना चाहा। मधुमालती को ताराचंद का रूप मनोहर से कुछ मिलता-जुलता दिखाई दिया इससे वह कुछ रुक गयी और पकड़ ली गयी। तारांचद ने उसे एक सोने के पिंजरे में रखा। एक दिन पक्षी मधुमालती ने प्रेम की सारी कहानी ताराचंद से कह सुनायी जिसे सुनकर उसने प्रतिज्ञा की कि मैं तुझे तेरे प्रियतम मनोहर से अवश्य मिलाऊँगा। अंत में वह उस पिंजरे को लेकर महारस नगर में पहुँचा। मधुमालती की माता अपनी पुत्री को पाकर बहुत प्रसन्न हुई और उसने मंत्र पढ़कर उसके ऊपर जल छिड़का। वह फिर पक्षी से मनुष्य हो गयी। मधुमालती के माता-पिता ने ताराचंद के साथ मधुमालती का ब्याह करने का विचार प्रकट किया। पर ताराचंद ने कहा कि 'मधुमालती मेरी बहन है और मैंने प्रतिज्ञा की है कि मैं जैसा होगा वैसे मनोहर से मिलाऊँगा।' मधुमालती की माता सारा हाल लिखकर प्रेमा के पास

भेजती हैं। मधुमालती भी उसे अपने चित्त की दशा लिखती है। वह दोनों पत्रों को लिये हुए दुखकर रही थी कि इतने में उसकी एक सखी आकर संवाद देती है कि राजकुमार मनोहर योगी के वेश में आ पहुँचा हैं। मधुमालती का पिता अपनी रानी सहित दलबल के साथ राजा चित्रसेन (प्रेमा के पिता) के नगर में जाता है और वहाँ मधुमालती और मनोहर का विवाह हो जाता है। मनोहर, मधुमालती और ताराचंद तीनों बहुत दिनों तक प्रेमा के यहाँ अतिथि रहते हैं। एक आखेट से लौटने पर ताराचंद, प्रेमा ओर मधुमालती को एक साथ झूला झूलते देख प्रेमा पर मोहित होकर मूर्च्छित हो जाता है। मधुमालती और उसकी सखियाँ उपचार में लग जाती है।

इसके आगे प्रति खंडित है। पर कथा के झुकाव से अनुमान होता है कि प्रेमा और ताराचंद का भी विवाह हो गया होगा।

कवि ने नायक और नायिका के अतिरिक्त उपनायक और उपनायिका की भी योजना करके कथा को तो विस्तृत किया ही है, साथ ही प्रेमा ओर ताराचंद के चरित्र द्वारा सच्ची सहानुभूति, अपूर्व संयम और निःस्वार्थ भाव का चित्र दिखाया है। जनम-जन्मांतर और योन्यंतर के बीच प्रेम की अखंडता दिखाकर मंझन ने प्रेमतत्त्व की व्यापकता ओर नित्यता का आभास दिखाया है। सूफियों के अनुसार यह सारा जगत् एक ऐसे रहस्यमय प्रेमसूत्र में बँधा है जिसका अवलंबन करके जीव उस प्रेममूर्ति तक पहुँचाने का मार्ग पा सकता हैं सूफी सब रूपों में उसकी छिपी ज्योति देखकर मुग्ध होते हैं, जैसे कि मंझन कहते हैं–

देखत ही पहिचानेउ तोही। एही रूप जेहि छँदर्‌यो मोही॥
एही रूप बुल अहै छपाना। एही रूप रब सृष्टि समाना॥
एही रूप सकती औ सीऊ। एही रूप त्रिभुवन कर जीउ॥
एही रूप प्रगटे बहुत भेसा। एही रूप जग रंक नरेसा॥

ईश्वर का विरह सूफियों के यहाँ भक्त की प्रधान संपत्ति है जिसके बिना साधना के मार्ग में कोई प्रवृत्त नहीं हो सकता, किसी की आँख नहीं खुल सकती–

बिरह अवधि अवगाह अपारा। कोटि माहिं एक परै त पारा॥
बिरह कि जगत अँविरथा नाही। बिरह रूप यह सृष्टि सबाही॥
नैन बिरह अंजन जिन सारा। बिरह रूप दरपन संसारा॥
कोटि माहिं बिरला जग कोई। जाहि सरीर बिरह दुख होई॥
रतन की सागर सागरहिं, गजमोती गज कोइ।
चंदन कि बन-बन ऊपजै, बिरह कि तन-तन होइ?

जिसके हृदय में वह विरह होता है उसके लिए यह संसार स्वच्छ दर्पण हो जाता है और इसमें परमात्मा के आभास अनेक रूपों में पड़ते हैं। तब वह देखता है कि इस सृष्टि के सारे रूप, सारे व्यापार उसी का विरह प्रकट कर रहे हैं। ये भाव प्रेममार्गी संप्रदाय के सब कवियों में पाये जाते हैं। मंझन की रचना का यद्यपि ठीक संवत् नहीं ज्ञात हो सका है पर यह निस्संदेह है कि रचना विक्रम संवत् 1550 और 1595 (पद्मावत का रचनाकाल) के बीच में और बहुत संभव है कि मृगावती के कुछ पीछे हुई। इस शैली के सबसे प्रसिद्ध और लोकप्रिय ग्रंथ 'पद्मावत' में जायसी ने अपने पूर्व के बने हुए इस प्रकार के काव्यों का संक्षेप में उल्लेख किया है–

विक्रम धँसा प्रेम के बारा। सपनावति कहँ गयउ पतारा॥

मधूपाछ मुगधावति लागी। गगनपूर होइगा बैरागी।।
राजकुँवर कंचनपुर गयऊ। मिरगावती कहँ जोगी भयऊ।।
साधे कुँवर खँडावल जोगू। मधुमालति कर कीन्ह बियोगू।।
प्रेमावति कह सुरबर साधा। उषा लागि अनिरूध बर बाँधा।।

इन पद्यों में जायसी के पहले के चार काव्यों का उल्लेख है—मुग्धावती, मृगावती, मधुमालती और प्रेमावती। इनमें से मृगावती और मधुमालती का पता चल गया है, शेष दो अभी नहीं मिले हैं। जिस क्रम से ये नाम आये हैं। वह यदि रचनाकाल के क्रम के अनुसार माना जाए तो मधुमालती की रचना कुतबन की मृगावती के पीछे ठहरती है।

जायसी का जो उद्धरण दिया गया है उसमें मधुमालती के साथ 'मनोहर' का नाम नहीं है, 'खंडावत' नाम है। 'पद्मावत' की हस्तलिखित प्रतियाँ प्रायः फारसी अक्षरों में ही मिलती हैं। मैंने चार ऐसी प्रतियाँ देखी हैं। जिन सब में नायक का ऐसा नाम लिखा है जिसे खंडावत, कुंडावत, कंडावत, गंधावत इत्यादि ही पढ़ सकते हैं। केवल एक हस्तलिखित प्रति हिंदू विश्वविद्यालय के पुस्तकालय में ऐसी है जिसमें साफ 'मनोहर' पाठ है। उसमान की 'चित्रावली' का जो उल्लेख है उसमें भी कुँवर का नाम 'मनोहर' ही है—

मधुमालति होइ रूप देखावा। प्रेम मनोहर होइ तहँ आवा।।

यही नाम 'मधुमालती' की उपलब्ध प्रतियों में भी पाया जाता है।

'पद्मावत' के पहले 'मधुमालती' की बहुत अधिक प्रसिद्धि थी। जैन कवि बनारसी दास ने अपने आत्मचरित में संवत् 1660 के आसपास की अपनी इश्कबाजी वाली जीवनचर्या का उल्लेख करते हुए लिखा है कि उस समय मैं हाट-बाजार में जाना छोड़, घर में पड़े-पड़े 'मृगावती' और 'मधुमालती' नाम की पोथियाँ पढ़ा करता था—

तब घर में बैठे रहे, नाहिंन हाट बाजार।
मधुमालती, मृगावती पोथी दोय उचार।।

कवित्त, सवैया बनाने वाले एक 'मंझन' पीछे हुए जिन्हें इनसे सर्वथा पृथक् समझना चाहिए।

मलिक मुहम्मद जायसी—ये प्रसिद्ध सूफी फकीर शेख मोहिदी (मुहीउद्दीन) के शिष्य थे और जायस में रहते थे। इनकी एक छोटी-सी पुस्तक 'आखिर कलाम' के नाम से फारसी अक्षरों में छपी मिलती है। यह सन् 936 हिजरी में (सन् 1528 ईसवी के लगभग) बाबर के समय में लिखी गयी थी। इसमें बाबर बादशाह की प्रशंसा है। इस पुस्तक में मलिक मुहम्मद जायसी ने अपने जन्म के संबंध में लिखा है—

भा अवतार मोर नौ सदी। तीस बरस ऊपर कवि बदी।

इन पंक्तियों का ठीक तात्पर्य नहीं खुलता। जन्मकाल 900 हिजरी मानें तो दूसरी पंक्ति का यह अर्थ निकलेगा कि जन्म से 30 वर्ष पीछे जायसी कविता करने लगे और पुस्तक के कुछ पद्य उन्होंने बनाये।

जायसी का सबसे प्रसिद्ध ग्रंथ है 'पद्मावत', जिसका निर्माणकाल कवि ने इस प्रकार दिया है—

'सन नौ सै सत्ताइस अहा। कथा आरंभ बैन कवि कहा।।'

इसका अर्थ होता है कि पद्मावत की कथा प्रारंभिक वचन (अरंभबैन) कवि ने 927 हिजरी (सन् 1520 ई. के लगभग) में कहे थे। पर ग्रंथारंभ में कवि ने मसनवी की रूढ़ि के

अनुसार 'शाहेवक्त' शेरशाह की प्रशंसा की है–

शेरशाह दिल्ली सुलतानू। चारहु खंड तपैजस भानू।।
ओही छाज राज औ पाटू। सब राजा भुइँ धरा ललाटू।।

शेरशाह के शासन का आरंभ 947 हिजरी अर्थात् सन् 1540 ई. में हुआ था। इस दशा में यही संभव जान पड़ता है कि कवि ने कुछ थोड़े-से पद्य तो सन् 1520 ई. में ही बनाये थे, पर ग्रंथ को 19 या 20 वर्ष पीछे शेरशाह के समय में पूरा किया। 'पद्मावत' का एक बँगला अनुवाद अराकान राज्य के वजीर मगन ठाकुर ने सन् 1650 ई. के आसपास आलोउजाला नामक एक कवि से कराया था। उसमें भी 'नवै सै सत्ताइस' ही पाठ माना गाया है–

शेख मुहम्मद जति जखन रचिल ग्रंथ संख्या सप्तविंश नवशत

पद्मावत की हस्तलिखित प्रतियाँ अधिकतर फारसी अक्षरों में मिली हैं जिसमें 'सत्ताईस' और सैंतालीस' प्रायः एक ही तरह लिखे जाएँगे। इसमें कुछ लोगों का यह भी अनुमान है कि 'सैंतालीस' को लोगों ने भूल से 'सत्ताईस' पढ़ लिया है।

जायसी अपने समय के सिद्ध फकीरों में गिने जाते थे। अमेठी के राजघराने में इनका बहुत मान था। जीवन के अंतिम दिनों मे जायसी अमेठी से दो मील दूर एक जंगल में रहा करते थे। वहीं इनकी मृत्यु हुई। काजी नसरुद्दीन हुसैन जायसी ने, जिन्हें अवध के नवाब शुजाउद्दोला से सनद मिली थी, अपनी याददाश्त में जायसी का मृत्युकाल 4 रजब 949 हिजरी लिखा है। यह काल कहाँ तक ठीक है, नहीं कहा जा सकता।

ये काने और देखने में कुरूप थे। कहते हैं कि शेरशाह इनके रूप को देखकर हँसा था। इस पर यह बोले 'मोहि का हँसेसि कि कोहरहि?' इनके समय में ही इनके शिष्य फकीर इनके बनाये भावपूर्ण दोहे, चौपाइयाँ गाते फिरते थे। इन्होंने तीन पुस्तकें लिखीं–एक तो प्रसिद्ध 'पद्मावत', दूसरी 'अखरावट', तीसरी 'आखिरी कलाम'। 'अखरावट' में वर्णमाला के एक-एक अक्षर को लेकर सिद्धांत संबंधी तत्त्वों से भरी चौपाइयाँ कही गयी हैं। इस छोटी-सी पुस्तक में ईश्वर, सृष्टि, जीव, ईश्वर प्रेम आदि विषयों पर विचार प्रकट किये गये हैं। 'आखिरी कलाम' में कयामत का वर्णन है। जायसी की अक्षय कीर्ति का आधार है 'पद्मावत' जिनके पढ़ने से यह प्रकट हो जाता है कि जायसी का हृदय कैसा कोमल और 'प्रेम की पीर' से भरा हुआ था। क्या लोकपक्ष में, क्या अध्यात्म पक्ष में, दोनों ओर उसकी गूढता, गंभीरता और सरसता विलक्षण दिखाई देती है।

कबीर ने अपनी झाड़-फटकार के द्वारा हिंदुओं और मुसलमानों के कट्टरपन को दूर करने का जो प्रयास किया वह अधिकतर चिढ़ाने वाला सिद्ध हुआ। अपने नित्य के जीवन में जिस हृदयाभास का अनुभव मनुष्य कभी-कभी किया करता है, उसकी अभिव्यंजना उससे न हुई। कुतबन, जायसी आदि इन प्रेम कहानी के कवियों ने प्रेम का शुद्ध मार्ग दिखाते हुए उन सामान्य जीवन दशाओं को सामने रखा जिनका मनुष्यमात्र के हृदय पर एक-सा प्रभाव दिखाई पड़ता है। हिंदू हृदय और मुसलमान आमने-सामने करके अजनबीपन मिटाने वालों में इन्हीं का नाम लेना पड़ेगा। इन्होंने मुसलमान होकर हिंदुओं की कहानियाँ, हिंदुओं की ही बोली में पूरी सहृदयता से कहकर उनके जीवन की मर्मस्पर्शी अवस्थाओं के साथ अपने उदार हृदय का पूर्ण सामंजस्य दिखा दिया। कबीर ने केवल भिन्न प्रतीत होती हुई परोक्ष सत्ता की एकता का आभास दिया था। प्रत्यक्ष जीवन की एकता का दृश्य सामने रखने की आवश्यकता बनी

थी। यह जायसी द्वारा पूरी हुई।

'पद्मावत' में प्रेमगाथा की परंपरा पूर्ण प्रौढ़ता को प्राप्त मिलती है। यह उस परंपरा में सबसे अधिक प्रसिद्ध ग्रंथ हैं। इसकी कहानियों में भी विशेषता है। इसमें इतिहास और कल्पना का योग है। चित्तौड़ की महारानी पद्मिनी या पद्मावती का इतिहास हिंदू हृदय के मर्म को स्पर्श करने वाला है। जायसी ने यद्यपि इतिहास प्रसिद्ध नायक और नायिका ली है, पर उन्होंने अपनी कहानी का रूप वही रखा है जो कल्पना के उत्कर्ष द्वारा साधारण जनता के हृदय में प्रतिष्ठित था। इस रूप में इस कहानी का पूर्वार्द्ध तो बिलकुल कल्पित है और उत्तरार्द्ध ऐतिहासिक आधार पर है। पद्मावती कथा संक्षेप में इस प्रकार है–

सिंहल द्वीप के राजा गंधर्वसेन की कन्या पद्मावती रूप और गुण में जगत् में अद्वितीय थी। उसके योग्य वर कहीं न मिलता था। उसके पास हीरामन नाम का एक सूआ था जिसका वर्ण सोने के समान था और जो पूरा वाचाल और पंडित था। एक दिन वह पद्मावती से उसके वर न मिलने के विषय में कुछ कह रहा था कि राजा ने सुन लिया और बहुत कोप किया। सूआ राजा के डर से एक दिन उड़ गया। पद्मावती ने सुनकर बहुत विलाप किया।

सूआ वन में उड़ता-उड़ता एक बहेलिया के हाथ में पड़ गया जिसने बाजार में लाकर उसे चित्तौड़ के एक ब्राह्मण के हाथ बेच दिया। उस ब्राह्मण को एक लाख देकर चित्तौड़ के राजा रतनसेन ने उसे ले लिया। धीरे-धीरे रतनसेन उसे बहुत चाहने लगा। एक दिन जब राजा शिकार को गया तब उसकी रानी नागमती ने, जिसे अपने रूप का बड़ा गर्व था आकर सूए से पूछा कि 'संसार में मेरे समान सुंदरी भी कहीं है?' इस पर सूआ हँसा और उसने सिंहल की पद्मिनी का वर्णन करके कहा कि उसमें और तुममें दिन और अँधेरी रात का अंतर है। रानी ने इस भय से कि कहीं यह सूआ राजा से भी पद्मिनी के रूप की प्रशंसा न करे, उसे मारने की आज्ञा दे दी। पर चेरी ने उसे राजा के भय से मारा नहीं, अपने घर छिपा रखा। लौटने पर जब सूए के बिना राजा रतनसेन बहुत व्याकुल और क्रुद्ध हुआ तब सूआ लाया गया और उसने सारी व्यवस्था कह सुनायी। पद्मिनी के रूप का वर्णन सुनकर राजा मूर्च्छित हो गया और अंत में वियोग से व्याकुल होकर उसकी खोज में घर से जोगी होकर निकल पड़ा। उसके आगे-आगे राह दिखाने वाला वही हीरामन सूआ था और साथ में सोलह हजार कुँवर जोगियों के वेश में थे।

कलिंग से जोगियों का यह दल बहुत जहाजों में सवार होकर सिंहल की ओर चला और अनेक कष्ट झेलने के उपरांत सिंहल पहुँचा। वहाँ पहुँचने पर राजा तो शिव के एक मंदिर में जोगियों के साथ बैठकर पद्मावती का ध्यान और जप करने लगा और हीरामन सूए ने जाकर पद्मावती से यह सब हाल कहा। राजा के प्रेम की सत्यता के प्रभाव से पद्मावती प्रेम में विकल हुई। श्रीपंचमी के दिन पद्मावती शिवपूजन के लिए उस मंदिर में गयी, पर राजा उसके रूप को देखते ही मूर्च्छित हो गया, उसका दर्शन अच्छी तरह न कर सका। जागने पर राजा बहुत अधीर हुआ। इस पर पद्मावती ने कहला भेजा कि समय पर तो तुम चूक गये, अब तो इस दुर्गम सिंहलगढ़ पर चढ़ सको तभी मुझे देख सकते हो। शिव से सिद्धि प्राप्त कर राजा रात को जोगियों सहित गढ़ में घुसने लगा, पर सवेरा हो गया और पकड़ा गया। राजा गंधर्वसेन की आज्ञा से रतनसेन को सूली देने ले जा रहे थे कि इतने में सोलह हजार जोगियों ने गढ़ को घेर लिया। महादेव, हनुमान आदि सारे देवता, जोगियों की सहायता के लिए आ गये। गंधर्वसेन

की सारी सेना हार गयी। अंत में जोगियों के बीच शिव को पहचान कर गंधर्वसेन उनके पैरों पर गिर पड़ा और बोला कि 'पद्मावती आपकी है जिसको चाहे दीजिए।' इस प्रकार रतनसेन के साथ पद्मावती का विवाह हो गया और दोनों चित्तौड़गढ आ गये।

रतनसेन की सभा में राघवचेतन नामक एक पंडित था जिसे यक्षिणी सिद्ध थी। और पंडितों को नीचा दिखाने के लिए उसने एक दिन प्रतिपदा को द्वितीया कहकर यक्षिणी के बल से चंद्रमा दिखा दिया। जब राजा को यह कार्रवाई मालूम हुई तब उसने राघवचेतन को देश से निकाल दिया। राघव राजा से बदला लेने और भारी पुरस्कार की आशा से दिल्ली के बादशाह अलाउद्दीन के दरबार में पहुँचा और उसने दान में पाये हुए पद्मावती के कंगन को दिखाकर उसके रूप को संसार के ऊपर बताया। अलाउद्दीन ने पद्मिनी को भेज देने के लिए राजा रतनसेन को पत्र भेजा, जिसे पढ़कर राजा अत्यंत क्रुद्ध हुआ और लड़ाई की तैयारी करने लगा। कई वर्ष तक अलाउद्दीन चित्तौड़ घेरे रहा, पर उसे तोड़ न सका। अंत में उसने छलपूर्वक संधि का प्रस्ताव भेजा। राजा ने उसे स्वीकार करके बादशाह की दावत की। राजा के साथ शतरंज खेलते समय अलाउद्दीन ने पद्मिनी के रूप की एक झलक सामने रखे हुए एक दर्पण में देख पायी, जिसे देखते ही वह मूर्च्छित होकर गिर पड़ा। प्रस्थान के दिन जब राजा बादशाह को बाहरी फाटक तक पहुँचाने गया तब अलाउद्दीन के छिपे हुए सैनिकों द्वारा पकड़ लिया गया और दिल्ली पहुँचाया गया।

पद्मिनी को जब यह समाचार मिला तब वह बहुत व्याकुल हुई, पर तुरंत एक वीर क्षत्राणी के समान अपने पति के उद्धार का उपाय सोचने लगी। गोरा, बादल नामक दो वीर और क्षत्रिय सरदार 700 पालकियों में सशस्त्र सैनिक छिपाकर दिल्ली पहुँचे और बादशाह के पास यह संवाद भेजा कि पद्मिनी अपने पति से थोड़ी देर मिलकर तब आपके हरम में जायेगी। आज्ञा मिलते ही एक ढँकी पालकी राजा की कोठरी के पास रखी गयी और उसमें से एक लोहार ने निकल कर राजा की बेड़ियाँ काट दी। रतनसेन पहले से ही तैयार एक घोड़े पर सवार होकर निकल आये। शाही सेना पीछे आते देखकर वृद्ध गोरा तो कुछ सिपाहियों के साथ उस सेना को रोकता रहा और बादल रतनसेन को लेकर चित्तौड़ पहुँच गया। चित्तौड़ आने पर पद्मिनी ने रतनसेन के कुंभलनेर के राजा देवपाल द्वारा दूती भेजने की बात कही जिसे सुनते ही राजा रतनसेन ने कुंभलनेर को जा घेरा। लड़ाई में देवपाल और रतनसेन दोनों मारे गये।

रतनसेन का शव चित्तौड़ लाया गया। उसकी दोनों रानियाँ नागमती और पद्मावती हँसते-हँसते पति के शव के साथ चिता में बैठ गयीं। पीछे जब सेना सहित अलाउद्दीन चित्तौड़ पहुँचा तब वहाँ राख के ढेर के सिवा कुछ न मिला।

जैसा कि कहा जा चुका है प्रेमगाथा की परंपरा में पद्मावत सबसे प्रौढ़ और सरस हैं। प्रेममार्गी सूफी कवियों की ओर कथाओं से इस कथा में यह विशेषता है कि इसके ब्योरों से भी साधना के मार्ग, उसी कठिनाइयों और सिद्धि के स्वरूप आदि की जगह-जगह व्यंजना होती है, जैसा कि कवि ने स्वयं ग्रंथ की समाप्ति पर कहा है–

तन चितउर मन राज कीन्हा। हिय सिंघल, बुधि पदमिनि चीन्हा।।
गुरु सुआ जेइ पंथ देखावा। बिनु गुरु जगत को निरगुन पावा।।
नागमती यह दुनिया धंधा। बाँचा सोइ न एहि चित बंधा।।
राघव दूत सोई सैतानू। माया अलाउदी सुलतानू।।

यद्यपि पद्मावत की रचना संस्कृत प्रबंधकाव्यों की सर्गबद्ध पद्धति पर नहीं है, फारसी की मसनवी शैली पर है, पर श्रृंगार, वीर आदि के वर्णन चली आती हुई भारतीय काव्यपरंपरा के अनुसार ही है। इसका पूर्वार्द्ध तो एकांत प्रेममार्गी का ही आभास देता है, पर उत्तरार्द्ध में लोकपक्ष का भी विधान है। पदिमनी के रूप का जो वर्णन जायसी ने किया है वह पाठक को सौंदर्य की लोकोत्तर भावना में मग्न करने वाला है। अनेक प्रकार के अलंकारों की योजना उसमें पायी जाती है। कुछ पद्य देखिए–

सरवर तीर पदमिनी आई। खोंपा छोरि केस मुकलाई॥
ससि मुख, अंग मलयगिरि बासा। नागिन झाँपि लीन्ह चहुँ पासा॥
ओनई घटा परी जग छाँहा। ससि के सरन लीन्ह जनु रहा॥
भूलि चकोर दीठि मुख लावा। मेघ घटा महँ चंद देखावा॥

पद्मिनी के रूप के वर्णन में जायसी ने कहीं-कहीं उस अनंत सौंदर्य की ओर जिसके विरह में यह सारी सृष्टि व्याकुल-सी है, बड़े सुंदर संकेत किये हैं–

बरुनी का बरनौं इमि बनी। साधे दान जानु दुइ अनी॥
उन बानन्ह अस को जो न मारा। बेधि रहा सगरौ संसारा॥
गगन रखता जो जाहिं न गने। वे सब बान ओहि कै हने॥
धरती बान बेधि सब राखी। साखी ठाढ़ देहिं सब साखी॥
रोवँ-रोवँ मानुष तन ठाढ़े। सूतहि सूत बेध अस गाढ़े॥
बरुनि बान अस ओपहँ, बेधे रन बन ढाख॥
सौजहिं तन सब रोवाँ, पंखिहि तन सब पाँख॥

इसी प्रकार योगी रतनसेन के कठिन मार्ग के वर्णन में साधक के मार्ग के विघ्नों (काम, क्रोध आदि विकारों) की व्यंजना की है–

ओहि मिलान जौ पहुँचे कोई। तब हम कहब पुरुष भल होई॥
है आगे परबत कै बाटा। विषम पहार अगम सुठि घाटा॥
बिच-बिच नदी खोह औ नारा। ठाँवहि ठाँव बैठ बटपारा॥

उसमान– ये जहाँगीर के समय में वर्तमान थे और गाजीपुर के रहने वाले थे। इनके पिता का नाम शेख हुसैन था और ये पाँच भाई थे। और चारों भाइयों के नाम थे–शेख अजीज, शेख मानुल्लाह, शेख फैजुल्लाह, शेख हसन। इन्होंने अपना उपनाम 'मान' लिखा है। ये शाह निजामुद्दीन चिश्ती की शिष्य परंपरा में हाजी बाबा के शिष्य थे। उसमान ने सन् 1022 हिजरी अर्थात् 1613 ईस्वी में 'चित्रावली' नाम की पुस्तक लिखी। पुस्तक के आरंभ में कवि ने स्तुति के उपरांत पैगंबर और चार खलीफों की बादशाह (जहाँगीर) की तथा शाह निजामुद्दीन और हाजी बाबा की प्रशंसा लिखी है। उसके आगे गाजीपुर नगर का वर्णन करके कवि ने अपना परिचय देते हुए लिखा है कि–

आदि हुता विधि माथे लिखा। अच्छर चारि पढ़ै हम सिखा।
देखत जगत चला सब जाई। एक बचन पै अमर रहाई॥
बचन समान सुधा जग नाहीं। जेहि पाए कवि अमर रहाहीं।
मोहूँ चाउ उठा पुनि हीए। होउँ अमर यह अमरित पीए॥

कवि ने 'योगी ढूँढ़न खंड' में काबुल, बदख्शाँ, खुरासान, रूस साम, मिस्र, इस्तंबोल,

गुजरात, सिंहलद्वीप आदि अनेक देशों का उल्लेख किया है। सबसे विलक्षण बात है जोगियों का अँगरेजों के द्वीप में पहुँचना–

बलंदीप देखा अँगरेजा। तहाँ जाइ जेहि कठिन करेजा॥
ऊँच-नीच धन संपत्ति हेरा। मद बराह भोजन जिन्ह केरा॥

कवि ने इस रचना में जायसी का पूरा अनुकरण किया है। जो-जो विषय जायसी ने अपनी पुस्तक में रखे हैं उन विषयों पर उसमान ने भी कुछ कहा है। कहीं-कहीं तो शब्द और वाक्यविन्यास भी वही हैं। पर विशेषता यह है कि कहानी बिलकुल कवि की कल्पित है, जैसा कि कवि ने स्वयं कहा है–

कथा एक मैं हिए उपाई। कहत मीठ और सुनत सोहाई॥

कथा का सारांश यह है–

नेपाल के राजा धरनीधर पँवार ने पुत्र के लिए कठिन व्रत पालन करके शिव-पार्वती के प्रसाद से 'सुजान' नामक एक पुत्र प्राप्त किया। सुजान कुमार एक दिन शिकार में मार्ग भूल, देव (प्रेत) की मढ़ी में जा सोया। देव ने आकर उसकी रक्षा स्वीकार की। एक दिन वह देव अपने एक साथी के साथ रूपनगर की राजकुमारी चित्रावली की वर्षगाँठ का उत्सव देखने के लिए गया और अपने साथ सुजान कुमार को भी लेता गया। और कोई उपयुक्त स्थान न देख देवों ने राजकुमार को राजकुमारी की चित्रसारी में ले जाकर रखा और आप उत्सव देखने लगे। कुमार राजकुमारी का चित्र टँगा देख उस पर आसक्त हो गया और अपना भी एक चित्र बनाकर उसी की बगल टाँग कर सो रहा। देव लोग उसे उठा कर फिर उसी मढ़ी में रख आये। जागने पर कुमार को चित्रावली घटना स्वप्न-सी मालूम हुई, पर हाथ में रंग लगा देख उसके मन में घटना के सत्य होने का निश्चय हुआ और वह चित्रावली के प्रेम में विकल हो गया। इसी बीच में उसके पिता के आदमी आकर उसको राजधानी में ले गये। पर वहाँ वह अत्यंत खिन्न और व्याकुल रहा। अंत में अपने सहपाठी सुबुद्धि नामक एक ब्राह्मण के साथ वह फिर उसी मढ़ी में गया और वहाँ बड़ा भारी अन्न सत्र खोल दिया।

राजकुमारी चित्रावली भी उसका चित्र देख प्रेम विह्वल हुई और उसने अपने नपुंसक भृत्यों को, जोगियों के वेश में राजकुमार का पता लगाने के लिए भेजा। इधर एक कुटिचर ने राजकुमारी की माँ हीरा से चुगली की और कुमार का यह चित्र धो डाला गया। कुमारी ने जब यह सुना तब उसने कुटीचर का सिर मुँड़कर उसे निकाल दिया। कुमारी के भेजे हुए ज़ोगियों में से एक सुजान कुमार उस अन्नसत्र तक पहुँचा और राजकुमार को अपने साथ रूपनगर ले आया। वहाँ एक शिवमंदिर में उसका कुमारी के साथ साक्षात्कार हुआ। पर ठीक इसी अवसर पर कुटीचर ने राजकुमार को अंधा कर दिया और एक गुफा में डाल दिया जहाँ उसे एक अजगर निगल गया। पर उसके विरह की ज्वाला से घबराकर उसने उसे चट उगल दिया। वहीं पर एक वनमानुष ने उसे एक अंजन दिया जिससे उसकी दृष्टि फिर ज्यों की त्यों हो गयी। वह जंगल में घूम रहा था कि उसे एक हाथी ने पकड़ा। पर उस हाथी को एक पक्षिराज ले उड़ा और उसने घबराकर कुमार को समुद्र तट पर गिरा दिया। वहाँ से घूमता-फिरता कुमार सागर गढ़ नामक नगर में पहुचा और राजकुमारी कँवलावती की फुलवारी में विश्राम करने लगा। राजकुमारी जब सखियों के साथ वहाँ आयी तब उसे देख मोहित हो गयी और उसने उसे अपने यहाँ भोजन के लिए बुलवाया। भोजन में अपना हार रखवाकर कुमारी ने चोरी के

अपराध में उसे कैद कर लिया। इस बीच सोहिल नाम का कोई राजा कँवलावती के रूप की प्रशंसा सुन उसे प्राप्त करने के लिए चढ़ आया। सुजान कुमार ने उसे मार भगाया। अंत में सुजान कुमार के कँवलावती से चित्रावली के न मिलने तक समागम न करने की प्रतिज्ञा कर के विवाह कर लिया। कँवलावती को लेकर कुमार गिरनार की यात्रा के लिए गया।

इधर चि़त्रावली के भेजे एक जोगी दूत ने गिरनार में उसे पहचाना और चट चित्रावली को जाकर संवाद दिया। चित्रावली का पत्र लेकर वह दूत फिर लौटा और सागरगढ़ में धुनी लगाकर बैठा। कुमार सुजान उस जोगी की सिद्धि सुन उसके पास आया और उसे जानकर उसके साथ रूपनगर गया। इसी बीच वहाँ पर सागरगढ़ के एक कथक ने चित्रावली के पिता की सभा में जाकर सोहिल राजा के युद्ध के गीत सुनाये, जिन्हें सुन राजा को चित्रावली के विवाह की चिंता हुई। राजा ने चार चित्रकारों को भिन्न-भिन्न देशों में राजकुमारों के चित्र लाने को भेजा। इधर चित्रावली का भेजा हुआ वह जोगी दूत सुजान कुमार को एक जगह बैठाकर उसके आने का समाचार कुमारी को देने आ रहा था। एक दासी ने वह समाचार द्वेषवश रानी से कह दिया और वह दूत मार्ग ही में कैद कर लिया गया। दूत के न लौटने पर सुजान कुमार बहुत व्याकुल हुआ और चित्रावली का नाम ले-लेकर पुकारने लगा। राजा ने मारने के लिए मतवाला हाथी छोड़ा, पर उसने उसे मार डाला। इस पर राजा उस पर चढ़ाई करने जा रहा था कि इतने में भेजे हुए चार चित्रकारों में से एक चित्रकार सागरगढ़ से सोहिल के मारने वाले राजकुमार का चित्र लेकर आ पहुँचा। राजा ने जब देखा कि चित्रावली का प्रेमी वही सुजान कुमार हैं। तब उसने अपनी कन्या चित्रावली के साथ उसका विवाह कर दिया।

कुछ दिनों सागरगढ़ की कँवलावती ने विरह से व्याकुल होकर सुजानकुमार के पास हंस मिश्र को दूत बनाकर भेजा जिसने भ्रमर की अन्योक्ति द्वारा कुमार को कँवलावती के प्रेम का स्मरण कराया। इस पर सुजानकुमार ने चित्रावली को लेकर स्वेदश की ओर प्रस्थान किया और मार्ग में कँवलावती को भी साथ ले लिया। मार्ग में कवि ने समुद्र के तूफान का वर्णन किया हैं। अंत में राजकुमार अपने घर नेपाल पहुँचा और उसने वहाँ दोनों रानियों सहित बहुत दिनों तक राज्य किया।

जैसा कि कहा जा चुका है, उसमान ने जायसी का पूरा अनुकरण किया हैं। जायसी के पहले के कवियों ने पाँच-पाँच चौपाइयों (अर्द्धालियों) के पीछे एक दोहा रखा है, पर जायसी ने सात चौपाइयों का क्रम रखा और यही क्रम उसमान ने भी रखा है। कहने की आवश्यकता नहीं, इस कहानी की रचना भी बहुत कुछ आध्यात्मिक दृष्टि से हुई है। कवि ने सुजान कुमार को एक साधक के रूप में चित्रित ही नहीं किया है, बल्कि पौराणिक शैली का अवलंबन करके उसने उसे परम योगी शिव के अंश से उत्पन्न तक कहा है। महादेव जी राजा धरनीधर पर प्रसन्न होकर वर देते हैं कि-

देखु देत हौं आपन अंसा। अब तोरे होइहौं निज बंसा॥

कँवलावती और चित्रावली अविधा और विद्दा के रूप में कल्पित जान पड़ती हैं। सुजान का अर्थ ज्ञानवान् है। साधनकाल में अविद्या को बिना रखे विद्या (सत्यज्ञान) की प्राप्ति नहीं हो सकती। इसी से सुजान ने चित्रावली के प्राप्त न होने तक कँवलावती के साथ समागम न करने की प्रतिज्ञा की थी। जायसी की ही पद्धति पर नगर, सरोवर, यात्रा, दान महिमा आदि का वर्णन चित्रावली में भी है। सरोवर क्रीड़ा के वर्णन में एक दूसरे ढंग से कवि ने 'ईश्वर

की प्राप्ति' की साधना की ओर संकेत किया हैं। चित्रावली सरोवर गहरे जल में यह कह कर छिप जाती है कि मुझे जो ढूँढ़ ले उसकी जीत समझी जाएगी। सखियाँ ढूँढ़ती हैं और नहीं पाती हैं–

सरवर ढूँढ़ि सबै पचि रहीं। चित्रिनि खोज न पावा कहीं।।
निकसीं तीर भई बैरागी। धरे ध्यान सुख बिनवै लागी।।
गुपुत तोहिं पावहिं का जानी। परगट महँ जो रहै छपानी।।
चतुरानन पढ़ि चारौ बेदू। रहा खोजि पै पाव न भेदू।।
हम अंधी जेहि आप न सूझा। भेद तुम्हार कहाँ लौं बूझा।।
कौन सो ठाउँ जहाँ तुम नाहीं। हम चख जोति न देखहिं काहीं।।
खोज तुम्हार सो, जेहि दिखरावहु पंथ।
कहा होइ जोगी भए, और बहु पढ़े ग्रंथ।।

विरह वर्णन के अंतर्गत षट्ऋतु का वर्णन सरस और मनोहर है–

ऋतु बसंत नौतन बन फूला। जहँ-जहँ भौंर कुसुम रँग भूला।।
आहि कहाँ सो भँवर हमारा। जेहि बिनु बसत बसंत उजारा।।
रात बरन पुनि देखि न जाई। मानहुँ दवा देहुँ दिसि लाई।।
रतिपति दुरद ऋतुपती बली। कानन देह आइ दलमली।।

शेख नबी : ये जौनपुर जिले में दोसपुर के पास मऊ नामक स्थान के रहने वाले थे और संवत् 1676 में जहाँगीर के समय में वर्तमान थे। इन्होंने 'ज्ञानदीप' नामक एक आख्यान काव्य लिखा, जिसमें राजा ज्ञानदीप और रानी देवजानी की कथा है।

यहीं प्रेममार्गी सूफी कवियों की प्रचुरता की समाप्ति समझनी चाहिए। पर जैसा कहा जा चुका है, काव्यक्षेत्र में जब कोई परंपरा चल पड़ती है तब उसके प्राचुर्य काल के पीछे भी कुछ दिनों तक समय-समय पर उस शैली की रचनाएँ थोड़ी-बहुत होती रहती हैं, पर उनके बीच कालांतर भी अधिक रहता है, और जनता पर उनका प्रभाव भी वैसा नहीं रह जाता। अत: शेखनबी से प्रेमगाथा परंपरा समाप्त समझना चाहिए। 'ज्ञानदीप' के उपरांत सूफियों की पद्धति पर जो कहानियाँ लिखी गयीं उनका संक्षिप्त उल्लेख आगे किया जाता है।

कासिमशाह : ये दरियाबाद (बाराबंकी) के रहने वाले थे और संवत् 1788 के लगभग वर्तमान थे। इन्होंने 'हंस जवाहिर' नाम की कहानी लिखी, जिसमें राजा हंस और रानी जवाहिर की कथा है।

फारसी अक्षरों में छपी (नामी प्रेस, लखनऊ) इस पुस्तक की एक प्रति हमारे पास है। उसमें कवि ने शाहेवक्त का इस प्रकार उल्लेख करके–

मुहमदसाह दिल्ली सुलतानू। का मन गुन ओहि केर बखानू।।
छाजै पाट छत्र सिर ताजू। नावहिं सीस जगत के राजू।।
रूपवंत दरसन मुँह राता। भागवंत ओहि कीन्ह बिधाता।।
दरबवंत धरम महँ पूरा। ज्ञानवंत खड्ग महँ सूरा।।

अपना परिचय इन शब्दों में दिया है–

दरियाबाद माँझ मम ठाऊँ। अमानउल्ला पिता कर नाऊँ।।
तहवाँ मोहिं जनम बिधि दीन्हा। कासिम नाँव जाति कर हीना।।

तेहूँ बीच विधि कीन्ह कमीना। ऊँच सभा बैठे चित दीना॥
ऊँच संग ऊँच मन भावा। तब भा ऊँच ज्ञान बुधि पावा॥
ऊँच पंथ प्रेम का होई। तेहि महँ ऊँच भए सब कोई॥

कथा का सार कवि ने यह दिया है–

कथा जो एक गुपुत महँ रहा। सो परगट उघारि मैं कहा॥
हंस जवाहिर विधि औतारा। निरमल रूप सो दई सवारा॥
बलख नगर बुरहान सुलतानू। तेहि घर हंस भए जस भानू॥
आलमशाह चीनपति भारी। तेहि घर जनमी जवाहिर बारी॥
तेहि कारन वह भएउ वियोगी। गएउ सो छाँड़ि देस होइ जोगी॥
अंत जवाहिर हंस घर आनी। सो जग महँ यह गयउ बखानी॥
सो सुनि ज्ञान कथस मैं कीन्हा। लिखेउँ सो प्रेम रहै जग चीन्हा॥

इनकी रचना बहुत निम्न कोटि की है। इन्होंने जगह-जगह जायसी की पदावली तक ली है, पर प्रौढ़ता नहीं है।

नूर मुहम्मद–ये दिल्ली के बादशाह मुहम्मद शाह के समय में थे और 'सबरहद' नामक स्थान के रहने वाले थे जो जौनपुर, आजमगढ़ की सरहद पर है। पीछे सबरहद से ये अपनी ससुराल भादों (जिला-आजमगढ़) चले गये। इनके श्वसुर शमसुद्दीन को और कोई वारिस न था इससे वे ससुराल ही में रहने लगे। नूर मुहम्मद के भाई मुहम्मद शाह सबरहद ही में रहे। नूर मुहम्मद के दो पुत्र हुए-गुलाम हुसैन और नसरुद्दीन। नसरुद्दीन की वंश परंपरा में शेख फिदाहुसैन अभी वर्तमान हैं। जो सबरहद और कभी-कभी भादों में भी रहा करते हैं। अवस्था इनकी 80 वर्ष की है।

नूर मुहम्मद फारसी के अच्छे आलिम थे और इनका हिंदी काव्यभाषा का भी ज्ञान और सब सूफी कवियों से अधिक था। फारसी में इन्होंने एक दीवान के अतिरिक्त 'रौजतुल हकायक' इत्यादि बहुत-सी किताबें लिखी थीं जो असावधानी के कारण नष्ट हो गयीं। इन्होंने 1157 हिजरी (संवत् 1801) में 'इंद्रावती' नामक एक सुंदर आख्यान काव्य लिखा जिसमें कालिंजर के राजकुमार राजकुँवर और आगमपुर की राजकुमारी इंद्रावती की प्रेम कहानी हैं। कवि ने प्रथानुसार उस समय के शासक मुहम्मदशाह की प्रशंसा इस प्रकार की है–

करौं मुहम्मदशाह बखानू। सूरज है देहली सुलतानू॥
धरमपंथ जग बीच चलावा। निबर न सबरे सों दुख पावा॥
बहुतै सलातीन जग केरे। आइ सहास बने हैं चेरे॥
सब काहू पर दाया धरई। धरम सहित सुलतानी करई॥

कवि ने अपनी कहानी की भूमिका इस प्रकार बाँधी है–

मन दृग सों इक राति मझारा। सूझि परा मोहिं सब संसारा॥
देखेउँ एक नीक फुलवारी। देखेउँ तहाँ पुरुष और नारी॥
दोउ मुख सोभा बरनि न जाई। चंद सुरुज उतरे भुइँ आई॥
तपी एक देखेउँ तेहि ठाऊँ। पूछेउँ तासौं तिन्हकर नाऊँ॥
कहा अहै राजा औ रानी। इंद्रावति और कुँवर गियानी॥
आगमपुर इंद्रावती कुँवर कलिंजर रास॥

प्रेम हुँते दोउन्ह कहँ, दीन्हा अलख मिलाय॥

कवि ने जायसी के पहले के कवियों के अनुसार पाँच-पाँच चौपाइयों के उपरांत दोहे का क्रम रखा है। इसी ग्रंथ को सूफी पद्धति का अंतिम ग्रंथ मानना चाहिए।

इनका एक और ग्रंथ फारसी अक्षरों लिखा मिला है, जिसका नाम है 'अनुराग बाँसुरी'। यह पुस्तक कई दृष्टियों से विलक्षण है। पहली बात इसकी भाषा सूफी रचनाओं से बहुत अधिक संस्कृतगर्भित है। दूसरी बात है हिंदी भाषा के प्रति मुसलमानों का भाव। 'इंद्रावती' की रचना करने पर शायद नूर मुहम्मद को समय-समय पर यह उपालंभ सुनने को मिलता था कि तुम मुसलमान होकर हिंदी भाषा में रचना करने क्यों गये। इसी से 'अनुराग बाँसुरी' के आरंभ में उन्हें यह सफाई देने की जरूरत पड़ी–

जानत है वह सिरजनहारा। जो किछु है मन मरम हमारा॥
हिंदू मग पर पाँव न राखेउँ। का जौ बहुतै हिंदी भाखेउ॥
मन इसलाम मिरिकलैं माँजेउँ। दीन जैंवरी करकस भाँजेउँ॥
जहँ रसूल अल्लाह पियारा। उम्मत को मुक्तावन हारा॥
तहाँ दूसरो कैसे भावै। जच्छ असुर सुर काग न आवै॥

इसका तात्पर्य यह कि संवत् 1800 तक आते-आते मुसलमान हिंदी से किनारा खींचने लगे थे। हिंदी हिंदुओं के लिए छोड़कर अपने लिखने-पड़ने की भाषा वे विदेशी अर्थात् फारसी ही रखना चाहते थे जिसे 'उर्दू' कहते हैं, उसका उस समय तक साहित्य में कोई स्थान न था, इसका स्पष्ट आभास नूर मुहम्मद के इस कथन से मिलता है–

कामयाब कह कौन जगावा। फिर हिंदी भाखै पर आवा॥
छाँड़ि पारसी कंद नवातैं। अरुझाना हिंदी रस बातैं॥

'अनुराग बाँसुरी' का रचनाकाल 1178 हिजरी अर्थात् 1821 है। कवि ने इसकी रचना अधिक पांडित्यपूर्ण रखने का प्रयत्न किया है और विषय भी इसका तत्त्वज्ञान संबंधी है। शरीर, जीवात्मा और मनोवृत्तियों को लेकर पूरा अध्यवसितरूपक (एलेगरी) खड़ा करके कहानी बाँधी है। और सब सूफी कवियों की कहनियों के बीच में दूसरा पक्ष व्यंजित होता है। पर यह सारी कहानी और सारे पात्र ही रूपक हैं। एक विशेषता और है। चौपाइयों के बीच-बीच में इन्होंने दोहे न लिखकर बरवै रखे हैं। प्रयोग भी ऐसे संस्कृत शब्दों के हैं जो और सूफी कवियों में नहीं आये हैं। काव्यभाषा के अधिक निकट होने के कारण भाषा में कहीं-कहीं ब्रजभाषा के शब्द और प्रयोग भी पोय जाते हैं। रचना का थोड़ा-सा नमूना नीचे दिया जाता है–

नगर एक मूरति पुर नाऊँ। राजा जीव रहै तेहि ठाऊँ॥
का बरनौं बह नगर सुहावन। नगर सुहावन सब मन भावन॥
इहै सरीर सुहावन मूरतिपुर।
इहै जीव राजा, जिव जाहु न दूर॥
तनुज एक राजा के रहा। अंतःकरन नाम सब कहा॥
सौम्यसील सुकुमार सयाना। सो सावित्री स्वांत समाना॥
सरल सरनि जौ सो पग धरै। नगर लोग सूधै पग परै॥
बक्र पंथ जो राखै पाऊ बहै अध्व सब होइ बटाऊ॥
रहे सँघाती ताके पत्तन ठावँ।

एक संकल्प, विकल्प सो दूसर नावँ॥

बुद्धि चित्त दुइ सखा सरेखै। जगत बीच गुन अवगुन देखै।
अंतःकरन पास नित आवैं। इरसन देखि महासुख पावैं॥
अहंकार तेहि तीसर सखा निरंत्र।
रहेउ चारि के अंतर नैसुक अंत्र॥
अंतःकरन सदन एक रानी। महामोहनी नाम सयानी॥
बरनि न पारौं सुंदरताई। सकल सुंदरी देखि लजाई॥
सर्वमंगला देखि असीसै। चाहै लोचन मध्य बईसै॥
कुंतल झारत फाँदा डारै। लख चितवन सों चपला मारै।
अपने मंजु रूप वह दारा। रूपगर्विता जगत मँझारा॥
प्रीतम प्रेम पाइ वह नारी। प्रेमगर्विता भई पियारी॥
सदा न रूप रहत है अंत नसाइ।
प्रेम, रूप के नासहिं तें घटि जाई॥

जैसा कि कहा जा चुका कि नूर मुहम्मद को हिंदी भाषा में कविता करने के कारण जगह-जगह इसका सबूत देना पड़ा है कि वे इसलाम के पक्के अनुयायी थे। अतः वे अपने इस ग्रंथ की प्रशंसा इस ढंग से करते हैं-

यह बाँसुरी सुनै सो कोई। हिरदय स्रोत खुला जेहि होई॥
निसरत नाद बारुनी साथा। सुनि सुधि चेत रहे केहि हाथा॥
सुनतै जौ यह सबद मनोहर। होत अचेत कृष्ण मुरलीधर॥
यह मुहम्मदी जन की बोली। जामैं कंद नबातैं घोली॥
बहुत देवता को चित हरै। बहु मूरति औंधी होइ परै॥
बहुत देवहरा ढाहि गिरावै। संखनाद की रीति मिटावै॥
जहँ इसलामी मुख सों निसरी बात।
तहाँ सकल सुख मंगल, कष्ट नसात॥

सूफी आख्यानकाव्यों की अखंडित परंपरा की यहीं समाप्ति मानी जा सकती है। इस परंपरा में मुसलमान कवि हुए हैं। केवल एक हिंदू मिला है। सूफी मत के अनुयायी सूरदास नामक एक पंजाबी हिंदू ने शाहजहाँ के समय में 'नल-दमयंती कथा' नाम की एक कहानी लिखी थी, पर इसकी रचना अत्यंत निकृष्ट है।

साहित्य की कोई अखंड परंपरा समाप्त होने पर कुछ दिन तक परंपरा की कुछ रचनाएँ इधर-उधर होती रहती हैं। इस ढंग की पिछली रचनाओं में 'चतुर्मुकुट की कथा' और 'यूसुफ जुलेखा' उल्लेख योग्य हैं।

प्रकरण-4 : सगुणधारा

रामभक्ति शाखा

जगत्प्रसिद्ध स्वामी शंकराचार्य जी ने जिस अद्वैतवाद का निरूपण किया था, वह भक्ति के सन्निवेश के उपयुक्त न था। यद्यपि उसमें ब्रह्म की व्यावहारिक सगुण सत्ता का भी स्वीकार था, पर भक्ति के सम्यक् प्रसार के लिए जैसे दृढ़ आधार की आवश्यकता थी वैसा दृढ़ आधार स्वामी रामानुजाचार्य जी (संवत् 1073) ने खड़ा किया। उनके विशिष्टाद्वैतवाद के अनुसार चिदचिद्विशिष्ट ब्रह्म के ही अंश जगत् के सारे प्राणी हैं जो उसी से उत्पन्न होते हैं और उसी में लीन होते हैं। अतः इन जीवों के लिए उद्धार का मार्ग यही है कि ये भक्ति द्वारा उस अंशी का समीप्य लाभ करने का प्रयत्न करें। रामानुजजी की शिष्य परंपरा देश में बराबर फैलती गयी और जनता भक्ति मार्ग की ओर अधिक आकर्षित होती रही। रामानुज जी के श्री संप्रदाय में विष्णु या नारायण की उपासना हैं। इस संप्रदाय में अनेक साधु-महात्मा बराबर होते गये।

विक्रम की चौदहवीं शताब्दी के अंत में वैष्णव श्री संप्रदाय के प्रधान आचार्य श्री राघवानंदजी काशी में रहते थे। अपनी अधिक अवस्था होते देख वे बराबर इस चिंता में रहा करते थे कि मेरे उपरांत संप्रदाय के सिद्धांतों की रक्षा किस प्रकार हो सकेगी। अंत में राघवानंद जी की दीक्षा प्रदान कर निश्चिन्त हुए और थोड़े दिनों में परलोकवासी हुए। कहते हैं कि रामानंद जी ने भारतवर्ष का पर्यटन करके अपने संप्रदाय का प्रचार किया।

स्वामी रामानंद जी के समय में कहीं कोई लेख न मिलने से हमें उसके निश्चय के लिए कुछ आनुषंगिक बातों का सहारा लेना पड़ता हैं। वैरागियों की परंपरा में रामानंद जी का मानिकपुर के शेख तकी पीर के साथ वाद-विवाद होना माना जाता है। ये शेख तकी दिल्ली के बादशाह सिकंदर लोदी के समय में थे। कुछ लोगों का मत है कि ये सिकंदर लोदी के पीर (गुरु) थे और उन्हीं के कहने से उसने कबीर साहब को जंजीर से बाँधकर गंगा में डुबाया था। कबीर के शिष्य धर्मदास ने भी इस घटना का उल्लेख इस प्रकार किया है–

साह सिकंदर जल में बोरे, बहुरि अग्नि परजारे।
मैमत हाथी आनि झुकाये, सिंहरूप दिखराये॥
निरगुन कथैं, अभयपद गावैं, जीवन को समझाये।
काजी पंडित सबै हराए, पार कोउ नहिं पाये॥

शेख तकी और कबीर के संवाद प्रसिद्ध ही हैं। इससे सिद्ध होता है कि रामानंद जी दिल्ली के बादशाह सिकंदर लोदी के समय में वर्तमान थे। सिकंदर लोदी संवत् 1546 से संवत् 1574 तक गद्दी पर रहा। अतः इन 28 वर्षों के काल विस्तार के भीतर-चाहे आरंभ की ओर, चाहे अंत की ओर-रामानंद जी का वर्तमान रहना ठहरता है।

कबीर के समान सेन भगत भी रामानंद जी के शिष्यों में प्रसिद्ध हैं। ये सेन भगत बाँधवगढ़ नरेश के नाई थे और उनकी सेवा किया करते थे। ये कौन बाँधवगढ़ नरेश थे, इसका पता 'भक्तमाल रामरसिकावली' में रीवाँ नरेश महाराज रघुराज सिंह ने दिया है–

बाँधवगढ़ पूरब जो गायो। सेन नाम नापित तहँ जायो।।
ताकी रहै सदा यह रीती। करत रहै साधुन सों प्रीती।।
तहँ को राजा राम बघेला। बरन्यो तेहि कबीर को चेला।।
करै सदा तिनकी सेवकाई। मुकर दिखावै तेल लगाई।।

रीवाँ राज्य के इतिहास में राजा राम या रामचंद्र का समय संवत् 1611 से 1648 तक माना जाता है। रामानंद जी से दीक्षा लेने के उपरांत ही सेन पक्के भगत हुए होंगे। पक्के भगत हो जाने पर ही उनके लिए भगवान् के नाई का रूप धरने वाली बात प्रसिद्ध हुई होगी। उक्त चमत्कार के समय वे राजसेवा में थे। अतः राजा रामचंद्र से अधिक-से-अधिक 30 वर्ष पहले यदि उन्होंने दीक्षा ली हो तो संवत् 1575 या 1580 तक रामानंद जी का वर्तमान रहना ठहरता है। इस दशा में स्थूल रूप से उनका समय विक्रम की 15वीं शती के चतुर्थ और 16वीं के शती के तृतीय चरण के भीतर माना जा सकता है।

'श्री रामार्चन पद्धति' में रामानंद जी ने अपनी पूरी गुरुपरंपरा दी है। उसके अनुसार रामानुजाचार्य जी रामानंद जी से 14 पीढ़ी ऊपर थे। रामानुजाचार्य का परलोकवास संवत् 1194 में हुआ। अब 14 पीढ़ियों के लिए यदि हम 300 वर्ष रखें तो रामानंद जी का समय प्रायः वही आता है जो ऊपर दिया गया है। रामानंद जी का और कोई वृत्त ज्ञात नहीं।

तत्त्वतः रामानुजाचार्य जी के मतावलंबी होने पर भी अपनी उपासनापद्धति का उन्होंने विशेष रूप रखा। उन्होंने उपासना के लिए बैकुंठ निवासी विष्णु का स्वरूप न लेकर लोक में लीला विस्तार करने वाले उनके अवतार राम का आश्रय लिया। इनके इष्टदेव राम हुए और मूलमंत्र हुआ राम नाम। पर इससे यह नहीं समझना चाहिए कि इनके पूर्व देश में रामोपासना भक्त होते ही न थे। रामानुजाचार्य जी ने जिस सिद्धांत का प्रतिपादन किया उसके प्रवर्तक शठकोपाचार्य उनसे 5 पीढ़ी पहले हुए हैं। उन्होंने अपनी 'सहस्रगीति' में कहा है–'दशरथस्य सुतं तं बिना अन्यशरणवान्नास्मि'। श्री रामानुज के पीछे उनके शिष्य कुरेश स्वामी हुए जिनकी 'पंचस्तवी' में राम की विशेष भक्ति स्पष्ट झलकती है। रामानंद जी ने केवल यह किया कि विष्णु के अन्य रूपों में 'रामरूप' को ही लोक के लिए अधिक कल्याणकारी समझ छाँट लिया और एक सबल संप्रदाय का संगठन किया। इसके साथ-ही साथ उन्होंने उदारतापूर्वक मनुष्य मात्र को इस सुलभ सगुणभक्ति का अधिकारी माना और देशभेद, वर्णभेद, जातिभेद आदि का विचार भक्ति मार्ग से दूर रखा। यह बात उन्होंने सिद्धों या नाथपंथियों की देखादेखी नहीं की, बल्कि भगवद्-भक्ति के संबंध में महाभारत, पुराण आदि के कथित सिद्धांत के अनुसार की। रामानुज संप्रदाय में दीक्षा केवल द्विजातियों को दी जाती थी, पर स्वामी रामानंद ने रामभक्ति के द्वारा सब जातियों के लिए खोल दिया और एक उत्साही विरक्त दल का संगठन किया, जो आज भी 'वैरागी' के नाम से प्रसिद्ध है। अयोध्या, चित्रकूट आदि आज भी वैरागियों के मुख्य स्थान है।

भक्तिमार्ग में इनकी उदारता का अभिप्राय यह कदापि नहीं है–जैसा कि कुछ लोग समझा और कहा करते हैं–कि रामानंद जी वर्णश्रम के विरोधी थे। समाज के लिए वर्ण और आश्रय की व्यवस्था मानते हुए वे भिन्न-भिन्न कर्तव्यों की योजना स्वीकार करते थे। केवल

उपासना के क्षेत्र में उन्होंने सबका समान अधिकार स्वीकार किया। भगवद्भक्ति में वे किसी भेदभाव को आश्रय नहीं देते थे। कर्म के क्षेत्र में शास्त्रमर्यादा इन्हें मान्य थी, पर उपासना के क्षेत्र में किसी प्रकार का लौकिक प्रतिबंध ये नहीं मानते थे। सब जाति के लोगों को एकत्र कर रामभक्ति का उपदेश ये करने लगे और राम नाम की महिमा सुनाने लगे।

रामानंद जी के ये शिष्य प्रसिद्ध हैं–कबीरदास, रैदास, सेन नाई और गाँगरौन गढ़ के राजा पीपा, जो विरक्त होकर पक्के भक्त हुए।

रामानंद जी के रचे हुए केवल दो संस्कृत के ग्रंथ मिलते हैं–वैष्णवमताब्ज भास्कर और श्री रामार्चन पद्धति। और कोई ग्रंथ इनका आज तक नहीं मिला है।

इधर सांप्रदायिक झगड़े के कारण कुछ नये ग्रंथ रचे जाकर रामानंद जी के नाम से प्रसिद्ध किये गये हैं–जैसे, ब्रह्मसूत्रों पर आनंद भाष्य और भगवद्गीताभाष्य–जिनके संबंध में सावधान रहने की आवश्यकता है। बात यह है कि कुछ लोग रामानुज परंपरा से रामानंद जी की परंपरा बिलकुल स्वतंत्र और अलग सिद्ध करना चाहते हैं। इसी से रामानंद जी को एक स्वतंत्र आचार्य प्रमाणित करने के लिए उन्होंने उनके नाम पर एक वेदांत भाष्य प्रसिद्ध किया है। रामानंद जी समय-समय पर विनय और स्तुति के हिंदी पद भी बनाकर गाया करते थे। केवल दो-तीन पदों का पता अब तक लगा है। एक पद तो यह है जो हनुमान जी की स्तुति में है–

आरती कीजै हनुमान लला की। दुष्टदलन रघुनाथ कला की।।
जाके बल भर ते महि काँपै। रोग सोग जाकी सिमा न चाँपै।।
अंजनीसुत महाबल दायक। साधु-संत पर सदा सहायक।।
बायें भुजा सब असुर सँहारी। दहिन भुजा सब संत उबारी।।
लछिमन धरति में मूर्छि पर्‍यो। पैठि पताल जमकातर तोर्‍यो।।
आनि सजीवन प्रान उबार्‍यो। मही सब्रन कै भुजा उपार्‍यो।।
गाढ़ परे कपि सुमिरों तोहीं होहु दयाल देहु जस मोहीं।।
लंकाकोट समुंदर खाई। जात पवनसुत बार न लाई।।
लंक प्रजारी असुर सब मार्‍यो। राजा राम के काज सँवार्‍यो।।
घंटा ताल झालरी बाजै। जगमग जोति अवधपुर छाजै।।
जो हनुमान जी बारती गावै। बसि बैकुंठ अमर पद पावै।।
लंक विध्वंस कियो रघुराई। रामानंद आरती गाई।।
सुर नर मुनि सबि करहिं आरती। जै जै जै हमनुमान लाल की।।

स्वामी रामानंद जी का कोई प्रामाणिक वृत्त न मिलने से उनके संबंध में कई प्रकार के प्रवादों के प्रचार का अवसर लोगों को मिला हैं। कुछ लोगों का कहना है कि रामानंद जी अद्वैतियों के ज्योतिर्मठ के ब्रह्मचारी थे। इस संबंध में इतना ही कहा जा सकता है कि यह संभव है कि उन्होंने ब्रह्मचारी रहकर कुछ दिन उक्त मठ में वेदांत का अध्ययन किया है, पीछे रामानुजाचार्य के सिद्धांत की ओर आकर्षित हुए हैं।

दूसरी बात जो उनके संबंध में कुछ लोग इधर-उधर कहते सुने जाते हैं। वह यह है कि उन्होंने बारह वर्ष तक गिरनार या आबू पर्वत पर योगसाधना करके सिद्धि प्राप्त की थी। रामानंद जी के जो दो ग्रंथ प्राप्त हैं तथा उसके संप्रदाय में जिस ढंग की उपासना चली आ रही है उससे स्पष्ट हैं कि वे खुले हुए हैं। विश्व के बीच भगवान् की कला की भावना

करने वाले विशुद्धवैष्णव भक्तिमार्ग के अनुयायी थे, घट के भीतर ढूँढ़ने वाले योगमार्गी नहीं। इसलिए योग साधनावाली प्रसिद्धि का रहस्य खोलना आवश्यक है।

भक्तकाल में रामानंद जी के बारह शिष्य कहे गये हैं—अनंतानंद, सुखानंद, सुरसुरानंद, नरहर्यानंद, भावानंद, पीपा, कबीर, सेन, धन्ना, रैदास, पद्मावती और सुरसरी।

अनंतानंद जी के शिष्य कृष्णदास पयहारी हुए जिन्होंने गलता (अजमेर राज्य, राजपूताना) में रामानंद संप्रदाय की गद्दी स्थापित की। यही पहली और प्राचीन प्रधान गद्दी हुई। रामानुज संप्रदाय के लिए दक्षिण में जो महत्त्व तोताद्रि का था वही महत्त्व रामानंद संप्रदाय के लिए उत्तर भारत में गलता को प्राप्त हुआ। यह 'उत्तर तोताद्रि' कहलाया। कृष्णदास पयहारी राजपूताने की ओर दाहिमा (दाधीच्य) ब्राह्मण थे। जैसा कि आदिकाल के अंतर्गत दिखाया जा चुका है, भक्ति आंदोलन के पूर्व देश में—विशेषतः राजपूताने में—नाथपंथी कनफट योगियों का बहुत प्रभाव था जो अपनी सिद्धि की उसके प्रति दुर्भाव रखना उनके लिए स्वाभाविक था। कृष्णदास पयहारी जब पहले पहल गलता पहुँचें, तब वहां की गद्दी नाथपंथी योगियों के अधिकार में थी। वे रातभर टिकने के अधिकार से वहीं धूनी लगाकर बैठ गये। पर कनफटों ने उन्हें उठा दिया। ऐसा प्रसिद्ध है कि इस पर पयहारी जी ने भी अपनी सिद्धि दिखाई और वे धूनी की आग एक कपड़े में उठाकर दूसरी जगह जा बैठे। यह देख योगियों का महंत बाघ बनकर उनकी ओर झपटा। इस पर पयहारी जी के मुँह से निकला कि 'तू कैसा गदहा है?' वह महंत तुरन्त गदहा हो गया और कनफटों की मुद्राएं उनके कानों से निकलकर पयहारी जी के सामने इकट्ठी हो गयीं। आमेर के राजा पृथ्वीराज के बहुत प्रार्थना करने पर महंत फिर आदमी बनाया गया। उसी समय राजा पयहारी जी के शिष्य हो गये और गलता की गद्दी पर रामानंद वैष्णवों का अधिकार हुआ।

नाथपंथी योगियों के कारण जनता के हृदय में योगसाधना और सिद्धि के प्रति आस्था जमी हुई थी। इससे पयहारी की शिष्यपरंपरा में योगसाधना का भी कुछ समावेश हुआ। पयहारी के दो प्रसिद्ध शिष्य हुए—अग्रदास और कील्हदास। इन्हीं कील्हदास जी की प्रवृत्ति रामभक्ति के साथ-साथ योगाभ्यास की ओर भी हुई जिसमें रामानंदजी की वैरागी परंपरा की एक शाखा में योगसाधना का भी समावेश हुआ। वह शाखा वैरागियों में 'तपसी शाखा' के नाम से प्रसिद्ध हुई। कील्हदास के शिष्य द्वारकादास ने इस शाखा को पल्लवित किया। उनके संबंध में भक्तमाल में ये वाक्य हैं—

'अष्ट्ठांग जोग तन त्यागियो द्वारकादास, जानै दुनी'

जब कोई शाखा चल पड़ती है, तब आगे चलकर अपनी प्राचीनता सिद्ध करने के लिए वह बहुत-सी कथाओं का प्रचार करती है। स्वामी रामानंद जी के बारह वर्ष तक योगसाधना करने की कथा इसी प्रकार की है जो वैरागियों की 'तपसी शाखा' में चली। किसी शाखा की प्राचीनता सिद्ध करने का प्रयत्न कथाओं की उद्भावना तक ही नहीं रह जाता। कुछ नये ग्रंथ भी संप्रदाय के मूल प्रवर्तक के नाम से प्रसिद्ध किये जाते हैं। स्वामी रामानंद जी के नाम से चलाये हुए ऐसे दो रद्दी ग्रंथ हमारे पास हैं—एक का नाम है योगचिंतामणि, दूसरे का रामरक्षा स्तोत्र। दोनों के कुछ नमूने देखिए—

(1)

विकट कटक रे भाई। काया चढ़ा न जाई॥

जहँ नाद बिंदु का हाथी। सतगुर ले चले साथी।।
जहाँ है अष्टदल कमल फूला। हंसा सरोवर में भूला।।
शब्द तो हिरदय बसे, शब्द नयनों बसे,
शब्द की महिमा चार वेद गाई।
कहैं गुरु रामानंद जी, सतगुरु दया करि मिलिया,
सत्य का शब्द सुनु रे भाई।।
सुरत नगर करै सयल। जिसमें है आत्मा का महल।।

(योग चिंतामणि से)

(2)

संध्यातारिणी सर्वेदुख विदारिणी।

संध्या उच्चरै विघ्न टरै। पिंड प्राण कै रक्षा श्रीनाथ निरंजन करै। नाद नादं सुषुम्ना के साज साज्या। चाचरी, भूचरी, खेचरी, अगोचरी, उनमनी पाँच मुद्रा सधंत साधुराजा। डरे डूँगरे जले और थले बाटे घाटे औघट निरंजन निराकार रक्षा करे। बाध बाधिनी का करो मुख काला। चौंसठ जोगिनी मारि कुटका किया, अखिल ब्रह्मांड तिहुँ लोक में दुहाई फिरिबा करै। दास रामानंद ब्रह्म चीन्हा, सोई निज तत्त्व ब्रह्मज्ञानी।

(रामरक्षा स्तोत्र से)

झाड़फूँक के काम के ऐसे-ऐसे स्तोत्र भी रामानंद जी के गले मढ़े गये हैं। स्तोत्र के आरंभ में जो 'संध्या' शब्द है नाथपंथ में उसका पारिभाषिक अर्थ है–'सुषुम्ना नाड़ी की संधि में प्राण का जाना' इसी प्रकार 'निरंजन भी गोरखपंथ में उस ब्रह्म के लिए एक रूढ़ शब्द है जिसकी स्थिति वहाँ मानी गयी है जहाँ नाद और बिंदु दोनों का लय हो जाता है–

नादकोटि सहस्राणि बिंदुकोटि शतानि च।
सर्व तत्र लयं योति यत्र देवो निरंजनः।

'नाद' और 'बिंदु' क्या है, यह नाथपंथ के प्रपंच में दिखाया जा चुका है।

सिखों के 'ग्रंथसाहब' में भी निर्गुण उपासना के दो पद रामानंद के मिलते हैं। एक यह है–

कहाँ जाइए हो घरि लागों रंग। मेते चंचल मन भयो अपंग।।
जहाँ जाइए तहँ जल पषान। पूरि रहे हरि सब समान।।
वेद स्मृति सब मेल्हे जोइ। उहाँ जाइए हरि इहाँ न होइ।।
एक बार मन भयो उमंग। घसि चोवा चंदन चारि अंग।।
पूजत चाली ठाइँ-ठाइँ। सो ब्रह्म बतायो गुरु आप माइँ।।
सतगुर मैं बलिहारी तोर। सकल विकल भ्रम जारे मोर।।
रामानंद रमै एक ब्रह्म। गुरु कै एक सबद काटै कोटि क्रम्म।।

इस उद्धरण से स्पष्ट है कि ग्रंथ साहब में उद्धृत दोनों पद भी वैष्णव भक्त रामानंद जी के नहीं हैं, और किसी रामानंद के हों तो हो सकते हैं।

जैसा कि पहले कहा जा चुका है, वास्तव में रामानंद जी के केवल दो संस्कृत ग्रंथ ही आज तक मिले हैं। 'वैष्णवमताब्जभास्कर' में रामानंद जी के शिष्य सुरसुरानंद ने नौ प्रश्न किये हैं जिनके उत्तर में रामतारक मंत्र की विस्तृत व्याख्या, तत्त्वोपदेश, अहिंसा का महत्त्व, प्रपत्ति, वैष्णवों की दिनचर्या, षोडशोपचारपूजन इत्यादि विषय हैं।

अर्चावतारों के चार भेद-स्वयं व्यक्त, दैव, सैद्ध और मानुष-करके कहा गया है कि वे प्रशस्त देशों (अयोध्या, मथुरा आदि) में श्री सहित सदा निवास करते हैं। जातिभेद, क्रियाकलाप आदि की अपेक्षा न करने वाले भगवान् की शरण में सबको जाना चाहिए-

प्राप्तुं परा सिद्धिमकिंचनो जनो-द्विजादिरिच्छंछरणं हरिं ब्रजेत्।
परम् दयालुं स्वगुणानपेक्षितक्रियाकलापादिकजातिभेदम्॥

गोस्वामी तुलसीदास जी : यद्यपि स्वामी रामानंद जी की शिष्यपरंपरा के द्वारा देश के बड़े भाग में रामभक्ति की पुष्टि निरंतन होती आ रही थी और भक्त लोग फुटकल पदों में राम की महिमा गाते आ रहे थे, पर हिंदी साहित्य के क्षेत्र में इस भक्ति का परमोज्ज्वल प्रकाश विक्रम की सत्रहवीं शताब्दी के पूर्वार्द्ध में गोस्वामी तुलसीदास जी की वाणी द्वारा स्फुरित हुआ। उनकी सर्वतोन्मुखी प्रतिभा ने भाषाकाव्य की सारी प्रचलित पद्धतियों के बीच अपना चमत्कार दिखाया। सारांश यह कि रामभक्ति का वह परम विशद साहित्यिक संदर्भ इन्हीं भक्तिशिरोमणि द्वारा संगठित हुआ जिससे हिंदी काव्य की प्रौढ़ता के युग का आरंभ हुआ।

'शिवसिंहसरोज' में गोस्वामी जी के एक शिष्य बेनीमाधवदासकृत 'गोसाईंचरित्र' का उल्लेख हैं। इस ग्रंथ का कहीं पता न था। पर कुछ दिन हुए सहसा यह अयोध्या से निकल पड़ा। अयोध्या में एक अत्यंत निपुण दल है जो लुप्त पुस्तकों और रचनाओं को समय-समय पर प्रकट करता है। कभी नंददासकृत तुलसी की वंदना का पद प्रकट होता है जिसमें नंददास कहते हैं-

श्रीमत्तुलसीदास स्वगुरु भ्राता पद बंदे।
× × × × ×
नंददास के हृदय नयन को खोलेउ सोई॥

कबीर सूरदास जी द्वारा तुलसीदास की स्तुति का यह पद प्रकाशित होता है-

धन्य भाग्य मम संत सिरोमनि चरन कमल तकि आयउँ।
दया दृष्टि तें मम दिसि हेरेउ, तत्त्व स्वरूप लखायो।
कर्म उपासन ज्ञान जनित भ्रम संसय सूल नसायो[1]**॥**

इस पद के अनुसार सूरदास का 'कर्मउपासनाज्ञानजनितभ्रम' वल्लभाचार्य जी ने नहीं तुलसीदास जी ने दूर किया था। सूरदास जी तुलसीदास जी से अवस्था में बहुत बड़े थे और उनसे पहले प्रसिद्ध भक्त हो गये थे, यह सब लोग जानते हैं।

ये दोनों पद 'गोसाईंचरित्र' के मेल में हैं, अतः मैं इन सबका उद्‌गम एक ही समझता हूँ। 'गोसाईंचरित्र' में वर्णित बहुत-सी बातें इतिहास के सर्वथा विरुद्ध पड़ती हैं, यह बात माताप्रसाद गुप्त के गुरु का नाम नरहर्यानंद और नरहर्यानंद के गुरु का नाम अनंतानंद (प्रिय शिष्य अनंतानंद हते। नरहर्यानंद सुनाम छते) असंगत ठहरता है। अनंतानंद और नरहर्यानंद दोनों रामानंद जी के बारह शिष्यों में थे। नरहरिदास को अलबत्ता कुछ लोग अनंतानंद का शिष्य कहते हैं, पर भक्तमाल के अनुसार वे अनंतानंद के शिष्य श्रीरंग के शिष्य थें गिरनार में योगाभ्यासी सिद्ध रहा करते हैं, 'तपसी शाखा' की यह बात भी गोसाईंचरित्र में आ गयी है।

इसमें कोई संदेह नहीं कि तिथि, वार आदि ज्योतिष की गणना से सब कुछ ठीक मिलाकर तथा तुलसी के संबंध में चली आती हुई सारी जनश्रुतियों का समन्वय करके सावधानी के साथ इसकी रचना हुई है, पर एक ऐसी पदावली इसके भीतर चमक रही है, जो इसे बिलकुल

आजकल की रचना घोषित कर रही है। यह है 'सत्यं, शिवं, सुंदरम्।' देखिए–

देखिन तिरषित दृष्टि तें सब जने, कीन्ही सही संकरम्।
दिव्याषर सो लिख्यो, पढै धुनि सुने, सत्यं, शिवं, सुंदरम्॥

यह पदावली अँगरेजी समीक्षा क्षेत्र में प्रचलित 'द ट्रयू, द गुड, ऐंड द ब्यूटीफुल' का अनुवाद है, जिसका प्रचार पहले पहल ब्रह्म समाज में, फिर बँगला और हिंदी की आधुनिक समीक्षाओं में हुआ, यह हम अपने 'काव्य में रहस्यवाद' के भीतर दिखा चुके हैं।

गोस्वामी जी का एक और जीवन-चरित्र, जिसकी सूचना 'मर्यादा' पत्रिका की ज्येष्ठ 1961 की संख्या में श्रीयुत् इंद्रदेव नारायण जी ने दी थी, उनके एक दूसरे शिष्य महात्मा रघुवरदास जी का लिखा 'तुलसीचरित' कहा जाता हैं। यह कहाँ तक प्रामाणिक है, नहीं कहा जा सकता। दोनों चरितों के वृत्तांतों में परस्पर बहुत कुछ विरोध है। बाबा बेनीमाधवदास के अनुसार गोस्वामी जी के पिता जमुना के किनारे दुबेपुरवा नामक गाँव के दूबे और मुखिया थे और पूर्वजत पत्यौजा ग्राम से यहाँ आये थे। पर बाबा रघुवरदास के 'तुलसीचरित' में लिखा है कि सरवार में मझौली से तेईस कोस पर कसया ग्राम में गोस्वामी जी के प्रतितामह परशुराम मिश्र–जो गाना के मिश्र थे–रहते थे। वे तीर्थाटन करते-करते चित्रकूट पहुँचे और उसी ओर राजापुर में बस गये। उनके पुत्र शंकर मिश्र हुए। शंकर मिश्र के रुद्रनाथ मिश्र के मुरारि मिश्र हुए जिनके पुत्र तुलसीदास जी आगे चलकर भक्त चूड़ामणि गोस्वामी तुलसीदास जी हुए।

दोनों चरितों में गोस्वामी जी का जन्म संवत् 1554 दिया हुआ है। बाबा बेनीमाधवदास की पुस्तक में तो श्रावण शुक्ला सप्तमी तिथि भी दी हुई हैं पर इस संवत् को ग्रहण करने से तुलसीदास जी की आयु 126-127 वर्ष आती है जो पुनीत आचरण के महात्माओं के लिए असंभव तो नहीं कही जा सकती। शिवसिंहसरोज में लिखा है कि गोस्वामी जी संवत् 1583 के लगभग उत्पन्न हुए थे। मिरजापुर के प्रसिद्ध रामभक्त और रामायणी पंडित रामगुलाम द्विवेदी भक्तों की जनश्रुति के अनुसार इनका जन्म संवत् 1589 मानते थे। इसी सबसे पिछले संवत् को ही डॉ. ग्रियर्सन ने स्वीकार किया है। इनका सरयूपारी ब्राह्मण होना तो दोनों चरितों में पाया जाता है और सर्वमान्य है। 'तुलसी परासर गोत दूबे पतिऔजा के' यह वाक्य भी प्रसिद्ध चला आता है और पं. रामगुलाम ने भी इसका समर्थन किया है। उक्त प्रसिद्धि के अनुसार गोस्वामी जी के पिता का नाम आत्माराम दूबे और माता का नाम हुलसी था। माता के नाम के प्रमाण में रहीम का यह दोहा कहा जाता है–

सुरतिय, नरतिय, नागतिय, सब चाहति अस होय।
गोद लिये हुलसी फिरैं, तुलसी सो सुत होय॥

तुलसीदास जी ने कवितावली में कहा है कि 'माता पिता जग जाइ तज्यौ बिधिहू न लिख्यो कदु भाल भलाई।' इसी प्रकार विनयपत्रिका में भी ये वाक्य हैं–'जनक जननी तज्यौ जनमि, करम बिनु बिधिहु सृज्यो अवडेरे' तथा 'तनुजन्यो कुटिल कीट ज्यों, तज्यों मातु-पिता हूँ।' इन वचनों के अनुसार यह जनश्रुति चल पड़ी कि गोस्वामी जी अभुक्तमूल में उत्पन्न हुए थे, इससे उनके माता-पिता ने उन्हें त्याग दिया था। उक्त जनश्रुति के अनुसार गोसाईंचरित्र में लिखा है कि गोस्वामी जी जब उत्पन्न हुए तब पाँच वर्ष के बालक के समान थे और उन्हें पूरे दाँत भी थे। वे रोये नहीं, केवल 'राम' शब्द उनके मुँह से सुनाई पड़ा। बालक को राक्षस समझ पिता ने उसकी उपेक्षा की। पर माता ने उसकी रक्षा के लिए उद्विग्न होकर उसे अपनी एक दासी

मुनिया को पालने-पोसने को दिया और वह उसे लेकर अपनी ससुराल चली गयी। पाँच वर्ष पीछे जब मुनिया भी मर गयी तब राजापुर में बालक के पिता के पास संवाद भेजा गया, पर उन्होंने बालक को लेना स्वीकार ना किया। किसी प्रकार बालक का निर्वाह कुछ दिन हुआ। अंत में बाबा नरहरिदास ने उसे अपने पास रख लिया और कुछ शिक्षा-दीक्षा दी। इन्हीं गुरु से गोस्वामीजी राम कथा सुना करते थे। इन्हीं अपने गुरु नरहरिदास के साथ गोस्वामी जी काशी में आकर पंचगंगा घाट पर स्वामी रामानंद जी के स्थान पर रहने लगे। वहाँ पर एक परम विद्वान् महात्मा शेषसनातन जी रहते थे जिन्होंने तुलसीदास जी को वेद-वेदांग, दर्शन, इतिहास, पुराण आदि में प्रवीण कर दिया। 15 वर्ष तक अध्ययन करके गोस्वामी जी फिर अपनी जन्मभूमि राजापुर लौटे, पर वहाँ इनके परिवार में कोई नहीं रह गया था और घर भी गिर गया था।

यमुना पार के एक ग्राम के रहने वाले भारद्वाजगोत्री एक ब्राह्मण यमद्वितीया को राजापुर में स्नान करने आये। उन्होंने तुलसीदास जी की विद्या, विनय और शील पर मुग्ध होकर अपनी कन्या इन्हें ब्याह दी। इसी पत्नी के उपदेश से गोस्वामी जी का विरक्त होना और भक्ति की सिद्धि प्राप्त करना प्रसिद्ध है। तुलसीदास जी अपनी इस पत्नी पर इतने अनुरक्त थे कि एक बार उस के मायके चले जाने पर वे बढ़ी नदी पार करके उससे जाकर मिले। स्त्री ने उस समय ये दोहे कहे–

लाज न लागत आपको दौरे आयहु साथ।
धिक-धिक ऐसे प्रेम को कहा कहौं मैं नाथ॥
अस्थि-चर्ममय देह मम तामें जैसी प्रीत॥
तैसो जौ श्रीराम महँ होति न तौ भवभीत॥

यह बात तुलसीदास जी को ऐसी लगी कि वे तुरंत काशी आकर विरक्त हो गये। इस वृत्तांत को प्रियादास जी ने भक्तमाल की अपनी टीका में दिया है और 'तुलसीचरित' और 'गोसाईंचरित्र' में भी इसका उल्लेख है।

गोस्वामी जी घर छोड़ने पर कुछ दिन काशी में, फिर काशी से अयोध्या जाकर रहे। उसके पीछे तीर्थयात्रा कर ने निकले और जगन्नाथपुरी, रामेश्वर, द्वारका होते हुए बदरिकाश्रम गये। वहाँ से ये कैलाश और मानसरोवर तक निकल गये। अंत में चित्रकूट आकर ये बहुत दिनों तक रहे जहाँ अनेक संतों से इनकी भेंट हुई। इसके अनंतर संवत् 1631 में अयोध्या जाकर इन्होंने रामचरितमानस का आरंभ किया और उसे 2 वर्ष 7 महीने में समाप्त किया। रामायण का कुछ अंश, विशेषत: किष्किंधाकांड, काशी में रचा गया। रामायण समाप्त होने पर ये अधिकतर काशी में रहा करते थे। वहाँ अनेक शास्त्रज्ञ विद्वान् इनसे आकर मिला करते थे क्योंकि इनकी प्रसिद्धि सारे देश में हो चुकी थी। ये अपने समय के सबसे बड़े भक्त और महात्मा माने जाते थे। कहते हैं कि उस समय के प्रसिद्ध विद्वान् मधुसूदन सरस्वती से इन से वाद हुआ था जिससे प्रसन्न होकर इनकी स्तुति में यह श्लोक उन्होंने कहा था–

आनंदकानने कश्चिज्जङ्गमस्तुलसीतरु:।
कवितामंजरी यस्य रामभ्रमर भूषिता॥

गोस्वामी जी के मित्रों और स्नेहियों में नवाब अब्दुर्रहीम खानखाना, महाराज मानसिंह, नाभा जी और सरस्वती आदि कहे जाते हैं। 'रहीम' से इनसे समय-समय पर दोहों में लिखा-पढ़ी हुआ करती थी। काशी में इनके सबसे बड़े स्नेही और भक्त भदैनी के एक भूमिहार जमींदार

टोडर थे जिनकी मृत्यु होने पर इन्होंने कई दोहे कहे हैं–

चार गाँव को ठाकुरो मन को महामहीप।
तुलसी या कलिकाल में अथए टोडर दीप॥
तुलसी रामसनेह को सिर पर भारी भारु।
टोडर काँधा नहिं दियो, सब कहि रहे 'उतारु'॥
रामधाम टोडर गए, तुलसी भए असोच।
जियबो मीत पुनीत बिनु, यहै जानि संकोच॥

गोस्वामी जी की मृत्यु के संबंध में लोग यह दोहा कहा करते हैं–

संवत् सोरह सै असी, असी गंग के तीर।
श्रावण शुक्ला सप्तमी, तुलसी तज्यो शरीर॥

पर बाबा बेनीमाधवदास की पुस्तक में दूसरी पंक्ति इस प्रकार है या कर दी गयी है–

श्रावण कृष्णा तीज शनि, तुलसी तज्यो शरीर।

यह ठीक तिथि है क्योंकि टोडर के वंशज अब तक इसी तिथि को गोस्वामी जी के नाम सीधा दिया करते हैं।

'मैं पुनि निज गुरु सन सुनी, कथा सो सूकर खेत' को लेकर लोग गोस्वामी जी का ज़न्मस्थान ढूँढ़ने एटा के सोरों नामक स्थान तक सीधे पश्चिम दौड़े हैं। पहले पहल उस ओर इशारा स्व. लाला सीताराम ने (राजापुर के) अयोध्याकांड के स्वसंपादित संस्करण की भूमिका में दिया था। उसके बहुत दिन पीछे उसी इशारे पर दौड़ लगी और अनेक प्रकार के कल्पित प्रमाण सोरों को जन्मस्थान सिद्ध करने के लिए तैयार किये गये। सारे उपद्रव की जड़ है 'सूकर खेत' जो भ्रम में सोरों समझ लिया गया। 'सूकर क्षेत्र' गोंडे के जिले में सरजू के किनारे एक पवित्र तीर्थ है, जहाँ आसपास के कई जिलों के लोग स्नान करने जाते हैं और मेला लगता है।

जिन्हें भाषा की परख है उन्हें यह देखते देर न लगेगा कि तुलसीदास जी की भाषा में ऐसे शब्द, जो स्थान विशेष के बाहर नहीं बोले जाते हैं, केवल दो स्थानों के हैं–चित्रकूट के आसपास के और अयोध्या के आसपास के। किसी कवि की रचना में यदि किसी स्थानविशेष के भीतर ही बोले जाने वाले अनेक शब्द मिलें तो उस स्थान विशेष से कवि का निवास संबंध मानना चाहिए। इस दृष्टि से देखने पर यह बात मन में बैठ जाती है कि तुलसीदास जी का जन्म राजापुर में हुआ जहाँ उनकी कुमार अवस्था बीती। सरवारिया होने के कारण उनके कुल के तथा संबंधी अयोध्या, गोंडा, बस्ती के आसपास थे, जहाँ उनका आना-जाना बराबर रहा करता था। विरक्त होने पर वे अयोध्या में ही रहने लगे थे। 'रामचरितमानस' में आये हुए कुछ शब्द और प्रयोग नीचे दिये जाते हैं जो अयोध्या के आसपास ही (बस्ती, गोंडे आदि कुछ भागों में) बोले जाते हैं–

माहुर=विष। **सरौं**= कसरत। **फहराना या फरहराना**=प्रफुल्लचित्त होना (सरौं करहिं पायक फहराई)। **फुर**= सच। **अनभल ताकना**=बुरा मानना (जेहि राउर अति अनभल ताका) । **राउर, राउरेहि**= आपको (भलउ कहत दुख रउरेहि लागा)। रमा ने पाया (प्रथम पुरुष स्त्री, बहुवचन, उ-भरि जनम ते पाए न ते परितोष उमा रमा लही)। **कूटि**= दिल्लगी, उपहास।

इसी प्रकार ये शब्द चित्रकूट के आसपास तथा बघेलखंड में ही (जहाँ की भाषा पूरबी हिंदी या अवधी ही है) बोले जाते हैं।

कुराय=वे गड्ढे जो करेल पोली जमीन में बरसात के कारण जगह-जगह पड़ जाते हैं (काँच कुराय लपेटन लोटन ठावहिं ठाँव बझाऊ रे।-विनय)।

सुआर= सूपकार, रसोइया।

ये शब्द और प्रयोग इस बात का पता देते हैं कि किन-किन स्थानों की बोली गोस्वामी जी की अपनी थी। आधुनिक काल के पहले साहित्य या काव्य की सर्वमान्य व्यापक भाषा ब्रज रही है, यह तो निश्चित है। भाषाकाव्य के परिचय के लिए प्रायः सारे उत्तर भारत के लोग बराबर इसका अभ्यास करते थे और अभ्यास द्वारा सुंदर रचना भी करते थे। ब्रजभाषा में रीतिग्रंथ लिखने वाले चिंतामणि, भूषण, मतिराम, दास इत्यादि अधिकतर कवि अवध के थे और ब्रजभाषा के सर्वमान्य कवि माने जाते हैं। दास जी ने तो स्पष्ट व्यवस्था ही दी है कि 'ब्रजभाषा हेतु ब्रजवास ही न अनुमान हैं'। पर पूरबी हिंदी या अवधी के संबंध में यह बात नहीं है। अवधी भाषा में रचना करने वाले जितने कवि हुए हैं सब अवध या पूरब के थे। किसी पछाहीं कवि ने कभी पूरबी हिंदी या अवधी पर ऐसा अधिकार प्राप्त नहीं किया कि उसमें रचना कर सके। जो बराबर सोरों की पछाहीं बोली (ब्रज) बोलता आया होगा वह 'जान की मंगल' और 'पार्वतीमंगल' की-सी ठेठ अवधी लिखेगा, 'मानस' ऐसे महाकाव्य की रचना अवधी में करेगा और व्याकरण के ऐसे देशबद्ध प्रयोग करेगा जैसे ऊपर दिखाये गये हैं? भाषा के विचार में व्याकरण के रूपों का मुख्यतः विचार होता है।

भक्त लोग अपने को जन्म जन्मांतर से अनेक आराध्य इष्टदेव का सेवक मानते हैं। इसी भावना के अनुसार तुलसी और सूर दोनों के कथाप्रसंग के भीतर अपने को गुप्त या प्रकट रूप में राम और कृष्ण के समीप तक पहुँचाया हैं जिस स्थल पर ऐसा हुआ है वहीं कवि के निवासस्थान का पूरा संकेत भी है। 'रामचरितमानस' के अयोध्याकांड में वह स्थल देखिए जहाँ प्रयाग से चित्रकूट जाते हुए राम जमुना पार करते हैं और भरद्वाज के द्वारा साथ लगाये हुए शिष्यों को विदा करते हैं। राम सीता तट पर के लोगों से बातचीत कर ही रहे हैं कि-

तेहि अवसर एक तापस आवा। तेजपुंज लघु बयस सुहावा॥
कवि अलषित गति बेष बिरागी। मन क्रम बचन राम अनुरागी॥
सजल नयन तन पुलक निज इष्ट देउ पहिचानि।
परेउ दंड जिमि धरनितल दसा न जाइ बखानि॥

यह तापस एकाएक आता है। कब जाता है, कौन है, इसका कहीं कोई उल्लेख नहीं है। बात यह है कि इस ढंग से कवि ने अपने को ही तापस रूप में राम के पास पहुँचाया है और ठीक उसी प्रदेश में जहाँ के वे निवासी थे, अर्थात् राजापुर के पास।

सूरदास ने भी भक्तों की इस पद्धति का अवलंबन किया है। यह तो निर्विवाद है कि बल्लभाचार्य जी से दीक्षा लेने के उपरांत सूरदास जी गोवर्द्धन पर श्रीनाथ जी के मंदिर में कीर्तन किया करते थे। अपने सूरसागर के दशम् स्कंध के आरंभ में सूरदास ने श्रीकृष्ण के दर्शन के लिए अपने ढाढी के रूप में नंद के द्वारा पर पहुँचाया है-

नंद जू! मेरे मन आनंद भयो, हौं गोवर्द्धन तें आयो।
तुम्हरे पुत्र भयो मैं सुनि कै अति आतुर उठि धायो॥
× × × × ×
जब तुम मदन मोहन करि टेरौ, यह सुनि कै घर जाऊँ।

हौं तौ तेरे घर को ढाढ़ी, सूरदास मेरो नाऊँ।।

सबका सारांश यह है कि तुलसीदास का जन्मस्थान राजापुर, जो प्रसिद्ध चला आता है वही, ठीक है।

एक बात की ओर ध्यान जाता है। तुलसीदास जी रामानंद संप्रदाय की वैरागी परंपरा में नहीं जान पड़ते। उक्त संप्रदाय के अंतर्गत जितनी शिष्य परंपराएँ मानी जाती हैं उनमें तुलसीदास का नाम कहीं नहीं है। रामानंद परंपरा में सम्मिलित करने के लिए उन्हें नरहरिदास का शिष्य बताकर जो परंपरा मिलायी गयी है वह कल्पित प्रतीत हाती है। वे रामोपासक वैष्णव अवश्य थे, पर स्मार्त वैष्णव थे।

गोस्वामी के प्रादुर्भाव को हिंदीकाव्य क्षेत्र में एक चमत्कार समझना चाहिए। हिदी काव्य की शक्ति का पूर्ण प्रसार इनकी रचनाओं में ही पहले पहल दिखाई पड़ा। वीरगाथाकाल के कवि अपने संकुचित क्षेत्र में काव्यभाषा के पुराने रूप को लेकर एक विशेष शैली की परंपरा निभाते आ रहे थे। चलती भाषा का संस्कार और समुन्नति उनके द्वारा नहीं हुई। भक्तिकाल में आकर भाषा के चलते रूप को समाश्रय मिलने लगा। कबीरदास ने चलती बोली में अपनी वाणी कही। पर वह बोली बेठिकाने की थी। उसका कोई नियत रूप न था। शौरसेनी, अपभ्रंश या नागर अपभ्रंश का जो सामान्य रूप साहित्य के लिए स्वीकृत था उससे कबीर का लगाव न था। उन्होंने नाथपंथियों की 'सधुक्कड़ी भाषा' का व्यवहार किया जिसमें खड़ी बोली के बीच राजस्थानी और पंजाबी का मेल था। इसका कारण यह था कि मुसलमानों की बोली पंजाबी या खड़ी हो गयी थी और निर्गुणपंथी साधुओं का लक्ष्य मुसलमानों पर भी प्रभाव डालने का था। अत: उनकी भाषा में अरबी और फारसी के शब्दों का भी मनमाना प्रयोग मिलता हैं। उनका कोई साहित्यिक लक्ष्य न था और वे पढ़े-लिखे लोगों से दूर-ही-दूर अपना उपदेश सुनाया करते थे।

साहित्य की भाषा में, जो वीरगाथा काल के कवियों के हाथ में बहुत कुछ अपने पुराने रूप में ही रही, प्रचलित भाषा के संयोग से नया जीवन सगुणोपासक कवियों द्वारा प्राप्त हुआ। भक्त सूरदास जी ब्रज की चलती भाषा को परंपरा से चली आती हुई काव्यभाषा के बीच पूर्ण रूप से प्रतिष्ठित करके साहित्यिक भाषा को लोकव्यवहार के मेल में लाये। उन्होंने परंपरा से चली आती हुई काव्यभाषा का तिरस्कार न करके उसे एक नया चलता रूप दिया। सूरसागर को ध्यानपूर्वक देखने से उसमें क्रियाओं के कुछ पुराने रूप कुछ सर्वनाम (जैसे जासु-तासु, जेहि-तेहि) तथा कुछ प्राकृत के शब्द पाये जाएँगे। सारांश यह कि वे परंपरागत काव्यभाषा को बिलकुल अलग कर के एक बारगी नयी चलती बोली लेकर नहीं चले। भाषा का एक शिष्ट सामान्य रूप उन्होंने रखा जिसका व्यवहार आगे चलकर बराबर कविता में होता आया। यह तो हुई ब्रज भाषा की बात। इसके साथ ही पूरबी बोली या अवधी भी साहित्य निर्माण की ओर अग्रसर हो चुकी थी। जैसा कि पहले कहा जा चुका है, अवधी की सबसे पुरानी रचना ईश्वरदास की 'सत्यवती कथा' है। आगे चलकर 'प्रेममार्गी शाखा' के मुसलमान कवियों ने अपनी कहानियों के लिए अवधी भाषा ही चुनी। इस प्रकार गोस्वामी तुलसीदास जी ने अपने समय में काव्यभाषा के दो रूप प्रचलित पाये एक ब्रज और दूसरी अवधी। दोनों में उन्होंने समान अधिकार के साथ रचनाएँ कीं।

भाषा पद्य के स्वरूप को लेते हैं तो गोस्वामी जी के सामने कई शैलियाँ प्रचलित थीं

जिनमें से मुख्य ये हैं-(क) वीरगाथा काल की छप्य पद्धति, (ख) विद्यापति और सूरदास की गीत पद्धति, (ग) गंग आदि भाटों की कवित्त-सवैया पद्धति, (घ) कबीरदास की नीति संबंधी बानी की दोहा पद्धति, जो अपभ्रंश से चली आती थी और (ङ) ईश्वरदास की दोहे, चौपाईवाली प्रबंध पद्धति। इस प्रकार काव्यभाषा के दो रूप और रचना की पाँच मुख्य शैलियाँ साहित्य क्षेत्र में गोस्वामी जी को मिलीं। तुलसीदास जी के रचनाविधान की सबसे बड़ी विशेषता यह है कि वे अपनी सर्वतोन्तुखी प्रतिभा के बल से सबके सौंदर्य की पराकाष्ठा अपनी दिव्य वाणी में दिखाकर साहित्यक्षेत्र में प्रथम पद के अधिकारी हुए। हिंदी कविता के प्रेमी मात्र जानते हैं कि उनका ब्रज और अवधी दोनों भाषाओं पर समान अधिकार था। ब्रजभाषा का जो माधुर्य हम सूरसागर में पाते हैं वही माधुर्य और भी संस्कृत रूप में हम गीतावली और कृष्णगीतावली में पाते हैं। ठेठ अवधी की जो मिठास हमें जायसी की पद्‌मावत में मिलती है वही जान की मंगल, पार्वतीमंगल, बरवैरामायण और रामललानछहू में हम पाते हैं। यह सूचित करने की आवश्यकता नहीं कि न तो सूर का अवधी पर अधिकार था और न जायसी का ब्रजभाषा पर।

प्रचलित रचना शैलियों पर उनका इसी प्रकार का पूर्ण अधिकार हम पाते हैं।

(क) वीरगाथाकाल की छप्पय पद्धति पर इनकी रचना थोड़ी है पर इनकी निपुणता पूर्ण रूप से प्रदर्शित करती है; जैसे–

कतहुँ विटप भूधर उपारि परसेन बरक्खत।
कतहुँ बाजि सो बाजि मर्दि गजराज करक्खत॥
चरन चोट चटकन चकोट अरि उर सिर बज्जत।
बिकट कटक बिद्दरत बीर वारिद जिमि गज्जत॥
लंगूर लपेटत पटकि भट, 'जयति राम जय' उच्चरत।
तुलसीस पवन नंदन अटल जुद्ध क्रुद्ध कौतुक करत॥
डिगति उर्वि आति गुर्वि, सर्व पब्बै समुद्र सर।
ब्याल बधिर तेहि काल, बिकल दिगपाल चराचर॥
दिग्गयंद लरखरत, परत दसकंठ मुक्ख भर।
सुरविमान हिमभानु, संघटित होत परस्पर।
चौके विरंचि संकर सहित, कोल कमठ अहि कलमल्यौ।
ब्रह्मांड खंड कियो चंडधुनि, जबहिं राम सिवधनु दल्यौ॥

(ख) विद्यापति और सूरदास की गीत पद्धति पर इन्होंने बहुत विस्तृत और बड़ी सुंदर रचना की हैं। सूरदास जी की रचना में संस्कृत की 'कोमलकांत पदावली' और अनुप्रासों की वह विचित्र योजना नहीं है जो गोस्वामी जी की रचना में है। दोनों भक्त शिरोमणियों की रचना में यह भेद ध्यान देने योग्य है और इस पर ध्यान अवश्य जाता है। गोस्वामी जी की रचना अधिक संस्कृतगर्भित है। पर इसका यह अभिप्राय नहीं है कि इनके पदों में शुद्ध देशभाषा का माधुर्य नहीं है। इन्होंने दोनों प्रकार की मधुरता का बहुत ही अनूठा मिश्रण किया हैं। विनय पत्रिका के प्रारंभिक स्तोत्रों में जो संस्कृत पदविन्यास है उसमें गीतगोविंद के पदविन्यास से कहीं कर्कश देखने योग्य है। हृदय के त्रिविध भावों की व्यंजना गीतावली के मधुर पदों में देखने में आता है। कौशल्या के सामने भरत अपनी आत्मग्लानि की व्यंजना किन शब्दों में करते हैं, देखिए–

जौ हौं मातुमते महँ ह्वैहौं।
तौ जननी जग में या मुख की कहाँ कालिमा ध्वैहों?
क्यौं हौं आजु होत सुधि सपथनि, कौन मानिहै साँची?
महिमा मृगी कौन सुकृती की खल बच बिसिषन्ह बाँची?

इसी प्रकार चित्रकूट में राम के सम्मुख जाते हुए भरत की दशा का भी सुंदर चित्रण है–

विलोके दूरि तें दोउ बीर।
मन अगहुँड़ तन पुलक सिथिल भयो, नयन नलिन भरे नीर।
गड़त गोड़ मनो सकुच पंक महँ, कढ़त प्रेमबल धीर।।

'गीतावली' की रचना गोस्वामी जी ने सूरदास जी के अनुकरण पर की है। बाललीला के कई एक पद ज्यों के त्यों सूरसागर में भी मिलते हैं, केवल 'राम' 'श्याम' का अंतर हैं। लंकाकांड तक तो कथा की अनेकरूपता के अनुसार मार्मिक स्थलों का जो चुनाव हुआ है वह तुलसी के सर्वथा अनुरूप है। पर उत्तरकांड में जाकर सूर पद्धति के अतिशय अनुकरण के कारण उनका गंभीर व्यक्तित्व तिरोहित-सा हो गया है। जिस रूप में राम को उन्होंने सर्वत्र लिया है, उनका भी ध्यान उन्हें नहीं रह गया। 'सूरदास' में जिस प्रकार गोपियों के साथ श्रीकृष्ण हिंडोला झूलते हैं, होली खेलते हैं, वही करते राम भी दिखाये गये हैं। इतना अवश्य है कि सीता की सखियों और पुरनारियों का राम की ओर पूज्यभाव ही प्रकट होता है। राम की नखशिख शोभा का अलंकृत वर्णन भी सूर की शैली पर बहुत-से पदों में लगातार चला गया हैं। सरयूतट के इस आनंदोत्सव को आगे चलकर रसिक लोग क्या रूप देंगे इसका ख्याल गोस्वामी जी को न रहा।

(ग) गंग आदि भाटों की कवित्त, सवैया पद्धति पर भी इसी प्रकार सारा रामचरित गोस्वामी जी कह गये हैं जिसमें नाना रसों का सन्निवेश अत्यंत विशद रूप में और अत्यंत पुष्ट और स्वच्छ भाषा में मिलता हैं। नाना रसमयी रामकथा तुलसीदास जी ने अनेक प्रकार की रचनाओं में कही हैं। कवितावली में रसानुकूल शब्दयोजना बड़ी सुंदर है जो तुलसीदास जी ऐसी कोमल भाषा का व्यवहार करते हैं–

राम को रूप निहारत जानकि, कंकन के नग की परछाहीं।
याते सबै सुधि भूलि गई, कर टेकि रही, पल डारति नहीं।।
× × × × ×
गोरो गरूर गुमान भरो, यह, कौसिक, छोटो सो ढोटो है काको?
× × × × ×
जल को गये लक्खन, हैं लरिका, परिखौ, पिय छाँह घरीक ह्वै ठाढ़े।
पोंछि पसेउ बयारि करौं, अरु पाँय पखारिहौं भूभुरि डाढ़े।।

वे ही वीर और भयानक के प्रसंग में ऐसी शब्दावली का व्यवहार करते हैं।

प्रबल प्रचंड बरिबंड बाहुदंड बीर,
धाए जातुधान, हनुमान लियो घेरिकै।
महाबल पुंज कुंजरारि क्यों गरजि भट,
जहाँ तहाँ पटके लंगूर फेरि फेरिकै।
मारे लात, तोरे गात, भागे जात, हाहा खात,

कहैं तुलसी 'राखि राम की सौं' टेरि कै।
ठहर ठहर परे, कहरि कहरि उठै,
हहरि हहरि हर सिद्ध हँसे हेरिकै।।
बालधी बिसाल विकराल ज्वाल लाल मानौ,
लंक लीलिबे को काल रसना पसारी है।
कैधों ब्योम बीथिका भरे हैं भूरि धूमकेतु,
बीररस बीर तरवारि सी उधारी है।।

(घ) नीति के उपदेश की भक्ति पद्धति पर बहुत-से दोहे रामचरितमानस और दोहावली में मिलेंगे जिनमें बड़ी मार्मिकता से और कहीं-कहीं बड़े रचनाकौशल से व्यवहार की बातें कही गयी हैं और भक्तिप्रेम की मर्यादा दिखाई गयी है–

रीझि आपनी बूझि पर, खीझ विचार विहीन।
ते उपदेस न मानहीं, मोह महोदधि मीन।
लोगन भलो मनाव जो, भलो होन की आस।
करत गगन को गेंहुआ, सो सठ तुलसीदास।
की तोहि लागहि राम प्रिय, कीतु राम प्रिय होहि।।
हुइ महँ रुचै जो सुगम सोइ, कीबे तुलसी तोहि।

(ङ) जिस प्रकार चौपाई, दोहे के क्रम से जायसी ने अपना पद्मावत नाम का प्रबंधकाव्य लिखा उसी क्रम पर गोस्वामी जी ने अपनी परम प्रसिद्ध काव्य रामचरितमानस, जो लोगों के हृदय का हार बनता चला आता है, रचा। भाषा वही अवधी है, केवल पदविन्यास का भेद है। गोस्वामी जी शास्त्रपारंगत विद्वान् थे अतः उनकी शब्दयोजना साहित्यिक और संस्कृतगर्भित है। जायसी में केवल ठेठ अवधी का माधुर्य है, पर गोस्वामी जी की रचना में संस्कृत की कोमल पदावली का भी बहुत ही मनोहर मिश्रण है। नीचे दी हुई कुछ चौपाइयों में दोनों की भाषा का भेद स्पष्ट देखा जा सकता है–

जब हुँत कहिगा पंखि संदेसी। सुनिउँ कि आवा है परदेसी।।
तब हुँत तुम्ह बिन रहे न जीऊ। चातक भयउँ कहत पिउ-पिउ।।
भयउँ बिरह जलि कोइलि कारी। डार-डार जो कूकि पुकारी।।

–जायसी

अमिय मूरिमय चूरन चारू। सुमन सकल भवरुज परिवारू।।
सुकृत संभु तनु बिमल बिभूती। मंजुल मंगल मोद प्रसूती।।
जन मन मंजु मुकुर मल हरनी। किए तिलक गुन गन बस करनी।।

–तुलसी

सारांश यह कि हिंदी काव्य की सब प्रकार की रचनाशैली के ऊपर गोस्वामी जी ने अपना ऊँचा आसन प्रतिष्ठित किया है यह उच्चता और किसी को प्राप्त नहीं।

अब हम गोस्वामी जी के वर्णित विषय के विस्तार का विचार करेंगे। यह विचार करेंगे कि मानव जीवन की कितनी अधिक दशाओं का सन्निवेश उनकी कविता के भीतर हैं। इस संबंध में हम यह पहले ही कह देना चाहते हैं कि अपने दृष्टिविस्तार के कारण ही तुलसीदास जी उत्तरी भारत की समग्र जनता के हृदयमंदिर में पूर्ण प्रेमप्रतिष्ठा के साथ विराज रहे हैं।

भारतीय जनता का प्रतिनिधि कवि यदि किसी को कह सकते हैं तो इन्हीं महानुभाव को। और कवि जीवन का कोई एक पक्ष लेकर चले हैं-जैसे, वीरकाल के कवि उत्साह को, भक्तिकाल के दूसरे कवि प्रेम और ज्ञान को, अलंकारकाल के कवि दांपत्य प्रणय या श्रृंगार को। पर इनकी वाणी की पहुँच मनुष्य के सारे भावों और व्यवहारों तक है। एक ओर तो वह व्यक्तिगत साधना के मार्ग में विरागपूर्ण शुद्ध भगवद्भक्ति का उपदेश करती है, दूसरी ओर लोकपक्ष में आकर पारिवारिक और सामाजिक कर्त्तव्यों का सौंदर्य दिखाकर मुगध करती हैं व्यकिगत साधना के साथ-ही-साथ लोकधर्म की अत्यंत उज्ज्वल छटा उसमें वर्तमान है।

पहले कहा जा चुका है कि निर्गुण धारा के संतों की बानी में किस प्रकार लोकधर्म की अवहेलना छिपी हुई थी। सगुण धारा की भारतीय पद्धति के भक्तों में कबीर, दादू आदि के लोकधर्म विरोधी स्वरूप को यदि किसी ने पहचाना तो गोस्वामी जी ने। उन्होंने देखा कि उनके वचनों से जनता की चित्तवृत्ति में ऐसे घोर विकार की आशंका है जिससे समाज विशृंखल हो जायेगा, उसकी मर्यादा नष्ट हो जायेगी। जिस समाज से ज्ञानसंपन्न शास्त्रज्ञ विद्वानों, अन्याय अत्याचार के दमन में तत्पर वीरों, पारिवारिक कर्त्तव्यों का पालन करने वाले उच्चाशय व्यक्तियों पतिपरायणा सतियों, पितृभक्ति के कारण प्रजा का पुत्रवत् पालने करने वाले शासकों आदि के प्रति श्रद्धा कर रहे हैं। इसी दशा को लक्ष्य करके उन्होंने इस प्रकार के वचन कहे हैं-

श्रुति सम्मत हरि भक्ति पथ संजुत विरति विवेक।
नहि परिहरहिं विमोहबस कल्पहि पंथ अनेक॥
साखी सबदी दोहरा कहि कहनी उपखान।
भगति निरूपहिं भगत कलि निंदहिं वेद पुरान॥
बादहिं शूद्र द्विजन सन हम तुमतें कछु घाटि।
जानहिं ब्रह्म सा बिप्रचर आँखि देखावहिं डाटि॥

इसी प्रकार योगमार्ग से भक्तिमार्ग का पार्थक्य गोस्वामी जी ने बहुत स्पष्ट शब्दों में बताया है। योगमार्ग ईश्वर को अंतस्थ मानकर अनेक प्रकार की अंतस्साधनाओं में प्रवृत्त करता हैं। सगुण भक्तिमार्गी ईश्वर की भीतर और बाहर सर्वत्र मानकर उनकी कथा का दर्शन खुले हुए व्यक्त जगत् के बीच करता है। वह ईश्वर मनुष्य के क्षुद्र घट के भीतर ही नहीं मानता। इसी से गोस्वामी जी कहते हैं-

अंतर्जामिहु तें बड़ बाहिरजामी हैं राम, जो नाम लिए तें।
पैज परे प्रहलादहु को प्रकटे प्रभु पाहन तें, न हिए तें॥

'घट के भीतर' कहने से गुह्य या रहस्य की धारणा फैलती है जो भक्ति के सीधे स्वाभाविक मार्ग में बाधा डालती है। घट के भीतर साक्षात्कार करने की बात कहने वाले प्राय: अपने को गूढ़ रहस्यदर्शी प्रकट करने के लिए सीधी-सादी बात को भी रूपक बाँधकर और टेढ़ी पहेली बनाकर कहा करते है। पर इस प्रकार के दुराव-छिपाव की प्रवृत्ति को गोस्वामी जी भक्ति का विरोधी मानते हैं। सरलता या सीधेपन को वे भक्ति का नित्य लक्षण कहते हैं-मन की सरलता, वचन की सरलता और कर्म की सरलता, तीनों को-

सूधे मन, सूधे सचन, सूधी सब करतूति।
तुलसी सूधी सकल बिधि, रघुबर प्रेम प्रसूति॥

वे भक्ति के मार्ग को ऐसा नहीं मानते जिसे 'लखै कोई बिरलै'। वे उसे ऐसा सीधा-सादा

स्वाभविक मार्ग बताते हैं जो सबके सामने दिखाई पड़ता हैं। वह संसार में सबके लिए ऐसा ही सुलभ है जैसे अन्न और जल–

निगम अगम, साहब सुगम, राम साँचिली चाह।
अंबु असन अवलोकियत, सुलभ सबहि जग माँह॥

अभिप्राय यह कि जिस हृदय से भक्ति की जाती है वह सबके पास हैं। हृदय की जिस पद्धति से भक्ति की जाती है वह भी वही है जिससे माता-पिता की भक्ति, पुत्र कलत्र का प्रेम किया जाता है। इसी से गोस्वामी जी कहते हैं कि–

यहि जग महँ जहँ लगि या तन की प्रीति प्रतीति सगाई।
सो सब तुलसीदास प्रभु ही सों होहु सिमिटि इक ठाई॥

नाथपंथी रमते जोगियों के प्रभाव से जनता अंधी भेड़ बनी हुई तरह-तरह की करामातों को साधुता का चिह्न मानने लगी थी और ईश्वरोन्मुख साधना को कुछ बिरले रहस्यदर्शी लोगों का ही काम समझने लगी थी। जो हृदय सबके पास होता है वही अपनी स्वाभाविक वृत्तियों द्वारा भगवान् की ओर लगाया जा सकता है, इस बात पर परदा-सा डाल दिया गया था। इससे हृदय रहते भी भक्ति का सच्चा स्वाभाविक मार्ग लोग नहीं देख पाते थे। यह पहले कहा जा चुका है कि नाथपंथ का हठयोग मार्ग हृदयपक्ष शून्य हैं। रागात्मिका वृत्ति की सच्ची भावना दब गयी थी, उठने ही नहीं पाती थी। लोक की इसी दशा को लक्ष्य करके गोस्वामी जी को कहना पड़ा था कि–

गोरख जगायो जोग, भगति भगायो लोग।

गोस्वामी जी की भक्तिपद्धति की सबसे बड़ी विशेषता है उसकी सर्वांगपूर्णता। जीवन के किसी पक्ष को सर्वथा छोड़कर वह नहीं चलती है। सब पक्षों के साथ उसका सामंजस्य हैं न उनका कर्म या धर्म से विरोध है, न ज्ञान से। धर्म तो उसका नित्यलक्षण है। तुलसी की भक्ति को धर्म और ज्ञान दोनों की रसानुभूति कह सकते हैं। योग का भी उसमें समन्वय है, पर उतने ही का जितना ध्यान के लिए, चित्त को एकाग्र करने के लिए आवश्यक है।

प्राचीन भारतीय भक्तिमार्ग के भीतर भी उन्होंने बहुत-सी बढ़ती हुई बुराइयों को रोकने का प्रयत्न किया। शैवों और वैष्णवों के बीच बढ़ते हुए विद्वेष को उन्होंने अपनी सामंजस्य व्यवस्था द्वारा बहुत कुछ रोका जिसके कारण उत्तरी भारत में वह वैसा भयंकर रूप न धारण कर सका जैसा उसने दक्षिण में किया। यहीं तक नहीं, जिस प्रकार उन्होंने लोकधर्म और भक्ति साधना को एक में सम्मिलित करके दिखाया उसी प्रकार कर्म, ज्ञान और उपासना के बीच भी सामंजस्य उपस्थित किया। 'मानस' के बालकांड में संत समाज का जो लंबा रूपक है वह इस बात को स्पष्ट रूप में सामने लाता है। भक्ति की चरम सीमा पर पहुँचकर भी लोकपक्ष उन्होंने नहीं छोड़ा। लोकसंग्रह का भाव उनकी भक्ति का एक अंग था। कृष्णोपासक भक्तों में इस अंग की कमी थी। उनके बीच उपास्य और उपासक के संबंध की ही गूढ़ातिगूढ़ व्यंजना हुई, दूसरे प्रकार के लोकव्यापक नाना संबंधों के कल्याणकारी सौंदर्य की प्रतिष्ठा नहीं हुई। यही कारण है कि इनकी भक्तिरसभरी वाणी जैसी मंगलकारिणी मानी गई वैसी और किसी की नहीं। आज राजा से रंक तक के घर में गोस्वामी जी का रामचरितमानस विराज रहा है और प्रत्येक प्रसंग पर इनकी चौपाइयाँ कही जाती हैं।

अपनी सगुणोपासना का निरूपण गोस्वामी जी ने कई ढंग से किया है। रामचरितमानस

में नाम और रूप दोनों को ईश्वर की उपाधि कहकर वे उन्हें उसकी अभिव्यक्ति मानते हैं–

नाम रूप दुइ ईस उपाधि। अकथ अनादि सुसामुझि साधी॥
नाम रूप गति अकथ कहानी। समुझत सुखद न परति बखानी॥
अगुन सगुन बिच नाम सुसाखी। उभय प्रबोधक चतुर दुभाखी॥

दोहावाली में भक्ति की सुगमता बड़े ही मार्मिक ढंग से गोस्वामी जी ने इस दोहे के द्वारा सूचित की है–

की तोहि लागहिं राम प्रिय, की तुम रामप्रिय होहि।
दुई महँ रुचै जो सुगम होइ, कीबे तुलसी तोहि॥

इसी प्रकार रामचरितमानस उत्तरकांड में उन्होंने ज्ञान की अपेक्षा भक्ति को कहीं अधिक सुसाध्य और आशुफलदायिनी कहा है।

रचनाकौशल, प्रबंधपटुता, सहृदयता इत्यादि सब गुणों का समाहार हमें रामचरितमानस में मिलता हैं। पहली बात जिस पर ध्यान जाता है, वह है कथाकाव्य के सब अवयवों का उचित समीकरण। कथाकाव्य या प्रबंधकाव्य के भीतर इतिवृत्त, वस्तु व्यापार-वर्णन, भावव्यंजना और संवाद, ये अव्यव होते हैं न तो अयोध्यापुरी की शोभा, बाललीला, नखशिख, जनक की वाटिका, अभिषेकोत्सव इत्यादि के वर्णन बहुत लंबे होने पाये हैं, न पात्रों के संवाद, न प्रेम, शोक आदि भावों का व्यंजना। इतिवृत्त की शृंखला भी कहीं से टूटती नहीं है।

दूसरी बात है कथा के मार्मिक स्थलों की पहचान। अधिक विस्तार हमें ऐसे ही प्रसंगों का मिलता है जो मनुष्यमात्र के हृदय को स्पर्श करने वाले हैं-जैसे, जनक की वाटिका में राम-सीता का परस्पर दर्शन, राम-वन-गमन, दशरथ मरण, भरत की आत्मग्लानि, वन के मार्ग में स्त्री-पुरुषों की सहानुभूति, युद्ध में लक्ष्मण को शक्ति लगना इत्यादि।

तीसरी बात है प्रसंगानुकूल भाषा। रसों के अनुकूल कोमल, कठोर पदों की योजना तो निर्दिष्ट रूढ़ि ही है। उसके अतिरिक्त गोस्वामी जी ने इस बात का भी ध्यान रखा है कि किस स्थल पर विद्वानों या शिक्षितों की संस्कृतमिश्रित भाषा रखनी चाहिए और किस स्थल पर ठेठ बोली। घरेलू प्रसंग समझकर कैकेयी और मंथरा के संवाद में उन्होंने ठेठ बोली और स्त्रियों में विशेष चलते प्रयोगों का व्यवहार किया है। अनुप्रास की ओर प्रवृत्ति तो सब रचनाओं में स्पष्ट लक्षित होती है।

चौथी बात है शृंगार की शिष्ट मर्यादा के भीतर बहुत ही व्यंजक वर्णन।

जिस धूमधाम से 'मानस' की प्रस्तावना चली है उसे देखते ही ग्रंथ के महत्त्व का आवास मिल जाता है। उससे साफ झलकता है कि तुलसीदास जी अपने ही तक दृष्टि रखने वाले भक्त न थे, संसार को भी दृष्टि फैलाकर देखने वाले भक्त थे। जिस भक्त जगत् के बीच उन्हें भगवान् के रामरूप की कला का दर्शन कराना था, पहले चारों ओर दृष्टि दौड़ाकर उसके अनेक रूपात्मक स्वरूप को उन्होंने सामने रखा है। फिर उसके भले-बुरे पक्षों की विषमता देख-दिखाकर अपने मन का यह कहकर समाधान किया है–

सुधा सुरा सम साधु असाधू। जनक एक जग जलधि अगाधू।

इसी प्रस्तावना के भीतर तुलसी ने अपनी उपासना के अनुकूल विशिष्टाद्वैत सिद्धांत का आभास भी यह कहकर दिया है–

सियाराममय सब जग जानी। करौं प्रनाम जोरि जुग पानी॥

जगत् को केवल राममय न कहकर उन्होंने 'सियाराममय' कहा है। सीता प्रकृतिस्वरूपा हैं और राम ब्रह्म हैं; प्रकृति पक्ष है और ब्रह्म चित् पक्ष। अतः पारमार्थिक सत्ता चिदचिद्विशिष्ट है, यह स्पष्ट झलकता है। चित् और अचित् वस्तुतः एक ही है, इसका निर्देश उन्होंने–

गिरा अर्थ जल बीचि सम कहियत भिन्न न भिन्न।
बंदौ सीताराम पद जिनहि परम प्रिय खिन्न॥

कहकर किया है।

'रामचरितमानस' के भीतर कहीं-कहीं घटनाओं के थोड़े ही हेर-फेर तथा स्वकल्पित संवादों के समावेशों के अतिरिक्त अपनी ओर से छोटी-मोटी घटनाओं या प्रसंगों की नयी कल्पना तुलसीदास जी ने नहीं की है। 'मानस' में उनका ऐसा न करना तो उनके उद्देश्य के अनुसार बहुत ठीक है। राम के प्रामाणिक चरित द्वारा वे जीवन भर बना रहने वाला प्रभाव उत्पन्न करना चाहते थे, और काव्यों के समान केवल अल्पस्थायी रसानुभूति मात्र नहीं। 'ये प्रसंग तो केवल तुलसी द्वारा कल्पित हैं' यह धारणा उन प्रसंगों का कोई स्थायी प्रभाव श्रोताओं या पाठकों पर न जमने देती। पर गीतावली तो प्रबंध काव्य न थी। उसमें तो सूर के अनुकरण पर वस्तु-व्यापार-वर्णन का बहुत विस्तार हैं। उसके भीतर छोटे-छोटे नूतन प्रसंगों की उद्भावना का पूरा अवकाश था, फिर भी कल्पित घटनात्मक प्रसंग नहीं पाये जाते। इससे यही प्रतीत होता है कि उनकी प्रतिभा अधिकतर उपलब्ध प्रसंगों को लेकर चलने वाली थी, नये-नये प्रसंगों की उद्भावना करने वाली नहीं। उनकी कल्पना वस्तुस्थिति को ज्यों की त्यों लेकर उसके मार्मिक स्वरूपों के उद्घाटन में प्रवृत्त होती थी। गोपियों को छकाने वाली कृष्णलीला के अंतर्गत छोटी-मोटी कथा के रूपों में कुछ दूर तक मनोरंजक और कुतूहलप्रद ढंग से चलने वाली नाना प्रसंगों की जो नवीन उद्भावना सूरसागर में पायी जाती है वह तुलसी के किसी ग्रंथ में नहीं मिलती।

'रामचरितमानस' में तुलसी केवल कवि रूप में ही नहीं, उपदेशक के रूप में भी सामने आते हैं। उपदेश उन्होंने किसी-न-किसी पात्र के मुख से कराये हैं, इससे काव्यदृष्टि से यह कहा जा सकता है कि वे उपदेश पात्र के स्वभावचित्रण के साधनरूप हैं। पर बात यह नहीं है। वे उपदेश उपदेश के लिए ही हैं। गोस्वामी जी के रचे बारह ग्रंथ प्रसिद्ध हैं जिनमें पाँच बड़े और सात छोटे हैं। दोहावली, कवित्तरामायण, गीतावली, रामचरितमानस, विनयपत्रिका बड़े ग्रंथ हैं तथा रामललानहछू, पार्वतीमंगल, जानकीमंगल, बरवैरामायण, वैराग्यसंदीपनी, कृष्णगीतावली और रामाज्ञाप्रश्नावली छोटे। पं. रामगुलाम द्विवेदी ने जो एक प्रसिद्ध भक्त और रामायणी हो गये हैं, इन्हीं बारह ग्रंथों को गोस्वामी जी कृत माना है। पर शिवसिंहसरोज में दस और ग्रंथों के नाम गिनाए गये हैं, यथा-रामसतसई, संकटमोचन, हनुमद्बाहुक, रामशलाका, छंदावली, छप्पय रामायण, कड़खा रामायण, रोला रामायण, झूलना रामायण और कुंडलिया रामायण। इनमें से कई एक तो मिलते ही नहीं। हनुमद्बाहुक को पं. रामगुलाम जी ने कवितावली के ही अंतर्गत लिया है। रामसतसई में सात सौ से कुछ अधिक दोहे हैं जिनमें से डेढ़ सौ के लगभग दोहावली के ही हैं। अधिकांश दोहे उसमें कुतूहलवर्धक, चातुर्य लिये हुए और क्लिष्ट हैं। यद्यपि दोहावली में भी कुछ दोहे इस ढंग के हैं, पर गोस्वामीजी ऐसे गंभीर, सहृदय और कलामर्मज्ञ महापुरुष के ऐसे पद्यों का इतना बड़ा ढेर लगाना समझ में नहीं आता। जो हो, बाबा बेनीमाधवदास के नाम पर प्रणीत चरित में भी रामसतसई का उल्लेख हुआ है।

कुछ ग्रंथों के निर्माण के संबंध में जो जनश्रुतियाँ प्रसिद्ध हैं, उनका उल्लेख भी यहाँ

आवश्यक है। कहते हैं कि बरवा रामायण गोस्वामी जी ने अपने स्नेही मित्र अब्दुर्रहीम खानखाना के कहने पर उनके बरवा (बरवै नायिकाभेद) को देखकर बनाया था। कृष्णगीतावली वृंदावन की यात्रा के अवसर पर बनी कही जाती है। पर बाबा बेनीमाधवदास के 'गोसाईचरित' के अनुसार रामगीतावली और कृष्णगीतावली दोनों ग्रंथ चित्रकूट में उस समय के कुछ पीछे लिखे गये जब सूरदास जी उनसे मिलने वहाँ गये थे। गोस्वामी जी के एक मित्र पं. गंगाराम ज्योतिषी काशी में प्रह्लाद घाट पर रहते थे। रामाज्ञाप्रश्न उन्हीं के अनुरोध से बना माना जाता है। हनुमानबाहुक से तो प्रत्यक्ष है कि वह बाहुओं में असह्य पीड़ा उठने के समय रचा गया था। विनयपत्रिका के बनने का कारण यह कहा जाता है कि जब गोस्वामी जी ने काशी में रामभक्ति की गहरी धूम मचाई तब एक दिन कलिकाल तुलसीदास जी को प्रत्यक्ष आकर धमकाने लगा और उन्होंने राम के दरबार में रखने के लिए वह पत्रिका या अर्जी लिखी।

गोस्वामी जी की सर्वांगपूर्ण काव्यकुशलता का परिचय आरंभ में ही दिया जा चुका है। उनकी साहित्यमर्मज्ञता, भावुकता और गंभीरता के संबंध में इतना और जान लेना भी आवश्यक है कि उन्होंने रचनानैपुण्य का भद्दा प्रदर्शन कहीं नहीं किया है और न शब्दचमत्कार आदि के खेलवाड़ों में वे फँसे हैं। अलंकारों की योजना उन्होंने ऐसे मार्मिक ढंग से की है कि वे सर्वत्र भावों या तथ्यों की व्यंजना को प्रस्फुटित करते हुए पाये जाते हैं, अपनी अलग चमक-दमक दिखाते हुए नहीं। कहीं-कहीं लंबे-लंबे सांगरूपक बाँधने में अवश्य उन्होंने एक भद्दी परंपरा का अनुसरण किया है। दोहावली के कुछ दोहों के अतिरिक्त और सर्वत्र भाषा का प्रयोग उन्होंने भावों और विचारों को स्पष्ट रूप में रखने के लिए किया है, कारीगरी दिखाने के लिए नहीं। उनकी-सी भाषा की सफाई और किसी कवि में नहीं। सूरदास में ऐसे वाक्य मिलते हैं जो विचारधारा आगे बढ़ाने में कुछ योग देते नहीं पाये जाते, केवल पादपूत्यर्थ ही लाये हुए जान पड़ते हैं। इसी प्रकार तुकांत के लिए शब्द भी तोड़े गये हैं। पर गोस्वामी जी की काव्यरचना अत्यंत प्रौढ़ और सुव्यवस्थित है, एक भी शब्द फालतू नहीं। खेद है कि भाषा की यह सफाई पीछे होने वाले बहुत कम कवियों में रह गयी। सब रसों की सम्यक् व्यंजना उन्होंने की है, पर मर्यादा का उल्लंघन कहीं नहीं किया है। प्रेम और शृंगार का ऐसा वर्णन जो बिना किसी लज्जा और संकोच के सबके सामने पढ़ा जा सके, गोस्वामी जी का ही हैं हम निस्संकोच कह सकते हैं, कि यह एक कवि ही हिंदी को प्रौढ़ साहित्यिक भाषा सिद्ध करने के लिए काफी है।

1. स्वामी अग्रदास–रामानंद जी के शिष्य अनंतानंद और अनंतानंद के शिष्य कृष्णदास पयहारी थे। कृष्णदास पयहारी के शिष्य अग्रदास जी थे। इन्हीं अग्रदास जी के शिष्य भक्तमाल के रचयिता प्रसिद्ध नाभादास जी थे। गलता (राजपूताना) की प्रसिद्ध गद्दी का उल्लेख पहले हो चुका है।[2] वहीं ये भी रहा करते थे और संवत् 1632 के लगभग वर्तमान थे। इनकी बनाई चार पुस्तकों का पता है–

1. हितोपदेश उपखाणाँ बावनी
2. ध्यानमंजरी
3. रामध्यानमंजरी
4. कुंडलिया।

इनकी कविता उसी ढंग की है जिस ढंग की कृष्णोपासक नंददास जी की। उदाहरण के लिए यह पद्य देखिए–

कुंडल ललित कपोल जुगल अस परम सुदेसा।
तिन को निरखि प्रकास लजत राकेस दिनेसा।

मेचक कुटिल विसाल सरोरुह नैन सुहाए।
मुख पंकज के निकट मनो अलि छौना आए॥

इनका एक पद भी देखिए–

पहरे राम तुम्हारे सोवत। मैं मति मंद अंध नहिं जोवत॥
अपमारग मारग महि जान्यो। इंद्री पोषि पुरुषारथ मान्यो॥
औरनि के बल अनत प्रकार। अगर दास के राम अधार॥

2. नाभादास जी–ये उपर्युक्त अग्रदास जीके शिष्य बड़े भक्त और साधुसेवी थे। संवत् 1657 के लगभग वर्तमान थे और गोस्वामी तुलसीदास जी की मृत्यु के बहुत पीछे तक जीवित रहे। इनका प्रसिद्ध ग्रंथ भक्तमाल संवत् 1942 के पीछे बना और संवत् 1769 में प्रियादास ने उसकी टीका लिखी। इस ग्रंथ में 200 भक्तों के चमत्कारपूर्ण चरित्र 316 छप्पयों में लिखे गये हैं। इन चरित्रों में पूर्ण जीवनवृत्त नहीं है, केवल भक्ति की महिमासूचक बातें लिखी गयी हैं। इनका उद्देश्य भक्तों के प्रति जनता में पूज्यबुद्धि का प्रचार जान पड़ता है। यह उद्देश्य बहुत अंशों में सिद्ध भी हुआ। आज उत्तरी भारत के गाँव-गाँव में साधुवेशधारी पुरुषों को शास्त्रज्ञ विद्वानों और पंडितों से कहीं बढ़कर जो सम्मान और पूजा प्राप्त है, वह बहुत कुछ भक्तों की करामातों और चमत्कारपूर्ण वृत्तांतों के सम्यक् प्रचार से।

नाभा जी को कुछ लोग डोम बताते हैं, कुछ क्षत्रिय। ऐसा प्रसिद्ध है कि वे एक बार गोस्वामी तुलसीदास जी से मिलने काशी गये। पर उस समय गोस्वामी जी ध्यान में थे। इससे न मिल सके। नाभा जी उसी दिन वृन्दावन चले गए। ध्यान भंग होने पर गोस्वामी जी को बड़ा खेद हुआ और वे तुरंत नाभा जी से मिलने वृंदावन चल दिये। नाभा जी के यहाँ वैष्णवों का भंडारा था जिसमें गोस्वामी जी बिना बुलाये जा पहुँचे। गोस्वामी जी यह समझकर कि नाभा जी ने मुझे अभिमानी न समझा हो, सबसे दूर एक किनारे बुरी जगह बैठ गये। नाभा जी ने जानबूझकर उनकी ओर ध्यान न दिया। परसने के समय कोई पात्र न मिलता था जिसमें गोस्वामी जी को खीर दी जाती। यह देखकर गोस्वामी जी एक साधु का जूता उठा लाये और बोले, 'इससे सुंदर पात्र मेरे लिए और क्या होगा?' इस पर नाभा जी ने उठकर उन्हें गले लगा लिया और गद्गद हो गये। ऐसा कहा जाता है कि तुलसी संबंधी अपने प्रसिद्ध छप्पय के अंत में पहले नाभा जी ने कुछ चिढ़कर यह चरण रखा था–'कलि कुटिल जीव तुलसी भए, वाल्मीकि अवतार धरि।' यह वृत्तांत कहाँ तक ठीक है, नहीं कहा जा सकता, क्योंकि गोस्वामी जी खान पान का विचार रखने वाले समार्त्त वैष्णव थे। तुलसीदास जी के संबंध में नाभा जी का प्रसिद्ध छप्पय यह है–

त्रेता काव्य निबंध करी सत कोटि रमायन।
इक अक्षर उच्चरे ब्रह्महत्यादि परायन॥
अब भक्तन सुख दैन बहुतरि लीला बिस्तारी।
रामचरनरसमत्त रहत अहनिसि ब्रतधारी॥
संसार अपार के पार को सुगम रूप नौका लियो।
कलि कुटिल जीव निस्तारहित वाल्मीकि तुलसी भयो॥

अपने गुरु अग्रदास के समान इन्होंने भी रामभक्ति संबंधी कविता की है। ब्रजभाषा पर इनका अच्छा अधिकार था और पद्य रचना में अच्छी निपुणता थी। रामचरितमानस संबंधी इनके

पदों का एक छोटा-सा संग्रह अभी थोड़े दिन हुए प्राप्त हुआ है।

इन पुस्तकों के अतिरिक्त इन्होंने दो 'अष्टयाम' भी बनाये-एक ब्रजभाषा गद्य में, दूसरा रामचरितमानस की शैली पर दोहा -चौपाइयों में। दोनों के उदाहरण नीचे दिये जाते हैं-

गद्य

तब श्री महाराजकुमार प्रथम श्री वसिष्ठ महाराज के चरन छुइ प्रनाम करत भए। फिरि अपर वृद्ध समाज तिनको प्रनाम करत भए। फिरि श्री राजाधिराज जू को जोहार करिके श्री महेंद्रनाथ जू के निकट बैठत भए।

पद्य

अवधपुरी की शोभा जैसी। कहि नहिं सकहिं शेष श्रुति तैसी।।
रचित कोट कलधौत सुहावन। बिबिध रंग मति अति मन भावन।।
चहुँ दिसि बिपिन प्रमोद अनूपा। चतुर बीस जोजन रस रूपा।।
सुदिस नगर सरजू सरि पावनि। मनिमय तीरथ परम सुहावनि।।
बिगसे जलज भृंग रस भूले। गुंजत जल समूह दोउ कले।।
परिखा अति चहुँदिसि लसति, कंचन कोट प्रकास।
बिबिध भाँति नग जगमगत, प्रति गोपुर पुर पास।।

3. प्राणचंद चौहान : संस्कृत में रामचरित संबंधी कई नाटक हैं जिनमें कुछ तो नाटक के साहित्यिक नियमानुसार हैं और कुछ केवल संवाद रूप में होने के कारण नाटक कहे गये हैं। इसी पिछली पद्धति पर संवत् 1667 में इन्होंने रामायण महानाटक लिखा। रचना का ढंग नीचे उद्धृत अंश से ज्ञात हो सकता है-

कातिक मास पच्छ उजियारा। तीरथ पुन्य सोम कर वारा।।
ता दिन कथा कीन्ह अनुमाना। शाह सलेम दिलीपति थाना।।
संवत् सोरह सै सत साठा। पुन्य प्रगास पाय भय नाठा।।
जो सारद माता कर दाया। बरनौं आदि पुरुष की माया।।
जेहि माया कह मुनि जग भूला। ब्रह्मा रहे कमल के फूला।।
निकसि न सक माया कर बाँधा। देषहु कमलनाल के राँधा।।
आदिपुरुष बरनौं केहि भाँती। चाँद-सुरज तहँ दिवस न राती।।
निरगुन रूप करै सिव ध्याना।। चार वेद गुन जेरि बखाना।।
तीनों गुन जानै संसारा। सिरजै पालै भंजनहारा।।
श्रवन बिना सो अस बहुगुना। मन में होइ सु पहले सुना।।
देषै सब पै आहि न आँषी। अंधकार चोरी के साषी।।
तेहि कर दहुँ को करै बषाना। जिहि कर मर्मवेद नहिं जाना।।
माया सींव भो कोउ न पारा। शंकर पँवरि बीच होइ हारा।।

4. हृदयराम : ये पंजाब के रहने वाले और कृष्णदास के पुत्र थे। इन्होंने संवत् 1680 में संस्कृत के हनुमन्नाटक के आधार पर भाषा हनुमन्नाटक लिखा जिसकी कवित्त बड़ी सुंदर और परिमार्जित है। इसमें अधिकतर कविता और सवैयों में बड़े अच्छे संवाद हैं। पहले कहा

जा चुका है कि गोस्वामी तुलसीदास जी ने अपने समय की सारी प्रचलित काव्य पद्धतियों पर रामचरित का गान किया। केवल रूपक या नाटक के ढंग पर उन्होंने कोई रचना नहीं की। गोस्वामी जी के समय से ही उनकी ख्याति के साथ-साथ रामभक्ति की तरंगें भी देश के भिन्न-भिन्न भागों में उठ चली थीं। अत: उस काल के भीतर ही नाटक के रूप में कई रचनाएँ हुई जिनमें सबसे अधिक प्रसिद्ध हृदयराम का हनुमन्नाटक हुआ।

नीचे कुछ उदाहरण दिये जाते हैं–

देखन जो पाऊँ तौ पठाऊँ जमलोक हाथ,
दूजो न लगाऊँ, बार करौं एक कर को।
मीजि मारौं उर ते उखारि भुजदंड, हाड़,
तोरि हडारौं बर अवलोकि रघुबर को॥
कासों राग द्विज को, रिसात भहरात राम,
अति थहरात गात लागत है धर को।
सीता को संताप मेटि प्रगट प्रताप कीनों,
को है वह आप चाच तोर्‌यो जिन हर को॥

× × × × ×

जानकी को मुख न बिलोक्यों ताते कुंडल,
न जानत हौं, बीर पायँ छुवै रघुराई के।
हाथ जो निहारे नैन फूटियो हमारे,
ताते कंकन देखे, बोल कह्यो सतभाइ के॥
पाँयन के परिबे कौ नाते दास लक्षमन
यातें पहिचानत है भूषन जे पायँ के।
बिछुआ है एई, अरु झाँझ हैं एइ जुग
नूपुर हैं तेई राम जानत जराइ के॥

× × × × ×

सातों सिंधु, सातों लोक, सातों रिषि हैं ससोक,
सातों रबि घोरे, थोरे देखे न डरात मैं।
सातों दीप, सातों ईति काँप्योई करत और
सातों मत रात-दिन प्रान हैं न गात मैं॥
सातों चिरजीव बरराई उठैं बार-बार,
सातों सुर हाय-हाय होत दिन रात मैं।
सातहूँ पताल काल सबद कराल, राम
भेदे सात ताल, चाल परी सात-सात मैं॥

× × × × ×

एहो हनू! कह्यौ श्री रघुबीर कछू सुधि है सिय की छिति माँही?
है प्रभु लंक कलंक बिना सुबसै तहँ रावन बाग की छाँहीं॥
जीवति है? कहिबेई को नाथ, सु क्यों न मरी हमतें बिछुराहीं।
प्रान बसै पद पंकज में जम आवत है पर पावत नाहीं॥

रामभक्ति का एक अंग आदि रामभक्त हनुमान जी की उपासना भी हुई। स्वामी रामानंद जी कृत हनुमान जी स्तुति का उल्लेख हो चुका है। गोस्वामी तुलसीदास जी ने हनुमान की वंदना बहुत स्थलों पर की है। 'हनुमानबाहुक' तो केवल हनुमान जी को ही संबोधन करके लिखा गया है। भक्ति के लिए किसी पहुँचे हुए भक्त का प्रसाद भी भक्तिमार्ग में अपेक्षित होता है। संवत् 1696 में रायमल्ल पांडे ने 'हनुमच्चरित्र' लिखा था। गोस्वामी जी के पीछे भी कई लोगों ने रामायण लिखीं, पर वे गोस्वामी जी की रचनाओं के सामने प्रसिद्धि न प्राप्त कर सकीं। ऐसा जान पड़ता है कि गोस्वामी जी की प्रतिभा का प्रखर प्रकाश डेढ़ सौ वर्ष तक ऐसा छाया रहा कि रामभक्ति की और रचनाएँ उसके सामने ठहर न सकीं। विक्रम की 19वीं और 20वीं शताब्दी में अयोध्या के महंत बाबा रामचरणदास, बाबा रघुनाथदास, रीवाँ के महाराज रघुराज सिंह आदि ने रामचरित संबंधी विस्तृत रचनाएँ की जो सर्वप्रिय हुई। इस काल में रामभक्ति विषयक कविता बहुत कुछ हुई।

रामभक्ति की काव्यधारा की सबसे बड़ी विशेषता यह है कि उसमें सब प्रकार की रचनाएँ हुई, उसके द्वारा कई प्रकार की रचनापद्धतियों को उत्तेजना मिली। कृष्णोपासी कवियों ने मुक्तक के एक विशेष अंग गीतकाव्य की ही पूर्ति की, पर रामचरित को लेकर अच्छे-अच्छे प्रबंधकाव्य रचे गये।

तुलसीदास जी के प्रसंग में यह दिखाया जा चुका है कि रामभक्ति में भक्ति का पूर्ण स्वरूप विकसित हुआ है। प्रेम और श्रद्धा अर्थात् पूज्यबद्धि दोनों के मेल से भक्ति की निष्पत्ति होती है। श्रद्धा धर्म की अनुगामिनी हैं जहाँ धर्म का स्फुरण दिखाई पड़ता है वहीं श्रद्धा टिकती है। धर्म ब्रह्म के सत्स्वरूप की व्यक्त प्रवृत्ति है, उस स्वरूप की क्रियात्मक अभिव्यक्ति है, जिसका आभास अखिल विश्व की स्थिति में मिलता है, पूर्ण भक्त व्यक्त जगत् के बीच सत् की इस सर्वशक्तिमयी प्रवृत्ति के उदय का, धर्म की इस मंगलमयी ज्योति के स्फुरण का साक्षात्कार चाहता रहता है। इसी ज्योति के प्रकाश में सत् के अनंत रूप-सौंदर्य की भी मनोहर झाँकी उसे मिलती है। लोक में जब कभी वह धर्म के स्वरूप को तिरोहित या आच्छादित देखता है तब मानो भगवान् उसकी दृष्टि से–उसकी खुली हुई आँखो के सामने से–ओझल हो जाते हैं और वह वियोग की आकुलता का अनुभव करता है। फिर जब अधर्म का अंधकार फाड़कर धर्म ज्योति अमोघ शक्ति के साथ-साथ फूट पड़ती है तब मानो उसके प्रिय भगवान् का मनोहर रूप सामने आ जाता और वह पुलकित हो उठता है। भीतर का 'चित्त' जब बाहर 'सत्' का साक्षात्कार कर पाता है तब 'आनंद' का आविर्भाव होता है और 'सदानंद' की अनुभूति होती है।

यह उस सगुण भक्ति मार्ग का पक्ष जो भगवान् के अवतार को लेकर चलता है और जिसका पूर्ण विकास तुलसी की रामभक्ति में पाया जाता है। 'विनयपत्रिका' में गोस्वामी जी ने लोक में फैले अधर्म, अनाचार, अत्याचार आदि का भीषण चित्र खींचकर भगवान् से अपना सत् स्वरूप, धर्मसंस्थापक स्वरूप व्यक्त करने की प्रार्थना की है। उन्हें दृढ़ विश्वास है कि धर्मस्वरूप भगवान् की कलाका कभी-न-कभी दर्शन हागा। अत: वे यह भावना करके पुलकित हो जाते हैं कि सत्स्वरूप का लोकव्यक्त प्रकाश हो गया, रामराजय प्रतिष्ठित हो गया और चारों ओर फिर मंगल छा गया–

रामराज भयो काज सगुन सुभ, राजा राम जगत विजई है॥
समरथ बड़ो सुजान सुसाहब, सुकृत सेन हारत जितई है॥

जो भक्तिमार्ग श्रद्धा के अवयव को छोड़कर केवल प्रेम को ही लेकर चलेगा धर्म से उसका लगाव न रह जायेगा। वह एक प्रकार से अधूरा रहेगा। शृंगारोपासना माधुर्य भाव आदि की ओर उसका झुकाव होता जायेगा और धीरे-धीरे उसमें 'गुह्य रहस्य' आदि का भी समावेश होगा। परिणाम यह होगा कि भक्ति के बहाने विलासिता और इंद्रियासक्ति की स्थापना होगी। कृष्णभक्ति शाखा कृष्ण भगवान् के धर्मस्वरूप को-लोकरक्षक और लोकरंज स्वरूप को-छोड़कर केवल मधुर स्वरूप और प्रेमलक्षणा भक्ति की सामग्री लेकर चली। इससे धर्म सौंदर्य के आकर्षण से वह दूर पड़ गयी। तुलसीदास जी ने भक्ति को अपने पूर्ण रूप में, श्रद्धा प्रेम समन्वित रूप में, सबके सामने रखा और धर्म या सदाचार को उसका नित्यलक्षण निर्धारित किया।

अत्यंत खेद की बात है कि इधर कुछ दिनों से एक दल इस रामभक्ति को भी शृंगारी भावनाओं में लपेटकर विकृत करने में जुट गया है। तुलसीदास जी के प्रसंग में हम दिखा आये हैं कि कृष्णभक्त सूरदास जी की शृंगारी रचना का कुछ अनुकरण गोस्वामी जी की 'गीतावली' के उत्तरकांड में दिखाई पड़ता है पर वह केवल आनंदोत्सव तक रह गया है। इधर आकर कृष्णभक्तिशाखा का प्रभाव बहुत बढ़ा। विषयवासना की ओर मनुष्य की स्वाभाविक प्रवृत्ति के कारण कुछ दिनों से रामभक्ति मार्ग के भीतर भी शृंगारी भावना का अनर्गल प्रवेश हो रहा हैं। इस शृंगारी भावना के प्रवर्तक थे रामचरितमानस के प्रसिद्ध टीकाकार जानकीघाट (अयोध्या) के रामचरणदास जी, जिन्होंने पति-पत्नी भाव की उपासना चलाई। इन्होंने अपनी शाखा का नाम 'स्वसुखी शाखा' रखा। स्त्रीवेश धारण करके पति 'लाल साहब' (यह खिताब राम को दिया गया है) से मिलने के लिए सोलह शृंगार करना, सीता की भावना सपत्नी रूप में करना आदि इन शाखा के लक्षण हुए। रामचरणदास जी ने अपने मत की पुष्टि के लिए अनेक न वीन कल्पित ग्रंथ प्राचीन बताकर अपनी शाखा में फैलाये, जैसे-लामशसंहिता, हनुमत्संहिता, अमर रामायण, भुशुंडि रामायण, महारामायण (5 अध्याय), कोशलखंड, रामनवरत्न, महारासोत्सव सटीक (संवत् 1904 में प्रिंटिंग प्रेस, लखनऊ में छपा।

'कोशलखंड' में राम की रासलीला, बिहार आदि के अश्लील वृत्त कल्पित किये गये हैं और कहा गया है कि रासलीला तो वास्तव में राम ने की थी। रामावतार में 99 रास वे कर चुके थे। एक ही शेष था जिसके लिए फिर कृष्ण रूप में अवतार लेना पड़ा। इस प्रकार विलास-क्रीड़ा में कृष्ण से कहीं अधिक राम को बढ़ाने की होड़ लगायी गयी। गोलोक में जो नित्य रासलीला होती रहती है उससे कहीं बढ़कर साकेत में हुआ करती है। वहाँ की नर्तकियों की नामावली में रंभा, उर्वशी आदि के साथ-साथ राधा और चंद्रावली भी गिना दी गयी हैं।

रामचरणदास की इस शृंगारी उपासना में चिरान छपरा के जीवाराम जी ने थोड़ा हेरफेर किया। उन्होंने पति-पत्नी-भावना के स्थान पर 'सखीभाव' रखा और अपनी शाखा का नाम 'तत्सुखी' शाखा रखा। 'सखीभाव' की उपासना का खूब प्रचार लक्ष्मण किला (अयोध्या) वाले युगलानन्यशरण ने किया। रीवाँ के महाराज रघुराजसिंह इन्हें बहुत मानते थे और इन्हीं की सम्मति से उन्होंने चित्रकूट में 'प्रमोदवन' आदि कई स्थान बनवाये। चित्रकूट की भावना वृंदावन के रूप में की गयी और वहाँ के कुंज भी ब्रज के-से क्रीड़ा कुंज माने गये। इस रसिक पंथ का आजकल अयोध्या में बहुत जोर है और वहाँ के बहुत-से मंदिरों में अब राम की 'तिरछी चितवन' और 'बाँकी अदा' के गीत गये जाने लगे हैं। इस पंथ के लोगों का

उत्सव प्रतिवर्ष चैत्र कृष्ण नवमी को वहाँ होता हैं ये लोग सीताराम को 'युगलसरकार' कहा करते हैं और अपना आचार्य 'कृपानिवास' नामक एक कल्पित व्यक्ति को बतलाते हैं जिसके नाम पर एक 'कृपानिवास पदावली' संव 1901 में छपी (प्रिंटिंग प्रेस लखनऊ)। इसमें अनेक अश्लील पद हैं, जैसे–

1. नीबी करषत बरजति प्यारी।
रसलंपट संपुट कर जोरत, पद पसरत पुनि लै बलिहारी (पृ. 138)
2. पिय हँसि रस-रस कुचुकि खोलैं।
चमकि निवारित पानि लाड़िली, मुरक-मुरक मुख बोलैं।

ऐसी ही एक और पुस्तक 'श्रीरामावतार भजन तरंगिणी' इन लोगों की ओर से निकली है, जिसका एक भजन देखिए–

हमरे पिय ठाढ़े सरजू तीर।
छाड़ि लाज मैं जाय मिली जहँ खड़े लखन के वीर।।
मृदु मुसकाय पकरि कर मेरो खैंचि लियो तब चीर।।
झाऊ वृक्ष की झाड़ी भीतर लगे रति धीर।।

भगवान् राम के दिव्यपुनीत चरित्र के कितने घोर पतन की कल्पना इन लोगों के द्वारा हुई है यह दिखाने के लिए इतना बहुत है। लोकपावन आदर्श का ऐसा ही वीभत्स विपर्यय देखकर चित्त क्षुब्ध हो जाता है। रामभक्ति शाखा के साहित्य का अनुसंधान करने वालों को सावधान करने के लिए ही इस 'रसिक शाखा' का यह थोड़ा-सा विवरण दे दिया गया हैं 'गुह्य', 'रहस्य', 'माधुर्य भाव' इत्यादि के समावेश से किसी भक्ति मार्ग की यही दशा होती है। गोस्वामी जी ने शुद्ध, सात्विक और खुले रूप में जिस रामभक्ति का प्रकाश फैलाया था, वह इस प्रकार विकृत की जा रही है।

◉◉

सन्दर्भ

1. ये दोनों पंक्तियाँ सूरदास जी के इस पद से खींच ली गयी हैं–

   कर्म जोग पुनि ज्ञान उपासन सब ही भ्रम भरमायो।
   श्रीबल्लभ गुरु तत्त्व सुनायो लीला भेद बतायो।।

2. देखिए, पृ. 93-94

(सूरसागरसारावली)

प्रकरण-5 : सगुण धारा

कृष्णभक्ति शाखा

1. श्रीबल्लभाचार्य जी : पहले कहा जा चुका है कि विक्रम की पंद्रहवीं और सोलहवीं शताब्दी में वैष्णव धर्म का जो आंदोलन देश के एक छोर से दूसरे छोर तक रहा उसके श्रीबल्लभाचार्य जी प्रधान प्रवर्तकों में से थे। आचार्य जी का जन्म संवत् 1535, वैशाख कृष्ण 11 को और गोलोकवास संवत् 1587, आषाढ़ शुक्ल 3 को हुआ। ये वेदशास्त्र में पारंगत धुरंधर विद्वान् थे।

रामानुज से लेकर बल्लभाचार्य तक जितने भक्त दार्शनिक या आचार्य हुए हैं, सबका लक्ष्य शंकराचार्य के मायावाद और विवर्त्तवाद से पीछा छुड़ाना था। जिसके अनुसार भक्ति अविद्या या भ्रांति ही ठहरती है। शंकर ने केवल निरुपाधि निर्गुण ब्रह्म की ही पारमार्थिक सत्ता स्वीकार की थी। बल्लभ ने ब्रह्म में सब धर्म माने। सारी सृष्टि को उन्होंने लीला के लिए ब्रह्म की आत्मकृति कहा। अपने को अंशरूप जीवों में बिखराना ब्रह्म की लीलामात्र हैं। अक्षर ब्रह्म अपनी आविर्भाव तिरोभाव की अचिंत्य शक्ति से जगत् के रूप में परिणत भी होता है और उसके परे भी रहता हैं। वह अपने सत्, चित् और आनंद, इन तीनों स्वरूपों का आविर्भाव और तिरोभाव करता रहता है। जीव में सत् और चित् का आविर्भाव रहता है, पर आनंद का तिरोभाव। जड़ में केवल सत् का आविर्भाव रहता है, चित् और आनंद का दोनों का तिरोभाव। माया कोई वस्तु नहीं।

श्रीकृष्ण ही परब्रह्म हैं जो दिव्य गुणों से संपन्न होकर 'पुरुषोत्तम' कहलाते हैं। आनंद का पूर्ण आविर्भाव इसी पुरुषोत्तम रूप में रहता है, अतः यही श्रेष्ठ रूप है। पुरुषोत्तम कृष्ण की सब लीलाएँ नित्य हैं। वे अपने भक्तों के लिए 'व्यापी वैकुंठ' में (जो विष्णु के वैकुंठ से ऊपर है) अनेक प्रकार की क्रीड़ाएँ करते रहते हैं। गोलोक इसी व्यापी वैकुंठ का एक खंड है जिसमें नित्य रूप में यमुना, वृंदावन, निकुंज इत्यादि सब कुछ है। भगवान् की इस 'नित्यलीला सृष्टि' में प्रवेश करना ही जीव की सबसे उत्तम गति है।

शंकर ने निर्गुण को ही ब्रह्म का पारमार्थिक या असली रूप कहा था और सगुण को व्यावहारिक या मायिक। बल्लभाचार्य ने बात उलटकर सगुण रूप को ही असली पारमार्थिक रूप बताया और निर्गुण को उसका अंशतः तिरोहित रूप कहा। भक्ति की साधना के लिए बल्लभ ने उसके 'श्रद्धा' के अवयव को छोड़कर, जो महत्त्व की भावना में मग्न करता है, केवल 'प्रेम' लिया। प्रेमलक्षणा भक्ति ही उन्होंने ग्रहण की। 'चौरासी वैष्णवों की वार्ता' में सूरदास की एक वार्ता के अंतर्गत प्रेम को ही मुख्य और श्रद्धा या पूज्यबुद्धि को ही आनुषंगिक या सहायक कहा है–

"श्री आचार्य जी, महाप्रभु के मार्ग को कहा स्वरूप है? माहात्म्य ज्ञानपूर्वक सुदृढ़ स्नेह तो परम काष्ठा है। स्नेह आगे भगवान् का रहत नाहीं ताते भगवान् बेर-बेर माहात्य जनावत हैं। इन ब्रजभक्तन को स्नेह परम काष्ठापन्न है। ताहि समय तो महात्म्य रहे, पीछे विस्मृत होय जाय।"

प्रेमसाधना में बल्लभ ने लोकमर्यादा और वेदमर्यादा दोनों का त्याग विधेय ठहराया। इस प्रेमलक्षणा भक्ति की ओर जीव की प्रवृत्ति तभी होती है जब भगवान् का अनुग्रह होता है जिसे 'पोषण' या पुष्टि कहते हैं। इसी से बल्लभाचार्य जी ने अपने मार्ग का नाम 'पुष्टिमार्ग' रखा है।

उन्होंने जीव तीन प्रकार के माने हैं–

1. पुष्टि जीव, जो भगवान् के अनुग्रह का ही भरोसा रखते हैं और 'नित्यलीला' में प्रवेश पाते हैं।

2. मर्यादा जीव, जो वेद की विधियों का अनुसरण करते हैं और स्वर्ग आदि लोक प्राप्त करते हैं और

3. प्रवाह जीव, जो संसार के प्रवाह में पड़े सांसारिक सुखों की प्राप्ति में ही लगे रहते हैं।

'कृष्णाश्रय' नामक एक 'प्रकरण ग्रंथ' में बल्लभाचार्य ने अपने समय की अत्यंत विपरीत दशा का वर्णन किया है जिसमें उन्हें वेदमार्ग या मर्यादामार्ग का अनुसरण अत्यंत कठिन दिखाई पड़ा है। देश में मुसलमानी साम्राज्य अच्छी तरह दृढ़ हो चुका था। हिंदुओं का एक मात्र स्वतंत्र और प्रभावशाली राज्य दक्षिण का विजय नगर राज्य रह गया था, पर बहमनी सुलतानों के पड़ोस में रहने के कारण उसके दिन भी गिने हुए दिखाई पड़ते थे। इस्लामी संस्कार धीरे-धीरे जमते जा रहे थे। सूफी पीरों के द्वारा सूफी पद्धति की प्रेमलक्षणा भक्ति का प्रचारकार्य धूम से चल रहा था। एक ओर 'निर्गुण पंथ' के संत लोग वेदशास्त्र की विधियों पर से जनता की आस्था हटाने में जुटे हुए थे। अतः बल्लभाचार्य ने अपने 'पुष्टिमार्ग' का प्रवर्तन बहुत कुछ देशकाल देखकर किया।

बल्लभाचार्य जी के मुख्य ग्रंथ ये हैं–

1. पूर्वमीमांसा भाष्य।

2. उत्तर मीमांसा या ब्रह्मसूत्र भाष्य जो अणुभाष्य के नाम से प्रसिद्ध है। इनके शुद्धाद्वैतवाद का प्रतिपादक यही प्रधान दार्शनिक ग्रंथ है।

3. श्रीमद्भागवत् की सूक्ष्म टीका तथा सुबोधिनी टीका।

4. तत्त्वदीपनिबंध तथा।

5. सोलह छोटे-छोटे प्रकरण ग्रंथ। इनमें से पूर्वमीमांसा भाष्य का बहुत थोड़ा-सा अंश मिलता है। 'अणुभाष्य' आचार्य जी पूरी न कर सके थे। अतः अंत के डेढ़ अध्याय उनके पुत्र गोसाई बिट्ठलनाथ ने लिखकर ग्रंथ पूरा किया। भागवत की सूक्ष्म टीका नहीं मिलती, सुबोधिनी का भी कुछ अंश ही मिलता है। प्रकरण ग्रंथों में 'पुष्टिप्रवाहमर्यादा' नाम की प्रसिद्ध पुस्तक मूलचंद तुलसीदास तेलीवाला ने संपादित करके प्रकाशित करायी है।

रामानुजाचार्य के समान बल्लभाचार्य ने भी भारत के बहुत-से भागों में पर्यटनों और विद्वानों से शास्त्रार्थ कर के अपने मत का प्रचार किया था। अंत में अपने उपास्य श्रीकृष्ण की जन्मभूमि में जाकर उन्होंने अपनी गद्दी स्थापित की और अपने शिष्य पूरन मल खत्री द्वारा गोवर्धन पर्वत पर श्रीनाथ जी का बड़ा भारी मंदिर निर्माण कराया तथा सेवा का बड़ा भारी मंडान बाँधा। बल्लभ संप्रदाय में जो उपासना पद्धति या सेवा पद्धति ग्रहण की गयी उसमें

भोग, राग तथा विलास की प्रभूत सामग्री के प्रदर्शन की प्रधानता रही। मंदिरों की प्रशंसा 'केसर की चक्कियाँ चलै हैं' कहकर होने लगी। भोगविलास के इस आकर्षण का प्रभाव सेवक-सेविकाओं पर कहाँ तक अच्छा पड़ सकता था। जनता पर चाहे जो प्रभाव पड़ा हो पर उक्त गद्दी के भक्त शिष्यों ने सुंदर-सुंदर पदों द्वारा जो मनोहर प्रेम संगीत धारा बहायी उसने मुरझाते हुए हिंदू जीवन को सरस और प्रफुल्लित किया। इस संगीतधारा में दूसरे संप्रदायों के कृष्णभक्तों ने भी पूरा योग दिया।

सब संप्रदायों के कृष्णभक्त भागवत् में वर्णित कृष्ण की ब्रजलीला को ही लेकर चले क्योंकि उन्होंने अपनी प्रेमलक्षण भक्ति के लिए कृष्ण का मधुर रूप ही पर्याप्त समझा। महत्त्व की भावना से उत्पन्न श्रद्धा या पूज्यबुद्धि का अवयव छोड़ देने के कारण कृष्ण के लोकरक्षक और धर्म संस्थापक स्वरूप को सामने रखने की आवश्यकता उन्होंने न समझी। भगवान् के मर्मस्वरूप को इस प्रकार किनारे रख देने से उसकी ओर आकर्षित होने और आकर्षित करने की प्रवृत्ति का विकास कृष्णभक्तों में न हो पाया। फल यह हुआ कि कृष्णभक्त कवि अधिकतर फुटकल शृंगारी पदों की रचना में ही लगे रहे। उनकी रचनाओं में न तो जीवन के अनेक गंभीर पक्षों के मार्मिक रूप स्फुरित हुए, न अनेकरूपता आयी। श्रीकृष्ण का इतना चरित ही उन्होंने न लिया जो खंडकाव्य, महाकाव्य आदि के लिए पर्याप्त होता। राधाकृष्ण की प्रेम लीला ही सबने गायी।

भागवत् धर्म का उदय यद्यपि महाभारत काल में ही हो चुका था और अवतारों की भावना देश में बहुत प्राचीन काल से चली आती थी, पर वैष्णव धर्म के सांप्रदायिक स्वरूप का संगठन दक्षिण में ही हुआ। वैदिक परंपरा के अनुकरण पर अनेक संहिताएँ, उपनिषद्, सूत्रग्रंथ इत्यादि तैयार हुए। श्रीमद्भागवत् में श्रीकृष्ण के मधुर रूप का विशेष वर्णन होने से भक्तिक्षेत्र में गोपियों के ढंग के प्रेम का माधुर्य भाव का रास्ता खुला। इसके प्रचार में दक्षिण के मंदिर की देवदासी प्रथा विशेष रूप में सहायक हुई। माता-पिता मंदिरों में लड़कियों को चढ़ा आते थे जहाँ उनका विवाह भी ठाकुर जी के साथ हो जाता था। उनके लिए मंदिर में प्रतिष्ठित भगवान् की उपासना पतिरूप में विधेय थी। इन्हीं देवदासियों में कुछ प्रसिद्ध भक्तिनें भी हो गयी हैं।

दक्षिण में अंदाल इसी प्रकार की एक प्रसिद्ध भक्तिन हो गयी हैं जिनका जन्म संवत् 773 में हुआ था। अंदाल के पद द्रविड़ भाषा में 'तिरुप्पावइ' नामक पुस्तक में मिलते हैं। अंदाल एक स्थल पर कहती है, 'अब मैं पूर्ण यौवन को प्राप्त हूँ और स्वामी कृष्ण के अतिरिक्त और किसी को अपना पति नहीं बना सकती।' इस भाव की उपासना यदि कुछ दिन चले तो उसमें गुह्य और रहस्य की प्रवृत्ति हो ही जायेगी। रहस्यवादी सूफियों का उल्लेख ऊपर हो चुका है जिनकी उपासना भी 'माधुर्य भाव' की थी। मुसलमानी जमाने में इन सूफियों का प्रभाव देश की भक्तिभावना के स्वरूप पर बहुत कुछ पड़ा। 'माधुर्य भाव' को प्रोत्साहन मिला। माधुर्य भाव की जो उपासना चली आ रही थी उसमें सूफियों के प्रभाव से 'आभ्यंतर मिलन', 'मूर्च्छा', 'उन्माद' आदि की भी रहस्यमयी योजना हुई। मीराबाई और चैतन्य महाप्रभु दोनों पर सूफियों का प्रभाव पाया जाता है।

2. सूरदास जी—सूरदास जी का वृत्त 'चौरासी वैष्णवों की वार्ता' में केवल इतना ज्ञात होता है कि ये पहले गऊघाट (आगरे तथा मथुरा के बीच) पर एक साधु या स्वामी के रूप

में रहा करते थे और शिष्य किया करते थे। गोवर्द्धन पर श्रीनाथ जी का मंदिर बन जाने के पीछे एक बार बल्लभाचार्य जी गऊघाट पर उतरे तब सूरदास उनके दर्शन की आये और उन्हें अपना बनाया एक पद गाकर सुनाया। आचार्य जी ने उन्हें अपना शिष्य किया और भागवत की कथाओं को गाने योग्य पदों में करने का आदेश दिया। उनकी सच्ची भक्ति और पद रचना की निपुणता देख बल्लभाचार्य जी ने उन्हें श्रीनाथ जी के मंदिर की कीर्तन सेवा सौंपी। इस मंदिर को पूरनमल खत्री ने गोवर्द्धन पर्वत पर संवत् 1576 में पूरा बनवाकर खड़ा किया था। मंदिर पूरा होने के 11 वर्ष पीछे अर्थात् संवत् 1587 में बल्लभाचार्य जी की मृत्यु हुई।

श्रीनाथ जी के मंदिर निर्माण के थोड़ा ही पीछे सूरदास जी बल्लभ संप्रदाय में आए, यह 'चौरासी वैष्णवों की वार्ता' के इन शब्दों से स्पष्ट हो जाता है–

"औरहु पद गाए तब श्री महाप्रभु जी अपने मन में विचारे जो श्रीनाथ जी के यहाँ और तो सब सेवा को मंडान भयो है, पर कीर्तन को मंडान नाहीं कियो है; तातें अब सूरदास को दीजिए।"

अत: संवत् 1580 के आसपास सूरदास जी बल्लभाचार्य जी के शिष्य हुए होंगे और शिष्य होने के कुछ ही पीछे उन्हें कीर्तनसेवा मिली होगी। तब से वे बराबर गोवर्द्धन पर्वत पर ही मंदिर की सेवा करते थे, इसका स्पष्ट आभास 'सूरसारावली' के भीतर मौजूद है। तुलसीदास के प्रसंग में हम कह आये हैं कि भक्त लोग कभी-कभी किसी ढंग से अपने को अपने इष्टदेव की कथा के भीतर डालकर उनके चरणों तक अपने पहुँचने की भावना करते हैं। तुलसी ने तो अपने कुछ प्रच्छन्न रूप में पहुँचाया है, पर सूर ने प्रकट रूप में। कृष्ण जन्म के उपरांत नंद के घर बराबर आनंदोत्सव हो रहे हैं। उसी बीच एक ढाढ़ी आकर कहता है–

नंद जू मेरे मन आनंद भयो, हौं गोवर्धन तें आयो।
तुम्हरे पुत्र भयो, मैं सुनि कै अति आतुर उठि धायो।।
× × × × ×
जब तुम मदन मोहन करि टेरौं, यह सुनि कै घर जाऊँ।
हौं तौ तेरे घर को ढाढ़ी, सूरदास मेरो नाऊँ।।

बल्लभाचार्य जी के पुत्र गोसाईं बिट्ठलनाथ के सामने गोवर्द्धन की तलहटी के पारसोली ग्राम में सूरदास की मृत्यु हुई, इसका पता भी उक्त 'वार्ता' से लगता है। गोसाई बिट्ठलनाथ की मृत्यु सं. 1642 में हुई। इसके कितने पहले सूरदास का परलोकवास हुआ, यह निश्चित रूप से नहीं कहा जा सकता।

'सूरसागर' समाप्त करने पर सूर ने जो 'सूरसागर सारावली' लिखी है उसमें अपनी अवस्था 67 वर्ष की कही है–

गुरु परसाद होत यह दरसन सरसठ बरस प्रवीन।।

तात्पर्य यह कि 67 वर्ष के पहले वे 'सूरसागर' समाप्त कर चुके थे। सूरसागर समाप्त होने के थोड़े ही पीछे उन्होंने 'सूरसारावली' लिखी होगी। एक और ग्रंथ सूरदास का 'साहित्य लहरी' है, जिसमें अलंकारों और नायिकाभेदों के उदाहरण प्रस्तुत करने वाले कूट पद है। इसका रचनाकाल सूर ने इस प्रकार व्यक्त किया है–

मुनि सुनि रसन के रस लेख।
दसन गौरीनंद को लिखि सुबल संवत पेख।

इसके अनुसार संवत् 1607 में में 'साहित्य लहरी' समाप्त हुई। यह तो मानना ही पड़ेगा कि साहित्यक्रीड़ा का यह ग्रंथ 'सूरसागर' से छुट्टी पाकर ही सूर ने संकलित किया होगा। उसके 2 वर्ष पहले यदि 'सूरसारावली' की रचना हुई, तो कह सकते हैं कि संवत् 1605 में सूरदास जी 67 वर्ष के थे। अब यदि उनकी आयु 80 या 82 वर्ष की मानें तो उनका जन्मकाल संवत् 1540 के आसपास तथा मृत्युकाल संवत् 1620 के आसपास ही अनुमित होता है।

'साहित्य लहरी' के अंत में एक पद है जिसमें सूर अपनी वंशपरंपरा देते हैं। उस पद के अनुसार सूर पृथ्वीराज के कवि चंदबरदाई के वंशज ब्रह्मभट्ट थे। चंद कवि के कुल में हरिचंद हुए जिनके 7 पुत्रों में सबसे छोटे सूरजदास या सूरदास थे।[1] शेष 6 भाई जब मुसलमानों से युद्ध करते हुए मारे गये तब अंधे सूरदास बहुत दिनों इधर-उधर भटकते रहे। एक दिन वे कुएँ में गिर पड़े और 6 दिन उसी में पड़े रहे। सातवें दिन कृष्ण भगवान् उनके सामने प्रकट हुए और उन्हें दृष्टि देकर अपना दर्शन दिया। भगवान् ने कहा कि दक्षिण के प्रबल ब्राह्मण कुल द्वारा शत्रुओं का नाश होगा और तू सब विद्याओं में निपुण होगा। इस पर सूरदास ने वर माँगा कि जिन आँखों से मैंने आपका दर्शन किया उन्हीं अब और कुछ न देखूँ और सदा आपका भजन करूँ। कुएँ से जब भगवान् ने उन्हें बाहर निकाला तब वे ज्यों-के-त्यों अंधे हो गये और ब्रज में आकर भजन करने लगे। वहाँ गोसाई जी ने उन्हें 'अष्टछाप' में लिया।

हमारा अनुमान है कि 'साहित्य लहरी' में यह पद पीछे किसी भाट के द्वारा जोड़ा गया है। यह पंक्ति ही–

प्रबल दच्छिन बिप्रकुल तें सत्रु ह्वै-है नास।

इसे सूर के बहुत पीछे की रचना बता रही हैं 'प्रबल दच्छिन विप्रकुल' से साफ पेशवाओं की ओर संकेत हैं। इसे खींचकर अध्यातमक पक्ष की ओर मोड़ने का प्रयत्न व्यर्थ है।

सारांश यह है कि हमें सूरदास का जो थोड़ा-सा वृत्त 'चौरासी वैष्णवों की वार्ता' में मिलता है उसी पर संतोष करना पड़ता है। यह 'वार्ता' भी यद्यपि बल्लभाचार्य जी के पौत्र गोकुलनाथ जी की कही जाती है, पर उनकी लिखी नहीं जान पड़ती। इसमें कई जगह गोकुलनाथ जी के श्रीमुख से की हुई बातों का बड़े आदर और सम्मान के शब्दों में उल्लेख है और बल्लभाचार्य जी की शिक्षा न होने कारण मीराबाई को बहुत बुरा-भला कहा गया है, और गालियाँ तक दी गयी हैं। रंग-रंग से यह वार्ता गोकुलनाथ जी के पीछे उनके किसी गुजराती शिष्य की रचना जान पड़ती है।

'भक्तमाल' में सूरदास के संबंध में केवल एक यही छप्पय मिलता है–

उक्ति चोज अनुप्रास बरन अस्थिति अति भारी।
बचन प्रीति निर्वाह अर्थ अद्‌भुत तुकधारी।।
प्रतिबिंबित दिवि दिष्टि, हृदय हरिलीला भासी।
जनम करम गुन रूप सवै रसना परकासी।।
बिमल बुद्धि गुन और की जो यह गुन स्वननि धरै।
सूर कबित सुनि कौन कवि जो नहिं सिर चालन करै।।

इस छप्पय से सूर के अंधे होने भर का संकेत है जो परंपरा से प्रसिद्ध चला आता है। जीवन का कोई विशेष प्रामाणिक वृत्त न पाकर इधर कुछ लोगों ने सूर के समय के आसपास के किसी ऐतिहासिक लेख में जहाँ कहीं सूरदास नाम मिला है वहीं का वृत्त प्रसिद्ध सूरदास

पर घटाने का प्रयत्न किया हैं ऐसे दो उल्लेख लोगों को मिले हैं–

1. 'आईने अकबरी' में अकबर के दरबार में नौकर, गवैयों बीनकारों आदि कलावंतों की जो फिहरिस्त है उसमें बाबा रामदास और उनके बेटे सूरदास दोनों के नाम दर्ज हैं। उसी ग्रंथ में यह भी लिखा है कि सब कलावंतों की सात मंडलियाँ बना दी गयी थीं। प्रत्येक मंडली सप्ताह में एक बार दरबार में हाजिर होकर बादशाह का मनोरंजन करती थी। अकबर संवत् 1613 में गद्दी पर बैठा। हमारे सूरदास संवत् 1580 के आसपास ही बल्लभाचार्य जी के शिष्य हो गये और उनके पहले भी विरक्त साधु के रूप में गऊ घाट पर रहा करते थे। इस दशा में संवत् 1613 के बहुत बाद दरबारी नौकरी करने कैसे पहुँचे? अत: 'आईने अकबरी' के सूरदास और सूरसागर के सूरदास एक ही व्यक्ति नहीं ठहरते।

2. 'मुशियात् अबुलफजल' नामक अबुलफजल के पत्रों का एक संग्रह है जिसमें बनारस के किसी संत सूरदास के नाम अबुलफजल का एक पत्र हैं। बनारस का करोड़ी इन सूरदास के साथ अच्छा बरताव नहीं करता था इससे उसकी शिकायत लिखकर इन्होंने शाही दरबार में भेजी थी। उसी के उत्तर में अबुलफजल का पत्र हैं। बनारस के सूरदास बादशाह से इलाहाबाद में मिलने के लिए इस तरह बुलाये गये हैं–

'हजरत बादशाह इलाहाबाद में तशरीफ लायेंगे। उम्मीद है कि आप भी शर्फ मुलाजमात से मुशर्रफ होकर हकीकी होंगे और खुदा का शुक्र है कि हजरत भी आपको हकशिनास जानकर दोस्त रखते हैं।' (फारसी का अनुवाद)

इन शब्दों से ऐसी ध्वनि निकलती है कि ये कोई ऐसे संत थे जिनके अकबर के 'दीन इलाही' में दीक्षित होने की संभावना अबुलफजल समझता था। संभव है कि ये कबीर के अनुयायी कोई संत हो। अकबर का दो बार इलाहाबाद जाना पाया जाता है। एक तो संवत् 1640 में फिर 1661 में। पहली यात्रा के समय का लिखा हुआ भी यदि इस पत्र को माने तो भी उस समय हमारे सूर का गोलोकवास हो चुका था। यदि उन्हें तब तक जीवित मानें तो वे 100 वर्ष के ऊपर रहे होंगे। मृत्यु के इतने समीप आकर वे इन बस झमेलों में क्यों पड़ने जाएँगे, या उनके 'दीनदलाही' में दीक्षित होने की आशा कैसे की जायेगी?

श्री बल्लभाचार्य जी के पीछे उनके पुत्र गोसाईं बिट्ठलनाथ जी गद्दी पर बैठे थे उस समय तक पुष्टिमार्गी कई कवि सुंदर-से-सुंदरपदों की रचना कर चुके थे। इससे गोसाईं बिट्ठलनाथ जी ने उनमें से आठ सर्वोत्तम कवियों को चुनकर 'अष्टछाप' की प्रतिष्ठा की। 'अष्टछाप' के आठ कवि हैं–सूरदास, कुंभनदास, परमानंददास, कृष्णदास, छीतस्वामी, गोविंदस्वामी, चतुर्भुजदास और नंददास।

कृष्णभक्ति परंपरा में श्रीकृष्ण की प्रेममयी मूर्ति को ही लेकर प्रेमतत्त्व की बड़े विस्तार के साथ व्यंजना हुई है, उनके लोकपक्ष का समावेश उसमें नहीं हैं। इन कृष्णभक्तों के कृष्ण प्रेमोन्मत्त गोपिकाओं से घिरे हुए गोकुल के श्रीकृष्ण हैं, बड़े-बड़े भूपालों के बीच लोक व्यवस्था की रक्षा करते हुए द्वारका के श्रीकृष्ण नहीं हैं। कृष्ण के जिस मधुर रूप को लेकर ये भक्त कवि चल रहे हैं वह हास-विलास की तरंगों से परिपूर्ण अनंत सौंदर्य का समुद्र हैं। उस सार्वभौम प्रेमालंबन के सम्मुख मनुष्य का हृदय निराले प्रेमलोक में फूला फिरता है। अत: इन कृष्ण भक्त कवियों के संबंध में यह कह देना आवश्यक है कि वे अपने रंग में मस्त रहने वाले जीव थे, तुलसीदास जी के समान लोकसंग्रह का भाव इनमें न था। समाज किधर

जा रहा है, इस बात की परवाह ये नहीं रखते थे, यहाँ तक कि अपने भगवत्प्रेम की पुष्टि के लिए जिस शृंगारमयी लोकोत्तर छटा और आत्मोत्सर्ग की अभिव्यंजना से इन्होंने जनता को रसोन्मत्त किया, उसका लौकिक स्थूल दृष्टि रखने वाले विषय वासनापूर्ण जीवों पर कैसा प्रभाव पड़ेगा, इसकी ओर इन्होंने ध्यान न दिया। जिस राधा और कृष्ण के प्रेम को इन भक्तों ने अपनी गूढ़ातिगूढ़ चरम भक्ति का व्यंजक बनाया उसको लेकर आगे के कवियों ने शृंगार की उन्मादकारिणी उक्तियों से हिंदी काव्य को भर दिया।

कृष्णचरित के गान में गीतकाव्य की जो धारा पूरब में जयदेव और विद्यापति ने बहाई, उसी का अवलंबन ब्रज के भक्त कवियों ने भी किया। आगे चलकर अलंकारकाल के कवियों ने अपनी शृंगारमयी मुक्तक कविता के लिए राधा और कृष्ण का ही प्रेम लिया। इस प्रकार कृष्ण संबंधिनी कविता का स्फुरण मुक्तक के क्षेत्र में ही हुआ, प्रबंध क्षेत्र में नहीं। बहुत पीछे संवत् 1809 में ब्रजवासीदास ने रामचरितमानस के ढंग पर दोहों, चौपाइयों में प्रबंधकाव्य के रूप में कृष्णचरित का वर्णन किया, पर ग्रंथ बहुत साधारण कोटि का हुआ और उसका वैसा प्रसार न हो सका। कारण स्पष्ट है। कृष्णभक्त कवियों ने श्रीकृष्ण भगवान् के चरित का जितना अंश लिया वह एक अच्छे प्रबंधकाव्य के लिए पर्याप्त न था। उनमें मानव जीवन की वह अनेकरूपता न थी जो एक प्रबंधकाव्य के लिए आवश्यक है। कृष्णभक्त कवियों की परंपरा अपने इष्टदेव की केवल बाललीला और यौवन लीला लेकर ही अग्रसर हुई जो गीत और मुक्तक के लिए ही उपयुक्त थी। मुक्तक के क्षेत्र में कृष्णभक्त कवियों तथा आलंकारिक कवियों ने शृंगार और वात्सल्य रसों को पराकाष्ठा पर पहुँचा दिया, इसमें कोई संदेह नहीं।

पहले कहा गया है कि श्री बल्लभाचार्य जी की आज्ञा से सूरदास जी ने श्रीमद्‌भागवत् की कथा को पदों में गाया। इनके सूरसागर में वास्तव में भागवत के दशम स्कंध की कथा संक्षेपतः इतिवृत्त के रूप में थोड़े-से पदों कह दी गयी है। सूरसागर में कृष्णजन्म से लेकर श्रीकृष्ण के मथुरा जाने तक की कथा अत्यंत विस्तार से फुटकल पदों में गायी गयी है। भिन्न-भिन्न लीलाओं के प्रसंग को लेकर इस सच्चे रसमग्न कवि ने अत्यंत मधुर और मनोहर पदों की झड़ी-सी बाँध दी हैं। इन पदों के संबंध में सबसे पहली बात ध्यान देने की यह है कि चलती हुई ब्रजभाषा में सबसे पहली साहित्य रचना होने पर भी ये इतने सुडौल और वात्सल्य की उक्तियाँ सूर की जूठी-सी जान पड़ती हैं। अतः सूरसागर किसी चली आती हुई गीतकाव्य परंपरा का–चाहे वह मौखिक ही रही हो–पूर्ण विकास-सा प्रतीत होता है।

गीतों की परंपरा तो सभ्य-असभ्य सब जातियों में अत्यंत प्राचीनकाल से चली आ रही है। सभ्य जातियों ने लिखित साहित्य के भीतर भी उनका समावेश किया है। लिखित रूप में आकर उनका रूप पंडितों की काव्यपरंपरा की रूढ़ियों के अनुसार बहुत कुछ बदल जाता है। इससे जीवन के कैसे-कैसे योग सामान्य जनता का मर्म स्पर्श करते आए हैं, और भाषा की किन-किन पद्धतियों पर वे अपने गहरे भावों की व्यंजना करते आये हैं, इसका ठीक पता हमें बहुत काल से चले आते हुए मौखिक गीतों से ही लग सकता हैं। किसी देश की काव्यधारा के मूल प्राकृतिक स्वरूप का परिचय हमें चिरकाल से चले आते हुए इन्हीं गीतों से मिल सकता हैं। घर-घर प्रचलित स्त्रियों के घरेलू गीतों में शृंगार और करुण दोनों का बहुत स्वाभाविक विकास हम पायेंगे। इसी प्रकार आल्हा, कड़खा, आदिपुरुषों के गीतों में वीरता की व्यंजना की सरल स्वाभाविक पद्धति मिलेगी। देश की अंतर्वतिनी मूल धारा के स्वरूप

के ठीक-ठीक परिचय के लिए ऐसे गीतों का पूर्ण संग्रह बहुत आवश्यक है। पर इस संग्रह कार्य में उन्हीं का हाथ लगाना ठीक है जिन्हें भारतीय संस्कृति के मार्मिक स्वरूप की परख हो जिनमें पूरी ऐतिहासिक दृष्टि हो।

स्त्रियों के बीच चले आते हुए बहुत पुराने गीतों को देखने पर पता लगेगा कि उनमें स्वकीया के ही प्रेम की सरल गंभीर व्यंजना हैं। परकीया प्रेम के जो गीत वे कृष्ण और गोपिकाओं की प्रेमलीला को ही लेकर चले हैं, इससे उन पर भक्ति या धर्म का कुछ भी रंग चढ़ा रहता है। इस प्रकार के मौखिक गीत देश के प्रायः सब भागों में गाये जाते थे। मैथिल कवि विद्यापति (संवत् 1460) की पदावली में हमें उनका साहित्यिक रूप मिलता है। जैसा कि हम पहले कह आये हैं, सूर के श्रृंगारी पदों की रचना बहुत कुछ विद्यापति की पद्धति पर हुई है। कुछ पदों के तो भाव भी बिलकुल मिलते हैं, जैसे–

अनुखन माधव-माधव सुमिरइत सुंदरी भेलि मधाई।
ओ निज भाव सुभावहि बिसरल अपने गुन लुबधाई॥
× × × × ×
भोरहि सहचरि कातर दिठि हेरि छल-छल लोचन पानि।
अनुखन राधा-राधा रटइत आधा-आधा बानि॥
राधा सयँ जब पनितहि माधव-माधव सयैं जब राधा॥
दारुन प्रेम तबहि नहिं टूटत बाढ़त बिरह क बाधा॥
दुहुँ दिसि दारुदहन जइसे दगधइ आकुल कीट परान।
ऐसन बल्लभ हेरि सुधामुखि कबि विद्यापति भान॥

इस पद का भावार्थ यह है कि प्रतिक्षण कृष्ण का स्मरण करते-करते राधा कृष्ण रूप हो जाती है और अपने को कृष्ण समझकर राधा के वियोग में 'राधा-राधा' रटने लगती है। फिर जब होश में आती है तब कृष्ण के विरह में संतृप्त होकर फिर 'कृष्ण-कृष्ण' करने लगती है। इस प्रकार अपनी सुध में रहती है तब भी, नहीं रहती है तब भी दोनों अवस्थाओं में उन्हें विरह का ताप सहना पड़ता है। उनकी दशा उस लकड़ी के भीतर के कीड़े-सी रहती है जिसके दोनों छोरों पर आग लगी हो। अब इसी भाव का सूर का यह पद देखिए–

सुनौ स्याम! यह बात और कोउ क्यों समझाय कहै।
दुहुँ दिसि की रति बिरह बिरहिनी कैसे कै जो सहै॥
जब राधे, तब ही मुख 'माधौ-माधौ' रटति रहै।
जब माधो ह्वै जाति सकल तनु राधा बिरह दहै॥
उभय अग्र दब दारुकीट ज्यों सीतलताहि चहैं।
सूरदास अति विकल विरहिनी कैसे हू सुख न लहै।

(सूरदास, पृ. 564 वेंकटेश्वर)

'सूरसागर' में जगह-जगह दृष्टिकूट वाले पद मिलते हैं। यह भी विद्यापति का अनुकरण है। 'सारंग' शब्द को लेकर सूर ने कई जगह कूट पद कहे हैं। विद्यापति की पदावली में इसी प्रकार का एक कूट देखिए–

सारंग नयन, बयन पुनि सारंग, सारंग तसु समधाने।
सारंग उपर उगल दस सारंग केलि करथि मधु पाने॥

पश्चिमी हिंदी बोलने वाले सारे प्रदेशों में गीतों की ब्रजभाषा ब्रज ही थी। दिल्ली के आसपास भी गीत ब्रजभाषा में ही गाये जाते थे, यह हम खुसरो (संवत् 1340) के गीतों में दिखा आये हैं। कबीर (संवत् 1560) के प्रसंग में कहा जा चुका है कि उनकी साखी की भाषा तो 'सधुक्कड़ी' है, पर पदों की भाषा काव्य में प्रचलित ब्रजभाषा है। यह एक पद तो कबीर और सूर दोनों की रचनाओं के भीतर ज्यों-का-त्यों मिलता है—

है हरिभजन को परवाँन।
नीच पावै ऊँच पदवी, बाजते नीसान।
भजन को परताप ऐसी तिरे जल पाषान।
अधम भील, अजाति गनिका चढ़े जात विवाँन।
नवलख तारा चलै मंडल, चलै ससहर भान।
दास धू कौं अटल पदवी राम को दीवान।
निगम जाकी साखि बोलैं कथैं संत सुजान।
जन कबीर तेरो सरनि आयो, राखि लेहु भगवान॥

(कबीर ग्रंथावली, पृ. 190)

है हरि भजन को परमान।
नीच पावै ऊँच पदवी, बाजते नीसान।
भजन को परताप ऐसों जल तरै पाषान।
अजामिल अरु भील गनि का चढ़े जात विमान।
चलत तारे सकल मंडल, चलत ससि अरु भान।
भक्त ध्रुव को अटल पदवी राम को दीवान।
निगम जाको सुजस गावत, सुनत संत सुजान।
सूर हरि की सरन आयौ, राखि ते भगवान॥

(सूरसागर, पृ. 19, वेंकटेश्वर)

कबीर की सबसे प्राचीन प्रति में भी यह पद मिलता है इससे नहीं कहा जा सकता कि सूर की रचनाओं के भीतर यह कैसे पहुँच गया।

राधाकृष्ण की प्रेमलीला के गीत सूर के पहले से चले आते थे, यह तो कहा ही जा चुका है। बैजू बावरा एक प्रसिद्ध गवैया हो गया है जिसकी ख्याति तानसेन के पहले देश में फैली हुई थी। उसका एक पद देखिए—

मुरली बजाय रिझाय लई मुख मोहन तें।
गोपी रीझि रही रसतानत सों सुधबुध सब बिसराई।
धुनि सुनि मन मोहे, मगन भई देखत हरि आनन।
जीव जंतु पसु पंछी सुर नर मुनि मोहे, हरे सब के प्रानन।
बैजू बनवारी बंसी अधर धरि वृंदावनचंद बस किए सुनत ही कानन॥

जिस प्रकार रामचरित का गान करने वाले कवियों में गोस्वामी तुलसीदास जी का स्थान सर्वश्रेष्ठ है। उसी प्रकार कृष्णचरित का गाने वाले भक्त कवियों में महात्मा सूरदास जी का। वास्तव में ये हिंदी काव्य गगन के सूर्य और चंद्र हैं। जो तन्मयता इन दोनों भक्त-शिरोमणि कवियों की वाणी में पायी जाती है वह अन्य कवियों में कहाँ? हिंदी काव्य इन्हीं के प्रभाव से

अमर हुआ, इन्हीं की सरसता से उसका स्रोत सूखने न पाया। सूर की स्तुति में, एक संस्कृत श्लोक के भाव को लेकर यह दोहा कहा गया है–

उत्तम पद कवि गंग के, कविता को बंल वीर।
केशव अर्थ गँभीर को, सूर तीन गुन धीर॥

इसी प्रकार यह दोहा भी बहुत प्रसिद्ध है–

किधों सूर को सर लग्यो, किधौं सूर को पीर।
किधौं सूर को पद लग्यो, बेध्यो सकल सरीर॥

यद्यपि तुलसी के समान सूर का काव्यक्षेत्र इतना व्यापक नहीं कि उसमें जीवन की भिन्न-भिन्न दशाओं का समावेश हो पर जिस परिमित पुण्यभूमि में उनकी वाणी ने संचरण किया उसका कोई कोना अछूता न छूटा। श्रृंगार और वात्सल्य के क्षेत्र में जहाँ तक इनकी दृष्टि पहुँची वहाँ तक और कोई किसी कवि की नहीं। गोस्वामी तुलसीदास जी ने गीतावली में बाललीला को इनकी देखादेखी बहुत अधिक विस्तार दिया सही, पर उसमें बालसुलभ भावों और चेष्टाओं की वह प्रचुरता नहीं आयी, उसमें रूप वर्णन की ही प्रचुरता रही। बालक चेष्टा के स्वाभाविक मनोहर चित्रों का इतना बड़ा भंडार और कहीं नहीं। दो-चार चित्र देखिए–

1. काहे को आरि करत मेरे मोहन! यो तुम आँगन लोटी?
जो माँगहु सो देहुँ मनोहर, यहै बात तेरी खोटी॥
सूरदास का ठाकुर ठाढ़ो हाव लकुट लिए छोटी॥

2. सोभित कर नवनीत लिए।
घुटरुन चलन रेनु तन मंडित, मुख दधि लेप किए॥

3. सिखवत चलन जसोदा मैया।
अरबराय कर पानि गहावति, डगमगाय धरै पैयाँ॥

4. पाहुनि करि दै तनक गह्यौ।
आरि करै मनमोहन मेरो, अंचल आनि गह्यौ॥
व्याकुल मथत मथनियाँ रीति, दधि भ्वैं ढरकि रह्यौ॥

बालकों के स्वाभाविक भावों की व्यंजना के न जाने कितने सुंदर पद भरे पड़े हैं। 'स्पर्धा' का कैसा सुंदर भाव इस प्रसिद्ध पद में आया है–

मैया कबहिं बढ़ैगी चोटी!
कितिक बार मोहिं दूध पियत भइ, यह अजहूँ है छोटी॥
तू जो कहति 'बल' की बेनी ज्यों ह्वै है लाँबी मोटी॥

इसी प्रकार बालकों के क्षोभ के ये वचन देखिए–

खेलत मैं को काको गोसैयाँ?
जाति-पाँति हम ते कछु नाहिं, न बसत तुम्हारी छैयाँ॥
अति अधिकार जनावत यातें, अधिक तुम्हारे हैं कछु गैयाँ॥

वात्सल्य के समान ही श्रृंगार के संयोग और वियोग दोनों पक्षों का इतना प्रचुर विस्तार

और किसी कवि में नहीं। गोकुल में जब तक श्रीकृष्ण रहे तब तक को उनका सारा जीवन ही संयोगपक्ष हैं। दानलीला, माखनलीला, चीरहरणलीला, रासलीला आदि न जाने कितनी लीलाओं पर सहस्रों पद भरे पड़े हैं। राधाकृष्ण के प्रेम के प्रादुर्भाव में कैसी स्वाभाविक परिस्थितियों का चित्रण हुआ है, यही देखिये–

(क) करि ल्यौ न्यारी, हरि आपनि गैयाँ।
नहिं न बसात लाल कछु तुमसों सबै ग्वाल इक ठैयाँ।

(ख) धेनु दुहत अतिही रति बाढ़ी।
एक धार दोहनि पहुँचावत, एक धार जहँ प्यारी ठाढ़ी॥
मोहन कर तें धार चलति पय मोहनि मुख अति ही छबि बाढ़ी॥

शृंगार के अंतर्गत भावपक्ष और विभावपक्ष दोनों के अत्यंत विस्तृत और अनूठे वर्णन इस सागर के भीतर लहरें मार रहे हैं। राधाकृष्ण के रूपवर्णन में ही सैकड़ों पद कहे गये हैं जिनमें उपमा, रूपक और उत्प्रेक्षा आदि की प्रचुरता हैं। आँख पर ही न जाने कितनी उक्तियाँ हैं, जैसे–

देखि री ! हरि के चंचल नैन।
खंजन मीन मृगज चपलाई, नहिं पटतर एक सैन।
राजिवदल इंदीवर, शतदल, कमल, कुशेशय जाति।
निसि मुद्रित प्रातहि वै विगसत, ये बिगसे दिन-राति॥
अरुन असित सित झलक पलक प्रति, को बरनै उपमाय।
मानो सरस्वति गंग जमुन मिलि आगन कीन्हों आय॥

नेत्रों के प्रति उपालंभ भी कहीं-कहीं बड़े मनोहर हैं–

मेरे नैना बिरह की बेल बई।
सींचत नैन नीर के, सजनी! मूल पतार गई।
बिगसति लता सुभाय आपने छाया सघन भई॥
अब कैसे निरुवारौं, सजनी! सब तन पसरि छई॥

आँख तो आँख, कृष्ण की मुरली तक में प्रेम प्रभाव से गोपियों की ऐसी सजीवता दिखाई पड़ती है कि वे अपनी सारी प्रगल्भता उसे कोसने में खर्च कर देती हैं–

मुरली तऊ गोपालहिं भावति।
सुन री सखी! जदपि नंदनंदहि नाना भाँति नचावति॥
राखति एक पाँय ठाढ़े करि, अति अधिकार जनावति।
आपुनि पौढ़ि अधर सज्जा पर करपल्लव सों पद पलुटावति॥
भृकुटी कुटिल कोप नासापुट हम पर कोपि कँपावति।

कालिंदी के कूल पर शरत् की चाँदनी में होने वाले रास की शोभा का क्या कहना है, जिसे देखने के लिए सारे देवता आकर इकट्ठे हो जाते थे। सूर ने एक न्यारे प्रेमलोक की आनंद छटा अपने बंद नेत्रों से देखी है। कृष्ण के मथुरा चले जाने पर गोपियों का जो विरहसागर उमड़ा है उसमें मग्न होने पर तो पाठकों को बारपार नहीं मिलता। वियोग की जितने प्रकार की दशाएँ हो सकती हैं। सबका समावेश उसके भीतर है। कभी तो गोपियों को संध्या होने पर यह स्मरण आता है–

एहि बेरियाँ बन तें चलि आवते।

दूरहिं ते वह बेनु, अधर धरि बारम्बार बजावते॥

कभी वे अपने उजड़े हुए नीरस जीवन के मेल में न होने के कारण वृंदावन के हरे-भरे पेड़ों को कोसती हैं–

मधुबन तुम कत रहत हरे?
बिरह बियोग स्याम सुंदर के ठाढ़े क्यों न जरै?
तुम हौ निलज, लाज नहिं तुमको, फिर सिर पुहुप धरे॥
ससा स्यार औ बन के पखेरू धिक-धिक सबन करे।
कौन काज ठाढ़े रहे वन में, काहे न उकठि परे॥

परंपरा से चले आते हुए चंद्रोपालंभ आदि सब विषयों का विधान सूर के वियोगवर्णन के भीतर है, कोई बात छूटी नहीं है।

सूर की बड़ी भारी विशेषता है नवीन प्रसंगों की उद्भावना। प्रसंगोद्भावना करने वाली ऐसी प्रतिभा हम तुलसी में नहीं पाते। बाललीला और प्रेमलीला दोनों के अंतर्गत कुछ दूर तक चलने वाले न जाने कितने छोटे-छोटे मनोरंजक वृत्तों की कल्पना सूर ने की हैं। जीवन के एक क्षेत्र के भीतर कथावस्तु की यह रमणीय कल्पना ध्यान देने योग्य है।

राधाकृष्ण के प्रेम को लेकर कृष्णभक्ति की जो काव्य परंपरा चली उसमें लीलापक्ष अर्थात् बाह्यार्थ विधान की प्रधानता रही है। उसमें केलि, विलास, रास, छेड़छाड़, मिलन की युक्तियों आदि बाहरी बातों का ही विशेष वर्णन है। प्रेमलीन हृदय की नाना अनुभूतियों की व्यंजना कम हैं। वियोग वर्णन में कुछ संचारियों का समावेश मिलता है पर वे रूढ़ और परंपरागत है उनमें उद्भावना बहुत थोड़ी पायी जाती हैं। भ्रमरगीत के अंतर्गत अलबत्ता सूर ने आभ्यंतर पक्ष का भी विस्तृत उद्घाटन किया हैं। प्रेमदशा के भीतर की न जाने कितनी मनोवृत्तियों की व्यंजना गोपियों के बचनों द्वारा होती है।

सूरसागर का सबसे मर्मस्पर्शी और वाग्वैदग्धपूर्ण अंश 'भ्रमरगीत' है जिसमें गोपियों की वचनवक्रता अत्यंत मनोहारिणी हैं। ऐसा सुंदर उपालंभ काव्य और कहीं नहीं मिलता। उद्धव तो अपने निर्गुण ब्रह्मज्ञान और योगकथा द्वारा गोपियों को प्रेम से विरत करना चाहते हैं और गोपियाँ उन्हें कभी पेट भर बनाती हैं, कभी उनसे अपनी विवशता और दीनता का निवेदन करती हैं। उद्धव के बहुत बकने पर वे कहती हैं–

ऊधौ! तुम अपनो जतन करौ।
हित की कहत कुहित की लागै, किन बेकाज ररौ?
जाय करौ उपचार आपनो, हम जो कहति हैं जी की।
कछू कहत कछुवै कहि डारत, धुन देखियत नहिं नीकी॥

इस भ्रमरगीत का महत्त्व एक बात से और बढ़ गया हैं। भक्तशिरोमणि सूर ने इसमें सगुणोपासना का निरूपण बड़े ही मार्मिक ढंग से–हृदय की अनुभूति के आधार पर तर्क पद्धति पर नहीं किया हैं। सगुण-निर्गुण का यह प्रसंग सूर अपनी ओर से लाये हैं जिससे संवाद में बहुत रोचकता आ गयी हैं। भागवत में यह प्रसंग नहीं है। सूर के समय में निर्गुण संत संप्रदाय की बातें जोर-शोर से चल रही थीं। इसी से उपयुक्त स्थल देखकर सूर ने इस प्रसंग का समावेश कर दिया। जब उद्धव बहुत-सा वाग्विस्तार करके निर्गुन ब्रह्म की उपासना का उपदेश बराबर देते चले जाते हैं तब गोपियाँ बीच में रोककर इस प्रकार पूछती हैं–

निर्गुन कौन देस को वासी?

मधुकर हँसि समुझाय, सौंह दै बूझति साँच, न हाँसी।

और कहती हैं कि चारों ओर भासित इस सगुणसत्ता का निषेध करके क्यों व्यर्थ उसके अव्यक्त और अनिर्दिष्ट पक्ष को लेकर यों ही बक-बक करता है–

सुनिहै कथा कौन निर्गुन की, रचि-पचि बात बनावत।

सगुन सुमेरु प्रगट देखियत, तुम तृन की ओट दुरावत॥

उस निर्गुण और अव्यक्त का मानव हृदय के साथ भी कोई संबंध हो सकता है, यह तो बताओ–

रेख न रूप, बरन जाके नहि ता को हमैं बतावत।

अपनी कहौं, दरस ऐसो को तुम कबहूँ हौ पावत?

मुरली अधर धरत है सो, पुनि गोधन बन-बन चारत?

नैन बिसाल, भौंह बंकट करि देख्यौ कबहूँ निहारत?

तन त्रिभंग करि, नटवर वपु धरि, पीतांबर तेहि सोहत?

सूर स्याम ज्यौं देत हमैं सुख त्यौं तुमको सोउ मोहत?

अंत में यह कहकर बात समाप्त करती हैं कि तुम्हारे निर्गुण से तो हमें कृष्ण के अवगुणों में ही अधिक रस जान पड़ता है–

ऊनो कर्म कियो मातुल बधि, मदिरा मत्त प्रमाद।

सूर स्याम एते अवगुन में निर्गुन तें अति स्वाद॥

3. नंददास : ये सूरदास जी के प्राय: समकालीन थे और उनकी गणना अष्टछाप में हैं। इनका कविताकाल सूरदास जी की मृत्यु के पीछे संवत् 1625 में या उसके और आगे तक माना जा सकता है। इनका जीवनवृत्त पूरा-पूरा और ठीक-ठीक नहीं मिलता। नाभा जी के भक्तमाल में इन पर जो छप्पय है उसमें जीवन के संबंध में इतना ही है--

चंद्रहास अग्रज सुहृद परम प्रेम पथ में पगे।

इससे इतना ही सूचित होता है कि इनके भाई का नाम चंद्रहास था। इनके गोलोकवास के बहुत दिनों पीछे गोस्वामी बिट्ठलनाथ जी के पुत्र गोकुलनाथजी के नाम से जो 'दो सौ बावन वैष्णवों की वार्ता' लिखी गयी उसमें इनका थोड़ा-सा वृत्त दिया गया हैं। उक्त वार्ता में नंददास जी तुलसीदास जी के भाई कहे गये हैं। गोकुलनाथ जी का अभिप्राय प्रसिद्ध गोस्वामी तुलसीदास जीं से ही है, यह पूरी वार्ता पढ़ने से स्पष्ट हो जाता हैं। उसमें स्पष्ट लिखा है कि नंददास जी का कृष्णोपासक होना राम के अनन्य भक्त उनके भाई तुलसीदास जी को अच्छा नहीं लगा और उन्होंने उलाहना लिखकर भेजा। यह वाक्य भी उसमें आया है 'सो एक कि नंददास जी के मन में ऐसी आयी। जैसे तुलसीदास जी ने रामायण भाषा करी हूँ सो हम हूँ श्रीमद्भागवत भाषा करें।' गोस्वामी जी का नंददास के साथ वृंदावन जाना और वहाँ 'तुलसी मस्तक तब नवै धनुष बान लेव हाथ' वाली घटना भी उक्त वार्ता में ही लिखी है। पर गोस्वामी जी का नंददास जी से कोई संबंध न था, यह बात पूर्णतया सिद्ध हो चुकी है। अत: उक्त वार्ता की बातों को, जो वास्तव में भक्तों का गौरव प्रचलित करने और बल्लभाचार्य जी की गद्दी की महिमा करने के लिए पीछे से लिखी गयी है, प्रमाण कोटि में नहीं ले सकते।

उसी वार्ता में यह भी लिखा है कि द्वारका जाते हुए नंददास जी सिंधुनद ग्राम में एक

रूपवती खत्रानी पर आसक्त हो गये। ये उस स्त्री के घर के चारों ओर चक्कर लगाया करते थे। घरवाले हैरान होकर कुछ दिनों के लिए गोकुल चले गये। वहाँ भी वे जा पहुँचे। अंत में वहीं पर गोसाई बिट्ठलनाथ जी के सदुपदेश से इनका मोह छूटा और ये अनन्य भक्त हो गये। इस कथा में ऐतिहासिक तथ्य केवल इतना ही है कि इन्होंने गोसाई बिट्ठलनाथ जी से दीक्षा ली। ध्रुवदास जी ने भी अपनी 'भक्तनामावली' में इनकी भक्ति की प्रशंसा के अतिरिक्त और कुछ नहीं लिखा है।

अष्टछाप में सूरदास जी के पीछे इन्हीं का नाम लेना पड़ता हैं। इनकी रचना भी बड़ी सरस और मधुर है। इनके संबंध में यह कहावत प्रसिद्ध है कि 'और कवि गढ़िया, नंददास जड़िया।' इनकी सबसे प्रसिद्ध पुस्तक 'रासपंचाध्यायी' है जो रोला छंदों में लिखी गयी है। इसमें जैसा कि नाम से ही प्रकट है, कृष्ण की रासलीला का अनुप्रासादियुक्त साहित्यिक भाषा में विस्तार के साथ वर्णन है। जैसा कि पहले कहा जा चुका है, सूर ने स्वाभाविक चलती भाषा का ही अधिक आश्रय लिया है, ये बातें पूर्ण रूप से पायी जाती हैं। 'रासपंचाध्यायी' के अतिरिक्त इन्होंने ये पुस्तकें लिखी हैं–

भागवत दशम स्कंध, रुक्मिणीमंगल, सिद्धांत पंचाध्यायी, रूपमंजरी, रसमंजरी, मानमंजरी, विरहमंजरी, नामचिंतामणिमाला, अनेकार्थनाममाला (कोश), दानलीला, मान लीला, अनेकार्थमंजरी, ज्ञानमंजरी, श्यामसगाई, भ्रमरगीत और सुदामाचरित्र। दो ग्रंथ इनके लिखे और कहे जाते हैं– हितोपदेश और नासिकेतपुराण (गद्य में)। दो सौ से ऊपर इनके फुटकल पद भी मिले हैं। जहाँ तक ज्ञात है, इनकी चार पुस्तकें ही अब तक प्रकाशित हुई हैं– रासपंचध्यायी, भ्रमरगीत, अनेकार्थमंजरी और अनेकार्थनाममाला। इनमें राससंचाध्यायी और भ्रमरगीत ही प्रसिद्ध हैं, अतः उनसे कुछ अवतरण आगे दिये जाते हैं–

(रासपंचाध्यायी से)

ताही छिन उड्डराज उदित रस-रास-सहायक।
कुमकुम-मंडित-बदन प्रिया जनु नागरि नायक॥
कोमल किरन अरुन मानो बन व्यापि रही यों।
मनसिज खेल्यौ फाग घुमड़ि धुरि रह्यो गुलाल ज्यों।
फटिक छटा सी किरन कुजरंध्रन जब आई।
मानहुँ वितत बितान सुदेस तनाव तनाई॥
तब लीनो कर कमल योगमाला सी मुरली।
अपघटित घटना चतुर बहुरि अधरन सुर जुरली॥

(भ्रमरगीत से)

कहन स्याम संदेस एक मैं तुम पै आयो।
कहन सयम संकेत कहूँ अवसर नहिं पायो॥
सोचत ही मन में रह्यो, कब पाऊँ इक ठाउँ।
कहि सँदेस नँदलाल को, बहुरि मधुपुरी जाउँ॥

सुनौ ब्रजनागरी।

जौ उनके गुन होय, वेद क्यों नेति बखानै।
निरगुन सगुन आतमा रुचि ऊपर सुख सानै॥

वेद पुराननि खोजि कै पायो कतहुँ न एक।
गुन ही के गुन होहि तुम, कहो अकासहि टेक॥

सुनौ ब्रजनागरी।

जौ उनके गुन नाहिं और गुन भए कहाँते॥
बीज बिना तरु जमै मोहिं तुम कहौ कहाँ ते॥
वा गुन की परछाँह री माया दरपन बीच।
गुन तें गुन न्यारे भए, अमल वारि जल कीच॥

सखा सुनु श्याम के।

4. कृष्णदास : ये भी बल्लभाचार्य के शिष्य और अष्टछाप में थे। यद्यपि ये शूद्र थे पर आचार्य जी के बड़े कृपापात्र और मंदिर के प्रधान मुखिया हो गये थे। 'चौरासी वैष्णवों की वार्ता' में इनका कुछ वृत्त दिया हुआ है। एक बार गोसाईं बिट्ठलनाथ जी से किसी बात पर अप्रसन्न होकर इन्होंने उनकी ड्योढ़ी बंद कर दी। इस पर गोसाईं बिट्ठलनाथ जी के कृपापात्र महाराज बीसबल ने उन्हें कैद कर लिया। पीछे गोसाईं जी इस बात से बड़े दुखी हुए और इनको कारागार से मुक्त कराके प्रधान के पद पर फिर ज्यों-का-त्यों प्रतिष्ठित कर दिया। इन्होंने भी और सब कृष्णभक्तों के समान राधाकृष्ण के प्रेम को लेकर श्रृंगार रस के ही पद गाये हैं। जुगलमान चरित्र नामक इनका एक छोटा-सा ग्रंथ मिलता है। इसके अतिरिक्त इनके बनाये दो ग्रंथ और कहे जाते हैं—भ्रमरगीत और प्रेमतत्त्व निरूपण। फुटकल पदों के संग्रह इधर-उधर मिलते हैं। सूरदास और नंददास के सामने इनकी कविता साधारण कोटि की है। इनके कुछ पद नीचे दिए जाते हैं—

तरनि तनया तट आवत है प्रात समय,
कंदुक खेलत देख्यो आनंद को कँदवा॥
नृपुर पद कुनित, पीतांबर कटि बाँधे,
लाल उपरना, सिर मोरन के चँदवा॥

× × × × ×

कंचन मनि मरकत रस ओपी।
नंदसुवन के संगम सुखकर अधिक विराजति गोपी॥
मनहुँ विधाता गिरिधर पिस हित सुरतधुजा सुख रोपी।
बदनकांति कै सुनु री भामिनी! सघन चंदश्री लोपी॥
प्राननाथ के चित चोरन को भौंह भुजंगम कोपी।
कृष्णदास स्वामी बस कीन्हें, प्रेमपुंज को चोपी॥

× × × × ×

मो मन गिरधर छवि पै अटक्यो।
ललित त्रिभंग चाल पै चलि कै, चिबुक चारि गढ़ि ठटक्यो।
सजल स्याम घन वरन लीन ह्वै, फिरि चित अनत न भटक्यो।
कृष्णदास किए प्रान निछावर, सह तन जग सिर पटक्यो॥

कहते हैं कि इसी अंतिम पद को गाकर कृष्णदास जी ने शरीर छोड़ा था। इनका कविताकाल संवत् 1600 के आगे-पीछे माना जा सकता है।

5. परमानंददास : यह भी बल्लभाचार्य जी के शिष्य और अष्टछाप में थे। ये संवत् 1606 के आसपास वर्तमान थे। इनका निवासस्थान कन्नौज था। इसी से ये कान्यकुब्ज अनुमान किये जाते हैं। अत्यंत तन्मयता के साथ बड़ी ही सरल कविता करते थे। कहते हैं कि इनके किसी एक पद को सुनकर आचार्य जी कई दिनों तक बदन की सुध भूले रहे। इनके फुटकल पद कृष्णभक्तों के मुँह से प्राय: सुनने में आते हैं। इनके 835 पद 'परमानंदसागर' में हैं। दो पद देखिए–

कहा करौ बैकुंठहि जाय?
जहँ नहिं नंद, जहाँ न जसोदा, नहिं जहँ गोपी ग्वाल न गाय।
जहँ नहिं जल जमुना को निर्मल और नहीं कदमन की छायँ।
परमानंद प्रभु चतुर ग्वालिनी, ब्रजरज तजि मेरी जाय बलाय॥

× × × × ×

राधे जू हारावलि टूटी।
उरज कमलदल माल मरगजी, बाम कपोल अलक लट छूटी॥
बर उर उरज करज बिच अंकित, बाहु जुगल बलयावलि फूटी।
कंचुकि चीर बिबिध रंग रंजित, गिरधर अधर माधुरी घूँटी॥
आलस बलिम नैन अनियारे, अरुन उनींदे रजनी खूटी।
परमानंद प्रभु सुरति समय रस मदन नृपति की सेना लूटी॥

6. कुंभनदास : ये भी अष्टछाप के एक कवि थे और परमानंद जी के ही समकालीन थे। वे पूरे विरक्त और धन, मान-मर्यादा की इच्छा से कोसों दूर थे। एक बार अकबर बादशाह के बुलाने पर इन्हें फतेहपुर सीकरी जाना पड़ा जहाँ इनका बड़ा सम्मान हुआ। पर इसका इन्हें बराबर खेद ही रहा, जैसा कि इस पद से व्यंजित होता है–

संतन को कहा सीकरी सों काम?
आवत मुख पहनियाँ टूटी, बिसरि गयो हरि नाम॥
जिनको मुख देखे दुख उपजत, तिनको करिबे परी सलाम।
कुंभनदास लाल गिरिधर बिनु और सबै बेकाम॥

इनका कोई ग्रंथ न तो प्रसिद्ध है और न अब तक मिला है। फुटकल पद अवश्य मिलते हैं। विषय वही कृष्ण की बाललीला और प्रेमलीला है–

तुम नीके दुहि जानत गैया।
चलिए कुँवर रसिक मनमोहन लागौं तिहारे पैयाँ।
तुमहिं जानि करि कनक दोहनी घर तें पठई मैया।
निकटहि है यह खरिक हमारो, नागर लेहुँ बलैया।
देखियत परम सुदेस लरिकई चित चहुँट्यो सुंदरैया॥
कुंभनदास प्रभु मानि लई रति गिरि-गोबरधन रैया॥

7. चतुर्भुजदास : ये कुभनदास जी के पुत्र और गोसाईं बिट्ठलनाथ जी के शिष्य थे। ये भी अष्टछाप के कवियों में हैं। इनकी भाषा चलती और सुव्यवस्थित हैं। इनके बनाये तीन ग्रंथ मिले हैं–द्वादशयश, भक्तिप्रताप तथा हितजू को मंगल।

इनके अतिरिक्त फुटकल पदों के संग्रह भी इधर-उधर पाये जाते हैं। एक पद नीचे

दिया जाता है–

जसोदा! कहा कहौं हों बात?
तुम्हरे सुत के करतब मो पै कहत कहे नहिं जात॥
भाजन फोरि, ढारि सब गोरस, लै माखन दधि खात।
जौ बरजौं तौ आँखि दिखावै, रंचहु नाहिं सकात॥
और अटपटी कहँ लौ बरनौं, छुवत पानि सों गात।
दास चतुर्भुज गिरिधर गुन हौं कहति-कहति सकुचात॥

8. छीतस्वामी : बिट्ठलनाथ जी के शिष्य और अष्टछाप के अंतर्गत थे। पहले ये मथुरा के एक सुसंपन्न पंडा थे और राजा बीरबल जैसे लोग इनके जजमान थे। पंडा होने के कारण ये पहले बड़े अक्खड़ और उद्दंड थे, पीछे गोस्वामी बिट्ठलनाथ जी से दीक्षा लेकर परम शांत भक्त हो गये और श्रीकृष्ण का गुणानुवाद करने लगे। इनकी रचनाओं का समय संवत् 1612 के इधर मान सकते हैं। इनके फुटकल पद ही लोगों के मुँह से सुने जाते हैं या इधर-उधर संगृहीत मिलते हैं। इनके पदों में शृंगार के अतिरिक्त ब्रजभूमि के प्रति प्रेमव्यंजना भी अच्छी पायी जाती है। 'हे विधना तोसों अँचरा पसारि माँगौं जनम-जनम दीजो या ही ब्रज बसिबो' पद इन्हीं का है। अष्टछाप के और कवियों की-सी मधुरता और सरसता इनके पदों में भी पायी जाती है, देखिए–

भोर भए नवकुंज सदन तें, आवत लाल गोवर्धनधारी।
लटपट पाग मरगजी माला, सिथिल अंग डगमग गति न्यारी॥
बिनुगुन माल बिराजति उर पर, नखछत द्वैज-चंद अनुहारी।
छीतस्वामी जब चितए मो तन, तब हौं निरखि गई बलिहारी॥

9. गोविंदस्वामी : ये अंतरी के रहने वाले सनाढ्य ब्राह्मण थे जो विरक्त की भाँति आकर महावन में रहने लगे थे। पीछे गोस्वामी बिट्ठलनाथ जी के शिष्य हुए जिन्होंने इनके रचे पदों से प्रसन्न होकर इन्हें अष्टछाप में लिखा। ये गोवर्धन पर्वत पर रहते थे और उसके पास ही इन्होंने कदंबों का एक अच्छा उपवन लगाया था जो अब तक 'गोविंदस्वामी की कदंबखंडी' कहलाता हैं। इनका रचनाकाल संवत् 1600 और 1625 के भीतर ही माना जा सकता है। ये कवि होने के अतिरिक्त बड़े पक्के गवैये थे। तानसेन कभी-कभी इनका गाना सुनने के लिए आया करते थे। इनका बनाया एक पद दिया जाता है–

प्रात समय उठि जसुमति जननी गिरिधर सुत को उबटिन्हवावति।
करि सिंगार बसन भूषन सजि फूलन रचि-रचि पाग बनावति।
छुटे बंद बागे अति सोभित, बिच-बिच चोव अरगजा लावति।
सूयन लाल फूँदना सोभित, आजु कि छबि कछु कहत न आवति॥
बिबिध कुसुम की माला उर धरि श्री कर मुरली बेंत गहावति।
लै दरपन देखे श्रीमुखको, गोविंद प्रभु चरननि सिर नावति॥

10. हितहरिवंश : राधाबल्लभी संप्रदाय के प्रवर्तक गोसाईं हितहरिवंश का जन्म संवत् 1559 में मथुरा से 4 मील दक्षिण बादगाँव में हुआ था। राधाबल्लभी संप्रदाय के पं. गोपालप्रसाद शर्मा ने इनका जन्म संवत् 1530 माना है, जो सब घटनाओं पर विचार करने से ठीक नहीं जान पड़ता। ओरछा नरेश महाराज मधुकरशाह के राजगुरु श्री हरिराम व्यास जी संवत् 1622 के

लगभग आपके शिष्य हुए थे। हितहरिवंश जी गौड़ ब्राह्मण थे। इनके पिता का नाम केशवदास मिश्र और माता का नाम तारावती था।

कहते हैं कि हितहरिवंश जी पहले माध्वानुपायी गोपाल भट्ट के शिष्य थे। पीछे इन्हें स्वप्न में राधिका जी ने मंत्र दिया और इन्होंने अपना एक अलग संप्रदाय चलाया। अत: हित संप्रदाय को माध्व संप्रदाय के अंतर्गत मान सकते हैं। हितहरिवंश जी के चार पुत्र और एक कन्या हुई। पुत्रों के नाम वनचंद्र, कृष्णचंद्र, गोपीनाथ और मोहनलाल थे। गोसाईं जी ने संवत् 1582 में श्री राधाबल्लभ जी की मूर्ति वृंदावन में स्थापित की और वहीं विरक्त भाव से रहने लगे। ये संस्कृत के अच्छे विद्वान् और भाषा काव्य के अच्छे मर्मज्ञ थे। 170 श्लोकों का 'राधासुधानिधि' आप ही का रचा कहा जाता है। ब्रजभाषा की रचना आपकी यद्यपि बहुत विस्तृत नहीं है, तथापि है बड़ी सरस और हृदयग्राहिणी। आपके पदों का संग्रह 'हित चौरासी' के नाम से प्रसिद्ध है क्योंकि उनमें 84 पद हैं। प्रेमदास की लिखी इस ग्रंथ की एक बहुत बड़ी टीका (500 पृष्ठों की) ब्रजभाषा गद्य में है।

इनके द्वारा ब्रजभाषा की काव्यश्री के प्रसार में बड़ी सहायता पहुँची। इनके कई शिष्य अच्छे-अच्छे कवि हुए हैं। हरिराम व्यास ने इनके गोलोकवास पर बड़े चुभते पद कहे हैं। सेवकजी, ध्रुवदास आदि इनके शिष्य बड़ी सुंदर रचना कर गये हैं। अपनी रचना की मधुरता के कारण हितहरिवंश जी श्रीकृष्ण की वंशी के अवतार कहे जाते हैं। इनका रचनाकाल संवत् 1600 से संवत् 1640 तक माना जा सकता है। 'हित चौरासी' के अतिरिक्त इनकी फुटकल बानी भी मिलती है जिसमें सिद्धांत संबंधी पद हैं। इनके 'हित चौरासी' पर लोकनाथ कवि ने एक टीका लिखी हैं। वृंदावन ने इनकी स्तुति और वंदना में 'हित जी की सहस्रनामावली' और चतुर्भुजदास ने 'हितजू को मंगल' लिखा है। इसी प्रकार हितपरमानंद जी और ब्रजजीवनदास ने इनकी जन्म बधाइयाँ लिखी हैं। हितहरिवंश की रचना के कुछ उदाहरण नीचे दिये जाते हैं जिन से इनकी वर्णन प्रचुरता का परिचय मिलेगा–

(सिद्धांत संबंधी कुछ फुटकर पदों से)

रहो कोउ काहू मनहिं दिए।
मेरे प्राननाथ श्री स्यामा सपथ करौं तिन छिए॥
जो अवतार कदंब भजत हैं धरि दृढ़ ब्रत जु हिए।
तेऊ उमगि तजत मर्यादा बन बिहार रस पिए॥
खोए रतन फिरत जो घर-घर कौन काज इमि जिए?
हितहरिबंस अनत सच नाहीं बिन या रसहिं पिए॥

(हित चौरासी से)

ब्रज नव तरुनि कदंब मुकुटमनि स्यामा आजु बनी।
नख-शिख लौं अँग-अँग माधुरी मोहे स्याम धनी॥
यों राजति कबरी गूथित कच कनक कुंज बदनी।
चिकुर चंद्रिकन बीच अधर बिधु मानौ ग्रसित फनी॥
साँभग रस सिर स्रवत पनारी पिय सीमत ठनी।
भ्रुकुटि काम कोदंड, नैन शर, कज्जल रेख अनी॥
भाल तिलक, ताटंक गड पर, नासा जलज मनी।

दसन कुछ, सरसाधर पल्लव, पीतम मन समनी॥
हितहरिबंस प्रसंसित स्यामा कीरति बिसद धनी।
गावत श्रवननि सुनत सुखाकर विश्व दुरित दवनी॥

× × × × ×

बिपिन घन कुंज रति केलि भुज केलि रुचि
स्याम स्यामा मिले सरद की जामिनी।
हृदय अति फूल, रसमूल पिय नागरी
कर निकर मत्त मनु बिबिध गुन रागिनी॥
सरस गति हास-परिहास आवेस बस
दलित दल मदन बल कोक रस कामिनी।
हितहरिबंत सुनि लाल लावन्य भिदे
प्रिया अति सूर सुख सूरत संग्रामिनी॥

11. गदाधर भट्ट : ये दक्षिणी ब्राह्मण थे। इनके जन्म संवत् आदि का ठीक-ठीक पता नहीं। पर यह बात प्रसिद्ध है कि ये श्री चैतन्य महाप्रभु को भागवत सुनाया करते थे। इनका समर्थन भक्तमाल की इन पंक्तियों से भी होता है–

भागवत सुधा बरखै बदन, काहू को नाहिंन दुखद।
गुणनिकर राधा भट्ट अति सबहिन को लागै सुखद॥

श्री चैतन्य महाप्रभु का आविर्भाव संवत् 1542 में और गोलोकवास 1584 में माना जाता है। अत: संवत् 1584 वे भीतर ही अपने श्री महाप्रभु से दीक्षा ली होगी। महाप्रभु के जिन छह विद्वान् शिष्यों में गौड़ीय संप्रदाय के मूल संस्कृत गन्थों की रचना की थी उनमें जीव गोस्वामी भी थे। ये वृंदावन में रहते थे। एक दिन दो साधुओं ने जीव गोस्वामी के सामने गदाधर भट्ट जी का यह पद सुनाया–

सखी हौं स्याम रंग रँगी।
देखि बिकाय गई वह मूरति, सूरत माहिं पगी॥
संग हुतो अपनो सपनो सो सोइ रही रस खोई।
जागेहु आगे दृष्टि परै, सखि नेकुन न्यारो होई॥
एक जु मेरी अँखियन में निसि द्यौस रह्यौ करि भौन।
गाय चरावन जात सुन्यो, सखि सो धौं कन्हैया कौन?
कासों कहौं कौन पतियावै कौन करे बकवाद?
कैसे कै कहि जाति गदाधर, गूँगे ते गुर स्वाद?

इस पद को सुन जीव गोस्वामी ने भट्ट जी के पास यह श्लोक लिख भेजा–

अनाराध्य राधापदाम्भोजयुग्ममाश्रित्य वृन्दाटवीं तत्पदाङ्कम्।
असम्भाष्य तद्भावगम्भीरचित्तानन कुत:श्यामा सिन्धो: रहस्यावगाह:॥

यह श्लोक पढ़कर भट्ट जी मूर्च्छित हो गये फिर सुध आने पर सीधे वृंदावन में जाकर चैतन्य महाप्रभु के शिष्य हुए। इस वृत्तांत को यदि ठीक मानें तो इनकी रचनाओं का आरंभ 1580 से मानना पड़ता है और अंत संवत् 1600 के पीछे। इस हिसाब से इनकी रचना का प्रादुर्भाव सूरदास जी के रचनाकाल के साथ-साथ अथवा उससे भी कुछ पहले से मानना होगा।

संस्कृत के चूड़ांत पंडित होने के कारण शब्दों पर इनका बहुत विस्तृत अधिकार था। इनका पदविन्यास बहुत ही सुंदर है। गोस्वामी तुलसीदास जी के समान इन्होंने संस्कृत पदों के अतिरिक्त संस्कृतगर्भित भाषा कविता भी की है। नीचे कुछ उदाहरण दिये जाते हैं–

जयति श्री राधिके, सकल सुख साधिके,
तरुनि मनि नित्य नवतन किसोरी।
कृष्ण तन लीन मन, रूप की चातकी,
कृष्ण मुख हिम किरण की चकोरी।
कृष्ण दृग भंग विश्राम हित पद्मिनी,
कृष्ण दृग मृगज बंधन सुडोरी,
कृष्ण अनुराग मकरंद की मधुकरी।
कृष्ण गुन गान रससिंधु बोरी।।
विमुख पर चित्त तें चित्त जाको सदा।
करति निज नाह की चित्त चोरी।
प्रकृति यह गदाधर हत कैसे बने,
अमित महिमा, इतै बुद्धि थोरी।।

× × × × ×

झूलति नागरि नागर लाल।
मंद मंद सब सखी झुलावति, गावति गीत रसाल।।
फरहरात पर पीत नील के, अंचल चंचल चाल।
मनहुँ परस्पर उमगि ध्यान छबि, प्रगट भई तिहि काल।।
सिलसिलात अति प्रिया सीत तें, लटकति बेनी भाल।
जन प्रिय मुकुट बरहि भ्रम बस तहँ ब्याल बिकल बिहाल।।
मल्लीमाल प्रिया के उर की, पिय तुलसीदल माल।
जनु सुरसरि रवितनया मिलिकै सोभित रेनि मराल।।
स्यामल गौर परस्पर प्रति छबि, सोभा बिसद बिसाल।
निरखि गदाधर रसिक कुँबरि मन पर्‌यो सुरस जंजाल।।

12. मीराबाई : ये मेड़तिया के राठौर रत्नसिंह की पुत्री, राव दूदा जी की पौत्री और जोधपुर के बसानेवाले प्रसिद्ध राव जोधा जी की प्रपौत्री थीं। इनका जन्म संवत् 1573 में चोकड़ी नाम के एक गाँव में हुआ था और विवाह उदयपुर के महाराणा कुमार भोजराज जी के साथ हुआ था। ये आरंभ से ही कृष्णभक्ति में लीन रहा करती थीं। विवाह के उपरांत थोड़े दिनों में इनके पति का परलोकवास हो गया। ये प्राय: मंदिर में जाकर उपस्थिति भक्तों और संतों के बीच श्रीकृष्ण भगवान् की मूर्ति के सामने आनंदमग्न होकर नाचती और गाती थीं। कहते हैं कि इनके इस राजकुल विरुद्ध आचरण से इनके स्वजन लोकनिंदा के भय से रुष्ट रहा करते थे। यहाँ तक कहा जाता है कि इन्हें कई बार विष देने का प्रयत्न किया गया, पर भगवत् कृपा से विष का कोई प्रभाव इन पर न हुआ। घरवालों के व्यवहार से खिन्न होकर ये द्वारका और वृंदावन के मंदिरों में घूम-घूमकर भजन सुनाया करती थीं। जहाँ जातीं वहाँ इनका देवियों का-सा सम्मान होता। ऐसा प्रसिद्ध है कि घरवालों से तंग आकर इन्होंने गोस्वामी

तुलसीदास जी को यह पद लिखकर भेजा था–

स्वस्ति श्री तुलसी कुल भूषन दूषन हरन गोसाईं।
बारहिं बार प्रनाम करहुँ, अब हरहु सोक समुदाई॥
घर के स्वजन हमारे जेते सबन्ह उपाधि बढ़ाई॥
साधु संग अरु भजन करत मोहिं देत कलेस महाई॥
मेरे मात-पिता के सम हौ, हरिभक्तन्ह सुखदाई॥
हमको कहा उचित करि बो है, सो लिखिए समझाई॥

इस पर गोस्वामी जी ने विनयपत्रिका का यह पद लिखकर भेजा था–

जाके प्रिय न राम बैदेही।
सो नर तजिय कोटि बैरी सम जद्यपि परम सनेही॥
नाते सबै राम के मनियत सुहृद सुसेव्य जहाँ लौं।
अंजन कहा आँखि जौ फूटै, बहुतक कहौं कहाँ लौं॥

पर मीराबाई की मृत्यु द्वारका में संवत् 1603 में हो चुकी थी। अतः यह जनश्रुति किसी की कल्पना के आधार पर ही चल पड़ी।

मीराबाई की उपासना 'माधुर्यभाव' की थी अर्थात् वे अपने इष्टदेव श्रीकृष्ण की भावना प्रियतम या पति के रूप में करती थीं। पहले यह कहा जा चुका है कि इस भाव की उपासना में रहस्य का समावेश अनिवार्य है।[2] इसी ढंग की उपासना का प्रचार सूफी भी कर रहे थे। अतः उनका संस्कार भी इन पर अवश्य कुछ पड़ा। जब लोग इन्हें खुले मैदान मंदिरों में पुरुषों के सामने जाने से मना करते तब वे कहतीं कि 'कृष्ण के अतिरिक्त और पुरुष है कौन जिसके सामने लज्जा करूँ?' मीराबाई का नाम भारत के प्रधान भक्तों में है और इनका गुणगान नाभा जी, ध्रुवदास, व्यास जी, मलूकदास आदि सब भक्तों ने किया है। इनके पद कुछ तो राजस्थान मिश्रित भाषा में हैं और विशुद्ध साहित्यिक ब्रजभाषा में। पर सबमें प्रेम की तल्लीनता समान रूप से पायी जाती है। इनके बनाये चार ग्रंथ कहे जाते हैं–नरसी जी का मायरा, गीतगोविंद टीका, राग गोविंद, राग सोरठ के पद।

इनके दो पद नीचे दिये जाते हैं–

बसो मेरे नैनन में नंदलाल।
मोहनि मूरति, साँवरि सूरति, नैना बने रसाल।
मोर मुकुट मकराकृत कुंडल, अरुन तिलक दिए भाल॥
अधर सुधारस मुरली राजति, उर बैजंती माल॥
छुद्रघंटिका कटि तट सोभित, नूपुर शब्द रसाल॥
मीरा प्रभु संतन सुखदाई, भक्तबछल गोपाल॥

मन रे परसि हरि के चरन।
सुभग सीतल कमल कोमल त्रिविध ज्वाला हरन॥
जो चरन प्रहलाद परसे इंद्र पदवी धरन।
जिन चरन ध्रुव अटल कीन्हौं राखि अपनी सरन॥
जिन चरन ब्रह्मांड भेट्यो नखसिखौ श्री भरन।

जिन चरन प्रभु परस लीन्हें तरी गौतम-घरनि॥
जिन चरन धार्‌यो गोबरधन गरब मघवा हरन।
दासि मीरा लाल गिरधर अगम तारन तरन॥

13. स्वामी हरिदास : ये महात्मा वृंदावन में निबार्क मतांतर्गत ठट्‌टी संप्रदाय के संस्थापक थे और अकबर के समय में एक सिद्ध भक्त और संगीत-कला-कोविद माने जाते थे। कविताकाल 1600 से 1617 ठहरता है। प्रसिद्ध गायनाचार्य तानसेन इनका गुरुवत् सम्मान करते थे। यह प्रसिद्ध है कि अकबर बादशाह साधु के वेश में तानसेन के साथ इनका गाना सुनने के लिए गया था। कहते हैं कि तानसेन इनके सामने गाने लगे और उन्होंने जान-बूझकर गाने में कुछ भूल कर दी। इस पर स्वामी हरिदास ने उसी गाने को शुद्ध करके गाया। इस युक्ति से अकबर का इनका गाना सुनने का सौभाग्य प्राप्त हो गया। पीछे अकबर ने बहुत कुछ पूजा चढ़ानी चाही, पर इन्होंने स्वीकृत न की। इनका जन्म संवत् आदि कुछ ज्ञात नहीं, पर इतना निश्चित है कि ये सनाढ्य ब्राह्मण थे जैसा कि सहचरिसरनदास जी ने, जो इनकी शिष्यपरंपरा में थे, लिखा हैं। वृंदावन से उठकर स्वामी हरिदास जी कुछ दिन निधुवन में रहे थे। इनके पद कठिन राग-रागिनियों में गाने योग्य हैं। पढ़ने में कुछ ऊबड़-खाबड़ लगते हैं। पदविन्यास भी और कवियों के समान सर्वत्र मधुर और कोमल ही है, पर भाव उत्कृष्ट हैं। इनके पदों के तीन-चार संग्रह 'हरिदास जी के ग्रंथ', 'स्वामी हरिदास जी के पद' 'हरिदास जी की बानी' आदि नामों से मिलते हैं। एक पद देखिए–

ज्यौं ही ज्यौं ही तुम राखत हौं, त्यों ही त्यों ही रहियत हौं, हे हरिं!
और अपरचै पाय धरौं सुतौं कहौं कौन के पैड़ भरि॥
जदपि हौं अपनो भायो कियो चाहौं, कैसे करि सकौं जो तुम राखौ पकरि।
कहै हरिदास पिंजरा के जनावर लौं तरफराय रह्यौ उड़िबे को कितोऊ करि।

14. सूरदास मदनमोहन : ये अकबर के समय में संडीले के अमीन थे। जाति के ब्राह्मण और गौड़ीय संप्रदाय के वैष्णव थे। ये जो कुछ पास में आता प्रायः सब साधुओं की सेवा में लगा दिया करते थे। कहते हैं कि एक बार संडीले तहसील की मालगुजारी के कई लाख रुपये सरकारी खजाने में आये थे। इन्होंने सबका-सब साधुओं को खिला-पिला दिया और शाही खजाने में कंकड़-पत्थरों से भरे संदूक भेज दिये जिनके भीतर कागज के चिट यह लिखकर रख दिए–

तेरह लाख सँडीले आए, सब साधुन मिलि गटके।
सूरदास मदनमोहन आधी रातहिं सटके॥

और आधी रात को उठकर कहीं भाग गये। बादशाह ने इनका अपराध क्षमा करके इन्हें फिर बुलाया, पर ये विरक्त होकर वृंदावन में रहने लगे। इनकी कविता इतनी सरस होती थी कि इनके बनाये बहुत-से पद सूरसागर में मिल गये। इनकी कोई पुस्तक प्रसिद्ध नहीं। कुछ फुटकल पद लोगों के पास मिलते हैं। इनका रचनाकाल संवत् 1590 और 1600 के बीच अनुमान किया जाता है। इनके दो पद नीचे दिये जाते हैं–

मधु के मतवारे स्याम! खोलौ प्यारे पलकैं।
सीस मुकुट लटा छुटी और छुटी अलकैं॥

सुर नर मुनि द्वार ठाढ़े, दरस हेतु कलकैं।
नासिका के मोती सोहै बीच लाल ललकैं॥
कटि पीतांबर मुरली कर श्रवन कुंडल झलकै॥
सूरदास मदनमोहन दरस दैहौं भलवै।
× × × × ×

नवल किसोर नवल नागरिया।
अपनी भुजा स्याम भुज ऊपर, स्याम भुजा अपने उर धरिया॥
करत विनोद तरनि तन या तट, स्यामा स्याम उमगि रस भरिया।
यों लपटाई रहे उर अंतर मरकत मनि कंचन ज्यों जरिया॥
उपमा को घन दामिनी नाहीं, कँदरप कोटि बारने करिया।
सूर मदनमोहन बलि जोरी नंदनंदन बृषभानु दुलरिया॥

15 श्रीभट्ट : ये निबार्क संप्रदाय के प्रसिद्ध विद्वान् केशव काश्मीरी के प्रधान शिष्य थे। इनका जन्म संवत् 1595 में अनुमान किया जाता है अत: इनका कविताकाल संवत् 1625 या उसके कुछ आगे तक माना जा सकता है। इनकी कविता सीधी-सादी और चलती भाषा में है। पद भी प्राय: छोटे-छोटे हैं। इनकी कृति भी अधिक विस्तृत नहीं है पर 'युगल शतक' नाम का इनका 100 पदों का एक ग्रंथ कृष्णभक्तों में बहुत आदर की दृष्टि से देखा जाता है। 'युगल शतक' के अतिरिक्त इनकी एक छोटी-सी पुस्तक 'आदि बानी' भी मिलती है। ऐसा प्रसिद्ध है कि जब ये तन्मय होकर अपने पद गाने लगते थे तब कभी-कभी उस पद के ध्यानानुरूप इन्हें भगवान् की झलक प्रत्यक्ष मिल जाती थी। एक बार वे यह मलार गा रहे थे–

भीजत कब देखौं इन नैना।
स्यामाजू की सुरँग चूनरी, मोहन को उपरैना॥

कहते हैं कि राधाकृष्ण इसी रूप में इन्हें दिखाई पड़ गये और इन्होंने पद इस प्रकार पूरा किया–

स्यामा स्याम कुंजतर ठाढ़े जतन किया कछु मैं ना।
श्रीभट उमड़ि घटा चहुँ दिसि से घिरि आई जल सेना॥

इनके 'युगल शतक' से दो पद उद्धृत किये जाते हैं–

ब्रजभूमि मोहनि मैं जानी।
मोहन कुंज, मोहन वृन्दावन, मोहन जमुना पानी॥
मोहन नारि सकल गोकुल की बोलति अमरित बानी।
श्रीभट्ट के प्रभु मोहन नागर 'मोहनि राधा रानी'॥

बसौ मेरे नैननि में दोउ चंद।
गोर बदनि बृषभानु नंदिनी, स्यामबरन नँदनंद॥
गोलक रहे लुभाय रूप में निरखत आनंदकंद।
जय श्रीभट्ट प्रेमरस बंधन, क्यों छूटै दृढ़ फंद॥

16. व्यास जी : इनका पूरा नाम हरिराम व्यास था और ये ओरछा के रहने वाले सनाढ्य शुक्ल ब्राह्मण थे। ओरछा नरेश मधुकरशाह के ये राजगुरु थे। पहले ये गौड़ संप्रदाय

के वैष्णव थे, पीछे हितहरिवंश जी के शिष्य होकर राधाबल्लभी हो गये। इनका काल संवत् 1620 के आसपास है। पहले ये संस्कृत के शास्त्रार्थी पंडित थे और सदा शास्त्रार्थ करने के लिए तेयार रहते थे। एक बार वृंदावन में जाकर गोस्वामी हितहरिवंश जी को शास्त्रार्थ के लिए ललकारा। गोसाईं जी ने नम्र भाव से यह पद कहा–

यह जो एक मन बहुत ठौर करि कहि कौने सचु पायो।
जहँ तहँ बिपति जार जुवती ज्यों प्रगट पिंगला गायो॥

यह सुन कर व्यास जी चेत गये और हितहरिवंश जी के अनन्य भक्त हो गये। उनकी मृत्यु पर इन्होंने इस प्रकार अपना शोक प्रकट किया–

हुतो रस रसिकन को आधार।
बिन हरिबंसहि सरस रीति को कापै चलिहै भार?
को राधा दुलरावै गावै, वचन सुनावै कौन उदार?
वृंदावन की सहज माधुरी, कहिहै कौन उदार?
पद रचना अब कापै ह्वै है? निरस भयो संसार।
बड़ो अभाव अनन्य सभा को, उठिगो ठाट सिंगार॥
जिन बिन दिन छिन जुग सम बीतत सहज रूप आगार।
व्यास एक कुल कुमुद चंद बिनु उड्डगन जूठी थार।

जब हितहरिवंश जी से दीक्षा लेकर व्यास जी वृंदावन में ही रह गये तब महाराज मधु साह इन्हें ओरछा ले जाने के लिए आये, पर ये वृंदावन छोड़कर न गये और अधीर होकर इन्होंने यह पद कहा–

वृंदावन के रूख हमारे माता-पिता सुत बंध।
गुरु गोविंद साधुगति मति सुख, फल फूलन की गंध॥
इनहिं पीठी दै अनत डीठि करै सो अंधन में अंध।
व्यास इनहिं छोड़ै और छड़वै ताको परियो कंध॥

इनकी रचना परिमाण में भी बहुत विस्तृत है और विषयभेद के विचार से भी अधिकाश कृष्णभक्तों की अपेक्षा व्यापक है। ये श्रीकृष्ण की बाललीला और शृंगारलीला में लीन रहने पर भी बीच-बीच में संसार पर दृष्टि डाला करते थे। इन्होंने तुलसीदास जी के समान खलों, पाखंडियों आदि का भी स्मरण किया और रसखान के अतिरिक्त तत्त्वनिरूपण में भी प्रवृत्त हुए हैं। प्रेम को इन्होंने शरीर व्यवहार से अलग 'अतन' अर्थात् मानसिक या आध्यात्मिक वस्तु कहा है। ज्ञान, वैराग्य और भक्ति तीनों पर बहुत-से पद और साखियाँ इनकी मिलती हैं। इन्होंने एक 'रासपंचाध्यायी' भी लिखी है, जिसे लोगों ने भूल से सूरसागर में मिला लिया हैं। इनकी रचना के थोड़े-से उदाहरण यहाँ दिये जाते हैं–

आज कछु कुंजन में बरषा सी।
बादल दल में देखि सखी री! चमकति है चपला सी॥
नान्हीं नान्हीं बूँदन बछु धुरवा से, पवन बहै सुखरासी।
मंद-मंद गरजति सी सुनियतु, नाचति मोरसभा सी॥
इंद्रधनुष बगपंगति डोलति, बोलति कोककला सी॥
इंद्रबधू छबि छाइ रही मनु, गिरि पर अरुनघटा सी॥

उमगि मही रुह स्यों महि फूली, भूली मृगमाला सी।
रटति प्यास चातक ज्यों रसना, रस पीवतहू प्यासी॥

सुघर राधिका प्रवीन बीना, बर रास रच्यो,
स्याम संग वर सुढंग तरनि तनया तीरे?
आनंदकंद वृंदावन सरद मंद-मंद पवन,
कुसुमपुंज ता पदवन, धुनित कल कुटीरे॥
रुनित किंकनी सुचारु, नूपुर तिमि बलय हारु,
अंग बर मृदंग ताल तरल रंग भीरे॥
गावत अति रंग रह्यो, मोपै नहिं जात कह्यौ,
व्यास रसप्रवाह बह्यो निरखि नैन सीरे॥

(साखी)

व्यास न कथनी काम की, करनी है इक सार।
भक्ति बिना पंडित वृथा, ज्यों खर चंदन भार॥
अपने-अपने मत लगे, बादि मचावत सोर॥
ज्यों त्यों सबको सेइबो, एकै नंदकिसोर॥
प्रेम अतन या जगत में, जानै बिरला कोय।
व्यास सतन क्यों परिसिहै, पचि हार्‌यो जग रोय।
सती, सूरमा संत जन, इन समान नहिं और।
आगम पंथ पै पग धरै, डिगे न पावैं ठौर॥

17. रसखान : ये दिल्ली के एक पठान सरदार थे। इन्होंने 'प्रेमवाटिका' में अपने को शाही खानदान का कहा है–

देखि गदर हित साहिबी, दिल्ली नगर मसान।
छिनहिं बादसा बंस की, ठसक छाँड़ि रसखान॥

संभव है पठान बादशाहों की कुल-परंपरा से इनका संबंध रहा हो। ये बड़े भारी कृष्णभक्त और गोस्वामी बिट्ठलनाथ जी के बड़े कृपापात्र शिष्य थे। 'दो सौ बावन वैष्णवों की वार्ता' में इनका वृत्तांत आया है। उक्त वार्ता के अनुसार ये पहले एक बनिए के लड़के पर आसक्त थे। एक दिन इन्होंने किसी को कहते हुए सुना कि भगवान् से ऐसा प्रेम करना चाहिए जैसे रसखान का उस बनिए के लड़के पर है। इस बात से मर्माहत होकर से श्रीनाभा जी को ढूँढते-ढूँढते गोकुल आये और वहाँ गोसाईं बिट्ठलनाथ जी से दीक्षा ली। यही आख्यायिका एक दूसरे रूप में भी प्रसिद्ध है। कहते हैं जिस स्त्री पर से आसक्त थे वह बहुत मानवती थी और इनका अनादर किया करती थी। एक दिन ये श्रीमद्‌भागवत का फारसी तर्जुमा पढ़ रहे थे। उसमें गोपियों के अनन्य और अलौकिक प्रेम को पढ़ इन्हें ध्यान हुआ कि उसी में क्यों न मन लगाया जाय जिस पर इतनी गोपियाँ मरती थीं। इसी बात पर से वृंदावन चले आये। 'प्रंमवाटिका' के इस दोहे का संकेत लोग इस घटना की ओर बताते हैं–

तेरि मानिनी तें हियो फोरि मोहिनी मान।
प्रेमदेव की छबिही लखि भए मियाँ रसखान॥

इन प्रवादों से कम-से-कम इतना अवश्य सूचित होता है कि आरंभ से ही ये बड़े प्रेमी जीव थे। वही प्रेम अत्यंत गूढ़ भगवद्भक्ति में परिणत हुआ। प्रेम के ऐसे सुंदर उद्गार इनके सवैयों में निकले कि जनसाधारण प्रेम या शृंगार संबंधी कवियों कवित्त-सवैयों को ही 'रसखान' कहने लगे-जैसे 'कोई रसखान सुनाओ।' इनकी भाषा बहुत चलती सरल और शब्दाडंबरमुक्त होती थी। शुद्ध ब्रजभाषा का जो चलतापन और सफाई इनकी और घनानंद की रचनाओं में है वह अन्यत्र दुर्लभ है। इनका रचनाकाल संवत् 1640 के उपरांत ही माना जा सकता है क्योंकि गोसाईं बिट्ठलनाथ जी को गोलोकवास संवत् 1643 में हुआ था। प्रेमवाटिका का रचनाकाल संवत् 1671 है। अत: उनके शिष्य होने के उपरांत ही इनकी मधुर वाणी स्फुरित हुई होगी। इनकी कृति परिमाण में तो बहुत अधिक नहीं है पर जो है वह प्रेमियों के मर्म को स्पर्श करने वाली है। इनकी दो छोटी- छोटी पुस्तकें अब तक प्रकाशित हुई हैं-प्रेमवाटिका (दोहे) और सुजान रसखान (कवित्त-सवैया)। और कृष्णभक्तों के समान इन्होंने 'गीतकाव्य' का आश्रय न लेकर कवित्त-सवैयों में अपने सच्चे प्रेम की व्यंजना की है। ब्रजभूमि के सच्चे प्रेम से परिपूर्ण ये दो सवैये अत्यंत प्रसिद्ध हैं-

मानुष हों तो वही रसखान बसौं सँग गोकुल गाँव के ग्वारन।
जौ पसु हों तो कहा बसु मेरो चरौं नित नंद की धेनु मझारन॥
पाहन हों तो वही गिरि को जो कियो हरि छत्र पुरंदर धारन।
जौ खग हों तो बसेरो करौं मिलि कालिंदी कूल कदंब की डारन॥

× × × × ×

या लकुटी अरु कामरिया पर राज तिहूँ पुर को तजि डारौं।
आठहु सिद्धि नवौ निधि के सुख नंद की गाय चराय बिसारौं॥
नैनन सों रसखान सबै ब्रज के बन बाग तड़ाग निहारौं।
केतक ही कलधौत के धाम करील के कुंजन ऊपर वारौं॥

अनुप्रास की सुंदर छटा होते हुए भी भाषा की चुरती और सफाई कहीं नहीं जाने पायी है। बीच-बीच में भावों की बड़ी सुंदर व्यंजना है। लीलापक्ष को लेकर इन्होंने बड़ी रंजन कारिणी रचनाएँ की हैं।

भगवान् प्रेम के वशीभूत हैं, जहाँ प्रेम है वहीं प्रिय है, इस बात को रसखान यों कहते हैं-

ब्रह्म मैं ढूँढ्यो पुरातन गानन, वेदरिचा सुनी चौगुने चायन।
देख्यो सुन्यो कबहूँ न कहूँ वह कैसे सरूप और कैसे सुभायन॥
टेरत हेरत हारि पर्‌यो, रसखान बता यो न लोग लुगायन।
देख्यो दुरो वह कुंज कुटीर में बैठो पलोटत राधिका पाँयन॥

कुछ और नमूने देखिए -

मोर पखा सिर ऊपर राखिहौ, गुंज की माल गले पहिसैंगी।
ओढ़ि पितांबर लै लकुटी बन गोधन ग्वालन संग फिरौंगी॥
भावतो सोई मेरो रसखान सो तेरे कहै सब स्वाँग करौंगी।
या मुरली मुरलीधर की अधरा न धरी अधरा न धरौंगी॥
सेसे महेस गनेस दिनेस सुरेसहु जाहिं निरंतर गावैं।
जाहि अनादि अनंत अखंड अछेद अभेद सुवेद बतावैं।

नारद से सुक व्यास रहैं पचि हारे तऊ पुनि पार न पावैं।
ताहि अहीर की छोहरियाँ छछिया भर छाछ पै नाच नचावैं॥

(प्रेमवाटिका से)

जेहि बिनु जाने कछुहि नाहिं जान्यों जात बिसेस।
सोइ प्रेम जेहि जान कै रहि न जात कछु सेस॥
प्रेमफाँस सो फँसि मरै सोई जियै सदाहि।
प्रेम मरम जाने बिना मरि कोउ जीवत नाहिं॥

18. ध्रुवदास : ये श्री हितहरिवंश जी के शिष्य स्वप्न में हुए थे। इसके अतिरिक्त इनका कुछ जीवनवृत्त नहीं प्राप्त हुआ है। ये अधिकतर वृंदावन ही रहा करते थे। इनकी रचना बहुत ही विस्तृत है और इन्होंने पदों के अतिरिक्त दोहे, चौपाई, कवित्त, सवैये आदि अनेक छंदों में भक्ति और प्रेमतत्त्व का वर्णन किया है। छोटे-मोटे सब मिलाकर इनके 40 ग्रंथों के लगभग मिले हैं जिनके नाम ये हैं–

वृंदावनसत, सिंगारसत, रसरत्नावली, नेहमंजरी, रहस्यमंजरी, सुखमंजरी, रतिमंजरी, वनविहार, रंगविहार, रसविहार, आनंददशाविनोद, रंगविनोद, नृत्यविलास, रंगहुलास, मानरसलीला, रहसलता, प्रेमलता, प्रेमावली, भजनकुंडलिया, भक्तनामावली, मनसिंगार, भजनसत, प्रीतिचौवनी, रसमुक्तावली, बामन बृहत् पुराण की भाषा, सभामंडली, रसानंदलीला, सिद्धांत विचार, रसहीरावली, हित सिंगार लीला, ब्रजलीला, आनंदलता, अनुरागलता, जीवदशा, वैद्यलीला, दानलीला, ब्याहलो।

नाभा जी के भक्तमाल के अनुकरण पर इन्होंने 'भक्तनामावली' लिखी है जिसमें अपने समय तक के भक्तों का उल्लेख किया हैं। इनकी कई पुस्तकों में संवत् दिये हैं जैसे-सभामंडली 1681, वृंदावनसत 1698 और रस मंजरी 1698। अतः इनका रचनाकाल संवत् 1660 से 1700 तक माना जा सकता है। इनकी रचना के कुछ नमूने नीचे दिये जाते हैं–

('सिंगारसत' से)

रूपजल उठत तरंग हैं कटाछन के,
अंग-अंग भौरन की अति गहराई है।
नैनन को प्रतिबिंब पर्‍यो है कपोलन में,
तेई भए मीन तहाँ, ऐसी उर आई है॥
अरुन कमल मुसुकान मानो फबि रही,
थिरकन बेसरि के मोती की सुहाई है।
भयो है मुदित सखी लाल को मराल मन,
जीवन जुगल ध्रुव एक ठाँव पाई है॥

('नेहमंजरी' से)

प्रेम बात कछु कहि नहिं जाई। उलटी चाल तहाँ सब भाई।
प्रेम बात सुनि बौरो होई। तहाँ सयान रहै नहिं कोई॥
तन मन प्रान तिही छिन हारै। भली बुरी कछुवै न विचारै॥
ऐसो प्रेम उपजिहै जबहीं। हित ध्रुव बात बनैगी तबहीं॥

(‘भजनसत’ से)

बहु बीती थोरी रही, सोऊ बीती जाय।
हित ध्रुव बेगि बिचारि कै बसि वृंदावन आय।।
बसि वृंदावन आय त्यागि लाजहि अभिमानहि।
प्रेमलीन ह्वै दीन आपको तृन सम जानहि।।
सकल सार कौ सार, भजन तू करि रस रीती।
रे मन सोच-विचार, रही थोरी, बहु बीती।

कृष्णोपासक भक्त कवियों की परंपरा अब यहीं समाप्त की जाती है। पर इसका अभिप्राय यह नहीं कि ऐसे भक्त कवि आगे और नहीं हुए। कृष्णगढ़ नरेश महाराज नागरीदास जी, अलबेली अलि जी, चाचा हितवृंदावनदास जी, भगवत रसिक आदि अनेक पहुँचे हुए भक्त बराबर होते गये हैं। जिन्होंने बड़ी सुंदर रचनाएँ की हैं। पर पूर्वोक्तकाल के भीतर ऐसे भक्त कवियों की जितनी प्रचुरता रही है उतनी आगे चलकर नहीं। वे कुछ अधिक अंतर देकर हुए हैं। ये कृष्णभक्त कवि हमारे साहित्य में प्रेममाधुर्य का जो सुधास्रोत बहा गये हैं, उसके प्रभाव से हमारे काव्यक्षेत्र में सरसता और प्रफुल्लता बराबर बनी रहेगी। ‘दुखवाद’ की छाया आ-आकर भी टिकने न पायेगी। इन भक्तों का हमारे साहित्य पर बड़ा भारी उपकार है।

◉◉

संदर्भ

1. देखिए, पृ. 44-45 पर चंद का वंशवृक्ष।
2. देखिए, पृ. 113-114।

प्रकरण-6 : सगुणधारा

भक्तिकाल की फुटकल रचनाएँ

जिन राजनीतिक और सामाजिक परिस्थितियों के बीच भक्ति का काव्य प्रवाह उमड़ा, उनका संक्षिप्त उल्लेख आरंभ में हो चुका है।[1] वह प्रवाह राजाओं या शासकों के प्रोत्साहन आदि पर अवलंबित न था। वह जनता की प्रवृत्ति का प्रवाह था जिसका प्रवर्तक काल था। न तो उसको पुरस्कार या यश के लोभ ने उत्पन्न किया था और न भय रोक सकता था। उस प्रवाहकाल के बीच अकबर जैसे योग्य और गुणग्राही शासक का भारत के अधीश्वर के रूप में प्रतिष्ठित होना एक आकस्मिक बात थी। अतः सूर और तुलसी ऐसे भक्त कवीश्वरों के प्रादुर्भाव के कारणों में अकबर द्वारा संस्थापित शांतिसुख को मिलना भारी भूल है। उस शांतिसुख के परिणामस्वरूप जो साहित्य उत्पन्न हुआ वह दूसरे ढंग का था। उसका कोई एक निश्चित स्वरूप न था; सच पूछिए तो वह उन कई प्रकार की रचना-पद्धतियों का पुनरुत्थान था जो पठानों के शासनकाल की अशांति और विप्लव के बीच दब-सी गयी थी और धीरे-धीरे लुप्त होने जा रही थी।

पठान शासक भारतीय संस्कृति से अपने कट्टरपन के कारण दूर-ही दूर रहे। अकबर की चाहे नीतिकुशलता कहिए, चाहे उदारता, उसने देश की परंपरागत संस्कृति में पूरा योग दिया जिससे कला के क्षेत्र में फिर से उत्साह का संचार हुआ। जो भारतीय कलावंत छोटे-मोटे राजाओं के यहाँ किसी प्रकार अपना निर्वाह करते हुए संगीत को सहारा दिये हुए थे वे अब शाही दरबार में पहुँचकर 'वाह-वाह' की ध्वनि के बीच अपना करतब दिखाने लगे। जहाँ बचे हुए हिंदू राजाओं की सभाओं में ही कविजन थोड़ा-बहुत उत्साहित या पुरस्कृत किये जाते थे वहाँ अब बादशाह के दरबार मं भी उनका सम्मान होने लगा। कवियों के सम्मान के साथ-साथ कविता का सम्मान भी यहाँ तक बढ़ा कि अब्दुर्रहीम खानखाना ऐसे उच्चपदस्थ सरदार क्या, बादशाह तक ब्रजभाषा की ऐसी कविता करने लगे–

जाको जस है जगत में, जगत सराहै जाहि।
ताको जीवन सफल है, कहत अकब्बर साहि॥

साहि अकब्बर एक समै चले कान्ह विनोद बिलोकन बालहि।
आहट तें अबला निरख्यो, चकि चौंकि चली करि आतुर चालहिं॥
त्यों बलि बेनी सुधारि धरी सु भई दबि यों ललना अरु लालहि।
चंपक चारु कमान चढ़ावत काम ज्यों हाथ लिये अहि बालहिं॥

नरहरि और गंग ऐसे सुकवि और तानसेन ऐसे गायक अकबरी दरबार की शोभा बढ़ाते थे।

यह अनुकूल परिस्थिति हिंदी काव्य को अग्रसर करने में अवश्य सहायक हुई। वीर, श्रृंगार और नीति की कविताओं के आविर्भाव के लिए विस्तृत क्षेत्र फिर खुल गये। जैसा कि

आरंभ काल में दिखाया जा चुका है, फुटकर कविताएँ अधिकतर इन्हीं विषयों को लेकर छप्पय, कवित्त, सवैयों और दोहों में हुआ करती थीं। मुक्तक रचनाओं के अतिरिक्त प्रबंध काव्य परंपरा ने भी जोर पकड़ा और अनेक अच्छे आख्यान काव्य भी इस काल में लिखे गये। खेद है कि नाटकों की रचना की ओर ध्यान नहीं गया। हृदयराम के भाषा हनुमन्नाटक को नाटक नहीं कह सकते। इसी प्रकार सुप्रसिद्ध कृष्णभक्त कवि व्यास जी (संवत् 1620 के आसपास) के देव नामक एक शिष्य का रचा 'देवमायाप्रपंचनाटक' भी नाटक नहीं, ज्ञानवार्ता है।

इसमें संदेह नहीं कि अकबर के राजत्वकाल में एक ओर तो साहित्य की चली आती हुई परंपरा को प्रोत्साहन मिला, दूसरी ओर भक्त कवियों की दिव्यवाणी का स्रोत उमड़ चला। इन दोनों की सम्मिलित विभूति से अकबर का राजत्वकाल जगमगा उठा और साहित्य के इतिहास में उसका एक विशेष स्थान हुआ। जिस काल में सूर और तुलसी जैसे भक्त के अवतार तथा नरहरि, गंग और रहीम ऐसे निपुण भावुक कवि दिखाई पड़े उसके साहित्यिक गौरव की ओर ध्यान जाना स्वाभाविक ही है।

1. छीहल : ये राजपूताने की ओर के थे। संवत् 1575 में इन्होंने 'पंचसहेली' नाम की एक छोटी-सी पुस्तक दोहों में राजस्थानी मिली भाषा में बनायी जो कविता की दृष्टि से अच्छी नहीं कही जा सकती। इसमें पाँच सखियों की विरह वेदना का वर्णन है। दोहे इस ढंग के हैं–

देख्या नगर सुहावना, अधिक सुचंगा थानु।
नाउँ चँदेरी परगटा, जनु सुरलोक समानु॥
ठाईं-ठाईं सरवर पेखिय, सूभर भरे निवाण।
ठाईं-ठाईं कुवाँ बावरी, सोहइ फटिक सवाँण॥
पंद्रह सै पचहत्तरै, पूनिम फागुन मास।
पंचसहेली वर्णई, कवि छीहल परगास॥

इनकी लिखी एक 'बावनी' भी है जिसमें 52 दोहे हैं।

2. लालचदास : ये रायबरेली के एक हलवाई थे। इन्होंने संवत् 1585 में 'हरिचरित' और संवत् 1587 में 'भागवत दशम स्कंध भाषा' नाम की पुस्तक अवधी मिली भाषा में बनायी। ये दोनों पुस्तकें काव्य की दृष्टि से सामान्य श्रेणी की हैं और दोहे-चौपाइयों में लिखी गयी हैं। 'दशम स्कंध भाषा' का उल्लेख हिंदुस्तानी के फ्रांसीसी विद्वान् गार्सां द तासी ने किया है और लिखा है कि उसका अनुवाद फ्रांसीसी भाषा में हुआ है। 'भागवत भाषा' इस प्रकार की चौपाइयों में लिखी गयी है–

पंद्रह सौ सत्तासी जहिया। समय बिलंबित बरनौं तहिया॥
मास असाढ़ कथा अनुसारी। हरिबासर रजनी उजियारी॥
सकल संत कहँ नावौं माथा। बलि-बलि जैहौं जादवनाथा॥
रायबरेली बरनि अवासा। लालच रामनाम कै आसा॥

3. कृपाराम : इनका कुछ वृत्तांत ज्ञात नहीं। इन्होंने संवत् 1598 में रसरीति पर 'हिततरंगिणी' नामक ग्रंथ दोहों में बनाया। रीति या लक्षण ग्रंथों में यह बहुत पुराना है। कवि ने कहा है कि और कवियों ने बड़े छंदों के विस्तार में श्रृंगार रस का वर्णन किया है पर मैंने 'सुघरता' के विचार से दोहों में वर्णन किया है। इससे जान पड़ता है कि इनके पहले और लोगों ने भी रीतिग्रंथ लिखे थे जो अब नहीं मिलते हैं। 'हिततरंगिणी' के कई दोहे बिहारी के दोहों से

मिलते-जुलते हैं। पर इससे यह नहीं सिद्ध होता कि यह ग्रंथ बिहारी के पीछे का है क्योंकि ग्रंथ में निर्माणकाल बहुत स्पष्ट रूप से दिया हुआ है–

सिधि-निधि सिव मुख चंद्र लखि माघ सुद्दि तृतियासु।
हिततरंगिनी हौं रची कवि हित परम प्रकासु॥

दो में से एक बात हो सकती है–या तो बिहारी ने उन दोहों को जानबूझकर लिया अथवा वे दोहे पीछे से मिल गये। हिततरंगिणी के दोहे बहुत ही सरस, भावपूर्ण तथा परिमार्जित भाषा में हैं। कुछ नमूने देखिए–

लोचन चपल कटाच्छ सर, अनियारे विषंपूरि।
मन मृग बेधैं मुनिन के, जगजन सहत बिसूरि॥
आजु वारे हौं गई, नंदलाल हित ताल।
कुमुद कुमुदुनी के भटू निरखे औरे हाल॥
पति आयो परदेस तें, ऋतु बसंत को मानि।
झमकि-झमकि निज महल में, टहलैं करै सुरानि॥

4. महापात्र नरहरि बंदीजन : इनका जन्म संवत् 1562 में और मृत्यु 1667 में कही जाती है। महापात्र की उपाधि इन्हें अकबर के दरबार से मिली थी। ये अरूनी फतेहपुर के रहने वाले थे और अकबर के दरबार में इनका बहुत मान था। इन्होंने छप्पय और कवित्त कहे हैं। इनके बनाये दो ग्रंथ परंपरा से प्रसिद्ध हैं–'रुक्मिणीमंगल' और 'छप्पय नीति'। एक तीसरा ग्रंथ 'कवित्तसंग्रह' भी खोज में मिला है। इनका वह प्रसिद्ध छप्पय नीचे दिया जाता है जिस पर कहते हैं, अकबर ने गोवध बंद कराया था–

अरिहु दंत तिन धरै, ताहि नहिं मारि सकत कोइ।
हम संतत तिनु चरहिं, वचन उच्चरहिं दीन होइ॥
अमृत पय नित स्रवहिं, बच्छ महि थंभन जावहिं।
हिंदुहि मधुर न देहिं, कटुक तुरकहि न पियावहिं॥
कह कवि नरहरि अकबर सुनौ बिनवति गउ जोरे करन।
अपराध कौन मोहिं मारियत, मुएह चाम सेवइ चरन॥

5. नरोत्तमदास : ये सीतापुर के जिले वाड़ी नामक कस्बे के रहने वाले थे। शिवसिंहसरोज में इनका संवत् 1602 में वर्तमान रहना लिखा है। इनकी जाति का उल्लेख कहीं नहीं मिलता। इनका 'सुदामाचरित्र' ग्रंथ बहुत प्रसिद्ध है। इसमें घर की दरिद्रता का बहुत ही सुंदर वर्णन है। यद्यपि यह छोटा है, तथापि इसकी रचना बहुत ही सरस और हृदयग्राहिणी है और कवि की भावुकता का परिचय देती है। भाषा भी बहुत ही परिमार्जित और व्यवस्थित है। बहुतेरे कवियों के समान भरती के शब्द और वाक्य इसमें नहीं हैं। कुछ लोगों के अनुसार इन्होंने इसी प्रकार का एक और खंडकाव्य 'ध्रुवचरित' भी लिखा है। पर वह कहीं देखने में नहीं आया। 'सुदामाचरित्र' का यह सवैया बहुत लोगों के मुँह से सुनाई पड़ता है–

सीस पगा न झगा तन पै, प्रभु! जानै को आहि, बसै केहि ग्रामा।
धोती फटी सी, लटी दुपटी अरु पाँय उपानह को नहीं सामा॥
द्वार खड़ो द्विज दुर्बल एक, रह्यो चकि सो बसुधा अभिरामा।
पूछत दीनदयाल को धाम, बतावत आपनो नाम सुदामा॥

कृष्ण की दीनवत्सलता और करुणा का एक यह और सवैया देखिए–

कैसे बिहाल बिवाइन सों भए, कंटक जाल गड़े पग जोए।
हाय महादुख पाए सखा! तुम आए इतै न, कितै दिन खोए॥
देखि सुदामा की दीन दसा करुना करिकै करुनानिधि रोए।
पानी परात को हाथ छुयो नहिं, नैनन के जल सों पग धोए॥

6. आलम : ये अकबर के समय के एक मुसलमान कवि थे जिन्होंने सन् 991 हिजरी अर्थात् संवत् 1639-40 में 'माधवानल कामकंदला' नाम की प्रेमकहानी दोहा-चौपाई में लिखी। पाँच-पाँच चौपाइयों (अर्द्धालियों) पर एक दोहा या सोरठा है। यह श्रृंगार रस की दृष्टि से ही लिखी जान पड़ती है, आध्यात्मिक दृष्टि से नहीं। इसमें जो कुछ रुचिरता है वह कहानी की है, वस्तुवर्ण, भाव व्यंजना आदि की नहीं। कहानी भी प्राकृत या अपभ्रंश से चली आती हुई कहानी है।

कवि ने रचनाकाल का उल्लेख इस प्रकार किया है–

दिल्लीपति अकबर सुरताना। सप्तदीप में जाकी आना॥
धरमराज सब देस चलावा। हिंदू-तुरुक पंथ सब लावा॥
× × × × ×
सन नौ सै इक्कानबे आही। करौं कथा औ बोलौं ताही॥

7. महाराज टोडरमल : ये कुछ दिन शेरशाह के यहाँ ऊँचे पद पर थे, पीछे अकबर के समय में भूमिकर विभाग के मंत्री हुए। इनका जन्म संवत् 1550 में और मृत्यु संवत् 1646 में हुई। ये कुछ दिनों तक बंगाल के सूबेदार भी थे। ये जाति के खत्री थे। इन्होंने शाही दफ्तरों में हिंदी के स्थान पर फारसी का प्रचार किया जिससे हिंदुओं का झुकाव फारसी की शिक्षा की ओर हुआ। ये प्राय: नीति-संबंधी पद्य कहते थे। इनकी कोई पुस्तक तो नहीं मिलती, फुटकल कवित्त इधर-उधर मिलते हैं। एक कवित्त नीचे दिया जाता है–

जार को विचार कहा, गनिका को लाज कहा,
गदहा को पान कहा, आँधरे को अरसी।
निगुनी को गुन कहा, दान कहा दारिद को।
सेवा कहा सूम की अरंडन की डार सी॥
मदपी को सुचि कहाँ, साँच कहाँ लंपट को,
नीच को बचन कहा स्यार की पुकार सी।
टोडर सुकवि ऐसे हठी तौ न टारे टरौ,
भावै कहौ सूधी बात भावै कहौ फारसी॥

8. महाराज बीरबल : इनकी जन्मभूमि कुछ लोग नारनौल बतलाते हैं और इनका नाम महेशदास। प्रयाग के किले के भीतर जो अशोकस्तंभ हैं उस पर यह खुदा है–'संवत् 1632 शाके 1493 मार्ग बदी 5, सोमवार गंगादास सुत महाराज बीरबल श्री तीरथराज प्रयाग की यात्रा सुफल लिखित।' यह लेख महाराज बीरबल के संबंध में ही जान पड़ता है क्योंकि गंगादास और महेशदास नाम मिलते-जुलते हैं जैसे कि पिता-पुत्र के हुआ करते हैं। बीरबल का जो उल्लेख भूषण ने किया है उससे इनके निवास-स्थान का पता चलता है।

द्विज कनौज कुल कस्यपी, रतनाकर सुत धीर।

बसत त्रिविक्रमपुर सदा, तरनि तनूजा तीर॥
बीर बीरबल से जहाँ, उपजे कवि अरु भूप।
देव बिहारीश्वर जहाँ, विश्वेश्वर तद्रूप॥

इनका जन्मस्थान तिकवाँपुर ही ठहरता है, पर कुल का निश्चय नहीं होता। यह तो प्रसिद्ध ही है कि ये अकबर के मंत्रियों में थे और बड़े ही वाक्‌चतुर और प्रत्युत्पन्नमति थे। इनके और अकबर के बीच होने वाले विनोद और चुटकुले उत्तर भारत के गाँवों में प्रसिद्ध हैं। महाराज बीरबल ब्रजभाषा के अच्छे कवि थे और कवियों का बड़ी उदारता के साथ सम्मान करते थे। कहते हैं, केशवदास जी को इन्होंने एक बार छह लाख रुपये दिये थे और केशवदास की पैरवी से ओरछा नरेश पर एक करोड़ का जुरमाना मुआफ कर दिया था। इनके मरने पर अकबर ने यह सोरठा कहा था–

दीन देखि सब दीन, एक न दीन्हों दुसह दुख।
सो अब हम कहँ दीन, कछु नहिं राख्यो बीरबल॥

इनकी कोई पुस्तक नहीं मिलती है, पर कई सौ कवित्तों का यह एक संग्रह भरतपुर में है। इनकी रचना अलंकार आदि काव्यांगों से पूर्ण और सरस होती थी। कविता में ये अपना नाम ब्रह्म रखते थे। दो उदाहरण दिये जाते हैं–

उछरि-उछरि केकी झपटे उरग पर,
उरगहू केकिन पै लपटै लहकि हैं।
केकिन के सूरति हिए की न कछू है, भए,
एकी करि केहरि, न बोलत बहकि है।
कहै कवि ब्रह्म वारि हेरत हरिन फिरै,
बैहर बहुत बड़े जोर सौं जहकि हैं।
तरनि कै तावन तवा सी भई भूमि रही,
दसहू दिसान में दवारि सी बहकि है॥

× × × × ×

पूत कपूत, कुलच्छनि नारि, लराक परोसि, लजायन सारो।
बंधु कुबुद्धि, पुरोहित लंपट, चाकर चोर, अतीय धुतारो॥
साहब सूम, अड़ाक तुरंग, किसान कठोर, दीवान नकारो।
ब्रह्म भनै सुनु साह अकब्बर बारहौं बाँधि समुद्र में डारौ॥

9. गंग : ये अकबर के दरबारी कवि थे और रहीम खानखाना इन्हें बहुत मानते थे। इनके जन्मकाल तथा कुल आदि का ठीक वृत्त ज्ञात नहीं। कुछ लोग इन्हें ब्राह्मण कहते हैं, पर अधिकतर ये ब्रह्मभट्ट ही प्रसिद्ध हैं। ऐसा कहा जाता है कि किसी नवाब या राजा की आज्ञा से ये हाथी से चिरवा डाले गये थे और उसी समय मरने के पहले इन्होंने यह दोहा कहा था–

कबहुँ न भडुआ रन चढ़े, कबहुँ न बाजी बंब।
सकल सभाहि प्रनाम करि, बिदा होत कवि गंग॥

इसके अतिरिक्त कई और कवियों ने भी इस बात का उल्लेख वा संकेत किया है। देव कवि ने कहा है–

'एक भए प्रेत, एक मीजि मारे हाथी'।

ये पद्य भी इस संबंध में ध्यान देने योग्य हैं–

सब देवन को दरबार जुर्‌यो, तहँ पिंगल छंद बनाय कै गायो।
जब काहू ते अर्थ कह्यो न गायो, तब नारद एक प्रसंग चलायो।।
मृतलोक में है नर एक गुनी, कवि गंग को नाम सभा में बतायो।
सुनि चाह भई परमेसर को, तब गंग को लेन गनेस पठायो।।

× × × × ×

गंग ऐसे गुनीको गयंद सो चिराइए।

इन प्रमाणों से यह घटना ठीक ठहरती है। गंग कवि बहुत निर्भीक होकर बात कहते थे। वे अपने समय के नरकाव्य करने वाले कवियों में सबसे श्रेष्ठ माने जाते थे। दास जी ने कहा है–

चकित भँवरि रहि गयो, गम नहिं करत कमलवन।
अहि फन मनि नहिं लेत, तेज नहिं बहत पवन वन।।
हंस मानसर तज्यो चक्क चक्की न मिलै अति।
बहु सुंदरि पद्‌मिनी पुरुष न चहै, न करै रति।।
खलभलित सेस कवि गंग भन, अमित तेज रविरथ खस्यो।
खानान खान बैरम सुवन जबहिं क्रोध करि तंग कस्यो।।

सारांश यह है कि गंग अपने समय के प्रधान कवि माने जाते थे। इनकी कोई पुस्तक अभी नहीं मिली हैं। पुराने संग्रह ग्रंथों में इनके बहुत-से कवित्त मिलते हैं। सरल हृदय के अतिरिक्त वाग्वैदग्ध्य भी इनमें प्रचुर मात्रा में था। वीर और श्रृंगार रस के बहुत ही रमणीक कवित्त इन्होंने कहे हैं। कुछ अन्योक्तियाँ भी बड़ी मार्मिक हैं। हास्यरस का पुट भी बड़ी निपुणता से ये अपनी रचना में देते थे। घोर अतिशयोक्तिपूर्ण वस्तुव्यंग्य पद्धति पर विरहताप का वर्णन भी इन्होंने किया है। उस समय की रुचि को रंजित करने वाले सब गुण इनमें वर्तमान थे, इसमें कोई संदेह नहीं। इनका कविताकाल विक्रम की सत्रहवीं शताब्दी का अंत मानना चाहिए। रचना के कुछ नमूने देखिए–

बैठी थी सखिन संग, पिय को गवन सुन्यौ,
सुख के समूह में बियोग आगि भरकी।
गंग कहै त्रिविध सुगंध कै पवन बह्यो,
लागत ही ताके तन भई बिथा जर की।।
प्यारी को परसि पौन गयो मानसर कहँ,
लागत ही औरे गति भई मानसर की।
जलचर चरे और सेवार जरि छार भयो,
तल जरि गयो, पंक सूख्यो भूमि दर-की।।

× × × × ×

झुकत कृपान मयदान ज्यों उदोत भान,
एकन ते एक मान सुघमा जरद की।
कहै कवि गंग तरे बल को बयारि लगे
फूटी गजघटा घनघटा ज्यों सरद की।।

एते मान सोनित की नदियाँ उमड़ चलीं,
उरही न निसानीकहूँ महि में गरद की।
गोरी गह्यो गिरिपति, गनपति गह्यो गौरी,
गौरीपति गही पूँछ लपकि बरद की।

× × × × ×

देखत कै वृच्छन में दीरघ सुभायमान,
कउठीर चल्यो चाखिबे को प्रेम जिय जग्यो है।
लाल फल देखि कै जटान मँडरान लागे,
देखत बटोही बहुतेरे डगमग्यो है॥
गंग कवि फल फूटे भुजा उधिराने लखि,
सबही निरास ह्वै कै निज गृह भग्यो है।
ऐसो फलहीन वृच्छ बसुधा में भयो, यारो,
सेंमर बिसासी बहुतेरन को ठग्यो है॥

10. मनोहर कवि : ये एक कछवाहे सरदार थे जो अकबर के दरबार में रहा करते थे। शिवसिंह सरोज में लिखा है कि ये फारसी और संस्कृत के अच्छे विद्वान् थे और फारसी कविता में अपना उपनाम 'तौसनी' रखते थे। इन्होंने 'शत प्रश्नोत्तरी' नाम की पुस्तक बनायी है तथा नीति और शृंगाररस के बहुत-से फुटकल दोहे कहे हैं। इनका कविताकाल संवत् 1620 के आगे माना जा सकता है। इनके शृंगारिक दोहे मार्मिक और मधुर हैं पर उनमें कुछ फारसीपन के छींटे मौजूद हैं। दो-चार नमूने देखिए-

इंदु बदन नरगिस नयन संबलबारे बार।
उर कंकुम, कोकिल बयन, जेहि लखि लाजत मार॥
बिथुरे सुथुरे चीकने घने घने घुघुवार।
रसिकन को जंजीर से बाला तेरे बार॥
अचरज मोहिं हिंदू-तुरुक बादि करत संग्राम।
इक दीपति सों दीपियत काबा काशीधाम॥

11. बलभद्र मिश्र : ये ओरछा के सनाढ्य ब्राह्मण पं. काशीनाथ के पुत्र और प्रसिद्ध कवि केशवदास के बड़े भाई थे। इनका जन्मकाल संवत् 1600 के लगभग माना जा सकता है। इनका 'नखशिख' शृंगार का एक प्रसिद्ध ग्रंथ है जिसमें इन्होंने नायिका के अंगों का वर्णन उपमा, उत्प्रेक्षा, संदेह आदि अलंकारों के प्रचुर विधान द्वारा किया है। ये केशवदास जी के समकालीन या पहले के उन कवियों में थे जिनके चित्त में रीति के अनुसार काव्यरचना की प्रवृत्ति हो रही थी। कृपाराम ने जिस प्रकार रसरीति का अबलंबन कर नायिकाओं का वर्णन किया उसी प्रकार बलभद्र नायिका के अंगों का एक स्वतंत्र विषय बनाकर चले थे। इनका रचनाकाल संवत् 1540 के पहले माना जा सकता है। रचना इनकी बहुत प्रौढ़ और परमार्जित है, इससे अनुमान होता है कि नखशिख के अतिरिक्त इन्होंने और पुस्तकें भी लिखी होंगी। संवत् 1891 में गोपाल कवि ने बलभद्र कृत नखशिख की एक टीका लिखी जिसमें उन्होंने बलभद्र कृत तीन और ग्रंथों का उल्लेख किया है-बलभद्री व्याकरण, हनुमन्नाटक और गोवर्द्धनसतसई टीका। पुस्तकों की खोज में इनका 'दूषणविचार' नाम का एक और ग्रंथ मिला है जिसमें

काव्यदोषों का निरूपण है। नखशिख के दो कवित्त उद्‌धृत किय जाते हैं–

पाटल नयन कोकनद के से दल दोऊ,
बलभद्र वासर उनीदी लखो बाल मैं।
सोभा के सरोवर में बाड़व की आभा कैधौं,
देवधुनी भारती मिली है पुन्यकाल मैं॥
काम-कैवरत कैधौं नासिकर-उडुप बैठो,
खेलत सिकार तरुनी के मुख-ताल मैं?
लोचन सितासित में लोहित लकीर मानो,
बाँधे जुग मीन लाल रेशम की डोर मैं॥

× × × × ×

मरकत के सूत, कैधौं पन्नग के पूत, अति
राजत अभूत तमराज कैसे तार हैं।
मखतूल गुनग्राम सोभित सरस स्याम,
काम मृग कानन कै कुहू के कुमार हैं॥
कोप की किरन, कै जलजनाल नील तंतु,
उपमा अनंत चारु चँवर सिंगार हैं।
कारे सटकारे भीजे सोंधे सों सुगंध बातस
ऐसे बलभद्र नवबाला तेरे बार हैं॥

12. जमाल : ये भारतीय काव्यपरंपरा से पूर्ण परिचित कोई सहृदय मुसलमान कवि थे जिनका रचनाकाल संवत् 1627 अनुमान किया गया है। इनके नीति और शृंगार के दोहे राजपूताने की ओर बहुत जनप्रिय हैं। भावों की व्यंजना बहुत ही मार्मिक पर सीधे-सादे ढंग पर की गयी है। इनका कोई ग्रंथ तो नहीं मिलता, पर कुछ संगृहीत दोहे मिलते हैं। सहृदयता के अतिरिक्त इनमें शब्दक्रीड़ा की निपुणता भी थी, इससे इन्होंने कुछ पहेलियाँ भी अपने दोहों में रखी हैं। कुछ नमूने दिये जाते है–

पूनम चाँद, कुसूँभ रँग, नदी तीर द्रुम डाल।
रेत भीत, भुस लीपणो, ए थिर नहीं जमाल॥
रंग जो चोल मजीठ का, संत वचन प्रतिपाल।
पाहण देख रु करम गत, ए किमि मिटैं जमाल॥
जमला ऐसी प्रीत कर, जैसी केस कराय।
कै काल, कै ऊजला, जब तब सिर स्यूँ जाय॥
मनसा तो गाहक भए, नैना भए दलाल।
धनी बसत बेचे नहीं, किस विध बनै जमाल॥
बालपणे धौला भया, तरुणपणे भया लाल।
वृद्धपणे काला भया, कारण कोण जमाल॥
कामिण जावक रँग रच्यो, दमकत मुकता कोर।
इम हंसा मोती तजे, इम चुग लिए चकोर॥

13. केशवदास : ये सनाढ्य ब्राह्मण कृष्णदत्त के पौत्र और काशीनाथ के पुत्र थे।

इनका जन्म संवत् 1612 में और मृत्यु 1674 के आसपास हुई। ओरछा नरेश महाराज राम के भाई इंद्रजीत सिंह की सभा में ये रहते थे, जहाँ इनका बहुत मान था। इनके घराने में बराबर संस्कृत के अच्छे पंडित होते आये थे। इनके बड़े भाई बलभद्र मिश्र भाषा के अच्छे कवि थे। इस प्रकार की परिस्थिति में रहकर ये अपने समय के प्रधान साहित्यशास्त्रज्ञ कवि माने गये। इनके आविर्भावकाल से कुछ पहले ही रस, अलंकार आदि काव्यांगों के निरूपण की ओर कुछ कवियों का ध्यान जा चुका था। यह स्वाभाविक भी था, क्योंकि हिंदी काव्य रचना प्रचुर मात्रा में हो चुकी थी। लक्ष्य ग्रंथों के उपरांत ग्रंथों का निर्माण होता है। केशवदास जी संस्कृत के पंडित थे अत: शास्त्रीय पद्धति से साहित्यचर्चा का प्रचार भाषा में पूर्ण रूप से करने की इच्छा इनके लिए स्वाभाविक थी।

केशवदास के पहले संवत् 1598 में कृपाराम थोड़ा रसनिरूपण कर चुके थे। इसी समय में चरखारी के मोहनलाल मिश्र ने 'शृंगारवत्' नामक एक ग्रंथ शृंगाररस संबंधी लिखा। नरहरि कवि के साथ अकबरी दरबार में जाने वाले करनेस कवि ने 'कर्णाभरण' 'श्रुतिभूषण' और 'भूपभूषण' नामक तीन ग्रंथ अलंकार संबंधी लिखे थे। पर अब तक किसी कवि ने संस्कृत साहित्य शास्त्र में निरूपित काव्यांगों का पूरा परिचय नहीं कराया था। यह काम केशवदास जी ने किया।

ये काव्य में अलंकार का स्थान प्रधान समझने वाले चमत्कारवादी कवि थे जैसा कि इन्होंने स्वयं कहा है–

जदपि सुजाति सुलच्छनी, सुबरन सरस सुवृत्त।
भूषन बिनु न बिराजई, कविता बनिता मित्त॥

अपनी इसी मनोवृत्ति के अनुसार इन्होंने भामह, उद्भट और दंडी आदि प्राचीन आचार्यों का अनुसरण किया जो रस, रीति आदि सब कुछ अलंकार के अंतर्गत ही लेते थे, साहित्यशास्त्र को अधिक व्यवस्थित और समुन्नत रूप में लाने वाले मम्मट, आनंदवर्द्धनाचार्य और विश्वनाथ का नहीं। अलंकार के सामान्य और विशेष दो भेद करके इन्होंने उसके अंतर्गत वर्णन की प्रणाली ही नहीं, वर्णन के विषय भी ले लिये हैं। 'अलंकार' शब्द का प्रयोग इन्होंने व्यापक अर्थ में किया है। वास्तविक अलंकार इनके विशेष अलंकार ही हैं। अलंकारों के लक्षण इन्होंने दंडी के 'काव्यादर्श' से तथा बहुत-सी बातें अमररचित 'काव्यकल्पलतावृत्ति' और केशव मिश्र कृत 'अलंकार शेखर' से ली हैं।

पर केशव के 50 या 60 वर्ष पीछे हिंदी में लक्षणग्रंथों की जो परंपरा चली वह केशव के मार्ग पर नहीं चली। काव्य के स्वरूप के संबंध में तो वह रस की प्रधानता मानने वाले काव्यप्रकाश और साहित्यदर्पण के पक्ष पर रही और अलंकारों के निरूपण में उसने अधिकतर चंद्रालोक और कुवलयानंद का अनुसरण किया। इसी से केशव के अलंकारलक्षण हिंदी में प्रचलित अलंकार से नहीं मिलते। केशव ने अलंकारों पर 'कविप्रिया' ओर रस पर 'रसिकप्रिया' लिखी।

इन ग्रंथों में केशव का अपना विवेचन कहीं नहीं दिखाई पड़ता। सारी सामग्री कई संस्कृत ग्रंथों से ली हुई मिलती है। नामों में अवश्य कहीं-कहीं थोड़ा हेरफेर मिलता है जिससे गड़बड़ी के सिवा और कुछ नहीं हुआ है। 'उपमा' के जो 22 भेद केशव ने रखे हैं उनमें से 15 तो ज्यों-के त्यों दंडी के हैं, 5 केवल नाम भर बदल दिये गये हैं। शेष रहे 2 भेद–संकीर्णेपमा और विपरीतोपमा। इनमें विपरीतोपमा को तो उपमा कहना ही व्यर्थ हैं। इसी प्रकार 'आक्षेप'

के जो 9 भेद केशव ने रखे हैं उनमें 4 तो ज्यों-के त्यों दंडी के हैं। पांचवां 'मरणाक्षेप' दंडी का 'मूर्च्छाक्षेप' ही है। कविप्रिया का प्रेमालंकार दंडी के (विश्वनाथ के नहीं) 'प्रेयस' का ही नामांतर हैं 'उत्तर' अलंकार के चारों भेद वास्तव में पहेलियाँ हैं कुछ भेदों को दंडी से लेकर भी केशव ने उनका और का और ही अर्थ समझा है।

केशव के रचे सात ग्रंथ मिलते हैं– कविप्रिया, रसिकप्रिया, रामचंद्रिका, वीरसिंहदेवचरित, विज्ञानगीता, रतनबावनी और जहाँगीर जसचंद्रिका।

केशव को कविहृदय नहीं मिला था। उसमें वह सहृदयता और भावुकता भी न थी जो एक कवि में होनी चाहिए। वे संस्कृत साहित्य से सामग्री लेकर अपने पांडित्य और रचनाकौशल की धाक जमाना चाहते थे, पर इस कार्य में सफलता प्राप्त करने के लिए भाषा पर जैसा अधिकार चाहिए वैसा उन्हें प्राप्त न था। इनकी रचनाओं में उन्होंने संस्कृत काव्यों की उक्तियाँ लेकर भरी हैं। पर उन उक्तियों को स्पष्ट रूप से व्यक्त करने में उनकी भाषा बहुत कम समर्थ हुई है। पदों और वाक्यों की न्यूनता, अशक्त फालतू शब्दों के प्रयोग और संबंध के अभाव आदि के कारण भी अप्रांजल और ऊबड़-खाबड़ हो गयी है और तात्पर्य भी स्पष्ट रूप से व्यक्त नहीं हो सका हैं। केशव की कविता जो कठिन कही जाती है, उसका प्रधान कारण उनकी यह त्रुटि है–उनकी मौलिक भावनाओं की गंभीरता या जटिलता नहीं। 'रामचंद्रिका' में 'प्रसन्नराघव', 'हनुमान्नाटक', 'अनर्घराघव', 'कादंबरी' और 'नैषध' की बहुत-सी उक्तियों का अनुवाद करके रख दिया गया हैं कहीं-कहीं अनुवाद अच्छा न होने के कारण उक्ति विकृत हो गयी है, जैसे--प्रसन्नराघव के प्रियतमपदैरंकिता भूमिभागान्' का अनुवाद 'प्यौ पदपंकज ऊपर' करके केशव ने उक्ति को एकदम बिगाड़ डाला है। हाँ, जिन उक्तियों में जटिलता नहीं है–समास शैली का आश्रय नहीं लिया गया है–उनके अनुवाद में कहीं-कहीं बहुत अच्छी सफलता प्राप्त हुई है, जैसे-भरत के प्रश्न और कैकेयी के उत्तर में–

'मातु, कहाँ नृप तात? गये सुरलोकहिं, क्यों? सुत शोक गये।' जो कि हनुमन्नाटक के एक श्लोक का अनुवाद है।

केशव ने दो प्रबंधकाव्य लिखे–एक 'वीरसिंहदेवचरित' दूसरा 'रामचंद्रिका'। पहला तो काव्य ही नहीं कहा जा सकता। इसमें वीरसिंहदेव का चरित तो थोड़ा है, दान, लोभ आदि के संवाद भरे हैं। 'रामचंद्रिका' अवश्य एक प्रसिद्ध ग्रंथ हैं पर यह समझ रखना चाहिए कि केशव उक्तिवैचित्र्य और शब्दक्रीड़ा के प्रेमी थे। जीवन के नाना गंभीर और मार्मिक पक्षों पर उनकी दृष्टि नहीं थी। अतः वे मुक्तक रचना के ही उपयुक्त थे, प्रबंध रचना के नहीं। प्रबंध पटुता उनमें कुछ भी न थी। प्रबंधकाव्य के लिए तीन बातें अनिवार्य हैं– (1) संबंध निर्वाह, (2) कथा के गंभीर और मार्मिक स्थलों की पहचान और (3) दृश्यों की स्थानगत विशेषता।

संबंधनिर्वाह की क्षमता केशव में न थी। उनकी 'रामचंद्रिका' अलग-अलग लिखे हुए वर्णनों का संग्रह-सी जान पड़ती है। कथा का चलता प्रवाह न रख सकने के कारण ही उन्हें बोलने वाले पात्रों के नाम नाटकों के अनुकरण पर पद्यों से अलग सूचित करने पड़े हैं। दूसरी बात भी केशव में कम पायी जाती है। रामायण की कथा केशव के हृदय पर कोई विशेष प्रभाव रहा हो यह बात नहीं पायी जाती। उन्हें एक बड़ा प्रबंधकाव्य भी लिखने की इच्छा हुई और उन्होंने उसके लिए राम की कथा ले ली। उस कथा के भीतर जो मार्मिक स्थल हैं उनकी ओर केशव का ध्यान बहुत कम गया है। वे ऐसे स्थलों को या तो छोड़ गये हैं या यों

ही इतिवृत्त मात्र कहकर चलता कर दिया है। राम आदि को वन की ओर जाते देख मार्ग में पड़ने वाले लोगों से कुछ कहलाया भी तो यह कि 'किधौं मुनिशाप हत, किधों ब्रह्म दोष रत, किधौं कोऊ ठग हौं।' ऐसा अलौकिक सौंदर्य और सौम्य आकृति सामने पाकर सहानुभूतिपूर्ण शुद्ध सात्त्विक भावों का उदय होता है, इसका प्रभाव शायद एक-दूसरे को संदेह की दृष्टि से देखने वाले नीतिकुशल दरबारियों के बीच रहकर केशव के लिए कठिन था।

दृश्यों की स्थानगत विशेषता (Local Colour) केशव की रचनाओं में ढूँढ़ना तो व्यर्थ ही है। पहली बात तो यह है कि केशव के लिए प्राकृतिक दृश्यों में कोई आकर्षण नहीं था। वे उनकी देशगत विशेषताओं का निरीक्षण करने क्यों जाते? दूसरी बात यह है कि केशव के बहुत पहले से ही इनकी परंपरा एक प्रकार से उठ चुकी थी। कालिदास के दृश्यवर्णनों में देशगत विशेषताओं का जो रंग पाया जाता है वह भवभूति तक तो कुछ रहा, उसके पीछे नहीं। फिर तो वर्णन रूढ़ हो गये। चारों ओर फैली हुई प्रकृति के नाना रूपों के साथ केशव के हृदय का सामंजस्य कुछ भी न था। अपनी इस मनोवृत्ति का आभास उन्होंने यह कहकर कि–

देखे मुख भावै, अनदेखेई कमल चंद,
ताते मुख मुखै, सखी, कमलौ न चंद री॥

साफ दे दिया है। ऐसे व्यक्ति जो प्राकृत के सच्चे वर्णन की भला क्या आशा की जा सकती है? पंचवटी और प्रवर्षण गिरि ऐसे रमणीय स्थलों में शब्दसाम्य के आधार पर श्लेष के एक भद्दे खेलवाड़ के अतिरिक्त और कुछ न मिलेगा। केवल शब्दसाम्य के सहारे जो उपमान लाये गये हैं कि किसी रमणीय दृश्यों से उत्पन्न सौंदर्य की अनुभूति के सर्वथा विरुद्ध या बेमेल हैं–जैसे प्रलयकाल, पांडव, सुग्रीव, शेषनाग। सादृश्य या साधर्म्य की दृष्टि से दृश्यवर्णन में जो उपमाएँ, उत्प्रेक्षाएँ आदि लायी गयी हैं, वे भी सौंदर्य की भावना में वृद्धि करने के स्थान पर कुतूहलमात्र उत्पन्न करती हैं। जैसे श्वेत कमल के छत्ते पर बैठे हुए भौरे पर यह उक्ति–

केशव केशवराय मनौ कमलासन के सिर ऊपरे सोहै।

पर कहीं-कहीं रमणीय और उपयुक्त उपमान भी मिलते हैं, जैसे–जनकपुर के सूर्योदय वर्णन में, जिसमें 'कापालिक काल' को छोड़कर और सब उपमान रमणीय हैं।

सारांश यह कि प्रबंधकाव्य रचना के योग्य न तो केशव में अनुभूति ही थी, न शक्ति। परंपरा से चले आते हुए कुछ नियत विषयों के (जैसे–युद्ध, सेना की तैयारी, उपवन, राजदरबार के ठाटबाट तथा शृंगार और वीररस) फुटकल वर्णन ही अलंकारों की भरमार के साथ वे करना जानते थे। इसी से बहुत-से वर्णन, यों ही बिना अवसर का विचार किए, वे भरते गये हैं। वे वर्णन के लिए करते थे, न कि प्रसंग या अवसर की अपेक्षा से। कहीं-कहीं तो उन्होंने उचित-अनुचित की भी परवाह नहीं की है, जैसे-भरत की चित्रकूट यात्रा के प्रसंग में सेना की तैयारी और तड़क-भड़क का वर्णन। अनेक प्रकार के रूखे-सूखे उपदेश भी बीच-बीच में रखना वे नहीं भूलते थे। दानमहिमा, लोभनिंदा के लिए तो वे प्राय: जगह निकाल लिया करते थे। उपदेशों का समावेश दो-एक जगह तो पात्र के बिना विचार किये अत्यंत अनुचित और भद्दे रूप में किया गया है, जैसे-वन जाते समय राम का अपनी माता कौशल्या को पतिव्रत का उपदेश।

रामचंद्रिका के लंबे-चौड़े वर्णनों को देखने से स्पष्ट लक्षित होता है कि केशव की दृष्टि जीवन के गंभीर और मार्मिक पक्ष पर न थी। उनका मन राजसी ठाट-बाट, तैयारी, नगरों की

सजावट, चहल-पहल आदि के वर्णन में ही विशेषत: लगता है।

केशव की रचना सबसे अधिक विकृत और अरुचिकर करने वाली वस्तु है, आलंकारिक चमत्कार की प्रवृत्ति जिसके कारण न तो भावों की प्रकृत व्यंजना के लिए जगह बचती है, न सच्चे हृदयग्राही वस्तुवर्णन के लिए। पददोष, वाक्यदोष आदि तो बिना प्रयास जगह-जगह मिल सकते हैं। कहीं-कहीं उपमान भी बहुत हीन और बेमेल हैं, जैसे, राम की वियोग दशा के वर्णन में यह वाक्य—

बासर की संपति उलूक ज्यों न चितवत।

रामचंद्रिका में केशव को सबसे अधिक सफलता मिली है संवादों में। इन संवादों में पात्रों के अनुकूल क्रोध, उत्साह आदि की व्यंजना भी सुंदर है (जैसे, लक्ष्मण, राम, परशुराम संवाद तथा लवकुश के प्रसंग के संवाद) तथा वाक्पटुता और राजनीति के दाँवपेंच का आभास भी प्रभावपूर्ण है। उनका रावण-अंगद तुलसी के संवाद से कहीं अधिक उपयुक्त और सुंदर है। 'रामचंद्रिका' और 'कविप्रिया' दोनों का रचनाकाल कवि ने 1658 दिया है, केवल मास में अंतर है।

रसिकप्रिया (संवत् 1648) की रचना प्रौढ़ है। उदाहरणों में चतुराई और कल्पना से काम लिया गया है और पदविन्यास भी अच्छे हैं। इन उदाहरणों में वाग्वैदग्ध्य के साथ-साथ सरसता भी बहुत कुछ पायी जाती है। 'विज्ञानगीता' संस्कृत के 'प्रबोधचंद्रोदय नाटक' के ढंग की पुस्तक है। 'रतनबावनी' में इंद्रजीत के बड़े भाई रत्नसिंह की वीरता का छप्पयों में अच्छा वर्णन है। यह वीररस का अच्छा काव्य है।

केशव की रचना में सूर, तुलसी आदि की-सी सरसता और तन्मयता चाहे न हो पर काव्यांगों का विस्तृत परिचय कराकर उन्होंने आगे के लिए मार्ग खोला। कहते हैं, वे रसिक जीव थे। एक दिन बुड्ढे होने पर किसी कुएँ पर बैठे थे। वहाँ स्त्रियों ने 'बाबा' कहकर संबोधन किया। इस पर इनके मुँह से यह दोहा निकला—

केसव केसनि अस करी बैरिहु जस न कराहिं।
चंद्रबदनि मृगलोचनी 'बाबा' कहि-कहि जाहिं॥

केशवदास की रचना के कुछ उदाहरण नीचे दिये जाते है—

जौ हौं, कहौं रहिए तौ प्रभुता प्रगट होति,
चलन कहौं तौ हितहानि नाहिं सहनो॥
'भावै सो करहु' तौ प्रभुता प्रगट होति,
'साथ लै चलहु' कैसे लोकलाज बहनो॥
केशवदास की सौं तुम सुनहु, छबीले लाल,
चलेही बनत जौ पै, नाहीं आज रहनो।
जैसिये सिखाओ सीख तुमहीं सुजान प्रिय,
तुमहिं चलत मोहिं जैसो कछु कहनो॥

× × × × ×

चंचल न हूजै नाथ, अंचल न खैंची हाथ,
सोवै नेक सारिकाऊ, सुकतौ सोवायो जू।
मंद करौ दीप दुति चंद्रमुख देखियत,

दारिके दुराय आऊँ द्वार तौ दिखायो जू॥
मृगज मराल बाल बाहिरै बिडारि देउँ,
भायो तुम्हैं केसव सो मोहूँ मन भायो जू।
छल के निवास ऐसे बचन विलास सुनि,
सौंगुनो सुरत हू तें स्याम सुख पायो जू॥

× × × × ×

कैटभ सो, नरकासुर सो, पल में मधु सो, मुर सो जिन मार्‌यो।
लोक चतुर्दश रक्षक केशव, पूरन वेद पुरान विचार्‌यो।
श्री कमला कुच कुंकुम मंडन पंडित देव अदेव निहार्‌यो।
तो कर माँगन को बलि पै करतारहु ने करतार पसार्‌यो॥

(रामचंद्रिका से)

अरुण गात अति प्रात पद्‌मिनी प्राननाथ भय:
मानहु केशवदास कोकनद कोक प्रेममय॥
परिपूरन सिंदूर पूर कैधौं मंगल घट।
किधौं शक्र को छत्र भद्र्यो मानिक मयूख पट॥
कै सोनिकतकलित कपाल यह किल कापालिक काल को।
यह ललित लाल कैधौं लसत दिग भामिनि के भाल को॥

विधि के समान है विमानीकृत राजहंस,
विविध विबुधयुत मेरु से अचल है।
दीपति दिपति अति सातौ दीप देखियत,
दूसरो दिलीप सो सुदक्षिणा को बल है।
सागर उजागर सो बहु बाहिनी को पति,
छनदान प्रिय कैधौं सूरज अमल है।
सब विधि समरथ राजै राजा दशरथ,
भागीरथ पथ गामी गंगा कैसो जल है।

× × × × ×

मूलन ही की जहाँ अधोगति केसव गाइय।
होम हुतासन धूम नगर एवै मलिनाइय।
दुर्गति दुर्गन हीं, जो कुटिलगति सरितन ही में।
श्रीफल कौ अभिलाप प्रगट कविकुल के जी में।

× × × × ×

कुंतल ललित नील, भ्रुकुटी धनुष, नैन,
कुमुद कटाच्छ बान सबल सदाई है।
सुग्रीव सहित तार अंगदादि भूषनन,
मध्यदेश केशरी के जग गति भाई है॥

विग्रहानुकूल सब लच्छ-लच्छ ऋच्छ बल,
ऋच्छराज मुखी मुख केसौदास गाई है।
रामचंद्र जू की चमू, राजश्री विभीषन की
रावन की मीचु दर कूच चलि आई है।

× × × × ×

पढ़ौ विरंचि मौन वेद, जीव सोर छंडि रे।
कुबेर बेर कै कही, न जच्छ भीर मंडि रे॥
दिनेस जाइ दूरि, बैठु नारदादि संगहि।
न बोलु चंद मंदबुद्धि, इंद्र की सभा नहीं॥

14. होलराय : ये ब्रह्मभट्ट अकबर के समय में हरिवंश राय के आश्रित थे और कभी-कभी शाही दरबार में भी जाया करते थे। इन्होंने अकबर से कुछ जमीन पायी थी जिसमें होलपुर गाँव बसाया था। कहते हैं कि गोस्वामी तुलसीदास जी ने इन्हें अपना लोटा दिया था जिस पर इन्होंने कहा था–

लोटा तुलसीदास को लाखटका को मोल।

गोस्वामी जी ने चट उत्तर दिया–

मोल-तोल कछु है नहीं, लेहु राय कवि होल॥

रचना इनकी पुष्ट होती थी पर जान पड़ता है कि ये केवल राजाओं और रईसों की विरुदावली वर्णन किया करते थे जिसमें जनता के लिए ऐसा कोई विशेष आकर्षण नहीं था कि इनकी रचना सुरक्षित रहती। अकबर बादशाह की प्रशंसा में इन्होंने यह कवित्त लिखा है–

दिल्ली तें न तख्त ह्वैहै, बख्त ना मुगल कैसो,
ह्वैहै ना नगर बढ़ि आगरा नगर तें।
गंगा तें न गुनी, तानसेन ते न तानबाज,
मान तैं न राजा और न दाता बीरबर तें॥
खान खान-खाना तें न, नर नरहरि तें ण,
ह्वैहै ना दीवान कोऊ बेडर टुडर तें।
नवौ खंड सात दीप, सात हू समुद्र पार,
ह्वैहै ना जलालुदीन साह अकबर तें॥

15. रहीम (अब्दुर्रहीम खानखाना) : ये अकबर बादशाह के अभिभावक प्रसिद्ध मुगल सरदार बैरम खाँ खानखाना के पुत्र थे। इनका जन्म संवत् 1610 में हुआ। ये संस्कृत, अरबी और फारसी के पूर्ण विद्वान् और हिंदी काव्य के पूर्ण मर्मज्ञ कवि थे। ये दानी और परोपकारी ऐसे थे कि अपने समय के कर्ण माने जाते थे, इनकी दानशीलता हृदय की सच्ची प्रेरणा के रूप में थी, कीर्ति की कामना से उसका कोई संपर्क न था। इनकी सभा विद्वानों और कवियों से सदा भरी रहती थी। गंग कवि को इन्होंने एक बार छत्तीस लाख रुपये दे डाले थे। अकबर के समय में ये प्रधान सेनानायक और मंत्री थे और अनेक बड़े-बड़े युद्धों में भेजे गये थे।

ये जहाँगीर के समय तक वर्तमान रहे। लड़ाई में धोखा देने के अपराध में एक बार जहाँगीर के समय इनकी सारी जागीर जब्त हो गयी और कैद कर लिये गये। कैद से छूटने पर इनकी आर्थिक अवस्था कुछ दिनों तक बड़ी हीन रही। पर जिस मनुष्य ने करोड़ों रुपये

दान कर दिये, जिसके यहाँ से कोई विमुख न लौटा उसका पीछा याचकों से कैसे छूट सकता था? अपनी दरिद्रता का दुख वास्तव में इन्हें उसी समय होता था जिस समय इनके पास कोई याचक जा पहुँचता और ये उसकी यथेष्ट सहायता नहीं कर सकते थे। अपनी अवस्था के अनुभव की व्यंजना इन्होंने इस दोहे में की है–

तबही लौं जीबो भलो देबौ होय न धीम।
जग में रहिबो कुँचित गति उचित न होय रहीम॥

संपत्ति के समय में जो लोग सदा घेरे रहते हैं विपद के आने पर उनमें अधिकांश किनारा खींचते हैं, इस बात का द्योतक यह दोहा है–

ये रहीम दर-दर फिरैं, माँगि मधुकरी खाहिं।
यारो यारी छाँड़िए, अब रहीम वे नाहिं॥

कहते हैं कि इसी दीन दशा में इन्हें एक याचक ने आ घेरा। इन्होंने यह दोहा लिखकर उसे रीवाँ नरेश के पास भेजा–

चित्रकूट में रमि रहे रहिमन अवध नरेस।
जापर विपदा परति है सो आवत यहि देस॥

रीवाँ नरेश ने उस याचक को एक लाख रुपये दिये।

गोस्वामी तुलसीदास जी से भी इनका बड़ा स्नेह था। ऐसी जनश्रुति है कि एक बार एक ब्राह्मण अपनी कन्या के विवाह के लिए धन न होने से घबराया हुआ गोस्वामी जी के पास आया। गोस्वामी जी ने उसे रहीम के पास भेजा और दोहे की यह पंक्ति लिखकर दे दी–

सुरतिया नरतिय नागतिय यह चाहत सब कोय।

रहीम ने उस ब्राह्मण को बहुत-सा द्रव्य देकर विदा किया और दोहे की दूसरी पंक्ति इस प्रकार पूरी करके दे दी–

'गोद लिये हुलसी फिरै तुलसी सो सुत होय।'

रहीम ने बड़ी-बड़ी चढ़ाइयाँ की थीं और मुगल साम्राज्य के लिए न जाने कितने प्रदेश जीते थे। इन्हें जागीर में बहुत बड़े-बड़े सूबे और गढ़ मिले थे। संसार का इन्हें बड़ा गहरा अनुभव था। ऐसे अनुभवों के मार्मिक पक्ष को ग्रहण करने की भावुकता इनमें अद्वितीय थी। अपने उदार और ऊँचे हृदय को संसार के वास्तविक व्यवहारों के बीच रखकर जो संवेदना इन्होंने प्राप्त की है उसी की व्यंजना अपने दोहे में की है। तुलसी के वचनों के समान रहीम के वचन भी हिंदी भाषी भूभाग में सर्वसाधारण के मुँह पर रहते हैं। इसका कारण है जीवन की सच्ची परिस्थितियों का मार्मिक अनुभव। रहीम के दोहे वृंद और गिरधर के पद्यों के समान कोरी नीति के पद्य नहीं हैं। उनमें मार्मिकता है, उनके भीतर से एक सच्चा हृदय झाँक रहा है। जीवन की सच्ची परिस्थितियों के मार्मिक रूप को ग्रहण करने की क्षमता जिस कवि में होगी वही जनता का प्यारा कवि होगा। रहीम का हृदय, द्रवीभूत होने के लिए, कल्पना की उड़ान की अपेक्षा नहीं रखता था। वह संसार के सच्चे और प्रत्यक्ष व्यवहारों में ही अपने द्रवीभूत होने के लिए पर्याप्त स्वरूप पा जाता था। वह संसार के सच्चे और प्रत्यक्ष व्यवहारों में ही अपने द्रवीभूत होने के लिए पर्याप्त स्वरूप पा जाता था। 'बरवै नायिकाभेद' में भी जो मनोहर और छलकते हुए चित्र हैं। वे भी सच्चे हैं-कल्पना के झूठे खेल नहीं हैं। उनमें भारतीय प्रेमजीवन की सच्ची झलक है।

भाषा पर तुलसी का-सा ही अधिकार हम रहीम का भी पाते हैं। ये ब्रज और अवधी-पश्चिमी और पूरबी-दोनों काव्य भाषाओं में समान कुशल थे। 'बरवै नायिकाभेद' बड़ी सुंदर अवधी भाषा में है। इनकी उक्तियाँ ऐसी लुभावनी हुई कि बिहारी आदि परवर्ती कवि भी बहुतों का अपहरण करने का लोभ न रोक सकें। यद्यपि रहीम सर्वसाधारण में अपने दोहों के लिए ही प्रसिद्ध हैं, पर इन्होंने बरवै, कवित्त, सवैया, सोरठा, पद सब में थोड़ी-बहुत रचना की है।

रहीम का देहावसान संवत् 1683 में हुआ। अब तक इनके निम्नलिखित ग्रंथ ही सुने जाते थे–रहीम दोहावली या सतसई, बरवै नायिका-भेद, शृंगारसोरठा, मदनाष्टक, रासपंचाध्यायी। पर भरतपुर के श्रीयुत् पं. मायाशंकर जी याज्ञिक ने इनकी और भी रचनाओं का पता लगाया है-जैसे नगरशोभा, फुटकल बरवै, फुटकल कवित्त-सवैये और रहीम का एक पूरा संग्रह 'रहीम रत्नावली' के नाम से निकाला है।

कहा जा चुका है कि ये कई भाषाओं और विद्याओं में पारंगत थे। इन्होंने फारसी का एक दीवान भी बनाया था और 'वाकयात बावरी' का तुर्की से फारसी में अनुवाद किया था। कुछ मिश्रित रचना भी इन्होंने की है–'रहीम काव्य' हिंदी-संस्कृत की खिचड़ी है और 'खेट कौतुकम्' नामक ज्योतिष का ग्रंथ संस्कृत और फारसी की खिचड़ी है। कुछ संस्कृत श्लोकों की रचना भी ये कर गये हैं। इनकी रचना के कुछ नमूने नीचे दिये जाते हैं–

(सतसई या दोहावली से)

दुरदिन परे रहीम कह, भूलत सब पहिचानि।
सोच नहीं बित हानि को, जौ न होय हित हानि॥
कोउ रहीम जनि काहु के, द्वार गये पछिताय।
संपति के सब जात हैं, विपति सबै लै जाय॥
ज्यों रहीम गति दीप की, कुल कपूत गति सोय।
बारे उजियारो लगै, बढ़े अँधेरो होय॥
सर सूखे पंछी उड़ै, औरैं सरन समाहिं।
दीन मीन बिन पंख के, कहु रहीम कहँ जाहिं॥
माँगत मुकरिन को गयो, केहि न त्यागियो साथ?
माँगत आगे सुख लह्यो, ते रहीम रघुनाथ।
रहिमन वे नर मर चुके, जे कहुँ माँगन जाहिं।
उनते पहिले वे मुए, जिन मुख निकसत 'नाहिं'॥
रहिमन रहिला की भली, जौ परसै चितलाय।
परसत मन मैलो करै, सो मैदा जरि जाय॥

(बरवै नायिका-भेद से)

भोरहिं बोलि कोइलया बढ़वति ताप।
घरी एक भरि अलिया। रहु चुपचाप॥
बाहर लैकै दियवा बारन जाइ।
सासु ननद पर पहुँचत देति बुझाइ॥
पिय आवत अँगनैया उठिकै लीन।

बिहँसत चतुर तिरियवा बैठक दीन॥
लै के सुधर खुरपिया पिय के साथ।
छइवै एक दतरिया बरसत पाथ॥
पीतम एक सुमरिनियाँ मोहिं देइ जाहु।
जेहि जपि तोर बिरहवा करब निबाहु॥

(मदनाष्टक से)

कलित ललित माला या जवाहिर जड़ा था।
चपल चखन वाला चाँदनी में खड़ा था।
कटितट बिच मेला पीत सेला नवेला।
अलि, न अलबेला यार मेरा अकेला॥

(नगरशोभा से)

उत्तम जाति है ब्राह्मनी, देखत चित्त लुभाय।
परम पाप पल में हरत, परसत वाके पाय॥
रूपरंग रतिराज में, छतरानी इतरान।
मानौ रची बिरंचि पचि, कुसुम कनक में सान॥
बनियाइनि बनि आइकै, बेठि रूप की हाट।
पेम पेक तन हेरिके, गरुवै टारति बाट॥
गरब तराजू करति चख, भौंह मोरि मुसकाति।
डाँडी मारति बिरह की, चित चिंता घटि जाति॥

(फुटकल कवित्त आदि से)

बड़न सो जान पहचान कै रहीम कहा,
जो पै करतार ही न सुख देनहार है।
सीतहर सूरज सों नेह कियो याहि हेत,
ताहू पै कमल जारि डारत तुषार है॥
छीरनिधि माहिं धँस्यो संकर के सीस बस्यो,
तऊ ना कलंक लस्यो, ससि में सदा रहै॥
बड़ो रिंझवार या चकोर दरबार है, पै,
कलानिधि यार तऊ चाखत अँगार है॥
जाति हुती सखी गोहन में मनमोहन को लखि ही ललचानो।
लागरि लारि लई ब्रज की उन्हूँ नंदलाल को रीझिबो जानो॥
जाति भई फिरि कै चितई, तब भाव रहीम यहै उर आनो।
ज्यौं कमनैत दमानक में फिरि तीर सों मारि लै जात निसानो॥
कमलदल नैनन की उनमानि।
बिसरति नाहिं, सखी! मो मन तें मंद-मंद मुसकानि।

बसुधा की बस करी मधुरता सुधापगी बतरानि।।
मढ़ी रहै चित एर बिसाल की मुकुतामल थहरानि।
नृत्य समय पीतांबर हू की फहर-फहर फहरानि।।
अनुदिन श्रीवृंदावन ब्रज तें आवत आवन जानि।
अब रहीम चित ते न टरति है सकल स्याम की बानि।।

16. कादिर : कादिरबख्श पिहानी-जिला हरदोई के रहने वाले और सैयद इब्राहीम के शिष्य थे। इनका जन्म संवत् 1635 में माना जाता है। अत: इनका कविताकाल सं. 1660 के आसपास समझा जा सकता है। इनकी कोई पुस्तक तो नहीं मिलती पर फुटकल कवित्त पाये जाते हैं। कविता ये चलती भाषा में अच्छी करते थे। इनका यह कवित्त लोगों के मुँह से बहुत सुनने में आता है–

गुन को न पूछै कोऊ, औगुन की बात पूछै,
कहा भयो दई! कलिकाल यों खरानो है।
पोथी औ पुरान ज्ञान ठट्ठन में डारि देत,
चुगुल चबाइन को मान ठहरानो है।।
कादिर कहत यासों कछु कहिबे को नाहिं,
जगत की रीत देखि चुप मन मानो है।
खोलि देखौ हियौ सब ओरन सों भाँति भाँति,
गुन ना हिरानो, गुनगाहक हिरानो है।।

17. मुबारक : सैयद मुबारक अली बिलग्रामी का जन्म संवत् 1640 में हुआ था, अत: इनका कविताकाल संवत् 1670 के पीछे मानना चाहिए।

ये संस्कृत, फारसी और अरबी के अच्छे पंडित और हिंदी के सहृदय कवि थे। जान पड़ता है कि ये केवल श्रृंगार की ही कविता करते थे। इन्होंने नायिका के अंगों का वर्णन बड़े विस्तार से किया है। कहा जाता है कि दस अगों को लेकर इन्होंने एक-एक अंग पर सौ-सौ दोहे बनाये थे। इनका प्राप्त ग्रंथ 'अलकशतक' और 'तिलशतक' उन्हीं के अंतर्गत है। इन दोहों के अतिरिक्त इनके बहुत-से कवित्त- सवैये ग्रंथों में पाये जाते और लोगों के मुँह से सुने जाते हैं। इनकी उत्प्रेक्षा बहुत बढ़ी-चढ़ी होती थी और वर्णन के उत्कर्ष के लिए कभी-कभी ये बहुत दूर तक बढ़ जाते थे। कुछ नमुने देखिए–

(अलकशतक और तिलशतक से)

परी मुबारक तिय बदन, अलक ओप अति होय।
मनो चंद की गोद में, रही निसा-सी सोय।।
चिबुक कूप में मन पर्‌यो, छबिजल तृषा विचारि।
कढ़ति मुबारक ताहि तिय, अलक डोरि-सी डारि।।
चिबुक कूप रसरी अलक, तिल सु चरस, दृग बैल।
बारी बैस सिंगार को सींचत मनमथ छेल।।

(फुटकल से)

कनक बरन बाल, नगन लसत भाल,

मोतिन के माल उर सोहैं भलीभाँति हौ।
चंदन चढ़ाय चारु चंदमुखी मोहनी-सी,
प्राय ही अन्हाय पग धारे मुसकाति है।
चूनरी विचित्र स्याम सजि कै मुबारकजू,
ढाँकि नखसिख में निपट सकुचाति है।
चंद्रमैं लमेटि कै समेटि कै नखत मानो,
दिन को प्रनाम किए राति चली जाति है॥

18. बनारसीदास : ये जौनपुर के रहने वाले एक जैन जौहरी थे जो आमेर में भी रहा करते थे। इनके पिता का नाम खड्गसेन था। ये संवत् 1643 में उत्पन्न हुए थे। इन्होंने संवत् 1698 तक का अपना जीवनवृत्त 'अर्द्धकथानक' नामक ग्रंथ में दिया है। पुराने हिन्दी साहित्य में यही एक आत्मचरित मिलता है, इससे इसका महत्व बहुत अधिक है। इस ग्रंथ से पता चलता है कि युवावस्था में इनका आचरण अच्छा न था और इन्हें कुष्ठ रोग भी हो गया था। पर पीछे ये सँभल गये। ये पहले श्रृंगार रस की कविता किया करते थे, पर पीछे ज्ञान हो जाने पर इन्होंने वे सब कविताएँ गोमती नदी में फेंक दीं और ज्ञानोपदेशपूर्ण कविताएँ करने लगे। कुछ उपदेश इनके ब्रज भाषा गद्य में भी हैं। इन्होंने जैनधर्म संबंधी अनेक पुस्तकों के सारांश हिंदी में कहे हैं। अब तक इनकी बनायी इतनी पुस्तकों का पता चला है–

बनारसी बिलास (फुटकल कवित्तों का संग्रह), नाटक समयसार (कुंदकुंदाचार्य कृत ग्रंथ का सार), नाममाला (कोश), अर्द्धकथानक, बनारसी पद्धति मोक्षपदी, ध्रुववंदना, कल्याण मंदिर भाषा, वेदनिर्णय पंचाशिका, मारगन विद्या।

इनकी रचना शैली पुष्ट है और इनकी कविता दादूपंथी सुंदरदास जी की कविता से मिलती-जुलती है। कुछ उदाहरण लीजिए–

भोदू! ते हिरदय की आँखें।
जे सरबैं अपनी सुख संपति भ्रम की संपति भाखैं।
जिन आँखिन सों निरखि भेद गुन ज्ञानी ज्ञान विचारैं॥
जिन आँखिन सों लखि सरूप मुनि ध्यान धारना धारैं।
× × × × ×
काया सों विचार प्रीति, माया ही में हार-जीत,
लिये हठ रीति जैसे हारिल की लकरी।
चंगुल के जोर जैसे गोह गहि रहै भूमि,
त्यौं ही पयँ गाड़ै पै न छाँड़ै टेक पकरी।
मोह की मरार सों मरम को न ठौर पावैं,
धावैं चहुँ ओर ज्यौं बढ़ावैं जालमकरी।
ऐसी दुरबुद्धि भूलि, झूठ के झरोखे झूलि,
फूली फिरैं ममता जँजीरन सों जकरी।

19. सेनापति : ये अनूपशहर के रहने वाले कान्यकुब्ज ब्राह्मण थे। इनके पिता का नाम गंगाधर, पितामह का परशुराम और गुरु का नाम हीरामणि दीक्षित था। इनका जन्मकाल संवत् 1646 के आसपास माना जाता है। ये बड़े ही सहृदय कवि थे। ऋतुवर्णन तो इनके जैसा

और किसी श्रृंगारी कवि ने नहीं किया है। इनके ऋतु वर्णन में प्रकृति निरीक्षण पाया जाता है। पद-विन्यास भी इनका ललित है। कहीं-कहीं विरामों पर अनुप्रास का निर्वाह और यमक का चमत्कार भी अच्छा है। सारांश यह कि अपने समय के ये बड़े भावुक और निपुण कवि थे। अपना परिचय इन्होंने इस प्रकार दिया है–

दीक्षित परशुराम दादा हैं विदित नाम,
जिन कीन्हें जज्ञ, जाकी विपुल बड़ाई है।
गंगाधर पिता गंगाधर के समान जाके,
गंगातीर बसति 'अनूप' जिन पाई है॥
महा जानमनि, विद्यादान हू में चिंतामनि,
हीरामनि दीक्षित तें पाई पंडिताई है।
सेनापित सोई, सीतापति के प्रसाद जाकी,
सब कवि कान दै सुनत कविताई है॥

इनकी गर्वोक्तियाँ खटकती नहीं उचित जान पड़ती हैं। अपने जीवन के पिछले काल में ये संसार से कुछ विरक्त हो चले थे। जान पड़ता है कि मुसलमानी दरबारों में भी इनका अच्छा मान रहा, क्योंकि अपने विरक्ति की झोंक में इन्होंने कहा है–

केतो करौ कोइ, पैए करम लिखोइ, तोतें,
दूसरी न होइ, उर सोइ ठहराइए।
आधी तें सरस बीति गयी है बरस, अब
दुर्जन दरस बीच रस न बढ़ाइए॥
चिंता अनुचित, धरु धीरज उचित,
सेनापति ह्वै सुचित रघुपति गुन गाइए।
चारि बर दानि तजि पायँ कमलेच्छन के,
पायक मलेच्छन के काहे को कहाइए॥

शिवसिंहसरोज में लिखा है कि इन्होंने क्षेत्र संन्यास ले लिया था। इनके भक्तिभाव से पूर्ण अनेक कवित्त 'कवित्तरत्नाकर' में मिलते हैं। जैसे–

महा मोहकंदनि में जगत जकंदनि में,
दिन दुखदंदनि में जात है बिहाय मै।
सुख को न लेस है कलेस सब भाँतिन को,
सेनापति याहीं ते कहत अकुलाय कै॥
आवै मन ऐसी घरबार परिवार तजौं,
डारौं लोकलाज के समाज विसराय कै।
हरिजन पुंजनि में वृरदावन कुंजनि में,
रहौं बैठि कहूँ तरवरतर जाय कै॥

यद्यपि इस कवित्त में वृंदावन का नाम आया है, पर इनके उपास्य राम ही जान पड़ते हैं क्योंकि स्थान-स्थान पर इन्होंने 'सियापति', 'राम' आदि नामों का ही स्मरण किया है। कवित्तरत्नाकर इनका सबसे पिछला ग्रंथ जान पड़ता है क्योंकि उनकी रचना संवत् 1706 में हुई है, यथा–

संवत् सत्रह सै छ में, सेइ सियापति पाय।
सेनापति कविता सज्जन सजौ सहाय॥

इनका एक ग्रंथ 'काव्यकल्पद्रुम' भी प्रसिद्ध है।

जैसा कि पहले कहा जा चुका है, इनकी कविता बहुत मर्मस्पर्शिनी और रचना बहुत ही प्रौढ़ और प्रांजल है। जैसे एक ओर इनमें पूरी भावुकता थी वैसे ही दूसरी ओर चमत्कार लाने की पूरी निपुणता भी। श्लेष का ऐसा साफ उदाहरण शायद ही और कहीं मिले—

नाहीं-नाहीं करै, थोरी माँगे सब दैन कहै,
मंगन को देखि पट देत बार-बार है॥
जिनके मिलत भली प्रापति की घटी होति,
सदा सुभ जनमन भावै निरधार है॥
भोगी ह्वै रहत बिलसत अवनी के मध्य,
कन-कन जोरै, दानपाठ परवाह है॥
सेनापति तचन की रचना निहारि देखौ,
दाता और सूम दोउ कीन्हें इकसार है॥

भाषा पर ऐसा अच्छा अधिकार कम कवियों का देखा जाता है। इनकी भाषा में बहुत कुछ माधुर्य ब्रजभाषा का ही है, संस्कृत पदावली पर अवलंबित नहीं। अनुप्रास और यमक की प्रचुरता होते हुए भी कहीं भद्दी कृत्रिमता नहीं आने पायी है। इनके ऋतुवर्णन के अनेक कवित्त बहुत-से लोगों को कंठस्थ हैं। रामचरित संबंधी कवित्त भी बहुत ही ओजपूर्ण हैं। इनकी रचना के कुछ नमूने दिये जाते हैं—

बानि सौं सहित सुबरन मुँह रहै जहाँ,
सुरत बहुत भाँति अरथ समाज को।
संख्या करि लीजै अलंकार हैं अधिक यामैं,
राखौ मति ऊपर सरस ऐसे साज को॥
सुनौ महाजन! चोरी होति चार चरन की,
तातें सेनापति कहै तजि उर लाज को।
लीजियो बचाय ज्यों चुरावै नाहिं कोउ सौंपी,
वित्त की-सी थाती में कवित्तन के ब्याज को॥

× × × × ×

वृष को तरनि, तेज सहसौ करनि तपै,
ज्वालनि के जाल बिकराल बरसत है।
तचति धरनि जग झुरनि सीरी,
छाँह को पकरि पंथी पंछी बिरमत है॥
सेनापति नेक दुपहरी ढरकत होत
धमका विषय जो न पात खरकत है।
मेरे जान पौन सीरे ठौर को पकरि काहू
घरी एक बैठि कहूँ धामै बितवत है॥

× × × × ×

सेनापति उनए नये जलद सावन के
चारिहू दिसान घुमरत भरे तोय कै।
सोभा सरसाने न बखाने जात कैहूँ भाँति
आने हैं पहार मानो काजर के डोय कै॥
घन सों गगन छप्यो, तिमिर सघन भयो,
देखि न परत मानो रवि गयो खोय कै।
चारि मास भरि स्याम निसा को भरम मानि,
मेरे जान याही तें रहत हरि सोय के॥

× × × × ×

दूरि जदुराई सेनापति सुखदाई देखौ,
आई ऋतु पावस न पाई प्रेमपतियाँ।
धीर जलधर की सुनत धुनि धरकी औ,
दरकी सुहागिन की छोहभरी छतियाँ॥
आई सुधि बर की, हिय में आनि खरकी,
सुमिरि प्रानप्यारी वह प्रीतम की बतियाँ।
बीती औधि आवन की लाल मनभावन की,
डग भई बावन की सावन की रतियाँ।

× × × × ×

बालि को सपूत कपिकुल पुरहूत,
रघुवीर जू को दूत भरि रूप विकराल को।
युद्धमद गाढ़ो पाँव रोपि भयो ठाढ़ो, सेना–
कच्छप कहलि रह्यो, कुंडली टहलि रह्यो,
दिग्गज दहलि त्रास परो चकचाल को।
गाँव के धरत अति भार के परत भयो–
एक ही परत मिलि सपत पताल को॥

× × × × ×

रावन को बीर, सेनापति रघुवीर जू की
आयो है सरन, छाँड़ि ताहि मदअंध को।
मिलत ही ताको राम कोप कै करी है ओप,
नाम जोय दुर्जनदलन दीनबंध को।
देखौ दानवीरता निदान एक दान ही में,
दीन्हें दोऊ दान, को बखानै सत्यसंघ को।
लंका दसकंधर की दीनी है विभीषनको,
संका विभषन की सो दीनी दसकंध को।

सेनापति जी के भक्तिप्रेरित उद्‌गार बहुत अनूठे और चमत्कारपूर्ण हैं। 'आपने करम करि हौं ही निबहौंगे तौ हों ही करतार–करतार तुम काहे के?' बाला प्रसिद्ध कवित्त इन्हीं का है।

20. पुहकर कवि : ये परतापपुर (जिला–मैनपुरी) के रहने वाले थे, पर पीछे गुजरात

में सोमनाथ जी के पास भूमिगाँव में रहते थे। ये जाति के कायस्थ थे और जहाँगीर के समय में वर्तमान थे। कहते हैं कि जहाँगीर ने किसी बात पर इन्हें आगरे में कैद कर लिया था। वहीं कारागार में इन्होंने 'रसरतन' नामक ग्रंथ संवत् 1673 में लिखा जिस पर प्रसन्न होकर बादशाह ने इन्हें कारागार से मुक्त कर दिया। इस ग्रंथ में रंभावती और सूरसेन की प्रेमकथा कई छंदों में, जिन में मुख्य दोहा और चौपाई है, प्रबंधकाव्य की साहित्यिक पद्धति पर लिखी गयी। कल्पित कथा लेकर प्रबंधकाव्य रचने की इस प्रकार की पुस्तकें लिखी हैं, पर उनकी परिपाटी बिलकुल भातरीय नहीं थी। इस दृष्टि से 'रसरतन' को हिंदी साहित्य में एक विशेष स्थान देना चाहिए।

इसमें संयोग और वियोग की विविध दशाओं का साहित्य की रीति पर वर्णन है। वर्णन उसी ढंग के हैं जिस ढंग के श्रृंगार के मुक्तक कवियों ने किये हैं। पूर्वराग, सखी, मंडन, नखशिख, ऋतुवर्णन आदि श्रृंगार की सब सामग्री एकत्र की गयी हैं कविता सरस और भाषा प्रौढ़ हैं। इस कवि के और ग्रंथ नहीं मिले हैं। पर प्राप्त ग्रंथ को देखने से ये एक अच्छे कवि जान पड़ते हैं। इनकी रचना की शैली दिखाने के लिए अद्धृत पद्य पर्याप्त होंगे–

चले मैमता हस्ति झूमंत मत्ता। मनो बद्दला स्याम साथै चलंता॥
बनी बागरी रूप राजंत दंता। मनौ बग्ग आसाढ़ पाँतैं उदंता।
लसैं पीत लालैं, सुढालैं ढलक्कैं। मनों चंचला चौंधि छाया छलक्कैं॥

चंद की उजारी प्यारी नैनन तिहारे, परे
चंद की कला में दुति दूनी दरसाति है।
ललित लतानि में लता-सी गहि सुकुमारि
मालती-सी फूलैं जब मृदु मुसुकाति है॥
पुहकर कहै जित देखिए बिराजै तित
परम विचित्र चारु चित्र मिलि जाति है।
आवै मन माहि तब रहै मन ही में गड़ि,
नैननि बिलोके बाल नैननि समाति है॥

21. सुंदर : ये ग्वालियर के ब्राह्मण थे और शाहजहाँ के दरबार में कविता सुनाया करते थे। इन्हें बादशाह ने पहले कविराय की और फिर महाकविराय की पदवी दी थी। इन्होंने संवत् 1688 में 'सुंदरश्रृंगार' नामक नायिकाभेद का एक ग्रंथ लिखा। कवि ने रचना की तिथि इस प्रकार दी है–

संवत् सोरह सै बरस, बीते अठतर सीति।
कातिक सुदि सतमी गुरौ, रचे ग्रंथ करि प्रीति॥

इसके अतिरिक्त 'सिंहासनबत्तीसी' और 'बारहमासा' नाम की इनकी दो पुस्तकें और कही जाती हैं। यमक और अनुप्रास की ओर इनकी कुछ विशेष प्रवृत्ति जान पड़ती हैं। इनकी रचना शब्द चमत्कारपूर्ण हैं। एक उदाहरण दिया जाता है–

काके गये बसन? पलटि आए बसन सु,
मेरो कछु बस न रसन उर लागै हौं।
भौंहैं तरछौहैं कवि सुंदर सुजान सोहैं,
कदू अलसौहैं गौं हैं, जाके रस पागे हौं॥

परसौं मैं पाय हुते परसौं मैं पाय गहि,
परसौं वे पाय निसि जाके अअनुरा गे हौ।
कौन बनिता के हौ जू कौन बनिता के हौ सु,
कौन बनिता के बनि, ताके संग जागे हौ?

22. लालचंद या लक्षोदय : ये मेवाड़ के महाराणा जगतसिंह (संवत् 1685-1709) की माता जांबवती जी के प्रधान श्रावक हंसराज के भाई डूँगरसी के पुत्र थे। इन्होंने संवत् 1700 में 'पद्मिनीचरित्र' नामक एक प्रबंधकाव्य की रचना की जिसमें राजा रत्नसेन और पद्मिनी की कथा का राजस्थानी मिली भाषा में वर्णन है। जायसी ने कथा का जो रूप रखा है उससे इसकी कथा में बहुत जगह भेद है–जैसे, जायसी ने हीरामन ताते के द्वारा पद्मिनी का वर्णन सुनकर रत्नसेन को मोहित होना लिखा है, पर भाटों द्वारा एकबारगी घर से निकल पड़ने का कारण इसमें यह बताया गया है कि पटरानी प्रभावती ने राजा के सामने जो भोजन रखा वह उसे पसंद न आया। इस पर रानी ने चिढ़कर कहा कि यदि मेरा भोजन अच्छा नहीं लगता तो कोई पद्मिनी ब्याह लाओ–

तब तड़की बोली तिसे जी, राखी मन धरि रोस।
नारी आणों काँ न वीजी द्यो मत झूठो दोस॥
हम्मे कलेवी जीणा नहीं जी, किसूँ करीजै बाद।
पदमणि का परणों न बीजी, जिमि भोजन होय स्वाद॥

इस पर रत्नसेन यह कहकर उठ खड़ा हुआ–

राणो तो हूँ रतनसी परणूँ पदमिनि नारि।

राजा समुद्र तट पर जा पहुँचा जहां से औघड़नाथ सिद्ध ने अपने योगबल से उसे सिंहलद्वीप पहुँचा दिया। वहाँ राजा की बहन पद्मिनी के स्वयंवर की मुनादी हो रही थी–

सिंहलद्वीप नो राजियो रे, सिंगल सिंह समान रे।
तसु बहण छै पदमिणि रे, रूपे रंभ समान रे॥
जोबन लहरयाँ जायछै रे, ते परषूँ भरतार रे।
परतज्ञा जे पुरवै रे, तासु बरै, बरमाल रे॥

राजा अपना पराक्रम दिखाकर पद्मिनी को प्राप्त करता है।

इसी प्रकार जायसी के वृत्त से और भी कई बातों में भेद है। इस चरित्र की रचना गीतिकाव्य के रूप में समझनी चाहिए।

सूफी रचनाओं के अतिरिक्त भक्तिकाल के अन्य आख्यानकाव्य

आश्रयदाता राजाओं के चरितकाव्य तथा ऐतिहासिक या पौराणिक आख्यान काव्य लिखने की जैसी परंपरा हिंदुओं में बहुत प्राचीनकाल से चली आती थी वैसी पद्यबद्ध कल्पित कहानियाँ लिखने की नहीं थीं। ऐसी कहानियाँ मिलती हैं, पर बहुत कम। इसका अर्थ यह नहीं कि प्रसंगों से वृत्तों की कल्पना की प्रवृत्ति कम थी। ऐसी कल्पना किसी ऐतिहासिक या पौराणिक पुरुष या घटना का कुछ–कभी-कभी अत्यंत अल्प–सहारा लेकर खड़ी की जाती थी। कहीं-कहीं तो केवल कुछ नाम ही ऐतिहासिक या पौराणिक रहते थे, वृत्त सारा कल्पित रहता था, जैसे ईश्वरदास कृत 'सत्यवती कथा'।

आत्मकथा का विकास भी नहीं पाया जाता। केवन जैन कवि बनारसीदास का

'अर्द्धकथानक' मिलता है।

नीचे मुख्य आख्यानकाव्यों का उल्लेख किया जाता है–

ऐतिहासिक-पौराणिक	कल्पित	आत्मकथा
1. रामचरितमानस (तुलसी)	ढोला मारू रा दूहा (प्राचीन)	अर्द्धकथानक (बनारसीदास)
2. हरिचरित्र (लालचदास)	लक्ष्मणसेन पद्मावती कथा (दामो कवि)	
3. रुक्मिणीमंगल (नरहरि)	सत्यवती कथा (ईश्वरदास)	
4. रुक्मिणीमंगल (नंददास)	माधवानल कामकंदला (आलम)	
5. सुदामाचरित्र (नरोत्तमदास)	रसरतन (पुहकर कवि)	
6. रामचंद्रिका (केशवदास)	पद्मिनीचरित्र (लालचंद)	
7. वीरसिंहदेवचरित (केशव)	कनकमंजरी (काशीराम)	
8. बेलि क्रिसन रुकमणी री (जोधपुर के राठौड़ राजा प्रिथीराज)		

ऊपर दी हुई सूची में 'ढोला मारू रा दूहा' और 'बेलि क्रिसन रुकमणी री' राजस्थानी भाषा में हैं। ढोला मारू की प्रेमकथा राजपूताने में बहुत प्रचलित है। दोहे बहुत पुराने हैं, यह बात उनकी भाषा से पाई जाती है। बहुत दिनों तक मुखाग्रही रहने के कारण बहुत-से दोहे लुप्त हो गये थे, जिससे कथा की शृंखला बीच-बीच में खंडित हो गयी थी। इसी से संवत् 1618 के लगभग जैन कवि कुशललाभ ने बीच-बीच में चौपाइयाँ रचकर जोड़ दीं। दोहों की प्राचीनता का अनुमान इस बात से हो सकता है कि कबीर की साखियों में ढोला मारू के बहुत-से दोहे ज्यों-के त्यों मिलते हैं।

'बेलि क्रिसन रुकमणी री' जोधपुर के राठौड़ राजवंशीय स्वदेशाभिमानी कवि पृथ्वीराज की रचना है जिनका महाराणा प्रताप को क्षोभ से भरा पत्र लिखना इतिहास-प्रसिद्ध है। रचना प्रौढ़ भी है और मार्मिक भी। इसमें श्रीकृष्ण और रुक्मिणी के विवाह कह कथा है।

पद्मिनीचरित की भाषा भी राजस्थानी मिली है।

◉◉

सन्दर्भ

1. देखिए, पृं 70-71

उत्तर मध्यकाल

रीतिकाल (संवत् 1700-1900)

प्रकरण-1 : सामान्य परिचय

हिंदी काव्य अब पूर्ण प्रौढ़ता को पहुँच गया था। संवत् 1598 में कृपाराम थोड़ा-बहुत रसनिरूपण भी कर चुके थे। उसी समय के लगभग चरखारी के मोहनलाल मिश्र ने 'श्रृंगारसागर', नामक एक ग्रंथ श्रृंगारसंबंधी लिखा। नरहरि कवि के साथी करनेस कवि ने 'कर्णाभरण', श्रुतिभूषण' और 'भूपभूषण' नामक तीन ग्रंथ अलंकार संबंधी लिखे। रसनिरूपण और अलंकार निरूपण का इस प्रकार सूत्रपात हो जाने पर केशवदास जी ने काव्य के अंग का निरूपण शास्त्रीय पद्धति पर किया। इसमें संदेह नहीं कि काव्यरीति का सम्यक् समावेश पहले पहल आचार्य केशव ने ही किया। पर हिंदी में रीतिग्रंथों की अविरल और अखंडित परंपरा का प्रवाह केशव की 'कविप्रिया' के प्राय: 50 वर्ष पीछे चला और वह भी एक भिन्न आदर्श का लेकर, केशव के आदर्श को लेकर नहीं।

केशव के प्रसंग में यह पहले कहा जा चुका है कि वे काव्य में अलंकारों का स्थान प्रधान समझने वाले चमत्कारवादी कवि थे। उनकी इस मनोवृत्ति के कारण ही हिंदी साहित्य के इतिहास में एक विचित्र संयोग घटित हुआ। संस्कृत साहित्य के विकासक्रम की एक संक्षिप्त उद्धरणी हो गयी। साहित्य की मीमांसा क्रमश: बढ़ते-बढ़ते जिस स्थिति पर पहुँच गयी थी, उस स्थिति से सामग्री न लेकर केशव ने उसके पूर्व की स्थिति से सामग्री ली। उन्होंने हिंदी पाठकों को काव्यांगनिरूपण की उस पूर्व दिशा का परिचय कराया जो भामह और उद्‌भट के समय में थी, उस उत्तर दशा का नहीं जो आनंदवर्धनाचार्य, मम्मट और विश्वनाथ द्वारा विकसित हुई। भामह और उद्‌भट के समय से अलंकार और अलंकार्य का स्पष्ट भेद नहीं हुआ था, रस, रीति, अलंकार आदि सबके लिए 'अलंकार' शब्द का व्यवहार होता था। यही बात हम केशव की 'कविप्रिया' में भी पाते हैं। उसमें 'अलंकार' के 'सामान्य' और 'विशेष' दो भेद करके 'सामान्य' के अंतर्गत वर्ण्य-विषय और 'विशेष' के अंतर्गत वास्तविक अलंकार रखे गये हैं।[1]

पर केशवदास के उपरांत तत्काल रीतिग्रंथों की परंपरा चली नहीं। कविप्रिया के 50 वर्ष उसकी अखंड परंपरा का आरंभ हुआ। यह परंपरा केशव के दिखाये हुए पुराने आचार्यों (भामह, उद्‌भट आदि) के मार्ग पर न चलकर परवर्ती आचार्यों के परिष्कृत मार्ग पर चली जिसमें अलंकार अलंकार्य का भेद हो गया था। हिंदी के अलंकारग्रंथ अधिकतर 'चंद्रलोक' और 'कुवलयानंद' के अनुसार निर्मित हुए। कुछ ग्रंथों में 'काव्यप्रकाश' ओर 'साहित्यदर्पण' का भी आधार पाया जाता है। काव्य के स्वरूप और अंगों के संबध में हिंदी के रीतिकार कवियों ने संस्कृत के इन परवर्ती ग्रंथों का मत ग्रहण किया। इस प्रकार दैवयोग से संस्कृत

साहित्यशास्त्र के इतिहास की संक्षिप्त उद्धरणी हिंदी में हो गयी।

हिंदी रीतिग्रंथों की परंपरा चिंतामणि त्रिपाठी से चली, अत: रीतिकाल का आरंभ उन्हीं से मानना चाहिए। उन्होंने संवत् 1700 के कुछ आगे-पीछे 'काव्यविवेक', 'कविकुलकल्पतरु' और 'काव्यप्रकाश' के तीन ग्रंथ लिखकर काव्य के सब अंगों का पूरा निरूपण किया और पिंगल या छंदशास्त्र पर भी एक पुस्तक लिखी। उसके उपरांत तो लक्षणग्रंथों की भरमार-सी होने लगी। कवियों ने कविता लिखने की एक प्रणाली ही बना ली कि पहले दोहे में अलंकार या रस का लक्षण लिखना फिर उसके उदाहरण के रूप में कविता का सवैया लिखना। हिंदी साहित्य में यह अनूठा दृश्य खड़ा हुआ। संस्कृत साहित्य में कवि और आचार्य दो भिन्न-भिन्न श्रेणियों के व्यक्ति रहे। हिंदी काव्यक्षेत्र में यह भेद लुप्त-सा हो गया। इस एकीकरण का प्रभाव अच्छा नहीं पड़ा। आचार्यत्व के लिए जिस सूक्ष्म विवेचन या पर्यालोचन शक्ति की अपेक्षा होती है उसका विकास नहीं हुआ। कवि लोग एक ही दोहे में अपर्याप्त लक्षण देकर अपने कविकर्म में प्रवृत्त हो जाते थे। काव्यांगों का विस्तृत विवेचन, तर्क द्वारा खंडन-मंडन, नये-नये सिद्धांतों का प्रतिपादन आदि कुछ भी न हुआ। इसका कारण यह भी था कि उस समय गद्य का विकास नहीं हुआ था। जो कुछ लिखा जाता था वह पद्य में ही लिखा जाता था। पद्य में किसी बात की सम्यक् मीमांसा या उस पर तर्क-वितर्क हो नहीं सकता। इस अवस्था में 'चंद्रालोक' की यह पद्धति ही सुगम दिखाई पड़ी कि एक श्लोक या एक चरण में ही लक्षण कहकर छुट्टी ली।

उपर्युक्त बातों पर ध्यान देने से यह स्पष्ट हो जाता है कि हिंदी में लक्षणग्रंथ की परिपाटी पर रचना करने वाले जो सैकड़ों कवि हुए हैं वे आचार्य की कोटि में नहीं आ सकते। वे वास्तव में कवि ही थे। उनमें आचार्य के गुण नहीं थे। उनके अपर्याप्त लक्षण साहित्यशास्त्र का सम्यक् बोध कराने में असमर्थ हैं। बहुत स्थलों पर तो उनके द्वारा अलंकारआदि के स्वरूप का भी ठीक-ठीक बोध नहीं हो सकता। कहीं-कहीं तो उदाहरण भी ठीक नहीं हैं। 'शब्दशक्ति' का विषय तो दो ही चार कवियों ने नाममात्र के लिए लिया है जिससे उस विषय का स्पष्ट बोध होना तो दूर रहा, कहीं-कहीं भ्रांत धारणा अवश्य उत्पन्न हो सकती है। काव्य के साधारणत: दो भेद किए जाते हैं-श्रव्य और दृश्य। इनमें से दृश्य काव्य का निरूपण तो छोड़ ही दिया गया। सारांश यह कि इन रीतियों पर ही निर्भर रहने वाले व्यक्ति का साहित्यज्ञान कच्चा ही समझा जाना चाहिए। यह सब लिखने का अभिप्राय यहाँ केवल इतना ही है कि यह न समझा जाय की रीतिकाल के भीतर साहित्शास्त्र पर गंभीर और विस्तृत विवेचन तथा नयी-नयी बातों की उद्भावना होती रही।

केशवदास के वर्णन में यह दिखाया जा चुका है कि उन्होंने सारी सामग्री कहाँ-कहाँ से ली। आगे होने वाले लक्षण ग्रंथकार कवियों ने भी सारे लक्षण और भेद संस्कृत की पुस्तकों से लेकर लिखे हैं जो कहीं-कहीं अपर्याप्त हैं। अपनी ओर से उन्होंने न तो अलंकार क्षेत्र में कुछ मौलिक विवेचन किया, न रस क्षेत्र मे। काव्यांगों का विस्तृत समावेश दास जी ने अपने 'काव्यनिर्णय' में किया हैं। अलंकारों को जिस प्रकार उन्होंने बहुत-से छोटे-छोटे प्रकरणों में बाँटकर रखा है उससे भ्रम हो सकता है कि शायद किसी आधार पर उन्होंने अलंकारों का वर्गीकरण किया है। पर वास्तव में उन्होंने किसी प्रकार के वर्गीकरण का प्रयत्न नहीं किया है। दास जी की एक नयी योजना अवश्य ध्यान देने योग्य है। संस्कृत काव्य में अंत्यानुप्रास या तुक का चलन नहीं था, इससे संस्कृत के साहित्यग्रंथों में उसका विचार नहीं हुआ हैं पर

हिंदी काव्य में वह बराबर आरंभ से ही मिलता हैं। अतः दास जी ने अपनी पुस्तक में उसका विचार करके बड़ा ही आवश्यक कार्य किया।

भूषण का 'भाविक छवि' एक नया अलंकार-सा दिखाई पड़ता है, पर वास्तव में संस्कृत ग्रंथों के 'भाविक' का ही एक दूसरा या प्रवर्द्धित रूप है। 'भाविक' का संबंध कालगत दूरी से है, इसका देशगत से। बस इतना ही अंतर है।

दास जी के 'अतिशयोक्ति' के पाँच नये दिखाई पड़ने वाले भेदों में से चार तो भेदों के भिन्न योग हैं। पाँचवाँ 'संभावनातिशयोक्ति' तो संबंधातिशयोक्ति ही है।

देव कवि का संचारियों के बीच छल बढ़ा देना कुछ लोगों को नयी सूझ समझ पड़ा है। उन्हें समझना चाहिए कि देव ने जैसे और सब बातें संस्कृत की 'रसतरंगिणी' से ली हैं वैसे ही यह 'छल' भी। सच पूछिए तो छल का अंतर्भाव अवहित्था में हो जाता है।

इस बात का संकेत पहले किया जा चुका है कि हिंदी के पद्यबद्ध लक्षणग्रंथों में दिये हुए लक्षणों और उदाहरणों में बहुत जगह गड़बड़ी पायी जाती है। अब इस गड़बड़ी के संबंध में दो बातें कही जा सकती हैं। या तो यह कहें कि कवियों ने अपना मतभेद प्रकट करने के लिए जानबूझकर भिन्नता कर दी है अथवा प्रमादवश और-का-और समझकर। मतभेद तो तब कहा जाता जब कहीं कोई नूतन विचारपद्धति मिलती। अतः दूसरा कारण ही ठहरता है। कुछ उदाहरणों से यह स्पष्ट हो जाएगा–

1. केशवदास ने रूपक के तीन भेद दंडी से लिये–अद्‌भुत रूपक, विरुद्ध रूपक और रूपक रूपक। इनमें से प्रथम का लक्षण भी स्वरूप व्यक्त नही करता और उदाहरण भी अधिक-ताद्रूप्य रूपक का हो गया है। विरुद्ध रूपक भी दंडी से नहीं मिलता और रूपकातिशयोक्ति हो गया है। रूपक रूपक दंडी के अनुसार वहाँ होता है जहाँ प्रस्तुत पर एक अप्रस्तुत का आरोप करके फिर दूसरे अप्रस्तुत का भी आरोप कर दिया जाता है। केशव के न तो लक्षण से यह बात प्रकट होती है, न उदाहरण से। उदाहरण में दंडी के उदाहरण का ऊपरी ढाँचा भर झलकता है, पर असल बात का पता नहीं है। इससे स्पष्ट है कि बिना ठीक तात्पर्य समझे ही लक्षण और उदाहरण हिंदी में दे दिये गये हैं।

2. भूषण क्या, प्रायः सब हिंदी कवियों ने 'भ्रम', 'संदेह' और 'स्मरण' अलंकारों के लक्षणों में सादृश की बात छोड़ दी हैं इससे बहुत जगह उदाहरण अलंकार के न होकर भाव के हो गये हैं। भूषण का उदाहरण सबसे गड़बड़ है।

3. शब्दशक्ति का विषय दास ने थोड़ा-सा लिया है, पर उससे उसका कुछ भी बोध नहीं हो सकता। 'उपादान लक्षण' का लक्षण भी विलक्षण है और उदाहरण भी असंगत। उदाहरण से साफ झलकता है कि इस लक्षण का स्वरूप ही समझने में भ्रम हुआ है।

जबकि काव्यांगों का स्वतंत्र विवेचन ही नहीं हुआ तब तरह-तरह के 'वाद' कैसे प्रतिष्ठित होते? संस्कृत साहित्य में जैसे अलंकारवाद, रीतिवाद, रसवाद, ध्वनिवाद, वक्रोक्तिवाद इत्यादि अनेक बाद पाये जाते हैं, वैसे वादों के लिए हिंदी के रीतिक्षेत्र में रास्ता ही नहीं निकला। केशव को ही अलंकार आवश्यक मानने के कारण अलंकारवादी कह सकते हैं। केशव के उपरांत रीतिकाल में होने वाले कवियों ने किसी बाद का निर्देश नहीं किया। वे रस को ही काव्य की आत्मा या प्रधान वस्तु मानकर चले। महाराज जसवंत सिंह ने अपने 'भाषाभूषण' की रचना 'चंद्रालोक' के आधार पर की, पर उसके अलंकार की अनिवार्यता

वाले सिद्धांत का समावेश नहीं किया।

इन रीतिग्रंथों के कर्ता भावुक, सहृदय और निपुण कवि थे। उनका उद्देश्य कविता करना था, न कि काव्यांगों का शास्त्रीय पद्धति पर निरूपण करना। अतः उनके द्वारा बड़ा भारी कार्य यह हुआ कि रसों (विशेषतः शृंगाररस) और अलंकारों के बहुत ही सरस और हृदयग्राही उदाहरण अत्यंत प्रचुर परिमाण में प्रस्तुत हुए। ऐसे सरस और मनोहर उदाहरण संस्कृत के सारे लक्षणों से चुनकर इकट्ठा करें तो भी उनकी इतनी अधिक संख्या न होगी। अलंकारों की अपेक्षा नायिकाभेद की और कुछ अधिक झुकाव रहा। इससे शृंगाररस के अंतर्गत बहुत मुक्तक रचना हिंदी में हुई। इस रस का इतना अधिक विस्तार हिंदी साहित्य में हुआ कि इसके एक अंग को लेकर स्वतंत्र ग्रंथ रचे गये। इस रस का सारा वैभव कवियों ने नायिका भेद के भीतर दिखाया। रसग्रंथ वास्तव में नायिकाभेद के ही ग्रंथ हैं जिनमें और दूसरे रस पीछे से संक्षेप में चलते कर दिये गये हैं। नायिका शृंगाररस का आलंबन है। इस आलंबन के अंगों का वर्णन एक स्वतंत्र विषय हो गया और न जाने कितने ग्रंथ केवल नख-शिख वर्णन के लिखे गये। इसी प्रकार उद्दीपन के रूप में षट्ऋतु वर्णन पर भी कई अलग पुस्तकें लिखी गयीं। विप्रलंभ संबंधी 'बारहमासे' भी कुछ कवियों ने लिखे। रीतिग्रंथों की इस परंपरा द्वारा साहित्य के विस्तृत विकास में कुछ बाधा भी पड़ी। प्रकृति की अनेकरूपता, जीवन की भिन्न-भिन्न चिंत्य बातों तथा जगत् के नाना रहस्यों की ओर कवियों की दृष्टि नहीं जाने पायी। वह एक प्रकार से बद्ध और परिमित-सी हो गयी। उसका क्षेत्र संकुचित हो गया। वाग्धारा बँधी हुई नालियों में ही प्रवाहित होने लगी जिससे अनुभाव के बहुत-से गोचर और अगोचर विषय रससिक्त होकर सामने आने से रह गये। दूसरी बात यह हुई कि कवियों की व्यक्तिगत विशेषता की अभिव्यक्ति का अवसर बहुत ही कम रह गया। कुछ कवियों के बीच भाषाशैली-पदविन्यास, अलंकारविधान आदि बाहरी बातों का भेद हम थोड़ा-बहुत दिखा सकें, पर उनकी आभ्यंतर प्रवृत्ति के अन्वीक्षण में समर्थ उच्चकोटि की आलोचना की सामग्री बहुत कम पा सकते हैं।

रीतिकाल में एक बड़े भारी अभाव की पूर्ति हो जानी चाहिए थी पर वह नहीं हुई। भाषा जिस समय सैकड़ों कवियों द्वारा परिमार्जित होकर प्रौढ़ता को पहुँची उसी समय व्याकरण द्वारा उसकी व्यवस्था होनी चाहिए थी कि जिससे उस च्युतसंस्कृति दोष का निराकरण होता तो ब्रजभाषा काव्य में थोड़ा-बहुत सर्वत्र पाया जाता है। और नहीं तो वाक्यदोषों का पूर्ण रूप से निरूपण होता जिससे भाषा में कुछ और सफाई आती। बहुत थोड़े कवि ऐसे मिलते हैं, जिनकी वाक्यरचना सुव्यवस्थिति पायी जाती हैं भूषण अच्छे कवि थे। जिस रस को उन्होंने लिया उसका पूरा आवेश उनमें था, पर भाषा उनकी अनेक स्थलों पर सदोष है।[2] यदि शब्दों के रूप स्थिर हो जाते और शुद्ध रूपों के प्रयोग पर जोर दिया जाता तो शब्दों को तोड़-मरोड़ कर विकृत करने का साहस कवियों को न होता। पर इस प्रकार की कोई व्यवस्था नहीं हुई, जिससे भाषा में बहुत कुछ गड़बड़ी बनी रही।

भाषा की गड़बड़ी का एक कारण ब्रज और अवधी इन दोनों काव्यभाषाओं का कवि की इच्छानुसार सम्मिश्रण भी था। यद्यपि एक समान साहित्यिक भाषा किसी प्रदेश विशेष के प्रयोगों तक ही परिमित नहीं रह सकती, पर वह अपना ढाँचा बराबर बनाये रहती हैं। काव्य की ब्रजभाषा से संबंध में भी अधिकतर यही बात रही। सूरदास की भाषा में यत्र-तत्र पूरबी प्रयोग-जैसे मोर, हमार, कीन, अस, जस इत्यादि-बराबर मिलते हैं। बिहारी की भाषा भी 'कीन',

'दीन' आदि से खाली नहीं। रीतिग्रंथों का विकास अधिकतर अवध में हुआ। अतः इस काल में काव्य की ब्रजभाषा में अवधी के प्रयोग और अधिक मिले। इस बात को किसी कवि ने लक्ष्य भी किया। दास जी ने अपने 'काव्यनिर्णय' में काव्यभाषा पर भी कुछ दृष्टिपात किया। मिश्रित भाषा के समर्थन में वे कहते हैं–

ब्रजभाषा भाषा रुचिर, कहैं सुमति सब कोइ।
मिल संस्कृत पारस्यौ, पै अति प्रगट जु होइ॥
ब्रज, मागधी मिलै अमर, नाग यवन भाखानि॥
सहज पारसी हू मिलै, षट विधि कहत बखानि॥

उक्त दोहों में 'मागधी' शब्द से पूरबी भाषा का अभिप्राय है। अवधी अर्द्धमागधी से निकली मानी जाती है और पूरबी हिंदी के अंतर्गत है। जबाँदानी के लिए ब्रज का निवास आवश्यक नहीं है, आप्त कवियों की वाणी भी प्रमाण है, इस बात को दास जी ने स्पष्ट कहा है–

सूर, केसव, मंडन, बिहारी, कालिदास, ब्रह्म,
चिंतामणि, मतिराम, भूषन सुजानिए॥
लीलावर, सेनापति, निपट, नेवाज, निधि,
नीलकंठ, मिश्र सुखदेव, देव मानिए॥
आलम, रहीम, रसखान, सुंदरादिक,
अनेकन सुमति भए कहाँ लौ बखानिए॥
ब्रजभाषा हेत ब्रजवास ही न अनुमानौ,
ऐसे-ऐसे कविन की बानी हू सो जानिए॥

मिली-जुली भाषा के प्रमाण में दास जी कहते हैं कि तुलसी और गंग तक ने, जो कवियों के शिरोमणि हुए हैं, ऐसी भाषा का व्यवहार किया है–

तुलसी गंग दुवौ भए, सुकविन के सरदार।
इनके काव्यन में मिली, भाषा विविध प्रकार॥

इस सीधे-सादे दोहे का जो यह अर्थ लें कि तुलसी और गंग इसीलिए कवियों के सरदार हुए कि उनके काव्यों में विविध प्रकार की भाषा मिली है, उनकी समझ को क्या कहा जाय?

दास जी ने काव्यभाषा के स्वरूप का जो निर्णय किया वह कोई 100 वर्षों की काव्यपरंपरा के पर्यालोचन के उपरांत। अतः उनका स्वरूप निरूपण तो बहुत ठीक है। उन्होंने काव्यभाषा ब्रजभाषा ही कही है जिसमें और भाषाओं के शब्दों का भी मेल हो सकता है। पर भाषा संबंधी और अधिक मीमांसा न होने के कारण कवियों ने अपने को अन्य बोलियों के शब्दों तक ही परिमित नहीं रखा, उनके कारक चिह्नों और क्रियाओं के रूपों का भी वे मनमाना व्यवहार बराबर करते रहे। ऐसा वे केवल सौंदर्य की दृष्टि से करते थे, किसी सिद्धांत के अनुसार नही। 'करना', के भूतकाल के लिए वे छंद की आवश्यकता के अनुसार 'कियो', 'कीना', 'कर्‌यो', 'करियो', 'कीन' यहाँ तक कि 'किय' तक रखने लगे। इसका परिणाम यह हुआ कि भाषा को वह स्थिरता न प्राप्त हो सकी जो किसी साहित्यिक भाषा के लिए आवश्यक है। रूपों के स्थिर न होने से यदि कोई विदेशी काव्य की ब्रजभाषा का अध्ययन करना चाहे तो उसे कितनी कठिनता होगी।

भक्तिकाल की प्रारंभिक अवस्था में ही किस प्रकार मुसलमानों के संसर्ग से कुछ फारसी

के शब्द और चलन भाव मिलने लगे थे, इसका उल्लेख हो चुका है। नामदेव और कबीर आदि की तो बात ही क्या, तुलसीदास ने भी गनी, गरीब, साहब, इताति, उमरदराज आदि बहुत-से शब्दों का प्रयोग किया। सूर में ऐसे शब्द अवश्य कम मिलते है। फिर मुसलमानी राज्य की दृढ़ता के साथ-साथ इस प्रकार के शब्दों का व्यवहार ज्यों-ज्यों बढ़ता गया त्यों-त्यों कवि लोग उन्हें अधिकाधिक स्थान देने लगे। राजा-महाराजाओं के दरबार में विदेशी शिष्टता और सभ्यता के व्यहवाहर का अनुकरण हुआ और फारसी के लच्छेदार शब्द वहाँ चारों ओर सुनाई देने लगें अतः भाट या कवि लोग 'आयुष्मान' और 'जयजयकार' तक ही अपने को कैसे रख सकते थे? वे भी दरबार में खड़े होकर 'उमरदराज महाराज तेरी चाहिए' पुकारने लगे। 'बखतबलंद' आदि शब्द उनकी जबान पर भी नाचने लगे।

यह तो हुई व्यावहारिक भाषा की बात। फारसी काव्य के शब्दों को भी थोड़ा-बहुत कवियों ने अपनाना आरंभ किया। रीतिकाल में ऐसे शब्दों की संख्या कुछ और बढ़ी। पर यह देखकर हर्ष होता है कि अपनी भाषा की सरसता का ध्यान रखने वाले उत्कृष्ट कवियों ने ऐसे शब्दों को बहुत ही कम स्थान दिया। परंपरागत साहित्य का कम अभ्यास रखने वाले साधारण कवियों ने कहीं-कहीं बड़े बेढंगे तौर पर ऐसे विदेशी शब्द रखे है। कहीं-कहीं 'खुसबोयन' आदि उनके विकृत शब्दों को देखकर शिक्षितों को एक प्रकार की विरक्ति-सी होती है और उनकी कविता गँवारों की रचना-सी लगती है। शब्दों के साथ-साथ कुछ थोड़े-से कवियों ने इश्क की शायरी की पूरी अलंकार सामग्री तक उठाकर रख ली है और उनके भाव भी बँध गये हैं रसनिधिकृत 'रतनहजारा' में यह बात अरुचिकर मात्रा में पाई जाती हैं बिहारी जैसे परम उत्कृष्ट कवि भी यद्यपि फारसी भावों के प्रभाव से नहीं बचे हैं, पर उन्होंने उन भावों को अपने देशी साँचे में ढाल लिया है जिससे वे खटकते क्या सहसा लक्ष्य भी नहीं होते। उनकी विरहताप की अत्युक्तियों में दूर की सूझ और नाजुक खयाली बहुत कुछ फारसी की शैली की है पर बिहारी रसभंग करने वाले बीभत्स रूप कहीं नहीं लाये हैं।

यहाँ पर यह उल्लेख कर देना भी आवश्यक जान पड़ता है कि रीतिकाल के कवियों के प्रिय छंद कवित्त और सवैये ही रहे। कवित्त तो शृंगार और वीर दोनों रसों के लिए समान रूप से उपयुक्त होता है, यद्यपि वीररस की कविता में भी इसका व्यवहार कवियों ने जहाँ-तहाँ किया है। वास्तव में पढ़ने के ढंग में थोड़ा विभेद कर देने स उसमें दोनों के अनुकूल नाद-सौन्दर्य पाया जाता है। सवैया, शृंगार और करुण इन दो कोमल रसों के लिए बहुत उपयुक्त होता है, यद्यपि वीर रस की कविता में भी इसका व्यवहार कवियों ने जहां-तहां किया है। वास्तव में शृंगार और वीर इन्हीं दो रसों की कविता इस काल में हुई। प्रधानता शृंगार की ही रही। इससे इस काल को रस के विचार से कोई शृंगारकाल कहे तो कह सकता है। शृंगार के वर्णन को बहुतेरे कवियों ने अश्लीलता की सीमा तक पहुँचा दिया था। इसका कारण जनता की रुचि थी जिनके लिए कर्मण्यता और वीरता का जीवन बहुत कम रह गया था।

◉◉

<u>**सन्दर्भ**</u>

1. विशेष, दे, केशवदास।
2. देखिए, अगले प्रकरण में भूषण का परिचय।

प्रकरण-2 : रीति ग्रंथकार कवि

हिंदी साहित्य की गति का ऊपर जो संक्षिप्त उल्लेख हुआ, उससे रीतिकाल की सामान्य प्रवृत्ति का पता चल सकता है। अब इस काल के मुख्य-मुख्य कवियों का विवरण दिया जाता है।

1. चिंतामणि त्रिपाठी : ये तिकवाँपुर (जिला-कानपुर) के रहने वाले और चार भाई थे–चिंतामणि, भूषण, मतिराम और जटाशंकर। चारों कवि थे, जिन में प्रथम तीन तो हिंदी साहित्य में बहुत यशस्वी हुए। इनके पिता का नाम रत्नाकर त्रिपाठी था। कुछ दिन से यह विवाद उठाया गया है कि भूषण न तो चिंतामणि और मतिराम के भाई थे, न शिवाजी के दरबार में थे। पर इतनी प्रसिद्ध बात का जब तक पर्याप्त विरुद्ध प्रमाण न मिले तब तक वह अस्वीकार नहीं की जा सकती। चिंतामणि का जन्मकाल संवत् 1666 के लगभग और कविताकाल संवत् 1700 के आस पास ठहरता है। इनका 'कविकुलकल्पतरु' नामक ग्रंथ संवत् 1707 का लिखा है। इनके संबंध में शिवसिंहसरोज में लिखा है कि 'ये बहुत दिन तक नागपुर में सूर्यवंशी भोंसला मकरंदशाह के यहाँ रहे और उन्हीं के नाम पर 'छंद विचार' नामक पिंगल का बहुत भारी ग्रंथ बनाया और 'काव्य विवेक' 'कविकुलकल्पतरु', 'काव्यप्रकाश', 'रामायण', ये पाँच ग्रंथ इनके बनाये हुए हमारे पुस्तकालय में मौजूद हैं। इनकी बनायी रामायण कवित्त और अन्य नाना छंदों में बहुत अपूर्व हैं। बाबू रुद्र साहि सोलंकी, शाहजहाँ बादशाह और जैनदी अहमद ने इनको बहुत दान दिये हैं। इन्होंने अपने ग्रंथ में कहीं-कहीं अपना नाम मणिमाल भी कहा है।

ऊपर के विवरण से स्पष्ट है कि चिंतामणि ने काव्य के बस अंगों पर ग्रंथ लिखे। इनकी भाषा ललित और सानुप्रास होती थी। अवध के पिछले कवियों की भाषा देखते हुए इनकी ब्रजभाषा विशुद्ध दिखाई पड़ती है। विषय-वर्णन की प्रणाली भी मनोहर है। ये वास्तव में एक उत्कृष्ट कवि थे। रचना के कुछ नमूने देखिए–

येई उधारत हैं तिन्हें जे, परे मोह महोदधि के जल फेरे।
जे इनको पल ध्यान धरैं मन, ते न परैं कबहूँ जम घेरे॥
राजै रमा रमनी अपधान, अभै बरदान रहैं जन नेरे।
हैं बनभार उदंड भरे, हरि के भुजंदड सहायक मेरे॥

× × × × ×

इक आजु मैं कंदन बेलि लखी, मनिमंदिर की रुचिवृंद भरैं।
अरविंद के जल्लव इंदु तहाँ, अरविंदन तें मकरंद झरैं॥
उत बुंदन के मुकताग ह्वै, फल सुंदर भ्वै पर आनि परै।
लखि यों दुति कंद अनंद कला, नँदनंद सिलाद्रव रूप धरैं॥

× × × × ×

आँखिन मुँदिबे के मिस आनि, अचानक पीठि उरोज लगावै।
कैहूँ कैहूँ मुसकाय चितै, अगराय अनूपम अंग दिखावै।।
नाह छुई छल सो छतियाँ, हँसि भौंह चढ़ाय चढ़ाय अनंद बढ़ावै।
जोबन के मद मत्त तिया, हित सों पति को नित चित्त चुरावै।।

2. बेनी : ये असनी के बंदीजन थे और संवत् 1700 के आसपास विद्यमान थे। इनका कोई ग्रंथ नहीं मिलता पर फुटकल कवित्त बहुत-से सुने जाते हैं जिनसे यह अनुमान होता है कि इन्होंने नख-शिख और षट् ऋतु पर पुस्तकें लिखी होंगी। कविता इनकी साधारणत: अच्छी होती थी। भाषा चलती होने पर भी अनुप्रासयुक्त होती थी। दो उदाहरण नीचे दिये जाते हैं–

छहरैं सिर पै छवि मोरपखा, उनकी नथ के मुकुता थहरैं।
फहरै पियरो पट बेनी इतै, उनकी चुनरी के झबा झहरैं।
रस भिरे अभिरे हैं तमाल, दोऊ रसख्याल चहैं लहरैं।
नित ऐसे सनेह सों राधिका स्याम हमारे हिए में सदा बिहरैं।।

× × × × ×

कवि बेनी नई उनई है घटा, मोरवा बन बोलत कूकन री।
छहरै बिजुरी छितिमंडल छ्वै, लहरै मन मैन भभूकन री।
पहिरौ चुनरी चुनिकै दुलही, सँग लाल के झूलहु झूकन री।
ऋतु पावस यों ही बितावत हौ, मरिहौ, फिरि बावरि! हूकन री।।

3. महाराज जसवंत सिंह : ये मारवाड़ के प्रसिद्ध महाराज थे जो अपने समय के सबसे प्रतापी हिंदी नरेश थे और जिनका भय औरंगजेब को बराबर बना रहता था। इनका जन्म संवत् 1683 में हुआ। वे शाहजहाँ के समय में ही कई लड़ाइयों पर जा चुके थे। महाराज गजसिंह के ये दूसरे पुत्र थे और उनकी मृत्यु के उपरांत संवत् 1695 में गद्दी पर बैठे। इनके बड़े भाई अमरसिंह अपने उद्यत स्वभाव के कारण पिता द्वारा अधिकारच्युत कर दिये गये थे। महाराज जसवंतसिंह बड़े अच्छे साहित्यमर्मज्ञ और तत्त्वज्ञानसंपन्न पुरुष थे। उनके समय में राज्य भर में विद्या की बड़ी चर्चा रही और अच्छे-अच्छे कवियों और विद्वानों और कवियों से न जाने कितने ग्रंथ लिखवाये। औरंगजेब ने इन्हें कुछ दिनों के लिए गुजरात का सूबेदार बनाया था। वहाँ से शाइस्ता खाँ के साथ ये छत्रपति शिवाजी के विरुद्ध दक्षिण भेजे गये थे। कहते हैं कि चढ़ाई में शाइस्ताखाँ की जो दुर्गति हुई वह बहुत कुछ इन्हीं के इशारे से। अंत में ये अफगानों को सर करने के लिए काबुल भेजे गये जहाँ सवंत् 1745 में इनका परलोकवास हुआ।

ये हिंदी साहित्य के प्रधान आचार्यों में माने जाते हैं और इनका 'भाषाभूषण' ग्रंथ अलंकारों पर एक बहुत ही प्रचलित पाठ्यग्रंथ रहा है। इस ग्रंथ को इन्होंने वास्तव में आचार्य के रूप में लिखा है, कवि के रूप में नहीं। प्राक्कथन में इस बात का उल्लेख हो चुका है कि रीतिकाल के भीतर जितने लक्षण ग्रंथ लिखने वाले हुए वे वास्तव में कवि थे और उन्होंने कविता करने के उद्देश्य से ही वे ग्रंथ लिखे थे, न कि विषय प्रतिपादन की दृष्टि से। पर महाराज जसवंतसिंहजी इस नियम के अपवाद थे। वे आचार्य की हैसियत से हिंदी साहित्य क्षेत्र में आये, कवि की हैसियत से नहीं। उन्होंने अपना 'भाषाभूषण' बिल्कुल 'चंद्रालोक' की छाया पर बनाया और उसी की संक्षिप्त प्रणाली का अनुसरण किया। जिस प्रकार चंद्रालोक में प्राय: एक ही श्लोक के भीतर लक्षण और उदाहरण दोनों का सन्निवेश है उसी प्रकार 'भाषाभूषण'

में भी प्रायः एक ही दोहे में लक्षण और उदाहरण दोनों रखे गये हैं। इससे विद्यार्थियों को अलंकार कंठ करने में बड़ा सुबीता हो गया और 'भाषाभूषण' हिंदी काव्य रीति के अभ्यासियों के बीच वैसा ही सर्वप्रिय हुआ जैसा कि संस्कृत के विद्यार्थियों के बीच चंद्रालोक। भाषाभूषण बहुत छोटा-सा ग्रंथ है।

भाषाभूषण के अतिरिक्त जो और ग्रंथ इन्होंने लिखा है वे तत्त्वज्ञानसंबंधी हैं; जैसे अपरोक्षसिद्धांत, अनुभवप्रकाश, आनंदविलास, सिद्धांतबोध, सिद्धांतसार, प्रबोधचंद्रोदय नाटक। ये सब ग्रंथ भी पद्य में ही हैं, जिनसे पद्यरचना की पूरी निपुणता प्रकट होती है। पर साहित्य में जहाँ तक संबंध है, ये आचार्य या शिक्षक के रूप में हमारे सामने आते हैं। अलंकारनिपूणता की इनकी पद्धति का परिचय कराने के लिए 'भाषाभूषण' के दोह दोहे नीचे दिये जाते हैं-

अत्युक्ति

अलंकार अत्युक्ति यह, बरनत अतिसय रूप।
आचक तेरे दान तें, भए कल्पतरु भूप॥

पर्यस्तापह्नुति

पर्यस्त जु गुन एक को, और विषय आरोप।
होइ सुधाधर नाहिं यह, वदन सुधाधर ओप॥

ये दोहे चंद्रालोक के इन श्लोकों की स्पष्ट छाया हैं-

अत्युक्तिरद्भुतातथ्यशौर्यो दार्यादिवर्णनम्।
त्वयि दातरि राजेंद्र याचकाः कल्पशाखिनः।
पर्यस्तापह्नुतिर्यत्र धर्ममात्रं निषिध्यते।
नायं सुधांशुः किं तर्हि सुधांशुः प्रेयसीमुखम्॥

भाषाभूषण पर पीछे तीन टीकाएँ रची गयीं-'अलंकार रत्नाकर' नाग की टीका जिसे बंशीधर ने संवत् 1792 में बनाया, दूसरी टीका प्रतापसिंह की और तीसरी गुलाब कवि की 'भूषणचंद्रिका'।

4. बिहारीलाल : ये माथुर चौबे कहे जाते हैं और इनका जन्म ग्वालियर के पास बसुवा गोविंदपुर गाँव में संवत् 1660 के लगभग माना जाता है। एक दोहे के अनुसार इनकी बाल्यावस्था बुंदेलखंड में बीती और तरुणावस्था में ये अपनी ससुराल मथुरा में आ रहे। अनुमानतः ये संवत् 1720 तक वर्तमान रहे। ये जयपुर के मिर्जा राजा जयसाह (महाराज जयसिंह) के दरबार में रहा करते थे। कहा जाता है कि जिस समय ये कवीश्वर जयपुर पहुँचे उस समय महाराज अपनी छोटी रानी के प्रेम में इतने लीन रहा करते थे कि राजकाज देखने के लिए महलों के बाहर निकलते ही न थे। इस पर सरदारों की सलाह से बिहारी ने यह दोहा किसी प्रकार महाराज के पास भीतर भिजवाया-

नहिं पराग नहिं मधुर मधु, नहिं विकास यहि काल।
अली कली ही सों बँध्यो, आगे कौन हवाल॥

कहते हैं कि इस पर महाराज बाहर निकले और तभी से बिहारी का मान बहुत अधिक बढ़ गया। महाराज ने बिहारी को इसी प्रकार के सरस दोहे बनाने की आज्ञा दी। बिहारी दोहे बनाकर सुनाने लगे और प्रति दोहे पर एक अशरफी मिलने लगी। इस प्रकार सात सौ दोहे बने

जो संगृहीत होकर 'बिहारी सतसई' के नाम से प्रसिद्ध हुए।

शृंगाररस के ग्रंथों में जितनी ख्याति और जितना मान 'बिहारी सतसई' का हुआ उतना और किसी का नहीं। इसका एक-एक दोहा हिंदी साहित्य में एक-एक रत्न माना जाता है। इसकी पचासों टीकाएँ रची गयीं। इन टीकाओं में 4-5 टीकाएँ तो बहुत प्रसिद्ध हैं–कृष्ण कवि की टीका जो कवित्तों में है, हरिप्रकाश टीका, लल्लू लाल जी की लाल चंद्रिका, सरदार कवि की टीका और सूरति मिश्र की टीका। इन टीकाओं के अतिरिक्त बिहारी के दोहों के भाव पल्लवित करने वाले छप्पय, कुंडलियाँ, सवैया आदि कई कवियों ने रचे। पठान सुलतान की कुंडलियाँ इन दोहों पर बहुत अच्छी हैं, पर अधूरी हैं। भारतेंदु हरिश्चंद्र ने कुछ और कुंडलियाँ रचकर पूर्ति करनी चाही थी। पं. अंबिकादत्त व्यास ने अपने 'बिहारी बिहार' में सब दोहों के भावों को पल्लवित करके रोला छंद लगाये हैं। पं. परमानंद ने 'शृंगार सप्तशती' के नाम से दोहों का संस्कृत अनुवाद किया है। यहाँ तक कि उर्दू शेरों में भी एक अनुवाद थोड़े दिन हुए बुंदेलखंड के मुंशी देवीप्रसाद (प्रीतम) ने लिखा। इस प्रकार बिहारी संबंधी एक अलग साहित्य ही खड़ा हो गया है। इतने से ही इस ग्रंथ की सर्वप्रियता का अनुमान हो सकता है। बिहारी का सबसे उत्तम और प्रामाणिक संस्करण बड़ी मार्मिक टीका के साथ थोड़े दिन हुए प्रसिद्ध साहित्यमर्मज्ञ और ब्रजभाषा के प्रधान आधुनिक कवि बाबू जगन्नाथदास 'रत्नाकर' ने निकाला। जितने श्रम और जितनी सावधानी से यह संपादित हुआ है, आज तक हिंदी का और कोई ग्रंथ नहीं हुआ।

बिहारी ने इस सतसई के अतिरिक्त और कोई ग्रंथ नहीं लिखा। यही एक ग्रंथ उनकी इतनी बड़ी कीर्ति का आधार हैं। यह बात साहित्य क्षेत्र के इस तथ्य की घोषणा कर रहा है कि किसी कवि का यश उसकी रचनाओं के परिमाण के हिसाब से नहीं होता, गुण के हिसाब से होता हैं। मुक्तक कविता में जो गुण होना चाहिए वह बिहारी के दोहों में अपने चरम उत्कर्ष को पहुँचा है, इसमें कोई संदेह नहीं। मुक्तक में प्रबंध के समान रस की धारा नहीं रहती जिसमें कथा प्रसंग की परिस्थिति में अपने को भूला हुआ पाठक मग्न हो जाता है और हृदय में एक स्थायी प्रभाव ग्रहण करता है। इसमें तो रस के ऐसे छींटे पड़ते हैं। जिनसे हृदयकलिका थोड़ी देर के लिए खिल उठती हैं। यदि प्रबंधकाव्य एक विस्तृत वनस्थली है तो मुक्तक एक चुना हुआ गुलदस्ता है। इसी से यह सभा-समाजों के लिए अधिक उपयुक्त होता है। उसमें उत्तरोत्तर अनेक दृश्यों द्वारा संगठित पूर्ण जीवन या उसके किसी एक पूर्ण अंग का प्रदर्शन नहीं होता, बल्कि कोई एक रमणीय खंडदृश्य इस प्रकार सहसा सामने ला दिया जाता है कि पाठक या श्रोता कुछ क्षणों के लिए मंत्रमुग्ध-सा हो जाता है। इसके लिए कवि को मनोरम वस्तुओं और व्यापारों का एक छोटा-सा स्तवक कल्पित करके उन्हें अत्यंत संक्षिप्त और सशक्त भाषा में प्रदर्शित करना पड़ता हैं। अतः जिस कवि में कल्पना की समाहारशक्ति के साथ भाषा की समाहा शक्ति जितनी अधिक होगी उतनी ही वह मुक्तक की रचना में सफल होगा। यह क्षमता बिहारी में पूर्ण रूप से वर्तमान थी। इसी से वे दोहे ऐसे छोटे छंद में इतना रस भर सकें हैं। इनके दोहे क्या हैं, रस के छोटे-छोटे छींटे हैं। इसी से किसी ने कहा है–

सतसैया के दोहरे, ज्यों नावक के तीर।
देखन में छोटे लगैं, बेधैं सकल शरीर॥

बिहारी की रसव्यंजना का पूर्ण वैभव उनके अनुभावों के विधानों में दिखाई पड़ता है।

अधिक स्थलों पर तो इनकी योजना की निपुणता और उक्तिकौशल के दर्शन होते हैं, पर इस विधान से इनकी कल्पना की मधुरता झलकती है। अनुभवों और हावों की ऐसी सुंदर योजना कोई शृंगारी कवि नहीं कर सका है। नीचे की हावभरी सजीव मूर्तियाँ देखिए–

बतरस लालच लाल की, मुरली धरि लुकाइ।
सौंह करै, भौंहनि हँसे, दैन कहै, नटि जाइ॥
नासा मोरि, नचाइ दृग, करी कका की सौंह।
काँटे सी कसकै हिए, गड़ी कँटीली भौंह॥
ललन चलन सुन पलन में, अँसुवा झलके आइ।
भई लखाइ न सखिन्ह हू, झूठै ही जमुहाइ॥

भावव्यंजना या रसव्यंजना के अतिरिक्त बिहारी ने वस्तुव्यंजना का सहारा भी बहुत लिया है–विशेषत: शोभा कांति, सुकुमारता, विरहताप, विरह की क्षीणता आदि के वर्णन में। कहीं-कहीं वस्तुव्यंजना औचित्य की सीमा का उल्लंघन करके खेलवाड़ के रूप में हो गयी। जैसे-इन दोहों में-

पत्रा की तिथि पाइए, वा घर के चहुँ पास।
नित प्रति पून्योई रहै, आनन ओप उजास॥
छाले परिबे के डरन, सकै न हाथ छुवाइ।
झिझकति हियैं गुलाब कैं, झवा झवावति पाइ॥
इत आवति चलि जात उत, चली छ-सातक हाथ।
चढ़ी हिंडोरे सी रहै, लगी उसासन साथ॥
सीरे जतननि सिसिर ऋतु, सहि बिरहिनी तनताप।
बसिबै कौं ग्रीषम दिनन, पर्‍यो परोसिनि पाप॥
आड़े दै आले बसन, जाड़े हूँ की राति।
साहस कै-कै नेहबस, सखी सबै ढिग जाति॥

अनेक स्थानों पर इनके व्यंग्यार्थ को स्फुट करने के लिए बड़ी क्लिष्ट कल्पना अपेक्षित होती है। ऐसे स्थलों पर केवल रीति या रूढ़ि ही पाठक की सहायता करती है और उसे पूरे प्रसंग का आक्षेप करना पड़ता है। एसे दोहे बिहारी में बहुत-से हैं, पर यहाँ दो-एक उदाहरण ही पर्याप्त होंगे–

ढीठि परोसिनि ईठ ह्वै, गहे जु गहे सयान।
सबै सँदेसे कहि कह्यो, मुसुकाहट मैं मान॥
नये बिरह बढ़ती बिथा, खरी बिकल जिय बाल।
बिलखी देखि परोसिन्यौं, हरषि हँसी तिहि काल॥

इन उदाहरणों से यह स्पष्ट है कि बिहारी का 'गागर में सागर' भरने का जो गुण इतना प्रसिद्ध है वह बहुत कुछ रूढ़ि की स्थापना से ही संभव हुआ है। यदि नायिकाभेद की प्रथा इतने जोर-शोर से न चल गयी होती तो बिहारी का इस प्रकार की पहेली बुझाने का साहस न होता।

अलंकारों की योजना भी इस कवि ने बड़ी निपुणता से की है। किसी-किसी दोहे में कई अलंकार उलझ पड़े हैं, पर उनके कारण कहीं भद्दापन नहीं आया। 'असंगति' और 'विरोधाभास' की ये मार्मिक और प्रसिद्ध उक्तियाँ कितनी अनूठी हैं–

दृग अरुझत टूटत कुटुम, जुरत चतुर चित प्रीति।
परति गाँठ दुरजन हिए, दई नई यह रीति॥
तंत्रीनाद कबित्त रस, सरस राग रति रंग।
अनबूड़े बूड़े तिरे, जे बूड़े सब अंग॥

दो-एक जगह व्यंग्य अलंकार भी बड़ी अच्छे ढंग से आये हैं। इस दोहे में रूपक व्यंग्य है–

करे चाह सों चूटकि कै, खरे उड़ौहैं मैन।
लाज नवाए तरफरत, करत खूँद सी नैन॥

श्रृंगार के संचारी भावों की व्यंजना भी ऐसी मर्मस्पर्शिनी है कि कुछ दोहे सहृदयों के मुँह से बार-बार सुने जाते हैं। इस स्मरण में कैसी गम्भीर तन्मयता है–

सघन कुंज, छाया सुखद, सीतल मंद समीर।
मन ह्वै जात अजौं वहै, वा जमुना के तीर॥

विशुद्ध काव्य के अतिरिक्त बिहारी ने सूक्तियाँ भी बहुत-सी कही हैं जिनमें बहुत-सी नीतिसंबंधी हैं। सूक्तियों में वर्णनवैचित्र्य या शब्द वैचित्र्य भी प्रधान रहता है। अत: उनमें से कुछ एक की ही गणना असल काव्य में हो सकती है। केवल शब्दवैचित्र्य के लिए बिहारी ने बहुत कम दोहे रचे हैं। कुछ दोहे यहाँ दिये जाते हैं–

यद्यपि सुंदर सुघर पुनि, सगुनौ दीपक देह।
तऊ प्रकास करै तितो, भरिए जितो सनेह॥
कनक-कनक तें सौ गुनी, मादकता अधिकाय।
वह खाए बौराय नर, यह पाए बौराय।
तौ पर वारो उरबसी, सुनि राधिके सुजान।
तू मोहन के उर बसी, ह्वै उरबसी समान॥

बिहारी के बहुत-से दोहे 'आर्यासप्तशती' और 'गाथासप्तशती' की छाया लेकर बने हैं, इस बात को पं. पद्मसिंह शर्मा ने विस्तार से दिखाया है। पर साथ ही, उन्होंने यह भी स्पष्ट कर दिया है कि बिहारी ने गृहीत भावों को अपनी प्रतिभा के बल से किस प्रकार एक स्वतंत्र और कहीं-कहीं अधिक सुंदर रूप दे दिया है।

बिहारी की भाषा चलती होने पर भी साहित्यिक है। वाक्यरचना व्यवस्थित है और शब्दों के रूप का व्यवहार एक निश्चित प्रणाली पर है। यह बात बहुत कम कवियों में पायी जाती है। ब्रजभाषा के कवियों में शब्दों को तोड़ मरोड़ कर विकृत करने की आदत बहुतों में पायी जाती है। 'भूषण' और 'देव' ने शब्दों का बहुत अंग-भंग किया है और कहीं-कहीं गढ़त शब्दों का व्यवहार किया है। बिहारी की भाषा इस दोष से भी बहुत कुछ मुक्त है। दो-एक स्थल पर ही 'स्मर' के लिए 'समर', 'ककै', ऐसे कुछ विकृत रूप मिलेंगे। जो यह भी नहीं जानते कि क्रांति को 'संक्रमण' (अप सक्रोन) भी कहते हैं, 'अच्छ' साफ के अर्थ में संस्कृत शब्द है, 'रोज' रूलाई के अर्थ में आगरे के आसपस बोला जाता है और कबीर, जायसी आदि द्वारा बराबर व्यवहृत हुआ है, 'सोनजाइ' शब्द 'स्वर्णजाति' से निकला है–जूही से कोई मतलब नहीं, संस्कृत में 'वारि' और 'वार' दोनों शब्द हैं और 'वार्द' का अर्थ भी बादल है, 'मिलान' पड़ाव या मुकाम के अर्थ में पुरानी कविता में भरा पड़ा है, चलती ब्रजभाषा में 'पिछानना' रूप ही आता है, 'खटकति' का रूप बहुवचन में भी यही रहेगा, यदि पचासों शब्द उनकी समझ में

न आयें तो बेचारे बिहारी का क्या दोष?

बिहारी ने यद्यपि लक्षण ग्रंथ के रूप में अपनी 'सतसई' नहीं लिखी है, पर 'नखशिख', 'नायिकाभेद', 'षट्ऋतु' के अंतर्गत उनके सब शृंगारी दोहे आ जाते हैं और कई टीकाकारों ने दोहों को इस प्रकार के साहित्यिक क्रम के साथ रखा भी है। जैसा कि कहा जा चुका है, दोहों के बनाते समय बिहारी का ध्यान लक्षणों पर अवश्य था। इसीलिए हमने बिहारी को रीतिकाल के फुटकल कवियों में न रख, उक्त काल के प्रतिनिधि कवियों में ही रखा है।

बिहारी की कृति का मूल्य जो बहुत अधिक आँका गया है उसे अधिकतर रचना की बारीकी या काव्यांगों के सूक्ष्म विन्यास की निपुणता की ओर ही मुख्यत: दृष्टि रखने वाले पारखियों के पक्ष से समझना चाहिए–उनके पक्षों से समझना चाहिए जो किसी हाथी-दाँत के टुकड़े पर महीन बेलबूटे देख घंटों वाह-वाह किया करते हैं। पर जो हृदय के अंतस्तल पर मार्मिक प्रभाव चाहते हैं, किसी भाव की स्वच्छ निर्मल धारा में कुछ देर अपना मन मग्न रखना चाहते हैं, उनका संतोष बिहारी से नहीं हो सकता। बिहारी का काव्य हृदय में किसी ऐसी लय या संगीत का संचार नहीं करता जिसकी स्वरधारा कुछ काल तक गूँजती रहे। यदि घुले हुए भावों का आभ्यंतर प्रवाह बिहारी में होता तो वे एक-एक दोहे पर ही संतोष न करते। मार्मिक प्रभाव का विकार करें तो देव और पद्माकर के कवित्त-सवैयों का-सा गूँजने वाला प्रभाव बिहारी के दोहों का नहीं पड़ता।

दूसरी बात यह है कि भावों का बहुत उत्कृष्ट और उदात्त स्वरूप बिहारी में नहीं मिलता। कविता उनकी शृंगारी है, पर प्रेम की उच्च भूमि पर नहीं पहुँचती, नीचे ही रह जाती है।

5. मंडन : ये जैतपुर (बुंदेलखंड) के रहने वाले थे और संवत् 1716 में राजा मंगलसिंह के दरबार में वर्तमान थे। इनके फुटकल कवित्त-सवैये बहुत सुने जाते हैं, पर कोई ग्रंथ अब तक प्रकाशित नहीं हुआ है। पुस्तकों की खोज में इनके पाँचों ग्रंथों का पता लगा है–रसरत्नावली, रसविलास, जनकपचीसी, जानकी जू को ब्याह, नैन पचासा।

प्रथम दो ग्रंथ रसनिरूपण पर हैं, यह उनके नामों से ही प्रकट होता है। संग्रहग्रंथों में इनके कवित्त-सवैये बराबर मिलते हैं। 'जेइ-जेइ सुखद दुखद अब तेइ-तेइ कवि मंडन बिछुरत जदुपत्ती' यह पद भी इनका मिलता है। इससे जान पड़ता है कि कुछ पद भी इन्होंने रचे थे। जो पद्य इनके मिलते हैं उनसे ये बड़ी सरस कल्पना के भावुक कवि जान पड़ते हैं। भाषा इनकी बड़ी स्वाभाविक, चलती और व्यंजनापूर्ण होती थी। उसमें और कवियों का-सा शब्दाडंबर नहीं दिखाई पड़ता। यह सवैया देखिए–

अलि हौं तो गई जमुना जल को सो कह कहौं बीर! विपत्ति परी।
घहराय कै कारी घटा उनई, इतनेई में गागरि सीस धरी॥
रपट्यो पग, घाट चढ़्यो न गयो, कवि मंडन ह्वै कै बिहाल गिरी।
चिर जीवहु नंद के बारो, अरी, गहि बाँह गरीब के ठाढ़ी करी॥

6. मतिराम : ये रीतिकाल के मुख्य कवियों में हैं और चिंतामणि तथा भूषण के भाई परंपरा से प्रसिद्ध हैं। ये तिकवाँपुर (जिला-कानपुर) में संवत् 1674 के लगभग उत्पन्न हुए थे और बहुत दिनों तक जीवित रहे। ये बूँदी के महाराज भावसिंह के यहाँ बहुत काल तक रहे और उन्हीं के आश्रय में अपना 'ललितललाम' नामक अलंकार का ग्रंथ संवत् 1716 और 1745 के बीच किसी समय बनाया। इनका 'छंदसार' नामक पिंगल

ग्रंथ महाराज शंभुनाथ सोलंकी को समर्पित है। इनका परम मनोहर ग्रंथ 'रसराज' किसी को समर्पित नहीं है। इनके अतिरिक्त इनके दो ग्रंथ और हैं–'साहित्यसार' और 'लक्षण शृंगार'। बिहारी सतसई के ढंग पर इन्होंने एक 'मतिराम सतसई' भी बनायी जो हिंदी पुस्तकों की खोज में मिली है। इसके दोहे सरसता में बिहारी के दोहों के समान ही हैं।

मतिराम की रचना की सबसे बड़ी विशेषता यह है कि उसकी सरलता अत्यंत स्वाभाविक है, न तो उसमें भावों की कृत्रिमता है, न भाषा की। भाषा शब्दाडंबर से सर्वथा मुक्त है। केवल अनुप्रास के चमत्कार के लिए अशक्त शब्दों की भर्ती कहीं नहीं है। जितने शब्द और वाक्य हैं, वे सब भावव्यंजना से ही प्रयुक्त हैं। रीतिगंधवाले कवियों में इस प्रकार की स्वच्छ, चलती और स्वाभाविक भाषा कम कवियों में मिलती है, पर कहीं-कहीं वह अनुप्रास के जाल में बेतरह जकड़ी पायी जाती है। सारांश यह कि मतिराम की-सी रसस्निग्ध ओर प्रसादपूर्ण भाषा रीति का अनुसरण करने वालों में बहुत ही कम मिलती है।

भाषा के ही समान मतिराम के न तो भाव कृत्रिम हैं और न उनके व्यंजक व्यापार और चेष्टाएँ। भावों को आसमान पर चढ़ाने और दूर की कौड़ी लाने के फेर में ये नहीं पड़े हैं। नायिका के विरहताप को लेकर बिहारी के समान मजाक इन्होंने नहीं किया है। इनके भावव्यंजक व्यापारों की शृंखला सीधी और सरल है, बिहारी के समान चक्करदार नहीं। वचनक्रता भी इन्हें बहुत पसंद न थी। जिस प्रकार, शब्दवैचित्र्य को ये वास्तविक काव्य से पृथक् वस्तु मानते थे, उसी प्रकार खयाल की झूठी बारीकी को भी। इनका सच्चा कविहृदय था। ये यदि समय की प्रथा के अनुसार रीति की बँधी लीकों पर चलने के लिए विवश न होते, अपनी स्वाभाविक प्रेरणा के अनुसार चलने पाते, तो और भी स्वाभाविक और सच्ची भावविभूति दिखाते, इसमें कोई संदेह नहीं। भारतीय जीवन से छाँटकर लिये हुए इनके मर्मस्पर्शी चित्रों में जो भाव भरे हैं, वे समान रूप से सबकी अनुभूति के अंग हैं।

'रसराज' और 'ललितललाम', मतिराम के ये दो ग्रंथ बहुंत प्रसिद्ध हैं, क्योंकि रस और अलंकार की शिक्षा में इनका उपयोग बराबर होता चला आया है। वास्तव में अपने विषय के ये अनुपम ग्रंथ हैं। उदाहरणों की रमणीयता से अनायास रसों और अलंकारों का अभ्यास होता चलता है। 'रसराज' का तो कहना ही क्या है। 'ललितललाम' में भी अलंकारों के उदाहरण बहुत सरस और स्पष्ट हैं। इसी सरसता और स्पष्टता के कारण ये दोनों ग्रंथ इतने सर्वप्रिय रहे हैं। रीतिकाल के प्रतिनिधि कवियों में पद्माकर को छोड़ और किसी कवि में मतिराम की-सी चती भाषा और सरल व्यंजना नहीं मिलती। बिहारी की प्रसिद्धि का कारण बहुत कुछ वाग्वैदग्ध्य है। दूसरी बात यह है कि उन्होंने दोहे कहे हैं, इससे उनमें वह नादसौंदर्य नहीं आ सका है जो कवित्त-सवैये की लय के द्वारा संघटित होता है।

मतिराम के कविता के कुछ उदाहरण नीचे दिये जाते हैं–

कुंदन को रँग फीको लगै, झलकै अति अंगिनि चारु गोराई।
आँखिन में अलसानि, चितौन में मंजु विलासन की सरसाइ॥
को बिनु मोल बिकात नहीं मतिराम लहे मुसकानि मिठाई।
ज्यों-ज्यों निहारिए नेरे ह्वै नैननि त्यों-त्यों खरी निकरै सी निकाई॥

× × × × ×

क्यों इन आँखिन सों निहसंक ह्वै मोहन को तन पानिप पीजै ?

नेकु निहारे कलंक लगै यहि गाँव बसे कहु कैसे कै जीजै॥
होत रहै मन यों मतिराम, कहूँ बन जाय बड़ो तप कीजै।
ह्वै बनमाल हिए लगिए अरु ह्वै मुरली अधरारस पीजै॥

× × × × ×

केलि कै राति अघाने नहीं दिन ही में लला पुनि घात लगाई।
प्यास लगी, कोउ पानी दै जाइयो, भीतर बैठि कै बात सुनाई॥
जैठी पठाई गई दुलही, हँसि हेरि हरैं मतिराम बुलाई।
कान्ह के बोल पे कान न दीन्हीं, सुगेह की देहरि पै धरि आइ॥

× × × × ×

दोऊ अनंद सो आँगन माँझ बिराजै असाढ़ की साँझ सुहाई।
प्यारी के बूझत और तिया को अचानक नाम लियो रसिकाई॥
आई उनै मुँह में हँसी, कोहि तिया पुनि चाप सी भौंह चढ़ाई।
आँखिन तें गिरे आँसुन के बूँद, सुहास गयो उड़ि हंस की नाइ॥

× × × × ×

सूबन को मेटि दिल्ली देस दलिबे को चूम,
सुभट समूह निसि वाको उमहति है।
कहै मतिराम ताहि रोकिबे को संगर में,
काहू के हिम्मत हिए में उलहति है॥
सत्रुसाल नंद के प्रताप की लपट सब,
जरब गनीम बरगीत को दहति है।
पति पातसाह की, इजति उमरावन की,
राखी रैया राव भावसिंह की रहति है॥

7. भूषण : वीररस के ये प्रसिद्ध कवि चिंतामणि और मतिराम के भाई थे। इनका जन्मकाल संवत् 1670 है। चित्रकूट के सोलंकी राजा रुद्र ने इन्हें 'कविभूषण' की उपाधि दी थी। तभी से ये भूषण के नाम से ही प्रसिद्ध हो गये। इनका असली नाम क्या था, इसका पता नहीं। ये कई राजाओं के यहाँ रहे। अंत में इनके मन के अनुकूल आश्रयदाता, जो इनके वीरकाव्य के नायक हुए, छत्रपति महाराज शिवाजी मिले। पन्ना के महाराज छत्रसाल के यहाँ भी इनका बड़ा मान हुआ। कहते हैं कि महाराज छत्रसाल ने इनकी पालकी में अपना कंधा लगाया था जिस पर इन्होंने कहा था–'सिवा को बखानौं कि बखानौं छत्रसाल को।' ऐसा प्रसिद्ध है कि इन्हें एक-एक छंद पर शिवाजी से लाखों रुपये मिले। इनका परलोकवास संवत् 1772 में माना जाता है।

रीतिकाल के भीतर शृंगाररस की प्रधानता रही। कुछ कवियों ने अपने आश्रयदाताओं की स्तुति में उनके प्रताप आदि के प्रसंग में उनकी वीरता का भी थोड़ा-बहुत वर्णन अवश्य किया है पर वह शुष्क प्रथापालन के रूप में ही होने के कारण ध्यान देने योग्य नहीं है। ऐसे वर्णनों के साथ जनता की हार्दिक सहानुभूति कभी नहीं हो सकती थी। पर भूषण ने जिन दो नायकों की कृति को अपने वीर काव्य का विषय बनाया वे अन्यायदमन में तत्पर, हिंदू धर्म के संरक्षक, दो इतिहासप्रसिद्ध वीर थे। उनके प्रति भक्ति और सम्मान की प्रतिष्ठा हिंदू जनता के हृदय में उस समय भी थी

और आगे भी बराबर बनी रही या बढ़ती गयी। इसी से भूषण के वीररस के उद्गार सारी जनता के हृदय की संपत्ति हुए। भूषण की कविता कविकीर्ति संबंधी एक अविचल सत्य का दृष्टांत है जिसकी रचना को जनता का हृदय स्वीकार करेगा उस कवि की कीर्ति तब तक बराबर बनी रहेगी, जब तक स्वीकृति बनी रहेगी। क्या संस्कृत साहित्य में, क्या हिंदी साहित्य में, सहस्रों कवियों ने अपने आश्रयदाता राजाओं की प्रशंसा में ग्रंथ रचे जिनका आज पता तक नहीं है। पुरानी वस्तु खोजने वालों को ही कभी-कभी किसी राजा के पुस्तकालय में, कहीं किसी घर के कोने में उनमें से दो-चार इधर-उधर मिल जाते हैं। जिस भोज ने दान दे-देकर अपनी इतनी तारीफ करायी उसके चरितकाव्य भी कवियों ने लिखे होंगे। पर उन्हें आज कौन जानता है?

शिवाजी और छत्रसाल की वीरता के वर्णनों को कोई कवियों की झूठी खुशामद नहीं कह सकता। वे आश्रयदाताओं की प्रशंसा की प्रथा के अनुसरण मात्र नहीं हैं। इन दो वीरों का जिस उत्साह के साथ सारी हिंदू जनता स्मरण करती है उसी की व्यंजना भूषण ने की है। वे हिंदू जाति के प्रतिनिधि कवि हैं। जैसा कि आरंभ में कहा गया है शिवाजी के दरबार में पहुँचने के पहले वे और राजाओं के पास भी रहे। उनके प्रताप आदि की प्रशंसा भी उन्हें अवश्य ही करनी पड़ी होगी। पर वह झूठी थी, इसी से टिक न सकी। पीछे भूषण को अपनी उन रचनाओं से विरक्ति ही हुई होगी। इनके 'शिवराजभूषण', 'शिवाबावनी' और 'छत्रसालदसक', ये ग्रंथ ही मिलते हैं। इनके अतिरिक्त 3 ग्रंथ और कहे जाते हैं–'भूषणउल्लास', 'दूषण उल्लास', 'भूषणहजारा'।

जो कविताएँ इतनी प्रसिद्ध हैं उनके संबंध में यहाँ यह कहना है कि वे कितनी ओजस्विनी और वीरदर्पपूर्ण हैं, पिष्टपेषण मात्र होगा। यहाँ इतना ही कहना आवश्यक है कि भूषण वीररस के ही कवि थे। इधर इनके दो-चार कवित्त, श्रृंगार के भी मिले हैं, पर वे गिनती के योग्य नहीं हैं। रीतिकाल के कवि होनेके कारण भूषण ने अपना प्रधान ग्रंथ 'शिवराजभूषण' अलंकार के ग्रंथ के रूप में बनाया। पर रीतिग्रंथ की दृष्टि से, अलंकारनिरूपण के विचार से यह उत्तम ग्रंथ नहीं कहा सकता। लक्षणों की भाषा भी स्पष्ट नहीं है और उदाहरण भी कई स्थलों पर ठीक नहीं हैं। भूषण की भाषा में ओज की मात्रा तो पूरी है पर वह अधिकतर अव्यवस्थित है। व्याकरण का उल्लंघन प्राय: है और वाक्यरचना भी कहीं-कहीं गड़बड़ है। इसके अतिरिक्त शब्दों के रूप भी बहुत बिगाड़े गये हैं और कहीं-बिलकुल गढ़ंत के शब्द रखे गये हैं। पर जो कवित्त इन दोनों से मुक्त हैं वे बड़े ही सशक्त और प्रभावशाली हैं। कुछ उदाहरण नीचे दिये जाते हैं–

इंद्र जिमि जंभ पर, बाड़व सु अंभ पर,
रावन सदंभ पर रघुकुल राज हैं।
पौन बारिवाह पर, शंभु रतिनाह पर,
ज्यों सहस्रबाहु पर राज द्विजराज हैं॥
दावा द्रुमदंड पर, चीता मृगझुंड पर,
भूषण बितुंड पर जैसे मृगराज हैं।
तेज तम अंस पर, कान्ह जिमि कंस पर,
त्यों मलेच्छ बंश पर सेस सिवराज हैं॥

× × × × ×

डाढ़ी के रखैयन की डाढ़ी-सी रहति छाती,
बाढ़ी मरजाद जसहद्द हिंदुवाने की।
कढ़ि गयी रैयन के मन की कसक सब,
मिटि गयी ठसक तमाम तुरकाने की।
भूषन भनत दिल्लीपति दिल धक-धक,
सुनि-सुनि धाक सिवराज मरदाने की।
मोटी भई चंडी, बिन चोटी के चबाय सीस,
खोटी भई संपत्ति चकत्ता के घराने की॥

× × × × ×

सबन के ऊपर ही ठाढ़ो रहिबे के जोग,
ताहि खरो कियो जाय जारन के नियसरे।
जानि गैरमिसिल गुसीले गुसा धारि उर,
कीन्हों ना सलाम, न बचन बोले सियरे॥
भूषन भनत महाबीर बलकन लाग्यो,
सारी पात साही के उड़ाय गये जियरे।
तमक तें लाल मुख सिवा को निरखि भयो,
स्याह मुख नौरँग, सिपाह मुख पियरे।

× × × × ×

दारा की न दौर यह, रार नहीं खजुबे की,
बाँधिबो नहीं है कैधौं मीर सहवाल को।
मठ विश्वनाथ को, न बास ग्राम गोकुल को,
देवी को न देहरा, न मंदिर गोपाल का।
गाढ़े गढ़ लीन्हें अरु बैरी कतलाग कीन्हें,
ठौर-ठोर हासिल उगाहत हैं साल को।
बूड़ति है दिल्ली सो सँभारै क्यों न दिल्लीपति,
धक्का आनि लाग्यौ सिवराज महाकाल को॥

× × × × ×

चकित चकत्ता चौंकि-चौंकि उठै बार-बार,
दिल्ली दहसति चितै चाहि करषति है।
बिलखि बदन बिलखत बिजैपुर पति,
फिरत फिरंगिन की नारी फरकति है॥
थर-थर काँपत कुतुब साहि गोलकुंडा,
हहरि हबस भूप भीर भरकति है।
राजा सिवराज के नगारन की धाक सुनि,
केते बादसाहन की छाती धरकति है॥

× × × × ×

जिहि फन फूतकार उड़त पहार भार,
कूरम कठिन जनु कमल बिदलिगौ।
विषजाल ज्वालामुखी लवलीन होत जिन,
झारन चिकारि मद दिग्गज उगलिगो॥
कीन्हो जिहि पान पयपान सो जहान कुल,
कोलहू उछलि जलसिंधु खलभलिगो।
खग्ग खगराज महाराज सिवराज जू को,
अखिल भुजंग मुगलद्दल निगलिगो॥

8. कुलपति मिश्र : ये आगरा के रहने वाले माथुर चौबे थे और महाकवि बिहारी के भानजे प्रसिद्ध हैं। इनके पिता का नाम परशुराम मिश्र था। कुलपति जी जयपुर के महाराज जयसिंह (बिहारी के आश्रयदाता) के पुत्र महाराजा रामसिंह के दरबार में रहते थे। इनके 'रसरहस्य' का रचनाकाल कार्तिक कृष्ण 11, संवत् 1727 है। अब तक इनका यही ग्रंथ प्रसिद्ध और प्रकाशित है। पर खोज में इनके निम्नलिखित ग्रंथ और मिले हैं–

द्रोणपर्व (संवत् 1737), युक्तितरंगिणी (1743), नखशिख संग्रामसार, रसरहस्य (1724)।

अत: इनका कविताकाल संवत् 1724 और संवत् 1743 के बीच ठहरता है।

रीतिकाल के कवियों में ये संस्कृत के अच्छे विद्वान् थे। इनका 'रसरहस्य' मम्मट के काव्यप्रकाश का छायानुवाद है। साहित्यशास्त्र का अच्छा ज्ञान रखने के कारण इनके लिए यह स्वाभाविक था कि प्रचलित लक्षणग्रंथों की अपेक्षा अधिक प्रौढ़-निरूपण का प्रयत्न करें। इसी उद्देश्य से इन्होंने अपना 'रसरहस्य' लिखा। शास्त्रीय निरूपण के लिए पद्य उपयुक्त नहीं होता, इसका अनुभव इन्होंने किया, इससे कहीं-कहीं कुछ गद्य वार्तिक भी रखा। पर गद्य परिमार्जित न होने के कारण जिस उद्देश्य से इन्होंने अपना यह ग्रंथ लिखा वह पूरा न हुआ। इस ग्रंथ का जैसा प्रचार चाहिए था, न हो सका। जिस स्पष्टता से 'काव्यप्रकाश' में विषय प्रतिपादित हुए हैं वह स्पष्टता इनके ब्रजभाषा-गद्य-पद्य में न आ सकी। कहीं-कहीं तो भाषा और वाक्यरचना दुरूह हो गयी है।

यद्यपि इन्होंने शब्दशक्ति और भावादिनिरूपण में लक्षण, उदाहरण दोनों बहुत कुछ काव्यप्रकाश के ही दिये हैं, पर अलंकार प्रकरण में इन्होंने प्राय: अपने आश्रयदाता महाराज रामसिंह की प्रशंसा के स्वरचित उदाहरण दिये हैं। ये ब्रजमंडल के निवासी थे अत: इनको ब्रज की चलती भाषा पर अच्छा अधिकार होना ही चाहिए। हमारा अनुमान है, जहाँ इनको अधिक स्वच्छंदता रही होगी वहाँ इनकी रचना और सरस होगी। इनकी रचना का एक नमूना दिया जाता है–

ऐसिय कुंज बनी छबिपुंज, रहै अलि गुंजत यों सुख लीजै।
नैन बिसाल हिए बनमाला, बिलोकत रूप सुधा भरि पीजै॥
जामिनि जाम की कौन कहै, जुग जात न जानिए ज्यों छिन छीजै।
आनंद यों उमग्योई रहै, पिय मोहन को मुख देखिबो कीजै॥

9. सुखदेव मिश्र : दौलतपुर (जिला–रायबरेली) में इनके वंशज अब तक हैं। कुछ दिन हुए उसी ग्राम के निवासी सुप्रसिद्ध पं. महावीरप्रसाद द्विवेदी ने इनका एक अच्छा जीवनवृत्त 'सरस्वती' पत्रिका में लिखा था। सुखदेव मिश्र का जन्मस्थान 'कंपिला' था जिसका वर्णन

इन्होंने अपने 'वृत्तविचार' में किया है। इनका कविताकाल संवत् 1720 से 1760 तक माना जा सकता है। इनके सात ग्रंथों का पता अब तक है–

वृत्तविचार (संवत् 1728), छंदविचार, फाजिलअलीप्रकाश, रसार्णव, शृंगारलता, अध्यात्मप्रकाश (संवत् 1755), दशरथ राय।

अध्यात्मप्रकाश में कवि ने ब्रह्मज्ञान संबंधी बातें कही हैं जिससे यह जनश्रुति पुष्ट होती है कि वे एक निःस्पृह विरक्त साधु के रूप में रहते थे।

काशी से विद्याध्ययन करके लौटने पर असोथर (जिला-फतेहपुर) के राजा भगवंतराय खीची तथा डौडियाखेरे के रावमर्दनसिंह के यहाँ रहे। कुछ दिनों तक ये औरंगजेब के मंत्री फाजिलअलीशाह के यहाँ भी रहे। अंत में मुरारमऊ के राजा देवीसिंह के यहाँ जिनके बहुत आग्रह पर ये सकुटुंब दौलतपुर में जा बसे। राजा राजसिंह गौड़ ने इन्हें 'कविराज' की उपाधि दी थी। वास्तव में ये बहुत प्रौढ़ कवि थे और आचार्यत्व भी इनमें पूरा था। छंदशास्त्र पर इनका-सा विशद निरूपण और किसी कवि ने नहीं किया हैं। ये जैसे पंडित थे वैसे ही काव्यकला में भी निपुण थे। 'फाजिल-अली-प्रकाश' और 'रसार्णव' दोनों में शृंगाररस के उदाहरण बहुत ही सुंदर हैं। दो नमूने लीजिए–

ननद निरारीं, सासु मायके सिधारी,
अहै रैन अँधियारी भरी, सूझत न करु है।
पीतम को गौन कविराज न सोहात मौन,
दारुन बहत पौन, लाग्यो मेघ झरु है॥
संग न सहेली बैस नबल अकेली,
तन पर तलबेली महर, लग्यो मैन सरू है।
भई अधिरात, मेरो जियरा डरात,
जागु-जागु रे बटोही! यहाँ चोरन को डर है॥

× × × × ×

जोहै जहाँ मगु नंदकुमार, तहाँ चली चंदमुखी सुकुमार है।
मोतिन ही को कियो गहनो सब, फूलि रही जनु कुंद की डार है॥
भीतर ही जो लखी, सो लखी अब बाहिर जाहिर होति न दार है।
जोन्ह-सी जोन्हैं गई मिलि यों, मिलि जाति ज्यों दूध में दूध की धार है॥

10. कालिदास त्रिवेदी : ये अंतर्वेद के रहने वाले कान्यकुब्ज ब्राह्मण थे। इनका विशेष वृत्त ज्ञात नहीं। जान पड़ता है कि संवत् 1745 वाली गोलकुंडे की चढ़ाई में ये औरंगजेब की सेना में किसी राजा के साथ गये थे। इस लड़ाई का औरंगजेब की प्रशंसा से युक्त वर्णन इन्होंने इस प्रकार किया है–

गढ़न गढ़ी से गढ़ी, महल मढ़ी से मढ़ि,
बीजापुर ओप्यो दलमलि सुधराई में।
कालिदास कोप्यो वीर औलिया अलमगीर,
तीन तरवारि, गही पुहुमी पराई में॥
बूँद तें निकसि महिमंडल घमंड मची,
लोहू की लहरि हिमगिरि की तराई में।

गाड़ि के सुझंडा आड़ कीनी बादशाह, तातें,
डकरी चमुंडा गोलकुंडा की लराई में॥

कालिदास का जंबूनरेश जोगजीत सिंह के यहाँ भी रहना पाया जाता है जिनके लिए संवत् 1749 में इन्होंने 'वर-वधू-विनोद' बनाया। यह नायिकाभेद और नखशिख की पुस्तक है। बत्तीस कवित्तों की इनकी एक छोटी-सी पुस्तक 'जँजीराबंद' भी है। 'राधा-माधव बुधमिलन-विनोद' नाम का एक कोई ग्रंथ इनकी खोज में मिला है। इन रचनाओं के अतिरिक्त इनका बड़ा संग्रह ग्रंथ 'कालिदास हजारा' बहुत दिनों से प्रसिद्ध चला आता है। इस संग्रह के संबंध में शिवसिंहसरोज में लिखा है कि इसमें संवत् 1481 से लेकर संवत् 1776 तक के 212 कवियों के 1000 पद्य संगृहीत हैं। कवियों के काल आदि के निर्णय में यह ग्रंथ बड़ा ही उपयोगी है। इनके पुत्र कवींद्र और पौत्र दूलह भी बड़े अच्छे कवि हुए।

ये एक अभ्यस्त और निपुण कवि थे। इनके फुटकल कवित इधर-उधर बहुत सुने जाते हैं जिनसे इनकी सहृदयता का अच्छा परिचय मिलता हैं। दो कवित्त नीचे दिये जाते हैं–

चूमौं करकंज मंजु अमल अनूप तेरो,
रूप के निधान कान्ह! मो तन निहारि दै।
कालिदास कहै मेरे पास हरै हेरि-हेरि,
माथे धरि मुकुट, लकुट कर डारि दे॥
कुँवर कन्हैया मुखचंद को जुन्हैया, चारु,
लोचन चकोरन की प्यासन निवारि दै।
मेरे कर मेहँदी लगी है, नंदलाल प्यारे!
लट उरझी है नकबेसर संभारि दै॥

× × × × ×

हाथ हँसि दीन्हों भीति अंतर परसि प्यारी,
देखत ही छकी मखि कान्हर प्रवीन की।
निकस्यो झरोखे माँझ बिगस्यो कमल सम,
ललित अँगूठी तामें चमक चुनीन की॥
कालिदास तैसी लाल मेहँदी के बुँदन की,
चारु नख चंदन की लाल अँगरीन की।
कैसी छवि छजति है छाप और छलान की सु,
कंकन चुरीन की जड़ाऊ पहुँचीन की॥

11. राम : शिवसिंहसरोज में इनका जन्म संवत् 1703 लिखा है और कहा गया है कि इनके कवित्त कालिदास के हजारा में हैं। इनका नायिका-भेद का एक ग्रंथ शृंगारसौरभ है जिसकी कविता बहुत ही मनोरम है। खोज में एक 'हनुमान नाटक' भी इनका पाया गया है। शिवसिंह के अनुसार इनका कविताकाल संवत् 1730 के लगभग माना जा सकता है। इनका एक कवित्त नीचे दिया जाता है–

उमड़ि घुमड़ि घन अखंड धार,
चंचला उठति तामें तरजि तरजि कै।
बरही पपीहा भेक पिक खग टेरत हैं,

धुनि सुनि प्रान उठे लरजि-लरजि कै॥
कहै कवि राम लखि चमक खदोतन की,
पीतम को रही मैं तो बरजि-बरजि कै।
सावन दुवन आयो गरजि-गरजि कै॥

12. नेवाज : ये अंतर्वेद के रहने वाले ब्राह्मण थे और संवत् 1737 के लगभग वर्तमान थे। ऐसा प्रसिद्ध है कि पन्नानरेश महाराज छत्रसाल के यहाँ ये किसी भगवत् कवि के स्थान पर नियुक्त हुए थे जिस पर भगवत् कवि ने यह फबती छोड़ी थी–

भली आजु कलि करत हौ, छत्रसाल महराज।
जहँ भगवत् गीता पढ़ी, तहँ कवि पढ़त नेवाज॥

शिवसिंह ने नेवाज का जन्म संवत् 1739 लिखा है जो ठीक नहीं जान पड़ता क्योंकि इनके 'शकुंतला नाटक' का निर्माणकाल संवत् 1737 है। दो और नेवाज हुए हैं जिनमें एक भगवंतराय खीची के यहाँ थे। प्रस्तुत नेवाज का औरंगजेब के पुत्र आजमशह के यहाँ रहना भी पाया जाता है। इन्होंने 'शकुंतला नाटक' का आख्यान दोहा, चौपाई, सवैया आदि छंदों में लिखा। इनके फुटकल कवित्त बहुत स्थानों पर संगृहीत मिलते हैं जिनमें इनकी काव्यकुशलता और सहृदयता टपकती है। भाषा इनकी बहुत परिमार्जित व्यवस्थित और भावोपयुक्त है। उसमें भरती के शब्द और वाक्य बहुत ही कम मिलते हैं। इनके अच्छे शृंगार कवि होने में संदेह नहीं। संयोग शृंगार के वर्णन की प्रवृत्ति इनकी विशेष जान पड़ती है जिसमें कहीं-कहीं ये अश्लीलता की सीमा के भीतर जा पड़ते हैं। दो सवैये इनके उद्‌धृत किए जाते हैं–

देख हमैं सब आपुस में जो कछु मन भावै सोई कहती हैं।
ये घरहाई लुगाई सबै निसि द्यौस नेवाज हमैं दहती हैं॥
बातें चवाव भरी सुनिकै रिस आवति, पै चुप ह्वै रहती हैं।
कान्ह पियारे तिहारे लिये सिगरे ब्रज को हँसिबो सहती हैं॥

× × × × ×

आगे तौ कीन्हीं लगालगी लोयन, कैसे छिपे अजहूँ जौं छिपावति।
तू अनुराग को सोध किया, ब्रज की बनिता सब यों ठहरावति॥
कौन सँकोच रह्यो है, नेवाज, जो तू तरसै, उन्हूँ तरसावति।
बावरी! जो पै कलंक लग्यो तौ निसंक ह्वै क्यों नहिं अंक लगावति॥

13. देव : ये इटावा के रहने वाले सनाढ्य ब्राह्मण थे। कुछ लोगों ने इन्हें कान्यकुब्ज सिद्ध करने का भी प्रयत्न किया है। इनका पूरा नाम देवदत्त था। 'भावविलास' का रचनाकाल इन्होंने 1746 में दिया है और उस ग्रंथनिर्माण के समय अपनी अवस्था 16 ही वर्ष की कही है। इस हिसाब से इनका जन्म संवत् 1730 निश्चित होता है। इसके अतिरिक्त इनका और कुछ वृत्तांत नहीं मिलता। इतना अवश्य अनुमित होता है कि इन्हें कोई अच्छा उदार आश्रयदाता नहीं मिला जिसके यहाँ रहकर इन्होंने सुख से कालयापन किया हो। ये बराबर अनेक रईसों के यहाँ एक स्थान से दूसरे स्थान पर घूमते रहे, पर कहीं जमे नहीं। इसका कारण या तो इनकी प्रकृति की विचित्रता मानें या इनकी कविता के साथ उस काल की रुचि का असामंजस्य। इन्होंने अपने 'अष्टयाम' और 'भावविलास' को औरंगजेब के बड़े पुत्र आजमशाह को सुनाया था जो हिंदी कविता के प्रेमी थे। इनके पीछे इन्होंने भवानीदत्त वैश्य के नाम पर

'भवानीविलास' और कुशलसिंह के नाम पर 'कुशलविलास' की रचना की। फिर मर्दनसिंह के पुत्र राजा उद्योत सिंह वैस के लिए 'प्रेमचंद्रिका' बनायी। इसके उपरांत ये बराबर अनेक प्रदेशों में भ्रमण करते रहे। इस यात्रा के अनुभव का इन्होंने अपने 'जातिविलास' नाम ग्रंथ में कुछ उपयोग किया। इस ग्रंथ में भिन्न-भिन्न जातियों और भिन्न-भिन्न प्रदेशों की स्त्रियों का वर्णन है। वर्णन में उनकी विशेषताएँ अच्छी तरह व्यक्त हुई हों, यह बात नहीं हैं। इतने पर्यटन के उपरांत जान पड़ता है कि एक अच्छे आश्रयदाता राजा मोतीलाल मिले जिनके नाम पर संवत् 1783 में इन्होंने 'रसविलास' नामक ग्रंथ बनाया। इस राजा मोतीलाल की इन्होंने अच्छी तारीफ की है, जैसे, 'मोतीलाल भूपलाल पोखर लैवैया जिन्ह लाखन खरचि रचि आखर खरीदे हैं।

रीतिकाल के प्रतिनिधि कवियों में शायद सबसे अधिक ग्रंथ रचना देव की है। कोई इनकी रची पुस्तकों की संख्या 52 और कोई 72 तक बतलाते हैं। जो हो, इनके निम्नलिखित ग्रंथों का तो पता है–

(1) भावविलास, (2) अष्टयाम, (3) भवानीविलास, (4) सुजानविनोद, (5) प्रेमतरंग, (6) रागरत्नाकर, (7) कुशलविलास, (8) देवचरित, (9) प्रेमचंद्रिका, (10) जातिविलास, (11) रसविलास, (12) काव्यरसायन या शब्दरसायन, (13) सुखसागर तरंग, (14) वृक्षविलास, (15) पावसविलास, (16) ब्रह्मदर्शन पचीसी, (17) तत्त्वदर्शन पचीसी, (18) आत्मदर्शन पचीसी, (19) जगद्दर्शन पचीसी, (20) रसानंद लहरी, (21) प्रेमदीपिका, (22) नखशिख, (23) प्रेमदर्शन।

ग्रंथों की अधिक संख्या के संबंध में यह जान रखना भी आवश्यक हैं कि देव जी अपने पुराने ग्रंथों के कवित्तों को इधर दूसरे क्रम में रखकर एक नया ग्रंथ प्रायः तैयार कर दिया करते थे। इससे वे ही कवित्त बार-बार इनके अनेक ग्रंथों में मिलेंगे। 'सुखसागर तरंग' प्रायः अनेक ग्रंथों से लिये हुए कवित्तों का संग्रह है। 'रागरत्नाकर' में राग-रागनियों के स्वरूप का वर्णन है। 'अष्टयाम' तो रात-दिन के भोगविलास की दिनचर्या है जो मानो उस काल के अकर्मण्य और विलासी राजाओं के सामने कालयापन विधि का ब्योरा पेश करने के लिए बनी थी। 'ब्रह्मदर्शन पचीसी' और 'तत्त्वदर्शन पचीसी' में जो विरक्ति का भाव है वह बहुत संभव है कि अपनी कविता के प्रति लोक की उदासीनता देखते-देखते उत्पन्न हुई हो।

ये आचार्य और कवि दोनों रूपों में हमारे सामने आते हैं। यह पहले ही कहा जा चुका है कि आचार्यत्व के पद के अनुरूप कार्य करने में रीतिकाल के कवियों में पूर्ण रूप से कोई समर्थ नहीं हुआ। कुलपति और सुखदेव ऐसे साहित्यशास्त्र के अभ्यासी पंडित भी विशद रूप में सिद्धांतनिरूपण का मार्ग नहीं पा सके। बात यह थी कि एक तो ब्रजभाषा का विकास काव्योपयोगी रूप में ही हुआ, विचार पद्धति के उत्कर्ष साधन के योग्य वह न हो पायी। दूसरे उस समय पद्य में ही लिखने की परिपाटी थी। अतः आचार्य के रूप में देव को भी कोई विशेष स्थान नहीं दिया जा सकता। कुछ लोगों ने भक्तिवश अवश्य और बहुत-सी बातों के साथ इन्हें कुछ शास्त्रयी उद्भावना का श्रेय भी देना चाहा हैं। वे ऐसे ही लोग हैं जिन्हें 'तात्पर्य वृत्ति' एक नया नाम मालूम होता है और जो संचारियों में एक 'छल' और बढ़ा हुआ देखकर चौंकते हैं। नैयायिकों की तात्पर्य वृत्ति बहुत काल से प्रसिद्ध चली आ रही है और यह संस्कृत के सब साहित्य मीमांसकों के सामने थी। तात्पर्य वृत्ति वास्तव में वाक्य के भिन्न-भिन्न पदों (शब्दों) के वाच्यार्थ को एक में समन्वित करने वाली वृत्ति मानी गयी है

अतः यह अभिधा से भिन्न नहीं, वाक्यगत अभिधा ही है। रहा 'छलसंचारी', वह संस्कृत की 'रसतरंगिणी' से जहाँ से और बातें ली गयी हैं, लिया गया है। दूसरी बात यह है कि साहित्य के सिद्धांत ग्रंथों से परिचित मात्र जानते हैं कि गिनाये हुए 33 संचार उपलक्षणमात्र हैं, संचारी और भी कितने हो सकते हैं।

अभिधा, लक्षणा आदि शब्दशक्तियों का निरूपण हिंदी के रीतिग्रंथों में प्रायः कुछ भी नहीं हुआ। इस विषय का सम्यक् ग्रहण और परिपाक जरा है भी कठिन। इस दृष्टि से देव जी के इस कथन पर कि–

अभिधा उत्तम काव्य है; मध्य लक्षणा लीन।
अधम व्यंजना रस बिरस, उलटी कहत नवीन॥

यहाँ अधिक कुछ कहने का अवकाश नहीं। व्यंजना की व्याप्ति कहाँ तक है, उसकी किस-किस प्रकार क्रिया होती है इत्यादि बातों का पूरा विचार किये बिना कुछ कहना कठिन है। देव जी का यहाँ 'व्यंजना' से तात्पर्य पहेली बुझौवलवाली 'वस्तुव्यंजना' का ही जान पड़ता हैं। यह दोहा लिखते समय उसी का विकृत रूप उनके ध्यान में था।

कवित्वशक्ति और मौलिकता देव में खूब थी पर उनके सम्यक स्फुरण में उनकी रुचि विशेष प्रायः बाधक हुई हैं। कभी-कभी वे बड़े पेचीदे मजमून का हौसला बाँधते थे, पर अनुप्रास के आडंबर की रुचि बीच में ही उनका अंगभंग करके सारे पद्य को कीचड़ में फँसा छकड़ा बना देती थी। भाषा में कहीं-कहीं स्निग्ध प्रवाह न आने का एक कारण यह भी था। अधिकतर इनकी भाषा में प्रवाह पाया जाता है। कहीं-कहीं शब्दव्यय बहुत अधिक है और अर्थ अल्प।

अक्षरमैत्री के ध्यान से इन्हें कहीं-कहीं अशक्त रखने पड़ते थे जो कभी-कभी अर्थ को आच्छन्न करते थे। तुकांत और अनुप्रास के लिए ये कहीं-कहीं शब्दों को ही तोड़ते-मरोड़ते न थे, वाक्य को भी अविन्यस्त कर देते थे। जहाँ अभिप्रेत भाव का निर्वाह पूरी तरह हो पाया है, या जहाँ उसमें कम बाधा पड़ी है, वहाँ की रचना बहुत ही सरस हुई है। इनका-सा अर्थ-सौष्ठव और नवोन्मेष बिरले ही कवियों में मिलता है। रीतिकाल के कवियों में ये बड़े ही प्रगल्भ और प्रतिभासंपन्न कवि थे, इसमें संदेह नहीं। इस काल के बड़े कवियो में इनका विशेष गौरव का स्थान है। कहीं-कहीं इनकी कल्पना बहुत सूक्ष्म और दुरारूढ़ है। इनकी कविता के कुछ उत्तम उदाहरण नीचे दिये जाते हैं–

सुनो कै परम पद, ऊनो कै अनंत मद
नूनो के नदीस नद, इंदिरा झुरै परी।
महिमा मुनीसन की, संपत्ति दिगीसन की,
ईसन की सिद्धि ब्रजवीधि बिथुरै परी॥
भादों की अँधेरी अधिराति मथुरा के पथ,
पाय के संयोग 'देव' देवकी दुरै परी।
पारावार पूरन अपार परब्रह्म रसि,
जसुदा के कोरै एक बारही कुरै परी॥

× × × × ×

डार द्रुम पलना, बिछौना नवपल्लव के,
सुमन झँगूला सोहै तन छबि भारी दै।

पवन झुलावै केकी कीर बहरावै देव,
कोकिल हलावै हुलसावै कर तारी दै॥
पूरित पराग सों उतारो करै राई लोन,
कंजकली नायिका लतानि सिर सारी दै।
मदन महीप जू को बालक बसत, ताहि,
प्रातहि जगावत गुलाब चटकारी दै॥

× × × × ×

सखी के संकोच, गुरु सोच मृगलोचनि,
परसानी पिय सों जो उन नेकु हँसि छुयो गात।
देव वै सुभाय मुसकाय उठि गए, यहाँ
सिसकि सिसकि निसि खोई, रोय पायो प्रात॥
को जानै, री बरी! बिनु बिरही बिरह बिथा,
हाय हाय करि पछिताय न कछू सुहात।
बड़े बड़े नैनन सों आँसू भरि भरि ढरि,
गोरो गोरो मुख आज ओरो सो बिलानी जात॥

× × × × ×

झहरि झहरि झीनी बूँद हैं परति मानों,
घहरि घहरि घटा घेरी है गगन में।
आनि कह्यो स्याम मो सौ 'चलौ झूलिबे को आज'
फूली न समानी भई ऐसी हौं मगन मैं।
चाहत उठ्योई उठि गई सो निगोड़ी नींद,
सोय गए भाग मेरे जानि या जगन में।
आँख खोलि देखों तौ न धन हैं, न घनश्याम,
बेई छाई बूँदें मेरे आँसु ह्वै दृगन में॥

× × × × ×

साँसन ही में समीर गयो अरु आँसुन ही सब नीर गयो एरि।
तेज गयो गुन लै अपनी अरु भूमि गई तनु की तनुता करि॥
'देव' जियै मिलिबेई की आस कै, आसहू पास अकाल रह्यो भरि।
जा दिन तें मुख फेरि हरै हँसि हेरि हियो जु लियो हरि जू हरि॥

× × × × ×

जब तें कुवँर कान्ह रावरी, कलानिधान!
कान परी बाके कहूँ सुजस कहानी सी।
तब ही तें देव देखी देवता सी हँसति सी,
रीझति सी, खीझति सी, रूठति रिसानी सी॥
छोही सी, छली सी, छीन लीनी सी, छकी सी, छिन
जकी सी, टकी सी, लगी थकी थहरानी सी।
बीधी सी, बँधी सी, विष बूड़ति बिमोहित सी।

बैठी बाल बकति, बिलोति बिकानी सी।।

× × × × ×

'देव' मैं सीस बसायो सनेह सों, भाल मृगम्मद बिंदु कै भाख्यौ।
कंचुकि में चुपर्‌यो करि चोव, लगाय लियो उर सों अभिलाख्यो।।
लै मखतूल गुह गहने, रस मूरतिवंत सिंगार कै चाख्यो।
साँवरे लाल को साँवरो रूप मैं नैनन को कजरा करि राख्यो।।
धार में धाय धँसी निरधार ह्वै, आय फँसी, उकसी न धधेरी।
री! अँगराय गिरी गहिगी, गहि फेरे फिरी न, घिरी नहिं घेरी।।
'देव', कदू अपनों बस ना, रस लालच लाल चितै भइँ चेरी।
बेगि ही बूड़ि गई पँखियाँ अँखियाँ मधु की मखियाँ भई मेरी।।

14. श्रीधर या मुरलीधर : ये प्रयाग के रहने वाले ब्राह्मण थे और संवत् 1737 के लगभग उत्पन्न हुए थे। यद्यपि अभी तक इनका 'जंगनामा' ही प्रकाशित हुआ है जिसमें फर्रुखसियर और जहाँदार के युद्ध का वर्णन है, पर स्वर्गीय बाबू राधाकृष्णदास ने इनके बनाये कई रीतिग्रंथों का उल्लेख किया है, जैसे नायिकाभेद, चित्रकाव्य आदि। इनका कविताकाल संवत् 1760 के आगे माना जा सकता है।

15. सूरति मिश्र : ये आगरे के रहने वाले कान्यकुब्ज ब्राह्मण थे, जैसा कि इन्होंने स्वयं लिखा है–'सूरति मिश्र कनौजिया, नगर आगरे बास' इन्होंने 'अलंकारमाला' संवत् 1766 में और बिहारी सतसई की 'अमरचंद्रिका' टीका संवत् 1794 में लिखी। अत: इनका कविताकाल विक्रम की अठारहवीं शताब्दी का अंतिम चरण माना जा सकता है।

ये नसरुल्ला खाँ नामक सरदार के यहाँ तथा दिल्ली के बादशाह मुहम्मदशाह के दरबार में आया जाया करते थे। इन्होंने 'बिहारी सतसई', 'कविप्रिया' और 'रसिकप्रिया' पर विस्तृत टीकाएँ रची हैं जिनसे इनके साहित्यज्ञान और मार्मिकता का अच्छा परिचय मिलता है। टीकाएँ ब्रजभाषा गद्य में हैं। इन टीकाओं के अतिरिक्त इन्होंने 'वैताल पंचविंशति' का ब्रजभाषा गद्य में अनुवाद किया है और निम्नलिखित रीतिग्रंथ रचे हैं–

(1) अलंकारमाला, (2) रसरत्नमाला, (3) रससरस, (4) रसग्राहकचंद्रिका, (5) नखशिख, (6) काव्यसिद्धांत, (7) रसरत्नाकर।

अलंकारमाला की रचना इन्होंने 'भाषाभूषण' के ढंग पर की हैं। इसमें भी लक्षण और उदाहरण प्राय: एक ही दोहे में मिलते हैं, जैसे–

(क) हिम सो हर के हास सो जस मालोपम ठानि।।
(ख) सो असंगति, कारन अवर, कारज औरै थान।
चलि अहि श्रुति आनहिं डसत, नसत और के प्रान।।

इनके ग्रंथ सब मिले नहीं हैं। जितने मिले हैं उनसे ये अच्छे साहित्यमर्मज्ञ और कवि जान पड़ते हैं। इनकी कविता में तो कोई विशेषता नहीं जान पड़ती, पर साहित्य उपकार इन्होंने बहुत कुछ किया है। 'नखशिख' से इनका एक कवित्त दिया जाता है–

तेरे ये कपोल बोल अतिही रसाल,
मन जिनकी सदाई उपमा बिचारियत है।
कोऊ न समान जाहि कीजै उपमान,

अरु बापुरे मधूकन की देह जारियत है॥
नेकु दरपन समता की चाह करी कहूँ,
भए अपराधी ऐसी चित्त धारियत है।
'सूरति' सो याही तें जगत बीच आजहुँ लौ,
उनके बदन पर छार डारियत है॥

16. कवींद्र (उदयनाथ) : ये कालिदास त्रिवेदी के पुत्र थे और संवत् 1736 के लगभग उत्पन्न हुए थे। इनका 'रसचंद्रोदय' नामक ग्रंथ बहुत प्रसिद्ध है। इसके अतिरिक्त 'विनोदचंद्रिका' और 'जोगलीला' नामक इनकी दो और पुस्तकों का पता खोज में लगा है। 'विनोदचंद्रिका' संवत् 1777 और 'रसचंद्रोदय' संवत् 1804 में बना। अत: इनका कविताकाल संवत् 1804 या उसके कुछ आगे तक माना जा सकता है। ये अमेठी के राजा हिम्मतसिंह और गुरुदत्तसिंह (भूपति) के यहाँ बहुत दिन रहे।

इनका 'रसचंद्रोदय' शृंगार का एक अच्छा ग्रंथ है। इनकी भाषा मधुर और प्रसादपूर्ण है। वर्ण्य-विषय के अनुकूल कल्पना भी ये अच्छी करते थे। इनके दो कवित्त नीचे दिये जाते हैं–

शहर मँझार ही पहर एक रागि जैहै,
छोर पै नगर के सराय है उतारे की॥
कहत कविंद मग माँझ ही परैगी साँझ,
खबर उड़ानी है बटोही द्वैक मारे की॥
घर के हमारे परदेस को सिधारे,
या तें दया कै बिचारी हम रीति राहबारे की।
उतरौ नदी के तीर, बर के तरे ही तुम,
चौकौं जनि चौकी तहाँ पाहरू हमारे की॥

× × × × ×

राजै रसमै री तैसी बरखा समै री चढ़ी,
चंचला नचै री चकचौंध कौंधा बारै री।
व्रती व्रत हारै हिए परत पुहारै,
कछु छीरैं कछू धारैं जलधर जलधारैं री॥
भनत कविंद कुंजभौन पौन सौरभ सो,
काके न कँपाय प्रान परहथ पारै री?
कामकंदुका से फूल डोलि डारैं, मन,
औरै हकिए डारै ये कदंबन की डारैं री॥

17. श्रीपति : ये कालपी के रहने वाले कान्यकुब्ज ब्राह्मण थे। इन्होंने संवत् 1777 में 'काव्यसरोज' नामक रीति ग्रंथ बनाया। इसके अतिरिक्त इनके निम्नलिखित ग्रंथ और हैं–

(1) कविकल्पद्रुम, (2) रससागर, (3) अनुप्रासविनोद, (4) विक्रमविलास, (5) सरोज कलिका, (6) अलंकारगंगा।

श्रीपति ने काव्य के सब अंगों का निरूपण विशद रीति से किया है। दोनों का विचार पिछले ग्रंथों में अधिक विस्तार के साथ किया है और दोषों के उदाहरणों में केशवदास के बहुत से पद रखे हैं। इससे इनका साहित्यिक विषयों का सम्यक् और स्पष्ट बोध तथा विचार-स्वातंत्र्य

प्रकट है। 'काव्यसरोज' बहुत ही प्रौढ़ ग्रंथ हैं। काव्यांगों का निरूपण जिस स्पष्टता के साथ इन्होंने किया है उससे इनकी स्वच्छ बुद्धि का परिचय मिलता है। यदि गद्य में व्याख्या की परिपाटी चल गयी होती तो आचार्यत्व ये और भी अधिक पूर्णता के साथ प्रदर्शित कर सकते थे। दास जी तो इनके बहुत अधिक ऋणी हैं। उन्होंने इनकी बहुत-सी बातें ज्यों-की-त्यों अपने 'काव्यनिर्णय' में चुपचाप रख ली है। आचार्यत्व के अतिरिक्त कवित्व भी इनमें ऊँची कोटि का था। रचनाविवेक इनमें बहुत ही जाग्रत और रुचि अत्यंत परिमार्जित थी। झूठ शब्दाडंबर के फेर में ये बहुत कम पड़े हैं। अनुप्रास इनकी रचनाओं में बराबर आये हैं, पर उन्होंने अर्थ या भावव्यंजना में बाधा नहीं डाली है। अधिकतर अनुप्रास रसानुकूल वर्णविन्यास के रूप में आकर भाषा में कहीं ओज, कहीं माधुर्य घटित करते पाये जाते हैं। पावस ऋतु का तो इन्होंने बड़ा ही अच्छा वर्णन किया हैं। इनकी रचना के कुछ उदाहरण नीचे दिये जाते हैं–

जलभरे झूमैं मानौं भूमैं परसत आय,
दसहु दिसान घूमैं दामिनि लए लए।
धूरिधार धूमरे से, धूम से धुंधारे कारे,
धुरवान धारे धावैं छवि सों छए छए॥
श्रीपति मुकवि कहै घेरि घहराहिं,
तकत अतन तन ताव तें तए तए।
लाल बिनु कैसे लाजचादर रहैगी आज,
कादर करत मोहिं बादर नये-नये॥

× × × × ×

सारस के नादन को बाद ना सुनात कहूँ,
नाहक ही बकवाद दादुर महा करै।
श्रीपति सुकवि जहाँ ओज ना सरोजन की,
फूल न फुलत जाहि चित वै चहा करै॥
बकन की बानी की बिराजति है राजधानी,
काई सों कलित पानी फेरत हहा करे।
घोंघन के जाल, जामें नरई सेवाल ब्याल,
ऐसे पापी ताल को मराल लै कहा करै?

× × × × ×

घूँघट उदयगिरिवर तैं निकसि रूप,
सुधा सो कलित छवि की रति बगारो है।
हरिन डिठौना स्याम सुख सील बरषत,
करषत सोक, अति तिमिर बिदारो है॥
श्रीपति बिलोकि सौति बारिज मलिन होत,
हरषि कुमुद फूलै नंद को वुलारो है।
रंजन मदन, तन गंजन बिरह, बिबि,
खंजन सहित चंदबदन तिहारो है॥

18. बीर : ये दिल्ली के रहने वाले श्रीवास्तव कायस्थ थे। इन्होंने 'कृष्णचंद्रिका'

नामक रस और नायिकाभेद का एक ग्रंथ संवत् 1779 में लिखा। कविता साधारण है। वीररस का कवित्त देखिए–

अरुन बदन और फरकै बिसाल बाहु,
कौन को हियौ है करैं सामने जो रुख को।
प्रबल प्रचंड निसिचर फिरैं आए,
धूरि चाहत मिलाए दसकंध अंध मुख को॥
चमकै समरभूमि बरछी, सहस फन,
कहत पुकारे लंक अंक दीह दुख को।
बलकि-बलकि बोलैं बीर रघुबीर धीर,
महि पर मीड़ि मारैं आज दसमुख को॥

19. कृष्ण कवि : ये माथुर चौबे थे और बिहारी के पुत्र प्रसिद्ध हैं। इन्होंने बिहारी के आश्रयदाता महाराज जयसिंह के मंत्री राजा आयामल्ल की आज्ञा से बिहारी सतसई की जो टीका की उसमें महाराज के लिए वर्तमानकालिक क्रिया का प्रयोग किया है और उनकी प्रशंसा भी की है। अत: यह निश्चित है कि यह टीका जयसिंह के जीवनकाल में ही बनी। महाराज जयसिंह संवत् 1799 तक वर्तमान थे। अत: सह टीका संवत् 1785 और 1790 के बीच की होगी। इस टीका में कृष्ण ने दोहों के भाव पल्लवित करने के लिए सवैये लगाये हैं और वार्तिक में काव्यांग स्फुट किये हैं। काव्यांग इन्होंने अच्छी तरह दिखाये हैं और वे इस टीका के प्रधान अंग हैं, इसी से ये रीतिकाल के प्रतिनिधि कवियों के बीच ही रखे गये हैं।

इनकी भाषा सरल और चलती है तथा अनुप्रास आदि की ओर बहुत झुकी है। दोहों पर जो सवैये इन्होंने लगाये हैं उनसे इनकी सहृदयता, रचनाकौशल और भाषा पर अधिकार अच्छी तरह प्रमाणित होता है। इनके दो सवैये देखिए–

सीस मुकुट कटि काछनी, कर मुरली उर माल।
यहि बानिक मो मन सदा, बसौ बिहारी लाल॥

छबि सों फबि सीस कीरीट बन्यो, रुचिसाल हिए बनमाल लसै।
कर कंजहि मंजु रली मुरली, कछनी कटि चारु प्रभा बरसै॥
कबि कृष्ण कहैं लखि सुंदर मूरति, यों अभिलाष हिए सरसै।
वह नंद-किशोर बिहारी सदा यहि बानिक में हिय माँझ बसै॥

× × × × ×

थोरेई गुन रीझते बिसराई वह बानि।
तुमहू कान्ह मनौ भए आजुकाल को दानि॥

ह्वै अति आरत मैं बिनती बहु बार करी करना रस भीनी।
कृष्ण कृपानिधि दीन के बंधु सुनो असुनो तुम काहे को कीनी॥
रीझते रंचक ही गुन सो वह बानि बिसारि मनो अब दीनी।
जानि परी तुमहू हरि जू! कलिकाल के दानिन की गति लीनी॥

20. रसिक सुमति : ये ईश्वरदास के पुत्र थे और सन् 1785 में वर्तमान थे। इन्होंने 'अलंकारचंद्रोदय' नामक एक अलंकारग्रंथ कुवलयानंद के आधार पर दोहों में बनाया। पद्यरचना साधारणत: अच्छी है। 'प्रत्यनीक' का लक्षण और उदाहरण एक ही दोहे में देखिए–

'प्रत्यनीक' अरि सों न बस, अरि-हितूहि दुख देय।
रवि सों चलै न कंज की दीपति ससि हरि लेय॥

21. गंजन : ये काशी के रहने वाले गुजराती ब्राह्मण थे। इन्होंने संवत 1786 में 'कमरुद्दीन खाँ हुलास' नामक श्रृंगाररस का एक ग्रंथ बनाया जिसमें भावभेद, रसभेद के साथ षट्ऋतु का विस्तृत वर्णन किया है। इस ग्रंथ में इन्होंने अपना पूरा वंशपरिचय दिया है और अपने प्रपितामह मुकुटराय के कवित्व की प्रशंसा की है। कमरुद्दीन खाँ दिल्ली के बादशाह के वजीर थे और भाषाकाव्य के अच्छे प्रेमी थे। इनकी प्रशंसा गंजन ने खूब जी खोलकर की है जिससे जान पड़ता है उनके द्वारा कवि का यह बड़ा अच्छा सम्मान हुआ था। उपर्युक्त ग्रंथ एक अमीर को खुश करने लिए लिखा है इससे ऋतुवर्णन के अंतर्गत उसमें अमीरी शौक ओर आराम के बहुत-से सामान गिनाये गये हैं। इस बात में ये ग्वाल कवि से मिलते-जुलते हैं। इस पुस्तक में सच्ची भावुकता और प्रकृतिरंजन की शक्ति बहुत अल्प है। भाषा भी शिष्ट और प्रांजल नहीं। एक कवित्त नीचे दिया जाता है–

मीना के महल जरबाफ दर परदा है,
हलबी फनूसन में रोसनी चिराग की॥
गुलगुली गिलम गरकआव पग होत,
जहाँ बिछी मसनद लालन के दाम की॥
केती महताबमुखी खचित जवाहिरन,
गंजन सुकवि कहै बौरी अनुराग की।
एतमाददौला कमरुद्दीन खाँ की मजलिस,
सिसिर में ग्रीषम बनाई बड़ भाग की॥

22. अली मुहिब खाँ (प्रीतम) : ये आगरे के रहने वाले थे। इन्होंने संवत् 1787 में 'खटमल बाईसी' नाम की हास्यरस की एक पुस्तक लिखी। इस प्रकरण के आरंभ में कहा गया है कि रीतिकाल में प्रधानता श्रृंगाररस कही रही। यद्यपि वीररस लेकर भी रीतिग्रंथ रचे गये, पर किसी और रस को अकेला लेकर मैदान मे कोई नहीं उतरा था। यह हौसले का काम हजरत अली मुहिब खाँ साहिब ने कर दिखाया। इस ग्रंथ का साहित्यिक महत्त्व कई पक्षों में दिखाई पड़ता है। हास्य आलंबन प्रधान रस है। आलंबन मात्र का वर्णन ही इस रस में पर्याप्त होता है। इस बात का स्मरण रहते हुए जब हम अपने साहित्य क्षेत्र में हास्य के आलंबनों की परंपरा की जाँच करते हैं तब एक प्रकार की बँधी रूढ़ि-सी जाते हैं। संस्कृत के नाटकों में खाऊपन और पेट की दिल्लगी बहुत बँधी-सी चली आयी। भाषासाहित्य में कंजूसों की बारी आयी। अधिकतर ये ही हास्य रस के आलंबन रहे। खाँ साहब ने शिष्ट हास्य का एक बहुत अच्छा मैदान दिखाया। इन्होंने हास्यरस के लिए खटमल को पकड़ा जिस पर यह संस्कृत उक्ति प्रसिद्ध है–

कमला कमले शेते, हरश्शेते हिमालये।
क्षीरधौ च हरिश्शेते मन्ये मत्कुणशंकया॥

क्षुद्र और महान् के अभेद की भावना उसके भीतर कहीं छिपी हुई है। इन सब बातों के विचार से हम खाँ साहब या प्रीतम जी को एक उत्तम श्रेणी का पथप्रदर्शक कवि मानते हैं। इनका और कोई ग्रंथ नहीं मिलता, न सही; इनकी 'खटमल बाईसी' ही बहुत काल तक इनका स्मरण बनाये रखने के लिए काफी है–

'खटमल बाईसी' के दो कवित्त देखिए–

जगत के कारन करन चारौ बेदन के,
कमल में बसे वै सुजान ज्ञानधरिकैं।
पोषन अवनि, दुखसोषन तिलोकन के,
सागर मैं जाय सोए सेस सेज करिकै॥
मदन जरायो जो सँहारे दृष्टि ही में सृष्टि॥
बसे है पहार चेउ भाजि हरबरि कै।
बिधि हरि हर, और इनतें न कोऊ, तेऊ,
खाट पै न सोवैं खटमलन कों डरिकै॥

× × × × ×

बाघन पै गयो, देखि बनन में रहे छपि,
साँपन पै गयो, ते पताल ठौर पाई है।
गजन पै गयो, धूल डारत हैं सीस पर,
बैदन पै गयो काहू दारू ना बताई है॥
जब हहराय हम हरि के निकट गये,
हरि मोसों कही तेरी मति भूल छाई है।
कोऊ ना उपाय, भटकत जनि डोलै, सुन,
खाट के नगर खटमल की दुहाई है॥

23. दास (भिखारी दास) : ये प्रतापगढ़ (अवध) के पास ट्योंगा गाँव के रहने वाले श्रीवास्तव कायस्थ थे। इन्होंने अपना वंशपरिचय पूरा दिया है। इनके पिता कृपालदास, पितामह वीरभानु, प्रपितामह राय रामदास और वृद्ध प्रपितामह राय नरोत्तम दास थे। दास जी के पुत्र अवधेश लाल और पौत्र गौरीशंकर थे जिनके प्रपौत्र मर जाने से वंशपरंपरा खंडित हो गयी। दास जी के इतने ग्रंथो का पता लग चुका है–

रससारांश (संवत् 1799), छंदार्णव पिंगल (संवत् 1799) काव्यनिर्णय (संवत् 1803), शृंगारनिर्णय (संवत् 1807), नामप्रकाश कोश (संवत् 1795), विष्णुपुराण भाषा (दोहे-चौपाई में); छंद प्रकाश, शतरंजशतिका, अमरप्रकाश (संस्कृत अमरकोष भाषा पद्य में)।

'काव्यनिर्णय' में दास जी ने प्रतापगढ़ के सोमवंशी राजा पृथ्वीसिंह के भाई बाबू हिंदूपतिसिंह को अपना आश्रयदाता लिखा है। राजा पृथ्वीपति संवत् 1791 में गद्दी पर बैठे थे और 1807 में दिल्ली के वजीर सफदरजंग द्वारा छल से मारे गये थे। ऐसा जान पड़ता है कि संवत् 1806 के बाद इन्होंने कोई ग्रंथ नहीं लिखा अतः इनका कविताकाल संवत् 1785 से लेकर संवत् 1807 तक माना जा सकता है।

काव्यांगों के निरूपण में दास जी को सर्वप्रधान स्थान दिया जाता है क्योंकि इन्होंने छंद, रस, अलंकार, रीति, गुण, दोष शब्दशक्ति आदि सब विषयों का औरों से विस्तृत प्रतिपादन किया हैं जैसा पहले कहा जा चुका है, श्रीपति से इन्होंने बहुत कुछ लिया हैं।[1] इनकी विषय प्रतिपादन शैली उत्तम है और आलोचना शक्ति भी इनमें कुछ पायी जाती है, जैसे, हिंदी काव्यक्षेत्र में इन्हें परकीया के प्रेम की प्रचुरता दिखाई पड़ी, जो रस की दृष्टि से रसाभास के अंतर्गत आता हैं। बहुत-से स्थलों पर तो राधाकृष्ण का नाम आने से देवकाव्य का आरोप हो

जाता है और दोष का कुछ परिहार हो जाता है, पर सर्वत्र ऐसा नहीं होता। इससे दास जी ने स्वकीया का लक्षण ही कुछ अधिक व्यापक करना चाहा और कहा–

श्रीमानन के भौन में भोग्य भामिनी और।
तिनहूँ को सुकियाह में गनैं सुकवि सिरमौर॥

पर यह कोई बड़े महत्त्व की उद्‌भावना नहीं कही जा सकती है। जो लोग दास जी के दस और हावों के नाम लेने पर चौंके हैं उन्हें जानना चाहिए कि साहित्यदर्पण में नायिकाओं के स्वभावज अलंकार 18 कहे गये हैं–लीला, विलास, विच्छित्ति, विव्वोक, किलकिंचित, मोट्टायित्त कुट्टमित्त, विभ्रस, ललित, विहृत, मद, तपन, मौग्ध्य, विक्षेप, कुतूहल, हसित, चकित और केलि। इनमें से अंतिम आठ को लेकर यदि दास जी ने भाषा में प्रचलित दस हावों में जोड़ दिया तो क्या नयी बात की? यह चौंकना तब तक बना रहेगा जब तक हिंदी में संस्कृत के मुख्य सिद्धांत ग्रंथों के सब विषयों का यथावत् समावेश न हो जायेगा और साहित्यशास्त्र का सम्यक् अध्ययन न होगा।

अतः दास जी के आचार्यत्व के संबंध में भी हमारा यही कथन है जो देव आदि के विषय में। यद्यपि इस क्षेत्र में औरों को देखते दास जी ने अधिक काम किया है, पर सच्चे आचार्य का पूरा रूप इन्हें भी प्राप्त नहीं हो सका हैं। परिस्थिति से ये भी लाचार थे। इनके लक्षण भी व्याख्या के बिना अपर्याप्त और कहीं-कहीं भ्रामक हैं और उदाहरण भी कुछ स्थलों पर अशुद्ध हैं। जैसे उपादान लक्षणा लीजिए। इसका लक्षण भी गड़बड़ है और उसी के अनुरूप उदाहरण भी अशुद्ध है। अतः दास जी भी औरों के समान वस्तुतः कवि के रूप में ही हमारे सामने आते हैं।

दास जी ने साहित्यिक और परिमार्जित भाषा का व्यवहार किया है। शृंगार ही उस समय का मुख्य विषय रहा है। अतः इन्होंने भी उसका वर्णन विस्तार देव की तरह बढ़ाया है। देव ने भिन्न-भिन्न देशों और जातियों की स्त्रियों के वर्णन के लिए जाति विलास लिखा, जिसमें नाइन, धोबिन, सब आ गयीं, पर दास जी ने रसाभाव के डर से या मर्यादा के ध्यान से इनको आलंबन के रूप में न रखकर दूती के रूप में रखा है। इनके 'रससारांश' में नाइन, नटिन, धोबिन, कुम्हारिन, बरइन, सब प्रकार की दूतियाँ मौजूद हैं। इनमें देव की अपेक्षा अधिक रसविवेक था। इनका शृंगारनिर्णय अपने ढंग का अनूठा काव्य है। उदाहरण मनोहर और सरस है। भाषा में शब्दाडंबर नहीं है। न ये शब्द चमत्कार पर टूटे हैं, न दूर की सूझ के लिए व्याकुल हुए है। इनकी रचना कलापक्ष में संयत और भावपक्ष में रंजन कारिणी हैं। विशुद्ध काव्य के अतिरिक्त इन्होंने नीति की सूक्तियाँ भी बहुत-सी कही है जिनमें उक्तिवैचित्र्य अपेक्षित होता हैं। देव की-सी ऊँची आकांक्षा या कल्पना जिस प्रकार इनमें कम पायी जाती है उसी प्रकार उनकी-सी असफलता भी कहीं नहीं मिलती। जिस बात को ये जिस ढंग से-चाहे वह ढंग बहुत विलक्षण न हो-कहना चाहते थे उस बात को उस ढंग से कहने की पूरी सामर्थ्य इनमें थी। दास जी ऊँचे दरजे के कवि थे। इनकी कविता के कुछ नमूने लीजिए–

वाही घरी तें न सान रहै, न गुमान रहै, न रहै सुघराई।
दास न लाज को साज रहै न रहै तनकौ घरकाज की घाई॥
ह्याँ दिखसाध निवारे रहौ तब ही लौ भटू सब भाँति भलाई।
देखत कान्हैं न चेत रहै, नहिं चित्त र है, न रहै चतुराई॥

× × × × ×

नैनन को तरसैए कहाँ लौं, कहाँ लौ हियो बिरहागि मै तैए।
एक घरी न कहूँ कल पैए, कहाँ लगि प्रानन को कलपैए?
आवै यही अब जी में विचा र सखी चलि सौति, कै घर जैए।
मान घटे ते कहा घटि है जु पै प्रानपियारे को देखन पैए॥

× × × × ×

ऊधो! तहाँई चली लै हमें जहँ कूबरि कान्ह बसैं एक ठोरी।
देखिए दास अघाय अघाय तिहारे प्रसाद मनोहर जोरी॥
कूबरी सों कछु पाइए मंत्र, लागए कान्ह सों प्रीति की डोरी।
कूबरिभक्ति बढ़ाइए बंदि, चढ़ाइए चंदन बंदन रोरी॥

× × × × ×

कढ़िके निसंक पैठि जाति झुंड झुंडन में,
लोगन को देखि दास आनंद पगति है।
दौरि-दौरि जहीं-तहीं लाल करि डारति है,
अंक लगि कंठ लगिबे को उमगति है॥
चमक-झमक बारी, ठमक जमक बारी,
रमक-तमक वारी जाहिर जगति है।
राम! असि रावरे की रन में नरन में-
निलज बनिता-सी होरी खेलन लगति है॥

× × × × ×

अब तो बिहारी के वे बानक गए री, तेरी
तन दूति केसर को नैन कसमीर भी।
श्रौन तुम बानी स्वाति बूँदन के चातक में,
साँसन को भरिबो द्रुपदजा को चीर भी॥
हिय को हरष मरु धरनि को नीर भो, री!
जियरो मनोभव सरन को तुनीर भो।
एरी! बेगि करिकै मिलापु थिर थापु, न तौ,
आपु अब चहत अतनु को सरीर भो॥

× × × × ×

अँखियाँ हमारी दईमारी सुधि-बुधि हारी,
मोहूँ तें जु न्यारीदास रहै सब काल में।
कौन गहै ज्ञानै, काहि सौंपत सयाने, कौन
लोक ओक जानै, ये नहीं हैं निज हाल में॥
प्रेम पगि रही, महामोह में उमगि रहीं,
ठीक ठगि रहीं, लगि रहीं बनमाल में।
लाज को अँचै कै, कुलधरम पचै कै वृथा,
बंधन सँचै कै भई मगन गोपाल में॥

24. भूपति (राज गुरुदत्त सिंह) : ये अमेठी के राजा थे। इन्होंने संवत् 1791 में शृंगार के दोहों की एक सतसई बनायी। उदयनाथ कवींद्र इनके यहाँ बहुत दिनों तक रहे। ये महाशय जैसे सहृदय और काव्यमर्मज्ञ थे वैसे ही कवियों का आदर-सम्मान करने वाले भी थे। क्षत्रियों की वीरता भी इनमें पूरी थी। एक बार अवध के नवाब सआदतखाँ से ये बिगड़ खड़े हुए सआदतखाँ ने जब इनकी गढ़ी घेरी तब ये बाहर सआदतखाँ के सामने ही बहुतों को मार-काटकर गिराते हुए जंगल की ओर निकल गये। इनका उल्लेख कवींद्र ने इस प्रकार किया है–

समर अमेठी के सरेष गुरुदत्तसिंह,
सादत की सेना समरसेन सों भानी है।
भनत कवींद्र काली हुलसी असीसन को,
सीसन को ईस की जमाति सरसानी है।
तहाँ एक जोगिन सुभट खोपरी लै उड़ी,
सोनित पियत ताकी उपमा बखानी है।
प्यालो लै चिनी को नीके जोबन तरंग मानो,
रंग हेतु पीवत मजीठ मुगलानी है॥

'सतसई' के अतिरिक्त भूपति जी ने 'कंठाभूषण' और 'रसरत्नाकर' नाम के दो रीतिग्रंथ भी लिखे जो कहीं देखे नहीं गये हैं। शायद अमेठी में हों। सतसई के दोहे दिये जाते हैं–

घूँघट पट की आड़ दै, हँसति जबै वह दार।
ससिमंडल ते कढ़ति, छनि जनु पियूष की धार॥
भए रसाल रसाल हैं, भरे पुहुप मकरंद।
मानसान तोरत तुरत, भ्रमत भ्रमर मदमंद॥

25. तोषनिधि : ये एक प्रसिद्धकवि हुए हैं। ये शृंगवेरपुर (सिंगरौर, जिला-इलाहाबाद) के रहने वाले चतुर्भुज शुक्ल के पुत्र थे। इन्होंने संवत् 1791 में 'सुधानिधि' नागक एक अच्छा बड़ा ग्रंथ रसभेद और भावभेद को बनाया। खोज में इनकी दो पुस्तकें मिली हैं-विनयशतक और नखशिख। तोषजी ने काव्यांगों के बहुत अच्छे लक्षण और सरस दिये हैं। उठायी हुई कल्पना का अच्छा निर्वाह हुआ है और भाषा स्वाभाविक प्रवाह के साथ आगे बढ़ती है। तोप जी एक बड़े ही सहृदय और निपुण कवि थे। भावों का विधान सघन होने पर भी कहीं उलझा नहीं है। बिहारी के समान इन्होंने भी कहीं-कहीं ऊहात्मक अत्युक्ति की है। कविता के कुछ नमूने दिए जाते हैं–

भूषन भूषित दूषन हीन प्रवीन महारस मैं छबि छाई।
पूरी अनेक पदारथ तें जेहि में परमारथ स्वारथ पाई॥
और उकतैं मुकतै उलही कवि तोष अनोषभरी चतुराई।
होत सबै सुख की जनिता बनि आवति जौं बनिता कविताई॥
× × × × ×
एक कहैं हँसि ऊधबजू! ब्रज की जुवती तजि चंद्रप्रभा सी।
जाय कियो कहँ तोष प्रभू! इक प्रानप्रिया लहि कंस की दासी॥
जो हुते कान्ह प्रवीन महा सो हहा! मथुरा में कहाँ मति नासी।

जीव नहीं उबियात जबै हिग पौढ़ति हैं कुबिजा कछुआ सी?

× × × × ×

श्रीहरि की छबि देखिये को अँखियाँ प्रति रोमहि में करि देतो।
बैनन को सुनिबे हित सौन जितै तित सो करती करि देतो।।
मो ढिग छाँड़ि न काम कहूँ रहै तोष कहै लिखितो बिधि एतो।
तौ करतार इती करनी करिकै कलि में कल कीरति लेतो।।

× × × × ×

तौ तन में रवि को प्रतिबिंब परे किरनै सो घनी सरसाती।
भीतर हू रहि जात नहीं, अँखियाँ चकचौंधि ह्वै जाति हैं राती।।
बैठि रहौ, बलि, कोठरी में कह तोष करतु बिनती बहु भाँती।
सारसीनैनि लै आरसी सो अँग काम कहा कढ़ि घाम में जाती?

26-27. दलपति राय और बंशीधर : दलपति राय महाजन और बंसीधर ब्राह्मण थे। इन लोगों ने संवत् 1792 में उदयपुर महाराणा जगतसिंह के नाम पर 'अलंकाररत्नाकर' नामक ग्रंथ बनाया। इसका आधार महाराज जसवंत सिंह का 'भाषाभूषण' है। इसका 'भाषाभूषण' के साथ प्रायः वही संबंध है जो 'कुवलयानंद' का 'चंद्रालोक' के साथ। इस ग्रंथ में विशेषता यह है कि इसमें अलंकारों का स्वरूप समझाने का प्रयत्न किया गया है। इस कार्य के लिए गद्य व्यवहृत हुआ है। रीतिकाल के भीतर व्याख्या के लिए कभी-कभी गद्य का उपयोग कुछ ग्रंथकारों की सम्यक् निरूपण की उत्कंठा सूचित करता है। इस उत्कंठा के साथ-ही-साथ गद्य की उन्नति की आका।क्षा का सूत्रपात समझना चाहिए जो सैकड़ों वर्ष बाद पूरी हुई।

'अलंकाररत्नाकर' में उदाहरणों पर अलंकार घटा कर बताये गये हैं और उदाहरण दूसरे अच्छे कवियों के भी बहुत-से हैं। इससे यह अध्ययन के लिए बहुत उप ोगी है। दंडी आदि कई संस्कृत आचार्यो के उदाहरण भी लिये गये हैं। हिंदी कवियों की लंबी नामावली ऐतिहासिक खोज में बहुत उपयोगी है।

कवि भी ये लोग अच्छे थे। पद्य रचना की निपुणता के अतिरिक्त इनमें भा़ुकता और बुद्धिवैभव दोनों है। इनका एक कवित्त नीचे दिया जाता है-

अरुन हरौल नभ मंडल मुलुक पर
चढ्यो अक्क चक्कवै कि तानिकै किरिन कोर।
आवत ही साँवत नछत्र जोय धाय-धार,
घोर घमासान करि काम आए ठौर-ठौर।।
ससद्दर सेत भयो, सटक्यो सहमि ससी,
आमिल उलूक जाय गिरे कंदरन ओर।
दुंद देखि अरविंद बंदीखाने तें भगाने,
पायक पुलिंद वै मलिंद मकरंद चोर।।

28. सोमनाथ : ये माथुर ब्राह्मण थे और भरतपुर के महाराज बदनसिंह के कनिष्ठ पुत्र प्रतापसिंह के यहाँ रहते थे। इन्होंने संवत् 1794 में 'रसपीयूषनिधि' नामक रीति का एक विस्तृत ग्रंथ बनाया जिसमें पिंगल, काव्यलक्षण, प्रयोजन, भेद, शब्दशक्ति, ध्वनि, भाव, रस, रीति, गुण, दोष इत्यादि सब विषयों का निरूपण है। यह दास जी के काव्यनिर्णय से बड़ा

ग्रंथ है। काव्यांगनिरूपण में से श्रीपति और दास के समान ही हैं। विषय को स्पष्ट करने की प्रणाली इनकी बहुत अच्छी है।

विषयनिरूपण के अतिरिक्त कविकर्म में भी ये सफल हुए हैं। कविता में ये अपना उपनाम 'ससिनाथ' भी रखते थे। इनमें भावुकता और सहृदयता पूरी थी, इससे इनकी भाषा में कृत्रिमता नहीं आने पायी। इनकी एक अन्योक्ति कल्पना की मार्मिकता और प्रसादपूर्ण व्यंग्य के कारण बहुत प्रसिद्ध है। सघन और पेचीले मजमून गाँठने के फेर में न पड़ने के कारण इनकी कविता को साधारण समझना सहृदयता के सर्वथा विरुद्ध है। 'रसपीयूषनिधि' के अतिरिक्त खोज में इनके तीन और ग्रंथ मिले हैं–

1. कृष्ण लीलावती पंचाध्यायी (संवत् 1800)
2. सुजानविलास (सिंहासन बत्तीसी, पद्य में; संवत् 1807)
3. माधवविनोद नाटक (संवत् 1809)

उक्त ग्रंथों में निर्माणकाल की ओर ध्यान देने से इनका कविताकाल संवत् 1790 से 1810 तक ठहरता है।

रीतिग्रंथ और मुक्त रचना के सिवा इस सत्कवि ने प्रबंधकाव्य की ओर भी ध्यान दिया। सिंहासनबत्तीसी के अनुवाद को यदि हम काव्य न मानें तो कम-से-कम पद्यप्रबंध है। पहले कहा जा चुका है कि कल्पित कथा लिखने की प्रथा हिंदी के कवियों में प्रायः नहीं के बराबर रही। जहाँगीर के समय में संवत् 1673 में बना पुहकर कवि का 'रसरत्न' अब तक नाम लेने योग्य कल्पित प्रबंधकाव्य था। अतः सोमनाथ जी का यह प्रयत्न अनके दृष्टिविस्तार का परिचारक है। नीचे सोमनाथ जी की कुछ कविताएँ दी जाती हैं–

दिसि बिदिसन तें उमड़ि मढ़ि लीनो नभ,
छाँड़ि दीने धुरवा जवासे जूथ जरि गे।
डहडहे भये द्रुम रचक हवा के गुन,
कहूँ कहूँ मोरवा पुकारि मोद भरि गे॥
रहि गये चातक जहाँ के तहाँ देखत ही,
सोमनाथ कहै बूँदाबूँदि हू न करि गे।
सोर भयो घोरर महिमंड़न में,
'आये घन, आये घन' आयकै उघरि गे॥

× × × × ×

प्रीति नयी नित कीजत है, सब सों छल की बतरानि परी है।
सीखी डिठाई कहाँ ससिनाथ, हमैं दिन द्वैक तें जानि परी है॥
और कहा लहिए, सजनी! कठिनाई गरै अति आनि परी है।
मानत है बरज्यो न कछू अब ऐसी सुजानहिं बानि परी है॥

× × × × ×

झमकतु बदन मतंग कुंभ उत्तंग अंग बर।
बंदन बलित भुसुंड कुंडलित सुंड सिद्धिधर॥
कंचन मनिमय मुकुट जगमगै सुधर सीस पर।
लोचन जीनि बिसाल चार भुजध्यावत सुर नर॥

ससिनाथ नंद स्वच्छंद, निति कोटि बिधान छरछंदहर।
जय बुद्धि बिलंब अमंद दुति इंदुभाल आनंदकर॥

29. रसलीन : इनका नाम सैयद गुलाम नबी था। ये प्रसिद्ध बिलग्राम (जिला–हरदोई) के रहने वाले थे, जहाँ अच्छे-अच्छे विद्वान् मुसलमान होते आये हैं। अपने नाम के आगे 'बिलगरामी' लगाना एक बड़े सम्मान की बात यहाँ के लोग समझते थे। गुलाम नवी ने अपने पिता का नाम बाकर लिखा है। इन्होंने अपनी प्रसिद्ध पुस्तक 'अंग दर्पण' संवत् 1794 में लिखी जिसमें अंगों का, उपमा उत्प्रेक्षा से युक्त चमत्कारपूर्ण वर्णन है। सूक्तियों के चमत्कार के लिए यह ग्रंथ काव्यरसिकों में बराबर विख्यात चला आया है। यह प्रसिद्ध दोहा जिसे जनसाधारण बिहारी का समझा करते हैं, अंग दर्पण का ही है।

अमिय, हलाहल, मदभरे, सेत, स्याम रतनार।
जियत, मरत, झुकि-झुकि परत, जेहि चितवत इक बार॥

'अंग दर्पण' के अतिरिक्त रसलीनजी ने संवत् 1798 में 'रसप्रबोध' नामक रसनिरूपण का ग्रंथ दोहों में बनाया। इसमें 1955 दोहे हैं और रस, भाव, नायिकाभेद, षट्ऋतु, बारहमासा आदि अनेक प्रसंग आये हैं। रसविषय का अनेक ढंग का यह छोटा-सा अच्छा ग्रंथ है। रसलीन ने स्वयं कहा है कि इस छोटे-से ग्रंथ को पढ़ लेने पर रस का विषय जानने के लिए और ग्रंथ पढ़ने की आवश्यकता न रहेगी। पर यह ग्रंथ अंग दर्पण के जैसा प्रसिद्ध न हुआ।

रसलीन ने अपने को दोहों की रचना तक ही रखा जिनमें पदावली की गति द्वारा नादसौंदर्य का अवकाश बहुत ही कम रहता हैं। चमत्कार और उक्तिवैचित्र्य की ओर इन्होंने अधिक ध्यान रखा नीचे इनके कुछ दोहे दिये जाते हैं–

धरति न चौकी नगजरी, यातें उर में लाय।
छाँह परे पर पुरुष की, जनि तिय धरम नसाय॥
चख चलि स्रवन मिल्यो चहत, कब बढ़ि छुवन छवानि।
कटि निज दरब धर्‌यो चहत, वक्षस्थल में आनि॥
कुमति चंद प्रति द्यौस बढ़ि, मास-मास कढ़ि आय।
तुव मुख मधुराई लखे फको परि घटि जाय॥
रमनी मन पावत नहीं लाज प्रीति को अंत।
दुहुँ ओर ऐंचो रहै, जिमि बिबि तिय को कंत॥
तिय सेसव जोबन मिले, भेद न जान्यो जात।
प्रात समय निसि द्योस के दुबौ भाव दरसात॥

30. रघुनाथ : ये बंदीजन एक प्रसिद्ध कवि हुए हैं जो काशिराज महाराजा बरिबंडसिंह की सभा को सुशोभित करते थे। काशीनरेश ने इन्हें चौरा ग्राम दिया था। इनके पुत्र गोकुलनाथ, पौत्र गोपीनाथ और गोकुलनाथ के शिष्य मणिदेव ने महाभारत का भाषा अनुवाद किया जो काशिराज के पुस्तकालय में है। ठाकुर शिवसिंह ने इनके चार ग्रंथों के नाम लिखे हैं–

काव्यकलाधर, रसिकमोहन, जगतमोहन और इश्कमहोत्सव। बिहारी सतसई की एक टीका का भी उन्होंने उल्लेख किया है। इनका कविताकाल संवत् 1790 से 1810 तक समझना चाहिए।

'रसिकमोहन' (संवत् 1796) अलंकार का ग्रंथ है। इसमें उदाहरण केवल श्रृंगार के ही नही हैं, वीर आदि अन्य रसों के भी बहुत हैं। एक अच्छी विशेषता तो यह है कि इसमें

अलंकारों के उदाहरणों में जो पद्य आये हैं उनके प्राय: सब चरण प्रस्तुत अलंकार के सुंदर और स्पष्ट उदाहरण होते हैं। इस प्रकार इनके कवित्त या सवैये का सारा कलेवर अलंकार को उदाहृत करने में प्रयुक्त हो जाता है। भूषण आदि बहुत-से कवियों ने अलंकारों के उदाहरण में जो पद्य रखे हैं उनका अंतिम या और कोई चरण ही वास्तव में उदाहरण होता है। उपमा के उदाहरण में इनका यह प्रसिद्ध कवित्त लीजिए–

फूलि उठे कमल से अमल हितू के नैन,
कहै रघुनाथ भरे चैनरस सियरे।
दौरि आए भौंर से करत गुनी गुनगान,
सिद्ध से सुजान सुखसागर सों नियरे॥
सुरभी-सी खुलन सुकवि की सुकति लागी,
चिरिया-सी जागी चिंता जनक के जियरे।
धनुष पै ठाढ़े राम रवि से लसत आजु,
मीर केसे नखत नरिद भए पियरे॥

'काव्यकलाधर' (संवत् 1802) रस का ग्रंथ है। इसमें प्रथानुसार भावभेद, रसभेद थोड़ा-बहुत कहकर नायिकाभेद और नायकभेद का ही विस्तृत वर्णन है। विषयनिरूपण इसका उद्देश्य नहीं जान पड़ता। 'जगतमोहन' (1807) वास्तव में एक अच्छे प्रतापी और ऐश्वर्यवान् राजा की दिनचर्या बताने के लिए लिखा गया है। इसमें कृष्ण भगवान् की 12 घंटे की दिनचर्या कही गयी है। इसमें ग्रंथकार ने अपनी बहुज्ञता अनेक विषयों–जैसे, राजनीति, सामुद्रिक, वैद्यक और आरोचक वर्णनों द्वारा प्रदर्शित की है। इस प्रकार वास्तव में पद्य में होने पर भी यह काव्यग्रंथ नही है। 'इश्कमहोत्सव' में आपने 'खड़ी बोली' की रचना का शौक दिखाया है। उससे सूचित होता है कि खड़ी बोली की धारणा तब तक अधिकतर उर्दू के रूप में ही लोगों को थी।

कविता के कुछ नमूने उद्धृत किए जाते हैं–

ग्वाल संग जैबो ब्रज, गैयन चरैबो ऐबो,
अब कहा दाहिने ये नैन फरकत हैं।
मोतिन की माल वारि डारौं गुंजमाल पर,
कुंजन की सुधि आए हियो धरकत हैं।
गोबर को गारो रघुनाथ कछु यातें भारो,
कहा भयो महलनि मनि मरकत है॥
मंदिर हैं मंदर तें ऊँचे मेरे द्वारका के,
ब्रज के खरिक तऊ हियें खरकत हैं।

× × × × ×

कैधौं सेस देस तें निकसि पुहुमी पै आय,
बदल ऊचाय बानी जस असपंद की।
केधौं छिति चँवरी उसीर की दिखावति है,
ऐसी सोहै उज्ज्वल किरन जैसे चंद की॥
जानि दिनपाल श्रीनृपाल नंदलाल जू को,
कहैं रघुनाथ पाय सुधरी अनंद की।

छूटत फुहारे कैधौं फूल्यो है कमल, तासों,
अमल अमंद मढ़े धार मकरंद की॥

× × × × ×

सुधरे सिलाह राखै, वायुवेग वाह राखैं,
रसद की राह राखे, राखे रहै बन को।
चोर को समाज राखैं बजा और नजर, राखैं,
खबरि के काज बहुरूपी हर फन को॥
आगम भखैया राखैं, सगुन लेवैया राखैं,
कहै रघुनाथ और बिचार बीच मन को।
बाजी हारैं कबहूँ न औसर के परे जौन,
ताजी राखै प्रजन को, राजी सुभटन को॥

× × × × ×

आप दरियाव, पास नदियों के जाना नहीं,
दरियाव, पास नदी होयगी सो धावैगी।
दरखत बेलि आसरे को कभी राखता न,
दरखत ही के आसरे को बेलि पावैगी॥
मेरे तो लायक जो था कहना सो कहा मैंने,
रघुनाथ मेरी मति न्याव ही की गावैगी।
वह मुहताज आपकी है, आप उसके न,
आप क्यों चलोगे? वह आप पास आवैगी।

31. दूलह : ये कालिदास त्रिवेदी के पौत्र और उदयनाथ 'कवींद्र' के पुत्र थे। ऐसा जान पड़ता है कि ये अपने पिता के सामने ही अच्छी कविता करने लगे थे। ये कुछ दिनों तक अपने पिता के समसामयिक रहे। कवींद्र के रचे ग्रंथ 1804 तक मिले हैं। अत: इनका कविताकाल संवत् 1800 से लेकर संवत्1825 के आसपास तक माना जा सकता है। इनका बनाया एक ही ग्रंथ 'कविकुलकंठाभरण' मिला है जिसमें निर्माणकाल नहीं दिया है। पर इनके फुटकल कवित्त और भी सुने जाते हैं।

'कविकुलकंठाभरण' अलंकार का एक प्रसिद्ध ग्रंथ है। इसमें यद्यपि लक्षण और उदाहरण एक ही पद में कहे गये हैं, पर कवित्त और सवैया के समान बड़े छंद लेने से अलंकार स्वरूप और उदाहरण दोनों के सम्यक् कथन के लिए पूरा अवकाश मिला है। भाषा भूषण आदि दोहों में रचे हुए इस प्रकार के ग्रंथों से इसमें यही विशेषता है। इसके द्वारा सहज में अलंकार का चलता बोध हो सकता है। इसी से दूलह जी ने इसके संबंध में आप कही है–

जो या कंठाभरण को, कंठ करै चित लाय।
सभा मध्य सोभा लहै, अलंकृती ठहराय॥

इनके कविकुलकंठाभरण में केवल 85 पद्य है। फुटकल जो कवित्त मिलते हैं वे अधिक-से-अधिक 15 या 20 होगे। अत: इनकी रचना बहुत थोड़ी है, पर थोड़ी होने पर भी उसने इन्हें बड़े अच्छे प्रतिभासंपन्न कवियों की श्रेणी में प्रतिष्ठित कर दिया है। देव, दास, मतिराम आदि के साथ दूलह का भी नाम लिया जाता है। इनकी इस सर्वप्रियता का कारण

इनकी रचना की मधुर कल्पना, मार्मिकता और प्रौढ़ता है। इनके वचन अलंकारों के प्रमाण में भी सुनाये जाते हैं और सहृदय श्रोताओं के मनोरंजन के लिए भी। किसी कवि ने इस पर प्रसन्न होकर यहाँ तक कहा है कि 'और बराती सकल कवि, दूलह दूलहराय'।

इनकी रचना के कुछ उदाहरण देखिए–

माने सनमाने तेइ माने सनमाने सन,
माने सनमाने सनमान पाइयतु है।
कहैं कवि दूलह अजाने अपमाने,
अपमान सों सदन तिनही को छाइयतु है॥
जानत है जेऊ तेऊ जात हैं विराने द्वार,
जानि बूझि भूले तिनको सुनाइयतु है।
कामबस परै कोऊ गहत गरूर तौ वा,
अपनी जरूर जा जरूर जाइयतु है॥

× × × × ×

धरी जब बाँहीं तब करी तुम 'नाहीं',
पाय दियौ पलिकाही नाही 'नाहीं' कै सुहाई हौ।
बोलत मैं नाहीं पट खोलत मैं नाहीं,
कवि दूलह, उछाही लाख भाँतिन लहाई हौ॥
चुंबन में नाहीं परिरंभन में नाहीं,
सब असन बिलासन में नाहीं ठीक ठाई हौ।
मेलि गलबाहीं, केलि कीन्ही चितचाही, यह
'हाँ' ते भली 'नाहीं' सो कहाँ न सीखि आई हौ॥

× × × × ×

उरज-उरज धँसे, बसे उर आड़े लसे,
बिन गुन माल गरे धरे छवि छाए हौ।
नैन कवि दूलह हैं राते, तुतराते बैन,
देखे सुने सुख के समूह सरसाए हौ।
जावक सों लाल भाल, पलक्कन पीकलीक,
प्यारे ब्रजचंद सुचि सूरज सुहाए हौ।
होत अरुनोद यहि कोद मति बसी आजु,
कौन घरबसी घर बसी करि आए हौ?

× × × × ×

सारी की सरौंट सब सारी में मिलाय दीन्हीं,
भूषन की जेब जैसे जेब जहियतु है।
कहै कवि दूलह छिपाए रदछद मुख,
नेह देखे सौतिन की देह दहियतु है॥
बाला चित्रसाला तें निकसि गुरुजन आगे,
कीन्हीं चतुराई सो लखाई लहियतु है।

सारिका पुकारै 'हम नाहीं, हम नाहीं
'एजू! राम-राम कहौ', 'नाहीं-नाहीं', कहियतु है॥
× × × × ×

फल विपरीत को जतन सों, विचित्र,
हरि ऊँचे होत बामन भे बलि के सदन में।
आधार बड़े तें बड़ो आधेय 'अधिक' जानौ,
चरन समायो नाहिं चौदहो भुवन में॥
आधेय अधिक तें आधार की अधिकताई,
'दूसरो अधिक' आयो ऐसो गननन में।
तीनों लोक तन में, अमान्यो न गगन में।
बसैं ते संत मन में कितेक कहौ, मन में॥

32. कुमारमणिभट्ट : इनका कुछ वृत्त ज्ञात नहीं। इन्होंने संवत् 1803 के लगभग 'रसिकरसाल' नामक एक बहुत अच्छा रीतिग्रंथ बनाया। ग्रंथ में इन्होंने अपने को हरिबल्लभ का पुत्र कहा है। शिवसिंह ने इन्हें गोकुलवासी कहा है। इनका सवैया देखिए–

गावैं बधू मधुरै सुर गीतन, प्रीतम संग न बाहिर आई।
छाई कुमार नई छिति में छबि, मानो बिछाई नई दरियाई॥
ऊँचे अटा चढ़ि देखि चहूँ दिसि बोली यों बाल गरो भरिआई।
कैसी करौं हहरैं हियरा, हरि आए नहीं उलही हरियाई॥

33. शंभुनाथ मिश्र : इस नाम के कई कवि हुए हैं जिनमें से एक संवत् 1806 में, दूसरे 1867 में, तीसरे 1901 में हुए हैं। यहाँ प्रथम का उल्लेख किया जाता है, जिन्होंने 'रसकल्लोल', 'रसतरंगिणी' और 'अलंकारदीप' नामक तीन रीतिग्रंथ बनाये हैं। ये 'असोथर (जिला-फतेहपुर) के राजा भगवंतराय खीची के यहाँ रहते थे।' 'अलंकारदीप' में अधिकतर दोहे हैं, कवित्त-सवैया कम। उदाहरण श्रृंगारवर्णन में अधिक प्रयुक्त न होकर आश्रयदाता के यश ओर प्रतापवर्णन में अधिक प्रयुक्त हैं। एक कवित्त दिया जाता है–

आजु चतुरंग महाराज सेन साजत ही,
धौंसा की धुकार धूरि परी मुँह माही के।
भया के अजीरन तें जीरन उजीर भए,
सूल उठी उर में अमीर जाही ताही के॥
बीर खेत बीच बरछी लै बिरुझानो, इते,
धीरज न रह्यो संभु कौन हू सिपाही के।
भूप भगवंत बीर ग्वाही कै खलक सब,
स्याही लाई बदन तमाम पातसाही के॥

34. शिवसहायदास : ये जयपुर के रहने वाले थे। इन्होंने संवत् 1809 में 'शिवचौपाई' और 'लोकोक्तिरस कौमुदी–दो ग्रंथ बनाये। लोकोक्तिरस कौमुदी में विचित्रता यह है कि पखानों या कहावतों को लेकर नायिकाभेद कहा गया है जैसे–

करौ रुखाई नाहिंन बाम। बेगिहिं लै आऊँ घनस्याम॥
कहै पखानो भरि अनुराग। बाजी ताँत, कि बूड़्यो राग॥

बोलै निठुर पिया बिनु दोस। आपुहि तिय बैठी गहि रोस॥
कहै पखानो जेहि गहि मौन। बैल न कूद्यौ, कूदी गौन॥

35. रूपसाहि : ये पन्ना के रहने वाले श्रीवास्तव कायस्थ थे। इन्होंने संवत् 1813 में 'रूपविलास' नामक ग्रंथ लिखा जिसमें दोहे में कुछ पिंगल, कुछ अलंकार, नायिका-भेद आदि हैं। दो दोहे नमूने के लिए दिये जाते हैं–

जगमगाति सारी जरी, झलमल भूषन जोति।
भरी दुपहरी तिया की, भेंट पिया सों होति॥
लालन बेगि चलौ न क्यों? बिना तिहारे बाल।
मार मरोरनि सो मरति, करिए परसि निहाल॥

36. ऋषिनाथ : ये असनी के रहने वाले बंदीजन, प्रसिद्ध कवि ठाकुर के पिता और सेवक के प्रपितामह थे। काशिराज के दीवान सदानंद और रघुबर कायस्थ के आश्रय में इन्होंने 'अलंकारमणि मंजरी' नाम की एक अच्छी पुस्तक बनायी जिसमें दोहों की संख्या अधिक है, यद्यपि बीच-बीच में घनाक्षरी और छप्पय भी हैं। इसका रचनाकाल संवत् 1831 है जिससे यह इनकी वृद्धवस्था का ग्रंथ जान पड़ता हैं। इनका कविताकाल संवत् 1790 से 1831 तक माना जा सकता है। कविता ये अच्छी करते थे। एक कवित्त दिया जाता है–

छाया छत्र ह्वै करि करति महिपालन को,
पालन को पूरो फैलो रजत अपार ह्वै।
मुकुत उदार ह्वै लगत सुख श्रौनन में,
जगत-जगत हंस, हास, हीरहार ह्वै॥
ऋषिनाथ सदानंद सुजस विलंद,,
तमवृंद के हरैया चंद्रचंद्रिका सुढार ह्वै,
हीतल को सीतल करत घनसार ह्वै,
महीतल को पावन करत गंगाधार ह्वै॥

37. बैरीसाल : ये असनी के रहने वाले ब्रह्मभट्ट थे। उनके वंशधर अब तक असनी में हैं। इन्होंने 'भाषाभरण' नामक एक अच्छा, अलंकारग्रंथ संवत् 1825 में बनाया जिसमें प्राय: दोहे ही हैं। दोहे बहुत सरस हैं और अलंकारों के अच्छे उदाहरण प्रस्तुत करते हैं। दो दोहे उद्धृत किए जाते है–

नहिं कुरंग नहिं ससक यह, नहिं कलंक, नहिं पंक।
बीस बिसे बिरहा दही, गही दीठि ससि अंक॥
करत कोकनद मदहि रद, तुव पव हर सुकुमार।
भए अरुन अति दबि मनो पायजेब के भार।

38. दत्त : ये माढ़ी (जिला-कानपुर) के रहने वाले ब्राह्मण थे और चरखारी के महाराज खुमान सिंह के दरबार में रहते थे। इनका कविताकाल संवत् 1830 माना जा सकता है। इन्होंने 'लालित्यलता' नाम की एक अलंकार की पुस्तक लिखी है जिससे ये बहुत अच्छे कवि जान पड़ते हैं। एक सवैया दिया जाता है–

ग्रीषम में तपै भीषम भानु, गई बनकुंज सखीन की भूल सों।
धाम सों बामलता मुरझानी, बयारि करैं घन श्याम दुकूल सों॥

कंपत यों प्रगट्यो तन स्वेद उरोजन दत्त जू ठोड़ी के मूल सों।
द्वै अरविंद कलीन पै मानो गिरै मकरंद गुलाल के फूल सों॥

39. रतनकवि : इनका वृत्त कुछ ज्ञात नहीं। शिवसिंह ने इनका जन्मकाल संवत् 1798 लिखा है। इससे इनका कविताकाल संवत् 1830 के आसपास माना जा सकता है। ये श्रीनगर (गढ़वाल) के राजा फतहसाहि के यहाँ रहते थे। उन्हीं के नाम पर 'फतेहभूषण' नामक एक अच्छा अलंकार का ग्रंथ इन्होंने बनाया। इसमें लक्षणा, व्यंजना, काव्यभेद, ध्वनि, रस, दोष आदि का विस्तृत वर्णन है। उदाहरण में शृंगार के ही पद्य न रखकर इन्होनें अपने राजा की प्रशंसा के कवित्त बहुत रखे हें। संवत् 1827 में इन्होंने 'अलंकारदर्पण' लिखा। इनका निरूपण भी विशद है और उदाहरण भी बहुत मनोहर और सरस है। ये एक उत्तम श्रेणी के कुशल कवि थे, इसमें संदेह नहीं। कुछ नमूने लीजिए–

बैरिन की बाहिनी को भीषण निदाध रवि,
कुबलय केलि को सरस सुधाकरु है।
दानझरि सिंधुर है, जग को बसुंधर है,
बिबुध कुलनि को फलित कामतरु है॥
पानिप मनिन को, रतन रत्नाकर को,
कुबेर पुन्यजनन को, छमा महीधरु है।
अंग को सनाह, बनराह को रमा को नाह,
महाबाह फतेहसाह एकै नरबरु है॥

× × × × ×

काजर को कोरवारे भारे अनियारे नैन,
कारे सटकारे बार छहरे छवानि छ्वै।
स्याम सारी भीतर भभक गोरे गातन की,
ओपवारी न्यारी रही बदन उजारी है॥
मृगमद बेंदी भाल में दी, याही आभरन,
हरन हिए को तू है रंभा रति ही अवै।
नीके नथुनी के तैसे सुंदर सुहात मोती,
चंद पर च्वै रहै सु मानो सुधाबुंद द्वै॥

40. नाथ (हरिनाथ) : ये काशी के रहने वाले ब्राह्मण थे। इन्होंने संवत् 1826 में 'अलंकारदर्पण' नामक एक छोटा-सा ग्रंथ बनाया जिसमें एक-एक पद के भीतर कई-कई उदाहरण हैं। इनका क्रम औरों से विलक्षण है। ये पहले अनेक दोहों में बहुत-से लक्षण कहते गये हैं फिर एक साथ सबके उदाहरण कवित्त आदि में देते गये हैं। कविता साधारणत: अच्छी है। एक दोहा देखिए–

तरुनी लसति प्रकास तें मालति लसति सुबास।
गोरस गोरस देत नहिं, गोरस चहति हुलास॥

41. मनीराम मिश्र : ये कन्नौज निवासी इच्छाराम मिश्र के पुत्र थे। उन्होंने संवत् 1829 में 'छंदछप्पनी' और 'आनंदमंगल' नाम की दो पुस्तकें लिखीं। 'आनंदमंगल' भागवत दशम स्कंध का पद्य में अनुवाद है। 'छंदछप्पनी' छंदशास्त्र का बड़ा ही अनूठा ग्रंथ है।

42. चंदन : ये नाहिल पुवायाँ (जिला-शाहजहाँपुर) के रहने वाले बंदीजन थे और गौड़ राजा केशरीसिंह के पास रहा करते थे। 'श्रृंगारसागर', 'काव्याभरण' 'कल्लोलतरंगिणी' ये तीन रीतिग्रंथ लिखे। इनके अतिरिक्त इनके निम्नलिखित ग्रंथ और हैं–

(1) केसरीप्रकाश, (2) चंदन सतसई, (3) पथिकबोध, (4) नखशिख, (5) नाममाला (कोश), (6) पत्रिकाबोध, (7) तत्त्वसंग्रह, (8) सीतवसंत (कहानी), (9) कृष्णकाव्य, (10) प्राज्ञविलास।

ये एक अच्छे चलते कवि जान पड़ते हैं। इन्होंने 'काव्याभरण' संवत् 1845 में लिखा। फुटकल रचना तो इनकी अच्छी है ही। सीतवसंत की कहानी भी इन्होंने प्रबंध काव्य के रूप में लिखी है। सीतवसंत की रोचक कहानी इन प्रांतों में बहुत प्रचलित है। उसमें विमाता के अत्याचार से पीड़ित सीतवसंत नामक दो राजकुमारों की बड़ी लंबी कथा है। इनकी पुस्तकों की सूची देखने से यह धारणा होती है कि इनकी दृष्टि रीतिग्रंथों तक ही बद्ध न रहकर साहित्य के और अंगों पर भी थी।

ये फारसी के भी अच्छे शायर थे और अपना तखल्लुस 'संदल' रखते थे। इनका 'दीवाने संदल' कहीं-कहीं मिलता है। इनका कविताकाल संवत् 1820 से 1850 तक माना जा सकता है। इनका एक सवैया नीचे दिया जाता है–

ब्रजवारी गँवारी दै जानै कहा, यह चातुरता न लुगायन में।
पुनि वारिनी जानि अनारिनी है, रुचि एती न चंदन नायन में।।
छबि रंगसुरंग के बिंदु बने, लगै इंद्रबधू लघुतायन में।
चित जो चहै दी चकि से रहैं दी, केहि दी मेहँदी इन पाँयन में।।

43. देवकीनंदन : ये कन्नौज के पास मकरंदनगर ग्राम के रहने वाले थे। इनके पिता का नाम सषली शुक्ल था। इन्होंने संवत् 1841 में 'श्रृंगारचरित्र' और 1857 में ये कुँवर सरफराज गिरि नामक रस और अलंकार के ग्रंथ बनाए। संवत् 1843 में ये कुंवर सरफराज गिरि नामक किसी धनाढ्य महंत के यहाँ थे जहाँ इन्होंने 'सरफराजचंद्रिका' नामक अलंकार का ग्रंथ लिखा। इसके उपरांत ये रुद्दामऊ (जिला-हरदोई) के रईस अवधूत सिंह के यहाँ गये जिनके नाम पर 'अवधूतभूषण' बनाया। इनका एक नखशिख भी है। शिवसिंह को इनके इस नखशिख का ही पता था, दूसरे ग्रंथों का नहीं।

'श्रृंगारचरित्र' में रस, भाव, नायिकाभेद आदि के अतिरिक्त अलंकार भी आ गये है। 'अवधूतभूषण' वास्तव में इसी का कुछ प्रविर्द्धत रूप है। इनकी भाषा मँजी हुई और भाव प्रौढ़ हैं। बुद्धिवैभव भी इनकी रचना में पाया जाता है। कहीं-कहीं कूट भी इन्होंने कहे हैं। कलावैचित्र्य की और अधिक झुकी हुई होने पर भी इनकी कविता में लालित्य और माधुर्य पूरा है। दो कवित्त नीचे दिये जाते हैं–

बैठी रँग रावट में हेरत पिया की बाट,
आए न बिहारी भई निपट अधीर मैं।
देवकीनंदन कहै स्याम घटा घिरि आई,
जानि गति प्रलय की डरानी बहु, वीर मैं।।
सेज पै सदासिव की मूरति बनाय पूजी,
तीनि डर तीनहू की करी तदबीर मैं।

पाखन में सामरे, सुलाखन में अखैवट,
ताखन में लाखन की लिखी तसवीर मैं॥
× × × × ×
मोतिन की माल तोरि चीर, सब चीरि डारै,
फेरि कै न जैहौं आली, दुख बिकरारे हैं।
देवकीनंदन कहै नोखे नागछौनन के,
अलकैं प्रसून नोचि-नोचि निरबारे हैं॥
मानि मुख चंदभाव चोंच दई अधरन,
तीनौ ये निकंजन में एकै तार तोर हैं।
ठौर-ठौर डोलत मराल मतवारे, तैसे,
मोरे मतवारे त्यों चकोर मतवारे हैं॥

44. महाराज रामसिंह : ये नरवलगढ़ के राजा थे। इन्होंने रस और अलंकार पर तीन ग्रंथ लिखे हैं-अलंकार दर्पण, रसनिवास (सं. 1839) और रसविनोद (सं. 1860)। अलंकार दर्पण दोहों में है। नायिकाभेद भी अच्छा है। ये एक अच्छे और प्रवीण कवि थे। उदाहरण लीजिए–

सोहत सुंदर स्याम सिर, मुकुट मनोहर जोर।
मनो नीलमनि सैली पर, नाचत राजत मोर॥
दमकन लागी दामिनी, करन लगे घन रोर।
बोलति माती कोइलै, बोलत माते मोर॥

45. भान कवि : इनके पूरे नाम तक का पता नहीं। इन्होंने संवत् 1845 में 'नरेंद्रभूषण' नामक अलंकार का एक ग्रंथ बनाया जिससे केवल इतना ही पता लगता है कि ये राजा जोरावरसिंह के पुत्र थे और राजा रनजोर सिंह बुंदेल के यहाँ रहते थे। इन्होंने अलंकारों के उदाहरण शृंगाररस के प्राय: बराबर ही वीर, भयानक, अद्भुत आदि रसों के रखे हैं। इसमें इनके ग्रंथ में कुछ नवीनता अवश्य दिखाई पड़ती है जो शृंगार के सैकड़ों वर्ष के पिष्टपेषण के ऊबे हुए पाठक को विराम-सा देती है। इनकी कविता में भूषण की-सी फड़क और प्रसिद्ध शृंगारियों की-सी तन्मयता और मधुरता तो नहीं है, पर रचना प्राय: पुष्ट और परिमार्जित है–

रसमतवारे ये जोरावर दुलारे तब,
बाजत नगारे भए गालिब दिलीस पर।
दल के चलत भर-भर होत चारों ओर,
चालति धरनि भारी भार सों फनीस पर॥
देखि कै समर सनमुख भयो ताहि समै,
बरनत भान पैज कै-कै बिसे बीस पर।
तेरी समसेर की सिफत सिंह रनजोर,
लखी एकै साथ हाथ अरिन के सीस पर॥
× × × × ×
घन से सघन स्याम, इंदु पर छाय रहे,
बैठी तहाँ असित द्विरेफन की पाँति-सी।
तिनके समीप तहाँ खंज की-सी जोरी, लाल!

आरसी से अमल निहारे बहु भाँति-सी॥
ताके ढिग अमल ललौहैं बिबि विद्रुम-से,
फरकति ओप जामैं मोतिन की कांति-सी।
भीतर ते कढ़ति मधुर बीन कैसी धुनि,
सुनि करि भान परि कानन सुहाति-सी॥

46. थान कवि : ये चंदन बंदीजन के भानजे थे और डौंड़ियाखेरे (जिला-रायबरेली) में रहते थे। इनका पूरा नाम भानराय था। इनके पिता निहालराय, पितामह महासिंह और प्रपितामह लालराय थे। इन्होंने संवत् 1848 में 'दलेलप्रकाश' नामक एक रीतिग्रंथ चँड़रा (बैसवारा) के रईस दलेल सिंह के नाम पर बनाया। इस ग्रंथ में विषयों का कोई क्रम नहीं है। इसमें गुणविचार रस, भाव भेद, गुण-दोष आदि का कुछ निरूपण है और कहीं-कहीं अलंकारों के कुछ लक्षण आदि भी दे दिये गये हैं। कहीं राग-रागिनियों के नाम आये, तो उनके भी लक्षण कह दिये। पुराने टीकाकारों की-सी गति है। अंत में चित्रकाव्य भी रखे हैं। सारांश यह कि इन्होंने कोई सर्वांगपूर्ण ग्रंथ बनाने के उद्देश्य से इसे नहीं लिखा है। अनेक विषयों में अपनी निपुणता का प्रमाण-सा इन्होंने उपस्थित किया है। ये इसमें सफल हुए हैं, यह अवश्य कहना पड़ता है कि जो विषय लिया है उस पर उत्तम कोटि की रचना की है। भाषा में मंजुलता और लालित्य है। ह्रस्व वर्णों की मधुर योजना इन्होंने सुंदर की है। यदि अपने ग्रंथ को इन्होंने भानमती का पिटारा न बनाया होता और एक ढंग पर चले होते तो इनकी बड़े कवियों की-सी ख्याति होती; इनकी रचना के दो नमूने देखिए-

दासन पै दाहिनी परम हंसवाहिनी हौ,
पोथी कर, बीना सुरमंडल मढ़त है।
आसन कँवल, अंग अंबर धवल,
मुख चंद रो अँवल, रंग नवल चढ़त है॥
ऐसी मातु भारती की आरति करत थान,
जाको जस बिधि ऐसो पंडित पढ़त है।
ताकी दयादीठि लाख पाथर निराखर के,
मुख ते मधुर मंजु आखर कढ़त है॥

× × × × ×

कलुषहरनि सुखकरनि सरनजन,
बरनि-बरनि जस कहत घर निधर।
कलिमलकलित बलितअप खलगन,
लहत परमपद कुटिल कपटतर॥
मदनकदन सुरसदन बदन ससि,
अमल नवल दुति भजन भगतवर।
सुर सरि! तव जल दरस परस करि,
सुर सरि सुभगति लहत अधम नर॥

47. बेनी बंदीजन : ये बैंती (जिला-रायबरेली) के रहने वाले थे और अवध के प्रसिद्ध वजीर महाराज टिकैत राय के आश्रय में रहते थे। उन्हीं के नाम पर इन्होंने 'टिकैतरायप्रकाश'

नामक अलंकारग्रंथ, सवंत् 1849 में बनाया। अपने दूसरे ग्रंथ 'रसविलास' में इन्होंने रसनिरूपण किया है। ये अपने दोनों ग्रंथों के कारण इतने प्रसिद्ध नहीं हैं जितने कि अपने भँड़ौवों के लिए। इनके भड़ौवों का एक संग्रह 'भड़ौवासंग्रह' के नाम से 'भारत जीवन प्रेस' द्वारा प्रकाशित हो चुका है।

भँड़ौवा हास्यरस के अंतर्गत आता है। इसमें किसी की उपहासपूर्ण निंदा रहती है। यह प्राय: सब देशों में साहित्य का अंग रहा है। जैसे फारसी और उर्दू की शायरी में 'हजों' का एक विशेष स्थान है वैसे ही अँगरेजी में सटायर (satire) का। पूरबी साहित्य में 'उपहासकाव्य' के लक्ष्य अधिकतर कंजूस अमीर या आश्रयदाता ही रहे हैं और यूरोपीय साहित्य में समसामयिक कवि और लेखक। इसमें यूरोप के उपहास काव्य में साहित्यिक मनोरंजन की सामग्री अधिक रहती थी। उर्दू साहित्य में सौदा 'हजों' के लिए प्रसिद्ध है। उन्होंने किसी अमीर के दिये घोड़े की इतनी हँसी की है कि सुनने वाले लोटपोट हो जाते हैं। इसी प्रकार किसी कवि ने औरंगजेब की दी हुई हथिनी की निंदा की है–

तिमिरलंग लइ मोल, चली बाबर के हलके।
रही हुमायूँ संग फेरि अकबर के दल के॥
जहाँगीर जस लियो पीठि को भार हटायो।
साहजहाँ करि न्याव ताहि पुनि माँड़ि चटायो॥
बलरहित भई, पौरुष थक्यो, भगी फिरत बन स्यार डर।
औरंगजेब करिनी सोई लै दीन्हीं कविराज कर॥

इस पद्धति के अनुयायी बेनी जी ने भी कहीं बुरी रजाई पाई तो उसकी निंदा की, कहीं छोटे आम पाये तो उसकी निंदा जी खोल कर की।

पर जिस प्रकार उर्दू के शायर कभी-कभी दूसरे कवि पर भी छींटा दे दिया करते हैं। उसी प्रकार बेनी जी ने भी लखनऊ के ललकदास महंत (इन्होंने 'सत्योपाख्यान' नामक एक ग्रंथ लिखा है, जिसमें रापकथा बड़े विस्तार से चौपाइयों में कही है) पर कुछ कृपा की है। जैसे 'बाजे बाजे ऐसे डलमऊ में बसंत जैसे मऊ के जुलाहे, लखनऊ के ललकदास'। इनका 'टिकैतप्रकाश' संवत् 1849 में और 'रसविलास' संवत् 1874 में बना। अत: इनका कविताकाल संवत् 1849 से 1890 तक माना जा सकता है। इनकी कविता के कुछ नमूने देखिए–

अलि डसे अधर सुगंध पाय आनन को,
कानन में ऐसे चारु चरन चलाए हैं।
फटि गई कंचुकी लगे तें कंट कुंजन के,
बेनी बलहीन खोली, बार छबि छाए हैं।
बैग तें गवन कीनी, धक धक होत सीनो,
ऊरध उसासै तन सेद सरसाए हैं।
भल प्रीति पाली बनमाली के बुलाइबे को,
मेरे हेत आली बहुतरे दुख पाए हैं।

× × × × ×

घर-घर घाट-घाट बाट-बाट ठाट ठटे,
बेला और कुबेला फिरैं चेला लिये आस-पास।

कविन सो बाद करैं, भेद बिन नाद करैं,
महा उनमाद करैं, धरम-करम नास,
बेनी कवि कहैं बिभिचारिन को बादसाह,
अतन प्रकासत न सतन सरम तास।
ललना ललक, नैन मैन की झलक,
हँसि हेरत अलक रद खलक ललकदास॥

× × × × ×

चींटी को चलावै को? मसा के मुख आपु जाय,
स्वास की पवन लागे कोसन भगत है।
ऐनक लगाए मरु-मरु के निहारे जात,
अनु परमानु की समानता खगत है॥
बेनी कवि कहै हाल कहाँ लौं बखान करौं
मेरी जान ब्रह्म को बिचारिबो सुगत है।
ऐसे आम दीन्हें दयाराम मन मोद करि,
जाके आके सरसों सुमेरु-सी लगत है॥

48. बेनी प्रवीन : ये लखनऊ के वाजपेयी थे और लखनऊ के बादशाह गाजीउद्दीन हैदर के दीवान राजा दयाकृष्ण कायस्थ के पुत्र नवलकृष्ण उर्फ ललन जी के आश्रय में रहते थे जिनकी आज्ञा से संवत् 1874 में इन्होंने 'नवरसतरंग' नामक ग्रंथ बनाया। इसके पहले 'श्रृंगारभूषण' नामक एक ग्रंथ ये बना चुके थे। ये कुछ दिन के लिए महाराज नानाराव के पास बिठूर भी गये थे और उनके नाम पर 'नानारावप्रकाश' नामक अलंकार का एक बड़ा ग्रंथ कविप्रिया के ढंग पर लिखा था। खेद है इनका कोई ग्रंथ अब तक प्रकाशित न हुआ। इनके फुटकल कवित्त तो इधर-उधर बहुत कुछ संगृहीत और उद्धृत मिलते हैं। कहते हैं कि बेनी बंदीजन (भँड़ोवावाले) से इनसे एक बार कुछ वाद हुआ था जिससे प्रसन्न होकर उन्होंने इन्हें 'प्रवीन' की उपाधि दी थी। पीछे से रुग्ण होकर ये सपत्नीक आबू चले गये और वहीं इनका शरीरपात हुआ। इन्हें कोई पुत्र न था।

इनका 'नवरसतरंग' बहुत ही मनोहर ग्रंथ है। उसमें नायिकाभेद के उपरांत रसभेद और भाव-भेद का संक्षेप में निरूपण हुआ है। उदाहरण और रसों के भी दिये हैं पर रीतिकाल के रस संबंधी और ग्रंथों की भाँति यह श्रृंगार का ही ग्रंथ है। इनमें नायिका भेद के अंतर्गत प्रेमक्रीड़ा की बहुत ही सुंदर कल्पनाएँ भरी पड़ी हैं। भाषा इनकी बहुत साफ सुथरी और चलती है, बहुतों की भाषा की तरह लद्दू नहीं। ऋतुओं के वर्णन भी उद्दीपन की दृष्टि से जहाँ तक रमणीय हो सकते हैं किये गये हैं, जिनमें प्रथानुसार भोगविलास की सामग्री भी बहुत कुछ आ गयी हैं। अभिसारिका आदि कुछ नायिकाओं के वर्णन बड़े ही सरस हैं। ये ब्रजभाषा के मतिराम ऐसे कवियों के समकक्ष हैं और कहीं-कहीं तो भाषा और भाव के माधुर्य में पद्माकर तक से टक्कर लेते हैं। जान पड़ता है, श्रृंगार के लिए सवैया ये विशेष उप युक्त समझते थे। कविता के कुछ नमूने उद्धृत किये जाते हैं–

भोर ही न्योति गई ती तुम्हें वह गोकुल गाँव की ग्वालिनि गोरी।
आधिक राति लौं बेनी प्रवीन कहा ढिग राखि करी बरजोरी॥

आवै हँसि मोहिं देखत लालन, भाल में दीन्हीं महावर घोरी।
एते बड़े ब्रजमंडल में न मिली कहुँ माँगेहु रंचक रोरी॥
जान्यौं न मैं ललिता अलि ताहि जो सोवत माँहि गई करि हाँसी।
लाए हिए नख केहहिर के सम, मेरी तदु नहिं नींद बिनाँसी॥
लै गयी अंबर बेनी प्रवीन ओढ़ाय लटी दुपटी दुखरासी।
तोरि तनी, तन छोर अभूषन भूलि गयी गर देन को फाँसी॥
घनसार पटीर मिलै मिलै नीर चहै तन लावै न लावै चहै।
न बुझे बिरहागिन झार झरी हू चहै घन लागे न लावै चहै॥
हम टेरि सुनावितं बेनी प्रवीन चहै मन लावै, न लावै चाहै।
अब आवै बिदेस तें पीतम गेह चहै धन लावै, न लावै चहै॥
काल्हि की गूँथी बाबा की सौं मैं गजमोतिन की पहिरी अति आला।
आई कहाँ ते यहाँ पुखराज की, संग एई सुनि बैनन नैन रसाला।
जानति ना अंग की बदली, सब सों, 'बदली-बदली' कहै माला॥

× × × × ×

सोभा पाई कुंज भौन जहाँ-जहाँ कीन्हों गौन,
सरस सुगंध पौन पाई मधुपनि है।
बीथिन बिथीरे मुकताहल मराल पाए,
आली दुसाल साल पाए अनगनि हैं॥
रैन पाई चाँदनी फटक-सी चटक रुख,
सुख पायो पीतम प्रबीन बेनी धनि है।
बैन पाई सारिका, पढ़न लागी कारिका,
सो आई अभिसारिका कि चारु चिंतामनि हैं।

49. जसवंतसिंह द्वितीय : ये बघेल क्षत्रिय और तेरवाँ (कन्नौज के पास) के राजा थे और बड़े विद्याप्रेमी थे। इनके पुस्तकालय में संस्कृत और भाषा के बहुत-से ग्रंथ थे। इनका कविताकाल संवत् 1856 अनुमान किया गया है। इन्होंने दो ग्रंथ लिखे एक 'शालिहोत्र' और दूसरा 'शृंगारशिरोमणि'। यहाँ इसी दूसरे ग्रंथ से प्रयोजन है, जो शृंगाररस का एक बड़ा ग्रंथ हैं। कविता साधारण है। एक कवित्त देखिए–

घनन के ओर, सोर चारों ओर मोरन के,
अति चितचोर तैसे अंकुर मनै रहैं।
कोकिलन कूक हूक होति बिरहीन हिय,
लूक से जगत चीर चारन चुनै रहैं॥
झिल्ली झनकार तैसो पिकन पुकार डारी,
मारि डारी-डारी द्रुम अंकुर सु नै रहैं।
लुनैं रहैं ग्रान प्रानप्यारे जसवंत बिनु,
करि पीरे लाल ऊदे बादर उनै रहैं॥

50. यशोदानंदन : इनका कुछ भी वृत्त ज्ञात नहीं। शिवसिंहसरोज में जन्म संवत् 1828 लिखा पाया जाता है। इनका एक छोटा-सा ग्रंथ 'बरवै नायिका भेद' ही मिलता है जो निस्संदेह

अनूठा है और रहीम वाले से अच्छा नहीं तो उसकी टक्कर का है। इनमें 9 बरवै संस्कृत में और 53 ठेठ अवधी भाषा में हैं। अत्यंत मृदु और कोमल भाव, अत्यंत सरल और स्वाभाविक रीति से व्यंजित हैं। भावुकता ही कवि की प्रधान विभूति है। इस दृष्टि से इनकी यह छोटी-सी रचना बहुत ही बड़ी रचनाओं से मूल्य में बहुत अधिक है। कवियों की श्रेणी में ये निस्संदेह उच्च स्थान के अधिकारी हैं। इनके बरवै के नमूने देखिए–

(संस्कृत) **यदि च भवति बुधमिलनं किं त्रिदिवेन।**
यदि च भवि शठमिलनं किं निरयेण॥

× × × × ×

(भाषा) **अहिरिनि मन कै गहिरिनि उतरु न देइ।**
नैना करै मथनिया, मन मथि लेइ॥
तुरकिनि जाति हुरुकिनी अति इतराइ।
छुवन न देइ इजरवा मुरि-मुरि जाइ॥
पीतम तुम कचलोइया, हम गजबेलि।
सारस के असि जोरिया फिरौं अकेलि॥

51. करन कवि : ये षट्कुल कान्यकुब्जों के अंतर्गत पांडे थे और छत्रसाल के बंशधर पन्नानरेश महाराज हिंदूपति की सभा में रहते थे। इनका कविताकाल संवत् 1860 के लगभग माना जा सकता है। इन्होंने 'साहित्यरस' और 'रसकल्लोल' नामक दो रीतिग्रंथ लिखे हैं। 'साहित्य' में इन्होंने लक्षण, व्यंजना, ध्वनिभेद, रसभेद, गुण-दोष आदि काव्य के प्राय: सब विषयों का विस्तार से वर्णन किया है। इस दृष्टि से यह एक उत्तम रीतिग्रंथ है। कविता भी इनकी सरस और मनोहर है। इससे इनका एक सुविज्ञ कवि होना सिद्ध होता है। एक कवित्त देखिए–

कंटकित होत गात बिपिन समाज देखि,
हरी-हरी भूमि हेरि हियो लरजतु है।
एते पै करन धुनि परति मयूरन की,
चातक पुकारि तेह ताप सरजतु है॥
निपट चवाई भाई बंधु जे बसत गाँव,
पाँव परे जानि कै न कोऊ बरजतु है।
अरज्यो न मानी तू न गरज्यो चलत बार,
एरे घन बैरी! अब काहे गरजतु है॥

× × × × ×

खल खंडन मंडन धरनि, उद्धत उदित उदंड।
दसमंडन दारुन समर, हिंदुराज भुजदंड॥

52. गुरदीन पांडे : इनके संबंध में कुछ ज्ञात नहीं। इन्होंने संवत् 1860 में 'बागमनोहर' नामक एक बहुत ही बड़ा रीतिग्रंथ कविप्रिया की शैली पर बनाया। 'कविप्रिया' से इसमें विशेषता यह है कि इसमें पिंगल भी आ गया है। इस एक ही ग्रंथ में पिंगल, रस, अलंकार, गुण, दोष, शब्दशक्ति आदि सब कुछ अध्ययन के लिए रख दिया गया है। इससे वह साहित्य का एक सर्वांगपूर्ण ग्रंथ कहा जा सकता है। इसमें हर प्रकार के छंद हैं। संस्कृत के वर्णवृत्तों में बड़ी

सुंदर रचना है। यह अत्यंत रोचक और उपादेय ग्रंथ है। कुछ पद्य देखिए–

मुखससी ससि दून कलाधरे। कि मुकुतागन जावक में भरे।
ललित कुंदकली अनुहारि के। दसन हैं वृषाभानु कुमारि के॥
सुखद जंत्र की माल सुहाग के। ललित मंत्र किधों अनुराग के।
भ्रकुटि यों वृषभानु सुता लसै। जनु अनंग सरासन को हँसै॥
मुकुर तौ पर दीपति को धनी ससि कलंकित, राहु बिथा घनी।
अपर ना उपमा जग में लहै। तब प्रिया! मुख के सम को कहै?

53. ब्रह्मदत्त : ये ब्राह्मण थे और काशीनरेश महाराज उदितनारायण सिंह के छोटे भाई बाबू दीपनारायण सिंह के आश्रित थे। इन्होंने संवत् 1860 में 'विद्वद्विलास' और 1865 में 'दीपप्रकाश' नामक एक अच्छा अलंकार का ग्रंथ बनाया। इनकी रचना सरल और परिमार्जित हैं। आश्रयदाता की प्रशंसा में यह कवित्त देखिए–

कुसल कलानि में, करनहार कीरति को,
कवि कोविदन को कलप तरुवर है।
सील सनमान बुद्धि विद्या को निधान ब्रह्म,
मतिमान हंसन को मानसरवर है॥
दीपनारायन, अवनीप को अनुज प्यारो,
दीन दुख देखत हरत हर बर है।
गाहक गुनी को, निरबाहक दुनी को नीको,
गनी गज बकस गरीबपरवर है॥

54. पद्माकर भट्ट : रीतिकाल के कवियों में सहृदय समाज इन्हें बहुत श्रेष्ठ स्थान देता आया है। ऐसा सर्वप्रिय कवि इस काल के भीतर बिहारी को छोड़ दूसरा नहीं हुआ है। इनकी रचना की रमणीयता ही इस सर्वप्रियता का एकमात्र कारण है। रीतिकाल की कविता इनकी और प्रतापसिंह की वाणी द्वारा अपने पूर्ण उत्कर्ष को पहुँचकर फिर ह्रासोन्मुख हुई। अत: जिस प्रकार ये अपनी परंपरा के परमोत्कृष्ट कवि हैं उसी प्रकार प्रसिद्धि में अंतिम भी। देश में जैसा इनका नाम गूँजा वैसा फिर आगे चलकर किसी और कवि का नहीं।

ये तैलंग ब्राह्मण थे। इनके पिता मोहनलाल भट्ट का जन्म बाँदा में हुआ था। ये पूर्ण पंडित और अच्छे कवि भी थे जिसके कारण इनका कई राजधनियों में अच्छा सम्मान हुआ था। ये कुछ दिनों तक नागपुर के महाराज रघुनाथ राव (अप्पा साहब) के यहाँ रहे, फिर पन्ना के महाराज हिंदूपति के गुरु हुए और कई गाँव प्राप्त किये। वहाँ से वे फिर जयपुर नरेश महाराजा प्रतापसिंह के यहाँ जा रहे थे इन्हें 'कविराजशिरोमणि' की पदवी और अच्छी जागीर मिली। उन्हीं के पुत्र सुप्रसिद्ध पद्माकर जी हुए। पद्माकर जी का जन्म संवत् 1810 में बाँदा में हुआ। इन्होंने 80 वर्ष की आयु भोगकर अंत में कानपुर गंगातट पर संवत् 1890 में शरीर छोड़ा। ये कई स्थानों पर रहे। सुगरा के नोने अर्जुन सिंह ने इन्हें अपना मंत्रगुरु बनाया। संवत् 1849 में ये गोसाई अनूपगिरि उपनाम हिम्मतबहादुर के यहाँ गये जो बड़े अच्छे योद्धा थे और पहले बाँदा के नवाब के यहाँ थे, फिर अवध बादशाह के यहाँ सेना के बड़े अधिकारी हुए थे। इनके नाम पर पद्माकर जी ने 'हिम्मतबहादुर विरुदावली' नाम की एक वीर रस की बहुत ही फड़कती हुई पुस्तक लिखी। संवत् 1856 में ये सितारे के महाराज रघुनाथ राव (प्रसिद्ध

राघोवा) के यहाँ गये और एक हाथी, एक लाख रुपया और दस गाँव पाये। इसके उपरांत पद्माकर जी जयपुर के महाराज प्रतापसिंह के यहाँ पहुँचे और वहाँ बहुत दिनों तक रहे। महाराज प्रतापसिंह के पुत्र महाराज जगतसिंह के समय में भी ये बहुत काल तक जयपुर रहे और उन्हीं के नाम पर अपना प्रसिद्ध गंथ 'जगद्विनोद' बनाया। ऐसा जान पड़ता है कि जयपुर में ही इन्होंने अपना अलंकार ग्रंथ 'पद्माभरण' बनाया जो दोहों में है। ये एक बार उदयपुर के महाराजा भीमसिंह के दरबार में भी गये थे जहाँ इनका बहुत अच्छा सम्मान हुआ था। महाराणा साहब की आज्ञा से इन्होंने 'गनगौर' के मेले का वर्णन किया था। महाराज जगतसिंह का परलोकवास संवत् 1860 में हुआ। अतः उसके अनंतर ये गवालियर के महाराज दौलत राव सिंधिया के दरबार में गये और यह कवित्त पढ़ा–

मीनागढ़ बंबई सुमंद मंदराज बंग,
बंदर को बंद करि बंदर बसावैगो।
कहै पदमाकर कसकि कासमीर हू को,
पिंजर सों घेरि के कलिंजर छुड़ावैगो।
बाँका नृप दौलत अलीजा महाराज कबौं,
सजि दल पकिरि फिरंगिन दबावैगो।
दिल्ली दहपट्टि, पटना हू को झपट्ट करि,
कबहूँक लत्ता कलकत्ता को उड़ावैगो।

सिंधिया के दरबार में भी इनका अच्छा मान हुआ। कहते हैं कि वहाँ सरदार ऊदा जी के अनुरोध से इन्होंने हितोपदेश का भाषानुवाद किया था। ग्वालियर से ये बूँदी गये और वहाँ से फिर अपने घर बाँदा में आ रहे। आयु के पिछले दिनों में ये रोगग्रस्त रहा करते थे। उसी समय इन्होंने 'प्रबोधपचासा' नामक विराग और भक्तिरस से पूर्ण ग्रंथ बनाया। अंतिम समय निकट जान पद्माकर जी गंगा के तट के विचार से कानपुर चले आये और वहीं अपने जीवन के शेष सात वर्ष पूरे किये। अपनी प्रसिद्ध 'गंगालहरी' इन्होंने इसी समय के बीच बनायी थी।

'रामरसायन' नामक वाल्मीकि रामायण का आधार लिखा हुआ एक चरितकाव्य भी इनका दोहे-चौपाइयों में है पर उसमें इन्हें काव्यसंबंधिनी सफलता नहीं हुई है। संभव है वह इनका न हो।

मतिराम जी के 'रसराज' के समान पद्माकर जी का 'जगद्विनोद' भी काव्यरसिकों और अभ्यासियों दोनों का कंठहार रहा है। वास्तव में यह श्रृंगार रस का सारग्रंथ-सा प्रतीत होता है। इनकी मधुर कल्पना ऐसी स्वाभाविक और हावभावपूर्ण मूर्तिविधान करती है कि पाठक मानो प्रत्यक्ष अनुभूति में मग्न हो जाता है। ऐसी सजीव मूर्तिविधान करने वाली कल्पना बिहारी को छोड़कर और किसी कवि में नहीं पायी जाती। ऐसी कल्पना असमर्थ पदावली के बीच व्यर्थ फड़फड़ाया करती है। कल्पना और वाणी के साथ जिस भावुकता का संयोग होता है वही उत्कृष्ट काव्य के रूप में विकसित हो सकती है। भाषा की सब प्रकार की शक्तियों पर इस कवि का अधिकार दिखाई पड़ता है। कहीं तो इनकी भाषा स्निग्ध, मधुर पदावली द्वारा एक सजीव भावभरी प्रेम मूर्ति खड़ी करती है, कहीं भाव या रस की धारा बहाती है, कहीं अनुप्रासों की मीलित झंकार उत्पन्न करती है, कहीं वीरदर्पण से क्षुब्ध वाहिनी के समान अकड़ती हुई और कड़कती हुई चलती है और कहीं प्रशांत सरोवर के समान स्थिर और गंभीर होकर मनुष्य

जीवन को विश्रांति की छाया दिखाती है। सारांश यह कि इनकी भाषा में वह अनेकरूपता है जो एक बड़े कवि में होनी चाहिए। भाषा की ऐसी अनेकरूपता गोस्वामी तुलसीदास जी में दिखाई पड़ती है।

अनुप्रास की प्रवृत्ति तो हिंदी के प्रायः सब कवियों में आवश्यकता से अधिक रही है। पद्माकर जी भी उनके प्रभाव से नहीं बचे हैं। पर थोड़ा ध्यान देने पर यह प्रवृत्ति इनमें अरुचिकर सीमा तक कुछ विशेष प्रकार के पद्यों में ही मिलेगी। जिनमें यह जानबूझकर शब्द चमत्कार प्रकट करना चाहते थे। अनुप्रास की दीर्घ शृंखला अधिकतर इनके वर्णनात्मक (डिस्क्रिप्टिव) पद्यों में पायी जाती है। जहाँ मधुर कल्पना के बीच सुंदर कोमल भावतरंग का स्पंदन है वहाँ की भाषा बहुत ही चलती, स्वाभाविक और साफ-सुथरी है। वहाँ अनुप्रास भी है तो बहुत संयत रूप में। भावमूर्तिविधायिनी कल्पना का क्या कहना है? ये ऊहा के बल पर कारीगरी के मजमून बाँधन के प्रयासी कवि न थे। हृदय की सच्ची स्वाभाविक प्रेरणा इनमें थी। लाक्षणिक शब्दों के प्रयोग द्वारा कहीं-कहीं ये मन की अव्यक्त भावना को ऐसा मूर्तिमान कर देते हैं कि सुनने वालों का हृदय आप-से आप हामी भरता है। यह लाक्षणिकता भी इनकी एक बड़ी भारी विशेषता है।

पद्माकरजी की कविता के कुछ नमूने नीचे दिये जाते हैं–

फागु की भीर, अभीरिन में गहि गोवंद लै गई भीतर गोरी।
भाई करी मन की पद्माकर, ऊपर नाई अबीर की झोरी।
छीनि पितंबर कम्मर तें सु बिदा दई मीड़ि कपोलन रोरी।
नैन नचाय कही मुसुकाय, 'लला फिर आइयो खेलन होरी'॥

× × × × ×

आई संग बालिन के ननद पठाई नीठि,
सोहन सोहाई सीस ईड़री सुपट की।
कहैं पद्माकर गंभीर जमुना के तीर,
लागी घट भरन नवेली नेह अटकी।
ताही समै मोहन जो बाँसुरी बजाई, तामें।
मधुर मलार गाई और बंसीवट की।
तान लागे लटकी, रही न सुधि घुँघट की,
घर की, न घाट की, न बाट की, न घट की॥

× × × × ×

गोकुल के, कुल के, गली के गोप गाँवन के
जौ लगि कछू को कछू भाखत भनै नहीं।
कहै पद्माकर परोस पिछवारन के
क्षरन पद्माकर परोस पिछवारन के
द्वारन के दौरे गुन-औगुन गनै नहीं।
तौ लौं चलि चातुर सहेली! याही कोद कहूँ
नीके कै निहारै ताहि, भरत मनै नहीं।
हौं तौ स्याम रंग में चोराई चित चोराचोरी

बोरत तौ बोर्‌यो, पै निचोरत बनै नहीं॥

× × × × ×

आरस सो आरत, सँभारत न सीस पट,
गजब गुजारति गरीबन की धार पर।
कहैं पद्‌माकर सुरा सों सरसार तैसे,
बिथुरि बिराजै बार हीन के हार पर।
छाजत छबीले छिति छहरि छरा के छोर,
भोर उठि आई केलिमंदिर के द्वार पर।
एक पग भीतर और एक देहरी पै धरे,
एक कर कंज, एक कर है किवार पर॥

× × × × ×

मोहि लखि सोवत बिथोरिगो सुबेनी बनी,
तोरिगो हिए को हार, छोरिगो सुगैया को।
कहैं पद्‌माकर त्यों घोरिगो घनेरो दुख,
बोरिगो बिसासी आज लाज ही की नैया को।
अहित अनैसो ऐसो कौन उपहास?, यातें,
सोचन खरी मैं परी जोवति जुन्हैयाको
बूझिहैं चवैया तब कैहौं कहा, दैया!
इत पारिगो को मैया! मेरी सेज पै कन्हैया को?

× × × × ×

एहो नंदलाल! ऐसी व्याकुल परी है बाल,
ह्राल ही चलौ तौ चलौ, जोरे जुरि जायगी।
कहैं पद्‌माकर नहीं तौ ये झकोरे लगै,
ओरे लौं अचाका बिन घोरे घुरि जायगी।
सीरे उपचारन घनेरे घनसारन सों,
देखत ही देखौ दामिनी लौं दुरि जायगी।
तौ ही लगि चैन जौलौं चेतिहै न चंदमुखी,
चेतैगी कहूँ तौ चाँदनी में चुरि जायगी॥

× × × × ×

चालो सुनि चंदमुखी चित में सुचैन करि,
तित हिबन बागन घनेरे अलि घूमि रहे।
कहैं पद्‌माकर मयूर मंजु नाचत हैं,
चाय सों चकोरनी चकोर चूमि-चूमि रहे।
कदम, अनार, आम, अगर, असोक थोक,
लतनि समेत लोने-लोले लगि भूमि रहे।
फूलि रहे, फलि रहे, फबि रहे, फैलि रहे,
झपि रहे, झलि रहे, झुकि रहे, झूमि रहे॥

× × × × ×

तीखे तेगवाही जे सिलाही चढ़ै घोड़न पै,
स्याही चढ़ै अमित अरिंदन की ऐल पै।
कहैं पद्माकर निसान चढ़ै हाथिन पै,
धूरि धार चढ़ै पाकसासन के सैल पै।
साजि चतुरंग चमू जंग जीतिबे के हेतु,
हिम्मत बहादुर चढ़त फर फैल पै।
लाली चढ़ै मुख पै, बहाली चढ़ै बाहन पै,
काली चढ़ै सिंह पै, कपाली चढ़ै बैल पै।।

× × × × ×

ऐ ब्रजचंद गोविंद गोपाल! सुन्यो क्यों न एते कलाम किए मैं।
त्यों पद्माकर आनंद के नंद हौ, नंदनंदन! जानि लिए मैं।
माखन चोरी कै खोरिन ह्वै चले भाजि कछू भय मानि जिए मैं।
दूरि न दौरि दुर्‌यो जौ चहौ तौ दुरौ किन मेरे अँधेरे हिए मैं।।

55. ग्वाल कवि– ये मथुरा के रहने वाले बंदीजन सेवाराम के पुत्र थे। ये ब्रजभाषा के अच्छे कवि हुए हैं। इनका कविताकाल संवत् 1879 से संवत् 1918 तक है। अपना ग्रंथ 'यमुना लहरी' इन्होंने संवत् 1879 में और अंतिम ग्रंथ 'भक्तभावना' संवत् 1919 में बनाया। रीति ग्रंथ इन्होंने चार लिखे हैं–ससिकानंद (अलंकार), रसरंग (संवत् 1904), कृष्णजू को लखशिख (संवत् 1884) और दूषणदर्पण (संवत् 1891)। इनके अतिरिक्त इनके दो ग्रंथ और मिले हैं– हम्मीर हठ (संवत् 1881) और गोपीपच्चीसी।

और भी दो ग्रंथ इनके लिखे कहे जाते हैं–'राधामाधव मिलन' और 'राधा अष्टक'। 'कविहृदयविनोद' इनकी बहुत-सी कविताओं का संग्रह है।

रीतिकाल की सनक इनमें इतनी अधिक थी कि इन्हें 'यमुना लहरी' नामक देवस्तुति में भी नवरस और षट् ऋतु सुझाई पड़ी है। भाषा इनकी चलती और व्यवस्थित है। वाग्विदग्धता भी इनमें अच्छी है। षट्ऋतुओं का वर्णन इन्होंने विस्तृत किया है, पर वहीश्रृंगारी उद्दीपन के ढंग का। इसके ऋतुवर्णन के कवित्त लोगों के मुँह से अधिक सुने जाते हैं जिसमें बहुत-से भोगविलास के अमीरी सामान भी गिनाये गये हैं। ग्वाल कवि ने देशाटन अच्छा किया था और इन्हें भिन्न-भिन्न प्रांतों की बोलियों का अच्छा ज्ञान हो गया था। इन्होंने ठेठ पूरबी हिंदी-गुजराती और पंजाबी भाषा में भी कुछ कवित्त, सवैया लिखे हैं। फारसी-अरबी शब्दों का इन्होंने बहुत प्रयोग किया है। सारांश यह कि ये एक विदग्ध और कुशल कवि थे पर कुछ फक्कड़पन लिये हुए। इनकी बहुत-सी कविता बाजारी है। थोड़े-से उदाहरण नीचे दिये जाते हैं–

ग्रीष्म की गजब धुकी है धूप धाम-धाम,
गरमी झुकी है जाम-जाम अति तापिनी।
भीजे खसबीजन झलेहू ना सुखात स्वेद,
गात न सुहात, बात दाता-सी डरापिनी।
ग्वाल कवि कहैं कोरे कुंभन तें कूपन तें,
लै-लै जलधार बार-बार मुख थापिनी।

जब पियो तब पियो, अब पियो फेर अब,
पीबत हूँ पीवत मिटै न प्यास पापिनी॥
× × × × ×
मोरन के सोरन की नैको न मरोर रही,
घोरहू रही न घन घने या फरद की।
अंबर अमल, सर सरिता बिमल भल
पंक को न अंक औ न अड़न गरद की।
ग्वाल कवि चित्त में चकोरल के चैन भए,
पंथिन की दूर भई, दूषन दरद की।
जल पर, थल पर, महल, अचल पर,
चाँदी-सी चमक रही चंदनी सरद की॥
× × × × ×
जाकी खूबखूबी खूब खूबन की खूबी यहाँ,
ताकी खूबखूबी खूबखूबी नभ गाहना॥
जाकी बदजाती बदजाती यहाँ चारन में,
ताकी बदजाती बदजाती ह्वाँ उराहना।
ग्वाल कवि वे ही परमसिद्ध सिद्ध जो है जग,
वे ही परसिद्ध ताकी यहाँ ह्वाँ सराहना।
जाकी यहाँ चाहना है ताकी वहाँ चाहना है,
जाकी यहाँ चाहना है ताकी वहाँ चाह ना॥
× × × × ×
दिया है खुदा ने खूब खुसी करो ग्वाल कवि,
खाव-पियो, देब लेब, यहीं रह जाना है।
राजा राव उमरात केते बादशाह भये,
कहाँ ते कहाँ को गये, लग्यो न ठिकाना है।
ऐसी जिंदगानी के भरोसे पै गुमान ऐसे,
देस-देस घूमि घूमि मन बहलाना है।
आये परवाना पर चलै ना बहाना, यहाँ,
नेकी कर जाना, फेर आना है न जाना है॥

56. प्रतापसाहि : ये रतनसेन बंदीजन के पुत्र थे और चरखारी (बुंदेलखंड) के महाराज विक्रमसाहि के यहाँ रहते थे। इन्होंने संवत् 1882 में 'व्यंग्यार्थकौमुदी' और संवत् 1866 में 'काव्यविलास' की रचना की। इन दोनों परम प्रसिद्ध ग्रंथों के अतिरिक्त निम्नलिखित पुस्तकें इनकी बनायी हुई और हैं–

जयसिंह प्रकाश (संवत् 1852), शृंगारमंजरी (संवत् 1889), शृंगारशिरोगणि (1894), अलंकारचिंतामणि (संवत् 1894), काव्यविनोद (संवत् 1896), रसराज की टीका (संवत् 1896), रत्नचंद्रिका (सतसई की टीका, संवत् 1896), जुगल नखशिख (सीताराम का नखशिख वर्णन), बलभद्र नखशिख की टीका।

इसी सूची के अनुसार इनका कविताकाल संवत् 1880 से 1900 तक ठहरता है। पुस्तकों के नाम से ही इनकी साहित्यमर्मज्ञता और पांडित्य का अनुमान हो सकता है। आचार्यत्व में इनका नाम मतिराम, श्रीपति और दास के साथ आता है और एक दृष्टि से इन्होंने उनके चलाये हुए कार्य को पूर्णता को पहुँचाया था। लक्षणा व्यंजना के उदाहरणों की एक अलग पुस्तक ही 'व्यंग्यार्थ कौमुदी' के नाम से रची। इसमें कवित्त, दोहे, सवैये मिलाकर 130 पद्य हैं जो सब व्यंजना या ध्वनि के उदाहरण हैं। साहित्यमर्मज्ञ तो बिना कहे ही समझ सकते हैं कि ये उदाहरण अधिकतर वस्तुव्यंजना के ही होंगे। वस्तुव्यंजना को बहुत दूर तक घसीटने पर बड़े चक्करदार ऊहापोह का सहारा लेना पड़ता है और व्यंग्यार्थ तक पहुँच केवल साहित्यिक रूढ़ि के अभ्यास पर अवलंबित रहती है। नायिकाओं के भेदों, रसादि के सब अंग तथा भिन्न-भिन्न बँधे अपमाल का अभ्यास ना रखने वाले के लिए ऐसे पद्य पहेली समझिए। उदाहरण के लिए 'व्यंग्यार्थ कौमुदी' का यह सतैया लीजिए–

सीख सिखाई न मानति है, बर ही बस संग सखीन के आवै।
खेलत खेल नये जल में, बिना काम बृथा कत जाम बितावै॥
छोड़ि कै साथ सहेलिन को, रहि कै कहि कौन सवादहि पावै।
कौन परी यह बानि, अरी! नित नीरभरी गगरी ढरकावै॥

सहृदयों की सामान्य दृष्टि में तो वय:संधि कही मधुर क्रीड़ावृत्ति का यह एक परम मनोहर दृश्य है। पर फन में उस्ताद लोगों की आँखें एक और ही ओर पहुँचती हैं। वे इसमें से यह व्यंग्यार्थ निकालते हैं-घड़े के पानी में अपने नेत्र का प्रतिबिंब देख उसे मछलियों का भ्रम होता है। इस प्रकार का भ्रम एक अलंकार है। अत: भ्रम या भ्रांति अलंकार, यही व्यंग्य हुआ। और चलिए। 'भ्रम' अलंकार में 'सादृश्य' व्यंग्य रहा करता है अत: अब इस व्यंग्यार्थ पर पहुँचे कि 'नेत्र मीन के समान हैं। 'अज्ञात यौवना' को हुआ करता है। अत: ऊपर का सवैया अज्ञात यौवना का उदाहरण हुआ। यह इतनी बड़ी अर्थयात्रा रूढ़ि के ही सहारे हुई है। जब तक यह ज्ञात न हो कि कविपरंपरा में आँख की उपमा मछली से दिया करते हैं, तब तक यह सब अर्थ स्फुट नहीं हो सकता।

प्रतापसाहि का यह कौशल अपूर्व है कि उन्होंने एक ग्रंथ के अनुरूप नायिकाभेद के क्रम से सब पद्य रखे हैं जिससे उनके ग्रंथ को जी चाहे तो नायिकाभेद का एक अत्यंत सरस और मधुर ग्रंथ भी कह सकते हैं। यदि हम आचार्यत्व और कवित्व दोनों के एक अनूठे संयोग की दृष्टि से विचार करते हैं तो मतिराम, श्रीपति और दास से ये कुछ बीस ही ठहरते हैं। इधर भाषा की स्निग्ध सुख सरल गति, कल्पना की मूर्तिमता और हृदय की द्रवणशीलता मतिराम, श्रीपति और बेनीप्रवीन के मेल में जाती है तो उधर आचार्यत्व इन तीनों में भी और दास से भी कुछ आगे दिखाई पड़ता है। इनकी प्रखर प्रतिभा ने मानो पद्‌माकर की अनुप्रासयोजना कभी-कभी रुचिकर सीमा के बाहर जा पड़ी है, पर इस भावुक और प्रवीण की वाणी में यह दोष कहीं नही आने पाया है। इनकी भाषा में बड़ा भारी गुण यह है कि यह बराबर एक समान चलती है–उसमें न कहीं कृत्रिम आडंबर का अड़ंगा है, न गति का शैथिल्य और न शब्दों की तोड़-मरोड़। हिंदी के मुक्तक कवियों में समस्यापूर्ति की पद्धति पर रचना करने के कारण एक अत्यंत प्रत्यक्ष दोष देखने में आता हैं। उनके अंतिम चरण की भाषा तो बहुत ही गँठी हुई, व्यवस्थित और मार्मिक होती है पर शेष तीन चरणों में यह बात बहुत ही कम

पायी जाती है। बहुत-से स्थलों पर तो प्रथम तीन चरणों की वाक्यरचना बिल्कुल अव्यवस्थित और बहुत-सी पदयोजना निरर्थक होती है। पर 'प्रातप' की भाषा एकरस चलती है। इन सब बातों के विचार से हम प्रताप जी को पद्माकर के समकक्ष ही बहुत बड़ा कवि मानते हैं।

प्रताप की कुछ रचनाएँ उद्धृत की जाती है-

चचलता अपनी तजि कै रस ही रस सों रस सुंदर पीजियो।
कोऊ कितेक कहै तुमसों तिनकी कही बातन को न पतीजियो।।
चोज चवाइन के सुनियो न यही इक मेरी कही नित कीजियो।
मंजुल मंजरी पै हौ, मलिंद! विचारि कै भार सँभारि कै दीजियो।।

× × × × ×

तड़पै तड़िता चहुँ ओरन तें, छिति छाई समीरन की लहरैं।
मदमाते महा गिरि श्रृंगन पै, गन मंजु मयूरन के कहरैं।
इनकी करनी बरनी न परै, मगरूर गुमानन सों गहरै।
घन ये न भमंडल में छहरैं, घहरैं कहुँ जाय, कहूँ ठहरैं।।

× × × × ×

कानि करै गुरुलोगन की, न सखीन की सीखन ही मन लावति।
ऐंड़ भारी अंगराति खरी, कत घूँघट में नये नैन नचावति।।
मंजन कै दृग अंजन आँजति, अंग अनंग उमंग बढ़ावति।
कौन सुभाव री तेरो पर्‌यो, खिन आँगन में खिन पौरि में आवति।।

× × × × ×

कहा जानि, मन में मनोरथ विचारि कौन,
चेति कौन काज, कौन हेतु उठि आई प्रात।
कहै परताप छिन डोलिबो पगन कहूँ,
अंतर कौ खोलिबो न बोलिबो हमैं सुहात।
ननद जिठानी सतरानी, अनखानी अति,
रित कै रिसानी, सो न हमैं कछु जानी जात।
चाहौ पल बैठ रहौ, चाहौ उठि जाव तौ न ,
हमको हमारी परी, बूझै को तिहारी बात?

× × × × ×

चंचल चपला चारु चमकत चारों ओर ,
झूमि-झूमि धुरवा धरनि परसत है।
सीतल समीर लगै दुखद बियोगिन्ह,
सँयोगिन्ह समाज सुखसाज, सरसत है।
कहैं परताप अति निविड़ अँधेरी माँह,
मारग चलत नाहि नेकु दरसत है।
झुमड़ि झलानि चहुँ कोद में उमड़ि आज,
धाराधर धारन अपार बर सत है।।

× × × × ×

महाराज रामराज सवरो सजत दल,
होत मुख अमल अनंदित महेस के।
सेवत दरीन केते गब्बर गनीम रहैं,
पन्नग पताल त्यों ही डरन खगेस के।
कहै परताप धरा धँसत त्रसत,
कसमसत कमठ पीठि कठिन कलेस के।
कहरत कोल, दहरत हैं दिगीस दल,
लहरत सिंधु, थहरत फन सेसे के।।

57. रसिक गोविंद : ये निंबार्क संप्रदाय के एक महात्मा हरिव्यास की गद्दी के शिष्य थे और वृंदावन में रहते थे। हरिव्यास जी के शिष्यपरंपरा में सर्वेश्वरशरण देव जी बड़े भारी भक्त हुए हैं। रसिक गोविंद जी उन्हीं के शिष्य थे। ये जयपुर (राजपुताना) के रहने वाले और नटाणी जाति के थे। इनके पिता का नाम शालिग्राम, माता का गुमाना, चाचा का मोतीराम और बड़े भाई का बालमुकुंद था। इनका कविताकाल संवत् 1850 से 1890 तक अर्थात् विक्रम की उन्नीसवीं शताब्दी के मध्य से लेकर अंत तक स्थिर होता हैं। अब तक इनके 9 ग्रंथों का पता चला है' संभवत: और भी दोहे होंगे। 9 ग्रंथ ये हैं–

(i) रामायण सूचनिका–33 दोहों में अक्षरक्रम से रामायण की कथा संक्षेप में कही गयी है। यह संवत् 1858 के पहले की रचना है। इसके ढंग का पता इन दोहों से लग सकता है–

चकित भूप बानी सुनत, गुरु बसिष्ठ समुझाय।
दिए पुत्र तब, ताड़का मग में मारी जाय।।
छाँड़त सर मारिच उड्यो, पुनि प्रभु हत्यो सुबाह।
मुनि मख पूरन, सुमन सुर बरसत अधिक उछाह।।

(ii) रसिक गोविंदानंदघन–यह सात-आठ सौ पृष्ठों का भारी रीति ग्रंथ है जिसमें रस, नायक-नायिका भेद, अलंकार, गुण, दोष आदि का विस्तृत वर्णन है। इसे इनका प्रधान ग्रंथ समझना चाहिए। इनका निर्माणकाल वसंतपंचमी संवत् 1858 है। यह चार प्रबंधों में विभक्त है। इसमें बड़ी भारी विशेषता यह है कि लक्षण गद्य में है और रसों, अलंकारों आदि के स्वरूप पद्य में समझाने का प्रयत्न किया गया है। संस्कृत के बड़े-बड़े आचार्यों के मतों का उल्लेख भी स्थान-स्थान पर हैं जैसे-रस का निरूपण इस प्रकार है–

'अन्य ज्ञानरहित जो आनंद सो रस। **प्रश्न**- अन्य ज्ञानरहित आनंद तो निद्रा ही है। **उत्तर**- निद्रा जड़ है, यह चेतन। भरत आचार्य सूत्रकर्ता को मत-विभाव, अनुभाव, संचारीभाव के जोग से रस की सिद्धि। अथ काव्यप्रकाश को मत-कारण कारज सहायक हैं जे लोक में इन ही को नाट्य में, काव्य में, विभाव संज्ञा है। अब टीकाकर्ता को मत तथा साहित्यदर्पण को मत-सत्व, विशुद्ध, अखंड स्वप्रकाश, आनंद, चित, अन्य ज्ञान नहि संग, ब्रह्मस्वाद, सहोदर रस।'

इसके आगे अभिनवगुप्ताचार्य का मत कुछ विस्तार से दिया है। सारांश यह कि यह ग्रंथ आचार्यत्व की दृष्टि से लिखा गया है और इसमें संदेह नहीं कि और ग्रंथों की अपेक्षा इसमें विवेचन भी अधिक है और छूटी हुई बातों का समावेश भी। दोष का वर्णन हिंदी के लक्षण ग्रंथों में बहुत कम पाया जाता है, इन्होंने काव्यप्रकाश के अनुसार विस्तार से किया है। रसों, अलंकारों आदि के उदाहरण कुछ तो अपने हैं, पर बहुत-से दूसरे कवियों के। उदाहरण

के चुनने में इन्होंने बड़ी सहृदयता का परिचय दिया है। संस्कृत के उदाहरणों के अनुवाद भी बहुत सुंदर करके रखे हैं। साहित्यदर्पण के मुग्धा के उदाहरण (दत्ते सालसमंथरं...इत्यादि) भी देखिए हिंदी में ये किस सुंदरता से लाये है–

आलस सों मंद मंद धरा पै धरति पाय,
भीतर तें बाहिर न आवै चित्त चाय कै।
रोकति दृगनि छिन-छिन प्रति लाज साज,
बहुत हँसी की दीनी बानि बिरसराय कै।
बोलति बचन मृदु मधुर बनाय, उर
अंतर के भाव की गंभीरता जनाय कै।
बात सखी सुंदर गोबिंद की कहात तिन्हैं,
सुंदर बिलोकै बंक भृकुटी नचाय कै॥

(iii) लछिमन चंद्रिका–'रसिक गोविंदानंदघन' में आये लक्षणों का संक्षिप्त संग्रह जो संवत् 1886 में लछिमन कान्यकुब्ज के अनुरोध से कवि ने किया था।

(iv) अष्टदेशभाषा–इसमें ब्रज खड़ी बोली, पंजाबी पूरबी आदि आठ बोलियों में राधाकृष्ण की श्रृंगारलीला कही गयी है।

(v) पिंगल।

(vi) समयप्रबंध–राधाकृष्ण की ऋतुचर्या 85 पद्यों में वर्णित है।

(vii) कलियुगरासो–इसमें 16 कवित्तों में कलिकाल की बुराइयों का वर्णन हैं। प्रत्येक कवित्त के अन्त में 'कीजिए सहाय जू कृपाल श्रीगोविंदराय, कठिन कराल, कलिकाल चलि आयो है' यह पद आता है। निर्माणकाल संवत् 1865 है।

(viii) रसिक गोविंद–चंद्रालोक या भाषाभूषण के ढंग की अलंकार की एक छोटी पुस्तक जिसमें लक्षण और उदाहरण एक ही दोहे में हैं। रचनाकाल संवत् 1890 है।

(xi) युगलरस माधुरी–रोलाछंद में राधाकृष्ण बिहार और वृंदावन का बहुत ही सरल और मधुर भाषा में वर्णन है जिससे इनकी सहृदयता और निपुणता पूरी-पूरी टपकती है कुछ पंक्तियाँ दी जाती हैं–

मुकलित पल्ल्व फूल सुगंध परागहि झारत।
जुग मुख निरखि बिपिन जनु राई लोन उतारत॥
फूल फलन के भार डार झुकियों छबि छाजै।
मनु पसारि दइ भुजा देन फल पथिकन काजै॥
मधु मकरंद पराग लुब्ध अलि मुदित मत्त मन।
बिरद पढ़त ऋतुराज नृपति के मनु बंदीजन॥

◉◉

सन्दर्भ

1. देखिए, पृ. 195।

प्रकरण-3 : रीतिकाल के अन्य कवि

रीतिकाल के प्रतिनिधि कवियों का, जिन्होंने लक्षणग्रंथ के रूप में रचनाएँ की हैं, संक्षेप में वर्णन हो चुका है। अब यहाँ पर इस काल के भीतर होने वाले उन कवियों का उल्लेख होगा जिन्होंने रीतिग्रंथ न लिखकर दूसरे प्रकार की पुस्तकें लिखी हैं। ऐसे कवियों में कुछ ने तो प्रबंध काव्य लिखे हैं। कुछ ने तो नीति या भक्ति संबंधी पद्य और कुछ ने शृंगार रस की फुटकल कविताएँ लिखी हैं। ये पिछले वर्ग के कवि प्रतिनिधि कवियों से केवल इस बात में भिन्न हैं कि इन्होंने क्रम से रसों, भावों, नायिकाओं और अलंकारों के लक्षण कहकर उनके अंतर्गत अपने पद्यों को नहीं रखा हैं। अधिकांश में ये भी शृंगारी कवि हैं और इन्होंने भी शृंगाररस के फुटकल पद्य कहे हैं। रचनाशैली में किसी प्रकार का भेद नहीं है। ऐसे कवियों में घनानंद सर्वश्रेष्ठ हुए हैं। इस प्रकार के अच्छे कवियों की रचनाओं में प्रायः मार्मिक और मनोहर पद्यों की संख्या कुछ अधिक पायी जाती है। बात यह है कि इन्हें कोई बंधन नहीं था। जिस भाव की कविता जिस समय सूझी ये लिख गये। रीतिबद्ध ग्रंथ जो लिखने बैठते थे उन्हें प्रत्येक अलंकार या नायिका को उदहृत करने के लिए पद्य लिखना आवश्यक था जिनमें रसब प्रसंग उनकी स्वाभाविक रुचि या प्रवृत्ति के अनुकूल नहीं हो सकते थे। रसखान, घनानंद, आलम, ठाकुर आदि जितने प्रेमोन्मत्त कवि हुए हैं उनमें किसी ने लक्षणबद्ध रचना नहीं की है।

प्रबंधकाव्य की उन्नति इस काल में कुछ विशेष नहीं पायी। लिखे तो अनेक कथा प्रबंध गये, पर उनमें से दो ही चार में कवित्त का यथेष्ट आकर्षण पाया जाता है। सबलसिंह का महाभारत, छत्रसिंह की विजय मुक्तावली, गुरु गोविंदसिंह जी का चंडीचरित्र, लाल कवि का छत्रप्रकाश, जोधराज का हम्मीररासो, गुमान मिश्र का नैषधचरित, सरयूराम का जैमिनीपुराण, सूदन का सुजान चरित्र, देवीदत्त की बैतालपचीसी, हरनारायण की माधवानल कामकंदला, ब्रजवासी दास का ब्रजविलास, गोकुलनाथ आदि का महाभारत, मधूसूदनदास का रामाश्वमेध, कृष्णदास की भाषा भागवत, नवलसिंहकृत भाषा सप्तशती, आल्हारामायण, आल्हाभारत, मूलढोला तथा चंद्रशेखर का हम्मीरहठ, श्रीधर का जंगनामा, पद्‌माकर का रामरसायन, ये इस काल के मुख्य कथानक काव्य हैं। इनमें से चंद्रशेखर के हम्मीरहठ लालकवि के छत्रप्रकाश, जोधराज के हम्मीररासो, सूदन के सुजानचरित्र और गोकुलनाथ आदि के महाभारत में ही काव्योपयुक्त रसात्मकता भिन्न-भिन्न परिणाम में पाई जाती है। 'हम्मीररासो' की रचना बहुत ही प्रशस्त है। 'रामाश्वमेघ' की रचना भी साहित्यिक है। 'ब्रजविलास' में यद्यपि काव्य के गुण अल्प हैं, पर उसका थोड़ा-बहुत प्रचार कम पढ़े-लिखे कृष्णभक्तों में है।

कथात्मक प्रबंधों से भिन्न एक और प्रकार की रचना भी बहुत देखने में आती है जिसे हम वर्णनात्मक प्रबंध कह सकते हैं। दानलीला, मानलीला, जलविहार, वनविहार, मृगया,

झूला, होलीवर्णन, जन्मोत्सववर्णन, मंगलवर्णन, रामकलेवा इत्यादि इसी प्रकार की रचनाएँ हैं। बड़े-बड़े प्रबंधकाव्यों के भीतर इस प्रकार के वर्णनात्मक प्रसंग रहा करते हैं। काव्यपद्धति में जैसे शृंगाररस के क्षेत्र से 'नखशिख', 'षट्ऋतु' आदि लेकर स्वतंत्र पुस्तकें बनने लगीं वैसे ही कथात्मक महाकाव्यों में अंग भी निकालकर अलग पुस्तकें लिखी गयीं। इनमें बड़े विस्तार के साथ वस्तुवर्णन चलता है। कभी-कभी तो इतने विस्तार के साथ कि परिमार्जित साहित्यिक रुचि के सर्वथा विरुद्ध हो जाता है। जहाँ कवि जी अपने वस्तुपरिचय का भंडार खोलते हैं-जैसे बारात का वर्णन है तो घोड़ों की सैकड़ों जातियों के नाम, वस्त्रों का प्रसंग आया तो पचीसों प्रकार के कपड़ों के नाम और भोजन की बात आयी तो, सैंकड़ों मिठाइयों, पकवानों, मेवों के नाम-वहाँ तो अच्छे-अच्छे धीरों का धैर्य छूट जाता है।

चौथा वर्ग नीति के फुटकल पद्य कहने वालों का है। इनको कवि कहना हम ठीक नहीं समझते। इनके तथ्यकथन के ढंग में कभी-कभी वाग्वैदग्ध्य रहता है पर केवल वाग्वैदग्ध्य के द्वारा काव्य की सृष्टि नहीं हो सकती। यह ठीक है कि कहीं-कहीं ऐसे पद्य भी नीति की पुस्तकों में आ जाते हैं जिनमें कुछ मार्मिकता होती है, जो हृदय की अनुभूति से भी संबंध रखते हैं, पर उनकी संख्या बहुत ही अल्प होती है। अतः ऐसी रचना करने वालों को हम 'कवि' न कहकर 'सूक्तिकार' कहेंगे। रीतिकाल के भीतर वृंद, गिरिधर, घाघ और बैताल अच्छे सूक्तिकार हुए हैं।

पाँचवाँ वर्ग ज्ञानोपदेशकों का है जो ब्रह्मज्ञान और वैराग्य की बातों को पद्य में कहते हैं। ये कभी-कभी समझने के लिए उपमा, रूपक आदि का प्रयोग कर देते हैं, पर समझाने के लिए ही करते हैं, रसात्मक प्रभाव उत्पन्न करने के लिए नहीं। इनका उद्देश्य अधिकतर बोधवृत्ति जाग्रत करने का रहता है, मनोविकार उत्पन्न करने का नहीं। ऐसे ग्रंथकारों को हम केवल 'पद्यकार' कहेंगे। हाँ, इनमें जो भावुक और प्रतिभासंपन्न हैं, जो अन्योक्ति आदि का सहारा लेकर भगवत्प्रेम, संसार के प्रति विरक्ति, करुणा आदि उत्पन्न करने में समर्थ हुए हैं वे अवश्य ही कवि क्या, उच्च कोटि के कवि कहे जा सकते हैं।

छठा वर्ग कुछ भक्त कवियों का है जिन्होंने भक्ति और प्रेमपूर्ण विनय के पद आदि पुराने भक्तों के ढंग पर गाये हैं।

इनके अतिरिक्त आश्रयदाताओं की प्रशंसा में वीररस की फुटकल कविताएँ भी बराबर बनती रहीं, जिनमें युद्धवीरता और दानवीरता दोनों की बड़ी अत्युक्तिपूर्ण प्रशंसा भरी रहती थी। ऐसी कविताएँ थोड़ी-बहुत तो रसग्रंथों आदि में मिलती हैं, कुछ अलंकार ग्रंथों के उदाहरण रूप जैसे, शिवराजभूषण और कुछ अलग पुस्तकाकार जैसे 'शिवावावनी', 'छत्रसालदशक', 'हिम्मतबहादुर विरुदावली' इत्यादि। ऐसी पुस्तकों में सर्वप्रिय और प्रसिद्ध वे ही हो सकी हैं जो या तो देवकाव्य के रूप में हुई हैं अथवा जिनके नायक कोई देशप्रसिद्ध वीर या जनता के श्रद्धाभाजन रहे हैं, जैसे शिवाजी, छत्रसाल, महाराणा प्रताप आदि। जो पुस्तकें यों ही खुशामद के लिए आश्रित कवियों के रूढ़ि के अनुसार लिखी गयीं, जिनके नायकों के लिए जनता के हृदय में कोई स्थान न था, वे प्राकृतिक नियमानुसार प्रसिद्धि न प्राप्त कर सकीं। बहुत-सी तो लुप्त हो गयीं कि उनकी रचना में सच पूछिए तो कवियों ने अपनी प्रतिभा का अपव्यय ही किया। उनके द्वारा कवियों को अर्थसिद्धि भर प्राप्त हुई, यश का लाभ न हुआ। यदि बिहारी ने जयसिंह की प्रशंसा में ही अपने सात सौ दोहे बनाये होते तो उनके हाथ केवल

अशर्फियाँ ही लगी होतीं। संस्कृत और हिंदी के न जाने कितने कवियों का प्रौढ़ साहित्यक श्रम इस प्रकार लुप्त हो गया। काव्यक्षेत्र में यह एक शिक्षाप्रद घटना हुई है।

भक्तिकाल के समान रीतिकाल में भी थोड़ा-बहुत गद्य इधर-उधर दिखाई पड़ जाता है पर अधिकांश कच्चे रूप में। गोस्वामियों की खिली 'वैष्णववार्ताओं' के समान कुछ पुस्तकों में ही पुष्ट ब्रजभाषा मिलती है। रही खड़ी बोली। वह पहले कुछ दिनों तक तो मुसलमानों के व्यवहार की भाषा समझी जाती रही। मुसलमानों के प्रसंग में उसका भी कभी प्रयोग कवि लोग कर देते थे, जैसे-अफजल खान को जिन्होंने मैदान मारा (भूषण)। पर पीछे दिल्ली राजधानी होने से रीतिकाल के भीतर खड़ी बोली शिष्ट समाज के व्यवहार की भाषा हो गयी थी और उसमें अच्छे गद्य ग्रंथ लिखे जाने लगे थे। संवत् 1798 में रामप्रसाद निरंजनी ने 'भाषा योगवासिष्ठ' बहुत ही परिमार्जित गद्य में लिखा।[1]

इसी रीतिकाल के भीतर रीवाँ के महाराज विश्वनाथ सिंह ने हिंदी का प्रथम नाटक (आनंदरघुनंदन) लिखा। इसके उपरांत गणेश कवि ने 'प्रद्युम्नविजय' नामक एक पद्यबद्ध नाटक लिखा जिसमें पात्रप्रवेश, विष्कंभक, प्रवेशक आदि रहने पर भी इतिवृत्तात्मक पद्य रखे जाने के कारण नाटक का प्रकृत स्वरूप न दिखाई पड़ा।

1. बनवारी : ये संवत् 1690 और 1700 के बीच वर्तमान थे। इनका विशेष वृत्त ज्ञात नहीं। इन्होंने महाराज जसवंतसिंह के बड़े भाई अमरसिंह की वीरता की बड़ी प्रशंसा की है। यह इतिहासप्रसिद्ध बात है कि सलावत खाँ ने किसी बात पर अमरसिंह को गँवार कह दिया, जिस पर उन्होंने चट तलवार खींचकर सलावत खाँ को वहीं मार डाला। इस घटना का बड़ा भारी ओजपूर्ण वर्णन इनके इन पद्यों में मिलता है।

बनवारी कवि की शृंगार रस की कविता भी बड़ी चमत्कारपूर्ण होती थी। यमक लाने का ध्यान इन्हें विशेष रहा करता था। एक उदाहरण लीजिए–

धन्य अमर छिति छत्रपति, अमर तिहारो मान।
साहजहाँ की गोद में, हन्यो सलावत खान॥
उत गकार मुख ते कढ़ी, इतै कढ़ी जमधार।
'वार' कहन पायो नहीं, भई कटारी पार।

× × × × ×

आनि कै सलावत खाँ जोर कै जनाई बात,
तोरि धर पंजर करेजे जाय करकी।
दिलीपति साहि को चलन चलिबे को भयो,
गाज्यो गजसिंह को, सुनी जो बात बर की।
कहै बनवारी बादसाही के तखत पास,
फरकि-फरकि लोथ लोथिन सों अरकी।
कर की बड़ाई, कै बड़ाई बाहिबे की करी,
बाढ़ की बड़ाई, कै बड़ाई जमधर की॥
नेह बर साने तेरे नेह बरसाने देखि,
यह बरसाने बर मुरली बजावैंगे।
साजु लाल सारी, लाल करैं लालसा री,

देखिबे की लालसारी, लाल देखे सुख पावैंगे।
तू ही उरबसी, उरबसी नाहि और तिय,
कोटि उरबसी तजि तोसों चित लावैंगे।
सजे बनवारी बनवारी तन आ भरन,
गोरे तन वारी बनवारी आज आवैंगे।।

2. सबलसिंह चौहान : इनके निवास-स्थान का ठीक निश्चय नहीं। शिवसिंह जी ने यह लिखकर कि कोई इन्हें सबलगढ़ का राजा बतलाते हैं, यह अनुमान किया है कि ये इटावा के किसी गाँव के जमींदार थे। सबलसिंह जी ने औरंगजेब के दरबार में रहने वाले किसी राजा मित्रसेन के साथ अपना संबंध बताया है। इन्होंने सारे महाभारत की कथा दोहों चौपाइयों में लिखी है। इनका महाभारत बहुत बड़ा ग्रंथ है जिसे इन्होंने संवत् 1718 और संवत् 1781 के बीच पूरा कियां इस ग्रंथ के अतिरिक्त इन्होंने 'ऋतुसंहार' का भाषानुवाद, 'रूपविलास' और एक पिंगलग्रंथ भी लिखा था पर वे प्रसिद्ध नहीं हुए। ये वास्तव में अपने महाभारत के लिए ही प्रसिद्ध हैं। उसमें यद्यपि भाषा का लालित्य या काव्य की छटा नहीं है पर सीधी-सादी भाषा कथा में अच्छी तरह समझायी गयी है। रचना का ढंग नीचे के अवतरण से विदित होगा–

अभिमनु धाइ खड़ग परहारे। सम्मुख जेहि पायो तेहि मारे।।
भूरिश्रवा बान दस छाँटे। कुँवर हाथ के खड़गहि काटे।।
तीन बान सारथि उर मारे। आठ बान तें अस्व सँहारे।।
सारथि जूझि गिरे मैदाना। अभिमनु वीर चित्त अनुमाना।।
यहि अंतर सेना सब धाई। मारु-मारु के मारन आई।।
रथ को खेंचि कुँवर कर लीन्हें। ताते मार भयानक कीन्हें।।
अभिमनु कोपि खंभ परहारे। इक-इक घाव बीर सब मारे।।
अर्जुन सुत इमि मार कसि महाबीर परचंड।
रूप भयानक देखियत जिमि जम लीन्हें दंड।।

3. वृंद : ये मेड़ता (जोधपुर) के रहने वाले थे और कृष्णगढ़ नरेश महाराज राजसिंह के गुरु थे। संवत् 1761 में ये शायद कृष्णगढ़ नरेश के साथ औरंगजेब की फौज में ढाका तक गये थे। इनके वंशधर अब तक कृष्णगढ़ में वर्तमान हैं। इनकी 'वृंदसतसई' (संवत् 1761), जिसमें नीति के सात सौ दोहे हैं, बहुत प्रसिद्ध हैं, खोज में 'श्रृंगारशिक्षा' (संवत् 1748), और 'भावपंचाशिका' नाम की दो रससंबंधी पुस्तकें और मिली हैं, पर इनकी ख्याति अधिकतर सूक्तिकार के रूप में ही है। वृंदसतसई के कुछ दोहे नीचे दिये जाते हैं–

भले-बुरे सब एक सम, जौ लौं बोलत नाहिं।
जान परत हैं काग-पिक, ऋतु बसंत के माहिं।।
हितहू कौ कहिए न तेहि, जो नर होय अबोध।
ज्यों नकटे को आरसी, होत दिखाए क्रोध।।

4. छत्रसिंह कायस्थ : ये बटेश्वर क्षेत्र के अटेर नामक गाँव के रहने वाले श्रीवास्तव कायस्थ थे। इनके आश्रयदाता अमरावती के कोई कल्याणसिंह थे इन्होंने 'विजयमुक्तावली' नामक पुस्तक संवत् 1757 में लिखी जिसमें महाभारत की कथा एक स्वतंत्र प्रबंधकाव्य के

रूप में कई छंदों में वर्णित है। पुस्तक में काव्य के गुण यथेष्ट परिमाण में हैं और कहीं-कहीं की कविता बड़ी ही ओजस्विनी है। कुछ उदाहरण लीजिए–

निरखत ही अभिमन्यु को, बिदुर डुलायो सीस।
रच्छा बालक की करौं, है कृपाल जगदीस।।
आपुन काँधौं युद्ध नहिं, धनुष दियो भुव डारिं
पापी बैठे गेह कत, पांडुपुत्र तुम चारि।।
पौरुष तजि लज्जा तजी, तजी सकल कुलकानि।
बालक रनहिं पठाय कै, आपु रहे सुख मानि।।

× × × × ×

कवच कुंडल इंद्र लीने बाण कुंती लै गई।
भई बैरिनि मेदिनी चित कर्ण के चिंता भई।

5. बैताल : ये जाति के बंदीजन थे और राजा विक्रमसाहि की सभा में रहते थे। यदि ये विक्रम सिंह चरखारी वाले प्रसिद्ध विक्रमसाहि ही हैं जिन्होंने 'विक्रम सतसई' आदि कई ग्रंथ लिखे हैं और जो खुमान, प्रताप कई कवियों क आश्रयदाता थे, तो बैताल का संवत् 1839 और 1886 के बीच मानना पड़ेगा। पर शिवसिंहसरोज में इनका जन्मकाल संवत् 1734 लिखा हुआ है। बैताल ने गिरिधर राय के समान नीति की कुंडलियों की रचना की है और प्रत्येक कुंडलियाँ विक्रम को संबोधन करके कही हैं। इन्होंने लौकिक व्यवहार संबंधी अनेक विषयों पर सीधे-सादे पर जोरदार पद्य कहे हैं। गिरिधर राय के समान इन्होंने भी वाक्चातुर्य या उपमारूपक आदि लाने का प्रयत्न नहीं किया हैं। बिल्कुल सीधी-सादी बात ज्यों-की त्यों छंदोबद्ध कर दी गयी है। फिर भी कथन के ढंग में अनूठापन है। एक कुंडलिया नीचे दी जाती है–

मरै बैल गरियार, मरै वह अड़ियल टट्टू।
मरै करकसा नारि, मरै वह खसम निखट्टू।।
बाम्हन सो मरि जाय, हाथ लै मदिरा प्यावै।
पूत वही मर जाय, जो कुल में दाग लगावै।।
अरु बेनियाव राजा मरै, तबै नींद भर सोइए।
बैताल कहै विक्रम सुनौ, एते मरे न रोइए।।

6. आलम : ये जाति के ब्राह्मण थे, पर शेख नाम की रँगरेजिन के प्रेम में फँसकर पीछे से मुसलमान हो गये और उसके साथ विवाह करके रहने लगे। आलम को शेख से जहान नामक एक पुत्र भी हुआ। ये औरंगजेब के दूसरे बेटे मुअज्जम के आश्रम में रहते थे जो पीछे बहादुरशाह के नाम से गद्दी पर बैठा। अत: आलम का कविताकाल संवत् 1740 से संवत् 1760 तक माना जा सकता है। इनकी कविताओं का एक संग्रह 'आलमकेलि' के नाम से निकला है। इस पुस्तक में आये पद्यों के अतिरिक्त इनके और बहुत से सुंदर और उत्कृट पद्यग्रंथों में संगृहीत मिलते हैं और लोगों के मुँह से सुने जाते हैं।

शेख रँगरेजिन भी अच्छी कविता करती थी। आलम के साथ प्रेम होने की विचित्र कथा प्रसिद्ध है। कहते हैं कि आलम ने एक बार उसे पगड़ी रँगने को दी जिसकी खूँट में भूल से कागज का एक चिट बँधा चला गया। उस चिट में दोहे की यह आधी पंक्ति लिखी थी 'कनक छरी-सी कामिनी काहे को कटि छीन'। शेख ने दोहा इस तरह पूरा करके 'कटि को

कंचन काटि बिधि कुचन मध्य धरि दीन', उस चिट को फिर ज्यों-की-त्यों पगड़ी की खूँट में बाँधकर लौटा दिया। उसी दिन से आलम शेख के पूरे प्रेमी हो गये और अंत में उसके साथ विवाह भी कर लिया। शेख बहुत ही चतुर और हाजिरजवाब स्त्री थी। एक बार शहजादा मुअज्जम ने हँसी में शेख से पूछा–'क्या आलम की औरत आप ही हैं?' शेख ने चट उत्तर दिया कि 'हाँ, जहाँपनाह जहान की माँ मैं ही हूँ।' 'आलमकेलि' में बहुत-से कवित्त शेख के रचे हुए हैं। आलम के कवित्त सवैयों में भी बहुत-सी रचना शेख की मानी जाती है। जैसे, नीचे लिखे कवित्त में चौथा चरण शेख का बनाया कहा जाता है–

प्रेमरंग-पगे जगमगे जगे जामिनी के,
जोबन की जोति जगी जोर उमगत हैं।
मदन के माते मतवारे ऐसे घूमत हैं,
झूमत हैं झुकि-झुकि झेंपि उधरत हैं।
आलम सो नवल निकाई इन नैनन की,
पाँखुरी पदुम पै भँवर थिरकत हैं।
चाहत हैं उड़िबे को, देखत मयंकमुख,
जानत हैं रैनि तातें ताहि में रहत हैं॥

आलम रीतिबद्ध रचना करने वाले कवि नहीं थे। ये प्रेमोन्मत्त कवि थे और अपनी तरंग के अनुसार रचना करते थे। इसी से इनकी रचनाओं में हृदयतत्त्व की प्रधानता है। 'प्रेम की पीर' या 'इश्क का दर्द' इनके एक-एक वाक्य में भरा पाया जाता है। उत्प्रेक्षाएँ भी इन्होंने बड़ी अनूठी और बहुत अधिक कही हैं। शब्द वैचित्र्य, अनुप्रास आदि की प्रवृत्ति इनमें विशेष रूप से कहीं नहीं पाई जाती। श्रृंगार रस की ऐसी उन्मादमयी उक्तियाँ इनकी रचना में मिलती हैं कि पढ़ने और सुनने वाले लीन हो जाते हैं। यह तन्मयता सच्ची उमंग में ही सम्भव है। रेखता या उर्दू भाषा में भी इन्होंने कवित्त कहे हैं। भाषा भी इस कवि की परिमार्जित और सुव्यवस्थित है पर उसमें कहीं-कहीं 'कीन, दीन, जीन' आदि अवधी या पूरबी हिंदी के प्रयोग भी मिलते हैं। कहीं-कहीं 'कीन, दीन, जीन' आदि अवधी या पूरबी हिंदी के प्रयोग भी मिलते है। कहीं-कहीं फारसी की शैली के रस-बाधक-भाव भी इनमें मिलते हैं। प्रेम की तन्मयता की दृष्टि से आलम की गणना 'रसखान' और 'घनानंद' की कोटि में ही होनी चाहिए। इनकी कविता के कुछ नमूने नीचे दिये जाते हैं–

जा थल कीने बिहार अनेकन ता थल काँकर बैठि चुन्यो करैं।
जा रसना सों करी बहुत बातन ता रसना सों चरित्र गुन्यो करैं॥
आलम जौन से कुंजन में करी केलि तहाँ अब सीस धुन्यो करैं।
नैनन में जे सदा रहते तिनकी अब कान कहानी सुन्यौ करैं॥

× × × × ×

कैधौं मोर सोर तजि गये री अनत भाजि,
कैधौं उत दादुर न बोलत हैं, ए दई।
कैधौं पिक चातक महीप काहू मारि डारे,
कैधौं बगपाँति उत अंतगती है गई?
आलम कहै, आली! अजहूँ न आए प्यारे,

कैधौं उत रीत विप रीत बिधि ने ठई?
मदन महीप की दुहाई फिरिबे ते रही,
जूझि गये मेघ, कैधौं बीजुरी सती भई?
× × × × ×
रात कें उनींदें अरसाते, मदमाते राते,
अति कजरारे दृग तेरे यों सुहात हैं।
तीखी-तीखी कोरनि करोरि लेत काढ़े जीउ,
केते भए घायल और केते तलफात हैं।
ज्यों-ज्यों लै सलिल चख 'सेख' धोवै बार-बार,
त्यों-त्यों बल बुंदन के बार झुकि जात हैं।
केबर के भाले, कैधौं नाहर नहन वाले,
लोहू के पियासे कहूँ पानी तें अघात हैं?
× × × × ×
दाने की न पानी की, न आवै सुध खाने की,
याँ गली महबूबी अराम खुसखाना है।
रोज ही से है जो राजी यार की रजाय बीच,
नाज की नजर तेज तीर का निशाना है।
सूरत चिराग रोसनाई आसनाई बीच,
बार-बार बरै बलि जैसे परवाना है।
दिल से दिलासा दीजै हाल के न ख्याल हूजै,
बेखुद फकीर, वह आशिक दिवाना है।

7. गुरु गोविंदसिंह जी : ये सिक्खों के महापराक्रमी दसवें गुरु थे। इनका जन्म संवत् 1723 में और सत्यलोकवास संवत् 1765 में हुआ। यद्यपि सब गुरुओं ने थोड़े-बहुत पद, भजन आदि बनाये हैं, पर ये महाराज काव्य के अच्छे ज्ञाता और ग्रंथकार थे। सिखों में शास्त्रज्ञान का अभाव इन्हें बहुत खटका था और इन्होंने बहुत-से सिखों को व्याकरण, साहित्य, दर्शन आदि के अध्ययन के लिए काशी भेजा था। ये हिंदू भावों और आर्य संस्कृति की रक्षा के लिए बराबर युद्ध करते रहे। 'तिलक' और 'जनेऊ' की रक्षा में इनकी तलवार सदा खुली रहती थी। यद्यपि सिख संप्रदाय की निर्गुण उपासना है, पर सगुण स्वरूप के प्रति इन्होंने पूरी आस्था प्रकट की है और देवकथाओं की चर्चा बड़े भक्तिभाव से की है। यह बात प्रसिद्ध है कि ये शक्ति के आराधक थे। इनके इस पूर्ण हिंदू भाव को देखने से यह बात समझ में नहीं आती कि वर्तमान समय में सिखों की एक शाखा विशेष के भीतर पैगंबरी मजहबों का कट्टरपन कहाँ से और किसकी प्रेरणा से आ घुसा है।

इन्होंने हिंदी में कई अच्छे और साहित्यिक ग्रंथों की रचना की है जिनमें से कुछ के नाम ये हैं—सुनीतिप्रकाश, सर्वलोहप्रकाश, प्रेमसुमार्ग, बुद्धिसागर और चंडीचरित्र। चंडीचरित्र की रचना पद्धति बड़ी ही ओजस्विनी है। ये प्रौढ़ साहित्यिक ब्रजभाषा लिखते थे। चंडीचरित्र की दुर्गासप्तशती की कथा बड़ी सुंदर कविता में कही गयी है। इनकी रचना के उदाहरण नीचे दिये जाते हैं—

निर्जन निरूप हो, कि सुंदर स्वरूप हौ,
कि भूपन के भूप हौ, कि दानी महादान हौ?
प्रान के बचैया, दूध-पूत के देवैया,
रोग-सोग के मिटैया, किधौं मानी महामान हौ?
विद्या के विचार हौ, कि अद्वैत अवतार हौ,
कि सुद्धता की मूर्ति हौ कि सिद्धता की सान हौ?
जोबन के जाल हौ, कि कालहू के काल हौ,
कि सत्रुन के साल हौ कि मित्रन के प्रान हौ?

8. श्रीधर या मुरलीधर : ये प्रयाग के रहने वाले थे। इन्होंने कई पुस्तकें लिखीं और बहुत-सी फुटकल कविता बनायी। संगीत की पुस्तक, नायिकाभेद, जैन मुनियों के चरित्र, कृष्णलीला के फुटकल पद्य, चित्रकाव्य इत्यादि के अतिरिक्त इन्होंने 'जंगनामा' नामक ऐतिहासिक प्रबंध काव्य लिखा जिसमें फर्रुखसियर और जहाँदारशाह के युद्ध का वर्णन है। यह ग्रंथ काशी नागरीप्रचारिणी सभा द्वारा प्रकाशित हो चुका है। इस छोटी-सी पुस्तक में सेना की चढ़ाई, साज सामान आदि का कवित्त-सवैया में अच्छा वर्णन है। इनका कविताकाल संवत् 1767 के आसपास माना जा सकता है। 'जंगनामा' का एक कवित्त नीचे दिया जाता है–

इत गलगाजि चढ्यो फर्रुखसियर साह,
उत मौजदीन करी भारी भट भरती।
तोप की डकारनि सों बीर हहकारनि सों,
धौंसे की धुकारनि धमकि उठी धरती।
श्रीधर नवाब फरजंदखाँ सुजंग जुरे,
जोगिनी अधाई जुग जुगन की बरती।
हहर्‌यो हरौल, भीर गोल पै परी ही, तू न,
करतो हरौली तौ हरौले भीर परती॥

9. लाल कवि : इनका नाम गोरे लाल पुरोहित था और ये मऊ (बुंदेलखंड) के रहने वाले थे। इन्होंने प्रसिद्ध महाराज छत्रसाल की आज्ञा से उनका जीवन-चरित्र दोहों-चौपाइयों में बड़े ब्योरे के साथ वर्णन किया है। इस पुस्तक में छत्रसाल का संवत् 1764 तक का ही वृत्तांत आया है। इससे अनुमान होता है कि या तो यह ग्रंथ अधूरा ही मिला है अथवा लाल कवि का परलोकवास छत्रसाल के पूर्व ही हो गया था। जो कुछ हो इतिहास की दृष्टि से 'छत्रप्रकाश' बड़े महत्त्व की पुस्तक है। इसमें सब घटनाएँ सच्ची और सब ब्योरे ठीक-ठीक दिए गए हैं। इसमें वर्णित घटनाएँ और संवत् आदि ऐतिहासिक खोज के अनुसार बिलकुल ठीक हैं, यहाँ तक कि जिस युद्ध में छत्रसाल को भागना पड़ा है उसका भी स्पष्ट उल्लेख किया गया है। यह ग्रंथ नागरीप्रचारिणी सभा द्वारा प्रकाशित हो चुका है।

ग्रंथ की रचना प्रौढ़ और काव्य गुणयुक्त है। लाल कवि में प्रबंधपटुता पूरी थी। संबंध का निर्वाह भी अच्छा है और वर्णन विस्तार के लिए मार्मिक स्थलों का चुनाव भी। वस्तुपरिगणन द्वारा वर्णनों का अरुचिकर विस्तार बहुत ही कम मिलता हैं। सारांश यह कि लाल कवि का-सा प्रबंध कौशल हिंदी के कुछ इने-गिने कवियों में ही पाया जाता है। शब्दवैचित्र्य और चमत्कार के फेर में इन्होंने कृत्रिमता कहीं से नहीं आने दी हैं। भावों का उत्कर्ष जहाँ दिखाना हुआ

है, वहाँ भी कवि ने सीधी और स्वाभाविक उक्तियों का ही समावेश किया है, न तो कल्पना की उड़ान दिखाई है और न ऊहा की जटिलता। देश की दशा की ओर भी कवि का पूरा ध्यान जान पड़ता हैं। शिवाजी का जो वीरव्रत था वही छत्रसाल का भी था। छत्रसाल का जो भक्तिभाव शिवा जी पर कवि ने दिखाया है तथा दोनों के सम्मिलन का जो दृश्य खींचा है, दोनों इस संबंध में ध्यान देने योग्य हैं।

'छत्रप्रकाश' में लाल कवि ने बुंदेल वंश की उत्पत्ति, चंपतराय के विजयवृत्तांत, उनके उद्योग और पराक्रम, चंपतराय के अंतिम दिनों में उनके राज्य का उद्धार, फिर क्रमशः विजय पर विजय प्राप्त करते हुए मुगलों का नाकोंदम करना इत्यादि बातों का विस्तार से वर्णन किया हैं। काव्य और इतिहास दोनों की दृष्टि से यह ग्रंथ हिंदी में अपने ढंग का अनूठा हैं। लाल कवि का एक और ग्रंथ 'विष्णुविलास' है जिसमें बरवै छंद में नायिकाभेद कहा गया हैं। पर इस कवि की कीर्ति का स्तंभ 'छत्रप्रकाश' ही है।

'छत्रप्रकाश' से नीचे कुछ पद्य उद्धृत किये जाते हैं–

(छत्रसाल प्रशंसा)

लखत पुरुष लच्छन सब जाने। पच्छी बोलत सगुन बखाने॥
सत कवि कवित सुनत रस पागे। बिलसति मति अरथन में आगे॥
रुचि सो लखत तुरंग जो नीके। बिहँसि लेत मोजरा सब ही के॥
चौंकि-चौंकि सब दिसि उठै सूबा खान खुमान।
अब धौं धावै कौन पर छत्रसाल बलवान॥

(युद्धवर्णन)

छत्रसाल हाड़ा तहँ आयो। अरुन रंग आनन छबि छायो॥
भयो हरौल बजाय नगारो। सार धार को पहिरनहारो॥
दौरि देस मुगलन के मारौ। दपटि दिली के दल संहारौ॥
एक आन शिवराज निबाही। करै आपने चित की चाही॥
आठ पातसाही झकझोरे। सूबनि पकरि दंड लै छोरे॥
काटि कटक किरवान बल, बाँटि जंबुकनि देहु।
ठाटि युद्ध यहि रीति सों। बाँटि धरनि धरि लेहु।
चहुँ ओर सों सूबनि घेरो। दिसनि अलातचक्र सो फेरो॥
पजरे सहर साहि के बाँके। धूम-धूम में दिनकर ढाँके॥
कबहूँ प्रगटि युद्ध में हाँके। मुगलनि मारि पुहुमि तल ढाँके॥
बानन बरखि गयंदन फोरै। तुरकनि तमक तेग तर तोरै॥
कबहूँ उमड़ि अचानक आवै। घन सम घुमड़ि लोह बरसावै॥
कबहुँ हाँकि हरौलन कूटै। कबहूँ चापि चँदालनि लूटै॥
कबहूँ देस दौरि कै लावै। रसद कहूँ की कढ़न न पावै॥

10. घनआनंद : ये साक्षात् रस मूर्ति और ब्रजभाषा काव्य के प्रधान स्तंभों में हैं। इनका जन्म संवत् 1746 के लगभग हुआ था और ये संवत् 1796 में नादरशाही में मारे गये। ये जाति के कायस्थ और दिल्ली के बादशाह मुहम्मदशाह के मीर मुंशी थे। कहते हैं कि एक

दिन दरबार में कुछ कुचक्रियों ने बादशाह से कहा कि मीर मुंशी साहब गाते बहुत अच्छा हैं। बादशाह से इन्होंने बहुत टालमटोल किया। इस पर लोगों ने कहा कि ये इस तरह न गाएँगे, यदि इनकी प्रेमिका सुजान नाम की वेश्या कहे तब गायेंगे। वेश्या बुलाई गयी। इन्होंने उसकी ओर मुँह और बादशाह की ओर पीठ करके ऐसा गाना गाया कि सब लोग तन्मय हो गये। बादशाह इनके गाने पर जितना खुश हुआ उतना ही बेअदबी पर नाराज। उसने इन्हें शहर से निकाल दिया। जब ये चलने लगे तब सुजान से भी साथ चलने को कहा पर वह न गयी। इस पर इन्हें विराग उत्पन्न हो गया और ये वृंदावन जाकर निंबार्क संप्रदाय के वैष्णव हो गये और वहीं पूर्ण विरक्त भाव से रहने लगे। वृंदावन भूमि का प्रेम इनके इस कवित्त से झलकता है–

गुरनि बतायो, राधा मोहन हू गायो सदा,
सुखद सुहायो वृंदावन गाढ़े गहि रे।
अद्‌भुत अभूत महिमंडन, परे में परे,
जीवन को लाहु हा-हा क्यों न ताहि लाहि रे।
आनंद को घन छायो रहत निरंतर ही,
सरस सुदेय सो, पपीहापन बहि रे।
जमुना के तीर केलि कोलाहल भीर ऐसी,
पावन पुलिन पै पतित परे रहि रे॥

सवंत् 1796 में जब नादिरशाह की सेना के सिपाही मथुरा तक आ पहुँचे तब कुछ लोगों ने उनसे कह दिया कि वृंदावन में बादशाह का मीर मुंशी रहता है, उसके पास बहुत कुछ माल होगा। सिपाहियों ने इन्हें आ घेरा और 'जर-जर-जर' (अर्थात् धन, धन, धन लाओ) चिल्लाने लगे। घनानंदजी ने शब्द को उलटकर 'रज रज रज' कह कर तीन मुट्ठी वृंदावन की धूल उन पर फेंक दी। उनके पास सिवा इसके और था ही क्या? सैनिकों ने क्रोध में आकर इनका हाथ काट डाला। कहते हैं कि मरते समय इन्होंने अपने रक्त से यह कवित्त लिखा था–

बहुत दिनान को अवधि आसपास परे,
खरे अरबरन भरे हैं उठि जान को।
कहि-कहि आवन छबीले मनभावन को,
गहि-गहि राखति ही दै-दै सनमान को॥
झूठी बतियानि को पत्यानि तें उदास ह्वै के,
अब ना घिरत घन आनँद निदान को।
अधर लगे हैं आनि करि कै पयान प्रान,
चाहत चलन ये सँदेसो लै सुजान को।

घनआनंद जी के इतने ग्रंथों का पता लगता है–सुजानसागर, विरहलीला, कोकसागर, रसकेलिवल्ली और कृपाकंद। इसके अतिरिक्त इनके कवित्त-सवैयों के फुटकल संग्रह डेढ़ सौ से लेकर सवा चार सौ कवित्तों तक मिलते हैं, कृष्णभक्ति संबंधी इनका एक बहुत बड़ा ग्रंथ छत्रपुर के राजपुस्तकालय में है जिसमें प्रियाप्रसाद, ब्रजव्यवहार, वियोग वेली, कृपाकंदनिबंध, गिरिगाथा, भावनाप्रकाश, गोकुल विनोद, धामचमत्कार, कृष्णकौमुदी, नाममाधुरी, वृंदावनमुद्रा, प्रेमपत्रिका, रसबसंत इत्यादि अनेक विषय वर्णित हैं। इनकी 'विरहलीला' ब्रजभाषा में, पर फारसी के छंद में है।

इनकी-सी विशुद्ध, सरस और शक्तिशालिनी ब्रजभाषा लिखने में और कोई कवि समर्थ नहीं हुआ। विशुद्धता के साथ प्रौढ़ता और माधुर्य भी अपूर्व ही हैं। विप्रलंभशृंगार ही अधिकतर इन्हांने लिखा है। ये वियोग श्रृंगार के प्रधान मुक्तक कवि हैं। 'प्रेम की पीर' ही को लेकर इनकी वाणी का प्रादुर्भाव हुआ। प्रेममार्ग का ऐसा प्रवीण और धीर पथिक तथा जबाँदानी का ऐसा दावा रखने वाला ब्रजभाषा का दूसरा कवि नहीं हुआ। अत: इनके संबंध में निम्नलिखित उक्ति बहुत ही संगत है-

नेही महा, ब्रजभाषाप्रवीन और सुंदरताहु के भेद को जानै।
योग-वियोग की रीति में कोविद, भावना भेद स्वरूप को ठानै॥
चाह के रंग में भीज्यो हियो, बिछुरे मिले प्रीतम सांति न मानै।
भाषाप्रबीन, सुछंद सदा रहै सो घन जू के कवित्त बखानै॥

इन्होंने अपनी कविताओं में बराबर 'सुजान' को संबोधन किया है जो शृंगार में नायक के लिए और भक्तिभाव में भगवान् कृष्ण के लिए प्रयुक्त मानना चाहिए। कहते हैं कि इन्हें अपनी पूर्वप्रेयसी 'सुजान' का नाम इतना प्रिय था कि विरक्त होने पर भी इन्होंने उसे नहीं छोड़ा। यद्यपि अपने पिछले जीवन में घनानंद विरक्त भक्त के रूप में वृंदावन जा रहे, पर इनकी अधिकांश कविता भक्तिभाव की कोटि में नहीं आयेगी, शृंगार की ही कही जायेंगी। लौकिक प्रेम की दीक्षा पाकर ही ये पीछे भगवत्प्रेम में लीन हुए। कविता इनकी भावपक्ष प्रधान हैं। कोरे विभावपक्ष का चित्रण इनमें कम मिलता है। जहाँ रूप छटा का वर्णन इन्होंने किया भी है वहाँ उसके प्रभाव का ही वर्णन मुख्य है। इनकी वाणी की प्रवृत्ति अंतर्वृत्तिनिरूपण की ओर ही विशेष रहने के कारण बाह्यार्थनिरूपक रचना कम मिलती है। होली के उत्सव, मार्ग में नायक-नायिका की भेंट, उनकी रमणीय चेष्टाओं आदि के वर्णन के रूप में ही वह पायी जाती है। संयोग का भी कहीं-कहीं बाह्य वर्णन मिलता है, पर उसमें भी प्रधानता बाहरी व्यापारों की चेष्टाओं की नहीं है, हृदय के उल्लास और लीनता की ही है।

प्रेमदशा की व्यंजना ही इनका अपना क्षेत्र है। प्रेम की गूढ़ अंतर्दशा का उद्घाटन जैसा इनमें है वैसा हिंदी के अन्य शृंगारी कवि में नहीं। इस दशा का पहला स्वरूप है हृदय या प्रेम का आधिपत्य और बुद्धि का अधीन पद, जैसा कि घनानंद ने कहा है-

रीझ सुजान सची पटरानी, बची बुधि बापुरी है करि दासी।

प्रेमियों की मनोवृत्ति इस प्रकार की होती है कि वे प्रेम की कोई साधारण चेष्टा भी देखकर उसका अपनी ओर झुकाव मान लिया करते हैं और फूले फिरते हैं। इसका कैसा सुंदर आभास कवि ने नायिका के इस वचन द्वारा दिया है जो मन को संबोधन करके कहा गया है-

रुचि के वे राजा जान प्यारे हैं आनंदघन,
होत कहा हेरे, रंक! मानि लीनो मेल सो।

कवियों की इसी अंतर्दृष्टि की ओर लक्ष्य करके एक प्रसिद्ध मनस्तत्त्ववेत्ता ने कहा है कि भावों या मनोविकारों के स्वरूप परिचय के लिए कवियों की वाणी का अनुशीलन जितना उपयोगी है उतना मनोविज्ञानियों के निरूपण का नहीं।

प्रेम की अनिर्वधनीयता का आभास घनानंद ने विरोधाभासों के द्वारा दिया है। उनके विरोधमूलक वैचित्र्य की प्रवृत्ति का कारण यही समझना चाहिए।

यद्यपि इन्होंने संयोग और वियोग दोनों पक्षों को लिया है, पर वियोग की अंतर्दशाओं की

ओर दृष्टि अधिक है। इसी से इनके वियोग संबंधी पद्य प्रसिद्ध हैं। वियोगवर्णन भी अधिकतर अंतर्वृत्तिनिरूपक है, बाह्यार्थनिरूपक नहीं। घनानंद ने न तो बिहारी की तरह विरहताप को बाहरी माप से मापा है, न बाहरी उछलकूद दिखाई दी है। जो कुछ हलचल है वह भीतर की है–बाहर से यह वियोग प्रशांत और गंभीर है, न उसमें करवटें बदलना है, न सेज का आग की तरह तपना है, न उछल-उछल कर भागना है। उनकी 'मौनमधि-पुकार' है।

यह निःसंकोच कहा जा सकता है कि भाषा पर जैसा अचूक अधिकार इनका था वैसा और किसी कवि का नहीं। भाषा मानो इनके हृदय के साथ जुड़कर ऐसी वशवर्तिनी हो गयी थी कि ये उसे अपनी अनूठी भावभंगी के साथ-साथ जिस रूप में चाहते थे उस रूप में मोड़ सकते थे। उनके हृदय का योग पाकर भाषा की नूतन गतिविधि का अभ्यास हुआ और वह पहले से कहीं अधिक बलवती दिखाई पड़ी। जब आवश्यकता होती थी तब ये उसे बँधी प्रणाली पर से हटाकर अपनी नयी प्रणाली पर ले जाते थे। भाषा की पूर्व अर्जित शक्ति से ही काम न चलाकर इन्होंने उसे अपनी ओर से नयी शक्ति प्रदान की है। घनानंद जी उन विरले कवियों में हैं जो भाषा की व्यंजकता बढ़ाते हैं। अपनी भावनाओं के अनूठे रूपरंग की व्यंजना के लिए भाषा का ऐसा बेधड़क प्रयोग करने वाला हिंदी के पुराने कवियों में दूसरा नहीं हुआ। भाषा के लक्षण और व्यंजक बल की सीमा कहाँ तक है, इसकी पूरी परख इन्हीं को थी।

लक्षणा का विस्तृत मैदान खुला रहने पर भी हिंदी कवियों ने उसके भीतर बहुत ही कम पैर बढ़ाया। एक घनानंद ही ऐसे कवि हुए जिन्होंने इस क्षेत्र में अच्छी दौड़ लगायी। लाक्षणिक मूर्तिमत्ता और प्रयोगवैचित्र्य की जो छटा इनमें दिखाई पड़ी, खेद है कि वह फिर पौने दो सौ वर्ष पीछे जाकर आधुनिककाल के उत्तरार्ध में, अर्थात् वर्तमानकाल की नूतन काव्यधारा में ही, 'अभिव्यंजनावाद' के प्रभाव से कुछ विदेशी रंग लिये प्रकट हुई। घनानंद का प्रयोग वैचित्र्य दिखाने के लिए कुछ पंक्तियाँ नीचे उद्धृत की जाती है–

(क) अरसानि गही वह बानि कछू, सरसानि सो आनि निहोरत है।

(ख) ह्वै है सोऊ घरी भाग उधरी अनंदघन सुररा बरसि, लाल! देखिहौ हरी हमें! ('खुले भाग्यवाली घड़ी' में विशेषण-विपर्यय)।

(ग) उघरो जग, छाय रहे घन आनंद, चातक ज्यों तकिए अब तौ। (उघरो जग=संसार जो चारों ओर घेरे था वह दृष्टि से हट गया)

(घ) कहिए सु कहा, अब मौन भली, नहिं खोवते जौ हमें पावते जू। (हमें=हमारा हृदय) विरोधमूलक वैचित्र्य भी जगह-जगह बहुत सुंदर मिलता है, जैसे–

(च) झूठ की सचाई छक्यौ, त्यों हित कचाई पाक्यो, ताके गुनगन घनआनंद कहा गनौ।

(छ) उजरनि बसी है हमारी अँखियानि देखो, सुबस सुदेस जहाँ रावरे बसत हो।

(ज) गति सुनि हारी, देखि थकनि मैं चली जाति, थिर चर दसा कैसी ढकी उघरति है।

(झ) तेरे ज्यों न लेखो, मोहि मारत परेखों महा, जान घनआनंद पे खोयबो लहत हैं।

इन उद्धरणों से कवि की चुभती हुई वचनवक्रता पूरी-पूरी झलकती है। कहने की आवश्यकता नहीं कि कवि की उक्ति ने वक्र पथ हृदय के वेग के कारण पकड़ा है।

भाव का स्रोत जिस प्रकार टकराकर कहीं-कहीं वक्रोक्ति के छींटें फेंकता है उसी प्रकार

कहीं-कहीं भाषा के स्निग्ध, सरल और चलते प्रवाह के रूप में भी प्रकट होता है। ऐसे स्थलों पर अत्यंत चलती और प्राजंल ब्रजभाषा की रमणीयता दिखाई पड़ती है–

कान्ह परे बहुतायत में, इकलैन की वेदन जानौ कहा तुम?
हौ मनमोहन, मोहे कहूँ न, बिथा बिमनैन की मानौ कहा तुम?
बौरे बियोगिन्ह आप सुजान ह्वै, हाय कछू उर आनौ कहा तुम?
आरतिवंत पपीहन को घनआनंद जू! पहिचाने कहा तुम?

× × × × ×

कारी कूर कोकिला कहाँ को बैर काढ़ति री,
कूकि-कूकि अबही करेजो किन कोरि रै।
पैंड़ परै पापी ये कलापी निसि द्यौस ज्यों ही,
चातक रे घातक ह्वै तुहू कान फोरि लै।
आनंद के घन प्रान जीवन सुजान बिना,
जानि कै अकेली सब घरोदल जोरि लै।
जौ लौं करै आवन विनोद बरसाबन ये,
तौ लौं रे डरारे बजमरे घप घोरि लै॥

इस प्रकार की सरल रचनाओं में कहीं-कहीं नादव्यंजना भी बड़ी अनूठी है। एक उदाहरण लीजिए–

ए रै बीर पौन! तेरो सबै ओर गौन, वारि
तो सों और कौन मनै ढरकौं ही बानि है।
जगत के प्रान, ओछे बड़े को समान, घन
आनंदनिधान सुखदान दुखियानि दै।
जान उजियारे, गुनभारे अति मोहि प्यारे
अब ह्वै अमोही बैठे पीठि पहिचानि दै।
बिरहबिथा की मूरि आँखिन में राखैं पूरि,
धूरि तिन्ह पाँयन की हा हा! नैकु आनि दै॥

ऊपर के कवित्त के दूसरे चरण में आये हुए 'आनंदनिधान सुखदान दुखियानि दै' में मृदंग की ध्वनि का बड़ा ही सुंदर अनुकरण है।

उक्ति अर्थगर्भत्व भी घनानंद का स्वतंत्र और स्वावलंबी होता है, बिहारी के समान साहित्य की रूढ़ियों (जैसे-नायिकाभेद) पर आश्रित नहीं रहता। उक्तियों की सांगोपांग योजना या अन्विति इनकी निराली होती है। कुछ उदाहरण लीजिए–

पूरन प्रेम को मंत्र महा पन जा मधि सोधि सुधारि है लेख्यो।
ताही के चारु चरित्र विचित्रनि यों पचि कै रचि राखि बिसेख्यो।
ऐसो हियो हित पत्र पवित्र जो आन कथा न कहूँ अवरेख्यो।
सो घनआनंद जान अजान लौं टूक कियो, पर बाँचि न देख्यो॥

× × × × ×

आनाकानी आरसी निहारिबो करैगो कौलौं?
कहा मो चकित दसा त्यों न दीठि डोलिहै?

मौन हू सों देखिहौं कितेक पन पालिहौ जू,
कूकभरी मूकता बुलाय आप बोलिहै।
जान घनआनंद यों मोहि तुम्हें पैज परी,
जानियैगो टेक टरें कौन धौं मलोलिहै।
रुई दिए रहौगे कहाँ लौं बहरायबे की?
कबहूँ तौ मेरियै पुकार कान खोलिहै॥

× × × × ×

अंतर में बासी पै प्रवासी कैसो अंतर है,
मेरी न सुनत दैया! आपनीयौ ना कहौ।
लोचननि तारे ह्वै सुझायो सब, सूझी नाँहिं,
बूझि न परति ऐसी सोचनि कहा दहौ।
हौ तौ जानराय, जाने जाहु न, अजान यातें,
आनंद के घन छाया छाय उघरे रहौ।
मूरति मया की हा हा! सूरति दिखैऐ नेकुर,
हमैं खोय या बिधि हो? कौन धौं लहालहौ॥

× × × × ×

मूरति सिंगार की उजारी छबि आछी भाँति,
दीठि लालसा के लोयननि लैलै आँजिहौं।
रतिरसना सवाद पाँवड़े पुनीतकारी पाय,
चूमि-चूमि कै कपोलनि सों माँजिहौं॥
जान प्यारे प्रान अंग-अंग रुचि रंगिन में,
बोरि सब अंगन अनंग दुख भाँजिहौं।
कब घनआनंद ढरौहीं बानि देखें,
सुधा हेत मनघट दरकनि सुठि राँजिहौं॥

(राँजना-फूटे बरतन में जोड़ या टाँका लगाना)।

निसि द्यौस खरी उर माँझ अरी छबि रंगभरी मुरि चाहनि की।
तकि मोरनि त्यों चख ढोरि रहैं, ढरिगो हिय ढोरनि बाहनि की।
चट दै कटि पै बट प्रान गये गति हों-मति में अवगाहनि की।
घनआनंद जान लग्यो जब तें जक वागियै मोहि कराहनि की॥

इस अंतिम सवैये के प्रथम तीन चरणों में कवि ने बहुत सूक्ष्म कौशल दिखाया है। 'मुरि चाहनि' और 'तकि मोरनि' से यह व्यक्त किया गया है कि एक बार नायक ने नायिका की ओर मुड़कर देखा फिर देखकर मुड़ गये और अपना रास्ता पकड़ा। देखकर जब वे मुड़े तब नायिका का मन उनकी ओर इस प्रकार ढल पड़ा जैसे पानी नारी में ढल जाता है। कटि में बल देखकर प्यारे नायिका के मन में डूबने के भय ने निकल गये।

घनानंद के ये दो सवैये बहुत प्रसिद्ध हैं-

परकारज देह को धारे फिरौ परजन्य! जथारथ ह्वै दरसौ।
निधि नीर सुधा के समान करौ, सबही बिधि सुंदरता सरसौ।

घनआनंद जीवनदायक हो, कबौं मेरियौ पीर हिये परसौ।
कबहूँ वा बिसासी सुजान के आँगन में अँसुवान को लै बरसो॥
× × × × ×
अति सूधो सनेह को मारग है, जहँ नैकु सयानप बाँक नहीं।
तहँ साँचे चलै तजि आपनपौ, झिझकैं कपटी जो निसाँक नहीं।
घनआनंद प्यारे सुजान सुनौ, इत एक तें दूसरो आँक नहीं।
तुम कौन-सी पाटी पढ़े हो लला, मन लेहु पै देहु छटाँक नहीं॥

('विरहलीला' से)

सलोने स्याम प्यारे क्यों न आवौ। दरस प्यासी मरैं तिनकौं जिवावौ॥
कहाँ हौ जू, कहाँ हौ जू, कहाँ हौ। लगे ये प्रान तुमसों हैं जहाँ हौ॥
रहौ किन प्रान प्यारे नैन आगैं। तिहारे कारनै दिन-रात जागैं॥
सज्जन! हित मान कै ऐसी न कीजै। भई हैं बावरी सुध आय लीजै॥

11. रसनिधि : इनका नाम पृथ्वीसिंह था और ये दतिया के एक जमींदार थे। इनका संवत् 1717 तक वर्तमान रहना पाया जाता है। ये अच्छे कवि थे। इन्होंने बिहारी सतसई के अनुकरण पर 'रतनहजारा' नामक दोहों का एक ग्रंथ बनाया। कहीं-कहीं तो बिहारी के वाक्य तक रख लिये हैं। इनके अतिरिक्त इन्होंने और भी बहुत-से दोहे बनाये जिनका संग्रह भी खोज में मिला है। ये शृंगाररस के कवि थे। अपने दोहों में इन्होंने फारसी कविता के भाव भरने और चतुराई दिखाने का बहुत कुछ प्रयत्न किया है। फारसी की आशिकी कविता के शब्द भी इन्होंने परिमाण में कहीं-कहीं रखे हैं कि सुकवि और साहित्यिक शिष्टता को आघात पहुँचता है। पर जिस ढंग की कविता इन्होंने की है उसमें इन्हें सफलता हुई है। कुछ दोहे उद्धृत किये जाते हैं-

अद्भुत गति यहि प्रेम की, बैनन कही न जाय।
दरस भूख लागै दृगन, भूखहिं देत भगाय॥
लेहु न मजनू गोर ढिग, कोऊ लैला नाम॥
दरदवंत को नेकु तौ, लेन देहु बिसराम॥
× × × × ×
चतुर चितेरे तुव सबी लिखत न हिय ठहराय।
कलस छुवत कर आँगुरी गकटी कटाछन जाय॥
मनगयंद छबि मद छके तोरि जँजीर भगात।
हिय के झीने तार सों सहजै ही बँधि जात॥

12. महाराज विश्वनाथ सिंह : ये रीवाँ के बड़े ही विद्यारसिक और भक्त नरेश तथा प्रसिद्ध कवि महाराज रघुराजसिंह के पिता थे। आप संवत् 1778 से लेकर 1797 तक रीवाँ की गद्दी पर रहे। ये जैसे भक्त थे वैसे ही विद्याव्यसनी तथा कवियों और विद्वानों के आश्रयदाता थे। काव्यरचना में भी ये सिद्धहस्त थे। वह ठीक है कि इनके नाम से प्रख्यात बहुत-से ग्रंथ दूसरे कवियों के रचे हैं पर इनकी रचनाएँ भी कम नहीं हैं। नीचे इनकी बनायी पुस्तकों के नाम दिये जाते हैं जिनसे विदित होगा कि कितने विषयों पर इन्होंने लिखा है-

1. अष्टयाम आह्निक, 2. आनंदरघुनंद (नाटक), 3. उत्तमकाव्यप्रकाश, 4.

गीतारघुनंदन शतिका, 5. रामायण, 6. गीता रघुनंदन प्रामाणिक, 7. सर्वसंग्रह, 8. कबीर बीजक की टीका, 9. विनयपत्रिका की टीका, 10. रामचंद्र की सवारी, 11. भजन, 12. पदार्थ, 13. धनुर्विद्या, 14. आनंद रामायण, 15. परधर्म निर्णय, 16. शांतिशतक, 17. वेदांत पंचकशतिका, 18. गीतावली पूर्वार्द्ध, 19. ध्रुवाष्टक, 20. उत्तम नीतिचंद्रिका, 21. अबोधनीति, 22. पाखंड खंडिका, 23. आदिमंगल, 24. बसंत चौंतीसी, 25. चौरासी रमैनी, 26. ककहरा, 27. शब्द, 28. विश्वभोजनप्रसाद, 29. ध्यान मंजरी, 30. विश्वनाथ प्रकाश, 31. परमतत्त्व, 32. संगीत रघुनंदन इत्यादि।

यद्यपि ये रामोपासक थे, पर कुलपरंपरा के अनुसार निर्गुणसंत मत की बानी का भी आदर करते थे। कबीरदास के शिष्य धर्मदास का बांधवनरेश के यहाँ जाकर उपदेश सुनाना परंपरा से प्रसिद्ध है। 'ककहरा', 'शब्द', 'रमैनी' आदि उसी प्रभाव के द्योतक हैं। पर इसकी सहित्यिक रचना प्रधानतः रामचरित संवर्धिनी है। कबीर बीजक की टीका इन्होंने निर्गुणब्रह्म के स्थान पर सगुण राम पर घटाई है। ब्रजभाषा में नाटक पहले पहल इन्होंने लिखा। इस दृष्टि से इनका 'आनंदरघुनंदन नाटक' विशेष महत्त्व की वस्तु है। भारतेंदु हरिश्चंद्र ने इसे हिंदी का प्रथम नाटक माना है। यद्यपि इसमें पद्यों की प्रचुरता है, पर संवाद सब ब्रजभाषा गद्य में है, अंकविधान और पात्रविधान भी है। हिंदी के प्रथम नाटककार के रूप में ये चिरस्मरणीय हैं।

इनकी कविता अधिकतर या तो वर्णनात्मक है अथवा उपदेशात्मक। भाषा स्पष्ट और परिमार्जित हैं इनकी रचना के कुछ नमूने दिये जाते हैं–

भाइन भृत्यन विष्णु सो रैयत भानु सो सत्रुन काल सो भावै।
सत्रु बली सों बचे करि बुद्धि और अस्त्र सौं धर्म की रीति चलावै॥
जीतन को करै केते उपाय औ दीरघ दृष्टि सबै फल पावै।
भाखत है बिसुनाथ ध्रुवै नृप सो कबहूँ नहिं राज गँवावै॥

× × × × ×

बाजि गज सोर रथ सुतुर कतार जेते,
प्यादे ऐंड़वारे जे सबीह सरदार के।
कुंवर छबीले जे रसीले राजबंस वारे,
सूर अनियारे अति प्यारे सरकार के।
केते जातिवारे, केते-केते देसवारे,
जीव स्वान सिंह आदि सैलवारे जे सिकार के।
डंका की धुकार ह्वै सवार सबैं एक बार,
राज बार पार कार कोशलकुमार के॥

× × × × ×

उठौ कुँवर दोउ प्रान पियारे।
ह्विमरितु प्रात पाय सब मिटिगे नभसर पसरे पुहकर तारे॥
जगवन महँ निकस्यो हरषित हिय बिचरन हेत विवस मनियारो।
विश्वनाथ यह कौतुक परखहु रविमनि दसहु दिसिन उजियारो॥

× × × × ×

करि जो कर में कयलास लियो कसिकै अब नाक सिकोरत है।

दई तालन बीस भुजा कहराय झुको धनु को झकझोरत है॥
तिल एक हलै न हलै पुहुमी रिसि पीसि के दाँतन तोरत है।
मन में यह ठीक भयो हमरे मद काको महेस न मोरत है॥

13. भक्तवर नागरीदास जी : यद्यपि इस नाम से कई भक्त कवि ब्रज में हो गये, पर उनमें सबसे प्रसिद्ध कृष्णगढ़ नरेश महाराज सावंतसिंह हैं जिनका जन्म पौष कृष्ण 12 संवत् 1756 में हुआ था। ये बाल्यावस्था से ही बड़े शूरवीर थे। 13 वर्ष की अवस्था में इन्होंने बूँदी के हाड़ा जैत सिंह को मारा था। संवत् 1804 में ये दिल्ली के शाही दरबार में थे। इसी बीच में इनके पिता महाराज राजसिंह का देहांत हुआ। बादशाह अहमदशाह ने इन्हें दिल्ली में कृष्णगढ़ राज्य का उत्तराधिकार दिया, पर जब ये कृष्णगढ़ पहुँचे तब राज्य पर अपने भाई बहादुरसिंह का अधिकार पाया जो जोधपुर की सहायता से सिंहासन पर अधिकार कर बैठे थे। ये ब्रज की ओर लौट आये और मराठों से सहायता लेकर इन्होंने अपने राज्य पर अधिकार किया। इस पर गृहकलह से इन्हें कुछ ऐसी विरक्ति हो गयी कि ये सब छोड़-छाड़कर वृंदावन चले गये और वहाँ विरक्त भक्त के रूप में रहने लगे। अपनी उस समय की चित्तवृत्ति का उल्लेख इन्होंने इस प्रकार किया है–

जहाँ कलह तहँ सुख नहीं, कलह सुखन को सूल।
सबै कलह इक राज में, राज कलह को मूल॥
कहा भयो नृप हू भए, ढोवत जग बेगार।
लेत न सुख हरिभक्त को, सकल सुखन को सार॥
मैं अपने मन मूढ़ तें, डरत रहत हों हाय।
वृंदावन की ओर तें, मति कबहूँ फिर जाय॥

वृंदावन पहुँचने पर वहाँ के भक्तों ने इनका बड़ा आदर किया। ये लिखते हैं कि पहले तो 'कृष्णगढ़ के राजा' यह व्यावहारिक नाम सुनकर वे कुछ उदासीन से रहे पर जब उन्होंने मेरे 'नागरीदास' (नागरी शब्द श्रीराधा के लिए आता है) नाम को सुना तब तो उन्होंने उठकर दोनों भुजाओं से मेरा आलिंगन किया।

सुनि व्यवहारिक नाम को ठाढ़े दूरि उदास।
दौरि मिले भरि नैन सुनि नाम नागरीदास॥
इक मिलत भुजन भरि दौर-दौर। इक टेरि बुलावत और ठौर॥

वृंदावन में उक्त समय बल्लभाचार्य जी गद्दी की पाँचवीं पीढ़ी थी। वृंदावन से इन्हें इतना प्रेम था कि एक बार ये वृंदावन के उस पार जा पहुँचे। रात को जब यमुना के किनारे लौटकर आये तब वहाँ कोई बेड़ा न था। वृंदावन का वियोग इन्हें इतना असह्य हो गया कि ये यमुना में कूद पड़े और तैरकर वृंदावन आये। इस घटना का उल्लेख इन्होंने इस प्रकार किया है–

देख्यो श्रीवृंदा बिपिन पार। बिच बहति महा गंभीर धार॥
नहिं नाव, नाहिं कछु और दाव। हे दई! कहा कीजै उपाव॥
रहे वार लगन की लगै लाज। गये पारहि पूरै सकल काज॥
यह चित्त माहिं करिकै विचार। परे कूदि-कूदि जलमध्य-धार॥

वृंदावन में इनके साथ इनकी उपपत्नी 'बणीठणी जी' भी रहती थीं, जो कविता भी करती थीं।

ये भक्त कवियों में बहुत ही प्रचुर कृति छोड़ गये हैं। इनका कविताकाल संवत् 1780 से 1819 तक माना जा सकता है। इनका पहला ग्रंथ 'मनोरथमंजरी' संवत् 1780 में पूरा हुआ। इन्होंने संवत् 1814 में आश्विन शुक्ल 10 को राज्य पर अपने पुत्र सरदारसिंह जी को प्रतिष्ठित करके घरबार छोड़ा। इससे स्पष्ट है कि विरक्त होने के बहुत पहले ही ये कृष्णभक्ति और ब्रजलीला संबंधिनी बहुत-सी पुस्तकें लिख चुके थे। कृष्णगढ़ में इनकी लिखी छोटी-बड़ी सब मिलाकर 73 पुस्तकें संगृहित हैं जिनके नाम यह हैं–

सिंगारसार, गोपीप्रेमप्रकाश (सं. 1800), पदप्रसंगमाला, ब्रजबैकुंठ तुला, ब्रजसार (संवत् 1799), भोरलीला, प्रातरसमंजरी, बिहारीचंद्रिका (सं. 1788), भोजनानंदाष्टक, जुगलरस माधुरी, फूलविलास, गोधन आगमन दोहन, आनंदलग्नाष्टक, फागविलास, ग्रीष्मबिहारी, पावसपचीसी, गोपीबैनविलास, रासरसलता, नैनरूपरस, शीतसागर, इश्कचमन, मजलिस मंडन, अरिल्लाष्टक, सदा की माँझ, वर्षा ऋतु की माँझ, होरी की माँझ, कृष्णजन्मोत्स कवित्त, गोवर्धनधारन के कवित्त, होरी के कवित्त, फागगोकुलाष्टक, हिंडोरा के कवित्त, वर्षा के कवित्त, भक्तिमगदीपिका (1802), तीर्थानंद (1810), फागबिहारी (1808), बालविनोद, वनविनोद (1809), सुजानानंद (1810), भक्तिसार (1799), देहदशा, वैराग्यल्ली, रसिकरत्नावली (1782), कलिवैराग्यवल्लरी (1795), अरिल्लपचीसी, छूटक विधि, पारायण विधि प्रकाश (1799), शिखनख, नखशिख छूटक कवित्त, चचरियाँ, रेखता, मनोरथमंजरी (1780), रामचरित्रमाला, पदप्रबोधभाला, जुगल भक्तिविनोद (1808) रसानुक्रम के दोहे, शरद की माँझ, साँझी फूल बीनन संवाद, वसंतवर्णन, रसानुक्रम के कवित्त, फाग खेलन समेतानुक्रम के कवित्त, निकुंजविलास (1794), गोविंद परिचयी, बनजन प्रशंसा, छूटक दोहा, उत्सवमाला, पदमुक्तावली।

इनके अतिरिक्त 'वैनविलास' और 'गुप्तरसप्रकाश' नाम की दो अप्राप्य पुस्तकें भी हैं। इस लंबी सूची को देखकर आश्चर्य करने के पहले पाठक को यह जान लेना चाहिए कि ये नाम भिन्न-भिन्न प्रसंगों व विषयों के कुछ पद्यों में वर्णनमात्र हैं, जिन्हें यदि एकत्र करें तो 5 या 7 अच्छे आकार की पुस्तकों में आ जायेंगे। अतः ऊपर लिखे नामों को पुस्तकों के नाम न समझकर वर्णन के शीर्षकमात्र समझना चाहिए। इनमें से बहुतों को पाँच-पाँच, दस-दस, पचीस-पचीस, पद्य मात्र समझिए। कृष्णभक्त कवियों की अधिकांश रचनाएँ इसी ढंग की हैं। भक्तिकाल के इतने अधिक कवियों की कृष्णलीला संबंधिनी फुटकल उक्तियों से ऊबे हुए और केवल साहित्यिक दृष्टि रखने वाले पाठकों को नागरीदास जी की ये रचनाएँ अधिकांश में पिष्टपेषण-सी प्रतीत होंगी। पर ये भक्त थे और साहित्यरचना की नवीनता आदि से कोई प्रयोजन नहीं रखते थे। फिर भी इनकी शैली और भावों में बहुत कुछ नवीनता और विशिष्टता है। कहीं-कहीं बड़े सुंदर भावों की व्यंजना इन्होंने की है। इन्होंने गाने के पदों के अतिरिक्त कवित्त, सवैया, अरिल्ल, रोला आदि कई छंदों का व्यवहार किया है। भाषा भी सरस और चलती है विशेषतः पदों की। कवित्तों की भाषा में वह चलतापन नहीं है। कविता के नमूने नीचे देखिए–

(वैराग्यसागर से)

काहे को रे नाना मत सुनै तू पुरातन के,
तै ही कहा? मेरी मूढ़ गूढ़ मति पंग की।
वेद के विवादनि को पावैगो न पार कहूँ,

छाँड़ि देहु आस सब दान न्हान गंग की।
और सिद्धि सोधे अब, नागर, न सिद्ध कछू,
मानि लेहु मेरी कही वार्ता सुढंग की।
जाइ ब्रज भोरे! कोरे मन को रँगाइ लै रे,
वृंदावन रेनु रची गौर स्याम रंग की।

(अरिल्ल)

अंतर कुटिल कठोर भरे अभिमान सों,
तिनके गृह नहिं रहैं संत सनमान सों,
उनकी संगति भूलि न कबहूँ जाइए,
ब्रजनागर नँदलाल सु निसिदिन गाइए॥

(पद)

जौ मेरे तन होते दोय।
मैं काहू त कछु नहिं कहतो, मोतें कछु कहतो निहं कोय॥
एक जो तन हरिविमुखन के सँग रहतो देस-विदेस।
विविध भाँति के जग दुख-सुख जहँ, नहीं भक्ति लवलेस॥
एक जौ तन सतसंग रंग रँगि रहतो अति सुखपूर।
जनम सफल करि लेतो ब्रज बसि जहँ ब्रज जीवन मूर॥
द्वै तन बिन द्वै काज न ह्वै हैं, आयु तौ छिन-छिन छीजै।
नागरिदास एक तन तें अब कहौं काह करि लीजै॥

(मनोरथ मंजरी से)

चरन छिदत काँटेनि तें स्रवत रुधिर सुधि नाहिं।
पूछति हौ फिरि हौं भटू खग मृग तरु बन माहिं॥
कबै झुकत मो ओर को ऐहैं मदगज चाल।
गरबाहीं दीने दोऊ प्रिया नवल नंदलाल॥

(इश्क चमन से)

सब मजहब सब इल्म अरु सबै ऐश के स्वाद।
अरे इश्क के असर बिनु ये सबही बरबाद॥
आया इश्क लपेट में, लागी चश्म चपेट।
सोई आया खलक में, और भरैं सब पेट॥

(वर्षा के कवित्त से)

भादों की कारी अँध्यारी निसा झुकि बादर मंद फुही बरसावै।
स्यामा जू आपनी ऊँची अटा पै छकी रसरीति मलारहि गावै॥

ता समै मोहन के दृग दूरि तें आतुर रूप की भीख यों पावै।
पौन मया करि घूँघट टारै, दया करि दामिनि दीप दिखावै।।

14. जोधराज : ये गौड़ ब्राह्मण बालकृष्ण के पुत्र थे। इन्होंने नीवँगढ़ (वर्तमान नीमराणा-अलवर) के राजा चंद्रभान चौहान के अनुरोध से 'हम्मीररासो' नामक एक बड़ा प्रबंध काव्य संवत् 1875 में लिखा जिसमें रणथंभौर के प्रसिद्ध वीर महाराज हम्मीरदेव का चरित्र वीरगाथाकाल की छप्पय पद्धति पर वर्णन किया गया। हम्मीरदेव सम्राट पृथ्वीराज के वंशज थे। उन्होंने दिल्ली के सुल्तान अलाउद्दीन को कई बार परास्त किया था और अंत में अलाउद्दीन की चढ़ाई में ही वे मारे गये थे। इस दृष्टि से इस काव्य के नायक देश के प्रसिद्ध वीरों में हैं। जोधपुर ने चंद आदि प्राचीन कवियों की पुरानी भाषा का भी यत्र-तत्र अनुकरण किया है; जैसे जगह-जगह 'हि' विभक्ति के प्राचीन रूप 'ह' का प्रयोग। 'हम्मीररासो' की कविता बड़ी ओजस्विनी हैं। घटनाओं का वर्णन ठीक-ठीक और विस्तार के साथ हुआ है। काव्य का स्वरूप देने के लिए कवि ने कुछ घटनाओं की कल्पना भी की है जैसे महिमा मंगोल का अपनी प्रेयसी वेश्या के साथ दिल्ली से भागकर हम्मीरदेव की शरण में आना और अलाउद्दीन का दोनों को माँगना। यह कल्पना राजनीतिक उद्देश्य हटाकर प्रेम प्रसंग को युद्ध का कारण बताने के लिए, प्राचीन कवियों की प्रथा के अनुसार की गयी है। पीछे संवत् 1902 में चंद्रशेखर बाजपेयी ने जो हम्मीरहठ लिखा उसमें भी यह घटना ज्यों-की-त्यों ले ली गई है। ग्वाल कवि के हम्मीरहठ में भी बहुत संभव है कि, यह घटना ली गयी होगी।

प्राचीन वीरकाल के अंतिम राजपूत वीर का चरित जिस रूप में और जिस प्रकार की भाषा में अंकित होना चाहिए था उसी प्रकार की भाषा में जोधराज अंकित करने में सफल हुए हैं, इसमें कोई संदेह नहीं। इन्हें हिंदी काव्य की ऐतिहासिक परंपरा की अच्छी जानकारी थी, यह बात स्पष्ट लक्षित होती है। नीचे इनकी रचना के कुछ नमूने उद्धत किय जाते हैं–

कब हठ करै अलावदी रणथंभवर गढ़ आहि।
कबै सेख सरनै रहैं बहुर्‌यो महिमा साहि।।
सूर सोच मन में करौ, पदवी लहौ न फेरि।
जो हठ छंडो राव तुम, उत न लजै अजमेरि।।
राखि सेख न तजौ, तजौ सीस गढ़ देस।
रानी राव हमीर को यह दीन्हौं उपदेस।।
× × × × ×
कहँ पवार जगदेव सीस आपन कर कटट्‌यो।
कहाँ भोज विक्रम सुराव जिन परदुख मिटट्‌यो।।
सदा भार नित करन कनक विप्रन को दीनो।
रह्यो न रहिए कोय देव नर नाग सु चीनो।।
यह बात राय हम्मीर सूँ रानी इगि आसा कही।
जो भई चक्कवै मंडली सुनौ रवि दीखै नहीं।।
× × × × ×
जीवन-मरन सँजोग जग कौन मिटावै ताहि।
जो जनमै संसार में अमर रहै नहिं आहि।।

कहाँ जैत कहँ सूर, कहाँ सोमेश्वर राणा।
कहाँ गये प्रथिराज साह दल जीति न आणा।।
होतब मिटे न जगत में कीजै चिंता कोहि।
आसा कहै हमीर सौं अब चूकौ मति सोहि।।
× × × × ×
पुंडरीक सुत सुता तासु पद कमल मनाऊँ।
बिसद बरन बर बसन बिषद भूषन हिय ध्याऊँ।।
बिषद जंत्र सुर सुद्ध तंत्र सुंदर जुत सोहै।
विषद ताल इक भुजा, दुतिय पुस्तक मन मोहै।।
गति राजहंस हंसन चढ़ी रटी सुरन कीरति बिमल।
जय मातु सदा बरदायिनी, देहु सदा बरदानबल।।

15. बख्शी हंसराज : ये श्रीवास्तव कायस्थ थे। इनका जन्म संवत् 1799 में पन्ना में हुआ था। इनके पूर्वज बख्शी हरिकिशुन जी पन्ना राज्य के मंत्री थे। हंसराज जी पन्नानरेश श्री अमानसिंह जी के दरबारियों में थे। ये ब्रज की व्यासगद्दी के 'विजयसखी' नामक महात्मा के शिष्य थे, जिन्होंने इनका सांप्रदायिक नाम 'प्रेमसखी' रखा था। 'सखी-भाव' के उपासक होने के काण इन्होंने अत्यंत प्रेम माधुर्यपूर्ण रचनाएँ की हैं। इनके चार ग्रंथ पाये जाते हैं–

1. सनेहसागर, 2. विरहविलास, 3. रामचंद्रिका, 4. बारहमासा (सं. 1811)।

इनमें से प्रथम बड़ा ग्रंथ है। दूसरा शायद इनकी पहली रचना है। 'सनेहसागर' का संपादन श्रीयुत् लाला भगवानदीन जी बड़े अच्छे ढंग से कर चुके हैं शेष ग्रंथ प्रकाशित नहीं हुए हैं।

'सनेहसागर' नौ तरंगों में समाप्त हुआ है जिनमें कृष्ण की विविध लीलाएँ सार छंद में वर्णन की गयी हैं। भाषा बहुत ही मधुर, सरस और चलती है। भाषा का ऐसा स्निग्ध सरल प्रवाह बहुत ही कम देखने में आता है। पदविन्यास अत्यंत कोमल और ललित है। कृत्रिमता का लेश नहीं। अनुप्रास बहुत ही संयत मात्रा में और स्वाभाविक हैं माधुर्य प्रधानतः संस्कृत की पदावली का नहीं, भाषा की सरल सुबोध पदावली का है। भाषा सब प्रकार से आदर्श भाषा है। कल्पना भावविधान में ही पूर्णतया प्रवृत्त है, अपनी अलग उड़ान दिखाने में नहीं। भावविकास के लिए अत्यंत परिचित और स्वाभाविक व्यापार ही रखे गये हैं। वास्तव में 'स्नेहसागर' एक अनूठा ग्रंथ है। उसके कुछ पद नीचे उद्धृत किये जाते हैं–

दमकति दिपति देह दामिनी-सी चमकत चंचल नैना।
घूँघट बिच खेलत खंजन से उड़ि-उड़ि छीठि लगै ना।।
लटकति ललित पीठ पर चोटी बिच-बिच सुमन सँवारी।
देखे ताहि मैर सो आवत, मनहु भुजंगिनी कारी।।
× × × × ×
इत ते चली राधिका गोरी सौंपन अपनी गैया।
उत तें अति आतुर आनंद सों आये कुँवर कन्हैया।।
कसि भौहैं, हँसि कुँबरि राधिका कान्ह कुँवरि सों बोली।
अंग-अंग उमगि भरे आनंदों, दरकति छिन छिन चोली।।
× × × × ×

एरे मुकुटवार चरवाहे! गाय हमारी लीजौ।
जाय न कहूँ तुरत की व्यानी, सौंपि खग्क कै दीजौ॥
होहु चरावनहार गाय के बाँधनहार छुरैया।
कलि दीजौ तुम आय दोहनी, पावै दूध लुरैया॥
× × × × ×
कोऊ कहूँ आय बनवीथिन या लीला लखि जैसे।
कहि-कहि कुटिल कठिन कुटिलन सों सिंगरे ब्रज बगरैहे॥
जो तुम्हरी इनकी ये बातें सुनिहैं कीरति रानी।
तौ कैसे परिहै पाटे तें, घटिहै कुल को पानी॥

16. जनकराज किशोरीशरण : ये अयोध्या के एक वैरागी थे और संवत् 1797 में वर्तमान थे। इन्होंने भक्ति, ज्ञान और रामचरित संबंधिनी बहुत-सी कविता की है। कुछ ग्रंथ संस्कृत में भी लिखे हैं। हिंदी कविता साधारणत: अच्छी है। इनकी बनाई पुस्तकों के नाम ये हैं–

आंदोलनरहस्य दीपिका, तुलसीदासचरित्र, विवेकसार चंद्रिका, सिद्धांत चौंतीसी, बारहखड़ी, ललित श्रृंगार दीपक, कवितावली, जानकीशरणाभरण, सीताराम सिद्धांतमुक्तावली, अनन्यतरंगिणी, रामरसतरंगिणी, आत्मसंबंधदर्पण, होलिकाविनोददीपिका, वेदांतसार, श्रुतिदीपिका, रसदीपिका, दोहावली, लघुवर करुणाभरण।

उपर्युक्त सूची से प्रकट है कि इन्होंने रामसीता के श्रृंगार, ऋतुबिहारी आदि के वर्णन में ही भाषा कविता की है। इनका एक पद नीचे दिया जाता है–

फूले कुसुम द्रुम विविध रंग सुगंध के चहु चाब।
गुंजत मधुप मधुमत्त नाना रंग रज अँग फाब॥
सीरो सुगंध सुमंद बात विनोद कंत बहंत।
परसत अनंग उदोत हिय अभिलाष कामिनी कंत॥

17. अलबेली अलि : ये विष्णुस्वामी संप्रदाय के महात्मा 'वंशीअलि' जी के शिष्य थे। इनके अतिरिक्त इनका कोई वृत्त ज्ञात नहीं। अनुमान से इनका कविताकाल विक्रम की 18वीं शताब्दी का अंतिम भाग आता है। ये भाषा के सत्कवि होने के अतिरिक्त संस्कृत में भी सुंदर रचना करते थे जिसका प्रमाण इनका लिखा 'श्रीस्तोत्र' है। इन्होंने 'समयप्रबंध पदावली' नामक एक ग्रंथ लिखा है जिसमें 313 बहुत ही भावभरे पद हैं। नीचे कुछ पद उद्धृत किये जाते हैं–

लाल तेरे लोभी लोलुप नैन।
केहि रस छकनि छके हौ छबीले मानत नहिन चैन॥
नींद नैन घुरि-घुरि आवत अति, घोरि रही कछु नैन॥
अलबेली अलि रस के रसिया, कत बितरत ये बैन॥
× × × × ×
बने नवल प्रिय प्यारी।
सरद रैन उजियारी॥
सरद रैन सुखदैन मैनमय जमुनातीर सुहायो।
सकल कलापूरन ससि सीतल महिमंडल पर आयो॥
अतिसय सरस सुगंध मंद गति बहत पवन रुचिकारी।

नव-नव रूप नवल नव जोबन बने नवल पिय प्यारी।।

18. चाचा हित वृंदावन दास : ये पुष्कर क्षेत्र के रहने वाले गौड़ ब्राह्मण थे और संवत् 1765 में उत्पन्न हुए थे। ये राधाबल्लभ गोस्वामी हितरूप जी के शिष्य थे। तत्कालीन गोसाई जी के पिता के लघु भ्राता होने के कारण गोसाई जी की देखादेखी सब लोग इन्हें 'चाचा जी' कहने लगे। ये महाराज नागरीदास जी के भाई बहारदुरसिंह जी के आश्रय में रहते थे, पर जब राजकुल में विग्रह उत्पन्न हुआ तब ये कृष्णगढ़ छोड़कर वृंदावन चले आये और अंत समय तक वहीं रहे। संवत् 1800 से लेकर संवत् 1844 तक की इनकी रचनाओं का पता लगता है। जैसे सूरदास के सवा लाख पद बनाने की जनश्रुति है, वैसे ही इनके भी एक लाख पद और छंद बनाने की बात छद्मलीला आदि असंख्य प्रसंगों का विशद वर्णन किया है। छद्म लीलाओं का वर्णन तो बड़ा ही अनूठा है। इनके ग्रंथ प्रकाशित नहीं हुए हैं। रागरत्नाकर आदि ग्रंथों में इनके बहुत-से पद संग्रहीत मिलते हैं। छत्रपुर के राजपुस्तकालय में इनकी बहुत-सी रचनाएँ सुरक्षित है।

इतने अधिक परिमाण में होने पर भी इनकी रचना शिथिल या भरती की नहीं है। भाषा पर इनका पूरा अधिकार प्रकट होता है। लीलाओं के अंतर्गत वचन और व्यापार की योजना भी इनकी कल्पना की स्फूर्ति का परिचय देती है। इनके दो पद नीचे दिये जाते हैं–

(मनिहारी लीला से)

मिठबोलनी नवल मनिहारी।
भौंहें गोल गरूर हैं, याके नयन चुटीले भारी।
चूरो लखि मुख तें कहै, घूँघट में मुसकाति।
ससि मनु बदरी ओट तें दुरि दरसत यहि भाँति।
चूरो बड़ो है मोल को, नगर न गाहक कोय।
मो फेरी खाली परी, आई सब घर टोय।।

× × × × ×

प्रीतम तुम मो दृगन बसत हो।
कहा भरोसे ह्वै पूछत हौं, कै चतुराई करि जु हँसत हौ।।
लीजै परखि स्वरूप आपनो, पुतरिन में तुमहीं तौ लसत हौ।
वृंदावन हित रूप रसिक तुम, कुंज लड़ावत हिय हुलसत हौ।।

19. गिरधर कविराय : इनका कुछ भी वृत्तांत ज्ञात नहीं। नाम से भाट जान पड़ते हैं। शिवसिंह ने इनका संवत् 1770 दिया है जो संभवत: ठीक हो। इस हिसाब से इनका कविताकाल संवत् 1800 के उपरांत ही माना जा सकता है। इनकी नीति की कुंडलियाँ ग्राम-ग्राम में प्रसिद्ध हैं। अनपढ़ लोग भी दो-चार चरण जानते हैं। इस सर्वप्रियता का कारण है बिलकुल सीधी-सादी भाषा में तथ्यमात्र का कथन। इनमें न तो अनुप्रास आदि द्वारा भाषा की सजावट है, न उपमा, उत्प्रेक्षा आदि का चमत्कार। कथन की पुष्टि मात्र के लिए (अलंकार की दृष्टि से नहीं) दृष्टांत आदि इधर-उधर मिलते हैं। कहीं-कहीं पर बहुत कम, कुछ अन्योक्ति का सहारा इन्होंने लिया है। इन सब बातों के विचार से ये कोरे 'पद्यकार' ही कहे जा सकते हैं; सूक्तिकार भी नहीं। वृंद कवि में और इनमें यही अंतर है। वृंद ने स्थान-स्थान पर अच्छी घटती हुई और सुंदर उपमाओं आदि का भी विधान किया है। पर इन्होंने कोरा तथ्यकथन

किया है। कहीं-कहीं तो इन्होंने शिष्टता का ध्यान भी नहीं रखा है। घर-गृहस्थी के साधारण व्यवहार, लोक-व्यवहार आदि का बड़े स्पष्ट शब्दों में इन्होंने कथन किया है। यही स्पष्टता इनकी सर्वप्रियता का एकमात्र कारण हैं दो कुंडलियाँ दी जाती हैं–

साईं बेटा बाप के बिगरे भयो अकाज।
हरनाकुस अरु कंस को गयो दुहुन को राज॥
गयो दुहुन को राज बाप बेटा के बिगरे।
दुसमन दावागीर भए महिमंडल सिगरे॥
कह गिरिधर कविराय जुगन याही चलि आई।
पिता पुत्र के बैर नफा कहु कौने पाई?

× × × × ×

रहिए लटपट काटि दिन बरु घामहिं में सोय।
छाँह न बाकी बैठिए जो तरु पतरो होय॥
जो तरु पतरो होय एक दिन धोखा दैहै।
जा दिन बहै बयारि टूटि तब जर से जैहै॥
कह गिरधर कविराय छाँह मोटे की गहिए।
पाता सब झरि जाय तऊ छाया में रहिए॥

20. भगवत रसिक : ये ठट्टी संप्रदाय के महात्मा स्वामी ललित मोहनीदास के शिष्य थे। इन्होंने गद्दी का अधिकार नहीं लिया और निर्लिप्त भाव से भगवद्‌भजन में लगे रहे। अनुमान से इनका जन्म संवत् 1795 के लगभग हुआ। अत: इनका रचनाकाल संवत् 1830 और 1850 के बीच माना जा सकता है। इन्होंने अपनी उपासना से संबंध रखने वाले अनन्य प्रेमरसपूर्ण बहुत-से पद, कवित्त, कुंडलियाँ, छप्पय आदि रचे हैं जिनमें एक ओर तो वैराग्य का भाव और दूसरी ओर अनन्य प्रेग का भाव छलकता है। इनका हृदय प्रेमरसपूर्ण था। इसी से इन्होंने कहा है कि 'भगवत रसिक रसिक की बातें रसिक बिना कोउ समुझि सकै ना।' ये कृष्णभक्ति में लीन एक प्रेमयोगी थे। इन्होंने प्रेमतत्त्व का निरूपण बड़े ही अच्छी ढंग से किया है। कुछ पद्य नीचे दिये जाते हैं–

कुंजन तें उठि प्रात गात जमुना में धोवैं।
निधुबन करि दंडवत बिहारी को मुख जोवैं।
करैं भावना बैठि स्वच्छ बल रहित उपाधा।
घर-घर लेय प्रसाद लगै जब भोजन साधा॥
संग करै भगवत रसिक, कर करवा गूदरि गरे।
वृंदावन बिहरत फिरै, जुगल रूप नैनन भरे॥

× × × × ×

हमारो वृंदावन उर और।
माया काल तहाँ नहिं व्यापै जहाँ रसिक सिरमौर॥
छूटि जाति सत असत वासना, मन की दौरदौर।
भगवत रसिक बतायो श्रीगुरु अमल अलौकिक ठौर॥

21. श्री हठी जी : ये श्री हितहरिवंश जी की शिष्य परंपरा में बड़े ही साहित्यमर्मज्ञ

और कलाकुशल कवि हो गये हैं। इन्होंने संवत् 1837 में 'राधासुधाशतक' बनाया जिसमें 11 दोहे और 103 कवित्त-सवैया हैं। अधिकांश भक्तों की अपेक्षा इनमें विशेषता यह है कि इन्होंने कलापक्ष पर भी पूरा जोर दिया है। इनकी रचना में यमक, अनुप्रास, उपमा, उत्प्रेक्षा आदि का बाहुल्य पाया जाता है। पर साथ ही भाषा या वाक्य-विन्यास में लद्धड़पन नहीं आने पाया है। वास्तव में 'राधासुधाशतक' छोटा होने पर भी अपने ढंग का अनूठा ग्रंथ है। भारतेंदु हरिश्चंद्र को यह ग्रंथ अत्यंत प्रिय था। उसमें कुछ अवतरण नीचे दिये जाते हैं–

कलप लता के किधौं पल्लव नवीन दोऊ,
हरन मंजुता के कंज ताके बनिता के हैं।
पावन पतित गुन गावैं मुनि ताके छबि
छलै सबिता के जनता के गुरुता के हैं।
नवीं निधि ताके सिद्धता के आदि आलै हठी,
तीनौ लोकता के प्रभुता के प्रभु ताके हैं।
कटै पाप ताकै बढ़ै पुन्य के पाताके जिन,
ऐसे पद ताके वृषभानु की सुता के हैं॥

× × × × ×

गिरि कीजै गोधन मयूर नव कुंजन को,
पसु कीजै महराज नंद के नगर को।
नर कौन? तौन जौन राधे राधे नाम रटै,
तट कीजै वर कूल कालिंदी कगर को।
इतने पै जोई कछु कीजिए कुँवर कान्ह,
रखिए न आन फेर हठी के झगर को।
गोपी पद पंकज पराग कीजै महाराज,
तृन कीजै रावरेई गोकुल नगर को।

22. गुमान मिश्र : ये महोबा के रहने वाले गोपालमणि के पुत्र थे। इनके तीन भाई और थे। दीपसाहि, खुमान और अमान। गुमान ने पिहानी के राजा अकबरअली खाँ के आश्रय में संवत् 1800 में श्री हर्षकृत नैषध काव्य का पद्यानुवाद नाना छंदों में किया। यही ग्रंथ इनका प्रसिद्ध है और प्रकाशित भी हो चुका है। इसके अतिरिक्त खोज में इनके दो ग्रंथ और मिले हैं–कृष्णचंद्रिका और छंदाटवी (पिंगल)। कृष्णचंद्रिका का निर्माणकाल संवत् 1838 है। अत: इनका कविताकाल संवत् 1800 से 1840 तक माना जा सकता है। इन तीनों ग्रंथों के अतिरिक्त रस, नायिकाभेद, अलंकार आदि कई और ग्रंथ सुने जाते हैं।

यहाँ केवल इनके नैषध के संबंध में ही कुछ कहा जा सकता है। इस ग्रंथ में इन्होंने बहुत-से छंदों का प्रयोग किया है और बहुत जल्दी-जल्दी छंद बदले हैं। इंद्रवज्रा, वंशस्थ, मंदाक्रांता, शार्दूलविक्रीड़ित आदि कठिन वर्णवृत्तों को लेकर दोहा-चौपाई तक मौजूद हैं। ग्रंथारंभ में अकबरअली खाँ की प्रशंसा में जो बहुत-से कवित्त इन्होंने कहे हैं, उनसे इनकी चमत्कारप्रियता स्पष्ट प्रकट होती है। उनमें परिसंख्या अलंकार की भरमार है। गुमान जी अच्छे साहित्यमर्मज्ञ और काव्यकुशल थे, इसमें कोई संदेह नहीं। भाषा पर भी इनका पूरा अधिकार था। जिन श्लोकों के भाव जटिल नहीं हैं उनका अनुवाद बहुत ही सरस और सुंदर है वह

स्वतंत्र रचना के रूप में प्रतीत है पर जहाँ कुछ जटिलता है वहाँ की वाक्यावली उलझी हुई और अर्थ अस्पष्ट है। बिना मूल श्लोक सामने आये ऐसे स्थानों का स्पष्ट अर्थ निकालना कठिन ही है। अतः सारी पुस्तक के संबंध में यही कहना चाहिए कि अनुवाद में वैसी सफलता नहीं हुई है। संस्कृत के भावों के सम्यक् अवतरण में यह असफलता गुमान ही के सिर नहीं मढ़ी हो सकती। रीतिकाल के जिन-जिन कवियों ने संस्कृत से अनुवाद करने का प्रयत्न किया है उनमें बहुत-से असफल हुए हैं। ऐसा जान पड़ता है कि इस काल में जिस मधुर रूप में ब्रजभाषा का विकास हुआ वह सरल व्स्यंजना के तो बहुत ही अनुकूल हुआ पर जटिल भावों और विचारों के प्रकाश में वैसा समर्थ नहीं हुआ। कुलपति मिश्र ने 'रसरहस्य' में काव्यप्रकाश का जो अनुवाद किया है उसमें भी जगह-जगह इसी प्रकार अस्पष्टता है।

गुमान जी उत्तम श्रेणी के कवि थे, इसमें संदेह नहीं। जहाँ वे जटिल भाव भरने की उलझन में नहीं पड़े हैं वहाँ की रचना अत्यंत मनोहारिणी हुई है। कुछ पद्य उद्धृत किये जाते हैं–

दुर्जन की हानि, बिरधापनोई करै पीर,
गुन लोप होत एक मोतिन के हार ही।
टूटे मनिमालै निरगुन गायताल लिखै,
पोविन ही अंक, मन कलह विचार ही॥
संकर बरन पसु पच्छिन में पाइयत,
अलक ही पारै अंसभंग निरधार ही।
चिर चिर राजौ राज अली अकबर, सुरराज,
के समाज जाके राज पर बारही॥

× × × × ×

दिग्गज दबत दबकत दिगपाल भूरि,
धूरि की धुंधेरी सौं अँधेरी आभा भान की।
धाम औ धरा को, माल बाल अबला को आरे,
तजत परान रहा चाहत परान की।
सैयद समर्थ भूप अली अकबर दल,
चलत बजाय मारू दुंदुभी धुकान की।
फिर फिर फननि फनीस उलटतु ऐसे,
चोली खोलि ढोली ज्यों तमोली पाके पान की॥

× × × × ×

न्हाती जहाँ सुनयना नित बावली में,
छूटे उरोजतल कुंकुम नीर ही में।
श्रीखंड चित्र दृग-अंजन संग बाजै।
मानौ त्रिबेनि नित ही घर ही बिराजै॥

× × × × ×

हाटक हंस चल्यो उड़िकै नभ में, दुगुनी तन ज्योति भई।
लीक-सी खैंचि गयो छन में, छहराय रही छबि सोनमई।
नैनन सों निरख्यो न बनायकै, कै उपमा मन माहिं लई।

स्यामल चीर मनौ पसर्‌यो, तेहि पै कल कंचन बेलि नई।।

23. सरजूराम पंडित : इन्होंने 'जैमिनीपुराण भाषा' नामक एक कथात्मक ग्रंथ संवत् 1805 में बनाकर तैयार किया। इन्होंने अपना कुछ भी परिचय अपने ग्रंथ में नहीं दिया। जैमिनीपुराण दोहों, चोपाइयों में तथा और कई छंदों में लिखा गया है और 36 अध्यायों में समाप्त हुआ है। इसमें बहुत-सी कथाएँ आयी हैं; जैसे युधिष्ठर का राजसूय यज्ञ, संक्षिप्त रामायण, सीतात्याग, लवकुश युद्ध, मयूरध्वज, चंद्रहास आदि राजाओं की कथाएँ। चौपाइयों का ढंग 'रामचरितमानस' का-सा हैं कविता इनकी अच्छी हुई है। उसमें गांभीर्य है। नमूने के लिए कुछ पद नीचे दिये जाते हैं—

गुरूपद पंकज पावन रेनू। कहा कलपतरु का सुरधेनू।।
गुरुपद रज अज हरिहर धामा। त्रिभुवन बिभव, बिस्व बिश्रामा।।
तब लगि जग जड़ जीव भुलाना। परम तत्त्व गुरु जिय नहिं ज़ाना।।
श्री गुरु पंकज पाँव पसाऊ। स्रवत सुधामय तीरथराऊ।।
सुमिरत होत हृदय असनाना। मिटत मोहमय मन मल नाना।।

24. भगवंत राय खीची : ये असोथर (जिला-फतेहपुर) के बड़े गुणग्राही राजा थे जिनके यहाँ बराबर अच्छे-अच्छे कवियों का सत्कार होता रहता था। शिवसिंहसरोज में लिखा है कि इन्होंने सातों कांड रामायण बड़े सुंदर कवित्तों में बनायी है। यह रामायण तो इनकी नहीं मिलती पर हनुमान जी की प्रशंसा के 50 कवित्त इनके अवश्य पाए गये हैं जो संभव है रामायण के ही अंश हों। खोज में इनकी 'हनुमत् पचीसी' मिली है उसमें निर्माणकाल 1817 दिया है। इनकी कविता बड़ी ही उत्साहपूर्ण और ओजस्विनी है। एक कवित्त देखिए—

बिदित बिशाल ढाल भालु कपि जाल की है,
ओट सुरपाल की है तेज के तुमार की।
जाहि सों चपेटि कै गिराए गिरि गढ़ जासों,
कठिन कपाट तोरे, लंकनी सो मार की।
भनै भगवंत जासों जागि लागि भेंटे प्रभु,
जाके त्रास लखन को छुभिता खुमार की।
ओढ़े ब्रह्म अस्त्र की अवाती महाताती, वंदौ,
युद्ध मत माती छाती पवनकुमार की।।

25. सूदन : ये मथुरा के रहने वाले माथुर चौबे थे। इनके पिता का नाम बसंत था। सूदन भरतपुर के महाराज बदनसिंह के पुत्र सुजानसिंह उपनाम सूरजमल के यहाँ रहते थे। उन्हीं के पराक्रमपूर्ण चरित्र का वर्णन इन्होंने 'सुजानचरित' नामक प्रबंध काव्य में किया है। मुगल साम्राज्य के गिरे दिनों में भरतपुर के जाट राजाओं का कितना प्रभाव बढ़ा था यह इतिहास में प्रसिद्ध है। उन्होंने शाही महलों और खजानों को कई बार लूटा था। पानीपत की अंतिम लड़ाई के संबंध में इतिहासज्ञों की धारणा है कि यदि पेशवा की सेना का संचालन भरतपुर के अनुभवी महाराज के कथनानुसार हुआ होता और ये रूठकर न चले आये होते तो मराठों की हार कभी न होती। इतने ही से भरतपुर वालों के आतंक और प्रभाव का अनुमान हो सकता है। अतः सूदन का एक सच्चा वीर चरित्रनायक मिल गया।

'सुजानचरित्र' बहुत बड़ा ग्रंथ है। इसमें संवत् 1802 से लेकर 1810 तक की घटनाओं का वर्णन है। अतः इसकी समाप्ति 1810 के दस-पंद्रह वर्ष पीछे मानी जा सकती है। इस हिसाब से इनका कविताकाल संवत् 1820 के आसपास माना जा सकता है। सूरजमल की वीरता की जो घटनाएँ कवि ने वर्णित की हैं वे कपोलकल्पित नहीं, ऐतिहासिक हैं। जैसे अहमदशाह बादशाह के सेनापति असद खाँ के फतहअली पर चढ़ाई करने पर सूरजमल फतहअली के पक्ष में होकर असद खाँ का ससैन्य नाश करना, मेवाड़ मांडोगढ़ आदि ज़ीतना, संवत् 1804 में जयपुर की ओर होकर मरहठों को हटाना, 1805 में बादशाही सेनापति सलावतखाँ बख़्शी को परास्त करना, संवत् 1806 में शाही वजीर सफदरजंग मंसूर की सेना से मिलकर बंगश पठानों पर चढ़ाई करना, बादशाह से लड़कर दिल्ली लूटना इत्यादि। इस सब बातों के विचार से 'सुजानचरित' का ऐतिहासिक महत्त्व भी बहुत कुछ है।

इस काव्य की रचना के संबंध में सबसे पहली बात जिस पर ध्यान जाता है वह वर्णनों का अत्यधिक विस्तार और प्रचुरता है। वस्तुओं की गिनती गिनाने की प्रणाली का इस कवि ने बहुत अधिक अवलंबन किया है, जिससे पाठकों को बहुत-से स्थलों पर अरुचि हो जाती है। कहीं घोड़ों की जातियों के नाम ही गिनते चले गये हैं, कहीं अस्त्रों और वस्त्रों की सूची की भरमार है, कहीं भिन्न-भिन्न देशवासियों और जातियों की फिहरिस्त चल रही है। इस कवि को साहित्यिक मर्यादा का ध्यान बहुत ही कम था। भिन्न-भिन्न भाषाओं, बोलियों को लेकर कहीं-कहीं इन्होंने पूरा खेलवाड़ किया है। ऐसे चरित्र को लेकर जो गांभीर्य काव्य में होना चाहिए था वह इनमें नहीं पाया जाता। पद्य में ऐसे व्यक्तियों और वस्तुओं के नाम भरने की निपुणता इस कवि की एक विशेषता समझिए। ग्रंथारंभ में ही 175 कवियों के नाम गिनाये गये हैं। सूदन में युद्ध, उत्साहपूर्ण भाषण, ग्रंथ का साहित्यिक महत्त्व बहुत कुछ घटा हुआ है। प्रगल्भता और प्रचुरता का प्रदर्शन सीमा का अतिक्रमण कर जाने के कारण जगह-जगह खटकता है। भाषा के साथ भी सूदन जी ने पूरी मनमानी की है। पंजाबी, खड़ी बोली, सबका पुट मिलता है। न जाने गढ़ंत के और तोड़े-मरोड़े शब्द लाये गये हैं। जो स्थल इन सब दोषों से मुक्त हैं वे अवश्य मनोहर हैं, पर अधिकतर शब्दों की तडातड़ भड़ाभड़ से जी ऊबने लगता है। यह वीररसात्मक ग्रंथ है और इसमें भिन्न-भिन्न युद्धों का ही वर्णन है इससे अध्यायों का नाम जंग रखा है। सात जंगों में ग्रंथ समाप्त हुआ है। छंद बहुत-से प्रयुक्त हुए हैं। कुछ पद्य नीचे उद्धृत किये जाते हैं–

बखत बिलंद तेरी दुंदुभी धुकारन सों,
दुंद दबि जात देस देस सुख जाही के।
दिन-दिन दूनो महिमंडल प्रताप होत,
सूदन दूनौ में ऐसे बखत न काही के।
उद्धत सुजानसुत बुद्धि बलवान सुनि,
दिल्ली के दरनि बीजै आवज उछाही के।
जाही के भरोसे अब तखत उमाही के।
पाही से खरे हैं जो सिपाही पातसाही के॥

× × × × ×

दुहूँ ओर बंदूक जहँ चलत बेचूक,
रव होत धुकधूक, किलकार कहुँ कूक।

कहुँ धनुष-टंकार जिहि बान झंकार
भट देत हुंकार संकार मुँह सूक।
कहुँ देखि दपटंत, गज बाजि झपटंत,
अरिब्यूह लटकंत, रपटंत कहुँ चूक,
समसेर सटकंत, सर सेल फटकंत,
कहुँ जात हटकंत, लटकंत लगि झूक॥
× × × × ×

दब्बत लुत्थिनु अब्बत इक्क सुखब्बत से।
चब्बत लोह, अचब्बत सोनित गब्बत से॥
चुट्टित खट्टित केस सुलुट्टित इक्क मही।
जुट्टित कुट्टित सीस, सुखुट्टित तेग गही॥
कुट्टित घुट्टितं काय बिछुट्टित प्रान सही।
छुट्टित आयुध; हुट्टित गुट्टित देह दही॥
× × × × ×

धड़धद्धरं धड़द्धरं भड़भब्भरं भड़भब्भरं।
तड़तत्तरं तड़त्तरं कड़कक्करं कड़क्करं॥
घड़घग्घरं घड़घग्घरं झड़झज्झरं झड़झज्झरं।
अररर्ररं अररर्ररं सररर्ररं सररर्ररं॥
× × × × ×

सोनित अरघ ढारि, लुत्थ जुत्थ पाँवड़े दै,
दारुधूम धूपदीप, रजक की ज्वालिका॥
चरबी को चंदन, पुहुप पलटूकन के,
अच्छत अखंड गोला गालिन की चालिका॥
नैवेद्य नीको सहि सहति दिल्ली को दल,
कामना विचारी मनसूर-पन-पालिका॥
कोटरा के बिकट-बिकट जंग जोरि सूजा,
मलो बिधि पूजा कै प्रसन्न कीन्हीं कालिका॥
× × × × ×

इसी गल्ल धरि कन्न में बकसी मुसक्याना।
हमनूँ बूझत हौं तुसी 'क्यों किया पयाना'॥
'असी आवने भेदनूँ तूने नहिं जाना।
साह अहम्मद ने तुझे अपना करि माना'॥
× × × × ×

डोलती डरानी खतरानी बतरानी बेबे,
कुड़िए न बेखी अणी भी गुरुन पावाँ हाँ॥
कित्थे जला पेऊँ, कित्थे उज्जले भिड़ाऊँ असी,
तुसी को लै गीवा असी जिंदगी बचावा हाँ॥

भट्टररा साहि हुआ चंदला वजीर बेखो,
एहा हाल कीता, वाह गुरुनूँ मनावा हाँ।
जावाँ कित्थे जावाँ अम्मा बाबे केही पावाँजली,
एही गल्ल अक्खै लक्खौ लक्खौं ली जावाँ हाँ।।

26. हरनारायण : इन्होंने 'माधवनल कामकंदला' और 'बैताल पचीसी' नामक दो कथात्मक काव्य लिखे हैं। 'माधवानल कामकंदला' का रचनाकाल सं. 1812 है। इनकी कविता अनुप्रास आदि अलंकृत हैं। एक कवित्त दिया जाता हैं–

सोहै मुंड चंद सों, त्रिपुंड सों विराजै भाल,
तुंड राजै रदन उदंड के मिलन तें।
पाप-रूप-पानिप विघन-जल जीवन के
कुंड सोखि सुजन बचाव अखिलन तें।।
ऐसे गिरिनंदिनी के नंदन को ध्यान ही में
कीबे छोड़ सकल अपानहि दिलन तें।
भुगुति मुकुति ताके तुंड तें निकसि तापै,
कुंड बाँधि कढ़ती भूसुंड के विलन तें।।

27. ब्रजवासी दास : ये वृंदावन के रहने वाले और बल्लभ संप्रदाय के अनुयायी थे। इन्होंने संवत् 1827 में 'ब्रजविलास' नामक एक प्रबंधकाव्य तुलसीदास के अनुकरण पर दोहों-चौपाइयों में बनाया। इसके अतिरिक्त इन्होंने 'प्रबोध चंद्रोदय' नाटक का अनुवाद भी विविध छंदों में किया है। पर इनका सबसे प्रसिद्ध ग्रंथ 'ब्रजविलास' ही है। जिसका प्रचार साधारण श्रेणी के पाठकों में है। इस ग्रंथ में कथा भी सूरसागर क्रम से ली गयी है और बहुत-से स्थलों पर सूर के शब्द और भाव भी चौपाइयों में रख दिये गये हैं। इस बात को ग्रंथकार ने भी स्वीकार किया है–

यामैं कछुक बुद्धि नहिं मेरी। उक्ति युक्ति सब सूरहि केरी।

इन्होंने तुलसी का छंदक्रम ही लिया है, भाषा शुद्ध ब्रजभाषा ही है। उसमें कहीं अवधी या बैसवाड़ी का नाम तक नहीं है। जिनके भाषा की पहचान तक नहीं, जो वीररस की वर्णन परिपाटी के अनुसार किसी पद्य में पर्णों का द्वित्व देख उसे प्राकृत भाषा कहते हैं, वे चाहे जो कहें। ब्रजविलास में कृष्ण की भिन्न-भिन्न लीलाओं का जन्म से लेकर मथुरा गमन तक का वर्णन किया गया हैं भाषा सीधी सादी, सुव्यवस्थित और चलती हुई है। व्यर्थ शब्दों की भरती न होने से उसमें सफाई है। यह सब होने पर भी इसमें वह बात नहीं है जिसके बल से गोस्वामी जी ने रामचरितमानस का इतना देशव्यापी प्रचार हुआ। जीवन की परिस्थितियों की वह अनेकरूपता, गंभीरता और मर्मस्पर्शिता इसमें कहाँ जो रामचरित और तुलसी की वाणी में है? इसमें तो अधिकतर क्रीड़ामय जीवन का ही चित्रण है। फिर भी साधारण श्रेणी के कृष्ण भक्त पाठकों में इसका प्रचार है। नीचे कुछ पद्य दिये जाते हैं–

कहति जसोदा कौन विधि, समझाऊँ अब कान्ह।
भूलि दिखायो चंद मैं, ताहि कहत हरि खान।।
यहै देत नित माखन मोकों। छिन-छिन देति तात सो तोकों।।
जो तुम श्याम चंद को खैहा। बहुरो फिर माखन कह पैहों?

देखत रहै खिलौना चंदा। हठ नहिं कीजै बालगोविंदा॥
पा लागौं हठ अधिक न कीजै। मैं बलि, रिसहि-रिसहि तन छीजै।
जसुमति कहति कहा धौं कीजै। माँगत चंद कहाँ तें दीजै॥
तब जसुमति इक जलपुट लीनो। कर मैं लै नहि ऊँचो कीनो॥
ऐसे कहि श्यामै बहरावै। आव चंद, तोहि लाल चुलावै॥
हाथ लिये तेहि खेलत रहिए। नैकु नहीं धरनी पै धरिए॥

28. गोकुलनाथ, गोपीनाथ और मणिदेव : इन तीनों महानुभावों ने मिलकर हिंदी साहित्य में बड़ा भारी काम किया है। इन्होंने समग्र महाभारत और हरिवंश (जो महाभारत का ही परिशिष्ट माना जाता है) का अनुवाद अत्यंत मनोहर विविध छंदों में पूर्ण कवित्त के साथ किया है। कथाप्रबंध का इतना बड़ा काव्य हिंदी साहित्य में दूसरा नहीं बना। यह लगभग दो हजार पृष्ठों में समाप्त हुआ है। इतना बड़ा ग्रंथ होने पर भी न तो इसमें कहीं शिथिलता आयी है और न ही रोचकता और काव्यगुण में कमी हुई है। छंदों का विधान इन्होंने ठीक उसी रीति से किया है जिस रीति से इतने बड़े ग्रंथ में होना चाहिए। जो छंद उठाया है उसका कुछ दूर तक निर्वाह किया है। केशवदास की तरह छंदों का तमाशा नहीं दिखाया है। छंदों का चुनाव भी बहुत उत्तम हुआ है। रूपमाला, घनाक्षरी, सवैया आदि मधुर छंद अधिक रखे गये हैं, बीच-बीच में दोहे और चौपाइयाँ भी हैं। भाषा प्रांजल और सुव्यवस्थित है। अनुप्रास का अधिक आग्रह न होने पर भी आवश्यक विधान है। रचना सब प्रकार के साहित्यि और मनोहर है और लेखकों की काव्यकुशलता का परिचय देती है। इस ग्रंथ के बनने में भी पचास वर्ष से ऊपर लगे हैं। अनुमानतः इसका आरंभ संवत् 1830 में हो चुका था और संवत् 1884 में जाकर समाप्त हुआ है। इसकी रचना काशीनरेश महाराज उदितनारायण सिंह की आज्ञा से हुई जिन्होंने इसके लिए लाखों रुपये व्यय किये। इस बड़े भारी साहित्यिक यज्ञ के अनुष्ठान के लिए हिंदी प्रेमी उक्त महाराज के सदा कृतज्ञ रहेंगे।

गोकुलनाथ और गोपीनाथ प्रसिद्ध कवि रघुनाथ बंदीजन के पुत्र और पौत्र थे। मणिदेव बंदीजन भरतपुर राज्य के जहानपुर नामक गाँव के रहने वाले थे और अपनी विमाता के दुर्व्यवहार से रुष्ट होकर काशी चले आये थे। काशी में वे गोकुलनाथ जी के यहाँ ही रहते थे। और स्थानों पर भी उनका बहुत मान हुआ था। जीवन के अंतिम दिनों में कभी वे विक्षिप्त भी हो जाया करते थे। उनका परलोकवास संवत् 1920 में हुआ।

गोकुलनाथ ने इस महाभारत के अतिरिक्त निम्नलिखित ग्रंथ भी लिखे हैं–

चेतचंद्रिका, गोविंद-सुखविहार, राधाकृष्ण विलास, (संवत् 1858), राधानखशिख, नामरत्नमाला (कोश) (संवत् 1870), सीताराम गुणार्णव, अमरकोष भाषा (संवत् 1870), कविमुखमंडन।

चेतचंद्रिका अलंकार का ग्रंथ है जिसमें काशिराज की वंशावली भी दी गयी है। 'राधाकृष्ण विलास' रससंबंधी ग्रंथ है और 'जगतविनोद' के बराबर है। 'सीताराम गुणार्णव' अध्यात्म रामायण का अनुवाद है जिससे पूरी रामकथा वर्णित है। 'कविमुखमंडन' भी अलंकार संबंधी ग्रंथ है। गोकुलनाथ का कविताकाल संवत् 1840 से 1870 तक माना जा सकता है। ग्रंथों की सूची से यह स्पष्ट है कि ये कितने निपुण कवि थे। रीति और प्रबंध दोनों ओर इन्होंने प्रचुर रचना की है। इतने अधिक परिमाण में और इतने प्रकार की रचना वही कर सकता है जो

पूर्ण साहित्यमर्मज्ञ, काव्यकला में सिद्धहस्त और भाषा पर पूर्ण अधिकार रखने वाला हो। अत: महाभारत के तीनों अनुवादों में तो ये श्रेष्ठ ही हैं, साहित्य के क्षेत्र में भी ये बहुत ऊँचे पद के अधिकारी हैं। रीतिग्रंथ रचना और प्रबंध रचना दोनों में समाज रूप से कुशल और दूसरा कोई कवि रीतिकाल के भीतर नहीं पाया जाता।

मंहाभारत के जिस-जिस अंश का अनुवाद जिसने-जिसने किया है उस उस अंश में उसका नाम दिया हुआ है। नीच तीनों कवियों की रचना के कुछ उदाहरण दिये जाते हैं–

गोकुलनाथ

सखिन के श्रुति में उकुति कल कोकिल की।
गुरुजन हू पै पुनि लाज के कथान की।
गोकुल अरुन चरनांबुज पै गुंजपुंज
धुनि-सी चढ़ति चंचरीक चरचान की॥
पीतम के श्रवन समीप ही जुगुति होति
मैन मंत्र तंत्र के बरन गुनगान की।
सौतिन के कानन में हलाहल ह्वै हलति,
एरी सुखदानि! तौ बजनि बिछुवान की।

(राधाकृष्ण विलास)

× × × × ×

दुर्ग अतिही महत रक्षित भटन सों चहुँ ओर।
ताहि घेर्‌यो शाल्व भूपति सेन लै अति घोर॥
एक मानुष निकसिबे की रही कतहुँ न राह।
परी सेना शाल्च नृप की भरी जुद्ध उछाह॥

× × × × ×

लहि सुदेष्णा की सुआज्ञा नीच कीचक जौन।
जाय सिंहिनि पास जंबुक तथा कीनो गौन॥
लग्यो कृष्ण सों कहन या भाँति सस्मित बैन।
यहाँ आई कहाँ तें? तुम कौन हौ छबि ऐन?

× × × × ×

नहीं तुम सी लखी भू पर भरी सुषमा बाम।
देवि, जच्छिनी, किन्नरी, कै श्री, सची अभिराम।
कांति सों अति भरो तुम्हरो लखन बदन अनूप।
करैगो नहिं स्वबस काको महा मन्मथ भूप॥

गोपीनाथ

सर्व दिसि में फिरत भीषम को सुरथ मन-मान।
लखे बस कोउ तहाँ भूप अलातचक्र समान॥
सर्व थर सब रथिन सों तेहि समय नृप सब ओर।
एक भीषम सहस सम रन जुरो हो तहँ जोर॥

बचन यह सुनि कहत भो चक्रांग हंस उदार।
उड़ौगे मम संग किमि तुम कहहु सो उपचार॥
खाय जूठो पुष्ट, गर्वित काग सुनि ये बैन।
कह्यौ जानत उड़न की शत रीति हम बल ऐन॥

29. बोधा : ये राजापुर (जिलां–बाँदा) के रहने वाले सरयूपारी ब्राह्मण थे। पन्ना के दरबार में इनके संबंधियों की अच्छी प्रतिष्ठा थी। उसी संबंध से ये बाल्यकाल ही में पन्ना चले गये। इनका नाम बुद्धिसेन था, पर महाराज इन्हें प्यार से 'बोधा' कहने लगे और वही नाम इनका प्रसिद्ध हो गया। भाषाकाव्य के अतिरिक्त इन्हें संस्कृत और फारसी का भी अच्छा बोध था। शिवसिंहसरोज में इनका जन्म संवत् 1804 दिया हुआ है। इनका कविताकाल संवत् 1830 से 1860 तक माना जा सकता है।

बोधा एक बड़े रसिक जीव थे। कहते हैं कि पन्ना के दरबार में सुभान (सुबहान) नाम की एक वेश्या थी जिस पर इनका प्रेम हो गया। इस पर रुष्ट होकर महाराज ने इन्हें छह महीने देशनिकाले का दंड दिया। सुभान के वियोग में छह महीने इन्होंने बड़े कष्ट से बिताये और उसी बीच में 'विरहवारीश' नामक एक पुस्तक लिखकर तैयार की। छह महीने पीछे जब ये फिर दरबार में लौटकर आये तब अपने 'विरहवारीश' के कुछ कवित्त सुनाये। महाराज ने प्रसन्न होकर उनसे कुछ माँगने को कहा। इन्होंने कहा 'सुभान अल्लाह'। महाराज ने प्रसन्न होकर सुभान को इन्हें दे दिया और इनकी मुराद पूरी हुई।

'विरहवारीश' के अतिरिक्त 'इश्कनामा' भी इनकी एक प्रसिद्ध पुस्तक है। इनके बहुत-से फुटकल कवित्त, सवैये, इधर-उधर पाये जाते हैं। बोधा एक रसोन्मत्त कवि थे, इससे इन्होंने कोई रीतिग्रंथ न लिखकर अपनी मौज के अनुसार फुटकल पद्यों की रचना की है। ये अपने समय के एक प्रसिद्ध कवि थे। प्रेममार्ग के निरूपण में इन्होंने बहुत-से पद्य कहे हैं। 'प्रेम की पीर' की व्यंजना भी इन्होंने बड़े मर्मस्पर्शिनी युक्ति से की है। यत्र-तत्र व्याकरण-दोष रहने पर भी इनकी चलती और मुहावरेदार होती थी उससे प्रेम की उमंग छलकी पड़ती है। इनके स्वभाव में फक्कड़पन भी कम नहीं था। 'नेजे', 'कटारी' और 'कुरबान' वाली बाजारू ढंग की रचना भी इन्होंने कहीं-कहीं की है। जो कुछ हो, ये भावुक और रसज्ञ कवि थे, इसमें कोई संदेह नहीं। कुछ पद्य इनके नीचे दिए जाते हैं–

अति खीन मृनाल के तारहु तें नहि ऊपर पाँव दै आवनो है।
सुई बेह कै द्वारा सकै न तहाँ परतीति को टाँड़ों लदावनो है॥
कवि बोधो अनी घनी नेजहु तें चढ़ि तापै न चित्त डरावनो है।
ये प्रेम को पंथ कराल महा तरवारि की धार पै धावनो है॥

× × × × ×

एक सुभान के आनन पै कुरबान जहाँ लगि रूप जहाँ को।
कैयो सतक्रतु की पदवी लुटिए लखि कै मुसकाहट ताको॥
सोक जरा गुजरा न जहाँ कवि बोधा जहाँ उजरा न तहाँ को।
जान मिलै तो जहान मिलै, नहिं जान मिलै तो जहान कहाँ को॥

× × × × ×

कबहूँ मिलिबो, कबहूँ मिलिबो, वह धीरत ही में धरैबो करै।
उरतें कढ़ि आवै, गरे तें फिरै, मन की मन ही में सिरैबो करै॥
कवि बोधा न चाँड़ सरी कबहूँ, नितही हरवा सो हिरैबो करै।
सहते ही बनै, कहते न बनै, मन-ही मन पीर पिरैबो करै॥

× × × × ×

हिलि-मिलि जानै तासों मिलि कै जनावै हेत,
हित को न जानै ताकौ हितू न विसाहिए।
होय मगरूर तापै दूनी मगरूरी कीजै,
लघु ह्वै चलै जो तासों लघुता निवाहिए॥
बोध कवि नीति को निबेरो यही भाँति अहै,
आपको सराहै ताहि आपहू सराहिए।
दाता कहा, सूर कहा, सुंदर सुजान कहा,
आपको न चाहै ताके बाप को न चाहिए॥

30. रामचंद्र : इन्होंने अपना कुछ परिचय नहीं दिया है। भाषा महिम्न के कर्ता काशीवासी मनियारसिंह ने अपने को 'चाकर अखंडित श्री रामचंद्र पं. के' लिखा है। मनियारसिंह ने अपना 'भाषा महिम्न' संवत् 1841 में लिखा। अत: इनका समय संवत् 1840 माना जा सकता है। इनकी एक पुस्तक 'चरणचंद्रिका' ज्ञात है। जिस पर इनका सारा यश स्थिर है। यह भक्तिरसात्मक ग्रंथ केवल 62 कवित्तों का है। इसमें पार्वती जी के चरणों का वर्णन अत्यंत रुचिकर और अनूठे ढंग से किया गया है। इस वर्णन से अलौकिक सुषमा, विभूति, शक्ति और शांति फूटी पड़ती है। उपास्य के एक अंग में अनंत ऐश्वर्य की भावना भक्ति की चरम भावुकता के भीतर ही संभव है। भाषा लाक्षणिक और पांडित्यपूर्ण है। कुछ और अधिक न कहकर इनके दो कवित्त ही सामने रख देना ठीक है–

नूपुर बजत मानि मृग से अधीर होत,
मीन होत जानि चरनामृत झरनि को।
खंजन से नचै देखि सुषमा सरद की-सी,
संचै मधुकर से पराग केसरनि को।
रीझि-रीझि तेरी पदछबि पै तिलोचन वे
लोचन ये, अंब! धायैं केतिक धरनि के।
फूलत कुमुद से मयंक से निरखि नख;
पंकज से खिलै लखि तरवा-तरनि को॥

× × × × ×

मानिए करींद्र जो हरींद्र को सरोष हर,
मानिए तिमिर घेरै भानु किरनन को।
मानिए चटक बाज जुर्रा को पटकि मारै,
मानिए झटकि डारै भेक भुजगन को।
मानिए कहै जो वारिधार पै दवारि औ
अंगार बरसाइबो बतावै बारिदन को।

मानिए अनेक विपरीत की प्रतीति, पै न
भीति आई मानिए भवानी-सेवकन को॥

31. मंचित : ये मऊ (बुंदेलखंड) के रहने वाले ब्राह्मण थे और संवत् 1836 में वर्तमान थे। इन्होंने कृष्णचरित सबंधी दो पुस्तकें लिखी हैं–सुरभी-दानलीला और कृष्णायन। सुरभी-दानलीला में बाललीला, यमलार्जुन-पतन और दानलीला का विस्तृत वर्णन सार छंद में किया गया है। इसमें श्रीकृष्ण का नखशिख भी बहुत अच्छा कहा गया है। कृष्णायन तुलसीदास जी की 'मानस' के अनुकरण पर दोहों-चौपाइयों में लिखी गयी है। इन्होंने गोस्वामी जी की पदावली तक का अनुकरण किया है। स्थान-स्थान पर भाषा अनुप्रासयुक्त और संस्कृतगर्भित है, इससे ब्रजवासीदास की चौपाइयों की अपेक्षा इनकी चौपाइयाँ गोस्वामी जी की चौपाइयों से कुछ अधिक मेल खाती हैं। पर यह मेल केवल कहीं-कहीं दिखाई पड़ जाता है। भाषा मर्मज्ञ को दोनों का भेद बहुत जल्दी स्पष्ट हो जाता है। इनकी भाषा ब्रज है, अवधी नहीं। उसमें वह सफाई और व्यवस्था कहाँ? कृष्णायन की अपेक्षा इनकी सुरभी-दानलीला की रचना अधिक सरस है। दोनों से कुछ अवतरण नीचे दिये जाते हैं–

कुंडल लोल अमोल कान के छुवत कपोलन आवैं।
डुलै आपसे खुलैं जोर छबि बरबस मनहिं चुरावै॥
खौर बिसाल भाल पर सोभित केसर की चित्त भावैं।
ताके बीच बिंदु रोरी के, ऐसो बसे बनावैं॥
भुकुटी बंक नैन खंजन से कंजन गंजनवारे।
मदभंजन खग मीन सदा जे मनरंजन अनियारे॥

(सुरभी-दानलीला)

अचरज अमित भयो लखि सरिता। दुतिय न उपमा कहि सम चरिता॥
कृष्णदेव कहँ प्रिय जमुना-सी। जिमि गोकुल गोलोक प्रकासी॥
अति विस्तार पार पद पावन। उभय करार घाट मनभावन॥
बनचर बनज बिपुल बहु पच्छी। अलि-अवली-धुनि-सुनि अति अच्छी॥
नाना जिनिस जीव सरि सेवै। हिंसाहीन असन सुचि जेवैं॥

32. मधुसूदनदास : ये माथुर चौबे थे। इन्होंने गोविंददास नाम किसी व्यक्ति के अनुरोध से संवत् 1839 में 'रामाश्वमेध' नामक एक बड़ा और मनोहर प्रबंधकाव्य बनाया जो सब प्रकार से गोस्वामी जी के रामचरितमानस का परिशिष्ट ग्रंथ होने के योग्य है। इसमें श्रीरामचंद्र द्वारा अश्वमेघ यज्ञ का अनुष्ठान, घोड़े के साथ गयी हुई सेना के साथ सुबाहु, दमन, विद्युन्माली राक्षस, वीरमणि, शिव, सुरथ आदि का घोर युद्ध, अंत में राम के पुत्र लव और कुश के साथ भयंकर संग्राम, श्रीरामचंद्र द्वारा युद्ध का निवारण और पुत्रों सहित सीता का अयोध्या में आगमन, इस सब प्रसंगों का पद्मपुराण के आधार पर बहुत ही विस्तृत और रोचक वर्णन है। ग्रंथ की रचना बिलकुल रामचरितमानस की शैली पर हुई है। प्रधानता दोहों के साथ चौपाइयों की है, पर बीच-बीच में गीतिका आदि और छंद भी हैं। पदविन्यास और भाषासौष्ठव रामचरितमानस का-सा ही है। प्रत्यय और रूप भी बहुत कुछ अवधी के रखे गये हैं। गोस्वामी जी की प्रणाली के अनुसरण में मधूसूदनदास जी को पूरी सफलता हुई है। इनकी प्रबंधकुशलता, कवित्वशक्ति और भाषा की शिष्टता तीनों उच्चकोटि की हैं। इनकी चौपाइयाँ

अलबत्ता गोस्वामी जी चौपाइयों में बेखटक मिलाई जा सकती हैं। सूक्ष्म दृष्टिवाले भाषामर्मज्ञों को केवल थोड़े ही से ऐसे स्थलों में भेद लक्षित हो सकता है जहाँ बोलचाल की भाषा होने के कारण भाषा का असली रूप अधिक स्फुटित है। ऐसे स्थलों पर गोस्वामी जी के अवधी के रूप और प्रत्यय न देखकर भेद का अनुभव हो सकता है। पर जैसा कहा जा चुका है, पदविन्यास की प्रौढ़ता और भाषा का सौष्ठव गोस्वामी जी के मेल का है।

सिय रघुपति पद कंज पुनीता। प्रथमहिं बंदन करौं सप्रीता॥
मृदु मंजुल सुंदर सब भाँती। ससि-कर सरिस सुभग नख पाँती॥
प्रणत कल्पतरु तर सब ओरा। दहन अज्ञ तम जन चित चोरा॥
त्रिविध कलुष कुंजर घनघोरा। जगप्रसिद्ध केहरि बरजोरा॥
चिंतामणि पारस सुरधेनू। अधिक कोटि गुन अभिमत देनू॥
जन-मन मानस रसिक मराला। सुमिरत भंजन बिपति बिसाला॥
निरखि कालजित कोपि अपारा। विदित होय करि गदा प्रहारा॥
महावेगयुत आवै सोई। अष्टधातुमय जाय न जोई॥
अयुत भार भरि भार प्रमाना। देखिय जमपति दंड समाना॥
देखि ताहि लव हनि इषु चंडा। कीन्हीं तुरत गदा त्रय खंडा॥
जिमि नभ माँह मेघ समुदाई। बरषहिं बारि महा झरि लाई॥
तिमि प्रचंड सायक जनु ब्याला। हने कीस तन लव तेहि काला॥
भए विकल अति पवन कुमारा। लगे करन तब हृदय बिचारा॥

33. मनियार सिंह : ये काशी के रहने वाले क्षत्रीय थे। इन्होंने देवपक्ष में ही कविता की है और अच्छी की है। इनके निम्नलिखित ग्रंथों का पता है—

भाषा महिम्न, सौंदर्यलहरी (पार्वती या देवी की स्तुति), हनुमतछबीसी, सुंदरकांड। भाषा महिम्य इन्होंने संवत् 1841 में लिखा। इनकी भाषा सानुप्रास, शिष्ट और परिमार्जित है और उसमें आज भी पूरा है। ये अच्छे कवि हो गये हैं। रचना के कुछ उदाहरण लीजिए—

मेरो चित्त कहाँ दीनता में अति दूबरो है,
अधरम धूमरो न सुधि के सँभारे पै।
कहाँ तेरी ऋद्धि कवि बुद्धि-धारा ध्वनि तें,
त्रिगुण में परे ह्वै दिखात निरधारे पै॥
मनियार यातें मति थकित जकित ह्वै कै,
भक्तिबस धरि उर धीरत बिचारे पै।
बिरची कृपाल वाक्यमाल या पुहुपदंत,
पूजन करन काज करन तिहारे पै॥

× × × × ×

तेरे पद-पंकज-पराग राज राजेश्वरी!
वेद बंदनीय बिरुदावली बढ़ी रहै।
जाकी किनुकाई पाय धाता ने धरित्री रची,
जापे लोक लोकन की रचना कढ़ी रहै।
मनियार जाहि विष्णु सेवैं सर्व पोषत में,

सेस हूँ के सदा सीस सहस मढ़ी रहै।
सोई सुरासुर के सिरोमनि सदाशिव के
भसम के रूप ह्वै सरीर पै चढ़ी रहै॥

× × × × ×

अभय कठोर बानी सुनि लछमन जू की,
मारिबे को चाहि जो सुधारी खल तरवारि।
वीर हनुमंत तेहि गरजि सुहास करि,
उपटि पकरि ग्रीव भूमि लै परे पछारि।
पुच्छ तें लपेटि फेरि दंतन दरदराई,
नखन बकोटि चोंथि देत महि डारि टारि।
उदर बिदारि मारि लुत्थन को टारि बीर,
जैसे मृगराज गजराज डारे फारि-फारि॥

34. कृष्णदास : ये मिरजापुर के रहने वाले कोई कृष्णभक्त जान पड़ते हैं। इन्होंने संवत् 1833 में 'माधुर्य लहरी' नाम की एक बड़ी पुस्तक 420 पृष्ठों की बनायी जिसमे विविध छंदों में कृष्णचरित का वर्णन किया गया ह। कविता इनकी साधारणत: अच्छी है। एक कविता देखिए–

कौन काज लाज ऐसी करै जो अकाज अहो,
बार-बार कहो नरदेव कहाँ पाइए।
दुर्लभ समाज मिल्यो सकल सिद्धांत जानि,
लीला गुन नाम धाम रूप सेवा गाइए।
बानी की सयानी बस पानी में बहाय दीजै,
जानी, सो न रीति जासों दंपत रिझाइए।
जैसी-जैसी गही जिन लही तैसी नैननहू,
धन्य-धन्य राधाकृष्ण नित ही गनाइए॥

35. गणेश : ये नरहरि बंदीजन के वंश में लाल कवि के पौत्र और गुलाब कवि के पुत्र थे। संवत् 1850 से लेकर 1910 तक वर्तमान थे। ये काशिराज महाराज उदितनारायण सिंह के दरबार में थे और महाराज ईश्वरीप्रसादनारायण सिंह के समय तक जीवित रहे। इन्होंने तीन ग्रंथ लिखे–1. वाल्मीकि रामायण श्लोकार्थ प्रकाश (बालकांड समग्र अॅार किष्किंधा के पाँच अध्याय), 2. प्रद्युम्न विजय नाटक, 3. हनुमत पचीसी।

प्रद्युम्नविजय नाटक समग्र पद्यबद्ध है और अनेक प्रकार के छंदों के सात अंकों में समाप्त हुआ है। इसमें दैत्यों के वज्रनाभपुर नामक नगर में प्रद्युम्न के जाने और प्रभावती से गांधर्व विवाह होने की कथा है। यद्यपि इसमें पात्रप्रवेश, विष्कंभक, प्रवेशक आदि नाटक के अंग रखे गये हैं पर इतिवृत्त का भी वर्णन पद्य में होने के कारण नाटकत्व नहीं आया है। एक उदाहरण दिया जाता है–

ताही के उपरांत, कृष्ण इंद्र आवत भए।
भेंटि परस्पर कांत, बैठ सभासद मध्य तहैं॥
बोले हरि इंद्र सों बिनै कै कर जोरि दोऊ,

आजु दिग्विजय हमारे हाथ आयो है।
मेरे गुरु लोग सब तोषित भए हैं आजु,
पूरो तप दान, भाग्य सफल सुहायो है।
कारज समस्त सरे, मंदिर में आये आप,
देवन के देव मोहि धन्य ठहरायो है।
सो सुन पुरंदर उपेंद्र लखि आदर सों,
बोले सुनौ बंधु! दानवीर नाम पायो है।।

36. सम्मन : ये मल्लावाँ (जिला–हरदोई) के रहने वाले ब्राह्मण थे और संवत् 1834 में उत्पन्न हुए थे। इनके नीति के दोहे गिरधर की कुंडलियाँ के समान गाँवों तक में प्रसिद्ध हैं। इनके कहने के ढंग में कुछ मार्मिकता है। 'दिनों के फेर' आदि के संबंध में इनके मर्मस्पर्शी दोहे स्त्रियों के मुँह से बहुत सुने जाते हैं। इन्होंने संवत् 1879 में 'पिंगल काव्यभूषण' नामक एक रीतिग्रंथ भी बनाया। पर ये अधिकतर अपने दोहों के लिए ही प्रसिद्ध हैं। इनका रचनाकाल संवत् 1860 से 1880 तक माना जा सकता है। कुछ दोहे देखिए–

निकट रहे आदर घटे, दूरि रहे दुख होय।
सम्मन या संसार में, प्रीति करौ जनि कोय।।
सम्मन चहौ सुख देह कौ तौ छाँड़ि ये चारि।।
चोरी, चुगली, जामिनी और पराई नारि।।
सम्मन मीठी बात सों होत सबै सुख पूर।
जेहि नहिं सीखो बोलिबो, तेहि सीखो सब धूर।।

37. ठाकुर : इस नाम के तीन कवि हो गये हैं जिसमें दो असनी के ब्रह्मभट्ट थे और एक बुंदेलखंड के कायस्थ। तीनों की कविताएँ ऐसी मिल-जुल गयी हैं कि भेद करना कठिन है। हाँ, बुंदलखंडी ठाकुर की वे कविताएं पहचानी जा सकती हैं जिनमें बुंदेलखंडी कहावतें या मुहावरे आये हैं।

असनीवाले प्राचीन ठाकुर

ये रीतिकाल के आरंभ में संवत् 1700 के लगभग हुए थे। इनका कुछ वृत्त नहीं मिलेगा; केवल फुटकल कविताएँ इधर-उधर पाई जाती हैं। संभव है, इन्होंने रीतिबद्ध रचना न करके अपने मन की उमंग के अनुसार समय-समय पर कवित्त-सवैये बनाये हों जो चलती और स्वच्छ भाषा में हैं। इनके ये दो सवैये बहुत सुने जाते हैं–

सजि सूहे दुकूलन बिज्जुछटा-सी अटान चढ़ी घटा जोवति है।
सुचिती ह्वै सुनै धुनि मोरन की, रसमाती संयोग सँजोतति है।।
कवि ठाकुर वै पिय दूरि बसैं, हम आँसुन सो तन धोवति है।
धनि वै धनि पावस की रतियाँ पति की छतियाँ लगि सोवति है।।
× × × × ×
बौरे रसालन की चढ़ि डारन कूकत क्वैलिया मौन गहै ना।
ठाकुर कुंजन कुंजन, गुंजत भौरन भीर चुपैबो चहै ना।।
सीतल मंद सुगंधित, बीर समीर लगे तन धीर रहै ना।

व्याकुल कीन्हों बसंत बनाय के, जाय के कंत सों कोऊ कहै ना॥

असनी वाले दूसरे ठाकुर

ये ऋषिनाथ कवि के पुत्र और सेवक कवि के पितामह थे। सेवक के भतीजे श्रीकृष्ण ने अपने पूर्वजों का जो वर्णन लिखा है, उसके अनुसार ऋषिनाथ जी के पूर्वज देवकीनंदन मिश्र गोरखपुर जिले के एक कुलीन सरयूपारी ब्राह्मण–पयासी के मिश्र थे--और अच्छी कविता करते थे। एक बार मँझौला के राजा के यहाँ विवाह के अवसर पर देवकीनंदन जी ने भाटों की तरह कुछ कवित्त पढ़ा और पुरस्कार लिया। इस पर उनके भाई–बन्धुओं ने उन्हें जातिच्युत कर दिया और वे असनी भाट नरहर कवि के साथ विवाह करके आसनी में जा रहे और भाट हो गये। उन्हीं देवकीनंदन के वंश में ठाकुर के पिता ऋषिनाथ कवि हुए।

ठाकुर ने संवत् 1861 में 'सतसई वरनार्थ' नाम की 'बिहारी सतसई' की एक टीका (देवकीनंदन टीका) बनायी। अतः इनका कविताकाल संवत् 1860 के इधर–उधर माना जा सकता है। ये काशिराज के संबंधी काशी के नामी रईस (जिनकी हवेली अब तक प्रसिद्ध है) बाबू देवकीनंदन के आश्रित थे। इनका विशेष वृत्तांत स्व. पं. अंबिकादत्त व्यास ने अपने 'बिहारी बिहार' की भूमिका में दिया जाता है। ये ठाकुर भी बड़ी सरस कविता करते थे। इनके पद्यों में भाव या दृश्य का निर्वाह अबोध रूप में पाया जाता है। दो उदाहरण लीजिए–

कारे लाज करहे पलासन के पुंज तिन्हैं
अपने झकोरन झुलावन लगी है री।
ताही को ससेटी तृन-पत्रन-लपेटी धरा–
धाम तैं अकास धूरि धावन लगी है री॥
ठाकुर कहत सुचि सौरभ प्रकाशन में
आछी भाँति रुचि उपजावन लगी है री।
ताती सीरी बैहर वियोग वा संयोगवारी,
आवनि बसंत की जनावन लगी है री॥

× × × × ×

प्रात झुकामुकि भेष छपाय के गागर लै घर तें निकरी ती।
जानि परी न कितीक अबार है, जाय परी जहँ होरी धरी ती॥
ठाकुर दौरि परे मोहिं देखि कै, भागि बची री, बड़ी सुधरी ती।
धीर की सौं जो किवार न देऊँ तौ मैं होरिहारन हाथ परी ती॥

तीसरे ठाकुर बुंदेलखंडी

ये जाति के कायस्थ थे और इनका पूरा नाम लाला ठाकुरदास था। इनके पूर्वज काकोरी (जिला–लखनऊ) के रहने वाले थे और इनके पितामह खड्गराय जी बड़े भारी मंसबदार थे। उनके पुत्र गुलाबराय का विवाह बड़ी धूमधाम से ओरछे (बुंदेलखंड) के रावराजा (जो महाराज के ओरछा के मुहासब थे) की पुत्री के साथ हुआ था। ये ही गुलाबराय ठाकुर कवि के पिता थे। किसी कारण से गुलाबराय अपनी ससुराल ओरछे में ही आ बसे जहाँ संवत् 1823 में ठाकुर का जन्म हुआ। शिक्षा समाप्त होने पर ठाकुर अच्छे कवि निकले और जैतपुर

में सम्मान पाकर रहने लगे। उस समय जैतपुर के राजा केसरी सिंह जी थे। ठाकुर के कुल के कुछ लोग बिजावर में भी जा बसे थे। इससे ये कभी वहाँ भी रहा करते थे। बिजावर के राजा ने एक गाँव देकर ठाकुर का सम्मान किया। जैतपुर नरेश राजा केसरी सिंह के उपरांत जब उनके पुत्र राजा पारीछत गद्दी पर बैठे तब ठाकुर उनकी सभा के रत्न हुए। ठाकुर की ख्याति उसी समय से फैलने लगी और वे बुंदेलखंड के दूसरे राजदरबारों में भी आने-जाने लगे। बाँदा के हिम्मतबहादुर गोसाईं के दरबार में कभी-कभी पद्माकर जी के साथ ठाकुर की कुछ नोंक-झोंक की बातें हो जाया करती थीं। एक बार पद्माकर जी ने कहा, 'ठाकुर कविता तो अच्छी करते हैं पर पद कुछ हलके पड़ते हैं।' इस पर ठाकुर बोले, 'तभी तो हमारी कविता उड़ी-उड़ी फिरती है।'

इतिहास में प्रसिद्ध है कि हिम्मतबहादुर कभी अपनी सेना के साथ अँग्रेजों का कार्य साधन करते थे और कभी लखनऊ के नवाब के पक्ष में लड़ते। एक बार हिम्मतबहादुर ने राजा पारीछत के साथ धोखा करने के लिए उन्हें बाँदा बुलाया। राजा पारीछत वहाँ जा रहे थे कि मार्ग में ठाकुर कवि मिले और दो ऐसे संकेत भरे सवैये पढ़े कि राजा पारीछत लौट गये। एक सवैया यह है–

कैसे सुचित भए निकसौं बिहँसौ बिलसौ हरि दै गलबाहीं।
ये छल छिद्रन की बतियाँ छलती छिन एक धरी पल माहीं।।
ठाकुर वै जुरि एक भईं, रचिहैं परपंच कछू ब्रज माहीं।
हाल चवाइन की दुहचाल की लाल तुम्हें है दिखात कि नाहीं।।

कहते हैं कि यह सुनकर हिम्मतबहादुर ने ठाकुर को अपने दरबार में बुला भेजा। बुलाने का कारण समझकर भी ठाकुर बेधड़क चले गये। जब हिम्मतबहादुर इन पर झल्लाने लगे तब इन्होंने यह कवित्त पढ़ा–

वेई नर निर्णय निदान में सराहे जात,
सुखन अघात प्याला प्रेम को पिए रहैं।
हरि रस चंदन चढ़ाय अंग अंगन में,
नीति को तिलक, बेंदी जस की दिए रहैं।
ठाकुर कहत मंजु कंजु ते मृदुल मन,
मोहिनी सरूप, धारे, हिम्मत हिए रहैं।
भेंट भए समये असमये, अचाहे चाहे,
और लौं निबाहैं, आँखै एकसी किए रहैं।।

इस पर हिम्मतबहादुर ने जब कुछ और कटु वचन कहा तब सुना जाता है कि ठाकुर ने म्यान से तलवार निकाल ली और बोले–

सेवक सिपाही हम उन रजपूतन के,
दान जुद्ध जुरिबे में नेकु जे न मुरके।
नीत देनवारे हैं मही के महीपालन को,
हिए के विसुद्ध हैं, सनेही साँचे उर के।।
ठाकुर कहत हम बैरी बेवकूफन के,
जालिम दमाद हैं अदानियाँ ससुर के।

चोजिन के चोजी महा, मौजिन के महाराज,
हम कविराज हैं, पै चाकर चतुर के॥

हिम्मतबहादुर यह सुनते ही चुप हो गये। फिर मुस्कारते हुए बोले–'कवि जी बस! मैं तो यही देखना चाहता था कि आप कोरे कवि है या पुरखों की हिम्मत भी आप में है।' इस पर ठाकुर जी ने बड़ी चतुराई से उत्तर दिया–'महाराज! हिम्मत तो हमारे ऊपर सदा अनूप रूप से बलिहार रही है, आज हिम्मत कैसे गिर जाएगी?' (गोसाईं हिम्मत गिरि का असल नाम अनूप गिरि था, हिम्मतबहादुर शाही खिताब था।)

ठाकुर कवि का परलोकवास संवत् 1880 के लगभग हुआ। अतः इनका कविताकाल संवत् 1850 से 1880 तक माना जा सकता है। इनकी कविताओं का एक अच्छा संग्रह 'ठाकुर ठसक' के नाम से श्रीयुत् लाला भगवानदास जी ने निकाला है पर इसमें भी दूसरे दो ठाकुर की कविताएँ मिली हुई हैं। इस संग्रह में विशेषता यह है कि कवि का जीवनवृत्त भी कुछ दे दिया गया है। ठाकुर के पुत्र दरियाव सिंह (चतुर) और पौत्र शंकरप्रसाद भी कवि थे।

ठाकुर बहुत ही सच्ची उमंग के कवि थे। इनमें कृत्रिमता का लेश नहीं। न तो कहीं व्यर्थ का शब्दाडंबर है, न कल्पना की झूठी उड़ान और न अनुभूति के विरुद्ध भावों का उत्कर्ष। जैसे भावों का जिस ढंग से मनुष्य मात्र अनुभव करते हैं वैसे भावों को उसी ढंग से यह कवि अपनी स्वाभाविक भाषा में उतार देता है। बोलचाल की चलती भाषा में भाव को ज्यो-की त्यों सामने रख देना इस कवि का लक्ष्य रहा है। ब्रजभाषा की शृंगारी कविताएँ प्रायः स्त्री-पात्रों के ही मुख की वाणी होती हैं अतः स्थान-स्थान पर लोकोक्तियों का जो मनोहर विधान इस कवि ने किया उनसे उक्तियों में और भी स्वाभाविकता आ गयी है। यह एक अनुभूत बात है कि स्त्रियाँ बात बात में कहावत कहा करती हैं। उनके हृदय के भावों की भरपूर व्यंजना के लिए ये कहावतें मानो एक संचित वाङ्मय हैं। लोकोक्तियों का जैसा मधुर उपयोग ठाकुर ने किया है वैसा और किसी कवि ने नहीं। इन कहावतों में से कुछ तो सर्वत्र प्रचलित हैं और कुछ खास बुंदेलखण्ड की हैं। ठाकुर सच्चे उदार, भावुक और हृदय के पारखी कवि थे इसी से इनकी कविताएँ विशेषतः सवैये इतने लोकप्रिय हुए। ऐसा स्वच्छंद कवि किसी क्रम से बद्ध होकर कविता भला करना कहाँ पसंद करता? जब जिस विषय पर जी में आया कुछ कहा।

ठाकुर प्रधानतः प्रेमनिरूपक होने पर भी लोकव्यवहार के अनेकांगदर्शी कवि थे। इसी से प्रेमभाव की अपनी स्वाभाविक तन्मयता के अतिरिक्त कभी तो ये अखती, फाग, बसंत, होली, डिंहोरा आदि उत्सवों में मग्न दिखाई पड़ते हैं; कभी लोगों की क्षुद्रता, कुटिलता आदि पर क्षोभ प्रकट करते पाये जाते हैं और कभी काल की गति पर खिन्न और उदास देखे जाते हैं। कविकर्म को ये कठिन समझते थे। रूढ़ि के अनुसार शब्दों की लड़ी जोड़े चलने को ये कविता नहीं कहते थे। नमूने के लिए यहाँ इनके थोड़े ही से पद्य दिये जाते हैं–

सीखि लीन्हों मीन मृग खंजन कमल नैन,
सीखि लीन्हों जस औ प्रताप को कहानो है।
सीखि लीन्हों कल्पवृक्ष कामधेनु चिंतामनि,
सीखि लीन्हों मेरु और कुबेर गिरि आनो है।
ठाकुर कहत याकी बड़ी है कठिन बात,

याको नहिं भूलि कहूँ बाँधियत बानो है।
ढेल सो बनाय आय मेलत सभा के बीच,
लोगन कवित्त कीबो खेल करि जानो है॥

× × × × ×

दस बार, बीस बार, बरजि दई है जाहि,
एतै पै न मानै जौ तौ जरन-बरन देव।
कैसी कहा कीजै कछू अपनो करो न होय,
जाके जैसे दिन ताहि तैसेई भरन देव।
ठाकुर कहत मन आपनो मगन राखो,
प्रेम निहसंक रसरंग बिहरन देव।
बिधि के बनाए जीव जेते हैं जहाँ के तहाँ,
खेलत फिरत तिन्हैं खेलन फिरन देव॥

× × × × ×

अपने-अपने सुठि गेहन में चढ़े दोऊ सनेह की नाव पै री!
अँगनान में भीजत प्रेमभरे, समयो लखि मैं बलि जाऊँ पै री!
कहै ठाकुर दोउन की रुचि सो रंग ह्वै उमड़े तोउ ठाँव पै री।
सखी, कारी घटा बरसे बरसाने पै, गोरी घटा नंदगाँव पै री॥

× × × × ×

वा निरमोहिनी रूप की रासि जऊ उर हेतु न ठानति ह्वै है।
बारहि बार बिलोकि घरी-घरी सूरति तौं पहिचानति ह्वै है॥
ठाकुर या मन की परतीति है; जो पै सनेह न मानति ह्वै है।
आवत हैं नित-नित मेरे लिए, इतनौं तो विशेष कै जानति ह्वै है॥

× × × × ×

पावस तें परदेस तें आय मिले पिय और मनभाई भई है।
दादुर-मोर-पपीहरा बोलत; ता पर आनि घटा उनई है॥
ठाकुर वा सुखकारी सुहावनी दामिनी कौंध कितै को गई है।
रौ अब तौ घनघोर घटा गरजौ बरसौ तुम्है धूर दई है॥

× × × × ×

पिय प्यार करैं जेहि पै सजनी तेहि की सब भाँतिन सैयत है।
मन मान करौ तौ परौ भ्रम में, फिर पाछे परे पछतैयत है॥
कवि ठाकुर कौन की कासौं कहौं? दिन देखि दसा बियरैयत है।
अपने अटकें सुन ए री भटू! निज सौत के मायके जैयत है॥

38. ललकदास : बेनी कवि के भँड़ौवा से ये लखनऊ के कोई कंठीधारी महंत जान पड़ते हैं जो अपनी शिष्यमंडली के साथ इधर-उधर फिरा करते थे। अत: संवत् 1860 के बीच इनका वर्तमान रहना अनुमान किया जा सकता है। इन्होंने 'सत्योपाख्यान' नामक एक बड़ा वर्णनात्मक ग्रंथ लिखा है जिसमें रामचंद्र के जन्म से लेकर विवाह तक की कथा बड़े विस्तार के साथ वर्णित है। इस ग्रंथ का उद्देश्य कौशल के साथ कथा चलाने का नहीं बल्कि

जन्म की बधाई, बाललीला, होली, जलक्रीड़ा, झूला, विवाहोत्सव आदि का बड़े ब्योरे और विस्तार के साथ वर्णन करने का है। जो उद्देश्य महाराज रघुराज सिंह के रामस्वयंवर का है वही इसका भी समझिए। पर इसमें सादगी है और यह केवल दोहों-चौपाइयों में लिखा गया है। वर्णन करने में ललकदास जी ने भाषा के कवियों के भाव तो इकट्ठे ही किये हैं; संस्कृत कवियों के भाव भी कहीं-कहीं रखे हैं। रचना अच्छी जान पड़ती है। कुछ चौपाइयाँ देखिए–

धरि निज अंक राम को माता। लह्यो मोद लखि मुख मृदुगाता॥
दंत कुंद मुकुता सम सोहै। बंधुजीव सम जीभी बिमोहै॥
किसलय सधर अधर छबि छाजै। इद्रंनील सम गंड बिराजै॥
सुंदर चिबुक नासिका सौहै। कुंकुम तिलक चिलक मन गोहै॥
कामचाप सम भ्रकुटि बिराजै। अलककलित मुख अति मुख अति छबि छाजै॥
यहि विधि सकल राम के अंगा। लखि चूमति जननी सुख संगा॥

39. खुमान : ये बंदीजन थे और चरखारी (बुंदेलखंड) के महाराज विक्रमसाहि के यहाँ रहते थे। इनके बनाये इन ग्रंथों का पता है–

अमरप्रकाश (सं. 1836), अष्टयाम (सं. 1852), लक्ष्मणशतक (सं. 1855), हनुमान नखशिख, हनुमान पंचक, हनुमान पचीसी, नीतिविधान, समरसार (युद्ध यात्रा के मुहूर्त आदि का विचार) नृसिंह चरित्र (सं. 1879), नृसिंह पचीसी।

इसी सूची के अनुसार इनका कविताकाल सं. 1830 से 1880 तक माना जा सकता है। 'लक्ष्मणशतक' में लक्ष्मण और मेघनाद का युद्ध बड़े फड़कते हुए शब्दों में कहा गया है। खुमान कविता में अपना 'मान' रखते थे। नीचे एक कवित्त दिया जाता हैं–

आयो इंद्रजीत दसकंध को निबंध बंध,
बोल्यो रामबंधु सों प्रबंध किरवान को।
को है अंसुमाल, को है काल विकराल,
मेरे सामुहें भए न रहै मान महेसान को॥
तू तौ सुकुमार यार लखन कुमार! मेरी
मार बेसुमार को सहैया घमासान को?
बीर न चितैयो, रनमंडल रितैया, काल
कहर बितैया हौं जितैया मघवान को॥

40. नकलसिंह कायस्थ : ये झाँसी के रहने वाले थे और समथर नरेश राजा हिंदूपति की सेवा में रहते थे। इन्होंने बहुत-से ग्रंथों की सेवा की है जो भिन्न-भिन्न विषयों पर और भिन्न-भिन्न शैली के हैं। ये अच्छे चित्रकार भी थे। इनका झुकाव भक्ति और ज्ञान की ओर विशेष था। इनके लिखे ग्रंथो के नाम ये हैं–

रासपंचाध्यायी, रामचंद्रविलास, शंकामोचन (सं. 1873), जौहरिनतरंग (1875), रसिकरंजनी (1877), विज्ञान भास्कर (1878), ब्रजदीपिका (1883), शुकरंभासंवाद (1888) नामचिंतामणि (1903), भूलभारत (1911), भारतसावित्री (1912), भारत कवितावली (1913), भाषा सप्तशती (1917), कवि-जीवन (1918), आल्हा रामायण (1922), रुक्मिणीमंगल (1925), मूल ढोला (1925), रहस लावनी (1926), अध्यात्मरामायण, रूपक रामायण, नारी प्रकरण, सीतास्वयंबर, रामविवाहखंड, भारत वार्तिक, रामायण सुमिरनी, पूर्व श्रृंगारखंड, मिथिलाखंड,

दानलोभसंवाद, जन्म खंड।

उक्त पुस्तकों में यद्यपि अधिकांश बहुत छोटी हैं फिर भी इनकी रचना की बहुरूपता का आभास देती है। इनकी पुस्तकें प्रकाशित नहीं हुई हैं। अतः इनकी रचना के संबंध में विस्तृत और निश्चित रूप से कुछ नहीं कहा जा सकता। खोज की रिपोर्टों में उद्धृत उदाहरणों के देखने से रचना इनकी पुष्ट और अभ्यस्त प्रतीत होती है। ब्रजभाषा में कुछ वार्तिक या गद्य भी इन्होंने लिखा है। इनके कुछ पद्य नीचे देखिए–

अभव अनादि अनंत अपारा। अमन, अप्रान, अमर, अविकारा।।
अग अनीह आतम अविनासी। अगम अगोचर अबिरल वासी।।
अकथनीय अद्वैत अरामा। अमल असेष अकर्म अकामा।।

× × × × ×

सगुन सरूप सदा सुषमा निधान मंजु,
बुद्धि गुन गुनन अगाध बनपति से।
भनै नवलेस फैल्यो बिशद मही में यस,
बरनि न पावै पार झार फनपति से।।
जक्त निज भक्तन के कलषु प्रभंजै रंजै,
सुमति बढ़ावै धन धान धनपति से।
अवर न दूजो देव सहस प्रसिद्ध यह,
सिद्धि बरदैन सिद्ध ईस गनपति से।।

41. रामसहाय दास : ये चौबेपुर, जिला–बनारस के रहने वाले लाला भवानीदास कायस्थ के पुत्र थे और काशीनरेश महाराज उदितनारायण सिंह के आश्रय में रहते थे। 'बिहारी सतसई' के अनुकरण पर इन्होंने 'रामसतसई' बनायी। बिहारी के अनुकरण पर बनी हुई पुस्तकों में इसी को प्रसिद्धि प्राप्त हुई। इसके बहुत–से दोहे सरस उद्‌भावना में बिहारी के दोहों के पास तक पहुँचते हैं, पर यह कहना कि ये दोहे बिहारी के दोहों में मिलाये जा सकते हैं, रसज्ञता और भावुकता से ही पुरानी दुश्मनी निकालना नहीं, बिहारी को भी कुछ नीचे गिराने का प्रयत्न समझा जायेगा। बिहारी में क्या–क्या मुख्य विशेषताएँ हैं यह उनके प्रसंग में दिखाया जा चुका है। जहाँ तक शब्दों की कारीगरी और वाग्वैदिग्ध्य से संबंध है वहीं तक अनुकरण करने का प्रयत्न किया गया है और सफलता भी हुई है। पर हावों का वह सुंदर व्यंजना विधान, चेष्टाओं का वह मनोहर चित्रण, भाषा का वह सौष्ठव, संचारियों की वह सुंदर व्यंजना इस सुंदर सतसई में कहाँ? नकल ऊपरी बातों की हो सकती है, हृदय की नहीं, पर हृदय पहचानने के लिए हृदय चाहिए, चेहरे पर की दो आँखों से ही काम नहीं चल सकता। इस बड़े भारी भेद के होते हुए भी 'रामसतसई' श्रृंगार रस का उत्तम ग्रंथ है इस सतसई के अतिरिक्त इन्होंने तीन पुस्तकें और लिखी हैं–

वाणीभूषण, वृत्ततरंगिणी (सं. 1873) और ककहरा।

वाणीभूषण अलंकार का ग्रंथ है और वृत्ततरंगिणी पिंगल का। ककहरा जायसी की 'अखरावट' के ढंग की मोटी–सी पुस्तक है और शायद सबसे पिछली रचना है, क्योंकि इसमें धर्म और नीति के उपदेश हैं। रामसहाय का कविताकाल सं. 1760 से 1880 तक माना जा सकता है। नीचे सतसई के कुछ दोहे उद्धृत किये जाते हैं–

गढ़े नुकीले लाल के नैन रहैं दिन रैनि।
तब नाजुक ठोढ़ी न क्यों गाड़ परै मृदुबैनि?
भटक न, झटपट चटक कै अटक सुनट के संग।
लटक पीतपट की निपट हटकति कटक अनंग॥
लागे नैना नैन में कियो कहा धौ मैन।
नहिं लागै नैना, रहैं लागे नैना नैन॥
गुलुफनि लागि ज्यों-त्यों गयो, करि-करि साहस जोर।
फिर न फिर्‌यो मुरवान चपि, चित अति खात मरोर॥
यौ बिभाति दसनावली ललना बदन मँझार।
पति को नातो मानि के मनु आई उड्डमार॥

42. चंद्रशेखर : ये वाजपेयी थे। इनका जन्म संवत् 1855 में मुअज्जमाबाद (जिला–फतेहपुर) में हुआ था। इनके पिता मनीराम जी भी अच्छे कवि थे। ये कुछ दिनों तक दरभंगा की ओर, फिर 6 वर्ष तक जोधपुर नरेश महाराज मानसिंह के यहाँ रहे। अंत में ये पटियाला नरेश महाराज कर्मसिंह के यहाँ गये और जीवन भर पटियाला में ही रहे। इनका देहांत संवत् 1932 में हुआ। अत: ये महाराज नरेंद्रसिंह के समय तक वर्तमान थे और उन्हीं के आदेश से इन्होंने अपना प्रसिद्ध वीरकाव्य 'हम्मीरहठ' बनाया। इसके अतिरिक्त इनके रचे ग्रंथों के नाम ये हैं–

विवेकविलास, रसिकविनोद, हरिभक्तिविलास, नखशिख, वृंदावनशतक, गुहपंचाशिका, ताजक ज्योतिष, माधवी वसंत।

यद्यपि शृंगार की कविता करने में भी ये बहुत ही प्रवीण थे पर इनकी कीर्ति को चिरकाल तक स्थिर रखने के लिए 'हम्मीरहठ' ही पर्याप्त है। उत्साह की, उमंग की व्यंजना जैसी चलती स्वाभाविक और जोरदार भाषा में इन्होंने की है वैसे ढंग से करने में बहुत ही कम कवि समर्थ हुए हैं। वीररस के वर्णन में इस कवि ने बहुत ही सुंदर साहित्यिक विवेक का परिचय दिया है। सूदन आदि के समान शब्दों की तड़ातड़ और भड़ाभड़ के फेर में न पड़कर उग्रोत्साह व्यंजक उक्तियों का ही अधिक सहारा इस कवि ने लिया है, जो वीररस की जान है। दूसरी बात ध्यान देने की यह है कि वर्णनों के अनावश्यक विस्तार को जिसमें वस्तुओं की बड़ी लंबी-चौड़ी सूची भरी जाती है, स्थान नहीं दिया गया है। सारांश यह है कि वीररस वर्णन की श्रेष्ठ प्रणाली का अनुसरण चंद्रशेखर जी ने किया है।

रही प्रसंगविधान की बात। इस विषय में कवि ने नयी उद्‌भावनाएँ न करके पूर्ववर्ती कवियों का ही सर्वथा अनुसरण किया है। एक रूपवती और निपुण स्त्री के साथ महिमा मंगोल का अलाउद्दीन के दरबार से भागना, अलाउद्दीन का उसे हम्मीर से वापस माँगना, हम्मीर का उसे अपनी शरण में लेने के कारण उपेक्षापूर्वक इनकार करना, ये सब बातें जोधराज क्या उसके पूर्ववर्ती अपभ्रंश कवियों की ही कल्पना है, जो वीरगाथाकाल की रूढ़ि के अनुसार की गयी थी। गढ़ के घेरे के समय गढ़पति की निश्चितता और निर्भीकता व्यंजित करने के लिए पुराने कवि गढ़ के भीतर नाचरंग का होना दिखाया करते थे। जायसी ने अपनी पद्‌मावत में अलाउद्दीन के द्वारा चित्तौड़गढ़ के घेरे जाने पर राजा रतनसेन का गढ़ के भीतर नाच करना और शत्रु के फेंके हुए तीर से नर्तकी का घायल होकर मरना वर्णित किया है। ठीक उसी

बोलचाल की जो शिष्ट भाषा चारों ओर–पूरबी प्रांतों में भी–प्रचलित पायी उसी में रचना की। स्थान-स्थान पर शुद्ध तत्सम संस्कृत शब्दों का प्रयोग करके उन्होंने उसके भावी साहित्यिक रूप का पूर्ण आभास दिया। यद्यपि वे खास दिल्ली के रहने वाले अह्लैज बान थे पर उन्होंने अपने हिंदी गद्य में कथावाचकों, पंडितों और साधु-संतों के बीच दूर-दूर तक प्रचलित खड़ी बोली का रूप रखा, जिसमें संस्कृत शब्दों का पुट भी बराबर रहता था। इसी संस्कृतमिश्रित हिंदी को उर्दूवाले 'भाषा' कहते थे जिसका चलन उर्दू के कारण कम होते देख मुंशी सदासुख ने इस प्रकार खेद प्रकट किया था–

रस्मौ-रिवाज भाखा का दुनिया से उठ गया।

सारांश यह कि मुंशी जी ने हिंदुओं की शिष्ट बोलचाल की भाषा ग्रहण की, उर्दू से अपनी भाषा नहीं ली। इन प्रयोगों से यह बात स्पष्ट हो जाती है–

स्वभाव करके वे दैत्य कहलाए। बहुत जाधा चुक हुई। उन्हीं लोगों से बन आवै है। जो बात सत्य होय।

काशी पूरब में है पर यहाँ के पं. सैकड़ों वर्ष से 'होयगा' 'आवता है', 'इस करके' आदि बोलते चले आते हैं। ये सब बातें उर्दू से स्वतंत्र खड़ी बोली के प्रचार की सूचना देती हैं।

2. इंशाअल्ला खाँ : उर्दू के बहुत प्रसिद्ध शायर थे जो दिल्ली के उजड़ने पर लखनऊ चले आये थे। इनके पिता मीर माशाअल्ला खाँ कश्मीर से दिल्ली आये थे जहाँ वे शाही हकीम हो गये थे। मुगल सम्राट की अवस्था बहुत गिर जाने पर हकीम साहब मुर्शिदाबाद के नवाब के यहाँ चले गये थे। मुर्शिदाबाद ही में इंशा का जन्म हुआ। जब बंगाल के नवाब सिराजुद्दौला मारे गये और बंगाल में अंधेर मचा तब इंशा, जो पढ़-लिख कर अच्छे विद्वान् और प्रतिभाशाली कवि हो चुके थे, दिल्ली चले आये और शाहआलम दूसरे के दरबार में रहने लगे। वहाँ जब तक रहे अपनी अद्भुत प्रतिभा के बल से अपने विरोधी, बड़े-बड़े नामी शायरों को ये बराबर नीचा दिखाते रहे। जब गुलाम कादिर बादशाह को अंधा करके शाही खजाना लूटकर चल दिया तब इंशा का निर्वाह दिल्ली में कठिन हो गया और वे लखनऊ चले आये। जब संवत् 1855 में नवाब सआदतअली खाँ गद्दी पर बैठे तब ये उनके दरबार में आने-जाने लगे। बहुत दिनों तक इनकी बड़ी प्रतिष्ठा रही पर अंत में एक दिल्लगी की बात पर इनका वेतन आदि सब बंद हो गया था और इनके जीवन का अंतिम भाग बड़े कष्ट में बीता। संवत् 1875 में इनकी मृत्यु हुई।

इंशा ने 'उदयभानचरित' या 'रानी केतकी की कहानी' संवत् 1855 और 1860 के बीच लिखी होगी। कहानी लिखने का कारण इंशा साहब यों लिखते हैं–

एक दिन बैठे-बैठे यह बात अपने ध्यान में चढ़ी कि कोई कहानी ऐसी कहिए कि जिसमें हिंदवी छुट और किसी बोली का पुट न मिले, तब जा के मेरा जी फूल की कली के रूप में खिले। बाहर की बोली और गँवारी कुछ उसके बीच में न हो।... अपने मिलने वालों में से एक कोई बड़े पढ़े-लिखे, पुराने-धुराने डाँग, बूढ़े घाग यह खटराग लाए...और लगे कहने, यह बात होते दिखाई नहीं देती। हिंदवीपन भी न निकले और भाखापन भी न हो। बस, जैसे मल लोग–अच्छों से अच्छे–आपस में बोलते-चालते हैं ज्यों-का त्यों वही सब डौल रहे और छाँव किसी की न हो। यह नहीं होने का।

इससे स्पष्ट है कि इंशा का उद्देश्य ठेठ हिंदी लिखने का था जिसमें हिंदी को छोड़कर

और किसी बोली का पुट न रहे। उद्धृत अंश में 'भाखापन' शब्द ध्यान देने योग्य है। मुसलमान लोग भाषा शब्द का व्यवहार साहित्यिक हिंदी भाषा के लिए किया करते थे जिसमें आवश्यकतानुसार संस्कृत के शब्द आते थे–चाहे वह ब्रजभाषा हो, चाहे खड़ी बोली। तात्पर्य यह कि संस्कृतमिश्रित हिंदी को ही उर्दू-फारसी वाले 'भाषा' कहा करते थे। 'भाखा' से खास ब्रजभाषा का अभिप्राय उनका नहीं होता था, जैसा कुछ लोग भ्रमवश समझते हैं। जिस प्रकार वे अपनी अरबी-फारसी मिली हिंदी को ही उर्दू कहते थे उसी प्रकार संस्कृत मिली हिंदी को 'भाषा'। भाषा का शास्त्रीय दृष्टि से विचार न करने वाले या उर्दू की ही तालीम खास तौर पर पाने वाले कई नये-पुराने हिंदी लेखक इस 'इस भाखा' शब्द के चक्कर में पड़कर ब्रजभाषा को हिंदी कहने में संकोच करते हैं। 'खड़ी बोली पद्य' का झंडा लेकर घूमने वाले स्वर्गीय बाबू अयोध्याप्रसाद खत्री चारों ओर घूम-घूमकर कहा करते थे कि अभी हिंदी में कविता हुई कहाँ, सूर, तुलसी, बिहारी आदि ने जिसमें कविता की है वह तो 'भाखा' है 'हिंदी' नहीं। संभव है इस सड़े-गड़े खयाल को लिये अब भी कुछ लोग पड़े हों।

इंशा ने अपनी भाषा को तीन प्रकार के शब्दों से मुक्त रखने की प्रतिज्ञा की है–बाहर की बोली = अरबी, फारसी, तुरकी। गँवारी = ब्रजभाषा, अवधी आदि। भाखपन = संस्कृत के शब्दो का मेल।

इस बिलगाव से, आशा है, ऊपरी लिखी बात स्पष्ट हो गयी होगी। इंशा ने 'भाखापन' और 'मुअल्लापन' दोनों को दूर रखने का प्रयत्न किया, पर दूसरी बला किसी-न-किसी सूरत में कुछ लगी रह गयी। फारसी के ढंग का वाक्यविन्यास कहीं-कहीं, विशेषत: बड़े वाक्यों में आ ही गया है; पर बहुत कम। जैसे–

सिर झुकाकर नाक रगड़ता हूँ अपने बनाने वाले के सामने जिसने हम सबको बनाया। इस सिर झुकाने के साथ ही दिन-रात जपता हूँ उस अपने दाता के भेजे हुए प्यारे को। यह चिट्ठी जो पीकभरी कुँवर तक जा पहुँची।

आरंभकाल के चारों लेखकों में इंशा की भाषा सबसे चटकीली, मटकीली, मुहावरेदार और चलती है। पहली बात यह है कि खड़ी बोली उर्दू कविता में पहले कुछ मँज चुकी थी जिससे उर्दूवालों के सामने लिखते समय मुहावरे आदि बहुतायत से आया करते थे। दूसरी बात यह है कि इंशा रंगीन और चुलबुली भाषा द्वारा अपना लेखन कौशल दिखाना चाहते थे।[1] मुंशी सदासुखलाल भी दिल्ली खास के थे और उर्दू साहित्य का अभ्यास भी पूरा रखते थे, पर वे धर्मभाव से जानबूझकर अपनी भाषा गंभीर और संयत रखना चाहते थे। सानुप्रास विराम भी इंशा के गद्य में बहुत स्थलों पर मिलते हैं–जैसे,

जब दोनों महाराजों में लड़ाई होने लगी, रानी केतकी की कहानी सावन भादों के रूप में रोने लगी और दोनों के जी में यह आ गयी–यह कैसी चाहत जिनमें लहू बरसने लगा और अच्छी बातों का जी तरसने लगा।

इंशा के समय तक वर्तमान कृदंत या विशेषण और विशेष्य के बीच का समानाधिकरण कुछ बना हुआ था, जो उनके गद्य में जगह-जगह पाया जाता है, जैसे–

आतियाँ जातियाँ जो साँसें हैं। उसके बिना ध्यान यह सब फाँसे हैं।।

× × × × ×

घरवालियाँ जो किसी डौल से बहलातियाँ हैं।

इन विचित्रताओं के होते हुए भी इंशा ने जगह-जगह बड़ी प्यारी घरेलू ठेठ भाषा का व्यवहार किया है और वर्णन भी सर्वथा भारतीय रखे हैं। इनकी चलती चटपटी भाषा क नमूना देखिए-

इस बात पर पानी डाल दो नहीं तो पछताओगी और अपना किया पाओगी। मुझसे कुछ न हो सकेगा। तुम्हारी जो कुछ अच्छी बात होती तो मेरे मुँह से जीते-जी न निकलती, पर यह बात मेरे पेट नहीं पच सकती। तुम अभी अल्हड़ हो, तुमने अभी कुछ देखा नहीं। जो ऐसी बात पर सचमुच ढलाव देखूँगी तो तुम्हारे बाप से कहकर वह भभतू जो वह मुआ निगोड़ा भूत, मुछंदर का पूत अवधूत दे गया है, हाथ मुरकवाकर छिनवा लूँगी।

3. लल्लूलाल जी : ये आगरा के रहने वाले गुजराती ब्राह्मण थे। इनका जन्म संवत् 1820 में और मृत्यु संवत् 1882 में हुई। संस्कृत के विशेष जानकर तो ये नहीं जान पड़ते, पर भाषा कविता का अभ्यास इन्हें था। उर्दू भी कुछ जानते थे। संवत् 1860 में कलकत्ता के फोर्टविलियम कॉलेज के अध्यापक जान गिलक्राइस्ट के आदेश से इन्होंने खड़ी बोली गद्य में 'प्रेमसागर' लिखा जिसमें भागवत दशमस्कंध की कथा वर्णन की गयी। इंशा के समान इन्होंने केवल ठेठ हिंदी लिखने का संकल्प तो नहीं किया था पर विदेशी शब्दों के न आने देने की प्रतिज्ञा अवश्य लक्षित होती है। यदि ये उर्दू न जानते होते तो अरबी-फारसी के शब्द बचाने में उतने कृतकार्य कभी न होते जितने हुए। बहुतेरे अरबी-फारसी के शब्द बोलचाल की भाषा में इतने मिल गये थे कि उन्हें केवल संस्कृत-हिंदी जानने वाले के लिए पहचानना भी कठिन था। मुझे एक पंडित जी का स्मरण है जो 'लाल' शब्द तो बराबर बोलते थे, पर 'कलेजा' और 'बैगन' शब्दों को म्लेच्छ भाषा के समझ बचाते थे। लल्लूलाल जी अनजान में कहीं-कहीं ऐसे शब्द लिख गये हैं जो फारसी या तुरकी के हैं। जैसे 'बैरख' शब्द तुरकी का 'बैरक' है, जिसका अर्थ झंडा है। प्रेमसागर में यह शब्द आया है देखिए-

शिवजी के एक ध्वजा बाणासुर को दे के कहा इस बैरख को ले जाय।

पर ऐसे शब्द दो ही चार जगह आये हैं।

यद्यपि मुंशी सदासुखलाल ने भी अरबी-फारसी के शब्दों का प्रयोग न कर संस्कृतमिश्रित साधु भाषा लिखने का प्रयत्न किया है पर लल्लूलाल की भाषा से उसमें बहुत कुछ भेद दिखाई पड़ता है। मुंशी जी की भाषा साफ-सुथरी खड़ी बोली है पर लल्लूलाल की भाषा कृष्णोपासक व्यासों की-सी ब्रजरंजित खड़ी बोली है। 'सम्मुख जाय', 'सरि नाय', 'सोई', 'भई', 'कीजै', 'निरख', 'लीजौ', ऐसे शब्द बराबर प्रयुक्त हुए हैं। अकबर के समय में गंग कवि ने जैसी खड़ी बोली लिखी थी वैसी ही खड़ी बोली लल्लूलाल ने भी लिखी। दोनों की भाषाओं में अंतर इतना ही है कि गंग ने इधर-उधर फारसी-अरबी के प्रचलित शब्द भी रखे हैं पर लल्लूलाल जी ने ऐरो शब्द बचाये हैं। भाषा की सजावट भी प्रेमसागर में पूरी है। विरोमों पर तुकबंदी के अतिरिक्त वर्णन वाक्य भी बड़े-बड़े आये हैं और अनुप्रास भी यत्र-तत्र हैं। मुहावरों का प्रयोग कम है। सारांश यह कि लल्लूलाल की काव्यभाषा गद्यभक्तों की कथावार्ता के काम का ही अधिकतर है, न नित्य व्यवहार के अनुकूल है, न संबद्ध विचारधारा के योग्य। प्रेमसागर से दो नमूने नीचे दिये जाते हैं-

श्रीशुक देव मुनि बोले-महाराज! ग्रीष्म की अति अनीति देख, नृप पावस प्रचंड

पशु-पक्षी जंतुओं की दशा विचार चारों ओर दल बादल से लड़ने को चढ़ आया। तिस समय घन जो गरजता था सोई तौ धौंसा बजता था और वर्ण-वर्ण की घटा जो घिर आई थी सोई शूरबीर रावत थे, तिनके बीच बिजली की दमक शस्त्र की-सी चमक थी बगपाँत ठौर-ठौर ध्वजा-सी फहराय रही थी, दादुर, मोर कड़खैतों की-सी भाँति यश बखानते थे और बड़ी-बड़ी बूँदों की झड़ी बाणों की-सी झड़ी लगी थी।

× × × × ×

इतना कह महादेवी गिरजा को साथ ले गंगा तीर पर जाय नीर में न्हाय न्हिलाय, अति लाड़-प्यार से लगे पार्वतीजी को वस्त्र आभूषण पहिराने। निदान अति आनंद में मग्न हो डमरू बजाय तांडव नाच-नाच, संगीतशस्त्र की रीति से गाय-गाय लगे रिझाने।

× × × × ×

जिस काल ऊषा बारह वर्ष की हुई तो उसके मुख चंद्र की ज्योति देख पूर्णमासी का चंद्रमा छबिछीन हुआ, बालों की श्यामता के आगे अमावस्या की अँधेरी फीकी लगने लगी। उसकी चोटी सटकाई लख नागिन अपनी केंचुली छोड़ सटक गयी। भौंह की बँकाई निरख धनुष धकधकाने लगा; आँखों की बड़ाई चंचलाई पेख मृगमीन खंजन खिसियाय रहे।

लल्लूलाल ने उर्दू, खड़ी बोली हिंदी और ब्रजभाषा तीनों में गद्य की पुस्तकें लिखीं। ये संस्कृत नहीं जानते थे। ब्रजभाषा में लिखी हुई कथाओं और कहानियों को उर्दू और हिंदी गद्य में लिखने के लिए इनसे कहा गया था जिसके अनुसार इन्होंने सिंहासनबत्तीसी, बैतालपचीसी, शकुंतला नाटक, माधोनल और प्रेमसागर लिखे। प्रेमसागर के पहले ही चारों पुस्तकें बिलकुल उर्दू में हैं। इनके अतिरिक्त संवत् 1869 में इन्होंने 'राजनीति' के नाम से हितोपदेश की कहानियाँ (जों पद्य में लिखी जा चुकी थी) ब्रजभाषा गद्य में लिखी। 'माधवविलास' और 'सभाविलास' नाम से ब्रजभाषा पद्य के संग्रह ग्रंथ भी इन्होंने प्रकाशित किये थे। इनकी 'लालचंद्रिका' नाम की बिहारी सतसई की टीका भी प्रसिद्ध है। इन्होंने अपना एक निज का प्रेस कलकत्ता में (पटलडाँगे) में खोला था जिसे ये सं. 1881 में फोर्टविलियम कॉलेज की नौकरी में पेंशन लेने पर, आगरे लेते गये। आगरे में प्रेस जमाकर ये एक बार फिर कलकत्ता गये जहाँ इनकी मृत्यु हुई। अपने प्रेस का नाम इन्होंने 'संस्कृत प्रेस' रखा था, जिसमें अपनी पुस्तकों के अतिरिक्त ये रामायण आदि पुरानी पोथियाँ भी छापा करते थे। इनके प्रेस की छपी पुस्तकों की लोग बहुत कदर करते थे।

4. सदल मिश्र : ये बिहार के रहने वाले थे। फोर्टविलियम कॉलेज में काम करते थे। जिस प्रकार उक्त कॉलेज के अधिकारियों की प्रेरणा से लल्लूलाल ने खड़ी बोली गद्य की पुस्तक तैयार की उसी प्रकार इन्होंने भी। इनका 'नासिकेतोपाख्यान' भी उसी समय लिखा गया जिस समय 'प्रेमसागर'। पर दोनों की भाषा में बहुत अंतर है। लल्लूलाल के समान इनकी भाषा में न तो ब्रजभाषा के रूपों की वैसी भरमार है और न परंपरागत काव्य भाषा की पदावली का स्थान-स्थान पर समावेश। इन्होंने व्यवहारोपयोगी भाषा लिखने का प्रयत्न किया है और जहाँ तक हो सकता है खड़ी बोली का ही व्यवहार किया है। पर इनकी भाषा भी साफ-सुथरी नहीं। ब्रजभाषा के कुछ रूप हैं। और पूरबी बोली के शब्द तो स्थान-स्थान पर मिलते हैं 'फूलन्ह के

बिछौने', 'चहुँदिस', 'सुनि', 'सोनन्ह के थंभ' आदि प्रयोग ब्रजभाषा के हैं, 'इहाँ', 'मतारी', 'बरते थे', 'जड़ाई', 'बाजने', 'लगा', 'जौन' आदि पूरबी शब्द हैं। भाषा के नमूने के लिए 'नासिकेतोपाख्यान' से थोड़ा-सा अवतरण नीचे दिया जाता है–

> **इस प्रकार से नासिकेत मुनि यम की पुरी सहित नरक का वर्णन कर फिर जौन-जौन कर्म किये, से जो भोग होता है सो सब ऋषियों को सुनाने लगे कि गौ, ब्राह्मण, माता-पिता, मित्र, बालक, स्त्री, स्वामी, बृद्ध गुरु इनका जो बध करते हैं सो झूठी साक्षी भरते, झूठ ही कर्म में दिन-रात लगे रहते हैं, अपनी भार्या को त्याग दूसरे की स्त्री को ब्याहते, औरों की पीड़ा देख प्रसन्न होते हैं और जो अपने धर्म से हीन पाप ही में गड़े रहते हैं वो माता-पिता की हित की बात को नहीं सुनते, सबसे बैर करते हैं, ऐसे जो पापी जन हैं सो महा डेरावनी दक्षिण द्वार से जा नरकों में पड़ते हैं।**

गद्य की एक साथ परंपरा चलाने वाले उपर्युक्त चार लेखकों में से आधुनिक हिंदी का पूरा-पूरा आभास मुंशी सदासुखलाल और सदल मिश्र की भाषा में ही मिलता है। व्यवहारोपयोगी इन्हीं की भाषा ठहरती है। इन दो में मुंशी सदासुख की साधु भाषा अधिक महत्त्व की है। मुंशी सदासुख ने लेखनी भी चारों में पहले उठायी अतः गद्य का प्रवर्तन करने वालों में उनका विशेष स्थान समझना चाहिए।

संवत् 1860 के लगभग हिंदी गद्य का प्रवर्तन तो हुआ पर उसके साहित्य की अखंड परंपरा उस समय से नहीं चली। इधर-उधर दो-चार पुस्तकें अनपढ़ भाषा में लिखी गयी हों पर साहित्य के योग्य स्वच्छ सुव्यवस्थित भाषा में लिखी कोई पुस्तक संवत् 1941 के पूर्व की नहीं मिलती। संवत् 1881 में किसी ने 'गोरा बादल री बात' का, जिसे राजस्थानी पद्यों में जटमल ने संवत् 1680 में लिखा था, खड़ी बोली के गद्य में अनुवाद किया। अनुवाद का थोड़ा-सा अंश देखिए–

> **गोरा बादल की कथा गुरु के बल, सरस्वती के मेहरबानगी से पूरन भई। तिस वास्ते गुरु कूँ व सरस्वती कूँ नमस्कार करता हूँ। ये कथा सोलः सै असी के साल में फागुन सुदी पूनम के रोज बनाई। ये कथा में दो रस हैं वीररस व सिंगाररस है, सो कथा मोरछड़ो नाँव गाँव का रहने वाला कबेसर। उस गाँव के लोग भोहोत सुखी हैं। घर-घर में आनंद होता है, कोई घर में फकीर दीखता नहीं।**

संवत् 1860 और 1915 के बीच का काल गद्यरचना की दृष्टि से प्रायः शून्य ही मिलता है। संवत् 1914 के बलवे के पीछे ही हिंदी गद्य साहित्य की परंपरा अच्छी तरह चली।

संवत् 1860 के लगभग हिंदी गद्य की जो प्रतिष्ठा हुई उसका उस समय यदि किसी ने लाभ उठाया तो ईसाई धर्मप्रचारकों ने, जिन्हें अपने मत को साधारण जनता के बीच फैलाना था। सिरागपुर उस समय पादरियों का प्रधान अड्डा था। विलियम केरे (William Carey) तथा और कई अँग्रेज पादरियों के उद्योग से इंजील का अनुवाद उत्तर भारत की कई भाषाओं में हुआ। कहा जाता है कि बाइबिल का हिंदी अनुवाद स्वयं केरे साहब ने किया। संवत् 1866 में उन्होंने 'नये धर्म नियम' का हिंदी अनुवाद प्रकाशित किया और सवत् 1875 में समग्र ईसाई धर्म पुस्तक का अनुवाद पूरा हुआ। इस संबंध में ध्यान देने की बात यह है कि इन अनुवादकों ने सदासुख और लल्लूलाल की विशुद्ध भाषा को ही आदर्श माना, उर्दूपन को बिलकुल दूर रखा, इससे यही सूचित होता है कि फारसी-अरबी मिली भाषा से साधारण हिंदू जनता अपने

कथा-पुराण कहती-सुनती आती थी उसी भाषा का अवलंबन ईसाई उपदेशकों को अवश्य दिखाई पड़ा। जिस संस्कृत मिश्रित भाषा का विरोध करना कुछ लोग एक फैशन समझते हैं उससे साधारण जनसमुदाय उर्दू की अपेक्षा कहीं अधिक परिचित रहा है और है। जिन अँग्रजों का उत्तर भारत में रहकर केवल मुंशियों और खानसामों की ही बोली सुनने का अवसर मिलता है वे अब भी उर्दू या हिंदुस्तानी को यदि जनसाधारण की भाषा समझा करें तो कोई आश्चर्य नहीं। पर उन पुराने पादरियों ने जिस शिष्ट भाषा में जनसाधारण को धर्म और ज्ञान आदि के उपदेश सुनते-सुनाते पाया उसी को ग्रहण किया।

ईसाइयों ने अपनी धर्मपुस्तक के अनुवाद की भाषा में फारसी और अरबी के शब्द जहाँ तक हो सका है नहीं लिये हैं और ठेठ ग्रामीण शब्द तक बेधड़क रखे गये हैं। उनकी भाषा सदासुख और लल्लूलाल के ही नमूने पर चली है। उसमें जो कुछ विलक्षणता-सी दिखाई पड़ती है वह मूल विदेशी भाषा की वाक्यरचना और शैली के कारण। 'प्रेमसागर' के समान ईसाई धर्मपुस्तक में भी 'करने वाले' के स्थान पर 'करनहारे', 'तक' के स्थान पर 'लौ', 'कमरबंद' के स्थान पर 'पटुका' प्रयुक्त हुए हैं। पर लल्लूलाल के इतना ब्रजभाषापन नहीं आने पाया है। 'आय', 'जाय' का व्यवहार न होकर 'आके' 'जाके' व्यवहार हुए हैं। सारांश यह कि ईसाई मतप्रचारकों ने विशुद्ध हिंदी का व्यवहार किया हैं एक नमूना नीचे दिया जाता है-

> **तब यीशु योहन से बपतिस्मा लेने की उस पास गालील से यदन के तौर पर आया। परंतु योहन यह कह उसे बर्जने लगा कि मुझे आपके हाथ से बपतिस्मा लेना अवश्य है और क्या आप मेरे पास आते हैं! यीशु ने उसको उत्तर दिया कि अब ऐसा होने दे क्योंकि इसी रीति से सब धर्म को पूरा करना चाहिए। यीशु बपतिस्मा लेके तुरन्त जल के ऊपर आया देखो उसके लिए स्वर्ग खुल गया और उसने ईश्वर के आत्मा का को कपोल के नाई उतरने और अपने ऊपर आते देखा, और यह आकाशवाणी हुई कि यह मेरा प्रिय पुत्र है जिससे मैं अति प्रसन्न हूँ।**

इसके आगे ईसाइयों की पुस्तकें और पंफलेट बराबर निकलते रहे। उक्त 'सिरामपुर प्रेस' से संवत् 1893 में 'दाऊद के गीतें' नाम की पुस्तक छपी जिसकी भाषा में कुछ फारसी-अरबी के बहुत चलते शब्द भी रखे मिलते हैं। पर इसके पीछे अनेक नगरों से बालकों की शिक्षा के लिए ईसाइयों के छोटे-मोटे स्कूल खुलने लगे और शिक्षा संबंधी पुस्तकें भी निकलने लगीं। इन पुस्तकों की हिंदी भी वैसी ही सरल और विशुद्ध होती थी जैसी 'बाइबिल' के अनुवाद की थी। आगरा, मिर्जापुर, मुंगेर आदि जिले उस समय ईसाइयों के प्रचार के मुख्य केंद्र थे।

अँग्रेजी की शिक्षा के लिए कई स्थानों पर स्कूल और कॉलेज खुल चुके थे जिनमें अँग्रेजी के साथ हिंदी, उर्दू की पढ़ाई भी कुछ चलती थी। अत: शिक्षा संबंधी पुस्तकों की माँग संवत् 1900 के पहले ही पैदा हो गयी थी। शिक्षा संबंधिनी पुस्तकों के प्रकाशन के लिए संवत् 1890 के लगभग आगरा में पादरियों की एक 'स्कूल बुक सोसाइटी' स्थापित हुई थी जिसमें सं. 1894 में इंग्लैंड के एक इतिहास का और संवत् 1896 में मार्शमैन साहब के 'प्राचीन इतिहास का अनुवाद', 'कथासार', के नाम से प्रकाशित किया। 'कथासार' के लेखक या अनुवादक पं. रतनलाल थे। इसके संपादक पादरी मूल साहब (J.J. Moore) ने अपने छोटे से अँग्रेज वक्तव्य में लिखा था कि यदि सर्वसाधारण से इस पुस्तक को प्रोत्साहन मिला तो इसका दूसरा भाग 'वर्तमान इतिहास' भी प्रकाशित किया जायेगा। भाषा इस पुस्तक की विशुद्ध

और पंडिताऊ है। 'को' के स्थान पर 'करो' और 'पाते है' के स्थान पर 'पावते है' आदि प्रयोग बराबर मिलते हैं। भाषा का नमूना यह है—

परंतु सोलन की इस अत्युत्तम व्यवस्थाओं से विरोधभंजन न हुआ। पक्षपातियों के मन का क्रोध न गया। फिर कुलीनों में उपद्रव मचा और इसलिए प्रजा की सहायता से पिसिसट्रेटस नाम पुरुष सबों पर पराक्रमी हुआ। इसने सब उपाधियों को दबाकर ऐसा निष्कंटक राज्य किया कि जिसके कारण वह अनाचारी कहाया, तथापि यह उस काल में दूरदर्शी और बुद्धिमानों में अग्रगण्य था।

आगरा की उक्त सोसाइटी के लिए संवत् 1897 में पं. भट्ट ने 'भूगोल-सार' और संवत् 1904 में पं. बद्रीलाल शर्मा ने 'रसायन प्रकाश' लिखा। कलकत्ता में भी ऐसी ही एक स्कूल बुक सोसाइटी थी जिसने 'पदार्थ विद्यासागर' (संवत् 1903) आदि कई वैज्ञानिक पुस्तकें निकाली थीं। इसी प्रकार कुछ रीडरें भी मिशनरियों के छापेखाने से निकली थीं—जैसे 'आजमगढ़ रीडर' जो इलाहाबाद मिशन प्रेस से संवत् 1897 में प्रकाशित हुई थी।

बलवे के कुछ पहले ही मिर्जापुर में ईसाइयों का एक 'आरफन प्रेस' खुला था जिससे शिक्षा संवर्धिनी कई पुस्तकें शेरिफ साहब के संपादन में निकली थीं, जैसे भूचरित्र दर्पण, भूगोल विद्या, मनोरंजक वृत्तांत, जंतुप्रबंध, विद्यासागर, विद्वान् संग्रह। ये पुस्तकें 1912 और 1919 के बीच की हैं। तब से मिशन सोसाइटियों के द्वारा बराबर, विशुद्ध हिंदी में पुस्तकें और पंफलेट आदि छपते आ रहे हैं जिनमें कुछ खंडन मंडन, उपदेश और भजन आदि रहा करते थे। 'आसी' और 'जान' के भजन देशी ईसाइयों में बहुत प्रचलित हुए और अब तक गाये जाते हैं। सारांश यह कि हिंदी गद्य के प्रसार में ईसाइयों का बहुत कुछ योग रहा है। शिक्षा संवर्धिनी पुस्तकें तो पहले पहल उन्होंने तैयार कीं। इन बातों के लिए हिंदी प्रेमी उनके सदा कृतज्ञ रहेंगे।

कहने की आवश्यकता नहीं कि ईसाइयों के प्रचारकार्य का प्रभाव हिंदुओं की जनसंख्या पर ही पड़ रहा था। अत: हिंदुओं के शिक्षित वर्ग के बीच स्वधर्म रक्षा की आकुलता दिखाई पड़ने लगी। ईसाई उपदेशक हिंदू धर्म की स्थूल और बाहरी बातों को लेकर ही अपना खंडन-मंडन चलाते आ रहे थे। यह देखकर बंगाल में राजा राममोहन राय उपनिषद् और वेदांत का ब्रह्मज्ञान लेकर उसका प्रचार करने खड़े हुए। नूतन शिक्षा के प्रभाव से पढ़े-लिखे लोगों में से बहुतों के मन में मूर्तिपूजा, तीर्थाटन, जातिपाँति, छुआछूत आदि के प्रति अश्रद्धा हो रही थी। अत: राममोहन राय ने इन बातों को अलग करके शुद्ध ब्रह्मोपासना का प्रवर्तन करने के लिए 'ब्रह्मसमाज' की नींव डाली। संवत् 1872 में उन्होंने वेदांत सूत्रों के भाष्य का हिंदी में अनुवाद करके प्रकाशित कराया था। संवत् 1886 में उन्होंने 'बंगदूत' नाम का एक संवाद पत्र भी हिंदी में निकाला। राजा साहब की भाषा में एक-आध जगह कुछ बँगलापन जरूर मिलता है, पर उसका रूप अधिकांश में वही है जो शास्त्रज्ञ विद्वानों के व्यवहार में आता था। नमूना देखिए—

जो सब ब्राह्मण सांगवेद अध्ययन नहीं करते सो सब व्रात्य हैं, यह प्रमाण करने की इच्छा करके ब्राह्मण धर्मपरायण श्री सुब्रह्मण्य शास्त्री जी ने जो पत्र सांगवेदाध्ययनहीन अनेक इस देश के ब्राह्मणों के समीप पठाया है, उसमें देखा जो उन्होंने लिखा है—वेदाध्ययनहीन मनुष्यों को स्वर्ग और मोक्ष होने शक्ता नहीं।

कई नगरों में, जिनमें कलकत्ता मुख्य था, अब छापेखाने हो गये थे। बंगाल से कुछ अँग्रेजी और कुछ बँगला के पत्र भी निकलने लगे थे जिनके पढ़नेवाले भी हो गये थे। इस

परिस्थिति में पं. जुगलकिशोर ने, जो कानपुर के रहने वाले थे, संवत् 1883 में 'उदंत मार्तंड' नाम का एक संवाद-पत्र निकाला जिसे हिंदी का पहला समाचार-पत्र समझना चाहिए जैसा कि उसके इस लेख से प्रकट होता है–

> **यह उदंत मार्तंड अब पहिले पहल हिंदुस्तानियों के हित के हेतु जो आज तक किसी ने नहीं चलाया, पर अँग्रेजी ओ पारसी ओ बँगले में जो समाचार का कागज छपता है उसका सुख उन बोलियों के जान्ने ओ पढ़ने वालों को ही होता है। इससे सत्य समाचार हिंदुस्तानी लोग देखकर आप पढ़ ओ समझ लेयँ ओ पराई अपेक्षा न करें ओ अपने भाषे की उपज न छोड़ें इसलिए...श्रीमान गवरनर जनरल बहादुर की आयस से ऐसे साहस में चित्त लगाय के एक प्रकार से यह नया ठाट ठाटा। जो कोई प्रशस्त लोग इस खबर के कागज के लेने की इच्छा करें तो अमड़ा तला की गली 37 अंक मार्तंड छापाघर में अपना नाम ओ ठिकाना भेजना ही से सतवारे के सतवारे यहाँ के रहने वाले घर ओ बाहिर के रहने वाले डाक पर कागज पाया करेंगे।**

यह पत्र एक ही वर्ष चलकर सहायता के अभाव में बंद हो गया। इसमें 'खड़ी बोली' का 'मध्यदेशीय भाषा' के नाम से उल्लेख किया गया है। भाषा का स्वरूप दिखाने के लिए कुछ और उदाहरण दिये जाते है–

> 1. **यह यशी वकील वकालत का काम करते-करते बुड्ढा होकर अपने दामाद को यह काम सौंप के आप सूचित हुआ। दामाद कई दिन काम करके एक दिन आया ओ प्रसन्न होकर बोला–हे महाराज! आपने जो फलाने का पुराना वो संगीन मोकद्दमा हमें सौंपा था सो आज फैसला हुआ। यह सुनकर वकील पछता करके बोला–तुमने सत्यानाश किया। उस मोकद्दमे से हमारे बाप बड़े थे। तिस पीछे हमारे बाप मरती समय हमें हाथ उठाकर के दे गये ओ हमने भी उसको बना रखा ओ अब तक भलीभाँति अपना दिन काटा ओ वही मोकद्दमा तुमको सौंप कर समझा था कि तुम भी अपने बेटे-पोते-परोतों तक पलोगे पर तुम थोड़े-से दिनों में उसे खो बैठे।**
> 2. **19 नवंबर को अवधबिहारी बादशाह के आवने की तोपें छूटीं। उस दिन तीसरे पहर को ष्टर्लिंग साहिब ओ हेल साहिब ओ मेज फिडल लार्ड साहिब की ओर से अवधबिहारी की छावनी में जा करके बड़े साहब का सलाम कहा और भोर होके लार्ड साहिब के साथ हाजिरी करने का नेवता किया। फिर अवधबिहारी बादशाह के जाने के लिए कानपुर में गंगा के तले नावों की पुलबंदी हुई और बादशाह बड़े ठाट से गंगा पार हो गवरनर जेनरल बहादुर के सन्निध गये।**

रीतिकाल के समाप्त होते-होते अँग्रेजी राज्य देश में पूर्ण रूप में स्थापित हो गया। इस राजनीतिक घटना के साथ देशवासियों की शिक्षाविधि में भी परिवर्तन हो चला। अँग्रेज सरकार ने अँग्रजी शिक्षा के प्रचार की व्यवस्था की। संवत् 1854 में ही ईस्ट इंडिया कंपनी के डाइरेक्टरों के पास अँग्रेजी की शिक्षा द्वारा भारतियों को शिक्षित बनाने का परामर्श भेजा गया था। पर उस समय उस पर कुछ न हुआ। पीछे राजा राममोहन राय प्रभृति कुछ शिक्षित और प्रभावशाली सज्जनों के उद्योग से अँग्रेजी की पढ़ाई के लिए कलकत्ता में हिंदू कॉलेज की स्थापना हुई जिसमें से लोग अँग्रेजी पढ़-पढ़कर निकलने और सरकारी नौकरियाँ पाने लगे।

देशी भाषा पढ़कर भी कोई शिक्षित हो सकता है, यह विचार उस समय तक लोगों को न था। अँग्रेजों के सिवाय यदि किसी भाषा पर ध्यान जाता था तो संस्कृत या अरबी पर। संस्कृत की पाठशालाओं और अरबी के मदरसा को कंपनी की सरकार से थोड़ी-बहुत सहायता मिलती आ रही थी पर अँगरेजी के शौक के सामने इन पुरानी संस्थाओं की ओर से लोग उदासीन होने लगे। इनको जो सहायता मिलती थी धीरे-धीरे वह भी बंद हो गयी। कुछ लोगों ने इन प्राचीन भाषाओं की शिक्षा का पक्ष ग्रहण किया था पर मेकाले ने अँग्रेजी भाषा की शिक्षा का इतने जोरों के साथ समर्थन किया और पूरबी साहित्य के प्रति ऐसी उपेक्षा प्रकट की कि अंत में सवत् 1892 (मार्च 7, सन् 1835) में कंपनी की सरकारी ने अँग्रेजी कि शिक्षा के प्रचार का प्रस्ताव पास कर दिया और धीरे-धीरे अँग्रेजी के स्कूल खुलने लगे।

अँग्रेजी शिक्षा की व्यवस्था हो जाने पर अँग्रेजी सरकार का ध्यान अदालती भाषा की ओर गया। मुगलों के समय में अदालती कार्रवाइयाँ और दफ्तर के सारे काम फारसी भाषा में होते थे जब अँग्रेजों का आधिपत्य हुआ तब उन्होंने भी दफ्तरों में वही परंपरा जारी रखी।

दफ्तरों की भाषा फारसी रहने तो दी गयी, पर उस भाषा और लिपि से जनता के अपरिचित रहने के कारण लोगों को जो कठिनता होती थी उसे कुछ दूर करने के लिए संवत् 1860 में, एक नया कानून जारी होने पर, कंपनी सरकार की ओर से यह आज्ञा निकाली गयी–

> **किसी को इस बात का उजूर नहीं होए कि ऊपर के दफे का लीखा हुकुम सभसे वाकीफ नहीं है, हरी एक जिले के कलीकटर साहेब को लाजीम है कि इस आईन के पावने पर एक केता इसतहारनामा निचे के सरह से फारसी व नागरी भाखा वो अच्छर में लिखाय कै...कचहरी में लटकावही।...अदालतों के जजसाहेब लोग के कचहरी में भी तमामी आदमी के बुझने के वास्ते लटकावही (अँग्रेजी सन् 1083 साल, 31 आईन 20 दफा)।**

फारसी के अदालती भाषा होने के कारण जनता को कठिनाइयाँ होती थीं, उनका अनुभव अधिकाधिक होने लगा। अत: सरकार ने संवत् 1893 (सन् 1836 ई.) में 'इश्तहारनामे' निकाले कि अदालती सब काम देश की प्रचलित भाषाओं में हुआ करें। हमारे संयुक्त प्रदेश के सदर बोर्ड की तरफ से जो 'इश्तहारनामा' हिंदी में निकलता था उसकी नकल नीचे दी जाती है–

> **इश्तहारनामा : बोर्ड सदर**
>
> **पच्छाँह के सदर बोर्ड के साहबों ने यह ध्यान किया है कि कचहरी के सब काम फारसी जबान में लिखा-पढ़ा होने से सब लोगों का बहुत हर्ज पड़ता है और बहुत कलप होता है, जब कोई अपनी अर्जी अपनी भाषा में लिख के सरकार में दाखिल करने पावे तो बड़ी बात होगी। सबको चैन-आराम होगा। इसलिए हुक्म दिया गया है कि 1244 की कुवार बदी प्रथम से जिसका जो मामला सदर व बोर्ड में हो सो अपना-अपना सवाल अपनी हिंदी की बोली मे और पारसी के नागरी अच्छरन में लिखे दाखिल करे कि डाक पर भेजे और सवाल जौन अच्छरन में लिखा हो तौने अच्छरन में और बोली में उस पर हुक्म लिखा जायेगा। मिति 29 जुलाई, सन् 1836 ई.।**

इस इश्तहारनामे में स्पष्ट कहा गया है कि बोली 'हिंदी' ही हो, अक्षर नागरी के स्थान पर फारसी भी हो सकते हैं। खेद की बात है कि उचित व्यवस्था चलने न पायी। मुसलमानों

की ओर से इस बात का घोर प्रयत्न हुआ कि दफ्तरों में हिंदी रहने न पाये, उर्दू चलायी जाय। उनका चक्र बराबर चलता रहा यहाँ तक कि एक वर्ष बाद ही अर्थात् संवत् 1894 (सन् 1837 ई.) में उर्दू हमारे प्रांत के सब दफ्तरों की भाषा कर दी गयी।

सरकार की कृपा से खड़ी बोली का अरबी-फारसीमय रूप लिखने-पढ़ने की अदालती भाषा होकर सबके सामने आ गया। जीविका और मान-मर्यादा की दृष्टि से उर्दू सीखना आवश्यक हो गया। देश भाषा के नाम पर लड़कों को उर्दू ही सिखायी जाने लगी। उर्दू पढ़े-लिखे लोग ही शिक्षित कहलाने लगे। हिंदी की काव्यपरंपरा यद्यपि राजदरबारों के आश्रय में चली चलती थी पर उसके पढ़ने वालों की संख्या भी घटती जा रही थी। नवशिक्षित लोगों का लगाव उसके साथ कम होता जा रहा था। ऐसे प्रतिकूल समय में साधारण जनता के साथ उर्दू पढ़े-लिखे लोगों की जो भी थोड़ी-बहुत दृष्टि अपने पुराने साहित्य की बनी हुई थी, वह धर्माभाव से। तुलसीकृत 'मानस' की चौपाइयाँ और सूरदास जी के भजन आदि की उर्दूग्रस्त लोगों का कुछ लगाव 'भाखा' से भी बनाए हुए थे। अन्यथा अपने परंपरागत साहित्य के नवशिक्षित लोगों का मन अधिकांश कालचक्र के प्रभाव से विमुख हो रहा था। श्रृंगाररस की भाषा कविता का अनुशीलन भी गाने बजाने आदि के शौक की तरह इधर-उधर बना हुआ था। इस स्थिति का वर्णन करते हुए स्वर्गीय बाबू बालमुकुंद गुप्त लिखते हैं–

> **जो लोग नागरी अक्षर सीखने पर विवश हुए और हिंदी भाषा हिंदी न रहकर उर्दू बन गयी।...हिंदी उस भाषा का नाम रहा जो टूटी-फूटी चाल पर देवनागरी अक्षरों में लिखी जाती थी।**

संवत् 1902 में यद्यपि राजा शिवप्रसाद शिक्षा विभाग में नहीं आये थे पर विद्याव्यसनी होने के कारण अपनी भाषा हिंदी की ओर उनका ध्यान था। अतः इधर-उधर दूसरी भाषाओं में समाचार-पत्र निकलते देख उन्होंने उक्त संवत् में उद्योग करके काशी से 'बनारस अखबार' निकलवाया पर अखबार पढ़ने वाले पहले पहल नवशिक्षितों में मिल सकते थे जिनकी लिखने पढ़ने की भाषा उर्दू ही हो रही थी। अतः इस पत्र की भाषा भी उर्दू ही रखी गयी, यद्यपि अक्षर देवनागरी के थे। यह पत्र बहुत ही घटिया कागज पर लीथो में छपता था। भाषा इसकी यद्यपि गहरी उर्दू होती थी पर हिंदी की कुछ सूरत पैदा करने के लिए बीच में 'धर्मात्मा', 'परमेश्वर', 'दया', ऐसे कुछ शब्द भी रख दिये जाते थे। इसमें राजा साहब भी कभी-कभी कुछ लिख दिया करते थे। इस पत्र की भाषा का अंदाज नीचे उद्धृत अंश से लग सकता है–

> **यहाँ जो नया पाठशाला कई साल से जनाब कप्तान किट साहब बहादुर के इतिहास और धर्मात्माओं के मदद से बनता है उसका हाल कई दफा जाहिर हो चुका है।... देखकर लोग उस पाठशाला के किले के मकानों की खूबियाँ अक्सर बयान करते हैं और उनके बनने के खर्च की तजबीज करते हैं कि जमा से जियादा लगा होगा और हर तरह से लायक तारीफ के है। सो यह सब दानाई साहब ममदूह की है।**

इस भाषा को लोग हिंदी कैसे समझ सकते थे? अतः काशी से ही एक दूसरा पत्र 'सुधाकर' बाबू तारामोहन मित्र आदि कई सज्जनों के उद्योग से संवत् 1907 में निकला। कहते हैं कि काशी के प्रसिद्ध ज्योतिषी सुधाकर जी का नामकरण इसी पत्र के नाम पर हुआ था। जिस समय उनके चाचा के हाथ में डाकिए ने यह पत्र दिया था ठीक उसी समय भीतर से उनके पास सुधाकर जी के उत्पन्न होने की खबर पहुँची थी। इस पत्र की भाषा बहुत कुछ

सुधरी हुई थी तथा ठीक हिंदी थी, पर यह पत्र कुछ दिन चला नहीं। इसी समय के लगभग अर्थात् 1909 में आगरा में किसी मुंशी सदासुखलाल के प्रबंध और संपादन में 'बुद्धिप्रकाश' निकला जो कई वर्ष तक चलता रहा। 'बुद्धिप्रकाश' की भाषा उस समय को देखते हुए बहुत अच्छी होती थी। नमूना देखिए–

कलकत्ता के समाचार

इस पश्चिमीय देश में बहुतों को प्रकट है कि बंगाले की रीति के अनुसार उस देश के लोग आसन्न मृत्यु रोगी को गंगातट पर ले जाते हैं और यह तो नहीं करते कि उस रोगी के अच्छे होने के लिए उपाय करने में काम करें और उसे यत्न से रक्षा में रक्खें वरन् उसके विपरीत रोगी को जल के तट पर ले जाकर पानी में गोते देते हैं और 'हरी बोल', 'हरी बोल' कहकर उसका जीव लेते हैं।

स्त्रियों की शिक्षा के विषय

स्त्रियों में संतोष और नम्रता और प्रीत यह सब गुण कर्ता ने उत्पन्न किये हैं, केवल विद्या की न्यूनता है, जो यह भी हो तो स्त्रियाँ अपने सारे ऋण से चुक सकती हैं और लड़कों को सिखाना-पढ़ाना जैसा उनसे बन सकता है वैसा दूसरों से नहीं। यह काम उन्हीं का है कि शिक्षा के कारण बाल्यावस्था में लड़कों को भूलचूक से बचावें और सरल-सरल विद्या उन्हें सिखायें।

इस प्रकार हम देखते हैं कि अदालती भाषा उर्दू बनायी जाने पर भी विक्रम की बीसवीं शताब्दी के आरंभ मे पहले से ही हिंदी खड़ी बोली गद्य की परंपरा हिंदी साहित्य में अच्छी तरह चल पड़ी, उसमें पुस्तकें छपने लगीं, अखबार निकलने लगे। पद्य की भाषा ब्रजभाषा ही बनी रही। अब अँग्रेज सरकार का ध्यान देशी भाषाओं की शिक्षा की ओर गया और उसकी व्यवस्था की बात सोची जाने लगी। हिंदी को अदालतों से निकलवाने में मुसलमानों को सफलता हो चुकी थी। अब वे इस प्रयत्न में लगे कि हिंदी को शिक्षाक्रम में भी स्थान न मिले, उसकी पढ़ाई का भी प्रबंध न होने पाये। अतः सर्वसाधारण की शिक्षा के लिए जब जगह-जगह मदरसे खुलने की बात उठी और सरकार यह विचारने लगी कि हिंदी का पढ़ना सब विद्यार्थियों के लिए आवश्यक रखा जाय तब प्रभावशाली मुसलमानों की ओर से गहरा विरोध खड़ा किया गया। यहाँ तक कि तंग आकर सरकार को अपना विचार छोड़ना पड़ा और उसने संवत् 1905 (सन् 1848) में यह सूचना निकाली–

ऐसी भाषा का जानना सब विद्यार्थियों के लिए आवश्यक ठहराना जो मुल्क की सरकारी और दफ्तरी जबान नहीं है, हमारी राय में ठीक नहीं है। इसके सिवाय मुसलमान विद्यार्थी, जिनकी संख्या देहली कॉलेज में बड़ी है, इस अच्छी नजर से नहीं देखेंगे।

हिंदी के विरोध की यह चेष्टा बराबर बढ़ती गयी। संवत् 1991 के पीछे जब शिक्षा का पक्का प्रबंध होने लगा तब यहाँ तक कोशिश की गयी कि वर्नाक्यूलर स्कूलों में हिंदी की शिक्षा जारी ही न होने पाये। विरोध के नेता थे सर सैयद अहमद साहब जिनका अँग्रेजों के बीच बड़ा मान था। वे हिंदी को एक गँवारी बोली बताकर अँग्रेजों को उर्दू की ओर झुकाने

की लगातार चेष्टा करते आ रहे थे। इस प्रांत के हिंदुओं में राजा शिवप्रसाद अँग्रेजों के उसी ढंग के कृपापात्र थे जिस ढंग से सर सैयद अहमद। अतः हिंदी की रक्षा के लिए उन्हें खड़ा होना पड़ा और ये बराबर इस संबंध में यत्नशील रहे। इसमें हिंदी-उर्दू का झगड़ा बीसों वर्ष तक–भारतेंदु के समय तक–चलता रहा।

'गार्सां द तासी' एक फ्रांसीसी विद्वान् थे जो पेरिस में हिंदुस्तानी या उर्दू के अध्यापक थे। उन्होंने संवत् 1896 में 'हिंदुस्तानी साहित्य का इतिहास' लिखा था जिसमें उर्दू के कवियों के साथ हिंदी के भी कुछ विद्वान् कवियों का उल्लेख था। संवत् 1909 में (5 दिसंबर, सन् 1852) के अपने व्याख्यान में उन्होंने उर्दू और हिंदी दोनों भाषाओं की युगपद सत्ता इन शब्दों में स्वीकार की थी–

> **उत्तर के मुसलमानों की भाषा यानी हिंदुस्तानी उर्दू पश्चिमोत्तर प्रदेश (अब संयुक्त प्रांत) की सरकारी भाषा नियत की गयी है। यद्यपि हिंदी भी उर्दू के साथ-साथ उसी तरह बनी हुई है जिस तरह वह फारसी के साथ थी। बात यह है कि मुसलमान बादशाह सदा से एक हिंदी सेक्रेटरी, जो हिंदीनवीस कहलाता था और एक फारसी सेक्रेटरी, जिसको फारसीनवीस कहते थे, रखा करते थे, जिसमें उनकी आज्ञाएँ दोनों भाषाओं में लिखी जायँ। इस प्रकार अँग्रेजी सरकार पश्चिमोत्तर प्रदेश में हिंदू जनता के लिए प्रायः सरकारी कानूनों का नागरी अक्षरों में हिंदी अनुवाद भी उर्दू कानूनी पुस्तकों के साथ देती है।**

तासी के व्याख्यानों से पता लगता है कि उर्दू के अदालती भाषा नियत हो जाने पर कुछ दिन सीधी भाषा और नागरी अक्षरों में भी कानूनों और सरकारी आज्ञाओं के हिंदी अनुवाद छपते रहे। जान पड़ता है कि उर्दू के पक्षपातियों का जोर जब बढ़ा तब उनका छपना एकदम बंद हो गया। जैसा कि अभी कह आये हैं राजा शिवप्रसाद और भारतेंदु के समय तक हिंदी-उर्दू का झगड़ा चलता रहा। गार्सां द तासी ने भी फ्रांस में बैठे-बैठे इस झगड़े में योग दिया। ये अरबी-फारसी के अभ्यासी और हिंदुस्तानी या उर्दू के अध्यापक थे। उस समय अधिकांश और यूरोपियनों के समान उनका भी मजहबी संस्कार प्रबल था। जहाँ जब हिंदी-उर्दू का सवाल उठा तब सर सैयद अहमद, जो अँग्रेजी से मेल-जोल रखने की विद्या में एक ही थे, हिंदी विरोध में और बल लाने के लिए मजहबी नुस्खा भी काम में लाये। अँग्रेजों को सुझाया गया कि हिंदी हिंदुओं की जबान है जो 'बुतपरस्त' हैं और उर्दू मुसलमानों की जिनके साथ अँग्रेजों का मजहबी रिश्ता है–दोनों 'सामी' या 'पैगंबरी' मत के मानने वाले हैं।

जिस गार्सां द तासी ने संवत् 1909 के आसपास हिंदी और उर्दू दोनों का रहना आवश्यक समझा था और कभी कहा था कि–

> **यद्यपि मैं खुद उर्दू का बड़ा भारी पक्षपाती हूँ, लेकिन मेरे विचार में हिंदी को विभाषा या बोली कहना उचित नहीं।**

वही गार्सां द तासी आगे चलकर, मजहबी कट्टरपन की प्रेरणा से, सर सैयद अहमद, की भरपेट तारीफ करके हिंदी के संबंध में फरमाते हैं–

> **इस वक्त हिंदी की हैसियत भी एक बोली (डायलेक्ट) की-सी रह गयी है, जो हर गाँव में अलग-अलग ढंग से बोली जाती है।**

हिंदी-उर्दू का झगड़ा उठने पर आपने महजबी रिश्ते के खयाल से उर्दू का पक्ष ग्रहण

किया और कहा–

> **हिंदी में हिंदू धर्म का आभास है–वह हिंदू धर्म जिसके मूल में बुतपरस्ती और उसके आनुषंगिक विधान हैं। इसके विपरीत उर्दू में इसलामी संस्कृत और आचार-व्यवहार का संचय हैं। इसलाम भी 'सामी' मत है और एकेश्वरवाद उसका मूल सिद्धांत है; इसीलिए इसलामी तहजीब में ईसाई या मसीही तहजीब की विशेषताएँ पाई जाती हैं।**

संवत् 1927 के अपने व्याख्यान ने साफ खोलकर कहा–

> **मैं सैयद अहमद खाँ जैसे विख्यात मुसलमान विद्वान् की तारीफ में और ज्यादा नहीं कहना चाहता हूँ। उर्दू भाषा और मुसलमानों के साथ मेरा जो लगाव है वह कोई छिपी हुई बात नहीं है। मैं समझता हूँ कि मुसलमान लोग कुरान को तो आसमानी किताब मानते ही हैं, इंजील की शिक्षा को भी अस्वीकार नहीं करते; पर हिंदू लोग मूर्तिपूजक होने के कारण इंजील की शिक्षा नहीं मानते।**

परंपरा से चली आती हुई देश की भाषा का विरोध और उर्दू का समर्थन कैसे-कैसे भावों की प्रेरणा से किया जाता रहा है, यह दिखाने के लिए इतना बहुत है। विरोध प्रबल होते हुए भी जैसे देश भर में प्रचलित अक्षरों और वर्णमाला को छोड़ना असंभव था वैसे ही परंपरा से चले आते हुए हिंदी साहित्य को भी। अत: अदालती भाषा उर्दू होते हुए भी शिक्षा विधान में देश की असली भाषा हिंदी को भी स्थान देना ही पड़ा। काव्यसाहित्य प्रचुर परिणाम में भर पड़ा था। अत: जिस रूप में वह था उसी रूप में उसे लेना ही पड़ा। गद्य की भाषा को लेकर खींचतान आरंभ हुई। इसी खींचतान के समय में राजा लक्ष्मण और राजा शिवप्रसाद मैदान में आये।

◉◉

सन्दर्भ

1. अपनी कहानी का आरंभ ही उन्होंने इस ढंग से किया है जैसे लखनऊ के भाँड़ घोड़ा कुदाते हुए महफिल में आते हैं।

प्रकरण-2 : गद्य साहित्य का आविर्भाव

किस प्रकार हिंदी के नाम से नागरी अक्षरों में उर्दू ही लिखी जाने लगी थी, इसकी चर्चा 'बनारस अखबार' के संबंध में कर आये हैं। संवत् 1913 में अर्थात् बलवे के एक वर्ष पहले राजा शिवप्रसाद शिक्षाविभाग के इंस्पेक्टर पद पर नियुक्त हुए। उस समय और दूसरे विभागों के समान शिक्षाविभाग में भी मुसलमानों का जोर था जिनके मन में 'भाषापन' का डर बराबर समाया रहता था। वे इस बात से डरा करते थे कि कहीं नौकरी के लिए 'भाखा' संस्कृत से लगाव रखने वाली 'हिंदी' न सीखनी पड़े। अतः उन्होंने पहले तो उर्दू के अतिरिक्त हिंदी की पढ़ाई की व्यवस्था का घोर विरोध किया। उनका कहना था कि जब अदालती कामों में उर्दू ही काम में लायी जाती है तब एक और जबान का बोझ डालने से क्या लाभ? 'भाखा' हिंदुओं की कथावार्ता आदि कहते सुन वे हिंदी को 'गँवारी' बोली भी कहा करते थे। इस परिस्थिति में राजा शिवप्रसाद को हिंदी की रक्षा के लिए बड़ी मुश्किल का सामना करना पड़ा। हिंदी का सवाल जब आता तब मुसलमान उसे 'मुश्किल जबान' कहकर विरोध करते। अतः राजा साहब के लिए उस समय यही संभव दिखाई पड़ा कि जहाँ तक हो सके ठेठ हिंदी का आश्रय लिया जाय जिसमें कुछ फारसी-अरबी के चलते शब्द भी आयें। उस समय साहित्य के कोर्स के लिए पुस्तकें नहीं थीं। राजा साहब स्वयं तो पुस्तकें तैयार करने में लग ही गये, पं. श्रीलाल और पं. वंशीधर आदि अपने कई मित्रों को भी उन्होंने पुस्तकें लिखने में लगाया। राजा साहब ने पाठ्यक्रम में उपयोगी कई कहानियाँ आदि लिखीं–जैसे राजा भोज का सपना, वीरसिंह का वृत्तांत, आलसियों को कोड़ा इत्यादि। संवत् 1909 और 1919 के बीच शिक्षा संबंधी अनेक पुस्तकें हिंदी में निकलीं जिनमें से कुछ का उल्लेख किया जाता है–

पं. वंशीधर ने, जो आगरा नार्मल स्कूल के मुदर्रिस थे, हिंदी-उर्दू का एक पत्र निकाला था जिसके हिंदी कॉलम का नाम 'भारतखंडामृत' और उर्दू कॉलम का नाम 'आबेहयात' था। उनकी लिखी पुस्तकों के नाम ये हैं–

1. पुष्पवाटिका (गुलिस्ताँ के एक अंश का अनुवाद, संवत् 1909)
2. भारतवर्षीय इतिहास (संवत् 1913)
3. जीविका परिपाटी (अर्थशास्त्र की पुस्तक, संवत् 1913)
4. जगत् वृत्तांत (संवत् 1915)

पं. श्रीलाल ने, संवत् 1909 में 'पत्रमालिका' बचायी। गार्सां द तासी ने इन्हें कई पुस्तकों का लेखक कहा है।

बिहारीलाल ने गुलिस्ताँ के आठवें अध्याय का हिंदी अनुवाद संवत् 1919 में किया।

पं. बद्रीलाल ने डॉ. बैलंटाइन के परामर्श के अनुसार संवत् 1919 में 'हितोपदेश' का

अनुवाद किया जिसमें बहुत-सी कथाएँ छाँट दी गयी थीं। उसी वर्ष सिद्धांतसंग्रह (न्यायशास्त्र) और 'उपदेश पुष्पावती' नाम की दो और पुस्तकें निकली थीं।

यहाँ यह कह देना आवश्यक है कि प्रारंभ में राजा साहब ने जो पुस्तकें लिखीं वे बहुत ही चलती सरल हिंदी में थीं, उनमें उर्दूपन नहीं भरा था जो उनकी पिछली किताबों (इतिहासतिमिरनाशक आदि) में दिखाई पड़ता है। उदाहरण के लिए 'राजा भोज का सपना' से कुछ अंश उद्धृत किया जाता है-

वह कौन-सा मनुष्य है जिसने महाप्रतापी महाराज भोज का नाम न सुना हो। उसकी महिमा और कीर्ति तो सारे जगत् में व्याप रही है। बड़े-बड़े महिपाल उसका नाम सुनते ही काँप उठते और बड़े-बड़े भूपति उनके पाँव पर अपना सिर नवाते। सेना उसकी समुद्र के तरंगों का नमूना और खजाना उसका सोने-चाँदी और रत्नों की खान से भी दूना। उसके दान ने राजा कर्ण को लोगों के जी से भुलाया और उसके न्याय ने विक्रम को भी लजाया।

अपने 'मानवधर्मसार' की भाषा उन्होंने अधिक संस्कृतगर्भित रखी है। इसका पता इस उद्धृत अंश से लगेगा-

मनुस्मृति हिंदुओं का मुख्य धर्मशास्त्र है। उसको कोई भी हिंदू अप्रामाणिक नहीं कह सकता। वेद में लिखा है कि मनु जी ने जो कुछ कहा है उसे जीव के लिए औषधि समझना; और बृहस्पति लिखते हैं कि धर्म शास्त्राचार्यों में मनु जी सबसे प्रधान और अति मान्य हैं क्योंकि उन्होंने अपने धर्मशास्त्र में संपूर्ण वेदों का तात्पर्य लिखा है।... खेद की बात है कि हमारे देशवासी हिंदू कहलाके अपने मानवधर्मशास्त्र को न जानें और सारे कार्य उसके विरुद्ध करें।

'मानवधर्मसार' की भाषा राजा शिवप्रसाद की स्वीकृत्त भाषा नहीं। प्रारंभकाल से ही वे ऐसी चलती ठेठ हिंदी के पक्षपाती थे जिसमें सर्व साधारण के बीच प्रचलित अरबी-फारसी शब्दों का भी स्वच्छंद प्रयोग हो। यद्यपि अपने 'गुटका' में जो साहित्य की पाठ्यपुस्तक थी उन्होंने थोड़ी संस्कृत मिली ठेठ और सरल भाषा का ही आदर्श बनाये रखा, पर संवत् 1917 के पीछे उनका झुकाव उर्दू की ओर होने लगा जो बराबर बना क्या रहा, कुछ-न-कुछ बढ़ता ही गया। इसका कारण चाहे जो समझिए। या तो यह कहिए कि अधिकांश शिक्षित लोगों की प्रवृत्ति देखकर उन्होंने ऐसा किया अथवा अँग्रेज अधिकारियों का रुख देखकर। अधिकतर लोग शायद पिछले कारण को ही ठीक समझेंगे। जो हो, संवत् 1917 के उपरांत जो इतिहास, भूगोल आदि की पुस्तकें राजा साहब ने लिखीं उनकी भाषा बिलकुल उर्दूपन लिये हैं। 'इतिहासतिमिरनाशक' भाग-2 की अँग्रेजी भूमिका में, जो संवत् 1864 की लिखी है राजा साहब ने साफ लिखा है कि मैंने 'बैताल पचीसी' की भाषा का अनुसरण किया है-

I may be pardoned for saying a few words here to those who always urge the exclusion of persian words, even those which have become our household words, from our Hindi books and use in their stead Sanskrit words quite out of place and fashion of those coarse expressions which can be tolerated only among a rustic population.

I have adopted to a certain extent, the languagc on the 'Baital pachisi'

लल्लूलाल जी के प्रसंग में यह कहा जा चुका है कि 'बेताल पचीसी' की भाषा

बिल्कुल उर्दू है। राजा साहब ने अपने इस उर्दूवाले पिछले सिद्धांत का 'भाषा इतिहास' नाम जिस लेख में निरूपण किया है, वही उनकी उस समय की भाषा का एक खास उदाहरण है, अत: उसका कुछ अंश नीचे दिया जाता है—

हम लोगों को जहाँ तक बन पड़े चुनने में उन शब्दों को लेना चाहिए कि जो आम फहम और खानपसंद हों अर्थात् जिनको जियादा आदमी समझ सकते हैं और जो यहाँ के पढ़े-लिखे, आलिमफाजिल, पंडित, विद्वान् की बोलचाल में छोड़े नहीं गये हैं और जहाँ तक बन पड़े हम लोगों को हरगिज गैरमुल्क के शब्द काम में न लाने चाहिए और न संस्कृत की टकसाल कायम करके नये-नये ऊपरी शब्दों के सिक्के जारी करने चाहिए; जब तक कि हम लोगों को उसके जारी करने की जरूरत न साबित हो जाय अर्थात् यह कि उस अर्थ का कोई शब्द हमारी जबान में नहीं है, या जो है अच्छा नहीं है, या कविताई की जरूरत या इल्मी जरूरत या कोई और खास जरूरत साबित हो जाय।

भाषा संबंधी जिस सिद्धांत का प्रतिपादन राजा साहब ने किया है उसके अनुकूल उनकी यह भाषा कहाँ तक ठीक हे, पाठक आप समझ सकते हैं। 'आमफहम', 'खासपसंद', 'इल्मी जरूरत' जनता के बीच प्रचलित शब्द कदापि नहीं हैं। फारसी के 'आलिमफाजिल' चाहे ऐसे शब्द बोलते हों पर संस्कृत-हिंदी के पंडित विद्वान् तो ऐसे शब्दों से कोसों दूर हैं। किसी देश के साहित्य का संबंध उस देश की संस्कृति परंपरा से होता है। अत: साहित्य की भाषा उस संस्कृति का त्याग करके नहीं चल सकती। भाषा में जो रोचकता या शब्दों में जो सौंदर्य का भाव रहता है वह देश की प्रकृति के अनुसार होता है। इस प्रवृत्ति के निर्माण में जिस प्रकार देश के प्राकृतिक रूप-रंग, आचार-व्यवहार आदि का योग रहता है उसी प्रकार परंपरा से चले आते हुए साहित्य का भी। संस्कृत शब्दों में थोड़े-बहुत मेल से भाषा का जो रुचिकर रूप हजारों वर्षों से चला आता था उसके स्थान पर एक विदेशी रूप-रंग की भाषा गले में उतारना देश की प्रकृति के विरुद्ध था। यह प्रकृतिविरुद्ध भाषा खटकी तो बहुत लोगों को होगी, पर असली हिंदी का नमूना लेकर उस समय राजा लक्ष्मण सिंह ही आगे बढ़े। उन्होंने संवत् 1918 में 'प्रजाहितैषी' नाम का एक पत्र आगरा से निकाला और 1919 में 'अभिज्ञान शाकुंतल' का अनुवाद बहुत ही सरस और विशुद्ध हिंदी में प्रकाशित किया। इस पुस्तक की बड़ी प्रशंसा हुई और भाषा के संबंध में मानो फिर से लोगों की आँख खुली। राजा साहब ने उस समय इस प्रकार की भाषा जनता के सामने रखी—

अनसूया—(हौले प्रियंवदा से) सखी! मैं भी इसी सोच में हूँ। अब इससे कुछ पूछूँगी। (प्रगट) महात्मा! तुम्हारे मधुर वचनों के विश्वास में आकर मेरा जी यह पूछने को चाहता है कि तुम किस राजवंश के भूषण हो और किस देश की प्रजा को विरह में व्याकुल छोड़ यहाँ पधारे हो? क्या कारन है? जिससे तुमने अपने कोमल गात को कठिन तपोवन में आकर पीड़ित किया है?

यह भाषा ठेठ और सरल होते हुए भी साहित्य में चिरकाल से व्यवहृत संस्कृत के कुछ रसिक शब्द लिये हुए है। रघुवंश के गद्यानुवाद के प्राक्कथन में राजा लक्ष्मण सिंह जी ने भाषा के संबंध में अपना मत स्पष्ट शब्दों में प्रकट किया है।

हमारे मत में हिंदी और उर्दू दो बोली न्यारी-न्यारी हैं। हिंदी इस देश के हिंदू

बोलते हैं और उर्दू यहाँ के मुसलमान और फारसी पढ़े हुए हिंदुओं की बोलचाल है। हिंदी में संस्कृत के पद बहुत आते हैं, उर्दू में अरबी फारसी के। परंतु कुछ अवश्य नहीं है कि अरबी-फारसी के शब्दों के बिना हिंदी न बोली जाय और न हम उस भाषा को हिंदी कहते हैं जिसमें अरबी-फारसी के शब्द भरे हों।

अब भारत की देशभाषाओं के अध्ययन की ओर इंग्लैंड के लोगों का भी ध्यान अच्छी तरह जा चुका था। उनमें जो अध्ययनशील और विवेकी थे, जो अखंड भारतीय साहित्य परंपरा से अभिज्ञ हो गये थे, उन पर अच्छी तरह प्रकट हो गया था कि उत्तरीय भारत की असली स्वाभाविक भाषा का स्वरूप क्या है। इन अँग्रेज विद्वानों में फ्रेडरिक पिंकाट का स्मरण हिंदी प्रेमियों को सदा बनाये रखना चाहिए। इनका जन्म संवत् 1893 में इंग्लैंड में हुआ। उन्होंने प्रेस के कामों का बहुत अच्छा अनुभव प्राप्त किया और अंत में लंदन की प्रसिद्ध एलन ऐंड कंपनी (W. H. Allen and Co. 13 Waterloo place, pall Mall, S. W.) के विशाल छापेखाने के मैनेजर हुए। वहीं वे अपने जीवन के अंतिम दिनों के कुछ पहले तक शांतिपूर्वक रहकर भारतीय साहित्य और भारतीय जनहित के लिए बराबर उद्योग करते रहे।

संस्कृत की चर्चा पिंकाट साहब लड़कपन से ही सुनते आते थे, इससे उन्होंने बहुत परिश्रम के साथ उसका अध्ययन किया। इसके उपरांत उन्होंने हिंदी और उर्दू का अभ्यास किया। इंग्लैंड में बैठे उन्होंने इन दोनों भाषाओं पर ऐसा अधिकार प्राप्त कर लिया कि इनमें लेख और पुस्तकें लिखने और अपने प्रेस में छपाने लगे। यद्यपि उन्होंने उर्दू का भी अच्छा अभ्यास किया था, पर उन्हें इस बात का अच्छी तरह निश्चय हो गया था कि यहाँ की परंपरागत प्रकृत भाषा हिंदी है, अत: जीवन भर ये उसी की सेवा और हितसाधना में तत्पर रहे। उनके हिंदी लेखों, कविताओं और पुस्तकों की चर्चा आगे चलकर भारतेंदुकाल के भीतर की जायेगी।

संवत् 1947 में उन्होंने उपर्युक्त ऐलन कंपनी से संबंध तोड़ा और गिलवर्ट ऐंड रिविंगटन (Gilbert and Rivington Clerkenwell London) नामक विख्यात व्यवसाय कार्यालय में पूर्वीय मंत्री (Orient adviser and Expert) नियुक्त हुए। उक्त कंपनी की ओर से एक व्यापार-पत्र 'आईन सौदागरी' उर्दू में निकलता था जिसका संपादन पिंकाट साहब करते थे। उन्होंने उसमें कुछ पृष्ठ हिंदी के लिए भी रखे। कहने की आवश्यकता नहीं कि हिंदी के लेख वे ही लिखते थे। लेखों के अतिरिक्त हिंदुस्तान में प्रकाशित होने वाले हिंदी समाचार-पत्रों (जैसे हिंदोस्तान, आर्यदर्पण, भारतमित्र) से उद्धरण भी उस पत्र के हिंदी विभाग में रहते थे।

भारत का हित वे सच्चे हृदय से चाहते थे। राजा लक्ष्मणसिंह, भारतेंदु हरिश्चंद्र, प्रतापनारायण मिश्र, कार्तिकप्रसाद खत्री इत्यादि हिंदी लेखकों से उनका बराबर हिंदी में पत्रव्यवहार रहता था। उस समय के प्रत्येक हिंदी लेखक के घर में पिंकाट साहब के दो-चार पत्र मिलेंगे। हिंदी के लेखकों और ग्रंथकारों का परिचय इंग्लैंडवालों को वहाँ के पत्रों में लेख लिखकर वे बराबर दिया करते थे। संवत् 1957 में (नवंबर सन् 1895) में वे रीआ घास (जिसके रेशों से अच्छे कपड़े बनते थे) की खेती का प्रचार करने हिंदुस्तान में आये, पर साल भर से कुछ ऊपर ही यहाँ रह पाये थे कि लखनऊ में उनका देहांत (7 फरवरी, 1896) में हो गया। उनका शरीर भारत की मिट्टी में ही मिला।

संवत् 1919 में जब राजा लक्ष्मणसिंह ने 'शकुंतला नाटक' लिखा तब उसकी भाषा देख ये बहुत ही प्रसन्न हुए और उसका एक बहुत सुंदर परिचय उन्होंने लिखा। बात यह थी

कि यहाँ के निवासियों पर विदेशी प्रकृति और रूप-रंग की भाषा का लादा जाना वे बहुत अनुचित समझते थे। अपना यह विचार उन्होंने अपने उस अँग्रेजी लेख में स्पष्ट रूप से व्यक्त किया है जो उन्होंने बाबू अयोध्याप्रसाद खत्री के 'खड़ी बोली का पद्य' की भूमिका के रूप में लिखा था। देखिए, उसमें ये क्या कहते हैं–

> **फारसी मिश्रित हिंदी (अर्थात् उर्दू या हिंदुस्तानी) के अदालती भाषा बनाए जाने के कारण उनकी बड़ी उन्नति हुई। इससे साहित्य की एक नयी भाषा ही खड़ी हो गयी। पश्चिमोत्तर प्रदेश के निवासी, जिनकी यह भाषा कही जाती है, इसे एक विदेशी भाषा की तरह स्कूलों में सीखने के लिए विवश किया जाते हैं।**

पहले कहा जा चुका है कि शिवप्रसाद ने उर्दू की ओर झुकाव हो जाने पर भी साहित्य की पाठ्यपुस्तक 'गुटका' में भाषा का आदर्श हिंदी ही रखा। उक्त गुटका में उन्होंने 'राजा भोज का सपना', 'रानी केतकी की कहानी' के साथ ही राजा लक्ष्मणसिंह के 'शकुंतला नाटक' का भी बहुत-सा अंश रखा। पहला गुटका शायद संवत् 1924 में प्रकाशित हुआ था।

संवत् 1919 और 1924 के बीच कई संवाद-पत्र हिंदी में निकले। 'प्रजाहितैषी' का उल्लेख हो चुका है। संवत् 1920 में 'लोकमित्र' नाम का एक पत्र ईसाईधर्म प्रचार के लिए आगरा (सिकंदरे) से निकला था जिसकी भाषा शुद्ध हिंदी होती थी। लखनऊ से जो 'अवध अखबार' (उर्दू) निकलने लगा था उसके कुछ भाग में हिंदी के लेख भी रहते थे।

जिस प्रकार इधर संयुक्त प्रांत में राजा शिवप्रसाद शिक्षाविभाग में रहकर हिंदी की किसी-न-किसी रूप में रक्षा कर रहे थे उसी प्रकार पंजाब में बाबू नवीनचंद्र राय महाशय कर रहे थे। संवत् 1920 और 1937 के बीच नवीन बाबू ने भिन्न-भिन्न विषयों की बहुत-सी हिंदी पुस्तकें तैयार कीं और दूसरों से तैयार करायीं। ये पुस्तकें बहुत दिनों तक वहाँ कोर्स में रहीं। पंजाब में स्त्री शिक्षा का प्रचार करने वालों में ये मुख्य थे। शिक्षा-प्रचार के साथ-साथ समाज सुधार आदि के उद्योग में भी बराबर रहा करते थे। ईसाइयों के प्रभाव को रोकने के लिए किस प्रकार बंगाल में ब्रह्मसमाज की स्थापना हुई थी, उसका उल्लेख पहले हो चुका है। नवीनचंद्र ने ब्रह्मसमाज के सिद्धांतों के प्रचार के उद्देश्य से समय-समय पर कई पत्रिकाएँ भी निकालीं। संवत् 1924 में (मार्च, सन् 1867) में उनकी 'ज्ञानप्रदायिनी पत्रिका' निकली जिसमें शिक्षासंबंधी तथा साधारण ज्ञान विज्ञानपूर्ण लेख भी रहा करते थे। यहाँ पर यह कह देना आवश्यक है कि शिक्षा विभाग द्वारा जिस हिंदी गद्य के प्रचार में ये सहायक हुए वह शुद्ध हिंदी गद्य था। हिंदी को उर्दू के झमेले में पड़ने से ये सदा बचाते रहे।

हिंदी की रक्षा के लिए उन्हें उर्दू के पक्षपातियों से उसी प्रकार लड़ना पड़ता था जिस प्रकार यहाँ राजा शिवप्रसाद को। विद्या की उन्नति के लिए लाहौर में 'अंजुमन लाहौर' नाम की एक सभा स्थापित की। संवत् 1923 के उसके एक अधिवेशन में किसी सैयद हादी हुसैन खाँ ने एक व्याख्यान देकर उर्दू को ही देश में प्रचलित होने के योग्य कहा, उस सभा का दूसरी बैठक में नवीनबाबू ने खाँ साहब के व्याख्यान का पूरा खंडन करते हुए कहा–

> **उर्दू के प्रचलित होने से देशवासियों को कोई लाभ न होगा क्योंकि वह भाषा खास मुसलमानों की है। उसमें मुसलमानों के व्यर्थ बहुत-से अरबी-फारसी के शब्द भर दिए हैं। पद्य भर दिए हैं। पद्य या छंदोबद्ध रचना के भी उर्दू उपयुक्त**

> **नहीं। हिंदुओं का यह कर्तव्य है कि अपनी परंपरागत भाषा की उन्नति करते चलें। उर्दू में आशिकी कविता के अतिरिक्त किसी गंभीर विषय को व्यक्त करने की शक्ति ही नहीं है।**

नवीन बाबू के इस व्याख्यान की खबर पाकर इसलामी तहबीज के पुराने हामी, हिंदी के पक्के दुश्मन गार्सां द तासी फ्रांस में बैठे-बैठे बहुत झल्लाये और अपने एक प्रवचन में उन्होंने बड़े जोश के साथ हिंदी का विरोध और उर्दू का पक्षमंडन किया तथा नवीन बाबू को कट्टर हिंदू कहा। अब यह फ्रांसीसी हिंदी से इतना चिढ़ने लगा था कि उसके मूल पर ही उसने कुठार चलाना चाहा और बीम्स साहब (M. Beames) का हवाला देते हुए कह डाला कि हिंदी तो एक पुरानी भाषा थी जो संस्कृत से बहुत पहले प्रचलित थी, आर्यों ने आकर उसका नाश किया, और जो बचे शब्द रह गये उनकी व्युपत्ति भी संस्कृत से सिद्ध करने का रास्ता निकाला। इसी प्रकार जब जहाँ कहीं हिंदी का नाम लिया जाता तब तासी बड़े बुरे ढंग से विरोध में कुछ-न-कुछ इस तरह की बातें कहता।

सर सैयद अहमद का अँग्रेज अधिकारियों पर कितना प्रभाव था, यह पहले कहा जा चुका है। संवत् 1925 में इस प्रांत के शिक्षा विभाग के अध्यक्ष हैवेल (M.S. Havell) साहब ने अपनी यह राय जाहिर की कि–

> **यह अधिक अच्छा होता यदि हिंदू बच्चों को उर्दू सिखाई जाती न कि एक ऐसी 'बोली' में विचार प्रकट करने का अभ्यास कराया जाता जिसे अंत में एक दिन उर्दू के सामने सिर झुकाना पड़ेगा।**

इस राय को गार्सां द तासी ने बड़ी खुशी के साथ प्रवचन में शामिल किया। इसी प्रकार इलाहाबाद इंस्टीट्यूट के एक अधिवेशन में (संवत् 1925) जब यह विवाद हुआ था कि 'देसी जबान' हिंदी को मानें या उर्दू को, तब हिंदी के पक्ष में कई वक्ता उठकर बोले थे। उन्होंने कहा था कि अदालतों में उर्दू जारी होने का यह फल हुआ है कि अधिकांश जनता–विशेषत: गाँवों की–जो उर्दू से सर्वथा अपरिचित है, बहुत कष्ट उठाती है, इससे हिंदी का जारी होना बहुत आवश्यक है। बोलने वालों में से किसी-किसी ने कहा कि केवल अक्षर नागरी के रहें और कुछ लोगों ने कहा कि भाषा भी बदलकर सीधी-सादी की जाय। इस पर भी गार्सां द तासी ने हिंदी के पक्ष में बोलने वालों का उपहास किया था।

उसी काल में इंडियन डेली न्यूज के एक लेख में हिंदी प्रचलित किये जाने की आवश्यकता दिखाई गयी थी। उसका भी जवाब देने तासी साहब खड़े हुए थे। 'अवध अखबार' में जब एक बार हिंदी के पक्ष में लेख छपा था तब भी उन्होंने उसके संपादक की राय का जिक्र करते हुए हिंदी को एक 'भद्दी बोली' कहा था जिसके अक्षर भी देखने में सुडौल नहीं लगते।

शिक्षा के आंदोलन के साथ-ही-साथ ईसाई मत का प्रचार रोकने के लिए मतमतांतर संबंधी आंदोलन देश के पश्चिमी भागों में भी चल पड़े। पैगंबरी एकेश्वरवाद की ओर नवशिक्षित लोगों को खिंचते देख स्वामी दयानंद सरस्वती वैदिक एकेश्वरवाद लेकर खड़े हुए और संवत् 1920 से उन्होंने अनेक नगरों में घूम-घूम कर व्याख्यान देना आरम्भ किया। कहने की आवश्यकता नहीं कि ये व्याख्यान देश में बहुत दूर-दूर तक प्रचलित साधु हिंदी भाषा में ही होते थे। स्वामी जी ने अपना 'सत्यार्थप्रकाश' तो हिंदी या आर्यभाषा में प्रकाशित ही किया, वेदों के भाष्य भी संस्कृत और हिंदी दोनों में किये। स्वामी जी के अनुयायी हिंदी

को 'आर्यभाषा' कहते थे। स्वामी जी ने संवत् 1922 मे 'आर्यसमाज' की स्थापना की और सब आर्यसमाजियों के लिए हिंदी या आर्यभाषा का पढ़ना आवश्यक ठहराया। संयुक्त प्रांत के पश्चिमी जिलों और पंजाब में आर्य समाज के प्रभाव से हिंदी गद्य का प्रचार बड़ी तेजी से हुआ। पंजाबी बोली में लिखित साहित्य न होने से और मुसलमानों के बहुत अधिक संपर्क में पंजाबवालों की लिखने-पढ़ने की भाषा उर्दू हो रही थी। आज जो पंजाब में हिंदी की पूरी चर्चा सुनाई देती है, इन्हीं की बदौलत है।

संवत् 1910 के लगभग ही विलक्षण प्रतिभाशाली विद्वान् श्रद्धाराम फुल्लौरी के व्याख्यानों और कथाओं की धूम पंजाब में आरंभ हुई। जालंधर के पादरी गोकुलनाथ के व्याख्यानों के प्रभाव से कपूरथला नरेश महाराज रणबीरसिंह ईसाई मत की ओर झुक रहे थे। पं. श्रद्धाराम जी तुरंत संवत् 1920 में कपूरथला पहुँचे और उन्होंने महाराज के सब संशयों का समाधान करके प्राचीन वर्णाश्रम धर्म का ऐसा सुंदर निरूपण किया कि सब लोग मुग्ध हो गये। पंजाब के सब छोटे-बड़े स्थानों में घूमकर पं. श्रद्धाराम जी उपदेश और वक्तृताएँ देते तथा रामायण, महाभारत आदि की कथाएँ सुनाते। उनकी कथाएँ सुनने के लिए दूर-दूर से लोग आते और सहस्त्रों आदमियों की भीड़ लगती थी। उनकी वाणी में अद्‌भुत आकर्षण था और उनकी भाषा बहुत जोरदार होती थी। स्थान-स्थान पर उन्होंने धर्मसभाएँ स्थापति कीं और उपदेशक तैयार किये। उन्होंने पंजाबी और उर्दू में भी कुछ पुस्तकें लिखी हैं। पर अपनी मुख्य पुस्तकें हिंदी में ही लिखी हैं। अपना सिद्धांतग्रंथ 'सत्यामृतप्रवाह' उन्होंने बड़ी प्रौढ़ भाषा में लिखा है। वे बड़े ही स्वतंत्र विचार के मनुष्य थे और वेदशास्त्र के यथार्थ अभिप्राय को किसी उद्देश्य से छिपाना अनुचित समझते थे। इसी से स्वामी दयानंद की बहुत-सी बातों का विरोध वे बराबर करते रहे। यद्यपि वे बहुत-सी बातें कह और लिख जाते थे जो कट्टर अंध विश्वासियों को खटक जाती थीं और कुछ लोग इन्हें नास्तिक तक कह देते थे पर जब तक वे जीवित रहे सारे पंजाब के हिंदू उन्हें धर्म का स्तंभ समझते रहे।

पं. श्रद्धाराम जी कुछ पद्यरचना भी करते थे। हिंदी गद्य में तो बहुत कुछ लिखा और वे हिंदी भाषा के प्रचार में बराबर लगे रहे। संवत् 1924 में उन्होंने 'आत्मचिकित्सा' नाम की एक अध्यात्मसंबंधी पुस्तक लिखी जिसे संवत् 1928 में हिंदी में अनुवाद करके छपाया। इसके पीछे 'तत्त्वदीपक', 'धर्मरक्षा', 'उपदेश संग्रह', (व्याख्यानों का संग्रह), 'शतोपदेश' (दोहे) इत्यादि धर्मसंबंधी पुस्तकों के अतिरिक्त उन्होंने अपना एक बड़ा जीवनचरित (1400 पृष्ठों के लगभग) लिखा था जो कहीं खो गया। 'भाग्यवती' नाम का एक सामाजिक उपन्यास भी संवत् 1934 में उन्होंने लिखा, जिसकी बड़ी प्रशंसा हुई।

अपने समय के वे सच्चे हितैषी और सिद्धहस्त लेखक थे। संवत् 1938 में उनकी मृत्यु हुई। जिस दिन उनका देहांत हुआ उस दिन उनके मुँह से सहसा निकला कि 'भारत में भाषा के लेखक दो हैं–एक काशी में; दूसरा पंजाब में। परंतु आज एक ही रह जायेगा।' कहने की आवश्यकता नहीं कि काशी के लेखक से अभिप्राय हरिश्चंद्र से था।

राजा शिवप्रसाद 'आमफहम' और 'खानपसंद' भाषा का उपदेश ही देते रहे, उधर हिंदी अपना रूप आज स्थिर कर चली। इस बात में धार्मिक और सामाजिक आंदोलनों ने भी बहुत कुछ सहायता पहुँचायी। हिंदी गद्य की भाषा किस दिशा की ओर स्वभावत: जाना चाहती है, इसकी सूचना तो काल अच्छी तरह दे रहा था।

सारी भारतीय भाषाओं का साहित्य चिरकाल से संस्कृत की परिचित और भावपूर्ण पदावली का आश्रय लेता चला आ रहा था। अत: गद्य के नवीन विकास में उस पदावली का त्याग और किसी विदेशी पदावली का सहसा ग्रहण कैसे हो सकता था? जब कि बँगला, मराठी आदि अन्य देशी भाषाओं का गद्य परंपरागत संस्कृत पदावली का आश्रय लेता हुआ चल पड़ा था तब हिंदी गद्य उर्दू के झमेले में पड़कर कब तक रुका रहता? सामान्य संबंधसूत्र को त्यागकर दूसरी देशी भाषाओं से अपना नाता हिंदी कैसे तोड़ सकती थी। जबकि यूनानी और लैटिन के शब्द यूरोप के भिन्न-भिन्न मूलों से निकली हुई देशी भाषाओं के बीच एक प्रकार का साहित्यिक संबंध बनाये हुए हैं तब एक ही मूल से निकली हुई आर्य भाषाओं के बीच उस मूल भाषा के साहित्यिक शब्दों की परंपरा यदि संबंधसूत्र के रूप में चली आ रही है तो इसमें आश्चर्य की क्या बात है।

कुछ अँग्रेज विद्वान् संस्कृतगर्भित हिंदी की हँसी उड़ाने के लिए किसी अँग्रेजी वाक्य में उसी भाषा में लैटिन के शब्द भरकर पेश करते हैं। उन्हें यह समझना चाहिए कि अँग्रेजी का लैटिन के साथ मूल संबंध नहीं है, पर हिंदी, बँगला, मराठी, गुजराती आदि भाषाएँ संस्कृत के ही कुटुंब की हैं–उसी के प्राकृत रूपों से निकली हैं। इन आर्यभाषाओं का संस्कृत के साथ बहुत घनिष्ठ संबंध है। इन भाषाओं के साहित्य की परंपरा को भी संस्कृत साहित्य की परंपरा का विस्तार कह सकते हैं। देशभाषा के साहित्य को उत्तराधिकार में जिस प्रकार संस्कृत साहित्य के कुछ संचित शब्द मिले हैं उसी प्रकार विचार और भावनाएँ भी मिली हैं। विचार और वाणी की इस धारा से हिंदी अपने को विच्छिन्न कैसे कर सकती थी?

राजा लक्ष्मणसिंह के समय में ही हिंदी गद्य की भाषा अपने भावी रूप का आभास दे चुकी थी। अब आवश्यकता ऐसे शक्तिसंपन्न लेखकों की थी जो अपनी प्रतिभा और उद्‌भावना के बल से उसे सुव्यवस्थित और परिमार्जित करते और उसमें ऐसे साहित्य का विधान करते जो शिक्षित जनता की रुचि के अनुकूल होता। ठीक इसी परिस्थिति में भारतेंदु का उदय हुआ।

⊙⊙

आधुनिक गद्य साहित्य परंपरा का प्रवर्तन

प्रथम उत्थान (संवत् 1925-1950)

प्रकरण-1 : गद्य का प्रवर्तन : सामान्य परिचय

भारतेंदु हरिश्चंद्र का प्रभाव भाषा और साहित्य दोनों का बड़ा गहरा पड़ा। उन्होंने जिस प्रकार गद्य की भाषा को परिमार्जित करके उसे बहुत ही चलता, मधुर और स्वच्छ रूप दिया, उसी प्रकार हिंदी साहित्य को भी नये मार्ग पर लाकर खड़ा कर दिया। उनके भाषासंस्कार की महत्ता को सब लोगों ने मुक्तकंठ से स्वीकार किया और वे वर्तमान हिंदी गद्य के प्रवर्तक माने गये। मुंशी सदासुख की भाषा साधु होते हुए भी पंडिताऊपन लिये भी, लल्लूलाल में ब्रजभाषापन और सदल मिश्र में पूरबीपन था। राजा शिवप्रसाद का उर्दूपन शब्दों तक ही परिमित न था वाक्यविन्यास तक में घुसा था, राजा लक्ष्मणसिंह की भाषा विशुद्ध और मधुर तो अवश्य थी, पर आगरा की बोलचाल का पुट उसमें कम न था। भाषा का निखरा हुआ सामान्य रूप भारतेंदु की कला के साथ ही प्रकट हुआ। भारतेंदु हरिश्चंद्र ने पद्य की ब्रजभाषा का भी बहुत संस्कार किया। पुराने पड़े हुए शब्दों को हटाकर काव्यभाषा में भी वे बहुत कुछ चलतापन और सफाई लाये।

इससे भी बड़ा काम उन्होंने यह किया कि साहित्य को नवीन मार्ग दिखाया और वे उसे शिक्षित जनता के साहचर्य में ले आये। नयी शिक्षा के प्रभाव से लोगों की विचारधारा बदल चली थी। उनके मन में देशहित, समाजहित आदि की नयी उमंगें उत्पन्न हो रही थीं। काल की गति के साथ-साथ उनके भाव और विचार तो बहुत आगे बढ़ गये थे, पर साहित्य पीछे ही पड़ा था। भक्ति, शृंगारादि की पुराने ढंग की कविताएँ ही होती चली आ रही थीं। बीच-बीच में कुछ शिक्षासंबंधिनी पुस्तकें अवश्य निकल जाती थीं, पर देश काल के अनुकूल साहित्यनिर्माण का कोई विस्तृत प्रयत्न तब तक नहीं हुआ था। बंग देश में नए ढंग के नाटकों और उपन्यासों का सूत्रपात हो चुका था जिसमें देश और समाज की नयी रुचि और भावना का प्रतिबिंब आने लगा था। पर हिंदी साहित्य अपने पुराने रास्ते पर ही पड़ा था। भारतेंदु ने उस साहित्य को दूसरी ओर मोड़कर जीवन के साथ फिर से लगा दिया। इस प्रकार हमारे जीवन और साहित्य के बीच जो विच्छेद पड़ रहा था उसे उन्होंने दूर किया। हमारे साहित्य को नये-नये विषयों की ओर प्रवृत्त करनेवाले हरिश्चंद्र ही हुए।

उर्दू के कारण अब तक हिंदी गद्य की भाषा का स्वरूप ही झंझट में पड़ा था। राजा शिवप्रसाद और राजा लक्ष्मणसिंह ने जो कुछ लिखा था वह एक प्रकार से प्रस्ताव के रूप में था। जब भारतेंदु अपनी मँजी हुई परिष्कृत भाषा सामने लाए तब हिंदी बोलने वाली जनता को गद्य के लिए खड़ी बोली का प्रकृत साहित्यिक रूप मिल गया और भाषा के स्वरूप का

प्रश्न न रह गया। प्रस्तावकाल समाप्त हुआ और भाषा का स्वरूप स्थिर हुआ।

भाषा का स्वरूप स्थिर हो जाने पर जब साहित्य की रचना कुछ परिमाण में हो लेती है तभी शैलियों का भेद, लेखकों की व्यक्तिगत विशेषताएँ आदि लक्षित होती हैं। भारतेंदु के प्रभाव से उनके अल्प जीवनकाल के बीच ही लेखकों का एक खासा मंडल तैयार हो गया जिसके भीतर पं. प्रतापनारायण मिश्र, उपाध्याय बदरीनारायण चौधरी, ठाकुर जगमोहन सिंह, पं. बालकृष्ण भट्ट मुख्य रूप से गिने जा सकते हैं। इन लेखकों की शैलियों में व्यक्तिगत विभिन्नता स्पष्ट लक्षित हुई। भारतेंदु में ही हम दो प्रकार की शैलियों का व्यवहार पाते हैं। उनकी भावावेश की शैली दूसरी है और तथ्यनिरूपण की दूसरी। भावावेश के कथनों में वाक्य प्रायः बहुत छोटे-छोटे होते हैं और पदावली सरल बोलचाल की होती है जिसमें बहुत प्रचलित अरबी-फारसी के शब्द भी कभी-कभी, पर बहुत कम आ जाते हैं। जहाँ किसी ऐसे प्रकृतिस्थ भाव की व्यंजना होती है, जो चिंतन का अवकाश भी बीच-बीच में छोड़ता है, वहाँ की भाषा कुछ अधिक साधु और गंभीर होती है, वाक्य भी कुछ लंबे होते हैं, पर उनका अन्वय जटिल नहीं होता। तथ्यनिरूपण या सिद्धांतकथन के भीतर संस्कृत शब्दों का कुछ अधिक मेल दिखाई पड़ता है। एक बात विशेष रूप से ध्यान देने की है। वस्तुवर्णन या दृश्यवर्णन में विषयानुकूल मधुर या कठोर वर्णवाले संस्कृत शब्दों की योजनाओं की, जो प्रायः समस्त और सानुप्रास होती हैं, चाल-सी चली आयी है। भारतेंदु में यह प्रवृत्ति हम सामान्यतः नहीं पाते।

पं. प्रतापनारायण मिश्र की प्रकृति विनोदशील थी अतः उनकी भाषा बहुत स्वच्छंद गति से बोलचाल की चपलता और भावभंगिमा लिये चलती है। हास्य-विनोद की उमंग में वह कभी-कभी मर्यादा का अतिक्रमण करती, पूरबी कहावतों और मुहावरों की बौछार भी छोड़ती चलती है। उपाध्याय बदरीनारायण चौधरी 'प्रेमघन' के लेखों में गद्य काव्य के पुराने ढंग की झलक, रंगीन इमारत की चमक-दमक बहुत कुछ मिलती है। बहुत-से वाक्यखंडों की लड़ियों से गुँथे हुए उनके वाक्य अत्यंत लंबे होते थे—इतने लंबे कि उनका अन्वय कठिन होता था। पदविन्यास में तथा कहीं-कहीं वाक्यों के बीच विरामस्थलों पर भी, अनुप्रास देख इंशा और लल्लूलाल का स्मरण होता हैं इस दृष्टि से देखें तो 'प्रेमघन' में पुरानी परंपरा का निर्वाह अधिक दिखाई पड़ता है।

पं. बालकृष्ण भट्ट की भाषा अधिकतर वैसी ही होती थी जैसी खरी-खरी सुनाने में काम में लायी जाती है। जिन लेखों में उनकी चिड़चिड़ाहट झलकती है वे विशेष मनोरंजक हैं। नूतन पुरातन का वह संघर्षकाल था इसमें भट्ट जी को चिड़चिड़ाहट झलती है वे विशेष मनोरंजक हैं नूतन पुरातन का वह संघर्षकाल था इसमें भट्ट जी को चिढ़ाने की पर्याप्त सामग्री मिल जाया करती थी। समय के प्रतिकूल पुराने बद्धमूल विचारों को उखाड़ने और परिस्थिति के अनुकूल नये विचारों को जमाने में उनकी लेखनी सदा तत्पर रहती थी। भाषा उनकी चटपटी, तीखी और चमत्कारपूर्ण होती थी।

ठाकुर जगमोहन सिंह की शैली शब्दशोधन और अनुप्रास की प्रवृत्ति के कारण चौधरी बदरीनारायण की शैली से मिलती-जुलती है पर उसमें लंबे वाक्यों की जटिलता नहीं पायी जाती। इसके अतिरिक्त उनकी भाषा में जीवन की मधुर भारतीय रंगस्थलियों की मार्मिक ढंग से हृदय में जगाने वाले प्यारे शब्दों का चयन अपनी अलग-अलग विशषता रखता है।

हरिश्चंद्रकाल के सब लेखकों में अपनी भाषा की प्रकृति की पूरी परख थी। संस्कृत

के ऐसे शब्दों और रूपों का व्यवहार वे करते थे जो शिष्ट समाज के बीच प्रचलित चले आते हैं। जिन शब्दों या उनके जिन रूपों से केवल संस्कृतभाषी ही परिचित होते हैं और जो भाषा प्रवाह के साथ ठीक चलते नहीं, उनका प्रयोग वे बहुत औचट में पड़कर ही करते थे। उनकी लिखावट में न 'उड्डीयमान' और 'अवसाद' ऐसे शब्द मिलते हैं, न 'औदार्य', 'सौकर्य' और 'मौर्ख्य' ऐसा रूप।

भारतेंदु के समय में ही देश के कोने-कोने में हिंदी लेखक तैयार हुए जो उनके निधन के उपरांत भी बराबर साहित्य सेवा में लगे रहे। अपने-अपने विषय-क्षेत्र के अनुकूल रूप हिंदी को देने में सबका हाथ रहा। धर्म संबंधी विषयों पर लिखने वालों (जैसे, पं. अंबिकादत्त व्यास) ने शास्त्रीय विषयों को व्यक्त करने में, संवाद-पत्रों में राजनीतिक बातों को सफाई के साथ सामने रखने में हिंदी को लगाया। सारांश यह कि उस काल में हिंदी का शुद्ध साहित्योपयोगी रूप ही नहीं, व्यवहारोपयोगी रूप भी निखरा।

यहाँ तक तो भाषा शैली की बात हुई। अब लेखकों की दृष्टिक्षेत्र और उनका मानसिक अवस्थान लीजिए। हरिश्चंद्र तथा उनके समसामयिक लेखकों में जो एक सामान्य गुण लक्षित होता है वह है सजीव या जिंदादिली। सब में हास्य या विनोद की मात्रा थोड़ी या बहुत पाई जाती है। राजा शिवप्रसाद या राजा लक्ष्मणसिंह भाषा पर अधिकार करने वाले पर झंझटों से दबे हुए स्थिर प्रकृति के लेखक थे। उनमें वह चपलता, स्वच्छंदता और उमंग नहीं पाई जाती जो हरिश्चंद्र मंडल के लेखकों में दिखाई पड़ती है। शिक्षित समाज में संचरित भावों को भारतेंदु के सहयोगियों ने बड़े अनुरंजनकारी रूप ग्रहण किया।

सबसे बड़ी बात स्मरण रखने की यह है कि उन पुराने लेखकों के हृदय का मार्मिक संबंध भारतीय जीवन के विविध रूपों के साथ पूरा-पूरा बना था। भिन्न-भिन्न ऋतुओं में पड़ने वाले त्योहार उनके मन में उमंग उठाते, परंपरा से चले आते हुए आमोद-प्रमोद के मेले उनमें कुतूहल जगाते और प्रफुल्लता लाते थे। आजकल के समान उनका जीवन देश के सामान्य जीवन से विच्छिन्न न था। विदेशी अंधड़ों ने उनकी आँखों में इतनी धूल नहीं झोंकी थी कि अपने देश का रूप-रंग उन्हें सुझाई ही न पड़ता। काल की गति वे देखते थे, सुधार के मार्ग भी उन्हें सूझते थे, पर पश्चिम की एक-एक बात के अभिनय को ही वे उन्नति का पर्याय नहीं समझते थे। प्राचीन और नवीन संधिस्थल पर खड़े होकर वे दोनों का जोड़ इस प्रकार मिलाना चाहते थे कि नवीन प्राचीन का प्रवर्धित रूप प्रतीत हो, न कि ऊपर लपेटी हुई वस्तु।

विलक्षण बात यह है कि आधुनिक गद्य साहित्य की परंपरा का प्रवर्तन नाटकों से हुआ। भारतेंदु के पहले 'नाटक' के नाम से जो दो-चार ब्रजभाषा में लिखे गये थे उनमें महाराज विश्वनाथ सिंह के 'आनंद रघुनंदन नाटक' को छोड़ और किसी मे नाटकत्व न था। हरिश्चंद्र ने सबसे पहले 'विद्यासुंदर नाटक' का बँगला से सुंदर हिंदी में अनुवाद करके संवत् 1925 में प्रकाशित किया। उसके पहले वे 'प्रवास नाटक' लिख रहे थे पर वह पूरा न हुआ। उन्होंने आगे चलकर भी अधिकतर नाटक ही लिखे। पं. प्रतापनाराण और बदरीनारायण चौधरी ने भी उन्हीं का अनुसरण किया।

खेद के साथ कहना पड़ता है कि भारतेंदु के समय में धूम से चली हुई नाटकों की वह परंपरा आगे चलकर बहुत शिथिल पड़ गयी। बा. रामकृष्ण वर्मा बंगभाषा के नाटकों का—जैसे, वीर नारी पद्मावती, कृष्णकुमारी—अनुवाद करके नाटकों का सिलसिला कुछ चलाते

रहे। इस उदासीनता का कारण उपन्यासों की ओर दिन-दिन बढ़ती हुई रुचि के अतिरिक्त अभिनयशालाओं का अभाव भी कहा जा सकता है। अभिनय द्वारा नाटकों की ओर रुचि बढ़ती है और उनका अच्छा प्रसार होता है। नाटक दृश्य काव्य हैं। उनका बहुत कुछ आकर्षण अभिनय पर अवलंबित रहता है। उस समय नाटक खेलने वाली जो व्यवसायी फारसी कंपनियाँ थीं, वे उर्दू छोड़ हिंदी नाटक खेलने को तैयार न थीं। ऐसी दशा में नाटकों की ओर हिंदी प्रेमियों का उत्साह कैसे रह सकता था।

भारतेंदु, प्रतापनारायण मिश्र, बदरीनारायण चौधरी उद्योग करके अभिनय का प्रबंध किया करते थे और कभी-कभी स्वयं भी पार्ट लेते थे। पं. शीतलाप्रसाद त्रिपाठीकृत 'जानकीमंगल नाटक' का जो धूमधाम से अभिनय हुआ था उसमें भारतेंदु जी ने पार्ट लिया था। यह अभिनय देखने काशीनरेश महाराजा ईश्वरीप्रसाद नारायण सिंह भी पधारे थे और इसका विवरण 8 मई 1868 के इंडियन मेल में प्रकाशित हुआ था। प्रतापनारायण मिश्र का अपने पिता से अभिनय के लिए मूँछ मुड़ाने की आज्ञा माँगना प्रसिद्ध ही है।

'काश्मीरकुसुम' (राजतरंगिणी का कुछ अंश) और 'बादशाहदर्पण' लिखकर इतिहास की पुस्तकों की ओर जयदेव का जीवनवृत्त लिखकर जीवनचरित की पुस्तकों की ओर भी हरिश्चंद्र ध्यान ले गये पर उस समय इन विषयों की ओर लेखकों की प्रवृत्ति न दिखाई पड़ी।

पुस्तक रचना के अतिरिक्त पत्रिकाओं में प्रकाशित अनेक प्रकार के फुटकल लेख और निबंध अनेक विषयों पर मिलते हैं, जैसे राजनीति, समाजदशा, देशदशा, ऋतु छटा, पर्व-त्योहार, जीवनचरित, ऐतिहासिक प्रसंग, जगत् और जीवन से संबंध रखने वाले सामान्य विषय, (जैसे आत्मनिर्भरता, मनोयोग, कल्पना)। लेखों और निबंधों की अनेकरूपता को देखते हुए उनका वर्गीकरण किया जा सकता है। समाजदशा और देशदशा संबंधी लेख कुछ विचारात्मक पर अधिकांश भावात्मक मिलेंगे। जीवनचरितों और ऐतिहासिक प्रसंगों में इतिवृत्ति के साथ भावव्यंजना भी गुंफित पाई जायेगी। ऋतुछटा और पर्व-त्योहारों पर अलंकृत भाषा में वर्णनात्मक प्रबंध सामने आते हैं। जगत् और जीवन से सबंध रखने वाले सामान्य विषयों के निरूपण में विरल विचारखंड कुछ उक्तिवैचित्र्य के साथ बिखरे मिलेंगे। पर शैली की व्यक्तिगत विशेषताएँ थोड़ी-बहुत लेखकों में पाई जायेंगी।

जैसा कि कहा जा चुका है हास्यविनोद की प्रवृत्ति इस काल में प्राय: सब लेखकों में थी। प्राचीन और नवीन के संघर्ष के कारण उन्हें हास्य के अवलंबन दोनों पक्षों में मिलते थे। जिस प्रकार बात-बात में बाप-दादों की दुहाई देने वाले, धर्म के आडंबर की आड़ में दुराचार छिपाने वाले पुराने खूसट उनके विनोद के लक्ष्य थे, उसी प्रकार पश्चिमी चाल-ढाल की ओर मुँह के बल गिरने वाले फैशन के गुलाम भी।

नाटकों और निबंधों की ओर विशेष झुकाव रहने पर बंगभाषा की देखादेखी नये ढंग के उपन्यासों की ओर भी ध्यान जा चुका था। अँग्रेजी ढंग का मौलिक उपन्यास पहले पहल हिंदी में लाला श्रीनिवासदास का 'परीक्षागुरु' निकला था। उसके पीछे बा. राधाकृष्णदास ने 'निस्सहाय हिंदू' और पं. बालकृष्ण भट्ट ने 'नूतन ब्रह्मचारी' तथा 'सौ अजान और एक सुजान' नामक छोटे-छोटे उपन्यास लिखे। उस समय तक बंगभाषा से बहुत-से अच्छे उपन्यास निकल चुके थे। अत: साहित्य के इस विभाग की शून्यता शीघ्र हटाने के लिए अनुवाद आवश्यक प्रतीत हुए। हरिश्चंद्र ने ही अपने पिछले जीवन में बंगभाषा के एक उपन्यास के अनुवाद में हाथ

लगाया था, पर पूरा न कर सके थे। पर उनके समय में ही प्रतापनारायण मिश्र और राधाचरण गोस्वामी ने कई उपन्यासों के अनुवाद किये। तदनंतर बाबू गदाधर सिंह ने बंगविजेता और दुर्गेशनंदिनी का अनुवाद किया। संस्कृत की कादंबरी की कथा भी उन्होंने बँगला के आधार पर लिखी। पीछे तो बा. राधाकृष्णदास, बा. कार्तिकप्रसाद खत्री, बा. रामकृष्ण वर्मा आदि ने बँगला के उपन्यासों के अनुवाद की जो परंपरा चलाई वह बहुत दिनों तक चलती रहीं। इन उपन्यासों में देश के सर्वसामान्य जीवन के बड़े मार्मिक चित्र रहते थे।

प्रथम उत्थान का अंत होते-होते तो अनूदित उपन्यासों का ताँता बँध गया। पर पिछले अनुवादकों का अपनी भाषा पर वैसा अधिकार न हुआ था। अधिकांश अनुवादक प्रायः भाषा का ठीक हिंदी रूप देने में असमर्थ रहे। कहीं-कहीं तो बँगला के शब्द और मुहावरे तक ज्यों के त्यों रख दिये जाते थे–जैसे, 'काँदना', 'सिहरना', 'धू-धू करके आग जलना', 'छल-छल आँसू गिराना' इत्यादि। इन अनुवादों से बड़ा भारी काम यह हुआ कि नये ढंग के सामाजिक और ऐतिहासिक उपन्यासों के ढंग का अच्छा परिचय हो गया और स्वतंत्र उपन्यास लिखने की प्रवृत्ति और योग्यता उत्पन्न हो गयी।

हिंदी गद्य की सर्वतोन्मुखी गति का अनुमान इसी से हो सकता है कि पचीसों पत्र-पत्रिकाएँ हरिश्चंद्र जी के जीवनकाल में निकलीं जिनके नाम नीचे दिये जाते हैं–

1. अल्मोड़ा अखबार (संवत् 1928, संपादक पं. सदानंद सलवास)
2. हिंदी दीप्तिप्रकाश (कलकत्ता 1929, कार्तिक प्रसाद खत्री)
3. बिहार बंधु (संवत् 1929, केशवराम भट्ट)
4. सदादर्श (दिल्ली 1931, ला. श्रीनिवासदास)
5. काशीपत्रिका (1933, बा. बलदेव बी.ए. शिक्षासंबंधी मासिक)
6. भारतबंधु (1933, तोताराम, अलीगढ़)
7. भारतमित्र (कलकत्ता, संवत् 1934, रुद्रदत्त)
8. मित्रविलास (लाहौर, 1934 कन्हैयालाल)
9. हिंदी प्रदीप (प्रयाग, 1934, पं. बालकृष्ण भट्ट, मासिक)
10. आर्यदर्पण (शाहजहाँपुर, 1934, मुं. बख्तावरसिंह)
11. सार सुधानिधि (कलकत्ता, 1935, सदानंद मिश्र)
12. उचित वक्ता (कलकत्ता, 1935, दुर्गाप्रसाद मिश्र)
13. सज्जन कीर्ति सुधाकर (उदयपुर, 1936, वंशीधर)
14. भारत सुदशाप्रवर्तक (फर्रुखाबाद 1936, गणेशप्रसाद)
15. आनंदकादंबिनी (मिर्जापुर, 1938, उपाध्याय बदरीनारायण चौधरी, मासिक)
16. देशहितैषी (अजमेर, 1936)
17. दिनकर प्रकाश (लखनऊ, 1940 रामदास वर्मा)
18. धर्मदिवाकर (कलकत्ता, 1940, देवीसहाय)
19. प्रयाग समाचार (1940, देवकीनंदन त्रिपाठी)
20. ब्राह्मण (कानपुर, 1940, प्रतापनारायण मिश्र)
21. शुभचिंतक (जबलपुर, 1940, सीताराम)
22. सदाचार मार्तंड (जयपुर, 1940, लालचंद शास्त्री)

23. हिंदोस्थान (इंग्लैंड, 1940, राजा रामपाल सिंह, दैनिक)
24. पीयूष प्रवाह (काशी, 1941, अम्बिकादत्त व्यास)
25. भारत जीवन (काशी, 1941, रामकृष्ण वर्मा)
26. भारतेंदु (वृंदावन, 1941, राधाचरण गोस्वामी)
27. कविकुलकंज दिवाकर (बस्ती, 1941, रामनाथ शुक्ल)

इनमें से अधिकांश पत्र-पत्रिकाएँ तो थोड़े ही दिन चलकर बंद हो गयी, पर कुछ ने लगातार बहुत दिनों तक लोकहितसाधन और हिंदी की सेवा की है जैसे–बिहारबंधु, भारतमित्र, भारतजीवन, उचितवक्ता, दैनिक हिंदोस्थान, आर्यदर्पण, ब्राह्मण, हिंदीप्रदीप। 'मित्रविलास' सनातन धर्म का समर्थक पत्र था जिसमें पंजाब में हिंदी प्रचार का बहुत कुछ कार्य किया था। 'ब्राह्मण', 'हिंदीप्रदीप' और 'आनंदकादंब्रिनी' साहित्यिक पत्र थे जिनमें बहुत सुंदर मौलिक गद्य प्रबंध और कविताएँ निकला करती थीं। इन पत्र-पत्रिकाओं को बराबर आर्थिक कठिनाईयों का सामना करना पड़ता था। 'हिंदी प्रदीप को कई बार बंद होना पड़ा था। 'ब्राह्मण', संपादक पं. प्रतापनारायण मिश्र को ग्राहकों से चंदा माँगते-माँगते थक कर कभी-कभी पत्र में इस प्रकार याचना करनी पड़ती थी–

आठ मास बीते, जजमान! अब तौ करौ दच्छिना दान॥

बाबू कार्तिकप्रसाद खत्री ने हिंदी संवाद-पत्रों के प्रचार के लिए बहुत उद्योग किया था, उन्होंने संवत् 1928 में 'हिंदी दीप्ति प्रकाश' नाम का एक संवाद-पत्र और 'प्रेमविलासिनी' नाम की एक पत्रिका निकाली थी। उस समय हिंदी संवाद-पत्र पढ़ने वाले थे ही नहीं। पाठक उत्पन्न करने के लिए बाबू कार्तिकप्रसाद ने बहुत दौड़-धूप की थी। लोगों के घर जा-जाकर वे पत्र सुना तक आते थे। इतना सब करने पर भी उनका पत्र थोड़े दिन चलकर बंद हो गया। संवत् 1934 तक कोई अच्छा और स्थायी साप्ताहिक पत्र नहीं निकला था। अतः संवत् 1934 में पं. दुर्गाप्रसाद मिश्र, पं. छोटूलाल मिश्र, पं. सदानंद मिश्र और बाबू जगन्नाथप्रसाद खन्ना के उद्योग से कलकत्ता में 'भारतमित्र कमेटी' बनी और 'भारतमित्र' पत्र बड़ी धूमधाम से निकला जो बहुत दिनों तक हिंदी संवाद-पत्रों में एक ऊँचा स्थान ग्रहण किये रहा। प्रारंभकाल में जब पं. छोटूलाल मिश्र इसके संपादक थे तब भारतेंदु जी कभी-कभी इसमें लेख दिया करते थे।

उसी संवत् में लाहौर से 'मित्रविलास' नाम पत्र पं. गोपीनाथ के उत्साह से निकला। इसके पहले पंजाब में कोई हिंदी का पत्र न था। केवल 'ज्ञानप्रदायनी' नाम की एक पत्रिका उर्दू-हिंदी में बाबू नवीनचंद्र द्वारा निकलती थी जिसमें शिक्षा और सुधारसंबंधी लेखों के अतिरिक्त ब्राह्मोमत की बातें रहा करती थीं। उसके पीछे जो 'हिंदीबांधव' निकला उसमें भी उर्दू और हिंदी दोनों रहती थी; केवल हिंदी का एक पत्र न था। 'कवि वचनसुधा' की मनोहर लेखशैली और भाषा पर मुग्ध होकर ही पं. गोपीनाथ ने 'मित्रविलास' से निकाला था जिसकी भाषा बहुत सुष्ठु और ओजस्विनी होती थी। भारतेंदु के गोलोकवास पर बड़ी ही मार्मिक भाषा में इस पत्र में शोकप्रकाश किया था और उनके नाम का संवत् चलाने का आंदोलन उठाया था।

इसके उपरांत संवत् 1935 में पं. दुर्गाप्रसाद मिश्र के संपादन में 'उचितवक्ता' और पं. सदानंद मिश्र के संपादन में 'सारसुधानिधि' ये दो पत्र कलकत्ता से निकले। इन दोनों महाशयों ने बड़े समय पर हिंदी के एक बड़े अभाव की पूर्ति में योग दिया था। पीछे कालाकाँकर के मनस्वी और देशभक्त राजा रामपाल सिंह जी अपनी मातृभाषा की सेवा के लिए खड़े हुए और

संवत् 1940 में उन्होंने 'हिंदोस्थान' नामक पत्र इंग्लैंड से निकाला जिसमें हिंदी और अंग्रेजी दोनों रहती थीं। भारतेंदु के गोलोकवास के पीछे संवत् 1942 में यह हिंदी दैनिक के रूप में निकला और बहुत दिनों तक चलता रहा। इसके संपादकों में देशपूज्य पं. मदनमोहन मालवीय, पं. प्रतापनारायण मिश्र, बाबू बालमुकुंद गुप्त ऐसे लोग रह चुके हैं। बाबू हरिश्चंद के जीवनकाल में ही अर्थात् मार्च, सन् 1884 ई. में बाबू रामकृष्ण वर्मा ने काशी से 'भारतीय जीवन' पत्र निकाला। इस पत्र का नामकरण भारतेंदु ने ही किया।

⊙⊙

प्रथम उत्थान

प्रकरण-2 : गद्य का प्रवर्तन

1. भारतेंदु हरिश्चंद्र : इनका जन्म काशी के एक संपन्न वैश्यकुल में भाद्र शुक्ल 5, संवत् 1907 को और मृत्यु 35 वर्ष की अवस्था में माघ कृष्ण 6, संवत् 1941 को हुई।

संवत् 1922 में ये अपने परिवार के साथ जगन्नाथ जी गये। उसी यात्रा में उनका परिचय बंग देश की नवीन साहित्यिक प्रगति से हुआ। उन्होंने बँगला में नये ढंग के सामाजिक, देश-देशांतर-संबंधी ऐतिहासिक और पौराणिक नाटक, उपन्यास आदि देखे और हिंदी में वैसी पुस्तकों के अभाव का अनुभव किया। संवत् 1925 में उन्होंने 'विद्यासुंदर नाटक' बँगला से अनुवाद करके प्रकाशित किया। इस अनुवाद में ही उन्होंने हिंदी गद्य के बहुत ही सुडौल रूप का आभास दिया। इसी वर्ष उन्होंने 'कविवचनसुधा' नाम की एक पत्रिका निकाली जिसमें पहले पुराने कवियों की कविताएँ छपा करती थीं पर पीछे गद्य लेख भी रहने लगे। 1930 में उन्होंने 'हरिश्चंद्र मैगजीन' नाम की एक मासिक पत्रिका निकाली जिसका नाम 8 संख्याओं के उपरांत 'हरिश्चंद्रिका' हो गया। हिंदी गद्य का ठीक परिष्कृतरूप पहले पहल इसी 'चंद्रिका' में प्रकट हुआ। जिस प्यारी हिंदी को देश ने अपनी विभूति समझा, जिसको जनता ने उत्कंठापूर्वक दौड़कर अपनाया, उसका दर्शन इसी पत्रिका में हुआ। भारतेंदु ने नयी सुधरी हुई हिंदी का उदय इसी समय से माना है। उन्होंने 'कालचक्र' नाम की अपनी पुस्तक में नोट किया है कि हिंदी 'नयी चाल में टील, सन् 1873 ई.।'

इस 'हरिश्चंद्री हिंदी' के आविर्भाव के साथ ही नये-नये लेखक भी तैयार होने लगे। 'चंद्रिका' में भारतेंदु आप तो लिखते ही थे बहुत-से और लेखक भी उन्होंने उत्साह दे-देकर तैयार कर लिये थे। स्वर्गीय पं. बदरीनारायण चौधरी, बाबू हरिश्चंद्र के संपादन कौशल की बड़ी प्रशंसा किया करते थे। बड़ी तेजी के साथ वे चंद्रिका के लिए लेख और नोट लिखते थे और मैटर को बड़े ढंग से सजाते थे। हिंदी गद्य साहित्य के इस आरंभकाल में ध्यान देने की बात है कि उस समय जो थोड़े-से गिनती के लेखक थे, उनमें विदग्धता और मौलिकता थी और उनकी हिंदी हिंदी होती थी। वे अपनी भाषा की प्रकृति को पहचानने वाले थे। बँगला, मराठी, उर्दू, अँग्रेजी के अनुवाद का वह तूफान जो पचीस-तीस वर्ष पीछे चला और जिसके कारण हिंदी का स्वरूप ही संकट में पड़ गया था, उस समय नहीं था। उस समय ऐसे लेखक न थे जो बँगला की पदावली और वाक्य ज्यों-के-त्यों रखते हों या अंग्रेजी वाक्यों और मुहावरों का शब्द-प्रति शब्द अनुवाद करके हिंदी लिखने का दावा करते हों। उस समय की हिंदी में न 'दिक्-दिक् अशांति' थी, न काँदना, सिहरना और छल-छल अश्रुपात, न 'जीवन होड़' और 'कवि का संदेश' था, न 'भाग लेना और स्वार्थ लेना'।

मैगजीन में प्रकाशित हरिश्चंद्र का 'पांचवें पैगंबर', मुंशी ज्वालाप्रसाद का 'कलिराज की सभा', बाबू तोताराम का 'अद्भुत अपूर्व स्वप्न', बाबू कार्तिक प्रसाद का 'रेल का विकट खेल' आदि लेख बहुत दिनों लोग बड़े चाव से पढ़ते थे। संवत् 1931 में भारतेंदु जी ने स्त्री शिक्षा के लिए 'बालबोधिनी' निकाली थी। इस प्रकार उन्होंने तीन पत्रिकाएँ निकालीं। इसके पहले ही संवत् 1930 में उन्होंने अपना पहला मौलिक नाटक 'वैदिकी हिंसा हिंसा न भवति' नाम का प्रहसन लिखा, जिसमें धर्म और उपासना नाम से समाज में प्रचलित अपने अनाचारों का जघन्य रूप दिखाते हुए उन्होंने राजा शिवप्रसाद को लक्ष्य करके खुशामदियों और केवल अपनी मानवृद्धि की फिक्र में रहने वालें पर छींटे छोड़े। भारत के प्रेम में मतवाले, देशहित की चिंता में व्यग्र, हरिश्चंद्र जी पर सरकार की जो कुदृष्टि हो गयी थी उसके कारण बहुत कुछ राजा साहब ही समझे जाते थे।

गद्य रचना के अंतर्गत भारतेंदु का ध्यान पहले नाटकों की ओर ही गया। अपनी 'नाटक' नाम की पुस्तक में उन्होंने लिखा है कि हिंदी में मौलिक नाटक उनके पहले दो ही लिखे गये थे–महाराज विश्वनाथ सिंह का 'आनंदरघुनंदन' नाटक और बाबू गोपालचंद्र का 'नहुष नाटक'। कहने की आवश्यकता नहीं कि ये दोनों ब्रजभाषा में थे। भारतेंदु प्रणीत नाटक ये हैं–

मौलिक

वैदिकी हिंसा हिंसा न भवति, चंद्रावली, विषस्य विषमौषधम्, भारतदुर्दशा, नीलदेवी, अंधेरनगरी, प्रेमयोगिनी, सतीप्रताप (अधूरा)।

अनुवाद

विद्यासुंदर, पाखंडविडंबन, धनंजयविजय, कर्पूरमंजरी, मुद्राराक्षस, सत्यहरिश्चंद्र, भारतजननी।

'सत्यहरिश्चंद्र' मौलिक समझा जाता है, पर हमने एक पुराना बँगला नाटक देखा है जिसका वह अनुवाद कहा जा सकता है। कहते हैं कि 'भारतजननी' उनके एक मित्र का किया हुआ बंगभाषा में लिखित 'भारतमाता' का अनुवाद था जिसे उन्होंने सुधारते-सुधारते सारा फिर से लिख डाला।

भारतेंदु के नाटकों में सबसे पहले ध्यान इस बात पर जाता है कि उन्होंने जीवन के कई क्षेत्रों से ली है। 'चंद्रावली' में प्रेम का आदर्श है। 'नीलदेवी' पंजाब के एक हिंदू राजा पर मुसलमानों की चढ़ाई का ऐतिहासिक वृत्त लेकर लिखा गया है। 'भारतदुर्दशा' में देशदशा बहुत ही मनोरंजक ढंग से सामने लायी गयी है, 'विषस्य विषमौषधम्' देशी रजवाड़ों की कुचक्रपूर्ण परिस्थिति दिखाने के लिए रचा गया है। 'प्रेमयोगिनी' में भारतेंदु ने वर्तमान पाखंडमय धार्मिक और सामाजिक जीवन के बीच अपनी परिस्थित का चित्रण किया है, यही उसकी विशेषता है।

नाटकों की रचनाशैली में उन्होंने मध्यमार्ग का अवलंबन किया। न तो बँगला के नाटकों की तरह प्राचीन भारतीय शैली को एकबारगी छोड़ ये अंग्रेजी नाटकों की नकल पर चले और न प्राचीन नाट्यशास्त्र की जटिलता में अपने को फंसाया। उनके बड़े नाटकों में प्रस्तावना बराबर रहती थी। पताका, स्थानक आदि का प्रयोग भी वे कहीं-कहीं कर देते थे।

यद्यपि सबसे अधिक रचना उन्होंने नाटकों की ही की पर हिंदी साहित्य के सर्वतोन्मुखी विकास की ओर वे बराबर दत्तचित्त रहे। 'काश्मीरकुसुम', 'बादशाहदर्पण' आदि लिखकर

उन्होंने इतिहास रचना का मार्ग दिखाया। अपने पिछले दिनों में वे उपन्यास लिखने की ओर प्रवृत्त हुए थे, पर चल बसे। वे सिद्ध वाणी के अत्यंत सरस हृदय कवि थे। इससे एक ओर तो उनकी लेखनी से श्रृंगाररस के ऐसे रसपूर्ण और मार्मिक कवित्त-सवैये निकले कि उनके जीवनकाल में ही चारों ओर लोगों के मुँह से सुनाई पड़ने लगे और दूसरी ओर स्वदेशप्रेम से भरी हुई उनकी कविताएँ चारों ओर देश के मंगल का मंत्र-सा फूँकने लगीं।

अपनी सर्वतोन्मुखी प्रतिभा के बल से एक ओर तो वे पद्माकर, द्विजदेव की परंपरा में दिखाई पड़ते थे, दूसरी ओर बंग देश के माइकेल और हेमचंद्र की श्रेणी में। एक ओर तो राधाकृष्ण की भक्ति में झूमते हुए नयी भक्तमाल गूँथते दिखाई देते थे, दूसरी ओर मंदिरों के अधिकारियों और टीकाधारी भक्तों के चरित्र की हँसी उड़ाते और मंदिरों, स्त्रीशिक्षा, समाजसुधार आदि पर व्याख्यान देते पाये जाते थे। प्राचीन और नवीन का ही सुंदर सामंजस्य भारतेंदु की कला का विशेष माधुर्य है। साहित्य के एक नवीन युग के आदि में प्रवर्तक के रूप में खड़े होकर उन्होंने यह भी प्रदर्शित किया कि नये या बाहरी भावों को पचाकर इस प्रकार मिलाना चाहिए कि अपने ही साहित्य के विकसित अंग से लगें। प्राचीन नवीन के उस संधिकाल में जैसी शीतल कला का संचार अपेक्षित था वैसी ही शीतल कला के साथ भारतेंदु का उदय हुआ, इसमें संदेह नहीं।

हरिश्चंद्र के जीवनकाल में ही लेखकों और कवियों का एक खासा मंडल चारों ओर तैयार हो गया। उपाध्याय पं. बदरीनारायण चौधरी, पं. प्रतापनारायण मिश्र, बाबू तोताराम, ठाकुर जगमोहन सिंह, लाला श्रीनिवासदास, पं. बालकृष्ण भट्ट, पं. केशवराम भट्ट, पं. अंबिकादत्त व्यास, पं. राधाचरण गोस्वामी इत्यादि कई प्रौढ़ और प्रतिभाशाली लेखकों ने हिंदी साहित्य के इस नूतन विकास में योग दिया था। भारतेंदु का अस्त तो संवत् 1941 में ही हो गया पर उनका यह मंडल बहुत दिनों तक साहित्य-निर्माण करता रहा। अनेक प्रकार के गद्य प्रबंध, नाटक, उपन्यास आदि इन लेखकों की लेखनी से निकलते रहे। जो मौलिकता इन लेखकों में थी वह द्वितीय उत्थान के लेखकों में न दिखाई पड़ी। भारतेंदु जी में हमें दो प्रकार की शैलियों का व्यवहार पाते हैं। उनकी भावावेश की शैली दूसरी है और तथ्यनिरूपण की शैली दूसरी। भावावेश की भाषा में प्रायः वाक्य बहुत छोटे-छोटे होते हैं और पदावली सरल बोलचाल की होती है जिसमें बहुत प्रचलित साधारण फारसी-अरबी के शब्द भी कभी-कभी पर बहुत कम आ जाते हैं। 'चंद्रावली नाटिका' से उद्धृत अंश देखिए–

> **झूठे झूठे झूठे! झूठे ही नहीं विश्वासघातक। क्यों इतना छाती ठोंक और हाथ उठा-उठाकर लोगों को विश्वास दिया? आप ही सब मरते, चाहे जहन्नुम में पड़ते। ...भला क्या काम था कि इतना पचड़ा किया? किसने इस उपद्रव और लाज करने को कहा था? कुछ न होता, तुम्हीं तुम रहते, बस चैन था, केवल आनंद था। फिर क्यों यह विषमय संसार किया? बखेड़िए? और इतने बड़े कारखाने पर बेहयाई परले सिरे की। नाम बिके, लोग झूठा कहें, अपने मारे फिरें, वह वाह रे शुद्ध बेहयाई–पूरी निर्लज्जता! लाज को जूतों मार के, पीट-पीट के निकाल दिया है। जिस मुहल्ले में आप रहते हैं लाज की हवा भी नहीं जाती। हाय एक बार भी मुँह दिखा दिया होता तो मतवाले मतवाले बने क्यों लड़-लड़कर सिर फोड़ते? काहे को ऐसे 'बेशरम' मिलेंगे? हुक्मी बेहया हो।**

जहाँ चित्त की किसी स्थायी क्षोभ की व्यंजना है और चिंतन के लिए कुछ अवकाश है वहाँ की भाषा कुछ अधिक साधु और गंभीर तथा वाक्य कुछ बड़े हैं, पर अन्वय जटिल नहीं, जैसे 'प्रेमयोगिनी' में सूत्रधार के इस भाषण में–

क्या सारे संसार के लोग सुखी रहें और हम लोगों का परम बंधु, पिता, मित्र, पुत्र, सब भावनाओं से भावित, प्रेम की एकमात्र मूर्ति, सौजन्य का एकमात्र पात्र, भारत का एकमात्र हित, हिंदी का एकमात्र जनक, भाषा नाटकों का एकमात्र जीवनदाता, 'हरिश्चंद्र' ही दुखी हो? (नेत्र में जल भरकर) हा सज्जनशिरोमणे! कुछ चिन्ता नहीं, तेरा तो बाना है कि कितना भी दुख हो उसे सुख ही मानना। ++ मित्र! तुम तो दूसरों का अपकार और अपना उपकार दोनों भूल जाते हो, तुम्हें इनकी निंदा से क्या? इतना चित्त क्यों क्षुब्ध करते हो? स्मरण रखो, ये कीड़े ऐसे ही रहेंगे और तुम लोक बहिष्कृत होकर इनके सिर पर पैर रख के विहार करोगे।

तथ्यनिरूपण या वस्तुवर्णन के समय कभी-कभी उनकी भाषा में संस्कृत पदावली का कुछ अधिक समावेश होता है। इसका सबसे बढ़ा-चढ़ा उदाहरण 'नीलदेवी' के वक्तव्य में मिलता है। देखिए–

आज बड़ा दिन है, क्रिस्तान लोगों को इससे बढ़कर कोई आनंद का दिन नहीं है। किंतु मुझको आज उलटा और दुख है। इसका कारण मनुष्य स्वभावसुलभ ईर्ष्या मात्र है। मैं कोई सिद्ध नहीं कि रागद्वेष से विहीन हूँ। जब मुझे अँग्रेज रमणी लोग मेद-सिंचित केशराशि, कृत्रिम कुंतलजूट, मिथ्यारत्नाभरण, विविध वर्ण वसन से भूषित, क्षीण कटिदेश कसे, निज-निज पतिगण के साथ प्रसन्नवदन इधर-से-उधर फर-फर कल की पुतली की भाँति फिरती हुई दिखाई पड़ती हैं तब इस देश की सीधी-सादी स्त्रियों की हीन अवस्था मुझको स्मरण आती है, और यही बात मेरे दुख का कारण होती है।

पर यह भारतेंदु की असली भाषा नहीं। उनकी असली भाषा का रूप पहले दो अवतरणों में ही समझना चाहिए। भाषा चाहे जिस ढंग की हो उनके वाक्यों का अन्वय सरल होता है, उसमें जटिलता नहीं होती, उनके लेखों में भावों की मार्मिकता पायी जाती है, वाग्वैचित्र्य वा चमत्कार की प्रवृत्ति नहीं।

यह स्मरण रखना चाहिए कि अपने समय के सब लेखकों में भारतेंदु की भाषा साफ-सुथरी और व्यवस्थित होती थी। उसमें शब्दों के रूप भी एक प्रणाली पर मिलते हैं और वाक्य भी सुसंबद्ध पाये जाते हैं। 'प्रेमघन' आदि और लेखकों की भाषा में हम क्रमशः उन्नति और सुधार पाते हैं। संवत् 1938 की 'आनंदकादंबिनी' का कोई लेख लेकर दस वर्ष पश्चात् किसी लेख में मिलान किया जाय जो बहुत अंतर दिखाई पड़ेगा। भारतेंदु के लेखों में इतना अंतर नहीं पाया जाता। 'इच्छा किया', 'आज्ञा किया', व्याकरण विरुद्ध प्रयोग कहीं-कहीं मिलते हैं।

2. प्रतापनारायण मिश्र : इनके पिता उन्नाव से आकर कानपुर में बस गये थे जहाँ प्रतापनारायण जी का जन्म संवत् 1913 और मृत्यु संवत् 1951 में हुई। ये इतने मनमौजी थे कि आधुनिक सभ्यता और शिष्टता की कम परवाह करते थे। कभी लावनीबाजों में जाकर शामिल हो जाते थे, सभी मेलों और तमाशों में बंद इक्के पर बैठ जाते दिखाई पड़ते थे।

प्रतापनारायण मिश्र यद्यपि लेखनकला में भारतेंदु को ही आदर्श मानते थे पर उनकी

शैली में भारतेंदु की शैली से बहुत कुछ विभिन्नता भी लक्षित होती है। प्रतापनारायण जी में विनोदप्रियता विशेष थी इससे उनकी वाणी में व्यंग्यपूर्ण वक्रता की मात्रा प्रायः रहती है। इसके लिए वे पूरबीपन की परवाह न करके अपने बैसवारे की ग्राम्य कहावतें और शब्द भी बेधड़क रख दिया करते थे। कैसा ही विषय हो, पर उसमें विनोद और मनोरंजन की सामग्री ढूँढ लेते थे। लेख हर तरह के निकलते थे। देशदशा, समाजसुधार, नागरी-हिंदी-प्रचार, साधारण मनोरंजन आदि सब विषयों पर मिश्र जी की लेखनी चलती थी। शीर्षकों के नामों से ही विषयों की अनकेरूपता का पता चलेगा; जैसे 'घूरे क लत्ता बीनै', 'कनातन क डौल बाँधै', 'समझदार की मौत है', 'बात', 'मनोयोग', 'वृद्ध', 'भौ'। यद्यपि उनकी प्रवृत्ति हास्यविनोद की ओर ही अधिक रहती थी, पर जब कभी कुछ गंभीर विषयों पर वे लिखते थे तब संयत और साधु भाषा का व्यवहार करते थे। दोनों प्रकार की लिखावटों के नमूने नीचे दिये जाते हैं–

समझदार की मौत है

सच है 'सब तें भले हैं मूढ़ जिन्हें न व्यापै जगत गति'। मजे से पराई जमा गपक बैठना, खुशामदियों से गप मारा करना, जो कोई तिथि-त्योहार आ पड़ा तो गंगा में बदन धो आना, गंगापुत्र को चार पैसे देकर सेंतमेत में धरममूरत, धरमऔतार का खिताब पाना; संसार परमार्थ दोनों तो बन गये, अब काहे की है-है और काहे की खै-खै? आफत तो बेचारे जिंदादिलियों की है जिन्हें न यों कल न वों कल; जब स्वदेशी भाषा का पूर्ण प्रचार था तब के विद्वान् कहते गीर्वाणवाणीषु विशालबुद्धिस्तवान्य भाषा-रसोलोलुपोहम्। अब आज अन्य भाषा वरंच अन्य भाषाओं का करकट (उर्दू) छाती का पीपल हो रही है, अब यह चिंता खाये लेती है कि कैसे इस चुड़ैल से पीछा छूटै।

मनोयोग

शरीर के द्वारा जितने काम किये जाते हैं, उन सब में मन का लगाव अवश्य रहता है। जिनमें मन प्रसन्न रहता है वही उत्तमता के साथ होते हैं और जो उसकी इच्छा के अनुकूल नहीं होते वह वास्तव में चाहे अच्छे कार्य भी हों किंतु भले प्रकार पूर्ण रूप से संपादित नहीं होते, न उनका कर्ता ही यथोचित आनंद लाभ करता है। इसी से लोगों ने कहा है कि मन शरीररूपी नगर का राजा है, और स्वभाव उसका चंचल है। यदि स्वच्छंद रहे तो बहुधा कुत्सित ही मार्ग में धावमान रहता है। यदि रोका न जाय तो कुछ काल में आलस्य और अकृत्य का व्यसन उत्पन्न करके जीवन को व्यर्थ एवं अनर्थपूर्ण कर देता है।

प्रतापनारायण जी ने फुटकल गद्यप्रबंधों के अतिरिक्त कई नाटक भी लिखे। 'कलिकौतुक रूपक' में पाखंडियों और दुराचारियों का चित्र खींचकर उनसे सावधान रहने का संकेत किया गया है। 'संगीत शाकुंतल' लावनी के ढंग पर गाने योग्य खड़ी बोली में पद्यबद्ध शकुंतला नाटक है। भारतेंदु के अनुकरण पर मिश्र जी ने 'भारतदुर्दशा' नाम का नाटक भी लिखा था। 'हठी हम्मीर' रणथंभौर पर अलाउद्दीन की चढ़ाई का वृत्त लेकर लिखा गया है। 'गोसंकट नाटक' और 'कलिप्रभाव' नाटक के अतिरिक्त 'जुआरी खुआरी' नामक उनका एक प्रहसन भी है।

3. बालकृष्ण भट्ट : भट्ट जी का जन्म प्रयाग में संवत् 1901 में और परलोकवास संवत् 1971 में हुआ। ये प्रयाग के 'कायस्थ पाठशाला' कॉलेज में संस्कृत के अध्यापक थे।

उन्होंने संवत् 1933 में अपना 'हिंदी प्रदीप' गद्य साहित्य का ढर्रा निकालने के लिए ही निकाला था। सामाजिक, साहित्यिक, राजनीतिक, नैतिक सब प्रकार के छोटे-छोटे गद्य प्रबंध ये अपने पत्र में तीस वर्ष तक निकालते रहे। मिश्र जी के समान भट्ट जी भी स्थान-स्थान पर कहावतों का प्रयोग करते थे, पर उनका झुकाव मुहावरों की ओर कुछ अधिक रहा है। व्यंग्य और वक्रता उनके लेखों में भी भरी रहती है और वाक्य भी कुछ बड़े-बड़े होते हैं। ठीक खड़ी बोली के आदर्श का निर्वाह भट्ट जी ने कभी नहीं किया है। पूरबी प्रयोग बराबर मिलते हैं 'समझा बुझाकर' के स्थान पर 'समझाय-बुझाय' वे प्रायः लिख जाते थे। उनके लिखने के ढंग से यह जान पड़ता है कि वे अंग्रजी पढ़े-लिखे नवशिक्षित लोगों को हिंदी की ओर आकर्षित करने के लिए लिख रहे हैं। स्थान-स्थान पर ब्रैकेट में घिरे 'Education' इत्यादि अंग्रेजी शब्द पाये जाते हैं। इसी प्रकार फारसी-अरबी के लफ्ज ही नहीं, बड़े-बड़े फिकरे तक भट्ट जी अपनी मौजी में आकर रखा करते थे। इस प्रकार उनकी शैली में एक निरालापन झलकता है। प्रतापनारायण के हास्यविनोद से भट्ट जी के हास्यविनोद में यह विशेषता है कि वह कुछ चिड़चिड़ाहट लिये रहता था। पदविन्यास भी कभी उसका बहुत ही चोखा और अनूठा होता था।

अनेक प्रकार के गद्य प्रबंध भट्ट जी ने लिखे हैं, पर सब छोटे-छोटे। वे बराबर कहा करते थे कि न जाने कैसे लोग बड़े-बड़े लेख लिख डालते हैं। मुहावरों की सूझ उनकी बहुत अच्छी थी। 'आँख', 'कान', 'नाक' आदि शीर्षक देकर उन्होंने कई लेखों में बड़े ढंग के साथ मुहावरों की झड़ी बाँध दी है। एक बार वे मेरे घर पधारे थे। मेरा छोटा भाई आँखों पर हाथ रखे उन्हें दिखाई पड़ा। उन्होंने पूछा 'भैया! आँख में क्या हुआ है?' उत्तर मिला 'आँख आई है।' ये चट बोल उठे 'भैया! यह आँख बड़ी बला है, इसका आना-जाना, उठना-बैठना सब बुरा है।' अनेक विषयों पर गद्य प्रबंध लिखने के अतिरिक्त 'हिंदी प्रदीप' द्वारा भट्ट जी संस्कृत साहित्य और संस्कृत के कवियों का परिचय भी अपने पाठकों को समय-समय पर कराते रहे। पं. प्रतापनारायण मिश्र और बालकृष्ण भट्ट ने हिंदी गद्य साहित्य में वही काम किया है जो अंग्रेजी गद्य साहित्य में एडीसन और स्टील ने किया था। भट्ट जी की लिखावट के दो नमूने देखिए-

कल्पना

> **यावत मिथ्या और दरोग की किबलेगाह इस कल्पनापिशाचिनी का कहीं ओर-छोर किसी ने पाया है? अनुमान करते-करते हैरान गौतम से मुनि 'गौतम' हो गये। कणाद तिनका खा-खाकर किनका बीनने लगे पर मन की मनभावनी कन्या कल्पना का पार न पाया। कपिल बेचारे पचीस तत्त्वों की कल्पना करते-करते 'कपिल' अर्थात् पीले पड़ गये। व्यास ने इन तीनों दार्शनिकों की दुर्गति देख मन में सोचा, कौन इस भूतनी के पीछे दौड़ता फिरे, यह संपूर्ण विश्व जिसे हम प्रत्यक्ष देख-सुन सकते हैं, सब कल्पना, मिथ्या, नाशवान् और क्षणभंगुर है। अतएव हेय है।**

आत्मनिर्भरता

इधर पचास-साठ वर्षों से अंग्रेजी राज्य के अमन-चैन का फायदा पाय हमारे देशवाले किसी की भलाई की ओर न झुके वरन् दस वर्ष की गुड़ियों का ब्याह कर पहले से ड्योढ़ी-दूनी सृष्टि अलबत्ता बढ़ाने लगे। हमारे देश की जनसंख्या अवश्य घटनी चाहिए। +++ आत्मनिर्भरता में दृढ़, अपने कूबते बाज़ू पर भरोसा रखने वाला, पुष्टवीर्य, पुष्टबल, भाग्यवान, एक संतान अच्छा। 'कूकर सूकर से' निकम्मे, रग-रग में दास भाव से पूर्ण, परभाग्योपजीवी दस किस काम के?

निबंधों के अतिरिक्त भट्ट जी ने कई छोटे-मोटे नाटक भी लिखे हैं जो क्रमशः उनके 'हिंदी प्रदीप' में छपे हैं जैसे–कलिराज की सभा, रेल का विकट खेल, बालविवाह नाटक, चंद्रसेन नाटक। उन्होंने माइकेल मधुसूदन दत्त के 'पद्मावती' और 'शर्मिष्ठा' नामक बंग भाषा के दो नाटकों में अनुवाद भी निकाले थे।

संवत् 1943 में भट्ट जी ने लाला श्रीनिवासदास के 'संयोगिता-स्वयंवर' नाटक की 'सच्ची समालोचना' भी, और पत्रों में उसकी प्रशंसा ही प्रशंसा देखकर की थी। उसी वर्ष उपाध्याय पं. बदरीनारायण चौधरी ने बहुत ही विस्तृत समालोचना अपनी पत्रिका मे निकाली थी। इस दृष्टि से सम्यक् आलोचना का हिंदी में सूत्रपात करने वाले इन्हीं दो लेखकों को समझना चाहिए।

4. उपाध्याय पं. बदरीनारायण चौधरी : चौधरी जी का जन्म मिरजापुर के एक अभिजात ब्राह्मणवंश में भाद्र कृष्ण 6, संवत् 1912 को और मृत्यु फाल्गुन शुक्ल, 14 संवत् 1979 को हुई। उनकी हर एक बात से रईसी टपकती थी। बातचीत का ढंग उनका बहुत ही निराला और अनूठा था। कभी-कभी बहुत ही सुंदर वक्रतापूर्ण वाक्य उनके मुँह से निकलते थे। लेखनकला के उनके सिद्धांत के कारण उनके लेखों में यह विशेषता नहीं पाई जाती। ये भारतेंदु के घनिष्ठ मित्रों में थे और वेश भी उन्हीं का-सा रखते थे।

उपाध्याय पं. बदरीनारायण चौधरी (प्रेमघन) की शैली सबसे विलक्षण थी। ये गद्य रचना को एक कला के रूप में ग्रहण करने वाले–कलम की कारीगरी समझने वाले–लेखक थे और कभी-कभी ऐसे पेचीले मजमून बाँधते थे कि पाठक एक-एक, डेढ़-डेढ़ कॉलम के लंबे वाक्य में उलझा रह जाता था। अनुप्रास और अनूठे पदविन्यास की ओर भी उनका ध्यान रहता था। किसी बात को साधारण ढंग कहे जाने को ही वे लिखना नहीं कहते थे। वे कोई लेख लिखकर जब तक कई बार उसका परिष्कार और मार्जन नहीं कर लेते थे तब तक छपने नहीं देते थे। भारतेंदु के वे घनिष्ठ मित्र थे पर लिखने में उनके 'उतावलेपन' की शिकायत अक्सर किया करते थे। वे कहते थे कि बाबू हरिश्चंद्र अपनी उमंग में जो कुछ लिख जाते थे उसे यदि एक बार और देखकर परिमार्जित कर लिया करते तो वह और भी सुडौल और सुंदर हो जाता। एक बार उन्होंने मुझसे कांग्रेस के दो दल हो जाने पर एक नाटक लिखने को कहा। मैंने जब लिखकर दिया तब उसके वाक्य को पढ़कर ये कहने लगे इसे यों कर दीजिए–'दोनों दलों की दलादली में दलपति का विचार भी दलदल में फंसा रहा।' भाषा अनुप्रासमयी और चुहचुहाती हुई होने पर भी उनका पदविन्यास व्यर्थ के आडंबर के रूप में नहीं होता था। उनके लेख अर्थगर्भित और सूक्ष्म विचारपूर्ण होते थे। लखनऊ की उर्दू का जो आदर्श था वही उनकी हिंदी का था।

चौधरी साहिब ने कई नाटक लिखे हैं। 'भारत सौभाग्य' कांग्रेस के अवसर पर खेले जाने के लिए सन् 1888 में लिखा गया था। यह नाटक विलक्षण है। पात्र इतने अधिक और इतने प्रकार के हैं कि अभिनय दुस्साध्य ही समझिए। भाषा भी रंगबिरंगी है–पात्रों के अनुरूप उर्दू, मारवाड़ी, बैसवाड़ी, भोजपुरी पंजाबी, मराठी, बंगाली, सब कुछ मिलेगी। नाटक की कथावस्तु है बद-एकबदल हिंदी की प्रेरणा से सन् 1857 का गदर, अंग्रेजों के अधिकार की पुनःप्रतिष्ठा और नेशनल कांग्रेस की स्थापना। नाटक के आरंभ के दृश्यों में लक्ष्मी, सरस्वती और दुर्गा का भारत से प्रस्थान भारतेंदु के 'पै धन विदेश चलि जाय यहै अति ख्वारी' से अधिक काव्योचित और मार्मिक है।

'प्रयाग रामागमन' नाटक में राम का भरद्वाज आश्रम में पहुँचकर आतिथ्य ग्रहण है। इसमें सीता की भाषा ब्रज रखी गयी है। 'वीरांगना रहस्य महानाटक' (अथवा वेश्याविनोद महानाटक) दुर्व्यसनग्रस्त समाज का चित्र खींचने के लिए उन्होंने संवत् 1943 से ही उठाया और थोड़ा-थोड़ा करके समय-समय पर अपनी 'आनंदकादंबिनी' में निकालते रहे, पर पूरा न कर सके। इसमें जगह-जगह श्रृंगाररस के श्लोक, कवित्त, सवैये, गज़ल, शेर इत्यादि रखे गये हैं।

विनोदपूर्ण प्रहसन तो अनेक प्रकार के ये अपनी पत्रिका में बराबर निकालते रहे। सच पूछिए तो 'आनंदकादंबिनी' प्रेमघन जी ने अपने ही उमड़ते हुए विचारों और भावों को अंकित करने के लिए निकाली थी। और लोगों के लेख उसमें नहीं के बराबर रहा करते थे। इस पर भारतेंदु जी ने एक बार उनसे कहा था कि 'जनाब! यह किताब नहीं कि जो आप अकेले ही हर काम फरमाया करते हैं, बल्कि अखबार है कि जिसमें अनेक जनलिखित लेख होना आवश्यक है और यह भी जरूरत नहीं कि सब एक तरह के लिक्खाड़ हों।' अपनी पत्रिका में किस शैली की भाषा लेकर चौधरी साहब मैदान में आये इसे दिखाने के लिए हम उसके प्रारंभ काल संवत् 1938 की एक संख्या से कुछ अंश नीचे देते हैं–

परिपूर्ण पावस

जैसे किसी देशाधीश के प्राप्त होने से देश का रंग-ढंग बदल जाता है तद्रूप पावस के आगमन से इस सारे संसार ने भी दूसरा रंग पकड़ा; भूमि हरी-भरी होकर नाना प्रकार की घासों से सुशोभित भई, मानो मारे मोद के रोमांच की अवस्था को प्राप्त भई। सुंदर हरित पत्रावलियों से भरित तरुगनों की सुहावनी लताएँ लिपट-लिपट मानो मुग्धमयंकमुखियों को अपने प्रियतमों के अनुरागालिंगन की विधि बतलातीं; इगसे युक्त पर्वतों के श्रृंगों के नीचे सुंदरी दरीसमूह के स्वच्छ श्वेता जलप्रवाह ने मानो पारा की धारा और बिल्लौर की ढार को तुच्छ कर युगल पार्श्व की हरी-भरी भूमि के, कि जो मारे हरेपन के श्यामता की झलक दे अलक की शोभा लाई है; बीचोबीच माँग-सी काढ़ मन माँग लिया और पत्थर की चट्टानों सुंबुल अर्थात् हंसराज की जटाओं का फैलना बिथरी हुई लटों के लावण्य का लाना है।

कादंबिनी में समाचार तक कभी-कभी बड़ी रंगीन भाषा में लिखे जाते थे। संवत् 1942 की संख्या का एक 'स्थानिक संवाद' देखिए–

दिव्यदेवी श्री महाराणी बड़हर लाख झंझट झेल और चिरकाल पर्यंत बड़े-बड़े उद्योग और मेल से दुख के दिन सकेल, अचल 'कोर्ट' का पहाड़ ढकेल फिर

गद्दी पर बैठ गयी। ईश्वर का भी क्या खेल है कि कभी तो मनुष्य पर दुख की रेलपेल और कभी उसी पर सुख की कुलेल है।

पीछे जो उनका साप्ताहिक पत्र 'नागरीनीरद' निकला उसके शीर्षक भी वर्षा के खासे रूपक हुए; जैसे 'संपादकीय सम्मतिसमीर', 'प्रेरितकलापिककलरव', 'हास्यहरितांकुर', 'वृत्तांतवकुलाकावलि', 'काव्यामृतवर्षा', 'विज्ञापनवीरबहूटियाँ', 'नियमनिर्घोष'।

समालोचना का सूत्रपात हिंदी में एक प्रकार से भट्ट जी और चौधरी साहब ने ही किया। समालोच्य पुस्तक के विषयों का अच्छी तरह विवेचन करके उसके गुण-दोष के विस्तृत निरूपण की चाल उन्होंने चलायी। बाबू गदाधर सिंह ने 'बंगविजेता' का जो अनुवाद किया था उसकी आलोचना कादंबिनी में 5 पृष्ठों में हुई थी। लाला श्रीनिवासदास के 'संयोगिता स्वयंवर' की बड़ी विस्तृत और कठोर समालोचना चौधरी जी ने कादंबिनी के 21 पृष्ठों में निकाली थी। उसका कुछ अंश नमूने के लिए नीचे दिया जाता है–

यद्यपि इस पुस्तक की समालोचना करने के पूर्व इसके समालोचकों की समालोचनाओं की समालोचना करने की आवश्यकता जान पड़ती है, क्योंकि जब हम इस नाटक की समालोचना अपने बहुतेरे सहयोगी और मित्रों को करते देखते हैं, तो अपनी ओर से जहाँ तक खुशामद और चापलूसी का कोई दरजा पाते हैं, शेष छोड़ते नहीं दिखाते।

× × × × ×

नाट्यरचना के बहुतेरे दोष 'हिंदी प्रदीप' ने अपनी 'सच्ची समालोचना' में दिखलाये हैं। अतएव उसमें हम विस्तार नहीं देते, हम केवल यहाँ अलग-अलग उन दोषों को दिखलाना चाहते हैं जो प्रधान और विशेष हैं। तो जानना चाहिए कि यदि यह संयोगिता स्वयंवर पर नाटक लिखा गया तो इसमें कोई दृश्य स्वयंवर का न रखना मानो इस कविता का नाश कर डालना है; क्योंकि यही इसमें वर्णनीय विषय है।

× × × × ×

नाटक के प्रबंध का कुछ कहना ही नहीं, एक गँवार भी जानता होगा कि स्थान-परिवर्तन के कारण गर्भांक की आवश्यकता होती है; अर्थात् स्थान के बदलने में परदा बदला जाता है और इसी पर्दे को बदलने को दूसरा गर्भांक मानते हैं, सो आपने एक ही गर्भांक में तीन स्थान बदल डाले।

× × × × ×

गर्ज कि इस सफहे की कुल स्पीचें 'मर्चेंट ऑफ बेनिस' से ली गयीं। पहले तो मैं यह पूछता हूँ कि विवाह में मुद्रिका-परिवर्तन की रीति इस देश की नहीं बल्कि यूरोप की (है), मैंने माना कि आप शकुंतला को दुष्यंत के मुद्रिका देने का प्रमाण देंगे पर वो तो परिवर्तन न था किंतु महाराज ने अपना स्मारक चिह्न दिया था।

5. लाला श्रीनिवासदास : इनके पिता लाला मंगलीलाल मथुरा के प्रसिद्ध सेठ लक्ष्मीचंद्र के मुनीम क्या, मैनेजर थे जो दिल्ली में रहा करते थे। वहाँ श्रीनिवासदास का जन्म संवत् 1908 और मृत्यु संवत् 1944 में हुई।

भारतेंदु के समसामयिक लेखकों में उनका भी एक विशेष स्थान था। उन्होंने कई नाटक

लिखे हैं। 'प्रह्लादचरित' 11 दृश्यों का एक बड़ा नाटक है, पर उसके संवाद आदि रोचक नहीं, भाषा भी अच्छी नहीं। 'तप्तासंवरण नाटक' सन् 1874 के हरिश्चंद्र मैगजीन में छपा था, पीछे सन् 1883 ई. में पुस्तकाकार प्रकाशित हुआ। इसमें तप्ता और संवरण की पौराणिक प्रेमकथा है। संवरण ने तप्ता के ध्यान में लीन रहने के कारण गौतम मुनि को प्रणाम नहीं किया। इस पर उन्होंने शाप दिया कि जिसके ध्यान में तुम मग्न हो वह तुम्हें भूल जाये। फिर सदय होकर शाप का वह परिहार उन्होंने बताया कि अंगस्पर्श होते ही उसे तुम्हारा स्मरण हो जायेगा।

लाला जी के 'रणधीर और प्रेममोहिनी' नाटक की उस समय अधिक चर्चा हुई थी। पहले पहल यह नाटक संवत् 1934 में प्रकाशित हुआ था और इसके साथ ही एक भूमिका थी जिसमें नाटकों के संबंध में कई बातें अंग्रेजी नाटकों पर दृष्टि रखकर लिखी गयी थीं। यह स्पष्ट जान पड़ता है कि यह नाटक उन्होंने अंग्रेजी नाटकों के ढंग पर लिखा था। 'रणधीर और प्रेममोहिनी' नाम ही 'रोमियो ऐंड जूलियट' की ओर ध्यान ले जाता है। कथावस्तु भी इनकी सामान्य प्रथानुसार पौराणिक या ऐतिहासिक न होकर कल्पित है। पर यह वस्तुकल्पना मध्ययुग के राजकुमार-राजकुमारियों के क्षेत्र के भीतर ही हुई है—पाटन का राजकुमार है और सूरत की राजकुमारी। पर दृश्यों में देशकालानुसार सामाजिक परिस्थिति का ध्यान नहीं रखा गया है। कुछ दृश्य तो आजकल का समाज सामने लाता है, कुछ मध्य युग का और कुछ उस प्राचीन काल का जब स्वयंवर की प्रथा प्रचलित थी। पात्रों के अनुरूप भाषा रखने के प्रयत्न में मुंशी जी की भाषा इतनी घोर उर्दू कर दी गयी है कि केवल हिंदी पढ़ा व्यक्ति एक पंक्ति भी नहीं समझ सकता। कहाँ स्वयंवर, कहाँ ये मुंशी जी!

जैसा ऊपर कहा गया है, यह नाटक अँग्रेजी नाटकों के ढंग पर लिखा गया है। इसमें प्रस्तावना नहीं रखी गयी है। दूसरी बात यह कि यह दुखांत है। भारतीय रूपक क्षेत्र में दुखांत नाटकों का चलन न था। इसकी अधिक चर्चा का एक कारण यह भी था।

लाला जी का 'संयोगिता स्वयंवर' नाटक सबसे पीछे का है। यह पृथ्वीराज द्वारा संयोगिता हरण का प्रचलित प्रवाद लेकर लिखा गया है।

श्रीनिवासदास ने 'परीक्षागुरु' नाम का एक शिक्षाप्रद उपन्यास भी लिखा। वे खड़ी बोली के बोलचाल के शब्द और मुहावरे अच्छे लाते थे। उपर्युक्त चारों लेखकों में प्रतिभाशालियों का मनमौजीपन था पर लाला श्रीनिवासदास व्यवहार में दक्ष और संसार का ऊँचा-नीचा समझने वाले पुरुष थे। अतः उनकी भाषा संयत और साफ-सुथरी तथा रचना बहुत कुछ सोद्देश्य होती थी। 'परीक्षागुरु' से कुछ अंश नीचे दिया जाता है—

> **'मुझे आपकी यह बात बिलकुल अनोखी मालूम होती है!' भला परोपकारादि शुभ कामों का परिणाम कैसे बुरा हो सकता है? पं. पुरुषोत्तमदास ने कहा। 'जैसे अन्न प्राणाधार है परंतु अतिभोजन से रोग उत्पन्न होता है' लाला ब्रजकिशोर कहने लगे, 'देखिए परोपकार की इच्छा अत्यंत उपकारी है परंतु हद से आगे बढ़ने पर वह भी फिजूलखर्ची समझी जायेगी और अपने कुटुंब, परिवारादि का सुख नष्ट हो जायेगा। जो आलसी अथवा अधर्मियों की सहायता की तो उससे संसार में आलस्य और पाप की वृद्धि होगी। इसी तरह कुपात्र में भक्ति होने से लोक-परलोक दोनों नष्ट हो जायेंगे। न्यायपरता यद्यपि सब वृत्तियों को समान रखने वाली है, परंतु इसकी अधिकता से भी मनुष्य के स्वभाव में मिलनसारी नहीं रहती, क्षमा नहीं रहती। जब**

बुद्धिवृत्ति के कारण किसी वस्तु के विचार में मन अत्यंत लग जायेगा, तो और जानने लायक पदार्थों की अज्ञानता बनी रहेगी। आनुषंगिक प्रवृत्ति के प्रबल होने से जैसा संग होगा वैसा रंग तुरंत लग जाया करेगा।'

ऊपर के उद्धरण में अंग्रेजी उपन्यासों के ढंग पर भाषण के बीच में या अंत में 'अमुक ने कहा', 'अमुक कहने लगे' ध्यान देने योग्य है। खैरियत हुई कि इस प्रथा का अनुसरण हिंदी के उपन्यासों में नहीं हुआ।

6. ठाकुर जगमोहन सिंह : भारतेंदु जी के मित्रों में कई बातों में उन्हीं की-सी तबीयत रखने वाले विजय राघवगढ़ (मध्य प्रदेश) के राजकुमार ठाकुर जगमोहन सिंह जी थे। उनका जन्म श्रावण शुक्ल 14, संवत् 1914 और मृत्यु संवत् 1956 (मार्च, सन् 1899) में हुई। वे शिक्षा के लिए कुछ दिन काशी में रखे गये थे जहाँ उनका भारतेंदु के साथ मेल-जोल हुआ। ये संस्कृत साहित्य और अंग्रेजी के अच्छे जानकार तथा हिंदी के एक प्रेमपथिक कवि और माधुर्यपूर्ण गद्य लेखक थे। प्राचीन संस्कृत साहित्य के अभ्यास और विंध्याटवी के रमणीय प्रदेश में निवास के कारण विविध भावमयी प्रकृति के रूपमाधुर्य की जैसी सच्ची परख, जैसी सच्ची अनुभूति, उनमें थी वैसी उस काल के किसी हिंदी कवि या लेखक में नहीं पायी जाती। अब तक जिन लेखकों की चर्चा हुई उनके हृदय में इस भूखंड की रूपमाधुरी के प्रति कोई सच्चा प्रेमसंस्कार न था। परंपरा पालन के लिए चाहे प्रकृति का वर्णन उन्होंने किया हो, पर वहाँ उनका हृदय नहीं मिलता। अपने हृदय पर अंकित भारतीय ग्राम्य-जीवन के माधुर्य का जो संस्कार ठाकुर साहब ने अपने 'श्यामास्वप्न' में व्यक्त किया है उसकी सरसता निराली है। बाबू हरिश्चंद्र, पं. प्रतापनारायण आदि कवियों और लेखकों की दृष्टि और हृदय की पहुँच मानवक्षेत्र तक ही थी; प्रकृति के अपर क्षेत्रों तक नहीं। पर ठाकुर जगमोहन सिंह जी ने नरक्षेत्र के सौंदर्य को प्रकृति के और क्षेत्रों के सौंदर्य के मेल में देखा है। प्राचीन संस्कृत साहित्य के रुचिसंस्कार के साथ भारतभूमि की प्यारी रूपरेखा को मन में बसाने वाले वे पहले हिंदी लेखक थे, वहाँ पर बस इतना ही कहकर उनके 'श्यामास्वप्न' का एक दृश्यखंड नीचे देते हैं

नर्मदा के दक्षिण दंडकारण्य का एक दक्षिण कोशल नाम से प्रसिद्ध है–

याही मग ह्वै के गये दंडकवन श्रीराम।
तासों पावन देस वह वंध्याटवी ललाम॥

मैं कहाँ तक इस सुंदर देश का वर्णन करूँ? ...जहाँ की निर्झरिणी–जिनके तीर वानीर से भरे, मदकल कूजित बिहंगमों से शोभित हैं, जिनके मूल से स्वच्छ और शीतल जलधारा बहती है, और जिनके किनारे के श्याम जंबू के निकंज फलभार से नमित जानते हैं–शब्दायमान होकर झरती हैं। +++जहाँ के शल्लकी वृक्षों की छाल में हाथी अपना बदन रगड़-रगड़कर खुजली मिटाते हैं उनमें से निकला क्षीर सब वन के शीतल समीर को सुरक्षित करता है। मंजुवंजुल की लता और नील निचुल के निकंज जिनके पत्ते ऐसे सघन जो सूर्य की किरनों को भी नहीं निकलने देते, इस नदी के तट पर शोभित हैं।

ऐसे दंडकारण्य के प्रदेश में भगवती चित्रोत्पला, जो नीलोत्पलों की झोंपड़ियों और मनोहर पहाड़ियों के बीच होकर बहती है, कंकगृद्ध नामक पर्वत से निकल

अनेक दुर्गम, विषम और असम भूमि के ऊपर से, बहुत-से तीर्थों और नगरों को अपने पुण्यजल से पावन करती, पूर्व समुद्र में गिरती है।

इसी नदी के तीर अनेक जंगली गाँव बसे हैं। मेरा ग्राम इन सभों से उत्कृष्ट और शिष्ट जनों से पूरित है। इसके नाम ही को सुनकर तुम जानोगे कि यह कैसा सुंदर ग्राम है। +++ इस पावन अभिराम ग्राम का नाम श्यामपुर है। यहाँ आम के आराम पथिकों और पवित्र यात्रियों को विश्राम और आराम देते हैं। +++ पुराने टूटे-फूटे देवाले इस ग्राम की प्राचीनता के साक्षी हैं। ग्राम के सीमांत के झाड़ जहाँ झुंड-के झुंड कौए और बगुले बसेरा लेते हैं, गँवई की शोभा बताते हैं! पौ फटते और गोधूली के समय गैयों के खुरों से उड़ी धूल ऐसी गलियों में छा जाती है मानो कुहिरा गिरता हो। +++ ऐसा सुंदर ग्राम जिसमें श्यामसुंदर स्वयं विराजमान हैं, मेरा जन्म-स्थान था।

कवियों के पुराने प्यार की बोली में देश की दृश्यावली को सामने रखने का मूक समर्थन तो इन्होंने किया ही है, साथ ही भाव की प्रबलता से प्रेरित कल्पना के विप्लव और विक्षेप अंकित करने वाली एक प्रकार की प्रलापशैली भी इन्होंने निकाली जिसमें रूपविधान का वैलक्षण्य प्रधान था न कि शब्दविधान का। क्या अच्छा होता यदि इस शैली का स्वतंत्र रूप से विकास होता। तब तो बंग साहित्य में प्रचलित इस शैली का शब्दप्रधानरूप, जो हिंदी पर कुछ काल से चढ़ाई कर रहा है और अब काव्य क्षेत्र का अतिक्रमण कर कभी-कभी विषयनिरूपक निबंधों तक का अर्थग्रास करने दौड़ता है, शायद जगह न पाता।

7. बाबू तोताराम : ये जाति के कायस्थ थे। इनका जन्म संवत् 1804 में और मृत्यु दिसंबर, 1902 में हुई। बी.ए. पास करके ये हेडमास्टर हुए पर अंत में नौकरी छोड़कर अलीगढ़ में प्रेस खोलकर 'भारतबंधु' पत्र निकालने लगे। हिंदी का हर एक प्रकार से हितसाधन करने के लिए जब भारतेंदु जी खड़े हुए थे उस समय उनका साथ देने वालों में ये भी थे। इन्होंने 'भाषासंवर्धिनी' नाम की एक सभा स्थापित की थी। ये हरिश्चंद्रचंद्रिका के लेखकों में थे। उसमें 'कीर्तिकेतु' नाम का एक नाटक भी निकाला था। ये जब तक रहे हिंदी के प्रचार और उन्नति में लगे रहे। इन्होंने कई पुस्तकें लिखकर अपनी सभा के सहायतार्थ अर्पित की थीं–जैसे 'केटोकृतांत नाटक' (अंग्रेजी का अनुवाद), 'स्त्री सुबोधिनी'। भाषा इनकी साधारण अर्थात् विशेषतारहित है। इनके 'कीर्ति केतु' नाटक का एक भाषण देखिए–

यह कौन नहीं जानता? परंतु इस नीच संसार के आगे कीर्तिकेतु बिचारे की क्या चलती है। जो पराधीन होने ही से प्रसन्न रहता है और सिसुभार की सरन जा गिरने का जिसे चाव है, हमारा पिता अत्रिपुर में बैठा हुआ वृथा रमावती नगरी की नाममात्र प्रतिष्ठा बनाये है। नवपुर की निबल सेना और एक रीती थोथी सभा, जो निष्फल युद्धों से शेष रह गयी है, वह अपने संग है। हे ईश्वर!

भारतेंदु के साथ हिंदी की उन्नति में योग देने वालों में नीचे लिखे महानुभाव भी विशेष उल्लेख योग हैं–

8. पं. केशवराम भट्ट : भट्ट जी महाराष्ट्री ब्राह्मण थे जिनके पूर्वज बिहार में बस गये थे। उनका जन्म संवत् 1911 में और मृत्यु संवत् 1961 में हुई। उनका संबंध शिक्षाविभाग से था। कुछ स्कूली पुस्तकों के अतिरिक्त उन्होंने 'सज्जाद सुंबुल' और 'शमशाद सौसन'

नामक दो नाटक भी लिखे जिनकी भाषा उर्दू ही समझिए। इन दोनों नाटकों की विशेषता यह है कि वर्तमान जीवन को लेकर लिखे गये हैं। इनमें हिंदू, मुसलमान, अंग्रेज, लुटेरे, लफंगे, मुकदमेबाज, मारपीट करने वाले, रुपया हजम करने वाले इत्यादि अनेक ढंग के पात्र आये हैं। संवत् 1929 में उन्होंने 'बिहारबंधु' निकाला था और 1931 में 'बिहारबंधु प्रेस' खोला था।

9. पं. राधाचरण गोस्वामी : इनका जन्म वृंदावन में संवत् 1915 में हुआ और मृत्यु संवत् 1982 (दिसंबर, सन् 1925) में हुई। ये संस्कृत के बहुत अच्छे विद्वान् थे। 'हरिश्चंद्र मैगजीन' को देखते-देखते इनमें दशेभक्ति और समाजसुधार के भाव जगे थे। साहित्य सेवा के विचार से इन्होंने 'भारतेंदु' नाम का एक पत्र कुछ दिनों तक वृंदावन से निकाला था। अनेक सभा-समाजों में सम्मिलित होने और समाजसुधार का उत्साह रखने के कारण ये कुछ ब्रह्मसमाज की ओर आकर्षित हुए थे उसके पक्ष में 'हिंदी बांधव' में कई लेख भी लिखे थे। भाषा इनकी गठी हुई होती थी।

इन्होंने कई बहुत ही अच्छे मौलिक नाटक लिखे हैं, जैसे सुदामा नाटक, सती चंद्रावली, अमरसिंह राठौर, तन-मन-धन श्री गोसाईं जी के अर्पण। इनमें में 'सती चंद्रावली' और 'अमरसिंह राठौर' बड़े नाटक हैं। 'सती चंद्रावली' की कथावस्तु औरंगजेब के समय हिंदुओं पर होने वाले अत्याचारों का चित्र खींचने के लिए बड़ी निपुणता के साथ कल्पित की गयी है। अमर सिंह राठौर ऐतिहासिक है। नाटकों के अतिरिक्त इन्होंने 'बिरजा', 'जावित्री' और 'मृण्मयी' नामक उपनयासों के अनुवाद भी बंगभाषा से किये हैं।

10. पं. अंबिकादत्त व्यास : व्यास जी का जन्म संवत् 1915 और मृत्यु संवत् 1957 में हुई। ये संस्कृत के प्रतिभाशाली विद्वान्, हिंदी के अच्छे कवि और सनातन धर्म के बड़े उत्साही उपदेशक थे। इनके धर्मसंबंधी व्याख्यानों की धूम रहा करती थी। 'अवतार मीमांसा' आदि धर्मसंबंधी पुस्तकों के अतिरिक्त इन्होंने बिहारी के पदों के दोहों के भाव को विस्तृत करने के लिए 'बिहारी-बिहार' नाम का एक बड़ा काव्यग्रंथ लिखा। गद्यरचना का भी विवेचन इन्होंने अच्छा किया है। पुरानी चाल की कविता (जैसे पावसपचासा) के अतिरिक्त इन्होंने 'गद्यकाव्य-मीमांसा' आदि अनेक गद्य की पुस्तकें भी लिखीं। 'इन्होंने' 'उन्होंने' के स्थान पर ये 'इनने' 'उनन' लिखते थे।

ब्रजभाषा की अच्छी कविता ये बाल्यवस्था से ही करते थे जिससे बहुत शीघ्र रचना करने का इन्हें अभ्यास हुआ। कृष्णलीला को लेकर इन्होंने ब्रजभाषा में एक 'ललिता नाटिका' लिखी थी। भारतेंदु के कहने से इन्होंने 'गोसंकट नाटक' लिखा जिसमें हिंदुओं के बीच असंतोष फैलने पर अकबर द्वारा गोवध बंद किये जाने की कथावस्तु रखी गयी है।

11. पं. मोहनलाल विष्णुलाल पंड्या : इन्होंने गिरती दशा में 'हरिश्चंद्रचंद्रिका' को सँभाला था और उसमें अपना नाम भी जोड़ा था। इनके रंग-ढंग से लोग इन्हें इतिहास का अच्छा जानकार और विद्वान् समझते थे। कविराज श्यामलदान जी ने जब अपने 'पृथ्वीराज चरित्र' ग्रंथ में 'पृथ्वीराज रासो' को जाली ठहराया था तब इन्होंने 'रासो संरक्षा' लिखकर उसको असल सिद्ध करने का प्रयत्न किया था।

12. पं. भीमसेन शर्मा : ये पहले स्वामी दयानंद जी के दाहिने हाथ थे। संवत् 1940 और 1942 के बीच इन्होंने धर्म संबंधी कई पुस्तकें हिंदी में लिखीं और कई संस्कृत ग्रंथों के हिंदी भाष्य भी निकाले। इन्होंने 'आर्यसिद्धांत' नामक एक मासिक पत्र भी निकाला था।

भाषा के संबंध में इनका विलक्षण मत था। 'संस्कृत भाषा की अद्भुत शक्ति' नाम का एक लेख लिखकर इन्होंने अरबी-फारसी शब्दों को भी संस्कृत बना डालने की राय बड़े जोर-शोर से दी थी-जैसे दुश्मन को दुःश्मन, सिफारिश को 'क्षिप्राशिष' चश्मा को 'चक्ष्मा', शिकायत को 'शिक्षायत्न' इत्यादि।

13. काशीनाथ खत्री : इनका जन्म संवत् 1906 में आगरा के माईथान मुहल्ले में और परलोकवास सिरसा (जिला-इलाहाबाद) मे, जहाँ ये पहले अध्यापक रह चुके थे और अंतिम दिनों में आकर बस गये थे, संवत् 1948 (9 जनवरी, 1891) में हुआ। कुछ दिन गवर्नमेंट वर्नाक्यूलर रिपोर्टर का काम करके पीछे ये लाट साहब के दफ्तर के पुस्तकाध्यक्ष नियुक्त हो गये थे। ये मातृभाषा के सच्चे सेवक थे। नीति, कर्तव्यपालन, स्वदेशहित ऐसे विषयों पर ही लेख और पुस्तक लिखने की ओर उनकी रुचि थी। शुद्ध साहित्यकोटि में आनेवाली रचनाएँ इनकी बहुत कम हैं। ये तीन पुस्तकें उल्लेख योग्य हैं-1. ग्राम पाठशाला और निकृष्ट नौकरी-नाटक, 2. तीन ऐतिहासिक (?) रूपक और 3. बाल विधवा संताप नाटक।

तीन ऐतिहासिक रूपकों में पहला तो है 'सिंध देश की राजकुमारियाँ' जो सिंध में अरबों की चढ़ाईवाली घटना लेकर लिखा गया है; दूसरा है 'गुन्नौर की रानी' जिसमें भूपाल के मुसलमानी राज्य के संस्थापक द्वारा पराजित गुन्नौर के हिंदू राजा की विधवा रानी का वृत्त है। तीसरा है 'लव जी का स्वप्न' जो रघुवंश की एक कथा के आधार पर है।

काशीनाथ खत्री वास्तव में एक अत्यंत अभ्यस्त अनुवाद थे। इन्होंने कई अंग्रेजी पुस्तकों, लेखों और व्याख्यानों के अनुवाद प्रस्तुत किये, जैसे-शेक्सपियर के मनोहर नाटकों के आख्यानों (लैंब कृत) का अनुवाद; नीत्युपदेश (ब्लैकी के सेल्फ कल्चर का अनुवाद) देश की दरिद्रता और अंग्रेजीराजनीति (दादाभाई नौरोजी के व्याख्यान का अनुवाद); भारत त्रिकालिक दशा (कर्नल कलकाट के व्याख्यान का अनुवाद) इत्यादि। अनुवादों के अतिरिक्त इन्होंने 'भारतवर्ष की विख्यात स्त्रियों के चरित्र 'यूरोपियन' 'धर्मशीला स्त्रियों के चरित्र', 'मात्भाषा की उन्नति किस विधि करना योग्य है' इत्यादि अनेक छोटी-छोटी पुस्तकें और लेख लिखे।

14. राधाकृष्णदास : ये भारतेंदु हरिश्चंद्र के फुफेरे भाई थे। इनका जन्म संवत् 1922 और मृत्यु संवत् 1964 में हुई। इन्होंने भारतेंदु का अधूरा छोड़ा हुआ नाटक 'सती प्रताप' पूरा किया था। इन्होंने पहले 'दुखिनी बाला' नामक एक छोटा सा रूपक लिखा था जो 'हरिश्चंद्र चंद्रिका' और 'मोहन चंद्रिका' में प्रकाशित हुआ था। इसमें जन्मपत्री मिलान, बाल विवाह, अपव्यय आदि कुरीतियों का दुष्परिणाम दिखाया गया है। इनका दूसरा नाटक है 'महारानी पद्मावती अथवा मेवाड़ कमलिनी' जिसकी रचना चित्तौड़ पर अलाउद्दीन की चढ़ाई के समय की पद्मिनीवाली घटना को लेकर हुई है। इनका सबसे उत्कृष्ट और बड़ा नाटक 'महाराणा प्रताप' (या राजस्थान केसरी) है जो संवत् 1954 में समाप्त हुआ था। यह नाटक बहुत ही लोकप्रिय हुआ और इसका अभिनय कई बार कई जगह हुआ।

भारतीय प्रथा के अनुसार इसके सब पात्र भी आदर्श के साँचे में ढले हुए हैं। कथोपकथन यद्यपि चमत्कारपूर्ण नहीं, पर पात्र और अवसर के सर्वथा उपयुक्त है; उनमें कहीं-कहीं ओज भी पूरा है। वस्तुयोजना बहुत ही व्यवस्थित है। इस नाटक में अकबर का हिंदुओं के प्रति सद्भाव उनकी कूटनीति के रूप में प्रदर्शित है। यह बातें चाहे कुछ लोगों को पसंद न हों।

नाटकों के अतिरिक्त इन्होंने 'निस्सहाय हिंदू' नामक एक छोटा-सा उपन्यास भी लिखा

था। बँगला के कई उपन्यासों के अनुवाद इन्होंने किये हैं–जैसे स्वर्णलता, मरता क्या न करता।

15. कार्तिकप्रसाद खत्री : (जन्म संवत् 1908, मृत्यु 1961) ये आसाम, बंगाल आदि कई स्थानो में रहे। हिंदी का प्रेम इनमें अधिक था कि बीस वर्ष की अवस्था में ही उन्होंने कलकत्ता से हिंदी की पत्र-पत्रिकाएँ निकालने का उद्योग किया था। 'रेल का विकट खेल' नाम का एक नाटक 15 अप्रैल, सन् 1874 ई. की संख्या से 'हरिश्चंद्र मैगजीन' में छपने लगा था, पर पूरा न हुआ। 'इला', 'प्रमिला', 'जया', 'मधुमालती' इत्यादि अनेक बँगला उपन्यासों के इनके किये अनुवाद काशी के 'भारत जीवन' प्रेस से निकल।

16. फ्रेडरिक पिंकाट : इनका उल्लेख पहले हो चुका है और यह कहा जा चुका है कि इंग्लैंड में बैठे-बैठे हिंदी में लेख और पुस्तकें लिखते और हिंदी लेखकों के साथ पत्र व्यवहार भी हिंदी में ही करते थे। उन्होंने दो पुस्तकें हिंदी में लिखी हैं–

1. बालदीपक 4 भाग (नागरी और कथा अक्षरों में), 2. विक्टोरिया चरित्र।

ये दोनों पुस्तकें खड्गविलास प्रेस, बाँकीपुर में छपी थीं। 'बालदीपक' बिहार के स्कूलों में पढ़ाई जाती थी। उसके एक पाठ का कुछ अंश भाषा के नमूने के लिए दिया जाता है–

हे लड़को! तुमको चाहिए कि अपनी पोथी को बहुत सँभालकर रखो। मैली न होने पावे, बिगड़े नहीं, और जब उसे खोलो, चौकसाई से खोलो कि उसका पन्ना उँगली के तले दबकर फट न जाये।

'विक्टोरियाइ चरित्र' 136 पृष्ठों की पुस्तक है। इसकी भाषा उनके पत्रों की भाषा की अपेक्षा अधिक मुहावरेदार है।

उनके विचार उनके लंबे-लंबे पत्रों से मिलते हैं। बाबू कार्तिकप्रसाद खत्री को संवत् 1943 के लगभग अपने एक पत्र में वे लिखते है–

आपका सुखद पत्र मुझे मिला और उससे मुझको परम आनंद हुआ। आपकी समझ में हिंदी भाषा का प्रचलित होना उत्तर-पश्चिमवासियों के लिए सबसे भारी बात है। मैं भी संपूर्ण रूप से जानता हूँ कि जब तक किसी देश में निज भाषा और अक्षर सरकारी और व्यवहार संबंधी कामें में नहीं प्रवृत्त होते हैं, तब तक उस देश का परम सौभाग्य हो नहीं सकता। इसलिए मैंने बार-बार हिंदी भाषा के प्रचलित करने का उद्योग किया है। देखो अस्सी बरस हुए बंगाली भाषा निरी अपभ्रंश भाषा थी। पहले पहल थोड़ी-थोड़ी संस्कृत बातें उसमें मिली थीं। परंतु अब क्रम करके सँवारने से निपट अच्छी भाषा हो गयी। इसी तरह चाहिए कि इन दिनों में पंडित लोग हिंदी भाषा में थोड़ी-संस्कृत बातें मिलावें। इस पर भी स्मरण वे कीजिए कि उत्तर-पश्चिम में हजार बरस तक फारसी बोलने वलो लोग राज करते थे। इसी कारण उस देश के लोग बहुत असंभव है। इसलिए उनको निकाल देने का उद्योग मूर्खता का काम है।

हिंदुस्तानी पुलिस की करतूतों को सुनकर आपने बाबू कार्तिकप्रसाद को लिखा था–

कुछ दिन हुए कि मेरे एक हिंदुस्तानी दोस्त ने हिंदुस्तान के पुलिस के जुल्म की ऐसी तस्वीर खींची कि मैं हैरान हो गया। मैंने एक चिट्ठी लाहौर नगर के 'ट्रीब्यून' नामी समाचार-पत्र को लिखी। उस चिट्ठी के छपते ही मेरे पास बहुत-से लोगों ने चिट्ठियाँ भेजीं जिनसे प्रकाशित हुआ कि पुलिस का जुल्म उससे भी ज्यादा है

जितना मैंने सुना था। अब मैंने पक्का इरादा कर लिया है कि जब तक हिंदुस्तान की पुलिस वैसे ही न हो जावे कि हमारे इँगलिस्तान में है, मैं इस बात का पीछा न छोड़ूँगा।

भारतेंदु हरिश्चंद्र को एक चिट्ठी पिंकाट साहब ने ब्रजभाषा गद्य में लिखी थी जो नीचे दी जाती है–

बैस बंस अवतंस, श्रीबाबू हरिचंद्र जू।
छीर-नीर कलहंस, टुक उत्तर लिखि देव मोहिं॥
पर उपकार में उदार अवनी में एक,
भाषत अनेक यह राजा हरिचंद है।
विभव बड़ाई वपु वसन विलास लखि
कहत यहाँ के लोग बाबू हरिचंद है।
चंद वैसो अमिय अनंदकर आरत को
कहत कविंद यह भारत को चंद है।
कैसे अब देखैं, को बतावै, कहाँ पावैं? हाय,
कैसे वहाँ आवै हम कोई मतिमंद है॥
श्रीयुत् सकल-कविंद-कुल-नुत बाबू हरिचंद।
भारत-हृदय-सतार-नभ उदय रहा जनुचंद॥

प्रचारकार्य

भारतेंदु के समय से साहित्यनिर्माण का कार्य तो धूमधाम से चल पड़ा, पर साहित्य के सम्यक् प्रचार में कई प्रकार की बाधाएँ थीं। अदालतों की भाषा बहुत पहले से उर्दू चली आ रही थी इससे अधिकतर बालकों को अंग्रेजी के साथ या अकेले उर्दू की ही शिक्षा दी जाती थी। शिक्षा का उद्देश्य अधिकतर सरकारी नौकरियों के योग्य बनाना ही समझा जाता रहा है। इससे चारों ओर उर्दू पढ़े-लिखे लोग ही दिखाई पड़ते थे। ऐसी अवस्था में साहित्य-निर्माण के साथ हिंदी के प्रचार का उद्योग भी बराबर चलता रहा। स्वयं बाबू हरिश्चंद्र को हिंदी भाषा और नागरी अक्षरों की उपयोगिता समझने के लिए बहुत-से नगरों में व्याख्यान देने के लिए जान पड़ता था। उन्होंने इस संबंध में कई पैंफलेट भी लिखे। हिंदी प्रचार के लिए बलिया में बड़ी भारी सभा हुई थी जिससे भारतेंदु का बड़ा मार्मिक व्याख्यान हुआ था। वे जहाँ जाते अपना यह मूल मंत्र अवश्य सुनाते थे–

निज भाषा उन्नति अहै, सब उन्नति को मूल।
बिनु निज भाषा ज्ञान के, मिटत न हिय को सूल॥

इसी प्रकार पं. प्रतापनारायण मिश्र भी 'हिंदी, हिंदू, हिंदुस्तानी' का राग अलापते फिरते थे। कई स्थानों पर हिंदी प्रचार के लिए सभाएँ स्थापित हुईं। बाबू तोताराम द्वारा स्थापित अलीगढ़ की 'भाषा संवर्द्धिनी' सभा का उल्लेख हो चुका है। ऐसी ही एक सभा सन् 1884 में 'हिंदी उद्धारिणी प्रतिनिधि मध्य सभा' के नाम से प्रयाग में प्रतिष्ठित हुई थी। सरकारी दफ्तरों में नागरी के प्रवेश के लिए बाबू हरिश्चंद्र ने कई बार उद्योग किया था। सफलता न प्राप्त होने पर भी इस प्रकार का उद्योग बराबर चलता रहा। जब लेखकों की दूसरी पीढ़ी तैयार

हुई तब उसे बहुत कुछ अपनी शक्ति प्रचार के काम में भी लगानी पड़ी।

भारतेंदु के अस्त होने के उपरांत ज्यों-ज्यों हिंदी गद्य साहित्य की वृद्धि होती गयी त्यों-त्यों प्रचार की आवश्यकता भी अधिक दिखाई पड़ती गयी। अदालती भाषा उर्दू होने से नवशिक्षितों को अधिक संख्या उर्दू पढ़ने वालों की थी जिससे हिंदी पुस्तकों के प्रकाशन का उत्साह बढ़ने नहीं पाता था। इस साहित्य संकट के अतिरिक्त नागरी का प्रवेश सरकारी दफ्तरों में न होने से जनता का घोर संकट भी सामने था। अत: संवत् 1950 में कई उत्साही छात्रों के उद्योग से, जिनमें बाबू श्याम सुंदर दास, पं. रामनारायण मिश्र और ठा. शिवकुमार सिंह मुख्य थे, काशी नागरी प्रचारिणी सभा की स्थापना हुई। सच पूछिए तो इस सभा की सारी समृद्धि और कीर्ति बाबू श्यामसुंदर जी के त्याग और सतत परिश्रम का फल है। वे ही आदि से अंत तक इसके प्राणस्वरूप स्थित होकर बराबर इसे अनेक उद्योग-धंधों में तत्पर करते रहे। इसके प्रथम सभापति भारतेंदु के फुफेरे भाई बाबू राधाकृष्णदास हुए। इसके सहायकों में भारतेंदु के सहयोगियों में से कई सज्जन थे जैसे—रायबहादुर पं. लक्ष्मीशंकर मिश्र, एम.ए. खड्गविलास प्रेस के स्वामी बाबू रामदीन सिंह, 'भारतजीवन' के अध्यक्ष बाबू राधाकृष्ण वर्मा, बाबू गदाधर सिंह, बाबू कार्तिकप्रसाद खत्री इत्यादि। इस सभा के उद्देश्य दो हुए—नागरी अक्षरो का प्रचार और हिंदी साहित्य की समृद्धि।

उक्त दो उद्देश्यों में यद्यपि प्रथम का प्रत्यक्ष संबंध हिंदी साहित्य के इतिहास से नहीं जान पड़ता, पर परोक्ष संबंध अवश्य है। पहले कह आये हैं कि सरकारी दफ्तरों आदि में नागरी का प्रवेश न होने से नवशिक्षितों में हिंदी पढ़ने वालों की पर्याप्त संख्या नहीं थी। इससे नूतन साहित्य के निर्माण और प्रकाशन से पूरा उत्साह नहीं बना रहने पाता था। पुस्तकों का प्रचार होते न देख प्रकाशक भी हतोत्साह हो जाते थे और लेखक भी। ऐसी परिस्थिति में नागरी प्रचारिणी के आंदोलन का साहित्य की वृद्धि के साथ भी संबंध मान हम संक्षेप में उसका उल्लेख कर देना आवश्यक समझते हैं।

बाबू हरिश्चंद्र किस प्रकार नागरी और हिंदी के संबंध में अपनी चंद्रिका में लेख छापा करते थे और जगह-जगह घूमकर वक्तृता दिया करते थे, यह हम पहले कह आये हैं। वे जब बलिया के हिंदी प्रेमी कलक्टर के निमंत्रण पर वहाँ गये थे तब कई दिनों तक वहीं धूम रही। हिंदी भाषा और नागरी अक्षरों की उपयोगिता पर उनका बहुत अच्छा व्याख्यान तो हुआ ही था, साथ ही 'सत्य हरिश्चंद्र', 'अँधेर नगरी' और 'देवाक्षर चरित्र' के अभिनय भी हुए थे। 'देवाक्षरचरित्र' पं. रविदत्त शुक्ल द्वारा लिखा हुआ एक प्रहसन था जिसमें उर्दू लिपि की गड़बड़ी के बड़े ही विनोदपूर्ण दृश्य दिखाये गये थे।

भारतेंदु के अस्त होने के पहले ही नागरी प्रचार का झंडा पं. गौरीदत्त जी ने उठाया। ये मेरठ के रहने वाले सारस्वत ब्राह्मण थे और मुदर्रिसी करते थे। अपनी धुन के ऐसे पक्के थे कि चालीस वर्ष की अवस्था हो जाने पर इन्होंने अपनी सारी जायदाद 'नागरीप्रचार' के लिए लिखकर रजिस्टरी करा दी और आप संन्यासी होकर 'नागरीप्रचार' का झंडा हाथ में लिये चारों ओर घूमने लगे। इनके व्याख्यानों के प्रभाव से न जाने कितने देवनागरी स्कूल मेरठ के आसपास खुले। शिक्षा संबंधिनी कई पुस्तकें भी इन्होंने लिखीं। प्रसिद्ध 'गौरी नागरी कोश' इन्हीं का है। जहाँ-कहीं कोई मेला तमाशा होता वहाँ पं. गौरीदत्त जी लड़कों की खासी भीड़ पीछे लगाये नागरी के झंडा हाथ में लिये दिखाई देते थे। मिलने पर 'प्रणाम',

'जयराम' आदि के स्थान पर लोग इनसे 'जय-नागरी की' कहा करते थे। इन्होंने संवत् 1951 में दफ्तरों में नागरी जारी करने के लिए एक मेमोरियल भी भेजा था।

नागरीप्रचारिणी सभा अपने स्थापना के कुछ ही दिनों पीछे दबाई हुई नागरी के उद्धार में लग गयी। 1952 में जब इस प्रदेश के छोटे लाट सर ऐंथनी (पीछे लार्ड) मैकडानल काशी में आये तब सभा ने एक आवेदन-पत्र उनको दिया और सरकारी दफ्तरों से नागरी को दूर रखने से जनता की जो कठिनाइयाँ हो रही थीं और शिक्षा के सम्यक् प्रचार में जो बाधाएँ पड़ रही थीं, उन्हें सामने रखा। जब उन्होंने इस विषय पर पूरा विचार करने का वचन दिया तब से बराबर सभा-व्याख्यानों और परचों द्वारा जनता के उत्साह को जाग्रत करती रही। न जाने कितने स्थानों पर डेपुटशन भेजे गये और हिंदी भाषा और नागरी अक्षरों की उपयोगिता की ओर ध्यान आकर्षित किया गया। भिन्न-भिन्न नगरों में सभा की शाखाएँ स्थापित हुईं। संवत् 1955 में एक बड़ा प्रभावशाली डेपुटशन-जिसमें अयोध्यानरेश महाराज प्रतापनारायण सिंह, माँडा के राजा रामप्रसाद सिंह, आवागढ़ के राजा बलवंत सिंह, डॉ. सुंदरलाल और पं. मदनमोहन मालवीय ऐसे अन्य और प्रतिष्ठित लोग थे-लाट साहब से मिला और नागरी का मेमोरियल अर्पित किया।

उक्त मेमोरियल की सफलता के लिए कितना भीषण उद्योग प्रांत भर में किया गया था, वह बहुत लोगों को स्मरण होगा। सभा की ओर से न जाने कितने सज्जन सब नगरों में जनता के हस्ताक्षर लेने के लिए भेजे गये जिन्होंने दिन को दिन और रात को रात नहीं समझा। इस आंदोलन के प्रधान नायक देशपूज्य श्रीमान् पं. मदनमोहन मालवीय जी थे उन्होंने 'अदालती लिप और प्राइमरी शिक्षा', नम की एक बड़ी अंग्रेजी पुस्तक, जिसमें नागरी को दूर रखने के दुष्परिणामों की बड़ी ही विस्तृत और अनुसंधानपूर्ण मीमांसा थी, लिखकर प्रकाशित की। अंत में संवत् 1957 में भातरेंदु के समय से ही चले आते हुए इस उद्योग का फल प्रकट हुआ और कचहरियों में नागरी के प्रवेश की घोषणा प्रकाशित हुई।

सभा के साहित्यिक आयोजनों के भीतर हम बराबर हिंदी प्रेमियों की सामान्य आकांक्षाओं और प्रवृत्तियों का परिचय पाते चले आ रहे हैं। पहले ही वर्ष 'नागरीदास का जीवनचरित्र' नामक जो लेख पढ़ा गया वह कवियों के विषय में बढ़ती हुई लोकजिज्ञासा का पता देता है। हिंदी के पुराने कवियों का कुछ इतिवृत्त संग्रह पहले पहल संवत् 1896 में गार्सां द तासी ने अपने 'हिंदुस्तानी साहित्य का इतिहास' में किया, फिर संवत् 1940 में ठाकुर शिवसिंह सेंगर ने अपने 'शिवसिंहसरोज' में किया। उसके पीछे प्रसिद्ध भाषा वेत्ता डॉ. (अब सर) ग्रियर्सन ने संवत् 1946 में 'मॉडर्न वर्नाक्यूलर लिटरेचर ऑव नार्दर्न हिंदुस्तान' प्रकाशित किया। कवियों का वृत्त भी साहित्य का एक अंग है। अतः सभा ने आगे चलकर हिंदी पुस्तकों की खोज का काम भी अपने हाथ में लिया जिससे बहुत-से गुप्त और अप्रकाशित रत्नों के मिलने की पूरी आशा के साथ-साथ कवियों का बहुत कुछ वृत्तांत प्रकट होने की भी पूरी संभावना थी। संवत् 1956 में सभा को गवर्नमेंट से 400 रुपये वार्षिक सहायता इस काम के लिए प्राप्त हुई और खोज धूमधाम से आरंभ हुई। यह वार्षिक सहायता ज्यों-ज्यों बढ़ती गयी त्यों-त्यों काम भी अधिक विस्तृत रूप में होता गया। इसी खोज का फल है कि आज कई सौ कवियों की कृतियों का परिचय हमें प्राप्त है, जिनका पहले पता न था। कुछ कवियों के संबंध में बहुत-सी बातों की नयी जानकारी भी हुई है। सभी की 'ग्रंथभाषा' में कई पुराने कवियों के अच्छे-अच्छे प्रकाशित ग्रंथ छपे। सारंश यह कि इस खाज के द्वारा हिंदी साहित्य का इतिहास लिखने की खासी

सामग्री उपस्थित हुई जिसकी सहायता से दो-एक अच्छे कविवृत्त संग्रह भी हिंदी में निकले।

हिंदी भाषा के द्वारा ही सब प्रकार के वैज्ञानिक विषयों की शिक्षा की व्यवस्था का विचार भी अब लोगों के चित्त में उठ रहा था। पर बड़ी भारी कठिनता पारिभाषिक शब्दों के संबंध में थी। इससे अनेक विद्वानों के सहयोग और परामर्श से संवत् 1963 में सभा ने 'वैज्ञानिक कोश' प्रकाशित किया। भिन्न-भिन्न विषयों पर पुस्तकें लिखाकर प्रकाशित करने का काम तो तब से अब तक बराबर चल ही रहा है। स्थापना के तीन वर्ष पीछे ही सभा ने अपनी पत्रिका (ना. प्र. पत्रिका) निकाली जिसमें साहित्यिक, वैज्ञानिक, ऐतिहासिक, दार्शनिक सब प्रकार के लेख आरंभ ही से निकलने लगे थे और जो आज भी साहित्य से संबंध रखने वाले अनुसंधान और पर्यालोचन का उद्देश्य रखकर चल रही है। 'छत्रप्रकाश', 'सुजानचरित्र', 'पृथ्वीराज रासो' आदि पुराने ऐतिहासिक काव्यों को प्रकाशित करने के अतिरिक्त तुलसी, जायसी, भूषण, देव ऐसे कवियों की ग्रंथावली के भी बहुत सुंदर संस्करण सभा ने निकाले हैं। 'मनोरंजन पुस्तकमाला' में 50 से ऊपर भिन्न-भिन्न विषयों पर उपयोगी पुस्तकें निकल चुकी हैं। हिंदी का सबसे बड़ा और प्रामाणिक व्याकरण तथा कोश (हिंदी शब्दसागर) इस सभा के चिरस्थायी कार्यों में गिने जायेंगे।

इस सभा ने अपने 35 वर्ष के जीवन में हिंदी साहित्य के 'वर्तमान काल' की तीनों अवस्थाएँ देखी हैं।[1] जिस समय यह स्थापित हुई उस समय भारतेंदु द्वारा प्रवर्तित प्रथम उत्थान की ही परंपरा चली आ रही थी। वह प्रचारकाल था। नागरी अक्षरों और हिंदी साहित्य के प्रचार के मार्ग में बड़ी बाधाएँ थीं। 'नागरीप्रचारिणी पत्रिका' की प्रारंभिक संख्याओं को यदि हम निकाल कर देखें तो उसमें अनेक विषयों के लेखों के अतिरिक्त कहीं-कहीं ऐसी कविताएँ भी मिल जायेंगी जैसी श्रीयुत् पं. महावीरप्रसाद जी द्विवेदी की 'नागरी तेरी यह दशा!'

नूतन हिंदी साहित्य का वह प्रथम उत्थान कैसा हँसता-खेलता सामने आया था, भारतेंदु के सहयोगी लेखकों का वह मंडल किस जोश और जिंदादिली के साथ और कैसी चहल-पहल के बीच अपना काम कर गया, इसका उल्लेख पहले हो चुका है। सभा की स्थापना के पीछे घर सँभालने की चिंता और व्यग्रता के कुछ चिह्न हिंदी सेवक मंडल के बीच दिखाई पड़ने लगे थे। भारतेंदु जी के सहयोगी अपने ढर्रे पर कुछ-न-कुछ लिखते तो जा रहे थे, पर उनमें वह तत्परता और उत्साह नहीं रह गया था। बाबू हरिश्चंद्र के गोलोकवास के कुछ आगे-पीछे जिन लोगों ने साहित्य सेवा ग्रहण की थी वे ही अब प्रौढ़ता प्राप्त करके काल की गति रखते हुए अपने कार्य में तत्पर दिखाई देते थे। उनके अतिरिक्त कुछ नये लोग भी मैदान में धीरे-धीरे उतर रहे थे। यह नवीन हिंदी साहित्य का द्वितीय उत्थान था जिसके आरंभ में 'सरस्वती' पत्रिका के दर्शन हुए।

सन्दर्भ

1. संवत् 1985 तक।

द्वितीय उत्थान (संवत् 1950-1975)

प्रकरण-3 : गद्य साहित्य का प्रसार

सामान्य परिचय

इस उत्थान का आरंभ हम संवत् 1950 से मान सकते हैं। इसमें हम कुछ ऐसी चिंताओं और आकांक्षाओं का आभास पाते हैं जिनका समय भारतेंदु के सामने नहीं आया था। भारतेंदु मंडल मनोरंजक साहित्यनिर्माण द्वारा हिंदी गद्य साहित्य की स्वतंत्र सत्ता का भाव ही प्रतिष्ठित करने में अधिकतर लगा रहा। अब यह भाव पूर्ण रूप से प्रतिष्ठित हो गया था और शिक्षित समाज को अपने इस नये गद्य साहित्य का बहुत कुछ परिचय भी हो गया था। प्रथम उत्थान के भीतर बहुत बड़ी शिकायत यह रहा करती थी कि अंग्रेजी की ऊँची शिक्षा पाये हुए बड़े-बड़े डिग्रीधारी लोग हिंदी साहित्य के नूतन निर्माण में योग नहीं देते और अपनी मातृभाषा से उदासीन रहते हैं। द्वितीय उत्थान में यह शिकायत बहुत कुछ कम हुई। उच्च शिक्षाप्राप्त लोग धीरे-धीरे आने लगे–पर अधिकतर यह कहते हुए कि 'मुझे तो हिंदी आती नहीं'। इधर से जवाब मिलता था, 'तो क्या हुआ? आ न जायेगी। कुछ काम तो शुरू कीजिए। अत: बहुत-से लोगों ने हिंदी आने के पहले ही काम शुरू कर दिया।' उनकी भाषा में जो दोष रहते थे, वे उनकी खातिर से दरगुजर कर दिये जाते थे। जब वे कुछ काम कर चुकते थे–दो-चार चीजें लिख चुकते थे तब तो पूरे लेखक हो जाते थे। फिर उन्हें हिंदी आने, न आने की परवाह क्यों होने लगी?

इस कालखंड के बीच हिंदी लेखकों की तारीफ में प्राय: यह कहा-सुना जाता रहा कि ये संस्कृत बहुत अच्छी जानते हैं, ये अरबी, फारसी के पूरे विद्वान् हैं, ये अंग्रेजी के अच्छे पंडित हैं। यह कहने की आवशकता नहीं समझी जाती थी कि ये हिंदी बहुत अच्छी जानते हैं। यह मालूम ही नहीं होता था कि हिंदी भी कोई जानने की चीज हैं। परिणाम यह हुआ कि बहुत-से हिंदी के प्रौढ़ और अच्छे लेखक भी अपने लेखों में फारसीदानी, अंग्रेजीदानी, संस्कृतदानी आदि का कुछ प्रमाण देना जरूरी समझने लगे थे।

भाषा बिगड़ने का एक और सामान दूसरी ओर खड़ा हो गया था। हिंदी के पाठकों का अब वैसा अकाल नहीं था–विशेषत: उपन्यास पढ़ने वालों का। बँगला उपन्यासों के अनुवाद धड़ाधड़ निकलने लगे थे। बहुत-से लोग हिंदी लिखना सीखने के लिए केवल संस्कृत शब्दों की जानकारी ही आवश्यक समझते थे जो बँगला की पुस्तकों से प्राप्त हो जाती थी। यह जानकारी थोड़ी-बहुत होते ही वे बँगला से अनुवाद भी कर लेते थे और हिंदी के लेख भी लिखने लगते थे। अत: एक ओर अंग्रेजीदानों की ओर से 'स्वार्थ लेना', 'जीवन होड़', 'कवि का संदेश', 'दृष्टिकोण' आदि आने लगे; दूसरी ओर बंगभाषाश्रित लोगों की ओर से 'सिहरना', 'काँदना', 'बसंत रोग' आदि। इतना अवश्य था कि पिछले कैंड़े के लोगों की लिखावट उतनी

अजनबी नहीं लगती थी जितनी पहली कैंड़ेवालों की। बंगभाषा फिर भी अपने देश की ओर हिंदी से मिलती-जुलती भाषा थी। उसके अभ्यास से प्रसंग या स्थल के अनुरूप बहुत ही सुंदर और उपयुक्त संस्कृत शब्द मिलते थे। अतः बंगभाषा की ओर जो सुझाव रहा उसके प्रभाव से बहुत ही परिमार्जित और सुंदर संस्कृत पदविन्यास की परंपरा हिंदी में आयी, यह स्वीकार करना पड़ता है।

पर 'अंग्रेजी में विचार करने वाले' जब आप्टे का अंग्रेजी-संस्कृत कोश लेकर अपने विचारों का शाब्दिक अनुवाद करने बैठते थे तब तो हिंदी बेचारी कोसों दूर जा खड़ी होती थी। वे हिंदी और संस्कृत शब्द भर लिखते थे, हिंदी भाषा नहीं लिखते थे। उनके बहुत-से वाक्यों का तात्पर्य अंग्रेजी भाषा की भावभंगिमा से परिचित लोग ही समझ सकते थे, केवल हिंदी या संस्कृत जानने वाले नहीं।

यह पहले कहा जा चुका है कि भारतेंदु जी और उनके सहयोगी लेखकों की दृष्टि व्याकरण के नियमों पर अच्छी तरह जमी नहीं थी। वे 'इच्छा किया', 'आशा किया' ऐसे प्रयोग भी कर जाते थे और वाक्यविन्यास की सफाई पर भी उतना ध्यान नहीं रखते थे। पर उनकी भाषा हिंदी ही होती थी, मुहावरे के खिलाफ प्रायः नहीं जाती थी। पर द्वितीय उत्थान के भीतर बहुत दिनों तक व्याकरण की शिथिलता और भाषा की रूपहानि दोनों साथ-साथ दिखाई पड़ती रही। व्याकरण के व्यतिक्रम और भाषा की अस्थिरता पर थोड़े ही दिनों में कोप दृष्टि पड़ी, पर भाषा की रूपहानि की ओर उतना ध्यान नहीं दिया गया। पर जो कुछ हुआ वही बहुत हुआ और उसके लिए हमारा हिंदी साहित्य पं. महावीरप्रसाद द्विवेदी का सदा ऋणी रहेगा। व्याकरण की शुद्धता और भाषा की सफाई के प्रवर्तक द्विवेदी जी ही थे। 'सरस्वती' के संपादक के रूप में उन्होंने आयी हुई पुस्तकों के भीतर व्याकरण और भाषा की अशुद्धियाँ दिखाकर लेखकों को बहुत कुछ सावधान कर दिया। यद्यपि कुछ हठी और अनाड़ी लेखक अपनी भूलों और गलतियों का समर्थन तरह-तरह की बातें बनाकर करते रहे, पर अधिकतर लेखकों ने लाभ उठाया और लिखते समय व्याकरण आदि का पूरा ध्यान रखने लगे। गद्य की भाषा पर द्विवेदी जी के इस शुभ प्रभाव का स्मरण जब तक भाषा के लिए शुद्धता आवश्यक समझी जायेगी तब तक बना रहेगा।

व्याकरण की ओर इस प्रकार ध्यान जाने पर कुछ दिनों व्याकरण संवर्धिनी बातो की चर्चा भी पत्रों में अच्छी चली। विभक्तियाँ शब्दों से मिलाकर लिखी जानी चाहिए या अलग, इसी प्रश्न को लेकर कुछ काल तक खंडन-मंडन के लेख जोर-शोर से निकले। इस आंदोलन के नायक हुए थे-पं. गोविंद नारायण जी मिश्र, जिन्होंने 'विभक्ति-विचार' नाम की एक छोटी-सी पुस्तक द्वारा हिंदी के विभक्तियों को शुद्ध विभक्तियाँ बताकर लोगों को उन्हें मिलाकर लिखने की सलाह दी थी।

इस द्वितीय उत्थान में जैसे अधिक प्रकार के विषय लेखेकों को विस्तृत दृष्टि के भीतर आये वैसे ही शैली की अनेकरूपता का अधिक विकास भी हुआ। ऐसे लेखकों की संख्या कुछ बढ़ी जिनकी शैली में कुछ उनकी निज की शिष्टता रहती थी, जिनकी लिखावट को परखकर लोग कह सकते थे कि यह उन्हीं की है। साथ ही वाक्यविन्यास से अधिक सफाई और व्यवस्था आयी। विराम चिह्नों का आवश्यक प्रयोग होने लगा। अंग्रेजी आदि अन्य समुन्नत भाषाओं की उच्च विचारधारा से परिचित और अपनी भाषा पर भी यथेष्ट अधिकार रखने वाले

कुछ लेखकों की कृपा से हिंदी की अर्थोद्‌घाटिनी शक्ति की अच्छी वृद्धि और अभिव्यंजन प्रणाली का भी अच्छा प्रसार हुआ। सघन और गुंफित चिरसूत्रों को व्यक्त करने वाली तथा सूक्ष्म और गूढ़ भावों की झलकाने वाली भाषा साहित्य को कुछ-कुछ प्राप्त होने लगी। उसी के अनुरूप हमारे साहित्य का डौल भी बहुत ऊँचा हुआ। बँगला के उत्कृष्ट सामाजिक, पारिवारिक और ऐतिहासिक उपन्यासों के लगातार आते रहने से रुचि परिष्कृत होती रही जिससे कुछ दिनों की तिलिस्म, ऐयारी और जासूसी के उपरांत उच्चकोटि के सच्चे उपन्यासों की मौलिक रचना का दिन भी ईश्वर ने दिखाया।

नाटक के क्षेत्र में वैसी उन्नति नहीं दिखाई पड़ी। बाबू राधाकृष्णदास के 'महाराणा प्रताप' (या राजस्थान केसरी) की कुछ दिन धूम रही और उसका अभिनय भी बहुत बार हुआ। राय देवीप्रसाद जी पूर्ण ने 'चंद्रकला भानुकुमार' नामक एक बहुत बड़े डीलडौल का नाटक लिखा था, पर वह साहित्य के विविध अंगों से पूर्ण होने पर भी वस्तुवैचित्र्य के अभाव तथा भाषाओं की कृत्रिमता आदि के कारण उतना प्रसिद्ध न हो सका। बँगला के नाटकों के कुछ अनुवाद बाबू रामकृष्ण वर्मा के बाद भी होते रहे पर उतनी अधिकता से नहीं जितनी अधिकता से उपन्यासों के। इससे नाटक की गति बहुत मंद रही। हिंदीप्रेमियों के उत्साह के स्थापित प्रयाग और काशी की नाटक मंडलियों (जैसे, भारतेंदु नाटक मंडली) के लिए रंगशाला के अनुकूल के स्थापित प्रयाग और काशी की नाटक मंडलियों (जैसे, भारतेंदु नाटक मंडली) के लिए रंगशाला के अनुकूल दो एक छोटे-मोटे नाटक अवश्य लिखे गये, पर वे साहित्यिक प्रसिद्धि न पा सके। प्रयाग में पं. माधव शुक्ल जी और काशी में पं. दुगवेकर जी अपनी रचनाओं और अनूठे अभिनयों द्वारा बहुत दिनों तक दृश्य काव्य की रुचि जगाये रहे। इसके उपरांत बँगला में श्री द्विजेंद्रलाल राय के नाटकों की धूम हुई और उनके अनुवाद हिंदी में धड़ाधड़ हुए। इसी प्रकार रवींद्र बाबू के कुछ नाटक भी हिंदी रूप में लाये गये। द्वितीय उत्थान के अंत में दृश्य काव्य की अवस्था यही रही।

निबंधों की ओर यद्यपि बहुत कम ध्यान दिया गया और उसकी परंपरा ऐसी न चली कि हम 5-6 उच्चकोटि के निबंधलेखकों को उसी प्रकार झट से छाँटकर बता सकें जिस प्रकार अंग्रेजी साहित्य में बता दिये जाते हैं, फिर भी बीच-बीच में अच्छे और उच्चकोटि के निबंध मासिक पत्रिकाओं में दिखाई पड़ते रहे। इस द्वितीय उत्थान में साहित्य के एक-एक अंग को लेकर जैसी विशिष्टता लेखकों में आ जानी चाहिए थी वैसी विशिष्टता न आ पायी। किसी विषय में अपनी सबसे अधिक शक्ति देख उसे अपनाकर बैठने की प्रवृत्ति बहुत कम दिखाई दी। बहुत लेखकों का यह हाल रहा कि कभी अखबारनवीसी करते, कभी उपन्यास लिखते, कभी नाटक में दखल देते, कभी कविता की आलोचना करने लगते और कभी इतिहास और पुरातत्त्व की बातें लेकर सामने आते। ऐसी अवस्था में भाषा की पूर्ण शक्ति प्रदर्शित करने वाले गूढ़-गंभीर निबंध लेखक कहाँ से तैयार होते। फिर भी भिन्न-भिन्न शैलियाँ प्रदर्शित करने वाले कई अच्छे लेखक इस बीच में बताये जा सकते हैं जिन्होंने लिखा तो कम है पर जो कुछ लिखा है वह महत्त्व का है।

समालोचना का आरंभ यद्यपि भारतेंदु के जीवनकाल में ही कुछ-न-कुछ हो गया था पर उसका कुछ अधिक वैभव इस द्वितीय उत्थान में ही दिखाई पड़ा। श्रीयुत् पं. महावीर प्रसाद जी द्विवेदी ने पहले पहल विस्तृत आलोचना का रास्ता निकाला। फिर मिश्रबंधुओं और

पं. पद्मसिंह शर्मा ने अपने ढंग पर कुछ पुराने कवियों के संबंध में विचार प्रकट किये। पर यह सब आलोचना बहिरंग बातों तक ही रही। भाषा के गुण-दोष, रस, अलंकार आदि की समीचीनता, इन्हीं सब परंपरागत विषयों तक पहुँची। स्थायी साहित्य में परिगणित होने वाली समालोचना जिसमें किसी कवि की अंतर्वृत्ति का सूक्ष्म व्यवच्छेद होता है, उसकी मानसिक प्रवृत्ति की विशेषताएँ दिखाई जाती हैं, बहुत ही कम दिखाई पड़ी।

साहित्यिक मूल्य रखने वाले तीन जीवन चरित महत्त्व के निकले–पं. माधवप्रसाद मिश्र की 'विशुद्ध चरितावली' (स्वामी विशुद्धानंद का जीवन-चरित) तथा बाबू शिवनंदन सहाय लिखित 'हरिश्चंद्र का जीवन-चरित', 'गोस्वामी तुलसीदास जी का जीवन-चरित' और 'चैतन्य महाप्रभु का जीवन-चरित'।

◎◎

प्रकरण-4 : गद्य साहित्य का निर्माण

द्वितीय उत्थान के भीतर गद्य साहित्य का निर्माण इतने परिमाण में और इतने रूपों में हो गया कि हम उसका निरूपण कुछ विभाग करके कर सकते हैं। सुभीते के लिए हम चार विभाग करते हैं—नाटक, उपन्यास, कहानियाँ, निबंध और समालोचना।

नाटक : अनूदित नाटक

जैसा कि पहले कहा जा चुका है, भारतेंदु के पीछे नाटकों की ओर प्रवृत्ति बहुत कम हो गयी। नाम लेने योग्य अच्छे मौलिक नाटक बहुत दिनों तक दिखाई न पड़े। अनुवादों की परंपरा अलबत्ता चलती रही।

बंगभाषा के अनुवाद : बाबू रामकृष्ण वर्मा द्वारा वीरनारी, कृष्णकुमारी और पद्मावती नाटकों का उल्लेख पहले हो चुका है। संवत् 1950 के पीछे गहमर (जिला—गाजीपुर) के बाबू गोपालराम ने 'वनवीर', 'वभ्रुवाहन', 'देशदशा', 'विद्या विनोद' और रवींद्र बाबू के 'चित्रांगदा' का अनुवाद किया।

द्वितीय उत्थान के अंतिम भाग में पं. रूपनारायण पांडे ने गिरीश बाबू के 'पतिव्रता' क्षीरोदप्रसाद विद्याविनोद के 'खानजहाँ', रवींद्र बाबू के 'अचलायतन' तथा द्विजेंद्रलाल राय के 'उस पार', 'शाहजहाँ', 'दुर्गादास', 'ताराबाई' आदि कई नाटकों के अनुवाद प्रस्तुत किये। अनुवादकों की भाषा अच्छी-खासी हिंदी है और मूल के भावों को ठीक-ठीक व्यक्त करती है। इन नाटकों के संबंध में यह समझ रखना चाहिए कि इनमें बंगवासियों की आवेशशील प्रकृति का आरोप अनेक पत्रों में पाया जाता है जिससे बहुत-से इतिहासप्रसद्धि व्यक्तियों के क्षोभपूर्ण लंबे भाषण उनके अनुरूप नहीं जान पड़ते। प्राचीन ऐतिहासिक वृत्त लेकर लिखे हुए नाटकों में उस काल की संस्कृति और परिस्थिति का सम्यक् अध्ययन नहीं प्रकट होता।

अंग्रेजी के अनुवाद : जयपुर के पुरोहित गोपीनाथ एम.ए. ने संवत् 1950 के कुछ आगे पीछे शेक्सपियर के इन तीन नाटकों के अनुवाद किये। रोमियो-जूलियट ('प्रेमलीला' के नाम से), ऐज यू लाइक इट और वेनिस का बैपारी। उपाध्याय बदरीनारायण चौधरी के छोटे भाई पं. मथुराप्रसाद चौधरी ने संवत् 1950 में 'मैकबेथ' का बहुत अच्छा अनुवाद 'साहसेंद्र साहस' के नाम से प्रकाशित किया। इसके उपरांत संवत् 1967 के लगभग 'हैमलेट' का एक अनुवाद 'जयंत' के नाम से निकला जो वास्तव में मराठी अनुवाद का हिंदी अनुवाद था।

संस्कृत के अनुवाद : संस्कृत के नाटकों के अनुवाद के लिए राय बहादुर लाला सीताराम बी.ए. सदा आदर के साथ स्मरण किये जायेंगे। भारतेंदु की मृत्यु से दो वर्ष पहले ही उन्होंने संस्कृत काव्यों के अनुवाद में लग्गा लगाया और संवत् 1940 में मेघदूत का अनुवाद

घनाक्षरी शब्दों में प्रकाशित किया। इसके उपरांत वे बराबर किसी-न-किसी काव्य नाटक का अनुवाद करते रहे। संवत् 1944 में उनका 'नागानंद' का अनुवाद निकला। फिर तो धीरे-धीरे उन्होंने मृच्छकटिक, महावीरचरित, उत्तररामचरित, मालतीमाधव, मालविकाग्निमित्र का भी अनुवाद कर डाला। यद्यपि पद्य भाग के अनुवाद में लाला साहब को वैसी सफलता नहीं हुई पर उनकी हिंदी बहुत सीधी-सादी, सरल और आडंबरशून्य है। संस्कृत का भाव उसमें इस ढंग से लाया गया है कि कहीं संस्कृतपन या जटिलता नहीं आने पाई है।

भारतेंदु के समय में वे काशी के क्वींस कॉलेज के सेकेंड मास्टर थे। पीछे डिप्टी कलक्टर हुए और अंत में शांतिपूर्वक प्रयाग में आ रहे जहाँ 2 जनवरी, 1937 को उनका साकेतवास हुआ।

संस्कृत के अनेक पुराण ग्रंथों के अनुवादक रामचरितमानस, बिहारी सतसई के टीकाकार, सनातनधर्म के प्रसिद्ध व्याख्याता मुरादाबाद के पं. ज्वालाप्रसाद मिश्र ने 'वेणीसंहार' और 'अभिज्ञान शाकुंतल' के हिंदी अनुवाद भी प्रस्तुत किये। संस्कृत की 'रत्नावली नाटिका' हरिश्चंद्र को बहुत पसंद थी और उसके कुछ अंश का अनुवाद भी उन्होंने किया था, पर पूरा न कर सके। भारतमित्र के प्रसिद्ध संपादक, हिंदी के बहुत ही सिद्धहस्त लेखक बाबू बालमुकुंद गुप्त ने उक्त नाटिका का पूरा अनुवाद अत्यंत सफलतापूर्वक किया।

संवत् 1970 में पं. सत्यनारायण कविरत्न ने भवभूति के 'उत्तररामचरित' का और पीछे 'मालती माधव' का अनुवाद किया। कविरत्न जी के ये दोनों अनुवाद बहुत ही सरस हुए जिनमें मूल के भावों की रक्षा का भी पूरा ध्यान रखा गया है। पद्य अधिकतर ब्रजभाषा के सवैयों में हैं जो पढ़ने में बहुत मधुर हैं। इन पद्यों में खटकने वाली केवल दो बातें कहीं-कहीं मिलती हैं। पहली बात तो यह है कि ब्रजभाषा साहित्य में स्वीकृत शब्दों के अतिरिक्त वे कुछ स्थलों पर ऐसे शब्द भी लाये हैं जो एक भू-भाग तक ही (चाहे वह ब्रजमंडल के अंतर्गत ही क्यों न हो) परिमित है। शिष्ट साहित्य में ब्रजमंडल के भीतर बोले जाने वाले सब शब्द नहीं ग्रहण किये हैं। ब्रजभाषा देश की सामान्य काव्यभाषा रही है। अतः काव्यों में उसके वे ही शब्द लिये गये हैं जो बहुत दूर तक बोले जाते हैं और थोड़े-बहुत सब स्थानों में समझ लिये जाते हैं। उदाहरण के लिए 'सिदौसी' शब्द लीजिए जो खास मथुरा-वृंदावन में बोला जाता है, पर साहित्य में नहीं मिलता। दूसरी बात यह कि कहीं-कहीं श्लोकों का पूरा भाव लाने के प्रयत्न में भाषा दुरूह और अव्यवस्थित हो गयी है।

मौलिक नाटक

काशीनिवासी पं. किशोरीलाल गोस्वामी ने प्रथम उत्थान के अंत में दो नाटक लिखे थे-'चौपट चपेट' और 'मयंकमंजरी'। इनमें से प्रथम तो एक प्रहसन था जिसमें चरित्रहीन और छलकपट से भरी स्त्रियों तथा लुच्चों, लफंगों आदि के बीभत्स और अश्लील चित्र अंकित किये थे। दूसरा पाँच अंकों का नाटक था जो श्रृंगाररस की दृष्टि से संवत् 1948 में लिखा गया था। यह भी साहित्य में कोई विशेष स्थान प्राप्त न कर सका और लोकविस्मृत हो गया। हिंदी के विख्यात कवि पं. अयोध्यासिंह उपाध्याय की प्रवृत्ति इस द्वितीय उत्थान के आरंभ में नाटक लिखने की ओर भी हुई थी और उन्होंने 'रुक्मिणीपरिणय' और 'प्रद्युम्नविजय व्यायोग' नाम के दो नाटक लिखे थे। ये दोनों नाटक उपाध्याय जी ने हाथ आजमाने के लिए लिखे

थे। आगे उन्होंने इस ओर कोई प्रयत्न नहीं किया।

पं. ज्वालाप्रसाद मिश्र ने संस्कृत नाटकों के अनुवाद के अतिरिक्त 'सीतावनवास' नाम का एक नाटक भी लिखा था जिसमें भवभूति के 'उत्तररामचरित' की कुछ झलक थी। उनके भाई पं. बलदेवप्रसाद मिश्र ने तीन अच्छे रूपक लिखे। 'प्रभासमिलन' ब्रज के नंद, यशोदा, गोपगोपियों का प्रभाव क्षेत्र में वसुदेव, कृष्ण, बलराम आदि से भेंट होने का मार्मिक प्रसंग लेकर बड़ी सहृदयता के साथ रचा गया। 'मीराबाई नाटक' भक्तिभाव जगाने वाला उत्तम नाटक है। 'लल्ला बाबू' समाज का एक छोटा-सा खंड चित्र दिखाने वाला अच्छा प्रहसन है।

भारतेंदु का बृहत्-जीवन-चरित लिखने वाले बा. शिवनंदन सहाय का 'सुदामा नाटक' भी उल्लेख योग्य है।

इन मौलिक रूपकों की सूची देखने से यह लक्षित हो जाता है कि नाटक की कथावस्तु के लिए लोगों का ध्यान अधिकतर ऐतिहासिक और पौराणिक प्रसंगों की ओर ही गया है। वर्तमान सामाजिक और पारिवारिक जीवन के विविध उलझे हुए पक्षों का सूक्ष्मता के साथ निरीक्षण करके उनके मार्मिक या अनूठे चित्र खड़ा करने वाली उद्‌भावना उनमें नहीं पाई जाती। इस द्वितीय उत्थान के बीच कल्पित कथावस्तु लेकर लिखा जाने वाला बहुत बड़ा मौलिक नाटक कानपुर के प्रसिद्ध कवि राय देवीप्रसाद 'पूर्ण' का 'चंद्रकलाभानुकुमार' है। पर वह भी इतिहास के मध्ययुग के राजकुमारों और राजकुमारियों का जीवन सामने लाता है।

'पूर्णजी' ब्रजभाषा के एक बड़े ही सिद्धहस्त कवि थे, साहित्य के अच्छे ज्ञाता थे। उन्होंने इस नाटक को शुद्ध साहित्यिक उद्देश्य से ही लिखा था, अभिनय के उद्देश्य से नहीं। वस्तुविन्यास में कुतूहल उत्पन्न करने वाला जो वैचित्र्य होता है उसके न रहने से कम ही लोगो के हाथ में यह नाटक पड़ा। ललित और अलंकृत भाषण के बीच-बीच में मधुर पद्य पढ़ने की उत्कंठा रखने वाले पाठकों ही ने अधिकतर इसे पढ़ा।

उपन्यास : अनूदित

इस द्वितीय उत्थान में आलस्य का जैसा त्याग उपन्यासकारों में देखा गया वैसा और किसी वर्ग के हिंदी लेखकों में नहीं। अनुवाद भी खूब हुए और मौलिक उपन्यास भी कुछ दिनों तक धड़ाधड़ निकले-किस प्रकार के, यह आगे प्रकट किया जायेगा। पहले अनुवादों की बात खतम कर देनी चाहिए।

अनुवाद : संवत् 1951 तक बाबू रामकृष्ण वर्मा उर्दू और अंग्रेजी के भी कुछ अनुवाद कर चुके थे, जैसे-'ठगवृत्तांतमाला' (संवत् 1946), 'पुलिस वृत्तांतमाला' (1947), 'अकबर' (1948), 'अमलावृत्तांतमाला' (1951), 'चित्तौरचातकी' का बंगभाषा से अनुवाद उन्होंने संवत् 1952 में किया। यह पुस्तक चित्तौर के राजवंश की मर्यादा के विरुद्ध समझी गयी और इसके विरोध में यहाँ तक आंदोलन हुआ कि सब कॉपियाँ गंगा में फेंक दी गयीं। फिर बाबू कार्तिकप्रसाद खत्री ने 'इला' (1952) और 'प्रमीला' (1953) का अनुवाद किया। 'जया' और 'मधुमालती' के अनुवाद दो-एक बरस पीछे निकले।

भारतेंदु प्रवर्तित प्रथम उत्थान के अनुवादकों में भारतेंदु काल की हिंदी की विशेषता बनी रहीं। उपर्युक्त तीनों लेखकों की भाषा बहुत ही साधु और संयत रही। यद्यपि उसमें चटपटापन न था, पर हिंदीपन पूरा-पूरा था। फारसी-अरबी के शब्द बहुत ही कम दिखाई देते हैं, साथ ही

संस्कृत के शब्द भी ऐसे आये हैं जो हिंदी के परंपरागत रूप में किसी प्रकार का असमंजस्य नही उत्पन्न करते। सारांश यह कि उन्होंने 'शूरता', 'चपलता', 'लघुता', 'मूर्खता', 'सहायता', 'दीर्घता', 'मृदुता', ऐसी संस्कृत का सहारा लिया है, 'शौर्य', 'चापल्य', 'लाघव', 'मौर्ख्य', 'साहाय', 'दैर्घ्य' और 'मार्दव' ऐसी संस्कृत का नहीं।

द्वितीय उत्थान के आरंभ में हमें बाबू गोपालराम (गहमर) बंग भाषा के गार्हस्थ उपन्यासों के अनुवाद में तत्पर मिलते हैं। उनके कुछ उपन्यास तो इस उत्थान (संवत् 1957) के पूर्व लिखे गये; जैसे 'चतुर चंचला' (1950), 'भानमती' (1951), 'नये बाबू' (1951),–और बहुत-से इसके आरंभ में; जैसे–'बड़ा भाई' (1957), 'देवरानी-जेठानी' (1958), 'दो बहन' (1959), 'तीन पतोहू' (1961), और 'सास-पतोहू'। भाषा उनकी चटपटी और वक्रतापूर्ण है। ये गुण लाने के लिए कहीं-कहीं उन्होंने पूरबी शब्दों और मुहावरों का भी बेधड़क प्रयोग किया है। उनके लिखने का ढंग बहुत ही मनोरंजक है। इस काल के आरंभ में गाजीपुर के मुंशी उदितनारायण लाल के भी कुछ अनुवाद निकले जिनमें मुख्य 'दीपनिर्वाण' नामक ऐतिहासिक उपन्यास है। इसमें पृथ्वीराज के समय का चित्र है।

इस उत्थान के भीतर बंकिमचंद्र, रमेशचंद्र दत्त, हाराणचंद्र रक्षित, चंडीचरण सेन, शरत् बाबू, चारुचंद इत्यादि बंगभाषा के प्रायः सब प्रसिद्ध उपन्यासकारों की बहुत-सी पुस्तकों के अनुवाद तो हो ही गये, रवींद्र बाबू के 'आँख की किरकिरी' आदि कई उपन्यास हिंदी रूप में दिखाई पड़े जिनके प्रभाव से इस उत्थान के अंत में अविर्भूत होने वाले हिंदी के मौलिक उपन्यासकारों का आदर्श बहुत कुछ ऊँचा हुआ। इस अनुवादविधान में योग देने वालों में पं. ईश्वरीप्रसाद शर्मा और पं. रूपनारायण पांडेय विशेष उल्लेख योग्य हैं। बंगभाषा के अतिरिक्त उर्दू, मराठी और गुजराती के भी कुछ उपन्यासों के अनुवाद हिंदी में हुए पर बँगला की अपेक्षा बहुत कम। काशी के बाबू गंगाप्रसाद गुप्त ने 'पूना में हलचल' आदि कई उपन्यास उर्दू से अनुवाद करके निकाले। मराठी से अनूदिन उपन्यासों में बाबू रामचंद्र वर्मा का 'छत्रसाल' बहुत उत्कृष्ट है।

अंग्रेजी के दो ही चार उपन्यासों के अनुवाद देखने में आये–जैसे, रेनल्ड्स कृत 'लैला' और 'लंडन रहस्य'। अंग्रेजी के प्रसिद्ध उपन्यास 'टाम काका की कुटिया' का भी अनुवाद हुआ।

अनुवादों की चर्चा यहीं समाप्त कर अब हम मौलिक उपन्यासों को लेते हैं।

मौलिक उपन्यास

पहले मौलिक उपन्यास लेखक, जिनके उपन्यासों की सर्वसाधारण में धूम हुई, काशी के बाबू देवकीनंदन खत्री थे। द्वितीय उत्थानकाल के पहले ही नरेंद्रमोहिनी, कुसुमकुमारी, वीरेंद्रवीर आदि कई उपन्यास लिख चुके थे। उक्त काल के आरंभ में तो 'चंद्रकांता' और 'चंद्रकांता संतति' नामक इनके ऐयारी के उपन्यासों की चर्चा चारों ओर इतनी फैली कि जो लोग हिंदी की किताबें नहीं पढ़ते थे वे भी इन नामों से परिचित हो गये। यहाँ पर यह कह देना आवश्यक है कि इन उपन्यासों का लक्ष्य केवल घटनावैचित्र्य रहा, रससंचार, भावविभूति या चरित्रचित्रण नहीं। ये वास्तव में घटनाप्रधान कथानक या किस्से हैं जिनमें जीवन के विविध पक्षों के चित्रण का कोई प्रयत्न नहीं, इससे ये साहित्यकोटि में नहीं आते। पर हिंदी साहित्य के इतिहास में बाबू देवकीनंदन का स्मरण इस बात के लिए सदा बना रहेगा कि जितने पाठक उन्होंने उत्पन्न

किये उतने और किसी ग्रंथकार ने नहीं। चंद्रकांता पढ़ने के लिए न जाने कितने उर्दूजीवी लोगों ने हिंदी सीखी। चंद्रकांता पढ़ चुकने पर वे 'चंद्रकांता' की किस्म की कोई किताब ढूँढ़ने में परेशान रहते थे। शुरू-शुरू में चंद्रकांता और 'चंद्रकांता संतति' पढ़कर न जाने कितने नवयुवक हिंदी के लेखक हो गये। 'चंद्रकांता' पढ़कर वे हिंदी की और प्रकार की साहित्यिक पुस्तकें भी पढ़ चले और अभ्यास हो जाने पर कुछ लिखने भी लगे।

बाबू देवकीनंदन के प्रभाव से 'तिलस्म' और 'ऐयारी' के उपन्यासों की हिंदी में बहुत दिनों तक भरमार रही और शायद अभी तक यह शौक बिलकुल ठंडा नहीं हुआ है। बाबू देवकीनंदन के तिलस्मी रास्ते पर चलने वालों में बाबू हरिकृष्ण जौहर विशेष उल्लेख योग्य हैं।

बाबू देवकीनींदन के संबंध में इतना और कह देना जरूरी है कि उन्होंने ऐसी भाषा का व्यवहार किया है जिसे थोड़ी हिंदी और थोड़ी उर्दू पढ़े लोग भी समझ लें। कुछ लोगों का यह समझना कि उन्होंने राजा शिवप्रसाद वाली उस पिछली 'आमफहम' भाषा का बिलकुल अनुसरण किया जो एकदम उर्दू की ओर झुक गयी थी, ठीक नहीं। कहना चाहे तो यों कह सकते हैं कि उन्होंने साहित्यिक हिंदी न लिखकर 'हिंदुस्तानी' लिखी, जो केवल इसी प्रकार की हल्की रचनाओं में काम दे सकती है।

उपन्यासों का ढेर लगा देने वाले दूसरे मौलिक उपन्यासकार पं. किशोरीलाल गोस्वामी (जन्म-संवत् 1922, मृत्यु-संवत् 1989) है, जिनकी, रचनाएँ साहित्य कोटि में आती हैं। इनके उपन्यासों में समाज के कुछ सजीव चित्र, वासनाओं के रूप-रंग, चित्ताकर्षक वर्णन और थोड़ा-बहुत चरित्र-चित्रण भी अवश्य पाया जाता है। गोस्वामी जी संस्कृत के अच्छे जानकार, साहित्य के मर्मज्ञ तथा हिंदी के पुराने कवि और लेखक थे। संवत् 1955 में उन्होंने 'उपन्यास' मासिक पत्र निकाला और द्वितीय उत्थानकाल के भीतर 65 छोटे-बड़े उपन्यास लिखकर प्रकाशित किये। अत: साहित्य की दृष्टि से उन्हें हिंदी का पहला उपन्यासकार कहना चाहिए। इस द्वितीय उत्थानकाल के भीतर उपन्यासकार इन्हीं को कह सकते हैं। और लोगों ने भी मौलिक उपन्यास लिखे पर वे वास्तव में उपन्यासकार न थे। और चीजें लिखते-लिखते वे उपन्यास की ओर भी जा पड़े थे। पर गोस्वामी जी वहीं घर करके बैठ गये। एक क्षेत्र उन्होंने अपने लिए चुन लिया और उसी में रह गये। यह दूसरी बात है, उनके बहुत-से उपन्यासों का प्रभाव नवयुवकों पर बुरा पड़ सकता है, उनमें उच्च वासनाएँ व्यक्त करने वाले दृश्यों की अपेक्षा निम्नकोटि की वासनाएँ प्रकाशित करने वाले दृश्य अधिक भी हैं और चटकीले भी। इस बात की शिकायत 'चपला' के संबंध में अधिक हुई थी।

एक और बात जरा खटकती है। वह है उनका भाषा के साथ मजाक। कुछ दिन पीछे उन्हें लिखने का शौक हुआ। उर्दू भी ऐसी-वैसी नहीं, उर्दू-ए-मु-अल्ला। इस शौक के कुछ आगे-पीछे उन्होंने राजा शिवप्रसाद का जीवन चरित्र लिखा जो 'सरस्वती' के तीन अंकों में (भाग 1, संख्या 2, 3, 4) निकला। उर्दू जबान और शेर सुखुन की बेढंगी नकल से, जो असल में कभी-कभी अलग हो जाती है, उनके बहुत-से उपन्यासों का साहित्यिक गौरव घट गया है। गलत या गलत मानी में लाये हुए शब्द भाषा को शिष्टता के दरजे से गिरा देते हैं। खैरियत यह हुई कि अपने सब उपन्यासों को आपने यह मँगनी का लिबास नहीं पहनाया। 'मल्लिका देवी या बंग सरोजिनी' में संस्कृतप्राय समासबहुला भाषा काम में लायी गयी है। इन दोनों प्रकार की लिखावटों को देखकर कोई विदेशी चकपकाकर पूछ सकता है कि 'क्या

दोनों हिंदी हैं?' हम यह भी कर सकते हैं वह भी कर सकते हैं, इस हौसले ने जैसे बहुत-से लेखकों को किसी एक विषय पर पूर्ण अधिकार के साथ जमने ने दिया, वैसे ही कुछ लोगों की भाषा को बहुत कुछ डाँवाँडोल रखो, कोई एक टेढ़ा सीधा रास्ता पकड़ने न दिया।

गोस्वामी जी के ऐतिहासिक उपन्यासों से भिन्न-भिन्न समयों की सामाजिक और राजनीतिक अवस्था का अध्ययन और संस्कृत के स्वरूप का अनुसंधान नहीं सूचित होता। कहीं-कहीं तो काल दोष तुरंत ध्यान में आ जाते हैं—जैसे वहाँ-जहाँ अकबर के सामने हुक्के या पेचवान रखे जाने की बात कही गयी है। पं. किशोरीलाल गोस्वामी के कुछ उपन्यासों के नाम ये हैं—तारा, चपला, तरुणतपस्विनी, रजिया बेगम, लीलावती, राजकुमारी, लवंगलता, हृदयहारिणी, हीराबाई, लखनऊ की कब्र इत्यादि।

प्रसिद्ध कवि और गद्य लेखक पं. अयोध्यासिंह उपाध्याय ने भी दो उपन्यास ठेठ हिंदी में लिखे—'ठेठ हिंदी का ठाट' (संवत् 1956) और 'अधखिला फूल' (संवत् 1964)। पर ये दोनों पुस्तकें भाषा के नमूने की दृष्टि से लिखी गयीं, औपन्यासिक कौशल की दृष्टि से नहीं। उनकी सबसे पहले लिखी पुस्तक ''वेनिस का बाँका' में जैसे भाषा संस्कृतपन की सीमा पर पहुँची हुई थी वैसे ही इन दोनों में ठेठपन की हद दिखाई देती है। इन तीनों पुस्तकों को सामने रखने पर पहला ख्याल यही पैदा होता है कि उपाध्याय जी क्लिष्ट, संस्कृतप्राय भाषा भी लिख सकते हैं और सरल ठेठ हिंदी भी। अधिकतर इसी भाषावैचित्र्य पर ख्याल जमकर रह जाता है। उपाध्याय जी के साथ पं. लज्जाराम मेहता का भी स्मरण आता है जो अखबारनबीसी के बीच-बीच में पुरानी हिंदूमर्यादा, हिंदूधर्म और हिंदू पारिवारिक व्यवस्था की सुंदरता और समीचीनता दिखाने के लिए बड़े-छोटे उपन्यास भी लिखा करते थे। उनके उपन्यासों में मुख्य ये हैं—धूर्त रसिकलाल (संवत् 1956), हिंदू गृहस्थ, आदर्श दंपति (1961), बिगड़े का सुधार (1964) आदर्श हिंदू (1972)। ये दोनों महाशय वास्तव में उपन्यासकार नहीं। उपाध्याय जी कवि है और मेहता जी पुराने अखबारनवीस।

काव्यकोटि में आने वाले भावप्रधान उपन्यास, जिनमें भावों या मनोविकारों की प्रगल्भ और वेगवती व्यंजना का लक्ष्य प्रधान हो—चरित्रचित्रण या घटना वैचित्र्य का लक्ष्य नहीं—हिंदी में न देख, बंगभाषा में काफी देख, बाबू ब्रजनंदन सहाय बी.ए. ने दो उपन्यास इस ढंग के प्रस्तुत किये—'सौंदर्योपासक' और 'राधाकांत' (संवत् 1969)।

छोटी कहानियाँ

जिस प्रकार गीत गाना और सुनना मनुष्य के स्वभाव के अंतर्गत है उसी प्रकार कथा-कहानी कहना और सुनना भी। कहानियों का चलन सभ्य-असभ्य सब जातियों में चला आ रहा है। सब जगह उसका समावेश शिष्ट साहित्य के भीतर भी हुआ है। घटनाप्रधान और मार्मिक, उनके ये स्थूल भेद भी बहुत पुराने है और इनका मिश्रण भी। बृहत्कथा, बैतालपचीसी, सिंहासनबत्तीसी इत्यादि घटनाचक्र में रमाने वाली कथाओं की पुरानी पोथियाँ हैं। कादंबरी, माधवानल कामकंदला, सीत-बसंत इत्यादि वृत्तवैचित्र्य पूर्ण होते हुए भी कथा के मार्मिक स्थलों में रमाने वाले भावप्रधान आख्यान हैं। इन दोनों कोटि की कहानियों में एक बड़ा भारी भेद तो यह दिखाई देगा कि प्रथम में इतिवृत्त का प्रवाहमात्र अपेक्षित होता है; पर दूसरी कोटि की कहानियों में भिन्न-भिन्न स्थितियों का चित्रण या प्रत्यक्षीकरण भी पाया जाता है।

आधुनिक ढंग के उपन्यासों और कहानियों के स्वरूप का विकास इसी भेद के आधार पर क्रमशः हुआ है। इस स्वरूप के विकास के लिए कुछ बातें नाटकों की ली गयीं, जैसे, कथोपकथन, घटनाओं का विन्यासवैचित्र्य, बाह्य और आभ्यंतर परिस्थिति का चित्रण तथा उसके अनुरूप भावव्यंजना। इतिवृत्त का प्रवाह तो इसका मूल रूप था ही; वह तो बना ही रहेगा। उनमें अंतर इतना ही पड़ा कि पुराने ढंग की कथा-कहानियों में कथा का प्रवाह अखंड गति से एक ओर चला चलता था जिसमें घटनाएँ पूर्वापर क्रम से जुड़ती सीधी चली आती थीं। पर यूरोप में जो नये ढंग के कथानक नावेल के नाम से चले और बंगभाषा में आकर 'उपन्यास' कहलाये (मराठी में वे 'कादंबरी' कहलाने लगे) वे कथा के भीतर की कोई भी परिस्थिति आरंभ में रखकर चल सकते हैं और उसमें घटनाओं की शृंखला लगातार सीधी न जाकर इधर-उधर और शृंखलाओं से गुंफित होती चलती है और अंत में जाकर सबका समाहार हो जाता है। घटनाओं के विन्यास की यह वक्रता या वैचित्र्य उपन्यासों और आधुनिक कहानियों की वह प्रत्यक्ष विशेषता है जो उन्हें पुराने ढंग की कथा-कहानियों से अलग करती है।

उपर्युक्त दृष्टि से यदि हम देखें तो इंशा की 'रानी केतकी की कहानी' न आधुनिक उपन्यास के अंतर्गत आयेगी, न राजा शिवप्रसाद का 'राजाभोज का सपना' या 'वीर सिंह का वृत्तांत' आधुनिक छोटी कहानी के अंतर्गत।

अँग्रेजी की मासिक पत्रिकाओं जैसी छोटी-छोटी आख्यायिकाएँ या कहानियाँ निकला करती हैं वैसी कहानियों की रचना 'गल्प' के नाम से बंगभाषा में चल पड़ी थीं। ये कहानियाँ जीवन के बड़े मार्मिक और भावव्यंजक खंडचित्रों के रूप में होती थीं। द्वितीय उत्थान की सारी प्रवृत्तियों का आभास लेकर प्रकट होने वाली 'सरस्वती' पत्रिका में इस प्रकार की छोटी कहानियों के दर्शन होने लगे। 'सरस्वती' के प्रथम वर्ष (संवत् 1957) में ही पं. किशोरीलाल गोस्वामी की 'इंदुमती' नाम की कहानी छपी जो मौलिक जान पड़ती है। इसके उपरांत तो उसमें कहानियाँ बराबर निकलती रहीं पर ये अधिकतर बंगभाषा में अनूदित या छाया लेकर लिखी होती थीं। बंगभाषा से अनुवाद करने वालों में इंडियन प्रेस के मैनेजर बा. गिरिजाकुमार घोष, जो हिंदी कहानियों में अपना नाम 'लाला पार्वतीनंदन' देते थे, विशेष उल्लेख योग्य हैं। उसके उपरांत 'बंगमहिला' का स्थान है जो मिरजापुर निवासी प्रतिष्ठित बंगाली सज्जन बा. रामप्रसन्न घोष की पुत्री और बा. पूर्णचंद्र की धर्मपत्नी थीं। उन्होंने बहुत-सी कहानियों का बंगला से अनुवाद तो किया ही, हिंदी में कुछ मौलिक कहानियाँ भी लिखीं जिनमें से एक थी 'दुलाईवाली' जो संवत् 1964 की 'सरस्वती' (भाग 8, संख्या 5) में प्रकाशित हुई।

कहानियों का आरंभ कहाँ से मानना चाहिए यह देखने के लिए 'सरस्वती' में प्रकाशित कुछ मौलिक कहानियों के नाम-वर्ष क्रम से नीचे दिये जाते हैं–

इंदुमती	(किशोरीलाल गोस्वामी)	संवत् 1957
गुलबहार	(किशोरीलाल गोस्वामी)	संवत् 1959
प्लेग की चुड़ैल	(मास्टर भगवानदास, मिरजापुर)	संवत् 1959
ग्यारह वर्ष का समय	(रामचंद्र शुक्ल)	संवत् 1960
पंडित और पंडितानी	(गिरिजादत्त वाजपेयी)	संवत् 1960
दुलाईवाली	(बंगमहिला)	संवत् 1964

इनमें से यदि मार्मिकता की दृष्टि से भावप्रधान कहानियों को चुनें तो तीन मिलती

हैं–'इंदुमती', 'ग्यारह वर्ष का समय' और 'दुलाईवाली'। यदि 'इंदुमती' किसी बँगला कहानी की छाया नहीं है तो हिंदी की यही पहली मौलिक कहानी ठहरती है। इसके उपरांत 'ग्यारह वर्ष का समय' फिर 'दुलाईवाली' का नंबर आता है।

ऐसी कहानियों की ओर लोग बहुत आकर्षित हुए और वे इस काल के भीतर की प्राय: सब मासिक पत्रिकाओं में बीच-बीच में निकलती रहीं। संवत् 1968 में कल्पना और भावुकता के कोश बाबू जयशंकर 'प्रसाद' की 'ग्राम' नाम की कहानी उनके मासिक पत्र 'इंदु' में निकली। उसके उपरांत तो उन्होंने 'आकाशदीप', 'बिसाती', 'प्रतिध्वनि', 'स्वर्ग के खंडहर', 'चित्रमंदिर' इत्यादि अनेक कहानियाँ लिखीं जो तृतीय उत्थान के भीतर आती हैं। हास्यरस की कहानियाँ लिखने वाले जी.पी. श्रीवास्तव की पहली कहानी भी 'इंदु' में संवत् 1968 में ही निकली थी। इसी समय के आसपास आजकल के प्रसिद्ध कहानी लेखक पं. विश्वंभरनाथ शर्मा 'कौशिक' ने भी कहानी लिखना आरंभ किया। उनकी पहली कहानी 'रक्षाबंधन' 1913 की 'सरस्वती' में छपी। सूर्यपुरा के राजा राधिकारमणप्रसाद सिंह जी हिंदी के एक अत्यंत भावुक और भाषा की शक्तियों पर अद्भुत अधिकार रखने वाले पुराने लेखक हैं। उनकी एक अत्यंत भावुकतापर्ण कहानी 'कानों में कंगना' संवत् 1970 में इंदु में निकली। उसके पीछे आपने 'बिजली' आदि कुछ और सुंदर कहानियाँ भी लिखीं। पं. ज्वालादत्त शर्मा ने संवत् 1971 से कहानी लिखना आरंभ किया और उनकी पहली कहानी सन् 1914 की सरस्वती में निकली। चतुरसेन शास्त्री भी उसी वर्ष कहानी लिखने की ओर झुके।

संस्कृत के प्रकांड प्रतिभाशाली विद्वान् हिंदी के अनन्य आराधक श्री चंद्रधर शर्मा गुलेरी की अद्वितीय कहानी 'उसने कहा था' संवत् 1972 अर्थात् सन् 1915 की 'सरस्वती' में छपी थी। इसके पक्के यथार्थवाद के बीच, सुरुचि की चरम मर्यादा के भीतर, भावुकता का चरम उत्कर्ष अत्यंत निपुणता के साथ संपुटित है। घटना इसकी ऐसी है जैसी बराबर हुआ करती है, पर उसमें भीतर से प्रेम का एक स्वर्गीय स्वरूप झाँक रहा है–केवल झाँक रहा है। निर्लज्जता के साथ पुकार या कराह नहीं रहा है। कहानी भर में कहीं प्रेगी की निर्लज्जता, प्रगल्भता, वेदना की वीभत्स विवृत्ति नही है। सुरुचि के सुकुमार-से सुकुमार स्वरूप पर कहीं आघात नहीं पहुँचता। इसकी घटनाएँ ही बोल रही हैं, पात्रों के बोलने की अपेक्षा नहीं।

हिंदी के सर्वश्रेष्ठ उपन्यासकार प्रेमचंद की छोटी कहानियाँ भी संवत् 1973 से ही निकलने लगीं। इस प्रकार द्वितीय उत्थानकाल के अंतिम भाग में ही आधुनिक कहानियों का आरंभ हम पाते हैं जिनका पूर्ण विकास तृतीय उत्थान में हुआ।

निबंध

यदि गद्य कवियों या लेखकों की कसौटी है तो निबंध गद्य की कसौटी है। भाषा की पूर्ण शक्ति का विकास निबंधों में ही सबसे अधिक संभव होता है। इसीलिए गद्य शैली के विवेचक उदाहरणों के लिए अधिकतर निबंध ही चुना करते हैं। निबंध या गद्य विधान कई प्रकार के हो सकते हैं–विचारात्मक, भावात्मक, वर्णनात्मक। प्रवीण लेखक प्रसंग के अनुसार इस विधानों का बड़ा सुंदर मेल भी करते हैं। लक्ष्यभेद रो कई प्रकार की शैलियों का व्यवहार देखा जाता है। जैसे, विचारात्मक निबंधों में व्यास और समास की रीति, भावात्मक निबंधों में धारा, तरंग और विक्षेप की रीति। इसी विक्षेप के भीतर वह 'प्रलाप शैली' आयेगी जिसका

बँगला की देखा-देखी कुछ दिनों से हिंदी में भी चलन बढ़ रहा है। शैलियों के अनुसार गुण-दोष भी भिन्न-भिन्न प्रकार के दो सकते हैं।

आधुनिक पाश्चात्य लक्षणों के अनुसार निबंध उसी को कहना चाहिए जिसमें व्यक्तित्व अर्थात् व्यक्तिगत विशेषता है। बात तो ठीक है, यदि ठीक उसी तरह से समझी जाये। व्यक्तिगत विशेषता का यह मतलब नहीं कि उसके प्रदर्शन के लिए विचारों की शृंखला रखी ही न जाये या जानबूझकर जगह-जगह से तोड़ दी जाये, भावों की विचित्रता दिखाने के लिए ऐसी अर्थयोजना की जाये तो उनकी अनुभूति के प्रकृत या लोकसामान्य स्वरूप से कोई संबंध ही न रखे अथवा भाषा से सरकस वालों की-सी कसरतें या हठयोगियों के-से आसन कराये जायें जिनका लक्ष्य तमाशा दिखाने के सिवा और कुछ न हो।

संसार की हर बात और सब बातों से संबद्ध है। अपने मानसिक संघटन के अनुसार किसी का मन किसी संबंधसूत्र पर दौड़ता है, किसी का किसी पर। ये संबंधसूत्र एक-दूसरे से नथे हुए, पत्तों के भीतर की नसों के समान चारों ओर एक जाल के रूप में फैले हैं। तत्त्वचिंतक या दार्शनिक केवल अपने व्यापक सिद्धांतों के प्रतिपादन के लिए उपयोगी कुछ संबंधसूत्रों को पकड़कर किसी ओर सीधा चलता है और बीच के ब्योरे में कहीं नहीं फँसता। निबंध लेखक अपने मन की प्रवृत्ति के अनुसार स्वच्छंद गति से इधर-उधर फूटी हुई सूत्रशाखाओं पर विचरता चलता है। यही उसकी अर्थसंबंधी व्यक्तिगत विशेषता है। अर्थसंबंधसूत्र की टेढ़ी-मेढ़ी रेखाएँ ही भिन्न-भिन्न लेखकों का दृष्टिपथ निर्दिष्ट करती हैं। एक ही बात को लेकर किसी का मन किसी संबंधसूत्र पर दौड़ता है, किसी का किसी पर। इसी का नाम है एक ही बात को भिन्न-भिन्न दृष्टियों से देखना। व्यक्तिगत विशेषता का मूल आधार यही है।

तत्त्वचिंतक या वैज्ञानिक से निंबंधलेखक की भिन्नता इस बात से भी है कि निबंध लेखक जिधर चलता है उधर अपनी संपूर्ण मानसिक सत्ता के साथ अर्थात् बुद्धि और भावात्मक हृदय दोनों लिये हुए जो करुण प्रकृति हैं उनका मन किसी बात को लेकर, अर्थ संबंध सूत्र पकड़े हुए, करुण स्थानों की ओर झुकता है और गंभीर वेदना का अनुभव करता चलता है। जो विनोदशील है। उनकी दृष्टि उसी बात को लेकर उसके ऐसे पक्षों की ओर दौड़ती है जिन्हें सामने पाकर कोई हँसे बिना नहीं रह सकता है। इसी प्रकार कुछ बातों के संबंध में लोगों की बँधी हुई धारणाओं को व्यर्थ या अपूर्ण सिद्ध करते दिखाई देंगे। उदाहरण के लिए आलसियों और लोभियों को लीजिए, जिन्हें दुनिया बुरा कहती चली आ रही है। कोई लेखक अपने निबंध में उनके अनेक गुणों को विनोदपूर्वक सामने रखता हुआ उनकी प्रशंसा का वैचित्र्यपूर्ण आनंद ले और दे सकता है। इसी प्रकार वस्तु के नाना सूक्ष्म ब्योरों पर दृष्टि गड़ाने वाला लेखक किसी छोटी-से छोटी तुच्छ बात को गंभीर विषय का-सा रूप देखकर पांडित्यपूर्ण भाषा की पूरी नकल करता हुआ सामने रख सकता है। पर सब अवस्थाओं में कोई बात अवश्य चाहिए।

इस अर्थगत विशेषता के आधार पर ही भाषा और अभिव्यंजना प्रणाली की विशेषता-शैली की विशेषता-खड़ी हो सकती है। जहाँ नाना अर्थसंबंधों का वैचित्र्य नहीं, जहाँ गतिशील अर्थ की परंपरा नहीं, वहाँ एक ही स्थान पर खड़ी तरह-तरह की मुद्रा और उछल-कूद दिखाती हुई भाषा केवल तमाशा करती हुई जान पड़ेगी।

भारतेंदु जी के समय से ही निबंधों की परंपरा हमारी भाषा में चल पड़ी थी जो उनके सहयोगी लेखकों में कुछ दिनों तक जारी रही। पर जैसा कि पहले कहा जा चुका है; स्थायी

विषयों पर निबंध लिखने की परंपरा बहुत जल्दी बंद हो गयी। उसके साथ ही वर्णनात्मक निबंध पद्धति पर सामयिक घटनाओं, देश और समाज की जीवनचर्या, ऋतुचर्या आदि का चित्रण भी बहुत कम हो गया। इस द्वितीय उत्थान के भीतर उत्तरोत्तर उच्चकोटि के स्थायी गद्य साहित्य का निर्माण जैसा होना चाहिए था, न हुआ। अधिकांश लेखक ऐसे ही कामों में लगे जिनमें बुद्धि को श्रम पड़े। फल यह हुआ कि विश्वविद्यालयों में हिंदी की ऊँची शिक्षा का विधान हो जाने पर उच्चकोटि की गद्य की पुस्तकों की कमी का अनुभव चारों ओर हुआ।

भारतेंदु के सहयोगी लेखक स्थायी विषयों के साथ-साथ समाज की जीवनचर्या, ऋतुचर्या, पर्व-त्योहर आदि पर भी साहित्य निबंध लिखते आ रहे थे। उनके लेखों में देश की परंपरागत भावनाओं और उमंगों का प्रतिबिंब रहा करता था। होली, विजयादशमी, दीपावली, रामलीला इत्यादि पर उनके लिखे निबंधों में जनता के जीवन का रंग पूरा-पूरा रहता था। इसके लिए वे वर्णनात्मक और भावात्मक दोनों विधानों का बड़ा सुंदर मेल करते थे। यह सामाजिक सजीवता भी द्वितीय उत्थान के लेखकों में वैसी न रही।

इस उत्थानकाल के आरंभ में ही निबंध का रास्ता दिखाने वाले दो अनुवाद ग्रंथ प्रकाशित हुए–'बेकन विचार-रत्नावती' (अंग्रेजी के बहुत पुराने क्या पहले निबंध लेखक लार्ड बेकन के कुछ निबंधों का अनुवाद) और 'निबंधमालादर्श' (चिपलूणकर के मराठी निबंधों का अनुवाद) । पहली पुस्तक पं. महावीरप्रसाद जी द्विवेदी की ही है और दूसरी पं. गंगाप्रसाद अग्निहोत्री की। उस समय आशा हुई थी कि इन अनुवादों के पीछे वे दोनों महाशय शायद उसी प्रकार के मौलिक निबंध लिखने में हाथ लगायें पर ऐसा न हुआ। मासिक पत्रिकाएँ इस द्वितीय उत्थान के भीतर बहुत-सी निकलीं पर उनमें अधिकतर लेख 'बातों का संग्रह' के रूप में ही रहते थे, लेखकों के अंत:प्रयास से निकली विचारधारा के रूप में नहीं। इस काल के भीतर जिनकी कुछ कृतियाँ निबंधकोटि में आ सकती हैं उनका संक्षेप में उल्लेख किया जाता है–

1. पं. महावीरप्रसाद द्विवेदी : इनका जन्म दौलतपुर (जिला–रायबरेली) में वैशाख शुक्ल 4, संवत् 1927 को और देहावसान पौष कृष्ण 30, संवत् 1995 को हुआ।

द्विवेदी जी ने सन् 1903 में 'सरस्वती' के संपादन का भार लिया। तब से अपना सारा समय लिखने में ही लगाया। लिखने की सफलता वे इस बात से मानते थे कि पाठक भी उसे बहुत कुछ समझ जायें। कई उपयोगी पुस्तकों के अतिरिक्त उन्होंने फुटकल लेख भी बहुत लिखे। पर इन लेखों में अधिकतर लेख 'बातों के संग्रह' के रूप में ही हैं। भाषा के नूतन शक्ति चमत्कार के साथ नये-नये विचारों की उद्भावना वाले निबंध बहुत ही कम मिलते हैं। स्थायी निबंधों की श्रेणी में दो ही चार लेख; जैसे 'कवि और कविता', 'प्रतिभा' आदि आ सकते हैं। पर ये लेखन कला या सूक्ष्म विचार की दृष्टि से लिखे नहीं जान पड़ते। 'कवि और कविता' कैसा गंभीर विषय है, कहने की आवश्यकता नहीं। पर इस विषय की बहुत मोटी-मोटी बातें बहुत मोटे तौर पर कही गयी हैं, जैसे–

> **इससे स्पष्ट है कि किसी-किसी में कविता लिखने की इस्तेदाद स्वाभाविक होती है, ईश्वरदत्त है वह अवश्य लाभदायक होगी। वह निरर्थक नहीं हो सकती। उससे समाज को अवश्य कुछ-न-कुछ लाभ पहुँचता है। कविता यदि यथार्थ में कविता है तो संभव नहीं कि उसे सुनकर कुछ असर न हो। कविता से दुनिया में आज तक बड़े-बड़े काम हुए हैं। + कविता में कुछ-न-कुछ झूठ का अंश जरूर**

रहता है; असभ्य अथवा अर्धसभ्य लोगों को यह अंश कम खटकता है शिक्षित और लोगों को बहुत। ++ संसार में जो यह बात जैसी देख पड़े कवि को उसे वैसी ही वर्णन करना चाहिए।

कहने की आवश्यकता नहीं कि द्विवेदी जी के लेख या निबंध विचारात्मक श्रेणी में आयेंगे। पर विचार की वह गूढ़ गुंफित परंपरा उनमें नहीं मिलती जिससे पाठक की बुद्धि उत्तेजित होकर किसी नयी विचारपद्धति पर दौड़ पड़े। शुद्ध विचारात्मक निबंधों का चरम उत्कर्ष वही कहा जा सकता है जहाँ एक पैराग्राफ में विचार दबा-दबाकर कसे गये हों और एक-एक वाक्य किसी संबद्ध विचारखंड को लिये हो। द्विवेदी जी के लेखों को पढ़ने से ऐसा जान पड़ता है कि लेखक बहुत मोटी अक्ल के पाठकों के लिए लिख रहा है। एक-एक सीधी बात कुछ हेरफेर–कहीं-कहीं केवल शब्दों के ही–साथ पाँच-छह वाक्यों में कही हुई मिलती है। उनकी यह प्रवृत्ति उनकी गद्यशैली निर्धारित करती है। उनके लेखों में छोटे-छोटे वाक्यों का प्रयोग अधिक मिलता है। नपे-तुले वाक्य को कई बार शब्दों के कुछ हेरफेर के साथ कहने का ढंग वही है जो वाद या संवाद में बहुत शांत होकर समझाने-बुझाने के काम में लाया जाता है। उनकी यह व्यास शैली विपक्षी को कायल करने के प्रयत्न में बड़े काम की है।

इस बात के उनके दो लेख 'क्या हिंदी नाम की कोई भाषा ही नहीं' (सरस्वती, सन् 1913) और 'आर्य समाज का कोप' (सरस्वती, 1914) अच्छे उदाहरण हैं। उनके कुछ अंश नीचे दिये जाते हैं–

1. आप कहते हैं कि प्राचीन भाषा मर चुकी है और उसे मरे तीन सौ वर्ष हुए। इस पर प्रार्थना है न वह कभी मरी और न उसके मन के कोई लक्षण ही दिखाई देते हैं। यदि आप कभी आगरा, मथुरा, फर्रुखाबाद, मैनुपरी और इटावा तशरीफ ले जायें तो कृपा करके वहाँ के एक-आध अपर प्राइमरी और मिडिल स्कूल का मुआइना न सही तो मुलाहजा अवश्य ही करें। ऐसा करने से आपको मालूम हो जायेगा कि जिसे आप मुर्दा समझ रहे हैं, वह अब तक इन जिलों में बोली जाती है। अगर आपकी इस 'भाखा' नामक भाषा को मरे तीन सौ वर्ष हुए तो कृपा करके यह बताइए कि श्रीमान ही के सधर्मी काजिम अली आदि कवियों ने किस भाषा में कविता की है। 1700 ईसवी से लेकर ऐसे अनेक मुसलमान कवि हो चुके हैं जिन्होंने 'भाषा' में बड़े-बड़े ग्रंथ बनाये हैं। हिंदू कवियों की आप खबर न रखते तो कोई विशेष आक्षेप की बात न थी।

× × ×

आनरेबल असगर अली खाँ की पाँचवीं उक्ति यह है कि उर्दू या हिंदुस्तानी ही यहाँ की सार्वदेशिक भाषा है। आपके इस कथन की सचाई की जाँच सहज ही में हो सकती है। ऊपर हाली साहब के दीवान और दूसरे साहित्य सम्मेलन के सभापति के भाषण से जो अवतरण दिये गये हैं उन्हें खाँ साहब बारी-बारी से एक बंगाली; एक मदरासी, एक गुजराती और एक महाराष्ट्र को जो इस प्रांत के निवासी न हों, दिखावें और उनसे यह कहें कि इनका मतलब हमें समझा दीजिए। बस तत्काल ही आपको मालूम हो जायेगा कि दो में से कौन भाषा अन्य प्रांतवासी अधिक समझते हैं।

श्रीयुत् असगर अली खाँ के इस कथन से कि 'उर्दू और हिंदुस्तानी इज द लिंगुआ फ्रैंका ऑव द कंट्री' एक भेद की बात खुल गयी। वह यह कि आप लोगों की राय में यह हिंदुस्तानी और कुछ नहीं, उर्दू ही का एक दूसरा नाम है। अतएव समझना चाहिए कि जब हिंदुस्तानी भाषा के प्रयोग पर जोर दिया जाता है तब 'हिंदुस्तानी' नाम की आड़ में उर्दू ही का पक्ष लिया जाता है। और बेचारी हिंदी के बहिष्कार की चेष्टा की जाती है।

2. जिस समाज के विद्यार्थी बच्चों तक को अपने दोषों पर धूल डालकर दूसरों को धमकाने और बिना पूछे ही उन्हें 'नेक सलाह' देने का अधिकार है उसके बड़ों और विद्वानों को पराक्रम की सीमा कौन निर्दिष्ट कर सकेगा?

× × ×

हमारे पास इससे भी बढ़कर कुतूहलजनक पात्र आये हैं। बनावटी या सच्चा नाम देकर बी. सिंह नाम के एक महाराज ने आगरा से एक पोस्टकार्ड हमें उर्दू में भेजा है। उसमें अनेक दुर्वचनों और अभिशापों के अनंतर इस बात पर दुख प्रकट किया गया है कि राज्य अंग्रेजी है, अन्यथा हमारा सिर थड़ से अलग कर दिया जाता। भाई सिंह! दुख मत करो आर्यसमाज की धर्मोन्नति होती हो तो–

'कर कुठार, आगे यह सीसा'।

2. पं. माधवप्रसाद मिश्र : मिश्र जी का जन्म पंजाब के हिसार जिले में भिवानी के पास कूँगड़ नामक ग्राम में भाद्र शुक्ल 13, संवत् 1928 को और परलोकवास उसी ग्राम में प्लेग से चैत्र कृष्ण 4, संवत् 1964 को हुआ। ये बड़े तेजस्वी, सनातन धर्म समर्थक, भारतीय संस्कृति की रक्षा के सतत अभिलाषी विद्वान् थे। इनकी लेखनी में बड़ी शक्ति थी। जो कुछ ये लिखते थे बड़े जोश के साथ लिखते थे, इससे इनकी शैली बहुत प्रगल्भ होती थी। गौड़ होने के कारण मारवाड़ियों से इनका विशेष लगाव था और उनके समाज का सुधार ये हृदय से चाहते थे, इसी से 'वैश्योपकार', पत्र का संपादन भार कुछ दिन इन्होंने अपने ऊपर लिया था। जिस वर्ष 'सरस्वती' निकली (संवत् 1957) उसी वर्ष प्रसिद्ध उपन्यासकार बा. देवकीनंदन खत्री की सहायता से काशी से इन्होंने 'सुदर्शन' नामक एक मासिक पत्र निकलवाया जो सवा दो वर्ष चलकर बंद हो गया। इसके संपादनकाल में इन्होंने साहित्य संबंधी बहुत-से लेख, समीक्षाएँ और निबंध लिखे। जोश में आने पर ये बड़े शक्तिशाली लेख लिखते थे। 'समालोचक' संपादक पं. चंद्रधर शर्मा गुलेरी ने इसी से एक बार लिखा था कि–

मिश्र जी बिना किसी अभिनिवेश के लिख नहीं सकते। यदि हमें उनसे लेख पाने हैं तो सदा एक-न-एक टंटा उनसे छेड़ ही रक्खा करें।

इसमें संदेह नहीं कि जहाँ किसी ने कहीं कोई ऐसी बात लिखी जो इन्हें सनातन धर्म के संस्कारों के विरुद्ध अथवा प्राचीन ग्रंथकारों के और कवियों के गौरव को कम करने वाली लगी कि इनकी लेखनी चल पड़ती थी। पाश्चात्य संस्कृताभ्यासी विद्वान् जो कुछ कच्चा-पक्का मत यहाँ के वेद, पुराण, साहित्य आदि के संबंध में प्रकट किया करते थे। वे इन्हें खल जाते थे और उनका विरोध ये डटकर करते थे। उस विरोध में तर्क, आवेश, भावुकता सबका एक अद्‌भुत मिश्रण रहता था। 'वेबर का भ्रम' इसी झोंक में लिखा गया था। पं. महावीर प्रसाद द्विवेदी

ने अपनी 'नैषध चरित चर्चा' में नैषध के कई एक बड़ी दूर की सूझ वा अत्युक्तिपूर्ण पद्यों को अस्वाभाविक और सुरुचिविरुद्ध कह दिया। फिर क्या था, ये एक बारगी पिल पड़े और उनकी बातों का अपने ढंग पर उत्तर देते हुए लगे हाथों पं. श्रीधर पाठक के 'गुनवंत हेमंत' नाम की एक कविता की–जिसकी द्विवेदी जी ने बड़ी भारी प्रशंसा की थी, नीरसता और इतिवृत्तात्मकता भी दिखाई। यह विवाद कुछ दिन चला था।

मिश्र जी का स्वदेश प्रेम भी बहुत गंभीर था। ये संस्कृत के और पंडितों के समान देशदशा के अनुभव से दूर रहने वाले व्यक्ति न थे। राजनीतिक आंदोलनों के साथ इनका हृदय बराबर रहता था। जब देशपूज्य मालवीय जी ने छात्रों को राजनीतिक आंदोलनों से दूर रहने की सलाह दी थी तब इन्होंने एक अत्यंत क्षोभपूर्ण 'खुली चिट्ठी' उनके नाम छापी थी। देशदशा की इस तीव्र अनुभूति के कारण इन्हें श्रीधर पाठक की कविताओं में एक बात बहुत खटकी। पाठक जी ने जहाँ ऋतु शोभा या देश छटा का वर्णन किया है वहाँ केवल सुख, आनंद और प्रफुल्लता के पक्ष पर ही उनकी दृष्टि पड़ती है, देश के असंख्य दीन-दुखियों के पेट की ज्वाला और कंकालवत् शरीर पर नहीं।

मिश्र जी ने स्वामी विशुद्धानंद जी के बड़े जीवन-चरित्र के अतिरिक्त और भी बीसों व्यक्तियों के छोटे-छोटे चरित्र लिखे जिनमें कुछ संस्कृत के पुराने ढाँचे के विद्वान् तथा सनातन धर्म के सहायक सेठ-साहूकार आदि हैं। 'सुदर्शन' में इनके लेख प्राय: सब विषयों पर निकलते थे, जैसे–पर्व, त्योहार, उत्सव, तीर्थस्थान, यात्रा, राजनीति इत्यादि। पर्व-त्योहारों तथा भिन्न-भिन्न ऋतुओं में पड़ने वाले उत्सवों पर निबंध लिखने की जो परंपरा भारतेंदु के सहयोगियों ने चलायी थी, वह इस द्वितीय उत्थान में आकर इन्हीं पर समाप्त हो गयी। हाँ, संवाद-पत्रों के होली, दिवाली के अंकों में उनका आभास बना रहा। लोक सामान्य स्थायी विषयों पर मिश्र जी के केवल दो लेख मिलते हैं--'धृति' और 'क्षमा'।

द्वितीय उत्थान के आरंभकाल में इस प्रभावशाली लेखक के उदय की उज्ज्वल आभा हिंदी साहित्य गगन में कुछ समय के लिए दिखाई पड़ी, पर खेद है कि अकाल ही विलीन हो गयी। पं. माधवप्रसाद मिश्र के मार्मिक और ओजस्वी लेखों को जिन्होंने पढ़ा होगा उनके हृदय में उनकी मधुर स्मृति अवश्य बनी होगी। उनके निबंध अधिकतर भावात्मक होते थे और धाराशैली पर चलते थे। उनमें बहुत सुंदर मर्मपथ का अनुसरण करती हुई स्निग्ध वाग्धारा लगातार चली चलती थी। इनके गद्य के कुछ नमूने नीचे दिये जाते हैं–

(क) आर्य वंश के धर्म, कर्म और भक्तिभाव का वह प्रबल प्रवाह जिसने एक दिन जगत् के बड़े-बड़े सन्मार्ग विरोधी भूधरों का दर्पदलन कर उन्हें रज में परिणत कर दिया था और इस परम पवित्र वंश का वह विश्वव्यापक प्रकार जिसने एक समय जगत् में अंधकार का नाम तक न छोड़ा था, अब कहाँ है? इस गूढ़ एवं मर्मस्पर्शी प्रश्न का यही उत्तर मिलता है कि सब भगवान् महाकाल के पेट में समा गया। +++ जहाँ महा महा महीधर लुढ़क जाते थे और अगाध अतलस्पर्शी जल था वहाँ अब पत्थरों में दबी हुई एक छोटी-सी किंतु सुशीतल वारिधारा बह रही है। जहाँ के महाप्रकाश से दिग्दिगंत उद्भासित हो रहे थे वहाँ अब एक अंधकार से घिरा हुआ स्नेहशून्य प्रदीप टिमटिमा रहा है जिससे कभी-कभी यह भू-भाग प्रकाशित हो जाता है। +++ भारतवर्ष की सुख-शांति और भारतवर्ष का प्रकाश

अब केवल 'राम नाम' पर अटक रहा है। +++ पर जो प्रदीप स्नेह से परिपूर्ण नहीं है तथा जिसकी रक्षा का कोई उपाय नहीं है वह कब तक सुरक्षित रहेगा।

(ख) अब रही आपके जानने की बात; सो जहाँ तक आप जानते हैं वहाँ तक तो सब सफाई है। आप जहाँ तक जानते हैं, महाकवि श्री हर्ष के काव्य में 'सर्वत्र गाँठें-ही गाँठें' हैं और पं. श्रीधर जी की कविता 'सव्रतोभाव से प्रशंसित' है। आप जहाँ तक जानते हैं, आप संस्कृत, हिंदी, बँगला आदि इस देश की सब भाषाएँ जानते हैं और हम बेबरसाहब की करतूत से भी अनभिज्ञ हैं। आप जहाँ तक जानते हैं श्री हर्ष, 'लाल बुझक्कड़' को भी मात करता है; और वेबर साहब याज्ञवल्क्य के समान ठहरता है। आप जहाँ तक जानते हैं, हमारे तत्त्वदर्शी पंडितों ने कुछ न लिखा और अंग्रेजों ने इतना लिखा कि भारतवासी उनके ऋणी हैं। आप जहाँ तक जानते हैं, नैषध की प्रशंसा तो सब पक्षपाती पंडितों ने की है और निंदा दुराग्रहरहित पुरुषों ने की है। आप जहाँ तक जानते हैं डॉ. बूलर, हाल आदि साहबों ने जो कुछ लिखा है युक्तिपूर्वक लिखा है और मिश्र राधाकृष्ण ने युक्तिशून्य। आप जहाँ तक जानते हैं, प्रोफेसर वेबर की पुस्तकों का अभी तक अनुवाद नहीं हुआ। वेबर साहब का ज्ञान हमें 'नैषध चरितचर्चा' में हुआ है।

(ग) लोग केवल घर के ही नष्ट होने पर 'मिट्टी हो गया' नहीं कहते हैं और जगह इसका प्रयोग करते हैं। किसी का बड़ा भारी श्रम जब विफल हो जाय तब कहेंगे कि 'सब मिट्टी हो गया'। किसी का धन खो जाय, मान-मर्यादा भंग हो जाये, प्रभुता और क्षमता चली जाये, तो कहेंगे 'सब मिट्टी हो गया'। इससे जाना गया कि नष्ट होना ही मिट्टी होना है। किंतु मिट्टी को इतना बदनाम क्यों किया जाता है? अकेली मिट्टी ही इस दुर्नाम को क्यों धारण करती है? क्या सचमुच मिट्टी इतनी निकृष्ट है! और क्या केवल मिट्टी ही निकृष्ट है, हम निकृष्ट नहीं हैं! भगवती वसुंधरे! तुम्हारा 'सर्वसहा' नाम यथार्थ है।

'अच्छा माँ! यह तो कहो तुम्हारा नाम 'वसुंधरा' किसने रखा? यह नाम तो उस समय का है। यह नाम व्यास, वाल्मीकि, पाणिनी, कात्यायन आदि सुसंतानों का दिया हुआ है। जाने वे तुम्हारे सुपुत्र कितने आदर से, कितनी श्लाघा से और श्रद्धा से तुम्हें पुकारते थे।

उपन्यासों से कुछ छुट्टी पाकर बाबू गोपालराम (गहमर निवासी) पत्र-पत्रिकाओं में कभी-कभी और निबंध भी दिया करते थे। उनके लेखों और निबंधों की भाषा बड़ी चंचल, चटपटी, प्रगल्भ और मनोरंजक होती थी। विलक्षण रूप खड़ा करना उनके निबंधों की विशेषता है। किसी अद्भुत बात का चरम दृश्य दिखाने वाले ऐसे विलक्षण और कुतूहलजनक चित्रों के बीच से वे पाठक को ले चलते हैं कि उसे एक तमाशा देखने का-सा आनंद आता है। उनके 'ऋद्धि' और 'सिद्धि' नाम निबंध का थोड़ा-सा अंश उद्धत किया जाता है–

अर्थ या धन अलाउद्दीन का चिराग है। यदि यह हाथ में है तो तुम जो चाहो सो पा सकते हो। यदि अर्थ अधिपति हो तो वज्र मूर्ख होने पर भी विश्वविद्यालय तुम्हें डी.एल. की उपाधि देकर अपने तहँ धन्य समझेगा। +++ बरहे पर चलने वाला नट हाथ में बाँस लिये बरहे पर दौड़ते समय, 'हाय पैसा', करके चिल्लाया

करता था। दुनिया के सभी आदमी वैसे ही नट हैं। मैं दिव्यदृष्टि से देखता हूँ कि खुद पृथ्वी भी अपने रास्ते पर 'हाय पैसा', 'हाय पैसा' करती हुई सूर्य की परिक्रमा कर रही है। कालमाहात्म्य और दिनों के फेर से ऐश्वर्यशाली भगवान् ने तो अब स्वर्ग से उतर कर दरिद्र के घर शरण ली है और उनके सिंहासन पर अर्थ जा बैठा है। +++ अर्थ ही इस युग का परब्रह्म है। इस ब्रह्मवस्तु के बिना विश्व संसार का अस्तित्व नहीं रह सकता। यही चक्राकार चैतन्यरूप कैशबॉक्स में प्रवेश करके संसार को चलाया करते हैं। +++ साधकों के हित के लिए अर्थनीतिशास्त्री में इसकी उपासना की विधि लिखी है। +++ बच्चों की पहली पोथी में लिखा है–'बिना पूछे दूसरे का माल लेना चोरी कहलाता है।' लेकिन कहकर जोर से दूसरे का धन हड़प कर लेने से क्या कहलाता है, यह उसमें नहीं लिखा है। 'मेरी राय में यही कर्मयोग का मार्ग है।'

कहने की आवश्यकता नहीं कि उद्धृत अंश के बंगभाषा के प्रसिद्ध ग्रंथकार बंकिमचंद्र की शैली का पूरा आभास है।

3. बाबू बालमुकुंद गुप्त : गुप्त जी का जन्म पंजाब के रोहतक जिले के गुरवानी गाँव में संवत् 1922 में और मृत्यु संवत् 1964 में हुई। वे अपने समय के सबसे अनुभवी और कुशल संपादक थे। पहले इन्होंने दो उर्दू पत्रों का संपादन किया था, पर शीघ्र ही कलकत्ता के प्रसिद्ध संवाद-पत्र 'बंगवासी' के संपादक हो गये। बंगवासी को छोड़ते ही ये 'भारतमित्र' के प्रधान संपादक बनाये गये। ये बहुत ही चलते-पुरजे और विनोदशील लेखक थे अत: कभी-कभी छेड़छाड़ भी कर बैठते थे। पं. महावीरप्रसाद द्विवेदी ने जब 'सरस्वती' (भाग 6, संख्या 11) के अपने प्रसिद्ध 'भाषा और व्याकरण' शीर्षक लेख से 'अनस्थिरता', शब्द का प्रयोग कर दिया तब इन्हें छेड़छाड़ का मौका मिल गया और इन्होंने 'आत्माराम' के नाम से द्विवेदी जी के कुछ प्रयोगों की आलोचना करते हुए लेखमाला निकाली जिसमें चुहलबाजी का पुट पूरा था। द्विवेदी जी ऐसे गंभीर प्रकृति के व्यक्ति को भी युक्तिपूर्ण उत्तर के अतिरिक्त इनकी विनोदपूर्ण विगर्हणा के लिए 'सरगौ नरक ठेकाना नाहि' शीर्षक देकर बहुत फबता हुआ आल्हा 'कल्लू अल्हइत' के नाम से लिखना पड़ा।

पत्रसंपादन काल में इन्होंने कई विषयों पर अच्छे निबंध भी लिखे जिनका एक संग्रह 'गुप्त निबंधावली' के नाम से छप चुका है। इनके 'रत्नावली नाटिका' के सुंदर अनुवाद का उल्लेख हो चुका है।

गुप्त जी ने सामयिक और राजनीतिक परिस्थिति को लेकर कई मनोरंजक प्रबंध लिखे हैं जिनमें 'शिवशंभु का चिट्ठा' बहुत प्रसिद्ध है। गुप्त जी की भाषा बहुत चलती, सजीव और विनोदपूर्ण होती थी। किसी प्रकार का विषय हो, गुप्त जी की लेखनी उस पर विनोद का रंग चढ़ा देती थी। वे पहले उर्दू के एक अच्छे लेखक थे, इससे उनकी हिंदी बहुत चलती और फड़कती हुई होती थी। वे अपने विचारों को विनोदपूर्ण वर्णनों के भीतर ऐसा लपेटकर रखते थे कि उनका आभास बीच-बीच में ही मिलता था। उनके विनोदपूर्ण वर्णनात्मक विधान के भीतर विचार और भाव लुके-छिपे रहते थे। यह उनकी लिखावट की एक बड़ी विशेषता थी। 'शिवशंभु का चिट्ठा' से थोड़ा-सा अंश नमूने के लिए दिया जाता है–

इतने में देखा कि बादल उमड़ रहे हैं। चीलें नीचे उतर रही हैं। तबीयत भुरभुरा

उठी। इधर भंग, उधर घटा-बहार में बहार। इतने में वायु का वेग बढ़ा, चीलें अदृश्य हुईं। अँधेरा छाया, बूँदें गिरने लगीं; साथ ही तड़तड़-धड़धड़ होने लगी। देखा, ओले गिर रहे हैं। ओले थमें; कुछ वर्षा हुई, बूटी तैयार हुई; 'बमभोला' कहकर शर्मा जी ने एक लोटा भर चढ़ाई। ठीक उसी समय लालडिग्गी पर बड़े लाट मिंटों ने बंगदेश के भूतपूर्व छोटे लाट उडबर्न की मूर्ति खोली। ठीक एक ही समय कलकत्ता में यह दो आवश्यक काम हुए। भेद इतना ही था कि शिवशंभु के बरामदे की छत पर बूँदें गिरतीं और कुछ काल सुषुप्ति के आनंद में निमग्न रहे। +++ हाथ-पाँव सुख में; पर विचार के घोड़ों को विश्राम न था। वह ओलों की चोट से बाजुओं को बचाता हुआ परिंदों की तरह इधर-उधर उड़ रहा था। गुलाबी नशों में विचारों का तार बँधा कि बड़े लाट फुरती से अपनी कोठरी में घुस गये होंगे और दूसरे अमीर भी अपने-अपने घरों में चले गये होंगे। पर वह चील कहाँ गयी होगी? हा! शिवशंभु को इन पक्षियों की चिंता है, पर वह यह नहीं जानता कि इन अभ्रस्पर्शी अट्टालिकाओं से परिपूरित महानगर में सहस्रों अभागे रात बिताने को झोंपड़ी भी नहीं रखते।

4. पं. गोविंदनारायण मिश्र : यद्यपि ये हिंदी के बहुत पुराने लेखकों में थे पर उस पुराने समय में वे अपने फुफेरे भाई पं. सदानंद मिश्र के 'सारसुधानिधि' पत्र में कुछ सामयिक और साहित्यिक लेख ही लिखा करते थे जो पुस्तकार छपकर स्थायी साहित्य में परिणत हो सके। अपनी गद्यशैली का निर्दिष्ट रूप द्वितीय उत्थान के भीतर ही उन्होंने पूर्णतया प्रकाशित किया। इनकी लेखशैली का पता इनके सम्मेलन के भाषण और 'कवि और चित्रकार' नामक लेख से लगता है। गद्य के संबंध में इनकी धारणा प्राचीनों के 'गद्यकाव्य' की-सी थी। लिखते समय बाण और दंडी इनके ध्यान में रहा करते थे। पर यह प्रसिद्ध बात है कि संस्कृत साहित्य में गद्य का वैसा विकास नहीं हुआ। बाण और दंडी का गद्यकाव्य, अलंकार की छटा दिखाने वाला गद्य था, विचारों को उत्तेजना देने वाला भाषा की शक्ति का प्रसार करने वाला गद्य नहीं। विचारपद्धति को उन्नत करने वाले गद्य का अच्छा और उपयोगी विकास यूरोपीय भाषाओं में ही हुआ। गद्यकाव्य की पुरानी रूढ़ि के अनुसरण से शक्तिशाली गद्य का प्रादुर्भाव नहीं हो सकता।

पं. गोविंदनारायण मिश्र के गद्य को समास अनुप्रास में गुँथे शब्दगुच्छों का एक अटाला समझिए। जहाँ वे कुछ विचार उपस्थित करते हैं वहाँ भी पदच्छटा ही ऊपर दिखाई पड़ती है शब्दावली दोनों प्रकार की रहती है—संस्कृत की भी और ब्रजभाषाकाव्य की भी। एक ओर 'प्रगल्भ प्रतिभा स्रोत से समुत्पन्न शब्दकल्पना कलित अभिनव भावमाधुरी है तो दूसरी ओर 'तमतोम सटकाती मुस्काती पूरनचंद की सकल मनभाई छिटकी जुन्हाई' है। यद्यपि यह गद्य का क्रीड़ाकौतुक मात्र है पर इसकी भी थोड़ी सी झलक देख लेनी चाहिए—

साधारण गद्य का नमूना

परंतु मंदमति अरसिकों के आयोग्य, मलिन अथवा कुशाग्रबुद्धि चतुरों के स्वच्छ मलहीन मन को भी यथोचित शिक्षा से उपयुक्त बना लिये बिना उन पर कवि की परम रसीली उक्ति छबिछबीली का अलंकृत नखशिख लौं स्वच्छ सर्वांगसुंदर

अनुरूप, यथार्थ, सुस्पष्ट प्रतिबिंब कभी पड़ेगा। +++ स्वच्छ दर्पण पर ही अनुरूप, यथार्थ, सुस्पष्ट प्रतिकृति प्रतिफलित होता है। उससे साम्हना होते ही अपनी ही प्रतिबिंबित प्रतिकृति मानो समाता की स्पर्धा में आ, उसी समय साम्हना करने आमने-सामने आ खड़ी होती है।

काव्यमय गद्य का नमूना

सरद पूनो के समुदित पूरनचन्द की छिटकी जुन्हाई सकल मनभाई के भी मुँह मसि मल, पूजनीय अलौकिक पदनखचंद्रिका की चमक के आगे तेजहीन मलीन और कलंकित कर दरसाती, लजाती, सरस सुधाधौली अलैकिक सुप्रभा फैलाती, अशेष मोहजड़ता प्रगाढ़ तमतोम सटकाती, मुस्काती, निज भक्त-जन-मनवांछित वराभय भुक्ति सुचारु चारो मुक्त हाथों से मुक्ति लुटाती +++ मुक्ताहारी नीरक्षीर विचार-सुचतुर कवि-कोविदराजमंहियसिंहासन-निवासिनी मंदहासिनी, त्रिलोक प्रकासिनी सरस्वती माता के अति दुलारे, प्राणों से प्यारे पुत्रों की अनुपम अनोखी अतुल बलवाली परम प्रभावशाली सुजन-मन मोहिनी नवरस भरी सरस सुखद विचित्र वचनरचना का नाम ही साहित्य है।

भारतेंदु के सहयोगी लेखक प्राय: 'उचित', 'उत्पन्न', 'उच्चरित', 'नव' आदि से ही संतोष करते थे पर मिश्र जी जैसे लेखकों ने बिना किसी जरूरत के उपसर्गों का पुछल्ला जोड़ जनता के इन जाने-बूझे शब्दों को भी 'समुचित', 'समुत्पन्न', 'समुच्चरित', 'अभिनय', करके अजनबी बना दिया। 'मृदुता', 'कुटिलता', 'सुकरता', 'समीपता', 'ऋजुता' आदि के स्थान पर 'मार्दव', 'कौटिल्य', 'सौकर्य', 'सामीय', 'आर्जव', आदि ऐसे ही लोगों की प्रवृत्ति से लाये जाने लगे।

5. बाबू श्यामसुंदरदास जी (बाबू साहब) : नागरी प्रचारिणी सभा के स्थापनाकाल से लेकर बराबर हिंदी भाषा, कवियों की खोज तथा इतिहास आदि के संबंध में लेख लिखते आये हैं। आप जैसे हिंदी के अच्छे लेखक हैं वैसे ही बहुत अच्छे वक्ता भी। आपकी भाषा इस विशेषता के लिए बहुत दिनों से प्रसिद्ध है कि उसमें अरबी, फारसी विदेशी शब्द नहीं आते। आधुनिक सभ्यता के विधानों के बीच की लिखा-पढ़ी के ढंग पर हिंदी को ले चलने में आपकी लेखनी ने बहुत कुछ योग दिया है।

बाबू साहब ने बड़ा भारी काम-लेखकों के लिए सामग्री प्रस्तुत करने का किया है। हिंदी पुस्तकों की खोज के विधान द्वारा आपने साहित्य का इतिहास, कवियों के चरित और उन पर प्रबंध आदि लिखने का मसाला इकट्ठा करके रख दिया। इसी प्रकार आधुनिक हिंदी के नये-पुराने लेखकों के संक्षिप्त जीवनवृत्त 'हिंदी कोविद-रत्नमाला' के दो भागों में आपने संगृहीत किये हैं। शिक्षोपयोगी तीन पुस्तकें—भाषा विज्ञान, हिंदी भाषा और साहित्य तथा साहित्यालोचन—भी अपने लिखी या संकलित की है।

6. पं. जगन्नाथप्रसाद चतुर्वेदी : हास्यविनोदपूर्ण लेख लिखने वालों में कलकत्ता के पं. जगन्नाथप्रसाद चतुर्वेदी का नाम भी बराबर लिया जाता है। पर उनके अधिकांश लेख भाषण मात्र हैं, स्थायी विषयों पर लिखे हुए निबंध नहीं।

7. पं. चंद्रधर गुलेरी : इनका जन्म जयपुर में एक विख्यात पं. घराने में 25 आषाढ़ संवत् 1940 में हुआ था। इनके पूर्वज काँगड़ा के गुलेर नामक स्थान से जयपुर आये थे।

पं. चंद्रधर जी संस्कृत के प्रकांड विद्वान् और अंग्रेजी उच्च शिक्षा से संपन्न व्यक्ति थे। जीवन के अंतिम वर्षों के पहले ये बराबर अजमेर के मेयोकॉलेज में अध्यापक रहे। पांछे काशी हिंदू विश्वविद्यालय के ओरियंटल कॉलेज के प्रिंसिपल होकर आये। पर हिंदी के दुर्भाग्य से थोड़े ही दिनों में संवत् 1977 में इनका परलोकवास हो गया। यह जैसे धुरंधर पं. थे वैसे ही सरल और विनोदशील प्रकृति के थे।

गुलेरी जी ने 'सरस्वती' के कुछ ही महीने पीछे अपनी थोड़ी अवस्था में जयपुर से 'समालोचक' नामक एक मासिक पत्र अपने संपादकत्व में निकलवाया था। उक्त पत्र द्वारा गुलेरी जी एक बहुत ही अनूठी लेखनशैली लेकर साहित्यक्षेत्र में उतरे थे। ऐसा गंभीर और पांडित्यपूर्ण हास, जैसा इनके लेखों में रहता था, और कहीं देखने में न आया। अनेक गूढ़ शास्त्रीय विषयों तथा कथाप्रसंगों की ओर विनोदपूर्ण संकेत करती हुई उनकी वाणी चलती थी। इसी प्रसंगगर्भत्व (एल्यूसिवनेस) के कारण इनकी चुटकियों का आनंद अनेक विषयों की जानकारी रखने वाले पाठकों को ही विशेष मिलता था। इनके व्याकरण ऐसे रूखे विषय के लेख मजाक से खाली नहीं होते थे।

यह बेधड़क कहा जा सकता है कि शैली की जो विशिष्टता और अर्थगर्भित वक्रता गुलेरी जी में मिलती है, और किसी लेखक में नहीं। इनके स्मित हास की सामग्री ज्ञान के विविध क्षेत्रों से ली गयी है। अतः इनके लेखों का पूरा आनंद उन्हीं को मिल सकता है जो बहुत या कम-से-कम बहुश्रुति हैं। इनके 'कछुआ धरम' और 'मारेसि मोहिं कुठाउँ' नामक लेखों से उद्धरण दिये जो हैं।

1. मनस्मृति में कहा गया है कि जहाँ गुरु की निंदा या असत् कथा हो रही हो वहाँ पर भले आदमी को चाहिए कि कान बंद कर ले या और कहीं उठकर चला जाय! मनु महाराज ने न सुनने जोग गुरु के कलंक कथा सुनने के पाप से बचने के दो ही उपाय बताये हैं। या तो कान ढककर बैठि जाओ या दुग दबाकर चल दो। तीसरा उपाय जो और देशों के सौ से नब्बे आदमियों को ऐसे अवसर पर सूझेगा, वह मनु ने नहीं बताया कि जूता लेकर या मुक्का तानकर सामने खड़े हो जाओ और निंदा करने वाले का जबड़ा तोड़ दो या मुँह पिचका दो कि ऐसी हरकत न करे। पुराने-से पुराने आर्यों की अपने भाई असुरों से अनबन हुई। असुर असुरिया में रहना चाहते थे, आर्य सप्तसिंधुओं को आर्यावर्त बनाना चाहते थे। ये आगे चल दिये। पीछे वे दबाते आये। विष्णु ने अग्नि, यज्ञपात्र और अरणि रखने के लिए तीन गाड़ियाँ बनाई। उसकी पत्नी ने उनके पहियों की चूल को घी से आँज दिया। ऊखल, मूसल और सोम कूटने के पत्थरों तक को साथ लिये हुए 'कारवाँ' मुंजवत् हिंदुकुश के एक मित्र दर्रे खैबर में होकर सिंधु की एक घाटी में उतरा। पीछे से श्वान, भ्राज, अंभारि, बंभारि, हस्त, सुहस्त, कृशन, शंड, मर्क मारते चले आते थे। वज्र की मार से पिछली गाड़ी भी आधी टूट गयी, पर तीन लंबे डग मारने वाले विष्णु ने पीछे फिरकर नहीं देखा और न जमकर मैदान लिया। पितृभूमि अपने भातृव्यों के पास छोड़ आये और यहाँ 'भ्रातृव्यस्य बधाय' (सजातानां मध्यमेष्ठ्याय) देवताओं की आहुति देने लगे। जहाँ-जहाँ रास्ते में टिके वहाँ-वहाँ यूप खड़े हो गये। यहाँ की सुजला शस्य श्यामला भूमि में ये बुलबुलें चहकने लगीं।

पर ईरान के अंगूरों और गुलों का, मुंजवत् पहाड़ की सोमलता का चसका पड़ा हुआ था। लेने जाते तो वे पुराने गंधर्व मारने दौड़ते। हाँ, उनमें से कोई-कोई उस समय का चिलकौआ नकद नारायण लेकर बदले में सोमलता बेचने को राजी हो जाते थे। उस समय का सिक्का गौयें थीं। जैसे आजकल लखपती, करोड़पती कहलाते हैं वैसे तब 'शतगु', 'सहस्रगु' कहलाते थे। ये दमड़ीमल के पोते करोड़ीचंद अपने 'नवग्वाः', 'दशगवः' पितरों से शरमाते न थे, आदर से उन्हें याद करते थे। आजकल के मेवा बेचने वाले पेशावरियों की तरह कोई-कोई 'सरहदी' यहाँ पर भी सोम बेचने चले आते थे। कोई आर्य सीमाप्रांत पर जाकर भी ले आया करते थे। मोल ठहराने में बड़ी हुज्जत होती थी, जैसी कि तरकारियों का भाव करने में कुंजड़िनों से हुआ करती है। ये कहते कि गौ की एक कला में सोम बेच दो। वह कहता, वाह! सोम राजा का दाम इससे कहीं बढ़कर है। इधर ये गौ के गुण बखानते। जैसे बुड्ढे चौबे जी ने अपनी कंधे पर चढ़ी बालवधू के लिए कहा था कि 'याही में बेटा और याही में बेटी' वैसे ये भी कहते कि इस गौ से दूध होता है, मक्खन होता है, दही होता है, यह होता है, वह होता है, पर काबुली काहे को मानता? उसके पास सोम की 'मनोपली' थी और इनका बिना लिये सरता नहीं। अंत में गौ का एक पाद, अर्ध होते-होते दाम तय हो जाता। भूरी आँखों वाली एक बरस की बछिया में सोम राजा खरीद लिये जाते। गाड़ी में रखकर शान से लाये जाते। अच्छा अब उसी पंचनद में 'बाहीक' आकर बसे। अश्वघोष की फड़कती उपमा के अनुसार धर्म भाग और दंड-कमंडल लेकर ऋषि भी भागे। अब ब्रह्मावर्त, ब्रह्मर्षि देश और आर्यावर्त की महिमा हो गयी; और वह पुराना देश-न तत्र दिवसं वसेत। बहुत वर्ष पीछे की बात है। समुद्र पार के देशों में और धर्म के पक्के हो चले। लूटते-मारते थे ही। बेधरम भी कर देते थे। बस, समुद्रयात्रा बंद! कहाँ तो राम के बनाये सेतु का दर्शन करके ब्रह्महत्या मिटती थी और कहाँ नाव में जाने वाले द्विज का प्रायश्चित कराकर भी संग्रह बंद! वही कछुआ धर्म? ढाल के अंदर बैठे रहो। किसी बात का टोटा होने पर उसे पूरा करने की इच्छा होती है, दुख होने पर उसे मिटाना चाहते हैं। यह स्वभाव है। संसार में त्रिविध दुख दिखाई पड़ने लगे। उन्हें मिटाने के लिए उपाय भी किये जाने लगे। 'दृष्ट' उपाय हुए। उनसे संतोष न हुआ तो सुने-सुनाए (आनुश्रविक) उपाय किये। उनसे भी मन न भरा। सांख्यों ने काठ कड़ी गिन गिन कर उपाय निकाला, बुद्ध ने योग में पककर उपाय खोजा। किसी-न-किसी तरह कोई उपाय मिलता गया। कछुओं ने सोचा, चोर को क्या मारें; चोर की माँ को ही न मारें; न रहे बाँस न बजे बाँसुरी। लगीं प्रार्थनाएँ होने-'मा देहि राम! जननीजठरे निवासम्।'

और यह उस देश में जहाँ सूर्य का उदय होना इतना मनोहर था कि ऋषियों का यह कहते-कहते तालू सूखना था कि सौ बरस में हम उगता देखें, सौ बरस सुनें, सौ बरस बढ़-बढ़कर बोलें, सौ बरस अदीन होकर रहें।

हयग्रीव या हिरण्याक्ष दोनों में से किसी एक दैत्य से देव बहुत तंग थे। सुरपुर में अफवाह पहुँची। बस, इंद्र ने झटपट किवाड़ बंद कर दिये, आगल डाल दी। मानों

अमरावती ने आँखें बंद कर लीं। यह कछुआ धरम का भाई शुतुरमुर्ग धरम है।

2. हमारे यहाँ पूँजी शब्दों की है। जिससे हमें काम पड़ा, चाहे और बातों में हम ठगे गये, पर हमारी शब्दों की गाँठ नहीं कतरी गयी। +++ यही नहीं जो आया उससे हमने कुछ ले लिया।

पहले हमें काम असुरों से पड़ा, असीरियावालों से। उनके यहाँ 'असुर' शब्द बड़ी शान का था। 'असुर' माने 'प्राणवाला', जबरदस्त। हमारे इंद्र की भी यही उपाधि हुई, पीछे चाहे शब्द का अर्थ बुरा हो गया। +++ पारस के पारसियों से काम पड़ा तो वे अपने सूबेदारों की उपाधि 'क्षत्रप', 'क्षेत्रवान' या' महाक्षत्रप' हमारे यहाँ रख गये और गुस्तास्प, बिस्तास्प के वजन के कृशाश्व, श्यावाश्व, बृहदश्व आदि ऋषियों और राजाओं के नाम दे गये। यूनानी यवनों से काम पड़ा तो वे यवन की स्त्री यवनी तो नहीं, पर यवन की लिपि 'यवनानी' शब्द हमारे व्याकरण को भेंट कर गये। साथ ही मेष, वृष, मिथुन आदि भी यहाँ पहुँच गये। पुराने ग्रंथकार तो शुद्ध यूनानी नाम आर, तार, जितुम आदि ही काम में लाते थे। बराहमिहिर की स्त्री खना चाहे चवनी रही हो, या न रही हो, उसने आदर से कहा है कि म्लेच्छ यवन भी ज्योतिषि शास्त्री जानने से ऋषियों की तरह पूजे जाते हैं। अब चाहे 'वेल्यूपेबल सिस्टम' भी वेद में निकाला जाये, पर पुराने हिंदू कृतघ्न और गुरुमार न थे। +++ यवन राजाओं की उपाधि 'सोटर' त्रातार का रूप लेकर हमारे राजाओं के यहाँ आ लगी। +++ शकों के हमले हुए तो 'शाकपार्थिव वैयाकरणों के हाथ लगा और शक संवत् या शाका सर्व सर्वसाधारण के। हूण वंक्षु (ऑक्सस) नदी के किनारे पर से यहाँ चढ़ गये तो कवियों को नारंगी की उपमा मिली कि ताजे मुड़े हुए हूण की ठुड्डी की-सी नारंगी।

× × ×

बकौल शेक्सपियर के जो मेरा धन छीनता है वह कूड़ा चुराता है पर जो मेरा नाम चुराता है वह सितम ढाता है, आर्यसमाज में मर्मस्थल पर वह मार की है कि जो कुछ कहा नहीं जाता। हमारी ऐसी चोटी पकड़ी है कि सिर नीचा कर दिया है। गैरों ने तो गाँठ का कुछ न लिया, पर इन्होंने तो अच्छे-अच्छे शब्द छीन लिये। इसी से कहते हैं कि 'मारेसि मोहिं कुठाउँ'। अच्छे पद तो यों सफाई से ले लिये गये है कि इस पुरानी जमी हुई दुकान का दिवाला निकल गया?

हम अपने आपको आर्य नहीं कहते, हिंदू कहते हैं। +++ और तो क्या 'नमस्ते' का वैदिक फिकरा हाथ से गया। चाहे 'जय रामजी' कह लो चाहे 'जय श्रीकृष्ण', नमस्ते मत कह बैठना। ओंकार बड़ा मांगलिक शब्द है। कहते हैं कि पहले यह ब्रह्मा का कंठ फाड़ कर निकला था।

इसी द्वितीय उत्थान के भीतर हम दो ऐसे निबंध लेखकों का नाम लेते हैं जिन्होंने लिखा तो कम है पर जिनके लेखों में भाषा की एक नयी गतिविधि तथा आधुनिक जगत् की विचारधारा में उदीप्त नूतन भावभंगिमा के दर्शन होते हैं–

1. अध्यापक पूर्णसिंह : 'सरस्वती' के पुराने पाठकों में से बहुतों को अध्यापक पूर्णसिंह के लेखों का स्मरण होगा। उनके तीन-चार निबंध ही उक्त पत्रिका में निकले, उनमें विचारों और

भावों को एक अनूठे ढंग से मिश्रित करने वाली एक नयी शैली मिलती है। उनकी लाक्षणिकता हिंदी गद्य साहित्य में एक नयी चीज थी। भाषा की बहुत कुछ उड़ान उसकी बहुत कुछ शक्ति, 'लाक्षणिकता' में देखी जाती है। भाषा और भाव की एक नयी विभूति उन्होंने सामने रखी। यूरोप के जीवन क्षेत्र की अशांति से उत्पन्न आध्यात्मिकता की, किसानों और मजदूरों की महत्त्वभावना की जो लहरें उठीं उनमें वे बहुत दूर तक बहे। उनके निबंध भावात्मक कोटि में ही आयेंगे यद्यपि उनकी तह में क्षीण विचारधारा स्पष्ट लक्षित होती है। इस समय उनके तीन निबंध हमारे सामने हैं, 'आचरण की सभ्यता', 'मजदूरी और प्रेम' और 'सच्ची वीरता'। यहाँ हम उनके निबंधों से कुछ अंश उद्धृतत करते हैं–

आचरण की सभ्यता

पश्चिमी ज्ञान से मनुष्य मात्र को लाभ हुआ है। ज्ञान का वह सेहरा बाहरी सभ्यता की अंतवर्तिनी आध्यात्मिक सभ्यता का वह मुकुट–जो आज मनुष्य जाति ने पहन रखा है, यूरोप को कदापि प्राप्त न होता, यदि धन और तेज को एकत्र करने के लिए यूरोप निवासी इतने कमीने न बनते। यदि सारे पूरबी जगत् ने इस महत्ता के लिए अपनी शक्ति से अधिक चन्दा देकर सहायता की तो बिगड़ क्या गया? एक तरफ जहाँ यूरोप के जीवन का एक अंश अभ्यस्त प्रतीत होता है–कमीना और कायरता से भरा मालूम होता है–वहीं दूसरी ओर यूरोप के जीवन का वह भाग जहाँ विद्या और ज्ञान का सूर्य चमक रहा है, इतना महान् है कि थोड़े ही समय में पहले अंश को मनुष्य अवश्य ही भूल जायेंगे। +++ आचरण की सभ्यता का यह देश ही निराला है। उसमें न शारीरिक झगड़े हैं, न मानसिक, न आध्यात्मिक। +++ जब पैगंबर मुहम्मद ने ब्राह्मणों को चीरा और उसके मौन आचरण को नंगा किया तब सारे मुसलमानों को आश्चर्य हुआ कि काफिर में मोमिन किस प्रकार गुप्त था। जब शिव ने अपने हाथ से ईसा के शब्दों को परे फेंककर उसकी आत्मा के नंगे दर्शन कराये तो हिंदू चकित हो गये कि वह नग्न करने अथवा नग्न होने वाला उनका कौन-सा शिव था।

मजदूरी और प्रेम

जब तक जीवन के अरण्य में पादरी, मौलवी, पंडित और साधु-सन्यासी हल, कुदाल और खुरपा लेकर मजदूरी न करेंगे, तब तक उनका मन और उनकी बुद्धि अनंतकाल बीत जाने तक मलिन मासिक जुआ खेलती रहेगी। उनका चिंतन बासी, उनकी पुस्तकें बासी, उनका विश्वास बासी और उनका खुदा भी बासी हो गया है।

2. बाबू गुलाबराय : इस कोटि के दूसरे लेखक हैं बाबू गुलाबराय एम.ए., एल.एल.बी. उन्होंने विचारात्मक और भावात्मक दोनों प्रकार के निबंध थोड़े बहुत लिखे हैं–जैसे, 'कर्तव्य संबंधी रोग, निदान और चिकित्सा', 'समाज और कर्तव्यपालन', 'फिर निराशा क्यों'। एक छोटी-सी पुस्तक है जिसमें कई विषयों पर बहुत छोटे-छोटे अभ्यासपूर्ण निबंध हैं। इन्हीं में से एक 'कुरूपता' भी है जिसका थोड़ा-सा अंश नीचे दिया जाता है–

सौंदर्य की उपासना करना उचित है सही, पर क्या उसी के साथ-साथ कुरूपता

घृणास्पद और निंद्य हैं? नहीं, सौंदर्य का अस्तित्व ही कुरूपता के ऊपर निर्भर है। सुंदर अपनी सुंदरता पर चाहे जितना मान करे, किंतु असुंदर पदार्थों की स्थिति में ही वह सुंदर कहलाता है। अंधों में काना ही श्रेष्ठ समझा जाता है।

× × × × ×

सत्तासागर में दोनों की स्थिति है। दोनों ही एक तारतम्य में बँधे हुए हैं। दोनों ही एक-दूसरे में परिणत होते रहते हैं। फिर कुरूपता घृणा का विषय क्यों? रूपहीन वस्तु से तभी तक घृणा है, जब तक हम अपनी आत्मा को संकुचित बनाये हुए बैठे हैं। सुंदर वस्तु को भी इसी प्रकार सुंदर कहते हैं कि उसमें हम अपने आदर्शों की झलक देखते हैं। आत्मा के सुविस्तृत और औदार्यपूर्ण हो जाने पर सुंदर और असुंदर दोनों ही समान प्रिय बन जाते हैं। कोई माता अपने पुत्र को कुरूपवान नहीं कहती। इसका यही कारण है कि वह अपने पुत्र में अपने आपको ही देखती है। जब हमारे संसार में अपने आपको ही देखेंगे तब हमको कुरूपवान भी रूपवान दिखाई देगा।

अब निबंध का प्रसंग यहीं समाप्त किया जाता है। खेद है कि समास शैली पर ऐसे विचारात्मक निबंध लिखने वाले, जिनमें बहुत ही चुस्त भाषा के भीतर एक पूरी अर्थपरंपरा कसी हो, अधिक लेखक हमें न मिले।

समालोचना

समालोचना का उद्देश्य हमारे यहाँ गुण-दोष विवेचन ही समझा जाता रहा है। संस्कृत साहित्य में समालोचना का पुराना ढंग यह है कि जब कोई आचार्य या साहित्यमीमांसक कोई नया लक्षणग्रंथ लिखता था तब जिन काव्य रचनाओं को वह उत्कृष्ट समझता था उन्हें रस, अलंकार आदि के उदाहरणों के रूप में उद्धृत करता था और जिन्हें पुष्ट समझता था उन्हें दोषों के उदाहरणों में देता था। फिर जिसे उसकी राय नापसंद होती थी वह उन्हीं उदाहरणों में से अच्छे ठहराये हुए पद्यों में दोष दिखाता था और बुरे ठहराये हुए पद्यों के दोष का परिहार करता था।[1] इसके अतिरिक्त जो दूसरा उद्देश्य समालोचना का होता है—अर्थात् कवियों की अलग-अलग विशेषताओं का दिग्दर्शन—उसकी पूर्ति किसी कवि की स्तुति में दो-एक श्लोकबद्ध उक्तियाँ कह कर ही लोग संतोष मान लिया करते थे, जैसे—

निर्गतासु न वा कस्य कालिदासस्य सूक्तिषु।
प्रीतिः मधुरसांद्रासु मंजरीष्विव जायते।।

× × × × ×

उपमा कालिदासस्य, भारवेरर्थगौरवम्।
नैषधे पदलालित्यं, माघे सन्ति त्रयो गुणाः।।

किसी कवि या पुस्तक के गुण-दोष या सूक्ष्म विशेषताएँ दिखाने के लिए एक दूसरी पुस्तक तैयार करने की चाल हमारे यहाँ न थी। यूरोप में इसकी चाल खूब चली। वहाँ समालोचना काव्यसिद्धांत निरूपण से स्वतंत्र एक विषय ही हो गया। केवल गुण-दोष दिखाने वाले लेखों या पुस्तकों की धूम तो थोड़े ही दिनों रहती थी, पर किसी कवि की विशेषताओं का दिग्दर्शन कराने वाली, उसकी विचारधारा में डूबकर उसकी अंतर्वृत्तियों की छानबीन करने

वाली पुस्तक, जिसमें गुण-दोष का कथन भी आ जाता था, स्थायी साहित्य में स्थान पाती थी। समालोचना के दो प्रधान मार्ग होते हैं–निर्णयात्मक (जुडिशियल मेथड्) और व्याख्यात्मक (इंडक्टिव क्रिटिसिज्म)।[2] निर्णयात्मक आलोचना किसी रचना के गुण-दोष निरूपति करके उसका मूल्य निर्धारित करती है। उसमें लेखक या कवि की कहीं प्रशंसा होती है, कहीं निंदा। व्याख्यात्मक आलोचना किसी ग्रंथ में आई हुई बातों को एक व्यवस्थित रूप में सामने रखकर उनका अनेक प्रकार से स्पष्टीकरण करती है। यह मूल्य निर्धारित करने नहीं जाती। ऐसी आलोचना अपने शुद्ध रूप में काव्यवस्तु तक ही परिमित होती है अर्थात् उसी के अंग प्रत्यंग की विशेषताओं को ढूँढ़ निकालने और भावों की व्यवच्छेदात्मक व्याख्या करने में तत्पर रहती है। पर इस व्याख्यात्मक समालोचना के अंतर्गत बहुत-सी बाहरी बातों का भी विचार होता है; जैसे–सामाजिक, राजनीतिक, सांप्रदायिक परिस्थिति आदि का प्रभाव। ऐसी समीक्षा को 'ऐतिहासिक समीक्षा' (हिस्टॉरिकल क्रिटिसिज्म) कहते हैं। इसका उद्देश्य यह निर्दिष्ट करना होता है कि किसी रचना का उसी प्रकार की और रचनाओं से क्या संबंध है और उसका साहित्य की चली आती हुई परंपरा में क्या स्थान है। बाह्य पद्धति के अंतर्गत ही कवि के जीवनक्रम और स्वभाव आदि के अध्ययन द्वारा उसकी अंतर्वृत्तियों का सूक्ष्म अनुसंधान भी है जिसे 'मनोवैज्ञानिक आलोचना' (साइकोलॉजिकल क्रिटिसिज्म) कहते हैं। इनके अतिरिक्त दर्शन, विज्ञान आदि की दृष्टि से समालोचना की और भी कई पद्धतियाँ हैं और हो सकती हैं। इस प्रकार समालोचना के स्वरूप का विकास यूरोप में हुआ।

केवल निर्णयात्मक समालोचना की चाल बहुत कुछ उठ गयी है। अपनी भूल बुरी रुचि के अनुसार कवियों की श्रेणी बाँधना, उन्हें नंबर देना अब एक बेहूदा बात समझी जाती है।[3] कहने की आवश्यकता नहीं कि हमारे हिंदी साहित्य में समालोचना पहले पहल केवल गुण-दोष दर्शन के रूप में प्रकट हुई। लेखों के रूप में इसका सूत्रपात बाबू हरिश्चंद्र के समय में ही हुआ। लेख के रूप में पुस्तकों की विस्तृत समालोचना उपाध्याय पं. बदरीनारायण चौधरी ने अपनी 'आनंदकादंबिनी' में शुरू की। लाला श्रीनिवासदास के 'संयोगिता स्वयंवर' नाटक की बड़ी विशद और कड़ी आलोचना, जिसमें दोषों का उद्घाटन बड़ी बारीकी से किया गया था, उक्त पत्रिका में निकाली थी। पर किसी ग्रंथकार के गुण अथवा दोष ही दिखलाने के लिए कोई पुस्तक भारतेंदु के समय में न निकली थी। इस प्रकार की पहली पुस्तक पं. महावीरप्रसाद द्विवेदी को 'हिंदी कालिदास की आलोचना' थी जो इस द्वितीय उत्थान के आरंभ में ही निकली। इसमें लाला सीताराम बी.ए. का अनुवाद किये हुए नाटकों के भाषा तथा भावसंबंधी दोष बड़े विस्तार से दिखाये गये हैं। यह अनुवादों की समालोचना थी, अतः भाषा की त्रुटियों और मूलभाव के विपर्यय आदि के आगे जा ही नहीं सकती थी। दूसरी बात है कि इसमें दोषों का ही उल्लेख हो सका, गुण नहीं ढूँढ़े गये।

इसके उपरांत द्विवेदी जी ने कुछ संस्कृत कवियों को लेकर दूसरे ढंग की–अर्थात् विशेषता परिचायक–समीक्षाएँ भी निकालीं। इस प्रकार की पुस्तकों में 'विक्रमांक-देवचरित चर्चा' और 'नैषधचरित चर्चा' मुख्य है। इनमें कुछ तो पंडित मंडली में प्रचलित रूढ़ि के अनुसार चुने हुए श्लोकों की खूबियों पर साधुवाद है (जैसे, क्या उत्तम उत्प्रेक्षा है!) और कुछ भिन्न-भिन्न विद्वानों के मतों का संग्रह। इस प्रकार की पुस्तकों से संस्कृत न जानने वाले हिंदी पाठकों को दो तरह की जानकारी हासिल होती है–संस्कृत के किसी कवि की कविता किस ढंग की है,

और वह पंडितों और विद्वानों के बीच कैसी समझी जाती है। द्विवेदी जी की तीसरी पुस्तक 'कालिदास की निरकुंशता' में भाषा और व्याकरण के वे व्यतिक्रम इकट्‌ठे किये गये हैं जिन्हें संस्कृत के विद्वान् लोग कालिदा की कविता में बताया करते हैं। यह पुस्तक हिंदी वालों के क्या, संस्वृत वालों के फायदे में फैली बातों से दूसरे मुहल्ले वालों को कुछ परिचित करना ने के प्रयत्न के रूप में समझना चहिए, स्वतंत्र समालोचना के रूप में नहीं।

यद्यपि द्विवेदी जी ने हिंदी के बड़े-बड़े कवियों को लेकर गंभीर साहित्यसमीक्षा का स्थायी साहित्य नहीं प्रस्तुत किया, पर नयीं निकली पुस्तकों की भाषाआदि की खरी आलोचना करके हिंदी साहित्य का बड़ा भारती उपकार किया। यदि द्विवेदी जी न उठ खड़े होते तो जैसी अव्यवस्थित, व्याकरण विरुद्ध और ऊटपटाँग भाषा चारों ओर दिखाई पड़ती थी, उसकी परंपरा जल्दी न रुकती। उसके प्रभाव से लेखक सावधान हो गये और जिनमें भाषा की समझ और योग्यता थी उन्होंने अपना सुधार किया।

कवियों का बड़ा भारी इतिवृत्तसंग्रह (मिश्रबंधु विनोद) तैयार करने के पहले मिश्रबंधुओं ने 'हिंदी नवरत्न' नामक समालोचनात्मक ग्रंथ निकाला था जिसमें सबसे बढ़कर नयी बात यह थी कि 'देव' हिंदी के सबसे बड़े कवि हैं। हिंदी के पुराने कवियों को समालोचना के लिए सामने लाकर मिश्रबंधुओं ने बेशक जरूरी काम किया। उनकी बातें समालोचना कही जा सकती हैं या नहीं, यह दूसरी बात है। रीतिकाल के भीतर यह सूचित किया जा चुका है कि हिंदी में साहित्यशास्त्र का वैसा निरूपण नहीं हुआ जैसा संस्कृत में हुआ है। हिंदी के रीतिग्रंथों के अभ्यास से लक्षण, व्यंजना, रस आदि के वास्तविक स्वरूप की सम्यकधारणा नहीं हो सकती। कविता की समालोचना के लिए यह धारणा कितनी आवश्यक है, कहने की जरूरत नहीं। इसके अतिरिक्त उच्चकोटि की आधुनिक शैली की समालोचना के लिए विस्तृत अध्ययन, सूक्ष्म अन्वीक्षण बुद्धि और मर्मग्राहणी प्रज्ञा अपेक्षित है। 'कारो कृतहि न मानै' ऐसे-ऐसे वाक्यों को लेकर यह राय जाहिर करना कि 'तुलसी कभी राम की निंदा नहीं करते, पर सूर ने दो-चार स्थानों पर कृष्ण के कामों की निंदा भी की है', साहित्यमर्मज्ञों के निकट क्या समझा जायेगा?

'सूरदास प्रभु वै अति खोटे', 'कारो कृतहि न मानै' ऐसे-ऐसे वाक्यों पर साहित्यिक दृष्टि से जो थोड़ा भी ध्यान देगा, वह जान लेगा कि कृष्ण न तो वास्तव में छोटे कहे गये हैं, न कालेकलूटे कृतघ्न। पहला वाक्य सखी की विनोद या परिहास की उक्ति है, सरासर गाली नहीं है। सखी का यह विनोद हर्ष का ही एक स्वरूप है जो उस सखी का राधाकृष्ण के प्रति रतिभाव व्यंजित करता है। इसी प्रकार दूसरा वाक्य विरहाकुल गोपी का वचन है जिससे कुछ विनोदमिश्रित अमर्ष व्यंजित होता है। यह अमर्ष, यहाँ विप्रलंभ शृंगार में रतिभाव का ही व्यंजक है।[4] इसी इसी प्रकार कुछ 'दैन्य' भाव की उक्तियों को लेकर तुलसीदास जी खुशामदी कहे गये हैं। 'देव' को बिहारी से बड़ा सिद्ध करने के लिए बिहारी में बिना दोष के दोष ढूँढ़े गये हैं। 'संक्रोन' को 'संक्रांति' का (संक्रमण तक ध्यान कैसे जा सकता था?) अपभ्रंश समझ आप लोगों ने उसी बहुत बिगाड़ा हुआ शब्द माना है। 'रोज' शब्द 'रुलाई' के अर्थ में कबीर, जायसी आदि पुराने कवियों में न जाने कितनी जगह आया है और आगरा आदि के आसपास अब तक बोला जाता है; पर वह भी 'रोजा' समझा गया है। इसी प्रकार की बेसिर-पैर की बातों से पुस्तक भरी है। कवियों की विशेषताओं के मार्मिक निरूपण की आशा में जो इसे खोलेगा, वह निराशा ही होगा।

इसके उपरांत पं. पद्मसिंह शर्मा ने बिहारी पर एक अच्छी आलोचनात्मक पुस्तक निकाली। इसमें उस साहित्य परंपरा का बहुत अच्छा उद्घाटन है जिसके अनुकरण पर बिहारी ने अपनी प्रसिद्ध सतसई की रचना की। 'आर्यासप्तशती' और 'गाथासप्तशती' के बहुत-से पद्यों के साथ बिहारी के दोहों का पूरा-पूरा मेल दिखाकर शर्मा जी ने बड़ी विद्वता के साथ एक चली आती हुई साहित्यिक परंपरा के बीच बिहारी को रखकर दिखाया। किसी चली आती हुई साहित्यिक परंपरा का उद्घाटन भी साहित्यसमीक्षक का एक भारी कर्तव्य है। हिंदी के दूसरे कवियों के मिलते-जुलते पद्यों की बिहारी की दोहों के साथ तुलना करके शर्मा जी ने तारत्मिक आलोचना का शौक पैदा किया। इस पुस्तक में शर्मा जी ने उन आक्षेपों का भी बहुत कुछ परिहास किया जो देव को ऊँचा सिद्ध करने के लिए बिहारी पर किये गये थे। हो सकता है कि शर्मा जी ने बहुत-से स्थलों पर बिहारी का पक्षपात किया हो, पर उन्होंने जो कुछ किया है, वह एक अनूठे ढंग से किया है। उनके पक्षपात का भी साहित्यिक मूल्य है।[4]

यहाँ पर यह बात सूचित कर देना आवश्यक है कि शर्मा जी की यह समीक्षा भी रूढ़िगत (कन्वेंशनल) है। दूसरे शृंगारी कवियों से अलग करने वाली बिहारी की विशेषताओं के अन्वेषण और अंत-प्रवृत्तियों के उद्घाटन का—जो आधुनिक समालोचना का प्रधान लक्ष्य समझा जाता है—प्रयत्न इसमें नहीं हुआ। यह खटकने वाली बात है, बिना जरूरत के जगह-जगह चुहलबाजी और शाबाशी का महफिली तर्ज।

शर्मा जी की पुस्तक से दो बातें हुईं। एक तो 'देव बड़े कि बिहारी' यह भद्दा झगड़ा सामने आया। दूसरे 'तुलनात्मक समालोचना' के पीछे लोग बेतरह पड़े।

'देव और बिहारी' के झगड़े को लेकर पहली पुस्तक पं. कृष्णबिहारी मिश्र बी.ए., एल.एल.बी. के मैदान में आयी। इस पुस्तक में बड़ी शिष्टता, सभ्यता और मार्मिकता के साथ दोनों बड़े कवियों के भिन्न-भिन्न रचनाओं का मिलान किया गया है। इसमें जो बातें कही गयी हैं वे बहुत कुछ साहित्यिक विवेचन के साथ कही गयी हैं, 'नवरत्न' की तरह यों ही नहीं कही गयी हैं, यह पुरानी परिपाटी की साहित्य समीक्षा के भीतर अच्छा स्थान पाने के योग्य है। मिश्रबंधुओं की अपेक्षा पं. कृष्णबिहारी जी साहित्यिक आलोचना के कहीं अधिक अधिकारी कहे जा सकते हैं। 'देव और बिहारी' के उत्तर में लाला भगवानदीन जी ने 'बिहारी और देव' नाम की पुस्तक निकाली जिसमें उन्होंने मिश्रबंधुओं के भद्दे आक्षेपों का उचित शब्दों में जवाब देकर पं. कृष्णबिहारी जी की बातों पर भी पूरा विचार किया। अच्छा हुआ कि 'छोटे-बड़े' के इस भद्दे झगड़े की ओर अधिक लोग आकर्षित नहीं हुए।

अब 'तुलनात्मक समालोचना' की बात लीजिए। उसकी ओर लोगों का कुछ आकर्षण देखते ही बहुतों ने 'तुलना' को ही समालोचना का चरम लक्ष्य समझ लिया और पत्रिकाओं में तथा इधर-उधर भी लगे भिन्न-भिन्न कवियों के पद्यों को लेकर मिलान करने। यहाँ तक कि जिन दो पद्यों में वास्तव में कोई भावसाम्य नहीं उनमें बादरायण संबंध स्थापित करके लोग इस 'तुलनात्मक समालोचना' के मैदान में उतरने का शौक जाहिर करने लगे। इसका असर कुछ समालोचकों पर भी पड़ा। पं. कृष्णबिहारी मिश्र जी ने जो 'मतिरामग्रंथावली' निकाली, उसकी भूमिका का आवश्यकता से अधिक अंश उन्होंने इस 'तुलनात्मक आलोचना' को ही अर्पित कर दिया, और बातों के लिए बहुत कम जगह रखी।

द्वितीय उत्थान के भीतर 'समालोचना' की यद्यपि बहुत कुछ उन्नति हुई पर उसका

स्वरूप प्राय: रूढ़िगत (कन्वेंशनल) ही रहा। कवियों की विशेषताओं का अन्वेषण और उनकी अंत: प्रकृति की छानबीन करने वाली उच्चकोटि की समालोचना का प्रारंभ तृतीय उत्थान में जाकर हुआ।

◉◉

सन्दर्भ

1. साहित्यदर्पणकार ने शृंगाररस के उदाहरण में 'शून्य वासगृहं विलोक्य' यह श्लोक उद्धृत किया। रसगं।धरकार ने इस श्लोक में अनेक दोष दिखलाये और उदाहरण में अपना बनाया श्लोक भिड़ाया। हिंदी कवियों में श्रीपति ने दोषों के उदाहरण में केशवदास के पद रखे हैं।
2. मेथड्स ऐंड मैटारियल्स ऑव लिटरेरी क्रिटिसिज्म–गेले ऐंड स्काट।
3. द रैंकिंग ऑव राइटर्स इन ऑर्डर ऑव मेरिट हैज विक्रम आवसोलीट–द न्यू क्रिटिसिज्म वाई.जे. ई. स्पिन्गार्न (1911)।
4. देखिए, 'भ्रमरगीतसार' की भूमिका।

तृतीय उत्थान (संवत् 1975 से...)

प्रकरण-5 : गद्य साहित्य की वर्तमान गति

सामान्य परिचय

इस तृतीय उत्थान में हम वर्तमानकाल में पहुँचते हैं जो अभी चल रहा है। इसमें आकर हिंदी गद्य साहित्य के भिन्न-भिन्न क्षेत्रों के भीतर नये रास्ते जिनमें से कई एक पर विलायती गलियों के नाम की तख्तियाँ भी लगीं। हमारे गद्य साहित्य का यह काल अभी हमारे सामने है। उसके भीतर रहने के कारण इसके संबंध में हम या हमारे सहयोगी जो कुछ कहेंगे वह इस काल का अपने संबंध में अपना निर्णय होगा। सच पूछिए तो वर्तमानकाल, जो अभी चल रहा है, हमसे इतना दूर पीछे नहीं छूटा है कि इतिहास के भीतर आ सके। इससे यहाँ आकर हम अपने गद्य साहित्य के विविध अंगों का संक्षिप्त विवरण ही इस दृष्टि से दे सकते हैं कि उनके भीतर की भिन्न-भिन्न प्रवृत्तियाँ लक्षित हो जायें।

सबसे पहले ध्यान लेखकों और ग्रंथकारों की दिन-दिन बढ़ती संख्या पर जाता है। इन बीस-इक्कीस वर्षों के बीच हिंदी साहित्य का मैदान काम करने वालों से पूरा-पूरा भर गया, जिससे उनके कई अंगों की बहुत अच्छी पूर्ति हुई, पर साथ ही बहुत-सी फालतू चीजें भी इधर-उधर बिखरीं। जैसे भाषा का पूरा अभ्यास और उस पर अच्छा अधिकार रखने वाले, प्राचीन और नवीन साहित्य के स्वरूप को ठीक-ठीक परखने वाले अनेक लेखकों द्वारा हमारा साहित्य पुष्ट और प्रौढ़ हो चला, वैसे ही केवल पाश्चात्य साहित्य के किसी कोने से आँख खोलने वाले और यूरोप की हर एक नयी पुरानी बात को 'आधुनिकता' कहकर चिल्लाने वाले लोगो के द्वारा बहुत कुछ अनधिकार चर्चा-बहुत-सी अनाड़ीपन की बातें-भी फैल चलीं। इस दूसरे ढाँचे के लोग यूरोप की सामाजिक, राजनीतिक और साहित्यिक परिस्थियों के अनुसार समय-समय पर उठे हुए नाना वादों ओर प्रवादों को लेकर और उनकी उक्तियों के टेढ़े-सीधे अनुवाद को उद्धरणी करके ही अपने को हमारे वास्तविक साहित्यनिर्माताओं से दस हाथ आगे बता चले।

इनके कारण हमारा सच्चा साहित्य रुका तो नहीं, पर व्यर्थ की भीड़भाड़ के बीच ओट में अवश्य पड़ता रहा। क्या नाटक, क्या उपन्यास, क्या निबंध, क्या समालोचना, क्या काव्यस्वरूप-मीमांसा, सबके क्षेत्रों के भीतर कुछ विलायती मंत्रों का उच्चारण सुनाई पड़ता आ रहा है। इनमें से कुछ तो ऐसे हैं जो अपने जन्मस्थान में अब नहीं सुनाई पड़ते। हँसी तब आती है जब कुछ ऐसे व्यक्ति भी 'मध्य युग की प्रवृत्ति', 'क्लासिकल', 'रोमांटिक' इत्यादि शब्दों से विभूषित अपनी आलोचना द्वारा 'नये युग की वाणी' का संचार समझाने खड़े होते हैं, जो इन शब्दों का अर्थ जानना तो दूर रहा, अंग्रेजी भी नहीं जानते। उपन्यास के क्षेत्र मे देखिए तो एक ओर प्रेमचंद जैसे प्रतिभाशाली उपन्यासकार हिंदी की कीर्ति का देश भर में प्रसार कर

रहे हैं, दूसरी ओर कोई उनकी भरपेट निंदा करके टालस्टाय का 'पापी के प्रति घृणा नहीं दया' वाला सिद्धांत लेकर दौड़ता है। एक दूसरा आता है जो दयावाले सिद्धांत के विरुद्ध यूरोप का साम्यवादी सिद्धांत ला भिड़ाता है और कहता है कि गरीबों का रक्त चूसकर उन्हें अपराधी बनाना और फिर बड़ा बनाकर दया दिखाना तो उच्च वर्ग के लोगों की मनोवृत्ति है। वह बड़े जोश के साथ सूचित करता है कि इस मनोवृत्ति का समर्थन करने वाला साहित्य हमें नहीं चाहिए, हमें तो ऐसा साहित्य चाहिए जो पददलित अकिंचनों में रोष, विद्रोह और आत्मगौरव का संचार करे और उच्च वर्ग के लोगों में नैराश्य, लज्जा और ग्लानि का।

एक ओर स्वर्गीय जयशंकर प्रसाद जी अपने नाटकों द्वारा यह साफ झलका देते हैं कि प्राचीन ऐतिहासिक वृत्ति लेकर चलने वाले नाटकों की रचना के लिए कालविशेष के भीतर के तथ्य बटोरने वाला कैसा विस्तृत अध्ययन और उन तथ्यों अनुमित सामाजिक स्थिति के सजीव ब्योरे सामने खड़ा करने वाली कैसी सूक्ष्म कल्पना चाहिए, दूसरी ओर कुछ लोग ऐसे नाटकों के प्रति उपेक्षा का-सा भाव दिखाते हुए बर्नार्डशा आदि का नाम लेते हैं और कहते हैं कि आधुनिक युग 'समस्या नाटकों' का है। यह ठीक है कि विज्ञान की साधना द्वारा संसार के वर्तमान युग का बहुत-सा रूप यूरोप का खड़ा किया हुआ है। पर इसका क्या मतलब है कि युग का सारा रूपविधान यूरोप ही करे और हम आराम से जीवन के सब क्षेत्रों में उसी के दिये हुए रूप को लेकर रूपवान बनते चलें? क्या अपने स्वतंत्र स्वरूप विकास की हमारी शक्ति सब दिन के लिए मारी गयी?

हमारा यह तात्पर्य नहीं कि यूरोप के साहित्यक्षेत्र में उठी हुई बातों की चर्चा हमारे यहाँ न हो। यदि हमें वर्तमान जगत् के बीच से अपना रास्ता निकालना है तो वहाँ के अनेक 'वादों' और प्रवृत्तियों तथा उन्हें उत्पन्न करने वाली परिस्थितियों का पूरा परिचय हमें होना चाहिए। उन वादों की चर्चा अच्छी तरह हो, उन पर पूरा विचार हो और उनके भीतर जो थोड़ा-बहुत सत्य छिपा हो उसका ध्यान अपने साहित्य के विकास में रखा जाये। पर उनमें से कभी इसको कभी उसको, यह कहते हुए सामने रखना कि वर्तमान विश्वसाहित्य का स्वरूप यही है जिससे हिंदी साहित्य अभी बहुत दूर है, अनाड़ीपन ही नहीं, जंगलीपन भी है।

आजकल भाषा की भी बुरी दशा है। बहुत-से लोग शुद्ध भाषा लिखने का अभ्यास होने के पहले ही बड़े पोथे लिखने लगते हैं जिनमें व्याकरण की भद्दी भूलें तो रहती ही हैं, कहीं-कहीं वाक्यविन्यास तक ठीक नहीं रहता। यह बात और किसी भाषा के साहित्य में शायद ही देखने को मिले। व्याकरण की भूलों तक ही बात नहीं है। अपनी भाषा की प्रवृत्ति की पहचान न रहने के कारण कुछ लोग उसका स्वरूप भी बिगाड़ चले हैं। वे अंग्रेजी के शब्द, वाक्य और मुहावरे तक ज्यों-के-त्यों उठाकर रख देते हैं, यह नहीं देखने जाते कि हिंदी हुई या और कुछ। नीचे के अवतरणों से यह बात स्पष्ट हो जायेगी–

1. **उनके हृदय में अवश्य ही एक ललित कोना होगा, जहाँ रतन ने स्थान पा लिया होगा।**
   (कुंडलीचक्र उपन्यास)
2. **वह उन लोगों में से न था जो घास को थोड़ी देर भी अपने पैरों के तले उगने देते हों।**
   (वही)

3. **क्या संभव नहीं है कि भारत के बड़े-बड़े स्वार्थ कुछ लोगों की नामावली उपस्थित करें।**
(आज, 28 अक्टूबर, 1939)

उपन्यास-कहानी

इस तृतीय उत्थान में हमारा उपन्यास-कहानी साहित्य ही सबसे अधिक समृद्ध हुआ। नूतन विकास लेकर आने वाले प्रेमचंद जी जो कर गये वह तो हमारे साहित्य की एक निधि ही है, उनके अतिरिक्त पं. विश्वंभरनाथ कौशिक, बाबू प्रतापनारायण श्रीवास्तव, श्री जैनेंद्रकुमार ऐसे सामाजिक उपन्यासकार तथा बा. वृंदावनलाल वर्मा ऐसे ऐतिहासिक उपन्यासकार उपन्यासभंडार की बहुत सुंदर पूर्ति करते जा रहे हैं। सामाजिक उपन्यासों में देश में चलने वाले राष्ट्रीय तथा आर्थिक आंदोलनों का भी आभास बहुत कुछ रहता है। तअल्लुकदारों के अत्याचार, भूखे किसानों की दारुण दशा के बड़े चटकीले चित्र उनमें प्राय: पाये जाते हैं। इस संबंध में हमारा केवल यही कहना है कि हमारे निपुण उपन्यासकारों का केवल राजनीतिक दलों द्वारा प्रचारित बातें लेकर चलना चाहिए, वस्तुस्थिति पर अपनी व्यापक दृष्टि भी डालनी चाहिए; उन्हें यह भी देखना चाहिए कि अंग्रेजी राज्य जमने पर भूमि की उपज या आमदनी पर जीवन निर्वाह करने वालों (किसानों और जमींदारों दोनों) की और नगर के रोजगारियों या महाजनों की परस्पर क्या स्थिति हुई। उन्हें यह भी देखना चाहिए कि राजकर्मचारियों को इतना बड़ा चक्र ग्रामवासियों के सिर पर ही चला करता है, व्यापारियों का वर्ग उससे प्राय: बचा रहता है। भूमि ही यहाँ सरकारी आय का प्रधान उद्‌गम बना दी गयी है। व्यापार श्रेणियों को यह सुभीता विदेशी व्यापार को फलता-फूलता रखने के लिए दिया गया था, जिससे उनकी दशा उन्नत होती आयी और भूमि से संबंध रखने वाले सब वर्गों की–क्या जमींदार, क्या किसान, क्या मजदूर–गिरती गयी।

जमींदारो के अंतर्गत हमें 98 प्रतिशत साधारण जमींदारों को लेना चाहिए, 2 प्रतिशत बड़े-बड़े तअल्लुकेदारों को नहीं। किसान और जमींदार एक ओर तो सरकार की भूमिकर संबंधी नीति से पिसते आ रहे हैं, दूसरी ओर उन्हें भूखा मारने वाले नगरों के व्यापारी हैं जो इतने घोर श्रम से पैदा की हुई भूमि की उपज का भाव अपने लाभ की दृष्टि से घटाते-बढ़ाते रहते हैं। भाव किसानों, जमींदारों के हाथ में नहीं। किसानों से बीस सेर के भाव से अन्न लेकर व्यापारी सात-आठ सेर के भाव से बेचा करते हैं। नगरों के मजदूर तक पान-बीड़ी के साथ सिनेमा देखते हैं, गाँव के जमींदार और किसान कष्ट से किसी प्रकार दिन काटते हैं। कहने का तात्पर्य यह कि हमारे उपन्यासकारों को देश के वर्तमान जीवन के भीतर अपनी दृष्टि गड़ाकर देखना चाहिए; केवल राजनीतिक दलों की बातों को लेकर ही न चलना चाहिए। साहित्य को राजनीति के ऊपर रहना चाहिए; सदा उसके इशारों पर ही न नाचना चाहिए।

वर्तमान जगत् में उपन्यास की बड़ी शक्ति है। समाज जो रूप पकड़ रहा है उसके भिन्न-भिन्न वर्गों में जो प्रवृत्तियाँ उत्पन्न हो रही हैं, उपन्यास उनका विस्तृत प्रत्यक्षीकरण ही नहीं करते, आवश्यकतानुसार उनके ठीक विन्यास, सुधार अथवा निराकरण की प्रवृत्ति भी उत्पन्न कर सकते हैं। समाज के बीच खानपान के व्यवहार तक में जो भद्दी नकल होने लगी है–गर्मी के दिनों में भी सूटबूट कसकर टेबुलों पर जो प्रीतिभोज होने लगा है–उसको हँसकर

उड़ाने की सामर्थ्य उपन्यासों में ही है। लोक या किसी जनसमाज के बीच काल की गति के अनुसार जो गूढ़ और चिंत्य परिस्थितियाँ खड़ी होती रहती हैं उनको गोचर रूप में सामने लाना और कभी-कभी निस्तार का मार्ग भी प्रत्यक्ष करना उपन्यासों का काम है।

लोक की सामयिक परिस्थितियों तक ही न रहकर जीवन के नित्य स्वरूप की विषमताएँ और उलझनें सामने रखने वाले उपन्यास भी यूरोप में लिखे गये हैं और लिखे जा रहे हैं। जीवन में कुछ बातों का जो मूल्य चिरकाल से निर्धारित चला आ रहा है—जैसे, पाप और पुण्य का—उनकी मीमांसा में भी उपन्यास प्रवृत्त हुआ है। इस प्रकार उपन्यासों का लक्ष्य वहाँ क्रमशः ऊँचा होता गया जिसने जीवन के नित्य स्वरूप का चिंतन और अनुभव करने वाले बड़े-बड़े कवि इधर उपन्यास के क्षेत्र में भी काम करते दिखाई देते हैं। बड़े हर्ष की बात है कि हमारे हिंदी साहित्य में भी बा. भगवतीचरण वर्मा ने 'चित्रलेखा' नाम का इस ढंग का एक सुंदर उपन्यास प्रस्तुत किया है।

द्वितीय उत्थान के भीतर बँगला से अनूदित अथवा उनके आदर्श पर लिखे गये उपन्यासों में देश की सामान्य जनता के गार्हस्थ्य और पारिवारिक जीवन के बड़े मार्मिक और सच्चे चित्र रहा करते थे। प्रेमचंद जी के उपन्यासों में भी निम्न और मध्य श्रेणी के गृहस्थों के जीवन का बहुत सच्चा स्वरूप मिलता रहा है। पर इधर बहुत से ऐसे उपन्यास सामने आ रहे हैं, जो देश के सामान्य भारतीय जीवन से हटकर बिलकुल यूरोपीय रहन-सहन के साँचे में ढले हुए एक बहुत छोटे-से वर्ग का जीवनचरित ही यहाँ से वहाँ तक अंकित करते हैं। उनमें मिस्टर, मिसेज, मिस, प्रोफेसर, होस्टल, क्लब, ड्राइंगरूम, टेनिस, मैच, सिनेमा, मोटर पर हवाखोरी, कॉलेज की छात्रावस्था के बीच के प्रणयव्यवहार इत्यादि ही सामने आते हैं। यह ठीक है कि अंग्रेजी शिक्षा के दिन-दिन बढ़ते हुए प्रचार से देश के आधुनिक जीवन का यह भी एक पक्ष हो गया है पर सामान्य पक्ष नहीं है। भारतीय रहन-सहन, खानपान, रीति-व्यवहार प्रायः सारी जनता के बीच बने हुए हैं। देश के असली सामाजिक और घरेलू जीवन की दृष्टि से ओझल करना हम अच्छा नहीं समझते।

यहाँ तक तो सामाजिक उपन्यासों की बात हुई। ऐतिहासिक उपन्यास बहुत कम देखने में आ रहे हैं। एक प्रकार से तो यह अच्छा है। जब एक भारतीय इतिहास के भिन्न-भिन्न कालों में सामाजिक स्थिति और संस्कृति का अलग-अलग विशेष रूप से अध्ययन करने वाले और उस सामाजिक स्थिति के सूक्ष्म ब्योरों की अपनी ऐतिहासिक कल्पनाएँ द्वारा उद्भावना करने वाले लेखक तैयार न हों तब तक ऐतिहासिक उपन्यासों में हाथ लगाना ठीक नहीं। द्वितीय उत्थान के भीतर जो कई ऐतिहासिक उपन्यास लिखे गये या बंगभाषा से अनुवाद करके लाये गये, उनमें देश-काल की परिस्थिति का अध्ययन नहीं पाया जाता। अब किसी ऐतिहासिक उपन्यास में यदि बाबर के सामने हुक्का रखा जायेगा, गुप्त काल में गुलाबी और फिरोजी रंग की साड़ियाँ, इत्र, मेज पर सजे गुलदस्ते, झाड़फानूस लाये जायेंगे, सभा के बीच खड़े होकर व्याख्यान दिये जायेंगे और उन पर करतल ध्वनि होगी, बात-बात में 'धन्यवाद', 'सहानुभूति' ऐसे शब्द तथा सार्वजनिक कार्यों में भाग लेना, ऐसे फिकरे पाये जायेंगे तो काफी हँसने वाले और नाक-भौं सिकोड़ने वाले मिलेंगे। इससे इस जमीन पर बहुत समझ-बूझकर पैर रखना होगा

ऐतिहासिक उपन्यास किस ढंग से लिखना चाहिए, यह प्रसिद्ध पुरातत्त्वविद् श्री राखालदास वंद्योपाध्याय ने अपने 'करुणा', 'शशांक' और 'धर्मपाल' नामक उपन्यासों द्वारा अच्छी तरह

दिखा दिया। प्रथम दो के अनुवाद हिंदी में हो गये हैं। खेद है कि इस समीचीन पद्धति पर प्राचीन हिंदू साम्राज्य के भीतर की कथावस्तु लेकर मौलिक उपन्यास न लिखे गये। नाटक के क्षेत्र में अलबत्ता स्वर्गीय जयशंकर प्रसाद जी ने इस पद्धति पर कई सुंदर ऐतिहासिक नाटक लिखे। इसी पद्धति पर उपन्यास लिखने का अनुरोध हमने उनसे कई बार किया था जिसके अनुसार शुंगकाल (पुष्यमित्र, अग्निमित्र का समय) का चित्र उपस्थित करने वाला एक बड़ा मनोहर उपन्यास लिखने में उन्होंने हाथ भी लगाया था[1], पर साहित्य के दुर्भाग्य से उसे अधूरा छोड़कर ही चल बसे।

वर्तमानकाल में ऐतिहासिक उपन्यास के क्षेत्र में केवल बा. वृंदावनलाल वर्मा दिखाई दे रहे हैं। जिन्होंने भारतीय इतिहास के मध्ययुग के प्रारंभ में बुंदेलखंड की स्थिति लेकर 'गढ़कुंडार' और 'विराटा की पद्मिनी' नामक दो बड़े सुंदर उपन्यास लिखे हैं। 'विराटा की पद्मिनी' की कल्पना तो अत्यंत रमणीय है।

उपन्यासों के भीतर लंबे-लंबे दृश्यवर्णनों तथा धाराप्रवाह भावव्यंजनापूर्ण भाषा की जो प्रथा पहले थी वह यूरोप में बहुत कुछ छाँट दी गयी, अर्थात् वहाँ उपन्यासों से काव्य का रंग बहुत कुछ हटा दिया गया। यह बात वहाँ नाटक और उपन्यास के क्षेत्र में 'यथातथ्यवाद' की प्रवृत्ति के साथ-साथ हुई। इससे उपन्यासकला की अपनी निज की विशिष्टता निखरकर झलकी, इसमें कोई संदेह नहीं। यह विशिष्टता यह है कि घटनाएँ और पात्रों के क्रियाकलाप के भावों को बहुत कुछ व्यक्त कर दें, पात्रों के प्रगल्भ भाषण की उतनी अपेक्षा न रहे। पात्रों के थोड़े-से मार्मिक शब्द ही हृदय पर पड़ने वाले प्रभाव को पूर्ण कर दें। इस तृतीय उत्थान को आरंभ होते-होते हमारे हिंदी साहित्य के उपन्यास का यह पूर्ण विकसित और परिष्कृत स्वरूप लेकर स्वर्गीय प्रेमचंद जी आये। द्वितीय उत्थान के मौलिक उपन्यासकारों में शीलवैचित्र्य की उद्भावना नहीं के बराबर थी। प्रेमचंद जी के ही कुछ पात्रों में ऐसे स्वाभाविक ढाँचे की व्यक्तिगत विशेषताएँ मिलने लगीं जिन्हें सामने पाकर अधिकांश लोगों को यह भासित हो कि कुछ इसी ढंग की विशेषता वाले व्यक्ति हमने कहीं-न-कहीं देखे हैं। ऐसी व्यक्तिगत विशेषता ही सच्ची है, जिसे झूठी विशेषताओं का संगठन भी प्रकृति के और विधानों के समान कुछ ढर्रों पर होता है; अतः ये विशेषताएँ बहतों को लखाई पड़ती रही हैं, चाहे वे उन्हें शब्दों में व्यक्त न कर सकें। प्रेमचंद की-सी चलती और पात्रों के अनुरूप रंग बदलने वाली भाषा भी पहले नहीं देखी गयी थी।

अंतःप्रकृति या शील के उत्तरोत्तर उद्घाटन का कौशल भी प्रेमचंद जी के दो-एक उपन्यासों में, विशेषतः 'गबन' में देखने में आया। सत् और असत् भला और बुरा दो सर्वथा भिन्न वर्ग करके पात्र निर्माण करने की अस्वाभाविक प्रभा की इस तृतीय उत्थान में बहुत कुछ कम हुई है, पर मनोवृत्ति की अस्थिरता का वह चित्र अभी बहुत कम दिखाई पड़ा है जिसके अनुसार कुछ परिस्थितियों में मनुष्य अपने शील स्वभाव के सर्वथा विरुद्ध आचारण कर जाता है।

उपन्यासों से भी प्रचुर विकास हिंदी में छोटी कहानियों का हुआ है। कहानियाँ बहुत तरह की लिखी गयीं, उनके अनेक प्रकार के रूप-रंग प्रकट हुए। इसमें तो कोई संदेह नहीं कि उपन्यास और छोटी कहानी दोनों के ढाँचे हमने पश्चिम से लिये हैं। हैं भी ये ढाँचे बड़े सुंदर। हम समझते हैं कि ढाँचों ही तक रहना चाहिए। पश्चिम में भिन्न-भिन्न दृष्टियों से किये हुए उनके वर्गीकरण, उनके संबंध में निरूपित तरह-तरह के सिद्धांत कहानियों का हमारे वर्तमान

हिंदी साहित्य में इतनी अनेकरूपता के साथ विकास हुआ है कि उनके संबंध में हम अपने कुछ स्वतंत्र सिद्धांत स्थिर कर सकते हैं, अपने ढंग पर उनके भेद-उपभेद निरूपित कर सकते हैं। इसकी आवश्यकता समझने के लिए उदाहरण लीजिए। छोटी कहानियों के जो आदर्श और सिद्धांत अंग्रेजी की अधिकतर पुस्तकों में दिये गये हैं, उनके अनुसार छोटी कहानियों में शील या चरित्रविकास का अवकाश नहीं रहता। पर प्रेमचंद की एक कहानी है, उसकी भूमिका में प्रेमचंद जी ने कहानी विकास को बड़ा भारी कौशल कहा है। छोटी कहानियों के जो छोटे-मोटे संग्रह निकलते हैं उनमें भूमिका के रूप में अंग्रेजी पुस्तकों से लेकर कुछ सिद्धांत प्रायः रख दिये जाते हैं। यह देखकर दुख होता है। विशेष करके तब जब उन सिद्धांतों से सर्वथा स्वतंत्र कई सुंदर कहानियाँ उन संग्रहों के भीतर ही मिल जाती हैं।

उपन्यास और नाटक दोनों से काव्यत्व का अवयव बहुत कुछ निकलने की प्रवृत्ति किस प्रकार यूरोप में हुई, और दृश्यवर्णन, प्रगल्भ भावव्यंजना, आलंकारिक चमत्कार आदि किस प्रकार हटाये जाने लगे हैं, इसका उल्लेख अभी कर आए हैं।[2] उनके अनुसार इस तृतीय उत्थान में हमारे उपन्यासों के ढाँचे में भी कुछ परिवर्तन हुआ। परिच्छेदों के आरंभ में लंबे-लंबे काव्यमय दृश्यवर्णन, जो पहले रहा करते थे, बहुत कम हो गये; पात्रों के भाषण का ढंग भी कुछ अधिक स्वाभाविक और व्यावहारिक हुआ। उपन्यासों को काव्य के निकट रखने वाला पुराना ढाँचा एकबारगी छोड़ दिया गया है। छोड़ा क्यों जाये? उसके भीतर हमारे भारतीय कथात्मक गद्यप्रबंधों (जैसे, कादंबरी, हर्षचरित) के स्वरूप की परंपरा छिपी हुई है। यूरोप उसे छोड़ रहा है, छोड़ दे। यह कुछ आवश्यक नहीं कि हम हर एक कदम उसी के पीछे-पीछे रखें। अब यह आदत छोड़नी चाहिए कि कहीं हार्डी का कोई उपन्यास पढ़ा और उसमें अवसाद या 'दुखवाद' की गंभीर छाया देखी तो चट बोल उठे कि अभी हिंदी के उपन्यासों को यहाँ तक पहुँचने में बहुत देर है। बौद्धों के दुखवाद का संस्कार किस प्रकार जर्मनी के शोपनहावर से होता हुआ हार्डी तक पहुँचा, यह भी जानना चाहिए।

यूरोप में नाटक और उपन्यास से काव्यत्व निकाल बाहर करने का जो प्रयत्न हुआ है, उसका कुछ कारण है। वहाँ जब फ्रांस और इटली के कलावादियों द्वारा काव्य भी बेलबूटे की नक्काशी की तरह जीवन से सर्वथा पृथक् कहा जाने लगा, तब जीवन को ही लेकर चलने वाले नाटक और उपन्यास को उससे सर्वथा पृथक् समझा जाना स्वाभाविक ही था। पर इस अत्यंत पार्थक्य का आधार प्रमाद के अतिरिक्त और कुछ नहीं। जगत् और जीवन के नाना पक्षों को लेकर प्रकृति भी बराबर चलेगा और उपन्यास भी। एक चित्रण और भावव्यंजना को प्रधान रखेगा, दूसरा घटनाओं के संचरण द्वारा विविध परिस्थितियों की उद्भावना को। उपन्यास न जाने कितनी ऐसी परिस्थितियाँ सामने लाते हैं जो काव्यधारा को लिए प्रकृत का मार्ग खोलती हैं।

उपन्यासों और कहानियों के सामाजिक और ऐतिहासिक ये दो भेद तो बहुत प्रत्यक्ष हैं। ढाँचों के अनुसार जो मुख्य तीन भेद--कथा के रूप मे, आत्मकथा के रूप में और चिट्ठी-पत्री के रूप में--किये गये हैं उनमें से अधिकतर उदाहरण तो प्रथम के ही सर्वत्र हुआ करते हैं। द्वितीय के उदाहरण भी अब हिंदी में काफी हैं, जैसे--'दिल की आग', (जी.पी. श्रीवास्तव) । तृतीय उदाहरण हिंदी में बहुत कम पाये जाते हैं, जैसे--'चंद हसीनों के खतूत'। इस ढाँचे में उतनी सजीवता भी नहीं।

कथावस्तु के स्वरूप और लक्ष्य के अनुसार हिंदी के अपने वर्तमान उपन्यासों में हमें

ये भेद दिखाई पड़ते हैं–

1. घटनावैचित्र्य प्रधान अर्थात् केवल कुतूहलजनक, जैसे जासूसी और वैज्ञानिक आविष्कारों का चमत्कार दिखाने वाले। इनमें साहित्य का गुण अत्यंत अल्प होता है–केवल इतना ही होता है कि ये आश्चर्य और कुतूहल जगाते हैं।

2. मनुष्य के अनेक पारस्परिक संबंधों के मार्मिकता पर प्रधान लक्ष्य रखने वाले, जैसे प्रेमचंद जी का 'सेवासदन', 'निर्मला', 'गोदान'; श्री विश्वंभरनाथ कौशिक का 'माँ', 'भिखारिणी', श्री प्रतापनारायण श्रीवास्तव का 'विदा', 'विकास', 'विजय', चतुरसेन शास्त्री का 'हृदय की प्यास'।

3. समाज के भिन्न-भिन्न वर्गों की परस्पर स्थिति और उनके संस्कार चित्रित करने वाले, जैसे–प्रेमचंद जी का 'रंगभूमि', 'कर्मभूमि'; प्रसाद जी का 'कंकाल', 'तितली'।

4. अंतर्वृत्ति अथवा शीलवैचित्र्य और उसका विकासक्रम अंकित करने वाले जैसे प्रेमचंद जी का 'गबन'; श्री जैनेंद्र कुमार का 'तपोभूमि', 'सुनीता'।

5. भिन्न-भिन्न ज्ञातियों और मतानुयायियों के बीच मनुष्यता के व्यापक संबंध पर जोर देने वाले, जैसे–राजा राधिकारमण प्रसाद सिंह का 'राम रहीम'।

6. समाज के पाखंडपूर्ण कुत्सित पक्षों का उद्घाटन और चित्रण करने वाले जैसे–पांडेय बेचैन शर्मा 'उग्र' का 'दिल्ली का दलाल', 'सरकार तुम्हारी आँखों में', 'बंधुआ की बेटी'।

7. बाह्य और आभ्यंतर प्रकृति की रमणीयता का समन्वित रूप मे चित्रण करने वाले सुंदर और अलंकृत पदविन्यासयुक्त उपन्यास, जैसे, स्वर्गीय श्री चंडीप्रसाद 'हृदयेश' का 'मंगल प्रभात'।

अनुसंधान और विचार करने पर इसी प्रकार की और दृष्टियों से भी कुछ भेद किये जा सकते हैं। सामाजिक और राजनीतिक सुधारों के जो आंदोलन देश में चल रहे हैं उनका आभास भी बहुत-से उपन्यासों में मिलता है। प्रवीण उपन्यासकार उनका समावेश और बहुत-सी बातों के बीच कौशल के साथ करते हैं। प्रेमचंद जी के उपन्यासों और कहानियों में भी ऐसे आंदोलन का आभास प्रायः मिलता है। पर उनमें भी जहाँ राजनीतिक उद्धार या समाजसुधार का लक्ष्य बहुत स्पष्ट हो गया है वहाँ उपन्यासकार का रुख छिप गया है और प्रचारक (प्रोपैगेंडिस्ट) का रूप ऊपर आ गया है।

छोटी कहानियाँ

जैसा ऊपर कहा जा चुका है, छोटी कहानियों का विकास तो हमारे यहाँ और भी विशद और विस्तृत रूप में हुआ और उसमें वर्तमान कवियों का भी पूरा योग रहा है। उनके इतने रूप रंग हमारे सामने आये हैं कि वे सब-के-सब अब पाश्चात्य लक्षणों और आदर्शों के भीतर नहीं सभा समा सकते। न तो सब में विस्तार के किसी नियम का पालन मिलेगा, न चरित्र-विकास का अवकाश। एक संवेदना या मनोभाव का सिद्धांत भी कहीं-कहीं ठीक न घटेगा। उसके स्थान पर हमें मार्मिक परिस्थिति की एकता मिलेगी, जिसके भीतर कई ऐसी संवेदनाओं का योग रहेगा जो सारी परिस्थिति को बहुत ही मार्मिक रूप देगा। श्री चंडीप्रसाद 'हृदयेश' की 'उन्मादिनी' का जिस परिस्थिति में पर्यवसान होता है उसमें पूरन का सत्वोद्रेक, सौदामिनी का अपत्यस्नेह और कालीशंकर की स्तब्धता तीनों का योग हैं जो कहानियाँ किसी मार्मिक परिस्थिति लक्ष्य में रखकर चलेंगी उनमें बाह्य प्रकृति के भिन्न-भिन्न रूप-रंगों के सहित और परिस्थितियों का विशद चित्रण भी बराबर मिलेगा। घटनाएँ और कथोपथन बहुत

अल्प रहेंगे। 'हृदयेश' जी की कहानियाँ प्रायः इसी ढंग की हैं। 'उन्मादिनी' में घटना गतिशील नहीं। 'शांतिनिकेतन' में घटना और कथोपकथन दोनों कुछ नहीं। यह भी कहानी का एक ढंग है, यह हमें मानना पड़ेगा। पाश्चात्य आदर्श का अनुसरण इसमें नहीं है, न सही।

वस्तुविन्यास के ढंग में भी इधर अधिक वैचित्र्य आया है। घटनाओं में काल के पूर्वापर क्रम का विपर्यय कहीं-कहीं इस तरह का मिलेगा कि समझने के लिए कुछ देर रुकना पड़ेगा। कहानियों में 'परिच्छेद' न लिखकर केवल 1, 2, 3 आदि संख्याएँ देकर विभाग करने की चाल है। अब कभी-कभी एक ही नंबर के भीतर चलते हुए वृत्त के बीच थोड़ी-सी जगह छोड़कर किसी पूर्वकाल की परिस्थिति पाठकों के सामने एकबारगी रख दी जाती है। कहीं-कहीं चलते हुए वृत्त के बीच में परिस्थिति का नाटकीय ढंग का एक छोटा-सा चित्र भी आ जाता है। इस प्रकार के चित्र में चारों ओर सुनाई पड़ते हुए शब्दों का संघात भी सामने रखा जाता है, बाजार की सड़क का यह कोलाहल–

मोटरों, ताँगों और इक्कों के आने-जाने का मिलित स्वर। चमचमाती हुई कार का म्युजिकल हॉर्न। ...बचना भैये। ...हटना, राजा बाबू। ...अक्खा! तिवारी जी हैं, नमस्कार! ...हटना भा-आई...आदाबअर्ज दारोगा जी'।

('पुष्करिणी' में 'चोर' नाम की कहानी–भगवतीप्रसाद वाजपेयी)

हिंदी में जो कहानियाँ लिखी गयी हैं, स्थूल दृष्टि से देखने पर, वे इन प्रणालियों पर चली दिखाई पड़ती हैं–

1. सादे ढंग से केवल कुछ अत्यंत व्यंजक घटनाएँ और थोड़ी बातचीत सामने लाकर क्षिप्र गति से किसी एक गंभीर संवेदना या मनोभाव में पर्यवसित होने वाली, जिसका बहुत ही अच्छा नमूना है, स्वर्गीय गुलेरी जी की प्रसिद्ध कहानी, 'उसने कहा था'। पं. भगवतीप्रसाद वाजपेयी की 'निंदिया लागी' और 'पेंसिल स्केच' नाम की कहानियाँ भी इसी ढंग की हैं। ऐसी कहानियों में परिस्थिति की मार्मिकता अपने वर्णन या व्याख्या द्वारा हृदयंगम करने का प्रयत्न लेखक नहीं करता, उसका अनुभव वह पाठक पर छोड़ देता है।

2. परिस्थितियों के विशद और मार्मिक–कभी-कभी रमणीय और अलंकृत वर्णनों और व्याख्यानों के साथ मंद, मधुर गति से चलकर किसी एक मार्मिक परिस्थिति में पर्यवसित होने वाली। उदाहरण–स्व. चंडीप्रसाद 'हृदयेश' की 'उन्मादिनी', 'शांति निकेतन'। ऐसी कहानियों में परिस्थिति के अंतर्गत प्रकृति का चित्रण भी प्रायः रहता है।

3. उक्त दोनों के बीच की पद्धति करके चलने वाली, जिसमें घटनाओं की व्यंजकता और पाठकों की अनुभूति पर पूरा भरोसा न करके लेखक भी कुछ मार्मिक व्याख्या करता चलता है; उदाहरण–प्रेमचंद जी की कहानियाँ। पं. विश्वंभरनाथ शर्मा कौशिक, पं. जनार्दनप्रसाद झा 'द्विज' इत्यादि अधिकांश लेखकों की कहानियाँ अधिकतर इस पद्धति पर चली हैं।

4. घटना और संवाद दोनों में गूढ़ व्यंजना और रमणीय कल्पना के सुंदर समन्वय के साथ चलने वाली; उदाहरण–प्रसाद जी तथा रायकृष्णदास जी की कहानियाँ।

5. किसी तथ्य का प्रतीक खड़ा करने वाली लाक्षणिक कहानी, जैसे–पांडेय बैचेन शर्मा 'उग्र' का 'भुनना'।

वस्तुसमष्टि के स्वरूप की दृष्टि से भी बहुत-से वर्ग किये जा सकते हैं, जिसमें से मुख्य ये हैं–

1. सामान्यत: जीवन के किसी स्वरूप की मार्मिकता सामने लाने वाली। अधिकतर कहानियाँ इस वर्ग के अंतर्गत आयेंगी।

2. भिन्न-भिन्न वर्गों के संस्कार का स्वरूप सामने रखने वाली, जैसे–प्रेमचंद जी की 'शतरंज के खिलाड़ी' और श्री ऋषभचरण जैन की 'दान' नाम की कहानी।

3. किसी मधुर या मार्मिक प्रसंग कल्पना के सहारे किसी ऐतिहासिक काल का खंडचित्र दिखाने वाली, जैसे–रायकृष्णदास जी की 'गहूला' और जयशंकर प्रसाद जी का 'आकाशदीप'।

4. देश की सामाजिक और आर्थिक व्यवस्था से पीड़ित जनसमुदाय की दुर्दशा सामने लाने वाली, जैसे श्री भगवतीप्रसाद वाजपेयी की 'निंदिया लागी', 'हृदयगति' तथा श्री जैनेंद्रकुमार की 'अपना-अपना भाग्य' नाम की कहानी।

5. राजनीतिक आंदोलन में सम्मिलित नवयुवकों के स्वदेशप्रेम, त्याग, साहस और जीवनोत्सर्ग का चित्र खड़ा करने वाली, जैसे–पांडेय बैचेन शर्मा 'उग्र' की 'उसकी माँ' नाम की कहानी।

6. समाज के भिन्न-भिन्न क्षेत्रों के बीच धर्म, समाजसुधार, व्यापार, व्यवसाय, सरकारी काम, नयी सभ्यता आदि की ओट में होने वाले पाखंडपूर्ण पापाचार के चटकीले चित्र सामने लाने वाली कहानियाँ, जैसी 'उग्र' जी की है। 'उग्र' की भाषा बड़ी अनूठी चपलता और आकर्षक वैचित्र्य के साथ चलती है। उस ढंग की भाषा उन्हीं के उपन्यासों और 'चाँदनी' जैसी कहानियाँ में ही मिल सकती है।

7. सभ्यता और संस्कृति की किसी व्यवस्था के विकास का आदिम रूप झलकाने वाली, जैसे–रायकृष्णदास जी का 'अंत:पुर का आरंभ' श्रीमंत समंत की 'चँबेली की कली' और श्री जैनेंदकुमार की 'बाहुबली'।

8. अतीत के किसी पौराणिक या ऐतिहासिक कालखंड के बीच अत्यंत मार्मिक और रमणीय प्रसंग का अवस्थान करने वाला जैसे–श्री बिंदु ब्रह्मचारी और रीमंत समंत (पं. बालकराम विनायक) की कहानियाँ।

ये कहानियाँ 'कथामुखी' नाम की मासिक पत्रिका (अयोध्या, संवत् 1977-78) में निकली थीं। इनमें से कुछ के नाम ये हैं–वनभागिनी, कृत्तिका, हेरम्या और बाहुमान, कनकप्रभा, श्वेतद्वीप का तोता क्या पढ़ता था, चँबेली की कली। इनमें से कुछ कहानियों में एशिया के भिन्न-भिन्न भागों में (ईरान, तुर्किस्तान, अर्मेनिया, चीन, सुमात्रा, जावा इत्यादि में) भारतीय संस्कृति और प्रभाव का प्रसार (ग्रेटर इंडिया) दिखाने वाले प्रसंगों की अनूठी उद्भावना पाई जाती है, जैसे–'हेरम्या और बाहुमान' में ऐसी कहानियों में भिन्न-भिन्न देशों की प्राचीन संस्कृति के अध्ययन की त्रुटि अवश्य कहीं-कहीं खटकती है, जैसे–'हेरम्या और बहुमान' में आर्य पारसीक और सामी अरब सभ्यता का घपला है।

एशिया के भिन्न-भिन्न भागों में भारतीय संस्कृति और प्रभाव की झलक जयशंकर प्रसाद जी के 'आकाशदीप' में भी है।

9. हास्यविनोद द्वारा अनुरंजन करने वाली, जैसे जी.पी. श्रीवास्तव, श्री अन्नपूर्णानंद और कांतानाथ पांडेय 'चोंच जी' की कहानियाँ।

इस श्रेणी की कहानियों का अच्छा विकास हिंदी में नहीं हो रहा है। अन्नपूर्णानंद जी का हास सुरुचिपूर्ण है। 'चोंच' जी की कहानियाँ अतिरंजित होने पर भी व्यक्तियों के कुछ

स्वाभाविक ढाँचे सामने लाती हैं। जी.पी. श्रीवास्तव की कहानियों में शिष्ट और परिष्कृत हास की मात्रा कम पाई जाती है। समाज के चलते जीवन के किसी विकृत पक्ष को, या किसी वर्ग के व्यक्तियों की बेंढंगी विशेषताओं को हँसने, हँसाने योग्य बनाकर सामने लाना अभी बहुत कम दिखाई पड़ रहा है।

यह बात कहनी पड़ती है कि शिष्ट और परिष्कृत हास का जैसा सुंदर विकास पाश्चात्य साहित्य में हुआ है वैसा अपने यहाँ अभी नहीं देखने में आ रहा है। पर हास्य का जो स्वरूप हमें संस्कृत के नाटकों में हास्य के आलंबन विदूषक के रूप में पेटू ब्राह्मण रहे हैं और फुटकल पद्यों में शिव ऐसे औघढ़ देवता तथा इनका परिवार और समाज। कहीं-कहीं खटमल ऐसे क्षुद्र जीव भी आ गये हैं कि हिंदी में इनके अतिरिक्त कंजूसों पर विशेष कृपा हुई है। पर ये सब आलंबन जिस ढंग से सामने लाये गये हैं उसे देखने से स्पष्ट हो जायेगा कि रस-सिद्धांत का पालन बड़ी सावधानी से हुआ है। रसों में हास्य रस का जो स्वरूप और जो स्थान है यदि वह बराबर दृष्टि में रहे तो अत्यंत उच्च और उत्कृष्ट श्रेणी के हास का प्रवर्तन हमारे साहित्य में हो सकता है।

हास्य के आलंबन से विनोद तो होता ही है, उसके प्रति कोई-न-कोई और भाव भी जैसे–राग, द्वेष, घृणा, उपेक्षा, विरक्ति–साथ-साथ लगा रहता है। हास्य रस के जो भारतीय आलंबन ऊपर बताये गये हैं, वे सब इस ढंग से सामने लाये गये हैं कि उनके प्रति द्वेष, घृणा इत्यादि न उत्पन्न होकर एक प्रकार का राग या प्रेम ही उत्पन्न होता है। यह व्यवस्था हमारे रस सिद्धांत के अनुसार है। स्थायी भावों में आधे सुखात्मक हैं और आधे दुखात्मक। हास्य आनंदात्मक भाव हैं। एक ही आश्रय में, एक ही आलंबन के प्रति, आनंदात्मक और दुखात्मक भावों की एक साथ स्थिति नहीं हो सकती। हास्य रस में आश्रय के रूप में किसी पात्र की अपेक्षा नहीं होती, श्रोता या पाठक ही आरय रहता है। अतः रस की दृष्टि से हास्य में द्वेष और घृणा नामक दुखात्मक भावों की गुंजाइश नहीं। हास्य के साथ जो दूसरा भाव आ सकता है यह संचारी के रूप में ही। द्वेष या घृणा का भाव जहाँ रहेगा, वहाँ हास की प्रधानता नहीं रहेगी, वह उपहास हो जायेगा। उसमें हास का सच्चा स्वरूप रहेगा ही नहीं। उसमें तो हास को द्वेष का व्यंजक या उसका आच्छादक मात्र समझना चाहिए।

जो बात हमारे यहाँ की रसव्यवस्था के भीतर स्वतः सिद्ध है वही यूरोप में इधर आकर एक आधुनिक सिद्धांत के रूप में यों कहीं गयी है कि 'उत्कृष्ट हास वही है जिसमें आलंबन के प्रति एक प्रकार का प्रेमभाव उत्पन्न हो अर्थात् यह प्रिय लगे।' यहाँ तक तो बात बहुत ठीक रही। पर यूरोप में नूतन सिद्धांत प्रवर्तक बनने के लिए उत्सुक रहने वाले चुप कब रह सकते हैं। वे दो कदम आगे बढ़कर आधुनिक 'मनुष्यतावाद' या 'भूतदयावाद' का स्वर ऊँचा करते हुए बोले, "'उत्कृष्ट हास' वह है जिसमें आलंबन के प्रति दया या करुणा उत्पन्न हो।" कहने की आवश्यकता नहीं कि यह होली, मुहर्रम सर्वथा अस्वाभाविक, अवैज्ञानिक और रसविरुद्ध है। दया या करुणा दुखात्मक भाव है, हास आनंदात्मक। दोनों की एक साथ स्थिति बात की बात है। यदि हास के साथ एक ही आश्रय में किसी और भाव का सामंजस्य हो सकता है तो प्रेम या भक्ति का ही। भगवान् शंकर के बौड़मपन का किस भक्तिपूर्ण विनोद के साथ वर्णन किया जाता है, वे किस प्रकार बनाये जाते हैं यह हमारे यहाँ 'रारि-सी मची है त्रिपुरारि के तबेला में' देखा जा सकता है।

हास्य का स्वरूप बहुत ठीक सिद्धांत पर प्रतिष्ठित होने पर भी अभी तक उसका ऐसा विस्तृत विकास हमारे साहित्य में नहीं हुआ है, जो जीवन के अनेक क्षेत्रों से—जैसे, राजनीतिक साहित्यिक, धार्मिक, व्यावसायिक—आलंबन ले-लेकर खड़ा करें।

नाटक

यद्यपि और देशों के समान यहाँ भी उपन्यासों और कहानियों के आगे नाटकों का प्रणयन बहुत कम हो गया है, फिर भी हमारा नाट्य साहित्य बहुत कुछ आगे बढ़ा है। नाटकों के बाहरी रूप-रंग भी कई प्रकार के हुए हैं और अवयवों के विन्यास और आकार-प्रकार में भी वैचित्र्य आया है। ढाँचों में जो विशेषता यूरोप के वर्तमान नाटकों में प्रकट हुई है, वह हिंदी के भी कई नाटकों में इधर दिखाई पड़ने लगी है, जैसे—अंक के आरंभ और बीच में भी समय, स्थान तथा पात्रों के रूप-रंग और वेशभूषा का बहुत सूक्ष्म ब्योरे के साथ लंबा वर्णन। स्वगत भाषण की चाल भी अब उठ रही है। पात्रों के भाषण भी न अब बहुत लंबे होते हैं, न लंबे वाक्य वाले। ये बातें सेठ गोविंददास जी तथा पं. लक्ष्मीनारायण मिश्र के नाटकों में पाई जायेंगी। थियेटरों के कार्यक्रम में दो अवकाशों के विचार से इधर तीन अंक रखने की प्रवृत्ति भी लक्षित हो रही है। दो-एक व्यक्ति अंग्रेजी में एक अंकवाले आधुनिक नाटक देख उन्हीं के ढंग के दो-एक एकांकी नाटक लिखकर उन्हें बिलकुल एक नयी चीज कहते हुए सामने लाये। ऐसे लोगों को जान रखना चाहिए कि एक अंक वाले कई उपरूपक हमारे यहाँ बहुत पहले से माने गये हैं।

यह तो स्पष्ट है कि आधुनिककाल के आरंभ से ही बँगला की देखादेखी हमारे हिंदी नाटकों के ढाँचे पाश्चात्य होने लगे। नांदी, मंगलाचरण तथा प्रस्तावना हटाई जाने लगी। भारतेंदु ने ही 'नीलदेवी' और 'सतीप्रताप' में प्रस्तावना नहीं रखी है, हाँ, आरंभ में यशोगान या मंगलगान रख दिया है। भारतेंदु के पीछे तो यह भी हटता गया। भारतेंदुकाल से ही अंकों का अवस्थान अंग्रेजी ढंग पर होने लगा। अंकों के बीच के स्थान-परिवर्तन या दृश्य-परिवर्तन को 'दृश्य' और कभी-कभी 'गर्भांक' शब्द रखकर सूचित करने लगे, यद्यपि 'गर्भांक' शब्द का हमारे नाट्यशास्त्र में कुछ और ही अर्थ है। 'प्रसाद' जी ने अपने 'स्कंदगुप्त' आदि नाटकों में यह दृश्य शब्द (जो अंग्रेजी सीन का अनुवाद है) छोड़ दिया है और स्थान-परिवर्तन या पट-परिवर्तन के स्थलों पर कोई नाम नहीं रखा है। इसी प्रकार आजकल 'विष्कंभक' और 'प्रवेशक' का काम देने वाले दृश्य तो रखे जाते हैं, पर ये नाम हटा दिये गये हैं। 'प्रस्तावना' के साथ 'उद्घातक', 'कथोद्घात', आदि का विन्यास-चमत्कार भी गया। पर ये युक्तियाँ सर्वथा अस्वाभाविक न थीं। एक बात बहुत अच्छी यह हुई कि यह पुराने नाटकों में दरबारी विदूषक नाम का जो फालतू पात्र रहा करता था, उसके स्थान पर कथा की गति से संबद्ध कोई पात्र ही हँसोड़ प्रकृति का बना दिया जाता है। आधुनिक नाटकों में प्रसाद जी के 'स्कंदगुप्त' नाटक का मुद्गल ही एक ऐसा पात्र है जो पुराने विदूषक का स्थानापन्न कहा जा सकता है।

भारतीय साहित्य शास्त्र में नाटक भी काव्य के ही अंतर्गत माना गया है; अतः उसका लक्ष्य भी निर्दिष्ट शीलस्वभाव के पात्रों को भिन्न-भिन्न परिस्थितियों में डालकर उनके वचनों और चेष्टाओं द्वारा दर्शकों में रस-संचार करना ही रहा है। पात्रों के धीरोदात्त आदि बँधे हुए ढाँचे थे जिनमें ढले हुए सब पात्र सामने आते थे। इन ढाँचों के बाहर शीलवैचित्र्य दिखाने का

प्रयास नहीं किया जाता था। यूरोप में धीरे-धीरे शीलवैचित्र्य प्रदर्शन को प्रधानता प्राप्त होती गयी, यहाँ तक कि किसी नाटक के संबंध में वस्तुविधान और चरित्रविधान की चर्चा का ही चलन हो गया। इधर 'यथातथ्यवाद' के प्रचार से वहाँ रहा-सहा काव्यत्व भी झूठी भावुकता कहकर हटाया जाने लगा। यह देखकर प्रसन्नता होती है कि हमारे 'प्रसाद' और 'प्रेमी' ऐसे प्रतिभाशाली नाटककारों ने उक्त प्रवृत्ति का अनुसरण न करके रसविधान और शीलवैचित्र्य दोनों का सुंदर सामंजस्य रखा है। 'स्कंदगुप्त' नाटक में जिस प्रकार देवसेना और सर्वनाग ऐसे गूढ़ चरित्र के पात्र हैं, उसी प्रकरण शुद्ध प्रेम, युद्धोत्साह, स्वदेशभक्ति आदि भावों की मार्मिक और उत्कृष्ट व्यंजना भी है। हमारे यहाँ के पुराने बँधे ढाँचों के भीतर शीलवैचित्र्य के लिए मार्ग खोलना तो ठीक है, पर यह आवश्यक नहीं कि उसके साथ ही रसात्मकता भी हम निकाल दें।

हिंदी नाटकों के स्वतंत्र विकास के लिए ठीक मार्ग तो यह दिखाई पड़ता है कि हम उनका मूल भारतीय लक्ष्य तो बनाये रहें, पर उनके स्वरूप के प्रचार के लिए और देशों की पद्धतियों का निरीक्षण और उनकी कुछ बातों का मेल सफाई के साथ करते चलें। अपने नाट्यशास्त्र के जटिल विधान को ज्यों-का-त्यों लेकर हम आजकल चल नहीं सकते, पर उनका बहुत-सा रंग-रूप अपने नाटकों में ला सकते हैं जिससे भारतीय परंपरा के प्रतिनिधि वे बने रह सकते हैं। रूपक और उपरूपक के जो बहुत-से भेद किये गये हैं उनमें से कुछ को हम आजकल भी चला सकते हैं। उनके दिये हुए लक्षणों में वर्तमान रुचि के अनुसार जो हेरफेर चाहे कर लें। इसी प्रकार अभिनय की रोचकता बढ़ाने वाली जो युक्तियाँ हैं—जैसे, उद्घातक, कथोद्घात—उनमें से कई एक का आवश्यक रूपांतर के साथ और स्थान का बंधन दूर करके, हम बनाये रख सकते हैं। संतोष की बात है कि 'प्रसाद' और 'प्रेमीजी' के नाटकों में इसके उदाहरण हमें मिलते हैं, जैसे कथोद्घात के ढंग पर एक पात्र के मुँह से निकले हुए शब्द को लेकर दूसरे पात्र का यह प्रवेश—

शर्वनाग—देख, सामने सोने का संसार खड़ा है।

(रामा का प्रवेश)

रामा—पामर! सोने की लंका राख हो गयी।

(स्कंदगुप्त)

श्री हरिकृष्ण 'प्रेमी' के नाटकों में भी यह मिलता है। 'शिवसाधना' में देखिए—

जीजा—हाँ, यह एक बाधा है।

(सई बाई का बालक संभा जी को लिये हुए प्रवेश)

सई बाई—यह बाधा भी न रहेगी, माँ जी!

प्राचीन नाट्यशास्त्र (भारतीय और यवन दोनों) में कुछ बातों का—जैसे, मृत्यु, वध, युद्ध—दिखाना वर्जित था। आजकल उस नियम के पालन की आवश्यकता नहीं मानी जाती। प्रसाद जी ने अपने नाटकों में बराबर मृत्यु, वध और आत्महत्या दिखाई है। प्राचीन भारत और यवनान में ये निषेध भिन्न-भिन्न कारणों से थे। यवनान में तो बड़ा भारी कारण रंगशाला का स्वरूप था। पर भारत में अत्यंत क्षोभ तथा शिष्ट रुचि व विरक्ति बचाने के लिए कुछ दृश्य वर्जित थे। मृत्यु और वध अत्यंत क्षोभकारक होने के कारण, भोजन परिष्कृत रुचि के विरुद्ध होने के कारण तथा रंगशाला की थोड़ी-सी जगह के बीच दूर से पुकारना अस्वाभाविक और अशिष्ट लगने के कारण वर्जित थे। देश की परंपरागत सुरुचि की रक्षा के लिए कुछ व्यापार

तो हमें आजकल भी वर्जित रखने चाहिए, जैसे चुंबन, आलिंगन। स्टेशन के प्लेटफार्म पर चुंबन, आलिंगन चाहे यूरोप की सभ्यता के भीतर हो, पर हमारी दृष्टि में जंगलीपन या पशुत्व है।

इस तृतीय उत्थान के बीच हमारे वर्तमान नाटक क्षेत्र में हो नाटककार बहुत ऊँचे स्थान पर दिखाई पड़े–स्व. जयशंकर प्रसाद जी और श्री हरिकृष्ण 'प्रेमी'। दोनों दृष्टि ऐतिहासिक काल की ओर रही है। प्रसाद जी ने अपना क्षेत्र प्राचीन हिंदूकाल के भीतर चुना और प्रेमी जी ने मुसलिम काल के भीतर। 'प्रसाद' के नाटकों में 'स्कंदगुप्त' श्रेष्ठ है और 'प्रेमी' के नाटकों में 'रक्षाबंधन'।

'प्रसाद' जी की रचना में प्राचीनकाल की परिस्थितियों के स्वरूप की मधुर भावना के अतिरिक्त भाषा को रँगने वाली चित्रमयी कल्पना और भावुकता की अधिकता भी विशेष परिमाण में पाई जाती है। इससे कथोपकथन कई स्थलों पर नाटकीय न होकर वर्तमान गद्यकाव्य के खंड हो गये हैं। बीच-बीच में जो गान रखे गये हैं वे न तो प्रकरण के अनुकूल हैं, न प्राचीनकाल की भावपद्धति के। वे तो वर्तमान काव्य की एक शाखा के प्रगीत मुक्तक (लिरिक्स) मात्र हैं। अपनी सबसे पिछली रचनाओं से ये त्रुटियाँ उन्होंने निकाल दी हैं। 'चंद्रगुप्त' और 'ध्रुवस्वामिनी' इन दोषों से प्राय: मुक्त हैं। पर चंद्रगुप्त में एक दूसरा बड़ा भारी दोष आ गया है। उसके भीतर सिकंदर के भारत पहुँचने के कुछ पहले से लेकर सिल्यूकस की पराजय तक के पच्चीस वर्ष के दीर्घकाल की घटनाएँ लेकर कसी गयी हैं जो एक नाटक के भीतर नहीं आनी चाहिए। जो पात्र युवक के रूप में नाटक के आरम्भ में दिखाई पड़े, वे नाटक के अंत में भी उसी रूप में सामने आते हैं। यह दोष तो इतिहास की ओर दृष्टि ले जाने पर दिखाई पड़ता है अर्थात् बाहरी है। पर घटनाओं की अत्यंत सघनता का दोष रचना से संबंध रखता है। बहुत-से भिन्न-भिन्न पात्रों से संबंद्ध घटनाओं के जुड़ते चलने के कारण बहुत कम चरित्रों के विकास का अवकाश रह गया है। पर इस नाटक में विन्यस्त वस्तु और पात्र इतिहास का ज्ञान रखने वालों के लिए इतने आकर्षक हैं कि उक्त दोषों की ओर कुछ देर में जाता है। 'मुद्राराक्षस' से इसमें कई बातों की विशेषता है। पहली बात तो यह है कि इसमें चंद्रगुप्त केवल प्रयत्न के फल का भोक्ता कठपुतली भर नहीं, प्रयत्न में अपना क्षत्रिय-भाग सुंदरता के साथ पूरा करने वाला है। नीतिप्रवर्तन का भाग चाणक्य पूरा करता है। दूसरी बात यह है कि 'मुद्राराक्षस' में चाणक्य का व्यक्तित्व–उसका हृदय–सामने नहीं आता। तेजस्विता, धीरता, प्रत्युत्पन्न बुद्धि और ब्रह्मणोचित त्याग आदि सामान्य गुणों के बीच केवल प्रतिकार की प्रबल वासना ही हृदयपक्ष की ओर झलकती है। पर इस नाटक में चाणक्य के प्रयत्न का लक्ष्य भी ऊँचा किया गया है और उसका पूरा हृदय भी सामने रखा गया है।

नाटकों का प्रभाव पात्रों के कथोपकथन पर बहुत कुछ अवलंबित रहता है। श्री हरिकृष्ण 'प्रेमी' के कथोपकथन 'प्रसाद' जी के कथोपकथनों से अधिक नायकोपयुक्त हैं। उनमें प्रसंगानुसार बातचीत का चलता स्वाभाविक ढंग भी है और सर्वहृदयग्राह पद्धति पर भाषा का मर्मव्यंजक अनूठापन भी। 'प्रसाद' जी के नाटकों में एक ही ढंग की चित्रमयी और लच्छेदार बातचीत करने वाले कई पात्र आ जाते हैं। 'प्रेमी जी' के नाटकों में यह खटकने वाली बात नहीं मिलती।

'प्रसाद' और 'प्रेमी' के नाटक यद्यपि ऐतिहासिक हैं, पर उनमें आधुनिक आदर्शों और भावनाओं का आभास इधर-उधर मिलता है। 'स्कंदगुप्त' और 'चंद्रगुप्त' दोनों में स्वदेशप्रेम, विश्वप्रेम और आध्यात्मिकता का आधुनिक रूप-रंग बराबर झलकता है। आजकल के मजहबी

दंगों का स्वप्न भी हम 'स्कंदगुप्त' में देख सकते हैं। 'प्रेमी' के शिवसाधना' नाटक में शिवाजी भी कहते हैं–'मेरे शेष जीवन की एकमात्र साधना होगी भारतवर्ष को स्वतंत्र करना, दरिद्रता की जड़ खोदना, ऊँच-नीच की भावना और धार्मिक तथा सामाजिक असहिष्णुता का अंत करना।' राजनीतिक और सामाजिक दोनों भावनाओं की व्यंजना जिस काल का वह नाटक हो उस काल की भाषापद्धति और विचारपद्धति के अनुसार करानी चाहिए, 'क्रांति' ऐसे शब्दों द्वारा नहीं। 'प्रेमी' जी के 'रक्षाबंधन' में मेवाड़ की महारानी कर्मवती का हुमायूँ को भाई कहकर राखी भेजना और हुमायूँ का गुजरात के मुसलमान बादशाह बहादुरशाह के विरुद्ध एक हिंदू राज्य की रक्षा के लिए पहुँचना, यह कथावस्तु ही हिंदू-मुसलिम भेदभाव की शांति सूचित करती है। उसके ऊपर कट्टर सरदारों और मुल्लों की बात का विरोध करता हुआ हुमायूँ जिस उदार भाव की सुंदर व्यंजना करता है वह वर्तमान हिंदू-मुसलिम दुर्भाव की शांति का मार्ग दिखाता जान पड़ता है। इसी प्रकार 'प्रसाद' जी के 'ध्रुवस्वामिनी' नामक बहुत छोटे-से नाटक में एक संभ्रात राजकुल की स्त्री का विवाह संबंध-मोक्ष सामने लाया गया है, जो वर्तमान सामाजिक आंदोलन का एक अंग है।

वर्तमान राजनीति के अभिनयों का पूर्ण परिचय प्राप्त कर सेठ गोविंददास जी ने इधर साहित्य के अभिनय क्षेत्र में भी प्रवेश किया है। उन्होंने तीन अच्छे नाटक लिखे हैं। 'कर्तव्य' में राम और कृष्ण दोनों के चरित्र नाटक के पूर्वार्ध और उत्तरार्ध दो खंड करके रखे गये हैं जिनका उद्देश्य है कर्तव्य के विकास की दो भूमियाँ दिखाना। नाटककार के विवेचनानुसार मर्यादापालन प्रथम भूमि है जो पूर्वार्ध में राम द्वारा पूर्णता को पहुँचनी है, लोकहित की व्यापक दृष्टि से आवश्यकतानुसार नियम और मर्यादा का उल्लंघन उसके आगे की भूमि है, जो नाटक के उत्तरार्ध में श्रीकृष्ण ने अपने चरित्र द्वारा, जैसे–जरासंध के सामने लड़ाई का मैदान छोड़कर भागना–प्रदर्शित की है। वास्तव में पूर्वार्ध और उत्तरार्ध दो अलग-अलग नाटक हैं, पर नाटककार ने अपने कौशल से कर्तव्यविकास की सुंदर उद्भावना द्वारा दोनों के बीच पूर्वापर संबंध स्थापित कर दिया है। यह भी एक प्रकार कौशल है। इसे 'ऊटक-नाटक' न समझना चाहिए। सेठ जी का दूसरा नाटक 'हर्ष' ऐतिहासिक है जिसमें सम्राट हर्षवर्धन, माधव गुप्त, शशांक आदि पात्र आये हैं। इन दोनों नाटकों में प्राचीन वेशभूषा, वास्तुकला इत्यादि का ध्यान रखा गया है। 'प्रकाश' नाटक में वर्तमान सामाजिक और राजनीतिक परिस्थितियों का चित्रण है। यद्यपि इन तीनों नाटकों के वस्तुविन्यास और कथोपकथन में विशेष रूप से आकर्षित करने वाला अनूठापन नहीं है, पर इनकी रचना बहुत ठिकाने की है।

पं. गोविंदबल्लभ पंत भी अच्छे नाटककार हैं। उनका 'वरमाला' नाटक, जो मार्कंडेय पुराण की एक कथा लेकर निर्मित है, बड़ी निपुणता से लिखा गया है। मेवाड़ की पन्ना नामक धाय के अलौकिक त्याग का ऐतिहासिक वृत्त लेकर 'राजमुकुट' की रचना हुई है। 'अंगूर की बेटी' (जो फारसी शब्द का अनुवाद है) मद्य में दुष्परिणाम दिखाने वाला सामाजिक नाटक है।

कुछ हलके ढंग के नाटकों में, जिनसे बहुत साधारण पढ़े-लिखे लोगों का भी कुछ मनोरंजन हो सकता है, स्वर्गीय पं. बद्रीनाथ भट्ट के 'दुर्गावती', 'तुलसीदास' आदि उल्लेख योग्य हैं। हास्यरस की कहानियाँ लिखने वाले जी. पी. श्रीवास्तव ने मोलियर के फ्रांसीसी नाटकों के हिंदुस्तानी, अनुवादों के अतिरिक्त 'मरदानी औरत', 'गड़बड़झाला', 'नोक-झोंक', 'दुमदार आदमी' इत्यादि बहुत-से छोटे-मोटे प्रहसन भी लिखे हैं, पर वे परिष्कृत रुचि के

लोगों को हँसाने में समर्थ नहीं। 'उलटफेर' नाटक औरों से अच्छे ढर्रे का कहा जा सकता है।

पं. लक्ष्मीनारायण मिश्र ने अपने नाटकों द्वारा स्त्रियों की स्थिति आदि कुछ सामाजिक प्रश्न या समस्याएँ तो सामने रखी ही हैं, यूरोप में प्रवर्तित 'यथातथ्यवाद' का यह खरा रूप भी दिखाने का प्रयत्न किया है जिसमें झूठी भावुकता और मार्मिकता से पीछा छुड़ाकर नर-प्रकृति अपने वास्तविक रूप में सामने लाई जाती है। ऐसे नाटकों का उद्देश्य होता है समाज को अधिकतर जैसा है वैसा ही सामने रखना, उसके भीतर की नाना विषमताओं से उत्पन्न प्रश्नों का जीता-जागता रूप खड़ा करना तथा यदि संभव हो तो समाधान के स्वरूप का आभास देना। लोक के बीच कभी-कभी जो उच्च भावों के कुछ दृष्टांत दिखाई पड़ जाया करते हैं, उन पर कल्पना का झूठा रंग चढ़ाकर धोखे की टट्टियाँ खड़ी करना और बहुत ही फालतू भावुकता जगाना अब बंद होना चाहिए, यही उपर्युक्त 'यथातथ्यवाद' के अनुयायियों का कहना है। यूरोप में जब 'कला' और 'सौंदर्य' की बड़ी पुकार मची और कुछ कलाकार, कवि और लेखक अपना वह काम समझने लगे कि जगत् के सुंदर पक्ष से सामग्री चुन-चुन कर एक काल्पनिक सौंदर्य सृष्टि खड़ी करें और उसका मधुपान करके झूमा करें, तब इसकी घोर प्रतिक्रिया वहाँ आत्रश्यक थी और यहाँ भी 'सौंदर्यवाद' और 'कलावाद' का हिंदी में खासा चलन होने के कारण अब आवश्यक हो गयी है। जब कोई बात हद के बाहर जाकर जी उबाने और विरक्ति उत्पन्न करने लगती है तब साहित्य के क्षेत्र में प्रतिक्रया अपेक्षित होती है। यूरोप के साहित्य क्षेत्र में एकांगदर्शिता इतनी बढ़ गयी है कि किसी-न-किसी हद पर जाकर कोई-न-कोई वाद बराबर खड़ा होता रहता है और आगे बढ़ चलता है। उसके थोड़े ही दिनों पीछे बड़े वेग से उसकी प्रतिक्रिया होती है और जिसकी धारा दूसरी हद की ओर बढ़ती है। अतः यूरोप के किसी 'वाद' को लेकर चिल्लाने वालों को यह समझ रखना चाहिए कि उसका बिलकुल उलटा वाद भी पीछे लगा आ रहा है।

प्रतिक्रिया के रूप में निकाली हुई साहित्य की शाखाएँ प्रतिक्रिया का रोष ठंडा होने पर धीरे-धीरे पलटकर मध्यम पथ पर आ जाती हैं। कुछ दिनों तक तो वे केवल चिढ़ाती-सी जान पड़ती हैं, पीछे शांत भाव से सामंजस्य के साथ चलने लगती हैं। 'भावुकता' भी जीवन का एक अंग है। साहित्य की किसी शाखा से हम उसे बिलकुल हटा तो सकते नहीं। हाँ, यदि वह व्याधि के रूप में-फीलपाँव की तरह-बढ़ने लगे, तो उसकी रोकथाम आवश्यक है।

नाटक का जो नया स्वरूप लक्ष्मीनारायण जी यूरोप से लाये हैं उसमें काव्यत्व का अवयव भरसक नहीं आने पाया है। उनके नाटकों में न चित्रमय और भावुकता से लदे भाषण हैं, न गीत या कविताएँ। खरी-खरी बात कहने का जोश कहीं-कहीं अवश्य है। इस प्रणाली पर उन्होंने कई नाटक लिखे हैं, जैसे 'मुक्ति का रहस्य', 'सिंदूर की होली', 'राक्षस का मंदिर', 'आधी रात'।

समाज के कुत्सित, वीभत्स और पाखंडपूर्ण अंशों के चटकीले दृश्य दिखाने के लिए पांडेय बेचन शर्मा 'उग्र' ने छोटे नाटकों या प्रहसनों से भी काम लिया है। 'चुंबन' और 'चार बेचारे'। (संपादक, अध्यापक, सुधारक, प्रचारक) इसीलिए लिखे गये हैं। 'महात्म्य ईसा' के फेर में तो वे नाहक पड़े।

पं. उदयशंकर भट्ट ने, जो पंजाब में बहुत अच्छी साहित्यसेवा कर रहे हैं, 'तक्षशिला', 'राका', 'मानसी' आदि कई अच्छे काव्यों के अतिरिक्त, अनेक पौराणिक और ऐतिहासिक नाटक भी लिखे हैं। 'दाहर या सिंधपतन' तथा 'विक्रमादित्य' ऐतिहासिक नाटक हैं। हाल में

'कमला' नाम का एक सामाजिक नाटक भी आपने लिखा है। जिसमें किसान आंदोलन तथा सामाजिक असामंजस्य का मार्मिक चित्रण है। 'दस हजार' नाम का एकांकी नाटक भी आपने इधर लिखा है।

भट्ट जी की कला का पूर्ण विकास पौराणिक नाटकों में दिखाई पड़ता है। पौराणिक क्षेत्र के भीतर से वे ऐसे पात्र ढूँढ़कर लाये हैं जिनमे चारों ओर जीवन की रहस्यमयी विषमताएँ बड़ी गहरी छाया डालती हुई सामने आती हैं–ऐसी विषमताएँ जो वर्तमान समाज को क्षुब्ध करती रहती हैं। 'अंबा' नाटक में भीष्म द्वारा हरी हुई अंबा की कहानी जन्मांतरव्यापिनी प्रतिकारवासना के अतिरिक्त स्त्री-पुरुष बंध की वह विषमता भी सामने आती है जो आजकल के महिला आंदोलन की तह में वर्तमान है। 'मत्स्यगंधा' एक भावनाट्य या पद्यबद्ध नाटक है। उसमें जीवन का वह रूप सामने आता है जो ऊपर से सुखपूर्ण दिखाई पड़ता है पर, जिसके भीतर न जाने कितनी उमंगों और मधुर कामनाओं के ध्वंस की विषादधारा यहाँ से वहाँ तक छिपी मिलती है। पौराणिक सामग्री का जैसा सुंदर उपयोग भट्ट जी ने किया है, वैसा कम देखने में आता है। ऐतिहासिक नाटक-रचना में जो स्थान 'प्रसाद' और 'प्रेमी' का है, पौराणिक नाटक रचना में वही स्थान भट्ट जी का है।

श्री जगन्नाथप्रसाद 'मिलिंद' ने महाराणाप्रताप का राज्याभिषेक से लेकर अंत तक का वृत्त लेकर 'प्रतापप्रतिज्ञा' नाटक की रचना की है। स्व. राधाकृष्णदास जी के 'प्रताप' नाटक का आरंभ मानसिंह के अपमान से होता है जो नाट्यकला की दृष्टि से बहुत ही उपयुक्त है। परिस्थितियों को प्रधानता देने में भी 'मिलिंद' जी का चुनाव उतना अच्छा नहीं है। कुछ ऐतिहासिक त्रुटियाँ भी हैं।

श्री चतुरसेन शास्त्री ने उपन्यास और कहानियाँ तो लिखी ही हैं, नाटक की ओर भी हाथ बढ़ाया है। अपने 'अमर राठौर' और 'उत्सर्ग' नामक ऐतिहासिक नाटकों में उन्होंने कथावस्तु को अपने अनुकूल गढ़ने में निपुणता अवश्य दिखाई है, पर अधिक ठोक-पीट के कारण कहीं-कहीं ऐतिहासिकता, और कहीं-कहीं घटनाओं की महत्ता भी झड़ गयी है।

अंग्रेज कवि शेली के ढंग पर श्री सुमित्रानंदन पंत ने कवि कल्पना को दृश्य रूप देने के लिए 'ज्योत्स्ना' नाम से एक रूपक लिखा है। पर शेली का रूपक (Prometheus Unbound) तो आधिदैविक शासन से मुक्ति और जगत् के स्वातंत्र्य का एक समन्वित प्रसंग लेकर चला है, और उसमें पृथ्वी, वायु आदि आधिभौतिक देवता अपने निज के रूप में आये हैं, किंतु 'ज्योत्स्ना' बहुत दूर तक केवल सौंदर्यचयन करने वाली कल्पना मनुष्य के सुखविलास की भावना के अनुकूल चमकती उषा, सुरभित समीर, चटकती कलियाँ, कलरव करते विहंग आदि को अभिनय के लिए मनुष्य के रंगमंच पर जुटाने में प्रवृत्त है। उसके उपरांत आजकल की हवा में उड़ती हुई लोक-समस्याओं पर कथोपकथन हैं। सब मिलाकर क्या है, यह नहीं कहा जा सकता।

श्री कैलाशनाथ भटनागर का 'भीमप्रतिज्ञा' भी विद्यार्थियों के योग्य अच्छा नाटक है।

एकांकी नाटक का उल्लेख आरंभ में हो चुका है और यह कहा जा चुका है कि किस प्रकार पहले पहल दो-एक व्यक्ति उसे भारतीय नाट्य साहित्य में एक अश्रुतपूर्व वस्तु समझते हुए लेकर आये। अब इधर हिंदी के कई अच्छे कवियों और नाटककारों ने भी कुछ एकांकी नाटक लिखे है जिनका एक अच्छा संग्रह 'आधुनिक एकांकी नाटक' के नाम से प्रकाशित

हुआ है। इसमें श्री सुदर्शन, रामकुमार वर्मा, भुवनेश्वर, उपेंद्रनाथ अश्क, भगवती चरण वर्मा, धर्मप्रकाश आनंद, उदयशंकर भट्ट के क्रमशः 'राजपूत की हार', 'दस मिनट', 'स्ट्राइक', 'लक्ष्मी का स्वागत', 'सबसे बड़ा आदमी', 'दीन' तथा 'दस हजार' नाम के नाटक संगृहीत हैं।

हिंदी के कुछ प्रसिद्ध कवियों और उपन्यासकारों ने भी, जैसे–बा. मैथिलीशरण गुप्त, श्री वियोगी हरि, माखनलाल चतुर्वेदी, प्रेमचंद विश्वंभरनाथ शर्मा कौशिक, सुदर्शन--नाटक की ओर हाथ बढ़ाया, पर उनका मुख्य स्थान कवियों और उपन्यासकारों के बीच ही रहा।

मौलिक नाटकों के अतिरिक्त संस्कृत के पुराने नाटकों में से भास के 'स्वप्नवासवदत्ता' (अनुवाद–सत्यजीवन वर्मा), 'पंचरात्र', 'मध्यम व्यायोग', 'प्रतिज्ञा यौगंधरायण' (अनु. ब्रजजीवनदास), 'प्रतिमा' (अनु.–बलदेव शास्त्री) तथा दिङ्नाथ के 'कुंदमाला' नाटक (अनु. –वागीश्वर विद्यालंकार) के अनुवाद भी हिंदी में हुए।

जर्मन कवि गेटे के प्रसिद्ध नाटक 'फाउस्ट' का अच्छा अनुवाद श्री भोलानाथ शर्मा एम.ए. ने किया है।

निबंध

विश्वविद्यालयों के उच्च शिक्षाक्रम के भीतर हिंदी साहित्य का समावेश हो जाने के कारण उत्कृष्ट कोटि के निबंधों की–ऐसे निबंधों की जिनकी असाधारण शैली या गहन विचारधारा पाठकों को मानसिक श्रमसाध्य नूतन उपलब्धि के रूप में जान पड़े–जितनी ही अधिक आवश्यकता है उतने ही कम वे हमारे सामने आ रहे हैं। निबंध की जो स्थिति हमें द्वितीय उत्थान में दिखाई पड़ी प्रायः वही स्थिति इस वर्तमान काल में भी बनी हुई है। अर्थवैचित्र्य और भाषा शैली का नूतन विकास जैसा कहानियों के भीतर प्रकट हुआ है, वैसा निबंध के क्षेत्र में नहीं देखने में आ रहा है, जो उसका उपयुक्त स्थान है।

यदि किसी रूप में गद्य की कोई नयी गतिविधि दिखाई पड़ी तो काव्यात्मक गद्य प्रबंधों के रूप में पहले तो बंग भाषा के 'उद्भ्रांत प्रेम' (चंद्रशेखर मुखोपाध्यायकृत) को देख कुछ लोग उसी प्रकार की रचना की ओर झुके, पीछे भावात्मक गद्य की कई शैलियों की ओर। 'उद्भ्रांत प्रेम' उस विक्षेप शैली पर लिखा गया था जिसमें भावावेश द्योतित करने के लिए भाषा बीच-बीच में असंबद्ध अर्थात् उखड़ी हुई होती थी। कुछ दिनों तक तो उसी शैली पर प्रेमोद्गार के रूप में पत्रिकाओं में कुछ प्रबंध–यदि उन्हें प्रबंध कह सकें–निकले, जिनमें भावुकता की झलक यहाँ से वहाँ तक रहती थी। पीछे श्री चतुरसेन शास्त्री के 'अंतस्तल' में प्रेम के अतिरिक्त और दूसरे भावों की भी प्रबल व्यंजना अलग-अलग प्रबंधों में की गयी जिनमें कुछ दूर तक एक ढंग पर चलती धारा के बीच-बीच में भाव का प्रबल उत्थान दिखाई पड़ता था। इस प्रकार इन प्रबंधों की भाषा तरंगवती धारा के रूप में चली थी अर्थात् उसमें 'धारा' और 'तरंग' दोनों का योग था। ये दोनों प्रकार के गद्य बंगाली थिएटरों की रंगभूमि के भाषणों के-से प्रतीत हुए।

पीछे रवींद्र के प्रभाव से कुछ रहस्योन्मुख आध्यात्मिकता का रग लिये जिस भावात्मक गद्य का चलन हुआ वह विशेष अलंकृत होकर अन्योक्तिपद्धति पर चला। ब्रह्मसमाज ने जिस प्रकार ईसाइयों के अनुसरण पर अपनी प्रार्थना का विशेष दिन रविवार रखा था, उसी प्रकार अपने भक्तिभाव की व्यंजना के लिए पुराने ईसाई संतों की पद्धति भी ग्रहण की। एक उदाहरण

से यह बात स्पष्ट हो जायेगी। ईसा की बारहवीं शताब्दी के द्वितीय चरण में संत बर्नाड (St. Bernared) नाम से जो प्रसिद्ध भक्त हो गये हैं, उन्होंने दूल्हे रूप ईश्वर के हृदय के 'तीसरे कक्ष' में प्रवेश का इस प्रकार उल्लेख किया है–

यद्यपि वे कई बार मेरे भीतर आये, पर मैंने न जाना कि वे कब आये। आ जाने पर कभी-कभी मुझे उनकी आहट मिलती; उनके विद्यमान होने का स्मरण भी मुझे है; वे आने वाले हैं, इसका आभास भी मुझे कभी-कभी पहले से मिला है; पर वे कब भीतर आये और कब बाहर आये इसका पता मुझे कभी न चला।

इसी प्रकार उस परोक्ष आलंबन को प्रियतम मानकर उसके साथ संयोग और वियोग की अनेक दशाओं की कल्पना इस पद्धति की विशेषता है। रवींद्र बाबू की 'गीतांजलि' की रचना इसी पद्धति पर हुई। हिंदी में भी इस ढंग की रचनाएँ हुईं जिनमें राय कृष्णदास की 'साधना', 'प्रवाल और छायावाद' वियोगी हरि जी की 'भावना' और 'अंतर्नाद' विशेष उल्लेख योग्य हैं। हाल में श्री भँवरलाल सिंधी ने 'वेदना' नाम की इसी ढंग की एक पुस्तक लिखी है जिसके भूमिका लेखक हैं, भाषातत्त्व के देशप्रसिद्ध विद्वान् डॉ. सुनीति कुमार चाटुर्ज्या।

यह तो हुई आध्यात्मिक या सांप्रदायिक क्षेत्र में गृहीत लाक्षणिक भावुकता, जो बहुत कुछ अभिनीत तथा अनुकृत होती है। अर्थात् बहुत कम दशाओं में हृदय की स्वाभाविक पद्धति पर चलती है। कुछ भावात्मक प्रबंध लौकिक को लेकर भी मासिक पत्रों में निकलते रहते हैं जिनमें चित्रविधान कम और कसक, टीस, वेदना अधिक रहती है।

अतीत के नाना खंडों में जाकर रमने वाली भावुकता का मनुष्य की प्रवृत्ति में एक विशेष स्थान है। इस प्रकृतिस्थ भावुकता का अनुभव हम-आप भी करते हैं और दूसरों को भी करते हुए पाते हैं। अत: यह मानव हृदय की एक सामान्य वृत्ति है। बड़े हर्ष की बात यह है कि अतीत के क्षेत्र में रमने वाली अत्यंत मार्मिक और चित्रमयी भावना लेकर महाराज कुमार डॉ. श्री रघुवीरसिंह जी (सीतामऊ, मालवा) हिंदी साहित्यक्षेत्र में आये। उनकी भावना मुगल सम्राटों के कुछ अवशिष्ट के बीच, कभी पतनकाल के विषाद, नैराश्य, बेबसी की परिस्थितियों के बीच बड़ी तन्मयता के साथ रमी है। ताजमहल, दिल्ली का लाल किला, जहाँगीर और नूरजहाँ के कब्र इत्यादि पर उनके भावात्मक प्रबंधों की शैली बहुत ही मार्मिक और अनूठी है।

गद्य साहित्य में भावात्मक और काव्यात्मक गद्य का एक विशेष स्थान है, यह तो मानना ही पड़ेगा। अत: उपयुक्त क्षेत्र में उसका आविर्भाव और प्रसार अवश्य प्रसन्नता की बात है। पर दूसरे क्षेत्रों में भी, जहाँ गंभीर विचार और व्यापक दृष्टि अपेक्षित है, उसे घसीटे जाते देख दुख होता है। जो चिंतन के गूढ़ विषय हैं उनको भी लेकर कल्पना की क्रीड़ा दिखाना कभी उचित नहीं कहा जा सकता। विचार क्षेत्रों के ऊपर इस भावात्मक और कल्पनात्मक प्रणाली का धावा पहले पहल 'काव्य का स्वरूप' बतलाने वाले निबंधों में बंग साहित्य के भीतर हुआ, जहाँ शेक्सपियर की यह उक्ति गूँज रही थी–

सौंदर्य मद में झूमती हुई कवि की दृष्टि स्वर्ग से भूलोक और भूलोक से स्वर्ग तक विचरती रहती है।[3]

काव्य पर न जाने कितने ऐसे निबंध लिखे गये जिनमें सिवा इसके कि 'कविता अमरावती से गिरती हुई अमृत की धारा है', 'कविता हृदय कानन में खिली हुई कुसुममाला है', 'कविता देवलोक के मधुर संगीत की गूँज है', और कुछ भी न मिलेगा। यह कविता का

ठीक-ठीक स्वरूप बतलाना है कि उसकी विरुदावली बखानना? हमारे यहाँ के पुराने लोगों में 'जहाँ न जाय रवि, वहाँ जाय कवि' का निरूपण भी भावमय, रसमय, चित्रमय हो। 'कविता के ही निरूपण तक भावात्मक प्रणाली का यह दावा रहता तो भी एक बात थी; कवियों की आलोचना तथा और विषयों में भी इसका दखल हो रहा है यह ख्रटके की बात है। इससे हमारे साहित्य में घोर विचारशैथिल्य और बुद्धि का आलस्य फैलने की आशंका हैं जिन विषयों के निरूपण में सूक्ष्म और सुव्यस्थित विचार परंपर अपेक्षित है, उन्हें भी इस हवाई शैली पर हवा बताना कहाँ तक ठीक होगा।'

समालोचना और काव्यमीमांसा

इस तृतीय उत्थान में समालोचना का आदर्श भी बदला। गुण-दोष के कथन के आगे बढ़कर कवियों की विशेषताओं और उनकी अंत:प्रवृत्ति की छानबीन की ओर भी ध्यान दिया गया। तुलसीदास, सूरदास, जायसी, दीनदयाल गिरि और कबीरदास की विस्तृत आलोचनाएँ पुस्तकाकार और भूमिकाओं के रूप में भी निकलीं। इस इतिहास के लेखक ने तुलसी, सूर और जायसी पर विस्तृत समीक्षाएँ लिखीं जिनमें से प्रथम 'गोस्वामी तुलसीदास' के नाम से पुस्तकाकार छपी है; शेष दो क्रमश: 'भ्रमरगीतसार' और 'जायसी ग्रंथावली' में सम्मिलित हैं। स्व. लाला भगवानदीन की सूर, तुलसी और दीनदयाल गिरि की समालोचनाएँ उनके संकलित और संपादित 'सूरपंचरत्न', 'दोहावली' और 'दीनदयालगिरि ग्रंथावली' में सम्मिलित हैं। अयोध्यासिंह उपाध्याय की कबीर समीक्षा उनके द्वारा संगृहीत 'कबीर वचनावली' के साथ और डॉ. पीतांबरदत्त बड़थ्वाल की 'कबीर ग्रंथावली' के साथ भूमिका रूप मं सन्निविष्ट हैं।

इसके उपरांत 'कलाओं' और 'साधनाओं' का ताँता बँधा था और–

1. केशव की काव्यकला (श्री कृष्णशंकर शुक्ल)
2. गुप्त जी की कला (प्रो. सत्येंद्र)
3. प्रेमचंद की उपन्यासकला (पं. जनार्दनप्रसाद झा 'द्विज')
4. प्रसाद की नाट्यकला
5. पद्माकर की काव्यसाधना (अखौरी गंगाप्रसाद सिंह)
6. प्रसाद की काव्यसाधना (श्री रामनाथलाल 'सुमन')
7. मीरा की प्रेमसाधना (पं. भुवनेश्वरनाथ मिश्र 'माधव')

एक-दूसरे के आगे-पीछे निकलीं। इनमें से कुछ पुस्तकें तो समालोचना की असली पद्धति पर निर्णयात्मक और व्याख्यात्मक दोनों ढंग लिये हुए चली हैं तथा कवि के बाह्य और आभ्यंतर दोनों का अच्छा परिचय कराती हैं, जैसे 'केशव की काव्यकला', 'गुप्त जी की कला'। 'केशव की काव्यकला' में पं. कृष्णशंकर शुक्ल ने अच्छा विद्वत्तापूर्ण अनुसंधान भी किया है। उनका 'कविवर रत्नाकर' भी कवि की विशेषताओं का मार्मिक ढंग से सामने रखता है। पं. गिरिजादत्त शुक्ल 'गिरीश' कृत 'गुप्तजी की काव्यधारा' में भी मैथिलीशरण गुप्त जी की रचना के विविध पक्षों का सूक्ष्मता और मार्मिकता के साथ उद्घाटन हुआ है। 'पद्माकर की काव्यसाधना' द्वारा ही पद्माकर के संबंध में बहुत-सी बातों की जानकारी हो जाती है। इधर हाल में पं. रामकृष्ण शुक्ल ने अपनी सुकवि समीक्षा में कबीर, सूर, जायसी, तुलसी, मीरा, केशव, बिहारी, भूषण, भारतेंदु, मैथिलीशरण गुप्त और जयशंकर प्रसाद पर अच्छे समीक्षात्मक

निबंध लिखे हैं। 'मीरा की प्रेमसाधना' भावात्मक है जिससे 'माधव' मीरा के भावों का स्वरूप पहचानकर उन भावों में आप भी मग्न होते दिखाई पड़ते हैं। इन सब पुस्तकों से हमारा समीक्षा साहित्य बहुत कुछ समृद्ध हुआ है, इसमें संदेह नहीं। पं. शांतिप्रिय द्विवेदी ने 'हमारे साहित्य निर्माता' नाम की एक पुस्तक लिखकर हिंदी के कई वर्तमान कवियों और लेखकों की प्रवृत्तियों और विशेषताओं का अपने ढंग पर अच्छा आभास दिया है।

ठीक ठिकाने से चलने वाली समीक्षाओं को देख जितना संतोष होता है, किसी कवि की समीक्षा के नाम पर उसकी रचना से सर्वथा असंबद्ध चित्रमयी कल्पना और भावुकता की सजावट देख उतनी ही ग्लानि होती है। यह सजावट अंग्रेजी के अथवा बंगला के समीक्षा क्षेत्र में कुछ विचित्र, कुछ विदग्ध, कुछ अतिरंजित चलते शब्द और वाक्य ला-लाकर खड़ी की जाती है। कहीं-कहीं तो किसी अंग्रेजी कवि के संबंध में की हुई समीक्षा का कोई खंड ज्यों-का-त्यों उठाकर किसी हिंदी कविता पर भिड़ा दिया जाता है। ऊपरी रंग-ढंग से तो ऐसा जान पड़ेगा कि कवि के हृदय के भीतर सेंध लगाकर घुसे हैं और बड़े-बड़े गूढ़ कोने झाँक रहे हैं, पर कवि के उद्धृत पद्यों से मिलान कीजिए तो पता चलेगा कि कवि के विविध भावों से उनके वाग्विलास का कोई लगाव नहीं। पद्य का आशय या भाव कुछ और है, आलोचक जी उसे उद्धृत करके कुछ और ही राग अलाप रहे हैं। कवि के मानसिक इतिहास का एक आरोपित इतिहास तक–किसी विदेशी कविता के मानसिक विकास का इतिहास कहीं से लेकर–वे सामने रखेंगे, पर इस बात का कहीं कोई प्रमाण न मिलेगा कि आलोच्य कवि के पचीस-तीस पद्यों का भी ठीक तात्पर्य उन्होंने समझा है। ऐसे आलोचकों के शिकार 'छायावादी' कहे जाने वाले कुछ कवि भी अभी हो रहे हैं। नूतन शाखा के एक अच्छे कवि हाल ही में मुझसे मिले जो ऐसे कदरदानों से पनाह माँगते थे। अब सुनने में आ रहा है कि इस ढंग के ऊँचे हौसले वाले दो-एक आलोचक तुलसी-सूर के चारों ओर भी ऐसा ही चमचमाता वाग्जाल बिछाने वाले हैं।

काव्य की 'छायावाद' कही जाने वाली शाखा चले काफी दिन हुए। पर ऐसी कोई समीक्षा पुस्तक देखने में न आयी जिसमें उक्त शाखा की रचनाप्रक्रिया (टेकनीक) प्रसार की भिन्न-भिन्न भूमियाँ, सोच-समझकर निर्दिष्ट की गयी हों। केवल प्रो. नगेंद्र की 'सुमित्रानंदन पंत' पुस्तक ही ठिकाने की मिली। बात यह है कि इधर अभिव्यंजना का वैचित्र्य लेकर 'छायावाद' चला, उधर उसके साथ ही प्रभावाभिव्यंजक समीक्षा (इंप्रेशनिस्ट क्रिटिसिज्म) का फैशन बंगाल होता हुआ आ धमका, इस प्रकार की समीक्षा में कवि ने क्या कहा है, उसका ठीक भाव या आशय क्या है यह समझने या समझाने की आवश्यकता नहीं, आवश्यक इतना ही है कि उसकी किसी रचना का जिसके हृदय पर जो भी प्रभाव पड़े उसका वह सुंदरता और अनूठेपन के साथ वर्णन कर दें। कोई यह नहीं पूछ सकता कि कवि का भाव तो कुछ और है, उसका यह प्रभाव कैसे पड़ सकता है। इस प्रकार की समीक्षा के चलन ने अध्ययन, चिंतन और प्रकृत समीक्षा का रास्ता ही छेंक लिया।

प्रभावाभिव्यंजक समीक्षा कोई ठीक ठिकाने की वस्तु ही नहीं। न ज्ञान के क्षेत्र में उसका कोई मूल्य है, न भाव के क्षेत्र में। उसे समीक्षा या आलोचना कहना ही व्यर्थ है। किसी कवि की आलोचना कोई इसीलिए पढ़ने बैठता है कि उस कवि के लक्ष्य को, उसके भाव को ठीक-ठीक हृदयंगम करने में सहारा मिले, इसलिए नहीं कि आलोचना की भावभंगिमा और सजीले पदविन्यास द्वारा अपना मनोरंजन करे। यदि किसी रमणीय अर्थगर्भित पद्य की आलोचना

इसी रूप में मिले कि 'एक बार इस कविता के प्रवाह में पड़कर बहना ही पड़ता है। स्वयं कवि को भी विवशता के साथ बहना पड़ा है; यह एकाधिक बार मयूर की भाँति अपने सौंदर्य पर आप ही नाच उठता है', तो उसे लेकर कोई क्या करेगा?

सारे यूरोप की बात छोड़िए, अंग्रेजी के वर्तमान समीक्षाक्षेत्र में ही प्रभावाभिव्यंजक समीक्षा की निस्सारता प्रकट करने वाली पुस्तकें बराबर निकल रही हैं।[4] इस ढंग की समीक्षाओं में प्राय: भाषा-विचार में बाधक बनकर आ खड़ी होती है। लेखक का ध्यान शब्दों की तड़क-भड़क, उनकी आकर्षक योजना, अपनी उक्ति की चमत्कार आदि में उलझा रहता है जिनके बीच स्वच्छंद विचारधारा के लिए जगह ही नहीं मिलती। विशुद्ध आलोचना के क्षेत्र में भाषा की क्रीड़ा किस प्रकार बाधक हुई है, कुछ बँधे हुए शब्द और वाक्य किस प्रकार विचारों को रोके रहे हैं, ऐसी बातें जिनकी कहीं सत्ता नहीं किस प्रकार घने वाग्जाल के भीतर से भूत बनकर झाँकती रही हैं, यह दिखाते हुए इस बीसवीं शताब्दी के एक प्रसिद्ध समालोचनातत्त्वज्ञ ने बड़ी खिन्नता प्रकट की है।[5]

हमारे यहाँ के पुराने व्याख्याताओं और टीकाकारों की अर्थक्रीड़ा प्रसिद्ध है। किसी पद्य का और अर्थ करना तो उनके बायें हाथ का खेल है। तुलसीदास जी की चौपाइयों के बीस- बीस अर्थ करने वाले अभी मौजूद हैं। अभी थोड़े दिन हुए, हमारे एक मित्र ने सारी 'बिहारी सतसई' का शांतरसपरक अर्थ करने की धमकी दी थी। फारसी के हाफिज आदि शायरों की शृंगारी उक्तियों के आध्यात्मिक अर्थ प्रसिद्ध हैं, यद्यपि अरबी-फारसी के कई पहुँचे हुए विद्वान् यह आध्यात्मिकता नहीं स्वीकार करते। इस पुरानी प्रवृत्ति का नया संस्करण भी कहीं-कहीं दिखाई पड़ने लगा है। रवींद्र बाबू ने अपनी प्रतिभा के बल से कुछ संस्कृत काव्यों की समीक्षा करते हुए कहीं-कहीं आध्यात्मिक अर्थों की योजना की है। 'प्राचीन साहित्य' नाम की पुस्तक में मेघदूत आदि पर जो निबंध हैं उनमें ये बातें मिलेंगी। काशी के एक व्याख्यान में उन्होंने 'अभिज्ञान शाकुंतल' के सारे आख्यान का आध्यात्मिक पक्ष निरूपित किया था। इस संबंध में हमारा यही कहना है कि इस प्रकार की प्रतिभापूर्ण कृतियों का भी अपना अलग मूल्य है। वे कल्पनात्मक साहित्य के अंतर्गत अवश्य हैं, पर विशुद्ध समालोचना की कोटि में नहीं आ सकतीं।

यूरोपवालों को हमारी आध्यात्मिकता बहुत पसंद आती है। भारतीयों की आध्यात्मिकता और रहस्यवादिता की चर्चा पश्चिम में बहुत हुआ करती है। इस चर्चा के मूल में कई बातें हैं। एक तो ये शब्द हमारी अकर्मण्यता और बुद्धिशैथिल्य पर परदा डालते हैं। अत: चर्चा या तारीफ करने वालों में कुछ लोग तो ऐसे होते हैं जो चाहते हैं कि वह परदा पड़ा रहे। दूसरी बात यह है कि शब्द पूरबी और पश्चिमी जातियों के बीच एक ऐसी सीमा बाँधते हैं जिसमें पश्चिम में हमारे सबंध में एक प्रकार का कुतूहल-सा जाग्रत रहता है और हमारी बातें वहाँ अनूठेपन के साथ कही जा सकती है। तीसरी बात यह है कि आधिभौतिक समृद्धि के हेतु जो भाषण संघर्ष सैकड़ों वर्ष तक यूरोप में रहा उससे बात क्लांत और शिथिल होकर बहुत-से लोग जीवन के लक्ष्य में कुछ परिवर्तन चाहने लगे-शांति और विश्राम के अभिलाषी हुए। साथ-ही-साथ धर्म और विज्ञान का झगड़ा भी बंद हुआ। अत: यूरोप में जो इधर आध्यात्मिकता की चर्चा बढ़ी वह विशेषत: प्रतिवर्तन (रिऐक्शन) के रूप में। स्वर्गीय साहित्याचार्य पं. रामावतार जी पांडेय और पं. चंद्रधर जी गुलेरी इस आध्यात्मिकता की चर्चा से बहुत घबराया करते थे।

पुस्तकों को कवियों की आलोचना के अतिरिक्त पाश्चात्य काव्यमीमांसा को लेकर भी

बहुत-से लेख और पुस्तकें इस काल में लिख गयीं–जैसे, बाबू श्यामसुंदरदास कृत 'साहित्यलोचन', श्री पदुमलाल पुन्नालाल बख्शी कृत 'विश्वसाहित्य'। इनमें से पहली पुस्तक तो शिक्षोपयोगी है। दूसरी पुस्तक में यूरोपीय साहित्य के विकास तथा पाश्चात्य काव्य समीक्षकों के कुछ प्रचलित मतों का दिग्दर्शन है।

इधर दो-एक लेखकों की एक और प्रवृत्ति दिखाई पड़ रही है। ये यूरोप के कुछ कलासंबंधी एकदेशीय और अत्युक्त मतों को सामने लाकर हिंदी वालों की आँखों में उसी प्रकार चकाचौंध उत्पन्न करना चाहते हैं जिस प्रकार कुछ लोग वहाँ के फैशन की तड़क-भड़क दिखाकर। जर्मन, फ्रांस, इटली, रूस, स्वेडन इत्यादि अनेक देशों के नये-पुराने कवियों, लेखकों और समीक्षकों के नाम गिनाकर वे एक प्रकार का आतंक उत्पन्न करना चाहते हैं। वे कलासंबंधी विलायती पुस्तकों की बातें लेकर कहीं मैटरलिंक (Matter linck), कहीं गेटे (Goethe) कहीं टालस्टाय (Tolstoy) के उद्धरण देकर अपने लेखों की तड़क-भड़क भर बढ़ाते हैं। लेखों को यहाँ से वहाँ तक पढ़ जाइए, लेखकों के अपने किसी विचार का पता न लगेगा। उद्धृत मतों की व्याप्ति कहाँ तक है, भारतीय सिद्धांतों के साथ उनका कहाँ सामंजस्य है और कहाँ विरोध, इन सब बातों के विवेचन का सर्वथा अभाव पाया जायेगा। साहित्यिक विवेचन से संबंध रखने वाले जिन भावों और विचारों के द्योतन के लिए हमारे वहाँ के साहित्य ग्रंथों में बराबर से शब्द प्रचलित चले आते हैं उनके स्थान पर भी भद्दे गढ़े हुए शब्द देखकर लेखकों की अनभिज्ञता की ओर बिना ध्यान गये नहीं रहता। समालोचना के क्षेत्र में ऐसे विचारशून्य लेखों से कोई विशेष लाभ नहीं।

पश्चिम के काव्यकला संबंधी प्रचलित वादों में अकसर एकांगदृष्टि की दौड़ ही विलक्षण दिखाई पड़ा करती है। वहाँ के कुछ लेखक काव्य की किसी एक पक्ष को उसका पूर्ण स्वरूप मान, इतनी दूर तक ले जाते है कि उनके कथन में अनूठी सूक्ति का-सा चमत्कार आ जाता है और बहुत-से लोग उसे सिद्धांत या विचार के रूप से ग्रहण कर चलते हैं। वहाँ हमारा काम काव्य के स्वरूप पर विचार करना या प्रबंध लिखना नहीं बल्कि प्रचलित प्रवृत्तियों और उनके उद्‌गमों तथा कारणों का दिग्दर्शन कराना मात्र है। अत: यहाँ काव्य कला के संबंध में उन प्रवादों का, जिनका यूरोप में सबसे अधिक फैशन रहा है। संक्षेप में उल्लेख करके तब मैं इस प्रसंग को समाप्त करूँगा। इसकी आवश्यकता द्वारा इन प्रवादों का निराकरण हो रहा है, दूसरी ओर हमारे हिंदी साहित्य में इनकी भद्दी नकल शुरू हुई है।

यूरोप में जिस प्रवाद का इधर सबसे अधिक फैशन रहा है वह है–'काव्य का उद्देश्य काव्य ही है' या 'कला का उद्देश्य कला ही है'। इस प्रवाद के कारण जीवन और जगत् की बहुत-सी बातें, जिनका किसी काव्य के मूल्यनिर्णय में बहुत दिनों से योग चला आ रहा था, यह कहकर टाली जाने लगीं कि ये तो इतर वस्तुएँ हैं, शुद्ध कलाक्षेत्र के बाहर की व्यवस्थाएँ हैं। पाश्चात्य देशों में इस प्रवाद की योजना करने वाले कई सामान खड़े हुए थे। कुछ तो इसमें जर्मन सौंदर्यशास्त्रियों की यह उद्‌भावना सहायक हुई कि सौंदर्यसंबंधी अनुभव (एस्थेटिक एक्सपीरिएंस) एक भिन्न ही प्रकार का अनुभव है जिसका और प्रकार के अनुभवों से कोई संबंध ही नहीं। इससे बहुतेरे साहित्यशास्त्री यह समझने लगे कि कला का मूल्य निर्धारण भी उसके मूल्य को और सब मूल्यों से एकदम विच्छिन्न करके ही होना चाहिए। ईसा की उन्नीसवीं शताब्दी के मध्य भाग में ह्विस्लर (Whilstler) ने यह मत प्रवर्तित किया जिसका

चलन अब तक किसी-न-किसी रूप में रहा है। अंग्रेजी में इस मत के सबसे प्रभावशाली व्याख्याताओं में डॉ. ब्रैडले (Dr. Bradley) हैं।

उन्होंने इस संबंध में कहा है–

यह (काव्य सौंदर्यसंबंधी) अनुभव अपना लक्ष्य आप ही है; इसका अपना निराला मूल्य है। अपने विशुद्ध क्षेत्र के बाहर भी इसका और प्रकार का मूल्य हो सकता है। किसी कविता से यदि धर्म और शिष्टाचार का भी साधन होता हो, कुछ शिक्षा भी मिलती हो, प्रबल मनोविकारों का कुछ निरोध भी संभव हो, लोकोपयोगी विधानों में कुछ सहायता भी पहुँचती हो अथवा कवि को कीर्ति या अर्थलाभ भी होता हो तो अच्छी बात है। इनके कारण भी उसकी कदर हो सकती है। पर इन बाहरी बातों के मूल्य के हिसाब से उस कविता की उत्तमता की असली जाँच नहीं हो सकती। उसकी उत्तमता तो एक तृप्तिदायक कल्पनात्मक अनुभव विशेष से संबंध रखती है। अतः उसकी परीक्षा भीतर से ही हो सकती है। किसी कविता को लिखते या जाँचते समय यदि बाहरी मूल्यों की ओर भी ध्यान रहेगा तो बहुत करके उसका मूल्य घट जायेगा या छिप जायेगा। बात यह है कि कविता को यदि हम उसके विशुद्ध क्षेत्र से बाहर ले जायेंगे तो उसका स्वरूप बहुत कुछ विकृत हो जायेगा, क्योंकि उसकी प्रकृति या सत्ता न तो प्रत्यक्ष जगत् का कोई अंग है, न अनुकृति। उसकी तो एक दुनिया ही निराली है–एकांत, स्वतःपूर्ण और स्वतंत्र।[6]

काव्य और कला के संबंध में अब तक प्रचलित इस प्रकार के अर्थवादों का पूरा निराकरण रिचर्ड्स (I.A. Richards) ने अपनी पुस्तक 'साहित्य समीक्षा सिद्धांत' (प्रिंसिपुल्स ऑव लिटरैरी क्रिटिसिज्म)[7] में बड़ी सूक्ष्म और गंभीर मनौवैज्ञानिक पद्धति पर किया है। उपर्युक्त कथन में चारों मुख्य बातों की अलग-अलग परीक्षा करके उन्होंने उनकी अपूर्णता, अयुक्तता और अर्थहीनता प्रतिपादित की है। यहाँ उनके दिग्दर्शन का स्थान नहीं। प्रचालित सिद्धांत का जो प्रधान पक्ष है कि 'कविता ही दुनिया ही निराली है; उसकी प्रकृति या सत्ता न तो प्रत्यक्ष जगत् का कोई अंग है, न 'अनुकृति' इस प्रकार रिचर्ड्स का वक्तव्य का सारंश नीचे दिया जाता है–

यह सिद्धांत कविता को जीवन से अलग समझने का आग्रह करता है। पर स्वयं डॉ. ब्रैडले इतना मानते हैं कि जीवन के साथ उसका लगाव भीतर-भीतर अवश्य है। हमारा कहना है कि यही भीतरी लगाव असल चीज है जो कुछ गाव्यानुभव (पोएटिक एक्सपीरिएंस) होता है वह जीवन से होकर आता है। काव्यजगत् की शेष जगत् से भिन्न कोई सत्ता नहीं है और न उसके कोई अलौकिक या विशेष नियम हैं। उसकी योजना बिलकुल वैसे ही अनुभवों से हुआ करती है जैसे और सब अनुभव होते हैं। प्रत्येक काव्य एक परिमित अनुभवखंड मात्र है जो विरोधी उपादानों के संसर्ग से कभी झटपट और कभी देर में छिन्न-भिन्न हो जाता है। साधारण अनुभवों में उसमें यही विशेषता होती है कि उसकी योजना बहुत गूढ़ और नाजुक् होती है। जरा-सी ठेस से वह चूर-चूर हो सकता है। उसकी एक बड़ी भारी विशेषता यह है कि वह एक हृदय से दूसरे हृदय में पहुँचाया जा सकता है। बहुत-से हृदय उसका अनुभव बहुत थोड़े ही फेरफार के साथ कर सकते हैं। काव्यानुभव से मिलते-जुलते और भी अनुभव होते हैं, पर इस अनुभव की सबसे

बड़ी विशेषता है यही सर्वग्राह्यता (कम्युनिकेबिलिटी)। इसीलिए इसके प्रतीतिकाल में हमें इसे अपनी व्यक्तिगत विशेष बातों की छूट से बचाये रखना पड़ता है।[8] यह सबके अनुभव के लिए होता है, किसी एक ही के नहीं। इसीलिए किसी काव्य को लिखने या पढ़ते समय हमें अपने अनुभव के भीतर उस काव्य और उस काव्य से इतर वस्तुओं के बीच नहीं होता, बल्कि एक ही कोटि की वृत्तियों के भिन्न-भिन्न विधानों के बीच होता है।[9]

यह तो हुई रिचर्ड्स की मीमांसा। अब हमारे यहाँ के संपूर्ण काव्यक्षेत्र की अंत:प्रकृति की छानबीन कर जाइए, उसके भीतर जीवन के अनेक पक्षों और जगत् के नाना रूपों के साथ मनुष्यहृदय का गूढ़ सामंजस्य निहित मिलेगा। साहित्यशास्त्रियों का मत लीजिए तो जैसे संपूर्ण जीवन अर्थ, धर्म, काम, मोक्ष का साधन रूप है वैसे ही उसका एक अंग काव्य भी। 'अर्थ' का स्थूल और संकुचित अर्थद्रव्य प्राप्ति ही नहीं लेना चाहिए, उसका व्यापक अर्थ 'लोक की सुख-समृद्धि' लेना चाहिए। जीवन के और साधनों की अपेक्षा काव्यानुभव में विशेषता यह होती है कि वह एक रमणीयता के रूप में होता है, जिसमें व्यक्तित्व का लय हो जाता है। बाह्य जीवन और अंतर्जीवन की कितनी उच्च भूमियों पर इस रमणीयता का उद्‌घाटन हुआ है, किसी काव्य की उच्चता और उत्तमता के निर्णय में इसका विचार अवश्य होता आया है, और होगा। हमारे यहाँ के लक्षण ग्रंथों में रसानुभाव को जो 'लोकोत्तर' और 'ब्रह्मानंद सहोदर' आदि कहा है वह अर्थवाद के रूप में, सिद्धांत रूप में नहीं। उसका तात्पर्य केवल इतना ही है कि रस में व्यक्तित्व का लय हो जाता है।

यूरोप में समालोचनाशास्त्र का क्रमागत विकास फ्रांस में ही हुआ। अत: फ्रांस का प्रभाव यूरोपीय देशों में बहुत कुछ रहा। विवरणात्मक समालोचना के अंतर्गत ऐतिहासिक और मनोवैज्ञानिक आलोचना का उल्लेख हो चुका है। पीछे प्रभाववादियों (इंप्रेशनिस्ट्स) का जो दल खड़ा हुआ वह कहने लगा कि हमें किसी कवि की प्रकृति, स्वभाव, सामाजिक परिस्थिति आदि से क्या प्रयोजन? हमें तो केवल किसी काव्य को पढ़ने से जो आनंदपूर्ण प्रभाव हमारे चित्त पर पड़ता है उसी को प्रकट करना चाहिए और उसी को समालोचना समझना चाहिए। प्रभाववादियों का पक्ष यह है, 'हमारे चित्त पर किसी काव्य से जो प्रभाव हमारे चित्त पर पड़े उसी का वर्णन यदि हमने कर दिया तो समालोचना हो गयी।' कहने की आवश्यकता नहीं कि इस मत के अनुसार समालोचना एक व्यक्तिगत वस्तु है। उसके औचित्य-अनौचित्य पर किसी को कुछ विचार करने की जरूरत नहीं। जिस पर जैसा प्रभाव पड़े वह वैसा कहे।

उक्त प्रभाववादियों की बात लें तो समालोचना कोई व्यवस्थित शास्त्र नहीं रह गया। वह एक कला की कृति से निकली हुई दूसरी कला की कृति, एक काव्य से निकला हुआ दूसरा काव्य ही हुआ।

काव्य की स्वरूपमीमांसा के संबंध में यूरोप में इधर सबसे अधिक जोर रहा है 'अभिव्यंजनावाद' (एक्सप्रेशनिज्म) का, जिसके प्रवर्तक हैं इटली के क्रोचे (Benedetto Croce)। इसमें अभिव्यंजना अर्थात् किसी बात को कहने का ढंग ही सब कुछ है, बात चाहे जो या जैसी हो अथवा कुछ ठीक ठिकाने की न भी हो। काव्य में जिस वस्तु या भाव का वर्णन होता है, वह इस वाद के अनुसार, उपादान मात्र है; समीक्षा में उसका कोई विचार अपेक्षित नहीं। काव्य में मुख्य वस्तु है वह आकार या साँचा जिसमें वह वस्तु या भाव डाला

जाता है।[10] जैसे, कुंडल की सुंदरता की चर्चा उसके आकार या रूप को लेकर होती है, सोने को लेकर नहीं, वैसे ही काव्य के संबंध में भी समझना चाहिए। तात्पर्य यह कि अभिव्यंजना के ढंग का अनूठापन ही सब कुछ है, जिस वस्तु या भाव की अभिव्यंजना की जाती है, वह क्या है, कैसा है, यह सब काव्यक्षेत्र के बाहर की बात है। क्रोचे का कहना है कि अनूठी उक्ति की अपनी अलग सत्ता होती है, उसे किसी दूसरे कथन का पर्याय न समझना चाहिए। जैसे यदि किसी कवि ने कहा कि 'सोई हुई आशा आँख मलने लगी' तो यह न समझना चाहिए कि उसने यह उक्ति इस उक्ति के स्थान पर कही है कि 'फिर कुछ आशा होने लगी'। वह एक निरपेक्ष उक्ति है। कवि को वही कहना ही था। वाल्मीकि ने जो यह कहा कि 'न स सकुंचित: पंथा: येन बाली हतो गत:' वह इसके स्थान पर नहीं कि 'तुम भी बाली के समान मारे जा सकते हो।'

इस वाद में तथ्य इतना ही है कि उक्ति ही कविता है, उसके भीतर जो छिपा अर्थ रहता है वह स्वत: कविता नहीं। पर यह बात इतनी दूर तक नहीं घसीटी जा सकती कि उस उक्ति की मार्मिकता का अनुभव उसकी तह में छिपी हुई वस्तु या भाव पर बिना दृष्टि रखे ही हो सकता है। बात यह है कि 'अभिव्यंजनावाद' भी 'कलावाद' की तरह काव्य का लक्ष्य बेलबूटे की नक्काशीवाला सौंदर्य मानकर चला है, जिसका मार्मिकता या भावुकता से कोई संबंध नहीं। और कलाओं को छोड़ यदि हम काव्य ही को लें तो इस 'अभिव्यंजनावाद' को 'वाग्वैचित्र्यवाद' ही कह सकते है और इसे अपने यहाँ के पुराने 'वक्रोक्तिवाद' का विलायती उत्थान मान सकते हैं।

इन्हीं दोनों वादों की दृष्टि से यह कहा जाने लगा कि समालोचना के क्षेत्र से अब लक्षण, नियम, रीति, काव्यभेद, गुण-दोष, छंदव्यवस्था आदि का विचार उठ गया।[11] पर इस कथन की व्याप्ति कहाँ तक है, यह विचारणीय है। साहित्य के ग्रंथों में जो लक्षण, नियम आदि दिये गये थे वे विचार की व्यवस्था के लिए, काव्य संबंधी चर्चा के सुबीते के लिए। पर इन लक्षणों और नियमों का उपयोग गहरे और कठोर बंधन की तरह होने लगा और उन्हीं को बहुत-से लोग सब कुछ समझने लगे। जब कोई बात हद से बाहर जाने लगती है तब प्रतिवर्तन (रिएक्शन) का समय आता है। यूरोप में अनेक प्रकार के वादों को उत्पत्ति प्रतिवर्तन के रूप में ही हुआ करती है। अत: हमें सामंजस्य बुद्धि से काम लेकर अपना स्वतंत्र मार्ग निकालना चाहिए।

बेलबूटे और नक्काशी के लक्ष्य के समान काव्य का भी लक्ष्य सौंदर्यविधान लगातार कहते रहने से काव्यरचना पर जो प्रभाव पड़ा है, उसका उल्लेख हो चुका है और यह भी कहा जा चुका है कि यह सब काव्य के साथ 'कला' शब्द लगने के कारण हुआ है। हमारे यहाँ काव्य की गिनती 64 कलाओं के भीतर नहीं की गयी है। यहाँ इतना और सूचित करना आवश्यक जान पड़ता है कि सौंदर्य की भावना को रूप देने से मनोविज्ञान के क्षेत्र से आये हुए उस सिद्धांत का भी असर पड़ा है जिसके अनुसार अंतस्संज्ञा में निहित अतृप्त काम वासना ही कला निर्माण की प्रेरणा करने वाली अंतर्वृत्ति है। यूरोप में चित्रकारी, मूर्तिकारी, नक्काशी, बेलबूटे आदि के समान कविता भी 'ललित कलाओं' के भीतर दाखिल हुई; अत: धीरे-धीरे उसका लक्ष्य भी सौंदर्यविधान ही ठहराया गया। जबकि यह सौंदर्यभावना कामवासना द्वारा प्रेरित ठहराई गयी तब पुरुष कवि के लिए यह स्वाभाविक ही ठहरा कि उसकी सारी सौंदर्य भावना

स्त्रीमयी हो अर्थात् प्रकृति के अपार क्षेत्र में जो कुछ सुंदर दिखाई पड़े उसकी भावना स्त्री के रूप में सौंदर्य के भिन्न-भिन्न अंग लेकर ही की जाय। अरुणोदय की छटा का अनुभव कामिनी के कपोलों पर दौड़ी हुई लज्जा की ललाई लाकर किया जाये। राका रजनी की सुषमा का अनुभव सुंदरी के उज्जवल वस्त्र या शुभ्र हास द्वारा किया जाये, आकाश में फैली हुई कादंबिनी तब तक सुंदरी न लगे जब तक उस पर स्त्री के मुक्त कुंतल का आरोप न हो। आजकल तो स्त्री कवियों की कमी नहीं है, उन्हें अब पुरुष कवियों का दीन अनुकरण न कर अपनी रचनाओं में क्षिति पर उठती हुई मेघमाला को दाढ़ी-मूँछ के रूप में देखना चाहिए।

काव्यरचना और काव्यचर्या दोनों में इधर 'स्वप्न' और 'मद' का प्रधान स्थान रहने लगा है। ये दोनों शब्द काव्य के भीतर प्राचीन समय में धर्म संप्रदायों से आये। लोगों की धारणा थी कि संत या सिद्ध लोगों की बहुत-सी बातों का आभास या तो स्वप्न में मिलता था अथवा तन्मयता की दशा में। कवियों को अपने भाव में मग्न होते देख लोग उन्हें भी इस प्रत्यक्ष जगत् और जीवन से अलग कल्पना के स्वप्नलोक में विचरने वाले जीव प्यार और श्रद्धा से कहने लगे। यह बात बराबर कवियों की प्रशंसा में अर्थवाद रूप में चलती रहीं। पर ईसा की इस बीसवीं शताब्दी में आकर वह एक मनोवैज्ञानिक तथ्य के रूप में फ्रायड (Freude) द्वारा प्रदर्शित की गयी। उसने कहा कि जिस प्रकार स्वप्न अंतस्संज्ञा में निहित अतृप्त वासनाओं की तृपित का एक अंतर्विधान है, उसी प्रकार कलाओं का निर्माण करने वाली कल्पना थी। इससे कवि कल्पना और स्वप्न का अभेदभाव और भी पक्का हो गया। पर सच पूछिए तो कल्पना में आयी हुई वस्तुओं की अनुभूति और स्वप्न में दिखाई पड़ने वाली वस्तुओं की अनुभूति के स्वरूप में बहुत अंतर है। अत: काव्यरचना या काव्यचर्चा में 'स्वप्न' की बहुत अधिक भरमार अपेक्षित नहीं। यों ही कहीं-कहीं साम्य के लिए यह शब्द आ जाया करे तो कोई हर्ज नहीं।

अब 'मद' और 'मादकता' लीजिए। काव्य क्षेत्र में इसका चलन फारस में बहुत पहले से अनुमित होता है। यद्यपि इस्लाम के पूर्व का वहाँ का सारा साहित्य नष्ट कर दिया गया, उसका एक चिट भी कहीं नहीं मिलता है, पर शायरी में 'मद' और 'प्याले' की रूढ़ि बनी रही, जिसको सूफियों ने लेकर और भी बढ़ाया। सूफी शायर दीन दुनिया से अलग प्रेममद में मतवाले आजाद जीव माने जाते थे। धीरे-धीरे कवियों के संबंध में भी 'मतवालेपन' और 'वड्सर्वर्थ' के समय तक 'मतवालेपन' और फक्कड़पन की इस भावना का कवि और काव्य के साथ कोई नित्य संबंध नहीं समझा जाता था। जर्मन कवि गेटे बहुत ही व्यवहारकुशल राजनीतिज्ञ था, इसी प्रकार वड्सर्वर्थ भी लोक व्यवहार से अलग एक रिंद नहीं माना जाता था। एक खास ढंग का फक्कड़पन और मतवालापन बाइरन और शेली में दिखाई पड़ा जिसकी चर्चा यूरोप ही तक न रहकर अंग्रेजी साहित्य के साथ-साथ हिंदुस्तान तक पहुँची। इससे मतवालेपन और फक्कड़पन की जो भावना पहले से फारसी साहित्य के प्रभाव में बँधती आ रही थी, वह और भी पक्की हो गयी।

भारत में मतवालेपन या फक्कड़पन की भावना अघोरपंथ आदि कुछ संप्रदायों में तथा सिद्ध बनाने वाले कुछ साधुओं में ही चलती आ रही थी। कवियों के सबंध में इसकी चर्चा नहीं थी। यहाँ तो कवि के लिए लोकव्यवहार से कुशल होना आवश्यक समझा जाता था। राजशेखर ने काव्यमीमांसा में कवि के जो लक्षण कहे हैं उससे यह बात स्पष्ट हो जायेगी। यह ठीक है कि राजशेखर ने राजसभाओं में बैठने वाले दरबारी कवियों के स्वरूप का वर्णन

किया है और वह स्वरूप एक विलासी दरबारी का है, मुक्तहृदय स्वच्छंद कवि का नहीं। पर वाल्मीकि से लेकर भवभूति और पंडित राज जगन्नाथ तथा चंद से लेकर ठाकुर और पद्माकर तक कोई मद से झूमने वाला, लोकव्यवहार के अनभिज्ञ या बेपरवाह फक्कड़ नहीं माना गया।

प्रतिभाशाली कवियों की प्रवृत्ति अर्थ में रत साधारण लोगों से भिन्न और मनस्विता लिये होती है तथा लोगों के देखने में कभी-कभी एक सनक-सी जान पड़ती है। जैसे और लोग अर्थ की चिंता में लीन होते हैं वैसे ही वे अपने किसी उद्भासित प्रसंग में लीन दिखाई पड़ते हैं। प्रेम और श्रद्धा के कारण लोग इन प्रवृत्तियों को अत्युक्ति के साथ प्रकट करते हुए 'मद में झूमना', 'स्वप्न में लीन रहना', 'निराली दुनिया में विचरना' इत्यादि कहने लगे। पर इसका यह परिणाम न होना चाहिए कि कवि लोग अपनी प्रशस्ति की इन अत्युक्त बातों को ठीक-ठीक चरितार्थ करने में लगे।

लोग कहते हैं कि समालोचकगण अपनी बातें कहते ही रहते हैं, पर कवि लोग जैसी मौज होती है वैसी रचना करते ही हैं। पर यह बात नहीं है। कवियों पर साहित्य के मीमांसकों का बहुत प्रभाव पड़ता है। बहुतेरे कवि–विशेषतः नये उनके आदर्शों के अनुकूल चलने का प्रयत्न करने लगते हैं। उपर्युक्त वादों के अनुकूल इधर बहुत कुछ काव्यरचना यूरोप में हुई, जिसका कुछ अनुकरण बँगला में हुआ। आजकल हिंदी की जो कविता 'छायावाद' के नाम से पुकारी जाती है उसमें इन सब वादों का मिला–जुला आभास पाया जायेगा। इसका तात्पर्य यह नहीं कि इन सब कवियों ने उनके सिद्धांत सामने रखकर रचना की है। उनके आदर्शों के अनुकूल कुछ कविताएँ यूरोप में हुई, जिनकी देखादेखी बँगला और हिंदी में भी होने लगीं।

इस प्रसंग में इतना लिखने का प्रयोजन केवल यही है कि यूरोप के साहित्यक्षेत्र में फैशन के रूप में प्रचलित बातों को कच्चे-पक्के ढंग से सामने लाकर कुतूहल उत्पन्न करने की चेष्टा करना अपनी मस्तिष्क शून्यता के साथ-ही-साथ समस्त हिंदी पाठकों पर मस्तिष्क शून्यता का आरोप करना है। काव्य और कला पर निकलने वाले भड़कीले लेखों में आवश्यक अभिज्ञता और स्वतंत्र विचार का अभाव देख दुख होता है। इधर कुछ दिनों से 'सत्यं, शिवं, सुंदरम्' की बड़ी धूम है, जिसे कुछ लोग शायद उपनिषद् वाक्य समझ, 'अपने यहाँ भी कहा है', लिखकर उद्धृत किया करते हैं। यह कोमल पदावली ब्रह्मसमाज के महर्षि देवेंद्रनाथ ठाकुर की है और वास्तव में 'द ट्रु, द गुड ऐंड द ब्युटीफुल' का अनुवाद है।[12] बस इतना और कहकर मैं इस प्रसंग को समाप्त करता हूँ कि किसी साहित्य में केवल बाहर की भद्दी नकल उसकी अपनी उन्नति या प्रगति नहीं कही जा सकती। बाहर से सामग्री आये, खूब आये, पर वह कूड़ा-करकट के रूप में न इकट्ठी की जाये। उसकी कड़ी परीक्षा हो, उस पर व्यापक दृष्टि से विवेचन किया जाये, जिससे हमारे साहित्य के स्वतंत्र और व्यापक विकास में सहायता पहुँचे।

◉◉

सन्दर्भ

1. इरावती।
2. देखिए, पृष्ठ 370 का तृतीय पैरा।
3. The poet's eye in fine frenzy rolling.
   Doth glance from heaven to earth and earth to heaven.

4. देखिए Psychological approach to Literary Criticism जिसमें यह अच्छी तरह दिखा दिया गया है कि प्रभावाभिव्यंजक समीक्षा कोई समीक्षा ही नहीं।
5. A diligent search will still find many Mystic Beings...sheltering in verbal thickets... while current attitudes to language persist, this difficulty, of the lingustic phantom must still continue.

   –Principles of Literary Criticism' By I.A. Richards.
6. Oxford Lectures on poetry.
7. Third Edition, 1928
8. इसी को हमारे साहित्य में 'साधारणीकरण' कहते हैं।
9. But this no sererance between unlike things, but between differences of the some activities. The myth of a 'transmutation' or 'Poetisation' of experience and that other myth of the 'contemplative' or 'aesthetic attitude'Are in part but due to talking about poetry and the 'Poetic' instead of talking about the concretete experiences which are poems.
10. An aesthic fact is 'form' and nothing else.
11. The new Criticism-by I.E. Spingarn (1911)
12. Thus arises the phantom problem of the aesthetic mode or aesthetic state a legaci from the day of abstract investigation in to the Good the Beautiful and the True–principles of Literary Criticism (I.A. Richards).

(संवत् 1900–1925)

काव्यखंड

प्रकरण–1 : काव्यखंड पुरानी धारा

पुरानी धारा

गद्य के आविर्भाव और विकासकाल से लेकर अब तक कविता की वह परंपरा भी चलती आ रही है जिसका वर्णन भक्तिकाल और रीतिकाल के भीतर हुआ है। भक्तिभाव के भजनों, राजवंश के ऐतिहासिक चरितकाव्यों, अलंकार और नायिकाभेद के ग्रंथों तथा श्रृंगार और वीररस के कवित्त, सवैयों और दोहों की रचना बराबर होती आ रही है। नगरों के अतिरिक्त हमारे ग्रामों में भी न जाने कितने बहुत अच्छे कवि पुरानी परिपाटी के मिलेंगे। ब्रजभाषा काव्य की परंपरा गुजरात से लेकर बिहार तक और कुमायूँ, गढ़वाल से लेकर दक्षिण भारत की सीमा तक बराबर चलती आयी है। काश्मीर के किसी ग्राम के रहने वाले ब्रजभाषा के एक कवि का परिचय हमें जंबू में किसी महाशय ने दिया था और शायद उनके दो-एक सवैये भी सुनाये थे।

गढ़वाल के प्रसिद्ध चित्रकार भोलाराम ब्रजभाषा के बहुत अच्छे कवि थे जिन्होंने अपने 'गढ़ राजवंश' काव्य में गढ़वाल के 52 राजाओं का वर्णन दोहा, चौपाइयों में किया है। वे श्रीनगर (गढ़वाल) के राजा प्रद्युम्नसाह के समय में थे। कुमाऊँ गढ़वाल पर जब नेपाल का अधिकार हुआ तब नेपाली सूबेदार हस्तिदल चौतरिया के अनुरोध से इन्होंने उक्त काव्य लिखा था। भोलाराम का जन्म संवत् 1817 में और मृत्यु 1890 में हुई। उन्होंने अपने ग्रंथ मे बहुत-सी घटनाओं का आँखों देखा वर्णन लिखा है, इससे उसका ऐतिहासिक मूल्य भी है।

ब्रजभाषा काव्यपरंपरा के कुछ प्रसिद्ध कवियों और उनकी रचनाओं का उल्लेख नीचे किया जाता है–

1. सेवक : ये असनी वाले ठाकुर कवि के पौत्र थे और काशी के रईस बाबू देवकीनंदन के प्रपौत्र बाबू हरिशंकर के आश्रय में रहते थे। ये ब्रजभाषा के अच्छे कवि थे। इन्होंने 'वाग्विलास' नाम का एक बड़ा ग्रंथ नायिकाभेद का बनाया। इसके अतिरिक्त बरवा छंद में एक छोटा नखशिख भी इनका है। इनके सवैये सर्वसाधारण में प्रचलित हो गये थे। 'कवि सेवक बूढ़े भए तौ कहा पै हनोज है मौज मनोज ही की' कुछ बुड्ढे रसिक अब तक कहते सुने जाते हैं। इनका जन्म संवत् 1872 में और मृत्यु संवत् 1938 में हुई।

2. महाराज रघुराज सिंह रीवाँ नरेश : इनका जन्म संवत् 1880 में और मृत्यु संवत् 1936 में हुई। इन्होंने भक्ति और श्रृंगार के बहुत ग्रंथ रचे। इनका 'रामस्वयंवर' (संवत् 1926) नामक वर्णनात्मक प्रबंधकाव्य बहुत ही प्रसिद्ध है जिसमें अनेक छंदों में सीताराम के विवाह का बहुत ही विस्तृत वर्णन है। वर्णनों में इन्होंने वस्तुओं की गिनती (राजसी ठाठ-बाट, घोड़ों, हाथियों

के भेद आदि) गिनाने वाली प्रणाली का खूब अवलंबन किया है। 'रामस्वयंवर' के अतिरिक्त 'रुक्मिणी परिणय', 'आनंदांबुनिधि', 'रामाष्टयाम' इत्यादि इनके लिखे बहुत-से अच्छे ग्रंथ हैं।

3. सरदार : ये काशीनरेश महाराज ईश्वरीप्रसाद नारायण सिंह के आश्रित थे। इनका कविताकाल संवत् 1902 से 1940 तक कहा जा सकता है। ये बहुत ही सिद्धहास्त और साहित्यमर्मज्ञ कवि थे। 'साहित्यसरसी', 'वाग्विलास', 'षट् ॠतु', 'हनुमतभूषण', 'तुलसीभूषण', 'शृंगारसंग्रह', 'रामरत्नाकर', 'साहित्यसुधाकर', 'रामलीला प्रकाश' इत्यादि कई मनोहर काव्यग्रंथ इन्होंने रचे हैं। इसके अतिरिक्त इन्होंने हिंदी के प्राचीन काव्यों पर बड़ी-बड़ी टीकाएँ लिखी हैं। कविप्रिया, रसिकप्रिया, सूर के दृष्टिकूट और बिहारी सतसई पर बहुत अच्छी टीकाएँ इनकी हैं।

4. बाबा रघुनाथदास रामसनेही : ये अयोध्या के एक साधु थे और अपने समय के बड़े भारी महात्मा माने जाते थे। संवत् 1911 में इन्होंने 'विश्रामसागर' नामक एक बड़ा ग्रंथ बनाया जिसमें अनेक पुराणों की कथाएँ संक्षेप में दीं गयी हैं। भक्तजन इस ग्रंथ का बड़ा आदर करते हैं।

5. ललितकिशोरी : इनका नाम शाह कुंदनलाल था। ये लखनऊ के एक समृद्ध वैश्य घराने में उत्पन्न हुए थे। पीछे वृंदावन में जाकर एक विरक्त भक्त की भाँति रहने लगे। इन्होंने भक्ति और प्रेमसंबंधी बहुत-से पद और गजलें बनायी हैं। कविताकार संवत् 1913 से 1930 तक समझना चाहिए। वृंदावन का प्रसिद्ध साह जी का मंदिर इन्हीं का बनवाया है।

6. राजा लक्ष्मणसिंह : ये हिंदी के गद्यप्रवर्तकों में हैं। इनका उल्लेख गद्य के विकास के प्रकरण में हो चुका है।[1] इनकी ब्रजभाषा की कविता भी बड़ी मधुर और सरस होती थी। ब्रजभाषा की सहज मिठास इनकी वाणी से टपकी पड़ती है। इनके शकुंतला के पहले अनुवाद में तो पद्य न था, पर पीछे जो संस्करण इन्होंने निकाला उसमें मूल श्लोकों के स्थान पर पद्य रखे गये। ये पद्य बड़े ही सरस हुए। इसके उपरांत संवत् 1938 और 1940 के बीच इन्होंने मेघदूत का बड़ा ही ललित और मनोहर अनुवाद निकाला। मेघदूत जैसे मनोहर काव्य के लिए ऐसा ही अनुवादक होना चाहिए था। इस अनुवाद के सवैये बहुत ही ललित और सुंदर हैं। जहाँ चौपाई, दोहे आये हैं, वे स्थल उतने सरस नहीं हैं।

7. लछिराम (ब्रह्मभट्ट) : इनका जन्म संवत् 1898 में अमोढ़ा (जिला-बस्ती) में हुआ था। ये कुछ दिन अयोध्या नरेश महाराज मानसिंह (प्रसिद्ध कवि द्विजदेव) के यहाँ रहे। पीछे बस्ती के राजा शीतलाबख्श सिंह से, जो एक अच्छे कवि थे, बहुत-सी भूमि पायी। दरभंगा, पुरनिया आदि अनेक राजधानियों में इनका सम्मान हुआ। प्रत्येक सम्मान करने वाले राजा के नाम पर इन्होंने कुछ-न-कुछ रचना की है–जैसे, मानसिंहाष्टक, प्रताप रत्नाकर, प्रेम रत्नाकर (राजा बस्ती के नाम पर), लक्ष्मीश्वर रत्नाकर, (दरभंगा नरेश के नाम पर) रावणेश्वर कल्पतरु (गिद्धौर नरेश के नाम पर), कमलानंद कल्पतरु (पुरनिया के राजा के नाम जो हिंदी के अच्छे कवि और लेखक थे) इत्यादि। इन्होंने अनेक रसों पर कविता की समस्यापूर्तियाँ बहुत जल्दी करते थे। वर्तमानकाल में ब्रजभाषा की पुरानी परिपाटी पर वालों में ये बहुत प्रसिद्ध हुए हैं।

8. गोविंद गिल्लाभाई : कोई समय था जब गुजरात में ब्रजभाषा की कविता का बहुत प्रचार था। अब भी इसका चलन वैष्णवों में बहुत कुछ है। गोविंद गिल्लाभाई का जन्म संवत् 1905 में भावनगर रियासत के अंतर्गत सिहोर नामक स्थान में हुआ था। इनके पास ब्रजभाषा के

काव्यों का बड़ा अच्छा संग्रह था। भूषण का एक बहुत शुद्ध संस्करण इन्होंने निकाला। ब्रजभाषा की कविता इनकी बहुत ही सुंदर और पुराने कवियों के टक्कर की होती थी। इन्होंने बहुत-सी काव्य की पुस्तकें लिखी हैं जिनमें से कुछ के नाम ये हैं—नीतिविनोद, शृंगाररसरोजिनी, षट्ऋतु, पावसपयोनिधि, समस्यापूर्ति प्रदीप, वक्रोक्तिविनोद, श्लेषचंद्रिका, प्रारब्धपचासा, प्रवीनसागर।

9. नवनीत चौबे : पुरानी परिपाटी के आधुनिक कवियों में चौबे जी की बहुत ख्याति रही है। ये मथुरा के रहने वाले थे। इनका जन्म संवत् 1915 और मृत्यु 1989 में हुई।

यहाँ तक संक्षेप में उन कवियों का उल्लेख हुआ जिन्होंने केवल पुरानी परिपाटी पर कविता की है। इसके आगे उन लोगों का समय आता है जिन्होंने एक ओर तो हिंदी साहित्य की नवीन गति के प्रवर्तन में योग दिया, दूसरी ओर पुरानी परिपाटी की कविता के साथ भी अपना पूरा संबंध बनाये रखा। ऐसे लोगों में भारतेंदु हरिश्चंद्र, पं. प्रताप नारायण मिश्र, उपाध्याय पं. बदरीनारायण चौधरी, ठाकुर जगमोहन सिंह, पं. अंबिकादत्त व्यास और बाबू रामकृष्ण वर्मा मुख्य हैं।

पुरानी धारा के अन्य कवि

10. भारतेंदु हरिश्चंद्र : भारतेंदु जी ने जिस प्रकार हिंदी गद्य की भाषा का परिष्कार किया, उसी प्रकार काव्य की ब्रजभाषा का भी। उन्होंने देखा कि बहुत-से शब्द जिन्हें बोलचाल से उठे कई सौ वर्ष हो गये थे, कवित्तों और सवैयों में बराबर लाये जाते हैं। इसके कारण कविता जनसाधारण की भाषा से दूर पड़ती जाती है। बहुत-से शब्द तो प्राकृत और अपभ्रंश काल की परंपरा के स्मारक के रूप में ही बने हुए थे। 'चक्कव', 'भुवाल', 'ठायो', 'दीह', 'ऊनो', 'लोय' आदि के कारण बहुत-से लोग ब्रजभाषा की कविता से किनारा खींचने लगे थे। दूसरा दोष जो बढ़ते-बढ़ते बहुत बुरी हद को पहुँच गया था, यह शब्दों के तोड़मरोड़ और गढ़ंत के शब्दों का प्रयोग था। उन्होंने ऐसे शब्दों को भरसक अपनी कविता से दूर रखा और अपने रसीले सवैये में जहाँ तक हो सका, बोलचाल की ब्रजभाषा का व्यवहार किया। इसी से उनके जीवनकाल में ही उनके सवैये चारों ओर सुनाई देने लगे।

11. पं. अंबिकादत्त व्यास : भारतेंदु जी ने कवि समाज भी स्थापित किये थे जिनमें समस्यापूर्तियाँ बराबर हुआ करती थी। दूर-दूर से कवि लोग आकर उसमें सम्मिलित हुआ करते थे। पं. अंबिकादत्त व्यास ने अपनी प्रतिभा का चमत्कार पहले पहल ऐसे ही कवि समाज के बीच समस्यापूर्ति करके दिखाया था। भारतेंदु के शृंगाररस के कवित्त-सवैये बड़े ही समरस मर्मस्पर्शी होते थे। 'प्रिय प्यारे तिहारे निहारे बिना दुखिया अँखियाँ नहिं मानति हैं', 'मरेहू पै आँखें ये खुली ही रहि जायेंगी' आदि उक्तियों का रसिक समाज में बड़ा आदर रहा। उनके शृंगाररस के कवित्त-सवैयों का संग्रह 'प्रेममाधुरी' में मिलेगा। कवित्त-सवैयों से बहुत अधिक और-शृंगार के पद और गाने उन्होंने बनाये जो 'प्रेमफुलवारी', 'प्रेममालिका', 'प्रेमप्रलाप' आदि पुस्तकों में संगृहीत हैं। उनकी अधिकतर कविता कृष्णभक्त कवियों के अनुकरण पर रचे पदों के रूप में ही हैं।

12. पं. प्रतापनारायण मिश्र : मिश्र जी समस्यापूर्ति और पुराने ढंग की शृंगारी कविता बहुत अच्छी करते थे। कानपुर के 'रसिकसमाज' में बड़े उत्साह से अपनी पूर्तियाँ सुनाया करते थे। देखिए 'पपीहा जब पूछिहै पीव कहाँ' की कैसी अच्छी पूर्ति उन्होंने की थी—

बनि बैठी है मान की मूरति-सी, मुख खोलत बोलै न 'नाही' न 'हाँ'।
तुमही मनुहारि कै हारि परे, सखियान की कौन चलाई तहाँ॥
बरषा है 'प्रतापजू' धीर धरौ, अबलौ मनको सुमुझायो जहाँ।
यह व्यारि तबै बदलैगी कछू, पपिहा जब पूछिहै पीव कहाँ?

प्रतापनारायण जी कैसे मनमौजी आदमी थे, यह कहा जा चुका है। लावनीबाजों के बीच बैठकर वे लावनियाँ बना-बनाकर भी गाया करते थे।

13. उपाध्याय बदरीनारायण (प्रेमघन जी) : प्रेमघन जी भी इस प्रकार की पुरानी कविता किया करते थे। 'चरचा चलिबे की चलाइ ना' को लेकर बनाया हुआ उनका यह अनुप्रासपूर्ण सवैया देखिए–

बगियान बसंत बसेरो किया, बसिए तेहि त्यागि तपाइए ना।
दिन काम-कुतूहल के जो बने, तिन बीच वियोग बुलाइए ना॥
'घन प्रेम' बढ़ाय कै प्रेम, अहो! बिथा-बारि बृथा बरसाइए ना।
चित चैत की चाँदनी चाह भरी, चरचा चलिबे की चलाइए ना॥

चौधरी साहब ने भी सर्वसाधारण में प्रचलित कजली, होली आदि गाने की चीजें बहुत बनायी हैं। 'कजली कादंबिनी' में उनकी बनायी कजलियों का संग्रह है।

14. ठाकुर जगमोहन सिंह : ठाकुर साहब के सवैये भी बहुत सरस होते थे। उनके शृंगारी कवित्त-सवैयों का संग्रह कई पुस्तकों में है। ठाकुर साहब ने कवित-सवैयों में 'मेघदूत' का भी बहुत सरल अनुवाद किया है। उनकी शृंगारी कविताएँ 'श्यामा' से ही संबंध रखती है और 'प्रेमसंपत्तिलता' (संवत् 1885), 'श्यामालता' और 'श्यामा सरोजिनी' (संवत् 1886) में संगृहीत हैं। 'प्रेमसंपत्तिलता' का एक सवैया दिया जाता है–

अब यों उर आवत है सजनी, मिलि जाउँ गरे लगिकै छवियाँ।
मन करि भाँति अनेकन औ मिलि कीजिय री रस की बतियाँ॥
हम हारी अरी करि कोटि उपाय लिखी बहु नेहभरी पतियाँ।
जगमोहन मोहनि मूरति के बिना कैसे कटे दुख की रतियाँ॥

15-18 पं. अंबिकादत्त व्यास और बाबू रामकृष्ण वर्मा (बलवीर) के उत्साह से ही काशी कविसमाज चलता रहा। उसमें दूर-दूर के कविजन भी कभी-कभी आ जाया करते थे। समस्या कभी-कभी बहुत टेढ़ी दी जाती थी, जैसे, 'सूरज देखि सके नहिं घूग्घू', 'मोम के मंदिर माखन के मुँह में बैठे हुतासन आसन मारे।' उक्त दोनों समस्याओं की पूर्ति व्यास जी ने बड़े विलक्षण ढंग से की थी। उक्त समाज की ओर से ही शायद 'समस्यापूर्ति प्रकाश' निकाला था जिसमें 'व्यास जी' और बलवीर (रामकृष्ण वर्मा) की बहुत-सी पूर्तियाँ हैं। व्यास जी का 'बिहारी बिहार' (बिहारी के सब दोहों पर कुंडलियाँ) बहुत बड़ा ग्रंथ है जिसमें उन्होंने बिहारी के दोहों का भाव बड़ी मार्मिकता से पल्लवित किया है। डुमराँव निवासी पं. नकछेदी तिवारी (अजान) भी इस रसिकमंडल के बड़े उत्साही कार्यकर्ता थे। वे बड़ी सुंदर कविता करते थे और पढ़ने का ढंग तो उनका बड़ा ही अनूठा था। उन्होंने 'मनोमंजरी' आदि कई अच्छे संग्रह भी निकाले और कवियों का वृत्त भी बहुत कुछ संग्रह किया। बाबू रामकृष्ण की मंडली में पं. विजयानंद त्रिपाठी भी ब्रजभाषा की कविता बड़ी अच्छी करते थे।

19. लाला सीताराम : इस पुरानी धारा के भीतर लाला सीताराम बी. ए. के पद्यानुवादों

को भी लेना चाहिए। ये कविता में अपना 'भूप' उपनाम रखते थे। रघुवंश का अनुवाद इन्होंने दोहा-चौपाइयों में और 'मेघदूत' का घनाक्षरी में किया है।

20. पं. अयोध्यासिंह उपाध्याय 'हरिऔध' : यद्यपि उपाध्याय जी इस समय खड़ी बोली के और आधुनिक विषयों के ही कवि प्रसिद्ध हैं, पर प्रारंभकाल में ये भी पुराने ढंग की शृंगारी कविता बहुत सुंदर और सरस करते थे। इनके निवासस्थान निजामाबाद में सिख संप्रदाय के महंत बाबा सुमेरसिंह जो हिंदी काव्य के बड़े प्रेमी थे। उनके यहाँ प्रायः कवि समाज एकत्र हुआ करता था जिसमें उपाध्याय जी भी अपनी पूर्तियाँ पढ़ा करते थे। इनका 'हरिऔध' उपनाम उसी समय का है। इनकी पुराने ढंग की कविताएँ 'सरकलश' में संगृहीत हैं जिसमें इन्होंने नायिकाओं के कुछ नये ढंग के भेद रखने का प्रयत्न किया है। ये भेद रससिद्धांत के अनुसार ठीक नहीं उतरते।

21. पं. श्रीधर पाठक : पाठक जी का संबंध भी लोग खड़ी बोली के साथ ही अकसर बताया करते हैं। पर खड़ी बोली की कविताओं की अपेक्षा पाठक जी की ब्रजभाषा की कविताएँ ही अधिक सरस, हृदयग्राहिणी और उनकी मधुर स्मृति को चिरकाल तक बनाये रखने वाली हैं। यद्यपि उन्होंने समस्यापूर्ति नहीं की, नायिकाभेद के उदाहरणों के रूप में कविता नहीं की, पर जैसी मधुर और रसभरी ब्रजभाषा उनके 'ऋतुसंहार' के अनुवाद में है, वैसी पुरानी कवियों में किसी-किसी की ही मिलती है। उनके सवैयों में हम ब्रजभाषा का जीता-जागता रूप पाते हैं। वर्षाऋतु वर्णन का यह सवैया ही लीजिए–

बारि-फुहार-भरे बदरा, सोइ सोहत कुंजर से मतवारे।
बीजुरी-जोति धुजा फहरै, घन-गर्जन शब्द सोई हैं नगारे॥
रोर की घोर को ओर न छोर, नरेसन की-सी छटा छबि धारे।
कामिन के मन को प्रिय पावस, आयो, प्रिये! नव मोहिनी डारे॥

22. बा. जगन्नाथदास 'रत्नाकर' : ब्रजभाषा की पुरानी परिपाटी के कवियों में 'रत्नाकर जी' का स्थान बहुत ऊँचा माना जाता है। इनका जन्म काशी में भाद्रपद शुक्ल 6, संवत् 1923 और मृत्यु आषाढ़ कृष्ण 3, संवत् 1989 को हरिद्वार में हुई। भारतेंदु के पीछे संवत् 1946 से ही ये ब्रजभाषा में कविता करने लगे थे। 'हिंडोला' आदि पुस्तकें इनकी बहुत पहले निकली थीं। काव्यसंवर्धिनी एक पत्रिका भी इन्होंने कुछ दिनों तक निकाली थीं। इनकी कविता बड़े-बड़े पुराने कवियों के टक्कर की होती थी। पुराने कवियों में भी इनकी-सी सूझ और उक्तिवैचित्र्य बहुत कम देखा जाता है। भाषा भी पुराने कवियों की भाषा से चुस्त और गठी हुई होती थी। ये साहित्य तथा ब्रजभाषा काव्य के बहुत बड़े मर्मज्ञ माने जाते थे।

इन्होंने 'हरिश्चंद्र', 'गंगावतरण' और 'उद्धवशतक' नाम के तीन बहुत ही सुंदर प्रबंधकाव्य लिखे हैं। अंग्रेजी कवि पोप के समालोचना संबंधी प्रसिद्ध काव्य (ऐस्से आन क्रिटिसिज्म) का रोला-छंदों में अच्छा अनुवाद इन्होंने किया है। फुटकल रचनाएँ तो इनकी बहुत अधिक हैं, शृंगार और वीर दोनों की। इनकी रचनाओं का बहुत बड़ा संग्रह 'रत्नाकर' के नाम से नागरीप्रचारिणी सभा द्वारा प्रकाशित हो चुका है। 'गंगावतरण' में गंगा के आकाश से उतरने और शिव के उन्हें सँभालने के लिए सन्नद्ध होने का वर्णन बहुत ही ओजपूर्ण है। 'उद्धवशतक' का मार्मिकता और रचनाकौशल भी अद्वितीय है। उसके दो कवित्व नीचे दिये जाते हैं–

कान्ह-दूत कैधों ब्रह्मदूत ह्वै पधारे आप,

धारे प्रन फेरन को मति ब्रजवारी की।
कहै रतनाकर पै प्रीति-रीति जानत ना,
ठानत अनीति आनि नीति ले अनारी की॥
मान्यो हम, कान्ह ब्रह्म एक ही, कह्यो जो तु,
तौ हू हमैं भावति न भावना अन्यारी की।
जैहैं बनि बिगरि न वारिधिता बारिधि की,
बूँदता बिलैहैं बूंद बिबस बेचारी की॥

× × × × ×

धरि राखौ ज्ञान गुन गौरव गौरव गुमान गोइ,
गोपिन को आवत न भावत भड़ंग है।
कहै रतनाकर करत टाँय टाँय बृथा,
सुनत न कोऊ यहाँ यह मुहचंग है॥
और हू उपाय केते सहज सुढंग, ऊधौ!
साँस रोकिबे को कहा जोग ही कुढंग है?
कुटिल कटारी है, अटारी है उतंग अति,
जमुनातरंग है, तिहारो सतसंग है॥

23. राय देवीप्रसाद 'पूर्ण' : कानपुर के 'पूर्ण जी' की कविता भी ब्रजभाषा के पुराने कवियों का स्मरण दिलाने वाली होती थी। जब तक ये कानपुर में रहे तब तक कविता की चर्चा की बड़ी धूम रही। वहाँ के 'रसिकसमाज' में पुरानी परिपाटी के कवियों की बड़ी चहल-पहल रहा करती थी। 'पूर्ण जी' ने कुछ दिनों तक 'रसिकवाटिका' नाम की एक पत्रिका भी चलायी, जिसमें समस्यापूर्तियाँ और पुराने ढंग की कविताएँ छपा करती थीं। खेद है कि केवल सैंतालीस वर्ष की अवस्था में ही संवत् 1977 में इनका देहांत हो गया। इनकी रचना कैसी सरस होती थी और ललित पदावली पर इनका कैसा अच्छा अधिकार था, इसका अनुमान इनके 'धाराधरधावन' (मेघदूत का अनुवाद) से उद्धृत इस पद से हो सकता है–

नव कलित केसर-वलित हरित सुपीत नीप निहार कै।
करि असन दल कँदलीन जो कलियाहिं प्रथम कछार पै॥
हे घन! विपिन थल अमल परिमल पाय भूतल की भली।
मधुर मतंग कुरंग बृंद जनायहैं तेरी गली॥

24. श्रीवियोगी हरि : ब्रजभूमि, ब्रजभाषा और ब्रजपति के वे अनन्य उपासक हैं। ऐसे प्रेमी रसिक जीव इस रूखे जमाने में कम दिखाई पड़ते हैं। उन्होंने अधिकतर पुराने कृष्णभक्त कवियों की पद्धति पर बहुत-से रसीले तथा भक्तिभावपूर्ण पदों की रचना की जिन्हें सुनकर आजकल के रसिक भक्त भी 'बलिहारी' हैं।' बिना कहे कहीं रह सकते! इनकी इस प्रकार की रचनाएँ 'प्रेमशतक', 'प्रेमपथिक', 'प्रेमांजलि' आदि में मिलेंगी। छतरपुर से प्रयाग आने पर राजनीतिक आंदोलनों की भी कुछ हवा इन्हें लगी थी और इन्होंने 'चरखे की गूँज', 'चरखास्तोत्र', 'असहयोगवीणा' ऐसी कुछ रचनाएँ भी की थीं, पर उनमें इनकी स्थायी मनोवृत्ति न थी। यह आवश्य है कि देश के लिए त्याग करनेवाले वीरों के प्रति इनके मन में अपार श्रद्धा है। वियोगी हरि जी ने 'वीरसतसई' नामक एक बड़ा काव्य दोहों में लिखा है जिसमें

भारत के प्रसिद्ध वीरों की प्रशस्तियाँ हैं। इस ग्रंथ पर इन्हें प्रयाग के हिंदी साहित्य सम्मेलन से 1200 रुपये का पुरस्कार मिला था। इसके कुछ दोहे देखिए–

पावस ही में धनुष अब, नदी तीर ही तरी।
रोदन ही में लाल दृग, नवरस ही में वीर।।
जोरि नावँ सँग 'सिंह' पद करत सिंह बदनाम।
ह्वैहो कैसे सिंह तुम करि सृगाल के काम?
या तेरी तरवार में नहिं कायर अब आब।
दिल हू तेरो बुझि गयो, वामें नेक न ताब।।

25. श्री दुलारेलाल जी भार्गव : कविवर बिहारी लाल की परंपरा के वर्तमान प्रतिनिधि श्री भार्गव के दोहों की बारीकी साहित्य क्षेत्र में अपना कमाल खड़ी बोली के इस जमाने में भी दिखाती रहती है। बिहारी की प्रतिभा जिस ढाँचे की थी उसी ढाँचे की दुलारेलाल जी की भी है, इसमें संदेह नहीं। एक-एक दोहे में सफाई के साथ रस से स्निग्ध वा वैचित्र्य से चमत्कृत कर देने वाली, प्रचुर सामग्री भरने का गुण इनमें भी है। कुछ दोहों में देशभक्ति, अछूतोद्धार, राष्ट्रीय आंदोलन इत्यादि की भावना का अनूठेपन के साथ समावेश करके इन्होंने पुराने साँचे में नया मसाला ढालने की अच्छी कला दिखाई है। आधुनिक काव्यक्षेत्र में दुलारेलाल जी ने ब्रजभाषाकाव्य-चमत्कारपद्धति का एक प्रकार से पुनरुद्धार किया है। इनकी 'दुलारे दोहावली' पर टीकमगढ़ राज्य की ओर से 2000 रुपये का 'देवपुरस्कार' मिल चुका है। 'दोहावाली' के कुछ दोहे देखिए–

तन उपवन सहिहै कहा बिछुरन झंझावात।
उड़्योर जात उर तरु जबै चलिबे ही की बात।।
दमकति दरपन-दरप दरि दीपसिखा-दुति देह।
वह दृढ़ इक दिसि दिपत, यह मृदु दस दिसनि स-नेह।।
झर सम दीजै देस हित झरझर जीवन-दान।
रुकि-रुकि यों चरसा सरिस दैबौ कहा, सुजान?
गाँधी गुरु तें ग्याँ न लै चरखा अनहद जोर।
भारत-सबद-तरंग पै बहत मुकुति की ओर।।

अभी थोड़े दिन हुए अयोध्या के पं. रामनाथ ज्योतिषी ने रामकथा लेकर अपना 'रामचंद्रोदय काव्य' लिखा है जिस पर उन्हें 2000 रुपये का 'देवपुरस्कार' मिला है।

आधुनिक विषयों को लेकर कविता करने वाले कई कवि जैसे, स्वर्गीय नाथूराम शंकर शर्मा, लाला भगवानदीन, पुरानी परिपाटी की बड़ी सुंदर कविता करते थे। पं. गयाप्रसाद जी शुक्ल 'सनेही' के प्रभाव से कानपुर में ब्रजभाषा काव्य के मधुर स्रोत अभी बराबर वैसे ही चल रहे हैं, जैसे 'पूर्ण' जी के समय में चलते थे। नयी-पुरानी दोनों परिपाटियों के कवियों का कानपुर अच्छा केंद्र है। ब्रजभाषा-काव्य-परंपरा किस प्रकार जीती-जागती चल रही है, यह हमारे वर्तमान कवि सम्मेलनों में देखा जा सकता है।

◉◉

(संवत् 1925-1950)

काव्यखंड

प्रकरण-2 : काव्य खण्ड : नयी धरा

प्रथम उत्थान : नयी धारा

यह सूचित किया जा चुका है कि भारतेंदु हरिश्चंद्र ने जिस प्रकार गद्य की भाषा का स्वरूप स्थिर करके गद्य साहित्य को देशकाल के अनुसार नये-नये विषयों की ओर लगाया, उसी प्रकार कविता की धारा को भी नये-नये क्षेत्रों की ओर मोड़ा। इस नये रंग में सबसे ऊँचा स्वर देशभक्ति की वाणी का था। उसी से लगे हुए विषय लोकहित, समाजसुधार, मातृभाषा का उद्धार आदि थे। हास्य और विनोद के नये विषय भी इस काल में कविता को प्राप्त हुए। रीतिकाल के कवियों की रूढ़ि में हास्यरस के आलंबन कंजूस ही चले आते थे। पर साहित्य के इस नये युग के आरंभ से ही कई प्रकार के नये आलंबन सामने आने लगे-जैसे, पुरानी लकीर के फकीर, नये फैशन के गुलाम, नोंच-खसोट करने वाले अदालती अमले, मूर्ख और खुशामदी रईस नाम या दाम के भूखे देशभक्त इत्यादि। इसी प्रकार वीरता के आश्रय भी जन्मभूमि के उद्धार के लिए रक्त बहाने वाले अन्याय और अत्याचार का दमन करने वाले इतिहासप्रसिद्ध वीर होने लगे। सारांश यह कि इस नयी धारा की कविता के भीतर जिस नये-नये विषयों के प्रतिबिंब आये, वे अपनी नवीनता से आकर्षित करने के अतिरिक्त नूतन परिस्थिति के साथ हमारे मनोविकारों का सामंजस्य भी घटित कर चले। कालचक्र के फेर से जिस नयी परिस्थिति के बीच हम पड़ जाते हैं, उसका सामना करने योग्य अपनी बुद्धि को बनाये बिना जैसे काम नहीं चल सकता, वैसे ही उसकी ओर अपनी रागात्मिका वृत्ति को उन्मुख किये बिना हमारा जीवन फीका, नीरस, शिथिल और अशक्त रहता है।

विषयों की अनेकरूपता के साथ-साथ उनके विधान का ढंग भी बदल चला। प्राचीन धारा में 'मुक्तक' और 'प्रबंध' की जो प्रणाली चली आती थी, उससे कुछ भिन्न प्रणाली का भी अनुसरण करना पड़ा। पुरानी कविता में 'प्रबंध' का रूप कथात्मक और वस्तु वर्णनात्मक ही चला आता था। या तो पौराणिक कथाओं, ऐतिहासिक वृत्तों को लेकर छोटे-छोटे आख्यान काव्य रचे जाते थे-जैसे, पद्मावत, रामचरितमानस, रामचंद्रिका, छत्रप्रकाश, सुदामाचरित, दानलीला, चीरहरन लीला इत्यादि-अथवा विवाह, मृगया, झूला, हिंडोला, ऋतुबिहार आदि को लेकर वस्तुवर्णनात्मक प्रबंध। अनेक प्रकार के सामान्य विषयों पर-जैसे बुढ़ापा, विधिविडंबना, जगतसचाईसार, गोरक्षा, माता का स्नेह, सपूत, कपूत-कुछ दूर तक चलती हुई विचारों और भावों की मिश्रित धारा के रूप में छोटे-छोटे प्रबंधों या निबंधों की चाल न थी। इस प्रकार के विषय कुछ उक्तिवैचित्र्य के साथ एक ही पद्य में कहे जाते थे अर्थात् वे मुक्तक की सूक्तियों के रूप में ही होते

थे। पर नवीन धारा के आरंभ में छोटे-छोटे पद्यात्मक निबंधों की परंपरा भी चली जो प्रथम उत्थानकाल के भीतर तो बहुत कुछ भावप्रधान रही पर आगे चलकर शुष्क और इतिवृत्तात्मक (मैटर ऑव फैक्ट) होने लगी।

नवीनधारा के प्रथम उत्थान के भीतर हम हरिश्चंद्र, प्रतापनारायण मिश्र, अंबिकादत्त व्यास, राधाकृष्णदास, उपाध्याय बदरीनारायण चौधरी आदि को ले सकते हैं।

1. भारतेंदु हरिश्चंद्र : जैसा ऊपर कह आये हैं, नवीन धारा के बीच भारतेंदु की वाणी का सबसे ऊँचा स्वर देशभक्ति का था। नीलदेवी, भारतदुर्दशा आदि नाटकों के भीतर आई हुई कविताओं में देश दशा की जो मार्मिक व्यंजना है, वह तो है ही; बहुत-सी स्वतंत्र कविताएँ भी उन्होंने लिखीं जिनमें कहीं देश के अतीत गौरव गाथा का गर्व, कहीं वर्तमान अधोगति की क्षोभभरी वेदना, कहीं भविष्य की भावना से जगी हुई चिंता इत्यादि अनेक पुनीत भावों का संचार पाया जाता है। 'विजयिनीविजय वैजयंती' में, जो मिस्र में भारतीय सेना की विजय प्राप्ति पर लिखी गयी थी, देशभक्ति व्यंजक कैसे भिन्न-भिन्न संचारी भावों का उद्‌गार है! कहीं गर्व, कहीं क्षोभ, कहीं विषाद। 'सहसन बरसन सों सुन्यो जो सपने नहिं कान, सो जय आरज शब्द' को सुन और 'फरकि उठीं सबकी भुजा, खरकि उठीं तरवार। क्यों आपुहिं ऊँचे भये आर्य भये आर्य मोछ के बार' का कारण जान, प्राचीन आर्य गौरव का गर्व कुछ आ ही रहा था कि वर्तमान अधोगति का दृश्य ध्यान में आया और फिर वही 'हाय भारत!' की धुन।

हाय! वहै भारत-भुव भारी। सब ही विधि सों भई दुखारी॥
हाय! पंचनद, हा पानीपत। अजहुँ रहे तुम धरनि बिराजत॥
हाय चित्तौर ! निलज तू भारी। अजहुँ खरो भारतहि मँझारी॥
तुममें जल नहिं जमुना-गंगा। बढ़हु बेगि किन प्रबल तरंगा॥
बोरहु किन झट मथुरा-कासी? धोवहु यह कलंक की रासी॥

'चित्तौर', 'पानीपत' इन नामों में ही हिंदूहृदय के लिए कितने भावों की व्यंजना भरी है। उसके लिए ये नाम ही काव्य हैं। नीलदेवी में यह कैसी करुण पुकार है–

कहाँ करुणानिधि केशव सोये?
जागत नाहिं अनेक जतन करि भारतवासी रोये॥

यहाँ पर यह कह देना आवश्यक है कि भारतेंदु जी ने हिंदी काव्य को केवल नये-नये विषयों की ओर ही उन्मुख किया, उसके भीतर किसी नवीन विधान या प्रणाली का सूत्रपात नहीं किया। दूसरी बात उनके संबंध में ध्यान देने की बात यह है कि वे केवल 'नरप्रकृति' के कवि थे, बाह्य प्रकृति की अनेकरूपता के साथ उनके हृदय का सामंजस्य नहीं पाया जाता। अपने नाटकों में दो-एक जगह उन्होंने जो प्राकृतिक वर्णन रखे हैं (जैसे, सत्य हरिश्चंद्र में गंगा का वर्णन, चंद्रावली में यमुना का वर्णन) वे केवल परंपरापालन के रूप में हैं। उनके भीतर उनका हृदय नहीं पाया जाता। वे केवल उपमा और उत्प्रेक्षा के चमत्कार के लिए लिखे जान पड़ते हैं। एक पंक्ति में कुछ अलग-अलग वस्तुएँ और व्यापार हैं और दूसरी पंक्ति में उपमा या उत्प्रेक्षा। कहीं-कहीं तो यह अप्रस्तुत विधान तीन पंक्तियों तक चला चलता है।

अंत में यह सूचित कर देना आवश्यक है कि गद्य को जिस परिमाण में भारतेंदु ने नये-नये विषयों और मार्गों की ओर लगाया उस परिमाण में पद्य को नहीं। उनकी अधिकांश कविता तो कृष्णभक्त कवियों के अनुकरण पर गेय पदों के रूप में है जिनमें राधाकृष्ण की

प्रेमलीला और बिहार का वर्णन है। शृंगाररस के कवित्त-सवैयों का उल्लेख पुरानी धारा के अंतर्गत हो चुका है। देशदशा, अतीतगौरव आदि पर उनकी कविताएँ या तो नाटकों में रखने के लिए लिखी गयीं अथवा विशेष अवसरों पर–जैसे प्रिंस ऑफ वेल्स (पीछे सम्राट् सप्तम एडवर्ड) का आगमन, मिस्र पर भारतीय सेना द्वारा ब्रिटिश सरकार की विजय–पढ़ने के लिए। ऐसी रचनाओं में राजभक्ति और देशभक्ति का मेल आजकल के लोगों को कुछ विलक्षण लग सकता है। देशदशा पर दो-एक होली व वसंत आदि गाने की चीजें फुटकल भी मिलती हैं। पर उनकी कविताओं के विस्तृत संग्रह के भीतर आधुनिकता कम ही मिलेगी।

गाने की चीजों में भारतेंदु ने कुछ लावनियाँ और ख्याल भी लिखे जिनकी भाषा बड़ी बोली होती थी।

2. पं. प्रतापनारायण मिश्र : भारतेंदु जी स्वयं पद्यात्मक निबंधों की ओर प्रवृत्त नहीं हुए पर उनके भक्त और अनुयायी पं. प्रतापनारायण मिश्र इस ओर बढ़े। उन्होंने देशदशा पर आँसू बहाने के अतिरिक्त 'बुढ़ापा', 'गोरक्षा' ऐसे विषय भी कविता के लिए चुने। ऐसी कविताओं में कुछ तो विचारणीय बातें हैं, कुछ भावव्यंजना और विचित्र विनोद। उनके कुछ इतिवृत्तात्मक पद्य भी हैं जिनमें शिक्षितों के बीच प्रचलित बातें साधारण भाषण के रूप में कही गयी हैं। उदाहरण के लिए 'क्रंदन' की ये पंक्तियाँ देखिए–

तबहि लख्यौ जहँ रह्यो एक दिन कंचन बरसत।
तहँ चौथाई जन रूखी रोटिहुँ को तरसत॥
जहाँ कृषी वाणिज्य शिल्पसेवा सब माहीं।
देसिन के हित कछू तत्त्व कहुँ कैसहुँ नाहीं॥
कहिय कहाँ नगि नृपति दबे हैं जहँ ऋन-भारत।
तहँ तिनकी धनकथा कौन जे गृही सधारन॥

इस प्रकार के इतिवृत्तात्मक पद भारतेंदु जी ने भी कुछ लिखे हैं। जैसे–

अँगरेज-राज सुख साज सजे सब भारी।
पै धन विदेश चलि जात यहै अति ख्वारी॥

मिश्र जी की विशेषता वास्तव में उनकी हास्यविनोदपूर्ण रचनाओं में ही दिखाई पड़ती है। 'हरगंगा', 'तृप्यंताम्', 'बुढ़ापा', इत्यादि कविताएँ बड़ी विनोदपूर्ण और मनोरंजक हैं। 'हिंदी, हिंदू, हिंदुस्तान', वाली 'हिंदी की हिमायत' भी बहुत प्रसिद्ध हुई।

3. उपाध्याय पं. बदरीनारायण चौधरी : इन्होंने अधिकतर विशेष अवसरों पर जैसे, दादाभाई नौरोजी के पार्लियामेंट के मेंबर होने के अवसर पर, महारानी विक्टोरिया की हीरक जुबली के अवसर पर, नागरी के कचहरियों में प्रवेश पाने पर, प्रयाग के सनातन धर्म महासम्मेलन (संवत् 1963) के अवसर पर आनंद आदि प्रकट करने के लिए कविताएँ लिखी हैं। इनके छंदों में यतिभंग प्राय: मिलता है। एक बार जब इस विषय पर मैंने इनसे बातचीत की, तब इन्होंने कहा–'मैं यतिभंग को कोई दोष नहीं मानता; पढ़ने वाला ठीक चाहिए।' देश की राजनीतिक परिस्थिति पर इनकी दृष्टि बराबर रहती थी। देश की दशा सुधारने के लिए जो राजनीतिक या धर्म संबंधी आंदोलन चलते रहे, उन्हें ये बड़ी उत्कंठा से परखा करते थे। जब कहीं कुछ सफलता दिखाई पड़ती, तब लेखों और कविताओं द्वारा हर्ष प्रकट करते, और जब बुरे लक्षण दिखाई देते तब क्षोभ और खिन्नता। कांग्रेस के अधिवेशन में ये प्राय: जाते

थे। 'हीरक-जुबली' आदि को कविताओं की खुशामदी कविता न समझना चाहिए। उनमें ये देशदशा का सिंहावलोकन करते थे–और मार्मिकता के साथ।

विलायत में दादा भाई नौरोजी के 'काले' कहे जाने पर इन्होंने 'कारे' शब्द को लेकर बड़ी सरल और क्षोभपूर्ण कविता लिखी थी। कुछ पंक्तियाँ देखिए–

अचरज होत तुमहुँ सम गोरे बाजत कारे।
तासों कारे 'कारे' शब्दहु पर हैं वारे॥
कारे श्याम, राम, जलधर जल बरसनवारे।
कारे लागत ताही सों कारन कों प्यारे॥
यातें नीकों हैं तुम 'कारे' जाहु पुकारे।
यहै असीस देत तुमको मिलि हम सब कारे॥
सफल होहिं मन के सबही संकल्प तुम्हारे॥

हीरक जुबली के अवसर पर लिखे 'हार्दिक हर्षादर्श' में देश की दशा का ही वर्णन है जैसे–

भयो भूमि भारत में महा भयंकर भारत।
भये बीरबर सकल सुभट एकहि सँग गारत!!
मरे बिबुध नरनाह सकल चातुर गुनमंडित।
बिगरो जनसमुदाय बिना पथदर्शक पंडित॥
नये नये मत चले, नये झगरे नित बाढ़े।
नये नये दुख परे सीस भारत पर गाढ़े॥

'प्रेमघन' जी की कई बहुत ही प्रांजल और सरल कविताएँ उनके दोनों नाटकों में हैं। 'भारत सौभाग्य' नाटक चाहे खेलने योग्य न हो, पर देश दशा पर वैसा बड़ा, अनूठा और मनोरंजक नाटक दूसरा नहीं लिखा गया। उसके प्रारंभ में अंकों में 'सरस्वती', 'लक्ष्मी' और 'दुर्गा' इन तीनों देवियों के भारत से क्रमशः प्रस्थान का दृश्य बड़ा ही भव्य है। इसी प्रकार उक्त तीनों देवियों के मुख से विदा होते समय जो कविताएँ कहलायी गयी हैं, ये भी बड़ी मार्मिक हैं। 'हंसारूढ़ा सरस्वती' के चले जाने पर 'दुर्गा' कहती है–

आजु लौं रही अनेक भाँति धीर धारि कै।
पै न भाव मोहिं बैठनो सु मौन मारि कै॥
जाति हौं चली वहीं सरस्वती गयी जहाँ॥

उद्धृत कविताओं में उनकी गद्यवाली चमत्कारप्रवृत्ति नहीं दिखाई पड़ती। अधिकांश कविताएँ ऐसी ही हैं। पर कुछ कविताएँ उनकी ऐसी भी हैं–जैसे, 'मयंक' और 'आनंद अरुणोदय'–जिनमें कहीं लंबे-लंबे रूपक हैं और कहीं उपमाओं और उत्प्रेक्षाओं की भरमार।

4. ठाकुर जगमोहन सिंह : यद्यपि जगमोहन सिंह जी अपनी कविता को नये विषयों की ओर नहीं ले गये, पर प्राचीन संस्कृत काव्यों के प्राकृतिक वर्णनों का संस्कार मन में लाये हुए, अपनी प्रेमचर्या की मधुरस्मृति से समन्वित विंध्यप्रदेश के रमणीय स्थलों को जिस सच्चे अनुराग की दृष्टि से उन्होंने देखा है, वह ध्यान देने योग्य है। उसके द्वारा उन्होंने हिंदी काव्य में एक नूतन विधान का आभास दिया था। जिस समय हिंदी साहित्य का अभ्युदय हुआ, उस समय संस्कृत काव्य अपनी प्राचीन विशेषता बहुत कुछ खो चुका था, इससे वह

उसके पिछले रूप को ही लेकर चला। प्रकृति का जो सूक्ष्म निरीक्षण वाल्मीकि, कालिदास और भभूति में पाया जाता है, वह संस्कृत के पिछले कवियों में नहीं रह गया। प्राचीन संस्कृत कवि प्राकृतिक दृश्यों के विधान में कई वस्तुओं की संश्लिष्ट योजना द्वारा 'बिंबग्रहण' कराने का प्रयत्न करते थे। इस कार्य को अच्छी तरह संपन्न करके तब ये इधर-उधर उपमा, उत्प्रेक्षा आदि द्वारा थोड़ा-बहुत अप्रस्तुत वस्तुविधान भी कर देते थे। पर पीछे मुक्तकों में सूक्ष्म और संश्लिष्ट योजना के स्थान पर कुछ इनी-गिनी वस्तुओं को अलग-अलग गिनाकर 'अर्थग्रहण' कराने का प्रयत्न ही रह गया और प्रबंधकाव्यों के वर्णनों में उपमा और उत्प्रेक्षा की इतनी भरमार हो चली कि प्रस्तुत दृश्य गायब हो गया।

यही पिछला विधान हमारे हिंदी साहित्य में आया। 'षटऋतु' वर्णन में प्राकृतिक वस्तुओं और व्यापारों का जो उल्लेख होता था वह केवल 'उद्दीपन' की दृष्टि से-अर्थात् नायक या नायिका के प्रति पहले से प्रतिष्ठित भाव को और जगाने या उद्दीप्त करने के लिए। इस काम के लिए कुछ वस्तुओं का अलग-अलग नाम ले लेना ही काफी होता है। स्वयं प्राकृतिक दृश्यों के प्रति कवि के भाव का पता देने वाले वर्णन पुराने हिंदी काव्य में नहीं पाये जाते।

संस्कृत के प्राचीन कवियों की प्रणाली पर हिंदी काव्य के संस्कार का जो संकेत ठाकुर साहब ने दिया, खेद है कि उसकी ओर किसी ने ध्यान न दिया। प्राकृतिक वर्णन की इस प्राचीन भारतीय प्रणाली के संबंध में थोड़ा विचार करके हम आगे बढ़ते हैं। प्राकृतिक दृश्यों की ओर यह प्यारभरी सूक्ष्म दृष्टि प्राचीन संस्कृत काव्य की एक ऐसी विशेषता है जो फारसी या अरबी के काव्यक्षेत्र में नहीं पायी जाती। यूरोप के कवियों में जाकर ही यह मिलती है। अंग्रेजी साहित्य में वड्र्सवर्थ, शेली, मेरेडिथ (Wordsworth, Shelly, Meredith) आदि में उसी ढंग का सूक्ष्म प्रतिनिरीक्षण और मनोरम रूपविधान पाया जाता है जैसा प्राचीन संस्कृत साहित्य में। प्राचीन भारतीय और नवीन यूरोपीय दृश्यविधान में पीछे थोड़ा लक्ष्यभेद हो गया। भारतीय प्रणाली में कवि के भाव का आलंबन प्रकृति ही रही है, अतः उसके रूप का प्रत्यक्षीकरण ही काव्य का एक स्वतंत्र लक्ष्य दिखाई पड़ता है। पर यूरोपीय साहित्य में काव्यनिरूपण की बराबर बढ़ती हुई परंपरा के बीच धीरे-धीरे यह मत प्रचार पाने लगा कि 'प्राकृतिक दृश्यों[1] का प्रत्यक्षीकरण मात्र तो स्थूल व्यवसाय है, उनको लेकर कल्पना की एक नूतन सृष्टि खड़ी करना ही कविकर्म है।'

उक्त प्रवृत्ति के अनुसार कुछ पाश्चात्य कवियों ने तो प्रकृति के नाना रूपों के बीच व्यंजित होने वाली भावधारा का बहुत सुंदर उद्घाटन किया, पर बहुतेरे अपनी बेमेल भावनाओं का आरोप करके उन रूपों को अपनी-अपनी अंतर्वृत्तियों से छोपने लगे। अब इन दोनों प्रणालियों में से किस प्रणाली पर हमारे काव्य में दृश्य वर्णन का विकास होना चाहिए, यह विचारणीय है। मेरे विचार में प्रथम प्रणाली का अनुसरण ही समीचीन है। अनंत रूपों से भरा हुआ प्रकृति क्षेत्र उस 'महामानस' की कल्पनाओं का अनंत प्रसार है। सूक्ष्मदर्शी सहृदयों को उसके भीतर नाना भावों की व्यंजना मिलेगी। नाना रूप जिन नाना भावों की सचमुच व्यंजना कर रहे हैं, उन्हें छोड़ अपने परिमित अंतःकोटर की वासनाओं से उन्हें छोपना एक झूठ खेलवाड़ के ही अंतर्गत होगा। यह बात मैं स्वतंत्र दृश्यविधान के संबंध में कर रहा हूँ जिसमें दृश्य ही प्रस्तुत विषय होता है। जहाँ किसी पूर्वप्रतिष्ठित भाव की प्रबलता व्यंजित करने के लिए ही प्रकृति के क्षेत्र में वस्तुव्यापार लिये जायेंगे, वहाँ तो वे उस भाव में रँगे दिखाई ही देंगे।[1] पद्माकर की

विरहणी का यह कहना कि 'किंसुक गुलाब कचनार औ अनारन की डारन पै डोलत अँगारन के पुंज हैं।' ठीक ही है। पर बराबर इसी रूप में प्रकृति को देखना दृष्टि को संकुचित करना है। अपने ही सुख-दुख के रंग में रंगकर प्रकृति को देखा तो क्या देखा? मनुष्य ही सब कुछ नहीं है। प्रकृति का अपना रूप भी है।

5. पं. अंबिकादत्त व्यास : व्यास जी ने नये-नये विषयों पर भी कुछ फुटकल कविताएँ रची हैं जो पुरानी पत्रिकाओं में निकली हैं। एक बार उन्होंने कुछ बेतुके पद्य भी आजमाइश के लिए बनाये थे, पर इस प्रयत्न में उन्हें सफलता नहीं दिखाई पड़ी थी, क्योंकि उन्होंने हिंदी का कोई प्रचलित छंद लिया था।

भारतेंदु के सहयोगियों की बात यहीं समाप्त कर अब हम उन लोगों की ओर जाते हैं जो उनकी मृत्यु के उपरांत मैदान में आये और जिन्होंने काव्य की भाषा और शैली में भी कुछ परिवर्तन उपस्थित किया। भारतेंदु के सहयोगी लेखक यद्यपि देशकाल के अनुकूल नये-नये विषयों की ओर प्रवृत्त हुए, पर भाषा उन्होंने परंपरा से चली आती हुई ब्रजभाषा ही रखी और छंद भी वे ही लिये जो ब्रजभाषा में प्रचलित थे। पर भारतेंदु के गोलोकवास के थोड़े ही दिनों पीछे भाषा के संबंध में नये विचार उठने लगे। लोगों ने देखा कि हिंदी-गद्य तो खड़ी बोली हो गयी और उसमें साहित्य भी बहुत कुछ प्रस्तुत हो चुका था, पर कविता की भाषा अभी ब्रजभाषा ही बनी है। गद्य एक भाषा में लिखा जाये और पद्य दूसरी भाषा में, यह बात खटक चली। इसकी कुछ चर्चा भारतेंदु के समय में ही उठी थी, जिसके प्रभाव से उन्होंने 'दशरथ विलाप' नाम की एक कविता खड़ी बोली में (फारसी छंद में) लिखी थी। कविता इस ढंग की थी–

कहाँ हो ऐ हमारे राम प्यारे। किधर तुम छोड़कर हमको सिधारे।।
बुढ़ापे में यह दुख भी देखना था। इसी को देखने को मैं बचा था।।

यह कविता राजा शिवप्रसाद को बहुत पसंद आयी थी और इसे उन्होंने अपने गुटका में दाखिल किया था।

खड़ी बोली में पद्य रचना एकदम कोई नयी बात न थी। नामदेव और कबीर की रचना में हम खड़ी बोली का पूरा स्वरूप दिखा आये हैं और यह सूचित कर चुके हैं कि उसका व्यवहार अधिकतर सधुक्कड़ी भाषा के भीतर हुआ करता था। शिष्ट साहित्य के भीतर परंपरागत काव्यभाषा का ही चलन रहा। इंशा ने अपनी 'रानी केतकी की कहानी' में कुछ ठेठ खड़ी बोली के पद्य भी उर्दू छंदों में रखे। उस समय में प्रसिद्ध कृष्णभक्त नागरीदास हुए। नागरीदास तथा उनके पीछे होने वाले कुछ कृष्णभक्तों के इश्क की फारसी पदावली और गजलबाजी का शौक दिखाई पड़ा। नागरीदास के 'इश्क चमन' का एक दोहा है–

कोई न पहुँचा वहाँ आसिक नाम अनेक।
इश्क चमन के बीच में आया मजनूँ एक।।

पीछे नजीर अकबराबादी ने (जन्म संवत् 1797, मृत्यु 1877) कृष्णलीला संबंधी बहुत-से पद्य हिंदी खड़ी बोली में लिखे। वे एक मनमौजी सूफी भक्त थे। उनके पद्यों के नमूने देखिए–

यारो सुनो ये दधि के लुटैया का बालपन।
औ मधुपुरी नगर के बसैया का बालपन।।
मोहन-सरूप नृत्य करैया का बालपन।

बन-बन में ग्वाल गौवें चरैया का बालपन॥
ऐसा था बाँसुरी के बजैया का बालपन।
क्या-क्या कहूँ मैं कृष्ण कन्हैया का बालपन॥
परदे में बालपन के ये उनके मिलाप थे।
जोती सरूप कहिए जिन्हें सो वो आप थे॥
वाँ कृष्ण मदनमोहन ने जब सब ग्वालों से यह बात कहीं।
औ आपी से झट गेंद डँडा उस कालीदह में फेंक दई॥
यह लीला है उस नंदललन मनमोहन जसुमत दैया की।
रख ध्यान सुनो दंडवत करो, जय बोला कृष्ण कन्हैया की॥

लखनऊ के शाह कुंदन लाल और फुंदन लाल 'ललित किशोरी' और 'ललित माधुरी' नाम से प्रसिद्ध कृष्णभक्त हुए हैं, जिनका रचनाकाल संवत् 1913 और 1930 के बीच समझना चाहिए। उन्होंने और कृष्णभक्तों के समान ब्रजभाषा के अनेक पद तो बनाये ही हैं खड़ी बोली में कई झूलना छंद भी लिखे हैं, जैसे–

जंगल अब रमते हैं, दिल बस्ती से घबराता है।
मानुष गंध न भाती है, सँग मरकट मोर सुहाता है॥
चाक गरेबाँ करके दम-दम आहें भरना आता है।
'ललितकिशोरी' इश्क रैन-दिन ये सब खेल खेलाता है॥

इसके उपरांत ही लावनीबाजों का समय आता है। कहते हैं कि मिरजापुर के तुकनगिरि गोसाईं ने सधुक्कड़ी भाषा में ज्ञानोपदेश के लिए लावनी की लय चलायी। लावनी की बोली खड़ी बोली रहती थी। तुकनगिरि के दो शिष्य रिसालगिरि और देवीसिंह प्रसिद्ध लावनीबाज हुए, जिनके आगे चलकर दो परस्पर प्रतिद्वंद्वी अखाड़े हो गये। रिसालगिरि का ढंग 'तुर्रा' कहलाया जिसमें अधिकतर ब्रह्मज्ञान रहता था। देवीसिंह का बाना 'सखी का बाना' और उनका ढंग 'कलगी' कहलाया जो भक्ति और प्रेम लेकर चलता था। लावनीबाजों में काशीगिरि उपनाम बनारसी का बड़ा नाम हुआ। लावनियों में पीछे उर्दू के छंद अधिकतर लिये जाने लगे। 'ख्याल' को भी लावनी के अंतर्गत समझना चाहिए।

इसके अतिरिक्त रीतिकाल के कुछ पिछले कवि भी, जैसा कि हम दिखा आये हैं, इधर-उधर खड़ी बोली के दो-चार कवित्त-सवैये रच दिया करते थे। उधर लावनीबाज और ख्यालबाज को भी अपने ढंग पर कुछ ठेठ हिंदी में गाया करते थे। इस प्रकार खड़ी बोली का तीन छंद प्रणालियाँ उस समय लोगों के सामने थीं जिस समय भारतेंदु जी के पीछे कविता की भाषा का सवाल लोगों के सामने आया–हिंदी के कवित्त-सवैया की प्रणाली, उर्दू छंदों की प्रणाली और लावनी का ढंग। संवत् 1943 में पं. श्रीधर पाठक ने इसी पिछले ढंग पर 'एकांतवासी योगी' खड़ी बोली गद्य में निकाला। इसकी भाषा अधिकतर बोलचाल की और सरल थी। नमूना देखिए–

आज रात इससे परदेशी चल कीजे विश्राम यहीं।
जो कुछ वस्तु कुटी में मेरे करो ग्रहण, संकोच नहीं॥
तृण शय्या औ अल्प रसोई पाओ स्वल्प प्रसाद।
पैर पसार चलो निद्रा लो मेरा आसिर्वाद॥

× × × × ×

प्रानपियारे की गुन-गाथा, साधु! कहाँ तक मैं गाऊँ।
गाते-गाते चुके नहीं वह चाहे मैं ही चुक जाऊँ॥

इनके पीछे खड़ी बोली के लिए एक आंदोलन ही खड़ा हुआ। मुजफ्फरपुर के बाबू अयोध्याप्रसाद खत्री बोली का झंडा लेकर उठे। संवत् 1945 में उन्होंने 'खड़ी बोली आंदोलन' की एक पुस्तक छपायी जिसमें उन्होंने बड़ी जोर-शोर से यह राय जाहिर की कि अब तक जो कविता हुई, वह तो ब्रजभाषा की थी, हिंदी की नहीं। हिंदी में भी कविता हो सकती है। वे भाषातत्त्व के जानकार न थे। उनकी समझ में खड़ी बोली ही हिंदी थी। अपनी पुस्तक में उन्होंने खड़ी बोली पद्य की पाँच स्टाइलें कायम की थीं–जैसे, मौलवी स्टाइल, मुंशी स्टाइल, पं. स्टाइल, मास्टर स्टाइल। उनकी पोथी में और पद्यों के साथ पाठक जी का 'एकांतवासी योगी' भी दर्ज हुआ। और कई लोगों से भी अनुरोध करके उन्होंने खड़ी बोली की कविताएँ लिखायीं। चंपारन के प्रसिद्ध विद्वान् और वैद्य पं. चंद्रशेखरधर मिश्र, जो भारतेंदु जी के मित्रों में थे, संस्कृत के अतिरिक्त हिंदी में भी बड़ी सुंदर और आशु कविता करते थे। मैं समझता हूँ कि हिंदी साहित्य के आधुनिककाल में संस्कृत वृत्तों में खड़ी बोली के कुछ पद्य पहले पहल मिश्र जी ने ही लिखे। बाबू अयोध्याप्रसाद जी उनके पास भी पहुँचे और कहने लगे–'लोग कहते हैं कि खड़ी बोली में अच्छी कविता नहीं हो सकती। क्या आप यही कहते हैं? यदि नहीं, तो मेरी सहायता कीजिए।' उक्त पं. जी ने कुछ कविता लिखकर उन्हें दी, जिसे उन्होंने अपनी पोथी में शामिल किया। इसी प्रकार खड़ी बोली के पक्ष में जो राय मिलती, वह भी उसी पोथी में दर्ज होती जाती थी। धीरे-धीरे एक बड़ा पोथा हो गया जिसे बगल में दबाये वे जहाँ कहीं हिंदी के संबंध में सभा होती जा पहुँचते। यदि बोलने का अवसर न मिलता या कम मिलता तो वे बिगड़कर चल देते थे।

◉◉

<u>सन्दर्भ</u>

1. देखिए, 'माधुरी' (ज्येष्ठ-आषाढ़ 1980) में प्रकाशित मेरा 'काव्य में प्राकृतिक दृश्य'।

(संवत् 1950–1975)

काव्यखंड

प्रकरण-3 : काव्य खण्ड : नयी धरा

द्वितीय उत्थान

पं. श्रीधर पाठक के 'एकांतवासी योगी' का उल्लेख खड़ी बोली की कविता के आरंभ के प्रसंग में प्रथम उत्थान के अंतर्गत हो चुका है। उसकी सीधी-सादी खड़ी बोली और जनता के बीच प्रचलित लय ही ध्यान देने योग्य नहीं है, किंतु उसकी कथा की सार्वभौम मार्मिकता भी ध्यान देने योग्य है। किसी के प्रेम में योगी होना और प्रकृति के निर्जन क्षेत्र में कुटी छाकर रहना एक ऐसी भावना है जो समान रूप में सब देशों के और सब श्रेणियों के स्त्री-पुरुषों के मर्म का स्पर्श स्वभावत: करती आ रही है। सीधी-सादी खड़ी बोली में अनुवाद करने के लिए ऐसी प्रेम कहानी चुनना जिसकी मार्मिकता अनपढ़ स्त्रियों तक के गीतों की मार्मिकता के मेल में हो, पंडितों की बँधी हुई रूढ़ि से बाहर निकलकर अनुभूति के स्वतंत्र क्षेत्र में आने की प्रवृत्ति का द्योतक है। भारतीय हृदय का सामान्य स्वरूप पहचानने के लिए पुराने प्रचलित ग्रामगीतों की ओर भी ध्यान देने की आवश्यकता है, केवल पंडितों द्वारा प्रवर्तित काव्यपरंपरा का अनुशीलन ही अलम् नहीं है।

पंडितों की बँधी प्रणाली पर चलने वाली काव्यधारा के साथ-साथ सामान्य अनपढ़ जनता के बीच एक स्वच्छंद और प्राकृतिक भावधारा भी गीतों के रूप में चलती रहती है–ठीक उसी प्रकार जैसे बहुत काल से स्थिर चली आती हुई पंडितों की साहित्यभाषा के साथ-साथ लोकसभा की स्वाभाविक धारा भी बराबर चलती रहती है। जब पंडितों की काव्यभाषा स्थिर होकर उत्तरोत्तर आगे बढ़ती हुई लोकभाषा से दूर पड़ जाती है और जनता के हृदय पर प्रभाव डालने की उसकी शक्ति क्षीण होने लगती है तब शिष्ट समुदाय लोकभाषा का सहारा लेकर अपनी काव्यपरंपरा में नया जीवन डालता है। प्राकृत के पुराने रूपों से लदी अपभ्रंश जब लद्धड़ होने लगी तब शिष्ट काव्य प्रचलित देशी भाषाओं में शक्ति प्राप्त करके ही आगे बढ़ सका। यही प्राकृतिक नियम काव्य के स्वरूप के संबंध में भी अटल समझना चाहिए। जब-जब शिष्टों का काव्य पंडितों द्वारा बँधकर निश्चेष्ट और संकुचित होगा तब-तब उसे सजीव और चेतन प्रसार देश की सामान्य जनता के बीच स्वच्छंद बहती हुई प्राकृतिक भावधारा से जीवनतत्त्व ग्रहण करने से ही प्राप्त होगा।

यह भावधारा अपने साथ हमारे चिरपरिचित पशु-पक्षियों, पेड़-पौधों, जंगल-मैदानों आदि को भी समेटे चलती है। देश के स्वरूप के साथ यह संबद्ध चलती हैं एक गीत में कोई ग्रामवधू अपने वियोगकाल दीर्घता की व्यंजना अपने चिरपरिचित प्रकृति व्यापार द्वारा इस भोले ढंग से करती है–

जो नीम का प्यारा पौधा प्रिय हाथ से द्वार पर लगा गया वह बड़ा होकर फूला और उसके फूल झड़ भी गये, पर प्रिय न आया।

इस भावधारा की अभिव्यंजन प्रणालियाँ वे ही होती हैं जिन पर जनता का हृदय इस जीवन में अपने भाव स्वभावत: ढालता आता है। हमारी भावप्रवर्तिनी शक्ति का असली भंडार इसी स्वाभाविक भावधारा के भीतर निहित समझना चाहिए। जब पंडितों की काव्यधारा इस स्वाभाविक भावधारा से विच्छिन्न पड़कर रूढ़ हो जाती है तब वह कृत्रिम होने लगती है और उसकी शक्ति भी क्षीण होने लगती है। ऐसी परिस्थिति में इसी भावधारा की ओर दृष्टि ले जाने की आवश्यकता होती है। दृष्टि ले जाने का अभिप्राय है उस स्वाभाविक भावधारा के ढलाव की नाना अंतर्भूमियों को परख कर शिष्ट काव्य के स्वरूप का पुनर्विधान करना। यह पुनर्विधान सामंजस्य के रूप में हो, अंधप्रतिक्रिया रूप में नहीं, जो विपरीतता की हद तक जा पहुँचती है। इस प्रकार के परिवर्तन को ही अनुभूति की सच्ची नैसर्गिक स्वच्छंदता (ट्रू रोमांटिसिज्म) कहना चाहिए, क्योंकि वह मूल प्राकृतिक आधार पर होता है।

इंग्लैंड के जिस स्वच्छंदतावाद (रोमांटिसिज्म) का इधर हिंदी में भी बराबर नाम लिया जाने लगा है उसके प्रारंभिक उत्थान के भीतर परिवर्तन के मूल प्राकृतिक आधार का स्पष्ट आभास रहा। पीछे के कवियों की व्यक्तिगत, विद्यागत और बुद्धिगत प्रवृत्तियों और विशेषताओं के जैसे—रहस्यात्मकता, दार्शनिकता, स्वातंत्र्यभावना, कलाकार आदि के अधिक प्रदर्शन से वह कुछ ढँक-सा गया। काव्य को पांडित्य की विदेशी रूढ़ियों से मुक्त और स्वच्छंद काउपर (Cowper) ने किया था, पर स्वच्छंद होकर जनता के हृदय में संचरण करने की शक्ति वह कहाँ से प्राप्त करे, यह स्काटलैंड के किसानी झोंपड़े में रहने वलो कवि बर्न्स (Robert Burns) ने ही दिखाया था। उसने अपने देश के परंपरागत प्रचलित गीतों की मार्मिकता परखकर देशभाषा में रचनाएँ कीं, जिन्होंने वहाँ सारे जनसमाज के हृदय में अपना घर किया। वाल्टर स्काट (Wolter Scott) ने देश की अंतर्व्यापिनी भावधारा से शक्ति लेकर साहित्य को अनुप्राणित किया था।

जिस परिस्थिति में अंग्रेजी साहित्य में स्वच्छंदतावाद का विकास हुआ उसे भी देखकर यह समझ लेना चाहिए कि रीतिकाल के अंत में या तो भारतेंदुकाल के अंत में हिंदी काव्य की जो परिस्थिति थी वह कहाँ तक इंग्लैंड की परिस्थिति के अनुरूप थी। सारे यूरोप में बहुत दिनों तक पंडितों और विद्वानों के लिखने-पढ़ने की भाषा लैटिन (प्राचीन रोमियो की भाषा) रही। फ्रांसीसियों के प्रभाव से इंग्लैंड की काव्यरचना भी लैटिन की प्राचीन रूढ़ियों से जकड़ी जाने लगी। उस भाषा के काव्यों की सारी पद्धतियों का अनुसरण होने लगा। बँधी हुई अलंकृत पदावली, वस्तुवर्णन की रूढ़ियाँ, छंदों की व्यवस्था सब ज्यों-की त्यों रखी जाने लगी। इस प्रकार अंग्रेजी काव्य, विदेशी काव्य और साहित्य की रूढ़ियों से इतना आच्छन्न हो गया कि वह देश की परंपरागत स्वाभाविक भावधारा से विच्छिन्न-सा हो गया। काउपर, क्रैब और बर्न्स ने काव्यधारा को साधारण जनता की नादरुचि के अनुकूल नाना मधुर लयों में तथा लोक हृदय के ढलाव की नाना मार्मिक अंतर्भूमियों में ढाला। अंग्रेजी साहित्य के भीतर काव्य का यह स्वच्छंद रूप पूर्व रूप से बहुत अलग दिखाई पड़ा। बात यह थी कि लैटिन (जिसके साहित्य का निर्माण बहुत कुछ यवनानी ढाँचे पर हुआ था) इंग्लैंड के लिए दूर देश की भाषा थी अत: उसका साहित्य भी वहाँ के निवासियों के अपने चिरसंचित संस्कार और

भावव्यंजनापद्धति से दूर पड़ता था।

पर हमारे साहित्य में रीतिकाल की जो रूढ़ियाँ है वे किसी और देश की नहीं, उनका विकास इसी देश के साहित्य के भीतर संस्कृत में हुआ है। संस्कृत काव्य और उसी के अनुकरण पर रचित प्राकृत अपभ्रंश काव्य भी हमारा ही पुराना काव्य है, पर पंडितों और विद्वानों द्वारा रूप ग्रहण करते रहने और कुछ बँध जाने के कारण जनसाधारण की भावमयी वाग्ध ारा से कुछ हटा-सा लगता है। पर एक ही जाति के बीच आविर्भूत होने के कारण दोनों में कोई मौलिक पार्थक्य नहीं। अतः हमारे वर्तमान काव्यक्षेत्र में यदि अनुभूति की स्वच्छंदता की धारा प्रकृत पद्धति पर अर्थात् परंपरा से चले आते हुए मौखिक गीतों के मर्मस्थल से शक्ति लेकर चलने पाती तो वह अपनी ही काव्यपरंपरा होती–अधिक सजीव और स्वच्छंद की हुई।

रीतिकाल के भीतर हम दिखा चुके हैं कि किस प्रकार रसों और अलंकारों के उदाहरणों के रूप में रचना होने से और कुछ छंदों की परिपाटी बँध जाने से हिंदी कविता जकड़-सी उठी थी। हरिश्चंद्र के सहयोगियों में काव्यधारा को नये-नये विषयों की ओर मोड़ने की प्रवृत्ति दिखाई पड़ी, पर भाषा ब्रज ही रहने दी गयी और पद्य के ढाँचों, अभिव्यंजना के ढंग तथा प्रकृति के स्वरूपनिरीक्षण आदि में स्वच्छंदता के दर्शन न हुए। इस प्रकार की स्वच्छंदता का आभास पहले पहल पं. श्रीधर पाठक ने ही दिया। उन्होंने प्रकृति के रूढ़िबद्ध रूपों तक ही न रहकर अपनी आँखों से भी उसके रूपों को देखा। 'गुनवंत हेमंत' में वे गाँव में उपजने वाली मूली, मटर ऐसी वस्तुओं को भी प्रेम से सामने लाये जो परंपरागत ऋतुवर्णनों के भीतर नहीं दिखाई पड़ती थी। इसके लिए उन्हें पं. माधवप्रसाद मिश्र की बौछार भी सहनी पड़ी थी। उन्होंने खड़ी बोली पद्य के लिए सुंदर लय और चढ़ाव-उतार के कई नये ढाँचे भी निकाले और इस बात का ध्यान रखा कि छंदों का सुंदर लय से पढ़ना एक बात है, रामरागिनी गाना दूसरी बात। ख्याल या लावनी की लय पर जैसे 'एकांतवासी योगी' लिखा गया वैसे ही सुथरे साइयों के सधुक्कड़ी ढंग पर 'जगत् सच्चाई सार' जिसमें कहा गया कि 'जगत् है सच्चा, तनिक न कच्चा, समझो बच्चा! इसका भेद'। 'स्वर्गीय वीणा' में उन्होंने उस परोक्ष दिव्य संगीत की ओर रहस्यपूर्ण संकेत किया जिसके ताल-सुर पर यह सारा विश्व नाच रहा है। इन सब बातों का विचार करने पर पं. श्रीधर पाठक ही सच्चे स्वच्छंदतावाद (रोमांटिसिज्म) के प्रवर्तक ठहरते हैं।

खेद है कि सच्ची और स्वाभाविक स्वच्छंदता का यह मार्ग हमारे काव्यक्षेत्र के बीच चल न पाया। बात यह है कि उस समय पिछले संस्कृत काव्य के संस्कारों के साथ पं. महावीरप्रसाद द्विवेदी हिंदी साहित्य क्षेत्र में आये जिनका प्रभाव गद्य साहित्य और काव्यनिर्माण दोनों पर बहुत व्यापक पड़ा। हिंदी में परंपरा से व्यवहृत छंदों के स्थान पर संस्कृत के वृत्तों का चलन हुआ, जिसके कारण संस्कृत पदावली का समावेश बढ़ने लगा। भक्तिकाल और रीतिकाल की परिपाटी के स्थान पर पिछले संस्कृत साहित्य की पद्धति की ओर लोगों का ध्यान बँटा। द्विवेदी जी 'सरस्वती' पत्रिका द्वारा बराबर कविता में बोलचाल की सीधी-सादी भाषा का आग्रह करते रहे जिससे इतिवृत्तात्मक (मैटर ऑव फैक्ट) पद्यों का खड़ी बोली में ढेर लगने लगा। यह तो हुई द्वितीय उत्थान के भीतर की बात।

आगे चलकर तृतीय उत्थान में उक्त परिस्थिति के कारण जो प्रतिक्रिया उत्पन्न हुई, वह भी स्वाभाविक स्वच्छंदता की ओर न बढ़ने पायी। बीच में रवींद्र बाबू की 'गीतांजलि' की धूम उठ जाने के कारण नवीनता प्रदर्शन के इच्छुक नये कवियों में से कुछ लोग तो बंग

भाषा की रहस्यात्मक कविताओं की रूपरेखा लाने लगे, कुछ लोग पाश्चात्य काव्यपद्धति को 'विश्वसाहित्य' का लक्षण समझ उसके अनुसरण में तत्पर हुए। परिणाम यह हुआ कि अपने यहाँ की रीतिकाल की रूढ़ियों और द्वितीय उत्थान की इतिवृत्तात्मकता से छूटकर बहुत-सी हिंदी कविता विदेश की अनुकृत रूढ़ियों और वादों में जा फँसी। इने-गिने नये कवि भी स्वच्छंदता के मार्मिक और स्वाभाविक पथ पर चले।

1. पं. श्रीधर पाठक : 'एकांतवासी योगी' के बहुत दिनों पीछे पं. श्रीधर पाठक ने खड़ी बोली में और भी रचनाएँ कीं। खड़ी बोली में इनकी दूसरी पुस्तक 'श्रांत पथिक' (गोल्डस्मिथ के ट्रेवेलर का अनुवाद) निकली। इनके अतिरिक्त खड़ी बोली में फुटकल कविताएँ भी पाठक जी ने बहुत-सी लिखीं। मन की मौज के अनुसार कभी-कभी ये एक ही विषय के वर्णन में दोनों बोलियों के पद्य रख देते थे। खड़ी बोली और ब्रजभाषा दोनों में ये बराबर कविता करते रहे। 'ऊजड़ ग्राम' (डेजर्टेड विलेज) इन्होंने ब्रजभाषा में ही लिखा। अंग्रेजी और संस्कृत दोनों के काव्य साहित्य का अच्छा परिचय रखने के कारण हिंदी कवियों में पाठक जी की रुचि बहुत ही परिष्कृत थी। शब्दशोधन में तो पाठक जी अद्वितीय थे। जैसी चलती और रसीली इनकी ब्रजभाषा होती थी, वैसा ही कोमल और मधुर संस्कृत पदविन्यास भी। ये वास्तव में एक बड़े प्रतिभाशाली, भावुक ओर सुरुचि संपन्न कवि थे। भद्दापन इनमें न था–न रूप-रंग में, न भाषा में, न भाव में, न चाल में, न भाषण में।

इनकी प्रतिभा बराबर रचना के नये-नये मार्ग भी निकाला करती थी। छंद, पदविन्यास, वाक्यविन्यास आदि के संबंध में नयी-नयी बंदिशें इन्हें खूब सूझा करती थीं। अपनी रुचि के अनुसार कई नये ढाँचे के छंद इन्होंने निकाले जो पढ़ने में बहुत ही मधुर लय पर चलते थे। यह छंद देखिए–

नाना कृपान निज पानि लिये, वपु नील वसन परिधान किये।
गंभीर घोर अभिमान हिये, छकि पारिजात मधुपान किये।।
छिन-छिन पर जोर मरोर दिखावत, पल-पल पर आकृतिकोर झुकावत।
यह मोर नचावत, सोर मचावत, स्वेत-स्वेत बगपाँति उड़ावत।।
नंदन प्रसून-मकरंद-बिंदु-मिश्रित समीर बिनु धीर चलावत।।

अंत्यानुप्रासरहित बेठिकाने समाप्त होने वाले गद्य के-से लंबे वाक्यों के छंद भी (जैसे अंग्रेजी में होते हैं) इन्होंने लिखे हैं। 'सांध्य अटन' का यह छंद देखिए–

बिजन बनप्रांत था; प्रकृतिमुख शांत था;
अटन का समय था, रजनि का उदय था।
प्रसव के काल की लालिमा में लसा।
बाल-शशि व्योम की ओर था आ रहा।।
सद्य-उत्फुल्ल-अरविंद-नभ नल सवि–
शाल नभवक्ष पर जा रहा था चढ़ा।।

विश्वसंचालक परोक्षसंगीतध्वनि की ओर रहस्यपूर्ण संकेत 'स्वर्गीय वीणा' की इन पंक्तियों में देखिए–

कहीं पै स्वर्गीय कोई बाला सुमंजु वीणा बजा रही है।
सुरों के संगीत की-सी कैसी सुरीली गुंजार आ रही है।।

कोई पुरंदर की किंकरी है कि या किसी सुर की सुंदरी है।
वियोगतप्ता-सी भोगमुक्ता हृदय के उद्गार गा रही है॥
कभी नयी तान प्रेममय है, कभी प्रकोपन, कभी विनय है।
दया है, दाक्षिण्य का उदय है अनेकों बानक बना रही है॥
भरे गगन में हैं जितने तारे, हुए हैं बदमस्त गत पै सारे।
समस्त ब्रह्मांड भर को मानो दो उँगलियों पर नचा रही है॥

यह कह आये हैं कि 'खड़ी बोली' की पहली पुस्तक 'एकांतवासी योगी' इन्होंने लावनी या ख्याल के ढंग पर लिखी थी। पीछे 'खड़ी बोली' को हिंदी के प्रचलित छंदों में ले आये। 'श्रांत पथिक' की रचना इन्होंने रोला छंद में की। इसके आगे भी ये बढ़े, और यह दिखा दिया कि सवैये में भी खड़ी बोली कैसी मधुरता के साथ ढल सकती है–

इस भारत में बन पावन तू ही तपस्वियों का तप-आश्रय था।
जगत्तत्व की खोज में लग्न जहाँ ऋषियों ने अभग्न किया श्रम था॥
तब प्राकृत विश्व का विभ्रम और था, सात्विक जीवन का क्रम था॥
महिमा वनवास की थी तब और, प्रभाव पवित्र अनूपम था॥

पाठक जी कविता के लिए हर एक विषय ले लेते थे। समाजसुधार के वे बड़े आकांक्षी थे; इससे विधवाओं की वेदना, शिक्षाप्रसाद ऐसे-ऐसे विषय भी उनकी कलम के नीचे आया करते थे। विषयों को काव्य का पूरा-पूरा स्वरूप देने में चाहे वे सफल न हुए हों, अभिव्यंजना के वाग्वैचित्र्य की ओर उनका ध्यान चाहे न रहा हो, गंभीर नूतन विचारधारा चाहे उनकी कविताओं के भीतर कम मिलती हो, पर उनकी वाणी में कुछ ऐसा प्रसाद था कि जो बात उसके द्वारा प्रकट की जाती थी, उसमें सरसता आ जाती थी। अपने समय के कवियों में प्रकृति का वर्णन पाठक जी ने सबसे अधिक किया, इससे हिंदी प्रेमियों में वे प्रकृति के उपासक कहे जाते थे। पर यहाँ यह कह देना आवश्यक है कि उनकी यह उपासना प्रकृति के उन्हीं रूपों तक परिमित थी जो मनुष्य को सुखदायक और आनंदप्रद होते हैं, या जो भव्य और सुंदर होते हैं। प्रकृति के सीधे-सादे नित्य आँखों के सामने आने वाले देश के परंपरागत जीवन से संबंध रखने वाले दृश्यों की मधुरता की ओर उनकी दृष्टि कम रहती।

पं. श्रीधर पाठक का जन्म संवत् 1916 में और मृत्यु संवत् 1985 में हुई।

2. पं. अयोध्यासिंह जी उपाध्याय (हरिऔध) : भारतेंदु के पीछे द्वितीय उत्थान के पहले ही हिंदी के लब्धप्रतिष्ठ कवि पं. अयोध्यासिंह उपाध्याय (हरिऔध) नये विषयों की ओर चल पड़े थे। खड़ी बोली के लिए उन्होंने पहले उर्दू के छंदों और ठेठ बोली को ही उपयुक्त समझा, क्योंकि उर्दू के छंदों में खड़ी बोली अच्छी तरह मँज चुकी थी। संवत् 1957 के पहले ही वे बहुत-सी फुटकल रचनाएँ इस उर्दू ढंग पर कर चुके थे। नागरीप्रचारिणी सभा के गृह प्रवेशोत्सव के समय संवत् 1957 में उन्होंने जो कविता पढ़ी थी, उसके ये चरण मुझे अब तक याद हैं–

चार डग हमने भरे तो क्या किया।
है पड़ा मैदान कोसों का अभी॥
मौलवी ऐसा न होगा एक भी।
खूब उर्दू जो न होवे जानता॥

इसके उपरांत तो वे बराबर इसी ढंग की कविता करते रहे। जब पं. महावीर प्रसाद जी द्विवेदी के प्रभाव से खड़ी बोली ने संस्कृत छंदों और संस्कृत की समस्त पदावली का सहारा लिया, तब उपाध्याय जी–जो गद्य में अपनी भाषासंवर्धिनी पटुता उसे दो हदों पर पहुँचा कर दिखा चुके थे–उस शैली की ओर बढ़े और संवत् 1971 में उन्होंने अपना 'प्रियप्रवास' नामक बहुत बड़ा काव्य प्रकाशित किया।

नवशिक्षितों के संसर्ग से उपाध्याय जी ने लोक संग्रह का भाव ग्रहण किया है। उक्त काव्य में श्रीकृष्ण ब्रज के रक्षक नेता के रूप में अंकित किये गये हैं। खड़ी बोली में इतना बड़ा काव्य अभी तक नहीं निकला है। बड़ी भारी विशेषता इस काव्य की यह है कि यह सारा संस्कृत के वर्णवृत्तों में है जिसमें अधिक परिमाण में रचना करना कठिन काम है। उपाध्याय जी का संस्कृत पदविन्यास अनेक उपसर्गों से लदा तथा 'मंजु', 'मजुल', 'पेशल' आदि से बीच में जटित अर्थात् चुना हुआ होता है। द्विवेदी जी और उनके अनुयायी कवि वर्ग की रचनाओं से उपाध्याय जी की रचना इस बात में साफ अलग दिखाई पड़ती है। उपाध्याय जी कोमलकांत पदावली को कविता का सब कुछ नहीं तो बहुत कुछ समझते हैं। यद्यपि द्विवेदी जी अपने अनुयायियों के सहित जब इस संस्कृत वृत्त के मार्ग पर बहुत दूर तक चल चुके थे, तब उपाध्याय जी उस पर आये, पर वे बिलकुल अपने ढंग पर चले। किसी प्रकार की रचना को हद पर–चाहे उस हद तक जाना अधिकतर लोगों को इष्ट न हो–पहुँचाकर दिखाने की प्रवृत्ति के अनुसार उपाध्याय जी ने अपने इस काव्य में कई जगह संस्कृत शब्दों की ऐसी लंबी लड़ी बाँधी है कि हिंदी को 'है', 'था', 'किया', 'दिया', ऐसी दो-एक क्रियाओं के भीतर ही सिमट कर रह जाना पड़ा है। पर सर्वत्र यह बात नहीं है। अधिकतर पदों में बड़े ढंग से हिंदी अपनी चाल पर चली चलती दिखाई पड़ती है।

काव्य अधिकतर भावव्यंजनात्मक और वर्णनात्मक है। कृष्ण के चले जाने पर ब्रज की दशा का वर्णन बहुत अच्छा है। विरह वेदना से क्षुब्ध वचनावली प्रेम की अनेक अंतर्दशाओं की व्यंजना करती हुई बहुत दूर तक चली चलती है। जैसा कि इसके नाम से प्रकट है, इसकी कथावस्तु एक महाकाव्य क्या अच्छे प्रबंधकाव्य के लिए भी अपर्याप्त है। अत: प्रबंधकाव्य के सब अवयव इसमें कहाँ आ सकते हैं? किसी के वियोग में कैसी-कैसी बातें मन में उठती हैं और क्या कह कर लोग रोते हैं, इसका जहाँ तक विस्तार हो सका है, किया गया है। परंपरापालन के लिए जो दृश्यवर्णन हैं वे किसी बगीचे में लगे हुए पेड़-पौधों के नाम गिनने में समान हैं। इसी से शायद करील का नाम छूट गया।

दो प्रकार के नमूने उद्धृत करके हम आगे बढ़ते हैं–

रूपोद्यान प्रफुल्लप्राय कलिका राकेंदुबिंबानना।
तन्वंगी कलहासिनी सुरसिका क्रीड़ाकलापुत्तली॥
शोभावारिधि की अमूल्य मणि-सी लावण्यलीलामयी।
श्रीराधा मृदुभाषिणी मृगदृगी माधुर्यसन्मूर्ति थी॥

× × ×

धीरे-धीरे दिन गत हुआ; पदिम्नीनाथ डूबे।
आयी दोषा, फिर गत हुई, दूसरा वार आया॥
यों ही बीती बिपुल घटिका औ कई बार बीते।

आया कोई न मधुपुर से औ न गोपाल आये॥

इस काव्य के उपरांत उपाध्याय जी का ध्यान फिर बोलचाल की ओर गया। इस बार उनका मुहावरों पर अधिक जोर रहा। बोलचाल की भाषा में अनेक फुटकल विषयों पर उन्होंने कविताएँ रची जिनकी प्रत्येक पंक्ति में कोई-न-कोई मुहावरा अवश्य खपाया गया। ऐसी कविताओं का संग्रह 'चोखे चौपदे' का एक पद्य दिया जाता है।

क्यों पले पीस कर किसी को तू?
है बहुत पालिसी बुरी तेरी
हम रहे चाहते पटाना ही;
पेट तुझसे पटी नहीं मेरी॥

भाषा के दोनों नमूने ऊपर हैं। यही द्विकलात्मक कला उपाध्याय जी की बड़ी विशेषता है। इससे शब्दभंडार पर इनका विस्तृत अधिकार प्रकट होता है। इनका एक और बड़ा काव्य है, 'वैदेही वनवास'[1], जिसे ये बहुत दिनों से लिखते चले आ रहे थे, अब छप रहा है।[2]

3. पं. महावीरप्रसाद जी द्विवेदी : इस द्वितीय उत्थान के आरंभकाल में हम पं. महावीरप्रसाद जी द्विवेदी को पद्यरचना की एक प्रणाली के प्रवर्तक के रूप में पाते हैं। गद्य पर जो शुभ प्रभाव द्विवेदी जी का पड़ा, उसका उल्लेख गद्य के प्रकरण में हो चुका है। खड़ी बोली के पद्यविधान पर भी आपका पूरा-पूरा असर पड़ा। पहली बात तो यह हुई कि उनके कारण भाषा में बहुत कुछ सफाई आयी। बहुत-से कवियों की भाषा शिथिल और अव्यवस्थित होती थी और बहुत-से लोग ब्रज और अवधी आदि का मेल भी कर देते थे। 'सरस्वती' के संपादनकाल में उनकी प्रेरणा से बहुत-से नये लोग खड़ी बोली के कविता करने लगे। उनकी भेजी हुई कविताओं की भाषा आदि दुरुस्त करके वे 'सरस्वती' में दे दिया करते थे। इस प्रकार के लगातार संशोधन से धीरे-धीरे बहुत-से कवियों की भाषा साफ हो गयी। उन्हीं नमूनों पर और लोगो ने भी अपना सुधार किया।

यह तो हुई भाषा परिष्कार की बात। अब उन्होंने पद्यरचना की जो प्रणाली स्थिर की, उनके संबंध में भी कुछ विचार कर लेना चाहिए। द्विवेदी जी कुछ दिनों तक बंबई की ओर रहे थे जहाँ मराठी कविता में अधिकतर संस्कृत के वृत्तों का व्यवहार होता है। पदविन्यास भी प्राय: गद्य का-सा रहता है। बंग भाषा की-सी 'कोमलकांतपदावली' उसमें नहीं पायी जाती। इसी मराठी के नमूने पर द्विवेदी जी ने हिंदी में पद्यरचना शुरु की। पहले तो उन्होंने ब्रजभाषा का ही आलंबन किया। नागरीप्रचारिणी पत्रिका में प्रकाशित 'नागरी तेरी यह दशा'! और रघुवंश का कुछ आधार लेकर रचित 'अयोध्या का विलाप' नाम की उनकी कविताएँ संस्कृत वृत्तों में पर ब्रजभाषा में ही लिखी गयी थीं। जैसे–

श्रीयुक्त नागरि निहारि दशा तिहारी।
होवै विषाद मन माहिं अतीव भारी॥
प्राकार जासु नभमंडल में समाने।
प्राचीन जासु लखि लोकप हू सकाने॥
जाकी समस्त सुनि संपति की कहानी।
नीचे नवाय सिर देवपुरी लजानी॥

इधर आधुनिककाल में ब्रजभाषा पद्य के लिए संस्कृत वृत्तों का व्यवहार पहले पहल

स्वर्गीय पं. सरयूप्रसाद मिश्र ने रघुवंश महाकाव्य के अपने 'पद्यबद्ध भाषानुवाद' में किया था जिसका प्रारंभिक अंश भारतेंदु की 'कविवचनसुधा' में प्रकाशित हुआ था। पूरा अनुवाद बहुत दिनों पीछे संवत् 1968 में पुस्तकाकार छपा। द्विवेदी जी ने आगे चलकर ब्रजभाषा एकदम छोड़ दी और खड़ी बोली में ही काव्यरचना करने लगे।

मराठी का संस्कार तो था ही, पीछे जान पड़ता है, उनके मन में वड्र्सवर्थ (Wordsworth) का वह पुराना सिद्धांत भी कुछ जम गया था कि 'गद्य और पद्य का पदविन्यास एक ही प्रकार का होना चाहिए।' पर यह प्रसिद्ध बात है कि वड्र्सवर्थ का यह सिद्धांत असंगत सिद्ध हुआ था और यह आप ही अपनी उत्कृष्ट कविताओं में उसका पालन न कर सका था। द्विवेदी जी ने बराबर उक्त सिद्धांत के अनुकूल रचना नहीं की है। अपनी कविताओं के बीच-बीच में सानुप्रास कोमल पदावली का व्यवहार उन्होंने किया है। जैसे–

सुरम्यरूपे, रसराशि - रंजिते,
विचित्र वर्णाभरणे! कहाँ गयी?
अलौकिकानन्दविधायनी महा
कवींद्रकांते, कविते! अहो कहाँ?
मांगल्यमूलमय वारिद-वारि-दृष्टि॥

पर उनका जोर बराबर इस बात पर रहता था कि कविता बोलचाल की भाषा में होनी चाहिए। बोलचाल से उनका मतलब ठेठ या हिंदुस्तानी का नहीं रहता था, गद्य की व्यावहारिक भाषा का रहता था। परिणाम यह हुआ कि उनकी भाषा बहुत अधिक गद्यवत् (Prosaic) हो गयी। पर जैसा कि गोस्वामी तुलसीदास ने कहा है 'गिरा अर्थ जल बीचि सम कहियत भिन्न न भिन्न'–भाषा से विचार अलग नहीं रह सकता। उनकी अधिकतर कविताएँ इतिवृत्तात्मक (Matter of fact) हुईं। उनमें वह लाक्षणिकता, वह चित्रमयी भावना औ वक्रता बहुत कम आ पायी जो रस-संचार की गति को तीव्र और मन को आकर्षित करती है। 'यथा', 'सर्वथा', 'तथैव' ऐसे शब्दों के प्रयोग ने उनकी भाषा को और भी अधिक गद्य का स्वरूप दे दिया।

यद्यपि उन्होंने संस्कृतवृत्तों का व्यवहार अधिक किया है, पर हिंदी के कुछ चलते छंदों में भी उन्होंने बहुत-सी कविताएँ (जैसे, विधिविडंबना) रची है जिनमें संस्कृत शब्दों का प्रयोग भी कम है। अपना 'कुमारसंभवसार' उन्होंने इसी ढंग पर लिखा है। कुमारसंभव का यह अनुवाद बहुत ही उत्तम हुआ है। इसमें मूल के भाव लाने के प्रयत्न में भाषा में प्राय: जटिलता आ जाया करती है। पर इसमें यह बात जरा भी नहीं है। ऐसा साफ-सुथरा दूसरा अनुवाद जो मैंने देखा है, पं. केशवप्रसाद जी मिश्र का 'मेघदूत' है। द्विवेदी जी की रचनाओं के दो नमूने देकर हम आगे बढ़ते हैं–

आरोग्ययुक्त बलयुक्त सुपुष्ट गात,
ऐसा जहाँ युवक एक न दृष्टि आता।
सारी प्रजा निपढ़ दीन दुखी जहाँ है,
कर्तव्य क्या न कुछ भी तुझको वहाँ है?

इंद्रासन के इच्छुक किसने करके तप अतिशय भारी,
की उत्पन्न असूया तुझमें, मुझसे कहो कथा सारी।
मेरा यह अनिवार्य शरासन पाँच-कुसुम-सायक-धारी;

अभी बना लेवे तत्क्षण ही उसको निज आज्ञाकारी॥

द्विवेदी जी की कविताओं का संग्रह 'काव्यमंजूषा' नाम की पुस्तक में हुआ है। उनकी कविताओं के दूसरे संग्रह का नाम 'सुमन' है।

द्विवेदी जी के प्रभाव और प्रोत्साहन से हिंदी के कई अच्छे-अच्छे कवि निकले जिनमें बाबू मैथिलीशरण गुप्त, पं. रामचरित उपाध्याय और पं. लोचनप्रसाद पांडेय मुख्य हैं।

4. बाबू मैथिलीशरण गुप्त : 'सरस्वती' का संपादन द्विवेदी जी के हाथ में आने के प्राय: 3 वर्ष पीछे (संवत् 1963 से) बाबू मैथिलीशरण गुप्त की खड़ी बोली की कविताएँ उक्त पत्रिका में निकलने लगीं और उनके संपादनकाल तक बराबर निकलती रहीं। संवत् 1966 में उनका 'रंग में भंग' नामक एक छोटा-सा प्रबंधकाव्य प्रकाशित हुआ जिसकी रचना चित्तौड़ और बूँदी के राजघरानों से संबंध रखने वाली राजपूती आन की एक कथा को लेकर हुई थी। तब से गुप्त जी का ध्यान प्रबंधकाव्यों की ओर बराबर रहा और वे बीच-बीच में छोटे या बड़े प्रबंधकाव्य लिखते रहे। गुप्त जी की ओर पहले पहल हिंदी प्रेमियों का सबसे अधिक ध्यान खींचने वाली उनकी 'भारत भारती' निकली इसमें 'मुसद्दस हाली' के ढंग पर भारतीयों की या हिंदुओं की भूत और वर्तमान दशाओं की विषमता दिखाई गयी है; भविष्यनिरूपण का प्रयत्न नहीं है। यद्यपि काव्य की विशिष्ट पदावली, रसात्मक चित्रण, वाग्वैचित्य इत्यादि का विधान इसमें न था, पर बीच में मार्मिक तथ्यों का समावेश बहुत साफ और सीधी-सादी भाषा में होने से यह पुस्तक स्वदेश की ममता से पूर्ण नवयुवकों को बहुत प्रिय हुई। प्रस्तुत विषय को काव्य का पूर्ण स्वरूप न दे सकने पर भी इसने हिंदी कविता के लिए खड़ी बोली की उपयुक्ता अच्छी तरह सिद्ध कर दी। इसी ढंग पर बहुत दिनों पीछे इन्होंने 'हिंदू' लिखा। 'केशों की कथा', 'स्वर्गसहोदर' इत्यादि बहुत-सी फुटकल रचनाएँ इनकी 'सरस्वती' में निकली हैं, जो 'मंगल घट' में संगृहीत हैं।

प्रबंधकाव्यों की परपरा इन्होंने बराबर जारी रखी। अब तक ये नौ-दस छोटे-बड़े प्रबंध काव्य लिख चुके हैं जिनके नाम हैं—रंग में भंग, जयद्रथ वध, विकट भट, प्लासी का युद्ध, गुरुकुल, किसान, पंचवटी, सिद्धराज, साकेत, यशोधरा। अंतिम दो बड़े काव्य हैं। 'विकट भट' में जोधपुर के एक राजपूत सरदार की तीन पीढ़ियों तक चलने वाली बात की टेक की अद्‌भुत पराक्रमपूर्णकथा है। 'गुरुकुल' में सिख गुरुओं के महत्त्व का वर्णन है। छोटे काव्यों में 'जयद्रथवध' और 'पंचवटी' का स्मरण अधिकतर लोगों को है। गुप्त जी के छोटे काव्यों की प्रसंगयोजना भी प्रभावशालिनी है और भाषा भी बहुत साफ-सुथरी है।

'वैतालिक' की रचना उस समय हुई जब गुप्त जी की प्रवृत्ति खड़ी बोली में गीत काव्य प्रस्तुत करने की ओर भी हो गयी।

यद्यपि गुप्त जी जगत् और जीवन के व्यक्त क्षेत्र में ही महत्त्व और सौंदर्य का दर्शन करने वाले तथा अपने राम को लोक के बीच अधिष्ठित देखने वाले कवि हैं, पर तृतीय उत्थान में 'छायावाद' के नाम से रहस्यात्मक कविताओं का कलरव सुन इन्होंने भी कुछ गीत रहस्यवादियों के स्वर में गाये जो 'झंकार' में संगृहीत हैं। पर असीम के प्रति उत्कंठा और लंबी-चौड़ी वेदना का विचित्र प्रदर्शन गुप्त जी की अंत:प्रेरित प्रवृत्ति के अंतर्गत नहीं। काव्य का एक मार्ग चलता देख ये उधर भी जा पड़े।

'साकेत' और 'यशोधरा' इनके दो बड़े प्रबंध हैं। दोनों में उनके काव्यत्व का

तो पूरा विकास दिखाई पड़ता है, पर प्रबंधत्व की कमी है। बात यह है कि इनकी रचना उस समय हुई जब गुप्त जी की प्रवृत्ति गीतकाव्य या नये ढंग के प्रगीत मुक्तकों (लिरिक्स) की ओर हो चुकी थी। 'साकेत' की रचना तो मुख्यतः इस उद्देश्य से हुई कि उर्मिला 'काव्य' की उपेक्षिता न रह जाये। पूरे दो सर्ग (9 और 10) उसके वियोगवर्णन में खप गये हैं। इस वियोगवर्णन के भीतर कवि ने पुरानी पद्धति के आलंकारिक चमत्कारपूर्ण पद्य तथा आजकल की नयी रंगत की वेदना लाक्षणिक वैचित्र्यवाले गीत दोनों रखे हैं। काव्य का नाम 'साकेत' रखा गया है जिसका तात्पर्य यह है कि इसमें अयोध्या में होने वाली घटनाओं और परिस्थितियों का ही वर्णन प्रधान है। राम के अभिषेक की तैयारी से लेकर चित्रकूट में राम-भरत-मिलन तक की कथा आठ सर्गों तक चलती है। उसके उपरांत दो सर्गों तक उर्मिला की वियोगावस्था की नाना अंतर्वृत्तियों का विस्तार है जिसके बीच-बीच में अत्यंत उच्च भावों की व्यंजना है। सूरदास की गोपियाँ वियोग में कहती हैं कि–

मधुबन! तुम कत रहत हरे?
विरहवियोग स्यामसुंदर के काहे न उकठि परे?

पर उर्मिला कहती है–

रह चिर दिन तू हरी-भरी,
बढ़, सुख से बढ़, सृष्टि सुंदरी!

प्रेम के शुभ प्रभाव से उर्मिला के हृदय की उदारता का और भी प्रसार हो गया है। वियोग की दशा में प्रिय लक्ष्मण के गौरव की भावना उसे सँभाले हुए है। उन्माद की अवस्था में जब लक्ष्मण उसे सामने खड़े जान पड़ते हैं तब उस भावना को गहरा आघात पहुँचता है और व्याकुल होकर कहने लगती है–

प्रभु नहीं फिरे, क्या तुम्हीं फिरे?
हम गिरे, अहो! तो गिरे, गिरे!

दंडकारण्य से लेकर लंका तक की घटनाएँ शत्रुघ्न के मुँह से मांडवी और भरत के सामने पूरी रसात्मकता के साथ वर्णन करायी गयी हैं। रामायण के भिन्न-भिन्न पात्रों के परंपरा से प्रतिष्ठित स्वरूपों का विकृत न करके उनके भीतर ही आधुनिक आंदोलनों की भावनाएँ–जैसे किसानों और श्रमजीवियों के साथ सहानुभूति, युद्धप्रथा की मीमांसा, राजव्यवस्था में प्रजा का अधिकार और सत्याग्रह, मनुष्यत्व–कौशल के साथ झलकाई गयी है। किसी पौराणिक या ऐतिहासिक पात्र के परंपरा से प्रतिष्ठित स्वरूप को मनमाने ढंग पर विकृत करना हम भारी अनाड़ीपन समझते हैं।

'यशोधरा' की रचना नाटकीय ढंग पर है। उसमें भगवान् बुद्ध के चरित्र से संबंध रखने वाले पात्रों के उच्च और सुंदर भावों की व्यंजना और परस्पर कथोपकथन है, जिसमें कहीं-कहीं गद्य भी है। भावव्यंजना प्रायः गीतो में है।

'द्वापर' में यशोधरा, राधा, नारद, कंस, कुब्जा इत्यादि कुछ विशिष्ट व्यक्तियों की मनोवृत्तियों का अलग-अलग मार्मिक चित्रण है। नारद और कंस की मनोवृत्तियों के स्वरूप तो बहुत ही विशद और समन्वित रूप में सामने रखे गये हैं।

गुप्त जी ने 'अनघ', 'तिलोत्तमा', 'चंद्रहास', नामक तीन और छोटे-छोटे पद्यबद्ध

रूपक भी लिखे हैं। 'अनघ' में कवि ने लोकव्यवस्था के संबंध में उठी हुई आधुनिक भावनाओं और विचारों का अवस्थान–प्राचीनकाल के भीतर ले जाकर किया है। वर्तमान किसान आंदोलन का रंग प्रधान है।

गुप्त जी की प्रतिभा की सबसे बड़ी विशेषता है कालानुसरण की क्षमता अर्थात् उत्तरोत्तर बदलती हुई भावनाओं और काव्यप्रणालियों को ग्रहण करते चलने की शक्ति। इस दृष्टि से हिंदीभाषी जनता के प्रतिनिधि कवि ये निस्संदेह कहे जा सकते हैं। 'भारतेंदु' के समय में स्वदेश प्रेम की भावना जिस रूप में चली आ रही थी उसका विकास 'भारतभारती' में मिलता है। इधर के राजनीतिक आंदोलनों ने जो रूप धारण किया उसका पूरा आभास पिछली रचनाओं में मिलता है। सत्याग्रह, अहिंसा, मनुष्यत्ववाद, विश्वप्रेम, किसानों और श्रमजीवियों के प्रति प्रेम और सम्मान, सबकी झलक हम पाते हैं।

गुप्त जी की रचनाओं के भीतर तीन अवस्थाएँ लक्षित होती हैं। प्रथम अवस्था भाषा की सफाई की है जिसमें खड़ी बोली के पद्यों की मसृणबंध रचना हमारे सामने आती है। 'सरस्वती' में प्रकाशित अधिकांश कविताएँ तथा 'भारतभारती' इस अवस्था की रचना के उदाहरण हैं। ये रचनाएँ काव्यप्रेमियों को कुछ गद्यवत, रूखी और इतिवृत्तात्मक लगती थीं। इनमें सरस और कोमल पदावली की कमी भी खटकती थी। बात यह है कि यह खड़ी बोली के परिमार्जन का काल था। इसके अनंतर गुप्त जी ने बंगभाषा की कविताओं का अनुशीलन तथा मधुसूदनदत्त रचित ब्रजांगना, मेघनादवध आदि का अनुवाद ऊबड़खाबड़ और अव्यवहृत संस्कृत शब्दों की ठोकरें कहीं-कहीं विशेषत: छोटे-छोटे छंदों के चरणांत में, अब भी लगती हैं। 'भारतभारती' और 'वैतालिक' के बीच की रचनाएँ इस दूसरी अवस्था के उदाहरण में ली जा सकती है। उसके उपरांत 'छायावाद' कही जाने वाली कविताओं का चलन होता है और गुप्त जी का कुछ झुकाव प्रगीत मुक्तकों (लिरिक्स) और अभिव्यंजना के लाक्षणिक वैचित्र्य की ओर भी हो जाता है। इस झुकाव का आभास 'साकेत' और 'यशोधरा' में भी पाया जाता है। यह तीसरी अवस्था है।

गुप्त जी वास्तव में सामंजस्यवादी कवि हैं; प्रतिक्रिया का प्रदर्शन करने वाले अथवा मद में झूमने (या झीमने) वाले कवि नहीं। सब प्रकार की उच्चता से प्रभावित होने वाला हृदय उन्हें प्राप्त है। प्राचीन के प्रति पूज्य भाव और नवीन के प्रति उत्साह दोनों इनमें हैं। इनकी रचना के कई प्रकार के नमूने नीचे दिये जाते हैं–

क्षत्रिय! सुनो अब तो कुयश की कालिमा को मेंट दो।
निज देश को जीवन सहित तन-मन तथा धन भेंट दो।।
वैश्यो! सुनो व्यापार सारा मिट चुका है देश का।
सब धन विदेशी हर रहे हैं, पार है क्या क्लेश का?

(भारतभारती)

थे, हो और रहोगे जब तुम, थी, हूँ और सदैव रहूँगी।
कल निर्मल जल की धारा-सी, आज यहाँ, कल वहाँ बहूँगी।।

× × × × ×

दूती! बैठी हूँ सजकर मैं।
ले चल शीघ्र मिलूँ प्रियतम से धाम धरा धन सब तजकर मैं।

× × × × ×

अच्छी आँखमिचौनी खेली!
बार-बार तुम छिपो और मैं खोजूँ तुम्हें अकेली॥

× × × × ×

निकल रही है उर से आह।
ताक रहे सब तेरी राह॥
चातक खड़ा चोंच खोले है, संपुट खोले सीप खड़ी।
मैं अपना घट लिये खड़ा हूँ, अपनी-अपनी हमें पड़ी॥

(झंकार)

पहले आँखो में थे, मानस में कूद मग्न प्रिय अब थे।
छींटे वही उड़े थे, बड़े-बड़े अश्रु वे कब थे?

× × × × ×

सखि, नील नभस्सर से उतरा, यह हंस अहा! तरता-तरता।
अब तारक-मौक्तिक, शेष नहीं, निकला जिनको चरता-चरता॥
अपने हिम बिंदु बचे तब भी, चलता उनको धरता-धरता।
गड़ जायँ न कंटक भूतल के, कर डाल रहा डरता-डरता॥
आकाशजाल सब ओर तना, रवि तंतुवाय है आज बना;
करता है पद-प्रहार वही, मक्खी-सी भिन्ना रही मही।
घटना हो चाहे घटा, उठ नीचे से नित्य।
आती है ऊपर, सखी! छा कर चंद्रादित्य॥
इंद्रवधू आने लगी क्यों निज स्वर्ग बिहाय।
नन्हीं दूबों का हृदय निकल पड़ा यह, हाय॥
इस उत्पल से काय में, हाय! उपल से प्राण।
रहने दे बाग ध्यान यह, पावें ये दृग त्राण॥

× × × × ×

वेदने! तू भी भली बनी।
पाई मैंने आज तुझी में अपनी चाह घनी॥
अरी वियोगसमाधि अनोखी, तू क्या ठीक ठनी।
अपने को, प्रिय को, जगती को देखूँ खिंची तनी॥

× × × × ×

हा! मेरे कुंजों का कूजन रोकर, निराश होकर सोया।
वह चंद्रोदय उसको उड़ा रहा है धवल वसन-सा धोया॥

× × × × ×

सखि, निरख नदी की धारा।
ढलमल-ढलमल चंचल अंचल, झलमल-झलमल तारा।
निर्मल जल अंतस्तल भरके, उछल-उछल कर-छल छल करके,
थल-थल तर के, कल-कल धर के बिखराती है पारा॥

× × × × ×

ओ मेरे मानस के हास! खिल सहस्रदल, सरस सुवास।

× × × × ×

सजनि, रोता है मेरा गान।
प्रिय तक नहीं पहुँच पाती है उसकी कोई तान!

× × × × ×

बस इसी प्रिय-काननकुंज में–मिलन भाषण के स्मृतिपुंज में–
अभय छोड़ मुझे तुम दीजियो, हसन रोदन से न पसीजियो।

(साकेत)

5. पं. रामचरित उपाध्याय : स्वर्गीय पं. रामचरित उपाध्याय का जन्म सं. 1929 में गाजीपुर में हुआ था, पर पिछले दिनों में वह आजमगढ़ के पास एक गाँव में रहने लगे थे। कुछ वर्ष हुए उनका देहांत हो गया। वे संस्कृत के अच्छे पंडित थे और पहले पुराने ढंग की हिंदी कविता की ओर रुचि थी। पीछे 'सरस्वती' में जब खड़ी बोली की कविताएँ निकलने लगीं तब वे नये ढंग की रचना की ओर बढ़े और द्विवेदी जी के प्रोत्साहन से बराबर उक्त पत्रिका में अपनी रचनाएँ भेजते रहे। 'राष्ट्रभारती', 'देवदूत', 'देवसभा', 'देवी द्रौपदी', 'भारत भक्ति', 'विचित्र विवाह' इत्यादि अनेक कविताएँ उन्होंने खड़ी बोली में लिखी हैं। छोटी कविताएँ अधिकतर विदग्ध भाषण के रूप में हैं। 'रामचरितचिंतामणि' नामक एक बड़ा प्रबंधकाव्य भी उन्होंने लिखा है जिसके कई एक प्रसंग बहुत सुंदर बन पड़े हैं, जैसे–अंगद-रावण-संवाद। भाषा उनकी साफ होती थी और वैदग्ध्य के साथ चलती थी। अंगद-रावण-संवाद की पंक्तियाँ देखिए–

कुशल रहना यदि है तुम्हें, दनुज! तो फिर गर्व न कीजिए।
शरण में गिरिए, रघुनाथ के; निकल के बल केवल राम हैं।।

× × × × ×

सुन कपे! यम, इंद्र कुबेर की न हिलती रसना मम सामने।
तदपि आज मुझे करना पड़ा मनुज-सेवक से बकवाद भी।
यदि कपे! मम राक्षस-राज का स्तवन है तुझसे न किया गया;
कुछ नहीं डर है, पर क्यों वृथा निलज! मानव मान बढ़ा रहा?

6. पं. गिरिधर शर्मा नवरत्न : दूसरे संस्कृत के विद्वान्, जिनकी कविताएँ 'सरस्वती' में बराबर छपती रहीं झालरापाटन के पं. गिरिधर शर्मा नवरत्न हैं। 'सरस्वती' के अतिरिक्त हिंदी के और पत्रों तथा पत्रिकाओं में भी ये अपनी कविताएँ भेजते रहे। राजपूताने से निकलने वाले 'विद्याभास्कर' नामक एक पत्र का संपादन भी इन्होंने कुछ दिन किया था। मालवा और राजपूताने में हिंदी साहित्य के प्रचार में इन्होंने बड़ा काम किया है। नवरत्न जी संस्कृत के भी अच्छे कवि हैं। गोल्डस्मिथ के (हरमिट) 'एकांतवासी योगी' का इन्होंने संस्कृत श्लोकों में अनुवाद किया है। हिंदी में भी इनकी रचनाएँ कम नहीं। कुछ पुस्तकें लिखने के अतिरिक्त अनुवाद भी कई पुस्तको का किया है। रवींद्र बाबू की 'गीतांजलि' का हिंदी पद्यों मे इनका अनुवाद बहुत पहले निकला था। माघ के 'शिशुपालवध' के दो सर्गों का अनुवाद 'हिंदी माघ' के नाम से उन्होंने संवत् 1985 में किया था। पहले ये ब्रजभाषा के कवित्त आदि रचते थे जिनमें कहीं-कहीं खड़ी बोली का भी आभास रहता था। शुद्ध खड़ी बोली के भी कुछ कवित्त इनके

मिलते हैं। 'सरस्वती' में प्रकाशित इनकी कविताएँ अधिकतर इतिवृत्तात्मक या गद्यवत हैं, जैसे–

मैं जो नया ग्रंथ विलोकता हूँ, भाता मुझे सो नव मित्र-सा है।
देखूँ उसे मैं नित बार-बार, मानो मिला मित्र मुझे पुराना॥
'ब्रह्मन तजो पुस्तक-प्रेम आप, देता अभी हूँ यह राज्य सारा।
कहे मुझे यों यदि चक्रवर्ती, 'ऐसा न राजन्! कहिए कहूँ मैं'॥

7. पं. लोचन प्रसाद पांडेय : पांडेय जी बहुत छोटी अवस्था से कविता करने लगे थे। संवत् 1962 में से उनकी कविताएँ 'सरस्वती' तथा और मासिक पत्रिकाओं में निकलने लगी थीं। इनकी रचनाएँ कई ढंग की हैं–कथाप्रबंध के रूप में और फुटकल प्रसंग के रूप में भी। चित्तौड़ के भीमसिंह के अपूर्व स्वत्वत्याग की कथा नंददास की रासपंचाध्यायी के ढंग पर इन्होंने लिखी है। 'मृगी दुखमोचन' में इन्होंने खड़ी बोली के सवैयों में एक मृगी का अत्यंत दारुण परिस्थिति का वर्णन सरस भाषा में किया है जिससे पशुओं तक पहुँचने वाली इनकी व्यापक और सर्वभूत दयापूर्ण काव्यदृष्टि का पता चलता है। इनका हृदय कहीं-कहीं पेड़-पौधों तक की दशा का मार्मिक अनुभव करता पाया जाता है। यह भावुकता इनकी अपनी है। भाषा की गद्यवत सरल, सीधी गति उस रचना प्रवृत्ति का पता देती है जो द्विवेदी जी के प्रभाव से उत्पन्न हुई थी। पर इनकी रचनाओं में खड़ी बोली का वैसा स्वच्छ और निखरा रूप नहीं मिलता जैसा गुप्त जी की उस समय की रचनाओं में मिलता है, कुछ पंक्तियाँ उद्धृत हैं–

चढ़ जाते पहाड़ों में जा के, कभी-कभी झाड़ों के नीचे फिरें बिचरें।
कभी कोमल पत्तियाँ खाया करें, कभी मीठी हरी-हरी घास चरें॥
सरिता जल में प्रतिबिंब लखें निज, शुद्ध कहीं जलपान करें।
कहीं मुग्ध हो झर्झर निर्झर से तरु-कुंज मे जा तप ताप हरें॥
रहती जहाँ शाल रसाल तमाल के पादपों को अति छाया घनी।
चर के तृण आते, थके वहाँ बैठते थे मृग और उसकी घरनी॥
पगुराते हुए दृग मूँदे हुए वे मिटाते थकावट थे अपनी।
खुर से कभी कान खुजाते, कभी सिर सींग पै धारते थे टहनी॥

(मृगीदुखमोचन)

सुमन विटप वल्ली काल की क्रूरता से।
झुलस जब रही थी ग्रीष्म की उग्रता से॥
उस कुसमय में हा! भाग्य-आकाश तेरा॥
अयि नव लतिके! था घोर आपत्ति घेरा॥
अब तब बुझता था जीवनालोक तेरा।
यह लख उर होता दुख से दग्ध मेरा॥

इन प्रसिद्ध कवियों के अतिरिक्त और न जाने कितने कवियों ने खड़ी बोली में फुटकल कविताएँ लिखीं जिन पर द्विवेदी जी का प्रभाव स्पष्ट झलकता था। ऐसी कविताओं से मासिक पत्रिकाएँ भरी रहती थीं। जो कविता को अपने से दूर की वस्तु समझते थे वे भी गद्य में चलने वाली भाषा को पद्यबद्ध करने का अभ्यास करने लगे। उनकी रचनाएँ बराबर प्रकाशित होने लगीं। उनके संबंध में यह स्पष्ट समझ रखना चाहिए कि वे अधिकतर इतिवृत्तात्मक गद्य निबंध में रूप में होती थीं। फल इसका यह हुआ कि काव्यप्रेमियों को उसमें काव्यत्व नहीं

दिखाई पड़ता था और ये खड़ी बोली की अधिकांश कविता को 'तुकबंदी' मात्र समझने लगे थे। आगे चलकर तृतीय उत्थान में इस परिस्थिति के विरुद्ध गहरास परिवर्तन (रिएक्शन) हुआ।

यहाँ तक तो उन कवियों का उल्लेख हुआ जिन्होंने द्विवेदी जी के प्रोत्साहन से अथवा उनके आदर्श के अनुकूल रचनाएँ कीं। पर इस द्वितीय उत्थान के भीतर अनेक ऐसे कवि भी बराबर अपनी वाग्धारा बहाते रहे जो अपना स्वतंत्र मार्ग पहले से निकाल चुके थे और जिन पर द्विवेदी जी का कोई विशेष प्रभाव नहीं दिखाई पड़ता।

द्विवेदीमंडल के बाहर की काव्यभूमि

द्विवेदी जी के प्रभाव से हिंदी काव्य ने जो स्वरूप प्राप्त किया उसके अतिरिक्त और अनेक रूपों में भी भिन्न-भिन्न कवियों की काव्यधारा चलती रहीं। कई एक बहुत अच्छे कवि अपने-अपने ढंग पर सरस और प्रभावपूर्ण कविता करते रहे जिनमें मुख्य राय देवी प्रसाद 'पूर्ण', पं. नाथूरामशंकर शर्मा, पं. गयाप्रसाद शुक्ल 'सनेही', पं. सत्यनारायण कविरत्न, लाला भगवानदीन, पं. रामनरेश त्रिपाठी, पं. रूपनारायण पांडेय हैं।

इन कवियों में से अधिकांश तो दोरंगी कवि थे, जो ब्रजभाषा में तो शृंगार, वीर, भक्ति आदि की पुरानी परिपाटी की कविता कवित्त-सवैयों या गेय पदों में करते आते थे और खड़ी बोली में नूतन विषयों को लेकर चलते थे। बात यह थी कि खड़ी बोली का प्रचार बराबर बढ़ता दिखाई पड़ता था और काव्य के प्रवाह के लिए ये कुछ नयी-नयी भूमियाँ भी दिखाई पड़ती थीं। देश दशा, समाजदशा, स्वदेशप्रेम, आचरणसंबंधी उपदेश आदि ही तक नयी धारा की कविता न रहकर जीवन के कुछ और पक्षों की ओर भी बढ़ी, पर गहराई के साथ नहीं। त्याग, वीरता, उदारता, सहिष्णुता इत्यादि के अनेक पौराणिक और ऐतिहासिक प्रसंग पद्यबद्ध हुए जिनके बीच-बीच में जन्मभूमि प्रेम, स्वजाति गौरव आत्मसम्मान की व्यंजना करने वाले जोशीले भाषण रखे गये। जीवन की गूढ़, मार्मिक या रमणीय प्रवृत्ति नहीं दिखाई पड़ी। पं. रामनरेश त्रिपाठी ने कुछ ध्यान कल्पित प्रबंध की ओर दिया।

दार्शनिकता का पुट राय देवी प्रसाद 'पूर्ण' की रचनाओं में कहीं-कहीं दिखाई पड़ता है, पर किसी दार्शनिकता तथ्य को हृदयग्राह रसात्मक रूप देने का प्रयास उनमें भी नहीं पाया जाता। उनके 'वसंतवियोग' में भारतदशासूचक प्राकृतिक विभूति उनमें के नाना चित्रों के बीच-बीच में कुछ दार्शनिक तत्त्व रखे गये हैं और अंत में आकाशवाणी द्वारा भारत के कल्याण के लिए कर्मयोग और भक्ति का आदेश दिलाया गया है। प्रकृतिवर्णन की ओर हमारा काव्य कुछ अधिक अग्रसर हुआ पर प्रायः वहीं तक रहा जहाँ तक उसका संबंध मनुष्य के सुख-सौंदर्य की भावना से है। प्रकृति के जिन सामान्य रूपों के बीच नरजीवन का विकास हुआ है, जिन रूपों से हम बराबर घिरे रहते आये हैं उनके प्रति यह राग या ममता न व्यक्त हुई जो चिर सहचरों के प्रति स्वभावतः हुआ करती है। प्रकृति के प्रायः वे ही चटकीले-भड़कीले रूप लिये गये जो सजावट के काम को समझ गये। सारांश यह कि जगत् और जीवन के नाना रूपों और तथ्यों के बीच हमारे हृदय का प्रसार करने में वाणी वैसी तत्पर न दिखाई पड़ी।

8. राय देवीप्रसाद 'पूर्ण' : पूर्ण जी का उल्लेख 'पुरानी धारा' के भीतर हो चुका है। वे ब्रजभाषा-काव्य-परंपरा के बहुत ही प्रौढ़ कवि थे और जब तक जीवित रहे, अपने 'रसिक समाज' द्वारा उस परंपरा की पूरी चहल-पहल बनाये रहे। उक्त समाज की ओर से 'रसिक

वाटिका' नाम की एक पत्रिका निकली थी जिसमें उस समय के प्राय: सब ब्रजभाषा कवियों की सुंदर रचनाएँ छपती थीं। जब संवत् 1977 में पूर्ण जी का देहावसान हुआ उस समय उक्त समाज निरवलंब-सा हो गया, और-

रसिक समा जी ह्वै चकोर चहुँ ओर हेरैं,
कविता को पूरन कलानिधि कितै गयो।

(रतनेश)

पूर्ण जी सनातनधर्म के बड़े उत्साही-अनुयायी तथा अध्ययनशील व्यक्ति थे। उपनिषद् और वेदांत में उनकी अच्छी गति थी। सभा-समाजों के प्रति उनका बहुत उत्साह रहता था और उसके अधिवेशनों में वे अवश्य कोई-न कोई कविता पढ़ते थे। देश में चलने वाले आंदोलनों (जैसे-स्वदेशी) को भी उनकी वाणी प्रतिध्वनित करती थी। भारतेंदु, प्रेमघन आदि प्रथम उत्थान के कवियों के समान पूर्ण जी में भी देशभक्ति और राजभक्ति का समन्वय पाया जाता है। बात यह है कि उस समय तक देश के राजनीतिक प्रयत्नों में अवरोध या विरोध का बल नहीं आया था और लोगों की पूरी तरह धड़क नहीं खुली थी। अत: उनकी रचना में यदि एक ओर 'स्वदेश' पर देशभक्तिपूर्ण पद्य मिले और दूसरी ओर सन् 1911 वाले दिल्ली दरबार के ठाटबाट का वर्णन, तो आश्चर्य न करना चाहिए।

प्रथम उत्थान के कवियों के समान पूर्ण जी पहले नूतन विषयों की कविता भी ब्रजभाषा में करते थे; जैसे-

विगत आलस की रजनी भई। रुचिर उद्यम की द्युति छै गई॥
उदित सूरज है नव भाग को। अरुन रंग भये अनुराग को॥
तजि बिछौनन को अब भागिए। भरत खंड प्रजागण जागिए॥

इस प्रकार 'संग्रामनिंदा' आदि अनेक विषयों पर उनकी रचनाएँ ब्रजभाषा में ही हैं। पीछे खड़ी बोली की कविता का प्रचार बढ़ने पर बहुत-सी रचना उन्होंने खड़ी बोली में भी की, जैसे-'अमलतास', 'वसंतवियोग', 'स्वदेशी कुंडल', 'नये सन् (1910) का स्वागत', 'नवीन संवत्सर (1967) का स्वागत' इत्यादि। 'स्वदेशी', 'देशोद्धार' आदि पर उनकी अधिकांश रचनाएँ इतिवृत्तात्मक पद्यों के रूप में हैं। 'वसंतवियोग' बहुत बड़ी कविता है जिसमें कल्पना अधिक सचेष्ट मिलती है। उसमें भारतभूमि की कल्पना एक उद्यान के रूप में की गयी है। प्राचीनकाल में यह उद्यान सत्वगुणप्रधान तथा प्रकृति की सारी विभूतियों से संपन्न था और इसके माली देवतुल्य थे। पीछे मालियों के प्रमाद और अनैक्य से उद्यान उजड़ने लगता हैं यद्यपि कुछ यशस्वी महापुरुष (विक्रमादित्य ऐसे) कुछ काल के लिए उसे सँभालते दिखाई पड़ते हैं, पर उसकी दशा गिरती ही जाती हैं अंत में उसके माली साधना और तपस्या के लिए कैलास मानसरोवर की ओर जाते हैं जहाँ आकाशवाणी होती है कि विक्रम की बीसवीं शताब्दी में जब 'पश्चिमी शासन' होगा तब उन्नति का आयोजन होगा। 'अमलतास' नाम की छोटी-सी कविता में कवि ने अपने प्रकृति निरीक्षण का भी परिचय दिया है। ग्रीष्म में जब वनस्थली के सारे पेड़-पौधे झुलसे-से रहते हैं और कहीं प्रफुल्लता नहीं दिखाई देती है, उस समय अमलतास चारों ओर फूलकर अपनी पीतप्रभा फैला देता है। इससे कवि भक्ति के महत्तव का संकेत ग्रहण करता है-

देख तव वैभव, द्रुमकुल-संत! विचारा उसका सुखद निदान।

करे जो विषम काल को मंद, गया उस सामग्री पर ध्यान॥
रँगा निज प्रभु ऋतुपति के रंग, द्रुमों में अमलतास तू भक्त।
इसी कारण निदाघ प्रतिकूल, दहन में तेरे रहा अशक्त॥

पूर्ण जी की कविताओं का संग्रह 'पूर्ण संग्रह' के नाम से प्रकाशित हो चुका है। उसकी खड़ी बोली की रचना के कुछ उदाहरण नीचे दिये जाते है–

नंदन वन का सुना नहीं है किसने नाम।
मिलता है जिसमें देवों को भी आराम॥
उसके भी बासी सुखरासी, उग्र हुआ यदि उनका भाग।
आकर के इन कुसुमाकर में, करते हैं नंदन रुचि त्याग॥

× × × × ×

है उत्तर में कोट शैल सम तुंग विशाल।
विमल सधन हिमवलित ललित धवलित सब काल।

× × × × ×

हे नर दक्षिण! इसके दक्षिण, पश्चिम, पूर्व
हैं अपार जल से परिपूरित कोश अपूर्व।
पवन देवता गगन-पंथ से सुघन घटों में लाकर नीर,
सींचा करते हैं यह उपवन करके सदा कृपा गंभीर॥

× × × × ×

कर देते हैं बाहर भुनगों का परिवार,
तब करते हैं कीश उदुंबर का आहार।
पक्षीगृह विचार तरुगण को नहीं हिलाते हैं गजवृंद।
हंस भृंग हिंसा के भय से छाते नहीं बंद अरविंद॥
धेनुवत्स जब छक जाते हैं पीकर क्षीर,
तब कुछ दुहते हैं गौओं को चतुर अहीर।
लेते हैं हम मधुकोशों से मधु जो गिरे आप ही आप।
मक्खी तक निदान इस थल की पाती नहीं कभी संताप॥

(वसंतवियोग)

सरकारी कानून का रखकर पूरा ध्यान।
कर सकते हो देश का सभी तरह कल्याण॥
सभी तरह कल्यान देश का कर सकते हो।
करके कुछ उद्योग सोग सब हर सकते हो॥
जो हो तुममें जान, आपदा, भारी सारी।
हो सकती है दूर, नहीं बाधा सरकारी॥

9. पं. नाथूराम शंकर शर्मा : इनका जन्म संवत् 1916 में और मृत्यु 1989 में हुई। वे अपना उपनाम 'शंकर' रखते थे और पद्यरचना में अत्यंत सिद्धहस्त थे। पं. प्रताप नारायण मिश्र के वे साथियों में थे और उस समय के कवि-समाजों में बराबर कविता पढ़ा करते थे। समस्यापूर्ति वे बड़ी ही सटीक और सुंदर करते थे जिनसे उनका चारों ओर पदक, पगड़ी,

दुशाले आदि से सत्कार होता था। 'कवि व चित्रकार', 'काव्यसुधाकर', 'रसिक मित्र' आदि पत्रों में उनकी अनूठी पूर्तियाँ और ब्रजभाषा की कविताएँ बराबर निकला करती थीं। छंदों के सुंदर नपे-तुले विधान के साथ ही उनकी उद्भावनाएँ भी बड़ी अनूठी होती थीं। वियोग का यह वर्णन पढ़िए–

शंकर नदी नद नदीसन के नीरन की
भाप बन अंबर तें ऊँची चढ़ जायेगी।
दोनों ध्रुव छोरन लौं पल में पिघल कर।
घूम घूम धरनी सी बढ़ जायेगी।
झारेंगे अँगारे ये तरनि तारे तारापति
जारैंगे खमंडल में आगे मढ़ जायेगी।
काहू विधि विधि की बनावट बचैगी नाहिं
जो पै वा वियोगिनी की आह कढ़ जायेगी।

पीछे खड़ी बोली का प्रचार होने पर वे उसमें बहुत अच्छी रचना करने लगे। उनकी पदावली कुछ उद्दंडता लिये होती थी। इसका कारण यह है कि उनका संबंध आर्यसमाज से रहा जिसमें अंधविश्वास और सामाजिक कुरीतियों के उग्र विरोध की प्रवृत्ति बहुत दिनों तक जाग्रत रही। उसकी अंतर्वृत्ति का आभास उनकी रचनाओं में दिखाई पड़ता है। 'गर्भरंडा रहस्य' नामक एक बड़ा प्रबंधकाव्य उन्होंने विधवाओं की बुरी परिस्थिति और देवमंदिरों के अनाचार आदि दिखाने के उद्देश्य से लिखा था। उसका एक पद्य देखिए–

फैल गया हुड़दंग होलिका की हलचल में।
फूल-फूल कर फाग फला महिला-मंडल में॥
जननी भी तज लाज बनी ब्रजमक्खी सबकी।
पर मैं पिंड छुड़ाय जवनिका में जा दबकी॥

फबतियाँ और फटकार इनकी कविताओं की एक विशेषता है। फैशन वालों पर कही हुई 'ईश गिरिजा को छोड़ि ईशु गिरिजा में जाय' वाली प्रसिद्ध फबती इन्हीं की है। पर जहाँ इनकी चित्तवृत्ति दूसरे प्रकार की रही है, वहाँ की उक्तियाँ बड़ी मनोहर भाषा में है। यह कवित्त ही लीजिए–

तेज न रहेगा तेजधारियों का नाम को भी,
मंगल मयंक मंद-मंद पड़ जायेंगे।
मीन बिन मारे मर जाएँगे सरोवर में,
डूब-डूब 'शंकर' सरोज सड़ जायेंगे॥
चौंक-चौंक चारों ओर चौकड़ी भरेंगे मृग,
खंजन खिलाड़ियों के पंख झड़ जायेंगे।
बोलो इन अँखियों की होड़ करने को अब,
कौन-से अड़ीले उपमान अड़ जायेंगे?

10. पं. गयाप्रसाद शुक्ल 'सनेही' : ये हिंदी के एक बड़े ही भावुक और सरसहृदय कवि हैं। ये पुरानी और नयी दोनों चाल की कविताएँ लिखते हैं। इनकी बहुत-सी कविताएँ 'त्रिशूल' के नाम से निकली हैं। उर्दू कविता भी इनकी बहुत ही अच्छी होती है। इनकी

पुरानी ढंग की कविताएँ 'रसिकमित्र', 'काव्यसुधानिधि' और 'साहित्यसरोवर' आदि में बराबर निकलती रहीं। पीछे इनकी प्रवृत्ति खड़ी बोली की और हुई। इनकी तीन पुस्तकें प्रकाशित हैं–'प्रेमपचीसी', 'कुसुमांजलि', 'कृष्कक्रंदन'। इस मैदान में भी इन्होंने अच्छी सफलता पायी है। एक पद्य नीचे दिया जाता है–

तू है गगन विस्तीर्ण तो मैं एक तारा क्षुद्र हूँ।
तू है महासागर अगम, मैं एक धारा क्षुद्र हूँ॥
तू है महानद तुल्य तो मैं एक बूँद समान हूँ।
तू है मनोहर गीत तो मैं एक उसकी तान हूँ॥

11. पं. रामनरेश त्रिपाठी : त्रिपाठी जी का नाम भी खड़ी बोली के कवियों में बड़े सम्मान के साथ लिया जाता है। भाषा की सफाई और कविता के प्रसादगुण पर इनका बहुत जोर रहता है। काव्यभाषा में लाघव के लिए कुछ कारक चिह्नों और संयुक्त क्रियाओं के कुछ अंतिम अवयवों को छोड़ना भी (जैसे, 'कर रहा है' के स्थान पर 'कर रहा' या 'करते हुए' के स्थान पर 'करते') ये ठीक नहीं समझते। कार्यक्षेत्र में जिस स्वाभाविक स्वच्छंदता (रोमांटिसिज्म) का आभास पं. श्रीधर पाठक ने दिया था उसके पथ पर चलने वाले द्वितीय उत्थान में त्रिपाठी जी ही दिखाई पड़े। 'मिलन', 'पथिक' और 'स्वप्न' नामक इनके तीनों खंडकाव्यों में इनकी कल्पना ऐसे मर्मपथ पर चलती है जिस पर मनुष्य मात्र का हृदय स्वभावतः ढलता आया है। ऐतिहासिक या पौराणिक कथाओं के भीतर न बँधकर अपनी भावना के अनुकूल स्वच्छंद संचरण के लिए कवि ने नूतन कथाओं की उद्‌भावना की है। कल्पित आख्यानों की ओर यह विशेष झुकाव स्वच्छंद मार्ग का अभिलाष सूचित करता है। इन प्रबंधों में नरजीवन जिन रूपों में ढालकर सामने लाया गाय है, ये मनुष्यमात्र का मर्मस्पर्श करने वाले हैं तथा प्रकृति के स्वच्छंद और रमणीय प्रसार के बीच अवस्थित होने के कारण शेष सृष्टि से विच्छिन्न नहीं प्रतीत होते।

स्वदेशभक्ति की जो भावना भारतेंदु के समय से चली आती थी उसे सुंदर कल्पना द्वारा रमणीय और आकर्षक रूप त्रिपाठी जी ने ही प्रदान किया। त्रिपाठी जी के उपर्युक्त तीनों काव्य देशभक्ति के भाव से प्रेरित हैं। देशभक्ति का यह भाव उनके मुख्य पात्रों को जीवन के कई क्षेत्रों में सौंदर्य प्रादन करता दिखाई पड़ता है–कर्म के क्षेत्र में भी। वे पात्र कई तरफ से देखने में सुंदर लगते हैं। देशभक्ति को रसात्मक रूप त्रिपाठी जी द्वारा प्राप्त हुआ, इसमें संदेह नहीं।

त्रिपाठी जी ने भारत के प्रायः सब भागों में भ्रमण किया है, इससे इनके प्रकृतिवर्णन में स्थानगत विशेषताएँ अच्छी तरह आ सकी हैं। इनके 'पथिक' में दक्षिण भारत के रम्य दृश्यों का बहुत विस्तृत समावेश है। इसी प्रकार इनके 'स्वप्न' में उत्तराखंड और काश्मीर की सुषमा सामने आती है। प्रकृति के किसी खंड के संश्लिष्ट चित्रण की प्रतिभा इनमें अच्छी है। सुंदर आलंकारिक साम्य खड़ा करने में भी इनकी कल्पना प्रवृत्त होती है पर झूठे आरोपों द्वारा अपनी उड़ान दिखाने का वैचित्र्य खड़ा करने के लिए नहीं।

'स्वप्न' नामक खंड काव्य तृतीय उत्थान काल के भीतर लिखा गया है जबकि 'छायावाद' नाम की शाखा चल चुकी थी, इससे उसे शाखा का भी रंग कहीं-कहीं उसके भीतर झलक मारता है, जैसे–

प्रिय की सुधि-सी ये सरिताएँ, ये कानन कांतार सुसज्जित।

मैं तो नहीं, किंतु है मेरा हृदय किसी प्रियतम से परिचित।
जिसके प्रेमपत्र आते हैं प्रायः सुख सुख-संवाद-सन्निहित॥

अतः उस काव्य को लेकर देखने से थोड़ी-थोड़ी इनकी सब प्रवृत्तियाँ झलक जाती हैं। उसके आरंभ में हम अपनी प्रिया में अनुरक्त वसंत नामक एक सुंदर और विचारशील युवक को जीवन की गंभीर वितर्कदशा में पाते हैं। एक ओर उसे प्रकृति की प्रमोदमयी सुषमाओं के बीच प्रियतमा के साहचर्य को प्रेमसुख लीन रखना चाहता है, दूसरी ओर समाज के असंख्य प्राणियों का कष्ट क्रंदन उसे उद्धार के लिए बुलाता जान पड़ता है। दोनों पक्षों के बहुत-से सजीव चित्र बारी-बारी से बड़ी दूर तक चलते हैं। फिर उस युवक के मन में जगत् और जीवन के संबंध में गंभीर जिज्ञासाएँ उठती हैं। जगत् के इस नाना रूपों का उद्गम कहाँ है? सृष्टि के इन व्यापारों का अंतिम लक्ष्य क्या है? यह जीवन हमें क्यों दिया गया है? इसी प्रकार के प्रश्न उसे व्याकुल करते रहते हैं और कभी-कभी वह सोचता है–

इसी तरह की अमित कल्पना के प्रवाह में मैं निशिवासर,
बहता रहता हूँ विमोहवश; नहीं पहुँचता कहीं तीर पर
रात-दिवस की बूँदों द्वारा तन-घट से परिमित यौवन-जल;
है निकला जा रहा निरंतर, यह रुक सकता नहीं एक पल॥

कभी-कभी उसकी वृत्ति रहस्योन्मुक्त होती है, वह सारा खेल खड़ा करने वाले उस छिपे हुए प्रियतम का आकर्षण अनुभव करता है और सोचता है कि मैं उसके अन्वेषण में क्यों न चल पड़ूँ।

उसकी प्रिया सुमना उसे दिन-रात इस प्रकार भावनाओं में ही मग्न और अव्यवस्थित देखकर कर्म मार्ग पर स्थिर हो जाने का उपदेश देती है–

सेवा है महिमा मनुष्य की, न कि अति उच्च विचार-द्रव्य-बल।
मूल हेतु रवि के गौरव का है प्रकाश ही न कि उच्च स्थल॥
मन की अमित तरंगों में तुम खोते हो इस जीवन का सुख॥

इसके उपरांत देश पर शत्रु चढ़ाई करता है और राजा उसे रोकने में असमर्थ होकर घोषणा करता है कि प्रजा अपनी रक्षा कर ले। इस पर देश के झुंड-के झुंड युवक निकल पड़ते हैं और उनकी पत्नियाँ और माताएँ गर्व से फूली नहीं समाती हैं। देश की इस दशा में वसंत को घर में पड़ा देख उसकी पत्नी सुमना को अत्यंत लज्जा होती है और वह अपने पति से स्वदेश के इस संकट के समय शस्त्र ग्रहण करने को कहती है। जब वह देखती है कि उसका पति उसी के प्रेम के कारण नहीं उठता है तब वह अपने को ही प्रिय के कर्तव्यपथ का बाधक समझती है। वह सुनती है कि एक रुग्णा वृद्धा यह देखकर कि उसका पुत्र उसी की सेवा के ध्यान में युद्ध पर नहीं जाता है, अपना प्राण त्याग कर देती है। अंत में सुमना अपने को वसंत के सामने से हटाना ही स्थिर करती है और चुपचाप घर से निकल पड़ती है। वह पुरुष वेश में वीरों के साथ सम्मिलित होकर अत्यंत पराक्रम के साथ लड़ती है। उधर वसंत उसके वियोग में प्रकृति के खुले क्षेत्र में अपनी प्रेम वेदना की पुकार सुनाता फिरता है, पर सुमना उस समय प्रेमक्षेत्र से दूर थी--

अर्द्ध निशा में तारागण से प्रतिबिंबित आत निर्मल जलमय।
नीलझील के कलित कूल पर मनोव्यथा का लेकर आश्रय॥

नीरवता में अंतस्तल का मर्म करुण स्वर लहरी में भर।
प्रेम जगाया करता था वह विरही विरह गीत गा-गा कर॥
भोजपत्र पर विरह-व्यथामय अगणित प्रेमपत्र लिख-लिखकर।
डाल दिये थे उसने गिरि पर, नदियों के तट पर, वनपथ पर॥
पर सुमना के लिए दूर थे ये वियोग के दृश्य कदंबक।
और न बिरही की पुकार ही पहुँच सकी उसके समीप तक॥

अंत में वसंत एक युवक (वास्तव में पुरुष भेष में सुमना) के उद्‌बोध से निकल पड़ता है और अपनी अद्‌भुत वीरता द्वारा सबका नेता बनकर विजय प्राप्त करता है। राजा यह कहकर कि 'जो देश की रक्षा करे वही राजा' उसको राज्य सौंप देता है। उसी समय सुमना भी उसके सामने प्रकट हो जाती है।

स्वदेशभक्ति की भावना कैसे मार्मिक और रसात्मक रूप में कथा के भीतर व्यक्त हुई है, यह उपर्युक्त सारांश द्वारा देखा जा सकता है। जैसा कि हम पहले कह आये हैं त्रिपाठी जी की कल्पना मानवहृदय के सामान्य मर्मपथ पर चलने वाली है। इनका ग्राम-गीत संग्रह करना इस बात को और भी स्पष्ट कर देता है। अतः त्रिपाठी जी हमें स्वच्छंदतावाद (रोमांटिसिज्म) के प्रकृत पथ पर दिखाई पड़ते हैं। इनकी रचना के कुछ उदाहरण नीचे दिये जाते है–

चारु चंद्रिका से आलोकित विमलोदक सरसी के तट पर,
बौर-गंध से शिथिल पवन में कोकिल का आलाप श्रवण कर।
और सरक आती समीप है प्रमदा करती हुई प्रतिध्वनि;
हृदय द्रवित होता है सुनकर शशिकर छूकर यथा चंद्रमणि॥
किंतु उसी क्षण भूख-प्यास से विकल वस्त्र वंचित अनाथगण,
'हमें किसी की छाँह चाहिए' कहते चुनते हुए अन्नकण,
आ जाते हैं हृदय द्वार पर, मैं पुकार उठता हूँ तत्क्षण–
हाय! मुझे धिक् है जो इनका कर न सका मैं कष्ट-निवारण।
उमड़घुमड़ कर जब घमंड से उठता है सावन में जलधर,
हम पुष्पित कदंब के नीचे झूला करते हैं प्रतिवासर।
तड़ित्प्रभा या घनगर्जन से भय या प्रेमोद्रेक प्राप्त कर,
वह भुजबंधन कस लेती है, यह अनुभव है परम मनोहर।
किंतु उसी क्षण वह गरीबिनी, अति विषादमय जिसके मुँह पर,
घुने हुए छप्पर की भीषण, चिंता के हैं घिरे वारिधर,
जिसका नहीं सहारा कोई, आ जाती है दृग के भीतर,
मेरा हर्ष चला जाता है एक आह के साथ निकल कर॥

(स्वप्न)

प्रतिक्षण नूतन भेष बनाकर रंग-बिरंग निराला।
रवि के सम्मुख थिरक रही है नभ में वारिदमाला॥
नीचे नील समुद्र मनोहर ऊपर नील गगन है।
घन पर बैठ बीच में बिचरूँ, यही चाहता मन है॥
सिंधु-विहंग तरंग पंख को फड़का कर प्रतिक्षण में।

है निमग्न नित भूमि अंक के सेवन में, रक्षण में॥

(पथिक)

मेरे लिए खड़ा था दुखियों के द्वार पर तू।
मैं बाट जोहता था तेरी किसी चमन में।
बनकर किसी के आँसू मेरे लिए बहा तू।
मैं देखता तुझे था माशूक के बदन में॥

(फुटकल)

12. स्वर्गीय लाला भगवानदीन : दीन जी के जीवन का प्रारंभिक काल उस बुंदेलखंड में व्यतीत हुआ था जहाँ देश की परंपरागत पुरानी संस्कृति अभी बहुत कुछ बनी हुई है। उनका रहन-सहन बहुत सादा और उनका हृदय सरल और कोमल था। उन्होंने हिंदी साहित्य की कुछ भी जानकारी प्राप्त किये बिना केवल थोड़ी-सी अंग्रेजी शिक्षा के बल पर हिंदी कविताएँ लिखने लग जाते थे। बुंदेलखंड में शिक्षित वर्ग के बीच और सर्वसाधारण में भी हिंदी कविता का सामान्य रूप में प्रचार चला आ रहा है। ऋतुओं के अनुसार जो त्योहार और उत्सव रखे गये हें, उनके आगमन पर वहाँ लोगों में अब भी प्राय: वही उमंग दिखाई देती है। विदेशी संस्करणों के कारण वह मारी नहीं गयी है। लाला साहब वही उमंगभरा हृदय लेकर छतरपुर से काशी आ रहे। हिंदी शब्दसागर के संपादकों में एक वे भी थे। पीछे हिंदू विश्वविद्यालय में हिंदी साहित्य की व्यवस्थित रूप से शिक्षा देने के लिए काशी में उन्होंने एक साहित्य विद्यालय खोला जो उन्हीं के नाम से अब तक बहुत अच्छे ढंग पर चला जा रहा है। कविता में वे अपना उपनाम 'दीन' रखते थे।

लाला जी का जन्म संवत् 1923 में और मृत्यु संवत् 1987 (जुलाई, 1930) में हुई।

पहले वे ब्रजभाषा में पुराने ढंग की कविता करते थे, पीछे 'लक्ष्मी' के संपादक हो जाने पर खड़ी बोली की कविताएँ लिखने लगे। खड़ी बोली में उन्होंने वीरों के चरित्र लेकर बोलचाल की कड़कड़ाती भाषा में जोशीली रचना की है। खड़ी बोली की कविताओं का तर्ज उन्होंने प्राय: मुंशियाना ही रखा था। वह छंद भी उर्दू के रखते थे और भाषा में चलते अरबी या फारसी शब्द भी लाते थे। इस ढंग से उनके तीन काव्य निकले हैं–'वीर क्षत्राणी', 'वीर बालक' और 'वीर पंचरत्न'। लाला जी पुराने हिंदी काव्य और साहित्य के अच्छे मर्मज्ञ थे। बहुत-से प्राचीन काव्यों की नये ढंग की टीकाएँ करके उन्होंने अध्ययन के अभिलाषियों का बड़ा उपकार किया है। रामचंद्रिका, कविप्रिया, दोहावली, कवितावली, बिहारी सतसई आदि की इनकी टीकाओं ने विद्यार्थियों के लिए अच्छा मार्ग खोल दिया। भक्ति और शृंगार की पुराने ढंग की कविताओं में उक्ति चमत्कार वे अच्छा लाते थे।

उनकी कविताओं के दोनों तरह के नमूने नीचे देखिए–

सुनि मुनि कौसिक तें साप को हवाल सब,
बाढ़ी चित करुना की अजब उमंग है।
पद-रज डारि करे पाप सब छारि,
करि नवल सुनारि दियो धामहू उतंग है।
'दीन' भनै ताहि लखि जात पतिलोक,
ओर उपमा अभूत को सुझानों नयो ढंग है।

कौतुकनिधान राम रज की बनाय रज्ज,
पद ते उड़ाई ऋषि-पतिनी-पतंग है॥

वीरों की सुमाताओं का यश जो नहीं गाता।
वह व्यर्थ सुकवि होने का अभिमान जनाता॥
जो वीर-सुयश गाने में है ढील दिखाता।
सब वीर किया करते हैं सम्मान कलम का।
वीरों का सुयशगान है अभिमान कलम का॥

इनकी फुटकल कविताओं का संग्रह 'नवीन बीन' या 'नदीमें दीन' में है।

13. पं. रूपनारायण पांडेय : पांडेय जी ने यद्यपि ब्रजभाषा में भी बहुत कुछ कविता की है, पर इधर अपनी खड़ी बोली की कविताओं के लिए ही ये अधिक प्रसिद्ध हैं। इन्होंने बहुत उपयुक्त विषय कविता के लिए चुने हैं और उनमें पूरी रसात्मकता लाने में समर्थ हुए हैं। इनके विषय के चुनाव में ही भावुकता टपकती है; जैसे, दलित कुसुम, वनविहंगम, आश्वासन। इनकी कविताओं का संग्रह 'पराग' के नाम से प्रकाशित हो चुका है। पांडेय जी की 'वनविहंगम' नाम की कविता में हृदय की विशालता और सरसता का बहुत अच्छा परिचय मिलता है। 'दलित कुसुम' की अन्योक्ति भी बड़ी हृदयग्राहिणी है। संस्कृत और हिंदी दोनों के छंदों में खड़ी बोली को इन्होंने बड़ी सुघड़ाई से ढाला है। यहाँ स्थानाभाव से हम दो ही पद उद्धृत कर सकते हैं–

अहह! अधम आँधी, आ गयी तू कहाँ से?
प्रलय बन-घटा-सी छा गयी तू कहाँ से?
पर-दुख-सुख तू ने, हा! न देखा न भाला।
कुसुम अधखिला ही, हाय! यों तोड़ डाला॥

बन बीच बसे थे, फँसे थे ममत्व में एक कपोत-कपोती कहीं।
दिन-रात न एक को दूसरा छोड़ता, ऐसे हिले-मिले दोनों वहीं॥
बढ़ने लगा नित्य नया-नया नेह, नयी-नयी कामना होती रही।
कहने का प्रयोजन है इतना, इनके सुख की रही सीमा नहीं॥

14. पं. सत्यनारायण 'कविरत्न' : खड़ी बोली की खरखराहट (जो तब तक बहुत कुछ बनी हुई थी) के बीच 'वियोगी हरि' के समान स्वर्गीय पं. सत्यनारायण 'कविरत्न' (जन्म संवत् 1936, मृत्यु 1975) भी ब्रज भी मधुरवाणी सुनाते रहे। रीतिकाल के कवियों की परंपरा पर न चलकर वे या तो भक्तिकाल के कृष्णभक्त कवियों के ढंग पर चले हैं अथवा भारतेंदुकाल की नूतन कविता की प्रणाली पर। ब्रजभूमि और ब्रजपति का प्रेम उनके हृदय की संपत्ति थी। ब्रज के अतीत दृश्य उनकी आँखों में फिरा करते थे। इंदौर के पहले साहित्य सम्मेलन के अवसर पर ये मुझे वहाँ मिले थे। वहाँ की अत्यंत काली मिट्टी देख वे बोले, 'या माटी को तो हमारे कन्हैया न खाते'।

अंग्रेजी की ऊँची शिक्षा पाकर भी उन्होंने अपनी चाल-ढाल ब्रजमंडल के ग्रामीण भलेमानसों की ही रखी। धोती, बगलबंदी और दुपट्टा; सिर पर एक गोप टोपी; यही उनका भेष रहा था। ये बाहर जैसे सरल और सादे थे, भीतर से वैसे ही थे। सादापन दिखाने के लिए धारण किया हुआ नहीं है, स्वभावत: है, यह बात उन्हें देखते ही और उनकी बातें सुनते ही

प्रकट हो जाती थी। बाल्यकाल से लेकर जीवनपर्यंत वे आगरा से डेढ़ कोस पर ताजगंज के पास धाँधूपुर गाँव में ही रहे। उनका जीवन क्या था, जीवन की विषमता का एक छाँटा हुआ दृष्टांत था। उनका जन्म और बाल्यकाल, विवाह और गार्हस्थ्य, सब एक दुखभरी कहानी के संबद्ध खंड थे। वे थे ब्रजमाधुरी में पगे जीव; उनकी पत्नी थी आर्यसमाज के तीखेपन में पली महिला। इस विषमता की विरसता बढ़ती ही गयी और थोड़े ही अवस्था में कविरत्न जी की जीवन यात्रा समाप्त हो गयी।

ब्रजभाषा की कविताएँ वे छात्रावस्था से ही लिखने लगे थे। वसंतागमन पर वर्षा के दिनों में वे रसिए आदि ग्रामीण अनपढ़ ग्रामीणों में मिलकर निस्संकोच गाते थे। सवैया पढ़ने का ढंग उनका ऐसा आकर्षक था कि सुनने वाले मुग्ध हो जाते थें जीवन की घोर विषमताओं के बीच भी वे प्रसन्न और हँसमुख दिखाई देते थे। उनके लिए उनका जीवन ही एक काव्य था, अतः जो बातें प्रत्यक्ष उनके सामने आती थीं, काव्य का रूप-रंग देते उन्हें देर नहीं लगती थी। मित्रों के पास वे प्रायः पद्य में पत्र लिखा करते थे जिनमें कभी-कभी उनके स्वभाव की झलक भी रहती थी, जैसे स्वर्गीय पद्मसिंह जी के पास भेजी हुई इस कविता में–

जो मों सों हँसि मिलै होत मैं तासु निरंतर चेरो।
बस गुन-ही गुन निरखत तिह मधि सरल प्रकृति को प्रेरो॥
यह स्वभाव को रोग जानिए, मेरो बस कछु नाहीं।
नित नव विकल रहत याही सो सहृदय बिछुरन माहीं॥
सदा दारुयोषित सम बेबस आज्ञा मुदित प्रमानै।
कोरो सत्य ग्राम को वासी कहा 'तकल्लुफ' जानै॥

किसी का कोई अनुरोध टालना तो उनके लिए असंभव था। यह जानकर बराबर लोग किसी-न-किसी अवसर के उपयुक्त कविता बना देने की प्रेरणा उनसे किया करते थे और वे किसी को निराश न करते थे। उनकी वही दशा थी जो उर्दू के प्रसिद्ध शायर इशा की लखनऊ दरबार में हो गयी थी। इससे उनकी अधिकांश रचनाएँ सामयिक हैं और जल्दी में जोड़ी हुई प्रतीत होती है जैसे–स्वामी रामतीर्थ, तिलक, गोखले, सरोजिनी नायडू इत्यादि की प्रशस्तियाँ, लोकहितकर आयोजनों के लिए अपील (हिंदू विश्वविद्यालय के लिए लंबी अपील देखिए), दुख और अन्याय के निवारण के लिए पुकार (कुली प्रथा के विरुद्ध 'पुकार' देखिए)।

उन्होंने जीती-जागती ब्रजभाषा ली है। उनकी ब्रजभाषा उसी स्वरूप में बँधी न रहकर जो काव्यपरंपरा के भीतर पाया जाता है, बोलचाल के चलते रूपों को लेकर चली है। बहुत-से ऐसे शब्द और रूपों का उन्होंने व्यवहार किया है जो परंपरागत काव्यभाषा में नहीं मिलते।

'उत्तररामचरित' और 'मालतीमाधव' के अनुवादों में श्लोकों के स्थान पर उन्होंने बड़े मधुर सवैये रखे हैं। मेकाले के अंग्रेजी खंडकाव्य 'होरेशस' का पद्यबद्ध अनुवाद उन्होंने बहुत पहले किया था। कविरत्न जी की बड़ी कविताओं में 'प्रेमकलरी' और 'भ्रमरदूत' विशेष उल्लेख योग्य हैं। 'भ्रमरदूत' में यशोदा ने द्वारका में जा बसे हुए कृष्ण के पास संदेश भेजा है। उसकी रचना नंददास के 'भ्रमरगीत' के ढंग पर की गयी है, पर अंत में देश की वर्तमान दशा और अपनी दशा का भी हल्का-सा आभास कवि ने दिया है। सत्यनारायण जी की रचना के कुछ नमूने देखिए–

अलबेली कहु बेलि द्रुमन सों लिपटि सुहाई।

धोये-धोये पातन की अनुपम कमनाई।।
चातक शुक कोयल ललित, बोलत-बोलत मधुरे बोल।
कूकि-कूकि केकी कलित कुंजन करत कलोल।।
निरखि घन की घटा।
लखि वह सुषमा जाल लाल निज बिन नंदरानी।
हरि सुधि उमड़ी तन उर अति अकुलानी।।
सुधि बुधि तजि माथौ पकरि, करि-करि सोच अपार।
दृगजाल मिस मानहु निकरि बही विरह की धार।।
कृष्ण रटना लगी।
कौन भेजौं दूत - पूत सों बिथा सुनावे।
बातन में बहराइ जाइ ताको यहँ लावै।।
त्यागि मधुपुरी को गयो छाँड़ि सबन के साथ।
सात समुंदर पै भयो दूर द्वारकानाथ।।
जाइगो को उहाँ?
नित नव परत अकाल, काल को चलत चक्र चहुँ।
जीवन को आनंद न देख्यो जात यहाँ कहुँ।।
बढ़्यो अथेच्छाचार वृत्त जहँ देखौ तहँ राज।
होत जात दुर्बल विकृत दिन-दिन आर्यसमाज।।
दिनन के फेर सों।
जे तजि मातृभूमि सों ममता होत प्रवासी।
तिन्हैं बिदेसी तंग करत दै बिपदा खासी।।
नारीशिक्षा अनादरत जे लोग अनारी।
ते स्वदेश अवनति प्रचंड पातक अधिकारी।।
निरखि हाल मेरो प्रथम लेहु समुझि सब कोइ।
विद्याबल लहि मति परम अबला सबला होइ।।
लखौं अजमाइ कै।

(भ्रमरदूत)

भयो क्यों अनचाहत को संग?
सब जग के तुम दीपक, मोहन! प्रेमी हमहुँ पतंग।।
लखि तब दीपति, देहशिखा में निरत, बिरह लौं लागी।
खींचति आप सों आप उतहि यह, ऐसी प्रकृति अभागी।।
यद्यपि सनेह भरी तब बतियाँ, तउ अचरज की बात।
योग वियोग दोउन में इक सम नित्य जरावत गात।।

◉◉

संदर्भ

1. संवत् 1967 में प्रकाशित हो गया।

(संवत् 1975-)

काव्यखंड

प्रकरण-4

तृतीय उत्थान : वर्तमान काव्यधाराएँ : सामान्य परिचय

द्वितीय उत्थान के समाप्त होते-होते खड़ी बोली में बहुत कुछ कविता हो चुकी थी। इन 25-30 वर्षों के भीतर वह बहुत कुछ मँजी, इसमें संदेह नहीं, पर इतनी नहीं जितनी उर्दू काव्य क्षेत्र के भीतर जाकर मँजी है। जैसा पहले कह चुके हैं, हिंदी में खड़ी बोली के पद्यप्रवाह के लिए तीन रास्ते खोले गये–उर्दू या फारसी की बह्रों का, संस्कृत के वृत्तों का और हिंदी काव्य का निकला हुआ अपना मार्ग नहीं। अतः शेष दो मार्गों का ही थोड़े में विचार किया जाता है।

इसमें तो कोई संदेह नहीं कि संस्कृत के वर्णवृत्तों का माधुर्य अन्यत्र दुर्लभ है, पर उनमें भाषा इतनी जकड़ जाती है कि वह भावधारा के मेल में पूरी तरह से स्वच्छंद होकर नहीं चल सकती। इसी से संस्कृत के लंबे समासों का बहुत कुछ सहारा लेना पड़ता है। पर संस्कृत पदावली के अधिक समावेश से खड़ी बोली की स्वाभाविक गति के प्रसार के लिये अवकाश कम रहता है। अतः वर्णवृत्तों का थोड़ा-बहुत उपयोग किसी बड़े प्रबंध के भीतर बीच में ही उपयुक्त हो सकता है। तात्पर्य यह कि संस्कृत पदावली का अधिक आश्रय लेने से खड़ी बोली के मँजने की संभावना दूर ही रहेगी।

हिंदी के सब तरह के प्रचलित छंदों में खड़ी बोली की स्वाभाविक वाग्धारा का अच्छी तरह खपने के योग्य हो जाना ही उनका मँजना कहा जायेगा। हिंदी के प्रचलित छंदों में दंडक और सवैया भी हैं। सवैया यद्यपि वर्णवृत्त है, पर लय के अनुसार लघु-गुरु का बंधन उसमें बहुत कुछ उसी प्रकार शिथिल हो जाता है जिस प्रकार उर्दू के छंदों में। मात्रिक छंदों में तो कोई अड़चन नहीं है। प्रचलित मात्रिक छंदों के अतिरिक्त कविजन इच्छानुसार नये छंदों का विधान भी बहुत अच्छी तरह कर सकते हैं।

खड़ी बोली की कविताओं की उत्तरोत्तर गति की ओर दृष्टिपात करने से यह पता चल जाता है कि किस प्रकार ऊपर लिखी बातों की ओर लोगों का ध्यान क्रमशः गया है और जा रहा है। बाबू मैथिलीशरण गुप्त की कविताओं में चलती हुई खड़ी बोली का परिमार्जित और सुव्यवस्थित रूप गीतिका आदि हिंदी के प्रचलित छंदों में तथा नये गढ़े हुए छंदों में पूर्णतया देखने में आया। ठाकुर गोपालशरण सिंह जी कवित्तों और सवैयों में खड़ी बोली का बहुत ही मँजा हुआ रूप सामने ला रहे हैं। उनकी रचनाओं को देखकर खड़ी बोली के मँज जाने की पूरी आशा होती है।

खड़ी बोली का पूर्ण सौष्ठव के साथ मँजना तभी कहा जायेगा जब कि पद्यों में उसकी अपनी गतिविधि का पूरा समावेश हो और दूर तक चलने वाले वाक्य सफाई के साथ बैठें।

भाषा का इस रूप में परिमार्जन उन्हीं के द्वारा हो सकता है जिनका हिंदी पर पूरा अधिकार है, जिन्हें उसकी प्रकृति की पूरी परख है। पर जिस प्रकार बाबू मैथिलीशरण गुप्त और ठाकुर गोपालशरण सिंह जी ऐसे कवियों की लेखनी से खड़ी बोली को मँजते देख आशा का पूर्ण संचार होता है उसी प्रकार कुछ ऐसे लोगों को जिन्होंने अध्ययन या शिष्ट समागम द्वारा भाषा पर पूरा अधिकार नहीं प्राप्त किया है, संस्कृत की विकीर्ण पदावली के भरोसे पर या अंग्रेजी पद्यों के वाक्यखंडों के शब्दानुसार जोड़-जोड़ कर, हिंदी कविता के नये मैदान में उतरते देख आशंका भी होती है। ऐसे लोग हिंदी जानने पर उसका अभ्यास करने की जरूरत नहीं समझते। पर हिंदी भी एक भाषा है, जो आते-आते आती है। भाषा बिना अच्छी तरह जाने वाक्यविन्यास, मुहावरे आदि कैसे ठीक हो सकते हैं?

नये-नये छंदों के व्यवहार और तुक के बंधन के त्याग की सलाह द्विवेदी जी ने बहुत पहले दी थी। उन्होंने कहा था कि 'तुले हुए शब्दों में कविता करने और तुक, अनुप्रास आदि ढूँढ़ने से कवियों के विचारस्वातंत्र्य में बाधा आती है।'

नये-नये छंदों की योजना के संबंध में हमें कुछ नहीं कहना है। यह बहुत अच्छी बात है। 'तुक' भी ऐसी कोई अनिवार्य वस्तु नहीं। चरणों के भिन्न-भिन्न प्रकार के मेल चाहे जितने किये जायें, ठीक हैं। पर इधर कुछ दिनों से बिना छंद (मीटर) के पद्य भी-बिना तुकांत के होना तो बहुत ध्यान देने की बात नहीं-निराला जी ऐसे नयी रंगत के कवियों में देखने में आते हैं। यह अमेरिका के एक कवि वाल्ट ह्विटमैन (Walt Whitman) की नकल है, जो पहले बँगला में थोड़ी-बहुत हुई। बिना किसी प्रकार की छंदोव्यवस्था की अपनी पहली रचना 'लीव्स ऑफ ग्रास' उसने सन् 1855 ई. में प्रकाशित की। उसके उपरांत और भी बहुत-सी रचनाएँ इसी प्रकार की मुक्त या स्वच्छंद पंक्तियों में निकलीं, जिनके संबंध में एक समालोचक ने लिखा है-

"A chaos of impressions, thought of feelings thrown together without thyme, which matters little, without metre, which matters more and often without reason, which matters much."[1]

सारांश यह कि उसकी ऐसी रचनाओं में छंदोव्यवस्था का ही नहीं, बुद्धितत्त्व का भी प्रायः अभाव है। उसकी वे ही कविताएँ अच्छी मानी और पढ़ी गयीं जिनमें छंद और तुकांत की व्यवस्था थी।

पद्यव्यवस्था से मुक्त काव्यरचना वास्तव में पाश्चात्य ढंग के गीतकाव्यों के अनुकरण का परिणाम है। हमारे यहाँ के संगीत में बँधी हुई राग-रागनियाँ हैं। पर यूरोप में संगीत के बड़े-बड़े उस्ताद (कंपोजर्स) अपनी अलग-अलग नादयोजना या स्वरमैत्री चलाया करते हैं। उस ढंग का अनुकरण पहले बंगाल में हुआ। वहाँ की देखादेखी हिंदी में भी चलाया गया। 'निराला' जी का तो इसकी ओर प्रधान लक्ष्य रहा। हमारा इस संबंध में यही कहना है कि काव्य का प्रभाव केवल नाद पर अवलंबित नहीं।

छंदों के अतिरिक्त वस्तुविधान और अभिव्यंजनशैली में भी कई प्रकार की प्रवृत्तियाँ इस तृतीय उत्थान में प्रकट हुईं जिससे अनेकरूपता की ओर हमारा काव्य कुछ बढ़ता दिखाई पड़ा। किसी वस्तु में अनेकरूपता आना विकास का लक्षण है, यदि अनेकता के भीतर एकता का कोई एक सूत्र बराबर बना रहे। इस सामन्वय से रहित जो अनेकरूपता होगी वह भिन्न-भिन्न

वस्तुओं की होगी, एक ही वस्तु की नहीं। अतः काव्यत्व यदि बना रहे तो काव्य का अनेक रूप-धारण करके भिन्न-भिन्न शाखाओं में प्रवाहित होना उसका विकास ही कहा जायेगा। काव्य के भिन्न-भिन्न रूप एक-दूसरे के आगे-पीछे भी आविर्भूत हो सकते हैं और साथ-साथ भी निकल और चल सकते हैं। पीछे आविर्भूत होनेवाला रूप पहले से चले आते हुए रूप से अवश्य ही श्रेष्ठ या समुन्नत हो, ऐसा कोई नियम काव्यक्षेत्र में नहीं है। अनेक रूपों की धारणा करने वाला तत्त्व यदि एक है तो शिक्षित जनता की बाह्य और आभ्यंतर स्थिति के साथ सामंजस्य के लिए काव्य अपना रूप भी कुछ बदल सकता है और रुचि की विभिन्नता का अनुसरण करता हुआ एक साथ कई रूपों में भी चल सकता है।

प्रथम उत्थान के भीतर हम देख चुके है कि किस प्रकार काव्य को भी देश की बदलती हुई स्थिति और मनोवृत्ति के मेल में लाने के लिए भारतेंदु ने कुछ प्रयत्न किया पर यह प्रयत्न केवल सामाजिक और राजनीतिक स्थिति की ओर हृदय को थोड़ा प्रवृत्त करके रह गया। राजनीतिक और सामाजिक भावनाओं को व्यक्त करने वाली वाणी भी दबी-सी रही। उसमें न तो संकल्प की दृढ़ता और न्याय के आग्रह का जोश था, न उलटफेर की प्रबल कामना का वेग। स्वदेश प्रेम व्यंजित करने वाला यह स्वर अवसाद और खिन्नता का स्वर था, आवेश और उत्साह का नहीं। उसमें अतीत के गौरव का स्मरण और वर्तमान ह्रास का वेदनापूर्ण अनुभव ही स्पष्ट था। अभिप्राय यह कि प्रेम जगाया तो गया, पर कुछ नया-नया-सा होने के कारण उस समय काव्यभूमि पर पूर्ण रूप से प्रतिष्ठित न हो सका।

कुछ नूतन भावनाओं के समावेश के अतिरिक्त काव्य की परंपरागत पद्धति में किसी प्रकार का परिवर्तन भारतेंदुकाल में न हुआ। भाषा ब्रजभाषा ही रहने दी गयी और उसकी अभिव्यंजनाशक्ति का कुछ विशेष प्रसार न हुआ। काव्य को बँधी हुई प्रणालियों से बाहर निकाल कर जगत् और जीवन के विविध पक्षों की मार्मिकता झलकाने वाली धाराओं में प्रवाहित करने की प्रवृत्ति भी न दिखाई पड़ी।

द्वितीय उत्थान में कुछ दिन ब्रजभाषा के साथ चलकर खड़ी बोली क्रमशः अग्रसर होने लगी; यहाँ तक कि नयी पीढ़ी के कवियों को उसी का समय दिखाई पड़ा। स्वदेशगौरव और स्वदेशप्रेम की जो भावना प्रथम उत्थान में जगायी गयी थी उसका अधिक प्रसार द्वितीय उत्थान में हुआ और 'भारत भारती' ऐसी पुस्तक निकली। इस भावना का प्रसार तो हुआ पर इसकी अभिव्यंजना में प्रातिभ प्रगल्भता न दिखाई पड़ी।

शैली में प्रगल्भता और विचित्रता चाहे न आयी हो, पर काव्यभूमि का प्रसार अवश्य हुआ। प्रसार और सुधार की जो चर्चा नागरीप्रचारिणी सभा की स्थापना के समय से ही रह-रहकर थोड़ी-बहुत होती आ रही थी वह 'सरस्वती' निकलने के साथ ही कुछ अधिक ब्योरे के साथ हुई। उस पत्रिका के प्रथम दो-तीन वर्षों के भीतर ही ऐसे लेख निकले जिनमें साफ-साफ कहा गया कि अब नायिका-भेद और शृंगार में ही बँधे रहने का जमाना नहीं है, संसार में न जाने कितनी बातें हैं जिन्हें लेकर कवि चल सकते हैं। इस बात पर द्विवेदी जी बराबर जोर देते रहे और कहते रहे कि 'कविता के बिगड़ने और उसकी सीमा परिमित हो जाने से साहित्य पर भारी आघात होता है।' द्विवेदी जी 'सरस्वती' के संपादन-काल में कविता में नयापन लाने के बराबर इच्छुक रहे। नयापन आने के लिए वे नये-नये विषयों का नयापन या नानात्व प्रधान समझते रहे और छंद, पदावली, अलंकार आदि का नयापन उसका अनुगामी।

रीतिकाल की शृंगारी कविता की ओर लक्ष्य करके उन्होंने लिखा–

> **इस तरह की कविता सैकड़ों वर्षों से होती आ रही है। अनेक कवि हो चुके जिन्होंने इस विषय पर न मालूम क्या-क्या लिख डाला हैं इस दशा में नये कवि अपनी कविता में नयापन कैसे ला सकते है; वही तुक, वही छंद, वही शब्द, वही उपमा, वही रूपक! इस पर भी लोग पुरानी लकीर बराबर पीटते जाते हैं। कविता, सवैये, दोहे, सोरठे लिखने से बाज नहीं आते।**

द्वितीय उत्थान के भीतर हम दिखा आये हैं कि किस प्रकार काव्यक्षेत्र का विस्तार बढ़ा, बहुत-से नये-नये विषय लिये गये और बहुत-से कवि कवित्त, सवैये लिखने से बाज आकर संस्कृत के अनेक वृत्तों में रचना करने लगे। रचनाएँ चाहे अधिकतर साधारण गद्यनिबंधों के रूप में ही हुई हों, पर प्रवृत्ति अनेक विषयों की ओर रही, इसमें संदेह नहीं। उसी द्वितीय उत्थान में स्वतंत्र वर्णन के लिए मनुष्येतर प्रकृति को कवि लोग लेने लगे पर अधिकतर उसके ऊपरी प्रभाव तक ही रहे। उसके रूप, व्यापार कैसे सुखद, सजीले और सुहावने लगते हैं, अधिकतर यही देख-दिखाकर उन्होंने संतोष किया। चिर साहचर्य से उत्पन्न उनके प्रति हमारा राग व्यंजित न हुआ। उनके बीच मनुष्य जीवन को रखकर उसके प्रकृत स्वरूप पर व्यापक दृष्टि नहीं डाली गयी। रहस्यमयी सत्ता के अक्षरप्रसार के भीतर व्यंजित भावों और मार्मिक तथ्यों के साक्षात्कार तथा प्रत्यक्षीकरण की ओर झुकाव न देखने में आया। इसी प्रकार विश्व के अत्यंत सूक्ष्म और अत्यंत महान् विधानों के बीच जहाँ तक हमारा ज्ञान पहुँचा है वहाँ तक हृदय को भी पहुँचाने का कुछ प्रयास होना चाहिए था, पर न हुआ। द्वितीय उत्थानकाल का अधिकांश भाग खड़ी बोली को भिन्न-भिन्न प्रकार के पद्यों में ढालने में ही लगा।

तृतीय उत्थान में आकर खड़ी बोली के भीतर काव्यत्व का अच्छा स्फुरण हुआ। जिस देशप्रेम को लेकर काव्य की नूतन धारा भारतेंदुकाल में चली थी वह उत्तरोत्तर प्रबल और व्यापक रूप धारण करता आया। शासन की अव्यवस्था और अशांति के उपरांत अंग्रेजी के शांतिमय और रक्षापूर्ण शासन के प्रति कृतज्ञता का भाव भारतेंदुकाल में बना हुआ था। इससे उस समय की देशभक्ति संबंधी कविताओं के राजभक्ति का स्वर भी प्रायः मिला पाया जाता है। देश की दुखदशा का प्रधान कारण राजनीति समझते हुए भी उस दुखदशा में उद्धार के लिए कवि लोग दयामय भगवान् को ही पुकारते मिलते हैं। कहीं-कहीं उद्योग धंधों को न बढ़ाने, आलस्य में पड़े रहने और देश की बनी वस्तुओं का व्यवहार न करने के लिए वे देशवासियों को भी कोसते पाये जाते हैं। सरकार पर रोष या असंतोष की व्यंजना उनमें नहीं मिलती। कांग्रेस की प्रतिष्ठा होने के उपरांत भी बहुत दिनों तक देशभक्ति की वाणी में विशेष बल और वेग न दिखाई पड़ा। बात यह थी कि राजनीति की लंबी-चौड़ी चर्चा साल भर में एक बार धूमधाम के साथ थोड़े-से शिक्षित बड़े आदमियों के बीच हो जाया करती थी जिसका कोई स्थायी और क्रियोत्पादक प्रभाव नहीं देखने में आता था। अतः द्विवेदीकाल की देशभक्ति संबंधी रचनाओं में शासनपद्धति के प्रति असंतोष तो व्यंजित होता था पर कर्म में तत्पर कराने का आत्मत्याग कराने वाला जोश और उत्साह न था। आंदोलन भी कड़ी याचना के आगे नहीं बढ़े थे।

तृतीय उत्थान में आकर परिस्थिति बहुत बदल गयी। आंदोलनों ने सक्रिय रूप धारण किया और गाँव-गाँव राजनीतिक और आर्थिक परतंत्रता के विरोध की भावना जगायी गयी। सरकार से कुछ माँगने के स्थान पर अब कवियों की वाणी देशवासियों को ही 'स्वतंत्रता

देवी की वेदी पर बलिदान' होने को प्रोत्साहित करने लगी। अब जो आंदोलन चले वे सामान्य जनसमुदायों को भी साथ लेकर चले। इससे उनके भीतर अधिक आवेश और बल का संचार हुआ। सबसे बड़ी बात यह हुई कि आंदोलन संसार के और भागों में चलने वाले आंदोलनों के मेल में लाये गये, जिससे ये क्षोभ की एक सार्वभौम धारा की शाखाओं से प्रतीत हुए। वर्तमान सभ्यता और लोक की घोर आर्थिक विषमता से जो असंतोष का ऊँचा स्वर पश्चिम में उठा और उसकी गूँज यहाँ भी पहुँची। दूसरे देशों का धन खींचने के लिए यूरोप में महायंत्रप्रवर्तक का जो क्रम चला उससे पूँजी लगाने वाले थोड़े-से लोगों के पास तो अपार धनराशि इकट्ठी होने लगी पर अधिकांश श्रमजीवी जनता के लिए भोजन, वस्त्र मिलना भी कठिन हो गया। अतः एक ओर तो यूरोप में मशीन की सभ्यता के विरुद्ध टालस्टाय की धर्मबुद्धि जगाने वाली वाणी सुनायी पड़ी जिसका भारतीय अनुवाद गाँधी जी ने किया; दूसरी ओर इस घोर आर्थिक विषमता की ओर प्रतिक्रिया के रूप में साम्यवाद और समाजवाद नामक सिद्धांत चले जिन्होंने रूस में अत्यंत उग्र रूप धारण करके भारी उलट-फेर कर दिया।

अब संसार के प्रायः सारे सभ्य भाग एक-दूसरे के लिए खुले हुए हैं। इससे एक भूखंड में उठी हुई हवाएँ दूसरे भूखंड में शिक्षित वर्गों तक तो अवश्य ही पहुँच जाती हैं। यदि उनका सामंजस्य दूसरे भूखंड की परिस्थिति के साथ हो जाता है तो उस परिस्थिति के अनुरूप शक्तिशाली आंदोलन चल पड़ते हैं। इसी नियम के अनुसार शोषक साम्राज्यवाद के विरुद्ध राजनीतिक आंदोलन के अतिरिक्त यहाँ भी किसान आंदोलन, मजदूर आंदोलन, अछूत आंदोलन इत्यादि कई आंदोलन एक विराट् परिवर्तनवाद के नाना व्यावहारिक अंगों के रूप में चले। श्री रामधारीसिंह 'दिनकर', बालकृष्ण शर्मा 'नवीन', माखनलाल चतुर्वेदी आदि कई कवियों की वाणी द्वारा ये भिन्न-भिन्न प्रकार के आंदोलन प्रतिध्वनित हुए। ऐसे समय में कुछ ऐसे भी आंदोलन दूसरे देशों की देखादेखी खड़े होते हैं जिनकी नौबत वास्तव में नहीं आयी रहती। यूरोप में जब देश बड़े-बड़े कल-कारखानों से भर गये हैं और जनता का बहुत-सा भाग उसमें लग गया है तब मजदूर आंदोलन की नौबत आयी है। यहाँ अभी कल-कारखाने केवल चल खड़े हुए हैं और उनमें काम करने वाले थोड़े-से मजदूरों की दशा खेत में काम करने वाले करोड़ों अच्छे किसानों की दशा से कहीं अच्छी है। पर मजदूर आंदोलन साथ लग गया। जो कुछ हो, इन आंदोलनों का तीव्र स्वर हमारी काव्यवाणी मे सम्मिलित हुआ।

जीवन के कई क्षेत्रों में जब एक साथ परिवर्तन के लिए पुकार सुनाई पड़ती है तब परिवर्तन एक 'वाद' का व्यापक रूप धारण करता है और वह बहुतों के लिए सब क्षेत्रों में स्वतः एक चरम साध्य बन जाता है। 'क्रांति' के नाम से परिवर्तन की प्रबल कामना हमारे हिंदी काव्य क्षेत्र में प्रलय की पूरी पदावली के साथ व्यक्त की गयी। इस कामना के साथ कहीं-कहीं प्राचीन के स्थान पर नवीन के दर्शन की उत्कंठा भी प्रकट हुई। सब बातों में परिवर्तन-ही-परिवर्तन की यह कामना कहाँ तक वर्तमान परिस्थिति के स्वतंत्र पर्यालोचन का परिणाम है और कहाँ तक केवल अनुकृत है, नहीं कहा जा सकता हैं इतना अवश्य दिखाई पड़ता है कि इस परिवर्तनवाद के प्रदर्शन की प्रवृत्ति अधिक हो जाने से जगत् और जीवन के स्वरूप की यह अनुभूति ऐसे कवियों में कम जग जायेगी जिसकी व्यंजना काव्य को दीर्घायु प्रदान करती है।

यह तो हुई काल के प्रभाव की बात। थोड़ा यह भी देखना चाहिए कि चली आती

हुई काव्यपरंपरा की शैली से अतृप्ति या असंतोष के कारण परिवर्तन की कामना कहाँ तक जगी और उसकी अभिव्यक्ति किन-किन रूपों में हुई। भक्तिकाल और रीतिकाल की चली आती हुई परंपरा के अंत में किस प्रकार भारतेंदु मंडल के प्रभाव से देशप्रेम और जातिगौरव की भावना को लेकर एक नूतन परंपरा की प्रतिष्ठा हुई, इसका उल्लेख हो चुका है। द्वितीय उत्थान में काव्य की नूतन परंपरा का अनेक विषयस्पर्शी प्रसार अवश्य हुआ पर द्विवेदी जी के प्रभाव से एक ओर उसमें भाषा की सफाई आयी, दूसरी ओर उसका स्वरूप गद्यवत, रूखा, इतिवृत्तात्मक और अधिकतर बाह्यार्थ निरूपक हो गया। अत: इस तृतीय उत्थान में जो प्रतिवर्तन हुआ और पीछे 'छायावाद' कहलाया वह उसी द्वितीय उत्थान की कविता के विरुद्ध कहा जा सकता है। उसका प्रधान लक्ष्य काव्यशैली की ओर था, वस्तुविधान की ओर नहीं। अर्थभूमि या वस्तुभूमि का तो उसके भीतर बहुत संकोच हो गया। समन्वित विशाल भावनाओं को लेकर चलने की ओर ध्यान न रहा।

द्वितीय उत्थान की कविता में काव्य का स्वरूप खड़ा करने वाली दोनों बातों की कमी दिखाई पड़ती थी, कल्पना का रंग भी बहुत कम फीका रहता था और हृदय का वेग भी खूब खुलकर नहीं व्यंजित होता था। इन बातों की कमी परंपरागत ब्रजभाषा काव्य का आनंद लेने वालों को भी मालूम होती थी और बँगला या अंग्रेजी कविता का परिचय करने वालों को भी। अत: खड़ी बोली की कविता में पदलालित्य, कल्पना की उड़ान, भाव की वेगवती व्यंजना, वेदना की विवृत्ति, शब्दप्रयोग की विचित्रता इत्यादि अनेक बातें देखने की आकांक्षा बढ़ती गयी।

सुधार चाहने वालों में कुछ लोग नये-नये विषयों की ओर प्रवृत्त खड़ी बोली की कविता को ब्रजभाषा काव्य की-सी ललित पदावली तथा रसात्मकता और मार्मिकता से समन्वित देखना चाहते थे। जो अंग्रेजी या अंग्रेजी के ढंग पर चली हुई बँगला की कविताओं से प्रभावित थे वे कुछ लाक्षणिक वैचित्र्य, व्यंजक चित्रविन्यास और रुचिर अन्योक्तियाँ देखना चाहते थे। श्री पारसनाथ सिंह के किये हुए बँगला कविताओं के हिंदी अनुवाद 'सरस्वती' आदि पत्रिकाओं में संवत् 1967 (सन् 1910) से ही निकलने लगे थे। ग्रे, वड्र्सवर्थ आदि अंग्रेजी कवियों की रचनाओं के कुछ अनुवाद भी (जैसे, जीतन सिंह द्वारा अनूदित वड्र्सवर्थ का 'कोकिल') निकले। अत: खड़ी बोली की कविता जिस रूप में चल रही थी उससे सतुष्ट न रहकर द्वितीय उत्थान के समाप्त होने से कुछ पहले ही कई कवि खड़ी बोली काव्य को कल्पना का नया रूप-रंग देने और उसे अधिक अंतर्भाव व्यंजक बनाने में प्रवृत्त हुए जिनमें प्रधान थे सर्वश्री मैथिलीशरण गुप्त, मुकुटधर पांडेय और बदरीनाथ भट्ट। कुछ अंग्रेजी ढर्रा लिये हुए जिस प्रकार की फुटकल कविताएँ और प्रगीत मुक्तक (लिरिक्स) बँगला में निकल रहे थे, उनके प्रभाव से कुछ विशृंखल वस्तुविन्यास और अनूठे शीर्षकों के साथ चित्रमयी, कोमल और व्यंजक भाषा में इनकी नये ढंग की रचनाएँ संवत् 1970-71 से ही निकलने लगी थीं जिनमें से कुछ के भीतर रहस्य भावना भी रहती थी।

1. मैथिलीशरण गुप्त : गुप्त जी की 'नक्षत्रनिपात' (सन् 1914), अनुरोध (सन् 1915), पुष्पांजलि (1917), स्वयं आगत (1918) इत्यादि कविताएँ ध्यान देने योग्य हैं। 'पुष्पांजलि' और 'स्वयं आगत' की कुछ पंक्तियाँ आगे देखिए-

(क) मेरे आँगन का एक फूल।

सौभाग्य भाव से मिला हुआ, श्वासोच्छ्‌वासन से हिला हुआ,

संसार-विटप से खिला हुआ,
झड़ पड़ा अचानक झूल-झूल।

(ख) तेरे घर के द्वार बहुत हैं किससे होकर आऊँ?
सब द्वारों पर भीड़ बड़ी है कैसे भीतर आऊँ मैं!

इसी प्रकार गुप्त जी की और भी बहुत-सी गीतात्मक रचनाएँ हैं जैसे–

(ग) निकल रही है उर से आह,
ताक रहे सब तेरी राह।
चातक खड़ा चोंच खोले है, सम्पुट खोले सीप खड़ी,
मैं अपना घट लिये खड़ा हूँ, अपनी अपनी हमें पड़ी।

(घ) प्यारे! तेरे कहने से जो यहाँ अचानक मैं आया,
दीप्ति बढ़ी, दीपों की सहसा, मैंने भी साँस; कहा।
सो जाने के लिए जगत् का यह प्रकाश है जाग रहा,
किंतु उसी बुझते प्रकाश में डूब उठा मैं और बहा।
निरुद्देश नख रेखाओं में देखी तेरी मूर्ति; अहा।।

2. मुकुटधर पांडेय : गुप्त जी तो, जैसा पहले कहा जा चुका है, किसी विशेष पद्धति या 'वाद' में न बँधकर कई पद्धतियों पर अब तक चले आ रहे हैं। पर मुकुटधर जी बराबर नूतन पद्धति ही पर चले। उनकी इस ढंग की प्रारंभिक रचनाओं में 'आँसू', 'उद्‌गार' इत्यादि ध्यान देने योग्य हैं। कुछ नमूने देखिए–

(क) हुआ प्रकाश तमोमय मन में,
मिला मुझे तू तत्क्षण जग में,
दंपति के मधुमय विलाप में,
शिशु के स्वप्नोत्पन्न हास में,
वन्य कुसुम के शुचि सुवास में,
था तव क्रीड़ा स्थान।।

(1917)

(ख) मेरे जीवन की लघु तरणी,
आँखों के पानी में तर जा।
मेरे उर का छिपा खजाना,
अहंकार का भाव पुराना,
बना आज तू मुझे दिवाना,
तप्त श्वेत बूँदों में ढर जा।।

(1917)

(ग) जब संध्या को हट जावेगी भीड़ महान्,
तब जाकर मैं तुम्हें सुनाऊँगा निज गान।
शून्य कक्ष के अथवा कोने में ही एक,
बैठ तुम्हारा करूँ वहाँ नीरव अभिषेक।।

(1910)

3. पं. बदरीनाथ भट्ट : भट्ट जी भी सन् 1913 के पहले से भी भावव्यंजक और अनूठे गीत रचते आ रहे थे। दो पंक्तियाँ देखिए–

दे रहा दीपक जलकर फूल,
रोपी उज्ज्वल प्रभा पताका अंधकार हिय हूल।

4. श्री पदुमलाल पुन्नालाल बख्शी : बख्शी जी के भी इस ढंग के कुछ गीत सन् 1915-16 के आसपास मिलेंगे।

ये कवि जगत् और जीवन के विस्तृत क्षेत्र के बीच नयी कविता का संचार चाहते थे। ये प्रकृति के साधारण, असाधारण, सब रूपों पर प्रेमदृष्टि डालकर, उसके रहस्यभरे सच्चे संकेतों को परखकर, भाषा को अधिक चित्रमय, सजीव और मार्मिक रूप देकर कविता का एक अकृत्रिम, स्वच्छंद मार्ग निकाल रहे थे। भक्तिक्षेत्र में उपास्य की एकदेशीय या धर्मविशेष में प्रतिष्ठित भावना के स्थान पर सार्वभौम भावना की ओर बढ़ रहे थे जिसमें सुंदर रहस्यात्मक संकेत भी रहते थे। अतः हिंदी कविता की नयी धारा का प्रवर्तक इन्हीं को–विशेषतः श्री मैथिलीशरण गुप्त और श्री मुकुटधर पांडेय को–समझना चाहिए। इस दृष्टि से छायावाद का रूप-रंग खड़ा करने वाले कवियों के संबंध में अंग्रेजी या बँगला की समीक्षाओं से उठती हुई इस प्रकार की पदावली का कोई अर्थ नहीं कि 'इन कवियों के मन में एक आँधी उठ रही थी जिसमें आंदोलित होते हुए वे उड़े जा रहे थे; एक नूतन वेदना की छटपटाहट थी जिसमें सुख की मीठी अनुभूति भी लुकी हुई थी; रूढ़ियों के भार से दबी हुई युग की आत्मा अपनी अभिव्यक्ति के लिए हाथ-पैर मार रही थी।' न कोई आँधी थी, न तूफान, न कोई नयी कसक थी, न वेदना, न प्राप्त युग की नाना परिस्थितियों का हृदय पर कोई नया आघात था, न उसका आहत नाद। इन बातों का कुछ अर्थ तब हो सकता था जब काव्य का प्रवाह ऐसी भूमियों की ओर मुड़ता जिन पर ध्यान न दिया गया रहा होता। छायावाद के पहले नये-नये मार्मिक विषयों की ओर हिंदी कविता प्रवृत्त होती आ रही थी। कसर थी तो आवश्यक और व्यंजक शैली की, कल्पना और संवेदना के अधिक योग की। तात्पर्य यह कि छायावाद जिस आकांक्षा का परिणाम था उसका लक्ष्य केवल अभिव्यंजना की रोचक प्रणाली का विकास था जो धीरे-धीरे अपने स्वतंत्र ढर्रे पर श्री मैथिलीशरण गुप्त, श्री मुकुटधर पांडेय आदि के द्वारा हो रहा था।

गुप्त जी और मुकुटधर पांडेय आदि के द्वारा स्वच्छंद नूतन धारा चली ही थी कि श्री रवींद्रनाथ ठाकुर की उन कविताओं की धूम हुई जो अधिकतर पाश्चात्य ढाँचे का आध्यात्मिक रहस्यवाद लेकर चली थी। परंतु ईसाई संतों के छायाभास (फैंटासमाटा) तथा यूरोपीय काव्यक्षेत्र में प्रवर्तित आध्यात्मिक प्रतीकवाद (सिंबालिज्म) के अनुकरण पर रची जाने के कारण बँगला में ऐसी कविताएँ 'छायावाद' कही जाने लगी थीं। यह 'वाद' क्या प्रकट हुआ, एक बने-बनाये रास्ते का दरवाजा-सा खुल पड़ा और हिंदी के कुछ नये कवि उधर एकबारगी झुक पड़े। यह अपना क्रमशः बनाया हुआ रास्ता नहीं था। इनका दूसरे साहित्यक्षेत्र में प्रकट होना, कई कवियों का इस पर एक साथ चल पड़ना और कुछ दिनों तक इसके भीतर अंग्रेजी और बँगला की पदावली का जगह-जगह ज्यों-का त्यों अनुवाद रखा जाना, ये बातें मार्ग की स्वतंत्र उद्भावना नहीं सूचित करतीं।

'छायावाद' नाम चल पड़ने का परिणाम यह हुआ कि बहुत-से कवि रहस्यात्मकता, अभिव्यंजना के लाक्षणिक वैचित्र्य, वस्तुविन्यास की विशृंखलता, चित्रमयी भाषा और मधुमयी

कल्पना को ही साध्य मानकर चले। शैली की इन विशेषताओं की दूरारूढ़ साधना में ही लीन हो जाने के कारण अर्थभूमि के विस्तार की ओर उनकी दृष्टि न रही। विभावपक्ष या तो शून्य अथवा अनिर्दिष्ट रह गया। इस प्रकार प्रसारणोन्मुख काव्यक्षेत्र बहुत कुछ संकुचित हो गया। असीम और अज्ञात प्रियतम के प्रति अत्यंत चित्रमयी भाषा में अनेक प्रकार के प्रेमोद्‌गारों तक ही काव्य की गतिविधि प्राय: बँध गयी। हृत्तंत्री की झंकार, नीरव संदेश, अभिसार, अनंत प्रतीक्षा, प्रियतम का दबे पाँव आना, आँखमिचौली, मद में झूमना, विभोर होना इत्यादि के साथ-साथ शराब, प्याला, साकी आदि सूफी कवियों के पुराने सामान भी इकट्‌ठे किये गये। कुछ हेर-फेर के साथ वही बँधी पदावली, वेदना का वही प्रकांड प्रदर्शन, कुछ विशृंखलता के साथ प्राय: सब कविताओं में मिलने लगा।

अज्ञेय और अव्यक्त को अज्ञेय और अव्यक्त ही रखकर कामवासना के शब्दों में प्रेमव्यंजना भारतीय काव्यधारा में कभी नहीं चली, यह स्पष्ट बात 'हमारे यहाँ यह भी था, वह भी था', की प्रवृत्तिवालों को अच्छी नहीं लगती। इससे खिन्न होकर वे उपनिषद् से लेकर तंत्र और योगमार्ग तक की दौड़ लगाते हैं। उपनिषद् में आये हुए आत्मा के पूर्ण आनंदस्वरूप के निर्देश, ब्रह्मानंद की अपरिमेयता को समझाने के लिए स्त्री-पुरुष संबंधवाले दृष्टांत या उपमाएँ, योग के सहस्रदल कमल आदि की भावना के बीच में बड़े संतोष के साथ उद्धृत करते हैं। यह सब करने के पहले उन्हें समझना चाहिए कि जो बात ऊपर कही गयी है उसका तात्पर्य क्या है? यह कौन कहता है कि मत-मतांतरों की साधना के क्षेत्र में रहस्यमार्ग नहीं चले? योग रहस्यमार्ग है; तंत्र रहस्यमार्ग है; रसायन भी रहस्यमार्ग है। पर ये सब साधनात्मक हैं; प्रकृत भावभूमि या काव्यभूमि के भीतर चले हुए मार्ग नहीं। भारतीय परंपरा का कोई कवि मणिपुर, अनाहत आदि के चक्रों को लेकर तरह-तरह के रंगमहल बनाने में प्रवृत्त नहीं हुआ।

संहिताओं में तो अनेक प्रकार की बातों का संग्रह है। उपनिषदों में ब्रह्म और जगत् आत्मा और परमात्मा के संबंध में कई प्रकार के मत हैं। वे काव्यग्रंथ नहीं हैं। उनमें इधर-उधर काव्य का जो स्वरूप मिलता है वह ऐतिह्य, कर्मकांड, दार्शनिक चिंतन, सांप्रदायिक गुह्य साधना, मंत्रतंत्र, जादू-टोना इत्यादि बहुत-सी बातों में उलझा हुआ है। विशुद्ध काव्य का निखरा हुआ स्वरूप पीछे अलग हुआ। रामायण का आदिकाव्य कहलाना साफ यही सूचित करता है। संहिताओं और उपनिषदों को कभी किसी ने काव्य नहीं कहा। अब सीधा सवाल यह रह गया कि क्या वाल्मीकि से लेकर पंडित राज जगन्नाथ तक कोई एक भी ऐसा कवि बताया जा सकता है जिसने अज्ञेय और अव्यक्त को अज्ञेय और अव्यक्त ही रखकर प्रियतम बनाया हो और उसके प्रति कामुकता के शब्दों में प्रेमव्यंजना की हो। कबीरदास किस प्रकार हमारे यहाँ की ज्ञानवाद और सूफियों के भावात्मक रहस्यवाद को लेकर चले, यह हम पहले दिखा आये हैं।[2] उसी भावात्मक रहस्यपरंपरा का यह नूतन-भावभंगी और लाक्षणिकता के साथ आविर्भाव है। बहुत रमणीय है, कुछ लोगों को अत्यंत रुचिकर है, यह और बात है।

प्रणयवासना का यह उद्‌गार आध्यात्मिक पर्दे में ही छिपा न रह सका। हृदय की सारी कामवासनाएँ, इंद्रियों के सुखविलास की मधुर और रमणीय सामग्री के बीच एक बँधी हुई रूढ़ि पर व्यक्त होने लगी। इस प्रकार रहस्यवाद से संबंध न रखने वाली कविताएँ भी छायावाद ही कही जाने लगीं। अत: 'छायावाद' शब्द का प्रयोग रहस्यवाद तक ही न रहकर काव्यशैली के संबंध में भी प्रतीकवाद (सिंबालिज्म) के अर्थ में होने लगा।

छायावाद के इस धारा के आने के साथ-ही साथ अनेक लेखक नवयुग के प्रतिनिधि बनकर यूरोप के साहित्यक्षेत्र में प्रवर्तित काव्य और कला संबंधी अनेक नये-पुराने सिद्धांत सामने लाने लगे। कुछ दिन 'कलावाद' की धूम रही और कहा जाता रहा 'कला का उद्देश्य कला ही है'। इस जीवन के साथ काव्य का कोई संबंध न रखने वाली उसकी दुनिया ही और है। किसी काव्य के मूल्य का निर्धारण जीवन की किसी वस्तु के मूल्य के रूप में नहीं हो सकता। काव्य तो एक लोकातीत वस्तु है। कवि एक प्रकार का रहस्यदर्शी (सीयर) या पैगंबर है।[3] इसी प्रकार क्रोचे के अभिव्यंजनावाद को लेकर बताया गया कि काव्य में वस्तु या वर्ण्य-विषयक कुछ नहीं; जो कुछ है वह अभिव्यंजना के एंग का अनूठापन है।[4] इन दोनों वादों के अनुसार काव्य का लक्ष्य उसी प्रकार सौंदर्य की सृष्टि या योजना कहा गया जिस प्रकार बेलबूटे या नक्काशी का। कविकल्पना प्रत्यक्षजगत् से अलग एक रमणीय स्वप्न घोषित किया जाने लगा और कवि सौंदर्य भावना के मद में झूमने वाला एक लोकातीत जीव। कला और काव्य की प्रेरणा का संबंध स्वप्न और कामवासना से बताने वाला मत भी इधर-उधर उद्धृत हुआ। सारांश यह कि इस प्रकार के अनेक वाद-प्रवाद पत्र-पत्रिकाओं में निकलते रहे।

छायावाद की कविता की पहली दौड़ तो बंगभाषा की रहस्यात्मक कविताओं के सजीले और कोमल मार्ग पर हुई। पर उन कविताओं की बहुत कुछ गतिविधि अंग्रेजी वाक्यखंडों के अनुवाद द्वारा संघटित देख, अंग्रेजी काव्यों से परिचित हिंदी कवि सीधे अंग्रेजी से तरह-तरह के लाक्षणिक प्रयोग लेकर उनके ज्यों-के त्यों अनुवाद जगह-जगह अपनी रचनाओं में जड़ने लगे। 'कनक प्रभात', 'विचारों में बच्चों की साँस', 'सवर्ण समय', 'प्रथम मधुबाल', 'तारिकाओं की तान', 'स्वप्निल क्रांति' ऐसे प्रयोग अजायबघर के जानवरों की तरह उनकी रचनाओं के भीतर इधर--उधर मिलने लगे। निराला जी की शैली कुछ अलग रही। उसमें लाक्षणिक वैचित्र्य का उतना आग्रह नहीं पाया जाता जितना पदावली की तड़क-भड़क और पूरे वाक्य के वैलक्षण्य का। केवल भाषा के प्रयोगवैचित्र्य तक ही बात न रही। ऊपर जिन अनेक यूरोपीय वादों और प्रवादों का उल्लेख हुआ है उन सबका प्रभाव भी छायावाद कही जाने वाली कविताओं के स्वरूप कुछ-न कुछ पड़ता रहा।

कलावाद और अभिव्यंजनावाद का पहला प्रभाव यह दिखाई पड़ा कि काव्य में भावानुभूति के स्थान पर कल्पना का विधान ही प्रधान समझा जाने लगा और कल्पना अधिकतर अप्रस्तुतों की योजना करने तथा लाक्षणिक मूर्तिमत्ता और विचित्रता लाने में ही वृत्त हुई। प्रकृति के नाना रूपों और व्यापार इसी प्रस्तुत योजना के काम में लाये गये। सीधे उनके मर्म की ओर हृदय प्रवृत्त न दिखाई पड़ा। पंत जी अलबत्ता प्रकृति के कमनीय रूपों की ओर कुछ रुककर हृदय रमाते पाये गये।

दूसरा प्रभाव यह देखने में आया कि अभिव्यंजना प्रणाली या शैली की विचित्रता ही सब कुछ समझी गयी। नाना अर्थभूतियों पर काव्य का प्रसार रुक-सा गया। प्रेमक्षेत्र (कहीं आध्यात्मिक, कहीं लौकिक) के भीतर ही कल्पना की चित्रविधायिनी क्रीड़ा के साथ प्रकांड वेदना, औत्सुक्य, उन्माद आदि की व्यंजना तथा क्रीड़ा हुई प्रिय के कपोलों पर की ललाई, हावभाव, मधुस्राव, अश्रुप्रवाह इत्यादि के रँगीले वर्णन करके ही अनेक कवि अब तक पूर्ण तृप्त दिखाई देते हैं। जगत् और जीवन के नाना मार्मिक पक्षों की ओर उनकी दृष्टि नहीं है। बहुत-से नये रसिक प्रस्तेद, गंधयुक्त, चिपचिपाती और भिनभिनाती भाषा को ही सब कुछ

समझने लगे हैं। लक्षणाशक्ति के सहारे अभिव्यंजना प्रणाली या काव्यशैली का अवश्य बहुत अच्छा विकास हुआ है पर; अभी तक कुछ बँधे हुए शब्दों की रुढ़ि चली चल रही है। रीतिकाल की श्रृंगारी कविता–कभी रहस्य का पर्दा डालकर, कभी खुले मैदान–अपनी कुछ अदा बदलकर फिर प्रायः सारा काव्यक्षेत्र छेंककर चल रही है।

'कलावाद' के प्रसंग में बार–बार आने वाले 'सौंदर्य' शब्द के कारण बहुत से कवि बेचारी स्वर्ग की अप्सराओं को पर लगाकर कोहकाफ की परियों का विहिश्त के फरिश्त के फरिश्ता की तरह उड़ाते हैं, सौंदर्य चयन के लिए इंद्रधनुषी बादल, उषा, विकच कलिका, पराग, सौरभ, स्मित आनन, अधरपल्लव इत्यादि बहुत ही सुंदर और मधुर सामग्री प्रत्येक कविता में जुटाना आवश्यक समझते हैं। स्त्री के नाना अंगों के आरोप के बिना वे प्रकृति के किसी दृश्य के सौंदर्य की भावना ही नहीं कर सकते। 'कला कला' की पुकार के कारण यूरोप में गीत मुक्तकों (लिरिक्स) का ही अधिक चलन देखकर यहाँ भी उसी का जमाना यह बता कर कहा जाने लगा कि अब ऐसी लंबी कविताएँ पढ़ने की किसी को फुर्सत कहाँ जिनमें कुछ इतिवृत्त भी मिला रहता हो। अब तो विशुद्ध काव्य की सामग्री जुटाकर सामने रख देनी चाहिए जो छोटे–छोटे प्रगीत मुक्तकों में ही संभव है। इस प्रकार काव्य में जीवन को अनेक परिस्थितियों की ओर ले जाने वाले प्रसंगों या आख्यानों की उद्‌भावना बंद–सी हो गयी।

खैरियत यह हुई कि कलावाद की उस रसवर्जिनी सीमा तक लोग नहीं बढ़ें जहाँ यह कहा जाता है कि रसानुभूति के रूप में किसी प्रकार का भाव जगाना तो वक्ताओं का काम है, कलाकार का काम तो केवल कल्पना द्वारा बेलबूटे या बारात की फुलवारी की तरह की शब्दमयी रचना खड़ी करके सौंदर्य की अनुभूति उत्पन्न करता है। हृदय और वेदना का पक्ष छोड़ा नही गया है, इससे काव्य के प्रकृतस्वरूप के तिरोभाव की आशंका नहीं है। पर छायावाद और कलावाद के सहसा आ धमकने से वर्तमान काव्य का बहुत–सा अंश एक बँधी हुई लीक के भीतर सिमट गया, नाना अर्थभूमियों पर न जाने पाया, यह अब अवश्य कहा जायेगा।

छायावाद की शाखा के भीतर धीरे–धीरे काव्यशैली का बहुत अच्छा विकास हुआ, इसमें संदेह नहीं। उसमें भावावेश की आकुल व्यंजना लाक्षणिक वैचित्र्य, मूर्त प्रत्यक्षीकरण, भाषा की वक्रता, विरोध चमत्कार, कोमल पदविन्यास इत्यादि काव्य का स्वरूप संघटित करने वाली प्रचुर सामग्री दिखाई पड़ी। भाषा के परिमार्जनकाल में किस प्रकार खड़ी बोली की कविता के रूखे–सूखे रूप से उबरकर कुछ कवि उसमें सरसता लाने के चिह्न दिखा रहे थे, यह कहा जा चुका है।[5] अतः आध्यात्मिक रहस्यवाद का नूतन रूप हिंदी में न आता तो शैली और अभिव्यंजना पद्धति की उक्त विशेषताएँ क्रमशः स्फुरित होतीं और उनका स्वतंत्र विकास होता। हमारी काव्यभाषा में लाक्षणिकता का कैसा अनूठा आभास घनानंद की रचनाओं में मिलता है, यह हम दिखा चुके हैं।[6]

छायावाद जहाँ तक आध्यात्मिक प्रेम लेकर चला है वहाँ तक तो रहस्यवाद के ही अंतर्गत रहा है। उसके आगे प्रतीकवाद या चित्रभाषावाद (सिंबालिज्म) नाम की काव्यशैली के रूप में गृहीत होकर भी वह अधिकतर प्रेमगान ही करता रहा है। हर्ष की बात है कि अब कई कवि उस संकीर्ण क्षेत्र से बाहर निकलकर जगत् और जीवन के और मार्मिक पक्षों की ओर भी बढ़ते दिखाई दे रहे है। इसी के साथ काव्यशैली में प्रतिक्रिया के प्रदर्शन व नयेपन की नुमाइश का शौक भी घट रहा है। अब अपनी शाखा की विशिष्टता को विभिन्नता की

हद पर ले जाकर दिखाने की प्रवृत्ति की वेग क्रमशः कम तथा रचनाओं को सुव्यवस्थित और अर्थगर्भित रूप देने की रुचि क्रमशः अधिक होती दिखाई पड़ती है।

स्वर्गीय जयशंकर प्रसाद जी अधिकतर तो विरहवेदना के नाना सजीले शब्दपथ निकालते तथा लौकिक और अलौकिक प्रणय मधुगान ही करते रहे, पर इधर 'लहर' में कुछ ऐतिहासिक वृत्त लेकर छायावाद की चित्रमयी शैली की विस्तृत अर्थभूमि पर ले जाने का प्रयास भी उन्होंने किया और जगत् के वर्तमान दुख द्वेषपूर्ण मानव जीवन का अनुभव करके इस 'जले जगत् के वृंदावन बन जाने' की आशा भी प्रकृत की तथा 'जीवन के प्रभात' को जगाया। इसी प्रकार श्री सुमित्रानंदन पंत ने 'गुंजन' में सौंदर्य चयन से आगे बढ़ जीवन के नित्य स्वरूप पर भी दृष्टि डाली है; सुख-दुख दोनों के साथ अपने हृदय का सामंजस्य किया है और जीवन की गति में भी 'लय' का अनुभव किया हैं बहुत अच्छा होता यदि पंत जी उसी प्रकार जीवन की अनेक परिस्थितियों को नित्य रूप में लेकर अपनी सुंदर, चित्रमयी प्रतिभा को अग्रसर करते जिस प्रकार उन्होंने 'गुंजन' और 'युगांत' में किया है। 'युगवाणी' में उनकी वाणी बहुत कुछ वर्तमान आंदोलनों की प्रतिध्वनि के रूप में परिणत होती दिखाई देती है।

निराला जी की रचना का क्षेत्र तो पहले से ही कुछ विस्तृत रहा। उन्होंने जिस प्रकार 'तुम और मैं' में उस 'नाद वेग आकार सार' का गान किया, 'जूही की कली' और 'शेफालिका' में उन्मद प्रणय चेष्टाओं के पुष्पचित्र खड़े किये उसी प्रकार 'जागरण वाणी' बजायी; इस जगत् के बीच विधवा के विधुर और करुण मूर्ति खड़ी की और इधर आकर 'इलाहाबाद के पथ पर' एक पत्थर तोड़ती दीन स्त्री के माथे पर के श्रमसीकर दिखाये। सारांश यह कि अब शैली के वैलक्षण्य द्वारा प्रतिक्रियाप्रदर्शन का वेग कम हो जाने से अर्थभूमि के रमणीय प्रसार के चिह्न भी छायावादी कहे जाने वाले कवियों की रचनाओं में दिखाई पड़ रहे हैं।

इधर हमारे साहित्य-क्षेत्र की प्रवृत्तियों का परिचालन बहुत कुछ पश्चिम से होता है। कला में 'व्यक्तित्व' की चर्चा खूब फैलने से कुछ कवि लोक के साथ अपना मेल न मिलने की अनुभूति की बड़ी लंबी-चौड़ी व्यंजना, कुछ मार्मिकता और कुछ फक्कड़पन के साथ करने लगे हैं। भावक्षेत्र में असामंजस्य की इस अनुभूति का भी एक स्थान अवश्य है, पर यह कोई व्यापक या स्थायी मनोवृत्ति नहीं। हमारा भारतीय काव्य उस भूमि की ओर प्रवृत्त रहा है जहाँ जाकर प्रायः सब हृदयों का मेल हो जाता है। वह सामंजस्य को लेकर अनेकता में एकता को लेकर चलता रहा है, असामंजस्य को लेकर नहीं।

उपर्युक्त परिवर्तनवाद और छायावाद को लेकर चलने वाली कविताओं के साथ-साथ दूसरी धाराओं की कविताएँ भी विकसित होती हुई चल रही हैं। द्विवेदीकाल में प्रवर्तित विविध, वस्तुभूमियों पर प्रसन्न प्रवाह के साथ चलने वाली काव्यधारा सर्वश्री मैथिलीशरण गुप्त, ठाकुर गोपालशरण सिंह, अनूप शर्मा, श्यामनारायण पांडेय, पुरोहित प्रतापनारायण, तुलसीराम शर्मा 'दिनेश' इत्यादि अनेक कवियों की वाणी के प्रसाद से विविध प्रसंग, आख्यान और विषय लेकर निथरती तथा प्रौढ़ और प्रगल्भ होती चली आ रही है। उसकी अभिव्यंजना प्रणाली मे अब अच्छी सरसता और सजीवता तथा अपेक्षित वक्रता का भी विकास होता चल रहा है।

यद्यपि कई वादों के कूद पड़ने और प्रेमगान की परिपाटी (लव लिरिक्स) का फैशन चल पड़ने के कारण अर्थभूमि का बहुत कुछ संकोच हो गया है और हमारे वर्तमान काव्य का बहुत-सा भाग कुछ रूढ़ियों को लेकर एक बँधी लीक पर बहुत दिनों तक चला, फिर भी

स्वाभाविक स्वच्छंदता (ट्रू रोमांटिसिज्म) के उस नूतन पथ का ग्रहण करके कई कवि चले जिसका उल्लेख पहले हो चुका है। पं. रामनरेश त्रिपाठी के संबंध में द्वितीय उत्थान के भीतर कहा जा चुका है। तृतीय उत्थान के आरंभ में मुकुटधर पांडेय की रचनाएँ छयावाद के पहले किस प्रकार नूतन, स्वच्छंद मार्ग निकाल रही थीं यह भी हम दिखा आये हैं। मुकुटधर जी की रचनाएँ नरेतर प्राणियों की गतिविधि का भी रागरहस्यपूर्ण परिचय देती हुई स्वाभाविक स्वच्छंदता की ओर झुकती मिलेंगी। प्रकृति प्रांगण के चर-अचर प्राणियों का रागपूर्ण परिचय उनकी गतिविधि पर आत्मीयताव्यंजक दृष्टिपात, सुख-दुख में उनके साहचर्य की भावना, ये सब बातें स्वाभाविक स्वच्छंदता के पथचिह्न हैं। सर्वश्री सियारामशरण गुप्त, सुभद्राकुमारी चौहान, ठाकुर गुरुभक्त सिंह, उदयशंकर भट्ट इत्यादि कई कवि विस्तृत अर्थभूमि पर स्वाभाविक स्वच्छंदता का मर्मपथ ग्रहण करके चल रहे हैं। वे न तो केवल नवीनता के प्रदर्शन के लिए छंदों का तिरस्कार करते हैं, न उन्हीं में एकबारगी बँधकर चलते हैं। वे प्रसंग के अनुकूल परंपरागत पुराने छंदों का व्यवहार और नये ढंग के छंदों तथा चरण व्यवस्थाओं का विधान भी करते हैं। व्यंजक, चित्रविन्यास, लाक्षणिक वक्रता और मूर्तिमत्ता, सरसपदावली आदि का भी सहारा लेते हैं, पर इन्हीं बातों को सब कुछ नहीं समझते। एक छोटे-से घेरे में इनके प्रदर्शनमात्र से वे संतुष्ट नहीं दिखाई देते हैं। उनकी कल्पना इस व्यक्त जगत् और जीवन की अनंत वीथियों में हृदय को साथ लेकर विचरने के लिए आकुल दिखाई देती है।

तृतीयोत्थान की प्रवृत्तियों के इस संक्षिप्त विवरण से ब्रजभाषा काव्यपरंपरा के अतिरिक्त इस समय चलने वाली खड़ी बोली की तीन मुख्य धाराएँ स्पष्ट हुई होंगी–द्विवेदीकाल की क्रमशः विस्तृत और परिष्कृत होती हुई धारा, छायावाद कही जाने वाली धारा तथा स्वाभाविक स्वच्छंदता को लेकर चलती हुई धारा जिसके अंतर्गत राजनीतिक और सामाजिक परिवर्तन की लालसा व्यक्त करने वाली शाखा भी हम ले सकते हैं। ये धाराएँ वर्तमानकाल में चल रही हैं और अभी इतिहास की सामग्री नहीं बनी हैं। इसलिए इनके भीतर की कुछ कृतियों और कुछ कवियों का थोड़ा-सा विवरण देकर ही हम संतोष करेंगे। इनके बची मुख्य भेद वस्तुविधान और अभिव्यंजनकला के रूप में परिणाम में है। पर काव्य की भिन्न-भिन्न धाराओं के भेद इतने निर्दिष्ट नहीं हो सकते कि एक की कोई विशेषता दूसरी में कहीं दिखाई ही न पड़े। जब कि धाराएँ साथ-साथ चल रही हैं तब उनका थोड़ा-बहुत प्रभाव एक-दूसरे पर पड़ेगा ही। एक धारा का कवि दूसरी धारा की किसी विशेषता में भी अपनी कुछ निपुणता दिखाने की कभी-कभी इच्छा कर सकता है। धाराओं का विभाग सबसे अधिक सामान्य प्रवृत्ति देखकर ही किया जा सकता है फिर भी दो-चार कवि ऐसे रह जायेंगे जिनमें सब धाराओं की विशेषताएँ समान रूप से पायी जायेंगी, जिनकी रचनाओं का स्वरूप मिला-जुला होगा। कुछ विशेष प्रवृत्ति होगी भी तो व्यक्तिगत होगी।

ब्रजभाषा काव्यपरंपरा

जैसा कि द्वितीयोत्थान के अंत में कहा जा चुका है, ब्रजभाषा की काव्यपरंपरा भी चल रही है। यद्यपि खड़ी बोली का चलन हो जाने से अब ब्रजभाषा की रचनाएँ प्रकाशित बहुत कम होती हैं पर अभी देश में न जाने कितने कवि नगरों और ग्रामों में बराबर ब्रजवाणी की रसधारा बहाते चल रहे हैं। जब कहीं किसी स्थान पर कवि सम्मेलन होता है तब न जाने

कितने अज्ञात कवि आकर अपनी रचनाओं से लोगों को तृप्त कर जाते हैं। रत्नाकर जी की 'उद्धवशतक' ऐसी उत्कृष्ट रचनाएँ इस उत्थान में ही निकली थीं। सर्गबद्ध प्रबंध काव्यों में हमारा 'बुद्धचरित'[7] संवत् 1979 में प्रकाशित हुआ जिससे भगवान् बुद्ध का लोकपालन चरित उसी परंपरागत काव्यभाषा में वर्णित है जिसमें राम-कृष्ण की लीला का अब भी घर-घर गान होता है। श्री वियोगीहरि जी की 'वीरसतसई' पर मंगलाप्रसाद पारितोषिक मिले बहुत दिन नहीं हुए। देवपुरस्कार से पुरस्कृत श्री दुलारे लाल जी भार्गव के दोहे बिहारी के रास्ते पर चल ही रहे हैं। अयोध्या के श्री रामनाथ ज्योतिषी को 'रामचंद्रोदय' काव्य के लिए देवपुरस्कार थोड़े ही दिन हुए मिला है। मेवाड़ के श्री केसरीसिंह बारहठ का 'प्रतापचरित' वीररस का एक बहुत उत्कृष्ट काव्य है जो संवत् 1992 में प्रकाशित हुआ है। पं. गयाप्रसाद शुक्ल 'सनेही' की सरस कविताओं की धूम कविसम्मेलनों में बराबर रहा करती है। प्रसिद्ध कलाविद् रायकृष्णदास जी का 'ब्रजरज' इसी तृतीयोत्थान के भीतर प्रकाशित हुआ है। इधर श्री उमाशंकर वाजपेयी 'उमेश' जी की 'ब्रजभारती' में ब्रजभाषा बिलकुल नयी सजधज के साथ दिखाई पड़ी है।

हम नहीं चाहते, और शायद कोई भी नहीं चाहेगा, कि ब्रजभाषा काव्य की धारा लुप्त हो जाये। उसे यदि इस काल में भी चलना है तो वर्तमान भावों को ग्रहण करने के साथ ही साथ भाषा का भी कुछ परिष्कार करना पड़ेगा। उसे चलती ब्रजभाषा के अधिक मेल में लाना होगा। अप्रचलित संस्कृत शब्दों को भी अब बिगड़े रूपों में रखने की आवश्यकता नहीं। 'बुद्धचरित' काव्य में भाषा के संबंध मे हमने इसी पद्धति का अनुसरण किया था और कोई बाधा नहीं दिखाई पड़ी थी।

2. द्विवेदीकाल में प्रवर्तित खड़ी बोली की काव्यधारा

इस धारा का प्रवर्तन द्वितीय उत्थान में इस बात को लेकर हुआ था कि ब्रजभाषा के स्थान पर अब प्रचलित खड़ी बोली में कविता होनी चाहिए। शृंगार रस के कवित्त-सवैये बहुत लिखे जा चुके, अब और विषयों को लेकर तथा और छंदों में भी रचना चलनी चाहिए। खड़ी बोली को पद्यों में अच्छी तरह ढलने में जो काल लगा उसके भीतर की रचना तो बहुत कुछ इतिवृत्तात्मक रही पर इस तृतीय उत्थान में आकर यह काव्यधारा कल्पनान्वित भावाविष्ट और अभिव्यंजनात्मक हुई। भाषा का कुछ दूर तक चलता हुआ स्निग्ध, प्रसन्न और प्रवाह इस धारा की सबसे बड़ी विशेषता है। खड़ी बोली वास्तव में इसी धारा के भीतर मँजी है। भाषा का मँजन वहीं संभव होता है जहाँ उसकी अपनी गतिविधि का पूरा समावेश होता है और कुछ दूर तक चलने वाले वाक्य सफाई के साथ पद्यों में बैठते चले जाते हैं। एक संबंधसूत्र में बद्ध कई अर्थ समूहों की एक समन्वित भावना व्यक्त करने के लिए ही ऐसी भाषा अपेक्षित होती है। जहाँ एक-दूसरे में असंबद्ध छोटी-छोटी भावनाओं को लेकर वाग्वैशिष्ट्य की झलक या चलचित्र की ही छाया दिखाने की प्रवृत्ति प्रधान होगी वहाँ भाषा की समन्वयशक्ति का परिचय न मिलेगा। व्यापक समन्वय के बिना कोई ऐसा समन्वित प्रभाव भी नहीं पड़ सकता जो कुछ काल तक स्थायी रहे। स्थायी प्रभाव की ओर लक्ष्य इस काव्यधारा में बना हुआ है।

दूसरी बात जो इस धारा के भीतर मिलती है हमारे यहाँ के प्रचलित छंदों या उनके भिन्न-भिन्न योगों से संघटित छंदों का व्यवहार। इन छंदों की लयों के भीतर नादसौंदर्य की हमारी रुचि निहित हैं नवीनता में बट्टा लगने के डर से ही इन छंदों को छोड़ना सहृदयता

से अपने को दूर बताना है। नयी रंगत की कविताओं में जो पद्य या चरण रखे जाते हैं उन्हें प्राय: अलापने की जरूरत होती है। पर ठीक लय के साथ कविता पढ़ना और अलाप के साथ गाना दोनों अलग-अलग हैं।

इस धारा में कल्पना और भावात्मिकता वृत्ति अधर में नाचती तो नहीं मिलती है पर बोधवृत्ति द्वारा उद्घाटित भूमि पर टिककर उसकी मार्मिकता का प्रकाश करती अवश्य दिखाई पड़ती है। इससे कला का कुतूहल तो नहीं खड़ा होता, पर हृदय को रमाने वाली बात सामने आ जाती है। यह बात तो स्पष्ट है कि ज्ञान काव्य ही के संचरण के लिए रास्ता खोलता है। ज्ञान प्रसार के भीतर ही हृदयप्रसार होता है और हृदयप्रसार ही काव्य का सच्चा लक्ष्य है। अत: ज्ञान के साथ लगकर ही जब हमारा हृदय परिचालित होगा तभी काव्य की नयी-नयी मार्मिक अर्थभूमियों की ओर वह बहेगा। ज्ञान के किनारे रखकर, उसके द्वारा सामने लाये हुए जगत् और जीवन के नाना पक्षों की ओर न बढ़कर, यदि काव्य प्रवृत्त होगा तो किसी एक भाव को लेकर अभिव्यंजना के वैचित्र्य प्रदर्शन में ही लगा रह जायेगा। इस दशा में काव्य का विभाव पक्ष शून्य होता जायेगा। उसकी अनेकरूपता सामने न आयेगी। इस दृष्टि से देखने पर यह कहा जा सकता है कि धारा एक समीचीन पद्धति पर चली है। इस पद्धति के भीतर इधर आकर काव्यत्व का अच्छा विकास हो रहा है, यह देखकर प्रसन्नता होती है।

अब इस पद्धति पर चलने वाले कुछ प्रमुख कवियों का उल्लेख किया जाता है–

1. ठाकुर गोपालशरण सिंह : ठाकुर साहब अनेक मार्मिक विषयों का चयन करते चले हैं। इससे इनकी रचनाओं के भीतर खड़ी बोली बराबर मँजती चली आ रही है। इन रचनाओं का आरंभ संवत् 1971 से होता है। अब तक इनकी रचनाओं के पाँच संग्रह निकल चुके हैं–माधवी, मानवी, संचिता, ज्योतिष्मती और कादंबिनी। प्रारंभिक रचनाएँ साधारण हैं, पर आगे चलकर हमें बराबर मार्मिक उद्भावना कथा अभिव्यंजना की एक विशिष्ट पद्धति मिलती है। इनकी छोटी-छोटी रचनाओं में, जिनमें से कुछ गेय भी हैं, जीवन की अनेक दशाओं की झलक है। 'मानवी' में इन्होंने नारी को दुलहिन, देवदासी, उपेक्षिता, अभागिनी, भिखारिनी, वीरांगना इत्यादि अनेक रूपों में देखा है। 'ज्योतिष्मती' के पूर्वार्द्ध में तो असीम और अव्यक्त 'तुम' है और उत्तरार्द्ध में समीप और व्यक्त 'मैं' संसार के बीच। इसमें प्राय: उन्हीं भावों की व्यंजना है जिनकी छायावाद के भीतर होती है, पर ढंग बिलकुल अलग अर्थात् रहस्यदर्शियों का-सा न होकर भोले-भोले भक्तों का-सा है। कवि ने प्रार्थना भी की है कि–

पृथ्वी पर ही मेरे पद हों,
दूर सदा आकाश रहे।

व्यंजना को गूढ़ बनाने के लिए कुछ असंबद्धता लाने, नितांत अपेक्षित पद या वाक्य भी छोड़ देने, अत्यंत अस्फुट संबंध के आधार पर उपलक्षणों का व्यवहार करने का प्रयत्न इनकी रचनाओं में नहीं पाया जाता। आजकल बहुत चलते हुए कुछ रमणीय लाक्षणिक इनकी रचनाओं में नहीं पाया जाता। आजकल बहुत चलते हुए कुछ रमणीय लाक्षणिक प्रयोग अवश्य कहीं-कहीं मिलते हैं। कुछ प्रगीत मुक्तकों में यत्र-तत्र छायावादी कविता के ढंग के रूपक भी इन्होंने रखे हैं, पर वे खुलकर सामने आते हैं; जैसे–

सज-धजकर मृदु व्यथा सुंदरी तज कर सब घर-बार।
दुख यामिनी में जीवन की करती है अभिसार॥

उस अनंत के साथ अपना 'अटल संबंध' कवि बड़ी सफाई से इतने ही में व्यक्त कर देता है–

तू अनंत द्युतिमय प्रकाश है मैं हूँ मलिन अँधेरा,
पर सदैव संबंध अटल है, जग में मेरा-तेरा।
उदय-अस्त तब तेरा साथी मैं ही हूँ इस जग में,
मैं तुझमें ही मिल जाता हूँ होता जहाँ सवेरा॥

'मानवी' में अभागिनी को संबोधन करके कवि कहता है–

चुकती है नहीं निशा तेरी, है कभी प्रभात नहीं होता।
तेरे सोहाग का सुख, बोले! आजीवन रहता है सोता॥
हैं फूल-फूल जाते मधु में, सुरभित मलयानिल बहती है।
सब लता बल्लियाँ खिलती हैं, बस तू मुरझाई रहती है॥
सब आशाएँ अभिलाषाएँ, उर कारागृह में बंद हुईं।
तेरे मन की दुख ज्वालाएँ मेरे मन में छंद हुईं॥

2. अनूप शर्मा : बहुत दिनों तक ये ब्रजभाषा में अपनी ओजस्विनी वाग्धारा बहाते रहे। खड़ी बोली का जमाना देखकर ये उसकी ओर मुड़े। कुणाल का चरित्र इन्होंने 'सुनाल' नामक खंडकाव्य में लिखा। फिर बुद्ध भगवान् का चरित्र लेकर 'सिद्धार्थ' नामक अठारह सर्गों का एक महाकाव्य संस्कृत के अनेक वर्णवृत्तों में इन्होंने लिखा। इनकी फुटकल कविताओं का संग्रह 'सुमनांजलि' में है। इन्होंने फुटकल प्रसंगों के लिए कवित्त ही चुना है। भाषा के सरल प्रवाह के अतिरिक्त इनकी सबसे बड़ी विशेषता है व्यापक दृष्टि जिससे ये हमारे ज्ञानपथ में आने वाले अनेक विषयों को अपनी कल्पना द्वारा आकर्षक और मार्मिक रूप से रखकर काव्यभूमि के भीतर ले आये हैं। जगत् के इतिहास, विज्ञान आदि द्वारा हमारा ज्ञान जहाँ तक पहुँचता है वहाँ तक हृदय को भी ले जाना आधुनिक कवियों का एक काम होना चाहिए। अनूप जी इसकी ओर बढ़े हैं। 'जीवनमरण' में कवि की कल्पना जगत् के इतिहास की विविध भूमियों के चित्र सामने लायी है। इसी प्रकार 'विराटभ्रमण' में देवी के आकाशचारी रथ पर बैठ कवि ने इस विराट् विश्व का दर्शन किया है। एक झलक देखिए–

पीछे दृष्टिगोचर था गोल चक्र पूषण का,
घूमता हुआ जो नील संपुटी में चलता।
मानो जलयान के बितल पृष्ठ भाग मध्य,
आता चला फेन पीत पींड-सा उबलता।
उछल रहे थे धूमकेतु धुरियों से तीव्र,
यान-केतु ताड़ित भचक्र था उछलता।
मारुत का, मन का, प्रवेग पड़ा पीछे जब–
आगे चला बाजियूथ आपत उगलता॥

3. श्री जगदंबाप्रसाद 'हितैषी' : खड़ी बोली के कवित्तों और सवैयों में ये वही सरसता, वही भावभंगिमा लाये हैं जो ब्रजभाषा के कवित्तों और सवैयों में पायी जाती है। इस बात में इनका स्थान निराला है। यदि खड़ी बोली की कविता आरंभ में ऐसी ही सजीवता के साथ चली होती जैसी इनकी रचनाओं में पायी जाती है तो उसे रूखी और नीरस कोई न कहता। रचनाओं

का रंग-रूप अनूठा और आकर्षक होने पर भी अजनबी नहीं है। शैली वही पुराने उस्तादों के कवित्त-सवैयों की है जिनमें वाग्धारा अंतिम चरण पर जाकर चमक उठती है। हितैषी जी ने अनेक काव्योपयुक्त विषय लेकर फुटकल छोटी-छोटी रचनाएँ की हैं जो 'कल्लोलिनी' और 'नवोदिता' में संगृहीत हैं। अन्योक्तियाँ इनकी बहुत मार्मिक हैं। रचना के कुछ नमूने देखिए–

(किरण)

दुखिनी बनी दीन कुटी में कभी, महलों में कभी महरानी बनी।
बनी फूटती ज्वालामुखी तो कभी, हिमकूट की देवी हिमानी बनी॥
चमकी बन विद्युत रौद्र कभी, घन आनंद अश्रु कहानी बनी।
सविता ससि स्नेह सोहाग सनी, कभी आग बनी कभी पानी बनी॥
भवसिंधु के बुदबुद प्राणियों की तुम्हें शीतल श्वासा कहें, कहो तो।
अथवा छलनी बनी अंबर के उर की अभिलाषा कहें, कहो तो।
घुलते हुए चंद्र के प्राण मल पीड़ा भरी परिभाषा कहें, काहे तो।
नभ से गिरती नखतावलि के नयनों की निराशा कहें, कहो तो॥

(परिचय)

हूँ हितैषी सताया हुआ किसी का, हर तौर किसी का बिसारा हुआ।
घर से किसी के हूँ निकाला हुआ, दर से किसी के दुतकारा हुआ॥
नजरों से गिराया हुआ किसी का, दिल से किसी का हूँ उतारा हुआ॥
अजी, हाल हमारा ही पूछते क्या! हूँ मुसीबत का इक मारा हुआ॥

4. श्री श्यामनारायण पांडेय : इन्होंने पहले 'त्रेता के दो वीर' नामक एक छोटा-सा काव्य लिखा था जिसमें लक्ष्मण-मेघनाद युद्ध के कई प्रसंग लेकर दोनों वीरों का महत्त्व चित्रित किया था। यह रचना हरिगीतिका तथा संस्कृत के कई वर्ण वृत्तों में द्वितीय उत्थान की शैली पर है। 'माधव' और 'रिमझिम' नाम की इनकी दो और छोटी-छोटी रचनाएँ हैं। इनकी ओजस्विनी प्रतिभा का पूर्ण विकास 'हल्दीघाटी' नामक 17 सर्गों के महाकाव्य में दिखाई पड़ा। 'उत्साह' की अनेक अंतर्दशाओं की व्यंजना तथा युद्ध की अनेक परिस्थितियों के चित्रण से पूर्ण यह काव्य खड़ी बोली में अपने ढंग का एक ही है। युद्ध के समाकुल वेग और संघर्ष का ऐसा सजीव और प्रवाहपूर्ण वर्णन बहुत कम देखने में आता है। कुछ पद्य नीचे दिये जाते हैं–

सावन का हरित प्रभात रहा, अंबर पर थी घनघोर घटा।
फहराकर पंख थिरकते थे, मन भाती थी बन मोर छटा॥
वारिद के उर में चमक-दमक, तड़-तड़ थी बिजली तड़क रही।
रह रह कर जल था बरस रहा, रणधीर भुजा थी फड़क रही॥

× × × × ×

धरती की प्यास बुझाने को, वह घहर रही थी घनसेना।
लोहू पीने के लिए खड़ी, यह हहर रही थी जनसेना॥
नभ पर चम-चम चपला चमकी, चम-चम चमकी तलवार इधर।
भैरव अमंद घननाद उधर, दोनों दल की ललकार इधर।

× × × × ×

कलकल बहती थी रणगंगा, अरिदल को डूब नहाने को।
तलवार वीर की नाव बनी, चटपट उस पार लगाने को॥
बैरी दल की ललकार गिरी, वह नागिन-सी फुफकार गिरी।
था शोर मौत से बचो-बचो, तलवार गिरी, तलवार गिरी॥
क्षण इधर गयी, क्षण उधर गयी, क्षण चढ़ा बाढ़ सो उतर गयी।
था प्रलय चमकती जिधर गयी, क्षण शोर हो गया किधर गयी॥

5. पुरोहित प्रतापनारायण : इन्होंने 'नलनरेश' नामक महाकाव्य 19 सर्गों में रोला, हरिगीतिका आदि हिंदी छंदों में लिखा है। इसकी शैली अधिकतर उस काल की है जिस काल में द्विवेदी जी के प्रभाव से खड़ी बोली हिंदी के पद्यों में परिमार्जित होती हुई ढल रही थी। खड़ी बोली की काव्यशैली में इधर मार्मिकता, भावुकता और वक्रता का जो विकास हुआ है उसका आभास इस ग्रंथ में नहीं मिलता। अलंकारों की योजना बीच-बीच में अच्छी की गयी है। इस ग्रंथ में महाकाव्य की उन सब रूढ़ियों का अनुसरण किया गया है जिनके कारण हमारे यहाँ के मध्यकाल के बहुत-से प्रबंधकाव्य कृत्रिम और प्रभावशून्य हो गये। इस बीसवीं शताब्दी के लोगों का मन विरहताप के लेपादि उपचार, चंद्रोपालभ इत्यादि में नहीं रम सकता। श्री मैथिलीशरण गुप्त के 'साकेत' में भी कुछ ऐसी रुढ़ियों का अनुसरण जी उबाता है। 'मन के मोती' और 'नव निकुंज' में प्रतापनारायण जी की खड़ी बोली की फुटकल रचनाएँ संगृहीत हैं जिनकी शैली अधिकतर इतिवृत्तात्मक है। 'काव्य कानन' नामक बड़े संग्रह में ब्रजभाषा की भी कुछ कविताएँ हैं।

6. तुलसीराम शर्मा 'दिनेश' : इन्होंने 272 पृष्ठों का एक बड़ा भारी काव्य ग्रंथ पुरुषोत्तम श्रीकृष्ण के चरित के विविध अंगों को लेकर लिखा है। यह आठ अंगों में समाप्त हुआ है। इसमें कई पात्रों के मुँह से आधुनिक समय में उठे हुए भावों की व्यंजना करायी गयी है। जैसे–श्रीकृष्ण उद्धव द्वारा गोपियों को संदेशा भेजते हैं–

दीन-दरिद्रों के देहों को मेरा मंदिर मानो।
उनके आर्त उसासों को ही वंशी का स्वर जानो॥

इसी प्रकार द्वारका के दुर्ग पर बैठकर कृष्ण भगवान् बलराम का ध्यान कृषकों की दशा की ओर इस प्रकार आकर्षित करते हैं–

जो ढकता है जग के तन को, जो रखता लज्जा सबकी।
जिसके पूत पसीने द्वारा बनती है मज्जा सबकी॥
आज कृषक वह पिसा हुआ है इन प्रमत्त भूपों द्वारा।
उसकी घर की गायों का रे! दूध बना मदिरा सारा॥

पुरुषों के सब कामों में हाथ बँटाने की सामर्थ्य स्त्रियाँ रखती हैं यह बात रुक्मिणी कहती मिलती हं।

यह सब होने पर भी भाषा प्रौढ़, चलती और आकर्षक नहीं।

3. छायावाद

संवत् 1970 तक किस प्रकार 'खड़ी बोली' के पद्यों में ढलकर मँजने की अवस्था पर हुई और

श्री मैथिलीशरण गुप्त, मुकुटधर पांडेय आदि कई कवि खड़ी बोली काव्य को अधिक कल्पनामय, चित्रमय और अंतर्भावव्यंजक रूप-रंग देने में प्रवृत्त हुए यह कहा जा चुका है। उनके कुछ रहस्य भावापन्न प्रगीतमुक्तक भी दिखाये जा चुके हैं। वे किस प्रकार कार्यक्षेत्र का प्रसार चाहते थे, प्रकृति की साधारण-असाधारण वस्तुओं से अपने चिरसंबंध का सच्चा मार्मिक अनुभव करते हुए चले थे, इसका भी निर्देश हो चुका है।

यह स्वच्छंद नूतन पद्धति अपना रास्ता निकाल ही रही थी कि श्री रवींद्रनाथ की रहस्यात्मक कविताओं की धूम हुई और कई कवि एक साथ रहस्यवाद और 'प्रतीकवाद' या 'चित्रभाषावाद' को ही एकांत ध्येय बनाकर चल पड़े। 'चित्रभाषा' या अभिव्यंजन पद्धति पर ही जब लक्ष्य टिक गया तब उसके प्रदर्शन के लिए लौकिक या अलौकिक प्रेम का क्षेत्र ही काफी समझा गया। इस बँधे हुए क्षेत्र के भीतर चलने वाले काव्य ने छायावाद का नाम ग्रहण किया।

रहस्यभावना और अभिव्यंजनपद्धति पर ही प्रधान लक्ष्य हो जाने और काव्य को केवल कल्पना की सृष्टि कहने का चलन हो जाने से सहानुभूति तक कल्पित होने लगी। जिस प्रकार अनेक प्रकार की रमणीय वस्तुओं की कल्पना की जाती है उसी प्रकार अनेक प्रकार की विचित्र भावानुभूतियों की कल्पना भी बहुत अच्छी होने लगी। काव्य की प्रकृत पद्धति तो यह है कि वस्तुयोजना चाहे लोकोत्तर हो पर भावानुभूति का स्वरूप सच्चा अर्थात् स्वाभाविक वासनाजन्य हो। भावानुभूति का स्वरूप भी यदि कल्पित होगा तो हृदय से उसका संबंध क्या रहेगा? भावानुभूति यदि ऐसी होगी, जैसी नहीं हुआ करती तो सचाई (सिंसियारिटी) कहाँ रहेगी? यदि कोई मृत्यु को केवल जीवन की पूर्णता कहकर उसका प्रबल अभिलाषा व्यंजित करे, अपने मर-मिटने के अधिकार पर गर्व की व्यंजना करे तो कथन के वैचित्र्य से हमारा मनोरंजन तो अवश्य होगा पर ऐसा अभिलाषा या गर्व की कहीं सत्ता मानने की आवश्यकता न होगी।

'छायावाद' शब्द का प्रयोग दो अर्थों में समझना चाहिए। एक तो रहस्यवाद के अर्थ में, जहाँ उसका संबंध काव्यवस्तु से होता है अर्थात् जहाँ कवि उस अनंत और अज्ञात प्रियतम को आलंबन बनाकर अत्यंत चित्रमयी भाषा में प्रेम की अनेक प्रकार से व्यंजना करता है। रहस्यवाद के अंतर्भूत रचनाएँ हुए पुराने संतों या साधकों की उसी वाणी के अनुकरण पर होती है जो तुरीयावस्था या समाधिदशा में नाना रूपकों के रूप में उपलब्ध आध्यात्मिक ज्ञान का आभास देती हुई मानी जाती थी। इस रूपात्मक आभास को यूरोप में 'छाया' (फैंटसमाटा) कहते थे। इसी से बंगाल में ब्रह्मसमाज के बीच उक्त वाणी के अनुकरण पर जो आध्यात्मिक गीत या भजन बनते थे वे 'छायावाद' कहलाने लगे। धीरे-धीरे यह शब्द धार्मिक क्षेत्र में वहाँ के साहित्य क्षेत्र में आया और फिर रवींद्र बाबू की धूम मचने पर हिंदी के साहित्य क्षेत्र में भी प्रकट हुआ।

'छायावाद' शब्द का दूसरा प्रयोग काव्यशैली या पद्धतिविशेष के व्यापक अर्थ में है। सन् 1885 में फ्रांस में रहस्यवादी कवियों का एक दल खड़ा हुआ जो प्रतीकवाद (सिंबालिस्ट्स) कहलाया। वे अपनी रचनाओं में प्रस्तुतों के स्थान पर अधिकतर अप्रस्तुत प्रतीकों को लेकर चलते थे। इसी से उनकी शैली की ओर लक्ष्य करके 'प्रतीकवाद' शब्द का व्यवहार होने लगा। आध्यात्मिक या ईश्वरप्रेम संबंधी कविताओं के अतिरिक्त और सब प्रकार की कविताओं के लिए भी प्रतीक शैली की ओर वहाँ प्रवृत्ति रही। हिंदी में 'छायावाद' शब्द का जो व्यापक अर्थ में-रहस्यवादी रचनाओं के अतिरिक्त और प्रकार की रचनाओं के संबंध में भी-ग्रहण हुआ वह इसी प्रतीक शैली के अर्थ में। छायावाद का सामान्यतः अर्थ हुआ प्रस्तुत के स्थान पर

उसकी व्यंजना करने वाली छाया के रूप में अप्रस्तुत का कथन। इस शैली के भीतर किसी वस्तु या विषय का वर्णन किया जा सकता है।

'छायावाद' का केवल पहला अर्थात् मूल अर्थ लेकर तो हिंदी काव्यक्षेत्र में चलने वाली श्री महादेवी वर्मा ही हैं। पंत, प्रसाद, निराला इत्यादि और सब कवि प्रतीकपद्धति या चित्रभाषा शैली की दृष्टि से ही छायावादी कहलाये।

रहस्यवाद के भीतर आने वाली रचनाएँ तो थोड़ी या बहुत सभी ने उक्त पद्धति पर की हैं, पर उनकी शब्दकला, वासनात्मक प्रणयोद्‌गार, वेदना विवृत्ति, सौंदर्य संघटन, मधुचर्या, अतृप्तिव्यंजना इत्यादि में अधिकतर नियुक्त रही। जीवन के अवसाद, विषाद और नैराश्य की झलक भी उनके मधुमय गानों में मिलती रही। इसी परिमित क्षेत्र के भीतर चित्रभाषाशैली का वे वैलक्षण्य के साथ दर्शन करते रहे। जैसा कि सामान्य परिचय के भीतर कहा जा चुका है वैलक्षण्य लाने के लिए अंग्रेजी की लाक्षणिक पदावलियों के अनुवाद भी ज्यों-के-त्यों रखे जाते रहे। जिनकी प्रवृत्ति लाक्षणिक वैचित्र्य की ओर कम थी। वे बंगभाषा के कवियों के ढंग पर श्रुतिरंजक या नादानुकृत पदावली गुंफित करने में अधिक तत्पर दिखाई दिये।

चित्रभाषा शैली या प्रतीक पद्धति के अंतर्गत जिस प्रकार वाचक पदों के स्थान पर लक्षक पदों का व्यवहार आता है उसी प्रकार प्रस्तुत के स्थान पर उसकी व्यंजना करने वाले अप्रस्तुत चित्रों का विधान भी। अतः अन्योक्ति पद्धति का अवलंबन भी छायावाद का एक विशेष लक्षण हुआ। यह पहले कहा जा चुका है कि छायावाद का चलन द्विवेदीकाल की रूखी इतिवृत्तात्मकता की प्रतिक्रिया के रूप में हुआ था। अतः इस प्रतिक्रिया का प्रदर्शन केवल लक्षण और अन्योक्ति के प्राचुर्य के रूप में ही नही, कहीं-कहीं उपमा और उत्प्रेक्षा की भरमार के रूप में भी हुआ। इनमें से उपादान और लक्षण-लक्षणाओं को छोड़ और सब बातें किसी-न-किसी प्रकार की साध्यभावना के आधार पर ही खड़ी होने वलाी हैं। साम्य को लेकर अनेक प्रकार की अलंकृत रचनाएँ बहुत पहले भी होती थीं तथा रीतिकाल के और उसके पीछे भी होती रही हैं। अतः छायावाद की रचनाओं के भीतर साम्यग्रहण की उस प्रणाली का निरूपण आवश्यक है जिसके कारण उसे एक विशिष्ट रूप प्राप्त हुआ।

हमारे यहाँ साम्य मुख्यतः तीन प्रकार का माना गया है। सादृश्य (रूप या आकार का साम्य), साधर्म्य (गुण या क्रिया का साम्य) और केवल शब्दसाम्य (दो भिन्न वस्तुओं का एक ही नाम होना) इसमें से अंतिम तो श्लेष की शब्दक्रीड़ा दिखाने वालों के ही काम का है। रहे सादृश्य और साधर्म्य। विचार करने पर इन दोनों में प्रभावसाम्य छिपा मिलेगा। सिद्ध कवियों की दृष्टि ऐसे ही अप्रस्तुतों की ओर जाती है, जो प्रस्तुतों के समान ही सौंदर्य, दीप्ति, कांति, कोमलता, प्रचंडता, भीषणता, उग्रता, उदासी, अवसाद, खिन्नता इत्यादि की भावना जगाते हैं। काव्य में बँधे चले आते हुए उपमान अधिकतर इसी के हैं। केवल रूप-रंग, आकार या व्यापार को ऊपर से देखकर या नाप-जोखकर, भावना पर उनका प्रभाव परखे बिना, वे नहीं रखे जाते थे। पीछे कविकर्मके बहुत कुछ श्रमसाध्य का अभ्यासगम्य होने के कारण जब कृत्रिमता आने लगी तब बहुत-से उपमान केवल बाहरी नाप-जोख के अनुसार भी रखे जाने लगे। कटि की सूक्ष्मता दिखाने के लिए सिंहनी औ भिड़ सामने लायी जाने लगी।

छायावाद बड़ी सहृदयता के साथ प्रभावसाम्य पर ही विशेष लक्ष्य रखकर चला है। कहीं-कहीं तो बाहरी सादृश्य या साधर्म्य अत्यंत अल्प या न रहने पर भी आभ्यंतर प्रभावसाम्य

लेकर हम अप्रस्तुतों का अन्निवेश कर दिया जाता है। ऐसे अप्रस्तुत अधिकतर उपलक्षण के रूप में या प्रतीकवत् (सिंबालिक) होते हैं–जैसे सुख, आनंद, प्रफुल्लता, यौवनकाल इत्यादि के स्थान पर उनके द्योतक उषा, प्रभात, मधुकाल, प्रिया के स्थान पर मुकुल, प्रेमी के स्थान पर मधुप, श्वेत या शुभ्र के स्थान पर कुंद, रजत; माधुर्य के स्थान पर मधु; दीप्तिमान या कांतिमान के स्थान पर स्वर्ण; विषाद या अवसाद के स्थान पर अंधकार, अँधेरी रात, संध्या की छाया, पतझड़, मानसिक आकुलता या क्षोभ के स्थान पर झंझा, तूफान, भावतरंग के लिए झंकार, भावप्रवाह के लिए संगीत या मुरली का स्वर इत्यादि, आभ्यंतर प्रभावसान्य के आधार पर लाक्षणिक और व्यंजनात्मक पद्धति का प्रगल्भ और प्रचुर विकास छायावाद की काव्यशैली की असली विशेषता है।

हिंदी की काव्यपरंपरा में अन्योक्तिपद्धति का प्रचार तो रहा है, पर लाक्षणिकता का एक प्रकार से अभाव ही रहा। केवल कुछ रूढ़ लक्षणाएँ मुहावरों के रूप में कहीं-कहीं मिल जाती थीं। ब्रजभाषा कवियों में लाक्षणिक साहस किसी ने दिखाया तो घनानंद ने। इस तृतीय उत्थान में सबसे अधिक लाक्षणिक साहस पंत जी ने अपने 'पल्लव' में दिखाया। जैसे–

1. **धूल की ढेरी अनजान छिपे हैं मेरे मधुमय गान॥**
   (धूल की ढेरी=असुंदर वस्तुएँ। मधुमय गान=गान के विषय अर्थात् सुंदर वस्तुएँ)
2. **मर्मपीड़ा के हास (हास=विकास, समृद्धि। विरोधी वैचित्र्य के लिए व्यंग्यव्यंजक संबंध को लेकर लक्षणा)। (मर्मपीड़ा के हा!=हे मेरे पीड़ित गान् आधार आधेय संबंध लेकर)।**
3. **चाँदनी, मृदुलता, शीतलता। बच्चों की साँस=भोलापन)।**
4. **मृत्यु का यही दीर्घ निःश्वास (मृत्यु=आसन्नमृत्यु व्यक्ति अथवा मृतक के लिए शोक करने वाले व्यक्ति।)**
5. **कौन तुम अतुल अरूप अनाम (शिशु के लिए। अल्पार्थक के स्थान पर निषेधार्थक।)**

'पल्लव' में प्रतिक्रिया के आवेश के कारण वैचित्र्य प्रदर्शन की प्रवृत्ति अधिक थी जिसके लिए कहीं-कहीं अंग्रेजी के लाक्षणिक प्रयोग भी ज्यों-के त्यों ले लिये गये। पर पीछे यह प्रवृत्ति घटती गयी।

'प्रसाद' की रचनाओं में शब्दों के लाक्षणिक वैचित्र्य की प्रवृत्ति उतनी नहीं रही है जितना साम्य की दुरारूढ़ भावना की। उनके उपलक्षण (सिंबल्स) सामान्य अनुभूति के मेल में होते थे। जैसे–'लहर'।

1. **झंझा झकोर गर्जन है, बिजली है, नीरद माला।**
   पाकर इस शून्य हृदय को, सबने आ डेरा डाला॥
   (झंझा झकोर=क्षोभ; आकुलता। गर्जन=वेदना की तड़प। बिजली=चमक या टीस। नीरदमाला=अंधकार। शून्य शब्द विशेषण के अतिरिक्त आकाशवाचक भी है; जिससे उक्ति में बहुत सुंदर समन्वय आ जाता है।)
2. **पतझड़ था; झाड़ खड़े थे सूखे से फुलवारी में।**
   किसलय दल कुसुम बिछाकर आये तुम इस क्यारी में॥–'लहर'
   (पतझड़=उदासी। किसलयदलकुसमु=वसंत, सरसता और प्रफुल्लता)। आँसू।
3. **काँटों ने भी पहना मोती (कँटीले पौधों=पीड़ा पहुँचाने वाले कठोर हृदय**

मनुष्यों। पहना मोती=हिंमबिंदु धारण किया=अश्रुपूर्ण हुए।) लहर।

अप्रस्तुत किस प्रकार एकदेशीय, सूक्ष्म और धुँधले पर मर्मव्यंजक साम्य का धुँधला-सा आधार लेकर खड़े किये जाते हैं, यह बात नीचे के कुछ उद्धरणों से स्पष्ट हो जायेगी–

1. **उठ-उठ री लघु लघु लोल लहर।**
करुणा की नव अँगड़ाई-सी, मलयनिल की परछाई-सी,
इस सूखे तट पर छहर छहर॥
(लहर=सरस कोमल भाव। सूखा तट=शुष्क जीवन। अप्रस्तुत या उपमान भी लाक्षणिक हैं।)

2. **गूढ़ कल्पना-सी कवियों की, अज्ञाता के विस्मय-सी**
ऋषियों के गंभीर हृदय-सी, बच्चों के तुतले भय-सी।–'छाया'

3. **गिरिवर के उर से उठ-उठ कर, उच्चाकांक्षाओं से तरुवर, हैं, झाँक रहे नीरव नभ पर।**
(उठे हुए पेड़ों का साम्य मनुष्य के हृदय की उन उच्चाकांक्षाओं से है, जो लोक के परे जाती हैं।)

4. **बनमाला के गीतों-सा गर्जन में बिखरा है मधुमास**

छायावाद की रचनाएँ गीतों के रूप में ही अधिकतर होती हैं। इससे उनमें अन्विति कम दिखाई पड़ती है। जहाँ यह अन्विति होती है वहीं समूची रचना अन्योक्ति पद्धति पर की जाती है। इस प्रकार साम्यभावना का ही प्राचुर्य हम सर्वत्र पाते हैं। यह साम्यभावना हमारे हृदय का प्रसार करने वाली, शेष सृष्टि के साथ मनुष्य के गूढ़ संबंध की धारणा बँधानेवाली, अत्यंत अपेक्षित मनोभूमि है, इसमें संदेह नहीं, पर यह सच्चा मार्मिक प्रभाव नहीं उत्पन्न करती है जहाँ यह प्राकृतिक वस्तु या व्यापार से प्राप्त सच्चे आभास के आधार पर खड़ी होती है। प्रकृति अपने अनंत रूपों और व्यापारों के द्वारा अनेक बातों की गूढ़ वा अगूढ़ व्यंजना करती रहती है। इस व्यंजना को न परखकर या न ग्रहण करके जो साम्यविधान होगा यह मनमाना आरोपमात्र होगा। इस अनंत विश्व महाकाव्य की व्यंजनाओं की परख के साथ जो साम्यविधान होता है वह मार्मिक और उद्बोधक होता है; जैसे–

दुखदावा से नवअंकुर पाता जग जीवन का बन
करुणार्द्र विश्व का गर्जन बरसाता नवजीवन कण।
खुल-खुल नवइच्छाएँ फैलातीं जीवन के दल।
यह शैशव का सरल हास है, सहसा उर से है आ जाता।
यह ऊषा का नवविकास है, जो रज को है रजत बनाता।
यह लघु लहरों का विलास है, कलानाथ जिसमें खिंच आता॥
× × × × ×
हँस पड़े कुसुमों में छविमान, जहाँ जग में पदचिह्न पुनीत।
वही सुख में आँसू बन प्राण, ओस में लुढ़क दमकते गीत॥

–गुंजन

मेरा अनुराग फैलने दो, नभ के अभिनव कलरव में।
जाकर सूनेपन के तम में, बन किरन कभी आ जाना।

अखिल की लघुता आयी बन, समय का सुंदर वातायन।
देखने का अदृष्ट नर्त्तन।

–लहर

जल उठा स्नेह दीपक-सा, नवनीत हृदय था मेरा।
अब शेष धूमरेखा से, चित्रित कर रहा अँधेरा।।

–आँसू

मनमाने आरोप, जिनका विधान प्रकृति के संकेत पर नहीं होता, हृदय के मर्मस्थल का स्पर्श नहीं करते, केवल वैचित्र्य का कुतूहल मात्र उत्पन्न करके रह जाते हैं। छायावाद की कविता पर कल्पनावाद, कलावाद, अभिव्यंजनावाद आदि का भी प्रभाव ज्ञात या अज्ञात के रूप में पड़ता है। इससे बहुत-सा अप्रस्तुत विधान मनमाने आरोप के रूप में भी सामने आता है। प्रकृति के वस्तु-व्यापारों पर मानुषी वृत्तियों के आरोप का बहुत चलन हो जाने से कहीं-कहीं ये आरोप वस्तु-व्यापारों की प्रकृत व्यंजना से बहुत दूर जा पड़े हैं जैसे–चाँदनी के इस वर्णन में–

1. **जग के दुख दैन्य शयन पर यह रुग्णा जीवनबाला।**
पीली पड़, निर्बल, कोमल, कृश देहलता कुम्हलाई।
विवसना, लाज में, लिपटी, साँसों में शून्य समाई।।

चाँदनी अपने आप इस प्रकार की भावना मन में नहीं जगाती। उसके संबंध में यह उद्‌भावना भी केवल स्त्री की सुंदर मुद्रा सामने खड़ी करती जान पड़ती है–

2. **नीले नभ के शतदल पर वह बैठी शारद हासिनी।**
मृदु करतल पर शशिमुख धर नीरव अनिमिष एकाकिनि।।

इसी प्रकार आँसुओं को 'नयनों के बाल' कहना भी व्यर्थ-सा है। नीचे की जूठी प्याली भी (जो बहुत आया करती है) किसी मयखाने से लाकर रखी जान पड़ती है–

3. **लहरों में प्यास भरी है, है भँवर पात्र से खाली।**
मानव का सब रस पीकर, लुढ़का दी तुमने प्याली।।

प्रकृति के नाना रूपों के सौंदर्य की भावना सदैव स्त्री सौंदर्य का आरोप करके करना उक्त भावना की संकीर्णता सूचित करता है। कालिदास ने भी मेघदूत से निर्विंध्या और सिंधु नदियों में स्त्री सौंदर्य की भावना की है जिनसे नदी और मेघ के प्रकृत संबंध की रमणीय व्यंजना होती है। ग्रीष्म में नदियाँ सूखती-सूखती पतली हो जाती हैं और तपती रहती हैं। उन पर मेघ छाया करता है तब वे शीतल हो जाती हैं और उस छाया को अंक में धारण किये दिखाई देती हैं। वही मेघ बरसकर उनकी क्षीणता दूर करता है। दोनों के बीच इसी प्राकृतिक संबंध की व्यंजना ग्रहण करके कालिदास ने अप्रस्तुत विधान किया है। पर सौंदर्य की भावना सर्वत्र स्त्री का चित्र चिपकाकर करना खेल-सा हो जाता है। उषासुंदरी के कपोलों की ललायी, रजनी के रत्नजटित केश कलाप, दीर्घ निःश्वास और अश्रुबिंदुता तो रूढ़ हो ही गये हैं; किरन, लहर, चंद्रिका, छाया, तितली, सब अप्सराएँ या परियाँ बनकर सामने आने पाती हैं। इसी तरह प्रकृति के नाना व्यापार भी चुंबन, आलिंगन, मधुग्रहण, मधुदान, कामिनी की क्रीड़ा इत्यादि में अधिकतर परिणत दिखाई देते हैं। कहने का तात्पर्य यह कि प्रकृति की नाना वस्तुओं और व्यापारों का अपना-अपना अलग सौंदर्य भी है जो एक ही प्रकार की वस्तु या व्यापार के आरोप द्वारा अभिव्यक्ति नहीं हो सकता।

इसी प्रकार पंत जी की 'छाया', 'वीचिविलास', 'नक्षत्र' में जो यहाँ से वहाँ तक उपमानों का ढेर लगा है उनमें से बहुत-से तो अत्यंत सूक्ष्म और सुकुमार साम्य के व्यंजक हैं और बहुत से रंग-बिरंगे खिलौने के रूप में ही हैं। ऐसी रचनाएँ उस 'कल्पनावाद', 'कलावाद' या 'अभिव्यंजनावाद' के उदाहरण-सी लगती है जिसके अनुसार कविकल्पना का काम प्रकृति की नाना वस्तुएँ लेकर एक नया निर्माण करना व नूतन सृष्टि खड़ी करना है। प्रकृति के सच्चे स्वरूप, उसकी सच्ची व्यंजना ग्रहण करना उक्त वादों के अनुसार आवश्यक नहीं। उनके अनुसार तो प्रकृति की नाना वस्तुओं का उपयोग केवल उपादन के रूप में है; उसी प्रकार जैसे बालक, ईंट, पत्थर, लकड़ी, कागज, फूल-पत्ती लेकर हाथी-घोड़े, घर-बगीचे इत्यादि बनाया करते हैं। प्रकृति के नाना चित्रों के द्वारा अपनी भावनाएँ व्यक्त करना तो बहुत ठीक है, पर उन भावनाओं को व्यक्त करने की स्वाभाविक प्रवृत्ति भी तो गृहीत चित्रों में होनी चाहिए।

छायावाद की प्रवृत्ति अधिकतर प्रेमगीतात्मक होने के कारण हमारा वर्तमान काव्य प्रसंगों की अनेकरूपता के साथ नयी-नयी अर्थभूमियों पर कुछ दिनों तक बहुत कम चल पाया। कुछ कवियों में वस्तु का आधार अत्यंत अल्प रहता है। विशेष लक्ष्य अभिव्यंजना के अनूठे विस्तार पर रहा है। इससे उनकी रचनाओं का बहुत-सा भाग अधर में ठहराया-सा जान पड़ता है। जिन वस्तुओं के आधार पर उक्तियाँ मन में खड़ी की जाती हैं उनका कुछ भाग कला के अनूठेपन के लिए पंक्तियों के इधर-उधर से हटा भी लिया जाता है। अत: कहीं-कहीं व्यवहृत शब्दों की व्यंजकता पर्याप्त न होने पर भाव अस्फुट रह जाता है, पाठक को अपनी ओर से बहुत कुछ आक्षेप करना पड़ता है, जैसे नीचे की पंक्तियों में–

निज अलकों के अंधकार में तुम कैसे छिप पाओगे।
इतना सजग कुतूहल ठहरो, यह न कभी बन पाओगे।
आह, चूम लूँ जिन चरणों को चाँप-चाँप कर उन्हें नहीं।
दुख दो इतना, अरे! अरुणिमा उषा-सी वह उधर बही।

यहाँ कवि ने उस प्रियतम के छिपकर दबे पाँव आने की बात कही है जिनके चरण इतने सुकुमार हैं कि जब आहट न सुनाई पड़ने के लिए वह उन्हें बहुत दबा-दबाकर रखते हैं तब एड़ियों में ऊपर की ओर खून की लाली दौड़ जाती है। वही ललाई उषा की लाली के रूप में झलकती है। 'प्रसाद' जी का ध्यान शरीर विकारों पर विशेष जमता था। इसी से उन्होंने 'चाँप-चाँपकर दुख दो', से ललाई दौड़ने की कल्पना पाठकों के ऊपर छोड़ दी है। 'कामायनी' में उन्होंने मले हुए कान में भी कामिनी के कपोलों पर की 'लज्जा की लाली' दिखाई है।

अभिव्यंजना की पद्धति या काव्यशैली पर ही प्रधान लक्ष्य रहने से छायावाद के भीतर उसका बहुत ही रमणीय विकास हुआ है, यह हम पहले कह आये हैं।[8] साम्यभावना और लक्षणा शक्ति के बल पर किस प्रकार काव्योपयुक्त चित्रमयी भाषा की ओर सामान्यत: झुकाव हुआ यह भी कहा जा चुका है। साम्य पहले उपमा, उत्प्रेक्षा, रूपक–ऐसे अलंकारों के बड़े-बड़े साँचों के भीतर ही फैलाकर दिखाया जाता था। वह अब प्राय: थोड़े में या तो लाक्षणिक प्रयोगों के द्वारा झलका दिया जाता है अथवा कुछ प्रच्छन्न रूपकों में प्रतीयमान रहता है। इसी प्रकार किसी तथ्य या पूरे प्रसंग के लिए दृष्टांत, अर्थात् विन्यास आदि का सहारा न लेकर अब अन्याक्ति पद्धति ही अधिक चलती हैं यह बहुत ही परिष्कृत पद्धति है। पर यह न समझना

चाहिए कि उपमा, रूपक, उत्प्रेक्षा आदि का प्रयोग नहीं होता है, बराबर होता है और बहुत होता है। उपमा में धर्म बराबर लुप्त रहता है। प्रतिवस्तूपमा, हेतुत्प्रेक्षा, विरोध, श्लेष, एकावली इत्यादि अलंकार भी कहीं-कहीं पाये जाते हैं।

किस प्रकार एक बँधे घेरे से निकलकर अब छायावादी कहे जाने वाले कवि धीरे-धीरे जगत् और जीवन के अनंत क्षेत्र में इधर-उधर दृष्टि फैलाते देखे जा रहे हैं, इसका आभास दिया जा चुका है। अब तक उनकी कल्पना थोड़ी-सी जगह के भीतर कलापूर्ण और मनोरंजक नृत्य-सा कर रही थी। वह जगत् और जीवन के जटिल स्वरूप से घबराने वालों का जी बहलाने का काम करती रही है। अब उसे अखिल जीवन के नाना पक्षों की मार्मिकता का साक्षात्कार करते हुए एक करीने के साथ रास्ता चलना पड़ेगा। इसके लिए उसे अपनी चपलता और भावभंगिमा का प्रदर्शन, क्रीड़ा कौतुक की प्रवृत्ति कुछ संयत करनी पड़ेगी। इस ऊँचे-नीचे मर्मपथ पर चित्रों का बहुत अधिक फालतू बोझ लादकर चलना भी वाणी के लिए उपयुक्त न होगा। प्रसाद जी ने 'लहर' में छायावाद की चित्रमयी शैली को तीन ऐतिहासिक जीवनखंडों के बीच ले जाकर आजमाया है। उनमें कथावस्तु का विन्यास नाटकीय पद्धति पर करके उन्होंने बाह्य और आभ्यंतर परिस्थितियों का व्यंजक, मनोहर, मार्मिक या आवेशपूर्ण शब्दविधान किया है। पर कहीं-कहीं जहाँ मधुमय चित्रों की परंपरा दूर तक चली है वहाँ समन्वित प्रभाव में बाधा पड़ी है। 'कामायनी' में उन्होंने नर जीवन के विकास में भिन्न-भिन्न भावात्मिका वृत्तियों का योग और संघर्ष बड़ी प्रगल्भ और रमणीय कल्पना द्वारा चित्रित करके मानवता का रागात्मक इतिहास प्रस्तुत किया है। इसी प्रकार निराला जी ने जिनकी वाणी पहले से भी बहुमुखी थी, 'तुलसीदास' में मानस विकास का बड़ा ही दिव्य और विशाल रंगीन चित्र खींचा है।

अब हम तृतीय उत्थान के वर्तमान कवियों और उनकी कृतियों का संक्षेप में कुछ परिचय देना आवश्यक समझते हैं–

1. जयशंकर प्रसाद : ये पहले ब्रजभाषा की कविताएँ लिखा करते थे जिनका संग्रह 'चित्राधार' में हुआ है। संवत् 1970 से वे खड़ी बोली की ओर आये और 'कानन कुसुम', 'महाराणा का महत्त्व', 'करुणालय' और 'प्रेमपथिक' प्रकाशित हुए। 'कानन कुसुम', में तो प्रायः उसी ढंग की कविताएँ हैं जिस ढंग की द्विवेदीकाल में निकला करती थीं। 'महाराणा का महत्त्व' और 'प्रेमपथिक' (संवत् 1970) अतुकांत रचनाएँ हैं जिसका मार्ग पं. श्रीधर पाठक पहले दिखा चुके थे। भारतेंदु काल में पं. अंबिकादत्त व्यास ने बँगला की देखादेखी कुछ अतुकांत पद्य आजमाये थे। पीछे पं. श्रीधर पाठक ने 'सांध्य अटन' नाम की कविता खड़ी बोली के अतुकांत (तथा चरण के बीच में पूर्ण विराम वाले) पद्यों में बड़ी सफलता के साथ प्रस्तुत की थी।

सामान्य परिचय के अंतर्गत दिखाया जा चुका है कि किस प्रकार सर्वश्री मैथिलीशरण गुप्त, बदरीनारायण भट्ट और मुकुटधर पांडेय इत्यादि कई कवि अंतर्भावना की प्रगल्भ चित्रमयी व्यंजना के उपयुक्त स्वच्छंद नूतन पद्धति निकाल रहे थे। पीछे उस नूतन पद्धति पर प्रसाद जी ने भी कुछ छोटी-छोटी कविताएँ लिखीं जो संवत् 1975 (सन् 1918) में 'झरना' के भीतर संगृहीत हुईं। 'झरना' की उन 24 कविताओं में उस समय नूतन पद्धति पर निकलती हुई कविताओं में कोई ऐसी विशिष्टता नहीं थी जिस पर ध्यान जाता। दूसरे संस्करण में जो बहुत पीछे संवत् 1984 में निकला, पुस्तक का स्वरूप ही बदल गया। उसमें आधी से ऊपर अर्थात्

33 रचनाएँ जोड़ी गयीं जिनमें पूरा हास्यवाद, अभिव्यंजना का अनूठापन, व्यंजक, चित्रविधान सब कुछ मिल जाता है। 'विषाद', 'बालू की बेला', 'खोलो द्वार', 'बिखरा हुआ प्रेम', 'किरण', 'वसंत की प्रतीक्षा' इत्यादि उन्हीं पीछे जोड़ी हुई रचनाओं में हैं जो पहले (संवत् 1975 के) संस्करण में नहीं थीं। द्वितीय संस्करण में कहीं छायावाद कहीं जाने वाली विशेषताएँ स्फुट रूप में दिखाई पड़ीं। इसके पहले श्री सुमित्रानंदन पंत का 'पल्लव' बड़ी धूमधाम से निकल चुका था, जिसमें रहस्यभावना तो कहीं-कहीं पर अप्रस्तुत विधान, चित्रमयी भाषा और लाक्षणिक वैचित्र्य आदि विशेषताएँ अत्यंत प्रचुर परिमाण में दिखाई पड़ी थीं।

प्रसाद जी में ऐसी मधुमयी प्रतिभा और ऐसी जागरूक भावुकता अवश्य थी कि उन्होंने इस पद्धति का अपने ढंग पर बहुत ही मनोरम विकास किया। संस्कृत की कोमल कांत पदावली का जैसा सुंदर चयन बंगभाषा के काव्यों में हुआ है वैसा अन्य देशभाषाओं के साहित्य में नहीं दिखाई पड़ता। उनके परिशीलन में पदलालित्य की जो गूँज प्रसाद जी के मन में समाई वह बराबर बनी रही।

जीवन के प्रेमविलासमय मधुर पक्ष की ओर स्वाभाविक प्रवृत्ति होने के कारण वे उस 'प्रियतम' के संयोग-वियोग वाली रहस्यभावना में–जिसे स्वाभाविक रहस्यभावना से अलग समझना चाहिए–रमते प्रायः पाये जाते हैं। प्रेमचर्या के शारीरिक व्यापारों और चेष्टाओं (अश्रु, स्वेद, चुंबन, परिरंभण, लज्जा की दौड़ी हुई लाली इत्यादि), रंगरेलियों और अठखेलियों, वेदना की कसक और टीस इत्यादि की ओर इनकी दृष्टि विशेष जमती थी। इसी मधुमयी प्रवृत्ति के अनुरूप प्रकृति के अनंत रूप में भी वल्लरियों के दान, कलिकाओं की मंद मुस्कान, सुमनों के मधुपात्र पर मँडराते मलिंदों के गुंजार, सौरभहर समीर की झपक-लपक, पराग मकरंद की लूट, ऊषा के कपोलों पर लज्जा की लाली, आकाश और पृथ्वी के अनुरागमय परिरंभण, रजनी के आँसू से भीग अंबर, चंद्रमुख पर शरद्घन के सरकते अवगुंठन, मुधुमास की मधुवर्षा और झूमती मादकता इत्यादि पर अधिक दृष्टि जाती थी। अतः इनकी रहस्यवादी रचनाओं को देख चाहे तो यह कहें कि इनकी मधुवर्षा के मानस-प्रचार के लिए रहस्यवाद का परदा मिल गया। अथवा यों कहें कि इनकी सारी प्रणयानूभूति ससीम पर से कूदकर असीम पर जा रही।

इनकी पहली विशिष्ट रचना 'आँसू' (संवत् 1998) है। 'आँसू' वास्तव में तो हैं शृंगारी विप्रलंभ के, जिनमें अतीत संयोग सुख की खिन्न स्मृतियाँ रह-रहकर झलक मारती हैं, पर जहाँ प्रेमी की मादकता की बेसुधी में प्रियतम नीचे से ऊपर आते और संज्ञा की दशा में चले जाते हैं[9] जहाँ हृदय की तरंगें 'उस अनंत कोने को नहलाने चलती हैं, वहाँ वे आँसू उस 'अज्ञात प्रियतम' के लिए बहते जान पड़ते हैं। फिर जहाँ कवि यह देखने लगता है कि ऊपर तो–

अवकाश[10] असीम सुखों से आकाशतरंग[11] बनाता,
हँसता-सा छायापथ में नक्षत्र समाज दिखाता।

पर

नीचे विपुला धरणी है दुखभार वहन-सी करती।
अपने खारे आँसू से करुणासागर को भरती॥

और इस 'चित्र दग्ध दुखी वसुधा' को इस निर्मम जगती को, अपनी प्रेमवेदना की कल्याणी शीतल ज्वाला का मंगलमय, उजाला देना चाहता है, वहाँ वे आँसू लोक-पीड़ा पर करुणा के आँसू के जान पड़ते हैं। पर वहीं पर जब हम कवि की दृष्टि अपनी सदा जगती

हुई अखंड ज्वाला की प्रभविष्णुता पर इस प्रकार जमी पाते हैं कि 'हे मेरी ज्वाला!'

तेरे प्रकाश में चेतन संसार वेदनावाला।
मेरे समीप होता है पाकर कुछ करुण उजाला॥

तब ज्वाला या प्रेमवेदना की अतिरंजित और दुरारूढ़ भावना ही–जो शृंगार की पुरानी रूढ़ि है–रह जाती है। कहने का तात्पर्य है कि वेदना की कोई एक निर्दिष्ट भूमि न होने से सारी पुस्तक का कोई एक समन्वित प्रभाव नहीं निष्पन्न होता।

पर अलग-अलग लेने पर उक्तियों के भीतर बड़ी ही रंजनकारिणी कल्पना, व्यंजक चित्रों का बड़ा ही अनूठा विन्यास, भावनाओं की अत्यंत सुकुमार योजना मिलती हैं प्रसाद जी की यह पहली काव्यरचना है जिसने बहुत लोगों को आकर्षित किया। अभिव्यंजना की प्रगल्भता और विचित्रता के भीतर प्रेमवेदना की दिव्य विभूति का, विश्व में उसके मंगलमय प्रभाव का सुख और दुख दोनों का अपनाने की उसकी अपार शक्ति का और उसकी छाया में सौंदर्य और मंगल का भी आभास पाया जाता है। 'नियतिवाद' और 'दुखवाद' का विषण्ण स्वर भी सुनाई पड़ता है। इस चेतना को दूर हटाकर मदतंद्रा, स्वप्न और असंज्ञा की दशा का आह्वान रहस्यवाद की एक स्वीकृति-विधि है। इस विधि का पालन 'आँसू' से लेकर 'कामायनी' तक हुआ है। अपने ही लिए नहीं, उजाले में हाथ-पैर मारने वाली 'चिर द्ग्ध दुखी वसुधा' के लिए भी यहीं नींद लाने वाली दवा लेकर आने को कवि निशा से कहता है–

चिर दग्ध दुखी यह वसुधा आलोक माँगती, तब भी।
तुम तुहिन बरस दो कन-कन, यह पगली सोये अब भी।

चेतना की शांति या विस्मृति की दशा में ही 'कल्याण की वर्षा' होती है, मिलनसुख प्राप्त होता है। अतः उसके लिए रात्रि की भावना को बढ़ाकर प्रसाद जी महारात्रि तक ले गये हैं, जो सृष्टि और प्रलय का संधिकाल है, जिसमें सारे नाम-रूपों का लय हो जाता है–

चेतना लहर न उठेगी जीवन समुद्र थिर होगा।
संध्या हो सर्ग प्रलय की विच्छेद मिलन फिर होगा॥

'आँसू' के उपरांत दूसरी रचना 'लहर' है, जो कई प्रकार की कविताओं का संग्रह है। 'लहर' पर एक छोटी-सी कविता सबसे पहले दी गयी है। इसी से समूचे संग्रह का नाम 'लहर' रखा गया। 'लहर' से कवि का अभिप्राय उस आनंद की लहर से है जो मनुष्य के मानस में उठा करती है और उसके जीवन को सरस करती रहती है। उसे ठहराने की पुकार अपने व्यक्तिगत नीरस जीवन को भी सरस करने के लिए कही जा सकती है और अखिल मानव जीवन को भी। यह जीवन की लहर भीतर उसी प्रकार स्मृतिचिह्न छोड़ जाती है जिस प्रकार जल की लहरें सूखी नदी की बालू बीच पसलियों की-सी उभरी रेखाएँ छोड़े जाती हैं–

उठ-उठ, गिर-गिर, फिर-फिर आती
नर्तित पदचिह्न बना जाती;
सिकता की रेखाएँ उभार
भर जाती अपनी तरल सिहर।

इसमें भी उस प्रियतम की आँखमिचौनी खेलना, दबे पाँव आना, किरन उँगलियों से आँख मूँदना (या मूँदने की कोशिश करना, क्योंकि उस ज्योतिर्मय का कुछ आभास मिल ही जाता है), प्रियतम की ओर अभिसार इत्यादि रहस्यवाद की सब सामग्री है। प्रियतम अज्ञात रहकर

भी किस प्रकार प्रेम का आलंबन रहता है, यह भी दो-एक जगह सूचित किया गया है; जैसे–

तुम हो कौन और मैं क्या हूँ? इसमें क्या है धरा सुना।
मानस जलधि रहे चिर चुंबित मेरे क्षितिज! उदार बनो॥

इसी प्रकार 'हे सागर संगम अरुण नील' में यह चित्र सामने रखा गया है कि सागर ने हिमालय से निकली नदी को कब देखा था, और नदी ने सागर को कब देखा था, पर नदी निकलकर स्वर्णस्वप्न देखती उसी की ओर चली और वह सागर भी बड़ी उमंग के साथ उससे मिला।

क्षितिज, जिसमें प्रातः-सायं अनुराग की लाली दौड़ा करती है, असीम (आकाश) और समीप (पृथ्वी) का सहेट या मिलनस्थल-सा दिखाई पड़ा करता है। इस हलचलभरे संसार से हटाकर कवि ने अपने नाविक से वहीं ले चलने को कहता है–

ले चल वहाँ भुलावा देकर मेरे नाविक! धीरे-धीरे।
जिस निर्जन में सागर लहरी अंबर के कानों में गहरी
निश्छल प्रेमकथा कहती हो तज कोलाहल की अवनी रे॥

वहाँ जाने पर वह इस सुख-दुखमय व्यापक प्रसार को अपने नित्य और सत्य रूप में देखने को भी, पारमार्थिक ज्ञान की झलक पाने की भी आशा करता है; क्योंकि श्रम और विश्राम के उस संधिस्थल पर ज्ञान की द्विव्य ज्योति-सी जगती दिखाई पड़ा करती है–

जिस गंभीर मधुर छाया-विश्व चित्रपट चल माया में–
विभता विभु-सी पड़े दिखाई दुख-सुख वाला सत्य बनी रे।
श्रम-विश्राम क्षितिज बेला से, जहाँ सृजन करते मेला से–
अमर जागरण, उषा नयन से–बिखराती हो ज्योति घनी रे॥

'लहर' में चार-पाँच ही रहस्यवाद की हैं। पर कवि की तंद्रा और स्वप्न वाली प्रिय भावना जगह-जगह व्यक्त होती है। रवि के उस सन्नाटे की कामना, जिसमें बाहर-भीतर की सब हलचल शांत रहती है, केवल अभावों की पूर्ति करने वाले अतृप्त कामनाओं की तृप्ति का विधान करने वाले, स्वप्नही जगा करते हैं, इस गीत से पूर्णतया व्यक्त हैं–

अपलक जगती हो एक रात!
सब सोये हों इस भूतल में;
अपनी निरीहता संबल में,
चलती हो कोई भी न बात।
वक्षस्थल में जो छिपे हुए
सोते हों हृदय अभाव लिये
उनके स्वप्नों का हो न प्रात।

जैसा कि पहले सूचित कर चुके हैं, 'लहर' में कई प्रकार की रचनाएँ हैं। कहीं तो प्रकृति के रमणीय पक्ष को लेकर सुंदर और मधुर रूपकमय गान हैं, जैसे–

बीती विभावरी जाग री!
अंबर पनघट में डुबो रही
तारा घट उषा नागरी।
खगकुल 'कुल-कुल'-सा बोल रहा

किसलय का अंचल डोल रहा,
लो, यह लतिका भी भर लाई
मधु मुकुल नवल रस गागरी॥

कहीं उस यौवनकाल की स्मृतियाँ हैं जिनमें मधु का आदान-प्रदान चलता था, कहीं प्रेम का शुद्ध स्वरूप यह कहकर बताया गया है कि प्रेम देने की चीज है, लेने की नहीं। पर इस पुस्तक में कवि अपने मधुमय जगत् से निकल जगत् और जीवन के कई पक्षों की ओर भी बढ़ा है। वह अपने भीतर इतना अपरिमित अनुराग समझता है कि अपने सान्निध्य से वर्तमान जगत् में उसके फैलने की आशा करता है। उषा का अनुराग (लाली) जब फैल जाता है तभी ज्योति की किरन फूटती है–

मेरा अनुराग फैलने दो, नभ के अभिनव कलरव में,
जाकर सूनेपन के तम में, बन किरण कभी आ जाना।

कवि अपने प्रियतम से अब वह 'जीवनगीत' सुनाने को कहता है जिसमें 'करुणा का नवअभिनंदन हो'। फिर इस जगत् की अज्ञानांधकारमयी अश्रुपूर्ण रात्रि के बीच ज्ञानज्योति की भिक्षा माँगता हुआ वह उससे प्रेमवेणु के स्वर में जीवनगीत सुनाने को कहती है जिसके प्रभाव से मनुष्य जाति लताओं के सामने स्नेहालिंगन में बद्ध हो जायेगी और इस संतप्त पृथ्वी पर शीतल छाया हो जायेगी–

जग की सजल कालिमा रजनी में मुखचंद्र दिखा जाओ।
प्रेमवेणु की स्वरलहरी में जीवन गीत सुना जाओ॥
स्नेहालिंगन की लतिकाओं की झुरमुट छा जाने दो।
जीवनधन इस जले जगत् को वृंदावन बन जाने दो॥

जैसा कि पहले सूचित कर आये हैं, 'लहर' में प्रसाद जी ने अपनी प्रगल्भ कल्पना के रंग में इतिहास के कुछ खंडों को भी देखा है। जिस वरुण के शांत कछार में बुद्ध भगवान् ने धर्मचक्र का प्रवर्तन किया था उसकी पुरानी झाँकी, 'अशोक की चिंता', 'शेरसिंह का शस्त्रसमर्पण', 'पेशोला की प्रतिध्वनि', 'प्रलय की छाया' ये सब अतीत के भीतर कल्पना के प्रवेश के उदाहरण हैं। इस प्रकार 'लहर' में हम प्रसाद जी को वर्तमान और अतीत जीवन की प्रकृत ठोस भूमि पर अपनी कल्पना ठहराने का कुछ प्रयत्न करते पाते हैं।

किसी एक विशाल भावना को रूप देने की ओर भी अंत में प्रसाद जी ने ध्यान दिया, जिसका परिणाम है 'कामायनी'। इसमें उन्होंने अपने 'प्रिय आनंद' की प्रतिष्ठा दार्शनिकता के ऊपरी आभास के साथ कल्पना की मधुमती भूमिका बनाकर दी है। यह 'आनंदवाद' बल्लभाचार्य के 'काय' या आनंद के ढंग का न होकर, तांत्रिकों और योगियों की अंतर्भूमि पद्धति पर है। प्राचीन जलप्लावन के उपरांत मनु द्वारा मानवी सृष्टि के पुन:विधान का आख्यान लेकर इस प्रबंध काव्य की रचना हुई है। काव्य का आधार है मनु का पहले श्रद्धा को फिर इड़ा को पत्नी के रूप में ग्रहण करना तथा इड़ा को बंदिनी या सर्वथा अधीन बनाने का प्रयत्न करने पर देवताओं का उन पर कोप करना। 'रूपक' की भावना के अनुसार श्रद्धा विश्वासमन्वित रागात्मिका वृत्ति है और इड़ा व्यावसायातिम्का बुद्धि। कवि ने श्रद्धा को मृदुता, प्रेम और करुणा का प्रवर्तन करने वाली और सच्चे आनंद तक पहुँचाने वाली चित्रित किया है। इड़ा या बुद्धि अनेक प्रकार के वर्गीकरण और व्यवस्थाओं में प्रवृत्ति करती हुई कर्मों में

उलझाने वाली चित्रित की गयी है।

कथा इस प्रकार चलती है। जलप्रलय के बाद मनु की नाव हिमवान् की चोटी पर लगती है, और मनु वहाँ चिंताग्रस्त बैठे हैं। मनु पिछली सृष्टि की बातें और आगे की दशा सोचते-सोचते शिथिल और निराश हो जाते हैं। यह चिंता 'बुद्धि, मति या मनीषा' का ही रूप कही गयी है जिससे आरंभ में ही 'बुद्धिवाद' के विरोध का किंचित् आभास मिल जाता है। धीरे-धीरे आशा का रमणीय उदय होता है और श्रद्धा की मनु से भेंट होती है। श्रद्धा के साथ मनु शांतिपूर्वक कुछ दिन रहते हैं। पर पूर्व संस्कारवश कर्म की ओर फिर मनु की प्रवृत्ति होती है। आसुरी प्रेरणा से पशुहिंसापूर्ण काम्य यज्ञ करने लगते हैं जिससे श्रद्धा को विरक्ति होती है। वह यह देखकर दुखी होती है कि मनु अपने ही सुख की भावना में मग्न होते जा रहे हैं; उनके हृदय में सुख के, सब प्राणियों में, प्रसार का लक्ष्य नहीं जग रहा है जिससे मानवता का नूतन विकास होता। मनु चाहते हैं कि श्रद्धा का सारा सद्भाव, सारा प्रेम, एकमात्र उन्हीं पर स्थिर रहे, तनिक भी इधर-उधर बँटने न पाये। इससे जब वह देखते हैं कि श्रद्धा पशुओं के बच्चों को प्रेम से पुचकारती है और अपनी गर्भस्थ संतति की सुखक्रीड़ा का आयोजन करती है तब उनके मन में ईर्ष्या होती है और उसे हिमालय की उसी गुफा में छोड़कर वे अपनी सुखवासना लिये चल देते हैं।

मनु उजड़े हुए सारस्वत प्रदेश में उतरते हैं जहाँ कभी श्रद्धा से हीन होकर सुर और असुर लड़े थे, इंद्र की विजय हुई थी। वे खिन्न होकर सोचते हैं कि क्या मैं भी उन्हीं के समान श्रद्धाहीन हो रहा हूँ। इसी बीच में अंतरिक्ष से 'काम' की अभिशापभरी वाणी सुनायी पड़ती है कि–

मनु! तुम श्रद्धा को गये भूल।
उस पूर्ण आत्म विश्वासमयी को उड़ा दिया था समझ तूल।।
तुम भूल गये पुरुषत्व मोह में, कुछ सत्ता है नारी की।
समरसता है संबंध बनी अधिकार और अधिकारी की।।

यह अभिनव मानव प्रजा सृष्टि।
द्वयता में लगी निरंतर ही वर्णों की करती रहे वृष्टि।।
अनजान समस्याएँ ही गढ़ती, रचती हों अपनी ही विनष्टि।
कोलाहल कलह अनंत चले, एकता नष्ट हो, बढ़े भेद।
अभिलषित वस्तु तो दूर रहे, हाँ मिले अनिच्छित दुखद खेद।।

प्रभात होता है। मनु अपने सामने एक सुंदरी-खड़ी पाते हैं–

बिखरी अलकें ज्यों तर्क जाल।
यह विश्व मुकुट-सा उज्जलतम शशिखंड सदृश था स्पष्ट भाल।।
गुंजरित मधुप से मुकुल सदृश वह आनन जिसमें भरा गान।
वक्षस्थल पर एकत्र धरे संसृति के सब विज्ञान ज्ञान।।
था एक हाथ में कर्म कलश वसुधा जीवन रस सार लिये।
दूसरा विचारों के नभ को था मधुर अभय अवलंब दिये।।

यह इड़ा (बुद्धि) थी? इसके साथ मनु सारस्वत प्रदेश की राजधानी में रह गये। मनु

के मन में जब जगत् और उसके नियामक के संबंध में जिज्ञासा उठती है और उससे कुछ सहाय पाने का विचार आता है तब इड़ा कहती है–

हाँ! तुम ही हो अपने सहाय।
जो बुद्धि कहे उसको न मानकर फिर किसकी नर शरण जाय?
यह प्रकृति परम रमणीय अखिल ऐश्वर्यभरी शोधकविहीन।
तुम उसका पटल खोलने में परिकर कसकर बन कर्मलीन।।
सबका नियमन शासन करते बस बढ़ा चलो अपनी क्षमता।
तुम जड़ता को चैतन्य करो, विज्ञान सहज साधन उपाय।।

मनु वहाँ इड़ा के साथ प्रजा के शासन की पूरी व्यवस्था करते हैं। नगर की श्रीवृद्धि होती है। प्रकृति बुद्धि बल से वश में की जाती है। खेती धूमधाम से होने लगती है। अनेक प्रकार के उद्योग धंधे खड़े होते हैं। धातुओं के नये-नये अस्त्र-शस्त्र बनते हैं। मनु अनेक प्रकार के नियम प्रचलित करके, जनता का वर्णों या वर्गों में विभाग करके लोक का संचालन करते हैं। 'अहं' का भाव जोर पकड़ता है। वे अपने को स्वतंत्र नियामक और प्रजापति मानकर सब नियमों से परे रहना चाहते हैं। इड़ा उन्हें नियमों के पालन की सलाह देती है, पर वे नहीं मानते। इड़ा खिन्न होकर जाना चाहती है, पर मनु अपना अधिकार जताते हुए पकड़ रखते हैं। पकड़ते ही द्वार गिर पड़ता है। प्रजा जो दुर्व्यवहारों से क्षुब्ध होकर राजभवन घेरे थी, भीतर घुस पड़ती है। देवशक्तियाँ भी कुपित हो उठती हैं। शिव का तीसरा नेत्र खुल जाता है। प्रजा का रोष बढ़ता है। मनु युद्ध करते हैं और मूर्च्छित होकर गिर पड़ते हैं।

उधर श्रद्धा इसी प्रकार के विप्लव का भयंकर स्वप्न देखकर अपने कुमार को लेकर मनु को ढूँढ़ती वहाँ पहुँचती है। मनु उसे देखकर क्षोभ और पश्चात्ताप से भर जाते हैं। फिर उन सुंदर दिनों को याद करते हैं जब श्रद्धा के मिलने से उनका जीवन सुंदर और प्रफुल्ल हो गया था; जो जगत् पीड़ा और हलचल से व्यथित था वही विश्वास से पूर्ण, शांत, उज्ज्वल और मंगलमय बन गया था। मनु उससे चटपट अपने को वहाँ से निकाल ले चलने को कहते हैं। जब रात हुई तब मनु उठकर चुपचाप वहाँ से न जाने कहाँ चल दिये। उनके चले जोन पर श्रद्धा और इड़ा की बातचीत होती है और इड़ा अपनी बाँधी हुई अधिकार व्यवस्था के इस भयंकर परिणाम को देख अपना साहस छूटने की बात कहती है–

श्रम भाग वर्ग बन गया जिन्हें।
अपने बल का है गर्व उन्हें।।
अधिकार न सीमा में रहते।
पावस निर्झर से वे बहते।।
सब पिये मत्त लालसा घूँट।
मेरा साहस अब गया छूट।।

इस पर श्रद्धा बोली–

वन विषय ध्वांत
सिर चढ़ी रही पाया न हृदय, तू विकल कर रही है अभिनय।
सुख-दुख की मधुमय धूप-छाँह, तूने छोड़ी यह सरल राह।
चेतनता का भौतिक विभाग-कर, जग को बाँट दिया विराग।

चिति का स्वरूप यह नित्य जगत्, यह रूप बदलता है शत-शत।
कण विरह मिलन मय नृत्य निरत, उल्लासपूर्ण आनंद सतत॥

अंत में श्रद्धा अपने कुमार को इड़ा के हाथों में सौंप मनु को ढूँढ़ने निकली और उन्हें उसने सरस्वती तट पर एक गुफा में पाया। मनु उस समय आँखें बंद किये चित् शक्ति का अंतर्नाद सुन रहे थे, ज्योतिर्मय पुरुष का आभास पा रहे थे, अखिल विश्व के बीच नटराज का नृत्य देख रहे थे। श्रद्धा को देखते ही हतचेत पुकार उठे कि 'श्रद्धे! उन चरणों तक ले चल।' श्रद्धा आगे-आगे और मनु पीछे-पीछे हिमालय पर चलते चले जाते हैं। यहाँ तक कि वे ऐसे महादेश में अपने को पाते है जहाँ वे निराधार ठहरे जान पड़ते हैं। भूमंडल की रेखा का कहीं पता नहीं। यहाँ अब कवि पूरे रहस्यदर्शी का बाना धारण करता है और मन के भीतर एक नयी चेतना (इस चेतना से भिन्न) का उदय बतलाता है। अब मनु को त्रिदिक् (थ्रीडाइमेंशस) विश्व और त्रिभुवन के प्रतिनिधि अलग-अलग तीन आलोकबिंदु दिखाई पड़ते हैं जो 'इच्छा', 'ज्ञान' और 'क्रिया' के केंद्र से हैं। श्रद्धा एक-एक का रहस्य समझाती है।

पहले 'इच्छा' का मधु, मादकता और अँगड़ाई वाला माया राज्य है जो रागारुण उषा के कंदुक-सा सुंदर है और जिसमें शब्द, स्पर्श, रूप, रस, गंध की पारदर्शिनी पुतलियाँ रंग-बिरंगी तितलियों के समान नाच रही हैं। यहाँ चलचित्रों की संसृतिछाया चारों ओर घूम रही है और आलोक बिंदु को घेरकर बैठी हुई माया मुस्करा रही है। यहाँ चिर बसंत का उद्गम भी है और एक ओर पतझड़ भी अर्थात् सुख और दुख एक सूत्र में बँधे हैं। यहीं पर मनोमय विश्व रागारुण चेतना की उपासना कर रहा है।

फिर 'कर्म' का श्यामल लोक सामने आता है जो धुएँ-सा धुँधला है, जहाँ क्षण भर विश्राम नहीं है, और संघर्ष और विफलता का कोलाहल रहता है, आकांक्षा की तीव्र पिपासा बनी रहती है, भाव राष्ट्र के नियम दंड बने हुए हैं, सारा समाज मतवाला हो रहा है।

सबके पीछे 'ज्ञानक्षेत्र' आता है जहाँ सदा बुद्धिचक्र चलता रहता है, सुख-दुख से उदासीनता रहती है। यहाँ के निरंकुश अणु तर्कयुक्ति से अस्ति-नास्ति का भेद करते रहते हैं और निस्संग होकर भी मोक्ष से संबंध जोड़े रहते हैं। यहाँ केवल प्राप्य (मोक्ष या छुटकारा भर) मिलता है, तृप्ति (आनंद) नहीं, जीवनरस अछूता छोड़ा रहता है जिसमे बहुत-सा इकट्ठा होकर एक साथ मिले। इससे तृषा-ही तृषा दिखाई देती है।

अंत में इन तीनों ज्योतिर्मय बिंदुओं को दिखाकर श्रद्धा कहती है कि यही त्रिपुर है जिसमें इच्छा, कर्म और ज्ञान एक-दूसरे से अलग-अलग अपने केंद्र आप ही बने हुए हैं। इनका परस्पर न मिलना ही जीवन की असली विडंबना है। ज्ञान अलग पड़ा है, कर्म अलग। अत: इच्छा पूरी कैसे हो सकती है? यह कहकर श्रद्धा मुस्कुराती है जिससे ज्योति की एक रेखा तीनों में दौड़ जाती है और चट तीनों एक में मिलकर प्रज्वलित हो उठते हैं और सारे विश्व में शृंग और डमरू का निनाद फैल जाता है। उन अनाहत नाद में मनु लीन हो जाते हैं।

इस रहस्य को पार करने में फिर आनंदभूमि दिखाई गयी है। वहाँ इड़ा भी कुमार (मानव) को लिये अंत में पहुँचती है और देखती है कि पुरुष पुरातन प्रकृति से मिला हुआ अपनी ही शक्ति से लहरें मारता हुआ आनंदसागर-सा उमड़ रहा है। यह सब देख इड़ा श्रद्धा के प्रति अपनी कृतज्ञता प्रकट करती हुई कहती है कि 'मैं अब समझ गयी कि मुझमें कुछ भी समझ नहीं थी। व्यर्थ लोगों को भुलाया करती थी; यही मेरा काम था।' फिर मनु कैलास

की ओर दिखाकर उस आनंदलोक का वर्णन करते हैं जहाँ पापताप कुछ भी नहीं है; सब समरस है और 'अभेद में भेद' वाले प्रसिद्ध का कथन करके कहते हैं–

अपने दुख-सुख से पुलकित या मूर्त्त विश्व सचराचर।
चिति का विराट वपु मंगल यह सत्य सतत चिर सुंदर॥

अंत में प्रसाद जी वही प्रकृति से सारे सुख, भोग, कांति, दीप्ति की सामग्री जुटाकर लीन हो जाते हैं–वे ही वल्लरियाँ, पराग, मधु, मकरंद, अप्सराएँ बनी हुई रश्मियाँ।

यह काव्य बड़ी विशद कल्पनाओं और मार्मिक उक्तियों से पूर्ण है। इसका विचारात्मक आधार या अर्थभूमि केवल इतनी ही है कि श्रद्धा या विश्वासमयी रागात्मिका वृत्ति ही मनुष्य को इस जीवन में शांतिमय आनंद का अनुभव और चारों ओर प्रसार करती हुई कल्याणमार्ग पर ले चलती है और निर्विशेष आनंदधाम तक पहुँचाती है। इड़ा या बुद्धि मनुष्य को सदा चंचल रखती है, अनेक प्रकार के तर्क-वितर्क और निर्मम कर्मजाल में फँसाये रहती है और तृप्ति या संतोष के आनंद से दूर रखती है। अंत में पहुँचकर कवि ने इच्छा, कर्म और ज्ञान के सामंजस्य पर तीनों के मेल पर जोर दिया है। एक-दूसरे से अलग रहने पर ही जीवन में विषमता आती है।

जिस समन्वय का पक्ष कवि ने अंत में सामने रखा है उसका निर्वाह रहस्यवाद की प्रवृत्ति के कारण काव्य के भीतर नहीं होने पाया है। पहले कवि ने कर्म को बुद्धि या ज्ञान की प्रवृत्ति के रूप में दिखाया, फिर अंत में कर्म और ज्ञान के बिंदुओं को अलग-अलग रखा। पीछे आया हुआ ज्ञान भी बुद्धि व्यावसायात्मक ज्ञान ही है (योगियों या रहस्यवादियों का परज्ञान नहीं) यह बात 'सदा चलता है बुद्धिचक्र' में स्पष्ट है। जहाँ रामारुण कंदुक-सा भावमयी प्रतिभा मंदिर इच्छाबिंदु मिलता है वहाँ इच्छा रागात्मिका वृत्ति के अंतर्गत है; अत: रतिकाम से उत्पन्न श्रद्धा की ही प्रवृत्ति ठहरती है। पर श्रद्धा उससे अलग क्या तीनों बिंदुओं से परे रखी गयी है।

रहस्यवाद की परंपरा में चेतना से असंतोष की रूढ़ि चली आ रही है। प्रसाद जी काव्य के आरंभ में ही 'चिंता' के अंतर्गत करते हैं–

मनु का मन था विकल हो उठा संवेदन से खाकर चोट।
संवेदन! जीवन जगती को जो कटुता से देता घोंट॥
संवेदन का और हृदय का यह संघर्ष न हो सकता।
फिर अभाव असफलताओं की गाथा कौन कहाँ बकता॥

इन पंक्तियों में तो 'संवेदन' बोध वृत्ति के अर्थ में व्यवहृत जान पड़ता है, क्योंकि सुख-दुखात्मक अनुभूति के अर्थ में लें तो हृदय के साथ उसका संघर्ष कैसा? बोध के एकदेशीय अर्थ में भी यदि हम 'संवदेन' को लें तो भी उसे भावभूमि से खारिज नहीं कर सकते। प्रत्येक 'भाव' का प्रथम अवयव विषयबोध ही होता है। स्वप्नदशा में भी, जिसका रहस्य क्षेत्र में कड़ा माहात्म्य है यह विषयबोध रहता है। श्रद्धा जिस करुणा, दया आदि की प्रवर्तिका कही गयी है, उसमें दूसरों की पीड़ा का बोध मिला रहता है।

आगे चलकर यह 'संवेदन' शब्द अपने वास्तविक या अवास्तविक दुख पर कष्टानुभव के क्षेत्र में आया। मनु की बिगड़ी हुई प्रजा उनसे कहती है–

हम संवेदनशील हो चले, यही मिला सुख।
कष्ट समझने लगे बनाकर निज कृत्रिम दुख॥

मतलब यह कि अपनी किसी स्थिति को लेकर दुख का अनुभव करना ही संवेदन है। दुख को पास न फटकने देना अपनी मौज में–मधुमकरंद में–मस्त रहना ही वांछनीय स्थिति है। असंतोष से उत्पन्न अवास्तविक कष्टकल्पना के दुखानुभव के अर्थ में ही इस शब्द को जकड़ रखना भी व्यर्थ प्रयास कहा जायेगा। श्रद्धा जिस करुणा-दया आदि की प्रवर्तिका कही गयी है। पर दुखानुभव अपनी ही सत्ता का प्रसार तो सूचित करता है। चाहे जिस अर्थ में लें, संवेदन का तिरस्कार कोई अर्थ नहीं रखता।

संवेदन, चेतना, जागरण आदि के परिहार का जो बीच-बीच में अभिलाष है उसे रहस्यवाद का तकाजा समझना चाहिए। ग्रंथ के अंत में जो हृदय, बुद्धि और कर्म के मेल या सामंजस्य का पक्ष रखा गया है, वह बहुत समीचीन है। उसे हम गोस्वामी तुलसीदास में, उनके भक्तिमार्ग की सबसे बड़ी विशेषता के रूप में दिखा चुके हैं। अपने कई निबंधों में हम जगत् की वर्तमान अशांति और अव्यवस्था का कारण इसी सामंजस्य का अभाव कह चुके हैं। पर इस सामंजस्य का स्वर हम 'कामायनी' में और कहीं नहीं पाते हैं। श्रद्धा जब कुमार को लेकर प्रजाविद्रोह के उपरांत सारस्वत नगर में पहुँचती है तब 'इड़ा' से कहती है कि 'सिर चढ़ी रही पाया न हृदय'। क्या श्रद्धा के संबंध में नहीं कहा जा सकता था कि 'रस पगी रही पाई न बुद्धि?' जब दोनों अलग-अलग सत्ताएँ करके रखी गयी हैं तब एक को दूसरी से शून्य कहना, और दूसरी को पहली से शून्य न कहना, गड़बड़ में डालता है। पर श्रद्धा में किसी प्रकार की कमी की भावना कवि की एकांतिक मधुर भावना के अनुकूल न थी।

बुद्धि की विगर्हणा द्वारा 'बुद्धिवाद' के विरुद्ध उस आधुनिक आंदोलन का आभास भी कवि को इष्ट जान पड़ता है जिनके प्रवर्तक अनातोले फ्रांस ने कहा है कि 'बुद्धि के द्वारा सत्य को छोड़कर और सब कुछ सिद्ध हो सकता है। बुद्धि पर मनुष्य को विश्वास नहीं होता। बुद्धि पर मनुष्य को विश्वास नहीं होता। बुद्धि या तर्क का सहारा तो लोग अपनी भली-बुरी प्रवृत्तियों को ठीक प्रमाणित करने के लिए लेते हैं।'

विज्ञान द्वारा सुखसाधनों की वृद्धि के साथ-साथ विलासिता और लोभ की असीम वृद्धि तथा यंत्रों के परिचालन से जनता के बीच फैली हुई घोर अशक्तता, दरिद्रता आदि के कारण वर्तमान जगत् की जो विषम स्थिति हो रही है उसका भी थोड़ा-सा आभास मनु की विद्रोही प्रजा के इन वचनों द्वारा दिया गया है–

प्रकृति शक्ति तुमने यंत्रों से सबकी छीनी।
शोषण कर जीवनी बना दी जर्जर झीनी॥

वर्गहीन समाज की साम्यवादी पुकार की भी दबी-सी गूँज दो-तीन जगह है। 'विद्युत् कण (इलेक्ट्रांस) मिले झलकते से' में विज्ञान की भी झलक है।

यदि मधुचर्या का अतिरेक और रहस्य की प्रवृत्ति बाधक न होती तो इस काव्य के भीतर मानवता की योजना शायद अधिक पूर्ण और सुव्यवस्थित रूप में चित्रित होती। कर्म को कवि ने या तो काम्ययज्ञों के बीच दिखाया है अथवा उद्योग धंधों या शासनविधानों के बीच। श्रद्धा के मंगलमय योग से किस प्रकार कर्म धर्म का रूप धारण करता है, यह भावना कवि से दूर ही रही। इस भव्य और विशाल भावना के भीतर उग्र और प्रचंड भाव भी लोक के मांगलिक विधान के अंग हो जाते हैं। श्रद्धा और धर्म का संबंध अत्यंत प्राचीनकाल से प्रतिष्ठित है। महाभारत में श्रद्धा धर्म की पत्नी कही गयी है। हृदय के आधे पक्ष को अलग रखने से केवल

कोमल भावों की शीतलछाया के भीतर आनंद का स्वप्न देखा जा सकता है; व्यक्त जगत् के बीच उसका आविर्भाव और अवस्थान नहीं दिखाया जा सकता।

यदि हम इस विशद काव्य की अंतर्योजना पर न ध्यान दें, समष्टि रूप में कोई समन्वित प्रभाव न ढूँढ़े, श्रद्धा, काम, लज्जा, इड़ा इत्यादि को अलग-अलग लें तो हमारे सामने बड़ी रमणीय चित्रमयी कल्पना, अभिव्यंजना की अत्यंत मनोरम पद्धति आती है। इन वृत्तियों की आभ्यंतर प्रेरणाओं और बाह्य प्रवृत्तियों को बड़ी मार्मिकता से परखकर इनके स्वरूपों की निराकार उद्भावना की गयी है। स्थान-स्थान पर प्रकृति की मधुर, भव्य और आकर्षक विभूतियों की योजना का तो कहना ही क्या है। प्रकृति के ध्वंसकारी भीषण रूपवेग का भी अत्यंत व्यापक परिधि के बीच चित्रण हुआ है। इस प्रकार प्रसाद जी प्रबंध क्षेत्र में भी जो छायावाद की चित्रविधान और लाक्षणिक शैली की सफलता की आशा बँधा गये हैं।

2. श्री सुमित्रानंदन पंत : पंत जी की रचनाओं का आरंभ संवत् 1975 से समझना चाहिए। इनकी प्रारंभिक कविताएँ 'वीणा' में, जिसमें 'हृत्तंत्री के तार' भी है, संगृहीत हैं। उन्हें देखने पर 'गीतांजलि' का प्रभाव कुछ लक्षित अवश्य होता है; पर साथ ही आगे चलकर प्रवर्धित चित्रमयी भाषा के उपयुक्त रमणीय कल्पना का जगह-जगह बहुत ही प्रचुर आभास मिलता है। गीतांजलि का रहस्यात्मक प्रभाव ऐसे गीतों को देखकर ही कहा जा सकता है–

हुआ था जब संध्या आलोक
हँस रहे थे तुम पश्चिम ओर,
विहँगरव बन कर मैं, चितचोर!
गा रहा था गुण; किंतु कठोर
रहे तुम नहीं वहाँ भी, शोक।

पर पंत जी की रहस्यभावना प्रायः स्वाभाविक ही रही। 'वाद' का सांप्रदायिक स्वरूप उसने शायद ही कहीं ग्रहण किया हो। उनकी जो एक बड़ी विशेषता है प्रकृति के सुंदर रूपों की आह्लादमयी अनुभूति, वह 'वीणा' में भी कई जगह पायी जाती है। सौंदर्य का आह्लाद उनकी कल्पना को उत्तेजित करके ऐसे अप्रस्तुत रूपों की योजना में प्रवृत्त करता है जिनके प्रस्तुत रूपों की सौंदर्यानुभूति के प्रसार के लिए अनेक मार्ग खुल से जाते हैं। 'वीणा' की कविताओं में इसने लोगों को बहुत आकर्षित किया–

प्रथम रश्मि का आना रंगिणी! तूने कैसे पहचाना?
कहाँ-कहाँ हे बालविहंगिनी? पाया तूने यह गाना?
निराकार तुम मानो सहसा ज्योतिपुंज में हो साकार।
बदल गया द्रुत जगज्जाल में धरकर नाम रूप नाना।
खुले पलक, फैली सुवर्ण छबि खिली सुरभि डोले मधुबाल।
स्पंदन, कंपन, नव जीवन फिर सीखा जग ने अपनाना।

उस मूर्तिमति लाक्षणिकता का आभास जो 'पल्लव' में जाकर अपनी हद को पहुँची है, 'वीणा' से ही मिलने लगता है, जैसे–

मारुत ने जिसकी अलकों में
चंचल चुंबन उलझाया।
अंधकार का अलसित अंचल

अब द्रुत ओढ़ेगा संसार
जहाँ स्वप्न सजते शृंगार।

'वीणा' के उपरांत 'ग्रंथि' है–असफल प्रेमी की। इसमें एक छोटे-से प्रेमप्रसंग का आधार लेकर युवक कवि ने प्रेम की आनंदभूमि में प्रवेश, फिर चिरविषाद के गर्त में पतन दिखाया है। प्रसंग की कोई नयी उद्‌भावना नहीं है। करुणा और सहानुभूति से प्रेम का स्वाभाविक विकास प्रदर्शित करने के लिए जो वृत्त उपन्यासों और कहानियों में प्रायः पाये जाते हैं, जैसे–डूबने से बचाने वाले, अत्याचार से रक्षा करने वाले, बंदीगृह में पड़ने या रणक्षेत्र में घायल होने पर सेवा-सुश्रूषा करने वालों के प्रति प्रेम-संचार–उन्हीं में से चुनकर भावों की व्यंजना के लिए रास्ता निकाला गया है। झील में नाव डूबने पर एक युवक डूबकर बेहोश होता है और आँख खुलने पर देखता है कि एक सुंदरी युवती उसका सिर अपने जंघे पर रखे हुए उसकी ओर देख रही है। इसके उपरांत दोनों में प्रेमव्यापार चलता है, पर अंत में समाज के बड़े लोग इस स्वेच्छाचार को न सहन करके उस युवती का ग्रंथिबंधन दूसरे पुरुष के साथ कर देते हैं। यही ग्रंथिबंधन उस युवक या नायक के हृदय में एक ऐसी विषादग्रंथि डाल देता है जो कभी खुलती ही नहीं; समाज के द्वारा किस प्रकार स्वभावतः उठा हुआ प्रेम कुचल दिया जाता है, इस कहानी द्वारा कवि को यही दिखाना था। यद्यपि प्रेम का स्रोत कवि ने करुणा की गहराई से निकाला है पर आगे चलकर उसके प्रवाह में भारतीय पद्धति के अनुसार हासविनोद की झलक भी दिखाई है। कहानी तो एक निमित्तमात्र जान पड़ती है; वास्तव में सौंदर्य भावना की अभिव्यक्ति और आशा, उल्लास, वेदना, स्मृति इत्यादि की अलग-अलग व्यंजना पर ही ध्यान जाता है।

पंत जी की पहली प्रौढ़ रचना 'पल्लवन' है जिसमें प्रतिभा के उत्साह या साहस का तथा पुरानी काव्यपद्धति के विरुद्ध प्रतिक्रिया का बहुत चढ़ा-बढ़ा प्रदर्शन है। इसमें चित्रमयी भाषा, लाक्षणिक वैचित्र्य, अप्रस्तुत विधान इत्यादि की विशेषताएँ प्रचुर परिमाण में भरी-सी पायी जाती हैं। 'वीणा' और 'पल्लव' दोनों में अंग्रेजी कविताओं से लिये हुए भाव और अंग्रेजी भाषा के लाक्षणिक प्रयोग बहुत-से मिलते हैं। कहीं-कहीं आरोप और अध्यवसान व्यर्थ और अशक्त हैं, केवल चमत्कार और वक्रता के लिए रखे प्रतीत होते हैं, जैसे–मधुबाल, मधुपों के बाल। शब्द का मनमाने लिंगों में प्रयोग भी प्रायः मिलता है। कहीं-कहीं वैचित्र्य के लिए एक ही प्रयोग में दो लक्षणाएँ गुंफित पायी जाती हैं–अर्थात् एक लक्ष्यार्थ से फिर दूसरे लक्ष्यार्थ पर जाना पड़ता है, जैसे–'मर्म पीड़ा के हास' में पहले 'हास' का अर्थ लक्षणलक्षणा द्वारा वृद्धि या विकास लेना पड़ता है, फिर यह जानकर कि सारा संबोधन कवि अपने या अपने मन के लिए करता है, हमें सारी पदावली का उपादान लक्षणा द्वारा लक्ष्यार्थ लेना पड़ता है, 'हे बढ़ी हुई मर्म पीड़ा समझने वाले मन'। इसी प्रकार कहीं-कहीं दो अप्रस्तुत भी एक ही उलझे हुए पाये जाते हैं, जैसे–'अरुण कलियों से कोमल घाव'। पहले 'घाव' के लिए वर्ण के सादृश्य और कोमलता के साधर्म्य से 'कली' की उपमा दी गयी। पर 'घाव' स्वयं अप्रस्तुत या लाक्षणिक है और उसका अर्थ है 'कसकती हुई स्मृति'। इस तरह एक अप्रस्तुत लाकर फिर उस प्रस्तुत के लिए दूसरा अप्रस्तुत लाया गया है। इसी प्रकार दो-दो उपमान एक में उलझे हमें 'गुंजन' की इन पंक्तियों में मिलते हैं–

अरुण अधरों की पल्लव प्रात,

मोतियों-सा हिलता हिम हास।

कहीं-कहीं पर साम्य बहुत ही सुंदर और व्यंजक हैं वे प्रकृति के व्यापारों के द्वारा मानसिक व्यापारों की बड़ी रमणीय व्यंजना करते हैं, जैसे–

तड़ित-सा सुमुखि! तुम्हारा ध्यान प्रभा के पलक मार उर चीर।
गूढ़ गर्जन कर जब गंभीर मुझे करता है अधिक अधीर।।
जुगुनुओं से उड़ मेरे प्राण खोजते हैं तब तुम्हें निदान।
पूर्व सुधि सहसा जब सुकुमारि सरल शुक-सी सुखकर सुर में।
तुम्हारी भोली बातें कभी दुहराती हैं उर में।।

जिस प्रकार भावों या मनोवृत्तियों का स्वरूप बाह्य वस्तुओं के साम्य द्वारा सामने लाया जाता है, उसी प्रकार कभी-कभी बाह्य वस्तुओं का साम्य के लिए आभ्यंतर भावों या मनोव्यापारों की ओर संकेत किया जाता है, जैसे–

अचल के जब वे विमल विचार अवनि से उठ-उठ कर ऊपर।
विपुल व्यापकता में अविकार लीन हो जाते वे सत्वर।।

हिमालय प्रदेश में यह दृश्य प्राय: देखने को मिलता है कि रात में जो बादल खड्डों में भर जाते हैं, वे प्रभात होते ही धीरे-धीरे बहुत-से टुकड़ों में बँटकर पहाड़ के ऊपर इधर-उधर चढ़ते दिखाई देने लगते हैं और अंत में अनंत आकाश में विलीन हो जाते हैं। इसका साम्य कवि ने अचल ध्यान में मग्न योगी से दिखाया है जिसकी निर्मल मनोवृत्तियाँ उच्चता को प्राप्त होती हुई उस अनंत सत्ता में मिल जाती हैं।

पर 'छाया', 'वीचिविलास', 'नक्षत्र' ऐसी कविताओं में, जहाँ उपमानों के ढेर लगे हुए हैं, बहुत-से उपमान पुराने ढंग के खेलवाड़ के रूप में भी हैं, जैसे–

बारि बेलि-सी फैल अमूल छा अपत्र सरिता के कूल।
विकसा औ सकुचा नव जात बिना नाल के फेनिल फूल।।

(वीचिविलास)

अहे! तिमिर चरते शशिशावक
× × ×
इंदु दीप-से दग्ध शलभ शिशु!
शुचि उलूक अब हुआ बिहान,
अंधकारमय मेरे उर में,
आओ छिप जाओ अनजान।

(नक्षत्र)

सवेरा होने पर नक्षत्र भी छिप जाते हैं, उल्लू भी। बस इतने में साधर्म्य को लेकर कवि ने नक्षत्रों को उल्लू बनाया है–साफ-सुथरे उल्लू सही–और उन्हें अँधेरे उर में छिपने के लिए आमंत्रित किया है। पर इतने उल्लू यदि डेरा डालेंगे तो मन की दशा क्या होगी? कवि को यदि अपने हृदय के नैराश्य और अवसाद की व्यंजना करनी थी तो नक्षत्रों को बिना उल्लू बनाये भी काम चल सकता था।

कहीं-कहीं संकीर्ण समास पद्धति के कारण कवि की विवक्षित भावनाएँ अस्फुट-सी हैं, जैसे नक्षत्रों के प्रति ये वाक्य–

ऐ! आतुर उर के समान!
अब मेरी उत्सुक आँखों से उमड़ो।
मुग्ध दृष्टि की चरम विजय।

पहली पंक्ति में 'सम्मान' शब्द उस सजावट के लिए आया है जो प्रिय से मिलने के लिए आतुर व्यक्ति उसके आने पर या आने की आशा पर बाहर अनेक प्रकार के सामानों द्वारा और भीतर प्रेम से जगमगाते अनेक सुंदर भावों द्वारा करता है। दूसरी पंक्ति में कवि का तात्पर्य यह है कि प्रियदर्शन के लिए उत्सुक आँखें असंख्य-सी हो रही हैं। उन्हीं की ज्योति आकाश में नक्षत्रों के रूप में फैले। तीसरी पंक्ति में 'चरम विजय' का अभिप्राय है लगातार एकटक ताकते रहने में बाजी मारना।

पर इन साम्यप्रधान रचनाओं में कहीं-कहीं बहुत ही सुंदर आध्यात्मिक कल्पना है, जैसे छाया के प्रति इस कथन में–

हाँ सखि! आओ बाँह खोल हम लगकर गले जुड़ा लें प्राण।
फिर तुम तम में, मैं प्रियतम में हो जावें द्रुत अंतर्धान॥

कवि कहता है कि छायारूप जगत् आओ मैं तुम्हें प्यार कर लूँ। फिर तुम कहाँ और मैं कहाँ! मैं अर्थात् मेरी आत्मा तो उस अनंत ज्योति में मिल जायेगी और तुम अव्यक्त प्रकृति या महाशून्य में विलीन हो जाओगी।

'पल्लव' के भीतर 'उच्छ्वास', 'आँसू', 'परिवर्तन' और 'बादल' आदि रचनाएँ देखने से पता चलता है कि यदि 'छायावाद' के नाम से 'वाद' न चल गया होता तो पंत जी स्वच्छंदता के शुद्ध स्वाभाविक मार्ग (ट्रू रोमांटिसिज्म) पर ही चलते। उन्हें प्रकृति की ओर सीधे आकर्षित होने वाला, उसके खुले और चिरंतन रूपों के बीच खुलने वाला हृदय प्राप्त था। यही कारण है कि 'छायावाद' शब्द मुख्यत: शैली के अर्थ में चित्रभाषा के अर्थ में ही उनकी रचनाओं पर घटित होता है। रहस्यवाद की रूढ़ियों के रमणीय उदाहरण प्रस्तुत करने के लिए उनकी प्रतिभा बहुत कम प्रवृत्त हुई है। रहस्यभावना जहाँ है वहाँ अधिकतर स्वाभाविक है।

पल्लव में रहस्यात्मक रचनाएँ हैं 'स्वप्न' और 'मौन निमंत्रण'। पर जैसा कि पहले कह आये हैं, पंत की रहस्यभावना स्वाभाविक है, सांप्रदायिक (डागमेटिक) नहीं। ऐसी रहस्यभावना इस रहस्यमय जगत् के नाना रूपों को देख प्रत्येक सहृदय व्यक्ति के मन में कभी-कभी उठा करती है। व्यक्त जगत् नाना रूपों और व्यापारों के भीतर किसी अज्ञात चेतन सत्ता का अनुभव-सा करता हुआ कवि इसे केवल अतृप्त जिज्ञासा के रूप में प्रकट करता है। दूसरी बात ध्यान देने की यह है कि उस अज्ञात प्रियतम के प्रति प्रेम की व्यंजना में भी कवि ने प्रिय और प्रेमिका का स्वाभाविक पुरुष-स्त्री भेद रखा है, 'प्रसाद' जी के समान दोनों पुल्लिंग रखकर फारसी या सूफी रूढ़ि का अनुसरण नहीं किया है। इसी प्रकार वेदना की वैसी बीभत्स विवृत्ति भी नहीं मिलती जैसा यह प्रसाद जी की है–

छिल-छिल कर छाले फोड़े मल-मल कर मृदुल चरण से।

जगत् के पारमार्थिक स्वरूप की जिज्ञासा बहुत ही सुंदर भोलेपन के साथ के साथ 'शिशु' को संबोधन करके कवि ने इस प्रकार की है–

न अपना ही, न जगत् का ज्ञान, न परिचित हैं जिन नयन, न कान।
दीखता है जग कैसा, तात! नाम गुण रूप अजान॥

कवि, यह समझकर कि शिशु पर अभी उस नामरूप का प्रभाव पूरा-पूरा नहीं पड़ा है, जो सत्ता के पारमार्थिक स्वरूप को छिपा देता है उससे पूछता है कि 'भला बताओ तो, यह जगत् तुम्हें कैसा दिखाई पड़ता है?[12]

छायावाद के भीतर माने जाने वाले सब कवियों में प्रकृति के साथ सीधा प्रेमसंबंध पंत जी का ही दिखाई पड़ता है। प्रकृति के अत्यंत रमणीय खंड के बीच उनके हृदय ने रूप-रंग पकड़ा है। 'पल्लव', 'उच्छ्वास' और 'आँसू' में हम उस मनोरम खंड की प्रेमार्द स्मृति पाते हैं। यह अवश्य है कि सुषमा की ही उमंगभरी भावना के भीतर हम उन्हें रमते देखते हैं। 'बादल' को अनेक नेत्राभिराम रूपों में उन्होंने कल्पना की रंगभूमि पर ले आकर देखा है, जैसे–

फिर परियों के बच्चे से हम सुभग सीप के पंख पसार।
समुद्र पैरते शुचि ज्योत्स्ना में पकड़ इंदु के कर सुकुमार।।

पर प्रकृति के बीच उसके गूढ़ और व्यापक सौहार्द तक–ग्रीष्म की ज्वाला से संतृप्त चराचर पर उसकी छाया के मधुर, स्निग्ध, शीतल, प्रभाव तक; उसके दर्शन से तृप्त कृषकों के आशापूर्ण उल्लास तक–कवि ने दृष्टि नहीं बढ़ायी है। कल्पना के आरोप पर ही जोर देने वाले 'कलावाद' के संस्कार और प्रतिक्रिया के जोश ने उसे मेघ को उस व्यापक प्रकृति-भूमि पर न देखने दिया जिस पर कालिदास ने देखा था। आरोपविधायिनी कल्पना की अपेक्षा प्रकृति के बीच किसी वस्तु के गूढ़ और अगूढ़ संबंधप्रसार का चित्रण करने वाली कल्पना अधिक गंभीर और मार्मिक होती है।

साम्य का आरोप भी निस्संदेह एक बड़ा विशाल सिद्धांत लेकर काव्य में चला हैं वह जगत् के अनंत रूपों या व्यापारों के बीच फैले हुए उन मोटे और महीन संबंधसूत्रों की झलक-सी दिखाकर नरसत्ता के सूनेपन का भाव दूर करता है, अखिल सत्ता के एकत्व की आनंदमयी भावना जगाकर हमारे हृदय का बंधन खोलता है। जब हम रमणी के मुख के साथ कमल, स्मिति के साथ अधखिली कलिका सामने पाते हैं तब ऐसा अनुभव होता है कि एक ही सौंदर्यधारा से मनुष्य भी और पेड़-पौधे भी रूप-रंग प्राप्त करते हैं। यहीं तक नहीं, भाषा ने व्यवहार की सुगमता के लिए अलग-अलग शब्द रचकर जो भेद खड़े किये हैं वे भी कभी-कभी इन आरोपों के सहारे थोड़ी देर के लिए हमारे मन से दूर हो जाते हैं। यदि किसी बड़े पेड़ के नीचे उसी के गिरे हुए बीजों से जमे हुए छोटे-छोटे पौधों को हम आसपास खेलते उसके बच्चे कहें तो आत्मीयता का भाव झलक जायेगा।

'कलावाद' के प्रभाव से जिस सौंदर्यवाद का चलन यूरोप के काव्यक्षेत्र के भीतर हुआ उसका पंत जी पर पूरा प्रभाव रहा है। उन्होंने स्पष्ट रूप से कई स्थानों पर सौंदर्य चयन को अपने जीवन की साधना कहा है, जैसे–

धूल की ढेरी में अनजान छिपे हैं मेरे मधुमय गान।
कुटिल काँटे हैं कहीं कठोर, जटिल तरुजाल है किसी ओर,
सुमन दल चुनचुनकर निशि भोर, खोजना है अजान वह छोर
मेरा मधुकर का-सा जीवन, कठिन कर्म है, कोमल है मन।

उस समय तक कवि प्रकृति के केवल सुंदर, मधुर पक्ष में अपने हृदय के कोमल और मधुर भावों के साथ लीन था। कर्ममार्ग उसे कठोर दिखाई पड़ता था। कर्म सौंदर्य का साक्षात्कार उसे नहीं हुआ था। उसका साक्षात्कार आगे चलकर हुआ जब वह धीरे-धीरे जगत्

और जीवन के पूर्ण स्वरूप की ओर दृष्टि ले गया।

'पल्लव' के अंत में पंत जी जगत् के विषय 'परिवर्तन' के नाना दृश्य सामने लाये हैं। इसकी प्रेरणा शायद उनके व्यक्तिगत जीवन की किसी विषम स्थिति ने की है। जगत् की परिवर्तनशीलता मनुष्य जाति को चिरकाल से क्षुब्ध करती आ रही है। परिवर्तन संसार का नियम है। यह बात स्वत: सिद्ध होने पर भी सहृदयों और कवियों का मर्म स्पर्श करती रही है, और करती रहेगी, क्योंकि इसका संबंध जीवन के नित्य स्वरूप से है। जीवन के व्यापक क्षेत्र में प्रवेश के कारण कविकल्पना को कोमल, कठोर, मधुर, कटु, करुण, भयंकर कई प्रकार की भूमियों पर बहुत दूर तक एक संबद्ध धारा के रूप में चलना पड़ा है। जहाँ कठोर और भयंकर, भव्य और विशाल तथा अधिक अर्थसमन्वित भावनाएँ हैं वहाँ कवि ने रोला छंद का सहारा लिया है। काव्य में चित्रमयी भाषा सर्वत्र अनिवार्य नहीं; सृष्टि के गूढ़, अगूढ़, मार्मिक तथ्यों के चयन द्वारा भी किसी भावना को मर्मस्पर्शी स्वरूप प्राप्त हो जाता है, इसका अनुभव शायद पंत जी को इस एक धारा में चलने वाली लंबी कविता के भीतर हुआ है। इसी से कहीं-कहीं हम सीधे सादे रूप में चुने हुए मार्मिक तथ्यों का सहारा मात्र पाते हैं जैसे–

तुम नृशंस नृप से जगती पर चढ़ अनियंत्रित
करते हो संसृति को उत्पीड़ित, पदमर्दित;
नग्न नगर का, भग्न भवन प्रतिमाएँ खंडित,
हर लेते हो विभव, कलाकौशल चिरसंचित॥
आधि व्याधि, बहु वृष्टि बात उत्पात अमंगल।
वह्नि, बाढ़, भूकंप तुम्हारे विपुल सैन्यदल॥

चित्रमयी लाक्षणिक भाषा तथा रूपक आदि का भी बहुत ही सफल प्रयोग इस रचना के भीतर हुआ है। उसके द्वारा तीव्र मर्मवेदना जगाने वाली शक्ति की पूरी प्रतिष्ठा हुई है। दो-एक उदाहरण लीजिए–

अहे निष्ठुर परिवर्तन!
अहे वासुकि सहस्रफन!!
लक्ष अलक्षित चरण तुम्हारे चिह्न निरंतर।
छोड़ रहे हैं जग के विक्षत वक्षस्थल पर॥
शत-शत फेनोच्छ्वसित, स्फीत फूत्कार भयंकर।
घुमा रहे हैं घनाकार जगती का अंबर॥
मृत्यु तुम्हारा गरल दंत कंचुक कल्पांतर।
अखिल विश्व ही विवर, वक्र कुंडल दिङ्मंडल॥
मृदुल होठों का हिम जल हास उड़ा जाता नि:श्वास समीर।
सरल भौहों का शरदाकाश घेर लेते घन घिर गंभीर॥

× × × × ×

विश्वमय हे परिवर्तन!
अतल से उमड़ अकूल अपार
मेघ से विपुलाकार
दिशावधि में पल विविध प्रकार

अतल में मिलते तुम अधिकार।

पहले तो कवि लगातार सुख का दुख में, उत्थान का पतन में, उल्लास का विषाद में, सरस सुषमा का शुष्कता और म्लानता में परिवर्तन सामने ला-लाकर हाहाकार का एक विश्वव्यापक स्वर सुनता हुआ क्षोभ से भर जाता है, फिर परिवर्तन के दूसरे पक्ष पर भी–दुखदशा से सुखदशा की प्राप्ति पर भी–थोड़ा दृष्टिपात करके चिंतनोन्मुख होता है और परिवर्तन को एक महाकरुण कांड के रूप में देखने के स्थान पर सुख-दुख की उलझी हुई समस्या के रूप में देखता है, जिसकी पूर्ति इस व्यक्त जगत् में नहीं हो सकती, जिसका सारा रहस्य इस जीवन के उस पार ही खुल सकता है–

आज का दुख, कल का आह्लाद
और कल का सुख, आज विषाद,
समस्या स्वप्न गूढ़ संसार,
पूर्ति जिसकी उस पार।

इस प्रकार तात्त्विक दृष्टि से जगत् के द्वंद्वात्मक विधान को समझकर कवि अपने मन को शांत करता है–

मूँदती नयन मृत्यु की रात, खोलती नवजीवन की प्रात।
म्लान कुसुमों की मृदु मुसकान, फलों में फलती फिर अमलान।
स्वीय कर्मों ही के अनुसार, एक गुण फलता विविध प्रकार।
कहीं राखी बनता सुकुमार, कहीं बेड़ी का भार।
× × × × ×
बिना दुख के सब सुख निःसार, बिना आँसू के जीवन भार।
दीन दुर्बल है रे संसार, इसी से क्षमा, दया और प्यार।

और जीवन के उद्देश्य का भी अनुभव करता है–

वेदना ही में तप कर प्राण; दमक दिखलाते स्वर्ण हुलास।
× × × × ×
अलभ है इष्ट, अतः अनमोल; साधना ही जीवन का मोल।

जीवन का एक सत्य स्वरूप अत्यंत मार्मिक अर्थपथ पर संबद्ध रूप में चलने के कारण, कल्पना को क्रीड़ा और वाग्वैचित्र्य पर प्रधान लक्ष्य न रहने के कारण, इस 'परिवर्तन' नाम की सारी कविता का एक समन्वित प्रभाव पड़ता है।

'पल्लव' के उपरांत 'गुंजन' में हम पंत जी को जगत् और जीवन के प्रकृत क्षेत्र के भीतर और बढ़ते हुए पाते हैं, यद्यपि प्रत्यक्षबोध से अतृप्त होकर कल्पना की रुचिरता से तृप्त होने और वृद्धि व्यापार से क्लांत होकर रहस्य की छाया में विश्राम करने की प्रवृत्ति साथ-ही साथ बनी हुई है। कवि जीवन का उद्देश्य बताता है इस चारों ओर खिले हुए जगत् की सुषमा की सुषमा से अपने हृदय को संपन्न करना–

क्या यह जीवन? सागर में जलभार मुखर भर देना।
कुसुमित पुलिनों की क्रीड़ा व्रीड़ा से तनिक न लेना?

पर इस जगत् में सुखसुषमा के साथ दुख भी तो है। इसके इस सुख-दुखात्मक स्वरूप के साथ कवि अपने हृदय का सामंजस्य कर लेता है–

सुख-दुख के मधुर मिलन से वह जीवन हो परिपूरन।
फिर घन में ओझल हो शशि फिर शशि से ओझल हो घन॥

कवि वर्तमान जगत् की इस अवस्था से असंतुष्ट है कि कहीं तो सुख की अति है, कहीं दुख की। वह समभाव चाहता है–

जग पीड़ित है अति दुख से जग से पीड़ित रे अति सुख से।
मानव जग में बँट जावे दुख-सुख से औ सुख-दुख से।

'मानव' नाम की कविता में जीवनसौंदर्य की नूतन भावना का उदय कवि अपने मन में इस प्रकार चाहता है–

मेरे मन के मधुबन में सुषमा के शिशु! मुसकाओ।
नव-नव साँसों का सौरभ नव मुख का सुख बरसाओ॥

बुद्धिपक्ष ही प्रधान हो जाने से हृदयपक्ष जिस प्रकार दब गया है और श्रद्धाविश्वास का ह्रास होता जा रहा है, इसके विरुद्ध यूरोप के अनातोले फ्रांस आदि कुछ विचारशील पुरुषों ने जो आंदोलन उठाया उसका आभास भी पंत जी की इन पंक्तियों में मिलता है–

सुंदर विश्वासों से ही बनता रे सुखमय जीवन।

'नौकाविहार' का वर्णन अप्रस्तुत आरोपों से अधिक आच्छादित होने पर भी प्रकृति के प्रत्यक्ष रूपों की ओर कवि का खिंचाव सूचित करता है। जैसे और जगह वैसे ही गुंजन में भी पंत जी की रहस्यभावना अधिकतर स्वाभाविक पथ पर पायी जाती है। दूर तक फैले हुए खेतों ओर मैदानों के छोर पर वृक्षावलि की जो धुँधली हरिताभ-रेखा-सी क्षितिज से मिली दिखाई पड़ती है उसके उधर किसी मधुर लोक की कल्पना स्वभावत: होती है–

दूर उन खेतों के उस पार, जहाँ तक गयी नील झंकार।
छिपा छायावान में सुकुमार स्वर्ग की परियों का संसार॥

कवि की रहस्य दृष्टि प्रकृति की आत्मा–जगत् के रूपों और व्यापारो में व्यक्त होने वाली आत्मा–की ओर ही जाती है जो 'निखिल छवि की छवि है' और जिसका 'अखिल जगजीवन हासविलास' है। इस व्यक्त प्रसार के बीच उसका आभास पाकर कुछ क्षण के लिए आनंदमग्न होना ही मुक्ति है, जिसकी साधना सरल और स्वाभाविक है, हठयोग की-सी चक्करदार नहीं। मुक्ति के लोभ से अनेक प्रकार की चक्करदार साधना तो बंधन है–

है सहज मुक्ति का मधु क्षण, पर कठिन मुक्ति का बंधन।

कवि अपनी इस मनोवृत्ति को एक जगह इस प्रकार स्पष्ट भी करता है। वह कहता है कि इस जीवन की तह में जो परमार्थ तत्त्व छिपा हुआ कहा जाता है उसे पकड़ने और उसमें लीन होने के लिए उसमें बहुत-से लोग अंतर्गुख होकर गहरी डुबकियाँ लगाते हैं, पर मुझे तो उसके व्यक्त आभास ही रुचिकर हैं, अपनी पृथक् सत्ता विलीन करते समय भय-सा लगता है–

सुनता हूँ इस निस्तल जल में रहती मछली मोती वाली;
पर मुझे डूबने का भय है; भाती तट की चल जलमाली।
आयेगी मेरे पुलिनों पर वह मोती की मछली सुंदर।
मैं लहरों के तट पर बैठा देखूँगा उसकी छबि जी भर॥

कहने का तत्पर्य यह कि पंत जी की स्वाभाविक रहस्यभावना को 'प्रसाद' और 'महादेवी वर्मा' की सांप्रदायिक रहस्यभावना से भिन्न समझना चाहिए। पारमार्थिक ज्ञानोदय को अवश्य

उन्होंने 'कुछ भी आज न लूँगी मोल' नामक गीत में प्रकृति की सारी विभूतियों से श्रेष्ठ कहा है। रहस्यात्मकता की अपेक्षा कवि में दार्शनिकता अधिक पायी जाती है। 'विहग के प्रति' नाम की कविता में कवि ने अव्यक्त प्रकृति के बीच चैतन्य के सान्निध्य से, शब्दब्रह्म के संचार या स्पंदन (वाईब्रेशन) से, सृष्टि के अनेक रूपात्मक विकास का बड़ा ही सजीव चित्रण किया है–

मुक्त पंखों में उड़ दिन-रात सहज स्पंदित कर जग के प्राण।
शून्य नभ में भर दी अज्ञात, मधुर जीवन की मादक तान॥
छोड़ निर्जन का निभृत निवास, नीड़ में बँध जग के सानंद।
भर दिये कलरव से दिशि आश गृहों में कुसुमित, मुदित अमंद॥
रिक्त होते जब-जब तरुवास, रूप धर तू नव-नव तत्काल।
नित्य नादित रखता सोल्लास, विश्व के अक्षयवट की डाल॥

'गुंजन' में भी पंत जी की प्रतिभा बहुत ही व्यंजक और रमणीय साम्य जगह-जगह सामने लाती है, जैसे–

खुल-खुल नव-नव इच्छाएँ, फैलाती जीवन के दल।
गा-गा प्राणों का मधुकर, पीता मधुरस परिपूरण॥

इसी प्रकार लक्षण के सहारे बहुत ही अर्थगर्भित और व्यंजक साम्य इन पंक्तियों में हम पाते हैं–

यह शैशव का सरल हास है सहसा उर से है आ जाता।
यह उषा का नव विकास है, जो रज को है रजत बनाता।
यह लघु लहरों का विलास है कलानाथ जिसमें खिंच आता।

कवि का भाव तो इतना ही है कि बाल्यावस्था में यह सारी पृथ्वी कितनी सुंदर और दीप्तिपूर्ण दिखाई देती है, पर व्यंजना बड़े ही मनोहर ढंग से हुई है। जिस प्रकार अरुणोदय में पृथ्वी का एक-एक कण स्वर्णाभ दिखाई देता है उसी प्रकार बालहृदय को यह सारी पृथ्वी दीप्तिमयी लगती है। जिस प्रकार सरोवर के हलके-हलके हिलोरों में चंद्रमा (उसका प्रतिबिंब) उतर कर लहराता दिखाई देता है उसी प्रकार बालहृदय की उमंगों में स्वर्गीय दीप्ति शैली जान पड़ती है।

'गुंजन' में हम कवि का जीवनक्षेत्र के भीतर अधिक प्रवेश ही नहीं, उसकी काव्यशैली को भी अधिक संयत और व्यवस्थित पाते हैं। प्रतिक्रिया की झोंक में अभिव्यंजना के लाक्षणिक वैचित्र्य आदि के अतिशय प्रदर्शन की जो प्रवृत्ति हम 'पल्लव' में पाते हैं वह 'गुंजन' में नहीं है। उसमें काव्यशैली अधिक संगत, संयम और गंभीर हो गयी है।

'गुंजन' के पीछे तो पंत जी वर्तमान जीवन के कई पक्षों को लेकर चलते दिखाई पड़ते हैं। उनके 'युगांत' में हम देश के वर्तमान जीवन में उठे हुए स्वरों की मीठी प्रतिध्वनि जगह-जगह पाते हैं। कहीं परिवर्तन की प्रबल आकांक्षा है, कहीं श्रमजीवियों की दशा की झलक है, कहीं तर्क-वितर्क छोड़ श्रद्धा-विश्वासपूर्वक जीवनपथ पर साहस के साथ बढ़ते चलने की ललकार है–कहीं 'बापू के प्रति' श्रद्धांजलि है। 'युगांत' में कवि स्वप्नों से जगकर यह कहता हुआ सुनाई पड़ता है–

जो सोये स्वप्नों के तम में वे जागेंगे यह सत्य बात।
जो देख चुके जीवननिशीथ वे देखेंगे जीवनप्रभात॥

'युगांत' में कवि को हम केवल रूप-रंग, चमक-दमक, सुख-सौरभवाले सौंदर्य से आगे बढ़कर जीवन के सौंदर्य की सत्याश्रित कल्पना में प्रवृत्त पाते हैं। उसे बाहर जगत् में 'सौंदर्य, स्नेह, उल्लास' का अभाव दिखाई पड़ा है। इससे वह जीवन की सुंदरता की भावना मन में करके उसे जगत् में फैलाना चाहता है–

सुंदरता का आलोक स्रोत है फूट पड़ा मेरे मन में।
जिससे नवजीवन का प्रभात होगा फिर जग के आँगन में।
मैं सृष्टि एक रच रहा नवल भावी मानव के हित, भीतर।
सौंदर्य, स्नेह, उल्लास मुझे मिल सका नहीं जग में बाहर।।

अब कवि प्रार्थना करता है कि–

जगजीवन में जो चिर महान्, सौंदर्यपूर्ण और सत्यप्राण।
मैं उसका प्रेमी बनूँ नाथ! जिसमें मानवहित हो समान!!

नीरस और ठूठे जगत् में क्षीण कंकालों के लोक में वह जीवन का वसंत विकास चाहता है–

कंकाल जाल जग में फैले फिर नवल रुधिर, पल्लव लाली।

ताजमहल के कलासौंदर्य को देख अनेक कवि मुग्ध हुए हैं। पर करोड़ों की संख्या में भूखी मरती जनता के बीच ऐश्वर्यविभूति के उस विशाल आडंबर के खड़े होने की मानवता से क्षुब्ध होकर युगांत के बदले हुए पंत जी कहते हैं–

हाय! मृत्यु का ऐसा अमर अपार्थिव पूजन।
जब विषण्ण निर्जीव पड़ा हो जग का जीवन।।
मानव! ऐसी भी विरक्ति क्या जीवन के प्रति।
आत्मा का अपमान, प्रेत औ छाया से रति।।
शव को दें हम रूप-रंग, आदर मानव का।
मानव को हम कुत्सित चित्र बनावें शव का।।

'पल्लव' में कवि अपने व्यक्तित्व के घेरे में बँधा हुआ, 'गुंजन' में कभी-कभी उसके बाहर और 'युगांत' में लोक के बीच दृष्टि फैलाकर आसन जमाता हुआ दिखाई पड़ता है। 'गुंजन' तक वह जगत् से अपने लिए सौंदर्य और आनंद का चयन करता प्रतीत होता है, युगांत में आकर वह सौंदर्य और आनंद का जगत् में पूर्ण प्रसार देखना चाहता है। कवि की सौंदर्य भावना अब व्यापक होकर मंगलभावना के रूप में परिणत हुई है। अब तक कवि लोकजीवन के वास्तविक शीत और ताप से अपने हृदय को बचाता-सा आता रहा; अब उसने अपना हृदय खुले जगत् के बीच रख दिया है कि उस पर उसकी गतिविधि का सच्चा और गहरा प्रभाव पड़े। अब वह जगत् और जीवन में जो कुछ सौंदर्य, माधुर्य प्राप्त है अपने लिए उसका स्तवक बनाकर तृप्त नहीं हो सकता। अब वह दुख, पीड़ा, अन्याय, अत्याचार के अंधकार को फाड़कर मंगलज्योति फूटती देखती देखना चाहता है–मंगल का अमंगल के साथ वह संघर्ष देखना चाहता है, जो गल्यात्मक जगत् का कर्म सौंदर्य है।

संध्या होने पर अब कवि का ध्यान केवल प्रफुल्ल प्रसून, अलस, गंधवाह, रागरंजित और दीप्त दिगंचल तक ही नहीं रहता। वह यह भी देखता है कि–

बाँसों का झुरमुट, संध्या का झुटपुट

ये नाप रहे निज घर का मग
कुछ श्रमजीवी घर डगमग डग
भरी है जीवन, भारी पग!

जो पुराना पड़ गया है जीव और जर्जर हो गया है नवजीवन सौंदर्य लेकर आने वाले युग के उपयुक्त नहीं है उसे पंत जी बड़ी निर्ममता के साथ हटाना चाहते हैं–

द्रुत झरो जगत् के जीर्ण पत्र! हे त्रस्त, ध्वस्त! हे शुष्क, शीर्ण!
हिम ताप पीत, मधु वात भीत, तुम वीतराग, जड़ पुराचीन।
झरें जाति-कुल-वर्ण-पर्ण घन। अंध नीड़ से रूढ़-रीति छन॥

इस प्रकार कवि की वाणी में लोकमंगल की आशा और आकांक्षा के साथ घोर 'परिवर्तनवाद' का स्वर भी भर रहा है। गत युग के अवशेषों का ध्वस्त करने का अत्यंत रौद्र आग्रह प्रकट किया गया है–

गर्जन कर मानव केसरि!
प्रखर नखर नवजीवन की लालसा गड़ा कर।
छिन्न-भिन्न कर दे गत युग के शब को दुर्धर॥

ऐसे स्थलों को देख यह संदेह हो सकता है कि कवि अपनी वाणी को लेकर आंदोलनों के पीछे लगा रहा है या अपनी अनुभूति की प्रेरणा से परिचालित कर रहा है। आशा है कि पंत जी अपनी लोक मंगलभावना को ऐसे स्वाभाविक मर्मपथ पर ले चलेंगे जहाँ इस प्रकार के संदेह का अवसर न रहेगा।

'युगांत' में नरजीवन की वर्तमान दशा की अनुभूति ही सर्वत्र नहीं है। हृदय की नित्य और स्थायी वृत्तियों की व्यंजना भी, कल्पना की पूरी रमणीयता के साथ कई रचनाओं में मिलती है। सबसे ध्यान देने की बात यह है कि 'वाद' की लपेट से अपनी वाणी को कवि ने एक प्रकार से मुक्त कर लिया है। चित्रभाषा और लाक्षणिक वैचित्र्य के अनावश्यक प्रदर्शन की वह प्रवृत्ति अब नहीं है जो भाषा और अर्थ की स्वाभाविक गति में बाधक हो। 'संध्या', 'खद्योत', 'तितली', 'शुक' इत्यादि रचनाओं में जो रमणीय कल्पनाएँ हैं उनमें दूसरे के हृदय में ढलने की पूरी द्रवणशीलता है। 'तितली' के प्रति यह संबोध लीजिए–

प्रिय तितली! फूल-सी ही फूली
तुम किस सुख में हो रही डोल?
क्या फूलों से हल, अनिल कुसुम!
तुमने मन के मधु की मिठास?

हवा में उड़ती रंग-बिरंगी तितलियों के लिए 'अनिल कुसुम' शब्द की रमणीयता सबका हृदय स्वीकार करेगा। इसी प्रकार 'खद्योत' के सहसा चमक उठने पर यह कैसी सीधी-सादी सुंदर भावना है–

अँधियाली घाटी में सहसा, हरित स्फुलिंग सदृग फूटा वह।

'युगवाणी' में तो वर्तमान जगत् में सामाजिक व्यवस्था के संबंध में प्रायः जितने वाद, जितने आंदोलन उठे हैं, सबका समावेश किया गया है। इस नाना वादों के संबंध में अच्छा तो यह होता कि उसके नामों का निर्देश न करके, उनके भीतर जो जीवन का सत्यांश है उसका मार्मिक रूप सामने रख दिया जाता। ऐसा न होने से जहाँ इन वादों के नाम आये हैं

वहाँ कवि का अपना रूप छिपा-सा लगता है। इन वादों को लेकर चले हुए आंदोलन में कवि को मानवता के नूतन विकास का आभास मिलता दिखाई पड़ता है। वर्तमान पाश्चात्य साहित्य की एक रूढ़ि (वर्शिप ऑव द फ्यूचर) के मेल में है। अतः लोक के भावी स्वरूप के सुंदर चित्र के प्रति व्यंजित ललक या प्रेम को कोई चाहे तो उपयोगिता की दृष्टि से कल्पित एक आदर्शभाव का उदाहरणमात्र कह सकता है। इसी प्रकार अतीत के सारे अवशेषों को सर्वथा ध्वस्त देखने की रोषपूर्ण आकुलता का स्थान भी मनुष्य की स्थायी अंतःप्रकृति के बीच कहीं मिलेगा, इसमें संदेह है।

बात यह है कि इस प्रकार के भाव वर्तमान की विषम स्थिति से क्षुब्ध, कर्म में तत्पर मन के भाव हैं। ये कर्मकाल के भीतर जगे रहते हैं। कर्म में रत मनुष्य के मन में सफलता की आशा, अनुमित भविष्य के प्रति प्रबल अभिलाषा, बाधक वस्तुओं के प्रति रोष आदि का संचार होता है। ये व्यावहारिक हैं, अर्थसाधना की प्रक्रिया से संबंध रखते हैं और कर्मक्षेत्र में उपयोगी माने जाते हैं। पंत जी ने वर्तमान को जगत् का कर्मकाल मानकर उसके अनुकूलभावों का स्वरूप सामने रखा है। सारांश यह है कि जिस मन के भीतर कवि ने इन भावों का अवस्थान किया है वहा 'कर्म का मन' है।

इस रूप में कवि यदि लोककर्म में प्रवृत्त नहीं तो कम-से कम कर्मक्षेत्र में उतरे हुए लोगों के साथ चलता दिखाई पड़ रहा है। स्वतंत्र द्रष्टा का रूप उसका नहीं रह गया है। उसका तो 'सामूहिकता ही निजत्व धन' है। सामूहिक धारा जिधर-जिधर चल रही है उधर-उधर उसका स्वर भी मिला सुनाई पड़ रहा है। वहीं वह 'गत संस्कृति के गरल' धनपतियों के अंतिम क्षण बता रहा है, कहीं मध्य वर्ग को 'संस्कृत का दास और उच्च वर्ग की सुविधा का शास्त्रोक्त प्रचारक' तथा श्रमजीवियों को 'लोकक्रांति का अग्रदूत और नव्य सभ्यता का उन्नयाक' कह रहा है और कहीं पुरुषों के अत्याचार से पीड़ित स्त्री जाति की यह दशा सूमित कर रहा है-

पशु बल से कर जन शासित,
जीवन के उपकरण सदृश
नारी भी कर ली अधिकृत!
अपने ही भीतर छिप-छिप
जग से हो गयी तिरोहित।

पंत जी ने समाजवाद के प्रति भी रुचि दिखाई है और 'गाँधीवाद' के प्रति भी। ऐसा प्रतीत होता है कि लोकव्यवस्था के रूप में तो 'समाजवाद' की बातें उन्हें पसंद हैं और व्यक्तिगत साधना के लिए 'गांधीवाद' की बातें। कवि की दृष्टि में सब जीवों के प्रति आत्मभाव ही जीवनजगत् की 'मनुष्यत्व में परिणति' है। मनुष्य की अपूर्णता ही उसकी शोभा है। 'दुर्बलताओं से शोभित मनुष्यत्व सुरत्व से दुर्लभ है'। 'पूर्ण सत्य' और असीम को ही श्रद्धा के लिए ग्रहण करने के फेर में रहना सभ्यता की बड़ी भारी व्याधि है। सीमाओं के द्वारा वे रेखाओं से मंगलविधायक आदर्श बनकर खड़े होते हैं। 'मानवपन' में दोष है, पर उन्हीं दोषों को रगड़ खाकर वह मँजता है, शुद्ध होता है-

व्याधि सभ्यता की है निश्चित पूर्ण सत्य का पूजन।
प्राणहीन वह कला, नहीं जिसमें अपूर्णता शोभन।।
सीमाएँ आदर्श सकल, सीमाविहीन यह जीवन।

दोषों से ही दोष शुद्ध है मिट्टी का मानवपन॥

'समाजवाद' की बातें कवि ने ग्रहण की है पर अपना चिंतन स्वतंत्र रखा है। समाजवाद और संघवाद (कम्युनिज्म) के साथ लगा हुआ 'संकीर्ण भौतिकवाद' उसे इष्ट नहीं। पारमार्थिक दृष्टि से वह परात्परवादी है। आत्मा और भूतों के बीच संबंध स्थापित करने वाला तत्त्व वह दोनों से परे बताता है–

आत्मा औ भूतों में स्थापित करता कौन समत्व।
बहिरंतर, आत्मा भूतों से है अतीत वह तत्त्व॥
भौतिकता आध्यात्मिकता केवल उसके दो कूल।
व्यक्ति-विश्व से, स्थूल-सूक्ष्म से परे सत्य के मूल॥

यह परात्परभाव कवि की वर्तमान काव्यदृष्टि के कहाँ तक मेल में है, यह दूसरी बात है। पर जब हम देखते हैं कि उठे हुए सामाजिक आंदोलन प्रायः एकांगदर्शी होते हैं, एक सीमा से दूसरी सीमा की ओर उन्मुख होते हैं तब उनके द्वारा आगामी भावसंस्कृति की जो हरियाली कवि को सूझ रही है वह निराधार-सी लगती है। उससे हम तो यही चाहेंगे कि पंत जी आंदोलनों की लपेट से अलग रहकर जीवन के नित्य और प्रकृत स्वरूप को लेकर चलें और उसके भीतर लोकमंगल की भावना अवस्थान करें।

जो कुछ हो यह देखकर प्रसन्नता होती है कि 'छायावाद' के बँधे घेरे से निकलकर पंत जी ने जगत् की विस्तृत अर्थभूमि पर स्वाभाविक स्वच्छंदता के साथ विचरने का साहस दिखाया है। सामने खुले हुए रूपात्मक व्यक्त जगत् से ही भावनाएँ प्राप्त होती हैं, रूप ही उर में मधुर भाव बन जाता है, इस 'रूपसत्य' का साक्षात्कार कवि ने किया है।

'युगवाणी' में नरजीवन पर ही विशेष रूप से दृष्टि जमी रहने के कारण कवि के सामने प्रकृति का वह रूप भी आया है जिसमें मनुष्य को लड़ना पड़ा है–

बह्नि बाढ़, उल्का, झंझा की भीषण भू पर।
कैसे रह सकता है कोमल मनुज कलेवर॥

'मानवता' के व्यापक संबंध अनुभूति के प्रभाव से 'दो लड़के' में कवि को पासी के दो नंग-धड़ंगे बच्चे प्यारे लगे हैं जो–

जल्दी से टीले के नीचे उधर, उतर कर,
हैं चुन ले जाते कूड़े से निधियाँ सुंदर–
सिगरेट के खाली डिब्बे, पन्नी चमकीली।
फीतों के टुकड़े, तसवीरें नीली-पीली।

किंतु नरक्षेत्र के भीतर पंत जी की दृष्टि इतनी नहीं बँध गयी है कि चराचर के साथ अधिक व्यापक संबंध की अनुभूति मंद पड़ गयी हो। 'युगवाणी' में हम देखते हैं कि हमारे जीवनपथ के चारों ओर पड़ने वाली प्रकृति की साधारण, छोटी-से छोटी वस्तुओं को भी कवि ने कुछ अपनेपन के साथ देखा है। समस्त पृथ्वी पर निर्भय विचरण करती जीवन की 'अक्षय चिनगी' चींटी का अत्यंत कल्पनापूर्ण वर्णन हमें मिलता है। कवि के हृदय प्रसार का सबसे सुंदर प्राण हमें 'दो मित्र' में मिलता है जहाँ उसने एक टीले पर पास खड़े चिलबिल के दो पेड़ों को बड़ी मार्मिकता के साथ दो मित्रों के रूप में देखा है–

उस निर्जन टीले पर

दोनों चिलबिल
एक-दूसरे से मिले
मित्रों से हैं खड़े,
मौन, मनोहर
दोनों पादप
सह वर्षातप
हुए साथ हो बड़े
दीर्घ सुदृढ़तर।

शहद चाटने वालों और गुलाब की रूह सूँघने वालों को चाहे इसमें कुछ न मिले; पर हमें तो इसके भीतर चराचर के साथ मनुष्य के संबंध की बड़ी प्यारी भावना मिलती है। 'झंझा में नीम' का चित्रण भी बड़ी स्वाभाविक पद्धति पर है। पंत जी को 'छायावाद' और 'रहस्यवाद' से निकलकर स्वाभाविक स्वच्छंदता (टू रोमांटिसिज्म) की ओर बढ़ते देख हमें अवश्य संतोष होता है।

3. श्री सूर्यकांत त्रिपाठी 'निराला' : पहले कहा जा चुका है कि 'छायावाद' ने पहले बँगला की देखादेखी अंग्रेजी ढंग की प्रगीत पद्धति का अनुसरण किया। प्रगीत पद्धति में नाद सौंदर्य की ओर अधिक ध्यान रहने से संगीत तत्त्व का अधिक समावेश देखा जाता है। परिणाम यह होता है कि समन्वित अर्थ की ओर झुकाव कम हो जाता है। हमारे यहाँ संगीत राग-रागिनियों में बँधकर चलता आया है; पर यूरोप में उस्ताद लोग तरह-तरह की स्वरलिपियों की अपनी नयी-नयी योजनाओं का कौशल दिखाते हैं। जैसे और सब बातों की, वैसी ही संगीत के अंग्रेजी ढंग की नकल पहले बंगाल में शुरु हुई। इस नये ढंग की ओर निराला जी सबसे अधिक आकर्षित हुए और अपने गीतों में उन्होंने उसका पूरा जौहर दिखाया। संगीत को काव्य के और काव्य को संगीत के अधिक निकट लाने का सबसे अधिक प्रयास निराला जी ने किया है।

एक तो खड़ी बोली, दूसरे स्वरों की घटती-बढ़ती के साथ मात्राओं का स्वेच्छानुसार विभाग। इसके कारण 'गवैयों की जबान को सख्त परेशानी होगी' यह बात निराला जी ने आप महसूस की है। गीतिका में इनके ऐसे ही गीतों का संग्रह है जिनमें कवि का ध्यान संगीत की ओर अधिक है, अर्थसमन्वय की ओर कम। उदाहरण–

अभरण भर वरण गान
वन-वन उपवन-उपवन
जागा कवि, खुले प्राण।
मधुप निकर कलरव भर,
गीत मुखर पिक प्रिय स्वर,
मर शर हर केसर झर,
मधुपूरित गंध ज्ञान,

जहाँ कवि ने अधिक या कुछ पेचीले अर्थ रहने का प्रयास किया है वहाँ पद-योजना उस अर्थ को दूसरों तक पहुँचाने में प्राय: अशक्त या उदासीन पायी जाती हैं गीतिका का यह गीत लीजिए–

कौन तम के पार? *(रे कह)*
अखिल पल के स्रोत, जल जग,
गगन घन घन धार *(रे कह)*
गंध व्याकुल कूल उर सर,
लहर कच कर कमल मुख पर,
हर्ष अलि हर स्पर्श शर
गूँज बारं बार! *(रे कह)*
निशा प्रिय उर शयन सुख धन
सार या कि असार? *(रे कह)*

इनमें आयी हुई 'अखिल पल के स्रोत जल जग', 'हर्ष अलि हर स्पर्श शर', 'निशा प्रिय उर शयन सुख धन' इत्यादि पदावलियों का जो अर्थ कवि को स्वयं समझना पड़ा है वह उन पदावलियों से जबरदस्ती निकाला जान पड़ता है। जैसे–'हर्ष अलि हर स्पर्श शर आनंदरूपी भौंरा स्पर्श का चुभा तीर हर रहा है (तीर के निकालने से भी एक प्रकार का स्पर्श होता है जो और सुखद है; तीर रूप का चुभा तीर है) निशा प्रिय उर शयन सुख धन = निशा का प्रियतम के उर पर शयन।

निराला जी पर बंग भाषा की काव्यशैली का प्रभाव समास में गुंफित पदवल्लरी, क्रियापद के लोप आदि में स्पष्ट झलकती है। लाक्षणिक वैलक्षण्य लाने की प्रवृत्ति इनमें उतनी नहीं पायी जाती जितनी 'प्रसाद' और 'पंत' में।

सबसे अधिक विशेषता आपके पद्यों में चरणों की स्वच्छंद विषमता है। कोई चरण बहुत लंबा, कोई बहुत छोटा, कोई मझोला देखकर ही बहुत–से लोग 'रबर छंद', 'केंचुआ छंद' आदि कहने लगे थे। बेमेल चरणों की विलक्षण आजमाइश इन्होंने सबसे अधिक की है। 'प्रगल्भ प्रेम' नाम की कवि में अपनी प्रेयसी कल्पना वा कविता का आह्वान करते हुए इन्होंने कहा है–

आज नहीं है मुझे और कुछ चाह,
अर्द्ध विकच इस हृदय कमल में आ तू,
प्रिये! छोड़ बंधनमय छंदों की छोटी राह।
गजगामिनी वह पथ तेरा संकीर्ण,
कंटकाकीर्ण।

बहुवस्तुस्पर्शिनी प्रतिभा निराला जी में है। 'अज्ञात प्रिय' की ओर इशारा करने के अतिरिक्त इन्होंने जगत् के अनेक प्रस्तुत रूपों और व्यापारों को भी अपनी सरल भावनाओं के रंग में देखा है। 'विस्मृत को नींद से जगाने वाले', 'पुरातन के मलिन साज' खंडहर से वे जिज्ञासा करते हैं–

क्या तुम–
ढीले करते हो भव बंधन नर-नारियों के?
अथवा
हो मलते कलेजा पड़े, जरा जीर्ण
निर्निमेष नयनों से
बाट जोहते हो तुम मृत्यु की,

अपनी संतानों में बूँद भर पानी को तरसते हुए।

इसी प्रकार 'दिल्ली' नाम की कविता में दिल्ली की भूमि पर दृष्टि डालते हुए क्या यह वही देश है? कहकर कवि अतीत की कुछ इतिहासप्रसिद्ध बातों और व्यक्तियों को बड़ी सजीवता के साथ मन में लाता है—

निःस्तब्ध मीनार
मौन हैं मकबरे—
भय में आशा को जहाँ मिलते थे समाचार।
टपक पड़ता था जहाँ आँसुओं में सच्चा प्यार॥

यमुना को देखकर प्रत्यभिज्ञ का जहाँ उदय हम इस रूप में पाते हैं—

मधुकर मलय में यहीं
गूँजी थी एक वह जो तान,
कृष्णघन अलक में
कितने प्रेमियों का यहाँ पुलक समाया था।

समाज में प्रचलित ढोंग का बड़ा चुभता दृश्य गोमती के किनारे कवि ने देखा है जहाँ एक पुजारी भगत ने बंदरों को तो मालपुआ खिलाया और एक कंगाल भिक्षुक की ओर आँख उठाकर देखा तक नहीं।

जिस प्रकार निराला जी को छंद के बंधन अरुचिकर हैं उसी प्रकार सामाजिक बंधन भी। इसी से सम्राट अष्टम एडवर्ड की प्रशस्ति लिखकर उन्होंने उन्हें एक वीर के रूप में सामने रखा जिसने प्रेम के निमित्त साहसपूर्वक पदमर्यादा के सामाजिक बंधन को दूर फेंका है।

रहस्यवाद से संबंध रखने वाली निराला जी की रचनाएँ आध्यात्मिकता का वह रूप-रंग लेकर चली हैं, जिसका विकास बंगाल में हुआ। रचना के प्रारंभिक काल में इन्होंने स्वामी विवेकानंद और श्री रवींद्रनाथ ठाकुर की कुछ कविताओं के अनुवाद भी किये हैं। अद्वैतवाद के वेदांती स्वरूप को ग्रहण करने के कारण इनकी रहस्यात्मक रचनाओं में भारतीय दार्शनिक निरूपणों की झलक जगह-जगह मिलती है। इस विशेषता को छोड़ दें तो इनकी रहस्यात्मक कविताएँ उसी प्रकार माधुर्य भावना को लेकर चली हैं जिस प्रकार और छायावादी कवियों की। 'रेखा' नाम की कविता में कवि ने प्रथम प्रेम के उदय का जो वर्णन किया है वह सर्वत्र एक ही चेतन सत्ता की अनुभूति के रूप में सामने आता है—

यौवन के तीर पर प्रथम था आया जब
स्रोत सौंदर्य का,
वीचियों कलरव सुखचुंबित प्रणय का
था मधुर आकर्षणमय
मज्जनावेद मृदु फूटता सागर में।
सब कुछ तो था असार
अस्तु, वह प्यार?
सब चेतन जो देखता
स्पर्श में अनुभव रोमांच,
हर्ष रूय में—परिचय

खींचा उसी ने था हृदय यह
जड़ों में चेतन गतिकर्षण मिलता कहाँ।

'तुलसीदास' निराला की एक बड़ी रचना है जो अधिकांश अंतर्मुख प्रबंध के रूप में है। इस ग्रंथ में कवि ने जिस परिस्थिति में गोस्वामी जी उत्पन्न हुए उसका बहुत ही चटकीला और रंगीन वर्णन करके चित्रकूट की प्राकृतिक छटा के बीच किस प्रकार उन्हें आनंदमयी सत्ता का बोध हुआ और नवजीवन प्रदान करने वाली गान की दिव्य प्रेरणा हुई उसका अंतर्वृत्ति के आंदोलन रूप में वर्णन किया है।

'भविष्य का सुख स्वप्न' आधुनिक यूरोपीय साहित्य की एक रूढ़ि है। जगत् की जीर्ण और प्राचीन व्यवस्था के स्थान पर नूतन सुखमयी व्यवस्था के निकट होने के आभास का वर्णन निराला जी का 'उद्बोधन' नाम की कविता में मिलती है। इसी प्रकार श्रमजीवियों के कष्टों की सहानुभूति लिये हुए जो लोकहिवाद का आंदोलन चला है उस पर भी निराला जी की दृष्टि गयी है–

वह तोड़ती पत्थर;
देखा मैंने उसे इलाहाबाद के पथ पर।

इस प्रकार की रचनाओं में भाषा बोलचाल की पायी जाती है। पर निराला जी की भाषा अधिकतर संस्कृत की तत्सम पदावली में जड़ी हुई होती है जिसका नमूना 'राम की शक्ति पूजा' में मिलता है। जैसा पहले कह चुके हैं, इनकी भाषा में व्यवस्था की कमी प्रायः रहती है जिससे अर्थ या भाव व्यक्त करने में वह कहीं-कहीं बहुत ढीली पड़ जाती है।

4. श्रीमती महादेवी वर्मा : छायावादी कहे जाने वाले कवियों में महादेवी वर्मा जी ही रहस्यवाद के भीतर रही हैं। उस अज्ञात प्रियतम के लिए वेदना ही इसके हृदय का भावकेंद्र है जिसमे अनेक प्रकार की भवनाएँ छूट-छूट कर झलक मारती रहती हैं। वेदना से इन्होंने अपना स्वाभाविक प्रेम व्यक्त किया है, उसी के साथ वे रहना चाहती हैं। उसके आगे मिलनसुख को भी वे कुछ नहीं गिनतीं। वे कहती हैं कि–'मिलन का मत नाम ले मैं विरह में चिर हूँ'। इस वेदना को लेकर इन्होंने हृदय की ऐसी अनुभूतियाँ सामने रखी हैं जो लोकोत्तर हैं। कहाँ तक वे वास्तविक अनुभूतियाँ हैं और कहाँ तक अनुभूतियों की रमणीय कल्पना है, यह नहीं कहा जा सकता।

एक पक्ष में अनंत सुषमा, दूसरे पक्ष में अपार वेदना, विश्व के छोर हैं जिनके बीच उसकी अभिव्यक्ति होती है–

यह दोनों दो ओरें थीं
संसृति की चित्रपटी की;

उस बिन मेरा दुख सूना,
मुझ बिन वह सुषमा फीकी!

पीड़ा का चसका इतना है कि–

तुमको पीड़ा में ढूँढ़ा।
तुमको ढूँढ़ेगी पीड़ा॥

इनकी रचनाएँ समय-समय पर संग्रहों में निकली हैं–नीहार, रश्मि, नीरजा और सांध्यगीत।

अब इन सबका एक में बड़ा संग्रह 'यामा' के नाम से बड़े आकर्षक रूप में निकला है। गीत लिखने में जैसी सफलता महादेवी जी को हुई वैसी और किसी को नहीं। ना तो भाषा का ऐसा स्निग्ध और प्रांजलप्रवाह और कहीं मिलता है, न हृदय की ऐसी भावभंगिमा। जगह-जगह ऐसी ढली हुई और अनूठी व्यंजना से भरी हुई पदावली मिलती है कि हृदय खिल उठता है।

ऊपर 'छायावाद' के कुछ कवियों का उल्लेख हो चुका है। इनके साथ ही इस वर्ग के अन्य उल्लेखनीय कवि हैं–सर्वश्री मोहन लाल महतो 'वियोगी', भगवती चरण वर्मा, नरेंद्र शर्मा और रामेश्वर शुक्ल 'अंचल', श्री वियोगी की कविताएँ 'निर्माल्य', 'एकतारा' और 'कल्पना' में संगृहीत हैं। श्री भगवती चरण की कविताओं के तीन संग्रह हैं–'मधुकण', 'प्रेम संगीत' और 'मानव'। श्री रामकुमार वर्मा ने पहले 'वीर हमीर' और 'चित्तौड़ की चिता' की रचना की थी जो छायावाद के भीतर नहीं आती। उनकी इस प्रकार की कविताएँ 'अंजलि', 'रूपराशि', 'चित्ररेखा' और 'चंद्रकिरण' नाम के संग्रहों के रूप में प्रकाशित हुई हैं। श्री आरसीप्रसाद की रचनाओं का संग्रह 'कलापी' में हुआ है। श्री नरेंद्र के संगीत उनके 'कर्णफूल', 'शूलफूल', 'प्रभातफेरी' और 'प्रवासी के गीत' नामक संग्रहों में संकलित हुए हैं और श्री अंचल की कविताएँ 'मधूलिका' और 'अपराजिता' में संग्रह की गयी हैं।

4. स्वच्छंद धारा

छायावादी कवियों के अतिरिक्त वर्तमानकाल में और भी कवि हैं जिनमें से कुछ ने यत्र-तत्र ही रहस्यात्मक भाव व्यक्त किये हैं। उनकी अधिक रचनाएँ छायावाद के अंतर्गत नहीं आतीं। उन सबकी अपनी अलग-अलग विशेषता हैं। इस कारण उनको एक ही वर्ग में नहीं रखा जा सकता। सुभीते के लिए ऐसे कवियों की समष्टि रूप से, 'स्वच्छंद धारा' प्रवाहित होती है। इन कवियों में पं. माखनलाल चतुर्वेदी, (एक भारतीय आत्मा) श्री सियाराम शरण गुप्त, पं. बालकृष्ण शर्मा 'नवीन', श्रीमती सुभद्रा कुमार चौहान, श्री हरिवंशराय 'बच्चन', श्रीरामधारी सिंह 'दिनकर, ठाकुर गुरुभक्त सिंह और पं. उदयशंकर भट्ट। चतुर्वेदी जी की कविताएँ अभी तक अलग पुस्तक के रूप में प्रकाशित नहीं हुईं। 'त्रिधारा' नाम के संग्रह में श्री केशव प्रसाद पाठक और श्रीमती सुभद्रा कुमारी चौहान की चुनी हुई कविताओं के साथ उनकी भी कुछ प्रसिद्ध कविताएँ उद्धृत की गयी हैं। सियाराम शरण गुप्त ने आरंभ में 'मौर्यविजय' खंडकाव्य लिखा था। उनकी कविताओं के ये संग्रह प्रसिद्ध हैं–दूर्वादल, विषाद, आर्द्रा, पाथेय और मृण्मयी। 'आत्मोसर्ग', 'अनाथ' और 'बापू' उनके अन्य काव्य हैं। श्री नवीन ने 'उर्मिला' के संबंध में एक काव्य लिखा जिसका कुछ अंश अस्तंगत 'प्रभा' पत्रिका में प्रकाशित हुआ था। उनकी फुटकल कविताओं का संग्रह 'कुंकुम' नाम से छपा है। श्रीमती सुभद्रा कुमारी चौहान की कुछ कविताएँ जैसा कहा जा चुका है 'त्रिधारा' में संकलित हैं। 'मुकुल' उनकी शेष कविताओं का संग्रह है। श्री बच्चन ने खैयाम की 'मधुशाला' में उमर खैयाम की कविताओं का अंग्रेजी के प्रसिद्ध कवि फिट्जेराल्ड कृत अंग्रेजी अनुवाद के आधार पर अनुवाद किया है। उनकी स्वतंत्र रचनाओं के कई संग्रह निकल चुके हैं। जैसे–'तेरा हार', 'एकांत संगीत', 'मधुशाला', 'मधुबाला' और 'निशानिमंत्रण' आदि। श्री दिनकर की पहली रचना है 'प्रणभंग'। यह प्रबंधकाव्य है। अभी उनके गीतों और कविताओं के दो संग्रह प्रकाशित हुए हैं–'रेणुका' और 'हुंकार'। ठाकुर गुरुभक्त सिंह की सबसे प्रसिद्ध और श्रेष्ठ कृति 'नूरजहाँ' प्रबंधकाव्य है। उनकी कविताओं के कई संग्रह भी निकल चुके हैं। उनमें 'सरस सुमन', 'कुसुमकुंज',

'वंशध्वनि' और 'वनश्री' प्रसिद्ध हैं। पं. उदयशंकर भट्ट ने 'तक्षशिला' और 'मानसी' काव्यों के अतिरिक्त विविध कविताएँ भी लिखी हैं, जो 'राका' और 'विसर्जन' में संकलित हैं।

इस प्रकार वर्तमान हिंदी कविता का प्रवाह अनेक धाराओं में होकर चल रहा है। ◉◉

सन्दर्भ

1. Literature in the Century (Neneteenth Century Series),-byA.B. de Mille
2. देखिए, पृ. 57-58
3. विशेष देखिए, पृ. 387-388
4. देखिए, पृ. 389-390
5. देखिए, पृ. 410-411
6. देखिए, पृ. 240-241
7. रामचंद्र शुक्ल : बुद्धचरित, नागरीप्रचारिणी सभा द्वारा प्रकाशित।
8. देखिए, पृ. 443-444
9. मादकता से आये तुम, संज्ञा से चले गये थे।

   उर्दू के प्रसिद्ध कवि अकबर ने भी कहा है–

   मैं मरीजे होश या, मस्ती ने अच्छा कर दिया।
10. अवकाश–टिक्–स्पेस
11. आकाश तरंग–ईथर वेब्स
12. यही भाव इंग्लैंड के एक आधुनिक कवि और समीक्षक अबरक्रोंबे ने, जो हाल में मरे हैं, इस प्रकार व्यक्त किया है–

    ...So we are driven
    Onward and upward in a wind of beauty.
    –Aberecrombe

अनुक्रमणिका

1. ग्रंथकार

(क्ष)

(ख)

(ग)

(घ)

(च)

(म)

(य)

(र)

(ल)

(व)

(श)

2. ग्रंथ

(अ)

(च)

(छ)

(द)

(फ)

(ब)

(भ)

(म)

(ल)

(व)

वेदांत पंचकशतिका 238

(श)

(स)

◉◉◉